总经理：陈同海

组织结构

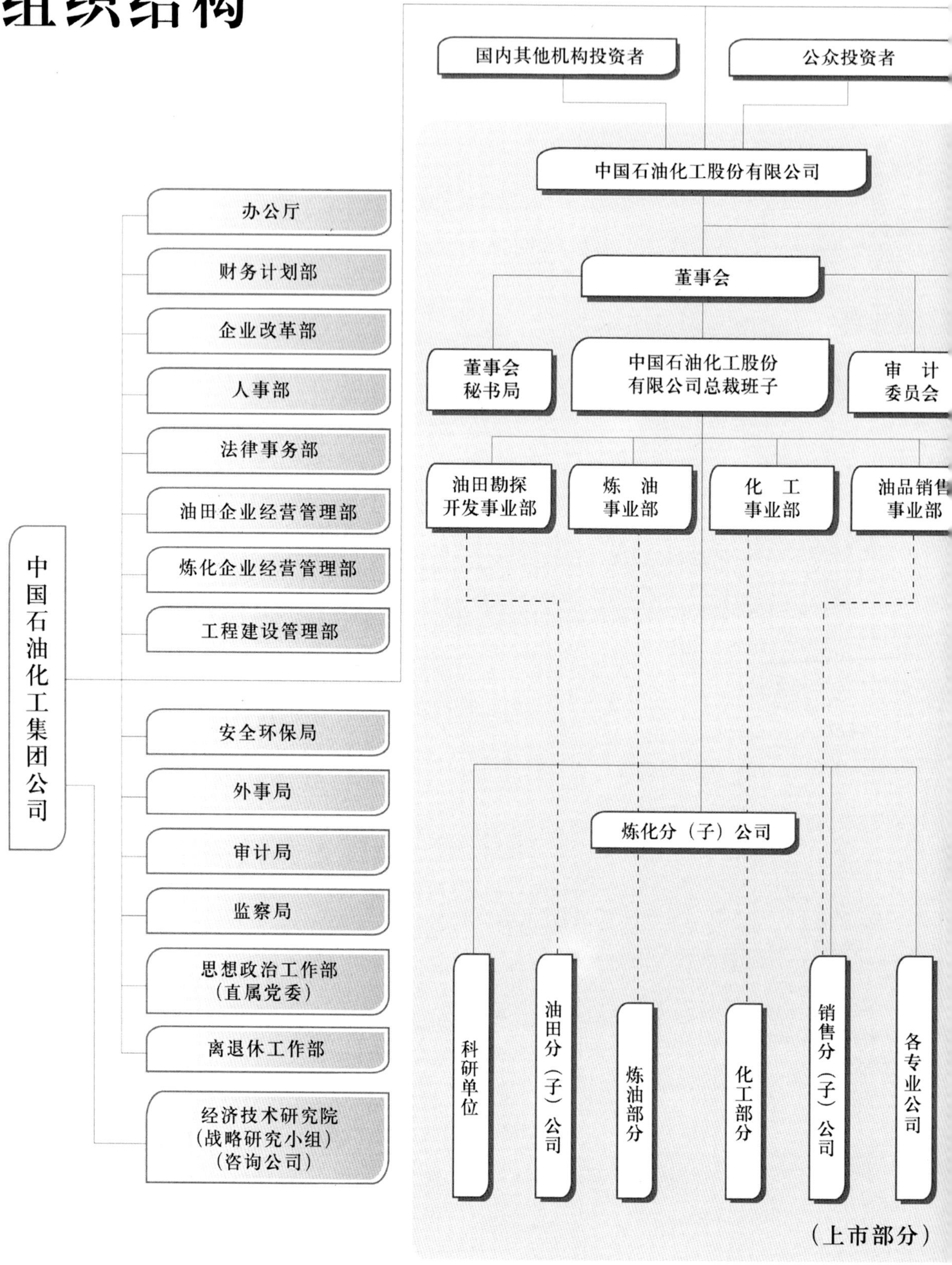

国内其他机构投资者
公众投资者
中国石油化工股份有限公司
董事会
董事会秘书局
中国石油化工股份有限公司总裁班子
审计委员会
油田勘探开发事业部
炼油事业部
化工事业部
油品销售事业部
炼化分（子）公司
科研单位
油田分（子）公司
炼油部分
化工部分
销售分（子）公司
各专业公司
（上市部分）
中国石油化工集团公司
办公厅
财务计划部
企业改革部
人事部
法律事务部
油田企业经营管理部
炼化企业经营管理部
工程建设管理部
安全环保局
外事局
审计局
监察局
思想政治工作部（直属党委）
离退休工作部
经济技术研究院（战略研究小组）（咨询公司）

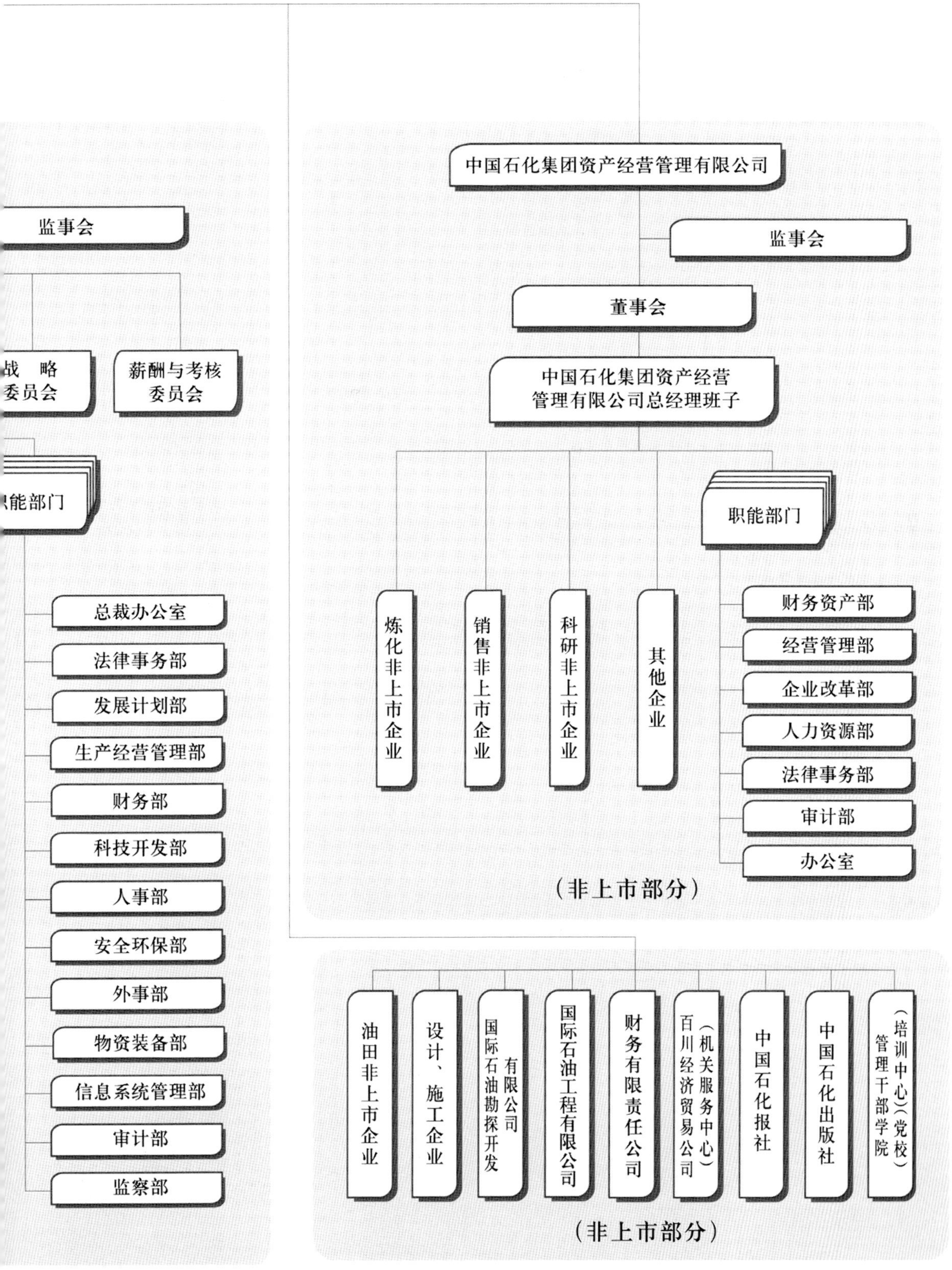
监事会
战 略
委员会
薪酬与考核
委员会
能部门
总裁办公室
法律事务部
发展计划部
生产经营管理部
财务部
科技开发部
人事部
安全环保部
外事部
物资装备部
信息系统管理部
审计部
监察部
中国石化集团资产经营管理有限公司
监事会
董事会
中国石化集团资产经营
管理有限公司总经理班子
炼化非上市企业
销售非上市企业
科研非上市企业
其他企业
职能部门
财务资产部
经营管理部
企业改革部
人力资源部
法律事务部
审计部
办公室
（非上市部分）
油田非上市企业
设计、施工企业
国际石油勘探开发有限公司
国际石油工程有限公司
财务有限责任公司
百川经济贸易公司（机关服务中心）
中国石化报社
中国石化出版社
管理干部学院（培训中心）（党校）
（非上市部分）

总部办公大楼

中国石油化工集团公司年鉴

2006

《中国石油化工集团公司年鉴》编委会 编

中国石化出版社

图书在版编目(CIP)数据

中国石油化工集团公司年鉴.2006/《中国石油化工集团公司年鉴》编委会编.
—北京:中国石化出版社,2006
ISBN 7-80229-184-4

Ⅰ.中… Ⅱ.中… Ⅲ.石油化工厂-中国-2006-年鉴
Ⅳ.F426.22-54

中国版本图书馆 CIP 数据核字(2006)第 113288 号

责任校对: 张小宏
封面设计: 况　晗

中国石化出版社出版发行
地址:北京市东城区安定门外大街 58 号
邮编:100011　电话:(010)84271850
读者服务部电话:(010)84289974
http://www.sinopec-press.com
E-mail:press@sinopec.com.cn
北京精美实华图文制作中心排版
北京新华印刷厂印刷
全国各地新华书店经销
*
787×1092 毫米 16 开本 40 印张 148 彩页 1308 千字
2006 年 10 月第 1 版　2006 年 10 月第 1 次印刷
定价:260.00 元

《中国石油化工集团公司年鉴》2006 年版

编　委　会

邵敬扬　法律事务部副主任
袁政文　油田企业经营管理部主任
徐　钢　安全环保局局长
唐苏欣　外事局局长
邹惠平　审计局局长
康宪章　党组纪检组副组长、监察局局长
苏文生　思想政治工作部主任、直属党委副书记
张建军　离退休工作部主任
雷典武　发展计划部主任
常振勇　生产经营管理部主任
刘　运　财务部主任
蒋振盈　物资装备部主任，国际事业有限公司执行董事、总经理、党委书记
李德芳　信息系统管理部主任
李　阳　油田勘探开发事业部主任
凌逸群　炼油事业部主任
吴海君　化工事业部主任，化工销售分公司经理、党委书记
戴叔铭　百川经贸公司经理、机关服务中心主任
徐福敏　资产经营管理有限公司办公室副主任
王子康　中国石化出版社社长

《中国石油化工集团公司年鉴》2006 年版

编 辑 部

地　　址：北京市东城区安外大街 58 号

邮政编码：100011

电　　话：(010)84289951　84289953

传　　真：(010)84289951

电子信箱：jiangq@sinopec.com.cn

The Editorial Department of

《CHINA PETROCHEMICAL CORPORATION YEARBOOK》

Add：58 Anwai Street，Dongcheng District，Beijing China

P.C：100011

Tel：86-010-84289951　84289953

Fax：86-010-84289951

E-mail：jiangq@sinopec.com.cn

编 辑 说 明

《中国石油化工集团公司年鉴》(简称《年鉴》)是中国石化集团向国内外公开发行的专业性年鉴。《年鉴》从1988年问世至今，已出版11卷，2006版《年鉴》为第12卷。

2006版《年鉴》全面、系统地记述了2005年石化集团在生产经营、深化改革、资本运作和企业管理等各方面的基本情况和重大事项，配有大量照片和表格，力求图文并茂，直观反映石化集团及其所属企事业单位的新变化、新成果，为各级领导科学决策和管理提供借鉴和依据，为集团内部和社会各界人士了解石化集团提供翔实、可靠、可鉴资料。

2005年是"十五"末年，在本版年鉴中，部分栏目在记述2005年情况的基础上，也反映了"十五"期间石化集团的发展状况。

2006版《年鉴》共设24个栏目：总述、油气生产与管理、炼油生产与管理、化工生产与管理、辅助生产与服务、产品销售、固定资产投资、改革重组与资本运作、财务资产管理、人事管理、对外贸易和技术经济合作、科研开发与管理、安全与环保、物资采购与管理、审计与监督、法律事务、思想政治工作、新闻与出版、企事业单位、人物、大事记、法规文献、统计资料、附录。为便于读者查阅和检索，书中附中、英文目录，书后附索引(主题词索引和表题索引)。

2006版《年鉴》所收录的数据表中，空格表示该项统计数据不详，"—"表示无该项统计数据，"..."表示该项数据不足本表最小单位数。"世界石油化工统计"中的中国数据未包括中国台湾省。

2006版《年鉴》中，"中国石油化工集团公司"简称"石化集团"、"集团公司"、"石化集团公司"、"中国石化"，"中国石油化工股份有限公司"简称"股份公司"、"石化股份公司"，"中国石化集团资产经营管理有限公司"简称"资产公司"、"资产管理公司"。

在2006版《年鉴》的编纂和出版过程中，承蒙有关单位领导、专家、管理人员的大力支持和帮助，在此，谨向为2006版《年鉴》提供稿件和资料、审查稿件以及提供各种帮助的人士，致以诚挚的谢意。对2006版《年鉴》存在的缺点和疏漏，诚请广大读者批评指正。

《中国石油化工集团公司年鉴》编辑部

二○○六年九月

目　录

总　述

财务资产管理

改革重组与资本运作

人 事 管 理

油气生产与管理

炼油生产与管理

化工生产与管理

辅助生产与服务

油　田

科研开发与管理

健康、安全与环保

固定资产投资

物资采购与管理

法律事务

审计与监察

内部审计

纪检监察

思想政治工作

新闻与出版

企事业单位

人 物

大 事 记

法规文献

统计资料

附 录

索 引

CONTENTS

企业形象宣传专版单位名单

封二:南光集团
封三:富通银行
封底:珠海振戎公司

前插页

1. 霍尼韦尔(中国)公司
2. 中国银行
3. 康基石油
4. 沙特石油
5. 康菲石油
6. KUO OIL
7. 镇海炼化
8. 东方汇理银行
9. 大连远洋
10. 挪威石油
11. KBC 科技(北京)公司
12. 科锦源电气(深圳)公司(OBO)
13. 胜利油田
14. 上海石化
15. 茂名石化
16. 高桥石化
17. 扬子石化
18. 广州石化
19. 南化集团
20. 燕山石化
21. 管道储运
22. 石化盈科
23. 电讯盈科
24. 石油化工科学研究院
25. 东方时创企业管理(深圳)有限公司北京分公司

中插页

1. AspenTech(北京)有限公司
2. 韩国 SK 株式会社
3. 埃森哲咨询公司
4. 安中国际石油控股有限公司
5. 美国安格公司
6. 北京银行
7. 中国农业银行
8. 中国进出口银行
9. 中国交通银行
10. 中国光大银行
11. 巴黎银行
12. 北方银行
13. 瑞士银行
14. 荷兰商业银行
15. 中国国际金融公司
16. 毕马威会计师事务所
17. 太平洋财产保险公司
18. 中国人民财产保险股份有限公司
19. 威立雅水务技术服务(北京)有限公司
20. 美国空气化工产品(中国)投资公司
21. 液化空气(中国)公司
22. 比欧西(中国)投资公司

23. 法利咨询 (上海)公司
24. UNIVATION
25. 汽巴精化(中国)公司
26. 雪佛龙菲利普斯化工公司
27. 荷兰摩科瑞公司
28. 荷兰托克公司
29. SHELL Trading
30. BAKRY
31. 丸红株式会社
32. 伊滕忠株式会社
33. 银河石油
34. 嘉吉贸易公司
35. 泰山石化集团
36. 中艺华海进出口有限公司
37. 中国石化集团国际石油勘探开发公司
38. 西北石油局
39. 西南石油局
40. 巴陵石化
41. 金陵石化
42. 海南炼化
43. 中原石化
44. 上海沥青销售公司
45. 润滑油分公司

后　插　页

1. 上海化学工业园
2. 美国石韦公司
3. 中国石化工程建设公司
4. 德希尼布
5. ABB 鲁玛斯
6. 中鼎工程股份公司
7. 阿科克瓦纳工程公司
8. TR—西班牙联合技术公司
9. 中国石化国际石油工程公司
10. 四建
11. 十建
12. 二建
13. 五建
14. 台湾塑料工业股份公司
15. 台橡股份公司
16. 比利时苏威股份公司
17. 史密夫律师事务所
18. 仪征化纤股份公司
19. 中石化股份济南分公司
20. 沧州炼油厂
21. 福建炼油化工公司
22. 中国石化青岛炼油化工有限责任公司
23. 中石化股份西安分公司
24. 中石化股份塔河分公司
25. 九江石化
26. 四川维尼纶厂
27. 化工销售分公司
28. 上海石油化工研究院
29. 滇黔桂油田
30. 中石化股份南方分公司
31. 河南石油勘探局
32. 上海石化物资交易中心有限公司
33. 中海油中石化联合贸易有限公司
34. 扬子石化—巴斯夫有限责任公司
35. 中石化壳牌江苏石油销售公司
36. 中石化中海船舶燃料供应公司
37. 正星科技公司
38. 云南石油
39. 山东石油
40. 江西石油
41. 上海培训中心

无可比拟

争分秒
夺先机
CHINA
中银快汇
瞬间即达

KANGQI OIL

精诚合作 共同繁荣
沙特石油有限公司北京代表处
北京建国门外大街1号
国贸大厦1座3019室
电话:(86-10)65055850
传真:(86-10)65055841
www.saudiaramco.com

www.zrcc.com

- 坚持履行国有控股企业的政治责任、经济责任和社会责任，追求企业与社会经济的和谐发展；
- 坚持“消除瓶颈、内涵为主，适时投入、快速产出”的发展道路，追求加工能力与加工量、市场需求之间的和谐发展；
- 坚持以改革创新为手段，追求企业内部管理水平与经营规模的和谐发展；
- 坚持紧盯市场抢抓机遇，追求企业经营模式与企业经营环境的和谐发展；
- 坚持以人为本，狠抓班子建设和队伍建设，追求员工队伍素质与企业素质的和谐发展；
- 坚持“生产、生态、生活”的和谐发展，追求企业、股东、社会和职工共享“和谐发展”成果。

孟 总

大连远洋运输公司是中国远洋运输（集团）总公司所属的大型国有航运企业。

大连远洋运输公司按照国家和中远集团的统一部署，重点发展以油轮为重点的液体散货运输专业化船队。公司现拥有和经营油船、液化气船、化学品船40余艘、400多万载重吨。

大连远洋运输公司下属十几家独资、合资企业，经营业务涉及海陆客货运输、海员劳务输出、船舶供应、货运代理、修船、仓储、房地产、物业、商贸、旅游等，为企业规避航运风险，提高经济效益提供了有力的支持和保证。

大连远洋运输公司3000多名员工平均年龄38.9岁，70%以上毕业于航海类专业院校，2400多名船员全部符合STCW公约要求，适应在各类型船舶上工作。

大连远洋运输公司始终不渝地奉行“全球承运，诚信全球”的经营理念全心全意为货主和客户提供优质的服务，与国内外百余家货主和客户建立了长期、稳定、互利、双赢的合作关系，受到广大货主和客户的高度赞誉。

大连远洋运输公司愿与国内外各界有志人士携手，开拓创新，与时俱进，共同为促进世界航运事业的发展和友谊而竭尽全力。

远荣湖

Our wells run out of oil only when we run out of ideas

100万吨乙烯/年厂区剪影

中国石化上海高桥石油化工公司
中国石化股份有限公司上海高桥分公司

高桥石化成立于1981年11月，是我国较早跨行业、跨部门的特大型经济联合体，隶属于中国石油化工集团公司。

公司位于浦东新区，占地面积4.2平方公里，共有75套生产装置，主要产品有汽油、航空煤油、柴油、润滑油基础油、石蜡、合成橡胶、有机化工原料、合成塑料以及精细化工产品等，公司拥有炼油能力1130万吨/年，化工产品生产能力60余万吨/年，自备电厂具有装机容量17.5万千瓦。2005年公司固定资产为128亿元，销售收入367亿元。

公司先后有100余项科技成果获国家、中国石化集团公司及上海市科技奖、上海市新产品奖。产品远销欧美和非洲，2005年自营出口创汇4.7亿美元。

中国石化扬子
中国石化集团扬子

扬子石化是1983年9月成立的国家特大型石化企业，位于长江中下游经济发达的南京市北部，主要从事石油炼制及烃类衍生物的生产加工，是我国重要的石化生产基地之一。1998年实施资产重组，创立了以石油化工为主业的扬子石化股份公司和以公用工程、物流为主业的扬子石化有限公司。

经过20多年的建设和持续高效健康发展，扬子石化整体生产能力提高一倍以上，现扬子石化股份公司拥有以800万吨/年原油加工、65万吨/年乙烯、140万吨/年芳烃、105万吨/年精对苯二甲酸(PTA)、87万吨/年聚烯烃塑料、30万吨/年乙二醇为主的43套大型石油化工装置;扬子石化有限公司拥有与主要化工生产相配套的装机容量36万千瓦热电、66万吨/日供水、3650立方米/小时污水处理等公用工程、物流及检修安装、信息等辅助设施。扬子石化股份公司可生产聚烯烃塑料、聚酯原料、基本有机化工原料、成品油4大类43种产品，年商品总量700多万吨，是目前国内大型的纯苯、对二甲苯、邻二甲苯、PTA、乙二醇、丁二烯和环氧乙烷生产商之一。扬子石化股份公司荣获"中国企业技术进步与创新成就奖"和“CCTV2004中国十家最具价值上市公司”称号，2005年荣登“2005中国上市公司竞争力百强排行榜”第四位。

广州石化
SINOPEC GUANGZHOU
广州石化热电站资源综合利用改造工程(CFB机组工程)开工仪式
2005年12月19日

广州石化是中国华南地区的现代石油化工企业，毗邻珠江、广深高速公路、广园快速路、南沙快速干线和广深铁路，拥有明显地缘经济优势。现有炼油1300万吨/年、乙烯20万吨/年的生产能力，石油化工主要生产装置50套，惠州大亚湾15万吨原油码头和170公里长输管线,石油化工产品60多种。

广州石化80万吨乙烯改扩建项目获国家批准后，企业正抓紧前期准备工作，力争把广州石化建设成为中国沿海地区具有千万吨炼油、百万吨乙烯，具有国际经济规模和竞争力的重要石化生产基地。目前，广东省、广州市政府以及中国石化正加大工作力度，加快广州市石化支柱产业的发展。展望未来，广州石化将迎来新一轮高速增长，实现新的跨越，铸造新的辉煌。

地址:广州市石化路239号
邮编:510726
电话:(020)82123888
传真:(020)82399045
82396591

中国石化集团公司总经理陈同海、资产经营管理公司总经理刘根元到南化公司检查指导工作

30万吨/年合成氨装置原料路线改造成功

中国石化集团公司南京化学工业有限公司

2005年5月23日，两个有着悠久历史的化工企业——南化公司和南京化工厂改革重组为现中国石化集团公司南京化学工业有限公司。中国石化集团公司对新南化明确了新的定位：做优、做精、做强、做特“苯化工、煤化工、盐化工”三大系列产品，初步建成具有装置规模、技术水平、人才队伍和经济效益“四个竞争力”的现代化化工企业。改革重组后的南化公司步入了发展的快车道。

一年来，南化公司生产经营、经济效益得到快速稳定增长。2005年实现不变价工业总产值59.18亿元、销售收入70.09亿元，10种产品的产量创历史记录，各项指标均创造了历史水平。按照“精简、效能、统一”的原则和现代企业制度的要求，南化公司大力推行管理扁平化改革。撤销部分厂级建制，组建10个运行部，变三级管理为两级

2005年5月23日，中国石化集团公司宣布两个南化改革重组

资源优化项目暨100kt/a离子膜烧碱项目开工典礼

推行管理扁平化改革，撤销生产厂建制，组建10个运行部

中国民族工业的先驱、南化公司创始人范旭东先生塑像

管理，稳步实施全员竞聘上岗，科学架构管理机构，形成新的管理机制。南化公司以科学发展观为指导，加紧实施重大技改项目。10.5万吨/年双加压法硝酸装置及与之配套的6万吨/年浓硝酸装置、10万吨/年苯胺装置、30万吨/年合成氨原料工艺路线改造等项目相继投料成功，第三套25万吨/年硫磺制酸装置喷磺投料。两个南化资源优化项目中的17个搬迁改造项目正按计划实施。南化公司党委以“树先进形象，做改革表率”为主题，组织开展“保持共产党员先进性”教育活动，进一步加强党组织建设和党员队伍管理。深入开展“建设新南化，实现新超越”等主题活动，激发了广大职工建设新南化的热情，职工的精神面貌焕然一新。

改革重组一年来的成绩令人振奋。新南化组建3个月后，中国石化集团公司总经理陈同海作出了“决策正确，开局不错，班子协调，继续努力”的充分肯定。新南化犹如一艘巨轮，从长江之滨启航。

重整加氢联合装置

东区污水回用装置

重油催化裂化装置

裂解车间装置

Be science-oriented,
truthful and creative
www.ripp-sinopec.com
RIPP

总　　述

全面落实科学发展观
努力实现持续有效发展

2005 年是石化集团改革发展进程中既遇到诸多困难又取得协调发展的一年。一年来，在抓好生产经营管理和改革等日常工作的同时，石化集团有序开展了保持共产党员先进性教育活动，实现了“两不误、两促进”；从大局出发，克服困难，坚持炼油满负荷生产，精心组织调运和购销，保障了成品油市场供应；进一步深化完善了企业内部分配制度改革；经过多方面共同努力，总体维护了稳定大局；在确保工作连续稳定的前提下，分两步顺利完成了集团公司党组、总经理班子和股份公司总裁班子的新老交替、平稳过渡。

——生产经营实现新增长。全年石化集团新增探明石油储量 2.21 亿吨、探明天然气储量 1 910亿立方米；生产原油 3 927 万吨、天然气 63 亿立方米，同比（下同）分别增长 1.7% 和 7.2%；加工原油 1.49 亿吨，增长 5.2%；生产乙烯 550 万吨，增长 29.2%；国内销售成品油 1.05 亿吨，增长 10.5%；公用系统、石油石化工程服务等在满足主业发展需要的同时，开拓外部市场取得较好成效。总体保持了安全生产，环境保护得到加强。

——各项改革取得新进展。资产管理公司组建完成并开始运行。主辅分离、改制分流进一步推进，集体企业改制分流开始试点。压扁管理层和精简中层管理人员成效明显。通过多种方式全年减员约 6 万人。企业重组改革继续深化，北京等 8 家省市石油公司基本实现一级或部分一级管理，销售存续企业基本做到停止经营，化工销售分公司基本实现对主要化工产品的集中销售，催化剂业务整合、炼化企业外贸体制整合基本完成。资本运作取得积极进展，与开发银行、建设银行的第二批“股转债”基本完成，北京燕化、燕化高新、镇海炼化等上市子公司整合基本完成或在实施之中。

——结构调整取得新成绩。全年石化集团完成固定资产投资 786.2 亿元，投资规模得到有效控制。川东北、塔河、济阳坳陷等油气勘探获得一批重要发现；塔河、鄂尔多斯等油气产能建设，扬子、金陵、湛江等炼油化工改造，赛科、扬巴等合资乙烯建设如期投产；青岛、海南等新建炼化项目，茂名乙烯、广州炼油等改造进展顺利；新增加油站 1 000 多座，1.3 万多座加油站实现联网刷卡加油；仪征—长岭原油管道和西南、珠三角、鲁皖成品油管道全线或分段建成投用。

——“走出去”迈出新步伐。一批海外油气资源项目和石油石化工程项目取得重要进展。累计实施或已签协议的海外油气勘探开发项目 36 个，全年新增权益石油可采储量 1 623 万吨，获得权益油 88 万吨。全年新签海外石油和石化工程合同 14.8 亿美元，完成合同额 4.8 亿美元。

——科技进步取得新成果。地质导向钻井技术、增产丙烯的催化裂化新工艺、20 万吨乙苯/苯乙烯成套技术等重大科技攻关顺利完成，一批先进适用技术得到推广应用。开发了一批新产品、新牌号合成材料，特种润滑油成功用于“神六”载人航天飞船。全年申请国内专利 1 037项、获得授权 824 项，申请国外专利 61 项、获得授权 44 项；获国家技术发明一、二等奖各 1 项，国家科技进步二等奖 9 项。信息化建设步伐加快，累计已有 41 家企业 ERP 系统上线运行，地震资料处理、精细油藏描述、供应链、过程控制、物流优化、电子商务等信息技术应用效果较好。

——内部监督管理有了新进步。健全公司内部重特大事故应急预案，实施重特大事故责任追究制度，安全监督管理得到加强。原油和主要物资集中优化采购成效明显。继承和加强“三基”工作，企业基础管理有所改善。调整蒸汽、电与燃料价格联动机制，关联交易进一步规范。股份公司内控制度全面实施，石化集团内控制度具备试行条件。全面预算管理逐步完善，资金集中管理进一步加强。强化审计、纪检监察等监督，有效促进了经营管理水平的提高。

——党的建设和领导班子建设取得新成效。通过先进性教育活动，广大党员和干部职工加深了对“三个代表”重要思想的理解，坚定了搞好国有企业的信心和决心，明确了党员先进性的具体要求，找出了自身存在的突出问题，制定了整改方案并认真整改，推动了各项工作。结合先进性教育活动，进一步加强了领导班子建设。在加强思想政治建设的同时，加大领导班子调整力度，领导班子结构进一步优化。全年共培训各类重点人才 3 671 人。

——经济效益有了新提高。全年石化集团合并报表实现主营业务收入 8 230 亿元，增长 29.8%；实现利税 1 099.6 亿元，增长 16.7%，其中实现利润 557.4 亿元，增长 28.9%。

与 5 年前相比，石化集团无论是总量、结构，还是质量、效益，都已发生了重大变化。更重要的是，通过多年的改革发展，石化集团初步建立了适应市场经济和现代企业制度要求的体制框架和机制雏形，广大干部职工的思想观念发生了很大变化，改革意识、市场意识和对改革调整的承受力有了较大提高，将对今后的持续发展有着深远的影响。

回顾 2005 年和“十五”时期，石化集团坚持了以下主要做法：

一是坚持从大局出发，切实履行国有大企业责任。石化集团始终坚持和发扬历届党组的好传统，讲政治、顾大局、守纪律，认真贯彻党中央、国务院的各项方针政策和部署，切实履行国有大企业的政治责任、经济责任和社会责任，并具体落实到确保国有资产保值增值这个重要责任上，推进持续有效发展。特别是近两年来，在国际油价持续上涨而国内成品油价格从紧调控的严峻形势下，石化集团从大局出发，努力组织成品油生产和供应，为国家为社会作出了实实在在的贡献。同时还积极参与和支持社会公益事业发展，树立了良好的社会形象。

二是坚持以改革统揽全局，不断深化和推进国有企业改革。石化集团成立后，积极贯彻国有企业战略性改组的方针，精心组织实施了整体重组改制，完成了股份公司在境内外上市的任务，实现了股权结构多元化，促进了新体制新机制的建立和思想观念的转变。同时，进一步与国外大公司展开对标工作，查找自身的差距，有针对性地推进内部体制机制改革。为解决富余人员多的突出矛盾，积极稳妥地实施了定岗定编、竞争上岗、协议解除劳动合同、改变用工方式、移交办社会职能、改制分流等改革。为应对市场完全开放的挑战，及时作出“治散”的决策，加快了专业化重组、压扁管理层以及企业重组整合等改革。为建立科学合理的分配机制，进一步调动广大干部职工的积极性，探索引入劳动力市场价位机制，分步实施内部分配制度改革，等等。在深化改革进程中，坚持处理好改革、发展、稳定的关系，注重把握改革的时机、节奏和力度，努力做到在稳定中推进改革发展，通过改革发展促进稳定。

三是坚持以结构调整为主线，走以内涵为主的发展道路。石化集团认真贯彻国有经济“有进有退”的战略方针，抓住结构调整这条主线，坚持走以内涵为主的发展道路。始终把扩大资源放在首位，及时作出“稳定东部、加快西部、准备南方、开拓海外”的战略部署，加大投入，巩固了资源基础，实现了储量、产量、效益的稳步增长；在沿海地区先后改造形成了 6 个千万吨级炼油基地，同时完成了加工含硫原油和油品质量升级改造，全面满足了汽柴油质量新标准的要求；抓住市场开放前的有利时机，大量收购、改造、新建加油站和油库，形成了覆盖主要成品油市场的营销网络；加快原油、成品油基础储运设施建设，陆续建成一批大型原油码头和原油、成品油管道及储罐，现代物流体系初具规模。还先后完成了 4 套 80 万吨级乙烯改造和 3 套中型乙烯改造。同时，关停了一批落后无效炼油化工装置和低效无效油库、油水井等设施，撤销了 1 400 多个县级石油公司建制，核销了一大批不良资产。通过结构调整，石化集团整体抗风险能力明显提高。

四是坚持围绕主业创新，为主业发展提供科技支撑。石化集团坚持科技进步必须贴近生产、贴近企业、贴近市场的原则，紧紧围绕主业资本增值，把科技进步与增储上产、结构调整、质量升级、降本增效等结合起来，整合科技资源，加大科研投入，加强科技合作，统筹组织科技攻关和技术推广，开展技术咨询服务，取得了一批科研成果和转化、应用成果。同时抓住信息技术迅猛发展的机遇，认真落实“以信息化带动工业化”战略，统一组织推进以 ERP 为主线的信息化建设，提升了传统产业技术水平，促进了内部改革的深化、业务流程的优化和经营管理水平的提高。

五是坚持以市场为基础，精心组织生产经营。石化集团坚持以市场为基础，及时调整优化生产经营，努力把握生产经营主动权，市场预测和应对市场变化能力有了新的提高。油田企业按照储量、产量、投资、效益“四统一”原则，抓住高油价时机，开发难动用储量，恢复长停井，努力提高油气商品率，实现了增产增效；炼油企业根据市场需求搞好原油加工总量、原油资源、进出口和存销平衡，不断优化资源配置，提高含硫、重质原油加工量，加强炼化一体化和区域优化，满足了成品油市场和化工生产的需要；化工企业优化装置运行，调整产品结构，实行“紧贴市场，全产全销，卖出当期最好价”的营销策略，效益水平明显好转；销售企业积极开拓市场，调整销售结构，提高服务质量，盈利能力大幅提高。抓住北京 2008 奥运合作、F1 等机遇，在统一品牌上迈出了重要步伐。石化集团在生产经营总量扩大一倍的情况下，万元产值 COD 排量降低了一半，外排水合格率和工业水重复利用率大幅提高。

六是坚持扩大对外合作，统筹两种资源两个市场。石化集团高度重视并积极推进对外合资合作，一方面坚持“以我为主”方针，围绕引进资金、先进技术和管理经验，促进结构调整和产业升级，开展多方面的对外合资合作。扬巴、赛科等一批大型中外合资项目顺利推进并投入商业运行。另一方面积极实施“走出去”战略，到海外寻找油气资源，开拓石油和石化工程市场。针对进口原油逐年增加的严峻形势，通过进口渠道多元化、提高长期合同比例、优化原油结构、优化原油运输、开展第三方贸易、采取灵活市场策略等方式，在全球优化采购原油资源，初步建立了比较稳定的进口原油供应体系。

七是坚持加强内部管理，努力提高企业管理水平。石化集团在加强传统管理、推进“三基”工作的同时，加快建立现代企业制度，并注重引入先进管理理念，积极推进依法治企和科学管理。针对体制机制、队伍结构变化带来的新挑战，坚持改革与管理同步推进，不断加强制度化建设，推行全面预算管理，不断加强财务稽查、审计、纪检监察、安全监督制度化、规范化建设。同时通过岗位培训等多种形式，努力提高职工队伍的整体素质。

八是坚持以领导班子建设为重点，不断改进和加强企业党的建设。石化集团坚持把思想政治建设放在首位，加强领导干部培养、使用、考核、监管等制度建设，加大领导干部交流的力度，不断优化领导班子结构；注重联系实际开展多种形式的培训和锻炼，努力提高领导干部科学决策等各种能力；认真贯彻民主集中制原则，坚持民主生活会等一系列制度，要求各级领导干部勤奋学习、求真务实、埋头实干、廉洁自律；围绕生产经营中心任务，不断加强和改进企业党建工作。始终坚持“总部一个决策中心、企业一个领导核心”，保障了改革发展的协调推进。

2006 年是“十一五”起步之年。国内外市场形势总体比较有利，但仍面临严峻挑战。石化集团将以邓小平理论和“三个代表”重要思想为指导，按照科学发展观和构建和谐社会的要求，坚持以市场为基础、以效益为中心，精心组织生产经营，不断深化改革，推进调整，加强管理，强化创新，节约资源，切实转变增长方式，努力提高市场竞争力，促进持续有效发展，为“十一五”再上新台阶开好局、起好步。

财务资产管理

- 综述
- 财务状况
- 重要财税政策

综　　述

2005年，石化集团公司财务工作紧密围绕公司发展战略，继续坚持以经济效益为中心，以财务预算管理、内部控制和财务稽查为手段，全面加强各项财务管理工作，积极推进各项重大改革和财务信息化建设，较好地完成了各项财务工作任务。

一、生产经营稳步增长，效益再创新高

生产经营情况。2005年石化集团生产原油3 927.07万吨、天然气62.85亿立方米，分别比上年增长1.71%和7.21%，同时做到了储采平衡。加工原油14 879.5万吨，比上年增长5.22%。柴汽比达2.32，比上年上升0.23。生产汽、柴、煤、润滑油9 134.14万吨，比上年增长4.44%。生产乙烯549.63万吨，比上年增长29.18%。生产合成树脂858.14万吨、合成橡胶84.3万吨、合纤原料407.56万吨，分别比上年增长20.55%、7.95%、12.54%。

效益完成情况。2005年石化集团实现主营业务收入8 230.11亿元(股份公司7 991.15亿元、非上市部分1 624.49亿元、合并抵消1 385.53亿元)，同比增加1 887亿元，增长29.75%；实现利润总额557.36亿元(股份公司614.8亿元，非上市部分－57.44亿元)，比上年增加125.06亿元，增长28.93%；实现净利润218.63亿元(股份公司395.58亿元，非上市部分－63.81亿元，抵消少数股东损益113.14亿元)，同比增加113.6亿元，增长108.16%；实现利税总额1 099.57亿元(股份公司1 069.96亿元，非上市部分311.38亿元，抵消281.77亿元)，同比增加157.69亿元，增长16.74%。

二、完善预算管理，加强预算控制

面对复杂多变的外部环境，一年来，集团公司各级财务部门根据年度预算要求，以市场为基础，精心安排月度预算，在效益、成本费用、资金、资本支出等方面均实施了预算管理，加大了预算的监控力度，加强了经济活动分析，做到了月预算、月分析，为企业及时调整生产经营策略，加强生产经营运行的过程控制，以月保季、以季保年实现全年经营目标发挥了重要作用。股份公司各专业板块的全面预算管理也取得长足进步。油田事业部推行以成本要素为核心的经济活动分析模板，企业主要领导亲自主持经济活动分析；炼油事业部从细化成本费用构成入手，加强月度预算的分析和指导；化工事业部加强同类企业的对比分析，探索按生产装置进行成本分析的方法；销售事业部实行了产品按成品油、燃料油、润滑油和其他产品以及成品油按批发、零售和直销等3个环节的分类预算。股份公司总部还加大了全面预算的时间跨度，试行编制了股份公司2006—2008年3年经营目标预算，为股份公司制定3年经营目标提供了有力支撑。

三、加大降本减费力度，落实过程控制

针对国际原油价格大幅上涨的不利形势，股份公司所属国际石化联合公司和有关分(子)公司重点加大高硫和重质原油的采购力度，使进口原油全年平均到岸价涨幅低于国际市场原油价格的平均涨幅，大大降低了原油采购成本。针对炼化企业修理费较高的问题，股份公司总部在调研的基础上分专业制定了股份公司修理费列支范围暂行规定，进一步规范了修理费管理，同时细化费用分析，使管理费、营业费等费用得到了有效控制。各事业部在加大成本考核权重的基础上，进一步加强成本费用的分析监控。油田事业部以油气生产过程为主线，把工作量等生产指标与成本指标有机联系起来，使成本分析更清晰，更有利于控制；炼油事业部着重对费用超支企业开展专题调研和分析，帮助降本减费；化工事业部在实行全口径成本费用考核的同时，加强重点费用的分析监控；油品销售事业部实行吨油费用与绝对额双重考核，进一步细化各支出项目的预算。各分(子)公司结合实际进一步完善成本管理责任体系和考核办法，加强分析和监管。经过共同努力，4个事业部的成本费用指标均控制在考核目标之内。

集团公司非上市部分坚持提高企业内在竞争力，加大节能降耗、降本减费的力度。一年来，各级财务部门进一步完善了成本费用考核的激励约束机制，全方位、全过程落实降本减费责任，制定节能降耗、降本减费措施，使节能降耗、降本减费成为企业减亏增盈的一条重要途径，促进了企业经济效益和竞争力的提高。同时，各级财务部门改进和细化成本费用管理，层层分解考核指标，加强对成本费用指标完成情况的跟踪监控，使成本费用总体上得到了较好的控制。在加大对重点费用考核力度的基础上，2005年进一步完善了管理费用、营业费用、财务费用、修理费用、人工成本和文教卫社区服务费用等6项费用的考核办法，逐月跟踪检查6项费用完成情况，督促各板块、各企业落实措施、挖掘潜力，努力完成降本减费任务。全年纳入考核的6项费用比上年降低20.5亿元，超额完成了全年降本减费目标。

四、全面推行内控制度，提高内控质量

2005年是股份公司内控制度正式实施的第一年，股份公司总部和各分(子)公司采取多种措施，保证了内控制度的全面实施。一是进一步健全内控机构，细化完善相关制度，大力开展宣传和培训，扎实推进内控制度实施。二是在各分(子)公司自查的基础上，总部组织开展了对80家分(子)公司内控执行情况的检查和评价，有力推动了内控制度的全面实施。三是根据检查中发现的问题以及企业意见和要求，进一步修改完善了内控手册，并已经董事会批准从2006年起实施。新版内控手册细化了授权管理，完善了检查评价体系，同时业务流程数由43个增加到47个，关键控制点数由862个增加到945个。四是对福建炼化等5家企业开展了财务稽查，对上海石化等15家企业开展了成本费用核算与管理专项稽查，促进了财务管理的进一步规范。

集团公司非上市部分根据管理需要，结合非上市部分多级法人、行业分布广、企业规模大小不一、改革重组任务繁重的实际，按照规范分权、分步推进、防堵查全方位控制的原则，制定并完善了17个主要业务的内部控制流程，并在部分企业进行了测试。经过专家评审，认为该制度具有全面、系统、先进、实用的特点，具备在2006年进行全面试行的条件。

五、坚持资金集中管理，完善管理措施

2005年，股份公司在强化资金集中管理的基础上，进一步加大资金管理力度。一是成功实行了"收支两条线"的试运行，为正式实施"收支两条线"、进一步提高资金使用效率奠定了基础。二是积极争取到中国证监会批准允许控股子公司通过财务公司在系统内开展委托贷款业务，2005年委托贷款近30亿元。三是组织销售企业与四大银行协商解决了加油站收款难问题，截至2005年底，银行实际提供上门收款的加油站已达8 000多座，日均回笼资金达4亿元，回笼速度明显加快，大大降低了费用。四是适时发行了100亿元短期融资券，融资利率比借款低1.6个百分点。五是将货币资金等8项主要资金管理指标纳入总部绩效考核，每月进行检查通报，基本实现了考核目标。通过上述努力，2005年股份公司财务费用比预算节约3.2亿元，全年资本支出控制在年度计划之内。

集团公司非上市部分全年通过财政退税、股份公司分红、集中折旧、收取土地租金、资产置换等措施，筹措资金283亿元，开展内部委存委贷，集中统一运作资金130亿元，使非上市部分经营性债务逐步收敛，资金状况有所改善，扭转了资金入不敷出的局面，保证了还贷、生产经营周转、补亏、固定资产投资和海外油气勘探开发的资金需要。尤其在所得税退税的组织落实中，企业及时申报纳税，总部加强与财政部的联系沟通汇报，全年实现退税160亿元。同时，通过发行100亿元短期融资券置换非上市企业现有银行借款，调整了债务结构，降低了融资成本。在境外资金管理方面，建立健全了境外资金管理办法、操作流程和账户监控系统，近50个境外账户纳入了监控系统，有效地防范了资金风险。同时，采取全球招标方式组织签订了11亿美元银团贷款合同，降低了外汇融资成本。通过努力，2005年末，非上市部分银行借款余额(含应付票据)控制在945亿元之内。

六、积极推进企业改革和结构调整

石化集团坚持一手抓生产经营，一手抓改革调整，以改革促发展，取得了较好成绩。集团公司非上市部分继续坚持以改革统揽全局，主要做了以下工作：一是积极推进改制分流。根据国资委的有关要求，调整了改制分流财务政策，规范了资产评估报告审核备案工作，出台了集体企业改制试点的相关政策，有力地支持了辅业改制，推进了整个工作的进展。二是支持资产公司的组建。抽调人员参与资产公司的组建，研究相关的财务、资产问题，模拟财务状况和经营情况，积极筹措注册资金，确保了资产公司的顺利组建。三是支持销售存续企业"五减四无"有序退出，做好销售企业改革退出中财务管理工作的业务指导、协调和监督工作，确保了2005年底基本完成非上市经营性机构关停工作。四是积极推进社区水电燃气收费改革，开展社区综合服务调查核实工作，基本摸清了社区服务系统的状况和存在的问题，为下一步改革做了一些基础性工作。五是完成了南化公司和南京化工厂重组合并的相关财务工作，以及非上市油田、炼化企业的125座加油站和8座油库出售给股份公司的相关评估、审计和账务处理工作。

2005年股份公司顺利收购中化持有的联合石化股权，北京燕化经过吸收合并已经退市，分散的催化剂业务整合到位，非销售系统加油站经置换进入销售系统，资产结构得到进一步优化。

七、价税管理取得成效

一是在成品油价格机制改革中做了大量基础性工作，并充分反映石化集团公司的意见和建议，为国家加快石油价格改革作出了积极努力。二是针对成品油与原油价格倒挂和天然气价格长期偏低的情况，在反复测算的基础上，积极向国家发改委反映，促成国家先后3次上调汽油、柴油和航空煤油价格。同时，新的天然气定价机制也于2005年底正式实施。三是在国家从紧调控成品油价格的情况下，充分发挥一体化优势，及时调整炼油企业供销售企业的成品油价格和油田企业供炼油企业的原油价格，保证了炼油企业生产经营的正常运行。四是对内部互供产品统一采用市场化的定价机制，将石脑油价格与汽油挂钩改为与国际市场直接挂钩，将油田企业生产自用成品油按军队价改为按批发价执行，对润滑油公司供销售公司的润滑油进行了统一定价，有效传递了市场信息。五是按照公正、公平和透明的原则，股份公司会同集团公司制定了关联交易蒸汽、电与燃料价格联动的定价办法，并对水电汽价格先后作了5次调整，进一步规范了关联交易。六是积极做好所得税缴纳工作，全年实际缴纳211亿元，为集团公司用足所得税返还政策提供了保证。省(市)石油公司已全部实现省级增值税统一缴纳，为实现会计一级核算创造了有利条件。

八、加强财务信息化建设，夯实财会基础

股份公司以实施ERP管理为契机，全面推进财务信息化建设，在前几年ERP成功应用财务/管理会计(FI/CO)模块的基础上，2005年又在资金(TR)模块的应用上取得突破，尤其是电子银行(CM)在总部和部分企业的成功应用，实现了企业与银行的精确对账，在提高工作效率的同时，货币资金控制得以加强。特别是与四大银行实现银企直连，为股份公司"收支两条线"的正式运行提供了技术保障。同时，进一步规范了会计核算。根据国内外会计制度和准则的变化并结合公司实际，及时修改完善了股份公司会计核算政策；结合国家审计署的审计决定和建议，积极整改内部往来、关联交易对账和固定资产管理等方面存在的问题，加强内部往来对账和财务决算的审核工作，股份公司出具的月报提前了一天，季报和年报审计调整差异逐年缩小，会计报表质量进一步提高。另外，通过加强培训，有力促进了企业主要领导和财务人员财务管理水平的提高和内控风险理念的增强；继续加强财务管理综合考评，进一步夯实了财务工作基础。

集团公司非上市部分财会基础工作也得到了全面加强。一是开展了非上市企业首次财务稽查工作。选择6家企业开展了财务稽查，检查企业贯彻执行国家财经法律、法规、政策和集团公司财务管理规章制度的情况，共查出390个问题，并全部进行了整改。二是改进了财务决算工作。决算报表会审实行"先网上初审，再集中面审"，突出重大会计事项和重点业务处理的合规性、合理性审核；实行了企业财务决算报表承诺制度。2004年财务决算报表受到财政部通报表扬。三是认真做好产权登记工作。按国资委要求审核法人单位2 036户，通过产权登记的有2 001户，通过率98%。四是加强财务业务培训。全年举办企业财务处(科长)岗位资格培训班8期，培训人员238人，进一步提高了财会队伍的素质。

(史庭南　张建华)

财务状况

【概述】 石化集团公司2003—2005年合并会计报表详见表1和表2。

截至2005年底，石化集团资产总额7 298.53亿元(股份公司5 205.7亿元，非上市部分4 255.24亿元，内部合并抵消2 162.41亿元)；负债总额3 847.03亿元(股份公司2 755.65亿元，非上市部分1 702.01亿元，内部合并抵消610.63亿元)；所有者权益2 491.76亿元，少数股东权益959.75亿元。石化集团资产负债率为52.71%(股份公司52.94%、非上市部分40%)，比上年的53.78%下降1.07个百分点。

与年初数相比，石化集团资产总额增加1 096亿元，增长17.67%；负债增加511.2亿元，增长15.33%；所有者权益增加581.3亿元，增长30.42%。上述增加主要是净利润增加、财政退税资金以及授权经营土地免交的出让金转增国有资本等因素综合影响的结果。

2005年石化集团的资产运营情况有所好转，总资产周转次数为1.22次，平均295天周转一次，比上年加快38天。流动资产周转次数为4.48次，约80天周转一次，比上年加快11天。应收账款周转次数为40.12次，约9天周转一次，比上年加快1天。存货周转次数为9.12次，约40天周转一次，比上年加快10天。

石化集团2005年初国有资本及权益总额1 910.5亿元，2005年客观因素增加433.11亿元，客观因素减少39.56亿元，经营积累187.72亿元，年末国有资本及权益总额2 491.76亿元。2005年国有资本保值增值率为109.83%，比上年增加2.25个百分点。

(史庭南)

重要财税政策

【企业所得税】 国家税务总局关于中国石油天然气股份有限公司和中国石油化工股份有限公司职工教育经费税前扣除标准通知(国税函[2005]854号)，同意中国石油天然气股份有限公司和中国石油化工股份有限公司提取的职工教育经费，从2005年度起，按照计税工资总额2.5%的标准在企业所得税前扣除。

(史庭南　张建华)

【资源税】 财政部、国家税务总局关于调整原油天然气资源税税额标准的通知(财税[2005]115号)规定，自2005年7月1日起，调整油田企业原油、天然气资源税税额标准。调整后原油的税额为：中国石化西北分公司每吨30元，中国石化江汉油田分公司、中国石化中原油田分公司、中原油气高新股份有限公司每吨24元，中国石化胜利油田有限公司、中国石化华东分公司、中国石化江苏油田分公司、中国石化河南油田分公司每吨22元。调整后天然气的税额为：中国石化胜利油田有限公司每吨13元，中国石化中原油田分公司、中原油气高新股份有限公司、中国石化河南油田分公司每千立方米9元。

(史庭南　张建华)

表 1 **石化集团合并损益表** 百万元

项　目	行　次	2005 年	2004 年	2003 年
一、主营业务收入	1	823 011.73	634 287.09	466 673.11
减：主营业务成本	2	679 089.86	488 657.72	359 773.80
主营业务税金及附加	3	19 847.72	18 819.92	15 706.62
二、主营业务利润	4	124 074.15	126 809.45	91 192.69
加：其他业务利润	5	1 307.76	1 602.56	1 431.13
减：营业费用	6	24 244.95	21 546.20	16 649.80
管理费用	7	33 289.99	38 574.32	33 667.15
财务费用	8	7 945.07	8 046.19	7 404.98
勘探费用	9	8 973.51	6 536.27	6 241.26
三、营业利润	10	50 928.39	53 709.02	28 660.63
加：投资收益	11	1 730.76	1 387.42	1 428.27
补贴收入	12	10 357.17	335.33	6 464.44
营业外收入	13	1 219.62	1 407.95	1 453.57
减：营业外支出	14	8 499.58	13 609.72	9 038.09
四、利润总额	16	55 736.36	43 230.00	28 968.82
减：所得税	17	20 391.45	17 121.63	9 978.42
少数股东收益	18	14 597.47	16 545.57	10 813.55
加：未确认投资损失	19	1 115.83	939.75	498.70
五、净利润	20	21 863.27	10 502.55	8 675.55

表 2 **石化集团合并资产负债表** 百万元

资　产	行次	2005年	2004年	2003年	负债及所有者权益（或股东权益）	行次	2005年	2004年	2003年
货币资金	1	37 239.21	37 086.31	36 134.23	短期借款	37	37 015.95	65 949.27	65 175.99
短期投资	2	758.57	2 588.53	2 010.17	应付票据	38	25 207.23	30 673.93	26 317.45
应收票据	3	7 471.56	7 252.31	7 984.36	应付账款	39	66 040.14	37 435.06	36 673.77
应收股利	4	50.11	62.37	101.19	预收账款	40	22 611.70	14 975.90	11 967.42
应收利息	5	44.08	18.45	7.77	应付工资	41	8 710.18	8 684.27	6 152.02
应收账款	6	22 375.87	18 649.63	18 327.55	应付福利费	42	3 477.03	3 323.06	3 372.66
其他应收款	7	14 474.10	18 021.29	14 178.25	应付利润(股利)	43	75.56	40.00	172.64
预付账款	8	9 426.60	8 903.60	6 797.90	应付利息	44	263.79	191.07	226.53
期货保证金	9	15.32	6.04	17.82	应交税金	45	8 743.11	10 029.56	9 552.84
应收补贴款	10	21.49	33.67	425.96	其他应交款	46	4 203.39	3 959.33	2 986.75
应收出口退税	11	78.01	25.69	101.47	其他应付款	47	35 056.44	34 026.88	33 331.90
存　货	12	103 567.32	77 009.00	59 562.56	预提费用	48	650.48	889.62	514.95
待摊费用	13	604.64	706.41	612.27	预计负债	49	274.13	315.85	468.26
一年内到期的长期债权投资	14	0.69	5.30	4.98	递延收益	50	143.17	0.22	0.80
其他流动资产	15	501.34	713.68	3 574.11	一年内到期的长期负债	51	16 249.70	17 230.70	13 448.69
流动资产合计	16	196 628.91	171 082.28	149 840.59	其他流动负债	52	15 451.59	3 420.38	7 300.75
长期投资	17	28 080.58	25 492.78	22 756.78	**流动负债合计**	53	244 173.59	231 145.10	217 663.42
其中：长期股权投资	18	26 336.90	23 588.57	21 391.74	长期借款	54	124 604.56	88 037.01	64 240.05

长期债权投资	19	1 743.68	1 904.21	1 365.04	应付债券	55	3 500.00	3 500.00	0.00
合并价差	20	1 891.66	1 847.53	594.58	长期应付款	56	2 500.34	2 189.84	1 886.71
长期投资合计	21	29 972.24	27 340.31	23 351.36	专项应付款	57	9 471.87	7 690.65	6 727.55
固定资产原价	22	704 334.67	645 207.32	608 764.92	其他长期负债	58	450.67	767.88	360.97
减：累计折旧	23	316 708.00	293 147.39	271 685.90	**长期负债合计**	59	140 527.44	102 185.38	73 215.28
固定资产净值	24	387 626.67	352 059.93	337 079.02	递延税款贷项	60	1.76	247.80	289.56
减：固定资产减值准备	25	10 419.91	10 321.72	9 824.31	**负债合计**	61	384 702.79	333 578.28	291 168.26
固定资产净额	26	377 206.76	341 738.21	327 254.71	少数股东权益	62	95 974.61	95 622.98	103 939.31
固定资产清理	27	141.10	288.87	290.59	实收资本(股本)	63	130 645.10	104 942.78	104 942.78
工程物资	28	1 801.31	1 360.71	1 447.07	资本公积	64	59 161.09	53 484.35	55 134.93
在建工程	29	77 587.75	57 698.04	38 664.59	盈余公积	65	48 730.52	42 052.88	34 515.92
固定资产合计	30	456 736.92	401 085.83	367 656.96	其中：法定公益金	66	11 769.60	8 322.32	5 116.17
无形资产	31	33 089.26	9 560.99	9 250.69	未确认的投资损失	67			
长期待摊费用	32	7 594.96	6 608.68	6 587.55	未分配利润	68	10 639.06	– 9 430.35	– 30 463.95
其他长期资产	33	121.38	396.73	784.79	外币报表折算差额	69			
无形及其他资产合计	34	40 805.60	16 566.40	16 623.03	**所有者权益合计**	70	249 175.77	191 049.66	164 129.68
递延税款借项	35	5 709.50	4 176.10	1 765.31					
资产总计	36	729 853.17	620 250.92	559 237.25	**负债和所有者权益总计**	72	729 853.17	620 250.92	559 237.25

改革重组与资本运作

- ☞ 综述
- ☞ 体制改革
- ☞ 资本运作
- ☞ 资产置换
- ☞ 管理创新

综　　述

2005年，石化集团继续遵循"改革、调整、创新、发展"的指导方针，全面贯彻落实科学发展观，坚持以改革统揽全局，不断深化体制改革，推进机制创新，逐步向精干、高效的国家控股公司管理体制迈进。

一、改革重组方面

组建中国石化集团资产经营管理有限公司。资产公司于2005年12月28日正式挂牌成立，纳入企业主要是炼化、销售与科研的非上市部分，以及新星公司、物装公司、深圳安惠公司等。资产公司的组建，是石化集团继2000年股份公司改制上市后，在体制调整方面的又一重大举措，这不仅有利于把改革攻坚、结构调整的问题相对集中，并在总部层面从体制上落实对这部分资产业务进行经营管理的责任主体，也为石化集团下一步有效开展资本资产运作、持续进行结构调整与进入新的产业领域构建了平台。

改制分流工作进一步推进。2005年石化集团共有230个单位完成改制，分流正式职工2.52万人、集体职工0.37万人，涉及账面净资产22.94亿元；截至2005年底，石化集团累计有540个单位完成改制，分流正式职工5.69万人、集体职工0.86万人，涉及账面净资产63.07亿元。同时，集团公司下发《中国石化集团公司国有单位主办集体企业改制分流试点指导意见》等配套文件，启动了集体企业进行改制分流试点。

压扁管理层成效明显。直属单位中层管理机构和中层管理人员分别比2003年底减少18%和26%；2005年减员约6万人。

企业重组改革继续深化。编制并完善了《油藏经营管理实施细则》、《油藏经营投资管理办法》等若干配套办法，开展油藏经营试点前的全面对接工作。胜利油田有限公司改制为分公司的工作有序进行。重组合并南京化学工业公司和南京化工厂，成立了新的南京化学工业公司。催化剂业务整合、炼化企业外贸体制整合基本完成。联合石化全资子公司体制调整到位。继续推进油品集中统一营销体制改革，北京等8家省市石油公司基本实现一级或部分一级管理，销售存续企业基本停止经营。成立了化工产品销售分公司，实现对主要化工产品的集中销售。财务公司股权结构和业务范围顺利调整。

进一步推进和深化社区服务系统改革。各板块、各企业采取多种形式，继续推进社区收费、整合、移交和改制工作。油田板块的滇黔桂管理局、管道公司大部分水电设施移交地方，新星公司、西南局和华北局部分小区水电设施移交地方。炼化板块24家办社区的企业中，社区物业系统已经退出的有2家，完成改制的有5家，另有5家已上报社区物业改制初步方案。工程板块各企业均已设立物业管理机构并实行独立核算，社区服务开始模拟市场运行，各企业水电价格已与市场接轨。

结合分配制度改革，在充分调研和讨论的基础上，下发总部机关及在京专业公司和事业单位、企业部分职务消费和福利制度改革实施办法与指导意见，以及总部机关物业、采暖、通讯、交通等改革实施细则，全面启动实施了物业、采暖、通讯、交通等社会化、市场化、货币化改革。

二、资本运作方面

资本运作取得积极进展。根据总体战略部署，集团公司以2.10元/股的价格受让中国建设银行和国家开发银行持有的股份公司的部分国有股，集团公司持有股份公司的股权达6 175 732.4776万股，占其总股本的71.229%。

在整合上市子公司方面，完成北京燕化H股下市、燕化高新股权转让和主业资产回购工作；中国凤凰重组工作稳步推进，国资委已批复股权转让协议，待证监会批准后择机实施；镇海炼化H股下市工作已通过董事会议案，股东大会批准后即可下市；对其他上市子公司的整合方案，经国资委和证监会同意并报国务院领导批准，择机实施。

在资产重组方面，通过资产收购与资源配置，完成了集团公司内部非上市企业231座加油站和9座油库整合注入股份公司销售板块工作，扣除资产置换部分1.22亿元，股份公司支付现金对价2.33亿元，承担债务1.05亿元；完成对齐润公司股权、西安路源公司资产等的收购工作。

在筹融资方面，集团公司与股份公司分别发行100亿元短期融资券，为中国石化改革发展提供强有力资金支持。

三、企业管理创新方面

以中国石化集团企业管理协会为载体，继续抓好管理现代化创新成果、企业新纪录申报组织工作。2005年共有152项成果被评定为石化集团公司级成果；向中国企业联合会推荐3项成果参加全国管理现代化创新成果评选，均被审定为国家级企业管理现代化创新成果。经中国石化集团企业管理协会推荐的18项企业新纪录均被选入中国企业新纪录审定委员会发布的2005年度578项中国企业新纪录中。

（郑仰南）

体制改革

【设立中国石化集团资产经营管理有限公司】 组建资产公司，是集团公司党组进一步贯彻落实党中央、国务院关于国有经济结构性调整和国有企业战略性改组战略方针的一项重要措施，是中国石化改革发展进程中具有里程碑意义的一件大事。

2004年8月，集团公司党组在香山召开务虚会，提出了石化集团今后一个时期改革发展的框架思路，勾画了完善存续企业管理体制组建资产公司的构想。会后，集团公司成立了资产公司筹备组，启动了具体筹备工作，形成了初步组建方案。

2005年6月6日，集团公司向国务院国有资产监督管理委员会上报了《关于组建中国石化集团资产经营有限公司的请示》(中国石化企[2005]300号)。2005年7月18日，国务院国有资产监督管理委员会向集团公司下发《关于中国石油化工集团公司组建资产经营有限公司有关问题的复函》(国资改革[2005]735号)，2005年8月份开始，筹备组分片召开了7个座谈会，与纳入企业进行充分沟通，听取对组建工作的意见和建议，进一步完善组建方案。

2005年12月6日，中国石化集团资产经营管理有限公司首届董事会第一次会议在北京召开，会议由刘根元主持，集团公司党组书记、总经理陈同海，党组副书记、副总经理周原，党组成员、副总经理李春光出席会议，周原代表党组宣读《关于中国石化集团资产经营管理有限公司有关领导人任职决定和建议的通知》(中国石化人[2005]466号文)和《关于王永健、陈鸿光任职的通知》，宣布刘根元、张秀林、陈革、张爱东、谈全政、温勇祥、王新华、冷泰民、王永健为董事，刘根元为董事长，吕向阳、温冬芬、陈鸿光为监事。会议审议通过《中国石化集团资产经营管理有限公司章程》，聘任刘根元为资产公司总经理，张秀林、谈全政、温勇祥、冷泰民、赵锦会为副总经理。

2005年12月7日，国家工商行政管理总局颁发中国石化集团资产经营管理有限公司企业法人营业执照，法定代表人刘根元，注册资本人民币50亿元，企业类型为有限责任公司(国有独资)，经营范围包括实业投资及投资管理，石油炼制，化肥生产，化工、化纤、精细化工产品生产、销售，建筑安装、机电设备仪表制造及检修服务，房地产业务，进出口业务，工程承包，招标代理，技术开发、技术服务等。

2005年12月22日，集团公司向各企事业单位下发了《关于设立中国石化集团资产经营管理有限公司的通知》(中国石化企[2005]465号)，明确了设立资产公司的必要性，设立依据及方式，资产公司本部和企业管理体制及机构设置，资产公司与各方的关系，资产公司的定位及主要任务等事项。

设立方式：集团公司按照《公司法》有关设立国有独资公司的规定，独资设立资产公司，建立规范的公司治理结构。根据设立公司有关规定，先以现金方式注册设立资产公司，之后将涉及单位的股权和实物资产经过内部审计后，以无偿划拨方式纳入。

组建范围：为加快推进“一企一制”，按照能进则进、便于管理和有利于改革，以及使设立后资产公司尽量具有较大规模的原则，将集团公司非上市全部炼化企业、销售企业、科研单位和新星公司、物装公司、深圳安惠公司、扬州石化总厂等，连同社区物业、市政、土地、房产以及集体企业等应纳入资产和人员，及其石化集团除石化股份公司、有关专业公司、金融类以外的全部对外投资，一次性纳入资产公司。2005年底，资产公司有直属企业66个，职工总数12.3万人；资产总额971.6亿元，所有者权益497.7亿元；2005年销售收入933.6亿元，亏损3.03亿元。

过渡期设置：纳入资产公司企业设置一个新老体制转换的过渡期，在过渡期内，企业实行“一个地区一个党委、一个领导核心”领导体制；企业领导班子不作重大调整；上市与非上市两部分在考核分配上，暂按照现行办法执行，上市与非上市领导班子和同类人员的收入保持大致平衡；坚持“精干、高效、综合、托管”的原则设置机构，防止机构设置过于重叠；不具备改为分公司或办事处条件的企业，暂维持法人地位及名称。

机关部门设置：本着精简高效和尽可能综合的原则，资产公司组建初期设置7个机关部门，即：财务资产部、经营管理部(同时挂集团公司炼化企业经营管理部牌子)、企业改革部、人力资源部、法律事务部、审计部和办公室。其中，财务资产部、经营管理部、企业改革部、人力资源部和办公室等5个部门单独设置；法律事务部与集团公司(股份公司)法律事务部暂实行一个机构三块牌子的过渡设置；审计部作为集团公司审计局的派出机构。资产公司设立党的组织。

与各方关系：集团公司与资产公司是以资产为纽带的母子公司关系，集团公司是资产公司的出资人，对资产公司的发展战略、重大改革调整、重大投资、重要人事等实行统一管理。资产公司根据集团公司的决策，在清理对外投资和处置资产、深化改革、存量生产经营、增量业务发展、托管离退休和内退人员等

中国石化集团资产经营管理有限公司成立大会暨揭牌仪式

方面，研究作出部署并制定具体措施，指导督促企业加以落实，履行好对纳入的资产进行有效经营管理和保值增值的责任。资产公司与石化股份公司、有关专业公司平行独立运作，不搞同业竞争，进行规范的关联交易，在全系统产业结构调整中相互合作和互补。

功能定位：一是解决历史遗留问题，集中处理好有关资产，退出有关业务和实现社企分离；二是整合、培育和发展好现有的存量业务，实现国有资产有效增值保值；三是进行资本运作和产业孵化，有选择地发展增量业务。

主要任务：一是清理处置对外投资和不良资产，改善资产结构；二是以效益最大化为目标，整合、培育和做精做强现有符合发展方向的存量业务；三是加快以社企分离为目标、以改制分流为重点的各项改革，优化产业结构和理顺内部管理体制；四是研究制定资产公司的产业投向和发展战略，并通过合资合作和并购等手段，以股权等多种方式，探索进入有关新的产业领域；五是根据集团公司统一政策和要求，履行好离退休及内退人员的托管事宜。

2005 年 12 月 28 日，中国石化集团资产经营管理有限公司成立大会暨揭牌仪式在中国石化昌平会议中心隆重举行。大会由集团公司党组副书记、副总经理周原主持，集团公司党组书记、总经理陈同海和国资委副主任邵宁共同为资产公司揭牌并作重要讲话。集团公司党组成员、副总经理李春光宣读关于设立中国石化集团资产公司的通知，周原宣布资产公司有关领导人员任职决定和建议通知，资产公司董事长、总经理刘根元代表资产公司董事会和总经理班子讲话。集团公司党组成员王天普、张耀仓、王作然、章建华、王志刚、蔡希有、曹耀峰出席，王基铭、牟书令参加。集团公司暨股份公司 2005 年度工作会议全体代表和国资委、财政部、劳动和社会保障部等国家部委有关司局的领导和人员参加了大会。

（赵建航　郑仰南）

【主辅分离改制分流工作持续稳步进行】 为加快推进改制分流工作，支持改制企业的生存和发展，2005 年 6 月 13 日，集团公司下发了《关于进一步明确改制分流中同等优先政策的通知》(中国石化企[2005]308 号)，对《中国石油化工集团公司改制分流实施意见》(中国石化企[2003]174 号)及《中国石油化工股份有限公司改制分流实施意见》(石化股份企[2003]357 号)中“同等优先”政策进一步明确说明。对两份《实施意见》第五条第(五)款有关内容进行修改。集团公司和股份公司所属企业，对已改制单位进行跟踪，在规范的前提下给予关心和支持。明确对改制企业提供产品和服务的要求，建立规范的市场化关系。按照同等优先、合同化管理、市场化运作的原则，购用改制企业产品和服务、供应有关原材料、提供公用工程等服务。所属企业与改制企业按市场规则建立规范的交易关系并签订协议，将“同等优先、长期交易”政策落实为所属企业与改制企业两个主体之间具体的合同条款，既明确对改制企业实行“同等优先”政策，又明确改制企业提供符合有关要求的产品和服务。

（郑仰南）

【向国家上报主辅分离改制分流第四批方案】 2005年7月1日，集团公司向国家上报了《关于报批中国石油化工集团公司主辅分离改制分流第四批实施方案的请示》(中国石化企[2005]343号)。第四批改制单位是按照国家已批复的《中国石油化工集团公司改制分流总体方案》确定的原则及标准，由集团公司所属企业在广泛宣传改制分流政策、积极引导职工参加改制并获得职工理解的基础上，根据集团公司“十五”改革发展计划和各企业的改革发展计划，对产业结构进行深入分析后提出的。

集团公司第四批改制单位共151个，全部为中小型辅业单位，涉及净资产总额25.26亿元，职工32 428人。151个改制单位均计划采取非国有法人控股形式实施改制分流，提供解除职工劳动合同需支付的经济补偿金。

第四批拟改制单位有所属企业控股的有限责任公司3家(其余均为全资单位)，涉及与所属企业签订劳动合同的职工721人，拟通过此次改制分流，解除职工与所属企业的劳动合同，并用改制单位国有净资产支付经济补偿金。集团公司非上市部分共有拟改制单位136家，涉及净资产总额24.19亿元，职工30 911人。集团公司上市部分(股份公司)共有拟改制单位15家，涉及净资产总额1.07亿元，职工1 517人。第四批改制分流实施方案中采取国有法人不参股的改制单位145个，涉及净资产总额18.87亿元，职工26 955人；采取国有法人参股不超过20%的改制单位6个，涉及净资产总额6.39亿元，职工5 473人。

(郑仰南)

【第三批、第四批主辅分离辅业改制分流安置富余人员实施方案获国资委批复】 2005年4月4日，集团公司向各有关单位转发国务院国有资产监督管理委员会《关于中国石油化工集团公司主辅分离辅业改制分流安置富余人员第三批实施方案的批复》(国资分配[2005]355号)，同意将胜利石油管理局工程机械总厂等149个单位纳入第三批改制范围，全部改制为非国有法人控股企业。本次共分流安置富余人员31 447人，全部进入非国有法人控股企业。

2005年11月18日，集团公司向各有关单位转发国务院国有资产监督管理委员会《关于中国石油化工集团公司主辅分离辅业改制分流安置富余人员第四批实施方案的批复》(国资分配[2005]1360号)，同意将胜利石油管理局总机械厂等151个单位纳入第四批改制范围，全部改制为非国有法人控股企业。本次共分流安置富余人员32 428人，全部进入非国有法人控股企业。

(郑仰南)

【积极推进国有单位主办集体企业改制分流试点】 为了进一步深化改革，实现“一企一制”，妥善解决集团公司国有单位主办集体企业问题，根据国资委《关于对厂办大集体企业实施改制重组有关问题的复函》(国资分配[2005]76号)要求，参照原国家经贸委、财政部、劳动和社会保障部等八部委《关于国有大中型企业主辅分离辅业改制分流安置富余人员的实施办法》(国经贸企改[2002]859号)及《关于印发〈中国石油化工集团公司改制分流实施意见〉的通知》(中国石化企[2003]174号)的有关规定，2005年6月15日，集团公司向各企事业单位、股份公司各分(子)公司下发《国有单位主办集体企业改制分流试点指导意见》(中国石化企[2005]309号)的通知，要求各企事业单位、各分(子)公司认真学习国有单位主办集体企业改制分流的涵义及范围、原则和目标、主要内容、审批程序，并遵照执行。14个集体单位进行改制分流试点。

(郑仰南)

【胜利油田有限公司改制为分公司】 2005年8月29日，股份公司向胜利油田有限公司下发《关于将胜利油田有限公司改制为分公司的通知》(石化股份企[2005]278号)。根据股份公司改革发展战略，经总部研究，决定将胜利油田有限公司改制为分公司。改制后的分公司名称为中国石油化工股份有限公司胜利油田分公司。撤销胜利油田有限公司董事会、监事会。分公司和胜利石油管理局仍然设一个党委，即胜利石油管理局党委。

(郑仰南)

【南京化学工业有限公司与南京化工厂重组合并】 为了优化区域资源、调整企业及产品结构，振兴中国石化南京地区化工业务，并考虑到南京市政府有关区域规划要求，2005年3月25日，集团公司向南京化学工业有限公司、南京化工厂下发《关于南京化学工业有限公司与南京化工厂重组合并的通知》(中国石化企[2005]169号)，决定重组合并南京化学工业有限公司和南京化工厂，成立新的南京化学工业有限公司。

按照总体规划、一步到位、先建后停、生产不乱、市场不丢、保持稳定的原则，采取吸收合并的方式重组南京化学工业有限公司和南京化工厂，并逐步将南京化工厂搬迁至南京化学工业有限公司。新公司名称仍沿用“中国石油化工集团南京化学工业有限公司”，注册地址为南京市六合区葛关路189号。

新的南京化学工业有限公司经营范围为原南京化学工业有限公司和南京化工厂的经营范围，主要包括：化工产品、焦炭及煤制品、橡胶制品及塑料制品、建筑材料及其他非金属矿物制品、普通机械的制造及销售；化工、原辅料的生产、研制、销售；石油加工；液化石油气销售；工程承包，建筑安装、技术咨询、技术服务、仓储，五金、交电、石油及制品、煤炭、金属材料、电器机械及器材销售；化工机械设备加工、制造、修理；化工工程项目设计、安装、施工；压力容器充装及检验；本企业自产产品及相关技术进出口业务；经营本企业生产科研所需的原辅材料、机械设备、仪器仪表、零配件及相关技术的进出口业务；承办中外合资经营、合作生产及“三来一补”业务；物业管理；提供劳务服务等。

合并事项以集团公司下发重组合并通知文件日为正式生效日，并从2005年4月1日起合并财务及各项统计报表。

（郑仰南）

【设立化工销售分公司】 为加快实施化工产品营销体制改革，将分散的体制改造成集中、统一的销售管理体制，2005年3月16日，股份公司向总部各部门、事业部、各分(子)公司、研究院下发《关于设立中国石油化工股份有限公司化工销售分公司的通知》(石化股份企[2005]80号)。分公司名称：中国石油化工股份有限公司化工销售分公司，经营范围：负责除油品外等相关石化产品的销售、经营、贸易及仓储业务，管理体制：化工销售分公司按照局级建制管理，业务目前由化工事业部管理，下设北京(华北)、上海(华东)、广州(华南)三个区域分公司，实行矩阵式管理模式。

（郑仰南）

【调整北京燕化股份公司及北京燕山分公司管理体制】 按照整合上市子公司的部署，2005年6月北京燕化股份公司由北京飞天石化公司(专门为吸收合并而成立)吸收合并，境外H股下市，其全部资产、业务、人员及相应的全部权利和义务均由北京飞天石化公司依法承继，合并后北京飞天石化公司更名为“中国石化北京燕山石油化工有限公司”。2005年12月20日，股份公司下发《关于中国石化北京燕化股份有限公司及北京燕山分公司管理体制的调整的通知》(石化股份企[2005]430号)。根据生产经营需要，在2005年12月31日前完成北京燕山分公司经营范围变更、工商变更登记和税务登记手续。依法注销北京燕化股份公司，该公司全部资产、业务、人员以及相应的全部权利和义务整体并入北京燕山分公司，北京燕化股份公司董事会、监事会及经营班子成员的相关任职自然解除。体制调整后的北京燕山分公司生产经营由炼油事业部、化工事业部共同管理。

（郑仰南）

【调整物资装备公司业务】 2005年12月23日，集团公司向物资装备公司下发《关于物资装备公司业务调整的通知》(中国石化企[2005]758号)。以2005年11月30日为基准日，将物资装备公司招投标处、材料经销处、备品配件处、煤炭化工处等4个处室承担的集中采购、招投标、资源市场管理职能和业务，以及人员并入股份公司物资装备部，其他职能、业务和人员根据组建计划按时纳入资产公司。

（郑仰南）

中国石油化工股份有限公司化工销售分公司成立大会暨揭牌仪式

【职务消费和福利制度改革实施办法出台】 为规范职务消费，加快福利待遇货币化，结合总部机关、在京专业公司及事业单位实际情况，2005 年 10 月 21 日，集团公司向总部机关各部门、在京专业公司及事业单位下发《关于印发〈总部机关、在京专业公司及事业单位部分职务消费和福利制度改革实施办法〉的通知》(中国石化企[2005]565 号)，提出通讯、交通、物业、采暖等职务消费和福利制度改革实施办法。

为积极稳妥推进企业科级以上人员部分职务消费和福利制度改革，2005 年 10 月 21 日，集团公司向各有关企业、股份公司各分(子)公司下发《关于印发〈关于企业科级以上人员部分职务消费和福利制度改革的指导意见〉的通知》(中国石化企[2005]566 号)，根据国家关于规范职务消费和推进福利待遇货币化的要求，结合分配制度改革和企业实际，提出指导意见。

(郑仰南)

资 本 运 作

【集团公司受让股份公司部分国有股权】 为推进集团公司持续有效发展，进一步提高对股份公司的控制力，2005 年，集团公司与中国建设银行、国家开发银行再次启动了“股转债”的谈判工作，中国建设银行、国家开发银行本着维护国家能源安全和实现长远合作的共同目标，同意以合适的价格转让部分股权。双方就股权转让的具体内容达成共识。

股权转让比例：为达到与资本运作相适应的股权比例，同时有利于发展双方战略合作关系，中国建设银行同意将其委托中国信达公司持有的 87 176.3776 万股国有股全部转让给石化集团公司。

股权转让价格：按中国会计准则及制度，石化股份公司 2004 年 12 月 31 日的每股净资产价值为 2.149 元，调整后为 2.105 元(调整内容主要是摊销 3 年以上应收款项和递延资产项目)。结合当初“债转股”价格和历年分红情况，基于长期战略合作的目标，双方同意以 2.10 元/股作为股权转让交易价格。

股权转让对价支付：本次中国建设银行股权转让总金额为 18.307 亿元，对价支付方式为石化集团公司承担与股权转让价款相等的中长期债务，利率执行国家有关规定。

上述股权转让完成后，集团公司持有股份公司 6 175 732.4776万股股权，占股份公司总股本的 71.229%。2005 年 7 月 22 日，集团公司向国务院国有资产监督管理委员会上报《关于受让中国建设银行国家开发银行持有的中国石化股份公司部分国有股权的请示》(中国石化企[2005]403 号)。

2005 年 9 月 14 日，国务院国有资产监督管理委员会向集团公司下发《关于受让中国石油化工股份有限公司部分国有股权有关问题的复函》(国资改组[2005]1097 号)，同意石化集团公司以转为债权的方式协议收购在实施“债转股”后国家开发银行、中国建设银行持有的石化股份公司的部分股权。

(郑仰南)

【北京燕化股份公司整合下市】 2005 年 4 月 11 日，国务院国有资产监督管理委员会向集团公司下发《关于北京飞天石油化工有限公司吸收合并中国石化北京燕化石油化工股份有限公司的批复》(国资改革[2005]387 号)，同意北京飞天石化公司吸收合并北京燕化股份公司。根据北京燕化股份公司和北京飞天石化公司 2004 年 12 月 29 日签订的《吸收合并协议》和 2005 年 1 月 14 日签订的《吸收合并协议修订案》，北京飞天石化公司按每股北京燕化 H 股注销价向北京燕化 H 股股东支付对价；同时增加北京燕化所有内资股的惟一持有人股份公司在北京飞天石化公司的注册资本人民币 4 163 335 400 元(相当于 2003 年 12 月 31 日北京燕化股份公司净资产的 70%)，作为注销所有北京燕化内资股的对价。

2005 年 4 月 21 日，股份公司向中国证券监督管理委员会上报《关于中国石化北京燕化石油化工股份有限公司整合下市有关情况的报告》(石化股份企[2005]133 号)。

(郑仰南)

【整合北京燕化高新催化剂有限公司】 2005 年 12 月 12 日，集团公司向燕山石化公司下发了《关于整合北京燕化高新催化剂有限公司有关事项的通知》(中国石化企[2005]689 号)，通知要求以 2005 年 10 月 31 日为基准日，对北京燕化高新催化剂有限公司资产进行交接。其中，催化剂装置的相应资产直接划入催化剂分公司，由催化剂分公司管理；3 套空分装置及相应资产先进入催化剂分公司，待人员、资产、财务账目和债权、债务合同清理完毕后，再转入北京燕山分公司，由北京燕山分公司管理。

(郑仰南)

【武汉凤凰股份公司国有股转让】 根据股份公司上市子公司的实际情况，决定对中国石化武汉凤凰股份有限公司进行重组整合。中国长江航运(集团)总公司有利用“壳”资源的需要，以建立现代化企业运行机制。

股份公司将持有武汉凤凰股份公司 211 423 651

股(占武汉凤凰股份公司总股本的40.72%)的国有法人股股权一次性转让中国长江航运(集团)总公司，转让价格以该股份所对应的净资产评估价值人民币54 079.60万元为基础(基准日为2004年12月31日)。武汉凤凰股份公司以石化资产与中国长江航运(集团)总公司的优质航运资产进行置换，随后股份公司再以协议价格回购武汉凤凰股份公司置出的石化资产，达到国有股权转让—石化与航运资产置换—石化资产回购的重组整合目的。

经中介机构测算，长江航运(集团)总公司拟置入的优质资产，可以满足证监会的审核要求。由此可实现股份公司转让上市子公司国有股权、回购石化主业资产的整合目标。

2005年7月29日股份公司召开第二届董事会第18次会议审议通过了股权转让议案。2005年10月18日，武汉凤凰股份公司召开第四届董事会第二次会议审议通过将《中国石化武汉凤凰股份有限公司重大资产置换方案》提交股东大会审议。2005年10月19日，集团公司向国务院国有资产监督管理委员会上报《关于中国石油化工股份有限公司转让中国石化武汉凤凰股份有限公司国有法人股股权的请示》(中国石化企[2005]549号)。

2005年11月23日，国务院国有资产监督管理委员会向集团公司下发《关于中国石化武汉凤凰股份有限公司国有股转让有关问题的批复》(国资产权[2005]1450号)，同意将股份公司持有的中国石化武汉凤凰股份有限公司21 142.3651万股国有法人股转让给中国长江航运(集团)总公司。

(郑仰南)

【注销茂名炼化股份公司】 2005年1月4日，股份公司下发《关于转发国务院国有资产监督管理委员会〈关于注销中国石化茂名炼油化工股份有限公司的批复〉的通知》(石化股份企[2005]1号)。2005年9月26日，茂名炼油化工股份有限公司清算报告获得通过。

(郑仰南)

资 产 置 换

【整合系统内非销售板块加油站及经营性油库】 2005年5月10日，集团公司与股份公司向各有关企事业单位、股份公司各分(子)公司同时下发《关于整合系统内非销售板块加油站及经营性油库的通知》(中国石化企[2005]227号)、(石化股份企[2005]147号)，决定对系统内非销售板块加油站及经营性油库资产进行整合，此次整合是继2002年、2004年两次整合后，以清理油田、炼化、工程等企业加油站、油库为重点，强化和统一成品油管理体制，增强股份公司核心竞争力的重要措施。

对集团公司存续企业的加油站及油库资产，以审计评估后的净资产值为基础，经集团公司与股份公司协商后以现金方式收购，相应债务由股份公司承担。股份公司收购完成后，相关资产授权有关省区市石油分公司经营管理。

本次整合中涉及加油站及油库的正式员工，以2005年3月31日在册为准。按"人随资产走"的原则安置。凡属全资、控股单位的正式员工，随资产进入股份公司销售公司，并按总部有关规定变更劳动合同；凡属参股、租赁单位的正式员工，不进入股份公司，按总部有关规定规范劳动关系；其他非正式员工可按原合同执行，待合同期满后按规定予以规范。

本次整合审计、评估基准日为2005年3月31日，资产交割日为2005年8月31日。

根据集团公司和股份公司整合系统内非销售板块加油站和经营性油库的统一部署，2005年12月19日，集团公司下发中国石化企[2005]708—733号文件，决定转让相关企业非销售板块加油站和经营性油库资产。至基准日，将125座加油站、8座油库，以交易价格3.41亿元，并连带负债0.78亿元，向股份公司进行转让。

2005年12月19日，股份公司下发石化股份企[2005]413—421号文件，决定内部划转加油站和油库资产。至基准日，股份公司按交易价格7 779万元，并连带负债2 672万元，对106座加油站、1座油库资产进行划转。

(郑仰南)

【转让天津石油大厦资产】 按照总部整合加油站工作的统一部署和股份公司精干主业的工作思路，2005年12月31日，股份公司下发《关于转让天津石油大厦资产有关问题的通知》(石化股份企[2005]449号)，决定以资产置换方式对天津石油分公司管理的天津石油大厦资产进行资产运作。以2005年6月30日为基准日，以评估的净资产值为依据，以交易价格12 197.49万元向集团公司转让上述资产。资产转让工作完成后，集团公司的上述资产授权集团公司销售华北公司负责经营管理。自2006年1月1日起，上述资产纳入销售华北公司统一经营管理。资产交割日定为2005年12月31日。

(郑仰南)

【西达里亚等区块油气资产进入西北分公司】 2005年12月31日，股份公司向西北分公司下发《关于西达里亚等区块油气资产进入西北分公司有关工作的通知》(石化股份企[2005]453号)，将西北石油局下属西达里亚、阿克库勒区块油气资产有偿转让给中国石化股份有限公司西北分公司，收购的具体范围：27口油井、机器设备、油气集输设施、34宗土地和盘盈的8台设备、采油一队队部房屋等，以及其他应收款。以2005年9月30日为基准日，以评估总资产值12 326.85万元，加溢价4 020万元，交易价格为16 346.85万元，扣除34宗土地的220.46万元征地费，实际结算价格为16 126.39万元。转让资产工作完成后，进入股份公司的上述资产授权西北分公司负责经营管理。2005年12月31日为资产交割日，自交割之日起，上述资产纳入西北分公司统一经营管理。

（郑仰南）

【收购西安路源公司资产】 2005年12月30日，股份公司下发《关于收购西安路源公司资产有关工作的通知》(石化股份企[2005]452号)，决定由股份公司与西安路源公司签署协议，对其固定资产、存货等生产性资产进行收购，收购价格以固定资产和存货的评估值合计1 383.21万元为基础，实际成交价格根据评估基准日2005年6月30日至收购交割日2005年12月31日期间，固定资产折旧、增减及存货的实际盘点进行调整。资产收购完成后，进入股份公司的上述资产授权股份公司西安石化分公司负责经营管理。

（郑仰南）

管理创新

【管理创新成果评选】 2005年在中国石化集团企业管理协会组织的第十四届管理现代化创新成果评审中，共有152项成果被评定为石化集团公司级成果，其中一等奖18项，二等奖57项，三等奖77项。被推荐参加第十二届全国企业管理现代化创新成果评审的3项成果，经过有关专家初审、预审，再由全国管理现代化创新成果审定委员会会议终审，均被审定为国家级企业管理现代化创新成果，其中胜利油田有限公司创造实践的“大型油田可持续发展战略决策与实施”获一等奖；扬子石油化工股份有限公司的“基于ERP的价值链整合管理”、中原石油勘探局的“国际石油物探项目管理”分获二等奖。

（董西增　郑仰南）

【18个项目列入中国企业新纪录】 经中国石化集团企业管理协会推荐，在中国企业新纪录审定委员会发布的2005年度578项“中国企业新纪录”中，中国石化集团18个项目榜上有名。8家创造单位分别是：上海石化5项、燕化公司3项、高桥石化3项、茂名石化2项、石家庄炼化2项、西北分公司1项、管道储运公司1项、齐鲁石化1项。

（董西增　郑仰南）

人事管理

综　述

2005年人事工作紧紧围绕石化集团的中心任务，坚持以改革统揽全局，努力营造吸引、凝聚、发挥好各类人才作用的良好环境，较好地完成了经营管理人员、专业技术人员、技能操作人员队伍建设，减员分流，分配制度改革，大规模人才培养等目标任务，为石化集团的改革发展提供了有力的组织保证和人才支撑。

结合先进性教育活动，进一步加强领导班子建设。以建设"四好"班子为目标，突出加强思想政治建设，加强领导班子考核调整，加大学习培训力度，推进体制机制创新和制度建设，领导班子结构进一步优化、整体功能进一步增强。

突出高层次人才培养选拔，专业技术队伍建设取得新成绩。认真组织做好院士等各类专家的选拔推荐工作，深入开展博士后工作，加快培养造就高层次人才。完善评审程序与评审办法，突出业绩和能力，强化职称评审对专业技术人员的激励作用。加大重点工程技术骨干调配力度，坚持合理引进人才，推动人才资源的合理配置和队伍结构的调整优化。

以高技能人才队伍建设为重点，技能操作队伍建设取得新进展。以开展高技能人才队伍建设试点工作为契机，坚持培训与鉴定考核相衔接，进一步加大高技能人才培养力度，切实加强职业技能鉴定和技能竞赛工作，以高技能人才为重点的技能操作队伍建设取得了新进展。

继续大力推进减员分流工作，全年共实现净减员6.82万人，超额完成减员4.5万人的目标。截至2005年底，职工总数从上年底的77.48万人减少到70.66万人。认真组织实施深化完善内部分配制度改革工作，初步建立了经营管理、专业技术、技能操作队伍三个分配序列。

较好地完成全年大规模人才培训任务。适应石化集团发展战略和提高三支队伍整体素质需要，坚持思想政治教育和业务培训相结合，在全面提高职工队伍整体素质的同时，继续加大高素质、高层次、国际化人才培养力度。全年总部共直接组织培训各类重点人才3 671人，其中培训企业领导人员及其后备人员614人，高层次专业技术人才513人，高级技师和技师1 230人，国际化经营人才1 314人。

通过深化完善总部机关内部分配制度改革、开展业务岗位调整和实施竞聘上岗等措施，机关人事工作得到了进一步加强。以上线试运行和通过该系统填报统计年报为标志，人力资源信息系统建设取得了初步成效。

（任　实）

领导人员管理

【领导班子思想政治建设】　2005年，石化集团以开展保持共产党员先进性教育活动为契机，以建设"四好"班子为目标，进一步加强领导班子的思想政治建设。根据全国国有企业领导班子思想政治建设座谈会精神，下发了《关于加强领导班子思想政治建设的意见》，进一步明确了领导班子思想政治建设的指导思想、目标任务和方法措施；根据集团公司党组的统一部署，组织向第一批、第二批开展先进性教育活动的企业派出督导组和巡回检查组工作，通过参加直属领导班子的民主生活会，督促直属领导班子成员切实发挥好带头示范作用，达到了先进性教育活动的目标和效果；不断健全和完善党委中心组学习、党员领导干部民主生活会、民主评议领导干部三项制度，坚持对制度落实情况进行总结讲评和通报，增强了执行三项制度的自觉性和严肃性；坚持"三述"制度，共有244名企业主要领导和总部部门正职进行了述学述职述廉。

（任　实）

【领导班子组织建设】　以结构优化为重点，大力加强领导班子组织建设。适应石化集团持续重组、创新管理体制和运行机制需要，坚持以年龄、文化、专业结构优化为重点，推进领导班子组织建设，2005年共考核调整直属领导班子81个，直属企业领导人员中45岁以下的达到42.8%，具有大学本科以上学历的达到84.5%；通过精简职数、交叉任职、整合领导班子等措施，党组管理的现职领导人员进一步精简；继续加大总部与企业之间、上中下游板块之间的领导人员交流力度，共异地交流领导人员70人；认真抓好后备领导人员队伍的动态调整工作。

（任　实）

【干部人事制度改革】　2005年，石化集团为适应治散、集中管理需要，积极推进体制机制改革，加快体制整合步伐。为推进"一企一制"，加快班子融合，撤销了11个企业的协调委员会；为适应石化集团管理体制调整需要，组建了资产管理公司和催化剂、天然气、化工销售分公司领导班子；为掌握领导班子运行情况，及时发现领导班子存在的倾向性、苗头性问题，对企业主要领导调整半年到一年时间的领导班子，进行了跟踪回访，探索建立了考核回访机制；为疏通领导人员正常交流渠道，解除交流领导人员的后顾之忧，研究出台了《党组管理的领导人员异地交流任职配套管理暂行办法》等制度，建立了正常的干部交流机制。

（任 实）

【领导班子监督管理】 以"负责任、靠得住"为目标，强化领导班子监督约束。2005年，石化集团对党组管理的现职领导人员、退二线人员兼职和领取总部规定外收入进行了清理，并提出了整改意见；探索运用经济杠杆加强监督约束，建立领导人员报酬与责任、业绩相挂钩的薪酬机制，通过设立领导人员个人薪酬账户、实行延期支付，强化中长期约束；建立领导人员重大事项报告制度，加强对领导人员个人重大事项报告的审核，特别是对职工关注的热点问题加强了检查监督。

（任 实）

【中层管理人员精简】 2005年，中层管理人员精简分流工作取得阶段性成果。在2004年工作基础上，石化集团继续推动企业中层管理人员精简分流方案的实施；为巩固和扩大精简分流工作成果，制定下发《关于加强中层管理人员职数管理的通知》，建立了中层管理机构和人员情况月报制度，及时掌握有关情况，有针对性地采取措施，有效推动了中层管理人员精简分流工作的开展。自2003年以来，全系统企业中层管理机构总体减幅20%，中层管理人员总体减幅达26%。在实施精简分流工作的同时，开展中层管理人员定岗定编工作，组织胜利油田等8家单位进行试点，探索建立长效管理机制。

（任 实）

专业技术人员管理

【专家选拔推荐和管理】 2005年，石化集团做好院士、专家等高层次专业技术人才的选拔推荐和管理工作。认真开展两院院士候选人的提名推荐和遴选工作，2人当选为中国工程院院士；组织选拔推荐享受政府特殊津贴人选，41人经国务院批准享受政府特殊津贴；组织开展了中国石化有突出贡献的科技和管理专家、中国石化优秀青年知识分子的评选活动，评选出中国石化突出贡献专家120人，优秀青年知识分子204人；组织做好李四光地质奖等有关奖项的人选推荐工作；组织开展了中国工程院委托的"高层次工程技术人才成长规律"课题研究。

（任 实）

【专业技术职务任职资格评审】 2005年，石化集团以突出业绩和能力为重点，做好专业技术职务任职资格评审工作。制定了《中国石化专业技术职务任职资格评审工作暂行规定》等制度，完善了评审程序与评审办法；修订了《教授级、高级专业技术职务任职资格评审条件》；组织完成了职称外语考试和5个系列高评会评审工作。

（任 实）

【人才引进工作】 2005年，石化集团坚持"控制总量、优化结构、提高素质"的原则，加强调控和指导，组织做好各类急需骨干人才的引进工作。根据企业需求重点，在近20所重点名校和石油石化院校组织举办中国石化专场招聘活动，全年共引进毕业生5 000余人；继续在16所高校做好中国石化奖(贷)学金人选的选拔表彰工作；发挥石化集团整体优势，针对青岛炼油、海南炼油、西部石油工程技术服务中心等重点项目建设和新组建单位需要，协调做好主要生产技术骨干的调配工作。

（任 实）

【博士后工作】 以强化科研攻关为重点，深入开展博士后工作。2005年，石化集团组织设站单位参加国家人事部开展的博士后科研流动站(工作站)评估工作，加强了对设站单位博士后工作情况的检查；截至年底，在站博士后总人数从2004年底的90人增加到130人，累计进站博士后研究人员数量达到214人，其中已出站的84人，有42人留在中国石化工作；在2005年全国优秀博士后表彰大会上，胜利油田和中原油田获得"全国优秀博士后科研工作站"荣誉称号，各有1人获得"全国优秀博士后"和"全国优秀博士后管理工作者"荣誉称号。

（任 实）

技能操作人员管理

【高技能人才队伍建设试点】 认真组织开展高技能人才队伍建设试点工作，加快高技能人才培养。2005年，石化集团研究制定《中国石化高技能人才队伍建设试点工作实施方案》，明确高技能人才队伍建设的目标措施；依托13个高级技师培训基地，坚持培训与鉴定考核相衔接，重点抓好主体职业(工种)技师、高级技师的培养选拔。截至年底，技师和高级技师总量为9 349人。

（任 实）

【职业技能鉴定】 2005 年，石化集团进一步完善有关制度和规程，大力推动职业技能鉴定工作。印发《职业技能鉴定实施办法》、《高级技师、技师职业资格考评规程》等文件，进一步规范职业技能鉴定工作；推广使用职业技能鉴定考务管理系统，实现技能鉴定全过程的计算机标准化管理。受劳动保障部委托，组织开发 32 个职业、95 个工种的职业技能鉴定国家题库石化行业分库。根据鉴定工作需要，调整完善并依托企业职业技能鉴定机构深入开展鉴定工作。绝大部分企业基本实现了职业技能鉴定工作的制度化、经常化。

（任　实）

【技能竞赛活动】 组织开展技能竞赛活动，调动广大职工提高技能的积极性。举办了石化集团公司 2005 年职业技能竞赛，共设钻井工、催化裂化装置操作工等 7 个工种，决出团体奖项 14 个和个人奖项 70 个；参加第二届中央企业职工技能大赛焊工和维修电工 2 个工种的比赛，获得 1 金 1 银 3 铜的优异成绩，其中焊工比赛由石化集团公司承办，获得国资委和劳动保障部颁发的优秀组织奖和突出贡献奖；指导 31 家企业开展了竞赛活动，竞赛工种多达 140 个，上万名优秀选手参加了决赛；组织 16 名获第七届中华技能大奖和全国技术能手称号的高技能人才赴瑞典、芬兰观摩学习。

（任　实）

劳动与薪酬管理

【减员分流】 2005 年，石化集团以改制分流为主，通过适度开展协议解除劳动合同、严把人员入口等措施，超额完成全年减员分流目标。认真做好改制分流方案的审批，督促各有关单位抓紧实施，积极推进改制分流工作，全年共有 230 个单位完成改制分流，分流正式职工 2.5 万人、集体职工 0.35 万人；研究制定国有单位主办集体企业改制分流的试点政策，集体企业改制分流工作开始试点；根据资产重组、结构调整需要，按照分散多批、依法办理的原则适度开展协议解除劳动合同；按照自然减员的 60% 控制新增职工人数；根据考核情况和工作需要，对劳动合同到期人员适度终止劳动合同。同时，结合重组整合、资本运作等改革，研究完善规范职工劳动关系的政策。

（任　实）

【深化内部分配制度改革】 2005 年，石化集团认真组织实施深化完善内部分配制度改革工作，初步建立了经营管理、专业技术、技能操作人才队伍 3 个分配序列。在 2004 年模拟试点和深入研究的基础上，制定了《关于进一步深化内部分配制度改革的指导意见》，改革的重点是构建和完善符合三支队伍特点的薪酬分配制度；参照劳动力市场价位，进一步调整内部收入关系；积极推进职务消费和部分福利制度改革。为保证改革的整体平稳进行，按照分类指导、积极稳妥的原则，制定了详细的方案审批工作流程；坚持严格把关，认真对基层单位的改革实施方案逐一审批，及时掌握基层单位实施动态和信息，对实施中的问题加强指导。通过深化完善分配制度改革，促进了广大职工思想观念的转变，强化了薪酬分配的激励约束作用，进一步调整了各类人员的收入关系，对吸引、稳定各类骨干人才起到了积极作用。制定了《高层管理人员薪酬实施办法》，初步建立了高层管理人员长效激励约束机制，进一步加强高层管理人员的薪酬管理。

（任　实）

【工资总额管理和人工成本调控】 按照石化集团整体对国家实行工效挂钩的要求，2005 年完成了石化集团 2004 年工效挂钩清算工作和 2005 年工资总额预算计划及 2005 年工效挂钩方案的申报，全年工资总额控制在计划以内。为进一步强化成本费用考核，增强工资总额的过程控制和可预见性，制定实施了集团公司、股份公司《2005 年经营目标考核及工资总额兑现办法》。对人工成本情况加强分析和监控，强化人工成本的预算和过程控制。

（任　实）

【规范离退休人员企业补贴】 2005 年，石化集团总部指导各企业按照“适度提高，逐步规范，体现效益，分层实施”的原则，平稳完成规范离退休人员企业补贴的实施工作。根据医疗保险制度改革的总体要求，指导基层单位建立补充医疗保险，做好在京单位补充医疗保险统一续保工作。

（任　实）

【强化规范化管理】 针对近几年劳动工资管理工作中出现的问题，2005 年，石化集团总部先后组织对部分企业的劳动工资工作情况进行了检查，检查的重点内容是劳资数据是否准确、政策是否合规、管理是否严格，了解和总结企业的有效做法及存在的问题，指导企业进一步做好工作。在坚持改革方向不动摇的基础上，积极做好企业的稳定工作。

（任　实）

人才培训管理

【高层经营管理人员培训】 以提高思想政治素质和治企能力为重点，加强高层经营管理人员及后备人员的培训。2005年组织高层管理人员参加中短期工商管理培训，共培训57人，其中7人参加美国哈佛商学院为期9周的高级管理培训，25人参加英国阿什里奇商学院为期10周的工商管理和领导力培训，25人参加与中欧商学院联合举办的为期12个月半脱产培训；举办领导人员财务知识培训班2期、ERP培训班1期，培训168人；选派37名年轻领导人员到延安干部学院接受党史党建和基本国情教育；举办高层经营管理后备人员培训班，培训183人；选派8人参加中央党校、国家会计学院、中组部培训中心的培训；面向中层以上管理人员举办了6期领导力、执行力及危机公关培训班，162人参加了培训。

（任 实）

【学术技术带头人培训】 以增强科学素养、提高持续创新能力为重点，开展学术技术带头人培训。2005年，举办勘探、开发、炼油、化工、设备、仪表等6个专业的学术技术带头人短训班，培训264人；选派17名油气勘探开发领域学术技术带头人，赴加拿大石油学院参加为期1个月的油气开发技术高级管理培训；举办2期为期4个半月的学术技术带头人外语口语培训班，培训40人；举办炼油用能、化工设备、采油工程和延迟焦化4个技术高研班，培训96人；与清华大学、石油大学、华中科大等高校联合举办电气工程、油气工程、石油加工、物流管理4个专业工程硕士研究生班，培训专业技术战略后备人才96人。

（任 实）

【高级技能人才培训】 以提高职业技能为重点，加快培训高级技能人才。2005年，石化集团进一步完善培训内容，改进培训方式，突出能力训练，加快高级技能人才培养。组织开展高级技师、技师职业资格培训，培养725人；总部组织技师、高级技师轮训，培训469人；遴选36名技能拔尖的钻井高级技师和催化裂化高级技师参加近1年的深造培养；坚持培训与技能鉴定相衔接，指导各企业对193个工种近19万名技术工人进行了职业资格晋级培训。

（任 实）

【国际化经营人才培训】 适应"走出去"战略需要，进一步加大国际化经营人才培训力度。2005年，石化集团举办11期国际项目管理及配套专业人才培训班，培训261人；举办12期各类短期适应性培训和专题培训班(主要包括海外石油勘探开发、石油工程服务、国际贸易、中外合资合作等专业领域)，培训546人；依托内部培训基地，对304名工程技术人员和技能人才进行外语和涉外知识培训；举办3期国际PMP资质取证培训班，培训119人；与石油大学合作培养俄语专业人才，共选拔勘探开发主体专业在校硕士研究生和本科生60人；对24名中外合资合作企业高层管理人员进行培训；首次开展了对外籍人员的培训工作；为加强与古巴石油公司在油气开发与炼油领域的合作，启动了为对方培训员工的3年培训计划，2005年培训13人。

（任 实）

【培训基础工作】 加强培训网络和制度建设，夯实培训工作基础。2005年，石化集团对内部优质培训资源开展专业化定位的准备工作，组织有关基地分析现状，明确优势和发展方向；继续拓宽外部培训合作渠道，并有重点地确立相对稳定的合作渠道，与哈佛商学院、中欧国际工商学院、英国阿什里奇商学院建立了合作关系；组织制定了2005—2010年培训课程和教材开发计划等制度规定。

加强培训项目管理，不断提高培训效果。通过培训机构优选、培训方案制定和效果评价等环节，加强对培训项目实施过程的管理。聘请业务专家参加培训方案审定、学员选拔、培训教学和效果评价等工作，加强在业务技术方面的把关。探索并初步形成了培训机构、学员所在单位和班级等多方参与的学员管理体系，加强国内外培训学员管理。通过上述措施，重点人才培训效果得到进一步提高。

（任 实）

总部机关人事管理

【总部机关人事制度改革】 2005年，石化集团结合党员先进性教育活动征求到的意见，提出了加强总部机关队伍建设的总体思路。顺利完成了集团公司办公厅和股份公司办公室、集团公司人事教育部和股份公司人力资源部的整合及处级以下人员的全员竞聘上岗工作。按照总部机关各部门业务主管、业务主办、业务员的比例要求，组织完成了增设业务主管岗位及各类业务岗位调整和业务人员竞聘上岗工作。

（任 实）

【机关日常管理】 2005年下发并组织实施了《总部机

关处级及以下人员深化完善分配制度改革实施办法》及其《实施细则》、《总部机关处级及以下人员绩效考核指导意见》；组织完成了编制定员调整、处级干部考核聘任、人员引进配置、薪酬保险、经济目标责任制考核兑现等工作。

（任　实）

综合与信息管理

【人力资源信息系统建设】 积极推进系统建设。2005年组织完成了人力资源信息系统企业版软件的推广实施和上线试运行，绝大部分单位按要求通过该系统上报了当年人事劳资统计年报；通过半年试运行，特别是年报填报工作，各单位系统数据维护得到了有效加强，系统建设取得新进展；同时，做好 SAP - HR 模块试点的督导工作。

（任　实）

【人事报表统计分析】 2005年，为适应人事工作新形势需要，将原人事、劳资两套报表整合优化为一套报表，并在人力资源信息系统中完成了定制。认真做好年报、月报等各类报表的统计汇总工作，注重加强三支队伍建设和人事综合信息分析，按要求做好人事信息整理和有关披露工作。

（任　实）

【干部人事档案管理】 加强干部人事档案的宏观指导和日常管理，积极推进干部人事档案目标管理，认真做好有关检查验收工作。在2005年第四次全国干部档案工作会议上，胜利油田被评为全国干部档案工作先进集体。

（任　实）

离退休人员管理

【概述】 截至2005年12月31日，石化集团公司共有离退休人员331 607人，其中离休干部8 504人、退休干部 105 450 人、退休工人 217 653 人；内退人员50 629人。离退休职工党员111 257人，内退职工党员19 204人；离退休职工党委70个，总支208个，支部2 962个。老年活动中心(站)1 545个，老年大学(分校)103所。专职离退休工作人员4 246人。

2005年，石化集团公司离退休工作部在党组领导下，在有关部门大力支持下，紧紧围绕石化集团公司改革、发展、稳定的大局，认真贯彻落实党、国家和集团公司有关离退休工作的方针、政策和规定，加强离退休职工党的建设和思想政治工作，努力提高离退休工作部党员队伍的整体素质，抓好“六个老有”，落实“两项待遇”，保持了离退休人员队伍的稳定，支持了集团公司各项任务的完成。

（黎　萱）

【保持共产党员先进性教育】 按照石化集团公司党组部署，2005年在离退休职工党员中开展保持共产党员先进性教育活动。活动坚持把深入学习“三个代表”重要思想，努力提高党员思想认识贯穿始终；坚持结合实际，把真正取得实效贯穿始终；坚持边学边改，把找准存在的突出问题贯穿始终。离退休职工党员积极参加先进性教育活动，加深了对“三个代表”重要思想的理解，增强了学习实践“三个代表”重要思想的自觉性和坚定性；加深了对科学发展观的理解和认识，坚定了搞好中国石化改革发展的信心和决心；提高了对保持党员先进性重要性的认识，明确了党员先进性具体要求；增进了团结，党群、干群关系更加密切。党员的先锋模范作用和党支部的战斗堡垒作用得到发挥。

（黎　萱）

【离退休人员政治文化建设】 建立以各级离退休职工党组织为政治核心，以支部书记、委员、党小组长，自管区组长、老年文体组织和“五老”队伍为骨干的思想政治工作网络体系，发挥老年活动中心和老年大学在思想政治工作中的思想文化阵地作用，2005年结合中国人民抗日战争暨世界反法西斯战争胜利60周年开展系列活动，继承革命传统，弘扬爱国主义精神。有1 686名抗战老战士获抗日战争纪念章。

开展丰富多彩的文体活动，丰富离退休人员退休生活。2005年组织了中国石化系统老年门球赛，有27个代表队参加，胜利油田老年门球队获第一名。全年，有30 093名离退休人员在老年大学学习，约93 418名离退休人员参加各种老年文体活动。

（黎　萱）

【加强管理落实两项待遇】 从加强调查研究、深入学习政策、开展专题研讨、完善管理体制和运行机制入手加强离退休管理服务工作和对离退休工作的宏观指导。2005年调研了30个企业的离退休工作；8月召开了离退休工作会议，总结工作、交流经验、表彰先进、部署任务；10月召开了21个企业退休人员社会化管理服务工作研讨会，总结贯彻中央16号文件精神、交流推进社会化管理工作、研讨存在的问题、部署试点工作；同时开始片区离退休工作研讨会，促进离退休工作。

在保证离退休人员“两项待遇”落实，“两费”得到保障的同时，积极做好走访慰问、扶贫帮困等各项工作。针对部分老同志退休时间早、家庭收入低、身患重病等实际情况，开展送温暖活动，及时给予救助，缓解他们的困难。

（黎　萱）

【组织老同志发挥作用】 根据自愿量力的原则，组织老同志在关心下一代、自我管理自我服务、技术咨询、社区服务等领域自愿量力地发挥作用。2005年有6万多名老同志参加了关心下一代工作；推广了江西石油公司机关工委在青少年中开展“八个一”活动的经验；组织了石化中小学生书法绘画比赛，有336幅作品参赛，144幅作品获奖；并积极资助四川、贵州、甘肃3省14个国家级贫困县的1.7万名失学、辍学女童，受助女童全部重返校园。

（黎　萱）

【工作人员队伍建设】 以抓学习，提高思想认识、抓作风，提高服务水平、抓能力培养，提高工作效率和质量为主要内容，通过培训、考察和“树形象”活动，不断提高离退休工作人员的政策运用能力、业务工作能力、调查研究能力和管理服务能力。2005年培训51名离退休工作部门负责人和103名离退休统计人员，62名工作人员被评为“树形象”先进个人。

（黎　萱）

油气生产与管理

- ☞ 综述
- ☞ 油气勘探
- ☞ 油田开发
- ☞ 天然气管理
- ☞ 勘探工程
- ☞ 采油工程
- ☞ 油气集输
- ☞ 设备管理
- ☞ 质量技术监督
- ☞ 节能管理
- ☞ 市场管理
- ☞ 基层管理
- ☞ 油藏经营管理

综　述

2005年，石化集团公司油田企业，紧紧围绕利润、成本等效益目标，按照“储量、产量、投资、成本、效益”相统一的原则，以效益为中心，努力实践“稳定东部，加快西部，发展南方，开拓海域，油气并重，依靠科技，降本增效”的发展战略，抓住高油价的大好机遇，努力克服水灾、电力紧张等诸多困难，进一步强化各项管理工作，在油气勘探开发和生产经营上取得了丰硕成果。

全年共新增探明石油地质储量2.21亿吨，勘探新增石油可采储量3 447万吨；新增探明天然气地质储量1 910亿立方米，新增天然气可采储量1 287亿立方米。生产原油3 927万吨，天然气62.8亿立方米。新建原油生产能力579万吨/年，新建天然气生产能力21亿米^3/年。石化股份公司上游板块完成利润508亿元。

一、油气勘探获得一批重大成果

通过强化储量效益意识，充分采用新技术、新方法、新理论，不断加大勘探力度，2005年东部实现了储采平衡，西部实现了储量的不断增长，南方天然气呈现良好发展势头，海域勘探出现好苗头，取得了3个战略性突破、4个重大发现、12项重要进展和一批勘探好苗头。一是辽东东区油气勘探、川东北地区天然气勘探、准噶尔盆地石油勘探实现3个战略性突破，开拓了资源接替的新领域。二是塔河油田盐下、济阳坳陷陈家庄凸起西段、济阳坳陷车镇北带、普光外围甩开勘探获得4个重大发现，扩大了增储上产的新阵地。三是东部探区的垦东潜山披覆构造带、苏北溱潼凹陷西北斜坡、松南地区腰英台油田、东濮凹陷老油区复杂断块群滚动勘探、泌阳凹陷北部斜坡中浅层滚动勘探、八面河区块，西部探区的塔河碎屑岩领域勘探、准噶尔盆地中部3区块永进油田、鄂尔多斯杭锦旗区块，南方探区的普光气田南部、川西深层须家河组勘探等12个地区先后获得重要进展，为全年储量任务的完成奠定了基础。四是松南深层、塔河深层、川东南以及海上勘探等先后发现了一批好苗头，为新区勘探的展开指明了突破方向。

二、油田开发水平不断提高，东部老油田实现储采平衡，西部塔河油田实现上产

2005年，通过加大方案审查优化力度，进一步提高新区产能建设效果；通过坚持滚动勘探开发，加强前期油藏评价，努力实现滚动勘探开发工作一体化；通过加大老油田整体调整挖潜力度，不断改善老油田开发效果；通过强化注水管理工作力度，改善水驱开发效果；通过加大已探明未开发储量动用力度，充分发挥已探明储量效益。通过以上措施，全力以赴抓好开发方案的研究与优化，抓好原油生产的起步和运行，加强油田生产管理，强化油田稳产基础，确保了油气生产的平稳运行。全年生产原油3 927万吨，其中西部420万吨，均创新高。东部老油田开发连续9年实现储采平衡，西部塔河油田开发连续3年实现了上产。2005年油田自然递减为16.1%，综合递减为7.2%，综合含水为88.2%。

三、天然气开发管理工作得到加强

针对“产能建设任务重、技术难度大、时间要求紧、市场矛盾大”的工作特点，按照“资源、管网、市场、效益”相统一的原则，进一步强化重点产能建设和开发准备的协调力度，加强重点地区天然气产销管理，加大天然气推价力度，加强投资和成本管理，不断加快西南、中原地区、鄂尔多斯、东海和塔里木天然气五大基地的建设步伐，天然气建设得到快速发展。2005年共生产天然气62.8亿立方米。鄂尔多斯大牛地气田10亿立方米产能建设工作进展顺利，确保了向北京供气任务的完成；川东北普光气田开发准备节奏进一步加快，为建设川东北天然气生产基地奠定了基础；重点地区天然气产销运行管理工作得到加强，基本保证了市场的稳定。

四、科技进步和技术创新取得新进展

结合油田生产实际，从技术创新入手，东部老油田以夯实油田稳产基础、持续稳定发展为战略目标，重点开展了注水大调查、提高系统效率、套损井防治等工作；西部新区以强化前期研究和方案优化、加快新区产能建设的步伐为目标，加大了新技术的推广和应用力度；天然气以加强低渗低压气藏的压裂技术改造和高含硫气田的高效安全开发为重点，新工艺、新技术的研究试验、引进和推广应用等工作都取得新成绩。油田科研硕果累累，其中鄂北地区地震叠前、叠后综合反演技术研究等5项科研成果获石化集团公司科技进步一等奖。

五、油田整体管理水平又有新的提高

坚持以经济效益为中心，全方位强化各项经营管理工作，特别是通过积极开展“降本增效管理年”活动，重点开展了以编制油田企业经济活动分析模板为核心内容的经营分析活动，并进行全面推广，取得显著效果。油田企业经济活动分析模板的推广和应用，实现了生产活动与经济运行的紧密结合，有利于生产与经营的有机融合，有利于指导生产、组织经营和实现降本增效。

五项劳动竞赛活动进一步开展。2005年，上游企业开展了以“比贡献、比效益、比安全、比水平、比作风”为主要内容的五项劳动竞赛活动。通过找差距、定措施、抓整改、促提升，油田基层管理工作水平得到新的提高。

油藏经营管理工作得到稳步推进。2005年，重点启动了中原油田分公司、胜利孤岛采油厂、胜利勘探项目和产能建设项目的试点准备工作，完善了《中国石化股份公司油藏经营管理实施细则》等一系列管理办法，为下一步具体实施打下了基础。

六、改制分流及专业化管理工作取得新进展

完成了河南油田分公司工程建设监理中心和中原油田分公司油田建设工程部的改制分流。石化股份公司上游板块移交销售板块加油站库86座、职工699人。

（赵方红）

油气勘探

【概述】 据第三次油气资源评价结果，石化股份公司所属356个勘探区块的油气总资源量为石油274亿吨，天然气17万亿立方米。

2005年，石化集团在油气勘探方面取得了3个战略性突破、4个重大发现、12项重要进展和一批勘探好苗头。

（何　斌）

【勘探成果】 1. 三个战略突破和重大进展，开拓了资源接替的新领域，为石化股份公司"十一五"及长远发展打下坚实基础

（1）川东北普光气田接连取得重大突破和进展，构造南部完钻的普光6井在二叠系、三叠系发现厚度达456.2米的白云岩优质储层。对长兴组中上部常规测试，日产天然气75.25万立方米；上返飞仙关组一段中部，酸压后日产天然气128.15万立方米。经国家储委审查验收，普光气田新增探明天然气地质储量1 367.07亿立方米，累计探明天然气地质储量达2 416.59亿立方米，为石化股份公司"十一五"天然气发展规划奠定了坚实基础。

（2）胜利油田新区勘探取得重大突破，在辽东湾东部辽东东油气勘查矿权区块钻探的第一口区域探井——胜顺1井，在第三系多套地层获得日产油75.7—80.3吨的高产油流。并在该地区新落实构造—岩性复合圈闭7个，面积21.2平方千米，资源量8 980万吨，勘探前景较好，有望成为胜利油田良好的储量接替阵地。

（3）准噶尔盆地西缘邻近克拉玛依油田的车排子地区，发现一系列地层、岩性圈闭。排2井在上第三系沙湾组获日产油62.79立方米，不含水，油质轻，实现了车排子地区油气勘探的重大突破。

2. 四个重大发现，扩大了增储上产的新阵地

（1）塔河油田新层系新领域探索获得重大发现，石炭系、三叠系、奥陶系上统良里塔格组等多套层系获得高产油流，为塔河油田下步勘探准备出接替战场。①塔河油田南端的沙112－2井在石炭系下统巴楚组获得日产原油105吨；②在塔河南部盐上三叠系一批探井获工业油气流，新增探明石油地质储量953万吨；③塔河南盐下地区沙116－2井在奥陶系上统良里塔格组首次获得日产原油228立方米、天然气2.94万立方米的高产稳产油气流，发现了一个新的勘探领域。

迄今国内规模最大、丰度最高的整装海相气田——普光气田普光1井放喷点火

作为产量接替新区的首口开发井——塔河南1井正在全力钻进

(2) 胜利油田东营北带深层天然气勘探取得突破性新进展，丰深1井老井复查，采用新的测试工艺，获得日产油81.7吨、气11.47万立方米的高产油气流。表明4 000米以下深层同样具有形成高产油气的条件，拓宽了济阳坳陷的有效勘探空间，并对深层天然气勘探有重要启发。

(3) 胜利油田济阳坳陷车镇北带沙三段砂砾岩扇体勘探取得重大新发现，部署在构造低部位浊积扇体的车66井，获日产油132立方米、气1.65万立方米的高产油流。发现了一套新的高产含油层系，打破了车镇北带沙三段灰岩砂砾岩体无好储层的传统认识。

(4) 川东北地区甩开勘探取得一系列重大突破和进展，为天然气储量进一步增长准备了接替阵地。①通南巴构造带河坝1井三叠系飞仙关组获得日产天然气29.6万立方米，不含二氧化碳、硫化氢；②达县—宣汉地区双庙构造双庙1井飞仙关组获日产天然气18.17万立方米，硫化氢含量低；③达县—宣汉地区毛坝构造毛坝3井二叠系长兴组上部获日产天然气15.45万立方米。

3. 12项重要新进展，确保了石化股份公司全年储量任务的完成，为下步发展打下坚实基础

(1) 胜利油田垦东潜山披覆构造带北部勘探取得重要进展，多口探井浅层获得高产油气流，展现出良好的勘探效益：垦东342井日产油7.0吨，日产气7.37万立方米；垦东80井日产油78.9吨；垦东344井日产油116.24立方米。

(2) 胜利油田济阳坳陷滚动勘探不断取得新进展，埕岛地区第三系继2004年多口探井获高产油流后，2005年又有埕北152、埕北153、埕北155、埕北158等一批探井获得高产油流，使该区成为胜利油田拿规模储量的有利阵地之一，2005年新增探明石油地质储量2 003万吨。牛庄洼陷沙四段岩性油藏勘探获得成功，描述砂体17个，新增探明石油地质储量332万吨；孤西潜山带在断块高部位部署渤古401井，日产油77.88吨、天然气16.23万立方米，进一步扩大了渤深6潜山带的含油面积；基山砂岩体在连续多年储量持续增长的基础上，2005年又有一批探井获得成功，使基山砂体含油范围进一步扩大。

(3) 东濮凹陷老油区复杂断块群精细勘探取得重要进展，钻井成功率和储量动用率明显提高，在老区复杂断块群共探明石油地质储量1 110万吨，已落实可动用储量320万吨。

(4) 中原油田新区勘探取得新进展：①内蒙古白音查干凹陷南部缓坡带达35井获日产21.98立方米的高产油流，3口滚动井获工业油流，探明石油地质储量298万吨；②陕北富县地区探明石油地质储量315万吨，试采工作全面展开。

(5) 河南油田泌阳凹陷滚动勘探取得重要进展：北部斜坡带西部发现多个含油断块及新油层，探明储量795万吨；南部陡坡带浅中深层勘探在不同层位获得新发现，泌301井在大理岩裂缝日产油3.48立方米，首次在基岩发现油气藏，深层系的泌261井压裂后获日产油45立方米的高产油流。

(6) 江苏油田高邮凹陷北斜坡东部瓦庄东区块瓦

X7、瓦 X10 等井获工业油流，重新解释获得有效油层 7 层 13.4 米，新增探明石油地质储量 544 万吨，是江苏油田少有的整装储量。金湖凹陷汊涧斜坡带评价勘探取得新进展，新增探明石油储量 160 万吨，形成增储上产新场面。

(7) 江汉油田八面河区块加强区带整体评价勘探，新增探明石油地质储量 601 万吨，进一步落实了面 36 块千万吨储量规模含油区块。

(8) 华东分公司苏北溱潼凹陷滚动勘探取得一系列新发现、新进展，探明石油地质储量 120 万吨，并在北汉庄构造首次获得工业油流，发现了北汉庄油田。在松辽南地区腰英台油田取得新进展，新增探明石油地质储量 429 万吨。

(9) 东北分公司松辽南地区登娄库构造带勘探获得新发现，精心部署和施工的 SN360 井压裂后日产气 9 872 立方米，首次在登娄库构造获工业气流。

(10) 准噶尔盆地中部 3 区块永进油田勘探取得新进展，含油气场面进一步扩大。永 1 井在侏罗系西山窑组 3.17 毫米油嘴放喷求产，日产油 23.9 立方米、气 5 270 立方米；永 2 井侏罗系西山窑组日产油 20.7 立方米；永 6 井在白垩系日产油 12 立方米。

(11) 华北分公司鄂尔多斯盆地油气勘探取得一系列新发现、新进展。塔巴庙区块东北部发现上古生界叠置高产气藏，4 口探井取得成功，新增探明天然气地质储量 328.14 亿立方米；杭锦旗区块北部锦 11 井获工业气流；杭锦旗南区块锦 10 井在奥陶系风化壳上马家沟组马四段首次获日产天然气 5 049 立方米。

(12) 西南分公司川西北地区深、中浅层勘探均获得新发现，一批探井获工业气流及高产气流。川孝 560 井在深层须四底部砾岩获高产气流，输气测试日产天然气 5.18 万立方米，为深层勘探指出了新层位。温江—中江地区中浅层一批探井获工业气流，其中新都都沙 2 井在沙溪庙组获日产 15.16 万立方米的高产气流。

4. 出现一批油气勘探好苗头，指出了中长远勘探的新方向

(1) 松辽盆地南部深层勘探获得重要新发现。SN183 井火石岭组首次获日产原油 10 立方米的工业油流，SN116 井在火石岭组首次获得日产天然气 6 000 立方米，SN187 井火石岭组凝灰岩井段压裂获日产 1.05 万立方米的工业气流。这些成果开辟了松辽盆地勘探新领域。

(2) 塔里木盆地取得一批重要新发现：塔河地区九联片三维地震资料解释取得新发现，在下奥陶统和寒武系发现大型碳酸盐岩建隆目标，指出了“塔河下面找塔河”的新目标；中央隆起围斜带取得新发现，2 口探井获油气流：中 1H 井对奥陶系裸眼测试，日产油 41.45 立方米、气 3 279 立方米；古隆 1 井下奥陶统鹰山组中途测试日产天然气 1 万立方米。

(3) 南方环四川盆地新区新领域勘探发现一系列新情况、好苗头。位于川东南地区丁山构造高点的丁山 1 井钻遇多套生储盖层和良好天然气显示；川东、鄂西—渝东地区区带、圈闭评价取得积极进展，落实了一批有利构造和钻探目标；黔中隆起及其周缘地区整体评价取得积极进展，发现雪峰隆起逆冲断裂带，并发育多套烃源岩。

(4) 江苏油田北部湾盆地徐闻区块勘探取得新发现，徐闻 X1 井获日产 4.84 吨的工业油流，并揭示了较好的烃源岩，新增预测石油地质储量 422 万吨。

（何　斌）

【勘探效益】　2005 年共预探圈闭 247 个，新获工业油气流圈闭 72 个，圈闭预探成功率 29.1%。

平均每口探井(包括滚动井)探明油气地质储量为 75.62 万吨，每米进尺探明油气地质储量 281.87 吨；每口探井(包括滚动井)探明油气可采储量为 29.95 万吨，每米进尺探明油气可采储量 111.63 吨。探明每吨油气地质储量直接成本 21.39 元，探明每吨油气可采储量直接成本 54.02 元。探明每桶可采油气储量当量直接成本为 1.10 美元。

（何　斌）

油田开发

【概述】　2005 年，油田开发战线广大干部职工，按照稳定东部、加快西部的工作思路，精心组织，辛勤工作，很好地完成了年度开发各项生产任务，实现了原油产量的稳步增长，为上游板块完成生产经营目标作出了突出贡献。油田开发总体保持了较好的发展态势，油田开发水平进一步提高，各项工作取得了可喜的成绩。

(1) 油田连续多年实现储采平衡。其中“十五”期间连续 5 年实现年度储采平衡，5 年间共增加可采储量 2.16 亿吨，累计产油 1.92 亿吨，储采替代率保持在 100%—120% 之间。2005 年勘探新增石油可采储量 3 447万吨，年产油 3 927 万吨，年度储采替代率 116%，实现了年度储采平衡的良性循环。

(2) 深化老区剩余油研究，调整治理与技术改造并重，油田开发基础得到恢复，综合含水率得到有效控制。由于东部老油田稳产基础工作的加强，2005 年油田自然递减 16.1%，综合递减 7.2%，综合含水

88.2%，与上年相比继续保持稳定。

油气田开发资源动用情况。截至2005年底，中国石化所属油田企业投入开发油田187个，动用石油地质储量52.6亿吨，动用已探明石油地质储量的78.7%。目前井网、工艺条件下标定可采储量14.8亿吨，采收率28.1%，已动用部分剩余可采储量为3.65亿吨，核定年原油生产能力为3 907.2万吨。未动用储量13.3亿吨，其中落实未动用储量6.33亿吨，待评价储量4.96亿吨，待核销储量2.1亿吨。

油田开发现状。截至2005年12月，集团公司共有采油井30 772口，开井24 955口，油井开井率81.1%，日产油水平10.82吨，单井日产油水平4.3吨，累积产油11.10亿吨，地质储量采油速度0.75%，采出程度21.1%，可采储量采出程度75.3%，剩余可采储量采油速度10.7%。综合含水88.2%。共有注水井10 523口，开井8 036口，注水井开井率76.4%，年注水量2.81亿立方米，平均单井日注水96.3立方米，累积注水量57.56亿立方米，累计注采比0.83。

（唐　磊　周吉敏　罗　伟）

【原油产量变化趋势】 2005年石化集团公司原油产量继续保持恢复性增长，与上年同期相比增产65.9万吨。增产油田5个(西北、胜利、江苏、华东、中南)，同比增产85.4万吨；稳产油田4个(河南、江汉、南方、华北)；减产油田4个(中原、东北、上海、西南)，同比减产17.8万吨。各油田原油产量见表1。

（李春华）

表1　　2000—2005年石化集团公司各油田原油产量　　万吨

年份 / 企业名称	2005	2004	2003	2002	2001	2000
石化集团公司合计	3927.1	3861.21	3816.29	3800.11	3791.04	3724.35
胜利油田	2694.5	2674.30	2665.51	2671.51	2668.01	2675.7
中原油田	320.05	335.11	361.57	380.04	380.17	377.1
河南油田	187.1	188.31	186.00	188.02	186.0	185.1
江苏油田	164.7	162.0	158.24	157.00	157.02	155.0
江汉油田	95.6	96.00	95.12	96.54	95.21	87.5
南方分公司	3.0	2.88	2.70	3.00	3.3	3.4
上海分公司	7.6	9.63	11.51	14.53	18.2	
西北分公司	420.0	358.17	300.86			
华东分公司	18.0	17.51	17.04			
东北分公司	4.7	5.15	4.42			
西南分公司	0.8	1.09	0.93			
中南分公司	1.0	0.85	0.71			
华北分公司	10.0	10.18	11.69			

【产能建设】 在开发产能建设投资项目管理上，针对产能建设区块地质条件越来越复杂、认识难度越来越大的特点，石化集团公司对产能建设项目实施计划分批下达，对重点产能建设项目实行集中专家审查制度，强化过程跟踪监督、及时调整，最大限度降低风险，提高投资效益，多次对产能建设项目进行优化论证。针对复杂的油藏和地面条件，胜利油田和西北分公司加大了油田开发技术研究与应用，特别是在超稠油和潜山油藏的开发上取得了新的进展。

2005年，石化集团公司新、老区产能建设共完钻新井1 994口、进尺399.73万米，新、老区合计新建、新增原油生产能力549万吨/年。其中新建产能区块116个，动用地质储量1.33亿吨，钻井880口、进尺157.91万米，累计投产油井数765口，新建产能263万吨/年。其中胜利油田2005年新区产能建设区块63个，动用地质储量6 352万吨，完钻新井365口，进尺78.02万米。投产新井334口，12月开井312口，产油能力2 412吨/日，平均单井日产油7.7吨。西北分公司2005年新建产能区块7个，动用地质储量2 670万吨(阿克亚苏、雅克拉断凸、塔河南

T 3块未提交探明储量)，新区累计新钻油井数 49 口，进尺 27.38 万米，新建产能 86.2 万吨/年。

老区产能建设方面，2005 年通过加强了对不同类型油藏开发阶段、开发状况的认识，以进一步明确不同类型油藏的挖潜方向。明确了几种主要油藏类型的方向性、主导性调整挖潜措施和调整思路。老区调整以提高储量动用程度和改善水驱效果为重点，整装油藏以细分韵律段层内精细挖潜、厚油层顶部挖潜、非主力层挖潜为主；断块油藏调整注重细分开发层系与完善注采系统的结合；低渗透油藏稳步推进以井网井距优化、注采完善为主的配套治理；热采稠油油藏加大加密调整和井网完善力度，扩大整体调整规模。钻井 866 口、进尺 193.99 万米，新增(恢复)产能 287 万吨/年，年增油 216.9 万吨。

（黄石岩　李　胜）

【油田开发挖潜】 (1) 滚动勘探开发及油藏评价。遵照石化集团公司增储上产的资源战略，近年来加大了井间地震技术、高精度三维地震技术、低序级断层识别技术、相控储层预测技术等新方法、新技术的应用力度，加大了老油田周边滚动勘探力度，努力寻找优质储量，滚动勘探取得了很好的效果。2005 年各油田面对后备资源接替困难的矛盾，依靠滚动勘探开发技术，努力寻找新的有利目标、新增探明储量和控制储量，既拓宽了新建产能区块的优选空间，也为 2006 年及以后打下了良好的基础。石化集团公司全年滚动新增探明石油地质储量 4 690 万吨，平均单井新增探明储量 36.6 万吨。“十五”期间平均每年滚动勘探新增探明储量 4 384 万吨，比“九五”期间年新增探明储量增加 1 070 万吨。

2005 年制定了油藏评价工作的新思路、新办法。在充分调研和征求意见的基础上，提出了“关于进一步搞好油藏评价的建议”，初步拟定了“关于油藏评价工作管理办法”，通过转变思路、规范制度，进一步提高油藏评价工作水平，为今后寻找优质高效的产能建设接替阵地打下坚实的基础。2005 年安排钻评价井 158 口，进尺 38 万米，同比增加 33 口，增加进尺 5.1 万米。

(2) 以补充完善注采井网为主，老油田整体调整效果显著。在开发调整前加强以饱和度测井为主的动态监测，对调整方案进行充分优化论证，在调整过程中，强调地面与地下、地质与工艺的结合与统一。对于整装老油田，通过精细研究剩余油分布规律，找准挖潜方向，适当调整注采关系，增加油井多向受效，提高高含水油藏水驱采收率。对于断块油田，通过精细构造、储层研究，在重新落实构造储层和确定流动单元的基础上，通过钻新井、老井转注和老井补孔改层等措施完善注采井网，增加和恢复注水储量，提高储量动用程度，取得了较好的效果。老区采收率比上年提高了 0.33 个百分点。

(3) 技术改造专项。从 2000 年开始，石化集团公司开展了以产能恢复为重点的老油田技术改造工程，这是一项加强老油田稳产基础、提高采收率、提高油田生产运行质量的重大举措。2005 年老油田技术改造工作继续抓好“油藏研究与工艺配套、恢复生产能力与增强稳产基础、地下与地面”三个结合，确保治理一块、见效一块，改善老区效果，夯实稳产基础。

（罗　伟　郭万松）

【三次采油技术推广应用】 2005 年三次采油围绕有效扩大规模、提高注入质量、新技术新方法研究等，重点抓了以下主要工作：一是针对新投储量品位降低，注采井网不完善、平面层间矛盾较突出等问题，加强了方案优化设计、注入质量管理和动态调整，为达到方案预期效果奠定基础；二是继续抓好已实施项目的跟踪调整，加强了飞雁滩、孤岛西区南扩大注聚区两个全面见效单元的跟踪评价，编制实施了调整方案，增加干粉注入 7 780 吨，预计可多增油 20 万吨；三是强化了转后续注水项目的管理，按照“控制注入总量，合理保持地层压力、均衡平面注采比”的原则，充分挖掘聚驱后的层间潜力。

2005 年胜利、河南油田累计实施聚合物驱项目 39 个，覆盖储量 3.5 亿吨；已转后续注水项目 22 个，正注入项目 18 个；正注聚井 425 口，年注聚合物干粉 3.51 万吨，年产油 387 万吨，年增油 175.2 万吨，累注干粉 28.86 万吨，累增油 1 191.9 万吨。2005 年新增聚合物驱项目 2 个，覆盖地质储量 2 694 万吨。

（赵冬梅）

【油田开发管理】 2005 年，油田开发管理工作有以下几方面重要内容：

(1) 开展注水大调查。注水大调查是 2005 年油田开发的重点工作。在总部统一部署下，对胜利、中原、河南、江苏、江汉、华东 6 个东部注水开发油田从油藏、井筒到地面工程系统的开发运行现状进行了全方位清查，分析评价油藏、工艺、工程等注水开发配套技术适应性，重点对制约油田开发基础和影响注水开发效果的矛盾进行比较全面、彻底的揭示，并找出潜力方向和对策，为正确评价老油田生产基础状况、明确下步工作切入点、提高注水油田开发水平和效益提供了可靠的依据。

针对注水大调查暴露的主要问题，为了加强老油田的稳产基础、控制水驱开发油田的自然递减、提高注水开发油田的水平和效益，总部决定对注水油田的水井、水质进行专项治理。2005 年集中资金专项治理水井，更换 1 950 口注水井的防腐管柱 406 万米。

(2) 启动《油田开发管理纲要》及配套制度的制定、修订工作。在油田开发全过程中，以油藏经营管理的理念，分层次制定油田开发管理的规章制度和实施办法，建立健全油田开发管理工作体系，实现油田开发制度化管理，是油田开发高效运行的重要保证，更是实现油藏经营管理的迫切需要。2005 年组织完成了油田开发制度体系的实施方案，即四级制度建设的框架意见，逐步形成适应开发全过程的完整制度体系；同时启动了开发管理纲要的编制，已完成第二稿；并对现行制度标准进行全面清理，启动了三级管理制度的制定。

(3) 探索 3 年滚动实施计划管理体系，突出中期计划的宏观指导作用。为了体现中期计划的指导性，按照总部的统一要求，从 2005 年开始，首次安排编制油田开发 3 年滚动实施计划的工作。在总部层面组织编制了以胜利油田为主体东部硬稳定、以塔河油田为主体西部上产、未开发储量、三次采油等 4 个专项 3 年实施计划，基本确定了中国石化油田开发后 3 年的重点工作方向。各油田企业制定了油田开发 3 年滚动实施计划，并提出了“5 年重在趋势把握，3 年重在落实工作目标和投入产出计划，年度重在项目优化筛选”的指导原则。

（罗　伟　赵冬梅）

天然气管理

【概述】 天然气作为一种洁净、高效、优质的能源，在国家能源结构调整中受到越来越多的关注。石化集团公司坚持“油气并举”，加大天然气勘探开发投入，勘探不断取得新突破，天然气产量快速增长，管网建设节奏加快，市场开拓力度不断加强，天然气产业得到很大发展。到 2005 年底，累计探明天然气地质储量 13 136 亿立方米，天然气年产量达到 62.85 亿立方米，开拓了大华北、四川两大主要目标市场，天然气产业呈现出良好的发展势头。天然气逐渐成为中国石化新的经济增长点。

(1) 加强天然气开发产能建设工作，天然气进入快速发展阶段。2005 年鄂尔多斯大牛地气田认真落实国务院领导关于“中国石化向北京供气以缓解首都用气紧张局面”的指示精神，用 10 个月的时间，完成了天然气 10 亿米^3/年产能建设工作，确保了向北京的供气任务的完成；塔里木气区雅克拉—大涝坝气田与天然气用户同步建设，2005 年底按计划顺利完成产能建设任务，同时完成了气田的集气处理站及外输管线的建设，气田进入整体开发阶段。

(2) 川东北普光气田建设节奏进一步加快，为建设川东北天然气生产基地奠定了基础。2005 年加强了普光气田开发的前期论证工作，从气藏方案、钻采工艺、安全生产、脱硫工艺、管道运输等几方面着手，先后组织国内知名专家对方案进行了多次评审，编制完成普光气田滚动开发方案，为下一步开发建设作好了准备。

(3) 进一步加强天然气推价工作，提高石化集团的整体效益。2005 年通过优化山东、河南、川西等地区的天然气的市场用户结构，调整流向，提高了天然气综合结算价格，比预算增加收入近 3 亿元。

截至 2005 年底，石化集团公司累计探明天然气地质储量13 136亿立方米，标定采收率 49.5%，可采储量 6 502 亿立方米。其中 2005 年勘探新增探明储量 1 910 亿立方米，可采储量 1 287 亿立方米。

石化集团公司累计动用天然气地质储量 5 072 亿立方米，储量动用率 38.6%，标定采收率 43.2%，可采储量 2 192 亿立方米。其中 2005 年新增动用储量 1 078.5亿立方米，新增可采储量 587.27 亿立方米。

累计探明未动用天然气地质储量 8 067 亿立方米，占总探明储量的 61.4%，标定采收率 53.6%，可采储量 4 326.59 亿立方米。

已动用的储量中新增可采储量 587.27 亿立方米，实现了年度储采超平衡，年度储采平衡系数达到 8.9。

（李广月　周德华）

【生产能力现状】 2005 年底核定天然气产能 76.7 亿米^3/年，比上年净增 15.5 亿米^3/年。

核定气层气产能 59.42 亿米^3/年，其中 2005 年新建(增)24.03 亿米^3/年，核减 9.04 亿米^3/年，比上年气层气产能净增 14.99 亿米^3/年。西南、华北、中原分公司年末核定气层气产能分别为 20.0 亿米^3/年、11.5 亿米^3/年、11.3 亿米^3/年，分别占石化股份公司年末核定气层气产能的 34%、19%、19%。

核定溶解气产能 17.28 亿米^3/年。2005 年新建(增)产能 3.47 亿米^3/年，核减产能 2.93 亿米^3/年。其中胜利、中原、西北分公司年末核定溶解气产能分别为 7.12 亿米^3/年、4.72 亿米^3/年、4.04 亿米^3/年，分别占石化股份公司年末核定溶解气产能的 41%、27%、23%。

（李广月　周德华）

【产量】 截至 2005 年底，石化集团公司动用天然气地质储量 5 072 亿立方米，井口年产气 65.8 亿立方米，工业年产气 62.85 亿立方米，采气速度为 1.3%，累计产气 1 162 亿立方米，采出程度 22.9%，剩余可采储量 1 029.6 亿立方米。

（李广月　周德华）

【超额完成生产经营指标】 2005 年石化集团公司计划产气量 60.6 亿立方米，实际年产气量 62.85 亿立方米，完成年度计划的 104%；计划商品气量 46.02 亿立方米，实际商品气量 48.05 亿立方米，商品率达到 76.4%，完成年度计划的 104%，比 2004 年商品气量增加 5.7 亿立方米，同比增长 13.4%。

（李广月　周德华）

【产能建设】 2005 年石化集团公司计划动用天然气地质储量 662 亿立方米，新钻井 376 口，进尺 943.9 千米，新建(增)产能 23.85 亿米^3/年。实际动用地质储量 978 亿立方米，实施新钻井 370 口，侧钻井 16 口，进尺 94.36 千米，利用改采井 44 口，新建(增)产能 21.3 亿米^3/年。新钻井完成年度计划的 98%，新建(增)产能完成年度计划的 89%。

另外考虑到市场的需求，部分地区加大了产能建设力度，先期实施了 2006 年计划的开发井 78 口，进尺 206.4 千米，建成产能 2.73 亿米^3/年。2005 年累计建成产能 24.03 亿米^3/年。

（李广月　周德华）

【措施增产】 2005 年石化集团公司在低渗储层改造技术、排液采气技术、增压开采工艺技术等方面取得了新的进展，共实施措施 1 816 井次，有效 1 684 井次，日增气层气产量 106 万立方米，年增气层气产量 2.62 亿立方米。

（李广月　周德华）

勘 探 工 程

【勘探技术进步】 (1) 2005 年，石化集团公司进一步加大高精度三维地震等成熟技术的应用推广力度，开展复杂地表地震攻关，地震资料品质稳步提高，有力支撑了新、老区勘探的顺利开展。

胜利油田先后在东营南坡、民丰、桩海、孤西、陈家庄等地区实施高精度三维地震，并取得突破。通过对官 1 三维的精细构造解释，新发现有利圈闭 20 余个，部署王斜 131、王古 1 等近 10 口探井均获成功，并突破了南坡孔店组的出油关；桩海高精度三维使下古生界潜山顶面得到很好的成像，探明下古生界含油面积 19.8 平方千米，探明储量 1 736 万吨。中原油田为满足东濮地区勘探不断深化的需要，在马厂地区开展了多道全三维勘探。在观测系统设计上选择宽方位、小面元、高密度采样观测技术，取得明显成效。河南油田对泌阳凹陷深层系三维地震采集方法进行攻关，取得明显成效，查清了泌阳凹陷深层的内幕反射，主要目的层段反射频率达 30 赫兹，各反射层次波组特征明显。西部勘探指挥部在塔中开展了沙漠地震采集攻关试验，通过对沙漠区低降速带吸收补偿技术、检波器的最佳耦合与数字匹配技术、数字检波器单点接收技术、山地山前带观测系统照明分析技术、层析成像的处理和方法研究等技术试验及研究，初步形成和完善了具有针对性的特色技术。原始资料品质和剖面质量不断提高，成效显著，所获得的单炮和剖面资料与老资料相比，资料主频明显提高，单炮频率比以往提高 4—6 赫兹；现场监控处理后的剖面目的层段主频提高了 6—10 赫兹；剖面的信噪比较老剖面也有明显提高，大部分剖面段东河砂岩可追踪解释。数字检波器技术在胜利、中原油田，南方和西部地区得到初步应用。

(2) 加大垂直钻井技术的应用和钻井技术攻关力度，钻井技术有明显进步。

在龙深 1 井、桑株 1 井、普光 7 井应用垂直钻井技术，钻井速度明显提高，井斜得到控制。在桑株 1 井钻井施工中引进了斯伦贝谢公司提供 Power-V 垂直导向钻井工艺，施工井段 127—1 702 米，共下井 10 趟，进尺 1 575 米，纯钻时间 552.18 小时，平均机械钻速 2.85 米/时，比设计 1.37 米/时提高 108%。二开钻井时间 44 天，比设计提前了 120 天。与邻井桑参 1 井比较，钻机月速提高近 3.8 倍，平均机械钻速提高 5.48 倍。在提高钻井速度的同时，井斜也得到了较好的控制，井斜从入井时 1.91°(127 米)以后井段一直控制在 0.3°左右。在龙深 1 井，自 1 490 米开始使用贝克休斯的 VertiTrak(VTK)垂直钻井系统，垂直钻井累计进尺 763.84 米，完成二开钻井，平均钻速提高到 3.05 米/时，同比提高了 5 倍，井斜角控制在 1°以内。西部勘探指挥部通过高效 PDC 钻头的优选、“PDC + 螺杆”复合钻井等技术手段，大大提高了准噶尔中部地区深井的钻井速度。已经完钻的永 2、永 6 井钻井速度明显加快，特别是永 6 井钻井周期 187 天，平均机械钻速达 3.59 米/时，与永 1 井相比，钻井周期缩短了 119 天，机械钻速提高了近 1 倍，取得了令人鼓舞的良好效果。

（薄启炜）

采油工程

【概述】 2005年，石化集团公司采油工程系统认真贯彻“大工程”指导思想，坚持与勘探、油藏、地面、经济评估的“四个结合”，加强工艺技术配套前期研究、攻关，优化钻采、地面工程方案，加强重点气田(普光气田、大牛地气田)工程技术方案优化，努力搞好新老区工程管理和技术配套，产能建设质量与效益稳步提高，为新老区产能建设和老区技术改造决策提供强力支撑。

2005年，石化集团公司在高油价的有利形势下，针对停产井较多的实际情况，组织开展修复停产井专项工程，取得良好的油气开发效果和经济效益。各油田分公司继续开展以节能降耗为核心的提高系统效率示范区工程，加大成熟技术的推广应用力度，强化生产运行的优化工作，进一步降低了生产能耗，机采系统效率、输油泵平均运行效率分别达到25.08%、59.22%，同比分别提高0.75个百分点、2.3个百分点，注水系统效率基本保持稳定。

(曾庆坤　薄启炜)

【采油工程队伍】 截至2005年12月，石化集团公司采油工程系统共有采油(气)厂29个，采油工程研究院7个，合计总人数74 880人。按队伍类型划分，采油(气)厂生产一线队伍共有1 214个，其中采油队426个、采气队32个、注水(聚、汽)队85个、输油(气)队41个、污水处理站128个、联合站97个、接转站183个、试井队49个、巡线队21个、其他队49个，总人数63 195人。

(曾庆坤　薄启炜)

【采油设施】 截至2005年12月，石化集团公司共有注水井10 523口，开井8 036口，平均单井日注水量96立方米，年累计注水2.8亿立方米。共有各类海上采油平台95座，原油船9艘，交通艇20艘，其他工作船3艘，作业平台4座；共有海底输油管线72条，总长411.8千米；海底输气管线4条，总长417.4千米；海底注水管线37条，总长43.2千米；海底电缆75条，总长173.5千米；共有海上油井260口，开井223口，年生产原油229.65万吨；海上气井12口，开井11口，年生产天然气6.50亿立方米；海上注水井63口，开井62口，年注水量218.54万立方米。共有在用油气水井总数为40 003口，其中生产井32 743口，长停井7 260口，分别占总井数的81.85%和18.15%。

2005年集团公司在用油管6 414.15万米，年投用新油管1 239.62万米，其中新井投用新油管496.41万米，老井油管平均更新率为12.6%；年修复油管2141.6万米，投用修复油管2114.1万米，老井油管修复在用率35.7%；年报废油管568.3万米，油管年报废率8.9%。在用抽油杆3 099.91万米，年投用新抽油杆734.21万米，其中新增新井用抽油杆270.45万米，老井抽油杆平均更新率为16.39%；年修复抽油杆566.56万米，投用修复抽油杆540.04万米，老井抽油杆修复在用率19.09%；年报废抽油杆433.57万米，年报废率13.99%。在用抽油泵23 907台，全年投用新抽油泵16 825台，其中新增新井用抽油泵2 130台，老井抽油泵更新率为67.48%；年修复抽油泵6 205台，投用修复抽油泵4 997台，修复在用率22.95%；年报废抽油泵12 020台，年报废率50.28%。

(曾庆坤　薄启炜)

【井下作业工作量情况】 2005年，石化集团公司共完成油气水井井下作业总工作量45 620井次。其中，从作业类型上看，措施作业19 148井次，维护作业23 177井次(包括动态监测)，新井投转注3 295井次(口)，分别占总作业工作量的41.97%、50.80%、7.23%；从生产井类型看，油井作业37 319井次，气井作业1 321井次，水井作业6 980井次，分别占油气水井井下作业总工作量的81.80%、3.00%、15.20%。

(曾庆坤　薄启炜)

【重点措施工作量及效果】 侧钻：2005年实施油气水井侧钻196口，其中油井162口、气井4口。当年累计增油34.26万吨。

大修：2005年共实施油气水井大修作业1 265口，其中油井865口，气井40口，水井360口。其中油井有效757口，年累计增产原油21.79万吨，恢复石油可采储量703.8万吨；气井有效24口，当年累计增产天然气0.29亿立方米，恢复天然气可采储量5.16亿立方米；水井有效317口，当年累计增加注水320.5万立方米，恢复水驱可采储量1 358.9万吨。

压裂：2005年实施油井压裂728井次，有效600井次，有效率82.42%，当年累计增产原油51.85万吨；气井压裂245井次，有效212井次，有效率86.53%，当年累计增产天然气2.51亿立方米；注水井压裂13井次，有效13井次，有效率100%，当年累计增注水4.58万立方米。

酸化：2005年实施油井酸化835井次，有效657井次，有效率78.68%，有效期129.4天，当年累计增产原油25.09万吨；气井酸化12井次，有效11井次，有效率 91.67%，有效期 239.9 天，当年累计增产天然气 558.10 万立方米；注水井酸化 694 井次，有效 612 井次，有效率 88.18%，有效期 154.83 天，当年累计增注水 400.16 万立方米。

补孔改层：2005 年油井实施补孔改层 3 990 井次，有效 2 900 井次，有效率 72.68 %，对应油井增产原油 119.40 万吨；气井实施补孔改层 125 井次，有效 96 井次，有效率 76.8%，年增产天然气 9 281.52 万立方米。

水平井：截至 2005 年底，石化集团公司共有水平井 559 口(当年新投产水平井 112 口)，水平井段平均长度 232.09 米，开井 484 口，开井率 86.58%，采油时率 90.37%。平均单井日产液 79.68 立方米，平均单井日产油 14.01 吨，年累计产油量 219.44 万吨，综合含水 82.74%。

稠油热采：2005 年共有热采井 3 055 口，开井 2 003口，注蒸汽井 1 735 口，当年累计注汽 456.45 万吨，热采汽油比 1.67，回采水率 327.1%，井口平均注汽干度 66.91%。

（曾庆坤　薄启炜）

【主要技术经济指标完成情况】 截至 2005 年底，共统计抽油机井 18 579 口，平均泵挂深度 1 317.7 米，平均动液面 931.7 米，平均沉没度 386.0 米，平均泵效 55.34%，平均检泵周期 523.6 天；平均机采系统效率 25.08%。与上年相比，平均泵挂深度增加 14.8 米，平均动液面下降 32.0 米，平均沉没度减少 17.2 米，平均泵效下降 0.36 个百分点，检泵周期缩短 8.6 天；平均机采系统效率上升 0.75 个百分点。

平均注水系统效率为 50.71%，注水用电平均单耗 6.49 千瓦·时/米^3，注水泵平均运行效率 75.43%，水质达标率 74.3%。与上年相比，注水系统效率下降 0.31 个百分点，注水用电平均单耗增加 0.1 千瓦·时/米^3，注水泵平均运行效率下降 1.3 个百分点，水质达标率提高 2.88 个百分点。

（曾庆坤　薄启炜）

【建立完善管理体制和机制，提高采油工程系统管理水平】 2005 年，采油工程系统把工程与技术管理制度建设作为一项重要工作，在贯彻落实已有规章制度的同时，进行深入全面的探讨和研究，配套完善了有关管理制度，为规范管理工作、稳步提高采油工程系统管理水平奠定了基础。

先后制定实施《油气勘探开发工程设计管理办法》、《井下作业五项管理规定》、《修复停产井增产油气管理办法》、《注水井专项治理管理规定》和《勘探工程管理规定》等有关规章制度。并着手编制《重点钻井工程管理办法》、《重点试油工程管理办法》、《物探工程管理规定》、《测井工程管理规定》、《录井工程管理规定》、《试油工程管理规定》、《勘探工程设计许可管理办法》等规定和办法。

（曾庆坤　薄启炜）

【加强信息化建设与技术培训，提高工作效率与管理水平】 2005 年，采油工程系统在信息化建设上，一是配合经济活动分析对原采油工程报表进行了修订和完善。二是 PEOFFICE 油气生产管理和优化设计软件在胜利油田试点的基础上，在胜利、中原等 5 个油田全面推广应用。三是对各油田的软件需求情况进行了摸底分析，进行了技术交流，为确定 2006 年的工程技术管理应用软件的投资方向提供了依据。

在开展技术交流和培训上，有针对性地召开了一系列石油工程专业会议。先后组织召开了南方海相钻井技术研讨会、气体钻井及实体膨胀管技术交流会、高含硫气田开采技术交流会、大牛地气田储层改造技术研讨会、测井技术研讨会、油藏动态监测技术研讨会、老井资料复查技术研讨会、压裂软件应用培训、PEOFFICE 培训等多项专业会议，给技术人员搭建了相互交流、相互学习、取长补短、共同提高的信息平台。

（曾庆坤　薄启炜）

【组织实施提高采收率先导试验，为油田长远发展提供技术支持】 2004—2005 年度，采油工程系统围绕提高采收率进行了一系列技术试验与研究探索，先后组织开展了开发工程技术导向项目 30 项，取得阶段性进展和较好的开发效果。在先导试验项目组织和实施上，先后进行了严格的立项审查，中期阶段检查和审查验收，有效地保障了项目研究试验质量与水平。其中，二元驱提高采收率、低渗油藏天然气驱、火烧油层、低渗透油藏二氧化碳混相驱等一大批项目见到了明显的成效，为油田长期稳定发展提供了技术储备。

（曾庆坤　薄启炜）

【加强技术集成配套与应用，构筑采油工程技术新的平台】 2005 年采油工程系统围绕提高老油田开发水平开展一系列的研究配套工作，扩大技术集成配套应用范围，逐步构筑采油工程技术新的平台。

在压裂、酸化技术上，随着石化集团公司新投入开发的油藏中低渗透油藏比例的提高，各油田加大了压裂工艺技术的研究和应用力度，压裂装备形成了

2000型—1050型的压裂机组配套，引进开发了拟三维和全三维压裂模拟等优化设计软件，研究应用了能适应各种地质条件和井温井况的压裂液和支撑剂，以及低温井压裂改造配套技术、薄油层压裂优化技术、分层压裂工艺技术、前置酸预处理压裂技术、梯度加破胶剂与强制闭合技术等成熟的工艺技术。其中，胜利油田在低渗透油藏整体压裂上研究开发并应用了优化设计软件平台，西南分公司开展了以拟线性加砂和纤维加砂压裂、液氮拌注和新型类泡沫压裂液工艺为特色的新型压裂工艺配套技术研究。在酸化工艺技术方面，发展并应用了泡沫充气酸解堵技术、强氧化类复合降压增注工艺技术、深穿透缓速酸降压增注工艺技术、多元复合酸降压增注工艺技术、多脉冲热化学解堵技术和分层酸化技术及潜山深层高温酸压工艺。

在大修、侧钻工艺技术上，有针对性地完善配套和应用了套管加固技术、套管补贴技术、套管整形技术、取套换套技术、套管内爆炸修井技术、水泥封堵技术、小套管固井工艺技术等修井工艺技术。在5½″套管开窗侧钻中，大力应用双驱钻进、导斜、开窗一体化工具，开窗侧钻扩眼，水泥充填，液压扶正器，高效表面活性剂及声幅—变密度测井等技术。

在调剖、堵水及调驱配套技术上，重点完善配套了系列堵剂，采用近解远调与调酸结合技术、高固化复合调堵技术等；应用机械找堵水一体化管柱、无卡瓦支撑新式机械堵水工艺等；调驱工艺技术应用了交联—预交联复合调驱、预交联颗粒调驱、球形颗粒调驱等。调剖技术思路进一步转变，一是调剖剂类型由无机向有机转变，浅调向深调转变，剖面改善措施由单一向复合转变，发展层内调剖和调驱相结合的深部调剖技术以及堵驱结合的新式吞吐调剖技术；二是高强度调堵与酸化增注相结合的复合工艺技术。

在三次采油及稠油热采配套技术上，三次采油技术研究应用方面，一是发展和完善分层注聚，高矿化度污水配注聚合物、聚合物驱动态监测、聚合物驱实施效果跟踪评价调整研究等技术；二是开展了耐温抗盐聚合物研究，研制形成了耐温抗盐有机交联聚合物体系；三是残留聚合物深部调驱技术研究。稠油热采方面，采用油套环空注氮气加高温泡沫蒸汽注入的调剖工艺、高温调剖封窜剂技术，推广复合泡沫体系调剖、电加热、热采防砂等工艺技术等。

在碳酸盐岩油藏开采配套技术上，对裂缝溶洞型碳酸盐岩油藏，西北分公司开展了酸压前的地层分析、测试确定酸压完井方案，软件模拟优化确定酸压规模，开展小型压裂测试分析，应用气举阀排液技术等。对深层高温碳酸盐岩油藏开采，胜利油田开发和完善了新型的胶凝酸体系和压裂液体系、选择性完井技术及深井高温胶凝酸施工工艺。

在老油田开采集成配套技术上，各油田在工作中坚持把技术集成作为一个系统工程来抓，注重成熟工艺技术的配套应用，发挥技术集成的优势，在区块综合治理中重点抓好以压裂、分注、调剖、调驱、堵水、大修侧钻、防腐及机采配套技术等单项高效成熟技术的应用，最大限度地挖掘老油田潜力，提高油田采收率和开发水平。

（曾庆坤　薄启炜）

油气集输

【概述】 截至2005年底，石化集团公司油田原油集输处理系统共建有联合站101座，油库15座，接转站184座，原油稳定装置44套，原油储罐库容246万立方米，原油外输(含输油干线)管道1 364千米。原油脱水能力1.55亿吨/年，原油稳定能力4 349万吨/年，原油外输能力6 423万吨/年。2005年稳定原油1 947万吨。

油田采出水处理系统建有污水处理站128座，含油污水处理能力140万米^3/日。2005年处理含油污水2.45亿立方米。

（王立坤）

【主要技术经济指标】 2005年，石化集团公司油田原油外输含水率0.51%，油气集输密闭率83.9%，加热炉平均效率76.27%，输油泵平均运行效率59.22%，注水泵平均运行效率75.43%，注水系统效率50.71%。

（王立坤）

【油田污水处理工艺技术调研】 2005年12月6—22日，石化集团总部组织胜利油田、中原油田、河南油田、江苏油田、江汉油田、勘探开发研究院的有关注水工程技术管理、研究设计人员对5个主要注水开发油田的油田污水处理工艺技术进行调研。现场调研察看油田污水处理站34座，与各油田工程技术管理部门、采油厂领导、油气集输管理和污水处理站管理人员进行技术座谈18次。通过调研，基本摸清了5个注水开发油田的工艺技术现状和存在的问题，对污水处理的工艺技术、处理设备、水质指标、水质管理进行了深入全面的了解和总结，完成了《油田含油污水处理工艺技术调研报告》，对水质专项治理的工艺技术提出了建议和要求，为以后的水质治理工作打下了基础。

（王立坤）

设 备 管 理

【概述】 截至 2005 年底，石化股份公司油田设备固定资产原值 128.96 亿元，净值 56.02 亿元，设备新度系数为 0.43。设备管理人员 2 030 人，设备维修人员 8 795 人。共有主要专业设备 69 123 台，其中注采设备 32 823 台、天然气处理集输设备 2 061 台、起重搬运机械 649 台、运输车辆 8 090 台。综合完好率为 98.08%，主要设备利用率 77.27%。装机总功率 978.48 万千瓦。

2005 年石化股份公司各油田设备平均新度系数见表 2。

（王　飞）

表 2　**2005 年石化股份公司各油田设备平均新度系数**

单位名称	钻采特车	注采设备	天然气处理设备	运输车辆	动力设备	合计
胜利油田分公司	0.61	0.41	0.39	0.34	0.53	0.41
中原油田分公司	0.42	0.56	0.38	0.4	0.34	0.48
中原油气股份公司	0.45	0.41	0.34	0.43	0.56	0.42
河南油田分公司	0.49	0.3	0.24	0.47	0.36	0.33
江苏油田分公司	0.29	0.5	0.44	0.36	0.33	0.47
江汉油田分公司	0.69	0.43	0.42	0.5	0.44	0.44
东北分公司	0.47	0.72	0.99	0.51	0.72	0.65
华北分公司	0.73			0.76	0.29	0.60
西北分公司	0.4	0.82	0.69	0.46	0.63	0.71
西南分公司		0.03	0.73	0.56	0.75	0.65
华东分公司		0.66		0.69	0.69	0.67
中南分公司	0.9	0.74		0.76	0.82	0.78
上海分公司				0.56	0.59	0.56
南方勘探开发分公司	0.17	0.61	0.46	0.61	0.36	0.51

【设备管理工作】 2005 年，石化股份公司油田设备管理工作：编制完成中国石化设备管理办法和设备管理制度，组织油田企业完成油田板块设备管理制度编制工作；开展了 2005 年度油田企业设备大检查工作；参加石油协会设备管理分会组织的石油设备分类编码工作，中国石化主要负责六大类石油设备编码工作；组织胜利油田承办三大公司上游设备管理经验交流会暨设备分会年会；组织召开了油田设备管理信息系统应用经验交流会，江苏油田介绍了设备管理信息系统应用经验，各油田汇报了设备管理信息系统在本油田应用情况。

（王　飞）

质量技术监督

【质量管理】 2005 年，石化集团公司油田企业又有 5 家单位通过 ISO 9001 质量体系认证，总数已达 192 家。其中胜利油田 78 家、中原油田 23 家、河南油田 39 家、江汉油田 26 家、江苏油田 21 家。

实施产品质量认可证制度和开展产品质量监督抽查活动。胜利、中原、河南、江汉、江苏油田等实行油田采购物资“产品质量认可证制度”，作用很大，效果很好。一是规范了油田物资供应市场的操作，二是扼制了假冒伪劣产品造成油田生产的损失，三是体现了公平竞争的市场法则。2005 年胜利油田涉及产品质量认可证的设备和物资上千种，发证和年审几百个单位和上千种产品。中原油田对油田内外部主要钻采工具、高压阀门、化工产品等 10 个大类重点物资实施了质量认可准入制度，全年共受理 196 个生产厂家的 1 167 种产品，经过现场质量体系审核、抽样检验和用户评价，对符合条件的 175 个生产厂家的 1 133 种产品颁发了证书。

2005 年石化集团总部开展了产品质量监督抽查活动，抽查油田企业采购物资 190 个样品，包含的产品物资种类有六大类 14 种。抽查检测合格样品 163 个，抽检合格率为 85.79%，比上年提高了 0.81 个百分点。

油田企业不断加大产品质量抽检力度。胜利、中原、河南、江汉、江苏、南方、西北等油田利用本企业的技术检测机构或实行委托检测，重点对抽油机、油套管、井下工具、采油树、橡胶制品、油田化学剂等几大类产品实施质量抽查，产品覆盖面广、范围宽。2005年共抽查监测产品5 007批次，合格4 328批次，抽检产品质量合格率86.43%，为油田挽回直接经济损失4 130万元。

大力宣传贯彻《卓越绩效评价准则》和《卓越绩效评价准则实施指南》国家标准。各油田企业均制定了贯彻实施方案，依据标准要求对本单位的经营绩效进行了自我评价、分析，提出了具体改进措施，进一步提高了企业素质和质量管理水平。

（马腾飞）

【计量管理】 石化集团公司油田企业十分重视计量器具的管理，坚持精确计量和做好计量器具量值溯源和量值传递工作。2005年新建企业最高计量标准2项，企业次级计量标准2项。截至2005年底，油田企业有最高计量标准199项，企业次级计量标准661项，其中有43项最高计量标准、180项次级计量标准到期全部通过国家或省复查考核。2005年，计量器具检定73.05万余台(件)，用于油气贸易交接计量器具强检率100%，合格率100%，其他计量器具检定率96%，油田专用计量器具检测校准率89.9%，计量检定、检测、操作人员持证率98.3%。

油田企业积极开展产品质量检验技术机构计量认证和实验室认证、认可工作，确保出具数据的准确、无误和公正。2005年，有31个质量检验机构或油田实验室通过了省或国家计量认证评审或复查，有10个机构或实验室通过国家实验室认可。

（马腾飞）

【标准化工作】 2005年，中国石化油田企业承担并完成石油工业天然气行业标准制定任务6项，修订任务14项；承担制定中国石化企业标准上游部分标准28项；编制完成中国石化企业标准上游部分的分专业标准体系研究项目15个，以及对应的15个专业的标准体系表。

为使油田企业全面实现标准化生产、标准化管理，建立标准化企业，油田企业在认真执行国家标准、行业标准，吸收和采用国际标准和国外先进标准的同时，大量制定结合本企业特点的技术标准和管理标准。截至2005年底，油田企业制定本企业标准414个，修订325个、复审930个。

（姚　江）

节能管理

【耗能现状】 2005年，石化股份公司油田企业油气生产总耗能520.87万吨标煤(不含勘探、钻井、作业、炼化耗能，下同)，其中耗电79.66亿千瓦·时，耗原油54.40万吨，耗天然气8.1亿立方米，耗柴油3.6万吨，耗汽油3.2万吨，耗原煤4.4万吨。万元产值(1990年不变价计算)生产能耗4.38吨标煤，原油生产单耗为136.69千克标煤/吨，产液单耗为15.84千克标煤/吨。

在用主要耗能设备54 585台(件)，平均新度系数0.53，总装机容量948.25万千瓦。

石化股份公司油田企业共有机械采油井总井数27 577口，开井数22 299口，电动机数22 402台，装机容量80.51万千瓦，新度系数为0.55，全年用电量43.95亿千瓦·时，耗原油28.45万吨，耗天然气1.01亿立方米，平均机采系统效率为26.01%。

油田注水系统拥有在用注水泵2 278台，装机容量为66.56万千瓦，新度系数为0.49；电机2 361台，装机容量为71.17万千瓦，新度系数为0.53；全年用电量25.65亿千瓦·时。平均注水单耗为9.13千瓦·时/米^3，平均注水系统效率为51.66 %。

油田集输系统共有各类在用输油泵2 946台，装机容量为20.71万千瓦，新度系数为0.52；电机3 075台，装机容量为22.74万千瓦，新度系数为0.56；全年用电量3.83亿千瓦·时，耗原油25.28万吨，耗天然气5.21亿立方米，平均集输系统效率为35.14%。

拥有锅炉356台，装机容量为139.08万千瓦，新度系数为0.50，平均锅炉运行效率为77.61%；加热炉3 043台，装机容量为173.24万千瓦，新度系数为0.56，平均加热炉运行效率为79.17%。锅炉和加热炉年总耗燃油53.73万吨，天然气6.2亿立方米。

油田有6千伏以下输电线路约1 285条，总长15 380千米，变压器18 124台，容量339.81万千伏·安。其中S7以下(含S7)变压器7 327台，容量154.93万千伏·安，新度系数0.33，占总台数的40.4%；S8系列以上(含S8)变压器共10 797台，容量184.88万千伏·安，新度系数0.63，占总台数59.6%。

（马腾飞）

【节能项目】 2005年，石化集团公司一批节能技措项目和节能示范项目，为油田稳产增产、降本增效、降低能耗、燃料结构调整等方面发挥了重要作用。

首先在减少原油自用方面做了大量工作。在产量逐年增加，尤其随着胜利和河南油田热采稠油产量的比例逐年增加，导致稠油热采注汽用的自用原油需求量大幅增加。油田企业积极推广使用高效节能锅炉、燃烧器，优化运行参数，通过提高供热设备的效率达到节油的目的。胜利油田先后进口全自动节能燃烧器166台(套)，热效率达88%；河南油田采用波纹火筒和螺纹烟管传热、热管等温相变换热等先进技术，使加热炉平均热效率达到88.2%。通过燃料结构调整，努力降低自用原油，主要是充分利用溶解气资源，对接转站和联合站的部分加热炉进行燃气改造。西北分公司集输系统加热燃油已经全部被燃气替代，胜利油田、河南油田和江汉油田采用夏季用气、冬季用油的运行方式，节约了大量原油。

其次加大节电项目的技术改造。机采系统，主要是通过合理匹配节能电机、变压器、抽油机，优化机杆泵匹配组合，制定科学合理的清蜡周期和检泵周期，加强抽油机“五率”管理，实施合理的间歇抽油制度，逐步解决功率因数不高、系统效率低的问题。注水系统，主要是推广应用高压变频调速技术、机泵合理匹配、拆级改造、管网调整、增注降压技术、运行参数自动优化调控等技术措施。集输系统，主要是推广应用高效输油设备，先进的热泵技术，集、输油工艺及机、电、控、配一体化技术。

（马腾飞）

市场管理

【概述】 针对近几年市场管理的情况，2005年，石化股份公司对原《中国石油化工股份有限公司油田勘探开发工程技术服务市场管理办法(试行)及相关实施细则(试行)》进行修改完善。修订后的《中国石油化工股份有限公司油田勘探开发工程技术服务市场管理规定》、《中国石油化工股份有限公司油田勘探开发工程技术服务市场准入管理办法》、《中国石油化工股份有限公司油田勘探开发工程技术服务市场招投标管理办法》和《中国石油化工股份公司勘探开发工程监督管理办法》以股份公司文件(石化股份油[2005]444号)下发。

（马文庚）

【队伍准入】 2005年各油田分公司坚持“适度规模、择优准入、有序竞争、优胜劣汰、动态管理”原则，加强市场的宏观调控管理。根据勘探开发生产任务的需要，及时引进了部分生产急需的施工队伍。同时，加大监管力度，严格业绩考核，承包商管理进一步规范化。通过对年度业绩优秀的施工队伍给予表彰或工程奖励和对业绩较差队伍警告或取消市场施工资格方式，有效地维护了石化股份公司市场的有序竞争，进一步规范了市场工作秩序。

石化股份公司工程技术服务准入队伍第一批复审和第三批申报审查后，分别在6月和10月对1 200个(中国石化系统内1 145个队伍、系统外队伍55个)符合条件的队伍下文，批准其石化股份公司市场准入资格。

截至2005年底石化股份公司油田勘探开发工程技术服务市场准入队伍状况见表3。

表3　2005年石化股份公司油田勘探开发工程技术服务市场准入队伍状况

专业	业务范围	系统内队伍	系统外队伍	总计	
物探	地震采集	63	3	66	109
	非地震采集	10	14	24	
	资料处理、解释	19		19	
钻井工程	钻井平台	10		10	325
	90钻机	2		2	
	70钻机	61		61	
	60钻机	32		32	
	50钻机	36		36	
	40钻机	79		79	
	30钻机	69		69	
	20钻机	14	4	18	
	侧钻	18		18	

续表

<table>
<tr><th>专 业</th><th>业务范围</th><th>系统内队伍</th><th>系统外队伍</th><th colspan="2">总 计</th></tr>
<tr><td rowspan="6">钻井工程</td><td>套管等服务</td><td>3</td><td></td><td>3</td><td rowspan="6">99</td></tr>
<tr><td>定向井服务</td><td>24</td><td>2</td><td>26</td></tr>
<tr><td>固 井</td><td>33</td><td>1</td><td>34</td></tr>
<tr><td>泥浆服务</td><td>23</td><td></td><td>23</td></tr>
<tr><td>钻 前</td><td>10</td><td></td><td>10</td></tr>
<tr><td>钻井工程设计</td><td>3</td><td></td><td>3</td></tr>
<tr><td>录 井</td><td>录 井</td><td>268</td><td></td><td>268</td><td>268</td></tr>
<tr><td>测 井</td><td>测 井</td><td>173</td><td></td><td>173</td><td>173</td></tr>
<tr><td rowspan="6">井下作业</td><td>试油、测试等</td><td>140</td><td>20</td><td>160</td><td rowspan="6">549</td></tr>
<tr><td>压裂酸化</td><td>6</td><td>3</td><td>9</td></tr>
<tr><td>酸 化</td><td>2</td><td></td><td>2</td></tr>
<tr><td>大修、侧钻</td><td>11</td><td>4</td><td>15</td></tr>
<tr><td>大 修</td><td>75</td><td>1</td><td>76</td></tr>
<tr><td>小 修</td><td>284</td><td>3</td><td>287</td></tr>
<tr><td colspan="2">合 计</td><td>1 468</td><td>55</td><td>1 523</td><td>1 523</td></tr>
</table>

（马文庚）

【工程招标】 石化集团公司油田勘探开发工程技术服务项目招投标管理目标是依据招投标法，建立公开、公平、公正、有序、规范的招投标管理机制，确保招投标工作实现公平竞争、优胜劣汰，确保能够提高工程质量，降低勘探开发工程投资和成本。

2005年勘探开发工程招标情况：胜利油田分公司招议标金额11.1亿元、中原油田分公司招议标金额10.3亿元、河南油田分公司招议标金额0.85亿元、江苏油田分公司议标金额0.37亿元、南方勘探开发分公司招标金额18.3亿元、西北分公司招标金额22.8亿元、西部勘探开发指挥部招标金额6.5亿元、东北分公司项目部招标金额1.75亿元、西南分公司招标金额0.68亿元、华北分公司招标金额10.4亿元、华东分公司招标金额13.3亿元、东北分公司招标金额1.1亿。

（马文庚）

【工程监督】 2005年，石化集团分公司勘探开发工程监督工作得到了长足的发展，实施勘探开发工程监督已成为提高工程质量和效益的有效途径之一，在构筑石化集团上游企业核心竞争力、提高勘探开发工程质量、降本增效、规范工程技术市场方面发挥着不可替代的作用。2005年，勘探开发工程监督重点做了以下几项工作：

① 制定下发了《中国石化勘探开发工程监督管理办法》，对油田事业部和各油田分公司勘探开发工程监督管理部门的主要职责、监督人员的职责、监督人员的基本条件以及对监督人员的考评、培训、聘任等作出了详细的规定；②组织培训工程监督人员249人次，对培训合格的232人颁发了三级工程监督证书，为各油田工程监督工作的深入开展提供了有力的人力保证；③组织近180名专家编写勘探开发工程监督培训系列丛书，截至2005年底，物探、钻井、测井、试油、地质、作业监督等教材已经正式出版发行；④组织召开石化股份公司首届勘探开发工程监督工作会议，交流总结了近年来各油田分公司勘探开发工程监督工作经验，查找分析存在的问题，明确下步工作重点，为勘探开发工程监督工作尽快走向规范化、制度化、科学化、程序化的发展轨道奠定了基础。

截至2005年底，胜利油田分公司等11家单位设立直属的勘探开发工程监督中心，行使监督与管理职能。石化股份公司从事勘探开发工程监督与管理的专职人员已超过千人。

（王 蔚）

基层管理

【概述】 企业基层单位作为生产、经营的基本单元，是中国石化全部工作和竞争力的基础。中国石化的发展战略、经营决策、生产任务和各项工作都要依靠基层来实施。抓“三基”是石油石化企业的优良传统，也是做好各项工作的基础，必须常抓不懈。2005 年，石化股份公司上游企业以开展五项劳动竞赛活动为载体，切实强化“三基”工作，全面推进基层管理水平的提高。

（马腾飞）

【五项劳动竞赛】 根据石化股份公司五项劳动竞赛活动每两年进行一次考核评比的规定，2005 年继续开展五项劳动竞赛考核评比活动。该活动涉及到油田企业油气生产、经营管理、技术创新、节能降耗、安全生产、队伍建设、企业文化等多个方面，包含了“三基”(基层建设、基础工作和基本功训练)工作的主要内容。

2005 年 5 月，石化股份公司总部组织 60 多名专家对五项劳动竞赛考核细则进行了讨论、修订和完善，使之更加科学、公正、合理，管理标准与考核细则更具有实用性、先进性和可操作性。

7 月，石化股份公司下发了《关于开展“五项劳动竞赛”评比活动的通知》。经过石化股份公司严格考核评比验收，油田企业共评出 2004—2005 年度红旗采油(气)厂 13 个、优胜采油(气)厂 14 个、金牌基层单位 47 个、银牌基层单位 64 个、五星级站(库、所)61 个、四星级站(库、所)94 个和优秀组织单位 5 个，并给予了表彰和奖励。

（马腾飞）

油藏经营管理

【概述】 2005 年石化集团成立了油藏经营管理办公室，办公室设在油田勘探开发事业部，全面负责石化股份公司上游板块的油藏经营管理工作；制定了《中国石化股份有限公司油藏经营管理实施细则》、《中国石化股份有限公司油藏经营试点单位投资管理试行办法》、《中国石化股份有限公司油藏经营管理试点单位经营目标考核暂行办法》和《中国石化股份有限公司油藏经营管理项目组管理暂行办法》等一系列管理办法，并选定了试点单位和试点项目，为 2006 年顺利试点奠定了基础。

（任曙光　孙　伟）

【基本概念】 油藏经营管理是从油藏发现、产能建设、油气生产直到资本退出全过程的经营管理，是用集成的思维和理念经营管理油藏，实现人、财、物、技术和信息等各种资源要素的优势互补、合理配置，实现资源合理利用和经济效益最大化的目标。

（任曙光　孙　伟）

【实施思路】 紧紧围绕油藏开发寿命期中的勘探、产能建设、油气生产和资本退出 4 个环节，采用不同的模式经营管理。在构建地下地面统一、投入产出清晰的油藏经营管理单元基础上，按照“主营业务突出、运作精干高效”的油公司模式，设置相应的经营管理责任主体。建立由总部决策指导的油田勘探开发事业部具体运作的利润中心、分公司为模拟利润中心、分公司以下为成本中心的运作机制，进一步划清决策界面，决策点适度下移，以调动不同层次责任主体的生产经营积极性。勘探和产能建设采用模拟法人项目管理运作方式，由总部决策并筹集资金；老油田维持简单再生产，投入由分公司或采油厂(油藏经营管理区)决策，实行投资成本一体化，深化全面预算管理，健全以利润和持续有效发展指标为主要考核依据的机制，实现经济效益和资源利用最大化的目标。

（许凤民　屈耀明）

【勘探阶段油藏经营管理】 勘探阶段油藏经营管理的责任主体是具有模拟法人资格的项目组，项目组在授权范围内自主使用项目资金，具有一定的生产协调、组织和指挥权，采用招投标方式选择施工队伍，监督施工质量，项目完成经考核验收后，项目组自行解散。通过油气藏评价、油气储量成本测算、储量价值评估及市场化管理，在确保勘探寻找大场面的前提下，降低油气勘探成本，提高油气价值的转化率和油气勘探的经济效益。

（孙　伟　程燕茹）

【产能建设阶段油藏经营管理】 产能建设阶段油藏经营管理的责任主体是具有模拟法人资格的项目组，具体实施方式分为两种：一是新区规模以上的产能建设项目，由总部或总部委托分公司成立具有模拟法人资格的项目组实施，投资直接下达给项目组，总部对其单独考核，项目建成后依据有关规定移交给相应的责任主体，按照油气生产阶段油藏经营管理模式运作；二是新区规模以下和老区规模以上新建产能项目，由总部委托分公司成立具有模拟法人资格的项目组实施，投资由总部下达，产能建设项目完成后，作为一个独立的油藏经营管理单元，按照有关规定就近移交给责任主体，增加该主体的生产能力，追加经营考核指标。产能建设项目的评价考核指标主要包括项目的达产情况、总投资完成率、方案符合率、建设周期和质量安全环保等，以促进项目组控制投资总量，提高产能建设的经济效益。

产能建设阶段油藏经营管理的主要内容，包括方案前期研究、方案编制及优化、投资决策优化、产能建设项目管理和产能建设项目移交5个方面。产能建设完成经评价考核以后，形成地下地面对应、投入产出清晰的油藏经营管理单元，采用自建自管或委托管理等形式，交给确定的油藏经营管理责任主体，按照已开发油田油藏经营管理的办法单独运作。

（赵崇镇　吕固江）

【油气生产阶段油藏经营管理】　油气生产阶段经营管理的对象是油藏经营管理单元，主要有两种形成方式：一是产能建设完成后，按照有关规定移交的油藏经营管理单元，由于其责任主体相对明确，按照新区新办法管理；二是老油田按照既定方法归集而成的油藏经营管理单元。

建立以内部利润为核心的运行和考核分配机制，以油藏经营管理单元为基础，按照总部确定的内部油价测算责任主体和分公司的模拟利润。完善内部利润管理办法，当国际油价高于内部油价时，从形成的利润增量中提取一定比例增加责任主体的自有资金，以调动其高油价时增加油气商品量的积极性；老油田维持简单再生产投入由分公司或责任主体决策，资金来源为参照计提的折旧和超缴利润核定形成的自有资金，实行投资成本一体化管理，责任主体在确保完成利润指标的前提下，根据效益最大化原则，对老油田投资和成本相互平衡使用，财务管理上按资本性和收益性支出的有关会计政策进行核算；在承包考核方面，把内部利润和持续有效发展作为主要指标考核，把产量、投资和成本等作为辅助指标考核；加大员工收入与效益挂钩的力度，油气生产单位实现的超额利润一部分上缴总部，一部分用于增加本单位自有资金和工资总额。

老油田油藏经营管理的主要内容是通过对现有油藏开发单元的归集，形成地下地面相对统一、投入产出清晰、责任权利明确的油藏经营管理单元和责任主体。在此基础上，对油藏经营管理单元进行描述和评价，为责任主体制定经营管理目标和上级部门考核提供科学依据。通过建立以油藏经营管理单元为基础的模拟油公司模式，达到效益最大化和持续有效发展的目标。

（卢云之　孙　伟）

【资本退出阶段油藏经营管理】　油藏经营管理单元的退出是指石化股份公司、分公司对低效和无效油藏经营管理单元进行政策调整、租赁和出售的过程。在资本退出以前，要对油藏经营管理单元开发状况、经营状况及经济效益进行评价，参照一定时期的平均国际油价或最近5年的平均投资回报率，对低于石化股份公司效益标准下限且调整改造潜力较小的油藏经营管理单元，提出退出意见。退出方式有3种：①通过机制和政策变动，在石化股份公司内部运作；②租赁给石化集团非上市企业的小油公司；③按照国家政策、石化股份公司规定，将油藏经营管理单元出售。

（屈耀明　靳红兴）

炼油生产与管理

☞ 综述

☞ 原油资源及储运

☞ 石油炼制

☞ 炼油设备管理

☞ 炼油质量管理

☞ 炼油计量管理

☞ 炼油节能管理

综　　述

2005年，炼油企业在石化集团公司党组和石化股份公司总裁班子的正确领导下，认真贯彻落实“保安全、保市场、保稳定、增效益”的工作方针，顾全大局，勇挑重担，努力克服装置运行负荷高、市场需求波动大、经济效益下滑、产品质量升级等带来的巨大困难，经受住宏观调控、价格倒挂、企业亏损加剧的严峻考验，炼油生产经营取得了一定成绩。

一、较好地完成了全年生产经营任务

全年石化集团公司累计完成原油加工量1.49亿吨，同比增长5.22%；生产汽、煤、柴成品油8 997万吨，同比增长4.51%；生产化工轻油2 153万吨，同比增长18.90%。高标号汽油生产比例63.5%，同比提高12.5个百分点；柴汽比2.32，同比提高0.22；中高档润滑油比例47.8%，同比提高10.4个百分点。集团公司炼油主要技术经济指标再创新高，轻质油收率达到73.49%，同比提高0.80个百分点；综合商品率93.25%，同比提高0.12个百分点；炼油综合能耗68.59千克标油/吨，降低5.04千克标油/吨(同口径比降低0.84个单位)。全年炼油板块账面亏损29.96亿元，还原到年初的预算价格体系，实际实现利润113.4亿元，比预算多实现了49.4亿元；吨油完全费用178.31元，考虑到加工量欠进度、动力涨价等预算外因素影响，比年度预算指标低3.89元。

二、基本实现了安全稳定长周期运行

在原油品种多样化、高硫高酸劣质化趋势下，紧紧抓住影响炼油安稳长运行的主要因素，严抓管理、夯实“三基”、治理隐患，加大考核通报，深化运行竞赛，基本实现了安全平稳生产。全年集团公司炼油五大类生产装置累计发生非计划停工18次、112天，同比减少15次、67天，其中由电气引发的非计划停工降幅更大，从2004年的13次下降为2005年的5次。克服因质量升级，检修装置多、深度大、时间紧等造成的诸多困难，通过周密安排、提前预制、深度交叉，较好地完成了炼油装置检修任务。长周期运行水平进步比较明显，炼油系统已有55套主要生产装置实现了“三年一修”，同比增加23套，其中天津石化、洛阳石化、福建炼化、石家庄炼化实现了全厂性的“三年一修”，胜利、中原等油田炼油企业也实现了“两年一修”。

三、顾大局、增资源，保证了油品市场的供应

一年来，各企业顾全大局，以整体效益最大化为目标，始终坚持“深加工、调结构、高负荷、增资源”的生产经营思路，精心组织生产，强化调度运行，充分发挥炼油装置的加工潜力，适时调整柴汽比，综合运用各种调节手段，较好地保证了成品油和化工轻油在总量、结构、区域和时段上的供需平衡。全年汽煤柴化收率同比提高了1.25个百分点，高标号汽油生产比例同比提高了12.5个百分点，高附加值产品收率同比提高了0.85个百分点，3项指标均创历史新高；低附加值产品收率得到了有效控制，商品重油及沥青收率仅为6.16%，同比下降了1.16个百分点。

四、降本减费、优化增效取得了较好成效

面对总体亏损的严峻形势，炼油板块牢固树立成本竞争意识，坚持把降本减费、优化增效作为减亏工作的重点来抓。一是把握高低硫、轻重质原油价差较大的有利时机，发挥二次深加工装置的作用，提高了重质、高硫原油的加工比例。全年集团公司采购高硫原油3 447万吨，同比增加683万吨，原油平均硫含量达到0.99%，同比上升0.03个百分点；平均API为32.5，同比降低了0.5个单位。二是发挥管道输送优势，优化原油运输，降低运输成本。全年甬沪宁管道输油1 932万吨，同比增加1 136万吨。三是积极推广实用技术，细化节水减排方案，狠抓炼油能量优化，节能降耗工作取得了较好成效，全年在新投产17套主要生产装置的情况下，炼油综合能耗同口径比降低了0.84个单位，相当于全年节约14万吨标油。四是坚持“贴近企业、贴近效益”，先后组织了燕山、镇海、高桥、金陵等10家企业的现场调研和技术服务，加大了优化挖潜力度，取得了成效。五是严格预算管理，完善费用考核体系，加强物资采购监管，从生产经营的各个环节加大单项费用的控制力度，炼油单位完全费用同比降低3.89元/吨，完成降本减费12.40亿元，超年度指标4.67亿元。

五、按时完成了产品质量升级任务

以较少的投入按时实现了新一轮油品质量升级，全年炼油实物产品质量出厂合格率为100%，国家各级技术监督部门抽查合格率100%。通过实施燕山、天津等企业的催化MIP工艺改造、燕山氢氟酸烷基化装置恢复、石家庄催化汽油加氢等措施，优化了京标B汽柴油的区域供应；镇海、高桥等企业坚决执行总部调配计划，适时补充资源缺口，较好地保证了北京地标油品的市场供应。适应交通部标准要求，通过加强生产管理、应用自有技术，道路沥青产品质量升级圆满完成，镇海、茂名、齐鲁陆续生产出新规范A级沥青，西安、塔河新规范沥青升级改造项目已顺利投产，为开拓西部市场奠定了基础。

六、企业管理得到了加强

按照党组的工作部署，强化“三基”工作全面启动。在充分听取基层意见的基础上，制定和完善了炼化企业"三基"工作指导原则，组织召开了分区域经验交流会，相互借鉴，取长补短。各企业也在继承优良传统的同时，加大了"三基"工作的力度，并结合出现的新情况、新问题，不断创新，炼化企业"三基"工作已经呈现出向制度化、规范化发展的良好势头。积极开发和推广全面预算管理及生产经营监控系统(TBM)，充分借助信息化技术的提升作用，实时监控生产经营的各个环节，初步实现了全员、全方位、全过程参与和控制的预算体系。ERP 项目建设稳步推进，截至 2005 年底，炼油板块已有 16 家企业启动了 ERP 项目，其中 14 家已成功上线运行。生产执行系统(MES)建设也取得了较快进展，金陵、济南、荆门、茂名、安庆等 5 家企业已成功上线。炼油企业级 PIMS 在燕山、齐鲁等 7 家企业完成开发，并成功试用于季度炼油生产优化排产。

七、改革改制取得积极进展

改制分流工作进展顺利。2005 年列入改制计划的 10 个单位全部完成了工商注册登记或移交工作，共分流职工 703 人。加强政策引导，抓好产业结构调整、资产重组和组织机构改革中产生的富余人员安置，全年燕山、茂名、金陵、长岭等 9 家企业开展了协议解除劳动合同，共分流安置富余人员 223 人。加快炼油自销产品销售体制改革的步伐，特别是依据"六统一"原则，顺利完成了中国石化沥青资源、技术、质量和品牌的整合，为下一步继续深化炼油自销产品营销体制改革，实现集约化经营积累了宝贵经验。

（任家军）

原油资源及储运

【概述】 2005 年石化集团公司共采购原油资源 1.51 亿吨，其中：石化集团公司油田自供 2 978 万吨，石油集团公司供 877 万吨，海洋石油总公司供 729 万吨，采购进口原油完成 1.05 亿吨。

截至 2005 年底，石化集团公司共有原油长输管道 6 730 千米，原油储罐 1 992 万立方米，原油自备码头 43 座。其中，20 万吨级以上码头 3 座，10 万—15 万吨级 2 座，5 万吨级 5 座，5 万吨级以下 34 座。

（程　勇）

【储运设备】 1. 管道

截至 2005 年底，石化集团公司所属企业共建成原油输送管道 6 730 千米，设计输油能力 2.24 亿吨/年。2005 年实际输送原油 1.10 亿吨，完成原油周转量 325.99 亿吨·千米。

石化股份公司所属分(子)公司共建成原油长输管道 6 366 千米，设计输油能力 1.49 亿吨/年，2005 年实际输送原油 8 600 万吨，完成原油周转量 313.89 亿吨·千米。其中，管道储运分公司管理的管道总长 4 650千米，设计输油能力 7 165 万吨/年，2005 年实际输送原油 5 541 万吨，完成原油周转量 269.10 亿吨·千米；油田企业管理的原油管道总长 674 千米，设计输油能力 3 844 万吨/年，2005 年实际输送原油 1 518万吨，完成原油周转量 7.68 亿吨·千米；炼化企业管理的原油管道总长 1 042 千米，设计输油能力 3 900万吨/年，2005 年实际输送原油 1 542 万吨，完成原油周转量 37.11 亿吨·千米。

2. 油罐

2005 年末，石化集团公司共有金属原油储罐 1 883座，总容量为 2 023 万立方米。其中石化股份公司共有金属原油储罐 1 822 座，总容量为 1 956 万立方米。

3. 码头

2005 年底，石化集团公司共有自备原油码头 45 座，一次靠泊能力为 127 万吨。其中石化股份公司共有自备原油码头 27 座，一次靠泊能力为 116 万吨。

石化集团公司主要的原油码头泊位有：

(1) 镇海炼化股份公司算山码头最大的 25 万吨级泊位，可靠泊 30 万吨油轮。2#、3# 泊位改造为 25 万吨级(兼靠 30 万吨级)码头工程于 2005 年 3 月开始施工，12 月 15 日工程完成中交。

(2) 茂名石化公司水东单点系泊由单点浮筒和直径为 863 毫米、长 15 千米的海底管道以及北山岭原油库、北山岭原油库至厂区管道组成，最大可靠泊 30 万吨油轮。

(3) 广州石化总厂惠州大亚湾马鞭洲码头，拥有 17 万吨泊位一个。

(4) 管道储运分公司册子岛原油码头，靠泊能力 30 万吨。

(5) 中国石化与宁波港务局合资建设的大榭岛原油码头，拥有 2 个原油泊位，靠泊能力 30 万吨。其中 1# 泊位为 25 万吨级，2# 泊位为 5 万吨级。

4. 铁路专用线

截至 2005 年底，石化集团公司所属企业共有铁路专用线 433.56 千米，其中石化股份公司 323.94 千米。

（程　勇）

【采购原油资源完成情况】 2005 年石化集团公司共采购原油资源 1.51 亿吨，其中：石化集团公司油田自供 2 978 万吨，石油集团公司供 877 万吨，海洋石油总公司供729万吨，采购进口原油完成1.05亿吨。

石化股份公司共采购原油资源1.42亿吨，其中：自产原油资源完成2 862万吨，石油集团公司供875万吨，海洋石油总公司供505万吨，采购进口原油资源1.00亿吨。

石化集团公司和石化股份公司2000—2005年原油资源完成情况见表1。

（程　勇）

【自产原油销售流向】 2005年石化集团油田企业商品原油配置量共完成3 726万吨。其配置流向见表2。

（程　勇）

表1　2000 — 2005年石化集团公司及石化股份公司原油资源完成情况统计　万吨

项目＼年份	2005	2004	2003	2002	2001	2000
石化集团公司	15 077	14 285	12 597	11 176	10 370	11 370
自产原油	2 978	2 923	2 937	3 029	3 151	2 984
石油集团公司供	877	1 067	1 382	1 554	1 546	1 802
进口原油	10 493	9 406	7 597	5 856	4 960	5 956
海洋石油总公司供	729	889	681	756	713	628
石化股份公司	14 155	13 417	11 799	10 637	9 886	10 821
自产原油	2 862	2 814	2 820	2 890	2 942	2 755
石油集团公司供	875	1 031	1 308	1 487	1 446	1 618
进口原油	10 042	8 903	7 114	5 668	4 879	5 931
海洋石油总公司供	505	669	557	622	619	517

表2　2000 — 2005年石化集团油田商品原油配置流向统计　万吨

项目＼年份	2005	2004	2003	2002	2001	2000
商品原油配置量	3 726	3 650	3 605	3 587	3 598	3 503
石化企业	2 978	2 923	2 937	3 028	3 151	2 984
石油集团	134	143	129	102	82	165
地方企业	267	307	303	295	295	281
其　他	324	261	241	150	76	42
管道损耗及自用	9	16	11	13	11	13
库存(存油)增减	13	0	-16	-1	-17	18

【发挥原油管道优势，降低原油运输成本】 仪长原油管道第一阶段顺利投产，缓解沿江企业原油三程运输压力。仪长原油管道工程是石化集团公司的重点项目，为缓解沿江炼化企业原油三程运输压力，保证企业生产需要，降低原油运输成本，按照总部确定的分段建设、分段投产的方案，生产经营管理部精心组织仪长原油管道仪征至安庆、九江段投产的各项准备工作，组织制定管理办法，落实投产用油，编制投产方案。2005年12月5日，仪征站启泵，开始仪长原油管道仪征至九江段试投产，12月12日22点10分，油头抵安庆，12月15日零点50分，油头抵九江，仪长原油管道第一阶段一次投产成功。

优化原油管网运输，提高甬沪宁原油管网输送量，降低原油运输成本。2005年，甬沪宁原油管网输油完成1 932万吨。销油完成1 934万吨，超年度计划334万吨。5月20日，甬沪宁管网岚山—白沙湾第二条海底管线投产，为进一步提高管网运行效率，提高甬沪宁原油管网管输量打下基础。通过对大榭岛和白沙湾油库库区管线进行适应性改造，提高了甬沪宁原油管网和大榭岛原油码头的运行效率。日常运行中，通过对进口原油到港时间及管道运行状态进行24小时动态跟踪，根据进口原油资源的到港时间和油种情况，结合甬沪宁原油管网的输送能力和当时的环境条件，及时调整管输运行计划，尽可能将满足输送条件的进口原油通过管道输送。实践证明，甬沪宁管网包括大榭岛原油码头的建设，不但有效地缓解了华东地区炼化企业进口原油接卸及运输矛盾，而且创造了良好的经济效益。

完成了南疆库区整合及津燕线管线管理权的移交工作。2005年6月底，对天津分公司、管道储运分公司、燕山分公司、华北销售分公司等单位的南疆库区进行整合，并将燕山分公司对津燕管线的管理权移交给管道储运分公司，实行专业化管理。

克服华北原油管网输送瓶颈，尽可能提高原油输送能力，保证炼化企业生产需要。2005年4季度，为解决俄罗斯原油资源减少造成的燕山分公司和石家庄炼化股份公司原油资源紧缺的问题，同时为沿江仪长原油管线准备投产用油，对华北津燕线、河石线及鲁宁管道等运输瓶颈进行了重点调控，督促管道储运分公司采取措施，加强防范打孔盗油措施，尽可能提高管道输送量，同时，协调铁道部安排4列固定龙组在黄岛至良村之间循环使用，保证燕山分公司和石家庄炼化股份公司原油资源正常供应。

（孙　鸽）

【加强原油运输协调】 加大原油铁路罐车投入，保障原油运输需要。2005年2月，中国石化为了缓解原油和成品油铁路运力紧张的矛盾，与铁道部签订了《关于加强运输合作的框架协议》，中国石化购买了500辆黏油罐车和500辆轻油罐车，由铁道部运营管理，保障中国石化原油和成品油的运输需要。

做好油轮中转协调工作，确保原油及时中转。2005年，因“麦莎”等多次台风的影响，使得进口原油的中转运输受到前所未有的挑战，在中转港口能力没有提高，进口原油中转数量增加的情况下，通过精细化管理，合理优化油轮靠卸，积极协调原油码头作业，做好原油二次输转，确保油轮的及时接卸，尽可能减少油轮滞期，保证石化企业原油资源的中转。年内通过宁波、青岛、舟山三大中转港口中转原油5 894万吨，较2004年增加890万吨。

继续加强沿江原油三程运输协调，保证沿江石化企业原油正常供应。2005年，由于沿江管线还未建成投产，沿江石化企业原油三程运输依然受到严峻考验，在积极做好港航部门协调工作的基础上，通过采取各项措施，保障了全年三程运输任务的完成。2005年沿江石化企业原油三程运输完成2 016万吨，较2004年增加13万吨，达到了历年来的最好水平。

（孙　鸽）

【加快港口合资合作步伐，提高港口中转优势】 通过多轮艰苦谈判，中国石化于2005年5月17日与日照港集团签订了合资合同和合资章程；6月23日与青岛港集团签订了合资合同和合资章程，双方的合作开始进入实施操作阶段，2005年底与青岛港组建了合资公司。为了配合仪长原油管道项目的建设和投产，与南京港集团就原油中转合作事宜进行多次协商，并于10月底达成一致，双方签订了原油接卸中转合作框架协议，对仪长原油管道的顺利投产奠定基础。另外，按照石化股份公司原油中转码头发展规划，做好曹妃甸、天津、日照和涠州等原油码头建设的前期调研工作。

（孙　鸽）

【降低进口原油采购成本】 2005年，在国际市场原油价格大幅攀升、国际船运市场跌宕起伏、国内成品油质量升级、成品油价格调整不及时的情况下，各炼化企业积极应对市场变化，充分挖掘生产潜力，优化进口原油采购与运输，努力降低进口原油采购成本，取得了较好的成绩。

确保资源供应，保证生产需要。2005年石化集团公司采购进口原油首次超过1亿吨，达到1.05亿吨，其中一般贸易9 966万吨、来进料527万吨。与2004年相比，进口原油总量同比增加1 086万吨，增长11.55%。2005年石化集团公司增加进口原油新品种15种，采购量325万吨，占当年增加采购量的29.93%。

优化原油资源结构，降低采购成本。2005年，各炼化企业积极应对市场变化，进口原油品种进一步高硫化、重质化和高酸化，通过原油品种劣质化降低采购成本明显。①原油硫含量进一步上升。在保证成品油质量升级的情况下，进口原油平均硫含量达到0.99%，同比提高0.03个百分点，其中高硫原油累计采购3 447万吨，比2004年增加683万吨，占2005年进口原油增加总量的62.89%。②原油重质化降本成效显著。2005年，国际市场轻重原油差价大幅扩大，各企业通过优化生产方案，优化原油结构，降低成本明显。在石化集团公司重油及沥青平均收率同比下降1.16个百分点的情况下，进口原油平均API为32.49，同比下降0.5个单位，主要是大幅度减少了价格相对较高的轻质原油采购量，如白虎、塔皮斯、卡滨达、吉拉索等，增加了包括高硫原油在内的重质原油采购量，如马林、杰诺、伊重、沙重等。两项合计，2005年通过原油劣质化降低进口原油采购成本8.8亿元。③增加中东、西非原油采购量，控制高价的远东、欧洲原油采购比例，2005年远东原油采购量比2004年减少36.7万吨；增加含酸原油采购量，采购成本相对较低，2005年石化集团公司进口原油平均酸值达到0.26毫克KOH/克，同比提高0.03毫克KOH/克，其中酸值高于0.7%的含酸原油采购量达到894万吨，同比增加350万吨，增长64%。

优化原油运输，降低一程运费。2005年，各炼化企业积极配合代理公司，进口原油一程运输进一步优化，各代理公司租船运费指数比同期市场水平低1.4点，相当于降低运输成本1亿元。其他主要运输指标也有新的提高，其中，通过发挥大码头作用，加大拼装力度，VLCC装载比例达到81.28%，比2004年提高7.34个百分点，降低成本1.3亿元；旧船(10年以上)比例达到50.83%，比2004年上升3.69个百分点，降低成本830万元；发生滞期费2 747万美元，比2004年减少41万美元。

（任家军）

【原油资源优化项目应用】 2005年，进一步加强了原油资源优化项目在炼油企业的开发应用。

(1) 继续坚持在年、季计划排产中，利用PIMS优化生产方案，辅助制定生产计划，利用PIMS模型进行排产对接；应用PIMS模型测算仪长线投产以及原油品种比例变化对沿江企业的影响；对2005年成品油质量升级进行PIMS模拟核算，为质量升级措施提供参考；利用PIMS模型对炼油企业加工高含硫、劣质原油加工能力和对效益的影响进行测算分析，为安排好高硫原油资源和加工、降低成本提供参考；利用总部MPIMS模型优化股份公司供应链，为提高整体效益提供参考；测算原油品质差价，为优化原油品种提供指导。

(2) 在成功开发广州、镇海、高桥3家企业多周期PPIMS模型的基础上，股份公司专门立项推广企业级PIMS模型开发，首先在齐鲁、燕山、金陵、扬子、安庆、茂名、福建等7家企业推广实施。在炼油事业部、信息系统管理部牵头组织下，通过石化盈科公司、石油化工科学研究院、洛阳工程公司等3家开发单位与各企业的共同努力，7家企业级PIMS模型成功试应用于2005年4季度排产对接。

(3) 利用PIMS模型帮助解决企业生产经营中存在的问题；高桥、齐鲁、福建、广州等企业利用PIMS优化测算结果，指导本企业原油采购优化方案，取得了较好的效果；在炼油事业部组织的企业调研中，PIMS软件作为流程优化的主要工具发挥了积极作用，为企业生产经营方案优化提供了有力指导。

(4) 为进一步提高总部与企业的信息交流和沟通效率，对原油资源优化信息平台进行了全面升级，逐步使之成为提高计划管理水平的有力工具。

(5) 按照炼油企业PIMS模型应用维护管理办法有关要求，坚持及时组织模型校核和完善，提高模型准确性和适应性，炼油事业部与经济技术研究院、工程建设公司签订了维护协议，2005年1月、2月组织了33家企业的PIMS模型校核，7月根据上半年的生产经营情况再次组织所有炼油企业进行全面校核，对模型进行规范化、标准化完善，补充了6种新的原油品种，增加了后几年可能增建、改扩建的炼油装置等，为年度、季度测算打下了较好的基础。组织了3期PIMS培训，包括初级、中级及企业级PIMS知识培训共计70余人次，为提高计划管理人员PIMS开发和应用水平打下了良好的基础。

（魏　杰）

石油炼制

【概述】 2005年，石化集团公司33家炼油企业轻油收率73.49%，综合商品率93.25%，加工损失率1.0%，综合能耗68.59千克标油/吨。其中石化股份公司26家炼油企业轻油收率74.28%(全口径)，高附加值产品收率83.24%，综合商品率93.24%，加工损失率1.0%，综合能耗68.64千克标油/吨，原油储运损耗0.53%，吨油完全费用170.21元/吨。股份公司轻质油收率、综合商品率、加工损失率、综合能耗、原油途耗、吨油完全费用等指标全部完成“十五”达标计划：轻油收率2005年规划值为72.6%，2005年完成74.28%；综合商品率2005年规划值为93.0%，2005年完成93.24%；加工损失率2005年规划值为1.0%，2005年完成1.0%；综合能耗2005年规划值为73千克标油/吨，2005年完成68.64千克标油/吨。

石化集团公司石油产品产量和收率情况见表3和表4。

（赵晓敏）

【常减压蒸馏技术进展】 常减压蒸馏工艺比较成熟，技术进展大多集中在优化流程、设备结构改进等方面，通过技术进步，在满足产品质量的前提下，获得高拔出率、低能耗的效果，其技术进展主要是：

(1) 减压深拔技术。该工艺在国内还未自主开发，少数几个新建的大型常减压装置减压深拔技术均从国外壳牌和KBC两个公司引进。壳牌公司的HVU

表 3　**2000 — 2005 年石化集团公司主要石油产品产量**①　万吨

产品名称＼年份	2005	2004	2003	2002	2001	2000
原油加工量	14 879.50	14 140.80	12 416.95	11 219.09	10 759.07	11 177.21
汽、煤、柴、润合计	9 134.13	8 746.06	7 479.40	6 817.15	6 600.07	6 677.18
汽　油	2 511.49	2 576.91	2 386.76	2 151.22	2 029.95	2 137.88
煤　油	662.90	636.67	531.49	506.13	450.10	499.42
柴　油	5 822.34	5 395.02	4 456.52	4 063.35	4 029.27	3 944.97
润滑油	137.40	137.46	104.63	96.46	90.75	94.91
溶剂油	110.35	122.88	154.24	121.58	97.93	109.96
化工轻油	2 152.55	1 810.36	1 696.77	1 557.32	1 331.58	1 376.12
出口石脑油					5.35	0.25
燃料油	794.39	907.84	882.67	748.60	770.62	979.89
石油沥青	282.50	311.19	285.27	219.59	161.92	170.91
石油焦	646.36	498.05	413.42	348.64	325.51	300.21
石　蜡	49.57	53.06	49.43	45.81	48.99	43.42
洗涤剂原料	15.63	17.47	13.13	15.20	17.05	13.57

① 2001 年前数据中不含湛江东兴石油化工有限公司。

表 4　**2000 — 2005 年石化集团公司主要石油产品收率**　%

产品名称＼年份	2005	2004	2003	2002	2001	2000
原油加工量	100	100	100	100	100	100
汽、煤、柴、润合计	61.39	61.85	60.23	60.76	61.08	59.74
汽　油	16.88	18.22	19.22	19.17	18.67	19.13
煤　油	4.46	4.50	4.28	4.51	4.24	4.47
柴　油	39.13	38.15	35.89	36.22	37.31	35.29
润滑油	0.92	0.97	0.84	0.86	0.85	0.85
溶剂油	0.74	0.87	1.24	1.08	0.92	0.98
化工轻油	14.47	12.80	13.66	13.88	11.97	12.31
出口石脑油			0.00	0.00	0.05	0.00
燃料油	5.34	6.42	7.11	6.68	7.21	8.77
石油沥青	1.90	2.20	2.30	1.96	1.53	1.53
石油焦	4.34	3.52	3.33	3.11	3.07	2.69
石　蜡	0.33	0.38	0.40	0.41	0.46	0.39

减压蒸馏技术，是采用独特设计的闪蒸设施，高真空、高减压炉出口温度的空塔喷淋减压深拔工艺，除减压炉管需少量注汽外，减压塔塔底不需注汽；减压塔在传热段采用空塔喷淋传热技术，中段回流取热段不采用填料，将全塔压降降低，达到更高的拔出率(蜡油终馏点 595℃)，同时合理的洗油段设计保证了拔出产品

VGO的质量指标，此项空塔喷淋传热技术目前世界上也只有壳牌公司可以设计。另外，壳牌公司保证减压炉在430℃左右的出口温度下可连续操作4年以上。KBC公司的减压深拔技术是在常规减压基础上，采用该公司所开发的系统软件将原油切割成非常窄的馏分，然后按照各切割点的要求将窄馏分进行合成，根据合成后的模拟油品性质配以适当填料(高度)，减压炉及减压塔底注入蒸汽，即所谓的软硬件结合达到"减压深拔"油品技术要求。其核心是对减压炉管内介质流速、汽化点、油膜温度、炉管管壁温度、注汽量(包括炉管注汽和塔底吹汽)等的计算和选取，以防止炉管内结焦；减压炉出口温度可达435℃，裂解气生成量小于原料的0.3%(质量)，注汽量为原料的1%—2%(质量，对新建装置)，转油线的温差约为10℃—20℃；可以使蜡油/渣油的切割点达到630℃；也保证4年以上的操作周期和安全生产。此外，KBC的减压深拔技术对减压塔及其内构件的选取无特殊要求。国内已经和预备应用KBC减压深拔技术的企业有大连、独山子、大庆、天津和青岛大炼油。

(2) 负荷转移技术。该技术包括两段闪蒸和两段减压。两段闪蒸工艺的关键是在常压塔塔径不变的情况下提高原油加工能力，大量闪蒸气直接进入常压塔的适宜位置，闪蒸出来的气相不必加热到常压塔的进料温度，因此不必通过常压炉来获取能量，从而降低了常压炉负荷。同时闪蒸出来的气相是通过换热来获得，有利于低温位热量的利用，对提高装置的热量回收有好处，是一条有效的节能途径。镇海炼化1#常减压蒸馏装置采用两段闪蒸工艺将300万吨/年装置改造成500万吨/年，产品质量稳定，各项技术指标均达到较先进水平。两段减压工艺即是增设一个减压炉和减压塔，将前段减压的操作压力设定为微负压，该塔在较低的真空度下操作无需设置增压器，能减少抽空蒸汽的耗量，浅减压塔底吹入少许汽提蒸汽。另外，适度的负压操作能降低加热炉出口温度，减少馏出油品的过热度。两段减压技术在金陵3#常减压(500万—800万吨/年)、扬子2#常减压(250万—450万吨/年)、广州1#常减压(250万—500万吨/年)、镇海2#常减压(300万—600万吨/年)等扩能改造得到了较好的应用。

(3) 强化蒸馏技术。该技术是通过在原料中加入强化剂来改变造成蜡油滞留在渣油中的物质的极性，并降低蜡油溢出的表面张力，阻止自由基链聚合，消除雾沫夹带，提高减压拔出深度。强化剂可以是减压侧线馏分，也可以是专用强化剂。广州分公司2#常减压装置自2005年四季度开始，在减压系统前(常底泵进口)注入强化蒸馏剂T208，对稳定减压操作、降低减压塔内压降的作用明显，达到了提高总拔出率的目的。

(赵晓敏)

【催化裂化技术进展】 催化裂化是中国石化最主要的原油二次转化和重油深度加工工艺之一。在满足汽油清洁化生产的前提下，2005年催化裂化向多产液态烃等化工原料的方向继续深入，多产丙烯、降低汽油硫含量、降低汽油烯烃的新工艺技术得到广泛推广应用。新型催化裂化催化剂、设备和新信息技术的开发应用，也为催化装置效益的发挥起到了重要作用。

2005年催化裂化工艺的主要进展有：

(1) 同时多产清洁汽油和丙烯的MIP－CGP工艺。MIP－CGP工艺是在MIP工艺的基础上，应用新型双分子降烯烃理论，使烃类发生单分子反应和双分子反应的深度和方向得到有效控制，烃类可选择性地转化，生成富含异构烷烃的汽油和丙烯。采用MIP－CGP技术后装置汽油烯烃含量可降低到15.0%(体积)，丙烯对原料的产率可达到8.96%(质量)，汽油的硫含量有所下降，诱导期有较大提高，抗爆指数增加；干气产率下降，焦炭和油浆中氢含量降低，总液收有所提高。该技术已在镇海、九江等企业应用，取得了显著的经济效益。

(2) 新型重油转化降烯烃CDC催化剂的开发。采用"化学设计"概念开发的CDY分子筛和CDC催化剂，增强了分子筛的稳定性，减少了运行过程中非骨架铝的生成，同时改进了的催化剂载体增加了对重油的裂化能力，降低干气和焦炭的生成，并能够降低汽油中的烯烃含量。

(3) 催化裂化主分馏塔采用了新的分离技术。该技术的特点在于采用了新型塔盘技术，该塔盘综合了高效导流浮阀塔盘、LVG塔盘、多降液管塔盘三者的优点，根据催化裂化主分馏塔各段不同的汽液负荷以及结盐、结焦情况，采用不同的塔盘，充分发挥各自优点，可有效地缓解结盐、结焦堵塞塔盘的情况。使用该技术对武汉分公司1#100万吨/年催化裂化主分馏塔进行改造后，以往结盐、结焦堵塞塔盘的状况好转，催化主分馏塔的最大处理能力可达120万吨/年，通过提高处理能力每年提升的经济效益为2 015万元，各段产品分割良好。

(4) 催化裂化再生器强化烧焦技术。采用气体示踪方法研究分布器的分配性能，对荆门分公司80万吨/年催化裂解(DCC－Ⅱ)装置二密主风分布器改造的工业结果表明：主风分布器压降显著降低，由35千—38千帕降低到10千—11千帕，床层操作稳定，提高了装置的操作弹性和可靠性。开发并在荆门分公司 80 万吨/年重油催化裂化装置应用的再生器格栅内件，使再生器床层密度分布更加均匀，气泡频率降低，流化死区得到改善。针对荆门分公司 80 万吨/年 DCC 装置的特点，优化设计了待生催化剂入口分配器，有效地改善再生器内部的混合，良好的径向分布充分利用气固初始接触时的最大浓度差，提高传递速率。应用后再生器稀密相温差由改造前的 62℃下降到 28.5℃，稀相温度由改造前的 746℃下降到 709℃，CO 助燃剂使用量下降 50%，有效地降低了稀相尾燃。

(5) 催化裂化强化外取热技术。该技术是一种新型的下流式密相强化传热外取热器，结构简单，高温下受力情况良好，使用寿命长。在同样情况下，一根传热管的取热量在 4.5 吉焦/时以上，相当于现有 5 根一组联箱式传热管束。传热管的使用寿命 6 年以上。

(6) 新信息技术。信息技术应用主要体现在对催化裂化工艺的生产优化上。广州 1# 催化裂化装置应用催化裂化多方案多工艺实时优化控制系统，通过控制器来实时控制主要参数，实现实时优化生产，达到了效益最大化的目的。高桥分公司对 1# 催化裂化装置实施 APC 技术现场应用，增强了装置的抗干扰能力，提高了装置生产的平稳性，减轻了操作负荷，实现了主要生产指标和质量指标的卡边控制，提高了目的产品收率，增加了装置效益，减少了能耗。

(7) 催化裂化家族工艺中 DCC 及 ARGG 工艺降低汽油烯烃含量和增产丙烯的技术。多产丙烯和液态烃的 DCC 及 ARGG 工艺所产的汽油烯烃高于常规催化裂化，其汽油降烯烃的难度更大。通过在 DCC 装置底部进行汽油或碳四组分回炼，以及对 DCC 和 ARGG 催化剂配方进行调整，实现 DCC 和 ARGG 工艺降低汽油烯烃和增产丙烯的目的。

(宫　超)

【加氢裂化技术进展】 2005 年，石化股份公司共计有 14 套加氢裂化装置运行(齐鲁 SSOT 装置改为加工柴油)，累计加工原料油 1 687.85 万吨，平均负荷率 90.43%，加工损失 0.55%，综合能耗 41.08 千克标油/吨，总液收 96.62%，开工 327 天。

2005 年，金陵 150 万吨/年高压加氢裂化装置、扬子 100 万吨/年中压加氢裂化装置投产，使得年末股份公司加氢裂化装置加工能力达到 1 996 万吨/年。股份公司 14 套加氢裂化装置分布在 9 家炼油企业，有 2 套渣油加氢装置，加工能力为 350 万吨/年；9 套高压加氢裂化装置，加工能力为 1 330 万吨/年；3 套中压加氢裂化装置，加工能力为 380 万吨/年。与 2001 年相比，装置套数增加 5 套，加工量增加 872 万吨/年。

2005 年新技术进展及应用情况：

(1) 新型催化剂开发和推广速度加快。抚顺石油化工研究院的轻油型加氢裂化催化剂继 3825(第一代)、3905(第二代)、3955(第三代)之后，推出了 FC-24，于 2004 年 6 月首次应用于扬子石化。在原料油性质相近，精制油氮含量、转化率、体积空速和反应压力基本相同的条件下，FC-24 反应温度比 3905 低 14.9℃，重石脑油收率高 0.63 个百分点，C_5^+ 液收高 1.16 个百分点，氢耗也略低。中油型加氢裂化催化剂继 3824(第一代)、3901(第二代)、3974(第三代)之后，又相继推出 FC-20、FC-26。FC-26 于 2003 年首次应用于镇海炼化，中馏分油收率达到 66.77%，较 3974 催化剂提高 2.24 个百分点，液体产品收率达到 96.54%，提高 1.63 个百分点，氢耗降低了 14 米^3(标准)/吨原料，且对原料适应性增强，产品质量好，取得较好的经济效益。截至 2005 年底又开发出了中油选择性更好的 FC-40 和 FC-50 加氢裂化催化剂，活性和选择性又有所提高；推出了 FC-12 和 FC-16 灵活型加氢裂化催化剂，FC-12 催化剂经上海石化加氢裂化装置一年多的工业应用，表现出具有适宜的活性、较高的选择性、较强的抗氮能力、优异的活性稳定性和较大的生产灵活性，在保证重石脑油产量满足需要的同时，提高了喷气燃料和柴油的产率，尾油 BMCI 值始终保持在 8 以下。FC-14 催化剂 2005 年又用在金陵分公司新建成投产的 150 万吨/年加氢裂化装置上，已于 4 月初开车成功。FC-28 催化剂比无定型催化剂反应温度低 10℃左右，中馏分油选择性接近无定型催化剂。最新的 FC-30 单段单器高中油型催化剂，比 FC-28 反应温度又低 3℃以上，中馏分油收率与其相当。

(2) 反应器内构件有所改进。新一代反应器内构件可以改善液—液和气—液混合，实现反应器内良好的径向温度分布和最小的压力降，可以明显地提高催化剂效率。同时，还要考虑内构件所占的体积，使之便于更新并增加催化剂装填体积。中国石化工程建设公司(SEI)先后推出了新型分配盘和新型冷氢箱等内构件，并获得了国家专利。这些新技术已应用于上海石化 150 万吨/年加氢裂化、齐鲁分公司 140 万吨/年加氢裂化、高桥分公司 140 万吨/年加氢裂化，反应器径向温差均小于 3℃。

(3) 催化剂预硫化技术得到发展。传统的加氢催化剂硫化是在反应器内进行的，其一是以煤油馏分作为硫化剂携带剂，称为湿法硫化；其二是以硫化剂直接注入到反应器入口(与氢气混合)，称为干法硫化。

无论是湿法硫化还是干法硫化，均需要准备硫化剂，工业装置上需要增加硫化剂储罐、机泵和相应的管线。常用的硫化剂(如 CS_2)毒性大、易挥发、闪点低，容易造成环境污染，影响人体健康，给储存和使用带来困难。为此，根据国外的报道，石油化工科学研究院和抚顺石油化工研究院均开发了加氢催化剂器外预硫化技术，并得到了工业应用。石油化工科学研究院开发的加氢催化剂器外预硫化技术(RPS)，以廉价的元素硫为硫化剂，流程简单、产品收率高、硫保留度高，对各种加氢催化剂均具有良好的适应性。至2005年，已有6套加氢装置采用了RPS技术，大大缩短了装置开工的时间，受到普遍欢迎。抚顺石油化工研究院开发的器外预硫化技术(EPRES)与器内预硫化相比，催化剂的脱硫率和脱氮率明显提高，说明器外预硫化更充分，减少了还原态金属化合物的生成几率。

(李　鹏)

【催化重整技术进展】 催化重整汽油是低硫、低烯烃、高标号汽油优质调合组分，同时也为化工、化纤提供原料。随着环保法规对发动机燃料质量要求的日益严格和国内化工市场对芳烃需求的不断增长，以及对其副产的廉价氢气的需求，催化重整技术已受到越来越多的重视。中国石化催化重整在装置能力、管理和工艺技术、操作水平以及催化剂的生产等方面均超过了全国平均水平。其中半再生和连续重整催化剂已全部实现国产化，并达到国际水平；半再生重整的工程设计全部国产化；连续重整仅购买专利使用权，全部工艺和工程设计实现国产化。随着洛阳分公司连续重整采用国产化技术扩能改造成功，中国石化在连续重整技术国产化道路上又迈出了坚实的步伐。

2005年中国石化连续重整装置能力较原设计增加了104万吨/年，而半再生重整关停较多，2005年能力较原设计减少了27万吨/年。截至2005年底，中国石化重整装置加工能力中，连续重整占69.3%，半再生重整占26.8%，组合床占3.9%；连续重整平均运行负荷为96.24%，而半再生重整平均运行负荷为82.93%。

1. 半再生重整技术的主要进展

PRT系列半再生重整催化剂进一步推广应用。继武汉新建的30万吨/年重整装置于2002年底成功应用PRT-A/B重整催化剂、茂名40万吨/年重整装置于2003年初成功应用PRT-C/D重整催化剂后，该系列重整剂(PRT-C/D)又先后在长岭、塔河、沧州、荆门等半再生重整装置上成功应用。从标定结果来看，PRT系列重整催化剂性能及两段装填工艺效果达到或超过了各项设计指标要求。

继续进行低压半再生重整催化剂、非铼半再生重整催化剂、半再生重整催化剂生产工艺改进等工艺技术研究和开发工作。

2. 连续重整技术的主要进展

应用国外连续重整技术的发展。典型的连续重整有美国的UOP技术和法国的IFP技术。两种工艺比较，IFP工艺的设备和操作相对比较简单，设备国产化程度较高，但UOP技术相对比较成熟，工业化装置较多。两种工艺都已发展到第二、三代，与第一代相比，产品收率进一步提高，流程简化，操作方便，安全可靠，维修方便。2005年中国石化连续重整装置应用UOP一代专利技术的有扬子、上海石化、广州3家；应用UOP二代技术的有燕山、镇海2家；应用UOP三代技术的有天津、高桥、镇海、东兴4家；应用IFP二代技术的有齐鲁、金陵2家。

国内连续重整技术发展。洛阳石化工程公司在吸取国外连续重整技术基础上，开发了低压组合床连续重整技术，并在长岭实现了工业化；洛阳70万吨/年连续重整扩能项目已于2005年7月投产，改造前催化剂再生系统采用已落后的IFP一代批量再生技术，反应系统采用“三炉三反”工艺，装置处理量和产品质量受到限制。扩能改造采用国产化连续重整技术，其中再生系统由批量再生改为洛阳院的连续再生技术，重整反应系统改为“四炉四反”工艺，装置处理量由50万吨/年扩至70万吨/年，脱丁烷重整生成油芳烃含量由68%提高至78%，同时加热炉热效率有较大幅度的提高。这表明中国石化已具备了开发连续重整技术的能力。

连续重整催化剂的开发应用取得新进展。继PS-Ⅳ在上海石化、PS-Ⅴ在齐鲁、广州、长岭等连续重整装置成功工业应用以后，石油化工科学研究院开发的新型连续重整催化剂PS-Ⅵ又先后在镇海、洛阳、金陵、天津、湛江、燕山、高桥等连续重整装置得到了较好的工业应用。与PS-Ⅳ/PS-Ⅴ催化剂相比，在相同条件下其积炭速率可降低25%以上，在相同产品辛烷值情况下液体收率可提高1%(质量)以上，同时具有良好的水热稳定性和抗磨损性能。PS-Ⅵ型催化剂适用于各种类型新建连续重整装置，特别是受再生能力限制的连续重整装置的扩能改造。如高桥连续重整装置2005年7月更换了石油化工科学研究院开发的低积炭、高选择性PS-Ⅵ催化剂，消除了装置再生能力不足而制约装置处理能力的问题，反应生成油辛烷值(RON)提高到96左右，与原PS-Ⅴ相比，在相同反应苛刻度条件下，催化剂积炭降低1个百分点，碳五以上液收率提高0.76%。

在此基础上，石油化工科学研究院还进行了

PS－Ⅶ新型低积炭连续重整催化剂的研制和工业放大试验，并在扬子连续重整装置首次工业应用。PS－Ⅷ与PS－Ⅴ催化剂相比，在相同反应条件下，其液收增加1.06%(质量)，芳产增加0.7%(质量)，积炭下降33%；同时具有良好的水热稳定性、持氯性能、再生性能和抗磨损性能。PS－Ⅶ催化剂烧碳速率与PS－Ⅴ催化剂相当，能够满足连续重整工艺的要求，具备了工业放大的条件。至此，连续重整催化剂除镇海采用UOP专利催化剂(R－274)以外，已全部采用国产催化剂。

此外，为节约开工时间，降低开工风险，并减少氯流失，降低腐蚀，炼油事业部于2005年初出台了《临氢装置催化剂器外再生技术规范》，对重整催化剂器外再生技术的要求、再生企业的选择等作出了详尽的要求。

2005年，湛江东兴新建50万吨/年连续重整装置，洛阳50万吨/年连续重整采用国产化技术扩能为70万吨/年，共新增重整能力70万吨/年。

（周建华）

【延迟焦化技术进展】 2005年延迟焦化技术的主要进展是：

(1) 设备大型化，装置运行平稳。继2005年12月扬子160万吨/年焦化装置投产后，金陵3#焦化装置160万吨/年亦紧随投产，其平稳运行情况表明我国设备大型化焦化装置的设计和开工达到了世界先进水平。

(2) 石油化工科学研究院与洛阳工程公司采用大循环比工艺，加工高硫、高沥青质的塔河劣质稠油，蜡油可全部循环转化为轻质产品，加热炉连续运行可达8个月以上，为劣质稠油焦化加工取得了有益的经验。为适应延迟焦化低循环比的趋势，石油大学(华东)承担的“塔河稠油焦化在保证加热炉一定开工周期的前提下降循环比”研究课题取得了进展，通过掺炼减压渣油可将循环比降到0.8以下，为最大可能提高装置现有设备的加工负荷作出了有益的探索。

(3) 优化焦炭塔放空技术。为了稳定焦炭塔换塔后塔内油气减少造成的塔压降低，设计采用了在老塔注入轻柴油的稳压措施，以避免发泡和冲塔。这项技术已在扬子、金陵等装置得到了应用。

(4) 焦炭塔自动装卸机的研制。塔底盖装卸机安装在焦炭塔底部的平台轨道上，轨道中心与两个焦炭塔中心重合，塔底盖装卸机在轨道上移动。塔底盖装卸机上装有起重柱塞、风动扳手和保护筒，起重柱塞用于装卸底盖，保护筒的作用是底盖卸下后将其套在塔口法兰上，使焦炭和除焦水经过保护筒顺利流进焦池，防止焦炭和除焦水四处乱溅污染周围环境。该套系统已通过中国石化的鉴定。

(5) 水力除焦系统有进一步发展。采用风动水龙头与水涡轮减速器互为备用方案，正常情况下利用水涡轮减速器驱动除焦器旋转进行除焦，解决因钻杆长旋转时造成除焦器摆动的问题。

(6) 先进控制。最为突出的是模型预估控制技术。模型预估控制(MPC)是用多变量线性模型来描述过程的动态特性，用模型预测过程输出轨迹与希望轨迹的距离，作为控制质量指标，求得最优的控制策略。反馈校正、在线滚动优化，以解决大时迟、强耦合的多变量过程控制问题。多变量预估控制器是一个具有多变量、多目标的控制器，在正常生产过程中，该控制器可使多个受控变量分别在其各自允许的范围内操作，始终处于受控状态。福建炼油厂焦化通过先进控制，对循环比、加热炉出口温度、焦炭塔周期性操作、焦炭塔生焦高度及产品质量进行控制，增强了装置的抗干扰能力，提高了装置生产的平稳性，减轻了操作人员工作负荷。同时，由于控制水平的提高，实现了主要生产指标和质量指标的卡边控制，提高了目的产品收率，增加了装置效益，降低了装置能耗。

2005年石化股份公司有数套新建、改扩建装置投产，分别是金陵3#焦化装置160万吨/年、镇海新建2#焦化装置100万吨/年、茂名1#焦化装置由原来的60万吨/年扩到100万吨/年、天津焦化装置由100万吨/年扩到120万吨/年，新增焦化能力共320万吨/年。

2005年5月，石化集团科技委、炼油事业部、科技开发部组织科研、设计、生产等单位组成延迟焦化装置调研组，对金陵、扬子、高桥、茂名、长岭、荆门、齐鲁等7家企业的11套延迟焦化装置开展了实地调研。10月，炼油事业部、科技开发部组织在长岭分公司召开“延迟焦化技术交流暨第二届年会”。会议共收到20多家单位提交的报告和论文50余篇，会议围绕“原料劣质化、装置高负荷、长周期”的主题，进行了认真交流和深入讨论，明确了延迟焦化生产工艺技术的发展方向。

（宫　超）

【润滑油生产情况及技术发展】 2005年石化股份公司累计基础油产量比2004年减少4.46%，基础油综合收率46.29%，基础油综合能耗211.32千克标油/吨，基础油综合物耗3.52千克/吨。

高桥分公司润滑油加氢异构化装置成功试生产出符合API Ⅲ类标准的150N、符合API Ⅱ+标准的100N及150N基础油产品，其主流的2cst、150N、300N产品质量稳定，提高了股份公司基础油的质量档次；高桥分公司完成了3#酮苯脱油脱蜡联合装置的扩能改造，处理能力由35万吨/年提高到42万吨/年，可增产石蜡产品，提高经济效益。

2005年润滑油分公司共有95个新产品批量生产，涉及内燃机油、齿轮油、液压油、金属加工用油、润滑脂等多个品种，主要有10W/40SL汽油机油合成型冷冻机油系列产品、M0088高速深孔钻削油、9986166 SGM装车机油、Supergrease－1润滑脂等，共计1.87万吨。长城电脑横机油、8122合成液压油、7607气动制动系统专用密封脂、长城低噪音轴承润滑脂等多个产品获得了46家OEM厂商认可。

（朱永进）

【炼油生产装置及专业达标】 2005年，中国石化炼油主要技术经济指标较2004年有较大幅度提高。石化集团公司33家炼油企业轻质油收率73.49%，综合商品率93.25%，加工损失率1.0%，综合能耗68.59千克标油/吨。其中股份公司26家炼油企业轻质油收率74.28%(全口径)，高附加值产品收率83.24%，综合商品率93.24%，加工损失率1.0%，综合能耗68.64千克标油/吨，原油储运损耗0.53%。

2005年石化股份公司有3家企业实现炼油专业达标，分别是上海石化、塔河石化、西安石化，计划内达标率75%(河南未能按计划实现达标)。石化集团公司有泰州石化厂、清江石化、巴陵石化等3家企业实现达标。实现保标的企业有17家，分别是燕山石化、天津石化、石家庄炼化、沧州石化、齐鲁石化、中原石化、胜利石化厂、长岭石化、高桥石化、济南石化、扬子石化、金陵石化、福建炼化、广州石化、镇海炼化、茂名石化、北海分公司，炼油专业保标率77%(2001—2004年共有22家企业实现过专业达标)。石化股份公司2005年实现达标和保标的企业共20家。

（李　鹏）

炼油设备管理

【概述】 2005年国内油品市场需求旺盛，为保证市场供应，炼油企业的主要生产装置必须保持满负荷、长周期运行，由此对设备的安全、稳定运行提出了更高的要求。但随着装置运行周期的延长、原油加工量增加和含硫、高含硫原油比例的提高，炼油设备发生腐蚀、磨损和老化的情况加剧，故障率有所上升。面对不利局面，炼油企业的广大职工通过加强设备的全员、全过程管理，努力提高设备的可靠度，使设备的运行状况总体上保持在良好状态，从而为生产装置的安全、稳定、长周期运行和全面完成原油加工计划提供了可靠保证。

2005年是炼油企业检修任务非常繁重的一年。一是检修装置的数量多。常减压、催化裂化、加氢裂化、重整、延迟焦化五大类主要炼油装置计划检修93套(实际完成98套)，比2004年多了10套。二是检修的范围广、深度大。不少企业都是全厂停工检修，检修范围、检修深度均为历年来最大的一次。如福建炼化有限公司、石家庄炼化股份公司、洛阳分公司、天津分公司和胜利油田有限公司石化总厂等都是全厂性停工大修；齐鲁分公司、北京燕山分公司和广州分公司等企业的检修也涉及到全公司近一半的生产装置，其中达到三年一修的装置有25套。三是二季度检修高度集中。为满足油品质量升级的需要，部分企业必须在上半年完成装置的检修、改造任务，同时部分企业由于长周期运行到达末期，存在问题较多，必须尽快安排检修，因此出现了检修过度集中的不利局面。二季度共有46套主要生产装置进行检修，占全年主要生产装置检修总数的近55%。尤其是华北地区全厂性的三年一修企业均集中在二季度检修，给生产任务的安排及稳定市场供应带来很大的难度。针对上述情况，为顺利完成2005年检修任务，保证市场供应，总部和各企业高度重视检修工作。炼油事业部通过直接参加企业检修动员会、检查检修准备工作、派督导组等方式，向企业传递压力。各企业面对检修装置多、检修深度大、检修时间紧的形势，通过精心组织，大幅度提高预制深度，从检修工作的前期准备、施工队伍安排、施工网络计划、检修方案、材料到货、安全措施、质量保障等各方面严格把关，确保了安全、高效、优质、准时完成检修任务，并做到一次开车成功，为全年生产任务的完成打下了良好基础。

2005年，炼油企业认真落实石化集团公司长周期运行工作会议精神，把提高装置的长周期运行水平当作降本减费、提升企业竞争力的重要措施来抓，装置的运行水平进一步提高。尽管存在许多不利因素，2005年又有18套主要生产装置实现了三年一修。在石化集团公司考核的153套主要炼油生产装置中，已有55套实现了三年一修，占考核装置总数的36%，比2004年增加了12个百分点。截至2005年底，济南分公司、石家庄炼化股份公司、天津分公司、洛阳分公司和福建炼化有限公司等5个企业已实现了全厂性的三年一修；中原油田石化总厂、胜利油田石化总厂等油田企业的炼厂也在今年实现了两年一修。炼油生产装置实现长周期运行为企业取得了明显的经济效益。

2005年，炼油企业继续加强设备更新和电气隐患治理工作，共投入资金 7.58 亿元，其中用于设备更新 3.13 亿元，电气设备更新和电气隐患治理 4.46 亿元。检修主要生产装置 98 套，实际列支修理费 32.31 亿元(其中管道储运分公司 1.69 亿元)，加工吨原油修理费 21.59 元。

（吴俊良）

【组织设备大检查】 为加强设备管理，提高设备的完好水平和可靠度，确保生产装置安全、稳定、长周期运行，为企业降本增效提供良好的设备物质基础，根据总部的统一安排，各炼化企业于 2005 年 3—4 月开展了 2005 年度设备大检查。

3 月 20 日—4 月 5 日为企业自查整改阶段，由各企业按总部统一制定的检查内容，进行自查和整改；第二阶段从 4 月 12 日开始到 4 月 30 日，由总部组织 8 个检查组对所有炼化企业进行现场检查。4 月 11 日总部组织召开了 2005 年设备大检查准备会，章建华高级副总裁对本年度设备大检查第二阶段的工作进行安排部署，并提出了具体要求。

本次设备大检查的内容分设备综合管理和专业管理两大部分。综合管理重点检查各企业设备管理机构、部门是否健全，管理工作是否有效，各项规章制度是否齐全，设备的档案资料是否完整；企业改制分流后，设备的巡检、特护、监测工作能否坚持进行，设备的日常维护、保养工作是否正常；同时检查装置的现场管理状况、设备的完好状况以及检修质量管理、修理费使用管理等方面的工作。专业管理重点检查压力容器和工业管道、工业锅炉、大型机组、电气设备、仪表及自动控制设备、加热炉、工业水等 7 个专业的管理情况。

在总部领导的高度重视和亲自组织下，本年度大检查准备工作充分，检查目的和重点明确，检查中坚持高标准、严要求、求真务实，收到了预期的效果。大检查对促进企业重视设备管理工作，促进企业间设备管理经验的交流、学习，加强设备隐患整改的力度，全面提高企业设备管理水平，确保生产经营任务的完成起到了良好的作用。

（吴俊良）

【积极开展技术服务活动】 根据实际工作需要和企业的要求，2005 年总部继续组织设备专家深入企业进行调研和开展技术服务活动。一方面帮助企业解决实际问题，同时根据共性问题制定要求，指导其他企业工作，收到了比较好的效果。2005 年先后 13 次组织有关专家到 10 家企业进行装置大检修前和检修过程中的检查督促工作；18 次组织专家组到企业解决设备管理中的技术难题，较好地解决了广州分公司重油催化裂化装置框架存在的重大隐患问题等。在组织专家组积极开展技术服务的同时，还大力推行以可靠性维修为基础的检修方法，先后在塔河分公司、西安分公司两个企业的全厂装置以及齐鲁分公司、广州分公司、镇海炼化股份公司的 4 套主要生产装置上进行应用，延长了装置的运行周期。2005 年组织专家进行过调研或技术服务的企业主要有上海石化、高桥、洛阳、广州、齐鲁、镇海、天津、塔河、湛江、西安、燕山等，专业涉及到设备防腐、压力容器、大机组、加热炉、工业水等各方面。由于专家组深入现场，认真了解情况，帮助企业出主意、想办法，努力解决实际问题，受到了企业的欢迎。

（吴俊良）

【加强催化烟机的运行管理工作】 在催化裂化装置中，烟机不仅是关键机组，同时也是重要的节能设施，其运行状况直接影响到装置的长周期运行和能耗的水平。石化集团公司从 2002 年强化烟机组运行管理以来，各企业在烟机运行管理方面做了大量工作，取得了较好的成绩。

2005 年集团公司 40 台在用烟机组全年与装置的同步运行率为 95%；平均负荷率 81%；发生故障停机 37 次，总停机时间 14 733 小时；累计做功 18.67 亿千瓦·时；回收效益 9.33 亿元。与 2004 年相比，2005 年烟机的同步运行率略有提高，但平均负荷率提高了 7 个百分点，停机次数减少了 23 次，停机时间增加 1 512小时，累计做功增加 2.27 亿千瓦·时，回收效益增加了 1.14 亿元。总结 2005 年烟机机组的运行情况，有以下特点：

一是停机故障大幅度减少，比 2004 年减少了 23 次，下降约 37%。这主要是各企业通过加强“机、电、仪、管、操”五位一体的管理，提高检修质量，提高维护水平，提高仪表、液压、冷却系统的可靠度，在轮盘冷却蒸汽品质、入口烟气温度、烟气含尘浓度检测以及普遍开展 S8000 在线状态检测等方面工作取得的成果。2005 年有 11 台烟机的同步运转率达到了 100%。

二是烟机负荷率大幅提高，平均比 2004 年提高了 7 个百分点，增幅较大，为装置节能降耗作出了较大贡献。

三是烟机故障的平均修复时间延长。2005 年虽然只发生了 37 起停机故障，但是故障停机时间大大增加，平均每起故障停机时间达 388 小时，比 2004 年增加了 167 小时。这一情况说明，在一般故障大幅度减少的同时，比较严重的机组事故增加了。根据统计情况分析，2005年三旋故障和烟机叶片断裂是导致烟机机组停机时间大幅度增加的主要原因，全年有4台烟机的故障停机时间超过了1 000小时。

四是个别机组随装置大修后不能同步开起。2005年有3台烟机因各种原因，大修后不能与装置同步开机，影响了同步运行率的提高。

五是部分烟机组因设计问题，影响能量回收效果。如湛江东兴和杭州炼油厂新上的两台烟机、荆门分公司1#催化装置更新改造的烟机，就存在这方面的问题。

针对存在的问题，2005年总部多次组织大机组运行专家组，到各企业对存在问题的机组进行会诊，使部分机组长期存在的问题得到了解决，提高了这些机组的运行水平。

（吴俊良）

【加强加热炉的运行管理工作】 加热炉是炼油厂重要的工艺设备，也是炼油厂消耗燃料的主要设备。加热炉的燃料消耗占炼油厂总能耗的30%—50%，因此提高加热炉的热效率对于降低炼油厂的能耗、降低炼油生产成本、提高经济效益起着极为重要的作用。

2005年总部组织两个加热炉测评中心和部分企业的加热炉管理人员，分4次对17家炼油企业的加热炉运行管理情况进行了检查，对214台加热炉(其中热负荷大于10兆瓦的192台)的运行情况，应用红外热成像仪、燃烧效率分析仪等仪器进行了现场测评。从检查的情况看，2005年所检查的214台加热炉，平均热效率为88.08%，平均氧含量为5.87%，平均排烟温度为180.67℃。与2004年的检查结果相比，加热炉的平均热效率上升了1.28%，平均排烟温度降低了19.64℃，平均氧含量降低了0.58%。上述检查结果表明，通过连续3年不懈的努力，炼油企业加热炉运行管理水平进步比较明显。

通过检查也发现一些问题，主要是部分企业加热炉的管理工作与总部的要求仍有差距，加热炉排烟温度高、烟气氧含量超标、燃烧情况不佳等现象依然存在，因此对加热炉的运行管理工作必须进一步加强，不能有丝毫放松。

（吴俊良）

炼油质量管理

【概述】 2005年各炼油企业坚持“质量第一、用户至上”的宗旨，开展全员、全过程的全面质量管理活动，大力推进产品质量升级和质量管理信息化建设，提高质量管理体系运行的有效性和产品检验分析的水平，炼油企业质量管理水平不断提高。2005年炼油产品质量总体保持稳定，按期实现了车用汽油、柴油和沥青等产品的质量升级，出厂产品质量合格率100%。在国家、各级政府部门和中国石化对炼油企业产品质量的监督抽查中，合格率均达到了100%。

（王新军）

【产品实物质量】 2005年是车用汽油、轻柴油产品质量升级工作关键的一年，是继2000年GB 17930车用汽油国家标准中对烯烃含量、芳烃含量、苯含量、硫含量等指标提出严格要求后，在质量升级上又迈出的关键一步。从2005年7月1日起车用汽油产品质量全部达到欧Ⅱ排放标准的要求，供应北京市的车用汽油、车用柴油产品达到欧Ⅲ排放标准的要求，2005年9月1日车用乙醇汽油调合组分油硫含量达到欧Ⅱ排放标准的要求。对3#喷气燃料严格管理，保证了军队、民航的供给，供应香港机场航煤的5家企业均通过了香港机场年度质量保证能力验证。道路石油沥青产品的生产、质量、销售和应用取得了新的突破，继中国石化“东海”沥青成功应用于上海F1赛道之后，2005年又成功应用于上海虹桥机场和东海大桥。润滑油基础油加氢装置的稳定生产和APIⅡ、APIⅡ+和APIⅢ三类产品的供应，使基础油质量档次有了新的提高，特种油脂产品成功应用于我国神舟六号载人飞船，被中国航天科技集团认定为质量可靠、性能稳定的产品，“长城”润滑油作为中国南极科考船“雪龙号”指定专用油，为南极科考工作的顺利完成作出了贡献。

(1) 车用汽油。2005年中国石化按国家《车用无铅汽油》标准、企业《车用乙醇汽油调合组分油》标准、北京市地方《车用无铅汽油》标准和出口汽油协议标准4个产品标准系列出厂，共计生产车用汽油2 511万吨。2005年7月1日前，炼油企业出厂车用汽油全部达到硫含量不大于0.05%的要求，其中，供应北京市的车用汽油达到硫含量不大于0.015%的要求。产品结构得到了优化，高标号车用汽油产品比例有较大幅度提高，93#以上高标号车用汽油比例超过63%。为降低车用汽油质量升级的成本压力，中国石化所属各企业针对产品实物质量现状、原油质量状况和装置结构，采取了有效的措施，降低车用汽油生产成本取得了显著的成效。一是坚持盘活现有生产设备、优化资源利用，实施了投资成本最低的质量升级措施，降低了质量升级的成本压力；二是优化生产方案，提高新技术应用效果，部分企业原油硫含量与上年相比基本持平或略有降低，减小了质量升级引起原油采购成本增加的压力；三是依靠科技进步，广泛应用各种降低催化汽油硫含量、烯烃含量的技术，对质量升级起到了很好的作用；四是为保证北京市第二阶段车用汽油、车用柴油供应，燕山石化、石家庄炼化等企业实施了相关技术改造，同时从高桥石化、镇海炼化等企业调拨部分资源，满足了北京市场车用汽柴油的需求。

(2) 轻柴油。2005 年中国石化按国家《轻柴油》、《车用柴油》、《军用柴油》标准，北京市地方《车用柴油》标准和出口柴油协议标准 5 个产品标准系列出厂，共计生产柴油 5 822 万吨。供应部分中心城市的车用柴油产品质量有了新的提高，从 7 月 1 日起，供应北京市的车用柴油达到了欧Ⅲ排放标准的要求，即车用柴油硫含量不大于 0.035%，十六烷值不小于 51，增加了柴油润滑性、密度等控制指标，向广州、深圳等城市供应了低硫轻柴油产品，满足了国内部分城市的需要。

(3) 道路石油沥青。2005 年中国石化继续加大高等级道路石油沥青、改性沥青的质量提升和新产品开发力度。根据交通部新修订的《公路沥青路面施工技术规范》中的沥青材料技术要求，利用自有技术，实现了产品质量升级。从 2 月开始，齐鲁、镇海、茂名、西安、塔河、上海石化等企业陆续稳定生产出新规范 A 级沥青产品。5 月，广州分公司通过控制溶脱沥青、减压渣油等沥青组分的质量，制定合适的调合方案，道路沥青产品质量达到了重交道路沥青技术要求。新产品开发和重大工程推广应用也取得了突破性进展，镇海炼化股份公司在新建 40 吨/时胶体磨改性沥青装置上，通过技术攻关，相继开发出机场跑道沥青和跨海大桥桥面沥青等高端改性沥青产品，成功应用于上海虹桥机场、东海大桥等，打造了中国石化“东海”沥青产品品牌。

（王新军）

【产品质量管理】 2005 年各炼油企业以落实产品质量管理制度为重点，加强了炼油企业质量管理体系运行的有效性，不断提高企业质量管理水平。9 月，中国石化组织开展了重组改制以来第四次炼油企业质量大检查工作，从原材料进厂管理、过程质量控制、检验分析管理、成品出厂管理、内控标准及保留项目制定、二级企业标准修订以及全员质量意识提高等方面的工作入手，深入细致地进行了检查，对存在的问题跟踪整改和通报讲评。继续开展月度产品质量统计分析活动，加强了炼油产品的监督控制力度，实行月度产品质量通报，产品质量管理的控制水平不断提高。

（王新军）

【质量管理体系】 2005 年各炼油企业加强了质量管理体系的有效运行工作，组织开展了质量管理体系内审、管理评审和第三方年度监督审核工作，规范和提高质量管理体系运行的有效性。部分炼油企业从整合管理体系工作入手，将质量、安全、环保和健康等管理体系有机地整合在一起，理顺了企业管理体系。11 月召开了炼化企业管理体系整合经验交流会，对管理体系已整合的镇海、石家庄、广州、洛阳和河南油田精蜡厂等 5 家企业的经验进行了交流，为中国石化炼化企业管理体系的整合提供了典范。

（王新军）

【质量检验机构】 截至 2005 年底，已有扬子石化、上海石化、金陵石化、福建炼化、九江石化、镇海炼化、齐鲁石化、泰州石化厂、润滑油分公司、河南油田精蜡厂等企业通过了国家实验室认可委的认可，有 15 家企业已建或正在建设实验室信息化管理系统。总部组织开展沥青实验室比对试验工作，并结合交通部新修订标准中技术要求对沥青生产企业检验分析人员进行了培训，规范了质量检验机构的管理，提高了产品质量检验水平。

（王新军）

炼油计量管理

【概述】 2005 年，在总部“保安全、保市场、保稳定、增效益”的生产经营方针下，企业对计量管理工作更加重视。ERP 项目已在 14 家企业上线，为实现“信息流、物流、资金流”三流合一的现代化管理目标，对计量工作提出了新的要求。为此，各企业计量管理人员，认真贯彻国家计量法律、法规，狠抓计量器具管理，强化计量数据管理，计量管理水平不断提高，同时加大了计量设备改造力度，计量器具精确度和计量数据的准确性不断提高，为企业减少进出厂物料损耗提供了有利条件，取得了显著效益。

2005 年总部重点做了以下几个方面的计量管理工作：

一是继续加强原油储运损耗管理。加大每月对企业原油储运损耗工作的跟踪力度，盯住储运管理较差的企业，发现问题与企业共同分析原因，督促企业进行整改，取得了明显的效果。针对荆门分公司反映江汉油含水高的情况，8 月底组织专家到现场进行调研，了解实际情况并提出了整改意见，促使两家在输油线上的自动采样器尽快投用，减少了储运损失。

二是编写计量管理制度。炼化企业在用的仍是

1991年制定的计量管理制度，与当前形势存在许多不适应的地方。为此，从2004年底开始，总部组织有关专家重新进行了编写，2005年进行了二次审查。

三是召开了计量工作座谈会，会上总结了前两年炼油企业在计量管理方面取得的好经验，同时也指出了目前企业存在的问题，对下一阶段的计量工作进行了部署。

四是帮助企业解决计量方面的问题。如协调荆门分公司将仪长管线洪荆支线的原油计量交接点从洪湖移至荆门厂内，减少在洪湖设站重复建站的费用，节约施工费用超过2 000万元。针对燕山石化反映塔河分公司发出的石脑油计量亏吨问题，协调塔河分公司与燕山石化、齐鲁石化进行了罐车计量检定，在双方确认实际数据的基础上，最终签订了损耗承担协议。

（任　刚）

【计量效益】 2005年，炼油企业原油储运损耗进一步降低，石化股份公司26家炼油企业平均原油途耗率为0.31%，与2004年相比下降了0.02个百分点，原油储存损耗率为0.22%，与2004年相比下降了0.01个百分点，两项合计为0.53%，比2003年下降了0.03个百分点，减少原油损失3.84万吨，节约原油产生的经济效益为7 680万元。在降低原油储运损耗方面，工作比较突出的有武汉石化、长岭石化、胜利油田石化厂、安庆石化、石家庄炼化、洛阳石化、沧州炼油厂、高桥石化等企业。

（任　刚）

【计量管理机构】 石化股份公司炼油企业的计量管理工作由炼油事业部设备处负责。石化集团公司级的计量检定技术管理机构见表5。

经原国家质量技术监督局考核并批准，在石化集团公司设立的国家级计量检定机构截至2005年有5个，见表6。

表5　石化集团公司级计量检定技术管理机构

序号	名　称	设立地点
1	中国石化集团公司工业计量站	天津石化公司
2	中国石化集团公司工业大流量检定站	燕山石化公司
3	中国石化集团公司南方工业计量站	茂名分公司

注：石化集团公司工业计量站在企业改制后，已归口存续部分管理，原石化集团大容器检定站已撤销。

表6　国家级计量检定机构

序号	名　称	设立地点
1	国家铁路罐车容积计量站齐鲁分站	齐鲁石化公司
2	国家铁路罐车容积计量站茂名分站	茂名石化公司
3	国家铁路罐车容积计量站南京分站	南化集团公司
4	国家铁路罐车容积计量站燕山检定室	燕山石化公司
5	国家大容量第一计量站第一检定室	燕山石化公司

（任　刚）

【计量体系确认】 各炼化企业加快了计量工作与国际接轨的步伐，截至2005年，石化股份公司的炼化企业已有7个分公司、8个分厂通过了国家质量监督检验检疫总局关于ISO 10012计量检测体系确认的评审，其中7个分公司通过了国家计量主管部门的到期复查。

（任　刚）

炼油节能管理

【概述】 2005年石化集团公司炼油企业炼油能耗平均为68.59千克标油/吨原料油，同口径比2004年下降0.84千克标油/吨。2005年石化集团公司炼油企业平均电单耗为49.79千瓦时/吨，同比增加1.05个单位；催化烧焦为22.59千克/吨，同比下降1.18个单位；燃料单耗为21.47千克/吨，同比增加0.11个单位；外输热量为1.29千克标油/吨，同比增加0.23个单位；蒸汽单耗为0.12吨/吨，与2004年持平。

2005年石化股份公司炼油企业能耗平均为68.64千克标油/吨，同口径比2004年下降0.96千克标油/吨。2005年石化股份公司炼油企业平均电单耗为49.98千瓦时/吨，同比增加0.97个单位；催化烧焦为21.90千克/吨，同比下降1.26个单位；燃料单耗为21.96千克/吨，同比增加0.02个单位；外输热量为1.36千克标油/吨，同比增加0.24个单位；蒸汽单耗为0.13吨/吨，同比增加0.01吨/吨。按股份公司2005年加工量1.46亿吨计，节能效益达到2.11亿元以上。

在考核的26家股份公司企业中，扬子石化股份公司(炼油能耗51.24千克标油/吨)、上海石化股份公司(炼油能耗52.34千克标油/吨)两家炼油化工型企业能耗仍然处于较先进水平，其他炼油企业综合能耗较低的企业有广州分公司(能耗为60.67千克标油/吨)、镇海炼化股份公司(能耗为62.34千克标油/吨)。全年炼油综合能耗同比下降的有12家，降幅较大的有齐鲁分公司(-9.87千克标油/吨)、金陵分公司(－7.52 千克标油/吨)、沧州分公司(－5.77 千克标油/吨)、济南分公司(－3.14 千克标油/吨)等企业。

（宫 超）

【采用新的能耗统计方法，完成基准能耗开发】 2005 年炼油企业普遍采用了新能耗核算体系，使炼油能源消耗的数据更能反映实际情况。为推动节能理论的进展，2005 年编制了《主要炼油装置的基准能耗》核算体系，使各企业可以应用基准能耗的概念，通过量化的计算，发现常减压、催化裂化、延迟焦化等装置的节能潜力，为进一步深入开展节能工作提供了有用的工具。

（宫 超）

【开展企业优化服务，发现并实施节能项目】 2005 年，总部对高桥、燕山、镇海、金陵、天津、石家庄等 10 家企业开展了企业优化技术服务工作。通过现场技术服务，发掘了一批节能项目，其中部分项目在 2005 年得到实施，取得了良好的节能效果。高桥、燕山、天津、石家庄 4 家企业通过技术服务，发掘出的节能潜力均在 3 千克标油/吨以上。

通过技术服务，一批好的节能措施得到了推广。如常减压、催化裂化、焦化等装置的低温热利用与装置间的热联合技术；蒸汽强化管理、合理利用的技术；优化制氢系统生产运行，降低全厂能耗；强化对公用工程系统的管理，降低蒸汽管损，降低循环水消耗等。上述措施与经验的推广普及，为今后进一步降低炼油能耗起到了良好的作用。

（宫 超）

【节水减排项目取得阶段性成果】 2005 年国家对节水工作日益重视，“节水减排”已成为石化股份公司工作的重点之一。2005 年中国石化在“节水减排”项目上开展了大量工作，取得了较大进展。5 月完成了中国石化 40 家炼化企业节水减排项目可研评审，7 月召开了中国石化节水减排工作会，全面启动中国石化“节水减排”项目。各企业实施了诸如管网查漏、汽提净化水回用等节水项目，截至 9 月，加工吨油取水已下降到 0.96 吨/吨原油。9 月炼油事业部、科技开发部联合在天津、济南、武汉、茂名等 4 家炼化企业开展了双膜法污水深度处理成套技术的试验工作，经过 3 个多月的现场试验，获得了近 10 万多个数据，验证了双膜法污水处理成套技术的可行性，获得了大量基本工程参数，并通过了石化集团公司的技术评议。11 月在天津召开了“节水减排”项目现场工作会，对冷凝水回收处理、双膜法污水处理等技术进行了推广交流，取得了良好的效果。

（宫 超）

化工生产与管理

- 综述
- 有机原料
- 合成树脂
- 合成橡胶
- 合成纤维
- 精细化工
- 化肥
- 无机原料
- 设备管理
- 化工质量管理
- 化工计量管理
- 化工节能管理
- 化工达标管理

综　述

2005年，受国际原油价格大幅上涨影响，化工市场起伏较大，化工产品成本大幅度上升。面对复杂多变的市场形势，各化工企业在总部统一部署下，紧紧围绕经营战略和年初确定的工作总目标，坚持“保安全、保市场、保稳定、增效益”的生产经营方针，抓住化工市场景气周期的有利时机，灵活应对市场，克服化工产品营销体制改革的影响，顾大局、挑重担，强化“三基”管理，落实长周期运行、降本减费等各项措施，努力保持化工装置安全稳定满负荷运行，生产经营取得一定成绩。

一、主要产品产量同比大幅增长

乙烯，集团公司全年累计生产549.63万吨(其中股份公司累计生产531.88万吨)，完成年计划536万吨的102.4%，同比增产124.4万吨，增长29.18%；合成树脂，集团公司全年累计生产858.1万吨(其中股份公司累计生产760.5万吨)，完成年计划836.8万吨的102.6%，同比增长20.6%；合成橡胶，集团公司全年累计生产84.3万吨(其中股份公司累计生产62.6万吨)，完成年计划78.7万吨的107.1%，同比增长8%；合纤原料，集团公司全年累计生产407.6万吨(其中股份公司累计生产402.8万吨)，完成年计划402.4万吨的101.3%，同比增长12.5%；合纤聚合物，集团公司全年累计生产277.8万吨(其中股份公司累计生产269.7万吨)，完成年计划279.4万吨的99.4%，同比增长10.2%。

以上统计数据含上海赛科、扬—巴两家合资企业。

二、主要技术经济指标基本受控

2005年，集团公司乙烯收率达到30.71%(股份公司30.66%)；双烯收率45.17%(股份公司45.07%)，均达到或超过指标；乙烯装置损失率0.68%(股份公司0.56%)，比指标高0.12个百分点(股份公司比指标高0.01个百分点)；乙烯燃动能耗684.43千克标油/吨(股份公司682.46千克标油/吨)，比指标低3.57个单位(股份公司比指标低2.54个单位)。其他主要化工产品如乙二醇、LDPE、HDPE、LLDPE、连续法聚丙烯、SBS、PTA、聚酯、涤纶、腈纶等技术经济指标均控制在年度考核指标范围内，同比进一步降低。

三、产品结构调整取得新进展，树脂专用料和差别化纤维产量进一步提高

集团公司全年累计生产合成树脂专用料349.8万吨(其中股份公司生产349.8万吨)，完成年计划的109.5%，同比增长13.3%；专用料比例为56.2%(股份公司为59%)，比年计划高1.8个百分点，同比提高4.8个百分点。

集团公司全年累计生产差别化纤维82.6万吨(其中股份公司生产81.1万吨)，完成年计划的111.1%，同比增长8.3%；差别化率为51.6%，比年计划高6.3个百分点，同比提高6.8个百分点。

四、成本费用控制取得一定成效

2005年，化工产品完全加工费用1 299元/吨，比年初下达指标1 350元/吨降低51元/吨。烧碱、丁辛醇、涤纶长丝、聚酯切片、合成氨等5个产品现金操作费用低于年度考核指标。

五、化工产品营销体制改革取得阶段性成果

2005年5月10日化工销售分公司正式挂牌，同时在北京、上海、广州成立了3个区域分公司，完成了机构组建、人员就位、上市子公司关联交易豁免等工作。7月1日实现首批8家企业主要化工产品的集中销售，8月1日起实现了24家企业主要化工产品的集中销售，9月中国石化化工销售ERP系统正式上线运行，并从11月起实现单轨运行。

六、改制分流稳步推进

审定并批复23个化工企业的改制分流初步方案和18个实施方案，其中17个单位完成注册，分流人员1 188人。研究确定齐鲁、天津、燕化、仪化、扬子等5个企业的资产重组结构调整分流安置富余人员方案，协议解除劳动合同约600人。

七、经济效益稳步提高

2005年，化工事业部所属企业全年实现销售收入1 891亿元，实现利润103.3亿元。到年底，化工板块资产负债率为40.92%，比年初的40.05%略有上升，资产结构基本保持稳定。

(时　光)

有 机 原 料

【概述】 石化集团公司有机原料主要品种有乙烯、丙烯、丁二烯、苯、甲苯、二甲苯、甲醇、丁醇、辛醇、环氧乙烷、环氧丙烷、环氧氯丙烷、乙醛、醋酸、苯酚、丙酮、丙烯酸、苯乙烯和苯酐等。

乙烯、丙烯、丁二烯、苯、甲苯、二甲苯为基础有机原料，其余为主要中间原料。

2005年集团公司主要有机原料生产能力见表1。由表1可见，乙烯、丙烯、丁二烯、苯、甲苯、丁醇、辛醇、醋酸、丙烯酸和苯乙烯等产品的生产能力有较大幅度增加。

2005年集团公司主要有机原料产品产量见表2。

表 1　　2000—2005 年石化集团公司主要有机原料生产能力　　万吨/年

产品名称＼年份	2005	2004	2003	2002	2001	2000
乙　烯	554.50	404.50	377.62	355.50	295.50	268.50
丙　烯	485.01	382.41	346.51	346.24	310.85	298.82
丁二烯	85.09	74.59	71.79	67.43	62.03	53.34
苯	194.95	125.95	124.02	125.02	125.02	117.92
甲　苯	73.44	47.88	44.60	44.60	44.60	44.28
混合二甲苯	76.07	82.49	81.29	81.29	81.29	75.83
甲　醇	48.50	48.50	38.22	35.82	35.82	37.25
丁　醇	15.00	5.00	5.00	5.00	5.00	5.00
辛　醇	41.50	30.50	13.50	8.50	8.50	8.50
环氧乙烷	23.56	23.56	22.46			
环氧丙烷	8.70	8.70	10.60	10.60	10.20	8.90
环氧氯丙烷	5.60	5.60	5.60	5.60	4.20	4.20
乙　醛	11.20	11.20	11.20	11.20	11.20	11.20
醋　酸	48.00	28.00	28.00	28.00	28.00	28.00
苯　酚	35.00	35.00	22.50	19.00	19.00	17.75
丙　酮	21.00	21.00	13.50	11.40	11.40	10.65
丙烯酸	23.08	2.90	2.90			
苯乙烯	109.20	59.20	45.20	45.20	46.00	43.60
苯　酐	12.00	12.00	13.30	13.30	13.30	13.30

表 2　　2000—2005 年石化集团公司主要有机原料产品产量　　万吨

产品名称＼年份	2005	2004	2003	2002	2001	2000
乙　烯	549.63	425.49	414.69	350.93	291.35	287.16
丙　烯	485.59	414.26	385.99	346.20	294.58	292.68
丁二烯	87.97	76.00	62.37	50.74	42.02	44.83
苯	188.29	142.23	136.03	123.02	108.79	102.96
甲　苯	57.08	57.14	51.07	43.52	41.34	37.64
混合二甲苯	59.77	55.07	54.69	56.36	58.15	54.56
甲　醇	37.90	38.85	33.67	28.07	30.39	30.86
丁　醇	11.74	3.81	6.04	5.28	4.96	4.42
辛　醇	37.66	15.03	14.30	8.80	8.44	8.18
环氧乙烷	24.90	24.96	21.85			
环氧丙烷	9.52	10.67	11.70	11.58	11.59	9.69
环氧氯丙烷	5.59	4.41	4.53	2.96	2.62	2.88
乙　醛	10.85	12.14	12.36	11.46	9.95	10.93
醋　酸	35.82	31.99	30.88	27.77	26.88	29.90
苯　酚	34.65	24.74	18.69	19.52	16.61	17.64
丙　酮	21.63	15.61	11.61	11.95	10.62	10.98
丙烯酸	17.81	2.49	2.72			
苯乙烯	101.30	46.78	45.26	46.95	42.15	42.53
苯　酐	11.85	8.82	13.11	13.16	12.65	13.40

由表2可见，除乙醛、环氧丙烷、甲醇、甲苯、环氧乙烷等少数产品的产量略有下降外，其余各主要品种的产量均有不同程度提高，其中乙烯、丙烯等产品产量在全国继续占据主导地位。

（姬伟毅）

【乙烯】 截至2005年末，石化集团公司拥有11家乙烯生产企业，共12套乙烯装置，乙烯生产能力达到554.50万吨/年，同比增加150.00万吨/年，其中，股份公司有10家乙烯企业(除燕山石化公司)，共11套乙烯装置，乙烯生产能力为539.50万吨/年。各企业乙烯生产能力分别为：上海石化股份公司70万吨/年(2#乙烯)+14.5万吨/年(1#乙烯)、齐鲁股份公司72万吨/年、北京燕山分公司71万吨/年、扬子石化股份公司65万吨/年、茂名分公司38万吨/年、广州分公司21万吨/年、天津分公司20万吨/年、中原石化公司18万吨/年、燕山石化公司(东方乙烯)15万吨/年、上海赛科公司90万吨/年(新增)、扬—巴公司60万吨/年(新增)。上海赛科公司和扬—巴公司作为中国石化与国外大公司的大型合资乙烯项目，分别于2005年3月和5月投产，并实现投产一次成功。其中，上海赛科公司乙烯装置于3月18日投料试车，3月19日产出合格乙烯；扬—巴公司乙烯装置于5月1日投料试车，5月5日产出合格乙烯。

2005年，集团公司共生产乙烯549.63万吨，同比增长29.18%，占全国总产量754.11万吨的72.88%，其中，股份公司生产乙烯531.88万吨。详见表3。

表3　2000 — 2005年石化集团公司乙烯分企业产量　万吨

企业名称＼年份	2005	2004	2003	2002	2001	2000
燕山分公司	81.18	80.13	72.22	74.41	39.00	48.67
上海石化股份公司	96.24	95.60	94.83	80.00	63.10	59.05
1#乙烯	15.10	16.80	14.70	15.77	15.97	16.05
2#乙烯	81.13	78.79	80.13	64.23	47.13	43.00
齐鲁股份公司	82.52	45.65	56.32	52.27	55.52	50.05
扬子石化股份公司	77.58	81.25	76.53	48.08	40.55	43.43
茂名分公司	34.81	39.37	39.24	39.38	39.24	39.54
广州分公司	21.36	21.73	17.01	16.86	17.17	15.31
天津分公司	20.71	22.79	23.00	21.28	18.15	17.10
中原石化公司	19.16	20.92	19.00	18.64	18.63	14.01
上海赛科公司	64.20	—	—	—	—	—
扬—巴公司	34.13	—	—	—	—	—
石化股份公司合计	531.88	363.72	316.91	271.64	215.33	—
燕山石化公司	17.75	18.06	16.53	—	—	—
石化集团公司合计	549.63	425.49	414.69	350.93	291.35	287.16

茂名分公司乙烯装置于2005年9月29日按计划停工大修，至此长周期运行达79个月零21天，创国内同类装置长周期运行新纪录，并达到世界先进水平。齐鲁股份公司乙烯装置2005年实现高负荷连续运行，全年生产乙烯82.52万吨，为国内单套乙烯装置最高产量。

（姬伟毅）

【丙烯】 石化集团公司生产丙烯的企业有北京燕山分公司、石家庄炼化股份公司、上海石化股份公司、扬子石化股份公司、镇海炼化股份公司、福建炼化有限公司、齐鲁股份公司、武汉凤凰股份公司、河南油田分公司、天津分公司、沧州分公司、上海高桥分公司、金陵分公司、安庆分公司、九江分公司、济南分公司、齐鲁分公司、洛阳分公司、荆门分公司、中原石化公司、长岭分公司、广州分公司、茂名分公司、上海赛科公司、扬—巴公司、扬州石油化工厂、燕山石化公司、清江石化公司、青岛石化公司、洛阳石化总厂、巴陵石化公司、长岭炼化公司。上海赛科公司于2005年3月投产，新增丙烯生产能力60.00万吨/

上海赛科 90 万吨/年乙烯裂解装置

年；扬—巴公司于 2005 年 5 月投产，新增丙烯生产能力 30.00 万吨/年；此外，金陵分公司和石家庄炼化股份公司分别新增丙烯生产能力 10.10 万吨/年和 2.50 万吨/年。

截至 2005 年末，集团公司丙烯生产能力达到 485.01 万吨/年，同比增长 26.83%；2005 年实际生产丙烯 485.59 万吨，同比增长 17.22%。

（姬伟毅）

【丁二烯】 集团公司生产丁二烯的企业有北京燕山分公司、上海石化股份公司、齐鲁股份公司、扬子石化股份公司、茂名分公司、广州分公司、上海高桥分公司、燕山石化公司和上海赛科公司。截至 2005 年末，集团公司丁二烯生产能力达到 85.09 万吨/年，同比增长 14.08%。其中，上海赛科公司新增生产能力 9.00 万吨/年，上海高桥分公司新增生产能力 1.50 万吨/年。2005 年实际生产丁二烯 87.97 万吨，同比增长 15.75%。

（姬伟毅）

【苯】 石化集团公司生产苯的企业有北京燕化股份公司、石家庄炼化股份公司、上海石化股份公司、扬子石化股份公司、镇海炼化股份公司、齐鲁股份公司、塔化分公司、北京燕山分公司、天津分公司、上海高桥分公司、金陵分公司、九江分公司、洛阳分公司、中原石化公司、武汉分公司、长岭分公司、广州分公司、茂名分公司、上海赛科公司和扬—巴公司。

截至 2005 年末，集团公司纯苯生产能力为 194.95 万吨/年，实际生产纯苯 188.29 万吨，比 2004 年增加 32.38%。2005 年，镇海炼化股份公司新增生产能力 14.34 万吨/年，北京燕山分公司新增生产能力 3.74 万吨/年，洛阳分公司新增生产能力 18.74 万吨/年，中原石化公司新增生产能力 5.00 万吨/年，武汉分公司新增生产能力 1.20 万吨/年，上海赛科公司新增生产能力 21.00 万吨/年，扬—巴公司新增生产能力 15.20 万吨/年。金陵分公司减少生产能力 1.48 万吨/年，洛阳石化总厂 8.74 万吨/年的生产能力转入洛阳分公司。

（余富海）

【甲苯】 石化集团公司生产甲苯的企业有石家庄炼化股份公司、镇海炼化股份公司、北京燕山分公司、金陵分公司、九江分公司、洛阳分公司、武汉分公司、长岭分公司、广州分公司、茂名分公司和上海赛科公司。

截至 2005 年末，集团公司甲苯生产能力为 73.44 万吨/年，实际生产甲苯 57.08 万吨，比 2004 年减少 0.11%。2005 年，镇海炼化股份公司新增生产能力 7.21 万吨/年，九江分公司新增生产能力 2.00 万吨/年，洛阳分公司新增生产能力 10.00 万吨/年，武汉分公司新增生产能力 3.54 万吨/年，上海赛科新增生产能力 14.00 万吨/年。北京燕山分公司减少生产能力 0.77 万吨/年，金陵分公司减少生产能力 0.42 万吨/年，洛阳石化总厂 10.00 万吨/年的生产能力转入洛阳分公司。

（余富海）

【混合二甲苯】 混合二甲苯是乙苯和3种二甲苯异构体(邻二甲苯、间二甲苯和对二甲苯)组成的混合物，主要有4种来源，即催化重整、裂解汽油、甲苯歧化和焦炉副产的轻汽油，由芳烃抽提后经分离制取。混合二甲苯的主要用途是用于生产对二甲苯、邻二甲苯和间二甲苯等，进而生产精对苯二甲酸(PTA)、邻苯二甲酸酐、间苯二甲酸、苯乙烯等化工产品；此外还用作车用汽油的高辛烷值汽油调合组分和溶剂等；少量混合二甲苯还用于生产香料、医药、杀虫剂、油墨、粘合剂和染料等。

石化集团公司生产混合二甲苯的企业有石家庄炼化股份公司、镇海炼化股份公司、北京燕山分公司、金陵分公司、九江分公司、洛阳分公司、武汉分公司、长岭分公司、广州分公司、茂名分公司和上海赛科公司。

截至2005年末，集团公司混合二甲苯生产能力为76.07万吨/年，实际生产混合二甲苯59.77万吨，比2004年增加8.53%。2005年，北京燕山分公司新增生产能力0.83万吨/年，洛阳分公司新增生产能力23.14万吨/年，武汉分公司新增生产能力4.63万吨/年，上海赛科公司新增生产能力10.00万吨/年。镇海炼化股份公司减少生产能力21.88万吨/年，洛阳石化总厂23.14万吨/年的生产能力转入洛阳分公司。

(余富海)

【对二甲苯】 对二甲苯直接来源于混合二甲苯，混合二甲苯分离出对二甲苯后，剩余的混合二甲苯经过平衡转化、再分离等循环操作可把混合二甲苯最大限度地转化为对二甲苯。

石化集团公司生产对二甲苯的企业有上海石化股份公司、扬子石化股份公司、镇海炼化股份公司、齐鲁股份公司、天津分公司和洛阳分公司。

截至2005年末，集团公司对二甲苯生产能力为186.81万吨/年，实际生产对二甲苯189.55万吨，比2004年增加20.86%。2005年，镇海炼化股份公司新增生产能力7.00万吨/年，洛阳分公司新增生产能力21.50万吨/年。洛阳石化总厂18.00万吨/年的生产能力转入洛阳分公司。

镇海炼化股份公司对二甲苯吸附分离装置采用法国石油科学研究院(IFP)的工艺技术，其他装置均采用美国环球油品公司(UOP)的工艺技术。

由石油化工科学研究院研制、2004年7月在齐鲁石化首次工业应用的国产吸附剂，于2005年4月进行了标定，结果显示：在111.4%负荷条件下，获得对二甲苯产品的平均纯度99.81%，收率98.56%。

(余富海)

【邻二甲苯】 石化集团公司生产邻二甲苯的企业有扬子石化股份公司、镇海炼化股份公司、齐鲁股份公司和金陵分公司。

截至2005年末，集团公司邻二甲苯生产能力为25.32万吨/年，实际生产邻二甲苯37.07万吨，比2004年增加23.65%。2005年，镇海炼化股份公司新增生产能力10.84万吨/年。

(余富海)

【间二甲苯】 石化集团公司生产间二甲苯的企业只有北京燕化股份公司，由吸附分离法生产对二甲苯，改造为生产间二甲苯。

截至2005年末，集团公司间二甲苯生产能力仍为3.56万吨/年，实际生产间二甲苯3.03万吨，比2004年增加7.45%。

(余富海)

【甲醇】 石化集团公司生产甲醇的企业有齐鲁分公司、南京化工公司、长岭炼化公司和四川维尼纶厂。

截至2005年末，集团公司甲醇生产能力为48.50万吨/年，实际生产甲醇37.90万吨，比2004年减少2.44%。

(余富海)

【丁醇】 石化集团公司生产丁醇的企业有齐鲁分公司和扬—巴公司。

截至2005年末，集团公司丁醇生产能力为15.00万吨/年，实际生产丁醇11.74万吨，比2004年增加208.14%。2005年，扬—巴公司新增生产能力10.00万吨/年。

(余富海)

【辛醇】 石化集团公司生产辛醇的企业有北京燕化股份公司、齐鲁分公司和扬—巴公司。

截至2005年末，集团公司辛醇生产能力为41.50万吨/年，实际生产辛醇37.66万吨，比2004年增加150.56%。

2005年，扬—巴公司新增生产能力11.00万吨/年。

(余富海)

【环氧乙烷】 石化集团公司环氧乙烷均与乙二醇在同一套装置中生产，环氧乙烷水合生产乙二醇的装置称为环氧乙烷/乙二醇装置。老装置一般不生产环氧乙烷商品，随着市场对环氧乙烷需求量的增加，新建装置都增加了环氧乙烷商品生产能力，老装置也纷纷改造或新建环氧乙烷精制塔，提高环氧乙烷商品的生产能力，以便根据市场对环氧乙烷和乙二醇需求的变化均衡生产，扩大企业生产的灵活性，优化产品结构。

集团公司生产环氧乙烷的企业有北京燕化股份公司、扬子石化股份公司、上海石化股份公司、茂名分公司、燕山石化公司和天津分公司。截至2005年末，集团公司环氧乙烷生产能力为23.56万吨/年，实际生产环氧乙烷24.90万吨，比2004年减少0.24%。

（余富海）

【环氧丙烷】 石化集团公司生产环氧丙烷的企业有高桥石化公司和巴陵石化公司。截至2005年末，集团公司环氧丙烷生产能力为8.70万吨/年，实际生产环氧丙烷9.52万吨，比2004年减少10.78%。

（余富海）

【环氧氯丙烷】 石化集团公司生产环氧氯丙烷的企业有齐鲁股份公司和巴陵石化公司。

截至2005年末，集团公司环氧氯丙烷生产能力为5.60万吨/年，实际生产环氧氯丙烷5.59万吨，比2004年增加26.76%。

（余富海）

【醋酸】 石化集团公司生产醋酸的企业有上海石化股份公司、扬子石化股份公司和四川维尼纶厂。

截至2005年末，集团公司醋酸生产能力为48.00万吨/年，实际生产醋酸35.82万吨，比2004年增加11.97%。2005年，四川维尼纶厂新增生产能力20.00万吨/年。

（余富海）

【苯酚】 石化集团公司生产苯酚的企业有北京燕化股份公司和上海高桥分公司。

截至2005年末，集团公司苯酚生产能力为35.00万吨/年，实际生产苯酚34.65万吨，比2004年增加40.06%。

（余富海）

【丙酮】 石化集团公司生产丙酮的企业有北京燕化股份公司和上海高桥分公司。

截至2005年末，集团公司丙酮生产能力为21.00万吨/年，实际生产丙酮21.63万吨，比2004年增加38.56%。

（余富海）

【苯乙烯】 石化集团公司生产苯乙烯的企业有北京燕化股份公司、齐鲁股份公司、广州分公司、茂名分公司、巴陵石化公司、扬子石化股份公司和上海赛科公司。

截至2005年末，集团公司苯乙烯生产能力为109.20万吨/年，实际生产苯乙烯101.30万吨，比2004年增加116.55%。

2005年，上海赛科公司新增生产能力50.00万吨/年。

（余富海）

【苯酐】 石化集团公司生产苯酐的企业有齐鲁股份公司和金陵石化公司。

截至2005年末，集团公司苯酐生产能力为12.00万吨/年，实际生产苯酐11.85万吨，比2004年增加34.35%。

（余富海）

合成树脂

【概述】 2000年以来，中国合成树脂产业已经有了很大发展，但仍不能完全满足国民经济发展的需要，每年仍需大量进口合成树脂及塑料。随着国际原油价格持续攀升，合成树脂等化工原材料也继续维持高价位。2005年，全国有多个大型聚烯烃装置建成投产，现有装置整体也保持高的开工率，合成树脂产品产量同比上了一个台阶；进口合成树脂及塑料量仍维持在1 300万吨以上的水平，但进口比例首次出现了下降。

合成树脂产品是石化集团公司的主营产品，主要包括聚乙烯(PE)、聚丙烯(PP)、聚苯乙烯(PS)、聚氯乙烯(PVC)树脂，此外还有环氧树脂、聚醚树脂、聚氨酯树脂、不饱和树脂等。

截至2005年末，石化集团公司合成树脂总生产能力为873.45万吨/年(其中股份公司为769.90万吨/年)，同比增加171.85万吨/年，增长24.49%。其中，集团公司聚乙烯生产能力为368.30万吨/年(其中股份公司为366.30万吨/年)，同比增加100万吨/年，增长37.27%；聚丙烯生产能力为325.35万吨/年(其中股份公司为291.50万吨/年)，同比增加39.85万吨/年，增长13.96%；聚氯乙烯生产能力为77万吨/年，与2004年持平；聚苯乙烯生产能力为67.60万吨/年(其中股份公司51.60万吨/年)，同比增加30万吨/年，增长79.79%。集团公司各种合成树脂生产能力见表4。

2005年合成树脂装置运行的特点就是满负荷、高负荷，再加上海赛科、扬—巴公司的5个新建装置投产和部分企业装置的扩建完成，使得产量保持继续增长。2005 年石化集团公司合成树脂产量为 858.14 万吨(其中股份公司为 760.53 万吨)，同比增加 146.28 万吨，增长 20.55%。其中，集团公司聚乙烯产量为 354.64 万吨(其中股份公司为 352.29 万吨)，同比增加 67.21 万吨，增长 23.38%；聚丙烯产量为 339.89 万吨(其中股份公司为 312.26 万吨)，同比增加 26.55 万吨，增长 8.47%；聚氯乙烯产量为 72.79 万吨(其中股份公司为 58.61 万吨)，同比增加 33.85 万吨，增长 86.93%；聚苯乙烯产量为 49.50 万吨(其中股份公司为 29.31 万吨)，同比增加 13.82 万吨。集团公司各种合成树脂产量见表 5。

上海赛科和扬—巴公司的装置都在 2005 年上半年建成投产，下半年进入运行稳定期。在不统计上海赛科和扬—巴公司的合成树脂产能及产量的前提下，2005 年集团公司合成树脂总产能为 718.45 万吨/年，生产合成树脂 769.34 万吨，产量达到总产能的 107.08%；其中股份公司总产能为 614.90 万吨/年，生产合成树脂 671.76 万吨，产量达到总产能的 109.25%。

扬—巴一体化石化基地

表 4　　2000 — 2005 年石化集团公司合成树脂分品种生产能力[①]　　万吨/年

项目 \ 年份	2005	2004	2003	2002	2001	2000
石化集团公司合计	873.45	701.60	632.37	603.19	504.99	467.72
石化股份公司合计	769.90	558.40	428.40	412.15	323.65	300.15
PE	368.30	268.30	257.30	245.30	200.30	170.80
LDPE	118.80	78.80	78.80	78.80	78.80	58.80
HDPE	120.50	90.50	83.50	81.50	56.50	53.00
LLDPE	129.00	99.00	95.00	85.00	65.00	59.00
PP[②]	325.35	285.50	264.10	265.15	214.70	208.70
PVC	77.00	77.00	37.85	23.00	23.00	23.00
PS	67.60	37.60	37.60	40.10	40.10	40.10
AS	0.50	0.50	0.50	0.50	0.50	0.50
其他树脂[③]	34.70	32.70	35.02	29.14	26.39	24.62

① 2005 年天津石化公司、中原石化公司、洛阳石化总厂的聚乙烯、聚丙烯装置进入股份公司，统计口径发生变化，但为保持年鉴的时效性与延续性，2004 年股份公司数据不作修正。

② PP 含石家庄炼油厂 2.50 万吨/年合资装置、沧州炼油厂 2.45 万吨/年合资装置。

③ 不含金陵改制的不饱和树脂、聚醚树脂。

表 5　　2000 — 2005 年石化集团公司合成树脂分品种产量　　万吨

项目 \ 年份	2005	2004	2003	2002	2001	2000
石化集团公司合计	858.14	711.86	682.09	594.57	503.51	488.83
石化股份公司合计	760.53	553.39	469.10	400.48	320.42	318.30
PE	354.64	287.43	279.56	239.12	191.72	187.78
LDPE	109.22	90.78	90.05	89.23	63.12	66.75
HDPE	120.03	91.09	91.30	74.12	59.89	60.60
LLDPE	125.39	105.56	98.21	75.77	68.71	60.07
PP	339.89	313.34	291.19	270.29	228.68	226.19
PS	49.50	35.68	38.51	35.81	36.69	35.47
PVC	72.79	38.94	38.96	23.58	23.38	20.29
AS	0.17	0.40	0.46	0.51	0.41	0.51
其他树脂	41.15	36.01	33.41	25.26	22.63	18.59

在合成树脂中，聚乙烯、聚丙烯两大品种仍占主导地位。2005 年末聚乙烯、聚丙烯两大品种生产能力之和为 693.65 万吨/年，占集团公司合成树脂生产能力的 79.41%；聚乙烯、聚丙烯产量之和为 694.53 万吨，占集团公司合成树脂产量的 80.93%。

2005 年全国合成树脂产量为 2 141.96 万吨，同比增加 350.96 万吨，石化集团公司合成树脂产量占全国总产量的 40.06%。

“十五”期间，燕山、扬子、上海、齐鲁等企业相继完成乙烯及下游配套装置的改造，新建、改造了一批合成树脂装置，这些新增能力对企业合理布局产品结构起到的作用，在 2005 年的生产中体现得更明显。

2005 年，集团公司累计生产合成树脂专用料 349.77 万吨，同比增长 8.38%，专用料比例为 56.15%，同比提高 4.76 个百分点。

（刘志武）

【聚乙烯】 2005 年末石化集团公司有 22 套聚乙烯装置，总生产能力为 368.30 万吨/年；其中，股份公司有 21 套聚乙烯装置，总生产能力为 366.30 万吨/年。在现有聚乙烯装置中，能力最大的是上海赛科公司在 2005 年投产的高密度聚乙烯(HDPE)、线性低密度聚乙烯(LLDPE)2 套装置，生产能力均为 30 万吨/年。

集团公司现有的 22 套聚乙烯装置中，低密度聚乙烯(LDPE)装置有釜式法工艺 1 套，管式法工艺 7 套；HDPE 装置有淤浆法工艺 4 套，气相法工艺 2 套，环管加气相法工艺 1 套；LLDPE 装置共有 7 套，全部是气相法工艺。从 2005 年具有的装置套数和产能上看，集团公司现有聚乙烯装置以气相法生产工艺为主。

（刘志武）

【低密度聚乙烯】 2005 年末石化集团公司低密度聚乙烯(LDPE)生产装置产能增加 40 万吨/年，达到 118.80 万吨/年。在扬—巴公司的 LDPE 装置投产后，装置总数达到 8 套，分别是北京燕化股份公司、上海石化股份公司、扬—巴公司各 2 套，齐鲁股份公司、茂名分公司各 1 套。北京燕化股份公司 1 套为日本住友化学釜式法工艺、1 套为美国埃克森管式法工艺，上海石化股份公司 2 套都为日本三菱油化管式法工艺，齐鲁股份公司为荷兰 DSM 公司管式法工艺，茂名分公司为美国匡藤公司管式法工艺，扬—巴公司为德国巴斯夫公司管式法工艺。

2005 年，集团公司 LDPE 产量为 109.22 万吨，同比增加 18.44 万吨。齐鲁股份公司和北京燕化股份公司 LDPE 装置的产量都达到历史最好水平。LDPE 分企业产量见表 6。

（刘志武）

【高密度聚乙烯】 2005 年末石化集团公司有 7 套高密度聚乙烯(HDPE)装置，生产能力为 120.50 万吨/年。北京燕化股份公司、扬子石化股份公司、齐鲁股份公司、燕山石化公司、上海赛科公司各 1 套，上海石化股份公司 2 套，其中上海赛科公司 30 万吨/年 HDPE 装置为新建。北京燕化股份公司、扬子石化股份公司装置均采用日本三井油化淤浆法工艺，燕山石化公司装置(原隶属于北京东方石油化工有限公司的北京助剂二厂)采用国内淤浆法工艺，齐鲁股份公司装置采用美国 UCC 公司气相流化床工艺，上海石化股份公司 1 套(合资企业)采用菲利浦环管淤浆法工艺、1 套采用北欧化工环管加气相反应器工艺技术，上海赛科公司装置采用 BP 公司气相法工艺。

2005 年，集团公司 HDPE 产量为 120.03 万吨，同比增加 28.94 万吨，增长 31.77%，主要是上海赛科公司 30 万吨/年装置于上半年建成投产。详见表 7。

（刘志武）

【线性低密度聚乙烯】 2005 年末石化集团公司有 7 套线性低密度聚乙烯(LLDPE)装置，生产能力 129 万吨/年。天津分公司、齐鲁股份公司、中原石化公司、茂名分公司、广州分公司、扬子石化股份公司各 1 套，全部采用美国 UCC 公司气相流化床工艺。上海赛科公司的新建 30 万吨/年 LLDPE 装置采用 BP 公司的气相法工艺。

2005 年，集团公司 LLDPE 产量为 125.39 万吨，同比增加 19.83 万吨，增长 18.79%。详见表 8。

（刘志武）

表 6　2000 — 2005 年石化集团公司 LDPE 分企业产量　万吨

企业名称＼年份	2005	2004	2003	2002	2001	2000
石化集团公司合计	109.22	90.78	90.05	89.23	63.13	66.75
石化股份公司合计	109.22	90.78	77.71	76.78	51.15	54.25
北京燕化股份公司	45.96	45.07	41.01	41.20	14.90	19.26
上海石化股份公司	19.89	20.18	19.69	19.97	19.46	19.75
齐鲁股份公司	17.56	13.14	17.00	15.61	16.78	15.24
茂名分公司	10.94	12.39	12.34	12.45	11.98	12.50
扬—巴公司	14.87	—	—	—	—	—

表 7　2000 — 2005 年石化集团公司 HDPE 分企业产量　万吨

企业名称＼年份	2005	2004	2003	2002	2001	2000
石化集团公司合计	120.03	91.09	91.30	74.12	59.89	60.96
石化股份公司合计	117.68	88.86	89.46	74.12	59.89	60.96
北京燕化股份公司	18.03	17.31	15.90	16.46	12.43	15.68
上海石化股份公司	38.53	37.14	37.96	23.93	14.60	12.89
扬子石化股份公司	24.04	21.78	17.20	16.98	15.94	16.74
齐鲁股份公司	17.74	12.63	18.41	16.75	16.91	15.66
上海赛科公司	19.35	—	—	—	—	—
燕山石化公司	2.35	2.23	1.84	—	—	—

表 8　2000 — 2005 年石化集团公司 LLDPE 分企业产量　万吨

企业名称＼年份	2005	2004	2003	2002	2001	2000
石化集团公司合计	125.39	105.56	98.21	75.77	68.71	60.07
石化股份公司合计	125.39	69.30	47.74	26.16	21.83	19.50
扬子石化股份公司	26.64	28.24	26.20	5.92	—	—
齐鲁股份公司	11.85	4.59	6.58	6.24	7.17	6.59
广州分公司	19.54	20.14	14.96	14.00	14.66	12.91
茂名分公司	14.22	16.34	16.10	17.00	17.09	17.20
天津分公司	12.92	14.29	14.35	13.04	10.67	9.56
中原石化公司	20.46	21.97	20.02	19.57	19.12	13.82
上海赛科公司	19.76	—	—	—	—	—

【聚丙烯】 2005年末石化集团公司聚丙烯生产能力为325.35万吨/年(其中股份公司为291.50万吨/年),同比增加39.85万吨/年。其中,连续法聚丙烯装置生产能力(全部在股份公司)为276万吨/年,占聚丙烯总产能的84.83%,同比增加30.5万吨/年;间歇法聚丙烯装置生产能力为49.35万吨/年,占聚丙烯总产能的15.17%,同比增加9.35万吨/年。2005年,天津石化公司、洛阳石化总厂、中原石化公司的聚丙烯装置进入石化股份公司;石家庄炼油厂2.5万吨/年合资聚丙烯、沧州炼油厂2.45万吨/年合资聚丙烯第一次列入统计。

2005年末集团公司有23套连续法聚丙烯装置,其中14套装置采用环管法工艺,占60.87%。这14套装置中6套为引进海蒙特环管技术,单线能力最大的为茂名分公司17万吨/年聚丙烯装置;8套为国产化环管技术,单线能力最大的为上海石化股份公司和镇海炼化公司的20万吨/年聚丙烯装置。其他9套装置中,5套采用三井油化釜式法工艺,4套采用BP(原阿莫科)气相法工艺。

2005年集团公司连续法聚丙烯装置新投产1套、改造2套。新建的上海赛科公司25万吨/年聚丙烯装置于2月投产,采用BP气相法聚丙烯工艺(原AMOCO工艺)技术。改造的2套是:燕山石化11.5万吨/年溶剂法聚丙烯装置采用BP气相法工艺技术(原AMOCO工艺)改造成12万吨/年聚丙烯装置,于7月7日投产;福建炼化聚丙烯装置扩能改造,由原设计7万吨/年提高到10万吨/年。另外,青岛石化厂采用国内技术新建的7万吨/年间歇法聚丙烯装置,于12月11日投产。

2005年,石化集团公司聚丙烯产量为339.89万吨(其中股份公司为312.26万吨),同比增加26.55万吨,详见表9。其中连续法聚丙烯产量为299.34万吨,同比增加25.73万吨;间歇法聚丙烯装置产量为40.55万吨,同比增加0.82万吨。

2005年聚丙烯装置运行总体稳定。上海赛科公司25万吨/年聚丙烯装置投产后,实现了平稳生产。2004—2005年部分聚丙烯装置通过改造和工艺攻关,产量持续增长。2005年,镇海炼化聚丙烯装置产量达到21.27万吨,同比增加5.29万吨,超设计负荷1.27万吨,年产量首次达到设计值。扬子石化股份公司2#聚丙烯装置,维持高负荷运行,年末产量达22.15万吨,超设计值2.15万吨。九江分公司聚丙烯产量又增加1.02万吨,达到12.57万吨,再创历史最好水平。2005年,荆门分公司、长岭分公司、济南分公司和齐鲁石化聚丙烯装置产量也分创历史最好水平,详见表9。广州分公司1#聚丙烯装置自2003年完成扩能改造后一直保持高负荷运行,2005年产量达到11.62万吨,同比增加0.51万吨,超过设计1.62万吨。

间歇法聚丙烯是中国特有的聚丙烯生产工艺,装置规模小,消耗高,但由于工艺流程简单,投资省,建设周期短,可就地利用炼厂丙烯资源,近年来在节能降耗和技术进步上又做了一定工作,目前在中国聚丙烯生产中仍占有一定地位。石化集团公司几年来的建设投资均以连续法聚合工艺为主,对原有间歇法聚丙烯装置开始分批分阶段进行核减。2005年集团公司继续核减间歇法聚丙烯产能,将镇海炼化股份公司间歇聚丙烯装置改制分流,核减产能3.20万吨/年,青岛石化厂核减产能0.50万吨/年,共计核减产能3.70万吨/年。到年末,集团公司内部间歇法装置产能所占比例已从2001年的23%降到15.17%,装置能力在4万吨/年以上的企业只有金陵控股合资公司、巴陵石化公司、青岛石化厂。

(刘志武)

表9　2000—2005年石化集团公司PP分企业产量　万吨

企业名称＼年份	2005	2004	2003	2002	2001	2000
石化集团公司合计	339.89	313.34	291.19	270.29	228.68	226.19
石化股份公司合计	312.26	263.86	216.70	186.75	150.44	151.32
连续法PP	299.34	273.61	244.09	216.15	178.12	173.02
北京燕化股份公司	40.02	41.25	37.06	40.15	22.84	27.80
上海石化股份公司	45.65	46.87	47.23	36.38	24.73	24.27
扬子石化股份公司	42.18	43.12	40.02	25.63	20.32	21.57
福建炼化有限公司	9.46	9.58	9.05	7.67	7.88	5.79
齐鲁股份公司	9.25	6.37	8.77	7.99	8.65	7.82
武汉分公司	11.56	12.10	9.01	9.03	8.67	7.33

续表

企业名称＼年份	2005	2004	2003	2002	2001	2000
九江分公司	12.57	11.55	10.87	10.36	9.72	8.57
济南分公司	10.23	8.61	7.10	7.66	7.19	6.62
荆门分公司	12.40	11.81	10.05	8.59	7.85	7.53
长岭分公司	12.81	12.40	10.08	9.64	7.32	7.60
广州分公司	17.69	17.37	14.88	14.96	15.52	13.63
天津分公司	6.11	6.66	6.84	6.61	5.75	6.16
茂名分公司	15.06	17.07	17.31	17.37	17.77	17.35
洛阳石化总厂	8.00	10.46	8.80	7.40	7.03	5.91
中原石化公司	7.50	7.83	7.02	6.71	6.88	5.07
镇海炼化股份公司	21.27	15.98	—	—	—	—
上海赛科公司	17.58	—	—	—	—	—
间歇式 PP(总量)	40.55	39.73	47.10	54.14	50.56	53.17

【聚苯乙烯】 截至 2005 年底，石化集团公司共建成 7 套聚苯乙烯生产装置，均采用连续本体法工艺。其中，北京燕化股份公司、齐鲁股份公司、广州分公司、茂名分公司(原湛江中美化工有限公司聚苯乙烯装置)、上海赛科公司各 1 套，扬—巴公司 2 套。2005 年末集团公司聚苯乙烯生产能力为 67.60 万吨/年(其中股份公司为 51.60 万吨/年)，同比增长 30 万吨/年。

2005 年，集团公司聚苯乙烯产量为 49.50 万吨(其中股份公司为 29.31 万吨)，同比增长 13.82 万吨，主要原因除上海赛科公司 30 万吨/年装置建成投产外，广州、茂名通过装置优化改造的产量同比有一定增长。详见表 10。

（刘志武）

【聚氯乙烯】 2005 年石化集团公司聚氯乙烯(PVC)生产厂有齐鲁股份公司和燕山石化公司 2 家。2005 年末集团公司 PVC 生产能力为 77 万吨/年，同比持平；产量为 72.79 万吨，同比增加 33.85 万吨。详见表 4、表 5。

（刘志武）

【其他树脂】 石化集团公司还生产 AS 树脂、乙烯—醋酸乙烯共聚物、环氧树脂、聚醚树脂、聚氨酯树脂、不饱和树脂等合成树脂。2005 年，集团公司继续以改制分流的方式对非主营产品进行整合，部分小品种树脂的能力和产量有所变化。2005 年集团公司其他树脂生产能力为 36.90 万吨/年，产量为 41.15 万吨，分品种产量见表 11。

表 10　2000 — 2005 年石化集团公司 PS 分企业产量　万吨

企业名称＼年份	2005	2004	2003	2002	2001	2000
石化集团公司合计	49.50	35.68	38.51	35.81	36.69	35.47
石化股份公司合计	29.31	15.49	11.06	11.13	12.33	10.93
北京燕化股份公司	5.34	5.23	4.89	5.14	3.51	4.52
齐鲁股份公司	0.00	0.00	0.70	—	1.56	1.22
广州分公司	6.03	4.76	4.92	5.02	6.05	3.92
茂名分公司	6.89	5.50	7.85	5.60	—	—
上海高桥分公司	—	0.00	0.54	0.96	8.04	8.12
上海赛科公司	11.05	—	—	—	—	—
扬—巴公司	20.19	20.19	19.61	19.06	17.53	17.69

表 11　　2000—2005 年石化集团公司其他树脂分品种产量　　万吨

项目＼年份	2005	2004	2003	2002	2001	2000
石化集团公司合计	41.15	36.01	33.41	25.26	22.63	18.59
石化股份公司合计	6.34	0.40	1.48	1.45	1.00	—
乙烯—醋酸乙烯共聚物	6.17	—	—	—	—	—
AS 树脂	0.17	0.40	0.46	—	—	—
环氧树脂	2.34	2.32	2.09	1.51	1.68	1.18
聚醚、PBT 树脂	23.76	24.75	23.19	19.71	18.35	15.45
聚氨酯树脂	—	0.016	0.077	0.55	0.06	0.06
不饱和树脂	2.64	2.69	2.46	2.04	1.54	1.35
其　他	6.07	6.23	5.73	—	—	—

集团公司生产 AS 树脂的企业只有上海高桥分公司 1 家，2005 年末产能为 5 000 吨/年，产量为 1 700 吨；生产乙烯—醋酸乙烯共聚物的企业只有扬—巴公司 1 家，在低密度聚乙烯装置生产，2005 年末产能为 20 万吨/年，产量为 6.17 万吨；生产环氧树脂的企业只有巴陵石化公司 1 家，2005 年生产能力为 2.50 万吨/年，产量为 2.34 万吨；生产不饱和树脂的企业只有金陵石化(控股合资企业)1 家，2005 年生产能力为 3.00 万吨/年，同比持平，产量为 2.64 万吨，同比减少 0.05 万吨；生产聚醚树脂的企业 3 家、生产聚对苯二甲酸丁二酯(PBT)树脂的企业 1 家，2005 年总生产能力为 25.20 万吨/年，同比增加 3 万吨/年，产量为 23.76 万吨。2005 年天津石化公司、上海高桥石化公司、金陵石化(控股合资企业)聚醚树脂产量分别为 7.16 万吨、13.74 万吨和 0.81 万吨，仪化集团公司 PBT 树脂产量为 2.05 万吨。2005 年，金陵石化聚醚装置改制，不再统计产量。

石化集团公司生产聚氨酯树脂的企业原有金陵石化(控股合资企业)1 家，生产能力 1 200 吨/年，2005 年该企业改制后中国石化不再生产该类树脂。

（刘志武）

合 成 橡 胶

【概述】 合成橡胶是国民经济和人民生活不可缺少的重要原材料，也是重要的战略物资。随着石化工业和橡胶制品工业的迅速发展，国内合成橡胶(SR)工业也得到有效发展，国有技术日趋成熟，形成了一定的规模和实力，截至 2005 年末，除异戊橡胶(IR)外，已能生产七大类通用合成橡胶中的 6 种，包括丁苯橡胶(SBR)、顺丁橡胶(BR)、氯丁橡胶(CR)、丁腈橡胶(NBR)、乙丙橡胶(EPR)和丁基橡胶(IIR)以及多种合成胶乳(丁苯、丁腈、氯丁等)和热塑性弹性体(SBS、SIS)，生产规模均在万吨级以上。此外，国内也能批量生产性能优异与用途特殊的特种橡胶，如硅橡胶、氟橡胶、聚硫橡胶和聚氨酯橡胶，以及用途专一的液体橡胶、粉末橡胶等。

截至 2005 年末石化集团公司合成橡胶生产能力达 69.58 万吨/年，同比持平，其中股份公司产能为 50.63 万吨/年。分胶种统计，丁苯橡胶能力(不含胶乳)19 万吨/年，丁苯胶乳能力 5.95 万吨/年，顺丁橡胶能力 24.18 万吨/年，丁基橡胶能力 3 万吨/年，SBS 能力 17.45 万吨/年。2000—2005 年集团公司合成橡胶分品种装置生产能力见表 12。

2005 年全国合成橡胶的产量达到了 163.2 万吨，同比增长幅度为 11.6%。石化集团公司产量为 84.30 万吨，同比增长 7.95%，其中股份公司产量为 62.57 万吨。分胶种统计，顺丁橡胶产量为 29.56 万吨，丁苯橡胶产量为 21.82 万吨(包括丁苯胶乳)，SBS 产量为 28.48 万吨，丁基橡胶产量为 3.90 万吨，SIS 橡胶产量为 5 094 吨，SEBS 橡胶产量为 322 吨。2000—2005 年集团公司合成橡胶分品种产量见表 13。

（楼峥芳）

【顺丁橡胶】 2005 年末石化集团公司顺丁橡胶生产能力为 24.18 万吨/年，其中股份公司为 21.18 万吨/年，生产企业有北京燕化股份公司、上海高桥分公司、齐鲁股份公司、巴陵石化公司、茂名分公司等 5 家，除茂名为锂系顺丁橡胶外均为镍系顺丁橡胶。2005 年集团公司生产顺丁橡胶 29.56 万吨，其中股份公司产量为 28.05 万吨，分企业产量见表 14。

（楼峥芳）

表 12 **2000—2005 年石化集团公司合成橡胶分品种装置生产能力** 万吨/年

项目 \ 年份	2005	2004	2003	2002	2001	2000
石化集团公司合计	69.58	69.58	69.54	69.35	68.46	61.49
股份公司合计	50.63	50.63	45.52	45.38	44.38	42.24
丁苯橡胶	24.95	24.95	25.06	25.27	25.38	25.41
胶　乳	5.95	5.95	6.06	6.27	6.38	6.41
充油胶	6.00	6.00	6.00	6.00	6.00	6.00
软　胶	13.00	13.00	13.00	13.00	13.00	13.00
顺丁橡胶	24.18	24.18	24.18	24.08	24.08	24.08
丁基橡胶	3.00	3.00	3.00	3.00	3.00	3.00
SBS 热塑弹性体	17.45	17.45	17.30	17.00	16.00	9.00

表 13 **2000—2005 年石化集团公司合成橡胶分品种产量** 万吨

项目 \ 年份	2005	2004	2003	2002	2001	2000
石化集团公司合计	84.30	78.09	75.89	69.34	60.86	49.84
股份公司合计	62.57	56.12	50.19	45.77	39.79	31.70
丁苯橡胶	21.81	19.75	21.71	19.45	18.62	12.15
胶　乳	6.21	6.22	6.17	6.00	4.92	3.97
充油胶	6.14	6.68	6.34	3.72	3.49	2.01
软　胶	9.46	6.84	9.20	9.73	10.21	6.17
顺丁橡胶	29.56	29.83	28.14	25.77	25.25	23.85
丁基橡胶	3.90	3.76	2.70	2.15	0.42	0.41
SBS 热塑弹性体	28.48	24.28	23.00	21.68	16.46	13.36
SIS 橡胶	0.51	0.45	0.31	0.29	0.11	0.07
SEBS 橡胶	0.03	—	—	—	—	—

表 14 **2000—2005 年石化集团公司顺丁橡胶分企业产量** 万吨

企业名称 \ 年份	2005	2004	2003	2002	2001	2000
石化集团公司合计	29.56	29.83	28.14	25.77	25.25	23.85
股份公司合计	28.05	27.04	26.29	24.68	22.29	21.00
北京燕化股份公司	13.17	13.25	12.22	12.03	9.10	9.54
上海高桥分公司	9.81	10.20	9.27	8.46	8.57	7.77
齐鲁股份公司	5.07	3.59	4.80	4.19	4.62	3.69
巴陵石化公司	1.51	2.79	1.85	1.04	2.96	2.72
茂名分公司	—	—	—	—	0.13	—

【丁苯橡胶】 2005年末石化集团公司丁苯橡胶生产能力为24.95万吨/年，其中股份公司为19.45万吨/年，同比持平。2005年共生产丁苯橡胶21.82万吨，其中股份公司产量为16.14万吨，分企业产量见表15。

（楼峥芳）

【SBS热塑性弹性体】 2005年末石化集团公司SBS生产能力为17.45万吨/年，其中股份公司为7.0万吨/年。2005年集团公司SBS产量为28.48万吨，其中股份公司为14.47万吨，分企业产量见表16。

（楼峥芳）

【丁基橡胶】 截至2005年底国内仍只有北京燕化股份公司拥有3万吨/年的生产装置，采用意大利PI公司技术，于1999年底建成投产，可生产的主要牌号有IIR 1751(轮胎内胎级)、IIR 0745(电绝缘材料、密封材料、薄膜级)、IIR 1751F(食品级、医药级)。2005年通过技术攻关及优化工艺条件，使装置的运行稳定性有了较大幅度提高，产量达到了3.90万吨，为历史最好水平，详见表17。

（楼峥芳）

【SIS橡胶】 石化集团公司内仅巴陵石化公司生产SIS橡胶，由于其合成工艺与SBS类似，巴陵石化公司根据市场需要利用SBS装置的一条生产线开发生产SIS橡胶。自2000年起产量逐年增加，2005年产量达到了5 094吨，详见表18。

（楼峥芳）

表15　　2000—2005年石化集团公司丁苯橡胶分企业产量　　万吨

企业名称＼年份	2005	2004	2003	2002	2001	2000
石化集团公司合计	21.82	19.75	21.71	19.45	18.62	12.15
股份公司小计	16.14	13.96	14.94	13.13	13.31	7.47
北京燕化股份公司	—	—	—	—	0.06	—
齐鲁股份公司	15.60	12.73	14.60	12.82	13.02	7.27
上海高桥分公司	0.54	0.43	0.34	0.31	0.23	0.20
高桥控股子公司	5.68	5.79	5.59	5.46	4.26	3.23
茂名分公司	0.00	0.79	0.94	0.63	0.62	0.91
胶　乳						
石化集团公司小计	6.22	6.22	6.17	6.00	4.92	3.97
股份公司小计	0.54	0.43	0.34	0.31	0.23	0.20
燕山石化公司	—	—	—	0.01	0.10	—
上海高桥分公司	0.54	0.43	0.34	0.31	0.23	0.20
高桥控股子公司	5.68	5.79	5.59	5.46	4.26	3.23
充油胶						
石化集团公司小计	6.14	6.68	6.34	3.72	3.49	2.01
股份公司小计	6.14	6.68	5.40	3.09	2.87	—
齐鲁股份公司	6.14	5.89	5.40	3.09	2.87	1.10
茂名分公司	0.00	0.79	0.94	0.63	0.62	0.91
软　胶						
石化集团公司小计	9.46	6.84	9.20	9.73	10.21	6.17
股份公司小计	9.46	6.84	9.20	9.73	10.21	6.17
北京燕化股份公司	—	—	—	—	0.06	—
齐鲁股份公司	9.46	6.84	9.20	9.73	10.15	6.17

表 16　　2000—2005 年石化集团公司 SBS 热塑性弹性体分企业产量　　万吨

企业名称＼年份	2005	2004	2003	2002	2001	2000
石化集团公司合计	28.48	24.28	23.00	21.68	16.46	13.36
股份公司合计	14.47	11.35	6.26	5.81	3.77	2.82
北京燕化股份公司	9.10	7.11	6.26	5.81	3.77	2.82
巴陵石化公司	13.93	12.85	12.51	11.12	8.10	7.05
茂名分公司	5.37	4.24	4.19	4.73	4.59	3.49
金陵石化控股合资公司	0.08	0.07	0.04	0.02	—	—

表 17　　2000—2005 年石化集团公司丁基橡胶产量　　万吨

企业名称＼年份	2005	2004	2003	2002	2001	2000
石化集团公司合计	3.90	3.76	2.70	2.15	0.42	0.41
股份公司合计	3.90	3.76	2.70	2.15	0.42	0.41
北京燕化股份公司	3.90	3.76	2.70	2.15	0.42	0.41

表 18　　2000—2005 年石化集团公司 SIS 橡胶产量　　万吨

企业名称＼年份	2005	2004	2003	2002	2001	2000
石化集团公司合计	0.51	0.45	0.31	0.29	0.11	0.07
巴陵石化公司	0.51	0.45	0.31	0.29	0.11	0.07

【SEBS 橡胶】　氢化苯乙烯—丁二烯—苯乙烯嵌段共聚物（SEBS）是 SBS 分子中橡胶段聚丁二烯不饱和双键经过选择加氢而制得的新型改性热塑性弹性体。加氢后的 SBS 中聚丁二烯嵌段转化成乙烯和 1－丁烯的无规共聚段而成为 SEBS。和 SBS 相比，SEBS 具有更优异的耐老化性、耐热性和稳定性，可广泛用于生产高档弹性体、树脂改性、胶粘剂、润滑油增黏剂、电线电缆的填充料和护套料等。

经过多年的研究开发，巴陵石化公司的 SEBS 技术日趋成熟。2002 年 8 月，该公司建成具有自主知识产权的 300 吨/年 SEBS 中试装置。2003 年 7 月，SEBS 中试生产技术通过了中国石化组织的技术鉴定。同年，该公司在中试装置上成功生产出合格的 SEBS 产品 200 多吨，成为国内首家生产 SEBS 的企业。2003 年底，“2 万吨/年氢化 SBS 成套生产技术开发及工业应用”项目申报国家 863 计划获得成功，并列入中国石化“十条龙”科技攻关项目。

2005 年，巴陵石化公司根据市场需要，利用 SEBS 中试装置生产 SEBS 橡胶产品，产量达到了 322 吨。

（楼峥芳）

合 成 纤 维

【概述】　合成纤维及其原料工业是中国石油化学工业的重要组成部分，也是石化集团公司的主业之一。2005 年中国化学纤维总产量达 1 624.20 万吨，比 2004 年增加 203.69 万吨，增长 14.29%，其中，合成纤维总产量为 1 500.25 万吨，比 2004 年增加 186.29 万吨，增长 14.18%。按品种分，涤纶产量 1 283.38 万吨，锦纶产量 71.66 万吨，腈纶产量 76.53 万吨，丙纶产量 27.46 万吨，维纶产量 4.17 万吨。全国合成纤维产量增长速度超过了 GDP 增长速度。

石化集团公司的合成纤维生产企业包括生产合成纤维原料、合成纤维聚合物、合成纤维以及合成纤维加工产品的企业。集团公司所属合成纤维及原料生产企业和主要合成纤维及原料生产装置的能力见表 19。

截至 2005 年底，石化集团公司合成纤维原料生产能力为 430.16 万吨/年，比 2004 年增加 78.40 万吨/年，增长 22.29%；合成纤维聚合物生产能力为 304.38 万吨/年，比 2004 年增加 24.89 万吨/年，增长 8.91%；合成纤维生产能力为 184.39 万吨/年，比 2004 年减少 2.74 万吨/年，降低 1.46%。

表 19 **2005年石化集团公司主要合成纤维及原料分企业装置生产能力** 万吨/年

企业名称	合纤原料	PTA	己内酰胺	丙烯腈	乙二醇	合纤聚合物	聚酯	PVA	聚酰胺	合成纤维	涤纶	锦纶	腈纶	维纶	丙纶
北京燕化股份公司	8.00	—	—	—	8.00	—	—	—	—	—	—	—	—	—	—
天津分公司	36.26	30.00	—	—	6.26	27.80	27.80	—	—	25.39	25.39	—	—	—	—
石家庄炼化股份公司	6.50	—	6.50	—	—	2.50	—	—	2.50	0.50	—	0.50	—	—	—
上海石化股份公司	76.00	40.00	—	13.00	23.00	58.83	55.00	3.83	—	43.49	22.71	—	19.08	—	1.70
扬子石化股份公司	86.00	60.00	—	—	26.00	—	—	—	—	—	—	—	—	—	—
仪征化纤股份公司	95.90	95.90	—	—	—	178.75	178.75	—	—	77.58	77.58	—	—	—	—
安庆分公司	8.00	—	—	8.00	—	—	—	—	—	7.00	—	—	7.00	—	—
齐鲁分公司	4.00	—	—	4.00	—	—	—	—	—	5.40	—	—	5.40	—	—
巴陵分公司	7.00	—	7.00	—	—	3.70	—	—	3.70	1.33	—	1.33	—	—	—
洛阳分公司	32.50	32.50	—	—	—	24.00	24.00	—	—	20.50	20.50	—	—	—	—
上海赛科公司	26.00	—	—	26.00	—	—	—	—	—	—	—	—	—	—	—
扬—巴公司	30.00	—	—	—	30.00	—	—	—	—	—	—	—	—	—	—
燕山石化公司	4.00	—	—	—	4.00	2.80	—	2.80	—	—	—	—	—	—	—
洛阳石化总厂	—	—	—	—	—	—	—	—	—	0.40	—	—	—	—	0.40
四川维尼纶厂	—	—	—	—	—	6.00	—	6.00	—	2.20	—	—	—	2.20	—
茂名分公司	10.00	—	—	—	10.00	—	—	—	—	—	—	—	—	—	—
扬州石油化工厂①	—	—	—	—	—	—	—	—	—	0.60	—	—	—	—	0.60
合计	430.16	258.40	13.50	51.00	107.26	304.38	285.55	12.63	6.20	184.39	146.18	1.83	31.48	2.20	2.70

① 原江苏石油勘探局。

2005年，石化集团公司生产合成纤维原料407.56万吨，比2004年增加45.41万吨；生产合成纤维聚合物277.76万吨，比2004年增加25.66万吨；生产合成纤维160.07万吨，比2004年减少10.27万吨。生产差别化合成纤维83.12万吨，比2004年增加6.79万吨。合成纤维差别化率达到51.93%，比2004年提高7.12个百分点。

2005年，天津石化公司和洛阳石化总厂的化纤板块整体上市，其精对苯二甲酸(PTA)装置、聚酯装置、涤纶短纤维装置和涤纶长丝装置分别纳入天津分公司和洛阳分公司。

2005年，上海赛科公司的装置投产，使股份公司丙烯腈产能增加。

2005年，扬—巴公司的装置投产，使股份公司的乙二醇产能增加。

2005年，巴陵分公司己内酰胺装置技术改造取得进展，产量突破1万吨/月。

2005年，上海石化股份公司采用自有技术对PTA装置进行扩能改造，使得装置生产能力从30万吨/年增加到40万吨/年。

(周向进)

【合成纤维原料】 石化集团公司生产的合成纤维原料有精对苯二甲酸(PTA)、丙烯腈(AN)、己内酰胺(CPL)、乙二醇(EG)4个品种。2005年末集团公司合成纤维原料的生产能力为430.16万吨/年(其中股份公司为416.16万吨/年)，比2004年增加78.40万吨/年，增长22.29%。

2005年集团公司生产合成纤维原料407.56万吨(其中股份公司402.83万吨)，比2004年增加45.41万吨，增长12.54%。集团公司2000—2005年合成纤维原料产量见表20。

1. 精对苯二甲酸(PTA)

石化集团公司生产PTA的企业有天津分公司、上海石化股份公司、扬子石化股份公司、仪征化纤股份公司和洛阳分公司5家。扬子石化股份公司、仪征化纤股份公司(第一套PTA装置)和洛阳分公司采用原美国阿莫科化学品公司的专利技术，上海石化股份公司采用日本三井石油化学株式会社的三井—阿莫科专利技术，天津分公司采用日本三井石油化学株式会社的专利技术，仪征化纤股份公司第二套PTA装置采用的是杜邦—ICI专利技术。

北京燕化股份公司是集团公司最早生产PTA的企业，采用的也是原美国阿莫科化学品公司的专利技术。从1999年起，北京燕化股份公司根据市场的需要和装置的实际状况，将PTA装置改产间苯二甲酸(PIA)。PIA在聚酯工业中，主要用作第三单体，是瓶用聚酯切片的主要原料之一。

2005年集团公司PTA产量为266.54万吨(其中股份公司产量为266.54万吨)，比2004年增加9.37万吨，同比增长3.64%。集团公司2000—2005年PTA产量见表21。

2. 丙烯腈(AN)

石化集团公司生产丙烯腈的企业有上海石化股份公司、安庆分公司、齐鲁分公司和上海赛科公司4家。4家公司全部属于股份公司，其中上海赛科公司新增丙烯腈生产能力26万吨/年。上海石化股份公司和安庆分公司采用美国标准石油公司专利技术，齐鲁分公司采用国内技术，上海赛科公司采用英国BP公司技术。

2005年集团公司生产丙烯腈41.82万吨，比2004年增加15.98万吨，增长61.84%。集团公司2000—2005年丙烯腈产量见表22。

表20　　2000 — 2005年石化集团公司合成纤维原料分品种产量　　万吨

项目 \ 年份	2005	2004	2003	2002	2001	2000
石化集团公司合计	407.56	362.15	336.07	287.05	266.64	264.48
股份公司合计	402.83	289.54	257.18	213.31	198.27	219.29
PTA	266.54	257.17	235.37	191.21	177.01	158.26
DMT	—	—	—	—	5.72	12.53
丙烯腈	41.82	25.84	24.38	20.47	18.10	18.54
己内酰胺	16.01	14.40	12.46	16.78	14.93	15.99
乙二醇	83.19	64.74	58.60	58.60	50.87	59.16

表 21　　2000 — 2005 年石化集团公司 PTA 分企业产量　　万吨

企业名称＼年份	2005	2004	2003	2002	2001	2000
石化集团公司合计	266.54	257.17	235.37	191.21	177.01	158.26
股份公司合计	266.54	194.63	175.60	137.56	128.93	134.24
北京燕化股份公司	2.50①	2.12①	1.67①	1.30①	0.44①	0.46①
天津分公司②	28.50	29.98	31.68	29.00	23.80	11.47
上海石化股份公司	36.21	29.27	31.31	30.75	29.02	28.00
扬子石化股份公司	73.48	72.02	72.30	72.55	67.30	72.22
仪征化纤股份公司	97.05	93.34	71.99	34.26	32.61	34.02
洛阳分公司②	31.29	32.56	28.09	24.65	24.28	12.55

① PTA 产量，未作为合纤原料加以统计。

② 天津石化公司 PTA 装置上市，资产纳入天津分公司；洛阳石化总厂 PTA 装置上市，资产纳入洛阳分公司。

表 22　　2000 — 2005 年石化集团公司丙烯腈分企业产量　　万吨

企业名称＼年份	2005	2004	2003	2002	2001	2000
石化集团公司合计	41.82	25.84	24.38	20.47	18.10	18.54
股份公司合计	41.82	25.69	24.08	20.34	18.10	18.54
上海石化股份公司	13.16	12.51	10.82	7.30	6.75	7.29
上海高桥分公司①	—	0.63	0.88	0.84	0.90	0.87
安庆分公司	8.59	8.31	8.23	8.01	6.44	6.62
齐鲁分公司	4.22	4.24	4.15	4.19	4.01	3.76
上海赛科公司	15.85	—	—	—	—	—

① 上海高桥分公司丙烯腈装置已于 2004 年作报废处置，退出丙烯腈产业。

3. 己内酰胺(CPL)

石化集团公司生产己内酰胺的企业有巴陵分公司和石家庄炼化股份公司 2 家，2 套装置的原始设计生产能力均为 5 万吨/年。巴陵分公司采用荷兰 DSM 公司的专利技术，石家庄炼化股份公司采用意大利SNIA公司的专利技术。

巴陵分公司和石家庄炼化股份公司先后采用自有技术对己内酰胺装置进行扩能技术改造，截至 2005 年底，装置公称产能分别为 7 万吨/年和 6.5 万吨/年。

2005 年集团公司生产己内酰胺 16.01 万吨(即股份公司产量)。集团公司 2000—2005 年己内酰胺产量见表 23。

表 23　　2000 — 2005 年石化集团公司己内酰胺分企业产量　　万吨

企业名称＼年份	2005	2004	2003	2002	2001	2000
石化集团公司合计	16.01	14.40	12.46	16.78	14.93	15.99
股份公司合计	16.01	14.40	12.46	10.28	8.87	10.28
石家庄炼化股份公司	6.88	6.92	5.74	3.04	1.61	3.44
南京化工公司①	—	—	—	6.50	6.07	5.71
巴陵分公司	9.14	7.48	6.72	7.24	7.25	6.84

① 2002 年南京化工公司装置与荷兰 DSM 公司合资，2003 年起产能从集团公司核销。

4. 乙二醇(EG)

石化集团公司生产乙二醇的企业有北京燕化股份公司、燕山石化公司(原北京东方石油化工有限公司)、天津分公司、上海石化股份公司、扬子石化股份公司、茂名分公司和扬一巴公司 7 家企业。2005 年扬一巴公司新增乙二醇生产能力 30 万吨/年。北京燕化股份公司、燕山石化公司、扬子石化股份公司、上海石化股份公司采用美国科学设计公司专利技术，天津分公司、茂名分公司采用荷兰壳牌公司专利技术，扬一巴公司采用巴斯夫专利技术。

2005 年集团公司生产乙二醇 83.19 万吨(其中股份公司 78.46 万吨)，比 2004 年增加 18.45 万吨。集团公司 2000—2005 年乙二醇产量见表 24。

(周向进)

【合成纤维聚合物】 石化集团公司生产的合成纤维聚合物主要品种有聚酯(PET)、聚乙烯醇(PVA)、聚己内酰胺(PA6)、纤维级聚丙烯(纤维级 PP)。2005 年集团公司合成纤维聚合物的生产能力为 304.38 万吨/年，比 2004 年增加 24.89 万吨/年，增长 8.91%。

2005 年集团公司生产合成纤维聚合物 277.76 万吨(其中股份公司 269.66 万吨)，比 2004 年增产 25.66 万吨，增长 10.18%。集团公司 2000—2005 年合成纤维聚合物产量见表 25。

1. 聚酯(PET)

石化集团公司生产聚酯的企业有天津分公司、上海石化股份公司、仪征化纤股份公司和洛阳分公司 4 家。仪征化纤股份公司主装置和天津分公司 20 万吨/年聚酯装置采用德国吉玛公司的专利技术。天津分公司 7 万吨/年聚酯装置采用日本帝人公司的专利技术，后经国产化技术改造，原料由 DMT 间接酯交换法改造成 PTA 直接酯化法。上海石化股份公司 26 万吨/年装置采用日本钟纺公司技术、5 万吨/年装置采用杜邦公司专利技术、15 万吨/年装置采用 3 釜流程国产化技术。洛阳分公司 20 万吨/年聚酯装置采用杜邦公司专利技术。仪征化纤股份公司近年新建成的 4 套聚酯装置均采用 5 釜流程国产化技术。

2005 年仪征化纤股份公司新建成一条生产能力 19.25 万吨/年的聚酯生产线，另外通过技术改造增加聚酯生产能力 5.64 万吨/年，总生产能力达到 178.75 万吨/年。2005 年仪征化纤股份公司实际生产聚酯 162.86 万吨，是中国石化聚酯生产能力最大的企业。

2005 年集团公司生产聚酯 260.19 万吨(其中股份公司 260.19 万吨)，比 2004 年增加 25.22 万吨，增长 10.73%。集团公司 2000—2005 年聚酯产量见表 26。

表 24　　2000 — 2005 年石化集团公司乙二醇分企业产量　　万吨

企业名称＼年份	2005	2004	2003	2002	2001	2000
石化集团公司合计	83.19	64.74	63.86	58.60	50.87	59.16
股份公司合计	78.46	54.82	45.06	45.13	36.65	43.69
北京燕化股份公司	7.20	7.28	7.68	8.08	5.63	7.19
上海石化股份公司	21.33	19.64	19.34	17.42	11.48	13.11
扬子石化股份公司	16.29	18.66	18.02	19.63	19.55	23.39
天津分公司①	4.25	5.05	4.90	3.94	3.99	4.51
茂名分公司	8.51	9.24	9.61	9.53	10.24	10.96
扬一巴公司②	20.87	—	—	—	—	—
燕山石化公司③	4.73	4.87	4.31	—	—	—

① 2001 年以前，乙二醇装置属于天津联合石化公司，2002—2004 年，乙二醇装置属于天津石化公司，2005 年上市，资产纳入天津分公司。

② 扬一巴公司 2005 年投产，纳入股份公司产量统计体系。

③ 燕山石化公司的乙二醇装置原属 2003 年并入的北京东方石油化工有限公司。

表 25　　2000 — 2005 年石化集团公司合成纤维聚合物分品种产量　　万吨

项目＼年份	2005	2004	2003	2002	2001	2000
石化集团公司合计	277.76	252.10	239.68	223.35	216.06	186.84
股份公司合计	269.66	200.54	184.56	170.04	161.57	160.16
聚　酯	260.19	234.97	221.95	209.25	202.85	174.05
聚乙烯醇	12.67	11.81	11.70	9.35	9.05	8.96
聚己内酰胺	4.90	5.33	6.03	4.76	4.16	3.83

表 26　　2000—2005 年石化集团公司聚酯分企业产量　　万吨

年份 / 企业名称	2005	2004	2003	2002	2001	2000
石化集团公司合计	260.19	234.97	221.95	209.25	202.85	174.05
股份公司合计	260.19	190.55	174.30	162.39	155.20	154.36
北京燕化股份公司	—	—	—	0.45	1.63	4.01
上海石化股份公司	32.81	48.06	46.37	42.75	38.35	36.46
仪征化纤股份公司	93.76	135.65	121.01	115.41	110.85	102.41
天津分公司①	23.25	6.84	6.92	3.79	4.37	11.48
洛阳分公司②	19.08	21.73	22.20	22.99	22.38	11.11
天津石化公司①	—	22.69	25.02	21.19	21.77	5.33

① 2005 年天津石化公司的聚酯装置上市，生产能力纳入天津分公司。

② 2005 年原属洛阳石化总厂的聚酯装置上市，生产能力纳入洛阳分公司。

2. 聚乙烯醇(PVA)

石化集团公司生产聚乙烯醇的企业有上海石化股份公司、四川维尼纶厂和燕山石化公司(装置属于后来并入的原北京东方石油化工有限公司)3 家。上海石化股份公司和四川维尼纶厂采用日本东丽公司的专利技术；燕山石化公司采用日本可乐丽公司的专利技术，后采用国产技术进行改造。上海石化股份公司和燕山石化公司以乙烯为原料，四川维尼纶厂以乙炔为原料。四川维尼纶厂以天然气为原料生产乙炔，是集团公司惟一使用天然气作原料生产合成纤维的企业。

2005 年集团公司生产聚乙烯醇 12.67 万吨(其中股份公司 4.58 万吨)。集团公司 2000—2005 年聚乙烯醇产量见表 27。

3. 聚己内酰胺(PA6)

石化集团公司生产聚己内酰胺的企业有石家庄炼化股份公司和巴陵分公司 2 家。巴陵分公司的 1.46 万吨/年装置是引进德国吉玛公司的技术和设备，2.0 万吨/年装置采用国内技术。石家庄炼化股份公司 0.5 万吨/年装置采用意大利 SNIA 公司技术，2 万吨/年装置采用国内技术。

2005 年集团公司生产聚己内酰胺 4.90 万吨(即股份公司产量)。其中，石家庄炼化股份公司生产聚己内酰胺 1.80 万吨，巴陵分公司生产 3.10 万吨。

4. 纤维级聚丙烯(PP)

纤维级聚丙烯是生产丙纶的原料。集团公司连续法聚丙烯装置均能生产纤维级聚丙烯，企业根据市场需求组织纤维级牌号的生产。1998 年后生产能力、产量均在聚丙烯(合成树脂)中统计。

(周向进)

【合成纤维】 石化集团公司生产的合成纤维产品主要为“五大纶”，即涤纶、锦纶、腈纶、维纶和丙纶。

2005 年集团公司合成纤维的生产能力为 184.39 万吨/年(其中股份公司 181.19 万吨/年)，比 2004 年减少 2.74 万吨/年。

2005 年洛阳分公司建成投产两条细旦涤纶长丝生产线，增加生产能力 1.50 万吨/年。上海石化股份公司建成投产一套涤纶工业长丝装置，新增生产能力 1.20 万吨/年。四川维尼纶厂核定维纶装置生产能力为 2.2 万吨/年，增加 0.1 万吨/年，其中维纶短纤维生产能力为 1.6 万吨/年，维纶长丝生产能力为 0.6 万吨/年。

2005 年集团公司生产合成纤维 160.07 万吨(其中股份公司 156.96 万吨)，比 2004 年减少 10.27 万吨。集团公司 2000—2005 年合成纤维产量见表 28。

表 27　　2000—2005 年石化集团公司聚乙烯醇分企业产量　　万吨

年份 / 企业名称	2005	2004	2003	2002	2001	2000
石化集团公司合计	12.67	11.80	11.70	9.35	9.05	8.96
股份公司合计	4.58	4.66	4.38	4.69	4.54	4.39
上海石化股份公司	4.58	4.66	4.38	4.69	4.54	4.39
燕山石化公司①	1.94	1.44	2.30	—	—	—
四川维尼纶厂	6.15	5.70	5.02	4.66	4.51	4.57

① 燕山石化公司的聚乙烯醇装置原属 2003 年并入的北京东方石油化工有限公司。

表 28 **2000 — 2005 年石化集团公司合成纤维分品种产量** 万吨

项目 \ 年份	2005	2004	2003	2002	2001	2000
石化集团公司合计	160.07	170.34	171.22	157.32	144.21	121.64
股份公司合计	156.96	129.47	127.94	115.30	102.79	106.75
涤纶	119.73	130.19	130.66	118.47	112.45	89.82
锦纶	0.29	0.72	1.30	1.71	2.11	2.51
腈纶	36.91	35.81	35.27	33.09	25.90	25.09
维纶	1.48	1.30	1.17	1.11	1.10	1.16
丙纶	1.67	2.28	2.82	2.91	2.62	3.04
PBT 纤维	—	0.06	0.03	0.02	0.03	0.03

1. 涤纶

2005 年集团公司涤纶纤维生产能力为 146.18 万吨/年(其中股份公司 146.18 万吨/年)，比 2004 年降低 2.84 万吨/年。涤纶长丝的生产能力为 52.10 万吨/年，比 2004 年降低 4.36 万吨/年。其中，上海石化股份公司增加涤纶工业长丝 1.2 万吨/年，洛阳分公司增加涤纶细旦长丝 1.5 万吨/年；仪征化纤股份公司原涤纶五厂 2.88 万吨/年间接纺涤纶长丝装置与美国 UNIFI 公司合资，产能核销。

2005 年集团公司生产涤纶纤维 119.73 万吨(其中股份公司 119.22 万吨/年)，比 2004 年减少 10.46 万吨。涤纶长丝产量为 35.38 万吨(其中股份公司 34.87 万吨)。集团公司 2000—2005 年涤纶产量见表 29。

2. 锦纶

锦纶又称尼龙是合成纤维中的第二大品种。锦纶通常有两种，一种锦纶 - 6，使用聚酰胺 - 6(尼龙 - 6)做原料，另一种锦纶 - 66，使用聚酰胺 - 66(尼龙 - 66)做原料。锦纶的吸湿性和染色性都比较好，耐磨性也好，但生产成本较高。

石化集团公司生产锦纶的企业有巴陵分公司和石家庄炼化股份公司 2 家，均以己内酰胺为原料(己内酰胺聚合成聚酰胺 - 6，再纺丝)，其中巴陵分公司生产能力为 1.33 万吨/年，石家庄炼化股份公司生产能力为 5 000 吨/年。2 家企业的长丝纺丝设备和技术均为引进。

巴陵分公司的 1.33 万吨/年锦纶长丝装置，主要生产锦纶轮胎帘子线。巴陵分公司同时拥有相应规模的帘子线捻线、帘子布织造和浸胶设备，产品有锦纶轮胎帘子布和锦纶轻帆布。石家庄炼化股份公司的 5 000吨/年锦纶长丝装置，主要产品规格适用于牛津布织物。

2005 年集团公司生产锦纶纤维 0.29 万吨，比 2004 年减少 0.41 万吨。集团公司 2000—2005 年锦纶产量见表 30。

表 29 **2000 — 2005 年石化集团公司涤纶分企业产量** 万吨

企业名称 \ 年份	2005	2004	2003	2002	2001	2000
石化集团公司合计	119.73	130.19	130.66	118.47	112.45	89.82
股份公司合计	119.22	91.58	89.37	79.15	73.91	77.82
上海石化股份公司	12.37	12.31	13.91	12.46	13.33	14.52
仪征化纤股份公司	51.50	72.56	68.66	63.06	57.05	55.70
天津分公司①	19.51	6.71	6.80	3.62	3.53	7.60
洛阳分公司②	16.29	18.33	18.64	19.72	17.22	3.75
天津石化公司①	—	16.95	18.80	15.31	16.73	2.71
仪化集团公司	0.51	3.34	3.80	3.85	4.08	4.11
四川维尼纶厂	—	—	0.05	0.39	0.37	1.18

① 2005 年天津石化公司的聚酯装置上市，生产能力纳入天津分公司。

② 2005 年原属洛阳石化总厂的聚酯装置上市，生产能力纳入洛阳分公司。

表 30　**2000 — 2005 年石化集团公司锦纶分企业产量**　万吨

年份 企业名称	2005	2004	2003	2002	2001	2000
石化集团公司合计	0.29	0.70	1.30	1.71	2.11	2.51
股份公司合计	0.29	0.70	1.30	1.20	1.13	1.03
巴陵分公司	0.29	0.70	1.30	1.20	1.13	1.03
石家庄炼化股份公司	0.00	0.00	0.00	0.00	0.00	0.00
巴陵石化公司①	—	—	0.00	0.51	0.98	1.47

① 2003 年巴陵石化公司化纤厂整体改制脱离中国石化，产量统计到 2003 年。

3. 腈纶

腈纶的主要原料是丙烯腈(AN)。为了改善腈纶纤维的性能，企业经常使用醋酸乙烯(VAc)、丙烯酸甲酯(MA)和甲基丙烯磺酸钠(AS)等作为改性添加剂。腈纶产品主要有短纤维和毛条两种，用途主要为制作毛线、毛毯，与棉花混纺制作面料等。

石化集团公司生产腈纶纤维的企业有上海石化股份公司、安庆分公司和齐鲁分公司 3 家。上述 3 家公司全部属于石化股份公司。安庆分公司采用美国氰胺公司两步法湿法纺丝专利技术。上海石化股份公司老装置采用国内技术，上海石化股份公司所属金甬腈纶公司装置和齐鲁分公司装置采用康泰斯—杜邦的干法纺丝专利技术，上海石化股份公司所属金阳腈纶公司的设备从日本川崎公司引进，工艺技术由金阳和川崎共同开发。上海石化股份公司的 6.6 万吨/年腈纶纤维装置采用自有技术。

2005 年集团公司生产腈纶纤维 36.91 万吨，比 2004 年增加 1.10 万吨。集团公司 2000—2005 年腈纶产量见表 31。

4. 维纶

石化集团公司生产维纶纤维的企业只有四川维尼纶厂 1 家，采用国内技术。四川维尼纶厂生产能力为 2.2 万吨/年，主要产品有维纶短纤维和维纶丝束(长丝)，还拥有水溶性维纶纤维产品、高强高模维纶纤维产品，也有使用维纶纤维制造的土工布产品。

2005 年集团公司生产维纶纤维 1.47 万吨，比 2004 年增加 0.17 万吨。集团公司 2000—2005 年维纶产量见表 32。

表 31　**2000 — 2005 年石化集团公司腈纶分企业产量**　万吨

年份 企业名称	2005	2004	2003	2002	2001	2000
石化集团公司合计	36.91	35.81	35.27	33.09	25.90	25.09
股份公司合计	36.91	35.81	35.27	33.09	25.90	25.09
上海石化股份公司	22.74	22.33	21.77	20.04	14.06	13.24
安庆分公司	7.86	7.58	7.46	6.83	6.70	7.01
齐鲁分公司	6.30	5.88	6.04	6.23	5.15	4.84

表 32　**2000 — 2005 年集团公司维纶分企业产量**　万吨

年份 企业名称	2005	2004	2003	2002	2001	2000
石化集团公司合计	1.47	1.30	1.17	1.11	1.10	1.16
股份公司合计	—	—	—	—	0.07	0.39
上海石化股份公司	—	—	—	—	0.07	0.39
四川维尼纶厂	1.47	1.30	1.17	1.11	1.03	0.77

5. 丙纶

石化集团公司生产丙纶的企业有上海石化股份公司、洛阳石化总厂和扬州石油化工厂 3 家。2005 年集团公司丙纶生产能力为 2.70 万吨/年，其中上海石化股份公司为 1.70 万吨/年，洛阳石化总厂为 0.40 万吨/年，扬州石油化工厂为 0.60 万吨/年。上海石化股份公司装置可生产超细丙纶纤维产品。

2005 年集团公司生产丙纶 1.67 万吨(其中股份公司 0.55 万吨)，比 2004 年减少 0.61 万吨。丙纶产量降低的主要原因是市场竞争加剧，丙纶产品效益急剧降低。集团公司 2000—2005 年丙纶产量见表 33。

6. PBT 纤维

PBT 纤维是以聚对苯二甲酸丁二醇酯切片为原料，通过熔融纺丝和后加工工艺制成的合成纤维。PBT 纤维与 PET 纤维(涤纶)相比，聚合物大分子链中的乙二醇由 1,4 - 丁二醇取代，聚合物易于结晶，其纤维的部分力学机械性能，如弹性，优于涤纶纤维。PBT 弹力丝纤维可以部分替代氨纶纤维的用途。目前 PBT 纤维产量不高的主要原因是市场认同程度不够。

2005 年集团公司没有生产 PBT 纤维。

(周向进)

表 33　　2000 — 2005 年石化集团公司丙纶分企业产量①　　万吨

企业名称＼年份	2005	2004	2003	2002	2001	2000
石化集团公司合计	1.67	2.28	2.82	2.91	2.62	3.04
股份公司合计	0.55	1.33	2.00	1.83	1.75	2.39
上海石化股份公司	0.55	1.33	2.00	1.83	1.75	2.40
洛阳石化总厂	0.63	0.63	0.51	0.56	0.56	0.43
扬州石油化工厂②	0.49	0.32	0.27	0.32	0.03	—

① 用作编织袋和土工布的丙纶纤维产量没有列入表格。

② 原江苏石油勘探局。

精 细 化 工

【概述】 精细化工门类繁多，品种复杂。遵照"有所为，有所不为"的原则，中国石化有重点地发展精细化工，重视资源优化和深度加工，集中市场、技术、人才等多方面的优势，无论是精细化工项目的研究开发，还是精细化工产品的生产，都有了较大进展，保证了企业生产需要，创造了较好的经济效益和社会效益。

集团公司 2000—2005 年主要精细化工产品产量见表 34。

(原　玲)

表 34　　2000 — 2005 年石化集团公司主要精细化工产品产量　　吨

产品名称＼年份	2005	2004	2003	2002	2001	2000
催化剂						
炼油催化剂	78 914	76 636	60 014	50 268	54 412	45 513
化工催化剂	1 551	1 516	1 297	955	1 090	850
合成氨用催化剂	190	3 813	3 337	2 071	3 306	3 750
炼油添加剂	10 819	12 331	8 322	9 480	17 858	1 326
塑料添加剂						
塑料增塑剂	48 948	29 601	74 370	77 231	77 540	67 623
塑料发泡剂	11 778	16 809	14 968	8 829	6 084	4 705
橡胶助剂						
橡胶促进剂	4 395	3 318	2 646	2 124	1 603	1 970
橡胶防老剂	27 992	22 665	19 430	15 046	11 837	9 574

续表

产品名称 \ 年份	2005	2004	2003	2002	2001	2000
表面活性剂						
破乳剂	18 010	340	613	1 167	1 646	2 023
乳化剂	276	…	430	517	639	1 369
石油酸	11 582	10 409	7 658	7 011	10 521	8 288
微晶蜡	9 809	9 255	5 802	1 720	4 058	1 637
专用蜡	11 344	7 548	3 118	1 612	5 431	3 959
凡士林	4 157	6 339	6 542	4 016	7 605	13 599

【催化剂】 催化剂是催化技术的核心，催化技术是石油化工工业发展的基础。因此，催化剂的研制、生产和工业应用成为石油化工发展的关键。2005年，石化集团公司在新催化剂开发、生产和推广应用方面又有新突破。第三代降低催化汽油烯烃含量的催化剂GOR－Ⅲ完成工业试验，新一代轻质馏分油加氢精制催化剂FH－40A和FH－40B成功实现工业应用，乙苯脱氢催化剂GS－08M完成工业试验，高效聚乙烯催化剂NT－1完成改进和工业应用。催化剂生产技术水平又有很大提高，进一步降低了催化剂的生产成本。催化裂化催化剂、催化重整催化剂、加氢催化剂、基本有机原料催化剂、聚烯烃催化剂、化肥催化剂等六大类炼油和石油化工用催化剂的国产化率超过85%。

1．炼油和化工催化剂

炼油催化剂主要包括催化裂化催化剂、催化重整催化剂、加氢催化剂、制氢催化剂等。化工催化剂品种繁多，主要包括聚乙烯催化剂、聚丙烯催化剂、裂解汽油加氢催化剂、碳二/碳三加氢催化剂、乙苯脱氢催化剂、甲苯歧化催化剂、丙烯腈催化剂、环氧乙烷银催化剂等。

催化剂分公司主要产品为：催化裂化催化剂、加氢催化剂、催化裂化降硫助剂、催化裂化增产丙烯助剂、重整催化剂、碳五/碳六异构化催化剂、苯和乙烯液相烷基化催化剂、甲苯歧化催化剂、乙苯脱氢催化剂、丙烯腈催化剂、钯炭催化剂、醋酸乙烯催化剂、聚乙烯催化剂、聚丙烯催化剂、环氧乙烷银催化剂、非晶态合金催化剂、对二甲苯吸附剂、分子筛等产品。催化剂分公司是国内最大的炼油、化工催化剂生产商，截至2005年末，年生产能力达9.25万吨，其中催化裂化催化剂生产能力为8.50万吨/年、加氢催化剂为3 000吨/年、重整催化剂为600吨/年、聚乙烯催化剂为500吨/年、聚丙烯催化剂为400吨/年、基本有机原料催化剂为3 000吨/年。2005年，催化剂分公司共生产各类催化剂8.65万吨。

2005年，催化剂长岭分公司与石油化工科学研究院(RIPP)合作开发生产了柴油超深度脱硫催化剂RS－1000和加氢裂化精制段催化剂RN－32、RN－32V，并分别在荆门分公司和燕山分公司、长岭分公司、洛阳分公司进行了工业试验。为满足清洁汽油的生产，催化剂分公司与RIPP合作开发了降低催化汽油烯烃和硫含量催化剂DOS，并在九江分公司进行了工业试验。催化剂齐鲁分公司与RIPP合作开发了第二代增产丙烯助剂MP 051，并在石家庄炼化股份公司进行了工业试验。催化剂上海分公司与上海石油化工研究院合作完成了SD－01型甲苯择形歧化催化剂的扩试工作，确定了ZSM－5分子筛合成工艺条件和SD－01型甲苯择形歧化催化剂浸渍改性生产工艺。上海立得公司开发了气相法聚乙烯高活性固体催化剂SLC－G，并在广州分公司成功应用，取得了良好的效果。

2005年催化剂分公司在加快新产品开发的同时，积极加大技术改造力度。催化剂长岭分公司完善Y型分子筛装置，增加了Y型分子筛浆液储存能力，分子筛收率提高1个百分点，减少了粉尘污染。催化剂齐鲁分公司完成了分子筛污水脱悬浮物改造，改造后外排污水的悬浮物含量小于200毫克/升，达到国家排放标准。催化剂齐鲁分公司完成了超稳分子筛闪蒸干燥改造，用旋转闪蒸干燥器代替喷雾干燥塔，降低了分子筛颗粒度和能耗，提高了产品质量。

抚顺石油化工研究院开发和生产加氢催化剂，现有催化剂生产装置3套，氧化铝合成装置1套，分子筛合成、改性装置1套，加氢催化剂器外预硫化装置1套，形成催化剂生产能力3 000吨/年。2005年抚顺石油化工研究院开发了新一代轻质馏分油加氢精制催化剂FH－40A/40B、高选择性轻油型加氢裂化催化剂FC－24、灵活型加氢裂化催化剂FC－12，并成功完成工业应用试验，同时研制成功柴油深度加氢脱硫催化剂 FH－UDS 和劣质油品加氢精制催化剂 FH－98A。

山东公泉化工股份有限公司主要生产三大系列炼油催化剂：渣油加氢处理催化剂，生产能力 3 000 吨/年；烃类转化制氢催化剂，生产能力 500 吨/年；加氢裂化与加氢精制催化剂，生产能力 3 000 吨/年。2005 年生产各类催化剂1 275吨。

淄博市临淄齐茂化工有限公司主要生产渣油加氢系列催化剂、柴油加氢改质催化剂和加氢精制催化剂。2005 年生产加氢催化剂 108 吨。

山东齐鲁科力化工研究院有限公司生产烃类蒸汽转化、耐硫变换、硫磺回收、加氢等四大类催化剂，生产能力共为 500 吨/年。2005 年生产各类催化剂 800 吨。

北京化工研究院开发和生产化工催化剂，主要有碳二/碳三加氢催化剂、脱一氧化碳催化剂、乙烯原料净化催化剂、乙烯氧氯化催化剂、苯氧化制顺酐催化剂、聚丙烯络合Ⅱ型催化剂等。2005 年生产各类催化剂 517 吨 。

上海石油化工研究院主要从事基本有机原料催化剂的研制和裂解制乙烯用催化剂的研制和生产，2005 年成功研制了裂解汽油二段加氢催化剂 SHP－02，中试结果表明，该剂具有较好的加氢活性、选择性和稳定性。

燕山分公司研究院主要从事环氧乙烷银催化剂、裂解汽油二段加氢催化剂和 MTBE 裂解制异丁烯催化剂的研究开发，并生产裂解汽油二段加氢催化剂和 MTBE 裂解制异丁烯催化剂。

2. 合成氨用催化剂

合成氨用催化剂主要包括氨合成催化剂、烃类蒸汽转化催化剂、高(中)温变换催化剂、低温变换催化剂、甲烷化催化剂及脱硫剂等(转化催化剂的数量统计在炼油催化剂中)。

南京化工公司研究院开发和生产低温变换、高温变换、合成甲醇、联醇和脱硫剂等催化剂，催化剂总生产能力为 1 500 吨/年。2005 年共生产各类催化剂 1 519.9 吨。

（顾培蕾）

【表面活性剂】 石化集团公司研究开发和生产表面活性剂的企业主要有金陵石化公司、天津石化公司、高桥石化公司等。

1. 表面活性剂

随着世界经济的发展以及科学技术领域的开拓，作为工业“味精”的表面活性剂的发展更为迅猛，年产量以 4%—5% 的速度增长。2005 年全世界表面活性剂消费量约为 1 250 万吨，中国约为 130 万吨。2005 年石化集团公司共生产表面活性剂 14.61 万吨，主要有乳化剂(MOA、EL、Tx)、洗涤剂(低泡清洗剂、消泡剂等)、破乳剂等系列产品。

世界表面活性剂的主要研究方向为安全、温和、易生物降解，中国在这方面的工作才刚刚起步。今后中国石化生产和研发表面活性剂首先要注意以下问题：①系统开发安全、温和、易生物降解、具有特殊作用的表面活性剂，研究其构效关系，为新型产品的开发和应用提供理论基础；②重点开发糖苷类表面活性剂、大豆磷脂类表面活性剂、蔗糖脂肪酸酯等系列产品；③对现有产品的生产工艺进行改造，提高工业安全性，如传统的搅拌乙氧基化反应器经常爆炸，产品质量较差，很有必要进行技术改造；④研究表面活性剂在工业催化方面的应用，重点对酯化、磺化、烷基化、硝化反应专用的新型、高效、环境友好的催化剂进行开发研究，以降低工业生产成本。

2. 聚醚多元醇

聚醚多元醇是合成聚氨酯的主要原料。2005 年全球聚醚多元醇产量 542.5 万吨，其中亚洲占 156.7 万吨。2005 年中国国内聚醚表观消费量达到 84 万吨，其中国产 70 万吨，进口 14 万吨，自给率达到 83.5%。

中国石化 2005 年聚醚多元醇生产能力达到 28 万吨/年，其中高桥石化公司 8 万吨/年聚醚多元醇新装置于 2005 年年底开车，总生产能力达到 20 万吨/年；天津石化公司第三石油化工厂生产能力 8 万吨/年。2005 年集团公司聚醚产量为 20 万吨，其中高桥石化公司为 13 万吨，天津石化公司第三石油化工厂为 7 万吨。可生产适合软泡系列、硬泡系列、半硬泡系列、高回弹泡沫、弹性体、涂料、粘合剂、皮革涂饰、化学灌浆材料用聚醚系列 100 多个品种，主要有低不饱和度高相对分子质量聚醚、高承载高活性聚醚、软质泡沫用硅油、化纤油剂用特种聚醚、低黏度高固含量聚醚、无氟环保聚醚等。

（原　玲）

【合成胶粘剂】 合成胶粘剂是一类重要的精细化工产品，其世界年产量在合成聚合物材料中仅次于塑料、橡胶、纤维和涂料。石化集团公司主要生产三类胶粘剂原料：环氧树脂、苯乙烯共聚物及醋酸乙烯聚合物。

1. 环氧树脂类

环氧树脂类胶粘剂是一类新型面际黏结用精细化工材料，约占世界合成胶粘剂总量的 5% 左右。集团公司具有环氧树脂类胶粘剂的原料优势。

巴陵石化公司是国内最大的环氧树脂产、销、研基地之一。现有3套基础环氧树脂和1套特种环氧树脂生产装置，2005年基础环氧树脂生产能力为2.5万吨/年，特种环氧树脂生产能力为2 000吨/年，共拥有2.7万吨/年生产能力。生产销售的环氧树脂品种主要有BPA型、溶剂型、特种环氧树脂，具体牌号有E－44、E－42、CYD－011、CYD－127、CYD－128、CYD－128Y、CYD－144、E－44T97、CYDCN－195等。2005年共生产各种牌号的环氧树脂23 394吨，其中BPA型环氧树脂20 363吨，溶剂型环氧树脂1 710吨，特种环氧树脂1 322吨。

2005年巴陵石化公司通过技术改造，建成了2 000吨/年邻甲酚醛环氧树脂工业生产装置，生产出的CYDCN－200邻甲酚醛环氧树脂达到国外进口同类产品水平，得到用户的认可，2005年产销突破1 000吨。2005年进行了双酚A酚醛环氧树脂工业化生产技术开发，同时也成功研制出了水性环氧树脂、水性光固化环氧树脂。与清华大学、北京化工研究院分别合作开发无机纳米材料 SiO_2 和碳纳米管改性环氧树脂以及超细全硫化粉末橡胶增韧环氧树脂的工作仍在进行中。

2. 苯乙烯共聚物类

苯乙烯类热塑性弹性体主要品种是SBS、SIS、SEBS等，按结构可分为线型和星型，根据相对分子质量、共聚单体及充油量的不同分成不同的品种与牌号。2005年，巴陵石化公司有35个SBS牌号，8个SIS牌号，6个SEBS牌号；北京燕化股份公司有11个SBS牌号，茂名分公司有5个SBS牌号。

2005年集团公司SBS产量超过28.4万吨，其中巴陵石化公司生产SBS 13.93万吨，SIS 5 904吨，SEBS 322吨；北京燕化股份公司生产SBS 9.11万吨；茂名分公司生产SBS 5.37万吨。表35为用于胶粘剂的苯乙烯类热塑性弹性体生产情况。

表35　2005年石化集团公司用于胶粘剂的苯乙烯类热塑性弹性体生产情况　吨

牌　号	产　量	主要应用领域
SBS YH－791	3 025	胶粘剂
SBS YH－792	22 827	胶粘剂、制鞋
SBS YH－796	6 091	胶粘剂
SBS YH－768	636	胶粘剂
SBSYH－791H	28 087	沥青改性、胶粘剂
SBSYH－786	264	胶粘剂
SIS	5 904	胶粘剂，主要是热熔胶、压敏胶

3. 醋酸乙烯聚合物类

醋酸乙烯聚合物类胶粘剂主要有聚乙烯醇(PVA)及PVA的缩醛产物、聚醋酸乙烯乳液(PVAC)、醋酸乙烯与乙烯等其他单体的共聚物等。

石化集团公司四川维尼纶厂是全国惟一以天然气为主要原料生产醋酸乙烯聚合物的企业。截至2005年，石化集团公司醋酸乙烯产能19万吨/年、聚乙烯醇(PVA)6万吨/年，醋酸乙烯—乙烯共聚乳液(VAE)3万吨/年(2005年在扩建中，扩建后达到6万吨/年，预计2006年上半年投入运行)。PVA装置能生产聚合度400—2 600、醇解度80%—100%(摩尔)的不同PVA 40余种。用于胶粘剂的PVA品种主要有1797、1788、0588、1097、2488、1799、2092、1792等，2005年又开发了油田固井专用料。2005年卷烟胶专用VAE－Ⅰ、Ⅱ、Ⅲ已经批量生产，新开发的高固含量VAE CW40－600已实现批量生产和销售。截至2005年共开发了8个PVAC新品种。

(原　玲)

【生物化工】 生物化工是近年来发展非常迅速的一门学科，在医药工业、食品工业、石油化工等领域获得了长足的进展。为配合国家生物能源和生物化工产品科技与产业发展战略的需要，中国石化在以往生物化工领域技术研究的基础上加强了该领域的技术开发力度。

抚顺石油化工研究院在发酵法生产L－乳酸、甘油发酵制取1,3－丙二醇以及化学法生产生物柴油等技术方面都取得一定进展。

1. 发酵法生产L－乳酸

L－乳酸(2－羟基丙酸)是生产聚乳酸的单体。聚乳酸除了具有与聚苯乙烯相似的光泽度和加工性能外，还具有可生物降解特性，市场前景广阔。以淀粉发酵生产L－乳酸可以充分利用中国的谷物作物替代石油资源。

“发酵法生产L－乳酸中试研究”于2003年在总部立项，抚顺石油化工研究院以乳杆菌为发酵菌种，自主开发了糖化发酵并行工艺(简称SSF)，截至2005

年，已经完成发酵法生产L-乳酸3立方米发酵罐中试研究。中试发酵平均产酸量大于150克/升，最高产酸量可达180克/升左右，L-乳酸光学纯度97%以上，与传统发酵工艺相比，该工艺具有流程短、产酸量高、产品纯度高等特点。其发酵水平处于国际领先地位。

2. 发酵法生产1,3-丙二醇

1,3-丙二醇是新型聚酯材料——聚对苯二甲酸丙二醇酯(PTT)的单体。发酵法生产1,3-丙二醇利用可再生资源替代石油原料，已经显示出产业化前景。

抚顺石油化工研究院进行了高产菌株的筛选、培养基的优化以及批次流加厌氧发酵工艺的研究，并取得了较大进展。以甘油为底物，用克雷伯氏菌，在10升发酵罐进行厌氧发酵制取1,3-丙二醇。2005年发酵水平已达87.7克/升，摩尔收率62.3%，是世界已见报道的最好结果。在分离工艺研究方面，已打通产品分离流程，1,3-丙二醇收率81%，产品纯度97.0%。截至2005年已申请中国专利4项，即将形成自主知识产权体系。

3. 生物柴油技术开发

此项目是利用可再生资源生产生物柴油，同时副产甘油用于发酵生产1,3-丙二醇的战略性课题。生物柴油作为一种替代能源，对中国实施可持续发展战略具有十分重要的意义。抚顺石油化工研究院开发出植物油脂交换联产生物柴油和甘油的反应工程技术。该技术使反应原料在新型反应过程中充分分散接触，采用易分离并可循环使用的均相催化剂。

采用开发的新技术，原料油脂转化率在99.9%以上，产品脂肪酸甲酯的含量大于98.0%，所得生物柴油十六烷值为52。联产甘油纯度大于80%，可以作为生物发酵制取1,3-丙二醇的原料，降低了1,3-丙二醇的生产成本。截至2005年已申请中国专利5项，可形成拥有中国石化自主知识产权的成套技术，为中国石化新型能源替代作出贡献，为生物法制1,3-丙二醇提供廉价的原料。

4. 长链尼龙盐制备工艺研究

长碳链尼龙盐是合成聚酰胺树脂的前体，不同的尼龙盐单体通过一元或多元缩聚可以制取一系列不同品种的尼龙或多元共聚尼龙树脂、尼龙工程塑料及高档聚酰胺热熔胶等高分子聚合物。以长链尼龙盐为原料合成的长碳链尼龙树脂使用性能独特，较短链尼龙树脂尤其是吸水率低、尺寸稳定性及柔韧性更好。该课题2003年立项，2005年按计划完成合同任务，2006年初在北京通过了由股份公司科技开发部组织的技术评议。评议委员会认为：将尼龙盐的制备与生物发酵法长链二元酸生产工艺组合，可利用不同碳数的二元酸，制备系列的长链尼龙盐产品，该技术具有创新性，专家建议应进一步加强推广应用研究。

（原　玲）

【石油化工溶剂及助剂】　橡塑助剂类精细化工产品在石化集团公司占有重要地位。南京化工公司化工厂是生产橡胶助剂的主要企业，生产的主要品种有防老剂4020、4010NA、RD，防老剂甲，促进剂CBS等。2005年主要橡胶助剂产品品种、产量、质量、技术经济指标见表36。

表36　　2005年石化集团公司橡胶助剂品种、产量、质量、技术经济指标一览表

产品名称	产量/吨	质量			主要经济指标				
		纯度/≥%	凝固点/≥℃	优级品率/≥%	物耗/千克·吨$^{-1}$	能耗			
						汽(中/低)/吨·吨$^{-1}$	电/千瓦时·吨$^{-1}$	水/吨·吨$^{-1}$	综合能耗/吨标煤·吨$^{-1}$
防老剂 RD	10 729		86.67	100	苯胺 553 丙酮 761	1.2/2.63	185	9	0.45
防老剂 4020	8 110		47.62	100	RT 726 甲酮 468	3.5/0.11	293	55	0.47
防老剂 4010NA	7 668		72.54	96.69	RT 837 丙酮 295	3.51/0	140	38	0.21

续表

产品名称	产量/吨	质量			主要经济指标				
		纯度/≥%	凝固点/≥℃	优级品率/≥%	物耗/千克·吨$^{-1}$	能耗			
						汽(中/低)/吨·吨$^{-1}$	电/千瓦时·吨$^{-1}$	水/吨·吨$^{-1}$	综合能耗/吨标煤·吨$^{-1}$
防老剂甲	916		53.58		甲萘胺 728 苯胺 433	2.3	72	262	1.09
防老剂丁	571		104.28		2-萘酚 665 苯胺 421	1.9	78	207	0.57
促进剂 CBS	2 434		98.19	100	促进剂 M 791	17.21	340	73	1.72
粗品促进剂M	1 962	91.92			二硫化碳 588 苯胺 485 硝基苯 128	0.96 1.68	465	76	0.44

2005 年，在新产品开发研究方面的主要工作有：硝基苯法合成 4-氨基二苯胺中试及试生产，合成氯乙酸中试，新型橡胶防老剂 3100、44PD、AH 的合成，催化加氢制备对、邻氯苯胺，促进剂 M 工艺改进研究，橡胶防老剂 4020 反应器单台生产能力由 2 500吨/年放大到 7 500 吨/年的试验研究，对、邻硝基氯化苯调比试验，连续解离萃取法分离对、间氯苯胺混合物试验研究，湿法催化氧化处理高浓度有机废水中试，光电催化氧化处理含苯、氯苯、硝基苯等难生化降解有机废水中试，苯定向氯化合成对、邻氯甲苯试验，间苯二酚连续萃取中试等。同时，针对现有产品技术进步、提质降耗、节水减排进行的几十项小试研究工作，大多数已应用于生产中，为降本增效作出了贡献。

（原　玲）

化　　肥

【概述】 截至 2005 年底，石化集团公司有 7 家化肥生产企业，其中股份公司有金陵分公司、安庆分公司、巴陵分公司、湖北化肥分公司、镇海炼化股份公司和九江分公司 6 家企业，主要产品为合成氨和尿素，主要原料为石脑油、脱油沥青、炼厂干气、天然气和煤；存续部分有南京化工公司 1 家企业，主要产品为合成氨、硝铵(工业)、碳铵、普钙和复合肥，其中 30 万吨/年合成氨装置煤代油原料改造已经完成，52 万吨/年尿素装置资产转让地方企业。

2005 年末集团公司合成氨生产能力为 243.50 万吨/年，其中股份公司 213.50 万吨/年；氮肥(折含氮 100%)生产能力 179.88 万吨/年，其中股份公司 173.68 万吨/年；尿素(实物量)生产能力为 361.00 万吨/年，其中股份公司 361.00 万吨/年。其他化肥产品能力较小，分别为合成复合肥 63.00 万吨/年(其中股份公司 10.00 万吨/年)、硫酸铵 40.35 万吨/年(其中股份公司 40.35 万吨/年)、硝酸铵 15.00 万吨/年、碳酸氢铵 1.20 万吨/年。

2005 年，集团公司在抓紧抓好化肥“煤代油”改造的同时，克服石脑油资源紧张、价格上涨、产品限价、化肥生产亏损等不利因素，顾全大局利益，严格执行国家化肥价格政策，积极组织化肥生产，支援农业增产增收。2005 年，镇海和九江化肥装置全年保持较高负荷生产；湖北化肥经适应性改造，于 3 月中旬首次利用忠武线天然气资源恢复化肥生产；金陵化肥水煤浆改造工程于 9 月 26 日投料试车一次成功并转入生产；安庆、巴陵化肥装置因“煤代油”改造工作需要，分别于 7 月 22 日和 8 月 1 日停工配合改造。2005 年集团公司合成氨、尿素装置平均运转率分别为 57.75%和 54.07%，同比下降 19.45%和 20.49%。6 套化肥装置中除镇海、湖北化肥装置运转率同比有所提高外，其余 4 套化肥装置的运转率均有所下降。2005 年集团公司尿素产量仅为上年同期产量的 67.67%，主要原因是 4 套化肥煤代油改造工程需要，装置运行周期短，以及九江分公司化肥装置检修影响。各企业尿素减产幅度分别为：金陵 88.71%、安庆 55.64%、巴陵 45.51%、九江 24.85%、镇海 3.41%；全年只有湖北化肥分公司尿素产量有所增加，同比增长 18.21%。2005 年集团公司累计销售尿素 177.59 万吨，年底库存 0.11 万吨；农用尿素平均销售价格为 1 649 元/吨，严格执行了国家发改委关于化肥限价的有关规定；全年集团公司没有出口尿素，主要是面向各企业所在省份的传统市场销售，实现了全年产销平衡、无欠款。

2005 年集团公司化肥企业以安全生产为中心，在精细管理上下功夫，通过强化"三基"管理、优化工艺运行、抓好原料和燃料以及产品结构调整、落实降本减费等各项措施，实现安全生产和有效控亏减亏。一是实现安全生产和改造装置安全开车。各化肥企业进一步规范和加强"三基"工作，通过狠抓安全生产责任制等各项制度的落实，加强关键生产装置、要害部位安全管理和生产技术管理，把隐患治理措施落到实处，实现了改造装置的安全开工，确保了生产装置安全稳定运行。镇海炼化股份公司化肥装置已进入第 4 个运行年，在设备性能下降、装置负荷高且多变及原料劣质化后工艺操作条件苛刻等一系列困难情况下，以安全生产为中心，进一步加强和规范生产技术管理，针对性地制定或修订了一系列管理制度和技术性文件，如《装置非计划停工管理规定》、《装置非计划停工情况》通报、《工艺纪律、操作纪律管理规定》等，对确保装置的安稳长满优运行起到至关重要的作用。截至 2005 年底，合成氨装置实现长周期连续运行 386 天(B 级标准)，创造了该装置投产以来的历史最好纪录，同时继续保持了国内同类装置的领先水平。湖北化肥分公司重视首次用天然气开工的安全准备，认真做好天然气安全管理规定、开工方案和操作规程的修订，以及操作人员培训工作，实现了气代油改造后的安全开工和稳定运行。二是抓好原料和燃料结构调整以及优化利用，实现降本增效。湖北分公司利用化肥煤代油改造投产前一年的间隙时间和忠武线天然气投用初期民用气量不大的时机，进行适当投入，及时调整原料和燃料结构，于 2005 年初完成了天然气过渡性改造，3 月中旬首次用天然气为原料和燃料恢复生产，全年累计消耗天然气 2.59 亿标准立方米，大幅度降低了尿素生产成本，当年实现扭亏为盈。镇海炼化股份公司化肥装置通过原料和燃料劣质化，降低了生产成本，气化装置累计消化脱油沥青原料 27.96 万吨；CFB 锅炉替代油锅炉供蒸汽 316 万吨，全年耗煤焦量约 32.61 万吨，替代燃料渣油约 22 万吨，完全实现了化肥装置燃料的煤代油。九江分公司基本实现了全部用脱油沥青代替渣油作气化原料，全年累计消化脱油沥青原料 17.21 万吨，降低了化肥生产成本。三是抓好产品结构调整，发挥装置整体效益。充分发挥炼化一体化企业的整体优势，发挥各套装置的潜能，用好可以利用的全部资源，提高总体效益水平。镇海炼化股份公司全年累计向炼油装置供氢 1.07 万吨，供氮 2 494 万标准立方米。安庆分公司全年累计向炼油装置供氢 0.42 万吨(折氨 1.75 万吨)，向丙烯腈装置供液氨 2.53 万吨。金陵分公司化肥煤代油改造装置投运后即开始向炼油加氢裂化装置供氢，同时停运了石脑油制氢，大大降低了氢气成本。巴陵分公司化肥装置阶段性生产期间向化工片区供氢、空气和液氨，全年累计外供液氨 4 395 吨、供氢 1 495 吨。九江分公司化肥装置也实现了向炼油供氢、供氮、供蒸汽。四是开展技术攻关，提高装置运行水平。镇海炼化股份公司针对气化炉原料脱油沥青硫含量上升，外供氢量变化大对工况调整的影响，通过技术攻关、优化工况和加强设备管理，2005 年气化炉不清渣运行周期再创历史最好水平，1# 气化炉连续运行时间达到 7 700 小时以上，3# 气化炉连续运行时间达到 8 660小时以上。同时，针对两台 CFB 锅炉运行不稳定，积极组织技术攻关，消除了一些设计和设备缺陷，改善了 CFB 锅炉的运行条件，2005 年 3#、4# CFB 锅炉的连续运行分别达到了 300 天和 180 天以上。湖北化肥分公司针对天然气生产的特点，加强设备日常维护和巡检，及时处理装置设备隐患，认真组织事故演练，提高职工应急处理能力，在天然气供应量不足、供应不稳定的情况下，合成氨装置长周期运行突破 200 天。五是加强精细管理，提高节能意识。镇海炼化股份公司化肥装置气化炉排出炭黑经过掺底灰后送 CFB 锅炉作为燃料，实现了气化炉炭黑开路后的综合利用，为化肥生产节省了燃料消耗。安庆分公司在化肥阶段性生产中注重加强生产过程优化控制和节能降耗精细管理，实施了严格控制一段炉和各加热炉烟气温度和剩余氧、优化系统水碳比减少蒸汽消耗、减少尿素阶段性停车时氨排放损失、取消非生产倒班岗位采暖蒸汽、对全厂蒸汽疏水导淋进行综合治理、回收全厂机泵就地排放的冷却水作为循环水(全年约 120 万吨)等一系列节能措施。九江分公司实施了 190 吨/时锅炉综合节能技术改造和除氧器蒸汽回收等节能项目。

2005 年，集团公司化肥板块总体上完成了限亏任务，较上年同期有较大幅度减亏。其中，镇海炼化股份公司化肥利润同比有较大幅度增加，湖北化肥分公司首次实现扭亏为盈。

(孙宝慈)

【化肥煤代油改造进展顺利】 2005 年，化肥原料路线改造取得重大进展。金陵分公司化肥原料技改工程、南京化工公司 30 万吨/年合成氨原料路线改造工程相继建成投产；巴陵分公司、湖北化肥分公司、安庆分公司3套化肥"煤代油"改造工程进入施工安装和生产准备阶段，基本完成主装置设备和工艺管道安装并开始进行部分管道试压、吹扫、单机试车等工作，完成了总体试车方案审查、联动试车方案、操作规程等技术资料的编制和审核，完成操作人员对口培训、仿真培训等相关工作。

金陵分公司化肥原料技改项目于2005年5月28日实现装置全面中交，10月20日生产出合格尿素，装置转入生产阶段。从9月26日气化炉投料到10月8日装置第一次停车，单台气化炉安全运行11.5天，创原德士古水煤浆加压气化装置首次投料运行时间最长的纪录。

南京化工公司30万吨/年合成氨原料路线改造项目2005年11月16日实现装置全面中交。12月15日，首先对已停运3年的空分、变换、净化、氨合成装置用渣油打通流程，新建气化装置计划2006年1月投料。

巴陵分公司"煤代油"项目分为煤气化和配套两个部分，煤气化工程为与壳牌合资项目。截至2005年12月25日，完成项目总体进度97.54%。空分装置、磨煤装置设备安装完成；关键气化设备10月初吊装就位，气化装置除K 1301外，其他275台设备全部安装就位；工艺管道安装完成90%，部分管道开始试压、清洗、吹扫。配套部分完成项目总体进度97%。循环水、污水处理、冷凝液精制、供电外线、总配改造、给排水、电讯、低压配电等公用工程系统于10月20日实现中交，火炬系统于12月26日实现中交，循环水、污水处理系统单机试车已经完成。

截至2005年12月25日，湖北化肥分公司"煤代油"改造工程煤气化部分项目总体进度累计完成93.4%。关键气化设备12月上旬吊装就位，气化框架设备除K 1301、电梯外全部安装完成，气化内管廊钢结构安装完成100%；煤气化装置管道预制安装完成94%，管道试压已完成12个系统。空分装置冷箱内管道开始气压试验，空压机、氮压机组本体已具备单机试车条件；中低压蒸汽、仪表风系统吹扫、管道系统水压试验全部完成，空冷塔、水冷塔、分子筛吸附器等设备保温、保冷完毕，空分仪表联校基本结束。配套部分项目总体进度累计完成98.2%。2月6日110千伏变电站投用，9月30日6千伏配电室投用，11月29日循环水系统预膜结束并投用。主体装置设备全部就位，工艺管道安装95%；低、中压蒸汽管道吹扫完成，硫回收管道试压、设备单机试车完成。

截至2005年底，安庆分公司煤气化部分总体进度累计完成81.85%，配套部分已完成工程总体进度的90.5%。公用工程系统的N 310主电气室于4月27日正式授电，循环水、污水预处理系统已实现中交。

3套化肥改造生产准备工作已经基本完成，试车组织系统已经建立，生产人员全部到位，管理和操作人员技术、仿真、生产装置培训结束，主要技术资料、相关管理规定和制度编制完成。8月完成3套化肥改造工程总体试车方案审查，12月完成空分装置、净化装置和气化装置的联动试车方案及操作规程审核工作。

（孙宝慈）

【产量】 2005年集团公司生产合成氨124.31万吨，其中股份公司生产109.09万吨；生产尿素177.96万吨，为2004年的67.62%，其中股份公司生产177.96万吨，为2004年的67.62%。详见表37、表38。

表37　2000—2005年石化集团公司合成氨分企业产量　万吨

企业名称	设计能力/万吨·年$^{-1}$	2005	2004	2003	2002	2001	2000
石化集团公司合计	243.50	124.31	174.75	138.17	194.01	167.65	189.90
股份公司合计	213.50	109.09	157.99	121.02	160.86	141.20	175.26
齐鲁分公司第二化肥厂	30.00	0.00	0.00	0.00	0.00	4.23	25.32
金陵分公司	24.00	3.08	24.92	10.40	26.36	28.09	20.37
安庆分公司	32.00	13.10	27.67	26.97	30.75	26.73	29.62
广州分公司	—	—	—	—	—	0.00	16.33
巴陵分公司	33.00	8.91	18.00	7.24	20.05	11.56	19.31
湖北化肥分公司	30.00	24.38	18.04	11.51	15.66	10.17	13.41

续表

企业名称	设计能力/万吨·年$^{-1}$	2005	2004	2003	2002	2001	2000
镇海炼化股份公司	34.50	33.81	34.95	32.13	33.56	32.87	30.25
九江分公司	30.00	25.80	34.41	32.76	33.55	23.67	18.10
齐鲁分公司第一化肥厂	—	—	—	—	0.92	3.87	2.56
南京化工公司(中)	15.00	15.18	16.76	17.15	16.67	16.46	14.64
新星石油公司(小)	—	—	—	—	12.04	9.99	—
南京化工公司(大)	30	0.04	0	0	4.44		

表 38　　2000—2005 年石化集团公司尿素分企业产量　　万吨

企业名称	设计能力/万吨·年$^{-1}$	2005	2004	2003	2002	2001	2000
石化集团公司合计	361.00	177.96	263.19	203.17	291.69	248.36	292.25
股份公司合计	361.00	177.96	263.19	202.76	266.63	234.15	292.25
齐鲁分公司第二化肥厂	48.00	0.00	0.00	0.00	0.00	6.25	39.73
金陵分公司	40.00	4.92	43.59	18.10	45.91	49.07	35.31
安庆分公司	52.00	18.06	40.73	39.44	46.15	42.49	48.48
广州分公司	—	—	—	—	—	0.00	26.50
巴陵分公司	61.00	14.90	27.35	12.65	31.46	17.11	31.39
湖北化肥分公司	48.00	36.79	31.13	19.60	27.06	17.58	23.11
镇海炼化股份公司	60.00	58.31	60.37	55.70	58.03	56.88	52.79
九江分公司	52.00	44.96	60.02	57.27	58.01	40.50	30.69
齐鲁分公司第一化肥厂	—	—	—	—	0.00	4.29	4.22
新星石油公司	—	—	—	—	19.54	14.20	—
南京化工公司(大)	—	—	—	—	5.52	—	—

2005 年全国合成氨产量为 4 596.25 万吨，尿素产量为 4 280.86 万吨。石化集团公司合成氨和尿素产量分别占全国总产量的 2.70%和 4.16%，同比分别下降 1.43 和 2.22 个百分点。

2005 年根据化肥市场需求变化，石化集团公司其他化肥产品中的硫铵、高浓度合成复合肥和工业用硝铵产量同比有所上升，低肥效的碳铵和普钙产量同比有较大幅度下降。集团公司全年生产硫铵 40.69 万吨(其中股份公司 40.69 万吨)，为 2004 年的 108.33%；合成复合肥 47.77 万吨(其中股份公司 1.21 万吨)，为 2004 年的 111.46%；碳铵 0.53 万吨，为 2004 年的 51.46%；普钙 30.70 万吨，为 2004 年的 75.59%；硝铵(工业用) 15.34 万吨，为 2004 年的 130.22%。

(孙宝慈)

【技术经济指标完成情况】 2005 年，因化肥装置实施阶段性、低负荷生产和九江化肥分公司化肥装置非计划停车，以及金陵分公司水煤浆改造装置投料试车等因素影响，主要消耗指标均略高于年度目标值，同比也有所上升。其中，合成氨综合能耗为 41.94 吉焦/吨，同比上升 2.23 吉焦/吨；纯氮综合能耗为 66.08

吉焦/吨，同比上升 1.04 吉焦/吨；尿素耗氨为 578.10千克/吨，同比上升 3.92 千克/吨。镇海炼化股份公司和安庆分公司的主要消耗指标完成较好，其合成氨综合能耗、纯氮综合能耗、尿素氨耗均优于年度考核值。特别是镇海炼化股份公司通过强化各项专业管理、精心操作、定期开展隐患风险评估并制定相应的具体对策措施，克服了化肥装置近4年未大修对装置能耗的不利影响，以装置长周期和高负荷优化运行为保证，各项消耗指标均刷新历史最好水平，并继续保持股份公司同类装置领先水平。

2005年在尿素市场供应紧张的情况下，各企业加强从尿素生产到销售全过程的质量控制，尿素产品优等品率平均为99.15%，与上年同期基本持平。其中，镇海炼化股份公司和安庆分公司优等品率继续保持100%。

2005年各化肥企业均未发生环境污染和扰民事故，多数化肥装置的外排废水综合合格率均在95%以上，优于考核要求，其中镇海炼化股份公司和安庆分公司外排废水综合合格率达到了100%；湖北化肥分公司外排废水综合合格率为86.36%，低于95%的考核要求，同比下降了4.15个百分点。

（孙宝慈）

【化肥相关政策】 2005年国家针对化肥行业出台的政策主要有：1月30日由新华社全文播发中共中央、国务院关于进一步加强农村工作、提高农业综合生产能力若干政策的意见，涉及化肥限价、高毒农药禁产等内容，为涉农化工产品的生产销售提出了新的要求。1月国家发改委、财政部联合发布了《化肥淡季商业储备管理办法》。1月26日财政部、国家税务总局以财税[2005]9号文的形式发出通知，规定2005年1月1日—12月31日尿素增值税先征后返50%的政策。3月12日国家发改委下发了关于对部分煤炭价格实行临时干预措施的通知，对无烟块煤实行最高限价。3月23日国家发改委对成品油价格进行调整，化肥用重油价格不变。5月13日国务院关税税则委员会发出关于调整尿素出口暂定关税的通知，6月1日—10月31日出口尿素按30%税率计征，11月1日—12月31日按15%计征。5月23日财政部、国家税务总局发文，自2005年7月1日起，对国内企业生产销售的尿素产品增值税由先征后返50%调整为暂免增值税。11月1日国家发改委和财政部制定的《化肥淡季商业储备管理办法补充规定》出台。12月26日起国家发改委决定化肥生产用天然气出厂价格每千立方米提高50—100元。12月29日财政部、国家税务总局、国家发改委发出继续暂停尿素、磷酸二铵、磷酸一铵出口退税的通知。

（孙宝慈）

【化肥行业会议】 2005年3月全国氮肥企业经理(厂长)会议在北京召开，会议鼓励企业增加化肥产量，抑制化肥价格过快上涨。3月15日国家发改委、农业部联合召开全国加强农资价格监管工作电视电话会议，落实化肥生产用电、天然气、煤等优惠及最高限价措施。5月中国磷肥工业协会提出磷肥工业“十一五”发展规划思路。6月中国化工节能技术协会组织召开合成氨节能改造项目交流会。6月中旬氮肥工业协会大中氮分会在沈阳召开化肥价格放开与化肥工业产业政策研讨会。10月27日由国家化肥质量监督检验中心(北京)牵头制定的《大量元素水溶肥料》等9个标准通过评审组专家评审。10月21—24日第17届全国大型合成氨装置技术年会在兰州市召开，年会交流的重点是：实施合成氨原料结构调整改造情况介绍和技术经济分析，国内外合成氨工艺技术、设备、仪表、催化剂等新技术的开发和应用情况以及近两年企业组织安稳长满优生产和装置运行达标的经验等。10月11—15日全国大化肥企业质量联络网在陕西渭河煤化工集团有限责任公司召开，会议重点就行业尿素质量抽检情况、质量管理、质量检验、体系认证、员工培训以及提高产品质量的措施和售后服务等进行了交流，同时对行业抽检中提出的尿素包装袋标识、尿素净重抽检率等问题进行了讨论并达成共识。

（孙宝慈）

无 机 原 料

【概述】 2005年石化集团公司生产无机原料的企业有南京化工公司、巴陵石化公司、齐鲁股份公司、石家庄炼化股份公司、燕山石化公司和江汉油田分公司等，主要无机原料为“三酸两碱”。2005年末集团公司具有硫酸生产能力103.00万吨/年（其中股份公司28.00万吨/年），烧碱生产能力84.30万吨/年(其中股份公司52.30万吨/年)，纯碱生产能力100.25万吨/年，盐酸生产能力25.53万吨/年(其中股份公司6.93万吨/年)，硝酸生产能力10.00万吨/年。2005年集团公司生产硫酸75.87万吨(其中股份公司24.54万吨)，烧碱88.66万吨(其中股份公司58.94万吨)，纯碱100.04万吨，盐酸(折31%)33.88万吨(其中股份公司7.08万吨)，硝酸9.64万吨。主要无机原料生产能力见表39，产量见表40。

（孙宝慈）

表 39　**2000 — 2005 年石化集团公司主要无机原料生产能力**　万吨/年

产品名称＼年份	2005	2004	2003	2002	2001	2000
硫　酸	103.00	78.00	67.00	54.00	54.00	32.00
硝　酸	10.00	6.30	6.30	6.30	5.30	5.30
盐　酸	25.53	33.53	23.83	20.43	16.43	12.03
烧　碱	84.30	84.30	61.30	44.80	37.80	37.80
纯　碱	100.25	100.25	90.25	80.25	80.25	80.00

表 40　**2000 — 2005 年石化集团公司主要无机原料产品产量**　万吨

产品名称＼年份	2005	2004	2003	2002	2001	2000
硫　酸	75.87	73.89	60.88	50.75	36.54	34.43
硝　酸	9.64	7.60	7.58	6.97	6.24	5.72
盐　酸	33.88	30.98	29.34	22.43	18.77	11.58
烧　碱	88.66	61.05	59.07	39.99	37.33	35.26
纯　碱	100.04	93.00	92.04	90.01	88.10	85.61

【硫酸】　石化集团公司硫酸生产所用原料主要为硫磺和硫化氢。工业硫酸用于制造无机肥料和其他无机盐类，南京化工公司生产的硫酸主要用于生产已内酰胺、普钙、磷酸、S－NPK 高浓度复合肥等产品。

2005 年集团公司生产硫酸的企业主要有南京化工公司、石家庄炼化股份公司、长岭分公司、荆门分公司。南京化工公司 25 万吨/年硫磺制酸项目 2005 年 8 月 29 日实现中交，并实现安全投料一次成功，新增能力 25.00 万吨/年。

（孙宝慈）

【硝酸】　2005 年集团公司仅南京化工公司有硫酸浓缩法和直接合成法 2 套浓硝酸装置。2005 年末集团公司浓硝酸生产能力为 10.00 万吨/年，比 2004 年增加 3.70 万吨/年，主要是南京化工公司硫酸浓缩法浓硝酸装置通过适应性改造增加能力 3.70 万吨/年；全年实际生产浓硝酸 9.64 万吨，比 2004 年增加 2.04 万吨。

（孙宝慈）

【盐酸】　2005 年集团公司生产盐酸的企业有齐鲁股份公司、江汉油田分公司、南京化工公司、巴陵石化公司、燕山石化公司 5 家，均为副产盐酸。2005 年末集团公司盐酸生产能力 25.53 万吨/年，比 2004 年减少 8.00 万吨/年，原因是核减了南京化工公司盐酸生产能力 8.00 万吨/年；全年实际生产盐酸 33.88 万吨，比 2004 年增加 2.90 万吨。

（孙宝慈）

【烧碱】　2005 年集团公司生产烧碱的企业有齐鲁股份公司、巴陵石化公司、南京化工公司、江汉油田分公司和燕山石化公司 5 家。2005 年末集团公司烧碱生产能力 84.30 万吨/年，全年实际生产烧碱 88.66 万吨，比 2004 年增产 27.61 万吨。

（孙宝慈）

【纯碱】　2005 年集团公司纯碱生产企业只有南京化工公司连云港碱厂。2005 年纯碱产销率 97.16%，出口纯碱量 24.14 万吨，同比增加 13.64 万吨。

2005 年全国纯碱产量为 1 421.08 万吨，同比增长 12.70 %，石化集团公司产量占全国总量的 7.04%，比 2004 年减少 0.4 个百分点。2005 年石化集团公司纯碱出口量占全国总量 177.48 万吨的 13.60%，同比提高 6.26 个百分点。

（孙宝慈）

设 备 管 理

【概述】　2005 年石化集团公司 21 家化工企业固定资产原值为 1 603.8 亿元(其中股份公司为 1 330.06 亿元)，净值为 751.09 亿元(其中股份公司为 600.90 亿元)，其中设备固定资产原值为 1 271.69 亿元(股份公司为 1 110.46 亿元)，净值为 574.48 亿元(其中股份公司为 497.49 亿元)，设备新度系数为 0.48(股份公司为 0.46)。

21 家化工企业共有设备 1 060 738 台，完好设备 1 052 414台，完好率 99.22%；其中主要设备 51 353

台，完好设备 50 888 台，主要设备完好率 99.09%。设备静密封点数 33 051 219 个，泄漏点数 3 796 个，泄漏率为 0.11‰。

设备分类情况：塔类 4 613 台，反应器类 2 922 台，储罐类 34 131 台，炉类 1 100 台，换热设备类 23 031台，石油化工机械类 9 979 台，通用机械类 52 426台，动力设备类 92 422 台，仪器仪表类750 486 台，机修设备类 37 886 台，化纤设备类 7 134 台，起重运输和施工机械类 11 258 台，其他 33 350 台。关键机组 919 台，其中各类气体压缩机(250 千瓦以上)638 台(电机驱动的 473 台，蒸汽透平驱动的 165 台)；冷冻机(200 千瓦以上)185 台(电机驱动的 171 台，蒸汽透平驱动的 14 台)；发电机(3 000 千瓦以上)83 台；烟汽轮机(500 千瓦以上)13 台(电机驱动的 3 台，蒸汽透平驱动的 10 台)；在用压力容器 28 708 台。GC1、GC2、GC3 类工业管道 731.08 万米，总共 119 套主要生产装置，2005 年检修生产装置 47 套。

21 家化工企业，全年消耗新鲜水 5.7 亿吨，循环水供水总量 118.6 亿吨。

（孙新文）

【化工企业水质管理会议】 2005 年 9 月，石化股份公司召开了化工企业水质管理工作会议。会上交流了循环水管理经验，讨论了节水减排工作中遇到的技术难题，探讨了进一步加强水质管理、提高工业水重复利用率的具体措施，并贯彻落实了节水减排工作会议的有关要求，明确各企业节水减排的奋斗目标。

（孙新文）

【组织长周期生产效益显著】 2005 年石化集团公司考核的 18 类、119 套主要化工生产装置中有 26 套再次实现了长周期运行。

2005 年化工企业因装置实现长周期运行创造的经济效益为 11.16 亿元，其中延长有效生产时间增产而增加利税 6.24 亿元，减少修理费支出 2.94 亿元，减少开停工损失 1.98 亿元。

（孙新文）

化工质量管理

【概述】 2005 年，石化集团公司化工产品质量管理工作取得显著成效，主要石化产品质量处于国内领先水平，部分产品质量达到国际水平，多次获得省部级嘉奖。化工事业部依照《中国石化化工产品质量管理办法》开展相关工作，进一步完善质量数据统计手段，积极引进世界先进质量管理方法，通过新一轮达标和开展同类装置竞赛活动，努力实现对石化产品的质量控制。各化工企业在原料供应、产品生产及销售各环节严把质量关，并不断提高石化产品售后服务水平，全年未发生重大质量事故。

（王立东）

【化工产品等级品率完成情况】 2005 年，石化集团公司合成树脂一级品以上比例 91.28%，与上年同期基本持平，其中股份公司 90.69%。分品种来看，聚氯乙烯 92.88%，同比提高 2.82 个百分点；高压聚乙烯 96.06%，同比提高 8.22 个百分点；低压聚乙烯 91.50%，同比提高 7.90 个百分点；线性低密度聚乙烯 97.07%，同比提高 0.95 个百分点；连续法聚丙烯 88.55%，同比降低 5.31 个百分点。

2005 年，集团公司合成纤维一级品以上比例 96.14%，同比提高 1.06 个百分点，其中股份公司 97.31%。分品种来看涤纶 96.23%，同比提高 0.57 个百分点；腈纶 99.05%，同比提高 1.99 个百分点。

2005 年，集团公司合成橡胶一级品以上比例 91.33%，同比下降 1.28 个百分点，其中股份公司 91.90%。分品种来看，丁苯橡胶 90.81%，同口径比提高 3.42 个百分点；顺丁橡胶 94.11%，同比下降 1.78 个百分点，主要原因是燕山新产品产量比例提高，但标准中没有一级品指标。

2005 年，集团公司尿素质量继续保持稳定，全年累计优级品率 99.23%，同比提高 0.01 个百分点。

（王立东）

【产品质量监督抽查情况】 为提高石化产品质量，树立石化集团公司企业与石化产品的良好形象，集团公司在国家及各地方产品质量监督抽查的基础上，每年拿出专项资金，委托国家有关石化产品质量监督检验中心对集团公司石化产品进行监督抽检，并通报抽检结果，对抽检出现的问题责令企业限期整改，并及时申请复检，直至检验合格。同时，为提高产品质量监督的有效性，集团公司定期组织对各石化产品质量监督检验中心进行抽查，要求各质检中心按照国际管理模式运行，保证质检中心的“公正性、科学性及权威性”。2005 年集团公司进一步加大对产销量大、影响面广的重点产品的抽查力度。随着石化产品质量监督体系的不断完善，集团公司石化产品质量得到了有效监督，促进了石化产品质量的提高，维护了集团公司石化产品的良好信誉。2002—2005 年集团公司石化产品质量监督抽查情况详见表 41。

（王立东）

表 41 **2002 — 2005 年石化集团公司石化产品质量监督抽查情况**

承检单位	产品名称	抽检类别	2005 年				2004 年				2003 年				2002 年			
			企业数	样品数	不合格数	合格率/%	企业数	样品数	不合格数	合格率/%	企业数	样品数	不合格数	合格率/%	企业数	样品数	不合格数	合格率/%
国家石油有机原料、合成树脂质检中心	石化有机原料	集团公司抽查	7	15	0	100	6	10	0	100	7	17	0	100	7	14	0	100
	聚丙烯	国家抽查																
		集团公司抽查	23	26	2	92.30	26	26	2	92.30	28	28	0	100	30	30	2	93.30
		小　计	23	26	2	92.30	26	26	2	92.30	28	28	0	100	30	30	2	93.30
	低密度聚乙烯	集团公司抽查	3	3	0	100	3	3	0	100	4	4	0	100	3	3	0	100
	高密度聚乙烯	集团公司抽查	5	5	0	100	3	3	0	100	3	3	0	100	3	3	0	100
	线性低密度聚乙烯	集团公司抽查	6	6	0	100	5	5	0	100	6	6	0	100	6	6	0	100
	聚苯乙烯	集团公司抽查	4	5	0	100	3	5	0	100	4	4	0	100				
	聚酯切片	集团公司抽查	4	5	0	100	4	5	1	80	4	5	0	100				
国家合成橡胶产品质检中心	丁二烯橡胶	国家统检																
		集团公司抽查	3	3	0	100	3	3	0	100	4	4	0	100				
		小　计	3	3	0	100	3	3	0	100	4	4	0	100				
	丁苯橡胶	集团公司抽查												1	1	0	100	
	热塑性弹性体 SBS	集团公司抽查	2	2	0	100	3	3	0	100	2	2	0	100				
	丁基橡胶	集团公司抽查	1	1	0	100												
石油集团化纤质检中心	涤　纶	集团公司抽查	4	20	3	85	4	32	0	100	5	37	1	97.30				
	腈　纶	集团公司抽查	3	8	1	87.50	3	9	0	100	3	8	0	100				
	丙　纶	集团公司抽查																
	维　纶	集团公司抽查																
	锦　纶	集团公司抽查																
	粘胶纤维	集团公司抽查																
合　计			25	99	6	93.81	25	105	3	97.14	28	120	1	99.20	30	56	2	96.43

化工计量管理

【液体化工产品计量标准】 截至2005年底，中国尚没有制定适用于液体化工产品计量交接的类似于《石油计量表》(GB/T 1885—1998)、能够给出密度温度系数表和体积温度系数表的国家标准或行业标准，国内石化企业之间、企业和经贸单位之间对铁路罐车、汽车罐车和船罐装液体化工产品在进行贸易计量交接时，也没有统一规范的标准可循，计量交接的不规范极易导致相关贸易纠纷。为进一步规范石化集团公司所属企业间液体化工产品计量交接，并为系统外计量纠纷提供技术依据，科技开发部、化工事业部委托北京化工研究院和齐鲁分公司共同制定中国石化企业标准《液体化工产品数量计算方法》，此项标准的主要技术内容是提出中国石化生产销售的液体化工产品的密度温度系数、体积温度系数，给出利用系数计算数量的计算公式。该项目2003年3月正式启动，2005年12月标准送审稿编制完成。

（王立东）

【召开蒸汽准确计量技术研讨会】 企业能源计量的科学管理，是企业节能降耗提高经济效益的重要手段。蒸汽准确计量是能源计量的主要部分，但目前工业企业蒸汽计量技术问题较多，蒸汽计量温压补偿公式技术依据不足，致使一些企业的蒸汽计量不平衡率达8%—12%。为探讨蒸汽准确计量的技术问题，进一步降低炼化装置能耗，集团公司于2005年7月25日组织召开了蒸汽准确计量技术研讨会，邀请国内蒸汽计量专家与企业计量工作人员进行技术交流，通过交流，与会代表普遍反映对蒸汽计量计算公式和补偿方式有了更加深入的理解，对提高企业计量管理水平有较大帮助。

（王立东）

化工节能管理

【概述】 为加强化工生产装置运行管理工作，提高装置总体运行水平，减少和杜绝非计划停工，2005年石化集团公司继续开展化工装置达标、同类装置竞赛以及主要化工装置专项劳动竞赛等活动，有效地促进了化工装置安全平稳高负荷生产。在此基础上，重点抓了能耗系数统一和节能技术推广工作，主要化工装置能耗普遍有所降低。

2005年，根据国家相关规定，由发展计划部、炼油事业部、化工事业部等部门参与，共同制定了集团公司炼化企业统一的折能系数，多次组织和参与了化工企业节能新技术和节能管理经验交流会。经过总部和企业的共同努力，进一步统一了节约能源新观念，各企业高度重视节能工作，加强完善节能机构建设，扎实抓好计量、统计等节能基础建设工作，积极推广和应用以乙烯裂解炉空气预热节能技术、蒸汽和凝液回收系统优化技术等为代表的一批节能实用技术。

（陈友安）

【乙烯能耗】 2005年集团公司乙烯及下游主要化工装置保持了高负荷平稳运行，化工装置能耗进一步降低。乙烯装置能耗为679.15千克标油/吨，较2004年下降9.18千克标油/吨，比年计划低8.85千克标油/吨。

2000—2005年集团公司乙烯能耗统计数据见表42。

表42　2000—2005年石化集团公司乙烯能耗统计数据　千克标油/吨

项目 年份	集团公司	股份公司
2005	679.15	676.75
2004	688.33	692.15
2003	692.81	707.68
2002	704.56	719.62
2001	725.67	748.13
2000	742.94	768.24

（陈友安）

化工达标管理

【概述】 2005年集团公司化工达标工作主要从以下几方面展开。

(1) 抓好长周期运行，努力做大总量。2005年，化工产品市场虽然有波动但仍能保持在较好价位，为生产保持良好势头打下了市场基础，以乙烯为“龙头”的各主要化工装置依靠抓稳定、长周期运行，实现开足马力生产，努力做大总量，取得明显成效。全年日均乙烯产量超过1.2万吨，装置负荷率达到102.79%，产品产量同比仍保持有一定增量。

(2) 以竞赛促装置技术经济指标水平进一步提升。2005年，化工板块依然本着以达标工作促生产的宗旨，强化现场和设备管理，以乙烯、芳烃、聚丙烯和PTA四大类装置的专项劳动竞赛等措施为手段，积极推行茂名长周期运行经验，装置运行的稳定性大幅提高，2005年乙烯装置非计划停工发生5次，同比减少3次。多种竞赛的展开，带动了集团公司乙烯等装置各项技术经济指标的进一步提升。

(3) 以市场需求为导向，强化产品结构调整。2005年，在没有新增产能的情况下，配合新的营销运行机制，强化企业内产品品种的专用化与差别化，加大排产、生产与推广力度，专用料与差别化品种的产量与比例指标完成较好。

(4) 加强在企业层面进行原料与生产优化。2005年，绝大部分乙烯企业都不同程度存在原料重质化带来的乙烯收率低等问题，各企业根据遇到的不同问题，从优化原料结构和加工方案等方面做工作，努力做到"资源尽其用，装置尽其能"。

(5) 围绕装置安稳长运行展开技术攻关。2005年，化工板块各专业积极组织开展与稳定、优化运行关系密切的专题技术攻关，针对性地解决影响装置安稳长运行中的主要问题，取得了良好效果，达到了努力提高装置运行水平的目的。

（蔡志强）

【装置达标】 2005年化工板块列入达标计划的装置17套，补充列入2套，共计19套，其中14套实现达标，占计划套数的74%。其中化工专业列入达标计划13套，实现达标10套，达标率为77%。实现装置达标的分别是镇海炼化的聚丙烯装置，齐鲁石化的乙烯、苯乙烯、丁辛醇、甲醇和异丁醛、2#烧碱、隔膜烧碱、环氧氯丙烷和LLDPE装置，巴陵石化的离子膜烧碱装置。化纤装置列入达标计划6套，实现达标4套，达标率67%。实现达标的是仪征化纤的14#聚酯和固相缩聚S4+S5装置，上海石化的1#聚酯和丙烯腈装置。化工板块未实现达标的是齐鲁2#氯乙烯和2#聚氯乙烯装置，上海4#聚乙烯装置，石家庄化纤和巴陵分公司的2套已内酰胺装置。

2005年视同达标的装置有3套，分别是齐鲁石化的乙烯和苯乙烯装置，上海石化1#聚酯装置。主要原因：对乙烯装置所需资源的优化配置进行了调整，裂解原料的质量变化较大，影响了乙烯的收率等技术经济指标；苯乙烯装置因改造设计实施过程中有较大变更，指标核算发生变化；聚酯装置主要是产品受市场价格影响较大而进行阶段性限产，产量略受影响。本着企业效益最大化的原则，将上述装置视同达标。

（蔡志强）

【专业达标】 列入专业达标计划的企业有3家，实现达标的有2家，达标率为67%。实现达标的是齐鲁石化化工专业、中原乙烯化工专业。广州分公司、燕山分公司、扬子石化的化工专业，天津分公司和洛阳分公司的化纤专业实现了专业保标。

（蔡志强）

【同类装置竞赛】 2005年，参加同类装置竞赛的企业共20家，覆盖乙烯、乙二醇、苯乙烯、高压聚乙烯、低压聚乙烯、线性低密度聚乙烯、连续法聚丙烯、顺丁橡胶、PTA、聚酯、涤纶短丝、腈纶等15大类共100余套装置。各企业在装置全面达标的基础上，通过参加同类装置竞赛，开展"比学赶帮超"，在进一步压缩各类非计划停工、挖掘装置潜力、提升技术经济指标以及成本控制等方面都有显著进步，共评出优胜装置31套。其中：扬子、天津和齐鲁的乙烯装置分获前三名；上海和天津的乙二醇装置分获前二名，茂名和齐鲁的苯乙烯装置分获前二名，齐鲁和燕山2#的高压聚乙烯装置分获前二名；齐鲁的低压聚乙烯装置获得优胜；广州和扬子的线性聚乙烯装置分获前二名，齐鲁、上海1#和扬子2#化工连续法聚丙烯装置分获前三名，武汉、福建和荆门的炼油连续法聚丙烯装置分获前三名，燕山顺丁橡胶装置和SBS装置获得优胜，仪征1#和2#PTA装置分获前二名，安庆丙烯腈装置获得优胜，仪征的3套聚酯装置获得前三名，仪征1#、天津和仪征3#涤纶短丝装置分获前三名，上海金阳和安庆的腈纶装置分获前二名。

（蔡志强）

【原料与生产优化】 扬子石化在优化乙烯原料和芳烃原料方面做了大量工作，一方面大幅度增加高硫沙特轻油的资源，使自产石脑油裂解料质量、数量明显提升，2005年同比增产化工轻油51.6万吨；另一方面多利用中压加氢裂化尾油替代常压柴油(AGO)作裂解料，改变裂解料的结构，进一步提升了乙烯收率。扬子石化资源优化的另一个重要措施就是优化装置运行。芳烃高压加氢裂化装置产品均为优质化工原料，而中压加氢裂化装置成品油产量占50%。针对两套加氢裂化装置的产品特点，在负荷安排上，优先考虑开满芳烃高压加氢裂化装置，增产化工轻油，使重整原料和裂解料不仅品质得到了提升，同时数量上也得到了保证，化工轻油自给率达93%。高压加氢裂化装置通过加强大机组特护管理，优化工艺操作，装置连续高负荷稳定运行达16个月，创历史最好水平。通过上述措施，扬子石化2005年乙烯收率达30.72%，同比提高0.32个百分点。

上海石化在原料重质化程度提高的情况下，重点在装置的协调运行及工艺优化方面下功夫。①为了尽量减少轻石脑油作制氢原料的比例，下半年在新建

$3^{\#}$变压吸附装置引进上海赛科公司氢气开车后，对制氢运行方式进行了优化，落实停运$1^{\#}$变压吸附装置一个系列的方案和相应的应急措施，全年累计少用轻石脑油超过1万吨，这些省出的轻石脑油又用作乙烯原料。制氢原料的优化既降低了制氢成本，又缓解了裂解原料缺口的矛盾。②通过优化乙烯裂解原料结构，灵活调整乙烯装置的工艺参数，及时调整裂解原料的配置结构(如在液化气价格较低时购入用作裂解原料)，进一步提高了双烯收率，降低了双烯生产成本。其中，$2^{\#}$乙烯装置2005年双烯收率为45.20%，同比提高0.20个百分点。

广州分公司发挥炼化一体化装置配置优势，首先从原油结构优化开始，合理搭配原油品种，尽量确保优质原油资源数量，每月采购一船阿曼原油、每季度采购两船马西拉原油；增加次优质原油采购量，抓住其他适合作裂解原料的低硫原油资源的市场时机，增加采购数量和比例。其次从原油加工方案优化入手，合理利用原油资源，分储、分炼、分输，优化阿曼原油单炼，尽可能安排$2^{\#}$蒸馏装置单炼阿曼油，在$2^{\#}$蒸馏装置混炼阿曼油时，初馏塔和常压塔顶馏分混合作乙烯原料；当没有阿曼原油时，两套蒸馏初馏塔顶石脑油经轻烃回收后作乙烯原料。另外，将焦化加氢汽油全部作裂解原料，将炼油厂拔头油单独送乙烯，在化工区对储罐原料进行掺混，力求保持原料稳定。

化肥装置在市场限价与装置限亏的双重压力下，各相关企业根据各自装置特点，通过自身资源优化取得了良好效果，主要体现在通过原料燃料多元化、劣质化，降低原料、燃料成本。

（蔡志强）

【装置技术攻关】 乙烯专业：燕山分公司由于大庆原油资源减少，含硫中间基原油量增加，乙烯原料供需矛盾比较突出，因此，技术攻关的主要内容是围绕如何做好乙烯原料的生产和使用，主要工作体现在三方面：一是在炼油厂积极做好蒸馏装置和中压加氢裂化装置的调整优化和馏分油的流向优化，改善石脑油和重质乙烯原料的质量；二是完善干气提浓装置的工艺流程，7月实现了开工，向乙烯装置提供优质乙烯原料；三是完善轻烃输送路线，将炼厂碳三轻烃资源作为乙烯原料。乙烯装置针对原料的变化，采用SPYRO软件模拟等手段，提前进行裂解炉工艺调整预测，指导生产调整，同时根据原料的结构变化，优化调整裂解炉的投油结构。通过这些攻关措施，在原料上保证了乙烯装置的长周期高负荷平稳运行。

扬子石化股份公司乙烯装置则重点攻关裂解炉加注结焦抑制剂的筛选工作。通过筛选试验，两台乙烷炉最长运行周期分别达137天、147天，为急冷油减黏系统的稳定运行创造了有利条件。

广州分公司乙烯装置攻关的主要内容是及时解决装置问题，减少非计划停工，为此，有针对性地做了以下几方面工作：①先后两次在线处理分离冷箱的泄漏问题，减少了停车损失。②在裂解炉上采用新型COT热电偶，使得COT指示值与实际温度偏差大幅减小，且指示值受该处的保温质量影响很小，能有效指导操作。③开展对急冷系统的技术攻关。新增了中质油换热器E－1268E和急冷水聚结器D－1262，有效改善了急冷系统的运行状态；确定了合适的破乳剂，基本控制了急冷水乳化的问题；在急冷油塔的中质油段添加抗垢剂，并优化操作，缓解了急冷油塔的聚合堵塞问题，为系统长周期运行奠定了基础。④根据机组的运行情况，裂解气压缩机在7月及时采取了注水操作，并对所注的水源增加水冷却夹套，减少聚合物的生成。

合成树脂与橡胶专业：合成树脂与橡胶装置是乙烯的下游装置，运行的稳定性直接影响到上游的负荷与产量，因此，不断优化工艺与应用新技术有效地保证了树脂与橡胶装置高负荷与满负荷运行。燕山石化针对三聚丙烯装置存在的第一反应器浮动端封头频繁发生结块的问题，重点攻关解决设备与工艺问题，达到长周期运行的目的。首先结合国外同类装置的经验，进行了初步的设备改造，在反应器的支撑板上设计了一根丙烯冲洗管线，防止粉料在反应器搅拌轴和支撑板内孔之间的堆积、研磨结块；其次是通过提高操作平稳性和优化牌号间切换、投用先进控制，减少生产波动来减少结块。这两方面的工作取得了良好的效果，截至2005年底，装置已连续运行237天。

高桥石化的顺丁橡胶装置借鉴了燕山石化橡胶装置的热泵余热回收技术，建设了热泵余热再利用装置，该系统投用后，2004—2005年装置能耗持续下降，2005年装置能耗为423.87千克标油/吨，同比下降了51.45千克标油/吨，节能效果显著。

广州分公司在新催化剂应用方面取得良好效果，实现了技术与效益的双赢。$1^{\#}$聚丙烯装置使用高活性的国产NA催化剂，在高负荷生产的情况下降低了主催化剂的消耗；针对催化剂注入管线容易堵塞的难题进行了改造。改造了注入管线接头，使得更换速度加快；利用反应器的其他接口改造，增加备用催化剂注入线，进一步保证了装置实现连续运行。聚乙烯装置2005年开始试用系统内产SLC－G新型高活性催化剂，效果良好，按替代的原催化剂体系对比计算，节省催化剂成本393万元。

扬子石化股份公司$1^{\#}$聚丙烯装置2004年因

D 206/2206料位计控制系统存在问题，曾一度造成物料排放较多，2005年对该系统实施改造，更换为核料位计，并将生产共聚产品时的循环风机冲洗气改为乙烯冲洗，降低了4釜的放空，使丙烯单耗下降了近10千克/吨。另外，对2#聚丙烯装置蒸汽凝液的回收系统进行了改造，将排向界区的约3吨/时蒸汽凝液回收作为挤压造粒单元的颗粒水使用，减少脱盐水消耗2.4万吨/年。

合纤专业：化纤产品在2005年依然受市场影响较大，对装置运行的平稳度和节能降耗的要求更高。上海石化针对丙烯腈装置2004年因催化剂收率低而影响技术经济指标问题，与科研院所共同开展技术攻关，于2005年1月开始对丙烯腈装置3台反应器补加SAC－2000－1新型催化剂，并在8月装置大检修中对反应器R－101内催化剂进行了整塔更换，改用SAC－2000催化剂，这也是该催化剂在大规模反应器上的首次工业试用，投用4个月来丙烯腈收率基本保持在79%以上，为实现装置的年度达标作出了较大贡献。此外，为了降低腈纶的生产成本，将醋酸乙烯(VAC)作为腈纶第二共聚单体，摸索和调整聚合进料和纺丝工艺条件，攻克一个又一个的生产和技术难关，形成一套完整的万吨级工业化装置生产V系列腈纶新产品的工艺。生产出的V系列腈纶新产品质量稳定，得到用户的好评。全年生产该类产品39 503吨，经济效益明显。

扬子石化PTA装置采用富氧氧化工艺，解决了该装置夏季无法高负荷运行的瓶颈，同时降低了能耗，2005年实际能耗为270.2千克标油/吨，同比下降11.41千克标油/吨。

化肥专业：在装置改造和装置阶段性限产的形势下，通过加强工艺和设备管理，开展技术攻关，在提高装置运行水平方面取得了良好效果。

镇海炼化针对2004年因两台CFB锅炉运行不稳定严重影响合成氨装置和尿素装置长周期运行的情况，通过采取在CFB锅炉炉管耐火面喷涂耐磨合金涂层、在8台给煤机的下料管上增设紧急排放口及疏通用的工厂风，以及对冷渣器排渣系统的刮板机、斗提机实现定期维护检修等一系列措施，消除了一些设计和设备缺陷，改善了CFB锅炉的运行条件，2005年3#、4# CFB锅炉的连续运行分别达到了300天和180天以上，因CFB锅炉原因导致合成氨装置非计划停车次数由2004年的7次减少到2次。

安庆分公司通过加强对一段转化炉、各加热炉、大机组、尿素四大容器和辅助锅炉等关键设备的特护工作，定期诊断分析工艺、设备运行状态，进行及时性的纠偏优化活动，定期对前期制定的特护措施进行落实情况检查、考核和评估，确保设备处于“三态”、工艺控制处于优化平稳状态，全年未发生非计划停工，保证了装置安稳优运行。

（蔡志强）

辅助生产与服务

☞ 油田

☞ 炼化

油　田

综　述

截至2005年底，石化集团公司拥有15家非上市油田企业，从业人员共24.25万人(其中正式职工20.19万人，在岗正式职工18.42万人)，内退职工1.5万人，离退休职工8.69万人，协解职工5.99万人；总资产657.85亿元(其中固定资产净值330.24亿元)，总负债为468.42亿元，资产负债率为71%，同比上升6%。

2005年，非上市油田企业认真贯彻落实石化集团公司改革发展工作的总体要求和战略部署，紧紧围绕改革发展这一中心环节，扎实工作、克服困难，生产经营总体进展顺利，改革重组稳定推进，主要目标全面实现。

一、收入与效益继续增长

2005年非上市油田企业全年实现经营收入583.60亿元，其中主营业务收入573.28亿元，同比增长23.9%(由于井下作业从上市划转到非上市增加收入57.20亿元)。其中石油开发和炼化板块2005年实现收入56.67亿元，同比增长26.4%；非石化产品(含水电气风、机械制造等)全年实现经营收入79.29亿元，同比增长1.5%；专业经营板块(含物探、钻井、测井、录井、井下作业等)全年实现经营收入270.2亿元，同比增长45%；工程建设板块全年实现经营收入94.89亿元，同比增长36.5%；文教卫生和社区服务板块全年实现经营收入43.38亿元，同比增长15.9%。

2005年，非上市油田企业发生营业总成本593.00亿元，其中主营业务成本585.46亿元。亏损7.25亿元，同比减亏11.85亿元，共上缴税费36.87亿元。

二、主要生产指标全面完成

2005年，非上市油田企业原油产量116.4万吨，同比增加17.1%；全年完成原油加工量68.54万吨，同比减少7.5%；物探、钻井、测井、录井、井下作业、供水与供电、机械仪表制造、工程建设施工等工作量或产值除供水、机械仪表制造业务外均有增加。

三、企业改革工作稳步推进

2005年，非上市油田企业在企业改革方面重点做了以下几项工作：

(1) 批复了34家企业的改制方案，涉及改制职工12 488人(其中正式职工9 437人)；批复实施报告23个，涉及职工10 368人(其中正式职工8 701人)，净资产8.24亿元。有19个单位完成了工商登记注册，一共减员分流7 544人(其中正式职工6 407人)。

(2) 中小学和公安系统移交完成收尾工作，启动了移交中小学离退休教师企业补贴的核实和发放工作，通过保险公司将企业补贴发放到位。滇黔桂石油管理局、管道储运公司2家企业的大部分水电设施，以及华北石油局、西南石油局、新星石油公司3家企业的部分小区水电设施进行了必要的改造后，已移交地方管理。胜利油田通讯公司正式移交给中国网通集团公司。

(3) 对石油工程系统专业化重组工作进行了研究，并拿出了《石油工程系统重组改革初步意见》，为下一步实施专业化重组进行了准备。

(4) 研究制定了管道储运公司、西北石油局和东北石油局3家企业作为“一企一制”改革初步方案。

(5) 开展了社区费用支出、成本情况分析调查，为社区下步的改革提供了较为翔实的依据。按规模大小分层次安排了社区整合及社区水、电、气等职能移交工作。推进了社区收费工作，15家油田企业中有13家企业居民水价已到位、12家电价已到位、10家气价已到位。在采暖收费方面，除滇黔桂、西南局、中南局、华东局、新星广州基地、上海海洋石油局6家不供暖企业外，剩余9家企业中西北局、东北局2家已实现了采暖社会化，华北石油局采暖收费已达市场价的50%。

四、为石化集团公司油气储量产量持续增长提供了可靠支撑

2005年，非上市油田企业坚持大局意识，克服种种不利因素，加强西部、南方和鄂尔多斯的生产管理与协调，严格按工程设计要求，精心组织施工，研发SL-6000型成像测井仪和新型MWD、随钻自然伽马仪、随钻电阻率测量仪等新技术，推广应用成熟技术，强化HSE管理，在质量、效率、成本上下工夫，为石化集团公司油气储量产量的继续增长、勘探开发成本得到有效控制、效益显著增加提供了可靠支撑。

五、“走出去”成绩显著

2005年，非上市油田企业加大了外闯市场的力度，海外石油工程技术服务呈现出强劲的发展势头。不但在已有的成熟市场新开发了众多新项目，同时在阿曼、阿尔及利亚、尼日利亚、伊朗、加蓬等新市场成功注册了公司并承揽了项目。执行合同额15.62亿美元，全年实际完成合同额5.19亿美元。海外作业队伍新增88支，总数达到191支。

六、企业办社会负担仍然沉重

2005年，非上市油田企业文教卫生和社区服务板块全年实现收入43.38亿元，虽然与上年相比经营收入增加 15.9%，但是发生营业总成本 63.49 亿元，实际亏损 20.12 亿元。办社会包袱沉重的问题，仍然是制约非上市油田企业今后生存和发展的关键因素。

（李林新）

石油地球物理勘探

【概述】 截至 2005 年底，石化集团公司物探采集系统共有正式职工 9 598 人。其中，教授级高工 4 人，高级和中级职称 1 757 人；博士 12 人，硕士 21 人，大学本科 1 532 人。资产总额为 28.01 亿元，其中固定资产原值 27.43 亿元，固定资产净值 16.13 亿元，负债总额 13.84 亿元。

在用物探作业队伍 62 个(甲级队伍 34 个，乙级队伍 28 个)，其中陆上地震队 60 个、滩浅海地震队 2 个。另有 VSP 队 5 个，重、磁、电法队 3 个；上海第一海洋地质调查大队有深海拖缆地震队 2 个(发现号和奋斗七号)、海洋地质工程队和海洋导航测绘队各 1 个。

拥有 24 位模数转换地震仪 66 台(套)，接收道数 11.29 万道；现场资料处理设备 79 台(套)；运载设备 2 368 台。

2005 年，石化集团公司物探(采集)系统动用地震队 51.16 个，完成二维地震 29 838 千米(其中国外 10 734千米)，同比减少 41.72%；三维地震 7 554 平方千米(其中国外 293 平方千米)，同比减少 0.18%。二维、三维地震记录合格率分别为 99.97% 和 99.99%；实现收入 27.10 亿元(含国际市场收入)，同比增加 16.01%。

（李林新）

【主要技术进步】 高精度地震为稳定东部提供了可靠保障。通过深化对复杂圈闭高精度三维精细地震采集、处理、解释一体化技术攻关，地震资料 2.0 秒处主频达到了 80 赫兹以上，有效频宽达 180 赫兹，能分辨埋深 3 000 米处厚度 5—10 米的薄层，提高了构造和地层的解释能力，较好地解决了复杂地质目标和复式隐蔽油气藏的勘探问题，为东部老油区储量与产量稳定增长起到了决定性的作用。

山地地震勘探技术获得重大突破。胜利物探 226 队、江汉地调 266 队、滇黔桂物探公司 257 队、西南二物 249 队在川东北宣汉—达县地区采用高覆盖、小道距、动态观测系统、深井饱和药量激发、合理的检波器组合、利用克浪和绿山软件进行室内模型正演、均匀的覆盖次数的三维高覆盖、2 000 道以上多道接收、纵横比 0.5 以上宽方位、25 米 × 25 米的小面元观测系统形式等新技术、新方法，攻克了该区极为复杂地表与复杂地下地质条件并存的地震技术难关，使储层预测的精度由原有的 37 米提高到可分辨 12 米厚的礁滩储层，地震预测深度误差小于 1.5%，预测孔隙度与测井解释孔隙度的绝对误差小于 0.32%，相对误差小于 5%。礁滩储层综合预测技术，结合含气性有效判识技术，保障了普光大气田发现过程中探井成功率 100%。从而在该区发现并落实了截至 2005 年底国内规模最大(探明储量 2 510.7 亿立方米)、丰度最高的海相普光大气田。

首次完成世界上面向开发目标的油藏综合地球物理勘探。在胜利油田垦 71 井区：①圆满完成井地大规模联合油藏综合地球物理采集工作，成功实施陆地大规模三维多波多分量地震，静校正和时变 CCP 定位等关键技术方面取得较大突破，获得了总数据量超过 8TB 的高品质的原始多尺度地震资料；②首次全面系统开展了岩石地球物理综合研究，初步建立符合垦 71 地区沉积特征的纵波和横波速度、密度及弹性参数地质地震模型和波场响应特征，为地震叠前(后)反演、AVO、AVA 属性分析等储层与流体描述提供依据；③首次圆满完成面向开发目标的高精度三维地震资料精细处理，从信噪比、分辨率、能量、偏移距、方位角等方面对资料进行了综合分析处理，并首次开展数字 Z 分量及转换波资料处理并初见成效，取得了高质量三维数据体；④创新形成了井间地震采集—处理—解释配套技术，完成了垦 71 井区 8 对井间地震资料处理解释研究工作，反射波成像剖面可分辨3—5米的地层。

油藏综合地球物理技术的这一进展，使地球物理技术由勘探向油藏开发延伸的重大转变成为现实。

沙漠地区地震勘探技术体系逐步形成。形成了主要由激发变观设计、组合激发分析设计、风钻测潜水面、深井表层结构调查、检波器埋置和二维、三维模型法观测系统设计、沙漠静校正、速度分析等技术组成的比较完善的沙漠地震勘探技术体系。

深层地震勘探技术取得明显效果。已经形成对 3 500米以下地质目标进行地震勘探的一套比较完整的深层地震勘探技术。主要包括基于千道地震仪的大非纵距观测系统设计、深层低频信号保护、双井微测井表层结构调查、井地联合勘探、叠前噪音衰减、振幅保持、三维速度分析和深层成像等技术。运用此项技术，使济阳、东濮等地区取得了深层油气勘探的重大突破。

（李林新）

钻井工程

【概述】 截至2005年底，石化集团公司钻井系统在岗正式职工共有36 731人。中级职称以上5 878人，占16.00%，其中中级职称4 602人，高级职称1 243人，正高级职称33人；大专以上学历9 137人，占24.88%，其中本科学历4 453人，硕士研究生141人，博士研究生18人。与2004年相比，钻井系统人员数量基本稳定，学历水平和职称都有了一定的提高，大专以上学历人员增加685人，中级职称以上人员增加956人，分别提高1.71和2.51个百分点。

全年共动用钻井队533个，分布在石化股份公司关联交易市场、国内石化集团外部市场和国际市场三大领域。其中，关联交易市场401个，具体分布在石化股份公司油田各分(子)公司工区；国内石化集团外部市场87个，分布在中国石油、中国海洋石油油气钻井市场及国内其他系统钻井市场；国际市场45个，分布在沙特、卡塔尔、苏丹、伊朗、也门、厄瓜多尔、阿联酋、吉尔吉斯斯坦、哈萨克斯坦等10多个国家及国内反承包项目钻井市场。

2005年，在保证石化股份公司勘探开发生产钻井任务的同时，石化集团公司钻井系统加大“走出去”力度，积极开拓国际市场，在国内外部市场保持稳定增长的同时，关联交易市场和国际市场钻井工作量较上年均有较大幅度的增长。钻井系统全年共完井4 422口，钻井进尺967.74万米，与上年相比较，完井口数增加445口，钻井进尺增加123.43万米，增长14.62%。

（孙丙向）

【钻井装备】 2005年，石化集团公司有在用各种类型钻机533台。按钻机负荷划分，5 000米以上深井钻机178台，其中5 000米钻机55台，6 000米钻机37台，7 000米钻机83台，9 000米钻机3台。按驱动方式划分，电动钻机72台，占动用钻机数量的13.51%。

钻井主要配套装备方面，石化集团公司共有各类防喷器468台(套)，其中105兆帕高压力等级防喷器11台(套)；从30兆—100兆帕各类不同压力级别的固井车178台；胜利、中原、河南、华北、上海、国际工程公司等单位配备250—500吨顶驱共36台；各类定向测量仪器232台(套)，其中无线随钻测量仪46台，有线随钻测量仪65台，其他测斜仪121套；欠平衡压力钻井装置17套。

（孙丙向）

【深井超深井钻井】 2005年，石化集团公司共完成深井170口，完成井进尺95.60万米，比上年增长30.63%，平均井深5 623.79米。其中超深井43口，钻井进尺26.95万米，平均井深6 267.30米。深井平均钻井周期148天，平均建井周期174天，机械钻速4.31米/时。

（孙丙向）

【定向井水平井钻井】 2005年，石化集团公司定向井钻井动用钻井队183.24个，开钻2 514口，完井2 525口，钻井进尺530.89万米，分别占石化集团公司钻井工作量的49.52%、58.66%、59.01%和55.64%。定向井钻井平均井深2 181.56米，平均造斜点井深1 199.97米，平均水平位移371.24米；钻机月速2 707米，机械钻速11.49米/时，平均建井周期25.92天。水平井钻井全年动用钻井队16.06个，开钻104口，完井111口，钻井进尺30.14万米；平均井深3 093.05米，平均水平位移594.36米，平均水平段长305.81米；钻机月速1 699米，机械钻速7.50米/时，平均建井周期59.29天。

（孙丙向）

【技术进步】 2005年，石化集团公司研制成功了具有自主知识产权的新型MWD、随钻自然伽马测量仪和随钻电阻率测量仪，形成了用于地质导向的双参数LWD仪器设计制造技术。

研制成功了地质导向井眼轨道设计与井眼轨迹控制软件(包括地质导向水平井待钻井眼轨道校正设计软件)，形成了以弹性杆挠曲线法和改进型逐点寻优法为代表的地质导向水平井随钻跟踪地质目标的待钻井眼轨道优化设计技术、随钻预测技术，提出了基于支撑向量机统计学理论的测点另长井眼轨迹预测方法及基于遗传算法的岩石可钻性判断井眼轨迹是否在油层中延伸的方法。

研制成功了水平井地质导向测量参数随钻解释软件，构建了地质导向三维可视化系统平台。

完成了25口薄油层水平井的地质导向钻井现场试验，其中最薄油层达到1米，平均水平段长度301.82米，水平段井眼轨迹的平均油层有效延伸率达94.39%，形成了地质导向钻井工艺配套技术。

研制开发了球悬挂取心工具、全封闭岩心爪、导向装置、岩心监视装置和解堵岩心筒，实现了对岩心堵(卡)心的监视和解除。通过对适用于疏松及破碎地层的取心钻头切削齿的受力试验研究，研制了5种型号的PDC取心钻头，现场应用效果良好。通过对取心工具、取心钻头的综合研究和工艺试验，形成了一套成熟的疏松及破碎地层取心新技术，编制了疏松及破碎地层取心现场作业指导书。现场试验 17 口井，累计取心进尺 638.33 米，平均岩心收获率 93.82%，取心 90 筒次，平均单筒进尺 7.1 米。

研制出适用于直井的机械式无线随钻测斜仪，形成了一套成熟的、适用于深井、超深井的测斜技术，取得了良好的经济和社会效益。

研制开发了新型水泥浆脉冲振动分析仪及现场固井用脉冲振动发生器，完成了水泥浆振动性能对比实验，现场固井试验 4 口井，大幅度提高了固井质量。开展了深井长裸眼、长封固段固井技术研究，采用双凝双密度结合双级固井工艺，解决了深井长裸眼长封固段固井技术难题，经塔河油田等 50 多口井的现场试验和推广应用，解决了塔河油田深井固井漏失和固井质量差的技术难题。

通过深井钻井液选择及泥浆性能优控研究，优选出适合川西深井钻井完井的 3 种抗高温高密度钻井液体系；研制出高效堵漏剂 RZD 系列及相应的堵漏工艺，很好地解决了川西深井钻井中所发生的井壁失稳、井漏等问题。建立了一套通过测试和评价水泥浆防气窜能力来设计水泥浆体系的方法；研究出一套适合川西地区深井固井防气窜水泥浆和提高固井顶替效率的加重隔离液；形成了一套提高川西地区深井固井质量的综合工艺技术。

（孙丙向）

【石化集团钻井新纪录】 2005 年西南石油局 60821XN 钻井队在西北塔河工区施工 TK848 等井(平均井深 5 570米)，进尺 22 447.16 米，创造了 5 501—6 000 米井深的井队年进尺高的纪录。

华北石油局 70851HB 钻井队在西北塔河工区施工 TK1001 等井(平均井深 6 189.50 米)，进尺 12 379 米，创造了 6 001—6 500 米井深的井队年进尺最高纪录。

河南石油勘探局 20503HN 钻井队在河南新 6127 完钻井深 505 米，钻井周期 0.41 天，创造了完钻井深小于 1 000 米井的钻井周期最短纪录。

胜利石油管理局 32569 钻井队在营 13 - 斜 130 井，完钻井深 2 592 米，钻井周期 5.21 天，创造了完钻井深 2 501—3 000 米井的钻井周期最短纪录。

胜利石油管理局 32575 钻井队在辛 17 - 斜 42 井，完钻井深 3 003 米，钻井周期 7.96 天，创造了完钻井深 3 001—3 500 米井的钻井周期最短纪录。

中原石油勘探局 60808ZY 钻井队在新疆 S41 - 1 井，完钻井深 4 640 米，钻井周期 30.38 天，创造了完钻井深 4 501—5 000 米井的钻井周期最短纪录。

西南石油局 60820XN 钻井队在新疆 TK911H 井，完井全占深 5 130 米，钻井周期 45.32 天，创造了完钻井深 5 001—5 500 米井的钻井周期最短纪录。

华北石油局 60817HB 钻井队在新疆 TK818CH 井定向井，完钻井深 6 391 米，垂深 5 792 米，创造了定向井完钻井深、垂深最新纪录。

滇黔桂石油管理局钻井一公司 32605DG 钻井队在临南田 10 - 平 3 井，造斜率 118 度/100 米，创造了水平井造斜率最高井指标。

华北石油局 70850HD 钻井队在雅克拉 DKL3 井，339.7 毫米技术套管下入 4 919 米，创造了 339.7 毫米技术套管下入最深纪录。

华北石油局 90152HB 钻井队在新疆塔深 1 井，206.4 毫米技术套管下入 6 800 米，创造了 206.4 毫米技术套管下入最深纪录。

华北石油局 70851HB 钻井队在新疆 TK1001 井，177.8 毫米技术套管下入 6 152 米，创造了 177.8 毫米技术套管下入最深纪录。

中原石油勘探局 70613ZY 钻井队在新疆 S108 - 1 井，127 毫米尾管下入 5 859 米，创造了 127 毫米尾管下入最深纪录。

中原石油勘探局 45710ZY 钻井队在中原文 33 - 418 等井，215.9 毫米钻头进尺 6 477 米，创造了单只 215.9 毫米牙轮钻头进尺最高纪录(5 次入井)。

中原石油勘探局 45711ZY 钻井队在中原文 13 - 195 等井，311.15 毫米 PDC 钻头进尺 5 923 米，创造了 311.15 毫米 PDC 钻头进尺最高纪录。

（孙丙向）

石油地球物理测井

【概述】 2005 年石化集团公司测井系统积极创新，勇于进取，测井事业蓬勃发展。

测井下井工具和地面仪器装备以数控测井系统为主，具有国际先进水平的高分辨率成像测井系统有数 10 台(套)，为勘探开发提供了优质服务。在测井资料解释上，配备了大型 SUN5500 服务器和以 SUN60 为主的工作站，测井资料解释软件主要采用自行研制的 SWAWS 工作站系统和 GEOLOGIST 微机解释系统。拥有引进 GeoFrame、eXpress、DPP、Petrosite 等国际三大石油测井公司解释软件系统，可承担成像测井资料的数据处理和交互解释。根据不同地质条件，针对各种类型的油气藏提供的石油工程服务项目有：电磁、声波、核放射性、核磁共振测井、成像测井以及井壁取心、射孔、固井质量评价等测井工程作业。通过不同的测井组合系列采集的数据、信息经计算机测井软件解释处理，能满足地质工程应用和对油气藏进行评价、描述的需求。

2005年全年累计测井15 229井次，同比增加1 302井次。全年测井曲线合格率达到100%，射孔合格率达到100%，测井曲线优等率在86%以上，探井测井解释符合率在80%以上。

（李一超）

【技术进步】“十五”期间测井技术得到较快发展，主要表现在如下几个方面：

(1) 数据采集方面主要表现在测井功能的扩充、配套与完善，地面系统由数控到成像技术的跨越。在引进国外先进的成像测井系统的同时，开发了具有国际水平的SL－6000高分辨率多任务测井系统，并配套开发了如高分辨率感应、强聚焦双侧向测井仪等系列的下井仪器，大大提高了数据采集的丰度和准确度，为提高数据处理和资料解释的精度提供了第一手资料；完成了核磁共振测井仪器的研制与开发；完成了井间低频电磁波电阻率成像测井技术研究工作，测量井间距超过500米，实现三维成像。

(2) 射孔技术有了更快的发展。由过去只是“简单”地实现穿孔发展到现在的根据不同的地层、井况实现优化射孔、由“简单”的复合射孔发展到效能射孔，并通过射孔来实现向防砂、堵砂、酸化、裂化等技术方向发展；由过去的“简单”应用向基础(理论)研究发展。先后研制并推广应用了复合射孔技术、高能射孔技术、双复射孔技术、大孔径高孔密射孔技术系列产品、防砂射孔技术、射孔测试联作技术等，尤其是140型大孔径高孔密射孔器在郑科平1井的应用，水平射孔井段达496米。

(3) 加大了资料处理解释和综合地质应用。随着新的测井技术的应用，在解决火成岩裂缝性油气藏、碳酸盐岩、稠油、水淹层、低孔低渗以及复杂岩性油气藏的能力有了极大提高，在单井精细解释、多井对比分析、剩余油饱和度等综合评价方面取得了很大进展，形成了储层评价、动态监测评价、固井质量评价、工程测井评价、气层评价等十大评价技术。完成了成像测井技术在油藏评价中由定性解释到半定量、定量解释。

(4) 实验室等基础设施不断配套完善。参照国际标准，建成了生产井动态模拟实验室、复杂储层及固井质量刻度井群、高温高压条件下射孔效能实验研究等，进一步完善了核测井刻度井群、岩石物理实验室等；仪器制造走上了规模化、制度化，并纳入ISO 9001质量管理体系。

(5) 依靠技术进步和人才培养作为保障和支持，采用制度化的科技增效计划，大力推广新技术，科技成果的贡献率逐年提高，成果转化率达90%以上。

“十五”期间，这些成果在东部老区和西部新区、南方海相和东北新区推广应用，提高了测井解释符合率，在勘探开发石油工程服务中见到了明显的地质效果。针对东部老油田，后期测井综合评价水平的测井精细解释技术，提高了油气层采收率和难采储量动用程度。

（李一超）

地质录井

【概述】 2005年石化集团公司地质录井系统坚持专业化发展方向，为油气田勘探开发提供全方位录井技术服务，经济总量稳步增长，全年收入和全员劳动生产率等主要生产经营指标创历史最好水平。全年累计录井3 961口井，同比增加535口井。录井资料优良率90%，录井剖面符合率95%。在苏丹、伊朗、哈萨克斯坦、阿塞拜疆、吉尔吉斯斯坦等多个国外市场录井作业，形成了中东、中亚两大国际市场。全年录井准确率、及时率100%、“三项”卡准率、服务满意率均为100%。为油田勘探开发提供井位建议，完成单井评价，完成综合解释，提出加深钻探建议等，为增储上产作出了积极贡献。

（李一超）

【技术进步】 2005年，石化集团公司研制开发了具有自主知识产权的防爆型综合录井仪SRP－2000、SL－Explore ZH－2、SLXL－2(胜利)、NLS(中原)，这些录井设备满足了勘探开发各个层次的不同需求。通过自主和联合研发，缩短了与国外先进技术差距，掌握了整机系统结构设计、电路设计、软件编制及相关配套核心技术，培养了一批技术人才。

录井信息传输技术在中国石化和各油田内部重点探井及部分开发井得到广泛应用，及时、高效和准确地为勘探开发提供井场信息。

通过核磁共振录井技术，对岩石中的多指数弛豫现象和对时间谱的解析，为现场岩石物性分析和流体分析提供了丰富信息。

研发了岩屑显微图像分析技术。综合应用地质学、光学、数字、图像和计算机技术，将细岩屑、粉末状岩屑的岩性特征转换为彩色数字图像，通过图像处理，运用专家知识系统和神经网络分析，自动、定量识别岩屑岩性，并实时提供数字图像分析成果。它在空气钻井作业中随钻实验，快速、准确地鉴别0.08—0.15毫米粒径的岩屑岩性。

（李一超）

井下作业

【概述】 2005年，石化集团公司非上市油田企业所属井下作业系统有在岗正式职工26 122人，全年完成井下作业50 907井次。

（张 滨）

【技术进步】 2005年，围绕着油田勘探开发的生产实际，在技术进步方面，井下作业系统针对中国石化系统复杂、难度高的油气藏勘探开发，积极探索开发和应用新技术、新方法和新工艺，取得了丰硕成果。

胜利油田井下作业公司通过自主创新和技术引进，逐步形成了具有胜利井下特色的三大核心技术，即以地层测试为主的勘探试油工艺技术，以套管修复、落物打捞为主的油水井大修工艺技术和以防砂、酸化和压裂为主的油层改造工艺技术。

中原井下特种作业处承担常规开发井套管损坏修复技术、中深层气层压裂改造新技术研究和低渗透气井试气技术研究与应用等重大科技攻关项目43项，已完成16项，正在研究、推广油水井套管损坏防治、凝析气藏开发和低渗油气藏压裂改造等27项技术成果。

河南油田井下作业开展了斜直井完井管柱、低温防砂工艺、分层注水(汽)工艺技术和稠油热采井封堵等项技术研究。

江汉油田井下作业处在试气施工中，形成和运用了超正压射孔、胶凝酸酸压、加砂压裂、液氮助排、氮气气举五大工艺技术。

（张 滨）

水、电、信

【概述】 截至2005年底，石化集团公司油田企业水、电、信系统共有13个单位。供水用工总量4 319人，在岗职工4 119人。供电用工总量8 144人，在岗职工7 787人。发电用工总量1 506人，在岗职工1 506人。通信用工总量1 047人，在岗职工981人。

2005年完成供水量2.09亿立方米，水质的综合合格率平均在99%以上，实现供电量104亿千瓦·时，发电量60.44亿千瓦·时。

2005年，油田企业通信全部实现了交换程控化、传输数字化。拥有交换机容量18万线，拥有数字微波线路1 788千米，光缆线路1 853多芯千米。无线寻呼系统用户有5.75万个，互联网接入端口共计33 428个，其中拨号接口31 220个，以太网接入26 108个，ADSL接口1 080个。油田通讯网与电信公网长途出口数十个。

（王伟君）

【供发电情况】 2005年，石化集团公司变电所、主变容量和油田管辖的供电线路与上年一致。胜利油田的火力发电厂一期工程原有容量为2×200兆瓦的燃煤机组(现已改造增容至2×220兆瓦)，经扩容后的二期工程(容量为2×300兆瓦)，现总容量达到1 040兆瓦。2005年度供电标煤耗达到321.25克/(千瓦·时)，达到国内先进发电厂的标煤耗指标。

2005年油田供用电系统通过严细管理、科技进步和对外用电综合治理，在确保油田电网安全可靠运行的前提下，有效地控制了电量和电费支出的增长，为油田降本增效和完成企业利润作出了贡献。

油田企业全年总用电量105亿千瓦·时，全年累计自发电60.44亿千瓦·时，占总用电量的57.6%。2005年油田企业用电最高负荷为157.7万千瓦·时，生产用电量63.7亿千瓦·时，机采用电量37.8亿千瓦·时，注水用电量20.25亿千瓦·时。

2005年油田企业共支付电费44亿元，生产用电费36.7亿元，电费占单位成本中的比例为10%。

2005年油田企业电网运行基本平稳，事故率比上年有所下降；功率因数最高为0.98，最低为0.92；电网负荷率最高为0.88，最低为0.5。

（王伟君）

【通信服务】 经过30多年的建设，油田专网已形成了相当规模的通信网络和基础设施，具备了为油田勘探开发、生产经营和油区公众提供全方位通信信息服务的能力。

油田专网是由石油专用卫星通信网、石油长途电路网、电信公网长途出口、油田内部市话交换网、油田内部无线短波通信网、800兆及450兆移动通信网、光环路骨干传输网等七大系统构成的油田通信网络，覆盖了广大的油区，是国内为数不多的专业大网。

油田专网还可以为广大油田用户提供多种图像、数据、语音服务，建成了油田信息平台并开展了ADSL、VDSL等宽带业务。2005年各油田加快建设宽带以太网小区步伐，开发了娱乐、网上教育、网络电视、视频点播等多种高质量网络承载业务，使互联网的收入成为新的效益增长点。经过不断完善的网络改造，提高了油田通信抗风险的能力。为防汛、防凌、防风暴潮等抢险工作提供了可靠及时的应急通信保障，这是其他通信网提供不了的服务。

油田专业通信网已基本形成了有线无线相配套、地面空中相结合、多种技术手段相补充的通信网络，可以满足油田用户各种不同层次的需求。为油田的勘探开发、生产建设和广大职工文化生活提供了强有力的支持和服务。

（王伟君）

油田地面建设

【概述】 截至 2005 年底，石化集团公司非上市油田企业地面建设系统有在岗正式职工 14 327 人，全年累计实现产值 65.28 亿元。

（张　滨）

【技术进步】 2005 年石化集团地面工程队伍通过引进新技术、新工艺、新设备，形成了穿越水网以及跨越黄土高原、山脉地带施工技术能力。

胜利油建有限责任公司在极浅海施工区域先后敷设了极浅海水域大口径、长距离输油管线，积累了丰富的海上施工经验，具备了陆上预制、整体运输、整体组对安装的海上施工能力。

中原工程建设总公司运用国际惯例，在淄青管线施工中，严格按国际标准组织施工，把 ISO 9002 与 HSE 管理模式落实到施工的全方位、全过程，创造良好的安全生产环境。

江汉油田油建公司、华东管道工程有限公司通过引进消化国外水平定向钻穿越技术，形成了穿越大型河流的能力，攻克了地层软、距离长、控向难度大、钻进工艺复杂的技术难题，定向钻穿越技术位居国际先进水平。

（张　滨）

油气(储运)管道勘察设计

【概述】 石化集团公司油田企业所属主要勘察设计单位积极推进市场开发战略，形成了较为完善的市场开发网络，市场领域已遍及中国十几个省市和世界上 10 多个国家，实现了从陆地到海洋、从油田向社会、从国内向国际的“三个跨越”。2005 年，完成营业净收入 3.43 亿元。

（张　滨）

【技术进步】 勘察设计单位针对油田的高(特高含水)、低(低渗透)、稠(稠油、超稠油)、小(小断块)、砂(油井含砂高)、海(滩、浅海)的技术难点，紧紧围绕“降本增效、效益第一”的原则，开展了一系列简化集输流程、老油区提高系统效率、节能降耗、高效油气水处理设备研究等以降低工程造价、减少生产成本为重点的科技攻关。在油气集输系统、采出水处理与回注、稠油热采、三次采油、滩海油田和长输石油天然气管道等各领域取得了关键性技术突破，在推广应用新工艺、新技术、新材料、新设备方面也取得了可喜的成就，形成了一整套油田地面工程配套技术，为油田持续稳定发展发挥了重要作用。

（张　滨）

社区文教卫管理

【概述】 截至 2005 年底，石化集团公司非上市油田企业共计有社区文教卫机构 958 个，在职职工 4.78 万人，年末资产总额 81.17 亿元。其中，文化教育机构 209 个，在职职工 9 600 人，年末资产总额 10.81 亿元；医疗卫生机构 75 个，在职职工 8 200 人，年末资产总额 9.04 亿元；社区服务机构 374 个，在职职工 2.23 万人，年末资产总额 50.26 亿元；公共服务机构 300 个，在职职工 7 700 人，年末资产总额 11.06 亿元。

（魏学津　王旭东）

【经营状况】 2005 年，石化集团公司非上市油田板块社区文教卫系统共计实现收入 43.38 亿元，支出 63.49 亿元，亏损补贴 20.12 亿元。其中，文化教育实现收入 6.60 亿元，支出 9.31 亿元，亏损补贴 2.72 亿元；医疗卫生实现收入 11.21 亿元，支出 13.46 亿元，亏损补贴 2.25 亿元；社区服务实现收入 19.03 亿元，支出 28.27 亿元，亏损补贴 9.24 亿元；公共服务实现收入 6.39 亿元，支出 11.12 亿元，亏损补贴 4.73 亿元。

（魏学津　王旭东）

【社区收费】 2005 年，非上市油田企业加大了社区收费工作力度，对居民个人收费工作进一步推进。全年共计实现对居民收费金额 1.86 亿元，其中物业管理费 600 万元，水费 3 100 万元，电费 8 900 万元，液化气费 5 600 万元，管道气 200 万元，采暖费 200 万元。

（魏学津　王旭东）

【社区改造移交】 滇黔桂石油勘探局、华北石油局、西南石油局、管道储运公司、新星公司等企业积极开展社区管网等设施改造和移交工作，累计完成供水设施改造 10 710 户、供电设施改造 4 948 户、供气设施改造 8 185 户及供暖设施改造 3 300 户，共计 31 个小区的水、电、气、暖等单项职能通过协商移交给地方管理。

（魏学津　王旭东）

炼　　化

综　　述

2005 年，面对国内煤电油运全面紧张、国际油价持续大幅上涨、国内成品油与化工产品需求迅猛增长、而同期成品油与原油价格倒挂的严峻挑战，石化集团公司非上市炼化企业的公用工程系统冷静分析、沉着应对、克服困难，以降本增效工作为中心，以进一步深化热电专业竞赛为重点，建立健全各项专业管理制度，强化生产过程控制，狠抓内部管理，优化装置运行，大力压缩各项支出，在规范内部关联交易的基础上，努力开拓内外两个市场，确保装置安全、稳定和长周期运行，在进一步为主业做好服务，完成“保驾护航”使命的同时，水电汽氧氮装置的技术经济指标水平稳步提升，经济效益明显提高，取得了良好的经营业绩。

(1) 热电生产克服煤价飚升、煤质不稳等困难，认真组织机组运行，努力实现满发稳产，发电和供热量保持持续增长的势头，主要技术经济指标稳中趋好。

(2) 深入开展热电专业竞赛，推动管理水平进一步提高。为进一步做好 2005 年的热电竞赛工作，在年初将考核工作进一步细化为目标制定、竞赛指标考核分析、现场管理评价、专家评议和最终评比等几个阶段，使评比手段更加科学全面，更加贴近现场管理实际，进一步提高了竞赛考核工作的指导作用。通过稳步开展热电竞赛活动，在全系统初步形成了企业领导重视热电生产，职工关心热电指标的可喜局面，进一步推动了热电管理水平的提高。

(3) 技术监督工作平稳起步。通过积极开展工作，电力生产技术监督工作机制正在系统内部逐步建立和完善，电力运行风险的预测和防范机制正在逐渐形成，这不但可以为今后机组安全稳定经济运行提供技术管理平台，也可进一步夯实电厂生产运营工作的管理基础。

(4) 初步建立规范公正的热电定价机制，客观准确地反映实际成本变动情况。2005 年出台了石化集团公司供电(热)关联交易定价办法，先后 4 次调整电力和蒸汽的内部关联交易价格，同时协调国家及地方政府价格主管部门，积极帮助胜利、齐鲁、安庆等企业落实上网电调价政策，努力缓解热电板块经营压力，对改善企业经济效益起到明显的促进作用。

(5) 热电管理信息化建设水平进一步提高。信息化是提升企业管理水平的加速器，热电企业结合自身特点，不断加强和改善信息化管理手段，在 DCS 控制系统的基础上建立 MIS 系统，提高实效性和准确性。

(6) 积极着手开展节水减排，优化水务管理的各项工作，为提升集团公司供排水管理水平创造条件。

（田　竞）

热　　电

【概述】 尽管与 2004 年相比，2005 年国内能源供需矛盾总体趋于缓和，但石油、煤炭等重要资源价格持续攀升并长期保持在高位，与此同时国内高涨的石油石化产品需求又对集团公司的生产经营构成了新的压力。在此情况下，热电板块稳定生产和降本增效的难度进一步增大。为全面完成全年各项任务，根据集团公司和股份公司生产经营总体安排，热电板块积极迎接挑战，一方面加强煤炭质量检验和采购价格管理，另一方面坚持强化管理、优化运行，及时做好生产运行状态的跟踪调整，主要机组实现了安全、稳定、经济运行，保障了主业装置正常生产，热电运行管理水平稳步提升。

（田　竞）

【热电生产保持高负荷运行，产量效益保持增长】 2005 年石油石化生产的高涨带动了对热电的旺盛需求，全年系统内机组运行时间和生产负荷保持了较高的水平。集团公司热电机组全年发电利用小时数达到 5 997 小时，比全国电力行业 5 876 小时平均水平高出 121 小时；发电和供热量同比进一步增加，全年完成发电量 273.76 亿千瓦·时，同比增加 13.61 亿千瓦·时；供热量 2.38 亿吉焦，同比增加 2 444 万吉焦。其中，非上市炼化企业全年完成发电量 107.50 亿千瓦·时，同比增加 8.13 亿千瓦·时；供热量 1.30 亿吉焦，同比增加 983 万吉焦。为做好热电生产，保证高负荷下的安全稳定运行，各企业纷纷采取措施。胜利发电厂充分挖掘发电机组产能，全年完成发电量超过 60 亿千瓦·时，同比增加了近 5 亿千瓦·时；齐鲁石化热电厂配合乙烯扩能改造，组织机组满负荷生产，完成发电量近 32 亿千瓦·时，同比增加 8.7 亿千瓦·时，完成供热量 2 363 万吉焦，同比增加 700 万吉焦。由于保持了较高的运行负荷，产量和效益实现了同步增长，2005年32家热电厂(站)共实现赢利8.10亿元，同比增加6.86亿元。其中非上市炼化企业电厂年盈利3.88亿元，同比增加4.84亿元。分企业看，在32家热电厂(站)中有24家单位进行内部核算，其中14家单位赢利，赢利面58%。

2005年石化集团公司非上市炼化企业热电产品产量完成情况见表1。

（田　竞）

表1　**2005年石化集团公司非上市炼化企业热电产品产量完成情况**

序号	单位名称	发电量 万千瓦·时			对外总供热量 吉焦		
		2003年	2004年	2005年	2003年	2004年	2005年
1	燕山石化公司动力事业部	28 321	26 367	28 066	11 747 990	11 303 440	11 374 865
2	高桥石化公司热电事业部	121 959	127 979	126 166	11 640 294	12 217 085	12 610 737
3	扬子石化公司热电厂	243 859	254 004	251 362	13 979 445	14 633 370	15 180 710
4	南京化工公司动力部	21 064	20 172	21 047	2 052 705	2 390 175	2 866 711
5	南京化工公司碱厂动力车间	—	15 539	15 868	—	10 135 414	10 663 608
6	南京化工公司化工厂热电车间	5 033	4 322	3 572	3 205 666	3 179 730	3 270 143
7	齐鲁石化公司热电厂	281 640	232 336	319 317	17 510 995	16 628 621	23 638 101
8	安庆石化总厂热电厂	120 470	121 379	98 473	9 393 190	8 941 902	7 420 562
9	荆门石化总厂动力厂	1 091	2 170	25 500	2 402 742	2 026 873	2 180 196
10	四川维尼纶厂锅炉及发电车间	36 449	37 530	39 518	7 886 959	9 984 182	10 913 615
11	武汉石化厂热电车间	6 283	5 197	6 345	3 688 169	3 964 775	4 569 567
12	巴陵石化公司热电事业部	58 430	58 619	60 298	5 640 098	5 439 497	5 658 927
13	巴陵石化公司动力事业部	33 528	38 284	37 197	4 988 117	6 625 348	6 347 568
14	茂名石化公司乙烯动力厂	33 812	35 324	27 234	7 709 680	9 440 282	9 173 749
15	湖北化肥厂动力分厂	8 965	14 445	15 036	1 746 669	2 893 204	3 765 052
合计		1 000 905	993 667	1 074 998	103 592 718	119 803 898	129 634 111

【热电主要技术经济指标水平进一步提升】 2005年石化集团公司供电标煤耗367.30克/(千瓦·时)，同比降低7.26克/(千瓦·时)，比全国374克/(千瓦·时)平均水平低6.7克/(千瓦·时)；供热标煤耗38.87千克/吉焦，同比降低0.09千克/吉焦。两大煤耗指标下降全年共节约生产成本约1.3亿元。发电厂用电率累计完成6.91%，同比降低0.29%；供热厂用电率累计完成6.13千瓦·时/吉焦，与上年基本持平。其中非上市炼化企业供电标煤耗370.81克/(千瓦·时)，供热标煤耗39.09千克/吉焦，发电厂用电率累计完成7.21%，供热厂用电率累计完成5.84千瓦·时/吉焦。为进一步提升热电生产技术经济指标的水平，各企业结合装置特点，开展了大量有针对性的工作。高桥石化热电事业部推进运行管理体制改革，进一步加强汽温、汽压、汽机真空等关键参数的监控和考核，供电标煤耗完成331克/(千瓦·时)，多年来一直保持集团公司同类装置领先水平；天津分公司热电部将TPM设备管理模式融入到热电生产过程，组织全员参与设备管理，设备状态和现场管理得到明显改善，经济运行水平逐年提升，2005年供电标煤耗指标从2004年的374.53克/(千瓦·时)下降到367.61克/(千瓦·时)，刷新历史最好纪录。

2005年集团公司非上市炼化企业供电标煤耗完成情况见表2。

（田　竞）

表 2　　2005 年石化集团公司非上市炼化企业供电标煤耗完成情况　　克/千瓦·时

序号	单位名称	2005 年累计①	2004 年累计	2003 年累计	2002 年累计
1	燕山石化公司动力事业部	267.85	259.04	248.93	308.61
2	天津石化公司热电部	367.61	374.53	384.96	442.31
3	高桥石化公司热电事业部	330.55	339.87	323.91	325.21
4	扬子石化公司热电厂	390.35	391.67	392.68	391.36
5	南化公司动力部	371.77	409.55	409.55	463.78
6	南化公司碱厂热电车间	322.56	363.30	416.10	405.72
7	南化公司化工厂工厂热电车间	434.00	450.75	480.00	472.00
8	齐鲁石化公司热电厂	368.20	371.70	375.19	381.79
9	安庆石化总厂热电厂	392.87	395.45	396.06	394.57
10	广州石化动力事业部	366.26	362.09	350.88	377.16
11	荆门石化总厂动力厂	505.03	193.93	182.31	179.74
12	四川维尼纶厂锅炉与热电车间	354.71	379.66	472.06	576.16
13	武汉石化厂热电车间	480.80	566.77	561.66	516.39
14	巴陵石化公司热电事业部	372.00	373.00	355.09	354.16
15	巴陵石化公司动力事业部	380.21	381.62	383.39	388.79
16	茂名石化乙烯动力厂	315.82	316.40	264.90	330.06
17	湖北化肥厂动力分厂	364.35	391.83	484.00	491.00
合　计		370.81	371.53	374.07	381.63

① 2005 年累计值不含已上市的天津石化公司热电厂、广州石化总厂动力事业部。

【中国石化 2005 年热电工作会议在青岛召开】 2005 年 3 月 13—14 日，“中国石化 2005 年热电工作会议”在青岛召开。会议全面总结了 2004 年热电工作，分析面临形势，确定总体任务，按照有效发展的总体要求，研究部署 2005 年热电专业管理工作。会议还表彰了胜利石油管理局胜利发电厂、仪化股份公司热电生产中心、齐鲁石化公司热电厂、镇海炼化公司公用工程部等 13 家 2004 年度热电专业竞赛优胜单位。集团公司财务计划部、油田管理部、物资装备公司和股份公司炼油事业部、物资装备部以及 27 家直属炼化企业分管领导、主管部门和热电厂(站)负责人，共计 110 名代表参加会议。

根据集团公司热电工作年度总体目标，会议期间总部机关组织进行指标分解并与企业逐一对接确认，经过综合平衡后将热电生产运行考核指标下达给各相关企业。各企业对这项工作高度重视，按照总部下达指标，认真做好分解落实工作，制定了相应的措施，为全面完成 2005 年热电生产经营任务打下了基础。

（田　竞）

【煤炭管理工作取得初步成效】 2005 年 8 月 22—23 日，炼化管理部与物资装备部联合召开煤炭管理经验现场交流会，交流推广胜利、安庆、金陵、高桥等企业煤炭管理经验，研究落实煤炭资源优化和质量检验等管理措施，推动热电扭亏增效。在此基础上，10 月 27 日集团公司制定下发《煤炭质量管理规定》、《煤炭检验工作规范》、《煤炭质量管理达标考核标准》等 3 项制度，明确煤炭检验和管理软硬件要求，将大矿供煤比例、检斤检质率、入厂煤与入炉煤热值差、入厂煤折标煤价等列为考核指标，落实企业煤炭管理责任。为使有关措施真正落到实处，各企业从强化管理入手，采取了一系列措施，如安庆石化进一步严格考核煤炭采购、检验、使用等部门的管理责任，对照确定的管理目标实行重奖重罚，大矿供煤比例从 2004 年不足 30%提高到 2005 年的 62.79%，煤炭质量明显改善，全年煤炭管理工作综合增效近 5 000 万元。为进一步做好这项工作，有关企业已于 2005 年 12 月起逐月上报《煤炭质量管理月报》，通过建立长效机制，将煤炭管理工作引向深入。

（田　竞）

【可靠性管理体系逐步完善】 2005 年绝大多数热电企业建立起可靠性统计体系，通过定期分析主机、辅机、输变电设施可靠性信息数据，参照电力行业统一标准，严格界定热电装置非计划停工，并按照“四不放过”的原则进行管理和考核，查找非计划停机的原因和责任，进行有针对性的整改，为提高电力生产装置的安稳长水平奠定了坚实的基础。胜利发电厂利用非计划停工统计分析结果预测设备健康水平，科学制定设备检修计划，成功预测到 2# 机组系统安全隐患，果断决定机组中修，避免了机组非正常停车；仪化股份公司以提高装置可靠性为目标，专门制定了《非计划停车管理办法》，规范非计划停车的原因调查、责任划分、损失统计、处理和处罚等，对非计划停车损失计算作出详细规定，分类考核产量损失、产品边际利润损失、物料损失、资产损失、利润损失总额等内容，有效地减少了装置的非计划停工时数，提高了运行效率。

（田　竞）

【热电新机组顺利投产运行】 2005 年齐鲁、茂名、巴陵等企业一批热电项目顺利建成并投产发电，为进一步增强集团公司公用工程配套能力、提升整体抗风险水平创造了更加有利的条件。齐鲁 72 万吨/年乙烯二轮改造的煤代油配套工程完成投资额 7.57 亿元，通过不断优化工期，仅用 16 个月就完成了按常规需要 21 个月才能完成的建设工程，5 月 7 日 7# 炉机实现并网发电，8 月 21 日 8# 炉机一次并网成功，10 月 19 日煤代油工程正式移交生产，新建机组的顺利建成、投运，对提高齐鲁动力供应可靠度、代替乙烯燃油锅炉、促进整体优化、提升经济效益都有着十分重要的意义；茂名煤代油项目稳步推进，12 月 18 日首台 410 吨/时 CFB 锅炉顺利投产，2006 年有望完成压烧 17.5 万吨燃油的目标，可为企业创造可观的经济效益。

（田　竞）

【热电专业现场管理评价工作顺利完成】 根据集团公司热电专业管理总体安排，总部组织 19 人于 11 月 11 日—12 月 19 日，分 4 个检查组对 32 家热电厂(站)生产经营情况进行现场检查。本次检查从热电安全工作、文明生产、设备运行、专业管理、经营管理等 5 个方面，评价企业热电装置现场管理工作。

检查发现：部分企业“两票三制”执行不严格，“五防”措施不落实；部分检修现场文明管理体系不够完善，现场有不同程度的内漏外漏现象；部分企业管理制度、台账不健全，继电保护装置和热工主保护动作率较低，检修质量不过关，存在非计划停车次数偏多、热工主保护缺项或未投等现象；部分企业存在主汽温度偏低、排烟温度偏高、真空度偏低等现象。对这些问题，在检查后的讲评和总结会上都作了相应的部署，落实了整改措施并作为今后检查的重点内容。

（田　竞）

供排水与空分

【概述】 2005 年石化集团公司非上市炼化企业自产水量 6.03 亿吨，同比下降 0.65%；供新鲜水量 7.37 亿吨，同比下降 1.39%；污水处理量 8 058 万吨，同比上升 3.96%；供水电耗累计完成 400.60 千瓦·时/千吨，累计同比下降 3.64%。2005 年石化集团公司非上市炼化企业产氮量 2.80 亿立方米(标准)，同比上升 9.03%；供氮量 2.15 亿立方米(标准)，同比上升 5.84%；产氧量 2.69 亿立方米(标准)，同比上升 23.19%；供氧量 2.39 亿立方米(标准)，同比上升 29.38%；空分装置供氮、氧综合能耗 234 千克(标油)/千米^3(标准)，同比下降 13.87%。

（田　竞）

【非上市炼化企业水务管理工作座谈会在京召开】 为强化非上市炼化企业的水务管理，提高供排水装置的运行水平，进一步做好节水减排工作，2005 年 5 月 10—11 日在京召开了非上市炼化企业水务管理工作座谈会。有关企业分管领导、部门负责人和供排水单位负责人出席了会议。会议总结了近年来在供排水专业管理、水资源综合利用和节水减排等方面所做的工作、取得的成效以及存在的问题；制定了水资源综合利用和供排水专业管理等方面的工作思路及总体目标，并安排部署 2005 年的重点工作；交流了企业水务管理的先进经验。燕山石化公司、齐鲁石化公司、扬子石化公司、茂名石化公司、巴陵石化公司、四川维尼纶厂等 6 家企业分别介绍了在节水降耗、污水回用等方面所做的工作以及取得的成效。

（田　竞）

产品销售

- 综述
- 市场供需及营销
- 销售体制改革
- 销售网络
- 销售管理
- 储运设施
- 炼油自销产品销售
- 化工产品销售
- 化工产品市场行情

综　述

2005年，石化销售企业面对国际油价持续大幅攀升而国内成品油价格受控，市场供需关系发生较大变化的市场环境，坚决贯彻集团公司各项经营决策，科学预测，积极应对，统筹运作，主导市场取得了较好的经营业绩，主要经营指标再创历史新高。

经营方面，一是通过加强市场分析，统筹平衡资源，优化物流运行，主动调控市场，努力扩大外部采购，有效缓解了局部地区和时段资源紧张的局面，确保了市场供应。二是充分发挥现有网络优势，把握销售节奏，优化经营结构，积极扩销拓市，力求效益最大化。全年经营各类油品 1.21 亿吨，其中成品油 1.05 亿吨，同比增长 10.5%，高于国内市场消费增幅 5.2 个百分点；吨油费用指标控制在年度计划之内；利润大幅度增长。三是积极开展液化气、沥青、润滑油等主要产品的联手推价稳价，提高了经济效益。全年炼油自销产品销售均价 3 292 元/吨(不含税)，同比上涨 636 元/吨；销售收入同比增加 228 亿元。其中液化气价格同比上涨 20.7%，重油上涨 25.8%，高等级沥青上涨 40.8%。四是致力于建立以直销为主、直销与分销结合的化工产品营销网络。2005 年合成树脂产销率 100.1%，合成橡胶产销率 100.1%，合成纤维产销率 99.5%，主要合纤原料产销率 100.8%，合纤聚合物产销率 99.6%，主要有机产品产销率 99.9%。

改革方面，销售企业全面落实了市县公司一体化改革，推进了专业化管理。北京、天津、上海、海南 4 家城市型公司和浙江、山东、云南、广东 4 家省级公司经营管理体制改革全面实施，并取得明显成效，其他省区公司的改革稳步推进。通过体制改革，配套制度日趋完善，管理更加精细，零售、直销和物流的专业化程度进一步提高。减员分流工作也取得了新成果，全系统在新增营业加油站上千座、经营量大幅增加的情况下，用工总量不增反降，同比减少 1.5 万人。其中正式工由 8.6 万减少到 7.5 万，净减 1.1 万人，用工总量控制在 23.4 万人的目标之内。与此同时，分配制度改革平稳推进，初步构建了符合三支队伍特点的薪酬制度。销售企业非上市部分围绕“五减四无”改革目标，细化任务，排定进度，精心组织，狠抓落实，推动非上市部分有序退出。非上市地市公司经营业务除个别正在改制外，已全部退出。

为了充分发挥集约经营的整体优势、提高产品的市场占有率、扩大对国内石化市场的影响力、全面提升产品的综合竞争力，石化集团对化工产品的营销体制进行了战略改革，将原有的分散销售体制统一为集中营销体制，成立了化工销售分公司。

发展方面，销售企业抓住市场有利时机，继续发展重点部位加油站的新建、收购、租赁和增资扩股工作，全年发展加油站 1 150 座。成品油管道建设工作进展顺利。西南和鲁皖管道建设进展顺利，与管道配套的油库改造全部完成，并成功实现全线投油试运；珠三角管道也基本建成，与珠三角管道配套的油库改造基本完成；其他管网建设正在陆续展开。乙醇汽油推广工作取得新的进展。河南、安徽乙醇汽油已实现全省封闭运行，河北、湖北、山东、江苏已实现局部封闭运行，与乙醇汽油推广项目配套的安徽、湖北公司部分油库也已改造完成。信息化建设水平得到了不断提升。ERP 系统有 12 家公司成功上线并平稳运行。二次物流项目全面上线运行，为市场保供发挥了重要作用。一次物流项目中的数据处理操作(DPO)部分基本建成并通过项目验收，需求协同管理部分也全面启动。加油 IC 卡系统建设和 IC 卡发行成效显著，已完成 IC 卡联网加油站 1.3 万余座，累计发卡 833 万张。

管理方面，通过层层落实安全责任制、注重事前管理、加强过程控制、完善事后分析与处理、强化现场管理等各项措施，销售企业实现了上报集团公司等级事故为零的安全目标。内控制度实施成效明显，销售企业以贯彻执行《内控手册》为主线，明确操作流程和授权标准，加大推行力度，使企业内部管理日趋规范，与此同时，加强效能监察和审计工作，堵塞管理漏洞，减少了效益流失。财务管理逐渐精细，降本压费力度加大，资金管理进一步加强。省市公司还全面实现了会计集中核算和增值税集中汇缴。

强化专业化管理，坚持小产品做出大市场，沥青、润滑油业务取得了较快发展。加强销售计划管理，改善产品结构，大幅压减低档资源，提高高端产品产销量，既保供了成品油市场，又提高了自销产品的获利水平。品牌宣传和市场开拓也取得新进展，长城牌润滑油成功应用于“神六”飞船和“雪龙号”南极科考船，东海牌沥青成功中标东海大桥和上海虹桥机场，提升了“中国石化”的品牌形象和影响力。

(路宇歆　房海峰　张日新)

市场供需及营销

【市场开拓】 2005 年，由于受国家宏观调控影响，高能耗行业降温，电力用油下降，车辆用油增速放缓。面对这一不利局面，销售企业充分发挥现有网络优势，积极开拓市场，扩销增量，尤其是终端销售，实现大幅增长。全年完成零售 6 352 万吨，同比增长

19.3%；直销2 038万吨，同比增长3.7%。单站销量达到2 300吨，同比增长12.9%。润滑油全年销售229万吨，同比增长20.6%；燃料油全年销售1 565.9万吨，同比增长45%。

（路宇歆）

【资源统筹】 由于国内外油价严重倒挂，导致国内资源供不应求，市场保供压力巨大。针对这种情况，销售企业科学预测需求，超前平衡资源，积极扩大外采，保证市场供应。一是区域统筹能力增强。针对不同地区、不同时段的市场供需特点，总部科学安排加工总量，综合运用各种调控手段，统筹各种经营要素；省市公司适时组织外采，调整库存结构，维护了市场供需的总体平衡。二是外采成效突出，全年外采油品1 745万吨，同比增长35.6%，其中山西、山东公司外采油比例最高，为全系统的经营作出了贡献。

（路宇歆）

【物流优化】 受资源和运力紧张以及台风等自然灾害的影响，2005年资源调运工作困难较多。对此，销售系统上下主动与铁道、交通等部门及生产企业沟通协调，利用炼厂地附设施和物流优化系统，优化资源流向与运输方式，努力提高低库存条件下的市场保供能力，完成一次物流总量9 000万吨，较好地解决了山东资源调出、西南资源调入、沿海资源南下、两湖资源西进、京标资源保障、乙醇汽油封闭运行和西安石化公司、塔河分公司的后路畅通，及时缓解了局部地区和时段资源紧张的局面，保证了市场供应。

（路宇歆）

销售体制改革

【经营管理体制改革】 经营管理体制改革取得实质性进展。一是全面落实了市县公司一体化改革。经过逐个检查验收和重点补课，狠抓县公司经理向片区经理(ME)的职能转变，基本建立了ME管理模式。二是逐步推进了专业化改革。第一批试点单位中，北京、天津、上海、海南4家城市型公司实现了一级管理，配套制度日趋完善；浙江、山东、云南、广东4家省级公司试点单位基本做到了物流一级管理、财务集中管理和营销两级管理。新体制的运行，提高了零售、直销和物流的专业化程度，促进了干部职工的观念更新和企业机制的转换。河南、江西、江苏、安徽、广西公司等第二批改革的实施方案已获批准。

（路宇歆）

【合资公司】 2005年中国石化销售有限公司与中航油集团公司、中国石油炼油与销售分公司共同成立了中国石化航空油料有限责任公司。

（路宇歆）

【非上市部分有序退出】 根据国家和集团公司的整体部署，销售企业从2002年开始进行改制分流试点工作，到2005年末，共有171个企业进行了改制分流，参加改制的职工有5 208人，其中正式职工4 836人，集体职工372人。纳入改制的总资产7.36亿元，净资产5.76亿元。到2005年末，非上市公司的经营业务除个别正在改制外，已基本实现有序退出。

（路宇歆）

销售网络

【销售网络】 中国石化成品油销售网络主要由五大部分构成。一是石化股份公司的全资子公司——中国石化销售有限公司及在主要市场内的下属4个大区分公司，承担着石化股份公司成品油资源的统一平衡、运输协调和直属销售企业以及专项用户的成品油供应任务；二是主要市场内的直属19个省级石油分公司及所属的190个区域公司组成的销售网络；三是中国石化销售有限公司在东北、西北、川渝等地区的37个分公司；四是在香港特区的零售网络；五是石化股份公司在全国范围内与其他成品油经营单位合资组建以及采取特许加盟方式建立的销售网络。

（路宇歆）

中国石化销售网络

序号	单位	地址	邮编	区号	电话	传真
1	中国石化销售有限公司	北京市朝阳区惠新东街甲6号	100029	010	64998879	84641014
2	中国石化销售有限公司华北分公司	天津市和平区建设路2号	300040	022	27127820	27124893
3	中国石化销售有限公司华东分公司	上海市长宁区愚园路819号	200050	021	62119325	62119330
4	中国石化销售有限公司中南分公司	湖北省武汉市汉口精武路39号	430022	027	65798015	65798050

续表

序号	单　位	地　址	邮编	区号	电话	传真
5	中国石化销售有限公司西南分公司	广东省茂名市人民南路 268 号	525000	0668	3393268	3393230
6	中国石化销售有限公司川渝分公司	成都市人民南部一段 86 号 7 楼	610016	028	86203122	86203122
7	中国石化销售有限公司东北分公司	辽宁省沈阳市于洪崇山东路 51 号	110032	024	86860285	86857735
8	中国石化销售有限公司西北分公司	西安市北大街 29 号中天国际大厦	710003	029	87255916	87257202
9	北京石油集团有限责任公司	北京市朝阳区静安里 12 号楼	100028	010	64678255	64678617
10	天津石油集团有限公司	天津市南开区南京路 338 号	300100	022	27201390	27201703
11	河北石油集团有限责任公司	河北省石家庄市槐南西路 8 号	050021	0311	85816881	85813074
12	山西省石油总公司	山西省太原万柏林区大王路 8 号	030024	0351	6197617	6197631
13	上海石油有限责任公司	上海市中山东一路 24 号甲	200002	021	63219737	63219490
14	江苏石油有限责任公司	江苏省南京市中山北路 395 号	210003	025	58823889	58801097
15	浙江省石油总公司	浙江省杭州市河坊街 58 号	310009	0571	87818852	87818822
16	安徽省石油总公司	安徽省合肥市芜湖路 391 号	230061	0551	2860777	2869024
17	福建省石油总公司	福建省福州市鼓楼区中山路 18 号	350003	0591	87875128	87805926
18	江西省石油总公司	江西省南昌市洪都北大道 102 号	330046	0791	8516279	8511107
19	山东省石油集团总公司	山东省济南市历山路 73 号	250013	0531	85870178	86957632
20	河南省石油总公司	河南省郑州市卫生路 10 号	450053	0371	63846775	63937743
21	湖北省石油总公司	湖北省武汉市解放大道 606 号	430030	027	83601160	68837100
22	湖南省石油总公司	湖南省长沙市湘春路 111 号	410005	0731	4341829	4841236
23	广东省石油企业集团公司	广东省广州市中山七路 81 号	510145	020	81298132	81297207
24	广西自治区石油总公司	广西省南宁市桃源路 67 号	530021	0771	5335823	5323338
25	海南省石油总公司	海南省海口市龙舌路 16 号石油大厦	570203	0898	65346762	65324481
26	贵州省石油总公司	贵州省贵阳市解放路 21 号	550002	0851	5947391	5985902
27	云南省石油总公司	云南省昆明市拓东路 45 号世博大厦	650011	0871	3115301	3115230

销售管理

【继续强化加油站基础管理，巩固“百日竞赛”成果】 2005 年，销售企业通过继续开展加油站达标创星活动、完善内部激励机制、普及标准化服务、推进长效机制建设等措施，有效地巩固了“百日竞赛”的成果，提高了客户的进站率、加满率、回头率。在建立客服中心、完善售后服务的基础上，开展“油中感谢”易金卡增值服务，扩大 IC 卡发行，锁定固定用户。同时，积极开展直销，扩大终端市场。全年完成零售 6 352 万吨，同比增长 19.3%；直销 2 038 万吨，同比增长 3.7%。省市公司终端比重达到 93.1%，同比提高 3.1 个百分点。全系统经营量的增长全部实现在终端环节。单站销量达到 2 300 吨，同比增长 12.9%。万吨以上加油站达 715 座，同比增加 279 座。高标号汽油零售 1 482 万吨，同比增长 39.9%。

（路宇歆）

【内控制度建设】 2005 年销售企业以贯彻执行《内控手册》为主线，加强组织领导，制定实施细则，明确操作流程和授权标准，加大推行力度，使企业内部管理日趋规范。在股份公司内控制度实施情况的整体评价和检查中，销售企业获得高分。与此同时，加强效能监察和审计工作，堵塞管理漏洞，减少了效益流失。注重法律事务，规范合同管理，减少了法律纠纷，规避了法律风险。

（路宇歆）

【资金管理获成效】 通过规范企业银行账户管理，销售企业共压缩清理银行账户 1 000 余个，并通过积极与银行协商，基本解决了 19 个省市公司加油站的上门收款问题，加快了日常货款回笼和专项用油资金回笼速度，2005 年付息贷款减少 53.2 亿元。加大清收力度，3 项债权比年初减少 17.69 亿元。

（路宇歆）

【资产和投资管理】 2005 年在资产和投资管理方面，一是认真开展了资产清查，实行加油站登记证制度，完善了资产管理台账。二是积极做好资本运作和改制分流中资产评估、核实、处置、盘活等工作，资产质量进一步改善。三是加强投资管理，在完善网络布局、提升网络质量的基础上，有效控制了投资规模。四是与有关部门积极配合，将石化系统非销售板块加油站和油库全部整合到销售板块，提高了资产的整体营运效益。

（路宇歆）

【降本压费】 2005 年在降本压费方面采取了如下措施：一是在全系统开展了“我为企业降本增效献计献策”有奖征文和创建节约型企业活动，广泛征集并深化应用降本增效良策，营造全员降本氛围。二是在考核兑现办法中增加了费用权重，实行绝对额和吨油费用双重考核，超节支额度直接与人工成本挂钩。三是完善费用月度预算，按照上月末有关指标累计完成情况核定、兑现当月人工成本总额；根据当月的资源和销售计划确定各企业的运杂费月度预算；结合当月可预计情况及从紧控制原则，确定其他费用。四是加强对内部接待、会议等公务性支出的管理。

（路宇歆）

【全面实现会计集中核算和增值税集中汇缴】 2005 年销售企业全面实现了会计集中核算和增值税集中汇缴。省市公司全部达到了一套账集中核算要求，实现了从汇表到汇账的转变。建立起机构设置统一、核算口径统一、操作运行统一、会计业务流程统一的核算体制，为实现从核算型向管理型转变奠定了基础。省市公司全部实行了省级增值税统一缴纳，为销售企业建立区域化、扁平化、专业化的经营管理体制创造了条件。

（路宇歆）

【信息化建设水平不断提升】 2005 年有 7 家公司 ERP 系统成功上线并平稳运行。二次物流项目全面上线运行，为市场保供发挥了重要作用。一次物流项目中的 DPO 部分基本建成并通过项目验收，需求协同管理部分也全面启动。加油 IC 卡系统建设和 IC 卡发行成效显著，已完成 IC 卡联网加油站 1.3 万余座，累计发卡 833 万张，充值额 357 亿元。信息化整合项目在云南石油公司进行试点，为下一步总结推广积累了经验。

（路宇歆）

【安全管理实现上报集团公司等级事故为零】 销售企业按照“完善制度、练好功夫、打好基础、落实问责”的要求，层层落实安全责任制；树立从严要求、注重细节、常抓不懈的安全理念，注重事前管理，加强过程控制，完善事后分析与处理；强化了现场管理，加强了对直接作业环节的安全监管，并通过例行检查、抽查和系统大检查，及时整改治理了一批安全隐患，2005 年实现了上报集团公司等级事故为零的目标。

（路宇歆）

【完善数质量管理】 2005 年销售企业不断加强计量管理工作，完善健全计量机构，强化数质量管理，加强“三基”工作，降低油品损耗，建立、完善数质量管理制度，建立了销售公司质检中心和浙江、江苏、安徽石油公司共 4 个国家级实验室，组织专业技术人员开展基本功训练，培养了一批质检、计量、安全、储运等方面的技术骨干。

（路宇歆）

【保持共产党员先进性教育收到预期效果】 按照中央、集团公司党组和地方党委的统一部署，销售企业紧密结合改革发展稳定的实际，分两批扎扎实实地开展了保持共产党员先进性教育活动。经过学习教育、分析评议和整改提高，企业党风廉政建设、思想政治工作和机关作风建设有新的加强，收到了预期效果。在此基础上，开展了“知企情、达共识”形势任务教育，组织先进模范人物巡回演讲等活动，进一步增加了企业内部的和谐度。在改革不断深化、对部分人员权利进行调整的情况下，员工队伍总体上保持了稳定。

（路宇歆）

【职工队伍建设】 在不断加强经营管理人员和专业技术人员队伍建设的基础上，较好地解决了劳务工的规范用工合同管理、建立社会保险等多年未解决的问题，增加了员工收入，改善了工作条件，拓展了成长空间，增强了员工的归属感、成就感和进取心。同时不断加大对职工的培训力度，2005 年销售企业共举办各类培训班 2 440 多期，培训片区经理、客户经理等各类业务骨干和技能人才 12.2 万余人次，全面提高了员工队伍素质。还委托清华大学经管学院举办了 2 期由销售企业党政一把手参加的高层管理人员研讨班，促进了高管人员的观念更新和能力提升。

（路宇歆）

储运设施

【加油站建设】 销售企业抓住市场有利时机，继续发展高速公路、中心城市和区外省会城市等重点部位加油站的新建、收购、租赁和增资扩股工作，尽管压缩投资规模，2005 年仍发展加油站 1 150 座，其中新增 1 050 座。新增加油站中重点部位的占 74%。截至 2005 年底，共有自营加油站 2.75 万座，另有在建加油站 607 座，预备项目 609 个。河南、广东、贵州、河北、西北等石油公司在抢占高速公路服务区加油站上，成效尤为突出。

（路宇歆）

【油库布局进一步优化，运行效率提高】 到 2005 年底销售企业共拥有油库 495 座，比 2004 年减少 63 座，但油库布局进一步优化。同时，随着中心油库、油库扩建和设施的配套完善，科技手段的运用，运行效率继续提高。

（路宇歆）

【成品油管道建设进展顺利】 成品油管道建设和乙醇汽油推广工作进展顺利。西南和鲁皖管道建成并成功实现全线投油试运，珠三角管道也基本建成；洛郑驻、安合、北京环城和金嘉湖管道开工建设；华北、长株潭等管道的前期工作已展开。西南、鲁皖管道配套油库改造全部完成，珠三角管道配套油库改造基本完成。

（路宇歆）

炼油自销产品销售

【概述】 2005 年石化股份公司销售炼油自销产品 3 445万吨，平均价格 3 852 元/吨。与 2004 年相比，炼油自销产品的价格涨幅较大，成为炼油板块效益的重要支撑。其中液化气上涨 746 元/吨，润滑油上涨 925 元/吨，高等级道路沥青上涨 710 元/吨，重油上涨 463 元/吨，溶剂油上涨 1 044 元/吨，丙烯上涨 1 753元/吨，聚丙烯上涨 1 391 元/吨，液化气、沥青、重油、溶剂油达到了历史高价位。炼油自销产品与原油进厂价差 258 元/吨。

（房海峰）

【液化气、重油、沥青、溶剂油和润滑油价格一路攀升】 2005 年国民经济持续、稳步增长，国内石油产品市场需求呈现整体增长态势，国际原油价格上涨较快。受需求增长拉动和国际原油价格提高的影响，炼油自销产品的价格、销量稳步上升。液化气、重油、沥青、溶剂油、润滑油的价格基本呈现一路攀升趋势。液化气 12 月份受国际燃气市场、区域协调联合推价等多方面因素影响，价格达到历史最高；国内沥青需求受公路建设拉动持续增加，下半年重交沥青价格最高突破 4 000 元/吨；溶剂油积极开拓市场，价格最高突破 6 000 元/吨，是近年来的新高；化工类自销产品市场价格也是近年涨幅较大的一年。

（房海峰）

【销售管理】 按照“坚持一个中心，加大两级协调，抓住三个产品，实现四个提高”的指导思想，以效益为中心，加大总部、协调组两个层面的协调、重点抓好液化气、润滑油、沥青 3 个产品，提高了经济效益、市场占有率、产品直销率和营销队伍素质。加大市场分析和协调力度，紧贴市场稳价推价增效益。全年共组织液化气、溶剂油等产品大范围的推价 15 次，较好地把握了市场机遇。与 2004 年相比，销量增加 35 万吨，价格上升 636 元/吨，收入增加 228 亿元。

（房海峰）

【加强专业化公司管理，小产品做出大市场】 加强对润滑油、沥青两个专业化公司的管理，小产品做出大市场。组织对润滑油市场进行调研，适时抽紧低档散油资源，及时调整价格，降低营业费用，促进了润滑油业务的发展。加强沥青产品定位与营销策略研究，上半年销售淡季确定了“抽紧资源推价格，保重点工程、重点用户”的销售策略。沥青公司紧贴市场稳步推价，创历史最好水平，整合优势逐渐显现。

（房海峰）

【加强产销计划管理】 加强自销产品计划管理，努力调整产品结构。加强基础油配置计划管理，大幅压减低档润滑油产量，配合做好包装油的促销，提高高档油销量。严格控制溶剂油和5种自销产品的生产销售，既保供了成品油市场，又提高了自销产品获利能力。

（房海峰）

【品牌宣传和市场拓展取得新进展】 长城牌润滑油成功应用于"神六"飞船和"雪龙号"南极科考船，东海牌沥青成功中标东海大桥和上海虹桥机场，提升了"中国石化"的品牌形象和影响力。

（房海峰）

化工产品销售

【概述】 为了充分发挥集约经营的整体优势、提高产品的市场占有率、扩大对国内石化市场的影响力、全面提升产品的综合竞争力，中国石化集团对化工产品的营销体制进行了战略改革，将原有的分散销售体制统一为集中营销体制，2005年5月10日成立了化工销售分公司，下设北京、上海、广州3个区域分公司，分别负责中国石化在华北、华东、华南3个区域的化工产品销售业务。化工销售分公司坚持"适应市场、服务客户"为宗旨，致力于建立以直销为主、直销与分销结合的化工产品营销网络，做到销售业务、品牌战略、营销策略、市场开拓和物流优化的"五个统一"，进一步加强与广大客户的交流与沟通，积极在客户集中地或消费集中地建立营销网点或中转库，增强为客户和生产企业做好服务的能力。2005年通过优化营销网络、加大客户管理、提高直销率，进一步增强了对市场的控制力和影响力。

（张日新）

【产销情况】 2005年集中销售的27家企业的资源情况为：合成树脂产量638.48万吨，年末库存6.9万吨，产销率100.1%；合成橡胶产量76.45万吨，年末库存0.72万吨，产销率100.1%；合成纤维产量145.69万吨，年末库存3.04万吨，产销率99.5%；主要合纤原料产量228.63万吨，年末库存3.33万吨，产销率100.8%；合纤聚合物产量132.58万吨，年末库存2.05万吨，产销率99.6%；主要有机产品产量393.57万吨，年末库存6.1万吨，产销率99.9%。

（张日新）

【加强营销网络建设，努力扩大产品直销率】 2005年化工销售分公司加强石化产品营销网络建设，在常熟、苏州、无锡、杭州、绍兴、佛山、成都、泉州、武汉、江门新会、广州黄埔建立了营销网点或中转库，并继续筹划在客户集中地或消费集中地建立营销网点或中转库，完善为用户服务的网络。同时根据总部要求，积极探索对物流的统一优化，以及建立客户经理制等新的营销模式，努力扩大产品直销率。

2005年主要化工产品直销率(原口径)为53.88%。其中合成树脂直销率为39.69%，合成树脂专用料直销率为67.21%；合成纤维直销率为55.23%，合成纤维中差别化纤维直销率为61.67%；合成橡胶直销率为42.53%；合纤原料直销率为83.12%，合纤聚合物直销率为76.48%。

2005年集中销售后8—12月主要化工产品直销率(原口径)为56.19%。其中合成树脂直销率为43.66%，合成树脂专用料直销率为63%；合成纤维直销率为56.28%，合成纤维中差别化纤维直销率为61%；合成橡胶直销率为43.7%，合纤原料直销率为80.65%，合纤聚合物直销率为77.8%。

（张日新）

化工产品市场行情

【有机化工产品市场】 1. 纯苯

2005年1月，在国际市场上涨的带动下，国内纯苯市场开始走高。2月初受供应量偏紧的影响，国内纯苯厂家库存较低，市场价格也跟随外盘上扬。3月初在国际原油市场持续走高及对4月纯苯供应预期紧张等众多利好因素的推动下，纯苯市场继续大幅飙升，且出现了加速的迹象。3月中下旬，受到获利盘回吐以及能源价格走低的影响，外盘开始明显回落。4月初外盘纯苯的大幅下挫给国内纯苯市场带来了很大压力。到5月中旬，国内市场跟随外盘持续暴跌，纯苯价格下跌了3 500元/吨，在7 000元/吨的价位方企稳。6月中旬开始，亚洲纯苯市场继续受到国际原油及下游苯乙烯价格上涨的双重影响，重拾升势，国内市场报价普遍上扬。7月上半月，受到下游需求好转以及承接6月走势的推动，国内市场保持稳定。下半月开始，外盘纯苯开始下滑，亚洲苯乙烯市场大幅跳水，芳烃市场也陷入低迷走势。8月底受原油价格攀升的带动，纯苯市场出现企稳迹象。9月亚洲纯苯价格大涨，但国内市场由于资源量充足，下游需求疲软，纯苯市场持续走低。12月，市场开始逐步在下游苯胺、环己酮市场走好的带动下，出现缓慢恢复，12月大多数时间里，依旧呈现弱势盘整。但到12月下旬，在外盘大幅走高的影响下，国内纯苯在5 900元/吨的价位出现反转，并开始上涨。

2. 苯乙烯

2005 年 1 月，国内苯乙烯市场因下游需求萎靡，市场整体保持小幅盘整。2 月，由于春节假期的缘故，市场上成交不甚活跃，以稳中有升为主。3 月，市场小幅走高，但下游需求增长缓慢，市场消化能力不强，市场始终“不温不火”。4—5 月，受下游聚苯乙烯等衍生物市场疲软以及上海赛科公司新建苯乙烯装置投产的影响，苯乙烯市场开始下行。6—7 月，因国际原油价格上涨，纯苯市场的走高和需求市场的适时好转给了苯乙烯市场反弹的动力。国内苯乙烯市场受外盘的推动大幅走强，但 7 月底受常州东昊 20 万吨/年苯乙烯装置即将投产的影响，市场出现低迷走势。8 月，苯乙烯下游聚苯乙烯、ABS 市场需求不振，生产企业的库存偏高，苯乙烯市场压力较大。9 月，受苯乙烯外盘价格上涨的影响，国内苯乙烯市场价格较 8 月上涨约 450 元/吨。10 月中旬开始，在国际原油和纯苯持续疲软的影响下，苯乙烯市场开始下行，市场商谈稀少。11 月，苯乙烯市场波动较大，华东张家港出罐价在 9 050—9 700 元/吨的区间震荡，整体呈下行走势。12 月，受亚洲纯苯市场大幅上涨的推动，张家港出罐价也上涨了 800 元/吨，达到 9 900 元/吨，成交开始活跃。

3. 苯酚、丙酮

2005 年 1 月，高桥石化年产能 20 万吨的新苯酚/丙酮装置的投产，引发了市场对苯酚、丙酮行情的担忧，国产和进口到货量明显增加，市场供货量相对过剩，苯酚、丙酮各地市场价格走低，国内厂家库存一度保持在警戒上线水平，买盘严重不足，市场成交困难，经销商大幅跌价刺激销售。中旬，燕山、吉化及哈尔滨华宇大幅降低出厂报价，出货形势出现转机，市场逐步走稳，并在下旬开始反弹。进入 2 月由于市场资源的全面紧俏，厂家罐存少，中间商和进口商惜售待涨，并不急于出货，同时高桥石化新苯酚/丙酮装置在 2 月 15 日停车 1 个月检修，国内苯酚市场保持着畅销局面，市场价格上抬到了 14 000 元/吨以上，丙酮价格也上涨到万元以上。从 3 月开始，由于国内市场价格持续在高位运行，引发大量进口，资源量供应充足，需求持续低迷，国内苯酚、丙酮市场价格进入下跌通道。4 月苯酚、丙酮进口数量的激增远远超过月消费量，华东、华南各大主港库存经积累后压力严峻，市场供大于求的局势明显，导致价格连续跳水。5 月初苯酚市场成交价降至 11 500 元/吨，进入 5 月更是出现崩盘式的下跌，并于 5 月 27 日下跌到 8 500—8 600 元/吨(华东地区港口)。同期丙酮价格也跌破 8 000 元/吨。因热电联供遭遇不可抗力，同时由于苯酚、丙酮市场行情的过度低迷，高桥石化宣布漕泾 20 万吨/年的苯酚/丙酮装置进入停工状态，并主动对 6 万吨/年的 3# 苯酚/丙酮装置的检修计划进行了调整，于 6 月中旬提前进入为时 1 个月的检修。6 月 19 日哈尔滨华宇 4.5 万吨/年的苯酚/丙酮装置停车检修。进入 7 月，由于各地区库存压力得以缓解，国内苯酚市场重拾升势，但丙酮市场仍然下跌。8 月由于下游需求没有发生根本性好转，苯酚、丙酮迎来了新一轮的下跌行情。进入中旬后期，苯酚再度跌破 9 000元/吨大关，丙酮也下跌到了 6 600 元/吨的低位。市场下跌后，提货现象明显转好，库存逐渐降低，出现了止跌反弹迹象，但需求没有发生根本性改变。进入 10 月底苯酚、丙酮市场继续下跌。11 月 13 日吉化双苯厂发生爆炸，其苯酚/丙酮装置停车，一时间华北地区货源紧张，苯酚市场价格小幅攀升。但丙酮市场下游需求仍未启动，价格仍持续下行。12 月底哈尔滨华宇新扩苯酚/丙酮装置产出产品，苯酚、丙酮货源充足，国内各地市场价格开始下滑，丙酮价格下跌到了 6 250 元/吨。

（贺光辉）

【合成树脂产品市场】 2005 年，国内合成树脂产品价格总体呈现高位震荡行情，乙烯企业合成树脂全年累计均价比上年上涨 8%，其中，聚乙烯、聚丙烯分别上涨了 10%、17%。年初，在国际原油价格不断攀升的带动下，合成树脂价格大幅上扬。4 月，国际市场单体价格迅速下滑，国内新建石化装置集中建成投产，市场供应量增加，合成树脂价格出现较大幅度的回落。5 月，因前期累计跌幅过大，市场触底反弹，产品价格出现缓慢上涨。三季度进口量大幅增加，前期投产的多套生产装置平稳运行，产能逐步释放，市场资源量激增，市场价格小幅下跌。11 月底，随着国际市场价格止跌回稳，国内市场价格开始小幅反弹。年底，进口到货明显减少，国内多套石化装置因故停车，减少了资源供应量，同时，原油和国际市场单体价格的大幅上涨，对国内合成树脂市场起到支撑作用，市场行情稳中有升。

（陈振峨）

【合成橡胶产品市场】 2005 年国内合成橡胶价格呈现高位振荡走势，与 2004 年相比，合成橡胶平均涨幅约 22%。1—2 月顺丁橡胶和丁苯橡胶走势比较平稳，SBS 和丁基橡胶略有上扬。3 月随着下游需求的增加，原油和丁二烯价格的上扬，顺丁橡胶、丁苯橡胶和 SBS 走出了一波上扬行情。4 月受原料单体价格下滑等因素影响，合成橡胶价格整体回落。5—8 月在下游需求强劲，原料丁二烯和天然橡胶价格逐步走高的带动下，合成橡胶价格不断走高，SBS受市场资源紧张影响，价格更是大幅上涨。9—10月顺丁橡胶、丁苯橡胶和丁基橡胶维持在高位，SBS受大量低价进口产品冲击从10月开始下跌。11—12月中旬由于长期高成本压力使下游需求受到抑制，再加上天然橡胶及主要原料单体丁二烯、苯乙烯市场价格的大幅下滑，合成橡胶整体步入下跌通道。12月下旬随着天然橡胶和原料单体价格逐渐稳定并有所回升，市场信心得到恢复，顺丁橡胶、丁苯橡胶和SBS开始止跌反弹，丁基橡胶受需求不旺影响仍呈下跌态势。

（张红兵）

【合成纤维产品市场】 由于预期纺织品配额取消后出口会出现较大幅度增长，国内市场主要合成纤维价格在2004年12月中下旬触底反弹后，2005年1—2月中旬价格继续振荡上行，其中，涤纶短纤（1.6分特，下同）价格达到全年高点12 200元/吨。2月下旬至5月下旬，过于乐观的行情预期使贸易商囤积了大量的原料，美、欧相继对华纺织品实施特保设限，导致阶段性供需严重失衡，加上扬—巴、上海赛科乙烯投产，化工产品全线下滑，涤纶产品价格整体深幅下跌，短纤价格下跌2 000元/吨，最低到10 200元/吨。市场深幅下跌过程中，工厂陆续停车降负。6月初，市场价格止跌上涨，月底价格比月初上涨1 000元/吨以上。7月初，合纤市场淡季特征显现，贸易商获利回吐，市场价格再次下滑。经过约1个月的下跌，7月底8月初，市场预期9—10月传统旺季即将来临，行情提前启动，价格一路振荡上涨至9月中下旬的10 900元/吨。由于从6月开始，国内合纤产品产销两旺，产量增幅较大，其中涤纶产量同比增长20%左右，国庆节后，受欧美设限纺织品配额基本用尽等影响，合纤产品价格又开始掉头向下，并一路阴跌至12月中旬的10 250元/吨，产品价格也跌近全年暨上半年的低点。此后到年末，主要合纤产品价格振荡上涨，年底涤纶短纤维价格收盘于10 400元/吨。2005年主要合纤产品平均价格比2004年上涨100—200元/吨左右。

在合纤产品中，腈纶产品走势略有不同。1—2月走势与主要合纤走势类似，价格盘整上行，3—4月中旬横盘稳定在18 300元/吨（1.7分特短纤，下同），4月下旬起，在部分国内厂家上调报价的带动下，腈纶短纤又出现小幅上涨，达到全年高位18 600元/吨。此后，由于工厂库存积压，价格振荡下滑，6月底价格下跌到18 000元/吨。随后下游纺织厂拿货积极性上升，价格小幅回升至18 300元/吨，并就此盘整了约1个月。8月中下旬起，腈纶市场开始了全年第二个下行期，10月中下旬，价格下跌到17 850元/吨左右。11月初，在丙烯腈上涨的带动下，腈纶市场小幅走高，但终因新产能产品投放市场和需求低迷，行情很快又回调至17 650元/吨左右，并平稳运行到年底。

（张有定）

【合纤原料及聚合物市场】 2005年1—2月，聚酯原料在原油、对二甲苯价格猛涨、聚酯工厂节前备料、融资商事件引发现货供应量减少等利好刺激下震荡上行。至2月底，精对苯二甲酸（PTA）、乙二醇（EG）分别冲至年内最高点的9 000元/吨和11 300元/吨。3月中旬后，受付款还贷压力、EG罐存压力和涤纶产销下滑等影响，聚酯原料市场崩塌，至5月中旬，PTA、EG分别下跌2 500元/吨和5 000元/吨，分别跌至全年最低点的6 400元/吨和6 300元/吨。此后，行情触底反弹，震荡上行，7月初价格上涨到7 900—8 000元/吨左右。受中美纺织品贸易商谈判未果、江浙地区限电、人民币升值等影响，7月内价格先下后上，高低价差达到500元/吨。8—9月，受旺季来临、油价上涨和北美飓风影响，原料价格振荡上行，9月底10月初，PTA、EG价格一度冲击下半年高点8 500元/吨和9 000元/吨，但终因无量配合，开始进入下跌期。12月初，PTA和EG双双跌至7 600元/吨左右后，在对二甲苯上涨带动下，年终收盘在8 050元/吨和8 350元/吨。2005年全年，PTA平均价格8 100元/吨，同比涨400元/吨，EG平均价格8 700元/吨，同比降800元/吨。

己内酰胺（CPL）在2004年12月行情触底后，在供应偏紧以及下游对2005年春季行情看涨的双重拉动下，行情强势反弹。此后因帘子布行业需求旺盛，CPL行情一直拉升到4月初创纪录的26 400元/吨。随后因苯价快速回落，市场信心大受打击，同时4—5月下游需求开始走淡，行情震荡回落。6月CPL价格回落至23 000元/吨以下。但由于苯价回升以及市场对下半年行情仍有期盼，CPL价格短期内又大涨近2 000元/吨，7月中旬最高价达到24 800元/吨左右。7月21日人民币升值后，由于进口大量增加，一直到11月底，行情一路下滑，跌至全年的最低价位17 200元/吨。出于对2006年春节后行情新的期望，12月初，下游买盘纷纷介入，行情开始反弹。2005年CPL平均价格在22 700元/吨左右，比2004年涨约4 000元/吨。

2005年聚酯切片的走势与PTA、EG保持同步，呈现明显的成本主导性走势特征。1—2月切片价格与原料行情基本同步，2月下旬最高冲至11 750元/

吨。节后切片纺产品库存迅速上升，切片纺负荷下降明显，行情走低。3月初在原料抬涨作用下，切片行情继续走出阳线，月中价格回到11 550—11 600元/吨左右。此后，随着原料市场崩塌，切片价格从4月初的11 300元/吨跌至5月中旬的8 500元/吨左右，月末在9 100元/吨附近窄幅震荡。6月，在需求旺盛、原油价格大涨、贸易商囤货等因素作用下，价格大幅反弹，最高冲至10 500元/吨左右。7月，原料下跌，切片跟跌，最低跌至9 500元/吨附近。8—9月，随原料上涨，切片价格上涨至10 400—10 450元/吨。10月初，最高成交冲至10 500元/吨，其后又随原料一起振荡下跌，到12月中上旬，最低跌到9 600元/吨。年终切片价格收盘于9 900元/吨左右。2005年全年，切片平均价格在10 300元/吨以上，比2004年涨约200元/吨以上。

（张有定）

对外贸易和技术经济合作

- 综述
- 对外贸易
- 对外经济合作
- 国际科技合作
- 外事管理

综　述

中国石化的对外工作主要包括国际贸易、国际勘探开发、国际工程、对外合资合作、国际展览、国际会议和国际交流等。中国石化的国际贸易在国内已经形成较强的实力并在国际上有较大的影响，与世界上50多个国家和地区的数千家公司、金融机构建立了良好和相互信赖的合作关系，在国际市场上形成了良好的形象和商业信誉。中国石化的国际贸易额自1999年起连续7年在全国排名第一，国际勘探开发和工程建设取得突破性进展，对外合资合作进展顺利，为中国石化建设具有国际竞争力的世界级一体化能源化工公司奠定了坚实的基础。2005年中国石化的对外工作呈现出以下几个特点：

(1) 对外贸易既坚持集中统一，又体现专业优化，在专业的基础上进行集中，实现了专业和集中的统一，进出口贸易额大幅增长。

(2) 对外合资合作继续向全方位、宽领域、多层次展开。大型石化合资合作项目进展顺利、与战略投资者的合作全面展开、境内外油气勘探开发的合作项目稳步推进、单项石油化工合资项目不断增加。

(3) 海外经营规模逐步扩大，国际化经营的步伐明显加快。

(4) 对外交往与交流、国际间高层互访等外事活动显著增加，中国石化在国际、国内市场上的形象和影响力进一步提高。

（许长胜）

对 外 贸 易

【经营业绩】 2005年，石化集团公司对外贸易取得较大增长，实现外贸进出口总额343.27亿美元，同比增长35.69%。其中，进口总额318.59亿美元，同比增长35.05%；出口总额24.69亿美元，同比增长44.46%。

（许长胜）

【原油及成品油进口】 2005年，进口原油7 622万吨，同比增长3.86%；进口成品油413万吨，同比下降16.53%。

（许长胜）

【化工品进口】 2005年，进口化工品108.20万吨，金额10亿美元。

（许长胜）

【先进技术和设备进口】 石化集团公司坚持引进与消化、吸收、创新相结合，在引进先进技术的同时，努力减少投资，提高效益。确保了茂名乙烯、福建炼化一体化、海南炼油、青岛炼油、燕山炼油、广州炼油、扬子PTA改造、珠三角成品油管线、鲁皖成品油管线和仪长原油管线等一批重大基建、技改项目顺利推进。在引进工作中，严格执行国家有关招投标的法律和法规，全年招标173项，其中164项为网上国际公开招标，中标金额2.06亿美元，节约费用率为19%。

（许长胜）

【单机与备品配件及材料进口】 2005年，石化集团公司进口单机、设备、机械、仪器仪表、备品配件、钢材等合计金额4.41亿美元。

（许长胜）

【成品油出口】 2005年，石化集团公司完成成品油出口366万吨，其中汽油171万吨，煤油86万吨，柴油98万吨，润滑油等其他油品11万吨。中国石化已成为亚洲最大的成品油贸易商之一，成为香港机场第二大航空煤油供应商。

（许长胜）

【石化产品出口】 2005年，石化集团公司石化产品出口额24.69亿美元，同比增长44.46%。其中，石蜡15.07万吨、石油焦38.11万吨、合成树脂9万吨、化肥6.54万吨、合成纤维1.42万吨、催化剂4 836吨。

（许长胜）

对外经济合作

【境内油气勘探开发】 2005年，中国石化境内在执行油气资源投资合作项目4个，即与美国EDC公司合作的胜利埕岛西A区块开发项目、与马来西亚云顶石油公司合作的胜利桩西油田提高采收率项目、与美国微生物能源公司合作的胜利罗家义64区块开发生产项目、与美国BJ公司合作的胜利单井改造增产项目。2005年，外国合同者共计完成投资3 819万美元，生产原油73万吨，外方获得份额油38.34万吨。

（卫　东）

【海外油气勘探开发】 2005年，中国石化加快了实施“走出去”资源战略步伐，海外新项目开发成效显著。

全年共跟踪评价各类投资机会101个，完成签约项目12个，其中6个新开发的项目当年进入实施阶段，包括：加拿大油砂权益收购项目、俄罗斯萨哈林Veninsky区块勘探项目、加蓬G4－188区块勘探项目、LT 2000区块勘探项目以及Awoun区块和Ozigo区块权益转让项目。这些项目分布在北美、俄罗斯、西非等世界主要产油区，进一步完善了中国石化的海外战略布局。

2005年，中国石化海外勘探工作也取得重要进展。共完成二维地震1.89万千米，三维地震2 304平方千米，完成探井65口、评价井35口、总进尺15.8万米。油气勘探工作科学、合理、层次清晰，苏丹3/7区块、哈萨克斯坦FIOC公司属下区块、澳大利亚AC/P－21区块、也门S2区块和安哥拉18区块的勘探开发工作取得重要发现和新进展。全年新增权益石油可采储量1 623.54万吨，权益探明石油地质储量5 518.31万吨。

截至2005年底，中国石化共有海外油气勘探开发项目40个，分布在非洲、中亚、中东、东南亚、俄罗斯和美洲，中国石化海外油气资源战略布局已基本形成。

（丛培信　姜春辉）

【一体化合作进展顺利】 2005年中国石化充分发挥上中下游一体化优势，促进海外一体化投资项目的发展。集矿采、萃取、沥青油改质为一体的加拿大北极之光油砂项目签约之后，进展比较顺利；初步确立了印尼、安哥拉等国上下游一体化合作的框架，为进一步拓展合作空间创造了良好的外部环境。

（曾凡礼　卫　东）

【海外工程技术服务】 2005年，中国石化海外工程技术服务项目开发、执行能力取得重大提高，并逐步向大型化、EPC等方向发展，海外市场扩展到26个国家，盈利能力继续提高。

2005年执行海外石油工程服务合同147个，新签合同额7.29亿美元，完成合同额5.19亿美元。工程技术服务涵盖钻修测固录、地震数据采集处理、地面建设等多个领域，海外石油工程技术服务队伍新增88支，总数达到191支。

2005年新签海外炼化工程合同额3.52亿美元。上海工程公司、第二建设公司和克瓦纳(荷兰)公司组成的石化集团—克瓦纳联合体，以7.5亿美元中标沙特聚烯烃EPC总承包项目(业主为沙特基础工业公司)。该项目是中国公司承揽的海外最大单一炼化工程项目。海外新建、改扩建炼化项目的工程技术服务也取得新进展。

（卫　东　王倩倩）

【苏丹3/7区原油外输管线B1段项目顺利完工】
苏丹3/7区原油外输管线B1段项目是中国石化与马来西亚矿业公司、美国Willbros公司组成联盟，共同投标的项目。管道长483千米，合同额5 531万美元。该项目由国际石油工程公司牵头签约，以中原油田为主，联合江汉油田共同施工。2005年10月27日该项目顺利完工，在整个苏丹3/7区原油外输管道项目4家国际总承包商中创造了“开焊时间第一，一次焊接的成功率第一，青尼罗河定向穿越一次成功，机械完工最早”4个第一，并取得了良好的经济效益。

（王倩倩）

【炼油化工合作项目】 2005年，洞氮煤气化等合资项目工程建设施工进展顺利。上海赛科和扬—巴两个大乙烯项目已经正式投入商业运营。上海高桥—SK溶剂有限公司运营进展顺利。福建炼化一体化项目合资合同已基本完成商务部预审工作，正全面展开建设前期工作。天津大乙烯项目、镇海大乙烯项目可行性研究报告已正式获得国家发改委核准，正抓紧开展与外方的合资合作洽谈工作。燕山石化拟与日本三菱合资合作的双酚A和聚碳酸酯项目已正式签署了合资意向书。齐鲁石化拟与英国BOC公司合资合作的空分项目已正式签署了合资意向书，并已编制完成了可研报告待批。拟与沙特阿美合资的青岛大炼油项目正在开展合资合作洽谈。2005年还新设立了与英国BP公司合资的南京扬子石化碧辟乙酰有限责任公司等一批中外合资公司，一批新的炼油化工合资合作项目前期工作进展顺利。

2005年新设立合资公司见表1。

（戴立起　曲　直）

【成品油零售】 2005年，中国石化壳牌(江苏)石油销售有限公司、中国石化碧辟(浙江)石油有限公司已正式投入运营。国家发改委已委托中咨公司对福建—埃克森美孚/沙特阿美成品油营销合资项目联合可行性研究报告的评估工作，评估工作正式完成并出具了评估报告。该项目合资合同的谈判工作基本完成。

境外成品油零售投资取得进展，2005年累计中标了香港政府招标的11座加油站用地项目，4座加油站已投入运营，其余7座加油站正在建设之中。

（戴立起　曲　直）

表 1 **2005 年新设立合资公司一览表**

合资企业名称	中外投资方	投资总额	中外各方投资股比	投资方式	设立时间
南京扬子石化碧辟乙酰有限责任公司	中国石化、英国 BP 化工投资有限公司	13.8 亿元人民币	50:50	资 金	2005 年 11 月 3 日
仪化宇辉化纤有限公司	仪征化纤股份公司、美国 UNIFI 公司	9 000 万美元	50:50	中方以实物出资，外方以资金出资	2005 年 8 月 1 日

国际科技合作

【国际科技合作】 2005 年，中国石化继续加强国际科技交流与合作。在上游领域，与法国 IFP 子公司 Beicip-Franlab 就缝洞型油藏研究进行合作；与美国科罗拉多矿业学院就油藏表征项目进行合作；与英国帝国理工大学成立油藏地球物理联合研究中心；与英国地质调查局合作开展各向异性研究。

在炼油领域，与 UOP 合作开展对二甲苯吸附分离吸附剂合作项目，签署了 MaxEne 技术合作协议，并开展代理甲苯歧化催化剂合作；与英国润英联公司合作开发Ⅱ类加氢润滑油添加剂配方；与美国石韦公司合作推广中国石化催化裂解技术。

在石化领域，与美国鲁姆斯公司继续推广乙烯裂解炉及开展新乙烯回收技术开发；与美国安格公司签署石油化工和炼油催化剂领域长期合作协议；与英国 BOC 公司签署原则合作协议，在上海建立联合实验室；与美国 GTC 公司就苯乙烯抽提技术开展合作；与圣戈班公司合作开发环氧乙烷银催化剂载体。另外，与康菲公司在石油勘探和炼油技术推广方面开展合作。

（张宝幸　张宏炎）

【技术出口】 2005 年中国石化技术出口总额 1 612.8 万美元，其中，炼油化工技术、技术咨询等技术出口 138.7 万美元，炼油、石化高技术产品出口 1 474.1 万美元。

（张宝幸　张宏炎）

外 事 管 理

【世界 500 强排名】 外事局会同相关部门，及时提交集团公司申报美国《财富》杂志全球 500 强企业年度排名所需的各种数据和文字材料，并跟踪落实排名进展情况。2005 年石化集团公司此项排名为第 31 位，系中国企业参与该项排名以来获得的最高名次，有力地宣传了中国石化的综合实力和整体形象。

（宋尚涛）

【高层国际间互访】 2005 年中国石化共组织总部高层领导出访团组 42 个，访问了 43 个国家和地区。其中包括陈同海陪同胡锦涛主席出访俄罗斯、王基铭陪同曾庆红副主席访问墨西哥等拉美 5 国。高层领导出访有力地推动了中国石化在这些国家和地区开展上中下游一体化合作的进程，提高了中国石化对外合作的深度和广度。

2005 年共组织重大外事活动 369 场次。其中安排温家宝总理、黄菊副总理等国家领导人会见重要外宾 6 场次；安排上海赛科 90 万吨/年乙烯工程投入商业运行仪式等重大涉外签字仪式和开工仪式活动 14 场次。接待国外政府要员以及跨国公司高级代表团来访 121 场次，包括古巴政府部长卡布里萨斯先生、沙特石油部长纳伊米先生、英国 BP 集团首席执行官布朗勋爵等。

（宋尚涛）

【出国(境)团组管理和服务】 2005 年全系统出国(境)工作总体运行高效、顺畅，未出现大的失误。全年共审理全系统各类外派团组 2 173 个(含“双跨”团组 113 个)，合计 12 507 人次；批准派出团组 2 162 个(含“双跨”团组 112 个)，合计 12 452 人次；实际派出团组 1 736个，合计 11 610 人次。派出团组涉及 86 个国家和地区。其中，审批外派劳务团组 262 个，合计2 904 人次。在外工程劳务和常驻人员有近 2 460 人。

为了帮助企业做好涉外工作，外事局组织编发了《集团公司因公出国(境)人员手册》，并及时印发《外事管理工作情况通报》和《外事工作简讯》等，为各企事业单位外事部门提供外事管理指导性意见和相关的信息。

（宋尚涛）

【处理境外突发事件应急机制】 为采取有效措施，切实保障中国石化外派人员安全，针对全系统上游企业外派队伍人员多、分布广的特点，从5个方面加强管理，具体落实应急机制：一是将全系统所有因公出国(境)团组和人员纳入外事归口管理，坚决治理从地方或其他渠道申办；按照国家有关部门通报和预警要求，不派团组前往面临社会动荡、危险的国家(地区)；严格控制派往热点和政治敏感国家(地区)的团组，做到防患于未然。二是建立了全系统、境内外处理境外突发事件应急通讯网络，明确各层面的组织分工、联络方式、报告程序等，确保遇有紧急情况时能及时取得联系并实施紧急救助。三是强化外派人员安全意识和出国(境)前的外事教育。四是重点抓好上游和工程建设、施工单位境外应急体系的具体落实。五是坚持实行动态报告制度，提高外派团组受控程度。由于全系统上下高度重视，各项管理措施到位，在2005年发生的东南亚海啸、伦敦地铁系列爆炸、美国卡特里娜飓风、苏丹和吉尔吉斯国内骚乱等一系列事件中，中国石化境外人员得到了有效的防范保护，没有发生意外伤害事件。

(宋尚涛)

【境外机构管理】 2005年，中国石化按照“统一规划、统一报批、先急后缓、分步实施”的原则，认真实施境外代表处整体规划布点方案。重点完成了中东、伊朗两个代表处的筹建工作；依托现有境外机构，完成了欧洲、英国和东南亚3个代表处在当地的注册工作。在巴西设立南美代表处的申请已获商务部批准，现已进入筹建阶段。

为了使境外机构管理工作更加规范，建立健全了有关规章制度，拟定并实施了《境外机构管理暂行办法》、《境外代表处财务管理规定》和《境外代表处常驻人员薪酬福利待遇临时办法》。完成了中国石化境外代表处部分外派人员的选拔，建立了外派人才储备库，第一批11名外派人员在外事局进行了专项系统的培训，经考核合格后派往境外工作。

继续加强境外机构的日常管理。总部派出检查组进行专项检查，指导工作，完成了2005年度境外投资联合年检和综合绩效评价工作。参加年检的境外企业31家，被评为一级和二级的有28家。

全年共办理全系统境外机构(包括公司、项目部等)设立申请20项，其中15项已获商务部批准。

(宋尚涛)

【国际会议和国际展览】 2005年，中国石化组织参加和承办国际会议共35个(国内24个，国外11个)，国际展览8个，为历年最多。其中第一届中阿合作论坛企业家大会、《财富》全球论坛第9届年会、第18届世界石油大会、首届欧亚经济论坛、中美关系研讨会、中国发展高层论坛等会议受到了中外各界的普遍关注，党和国家主要领导人到会，中国石化主要领导出席了上述会议，发表演讲并与媒体见面，在宣传中国石化、树立中国石化品牌方面取得良好效果。

为加强全系统国际会议、国际展览的归口管理工作，集团公司加大了统一中国石化会展品牌力度，不断规范国际会展的立项、报批、组织实施的工作程序，加强与相关部门的沟通与协作，努力提高参会参展效果，取得了积极成果。如在第18届世界石油大会期间举办的“首届南部非洲国际石油天然气展览会”期间，国外公司共提出近40项与中国石化的合作意向，其中涉及上游勘探及工程项目14项。

(宋尚涛)

【外国专家管理和国外培训】 为了适应中国石化国际化经营战略的发展需要，2005年共组织派出培训团组63个、910人次，到国外大企业、高校和有关机构进行各项专业技术培训和研修。

在外国专家管理方面，认真贯彻和落实国家外国专家局有关引智工作的最新工作规定和政策，指导企业开展引智工作。2005年在中国石化各企事业服务的经济技术和文教专家共493人，参与生产经营管理工作和教学工作，对中国石化的发展起到了积极的促进作用。

(宋尚涛)

科研开发与管理

- 综述
- 科技成果
- 新产品开发和产品结构调整
- 技术市场
- 知识产权保护
- 技术监督
- 信息技术应用与管理

综　述

2005年，通过开展保持共产党员先进性教育活动和学习侯祥麟同志先进事迹，广大科技人员以更强烈的责任意识，紧紧围绕主业，推进科技体制改革，优化科技资源配置，投身研究开发，开展科技攻关，组织成果推广，取得了可喜成绩。

一、“十条龙”科技攻关取得新成果

全年有10个“十条龙”项目完成攻关任务，形成工业化成果。其中鄂北塔巴庙气藏开发关键技术攻关，形成了低压低渗储层三维预测及相应的气藏综合评价和储层改造技术，为建设10亿立方米产能、2005年7月正式向北京供气提供了扎实的技术支持。地质导向钻井技术在胜利油田开发成功，水平段油层平均有效延伸率达到94.4%，识别油层厚度精确到1米，可有效开发常规钻井技术难以开采的薄油层、厚油层顶部剩余油藏等复杂油气藏。该技术在25口井应用，投产成功率100%，单井产能为周围直井的3倍以上。降低汽油烯烃同时增产丙烯的催化裂化新工艺(MIP-CGP)，实现了裂化反应深度和反应类型的有效控制，不仅能生产烯烃含量小于18%(体积)的汽油组分，同时丙烯产率可提高到8%(质量)以上，镇海炼化采用该技术对180万吨/年催化裂化装置改造后年增效2亿多元。20万吨/年乙苯/苯乙烯成套技术，首次将低苯烯比中段循环液相烷基化新工艺用于大型乙苯装置，使苯烯比降为3.5，在齐鲁石化建成的工业装置已平稳运行一年多。

二、关键技术开发取得新进展

全年有20多项关键技术开发取得了新进展。其中油藏综合地球物理技术，已形成井间地震等8项技术，对目的层的分辨能力由15米提高到4—6米，对圈闭的识别能力由0.3平方千米提高到0.04平方千米，提高了油藏模型和模拟的精度，为老区提高采收率提供了有力技术支撑。二元复合驱先导试验，已取得明显的降水增油效果，试验区平均原油日产量由36吨上升到150吨，综合含水由98.2%下降到92.8%，累计增油2.8万吨。150万吨/年单段全循环加氢裂化成套技术，克服了传统单段加氢裂化技术起始反应温度高、对原料油变化适应性差等不足，具有中馏分油收率高、化学氢耗低、产品质量好等优点，初步标定综合能耗比常规工艺低25%。乙烯成套技术，茂名乙烯改造中采用的7台SL型裂解炉及乙烯分离部分的详细设计已基本完成。乙烯裂解炉强化传热技术在燕山石化试验取得可喜成绩，以石脑油为原料，辐射段炉管管壁温度同比下降20℃以上，清焦周期从50天延长到105天；以重柴油为原料，清焦周期达到56天，运行周期延长27%，处理量提高7%。己内酰胺成套技术，实现了环己酮制环己酮肟、三级重排、己内酰胺精制等新工艺技术的工业应用，巴陵分公司基本实现14万吨/年生产能力扩建目标。

三、科技成果推广应用取得新成效

一批科技成果加速推广应用，取得新成效。其中陆相隐蔽油气藏勘探技术，在胜利油田广泛推广应用，2005年新增隐蔽油气藏探明储量5 895万吨，占当年探明储量的73.6%；在河南油田泌阳地区推广，3年累计新增隐蔽油气藏探明储量3 334万吨。复杂断块油田提高采收率技术，在69个区块推广应用，3年增加可采储量2 241万吨，增产原油263万吨，胜利、江苏、中原油田应用区块采收率分别提高了3.7、4.8和3.3个百分点。增产异构烷烃的催化裂化(MIP)新工艺在7套装置推广应用，催化汽油选择性加氢技术和蜡油加氢预处理技术分别在4套装置推广应用，为企业汽油质量升级提供了技术保证。芳烃抽提技术，作为上海赛科乙烯项目中惟一采用的中方技术，在55万吨/年装置一次投料开车成功，各项考核结果均达到和超过了合同规定的性能保证值。磁稳定床加氢精制技术，在世界上率先实现非晶态合金催化剂和新型磁稳定床反应器工业化应用，获得国家发明一等奖，为今后开发新的化学反应工程技术奠定了基础。石家庄己内酰胺装置应用这一技术年增效3 000多万元。声波法输油管防盗油监测技术，在中原油田3条管线推广应用，被打孔数量下降了90%，年减少原油损失3 000余吨，保证了管道的安全运营。

四、新产品开发和产品结构调整取得新进展

为“神舟”6号飞船遨游太空提供了7个牌号的润滑油、润滑脂产品。全年开发了埋地排水管用聚乙烯专用料、吸湿干爽型涤纶短纤维、极性化SBS等三大合成材料新牌号40余种。合成树脂专用料比例达56.2%；合纤差别化率达51.9%。

五、质量、标准化工作又上新台阶

汽油组成与满足欧Ⅲ排放标准的关系研究的成果，已被国内汽车行业、环保部门接受，为制定符合国情的满足欧Ⅲ排放标准的汽油标准奠定了基础。发布实施了油田企业安全、环保标准，统一了润滑油产品标准，起草了“三基”工作管理标准。齐鲁分公司的齐鲁牌烧碱、湖北化肥分公司的长江牌尿素获得国家名牌产品，润滑油分公司的长城牌润滑油、镇海炼化股份公司的东海牌尿素取得了国家免检产品证书。全年监督抽查十大类石油与石油化工产品，总合格率达98%，其中车用无铅汽油、轻柴油、合成树脂、合成橡胶等主要产品质量100%合格。

六、科技体制改革迈出新步伐

成立了中国石化塑料技术中心(PTC)，统一管理分散在燕山石化、齐鲁石化、扬子石化、茂名石化、上海石化等企业的塑料加工应用研究资源，组织合成树脂产品开发、加工应用以及市场技术服务工作。勘探开发研究院荆州所和合肥所的科研力量全部并入无锡所，资源集中的优势显现，促进了海相油气理论与技术的研究。上海石化科技开发公司并入上海石化研究院的重组工作全部完成，科研队伍的融合加快了技术开发进程，高活性、清洁型 SAC - 2000 丙烯腈催化剂在上海石化 13 万吨/年装置上一次投料开车成功。完成了催化剂分公司业务重组，新公司运作正常，重组第一年就实现了催化剂销量和效益双增长，催化剂科研、生产和技术服务工作的新格局已经确立。按进一步提高科研开发集中度形成三大科研开发平台的要求，启动了中国石化科学技术研究中心的筹建工作。

2005 年度共鉴定科技成果 288 项。申请国内专利 1 037 项，获得授权 824 项；申请国外专利 61 项，获得授权 44 项。“非晶态合金催化剂和磁稳定床反应工艺的创新与集成”获得国家技术发明一等奖，另获国家发明二等奖 1 项，获国家科技进步二等奖 9 项。此外，还评出中国石化集团公司科技进步奖和发明奖共 138 项，成果丰硕。

（卢衍波）

科技成果

【概述】 2005 年石化集团公司和石化股份公司共取得重大科技成果 353 项。授予中国石化集团公司科技进步奖的科技成果 134 项，其中一等奖 16 项、二等奖 35 项、三等奖 83 项，授予石化集团公司发明奖的科技成果 4 项，其中二等奖 2 项、三等奖 2 项。这些获奖项目为集团公司和股份公司的技术进步、增加经济效益、提高市场竞争力作出了重要贡献。科技成果获奖名单见附录 1。

（马　燕）

【鄂北地区地震叠前、叠后综合反演技术研究】 围绕鄂北地区油气储层层系多、厚度薄、横向变化大且发育多层煤系地层等特点，充分利用各种地球物理手段来获取丰富的地球物理信息，展开储层岩性、物性及含气性的综合研究，在测井资料的解释方法及致密含气砂岩的岩石物理学、储层模型正反演、叠前保幅处理、叠前和叠后反演等方面取得了技术创新。所形成方法的技术思路、技术路线和技术组合在鄂北地区三维地震储层预测中首次应用，已先后完成了大牛地气田大 11 井区、大 16 井区、石板太工区的储层综合预测项目。根据预测结果提交的 9 口井全部钻遇所预测盒 3 段、盒 2 段底砂岩并获得高产工业气流，其中 DK 13 井盒 3 段无阻流量达 58 万米^3/日，创本区最高纪录。项目的研究成果对鄂尔多斯盆地大牛地天然气的勘探开发起到了指导和强有力的促进作用，产生了不可估量的社会经济效益，并将在目前该地区天然气的滚动开发和下一个 10 亿立方米产能建设中发挥巨大作用。该项目获 2005 年度石化集团公司科技进步一等奖。

（王锡洲）

【胜利滩海地区油气富集规律及勘探目标研究】 主要开展了基本石油地质特征研究，提出了胜利滩海地区为多期次构造运动叠加、具有早升早降的运动学特征和雁行排列的几何学特征的北西向潜山披覆构造带。开展了油气富集控制因素研究，提出了“多期充注、晚期为主、复式成藏”的油气运聚规律，指出馆陶组及明化镇组是滩海地区的两个主要成藏期。开展了油气成藏模式及富集规律研究，建立了胜利滩海地区潜山披覆构造带、陡坡带、洼陷带及缓坡带等 4 种不同类型构造带的油气成藏及富集模式。对滩海地区勘探经济评价标准进行了研究，完善了针对不同类型储集体的勘探技术。进行了勘探潜力及勘探目标研究。在勘探程度及勘探潜力分析的基础上，以寻找大中型油田为目标，提出了有利的勘探目标，指出了勘探方向。研究成果在桩海等地区的勘探中得到应用并取得了重大突破。2002 年以来，共部署各类探井 130 口，已完钻探井 70 口，获工业油流井 43 口，电测解释油气层井 58 口，探井成功率 82.8%。滩海地区累计上报石油地质储量 2.37 亿吨，其中，新增探明石油地质储量 1.05 亿吨，取得了极大的经济效益和社会效益。该项目获 2005 年度石化集团公司科技进步一等奖。

（王锡洲）

【川东北、鄂西渝东区块有效储层预测研究】 项目在有效储层预测技术上以飞三段、长兴组、黄龙组储层高精度层序地层学、沉积相和储层特征研究为基础，建立了飞三段、长兴组、黄龙组储层预测地质模型，对上二叠统与下三叠统界线进行了合理划分，指出位于两者间的一套白云岩时代归属长兴晚期；确定了川东地区生物礁规模、组成、特征，建立了台地边缘礁滩沉积模式；总结了各层系储层岩性、物性及其分布特征，建立了三叠系飞仙关组及石炭系黄龙组的储层地质模式及地震识别模式；建立了一套完整储层预测研究思路和方法；开发了“孔隙度曲线重构波阻抗”反演方法；提出两种全新的概念——“背景偏转距离”和“背景偏离距离”。

在高分辨率地震采集技术上，形成了一套以双井微测井为主、微电法测井等为辅的“分区表层结构调查”新方法和“四高、两埋、两量化、一组合、两措施”的复杂山地高分辨率地震采集工艺技术；形成了盒子波技术和宽线(含小宽线)、小道距高覆盖、可变CMP线元、反射—折射联合、长排列接收与广角反射地震观测技术；研究了碳酸盐岩的力学特征、地震波的激发、接收与传播规律，形成了一套有效提高地震资料品质的地震采集工艺技术，概括为“一小、一高、一长、二优”。

研究成果在川东北区块宣汉—达县地区、通南巴地区以及鄂西—渝东地区、川东南等地区得到了广泛应用，发现和落实了普光、毛坝、老君山、清溪场、大湾、双庙、河坝、黑池梁、马路背、太平、龙驹坝、黄泥堂等构造—岩性圈闭，提出了38口井位意见，采纳28口，其中普光2井和4井、毛坝3井、河坝1井完井测试，在长兴组和飞仙关组均获得高产工业气流；双庙1井在嘉陵江组二段中途测试，也获高产气流。2004—2005年累计新增探明储量1 855.04亿立方米(含鄂西渝东区)，控制储量1 322.37亿立方米(含鄂西渝东区)。该项目获2005年度石化集团公司科技进步一等奖。

（王锡洲）

【西部新区油气勘探潜力及战略选区评价研究】 为了有效地实施中国石化西部油气资源战略，实现重点区带、区块油气勘探突破，加快西部新区勘探进程，为勘探决策、规划部署提供理论依据，主要开展了中国石化西部新区油气地质基础研究与战略选区研究，提出了以海西早期、海西晚期、燕山中期运动为界线将显生宙以来西部区域构造与盆地演化划分为三大全球构造域控制的四大旋回的新观点；提出了按盆地的旋回性和改造程度对西部盆地群进行分类的新思路；提出了塔里木盆地下古生界烃源岩具二次生烃条件，沥青砂岩为优质烃源岩的观点；自主开发了以地理信息系统为平台的勘探图件数据库；基本形成了西部新区“选盆—选坳—选带—选点”的地质评价理论，初步建立了适合西部油气勘探的地质评价技术系列。开展了中国石化准噶尔盆地新区勘探潜力分析与目标评价研究，发现和解剖了车莫古凸起；重点建立了侏罗系层序地层格架；基本明确了主力烃源岩平面分布及资源潜力，划分了含油气系统；在三次资源评价基础上计算出准噶尔盆地中国石化新登区块的油气资源总量为24.00亿吨油当量；隐蔽圈闭研究取得重大进展，隐蔽圈闭油气勘探取得重大突破。开展了中国石化塔里木新区勘探潜力分析与目标评价研究，以原型盆地和盆地构造演化为研究主线，系统地研究全盆的油气地质基本特征和油气资源潜力，分区带、分层次地深入研究各中国石化区带的成藏主控因素，对圈闭目标进行综合评价与排队，并提出近期和中长期中国石化塔里木新区的勘探部署方案和勘探部署思路、原则和建议。编制了各类图件500张，为塔里木盆地尤其是中国石化塔里木新区提供了一整套较完整的工业制图(167张)。

技术成果的应用，在准噶尔盆地中部1区块莫西庄地区提交探明石油地质储量2 059万吨(其中可采石油储量391万吨)，探明天然气地质储量22.86亿立方米(其中可采天然气储量4.35亿立方米)；控制石油地质储量2 807万吨，控制天然气地质储量38.16亿立方米。在准噶尔盆地腹部及南缘的永1、达1、董1井区提交预测石油地质储量6 032万吨，预测天然气地质储量583.74亿立方米。在塔里木新区，2003年提交了预测石油储量281万吨，预测天然气储量405.79亿立方米；孔雀河地区维马克构造提交预测天然气储量209.99亿立方米。截至2004年底，在卡塔克1区块中1井区提交控制石油地质储量346万吨，控制天然气地质储量217.55亿立方米；控制石油可采储量104万吨，控制天然气可采储量87.02亿立方米。该项目获2005年度石化集团公司科技进步一等奖。

（王锡洲）

【复杂断块油田提高采收率技术研究】 项目针对复杂断块油田开发中存在的难题进行攻关研究，在复杂断块油田精细地质模型、复杂断块油田剩余油分布规律、复杂结构井地质和油藏工程设计技术、复杂结构井钻井工艺技术、复杂结构井完井和采油工艺技术、复杂断块油田井网层系优化技术、复杂断块油田高含水期分层注水工艺技术等方面取得了创新性成果。

技术成果在胜利油区东辛、现河庄、临盘等油田共59个区块进行应用，覆盖地质储量37 994万吨，平均提高采收率3.7%，增加经济可采储量1 403万吨。累积增油195.82万吨。在江苏油田通过调整及滚动扩边目标区块共新增可采储量323万吨，增建产能12万吨/年以上，累计增油33万吨。该项目获2005年度石化集团公司科技进步一等奖。

（王锡洲）

【生产汽油组分满足欧Ⅲ排放标准并增产丙烯的催化裂化工艺(CGP)的研究开发和工业应用】 石油化工科学研究院、九江分公司、镇海炼化股份公司、洛阳工程公司、催化剂齐鲁分公司开发的 CGP 技术已经工业化。该技术采用了串联提升管反应器型式的新型反应系统，同时开发了专用催化剂以及相应的工艺条件。串联提升管分为两个区，第一反应区以单分子反应为主，第二反应区则以氢转移反应和异构化反应为主，适度进行双分子裂化反应。通过优化催化裂化的单分子反应和双分子反应，可减少干气和焦炭的产率，改善产品分布；在双分子裂化反应和氢转移反应的协同作用下，汽油中的烯烃转化为丙烯和异构烷烃，汽油中的烯烃大幅度下降，同时汽油的辛烷值保持不变或略有增加。

工业试验结果表明，CGP 工艺技术不仅可以生产烯烃含量满足欧Ⅲ排放要求的汽油组分，同时可以大幅度提高催化裂化过程的丙烯产量，因而具有很好的社会效益和经济效益，具有广阔的推广应用前景。该项目获 2005 年度石化集团公司科技进步一等奖。

（杨　哲）

【润滑油高压加氢 RHW 技术的开发与应用】 由石油化工科学研究院、工程建设公司等单位承担的润滑油高压加氢 RHW 技术已经成功工业应用。RHW 全氢型润滑油生产技术由加氢处理—临氢降凝/加氢后精制三部分构成。加氢处理采用双功能催化剂 RL－1，脱除硫、氮，饱和芳烃，提高油品黏度指数；临氢降凝采用择形分子筛催化剂 RDW－1，选择性裂解高凝点烃类，降低油品倾点；加氢后精制采用精制催化剂 RJW－2，进一步饱和芳烃，改善油品颜色与氧化安定性；该技术解决了各系统运转周期匹配的难点，投产一次成功，生产出高质量橡胶填充油和 150 BS 光亮油。中国石油克拉玛依石化公司 30 万吨/年工业装置以减压馏分油和轻脱油为原料，省去加氢脱酸、糠醛精制，简化了流程。该装置第一周期平稳运转二年半，产品质量达到国家或企标优级品标准。该装置为首套采用有自主知识产权的全氢法的润滑油生产装置，取得了良好的经济效益和社会效益。该项目获 2005 年度石化集团公司科技进步一等奖。

（郭　群）

【上海 F1 国际赛车跑道专用沥青国产化应用开发】 镇海炼化股份公司、上海沥青销售分公司共同完成了上海 F1 国际赛车跑道专用沥青的开发。开发的 F1 赛道承重层和黏结层专用沥青，是以沙特中质原油为原料，通过常减压蒸馏深拔、优化减压渣油氧化工艺条件生产而成，产品性能符合 F1 赛道专用沥青要求；开发的 F1 赛道磨耗层专用 SBS 改性沥青，以沙特中质原油和伊朗轻质原油的减压渣油混合调配得到的沥青为基质沥青，采用优选的 SBS 改性剂并合理调控添加比例，通过优化高剪切物理分散工艺条件和添加化学稳定剂改性制得。2004 年 6 月上海 F1 赛道已通过国际汽联组织的验收，被评为一级赛道。2004 年和 2005 年两年 F1 大奖赛的实际应用表明该产品具有良好的使用性能和耐久性。上海 F1 国际赛道专用沥青的国产化开发及成功应用，表明中国石化“东海”牌沥青已进入国际上最高端沥青产品市场，这标志着中国石化在沥青材料技术和品质上又上了一个新台阶，对扩大中国石化沥青产品的应用领域、提升中国石化“东海”品牌形象、进一步提高中国石化知名度都具有现实意义，具有很好的经济效益和社会效益。该项目获 2005 年度石化集团公司科技进步一等奖。

（万升龙）

【FC－12 和 FC－24 多产化工原料型加氢裂化催化剂研制和工业应用】 抚顺石油化工研究院、扬子石化、上海石化、天津分公司共同完成了 FC－12 和 FC－24 多产化工原料型加氢裂化催化剂研制和工业应用。FC－24 是新一代高选择性轻油型加氢裂化催化剂。在转化率、体积空速、反应压力基本相同的条件下，FC－24 催化剂反应温度比上一周期使用的 3905 催化剂低 14.9℃。在扬子石化 200 万吨/年加氢裂化装置上的工业应用结果证明，FC－24 具有活性高、重石脑油选择性好、碳五以上液收高、氢耗低等特点，是化工型炼厂最大量生产化工石脑油和加氢尾油的理想催化剂，具有很好的应用前景。

FC－12 催化剂是灵活型加氢裂化催化剂。该催化剂以耐氮性能强、对温度敏感性好的改性 Y 型分子筛为裂化组分，以金属钨—镍为加氢组分，采用酸胶溶新技术制备。该催化剂可按中油型或轻油型方案运行，能满足用户的不同需求。FC－12 催化剂在上海石化高压加氢裂化装置工业应用的结果表明：该剂具有适宜的活性、较高的选择性、良好的生产灵活性和优异的活性稳定性，可在主要目的产品——重石脑油产量满足需要的前提下，多产高质量中馏分油和低 BMCI 值的加氢裂化尾油。该项目获 2005 年度石化集团公司科技进步一等奖。

（刘冀一）

【开发建设 10 万吨/年大型裂解炉】 该项目由北京燕化股份公司、工程建设公司、北京化工研究院和南京工业炉联合所共同承担，于 2004 年 2 月 23 日通过石化股份公司的技术鉴定和国家发改委的验收。10 万吨/年大型裂解炉采用了单辐射段结构、二程高选择性2－1炉管构型、对流段二次注汽和一级急冷的浴缸式锅炉等工艺技术，具有原料适应性广、裂解性能好和热效率高等优点。2000年9月22日，10万吨/年裂解炉投料开车一次成功。这两台裂解炉自建成投产以来，一直作为燕化乙烯生产的主力炉。3年多的运转和工业考核结果表明，该型裂解炉裂解性能好，具有良好的原料适应性，特别对馏程范围宽、终馏点高的重柴油和加氢尾油等重质原料具有良好的裂解性能。乙烯收率、丙烯收率、热效率及运行周期都达到了设计值，满足了燕化第二轮改扩建的需要，也创造了可观的经济效益和社会效益。燕化10万吨/年大型裂解炉的开发成功，填补了国内在大型裂解炉技术方面的空白，并在国内获得大面积的推广应用，增强了我国乙烯技术的竞争力，为进一步开发自主乙烯技术奠定了坚实的基础。该项目获2005年度石化集团公司科技进步一等奖。

（袁霞光）

【15万吨/年聚酯三釜流程成套技术开发】 上海石化在成功开发400吨/日聚酯三釜流程工艺包的基础上，采用自动升压外循环酯化反应器、新型封闭结构和鼠笼支撑与壳体一体化设计的终缩聚反应器、国产化成套乙二醇真空喷射泵以及酯化废蒸汽热能的再利用、热媒就地闪蒸工艺技术等独创技术，开发出15万吨/年三釜流程聚酯成套技术，并申请了3项发明专利，建成了15万吨/年聚酯装置。装置设备国产化率达到了80%以上且运行可靠，主要经济指标达到国际先进水平，能耗89千克标油/吨产品，质量合格，“三废”排放符合环保要求，装置总投资比引进技术降低15%，节约投资近2亿元，总体技术达到国际先进水平。该项目获2005年度石化集团公司科技进步一等奖。

（刘洪斌）

【3.75万吨/年天然气制乙炔国产化成套技术开发】 四川维尼纶厂在20世纪70年代引入德国巴斯夫成套技术基础上，经过消化吸收、创新发展，利用多年现场生产积累的技术经验和技术改造成果，包括在工艺改进、设备改造、操作优化、自控升级等方面的技术创新和技术开发形成的专有、专利技术，开发了3.75万吨/年天然气部分氧化裂解制乙炔成套技术。主要技术创新点：优化乙炔炉运行参数，解决乙炔炉早期着火问题，原来可运行1个月，现可运行200多天；优化提浓系统工艺控制，特别是解决减少聚合物的沉积，增加提浓运行周期；对烧嘴、扩散道、高压湿式除尘器等20多个设备国产化，效果良好；先进控制系统的应用，提高了装置安全可靠性。装置能耗物耗指标先进，整体上达到了国际先进水平，取得了良好的经济效益。该项目获2005年度石化集团公司科技进步一等奖。

（刘洪斌）

【低氢烃比高空速HLD－001甲苯歧化与烷基转移催化剂研制与工业应用】 由上海石油化工研究院等单位开发的HLD－001甲苯歧化与烷基转移催化剂，以高硅丝光沸石为主的混合共生分子筛为活性主体，通过添加助催化剂、改善助催化剂组分的分散状态、优化制备工艺等措施，增强催化剂的抗结炭能力，提高催化剂的活性和选择性。在洛阳分公司与天津分公司的工业试验结果表明，HLD－001催化剂在空速2.0时$^{-1}$、氢烃比3.7的条件下，转化率为46.5%，选择性达92.3%，同时具有处理高碳十芳烃的特点，催化剂在低氢烃比和高空速条件下，具有优异的活性和选择性，综合性能达到国际领先水平。HLD－001催化剂的成功开发与应用，使得国内现有歧化装置的大幅度扩能成为可能(可增加产能30%—40%)。对新建装置而言，可较大幅度降低关键设备尺寸，节省设备投资，降低能耗物耗。该项目获2005年度石化集团公司科技进步一等奖。

（袁霞光）

【炼油企业节水减排成套技术攻关】 该技术由镇海炼化股份公司和燕山分公司等单位完成。形成的技术：炼油装置热联合网络技术、炼油装置低温热能综合利用技术、高温蜡油和渣油储存技术、汽轮机凝汽空冷技术、炼油工艺水串级使用和重复使用技术；外排污水回用技术：达标外排污水适度处理工艺、使用回用污水的循环水水处理技术与工艺、微生物控制技术及药剂、外排污水深度处理技术及工艺、再生水“超滤—反渗透”双膜法脱盐技术与工艺；循环水高浓缩倍数运行技术：高含盐水质处理剂与工艺、高硬度水质处理剂与工艺、循环水运行自控技术；凝结水回收利用技术：凝结水除油除铁技术。这些技术的使用和工程技术改造，使镇海炼化股份公司吨油耗新鲜水从0.97吨降到0.42吨，加工吨原油外排污水从0.37吨降到0.07吨；燕山分公司吨油耗新鲜水从1.37吨降到0.67吨，加工吨原油外排污水从0.67吨降到0.44吨；镇海炼化股份公司污水回用率从10%提高到90%，燕山分公司污水回用率从10%提高到86.7%。具有显著的经济效益和环境效益，该项目获2005年度石化集团公司科技进步一等奖。

（贾鹏林）

【大型苯乙烯第一、第二脱氢反应器国产化研制】 上海工程公司等单位开发的齐鲁石化20万吨/年苯乙烯脱氢反应器，形成了具有轴、径向固定床结构的反应器，使催化剂的装填率提高了10%；采用双层架空多孔板代替了约翰逊网，结构简单、设备造价低；采用双流道组合与导流体分布器的设计，提高了径高比，使介质在催化剂中分布均匀；开发的异孔径、双射流、快混技术，满足了流体温差大、摩尔比高、停留时间短的设计要求；采用逆流蒸汽供热，使蒸汽温度从900℃降至850℃，减轻了设备材料应力；运用有限元分析和ANSYS分析软件，解决了大开孔的热胀应力和管道的设计应力；为解决高温脱氢反应引起的设备热膨胀，在各部件间采用可调的支撑结构；开发了设备的焊接工艺和焊材，解决了高精度深孔的熔焊问题。

该反应器设计的工艺条件由华东理工大学提出，上海工程公司承担工程设计，齐鲁机械厂制造，技术达到国际先进水平，净节资6 650万元。该项目获2005年度石化集团公司科技进步一等奖。

（贾鹏林）

【《石油化工技术进展》专著】 该书是国内第一部全面论述国内外石油化工技术进展的技术专著。它高度概括了石油化工技术的发展历程，凝练出具有突破性的代表技术，涵盖了中国自主开发的重大石油化工技术，全面、系统地论述了石油化工发展历程、各领域的国内外技术现状、最新进展和发展趋势。全书分为石油化工基础原料、主要有机化工原料、合成树脂、合成纤维、合成橡胶、石油化工相关精细化学品、化学工程与催化材料、环保及过程控制技术等10章，系统地反映了近年来国内外研究、开发、设计和生产方面所取得的最新研究成果及进展情况，共引用国内外至2001年发表的文献多达2 748篇。该专著注重理论与实践相结合、科研与生产相结合、工艺与工程相结合、导向性研究与应用性研究相结合、国内与国外相结合，具有较强的针对性、实用性、权威性和指导性。该项目获2005年度石化集团公司科技进步一等奖。

（马　燕）

【新型前脱丙烷前加氢催化剂BC－H－21开发和工业应用】 本项目由北京化工研究院承担，所开发的碳二馏分选择加氢催化剂BC－H－21适用于前脱丙烷前加氢流程。通过对催化剂进行改性、加入适宜的助催化剂、改进载体结构及活性组分负载方法、选用异型载体等措施，解决了前脱丙烷碳二馏分前加氢过程对催化剂高选择性、抗CO浓度波动性、稳定性的技术难题；降低了催化剂对CO浓度波动的敏感性，提高了催化剂的稳定性，降低了绿油的生成量，满足了高空速操作的要求。本项目开发的国产化催化剂填补了国内在该技术领域的空白，具有自主知识产权，已获2项中国专利授权和1项美国专利授权。该催化剂从2001年4月开始在工业化装置上使用，至2004年6月共运行38个月，期间催化剂床层未发生飞温，催化剂抗CO波动性、选择性、绿油生产量及稳定性等指标优于同类进口催化剂，为企业创造了可观的经济效益。该项目获2005年度石化集团公司技术发明二等奖。

（袁霞光）

【浅海海底管线、电缆检测与维修装置】 研制的浅海海底管线、电缆检测与维修装置，可以实现对海底输油管线和海底铺设的电缆进行故障检测和维修，全部设备安装于船上，具有水面船舶和水下潜器二重性。机泵舱过程控制监视诊断系统，具有对机舱和泵系统实时检测、数据存储、动态显示和电器控制诊断功能；电站的设计采用AUT－0标准和先进的发电机智能管理模块实现全自动无人职守，具有智能操纵和动力定位实现水面航行、水下航行、潜浮操纵控制等功能，实现了自动航速、航向控制，自动深度控制，循线航行。该装置安装了全球定位系统(GPS)、管线探测仪、声纳仪、地层剖面仪等，利用GPS技术确定检测船的位置，管线探测仪找到事故管线或电缆并探测出船与管线的距离，声纳仪测出海底管线附近的地形地貌，地层剖面仪给出海底的沉积物特性或基岩裸露特征。确定事故位置之后，船开始下沉到管线或电缆的上方，检测船喷出高压空气吹走管线上的泥沙，可伸缩式工作舱和密封机构形成了“无水作业空间”，检修人员进入作业区进行维修。利用该装置在胜利油田浅海进行维修作业，创产值6 000万，节资2 100万。该项目获2005年度石化集团公司技术发明二等奖。

（贾鹏林）

新产品开发和产品结构调整

【概述】 2005年石化集团加强组织与协调，促进企业间的新产品开发、生产及分工。同时，在各单位的共同努力下，三大合成材料、油品等新产品开发、生产和销售都取得了进展。

1. 合成树脂专用料生产和新牌号的开发取得显著进步

2005年石化集团开发合成树脂专用料新牌号10余种，所属企业生产合成树脂(PE、PP)专用料349.8万吨，专用料比例为56.2%，同比增长4.8个百分点。

新产品开发方面，为提高中国石化合成树脂产品质量和服务水平，增强合成树脂产品的市场竞争力，成立了中国石化塑料技术中心(PTC)，围绕调整产品结构的主题，2005年成功开发了PE 100级单峰高密度聚乙烯专用料、超高速BOPP专用料、碳酸型饮料瓶盖聚丙烯专用料、超高流动性共聚聚丙烯专用料、高透明无规共聚聚丙烯专用料等15个牌号的新产品。

2. 差别化纤维的产品结构调整和推广销售取得成绩

2005年各企业在加大开发力度、努力满足市场需求、提高产品附加价值的前提下，在差别化纤维的产品结构调整及新产品推广销售方面取得成绩。2005年开发新规格纤维40余种，所属企业共生产差别化纤维83.1万吨，差别化率为51.9%。

仪征化纤股份公司、上海石化公司、天津分公司、洛阳分公司等克服2005年国内合成纤维市场因原料价格上涨、电力紧张、纺织品出口受阻等因素而导致聚酯装置开工率低、部分聚酯纤维停产的困难，积极开发新产品，为企业经济效益的提高作出了积极贡献。开发的主要合成纤维及聚合物新产品有金阳牌V系列腈纶、全消光聚酯切片、工业丝用聚酯切片、塑钢带用聚酯切片、赛羽绒涤纶短纤系列、熔体直纺ECDP短纤维等。

3. 炼油新产品的开发与市场开拓工作成绩显著

2005年石化集团的高等级道路沥青和高档润滑油等炼油新产品开发生产取得显著成绩。全年生产高等级道路沥青193万吨，产量同比大幅增长；生产高档润滑油67万吨，并在新产品开发和市场开拓方面取得较大进展。

(王　乐)

【合成树脂新产品】 2005年石化集团合成树脂新产品开发工作取得了优异成绩。2005年合成树脂主要新产品生产情况见表1。

表1　　2005年石化集团合成树脂新产品

品　种	牌　号	产量/吨
高强度薄膜料	TR 140、TR 144、TR 168、DBDG 6098、7000F	297 299
管材料	8101、4220、DGDA 2480、6100M、6380M等	249 354
电缆料	DJ 200A、DJ 210、DJ 200、NC 901等	85 261
中空容器料	DMDY 1158、5200B、6500B、5502、5202等	186 296
农棚膜料、重包装膜	2100系列、N 120、N 150、951-050、154-050、143-063、LD 165、DFDA-7085、DFDA-7047、7066、9906	664 217
涂层料	1C7A等	136 332
BOPP料	T 36F、T 38F、T 46F、F 280S、2400、F 1002B、F 400等	758 319
洗衣机料	1637、1937、HHP 3等	111 000
流延膜料	F 800E等	76 000
纤维料	Y 3500、Y 2600、H 30S、Z 30S、S 700、S 900、S 800等	210 312
聚丙烯共聚料	PPK 8000、EPC 30R、M 150R、M 700R、J 340、J 640等	494 011
烟用丝束料	Y 2600T、YS 830等	36 348

2005年开发的合成树脂新产品品种主要有：

1. 超高速BOPP专用树脂

双向拉伸聚丙烯薄膜(BOPP薄膜)是一种透明软包装材料，具有质轻、透明、无毒、防潮、透气性低和机械强度高等特点，广泛应用于食品、医药、香烟及其他轻工产品的包装。BOPP专用树脂的市场需求量很大，是聚丙烯消费量最大的领域之一。近年来随着市场需求的增长以及下游用户设备不断更新，如目前国内BOPP生产设备的线速度高达400—500米/分，薄膜的厚度最小可达到2微米，最大幅宽为12米，因此对BOPP专用树脂的要求也越来越高。为适应下游BOPP生产厂家的发展，在高速BOPP专用料F 280S(拉伸速度达到350—400米/分)开发成功的基础上，中国石化组织上海石化和北京化工研究院进行超高速BOPP专用树脂的开发。经过两年多的攻关，上海石化在10万吨/年环管工艺聚丙烯生产装置上成功开发出超高速 BOPP 专用树脂 F 280SO(拉伸速度达到400—450 米/分)。

采用该专用料生产的 BOPP 薄膜性能优异，成膜性好，热收缩率低，模量高，光学性能好，可很好地满足超高速 BOPP 薄膜生产线连续稳定生产的要求，产品质量达到和超过国外同类产品的先进水平，用户普遍对上海石化产品的性能和质量感到满意。经济效益和社会效益显著。

2. 碳酸型饮料瓶盖专用树脂

碳酸型饮料瓶盖专用树脂是聚丙烯树脂中一个特殊的品种，由于最终产品不仅要满足瓶盖生产者的要求，而且还要符合食品卫生的规定，所以对原料合成树脂的要求也很高。根据碳酸型饮料瓶盖的加工工艺特点，要求合成树脂原料具有很好的流动性和加工性能；根据碳酸型饮料瓶盖的实用和美观要求，合成树脂原料还需具有一定的挺度、抗冲击性能、抗黏性以及瓶盖外观无瑕疵等特点。在开发生产中具有一定的难度。经过 3 年的攻关，燕山分公司通过对生产工艺条件的调整，成功开发了碳酸型饮料瓶盖专用树脂工业化生产技术，并在 20 万吨/年气相聚丙烯装置上成功地生产出碳酸型饮料瓶盖专用树脂。所生产的碳酸型饮料瓶盖专用树脂经多家用户使用，均得到好评。2005 年共计生产 5 000 吨以上。

（赵　红）

【合成纤维新产品】 2005 年石化集团生产合成纤维160.07 万吨(其中股份公司 156.96 万吨)，同比减少10.27 万吨；生产差别化合成纤维 83.12 万吨(其中股份公司 81.05 万吨)，同比增加 6.79 万吨，合成纤维差别化率达到 51.93%(其中股份公司 51.64%)，同比增长 7.12 个百分点。生产差别化涤纶 65.11 万吨，同比增加 2.75 万吨，差别化率 54.38%，同比增长 6.49 个百分点；生产差别化腈纶 15.26 万吨，同比增加 4.30万吨，差别化率 41.36%，同比增长 10.74 个百分点；生产差别化锦纶 2 911 吨，同比减少 4 089 吨，差别化率 100%；生产差别化维纶 11 765 吨，同比增加 2 972吨，差别化率 79.64%，同比增长 11.12 个百分点。集团公司 2005 年共生产合成纤维新品种约50个。

2005 年开发的主要合成纤维品种有：

1. 金阳牌 V 系列腈纶新产品

上海石化股份公司本着降本增效的原则，以价格比丙烯酸甲酯(MA)低廉的醋酸乙烯酯(VAC)作为第二共聚单体，攻克了一个又一个的生产和技术难关，形成了一套完整的万吨级工业化装置生产 V 系列腈纶新产品的工艺。在不改变产品性能的前提下，开发生产 V 系列腈纶新产品(单纤分别为 0.9 分特、1.7 分特、3.3 分特、6.7 分特)。该产品具有柔软、洁白、高染色性和可纺性好的特点，得到了用户的好评，各项消耗水平降低，每吨产品可新增效益 600 元左右。2005 年生产该产品 39 250 吨，销售 37 639 吨，取得了良好的经济效益和社会效益。

2. 全消光切片 FD

仪征化纤股份公司年初经过工艺摸索，成功开发出全消光切片。该产品具有添加剂含量稳定、品质均一的特点，用在纺丝生产中，克服了传统间歇法生产的母粒批量小、头尾料不均匀的缺点，降低了用户生产成本，纺制的涤纶长丝、涤纶短纤维强度高，质量均匀稳定。已经销售 16 560 吨。9 月又成功开发出该产品系列品种全消光切片 FD 501。全消光切片比常规半消光切片全年累计多增加毛利 649 万元。

3. 工业丝用切片 IG 701

这是针对涤纶工业丝生产中对原料要求较高及工业丝特有的使用性能而开发的产品，采用独特的工艺及配方，提高了切片增黏速度，改善了工业丝的可纺性和产品质量，完全能满足工业丝生产企业的需求。全年累计销售 8 616 吨，单位毛利 384 元/吨，毛利311 万元，与半消光切片相比，累计多增加毛利 151万元。

4. 塑钢带 EP 901

仪征化纤股份公司瓶片生产中心通过对固相缩聚工艺的研究，使用现有的基础切片，开发出塑钢带专用聚酯瓶片，产品质量和性能满足用户要求。作为包装带材，其强度是钢铁的 1/6，高于此领域常用的 PP材料，且制作方便，美观耐用，易于回收，捆扎可靠安全。产品广泛应用于生产包装带、捆扎带、打包带等，进一步拓宽了瓶级聚酯切片的应用领域，产品出口澳大利亚。全年共销售 4 305 吨，主要用于出口，单位毛利 730 元/吨，产品毛利 314 万元，比常规产品多增加毛利 127 万元。

5. 赛羽绒涤纶短纤系列

仪征化纤股份公司短纤生产中心通过工艺优化、设备改造，成功在 20K 生产线上开发了赛羽绒涤纶短纤维系列品种。该产品有羽绒般的手感，轻巧、柔软，在潮湿以后能很快干燥，并且在潮湿的时候也有一种温暖感，生产的羽绒制品，舒适、卫生、环保。由于近两年禽流感警报时时拉响，许多人不再愿意使用天然羽绒制品，所以赛羽绒涤纶短纤市场(特别是欧洲)前景看好。2005 年第一年开发销量就达到 2 101吨，单位毛利 953 元/吨，毛利 200 万元，与常规中空品种相比多增加毛利 207 万元。

6. FDY 低收缩丝

仪征化纤股份公司在长丝直接纺装置上成功开发

出F 167d/47f、F 330d/98f 2个低缩品种，该品种的沸水收缩率比常规品种低40%左右，主要用于地毯等对收缩要求比较高的织物。该产品单位毛利比常规产品高1 100元/吨左右，比常规产品多增加毛利25万元。

7. FDY双头纺技术应用

随着混纤纱及薄型织物的使用增多，总纤度细的涤纶长丝也越来越受到市场的青睐，在不减产的前提下，2005年洛阳分公司继续扩大FDY双头纺技术应用成果，在改造后的生产线上生产效益较好的68dtex/24f、83dtex/48f、74dtex/24f、55dtex/24f、110dtex/48f等FDY双头纺产品，使双头纺产量达到28 315吨。另外洛阳分公司FDY设备生产POY产品技术也得到了很好的推广应用，利用FDY改造后的生产线生产效益较好的125dtex/72f、129dtex/144f、83dtex/72f、129dtex/96f、125dtex/36f、86dtex/48f、132dtex/36f、175dtex/192f等差别化POY产品11 549吨，提高了洛阳分公司长丝产品的市场适应性。据测算，2005年洛阳分公司差别化产品增效在4 000万元以上。

8. 熔体直纺ECDP短纤维生产技术开发

天津分公司短丝车间在成功生产毛型ECDP短纤维的基础上，重点对ECDP丝束进行了技术攻关，使用毛条专用油剂，生产了3.33分特ECDP丝束，经用户试用，丝束手感和可纺性比以前提高。同时，1.56分特×38毫米棉型ECDP的成功开发与应用也是新的突破，先后有陕西、天津等用户使用这种短纤维生产围巾、床单、工艺纱线等，用户反应产品质量稳定。截至12月，累计生产ECDP系列产品4 348吨，平均售价12 999元/吨(常规产品不到11 000元/吨)，实现边际效益320万元，大大超过常规产品。

（原　玲）

技术市场

为了促进石化科技进步，加速科技成果转化，规范中国石化的技术许可，2005年全面实施了集团公司和股份公司下发的《集团公司(股份公司)知识产权保护规定》，全面加强了中国石化对外技术许可的管理工作，强化了对外技术许可转让的监管力度。

2005年石化集团内、外部新技术推广和许可转让有序、活跃，共有313个项目列入了中国石化年度可内部许可目录，其中石油勘探开发82项、石油炼制50项、石油化工117项，设备、储运、环保、仪表及计算机应用以及节能、节水减排技术64项。2005年企业积极推广、采用各类新技术，有力促进了企业降本增效，产品适销对路，节能降耗，大大提高了企业的市场竞争力和经济效益。科研开发单位注重积极推广新技术，努力提高技术服务的水平和质量，并通过技术的推广应用和许可证贸易，了解企业对新技术、新产品的市场需求，促进科研开发工作贴近市场、贴近企业。科研开发单位、工程设计单位和技术应用单位在技术许可活动中，更加注重在合作中发挥各自优势，重视保护中国石化的知识产权，自觉执行中国石化对外技术许可的报批管理规定，严谨许可合同约定，技术许可证贸易管理水平和技术贸易过程中的知识产权保护水平有较大幅度提高。中国石化一批自主创新的科技成果、成套技术、新的产品受到了国内市场的欢迎和好评。

为了促进技术的推广、转化，展示中国石化的科技实力，中国石化的一批实用性科技成果参加了第七届深圳国际高新技术成果交易会、第18届世界石油大会，有效促进了新技术新产品的推广和应用。

（马　燕）

知识产权保护

【概述】 2005年，中国石化的技术创新和知识产权意识进一步提高，知识产权保护工作进一步加强，以技术创新为基础的知识产权创造、保护、应用工作得到了进一步发展，知识产权管理水平进一步提高，专利申请、专利授权量稳步增长。

围绕集团公司和股份公司制定并下发的《集团公司(股份公司)知识产权保护规定》，以及与之相配套的《集团公司(股份公司)技术涉密人员划级及补偿费发放管理办法》和《违反集团公司(股份公司)知识产权保护规定的处罚办法》，中国石化系统内全面推进其实施，一些单位制定了本单位的管理办法和实施细则，加强了公司知识产权的保护，大大提高了公司知识产权保护工作的管理水平。

中国石化技术创新实力稳步提高，集团公司和股份公司2005年度共申请中国专利1 037件，其中发明专利726件，实用新型专利260件，外观设计专利51件，发明专利申请量占总申请量的70%；2005年获授权专利824项，其中发明专利662项，占总申请量的80%，大大高于国内平均水平。中国石化已累计申请中国专利9 504件，其中发明专利5 872件，获中国授权专利5 730件。2005年中国石化向国外申请专利61件，获44件国外专利授权；累计已向32个国家申请了891件专利，在18个国家和地区拥有授权专利337件。

在对创新技术实施知识产权保护的工作中，研究院、设计院、企业注重围绕提升中国石化的核心竞争力研究市场和竞争对手，注重提高知识产权保护的水平，注重将专利技术推向工业化实施，2005 年中国石化清洁燃料、裂解炉用扭曲片管等一批专利技术成功地工业化应用推广。

2005 年股份公司继续将技术创新和专利保护作为对直属研究院创新能力的考核内容，促进了研究单位的技术创新工作，并加大了知识产权市场监督和依法主动维权的力度。为了迎接中国入世后对中国企业市场竞争的挑战，各企业继续加强专利战略、知识产权战略的研究，围绕企业发展、研发、经营和市场战略确定相关的知识产权战略。2005 年中国石化在重视保护自身创新的同时，继续重视尊重他人知识产权，继续坚持在开发项目工业试验或投产前，在技术出口前进行专利法律分析，避免侵犯他人的专利权，树立了中国石化良好的企业形象。

2005 年中国石化多次组织了美国、欧洲知识产权专家讲学，促进了中国石化提高知识产权的管理和运用水平。

（马　燕）

【2004—2005 年度授权专利】

发明专利

1. 一种低磷聚合物分散阻垢缓蚀剂及其制备方法　99111421.3
2. 分子筛多孔材料膜及其制备方法　99113990.9
3. 茂钛化合物　99119959.6
4. 一种种子处理用蜡乳剂及其制备和使用方法　99120518.9
5. 测定石油馏分中总活性硫的方法　00103381.6
6. 一种催化裂化催化剂的制备方法　00103386.7
7. 一种从含硫常压渣油生产针状石油焦的方法　00109373.8
8. 硅桥连双核茂金属锆化合物与合成方法及应用　00109697.4
9. 一种长链尼龙盐的制造方法　00110713.5
10. 提高硝酸尾气碱吸收母液亚/硝比及碱吸收效率的方法　00112447.1
11. 润滑油基础油加氢精制方法　00123161.8
12. 一种油田采出水的处理方法　00123164.2
13. 一种异构烷烃与烯烃的烷基化方法　00123515.X
14. 用于乙烯聚合或共聚合的高活性硅胶载体催化剂组分及其催化剂和该催化剂的应用　00123560.5
15. 一种醚类产品的生产方法　00123957.0
16. 用于制备双峰或宽分子量分布聚乙烯的催化剂体系及其应用　00124701.8
17. 一种合成聚乙烯的复合催化剂及其制备方法　00124953.3
18. 可用作风扇材料的热塑性组合物及其制备方法　00127439.2
19. 金属表面涂层检测系统　00129460.1
20. 甲胺催化剂及其制备方法　00129501.2
21. 含有聚苯乙烯的水基润滑剂及其制备　00130243.4
22. 铜系甲醇合成催化剂载体的制备方法　00133277.5
23. 直接由合成气制二甲醚的双功能催化剂及其制备工艺　00133279.1
24. 一种颗粒肥料的制造方法　00133280.5
25. 1,3-丁二烯的聚合方法　00134073.5
26. 无内件逐步溶氯管式氯醇化反应器　01105430.1
27. 芳烃原料的预处理剂　01105849.8
28. 一种介孔钛磷酸铝分子筛及其制备方法　01106006.9
29. 橡胶树割口面防冻保护剂　01106038.7
30. 一种废气净化装置　01106039.5
31. 一种渗钛用封闭剂及渗钛方法　01106544.3
32. 一种多氨基多酰胺树脂的制备方法　01106897.3
33. 连续冲洗工具　01107846.4
34. 清理流化床反应器分布板的方法　01107919.3
35. 远红外辐射中空三维卷曲聚酯纤维及其制作方法　01108354.9
36. 乙烯聚合方法　01109917.8
37. 粉煤灰活化剂及其制造方法　01112590.X
38. 混合碳四齐聚—加氢生产异辛烷和车用液化石油气的方法　01112660.4
39. 聚丙烯流化床反应器的操作方法　01113737.1
40. 一种液体输送装置　01114160.3
41. 恒温绝热两用反应器　01114161.1
42. 一种制备车用液化石油气的方法　01114163.8
43. 一种烟气脱硫方法　01114170.0
44. 一种异丁酸的制造方法　01114954.X
45. 一种改进的催化裂化汽提器　01115488.8
46. 一种兼有烃油转化功能的催化裂化汽提器　01115489.6
47. 储存稳定、高低温性能良好的沥青组合物及其制备方法　01115491.8
48. 一种脱除原料油中固体颗粒的针焦生产方法　01115493.4
49. 催化裂化澄清油生产针状焦的方法　01115494.2
50. 一种脱油沥青减黏裂化方法　01115495.0
51. 柴油多效添加剂　01115497.7
52. 柴油多效添加剂组合物　01115498.5

53. 轻质油中微量硫化氢的脱除方法 01115611.2
54. 一种用于石蜡基原料油的裂化催化剂 01115614.7
55. 一种含分子筛的重整催化剂 01115616.3
56. 含硅磷铝分子筛的催化剂及其制备方法 01115618.X
57. 同时生产轻质燃料油和润滑油基础油的方法 01115619.8
58. 一种含磷Y型沸石裂化催化剂及其制备方法 01115620.1
59. 含磷Y型沸石裂化催化剂及其制备方法 01115621.X
60. 一种烃类裂化催化剂及其制备方法 01115623.6
61. 柴油组合物 01118428.0
62. 一种用于催化裂化提升管反应器的油剂混合室 01118430.2
63. 伴有催化剂低温再生的轻质石油烃催化改质方法 01118433.7
64. 一种流化裂化催化剂的制备方法 01118436.1
65. 一种石油烃裂化催化剂的制备方法 01118437.X
66. 具有脱硫作用的分子筛组合物及其制备 01118444.2
67. 一种铂—铼重整催化剂及制备方法 01118447.7
68. 茚基和芳基取代环戊二烯基茂金属化合物 01118800.6
69. 一种增产乙烯和丙烯的重质石油烃催化转化方法 01119807.9
70. 一种有机硼极压抗磨剂及其制备 01119813.3
71. 一种加氢裂化催化剂的制备方法 01119819.2
72. 重整生成油烯烃饱和加氢方法 01120231.9
73. 渣油加氢、催化裂化与柴油加氢脱芳烃结合的方法 01123760.0
74. 在渣油加氢装置中降低柴油芳烃含量的方法 01123761.9
75. 一种柴油加氢处理催化剂及其制备方法 01123765.1
76. 一种制取异丁烷和富含异构烷烃汽油的催化转化方法 01123769.4
77. 二乙醇胺脱氢制备亚氨基二乙酸盐的方法 01126293.1
78. 烷基芳烃脱氢制备烷烯基芳烃的催化剂 01126344.X
79. 阻隔型涂料桶 01127023.3
80. 釜内制备高结晶聚丙烯的方法 01127076.4
81. 铜系合成气净化剂制备方法 01127263.5
82. 双向椭圆弯头的制造方法 01127409.3
83. 污泥的处理方法 01127501.4
84. 利用混合 C_4 生产高辛烷值汽油调合组分的方法 01127508.1
85. 气体中硫化氢的焚烧催化剂及制备、使用方法 01127539.1
86. 石油烃加氢脱硫催化蒸馏工艺及催化蒸馏设备 01127563.4
87. 一种大分子碳氢化合物加氢精制催化剂及其制备方法 01127915.X
88. 苯甲酸选择性加氢制六氢苯甲酸的方法 01130976.8
89. 柴油清净剂组合物 01130978.4
90. 一种油井水泥降失水剂组合物 01130979.2
91. 一种加氢裂化催化剂 01130982.2
92. 在烃油深度催化转化过程中使反再系统热量平衡的方法 01130983.0
93. 用于烯烃环氧化的催化剂 01132200.4
94. 丙烯腈急冷方法 01132201.2
95. 一种清洁汽油的制备方法 01133364.2
96. 一种氧化沥青的方法 01133367.7
97. 一种大环酯类麝香化合物的制造方法 01133369.3
98. 一种优质柴油的生产方法 01133370.7
99. 聚合物改性道路沥青的组成和制备方法 01133375.8
100. 由两种改性Y沸石组成的组合沸石 01133376.6
101. 一种生产低硫、低芳烃清洁柴油的方法 01133378.2
102. 一种液态地膜及其生产方法 01133379.0
103. 氧化铁复合脱硫剂及其制备方法 01134104.1
104. 一种己二腈加氢制己二胺的方法 01134263.3
105. 含磷的烃类裂化催化剂及其制备 01134264.1
106. 链条专用防锈润滑剂组合物 01134267.6
107. 一种采用双路进剂套管式反应器的催化裂化方法 01134268.4
108. 一种石油烃接力催化裂化方法 01134269.2
109. 一种低循环比的延迟焦化工艺方法 01134273.0
110. 一种稳定的聚合物沥青组合物 01134274.9
111. 一种分子筛的铵离子交换方法 01134275.7
112. 一种Y型分子筛水浆液的过滤方法 01134277.3
113. 一种Y型分子筛水浆液的过滤方法 01134278.1
114. 一种加氢催化剂的预硫化方法 01134280.3
115. 一种加氢脱金属催化剂及其制备方法 01134281.1
116. 含氨氮污水回用于循环冷却水的方法 01134703.1
117. 一种由季铵盐制备季铵碱的方法 01134711.2

118. 一种处理高浓度间苯二甲酸混合废水的方法 01134869.0
119. 快速修井工艺 01135199.3
120. 一种复合改性沥青及其制法 01135212.4
121. 一种甲醇合成催化剂的保护剂及其制备方法 01135213.2
122. 聚苯乙烯丁苯橡胶防腐涂料 01135214.0
123. DCS 数据实时采集入计算机网的方法 01135243.4
124. 镍系低门尼高顺式 1,4 - 聚丁二烯橡胶的制备工艺 01135283.3
125. 降低聚丁二烯橡胶装置回收系统物料中氧含量的方法 01135284.1
126. 一种选择性加氢催化剂及其制备方法和应用 01136043.7
127. 一种增韧热固性树脂及其制备方法 01136381.9
128. 一种 1,4 - 丁二醇脱氢制 γ - 丁内酯的催化剂及其制备方法 01138003.7
129. 高氟酸性废水处理方法 01138004.9
130. 一种顺酐常压气相加氢制 γ - 丁内酯的催化剂及其制备方法 01138008.X
131. 铁系无铬一氧化碳高温变换催化剂及其制备方法 01138010.1
132. 3 - 羟基丙醛加氢制 1,3 - 丙二醇的方法 01139243.6
133. 掺炼渣油的石蜡基原料油的催化裂化方法 01140183.4
134. 一种新型的催化裂化反应—再生系统 01140184.2
135. 吡咯衍生物的制备方法 01140235.0
136. 活性有机酸铬的制备方法 01140236.9
137. 利用萃取和萃取精馏回收芳烃的方法 01141471.5
138. 一种喷气燃料的精制方法 01141476.6
139. 一种采用套管式反应器的催化裂化方法 01141477.4
140. 用于乙烯聚合或共聚合的催化剂组分及其催化剂和用途 01141771.4
141. 新型辐射区盘管布置的裂解炉及其用途 01141772.2
142. 一种裂解炉及用其进行热裂解的方法 01141773.0
143. 用于烯烃聚合或共聚合的催化剂组分及其催化剂和应用 01141774.9
144. 一种汽油脱硫工艺 01142833.3
145. 一种改善催化裂化产品分布的方法 01142837.6
146. 一种选择性加氢催化剂 01142838.4
147. 一种利用甲醇制取一氧化碳和氢气的方法 01142841.4
148. 活性污泥—微电解法处理工业废水 01142858.9
149. 一种 CO 等温耐硫变换工艺 01142861.9
150. 高活性流化催化裂化催化剂的制备方法 01142881.3
151. 选择加氢催化剂及其制备方法和用途 01143300.0
152. 一种耐油型全硫化热塑性弹性体及其制备方法 01143457.0
153. 一种由季铵盐制备季铵碱的方法 01143458.9
154. 一种便携式人力弯管器 01143459.7
155. 双烷基季铵盐杀菌灭藻剂、其制备方法及其应用 01144334.0
156. 一种含双烷基季铵盐的复合杀菌剂及其应用 01144335.9
157. 用于生产环氧乙烷的银催化剂、其制备方法及其应用 01144344.8
158. 用于生产环氧乙烷的银催化剂、其制备方法及其应用 01144552.1
159. 一种催化裂化组合工艺方法 01144955.1
160. 一种磷酸硅铝分子筛的制备方法 01144956.X
161. 一种烷基苯的生产方法 01144957.8
162. 一种含层状黏土的裂化催化剂及其制备方法 01144959.4
163. 一种烃油的裂化方法 01144960.8
164. 含锡有机锂化合物及其制备方法 01145026.6
165. 烯烃氧化反应模拟反应器 01145156.4
166. 以醋酸甲酯和脂肪醇为原料制备相应的醋酸脂肪醇酯的方法 01145378.8
167. 低温低压加氢精制高品质正已烷生产工艺 01333230.9
168. 一种全硫化热塑性弹性体及其制备方法和应用 01801655.3
169. 不饱和烃选择加氢催化剂、其制备方法及其应用 01816427.7
170. 一种双金属重整催化剂及制备方法 02100225.8
171. 一种含铂锡的双功能重整催化剂及制备方法 02100226.6
172. 酮氨肟化反应体系中分子筛催化剂的分离方法 02100227.4
173. 一种色谱用金属柱管的脱活处理方法 02100230.4
174. 1,3 - 丙二醇的制备方法 02100233.9
175. 烃油脱金属剂及其使用方法 02100234.7
176. 用无机酸从烃油中脱除金属的方法 02100235.5

177. 用石蜡氧化生产脂肪酸的副产物脱除烃油中金属的方法 02100236.3
178. 共轭二烯烃共聚物橡胶及其制备方法 02100278.9
179. 醚裂解制叔烃用催化剂、其制备方法及其应用 02100279.7
180. 含纳米分子筛的催化材料的制备 02100379.3
181. 空气分离时纯化空气的方法 02100591.5
182. 空分装置中回收放空的氧气、氮气、空气的方法 02100593.1
183. 氧化硫化异丁烯的制备方法 02100595.8
184. 格尔伯特醇的制备方法 02100597.4
185. 用于烯烃聚合反应的固体催化剂组分和含该催化剂组分的催化剂 02100894.9
186. 用于制备烯烃聚合催化剂的苊酮类化合物 02100895.7
187. 用于烯烃聚合反应的固体催化剂组分和含该催化剂组分的催化剂 02100897.3
188. 用于化学反应的固体进料方法及装置 02103772.8
189. 用于制备烯烃聚合催化剂的 γ-酰氧基取代醚化合物 02103773.6
190. 一种裂化催化剂的制备方法 02103903.8
191. 复合氧化铝的制备方法 02103904.6
192. 含贵金属的废气净化催化剂基面涂层材料的制备方法 02103905.4
193. 一种含贵金属的废气净化催化剂的制备方法 02103906.2
194. 一种制备 C_2—C_4 低级脂肪胺的催化剂及其制备方法和应用 02104202.0
195. 一种催化蒸馏塔构件及其制备方法 02104203.9
196. 重质原料油加氢处理催化剂及其制备方法 02109392.X
197. 石油蜡加氢精制催化剂及其使用方法 02109395.4
198. 悬浮床加氢催化剂的分散方法 02109397.0
199. 一种氧化铝载体及其制备方法 02109401.2
200. 一种从含有贵金属的废催化剂中回收贵金属的方法 02109402.0
201. 一种脱除分子筛中非骨架铝制备高结晶度分子筛的方法 02109403.9
202. 一种沸腾床反应器 02109404.7
203. 一种重油固定床加氢脱氮的方法 02109406.3
204. 一种提高延迟焦化液体产品收率的方法 02109408.X
205. 石油蜡加氢精制催化剂及其制备方法 02109410.1
206. 一种氧化铝及其制备方法 02109412.8
207. 一种污水池封闭方法 02109414.4
208. 一种循环冷却水的处理方法 02109415.2
209. 工业水的综合处理和利用方法 02109416.0
210. 一种生产凡士林的方法 02109418.7
211. 一种抑焦防垢剂及其应用 02109419.5
212. 劣质重、渣油轻质化的方法 02109420.9
213. 一种粉状硝铵炸药油相的制备方法 02109421.7
214. 一种重质油及渣油加氢转化催化剂及其制备方法 02109422.5
215. 馏分油氧化脱硫催化剂及其制备 02109656.2
216. 一种加氢裂化方法 02109657.0
217. 一种贵金属加氢裂化催化剂及其制备方法 02109658.9
218. 一种增产液化石油气的馏分油催化脱蜡催化剂 02109659.7
219. 一种辛烷值恢复催化剂及其应用 02109660.0
220. 一种电子元件线圈用封固蜡 02109662.7
221. 一种钯/树脂催化剂的制备方法 02109663.5
222. 重油加氢脱金属、脱硫催化剂的制备方法 02109664.3
223. 一种馏分油加氢处理催化剂的制备方法 02109665.1
224. 一种石油蜡加氢精制方法 02109666.X
225. 采暖控温阀用蜡介质及其制备方法 02109668.6
226. 一种热敏开关用蜡介质 02109669.4
227. 沐浴自动调温阀用蜡质感温介质 02109670.8
228. 一种焦化全馏分油加氢精制的方法 02109671.6
229. 一种石蜡吸附精制方法 02109673.2
230. 一种渣油加工方法及设备 02109674.0
231. 含水溶性有机物废气的净化方法 02109675.9
232. 一种冷凝水回收泵 02109676.7
233. 一种提供重整开工用氢气的方法 02109678.3
234. 一种馏分油脱硫吸附剂及其制备方法 02109886.7
235. 耐高压磁性液位计 02110098.5
236. 合成基密闭液及其生产工艺 02110114.0
237. 变位变径稳定器 02110313.5
238. 医用吹塑成型用聚烯烃组合物和制备方法 02110373.9
239. 醋酸脂肪醇酯的制备方法 02110798.X
240. 由异丁烯直接胺化制叔丁胺的

方法 02110800.5
241. 苯与碳九及其以上芳烃烷基转移方法 02111004.2
242. 用于苯与碳九及其以上芳烃烷基转移的催化剂 02111005.0
243. 脱除β沸石中有机胺的方法 02111006.9
244. 制备烷基芳烃脱氢催化剂的方法 02111007.7
245. 用于乙苯脱氢制备苯乙烯的氧化物催化剂 02111008.5
246. 2,6-二氯苯甲腈氟代制备2,6-二氟苯甲腈的方法 02111009.3
247. 热塑性树脂聚合物的连续制备方法 02111011.5
248. 橡胶增韧热塑性树脂聚合物 02111013.1
249. 热塑性树脂组合物 02111014.X
250. 用于裂解汽油一段选择性加氢的催化剂 02111016.6
251. 制备丙二醇醚的方法 02111018.2
252. 制备丙二醇醚的固体碱催化剂 02111019.0
253. 合成丙二醇醚的固体碱催化剂 02111020.4
254. 用于生产邻氯苯甲腈的方法 02111021.2
255. 用于制备邻氯苯甲腈的流化床催化剂 02111022.0
256. 对氯苯甲腈氟代制备对氟苯甲腈的方法 02111023.9
257. 增白聚丙烯纤维 02111261.4
258. 纤维增强聚合物的组合物 02111300.9
259. 制备间规聚苯乙烯的催化剂 02111301.7
260. 茂金属钛化合物及其用途 02111302.5
261. 间规聚苯乙烯/黏土纳米复合材料 02111303.3
262. 间规聚苯乙烯/聚酯/黏土纳米复合材料 02111305.X
263. 间规聚苯乙烯/聚酯/黏土纳米混杂材料 02111306.8
264. 间规聚苯乙烯/聚酰胺/黏土纳米复合材料 02111307.6
265. 间规聚苯乙烯/聚酰胺/黏土纳米混杂材料 02111308.4
266. 乙苯制苯乙烯的脱氢尾气吸收方法 02111312.2
267. 乙苯脱氢制苯乙烯的尾气吸收方法 02111313.0
268. 催化脱氢生产苯乙烯的方法 02111314.9
269. 固定床脱氢反应器 02111315.7
270. 粗对苯二甲酸的精制方法 02111715.2
271. 用于对苯二甲酸精制的加氢催化剂 02111716.0
272. 制备二氢黄樟油素的催化剂 02112034.X
273. 用于制备二氢黄樟油素的催化剂 02112035.8
274. 催化加氢制备二氢黄樟油素的方法 02112036.6
275. 环氧乙烷催化水合制备乙二醇的方法 02112037.4
276. 环氧乙烷水合制备乙二醇的固体酸催化剂 02112038.2
277. 可染丙纶的制造方法 02112051.X
278. 用于制备苄胺的催化剂 02112437.X
279. 催化加氢制备苄胺的方法 02112438.8
280. 乙烯环氧化银催化剂的制备方法 02112439.6
281. 生产环氧乙烷银催化剂载体的制备方法 02112440.X
282. 一种铌硅分子筛的制备方法 02112441.8
283. 生产哌嗪和三乙烯二胺分子筛催化剂的制备方法 02112442.6
284. 硅磷铝分子筛的制备方法 02112443.4
285. 制备2,6-二异丙基苯胺的催化剂 02112444.2
286. 用于制备2,6-二异丙基苯胺的催化剂 02112445.0
287. 茂钛化合物 02112446.9
288. 茂金属钛化合物 02112447.7
289. 茂钛金属化合物及其用途 02112448.5
290. 苯二酚的制备方法 02112450.7
291. 用于苯二酚的生产方法 02112451.5
292. 用于生产苯二酚的方法 02112452.3
293. 用于生产苯二酚的连续催化方法 02112453.1
294. 乙苯脱氢反应系统高温出料的冷却和热量回收方法 02112454.X
295. 双轴拉伸聚丙烯等规度的红外光谱法快速测定的方法 02112546.5
296. 液化气干法脱硫脱氯的方法和装置 02112552.X
297. 一种可透明化聚丙烯组合物 02112743.3
298. 无卤阻燃硅芯管专用料及其制备方法 02112744.1
299. 抗蠕变无规聚丙烯共聚物的制备方法 02112745.X
300. 一种降低线型苯乙烯类热塑性弹性体永久变形的方法 02114024.3
301. 一种苯乙烯—丁二烯—苯乙烯三嵌段共聚物及其应用方法 02114034.0
302. 一种丁苯锂系阴离子聚合物的生产方法 02114285.8

303. 低温甲醇洗工艺 02114514.8
304. 一种双金属复合管的制造方法 02114525.3
305. 一种分子筛的铵离子交换方法 02116277.8
306. 一种烃油的加氢脱金属方法 02116278.6
307. 具有 AFO 结构的磷酸硅铝分子筛及其合成方法 02116279.4
308. 一种临氢异构化催化剂 02116280.8
309. 一种测定重质油软化点的方法 02116281.6
310. 一种测定重质油相对密度的方法 02116282.4
311. 一种小晶粒 X 沸石的制备方法 02116283.2
312. 吸附分离对二甲苯的吸附剂及其制备方法 02116284.0
313. 极压抗磨复合剂浓缩物及其使用方法 02116285.9
314. 一种催化裂化油剂接触室 02116286.7
315. 一种气固反应釜 02116287.5
316. 一种电位滴定仪 02116523.8
317. 油品碱性氮测定方法 02116524.6
318. 一种 α – 烯烃的齐聚方法 02116911.X
319. 一种减少焦化瓦斯油的延迟焦化方法 02116913.6
320. 一种生产喷气燃料的方法 02116915.2
321. 一种用于 C_4 烃类混合物选择性加氢的催化蒸馏方法 02116916.0
322. 一种石油馏分烷基化硫转移的方法 02116917.9
323. 润滑油抗氧剂的制备 02116918.7
324. 烯烃的催化水合醚化方法 02116919.5
325. 润滑油添加剂组合物及其应用 02116920.9
326. 润滑油极压抗磨剂的制备方法 02116921.7
327. 一种在蜂窝载体上负载汽车尾气净化催化剂的方法 02116922.5
328. 一种负载汽车尾气净化催化剂在蜂窝载体上的方法 02116923.3
329. 一种下行式催化裂化反应器及其应用 02116925.X
330. 高纯度苯酚中微量杂质的分析方法 02116964.0
331. 聚丁二烯/黏土纳米复合材料及其制备方法 02117674.4
332. 用于苯乙烯间规聚合的催化剂组分和催化剂 02117936.0
333. γ – 烃基杂原子取代醚及其合成方法 02117937.9
334. 一茂二氟一烷氧基钛化合物及其制备方法和用途 02117938.7
335. 一种润滑油加氢补充精制方法 02120773.9
336. 一种在蜂窝载体上涂覆活性组分的方法 02120774.7
337. 在两端开口蜂窝载体上涂覆活性组分的方法 02120775.5
338. 在蜂窝载体上涂覆活性组分的方法 02120776.3
339. 一种降低焦炭挥发分的延迟焦化方法 02120777.1
340. 一种脱除焦化油气中焦粉的方法 02120778.X
341. 一种重整催化剂连续再生循环气体的净化方法 02120779.8
342. 采用双反应区反应器的石油烃类催化转化方法 02120780.1
343. 一种组合式烃油催化转化方法 02120781.X
344. 裂化催化剂细粉回收利用方法 02120782.8
345. 柴油安定性添加剂组合物 02120785.2
346. 一种环烷酸的精制方法 02120786.0
347. 非茂金属聚烯烃催化剂及其制备方法 02120787.9
348. 一种单茂金属聚烯烃催化剂及其制备方法 02120788.7
349. 用于乙烯聚合的固体催化剂组分及其催化剂 02120861.1
350. 一种球形氧化铝载体材料及其制备方法 02121584.7
351. 一种含磷和过渡金属的 MFI 结构分子筛 02121586.3
352. 具有萘环结构配体的单茂金属催化剂及制备方法 02121587.1
353. 一种多金属重整催化剂的制备方法 02121588.X
354. 脲基润滑脂和稠化剂的制备方法 02121589.8
355. 合成 4 – 甲基戊烯 – 1 的催化剂及其载体的制备方法 02121590.1
356. 利用催化剂细粉制备催化裂化催化剂的方法 02121591.X
357. 一种降低石油酸值的方法 02121592.8
358. 一种同时提高延迟焦化装置处理量及柴油收率的方法 02121593.6
359. 一种生产低硫汽油的方法 02121594.4
360. 一种汽油深度脱硫降烯烃的方法 02121595.2
361. 一种硅醚化合物及其制备方法和应用 02125224.6
362. 一种中孔含铝分子筛的制备方法 02125737.X
363. 一种钛硅分子筛的制备方法 02125738.8
364. 一种油管及其接箍丝扣的激光热处理方法 02125747.7
365. 一种防锈型飞机通用润滑脂及其制备方法 02125839.2
366. 从催化裂化汽油中分离并精制醚

化原料的方法 02125841.4
367. 一种催化裂化降硫助剂的制备方法 02125844.9
368. 一种低熔点热敏蜡 02125845.7
369. 一种脱除石油中金属钙的方法 02125846.5
370. 聚丙烯树脂拉伸屈服强度的测定方法 02125849.X
371. 己二腈加氢制己二胺的方法 02125850.3
372. 测定聚丙烯树脂等规指数的方法 02125851.1
373. 在线近红外光谱仪 02125852.X
374. 一种柴油吸附脱硫方法 02126016.8
375. 一种磁稳定床汽油吸附脱硫方法 02126017.6
376. 一种磁稳定床芳烃吸附脱硫方法 02126018.4
377. 一种汽油吸附脱硫方法 02126019.2
378. 一种芳烃吸附脱硫方法 02126020.6
379. 利用 C_4 馏分增产丙烯、降低汽油中烯烃含量的方法 02129036.9
380. 一种最大量生产中间馏分油的加氢裂化方法 02129038.5
381. 聚硅酸盐絮凝剂的制备方法 02129040.7
382. 以西佛碱为配体的负载型烯烃聚合催化剂及制备 02129042.3
383. 从馏分油中脱除有机硅化合物的方法 02129043.1
384. 负载于纳米级载体的烯烃聚合用催化剂组分及制备方法和应用 02129546.8
385. 用于烯烃聚合的非茂单活性中心催化剂的配体及其过渡金属配合物 02129547.6
386. 用于烯烃聚合催化剂的配体及其过渡金属配合物 02129548.4
387. 一种增韧聚酰胺组合物及其制备方法 02129550.6
388. 催化裂解制取低碳数烯烃的催化剂及其制备方法和应用 02129551.4
389. 一种丁酸丁酯的制备方法 02130779.2
390. 一种炼油碱渣的处理方法 02130781.4
391. 一种分子筛的稀土离子交换方法 02130782.2
392. 一种分子筛的铵和稀土离子交换方法 02130783.0
393. 一种可逆烯烃吸附材料及其应用 02130784.9
394. 一种磷酸硅铝分子筛及其合成方法 02130787.3
395. 待生催化剂的汽提方法 02130789.X
396. 一种塔盘式催化裂化汽提器内构件 02130790.3
397. 一种硫转移催化剂及其制备 02130791.1
398. 一种渣油加工组合工艺方法 02130792.X
399. 轻烃馏分选择性脱双烯催化剂及制备方法 02130795.4
400. 一种低等规 α 烯烃聚合物的分离方法及其所用的分散器 02130959.0
401. 用于烯烃聚合反应的固体催化剂组分及其催化剂 02131460.8
402. 一种制备乙烯和丙烯的方法 02131461.6
403. 一种甲乙酮生产排放废水的处理方法 02131462.4
404. 一种裂解碳五馏分的分离方法 02131463.2
405. 用于乙烯聚合的催化剂组分、制备方法以及催化剂 02131464.0
406. 一种水基金属防锈保护剂 02133114.6
407. 一种铝塑复合纸包装用蜡胶 02133115.4
408. 一种活性炭纤维的再生方法 02133116.2
409. 一种含油污泥的处理方法 02133117.0
410. 一种含磷和硅氧化铝载体及其制备方法 02133118.9
411. 一种烃类加氢转化方法 02133119.7
412. 一种提高精制柴油质量的加氢裂化方法 02133120.0
413. 一种加氢处理催化剂及其制备方法 02133122.7
414. 一种催化燃烧催化剂及其制备方法 02133123.5
415. 一种加氢催化剂的制备方法 02133124.3
416. 一种差示扫描量热仪及其防腐处理方法 02133126.X
417. 一种硅磷酸铝分子筛及其制备方法 02133127.8
418. 含复合分子筛的加氢裂化催化剂及其制备方法 02133131.6
419. 一种合成甲基异丁基酮/甲基异丁基醇的方法 02133132.4
420. 一种馏分油两段加氢脱芳烃的方法 02133133.2
421. 一种氧化铝载体的制备方法 02133134.0
422. 一种柴油深度加氢脱硫、脱芳的方法 02133135.9
423. 重烃类加氢处理方法 02133138.3
424. 一种劣质渣油加氢转化方法 02133139.1
425. 一种气液逆流加工处理方法 02133140.5
426. 一种渣油加氢转化方法 02133141.3
427. 一种催化剂的再生方法 02133142.1
428. 一种再生催化剂的使用方法 02133143.X
429. 一种含硅氧化铝载体及其制备方法 02133144.8
430. 一种重、渣油轻质化方法 02133145.6
431. 甲乙酮装置尾气 H 中有机化合物的净化方法 02135206.2
432. 一种低成本耐硫变换脱氧剂 02135207.0
433. 一种烃类催化裂化催化剂及其制备方法 02135454.0

434. 通信电缆用PE泡沫绝缘组合物及制备方法 02135233.X
435. 一种用于拆卸抽油机变速箱齿轮的设备 02135421.9
436. 一种油水井水力冲击解堵方法及装置 02135479.0
437. 一种催化蒸馏元件及催化剂装填结构 02135488.X
438. 双氧水生产装置尾气中芳烃的回收方法 02135489.8
439. 单烷基或单芳基二硫代氨基甲酸盐作为反应终止剂的应用 02135493.6
440. 一种用于合成二甲基硫醚的催化剂及其制备方法 02135619.X
441. 干法腈纶废水的处理工艺 02135650.5
442. 一种异戊烯基甲基戊烯酮水解裂解制取甲基庚烯酮的方法 02136954.2
443. 可熔聚丙烯腈树脂 02136956.9
444. 含电气石聚酯纤维的制造方法 02136957.7
445. 用于制造含电气石聚酯切片制造方法 02136958.5
446. 环氧丙烷直接酯化制备碳酸二甲酯的方法 02137112.1
447. 一种双环戊二烯加氢石油树脂的制备方法 02137115.6
448. 高硅丝光沸石及其制备方法 02137446.5
449. 用于烷基芳烃脱氢的催化剂 02137447.3
450. 聚氯乙烯和苯乙烯—顺丁烯二酸酐共聚物组合物 02137449.X
451. 制备对苯二甲腈的方法 02137455.4
452. 催化裂解生产丙烯的方法 02137457.0
453. 制备己内酰胺的方法 02137458.9
454. 丁烯歧化制丙烯的方法 02137460.0
455. 本体法聚丙烯生产中丙烯气体回收装置及工艺 02138515.7
456. 一种由低附加值烯烃生产乙烯和丙烯的催化剂及其应用 02138789.3
457. 一种广谱型原油破乳剂 02138900.4
458. 一种阻焦剂及其制备和应用 02138912.8
459. 一种改质劣质汽油的催化转化方法 02139064.9
460. 一种劣质汽油催化改质方法及其装置 02139066.5
461. 流化催化裂化沉降器油气预汽提设备及预汽提方法 02139184.X
462. 硫化亚铁阻燃清洗剂 02139266.8
463. 一种可灵活调节循环比操作的延迟焦化工艺 02139312.5
464. 一种锂砂的制备方法 02139783.X
465. 一种含共轭二烯烃嵌段共聚物选择加氢的方法 02139784.8
466. 一种以废海卤生产烟气脱硫剂方法 02144533.8
467. 长碳链尼龙热熔胶及其合成方法 02144534.6
468. 道路用改性沥青及其制备方法 02144536.2
469. 生产低硫柴油的中压加氢裂化和催化裂化联合工艺 02144537.0
470. 一种测量pH值的装置及方法 02144538.9
471. 一种评价聚合物改性沥青储存稳定性的方法 02144540.0
472. 一种含氟—铝物料及其制备方法 02144542.7
473. 一种加氢处理催化剂的制备方法 02144544.3
474. 一种单段中压加氢裂化与催化裂化联合工艺 02144545.1
475. 最大量生产中间馏分油的加氢裂化工艺 02144546.X
476. 多产低凝点柴油和制乙烯原料的加氢裂化工艺 02144547.8
477. 一种长链二元酸双酯的制备方法 02144944.9
478. 一种中油型加氢裂化催化剂 02144945.7
479. 一种加氢处理催化剂及其制备方法 02144946.5
480. 一种由馏分油生产低凝柴油的方法 02144947.3
481. 一种烃类脱硫吸附剂 02144948.1
482. 一种加氢裂化后处理催化剂及其制备方法 02144950.3
483. 一种改性沥青及其制备方法 02144951.1
484. 一种长链二羧酸二烷基酯的制备方法 02144952.X
485. 一种生产清洁柴油产品的加氢裂化工艺 02144955.4
486. 一种含β沸石的抗氮型加氢裂化催化剂 02144956.2
487. 一种循环裂解加氢裂化工艺 02144957.0
488. 一种含Y沸石的抗氮型加氢裂化催化剂 02144958.9
489. 一种一次通过加氢裂化工艺 02144960.0
490. 石油碳五馏分加氢制备戊烷的方法 02145057.9
491. 聚天门冬氨酸的制备方法 02145058.7
492. 简便测定固体磷酸催化剂稳定性的方法 02145225.3
493. 生产2,2′-亚甲基双(4-甲基-6-叔丁基苯酚)的方法 02145226.1

494. 用于制备对氯苯甲腈的方法 02145227.X
495. 用于制备间苯二甲腈的方法 02145228.8
496. 双螺杆挤出机自动控制装置 02145231.8
497. 生产烷基苯的方法 02145232.6
498. MCM－22 分子筛的制备方法 02145233.4
499. MCM－22 分子筛的合成方法 02145234.2
500. MCM－56 分子筛的制备方法 02145235.0
501. MCM－56 分子筛的合成方法 02145236.9
502. MCM－49 分子筛的制备方法 02145237.7
503. MCM－49 分子筛的合成方法 02145238.5
504. 制备纯硅 MCM－41 分子筛的方法 02145240.7
505. 制备钛硅分子筛的方法 02145241.5
506. 钒硅分子筛的制备方法 02145242.3
507. 一种复合阻垢缓蚀剂及其含氮污水回用于循环冷却水中的应用 02145917.7
508. 用于裂解汽油选择加氢的催化剂、其制备方法及用途 02146005.1
509. 用于乙烯聚合的催化剂 02146106.6
510. 一种生产异丁烯联产二甲醚和二聚异丁烯的方法 02146148.1
511. 用无铬型催化剂制备 γ－丁内酯和/或 1,4－丁二醇的方法 02146383.2
512. 聚脲—复合钙润滑脂的制备方法 02146384.0
513. 一种黏稠原油预处理的方法 02146385.9
514. 一种由煤液化油生产优质柴油的组合工艺方法 02146386.7
515. 一种利用 C_4 馏分增产小分子烯烃的催化转化方法 02146387.5
516. 一种降低汽油硫含量的催化转化方法 02146388.3
517. 分子筛的铵和稀土离子混合交换方法 02146390.5
518. 一种分子筛的铵和稀土离子交换方法 02146391.3
519. 一种分子筛的铵和稀土离子混合交换方法 02146392.1
520. 一种铂锗催化剂的制备方法 02146393.X
521. 一种球形氧化铝的油氨柱成型方法 02146394.8
522. 一种增摩脂 02147785.X
523. 一种金属缓蚀剂 02147875.9
524. 不含亚硝基化合物的乳液丁苯橡胶的制备方法 02148335.3
525. 乙烯装置中乙烯精馏塔的智能控制方法 02148476.7
526. 从气体混合物中脱除硫化物的吸收液 02148499.6
527. 一种油田废水处理方法及设备 02149167.4
528. 以烷基硫酸酯为封端剂制备烷基封端聚醚的方法 02150754.6
529. 以卤代烷为封端剂制备烷基封端聚醚的方法 02150755.4
530. 苯与碳九芳烃烷基转移方法 02151167.5
531. 用于低碳烯烃齐聚的固体磷酸催化剂的制备方法 02151169.1
532. 制备 2,2′－亚甲基双(4－甲基－6－叔丁基苯酚)的方法 02151170.5
533. 制备 4－氨基二苯胺的方法 02151171.3
534. 用于制备邻氯苯甲腈的方法 02151172.1
535. 吡啶和甲基吡啶的制备方法 02151175.6
536. 合成吡啶和甲基吡啶的方法 02151176.4
537. 用于乙烯液相烷基化制乙苯的催化剂 02151177.2
538. 用于生产苯二酚催化剂的制备方法 02151178.0
539. 碳四及其以上烯烃催化裂解生产丙烯的方法 02151179.9
540. 生产丙烯的方法 02151180.2
541. 制备沸石空心微球的方法 02151181.0
542. 丙烯氨氧化反应产物的在线分析方法 02151182.9
543. 丁二烯精制装置的除氧方法 02151534.4
544. 含氯化石蜡的聚合橡胶及其制备方法 02151535.2
545. 含氯化石蜡的氯化二烯烃橡胶及其制备方法 02151537.9
546. 一种制备叔丁醇的方法 02151544.1
547. 一种多功能硫磺回收催化剂及其制备方法 02151549.2
548. 一种异辛醇精制工艺及其催化剂 02151550.6
549. 一种炼油污水回收利用的方法 02153364.4
550. 一种四氢呋喃的制备方法 02153366.0
551. 一种可生物降解的润滑脂 02153367.9
552. 一种稠油乳化降黏剂及其使用方法 02153368.7
553. 一种具有添加剂功能的脲基润滑脂 02153369.5
554. 一种生产低硫汽油的方法 02153373.3
555. 一种石油烃裂解制取低碳烯烃的催化剂 02153374.1
556. 一种苯甲酸的加氢方法 02153375.X
557. 苯甲酸加氢方法 02153376.8
558. 一种合成 ZSM－5 分子筛的方法 02153377.6
559. 提高异丁烯聚合物淤浆稳定性的方法 02153930.8
560. 一种烷氧基化反应制备烷氧基化

合物的方法 02155059.X
561. 丙烯氨氧化制丙烯腈的流化床催化剂 02155109.X
562. 丙烯氨氧化生产丙烯腈的流化床催化剂 02155110.3
563. 制备丙烯腈流化床催化剂 02155111.1
564. 生产丙烯腈的流化床催化剂 02155112.X
565. 用于还原硝基、亚硝基、偶氮或/和氧化偶氮化合物的催化剂 02155113.8
566. 乙烯液相烷基化制乙苯的方法 02155114.6
567. 负压绝热闪蒸罐及其用于焦油苯乙烯回收的绝热闪蒸方法 02155115.4
568. 丙烯腈急冷方法 02155116.2
569. 丙烯腈急冷塔 02155117.0
570. 用于丙烯腈的急冷塔 02155118.9
571. 一种聚丙烯催化剂的制备方法 02155556.7
572. 一种含非离子表面活性剂废水的处理方法 02156509
573. 一种生物填料及制法和由其构成的装置及用途 02156510.4
574. 用于烯烃聚合反应的固体催化剂组分及其催化剂 02156512
575. 一种共聚酯的制备方法 02157295.X
576. 一种金属型芳烃加氢饱和催化剂 02158175.4
577. 一种含氮沸石及其制备方法 02158176.2
578. 用于循环冷却水的杀菌剂的使用方法 02159290.X
579. 一种塑料土工组合式挡土墙 02159291.8
580. 偶氮二甲酰胺发泡剂废水的电解处理方法 02160118.6
581. 一种提取 1,2-二氯丙烷的方法 02160119.4
582. 一种提取双-(2-氯异丙基)醚的方法 02160120.8
583. 一种木塑复合材料及其制备方法和应用 02160123.2
584. 一种合成钛硅分子筛的方法 02160124
585. 一种聚对苯二甲酸乙二醇酯组合物及其制备方法 02160127.5
586. 新型多辐射区裂解炉及其用途 02160128.3
587. 实验室专用超声波连续采样装置 02160129.1
588. 油井水泥缓凝剂 02160130.5
589. 孔隙结构仪 02160131.3
590. 岩石密封烃抽取仪 02160133.x
591. 溴加成和气相色谱原子发射光谱测定汽油烯烃含量的方法 03100054.1
592. 一种燃料油脱硫吸附剂及其制备方法 03102401.7
593. 用于烯烃聚合催化剂的复合载体及其催化剂组分和催化剂 03105214.2
594. 一种轻烃非临氢改质催化剂及制备方法与应用 03105391.2
595. 低硫柴油多效添加剂组合物 03105393.9
596. 一种 ZSM-5/AlPO$_4$-5 双结构分子筛的合成方法 03105399.8
597. 一种含锌 MOR 沸石的合成方法 03105400.5
598. 石油常减压蒸馏工艺及其装置 03108050.2
599. 用于烯烃聚合反应的催化剂组分及其催化剂 03109781.2

实用新型专利

1. 一种塑料土工格室 03200271.8
2. 一种直线电机驱动的游梁式抽油机 03207195.7
3. 回转式炉窑 03210255.0
4. 连续性回转炉窑 03210256.9
5. 井底流温流压测试装置 03216557.9
6. 电法保护腐蚀信号智能测量装置 03218045.4
7. 用于化纤长丝纺丝过程的丝束张力检测装置 03230626.1
8. 一种处理含油污水的装置 03232159.7
9. 岩屑描述仪 03235673.0
10. 简易小型全自动户内供水装置 03237791.6
11. 智能化多功能防盗报警装置 03237790.6
12. 井下管柱机械校深装置 03242544.9
13. 一种抽子 03242871.5
14. 聚合物井下配注器 03242874.x
15. 油井自动调控电加热炉水套炉 03252305.x
16. 活动式偏心水力声波发生器 03253033.1
17. 油水乳化物的破乳装置 03253324.1
18. 轴向流固定床气固催化反应器 03255381.1
19. 用于催化反应的固定床反应器 03255400.1
20. 气化炉拱顶 03262693.2
21. 橇装式天然气集气计量分离装置 03268985.3
22. 组合式生物反应器 03284729.7
23. 一种蜡含量测量仪 03284730.0
24. 便携式临床体外循环管路 200320106725.6
25. 药物消毒箱 200320106837.1
26. 快接绳帽 20032010493.5
27. 气化喷嘴的滑动密封装置 200420041457.9
28. 热力清蜡装置 200420070771
29. 一种便携式人力弯管器 200320101584.9
30. 一种流化床活化炉 200320101585.3
31. 一种适用于槽车装载挥发性液

体用的密闭头 200320103596.5
32. 一种槽车在装载挥发性液体时用的气体回收罩 200320103597.x
33. 一种新型反应器 200320103598.4
34. 注水泥塞装置 200320106403.1
35. 套管验漏阀 200320106404.6
36. 不动管柱换三层采油井下管柱 200320106412
37. 防馈电电动机皮带轮 200320106412.5
38. 水平井防砂封隔器 200320106682.1
39. 油水罐自动冲排泥沙装置 200320106717.1
40. 油井水下带压打孔装置 200320106730.7
41. 废弃井密封装置 200320106732.6
42. 钢制环形密封槽的抛光装置 200320106762.7
43. 一种螺旋折流板管壳式换热器 200320106763.1
44. 一种航空煤油罐车 200320106764.6
45. 测井仪的测温装置 200320106869
46. 一种套管通径工具 200320106871.11
47. 一种整体式扩大器 200320106871.9
48. 一种打捞器 200320106872.3
49. 一种分体式钻杆旋转工具 200320106874.2
50. 一种滑块式打捞矛 200320106875.7
51. 温差式作业设备自动防冻装置 200320106983.4
52. 海底电缆护管旋转接头 200320106995.7
53. 抽油杆导向装置 200320106997.6
54. 海洋平台专用高性能靠船装置 200320107002.8
55. 侧钻小井眼深穿透带导向头射孔器 2003201070742
56. 一种高压旋转密封装置 200320107146.3
57. 点火工艺装置恒流控制器 200320107248.5
58. 传扭柔性抽油杆 200320107303.0
59. 耐冲蚀高强度金属滤砂管 200320107369.X
60. 离子交换纤维滤砂管 200320107370.2
61. 一种用于实验室的水沙界面地形测量装置 200320107450.8
62. 一种中心向外环吹风冷却形式的熔融纺丝组件 200320108257.6
63. 负压式颗粒状物料取样装置 200320110350.0
64. 钻头钎焊机 200320111129.7
65. 一种换热器 200320114218.7
66. 物探钻机动力头卸口套自动进给装置 200320116024
67. 外搓洗式过滤器 200320116025.5
68. 不间断电源智能开启/关闭控制电路 200320116208.2
69. 一种往复压缩机十字头组件 200320116207.2
70. 管端加工器 200320120281.1
71. 降膜再沸器 200320120282.6
72. 下冲防砂单向液流阀 200320121073.3
73. 下冲法防砂工具 200320121074.8
74. 塑料穿线管排 200320121192.9
75. 一种侧钻开窗造斜器 200320121269.2
76. 机械式井深定位器 200320121284.7
77. 大斜度深井封隔器 200320121388.8
78. 摩擦换向抽油机失载检测保护装置 200320121839.8
79. 一种用于超短纤维风送的气棉分离器 200320123022.4
80. 一种用于超短纤维风送及气棉分离设备的气棉分离器 200320123023.9
81. 真空清洗炉中用的温度自动控制装置 200320123024.3
82. 环柱形催化剂 200320123294.4
83. 耐腐型超声波换能器 200320123295.9
84. 一种砂浴加热炉尾气排放装置 200320124661.2
85. 一种用于牙轮钻头的凸形楔面切削齿 200320125536.3
86. 油罐污水罐天然气密闭回收装置 200320129334.6
87. 烯烃溴加成反应器 200320129631.0
88. 内电解反应处理油田采出水装置 200320130212.9
89. 一种圆筒式筛网 200420000469.7
90. 抽油井过环空多功能产液剖面测井仪器 200420007708.1
91. 一种用于试验装置的焦化塔 200420010712.3
92. 井架可分离式油田抽汲修井作业 200420017107.4
93. 井架收放连接装置 200420017108.3
94. 一种改进的拖挂式钻机井架 200420017410.9
95. 五缸泥浆泵 200420017413.2
96. 变截面的海洋修井机井架 200420017414.7
97. 一种五缸泵轴 200420017447.1
98. 一种抗咬耐磨轴承副 200420017577.5
99. 一种设有固体润滑剂的牙轮钻头轴承结构 200420017816.7
100. 一种用于牙轮钻头的修边齿 200420017825.6
101. 用于无纺布生产的自动喂棉箱 200420020231
102. 一种连续性回转炉窑 200420020232.5
103. 用于制备间规聚苯乙烯的反应器 200420021937.9
104. 用于烃类混合物反应的进料装置 200420021938.3

105. 碳氢硫联测分析装置 200420021939.8
106. 急冷器 200420021940
107. 无线遥控移动式全自动灌装机 200420023082
108. 用于轴向流固定床反应器的气体分布器 200420023151
109. 一种可控量补充催化剂的聚醚多元醇生产工艺设备 200420024662.4
110. 井下储存式管杆参数检测器 200420024926.6
111. 多绳液压悬绳器 200420026069.3
112. 一种多管过滤器 200420030365.0
113. 一种三相分离器 200420030366.5
114. 高压注水过滤器 200420037905
115. 一种液压旋转封井器 200420037949.0
116. 自定位悬挂器 200420037953.7
117. 旋流刮砂抽油泵 200420037954.1
118. 一种酸化压裂封隔器 200420037955.6
119. 高压可回收桥塞 200420038075.0
120. 全天候管道施工棚 200420038228.1
121. 防塌支护板 200420038230.9
122. 防盗螺栓 200420038239
123. 双向油层保护器 200420038255.9
124. 摩块开关式分层防砂工具 200420038258.2
125. 一种电机大负载下启动与运行可转换的电源装置 200420038424.9
126. 无填料微接触轴封结构 200420038536.4
127. 一种旋转防喷器安全操作平台 200420038846.6
128. 一种簧阀式水力脉冲钻头短节 200420038847
129. 一种井下高压水力脉冲发生器 200420038848.5
130. 油田污泥处理地面装置 200420039152.4
131. 一种天然气内燃机空气过滤器 200420039266.9
132. 粉末冶金滤膜滤砂管 200420039425
133. 侧向流道长寿命滤砂管 200420039444.8
134. 抗冲蚀高渗透滤砂管 200420039445.2
135. 无套压挤压充填防砂管柱 200420039446.7
136. 可验封封隔器 200420039469.8
137. 液压倒扣两用丢手 200420039470.0
138. 液力平衡式抽油泵 200420039614.2
139. 液压双缸锚定封隔器 200420039656.6
140. 液压双缸无锚定封隔器 200420039657.0
141. 一种多级有载自动调压变压器 200420039824.1
142. 大通径多向转换皮碗式充填工具 200420040114.0
143. 外滑套防砂丢手工具 200420040115.5
144. 卡簧式铅封封隔器 200420040119.3
145. 采油井下整体式桥阀 200420040121.0
146. 作业喷提防污染装置 200420040124.4
147. 大通径无锚定液压封隔器 200420040367.8
148. 复合接箍 200420040382.2
149. 一种井下防砂中心管冲砂工具 200420040646.4
150. 小修井液压全封封井器 200420040647.9
151. 坐封控制式配水器 200420040871.8
152. 一种欠平衡钻井液控井下套管阀 200420040903.4
153. 一种在井底产生水击压力脉动的钻头短节 200420040904.9
154. 一种欠平衡钻井实时监测控制装置 200420040905.3
155. 一种水力脉冲诱发井下振动钻井工具 200420040906.8
156. 一种柔性落物打捞磨铣工具 200420041377.3
157. 一种落井仪器打捞筒 200420041385.8
158. 气相介质气化喷嘴 200420041534.0
159. 一种新型 PDC 钻头 200420041555.4
160. 一种电力变压器防盗放油阀 200420047522.9
161. 流向指示单流阀 200420051809.9
162. 柔性滤砂管柱 200420051870.3
163. 钻井绞车安全控制装置 200420052182.9
164. 无壳式压力发生器 200420052333.0
165. 抽油杆导向装置 200420052525.1
166. 管杆磨蚀试验机 200420052598.0
167. 卸抽油机曲柄销子专用工具 200420052599.5
168. 旋转脉冲喷嘴 200420052608
169. 注采一体化抽油泵 200420052719.1
170. 自由伸缩式地面注汽管道补偿器 200420052720.4
171. 一种无杆采油系统设备 200420052794.8
172. 抽油机链条接制器 200420052981.6
173. 螺杆泵井抽油杆防偏磨调向扶正器 200420053073.9
174. 一种疏松地层取心工具 200420053220.2
175. 叠片式变径扶正器 200420053322.4
176. 阀门防盗护套 200420053395.3
177. 湿蒸汽发生器火嘴调节器 200420053396.8
178. 注水井防砂挡砂管柱 200420053617.1
179. 一种管道内缺陷检测装置使用的投放发射器、回收器 200420053897.6
180. 井下射流泵 200420059624.2
181. 深抽防气管式泵 200420059634.6
182. 气液自动切换控制油井产量计量装置 200420059675.5
183. 织物吸湿性能测试仪 200420062946.2

184. 集成式油田采出液分离及污水处理装置 200420064038.7
185. 一种气液逆流式反应器 200420070623.8
186. 一种桶装渣油/沥青微波加热器 200420072669.3
187. 机械式测井电缆刮泥器 200420072818.6
188. 一种下猪尾管 200420074471.9
189. 井下油管防磨扶正器 200420074657.4
190. 一种固体颗粒提升器 200420074846.1
191. 一种催化转化催化剂汽提器 200420075014.1
192. 一种采气废水处理技术与装置 200420076414.4
193. 一种可变速钻井泵传动装置 200420078709.5
194. 一种油田井下旁通阀式堵漏材料送入工具 200420079678.5
195. 一种用于硫酸生产低温热能回收的热回收塔 200420080165.6
196. 一种用于缠绕管式换热器的绕管机 200420082075.0
197. 缠绕管式换热器的纵横向定距结构 200420082076.5
198. 一种保温塞人孔 200420084505.2
199. 锅炉烟尘检测采样便携支架 200420087047.5
200. 一种机械式尾管悬挂器 200420089337.6
201. 一种双级注水泥器 200420089338.0
202. 一种管道无缆检测装置使用的故障抢救对接机构 200420096601.9
203. 一种吃深控制定向井 PDC 钻头 200420096604.2
204. 偏心配水器 200420096657.4
205. 防砂充填工具 200420096658.9
206. 过滤器 200420096659.3
207. 井底水力抽吸降压钻井工具 200420096669.7
208. 分支井再进入工具 200420096671.4
209. 近钻头局部低压钻井工具 200420096672.9
210. 一种油井分气包 200420096955.3
211. 抽油机凸轮式驴头销 200420096967.6
212. 抽油井断光杆恢复生产辅助装置 200420096968.0
213. 抽油机电机调整器 200420096969.5
214. 速取盘根光杆密封器 200420096970.8
215. 注油自润滑式盘根盒 200420096971.2
216. 一种套管头防磨套取出器 200420097010.3
217. 管线对接扶正器 200420098831.9
218. 注聚泵单流阀研磨器 200420098838
219. 油层防堵器 200420099101.0
220. 油井防盗截流取样器 200420099104.4
221. 一种易开型大容量酸消解弹 200420108556.4
222. 除结焦催化分馏塔 200420109445.5
223. 推进式钻井岩屑清洗机 2004200102083
224. 振动式钻井岩屑清洗机 2004200102098
225. 快装式井控防喷装置 2004200107354

外观设计专利

1. 单牙轮钻头 200430014794.4
2. 五缸泥浆泵 200430024652.1

（马 燕）

技术监督

【概述】 2005年中国石化制定并执行了《中国石化产品质量监督抽检管理办法》，进一步规范了产品质量监督抽查管理。全年监督抽查油田企业五大类采购物资190批次，合格164批次，总合格率为86.32%，较2004年提高1.32个百分点；监督抽查生产、销售企业的十大类石油和石油化工产品369批次，合格362批次，总合格率为98.10%，较2004年提高1.10个百分点。

统一品牌、创名牌活动又取得了新成绩。齐鲁分公司生产的齐鲁牌烧碱获得了国家名牌产品证书，润滑油分公司生产的长城牌润滑油、镇海炼化股份分公司生产的东海牌尿素、湖北化肥分公司生产的长江牌尿素获得了国家免检产品证书。

经国家标准化管理委员会批准，成立了"全国石油产品和润滑剂标准化技术委员会"。完成了纳入中国石化油田企业标准体系研究的15个子课题的研究任务，制定了《陆上地震勘探辅助数据格式》等中国石化油田企业标准，制定了中国石化《液体化工产品数量计算方法》标准，完成了中国石化企业"三基"管理标准(报批稿)的编制工作。

举办了质量、计量处长岗位资格培训班和油田企业、炼化企业标准制修订工作培训班，提高了质量、计量、标准化人员的执业能力。

（张益民 楼洪才）

信息技术应用与管理

【概述】 2005年，中国石化继续开展以ERP为主线的信息化建设，开展供应链、电子商务、地震资料处理、油藏描述、炼化生产执行系统(MES)、化验室信息管理系统、生产调度优化、先进控制、加油(IC)卡等信息系统的建设与推广工作，同时加强网络、信息安全、标准化等信息基础建设，深化信息系统应用，为"十一五"中国石化信息化发展奠定了基础。

2005年，中国石化有17家企业ERP系统成功上线运行，并扩展了新的功能，实现了部分炼油企业、销售大区和省市石油公司之间的系统集成和信息共享；进一步深化了甬沪宁原油管输配送管理信息系统和成品油一次物流优化、二次物流优化等系统的应用，为原油、成品油的调度指挥提供了技术支撑；物资采购电子商务网上年交易额突破700亿，成为中国石化对外物资采购的重要平台。企业生产层面信息系统建设稳步推进，取得一系列成果。油田企业引进了微机群系统，配套完善了勘探开发综合研究技术系列。炼化企业推广应用炼油调度指挥系统、生产执行系统、先进控制、计划调度、化验室信息管理系统。销售企业开展了加油(IC)卡、卫星定位系统的应用，并进行ERP、加油(IC)卡、二次物流系统的集成试点工作。

在信息基础建设方面，中国石化进一步提升了连接所有中国石化下属企业和分支机构的广域网以及各企业的局域网，启动了中国石化信息安全总体规划与设计工作，制定了ERP推广模板，完善修订了信息代码。

2005年，编制了《中国石化信息化建设"十一五"发展规划》，组织了企业领导人员ERP培训班和信息中心主任培训班，结合《内控手册》颁布实施了一系列管理办法和制度。

（宫向阳）

【ERP项目建设】 2005年，中国石化有17家企业ERP系统上线运行，其中16家实现单轨运行，使上线运行的ERP企业总数达到41家，同时深化了ERP应用。总部进行了物资装备部和油品销售事业部数据仓库建设的应用试点，另外在总部财务部和两家下属企业进行了财务报表合并应用试点；在炼油板块开展了全面预算管理及生产经营监控系统的建设，完成了金陵分公司、济南分公司、荆门分公司3家下属企业的上线工作；完成了上海石油分公司审计信息系统的试点工作；资金集中管理项目于11月上线试运行。

（宫向阳）

【供应链系统建设】 在资源优化方面，总部供应链优化模型以上中下游整体优化为目标，为生产经营管理部准确编制年度生产计划提供了依据。原油现货采购优化模型在原油采购品种优化、降低原油成本中发挥了作用。开发了具有中国石化自主版权的原油评价数据库系统，并在企业级生产计划优化项目中进行了试应用。甬沪宁和仪长原油管输配送管理信息系统进一步深化应用，为总部原油资源的调度指挥工作提供了技术支撑，并为原油管输配送信息系统的推广建设奠定了基础。

在成品油物流优化方面，一次物流优化的分销计划优化模块投用后，成品油一次配送运杂费理论上降低了1.09元/吨，折合人民币7 364万元。二次物流优化系统在19家省市石油分公司全部上线运行，系统上线后，剔除市场需求旺盛、资源供应紧张等客观因素的影响，加油站库存水平由92万吨一次性下降到71万吨，减少资金占压约8.5亿元，节约财务费用约3 887万元。

（宫向阳）

【电子商务】 中国石化物资采购电子商务网自开通以来，网上成交金额不断攀升。截至2005年底，物资采购电子商务网上累计成交金额1 751亿元，节约采购资金61亿元。其中，2005年网上成交合同97 279笔，网上采购额778亿元，节约采购资金29亿元。国际采购电子商务项目的中、英文网站投入运行。

（宫向阳）

【油田企业信息化建设】 2005年，中国石化引进了450个节点的微机群系统，进一步提升了地震资料处理、油藏数值模拟的能力，配套完善了勘探开发综合研究技术系列。在地震资料处理能力上，与"九五"末相比，一次连片常规处理能力提高了近10倍，处理周期缩短为1/4左右。在精细油藏描述方面，三维三相模拟规模超过100万节点，多层二维二相模拟规模达到1 000万节点，基本满足了新建产能、三次采油、老油田整体调整等油藏描述的要求。

针对勘探开发的实际情况，自主开发了一些有特色、具有自主产权的软件系统。神通地震成像软件系统开发项目通过验收；三维三相黑油模型软件并行化及应用项目完成了主模型的研制、软件的集成及测试，同时建立了实际油藏模型。完成了中国石化地质资料中心建设总体设计。完成了油田开发知识库的业务模型设计和部分软件实现工作，以及新区开发决策模型的研究工作。

（宫向阳）

【炼化企业信息化建设】 炼油生产调度指挥系统实现了10家下属企业的生产实时数据上传总部，并初步实现了对企业生产运行动态的集中监控、管理和协调。石化企业生产执行系统(MES)在3家试点企业获得成功。该系统的应用提高了生产的精细化管理水平，实现了"日平衡、旬确认、月结算"的目标，为ERP系统提供了数据支撑。先进控制(APC)项目完成了12套装置先进控制系统的投用，实现了卡边操作，提高了装置控制水平和装置的加工能力。炼化企业生产调度优化项目在试点企业长岭分公司、茂名分公司和广州分公司上线运行，并通过了验收，为生产调度部门编制优化旬、3 天作业计划提供了辅助决策工具。化验室信息管理系统在 6 家试点单位均已上线运行，提高了化验室业务的自动化水平，提升了质量管理和控制水平。

（宫向阳）

【销售企业信息化建设】 加油(IC)卡工程从建设阶段过渡到运营阶段。2005 年开展了加油卡系统软件优化调整和硬件升级、系统运行维护、工程后续推广和市场营销等工作。截至 2005 年底，共建成卡机联动加油站 1.3 万座。云南石油分公司信息系统建设及配套改造项目初见成效，实现了已有的加油卡、二次物流及 ERP 系统间的数据一次采集和信息共享，提高了信息系统的综合使用效率。截至 2005 年底，对承运商 4 280 辆油品运输车加装了卫星定位系统，实现了对油罐车的远程实时监控、调度、跟踪和安全行车监督。

（宫向阳）

【其他信息系统建设】 总部信息门户项目：完成了股份公司 18 个部门、集团公司 2 个主要部门和 2 个专业信息门户的建设与投用，在信息共享、远程移动办公等方面发挥了作用。办公综合业务处理系统提升项目：应用效果初步显现，实现了网上收文、发文、会签、通知、内部请示等办公业务功能，提高了工作效率，满足了异地办公的要求，并实现了电子印章系统与办公系统的集成。人力资源管理信息系统：完成了推广实施工作，并投入试运行，初步建立了中国石化人力资源信息结构体系，数据集中管理和运作的整体优势得到初步发挥。工程建设管理信息系统：于 2005 年 5 月上线试运行，重点工程建设信息及企业管理信息全部通过系统上报，企业可以通过系统及时了解项目建设招投标、标准定额及管理规定等信息。

（宫向阳）

【信息基础建设】 在网络建设方面，以总部为核心的网络系统连接了 136 家企业和分支机构，可用性达到 99.46%；实现了总部与企业、企业与企业之间的数据、视频会议、远程图像监控、新闻节目传送等多种业务应用。

在信息安全体系建设方面，启动了石化信息安全总体规划与设计工作，开始制定安全风险评估规范、应用安全规范、网络安全标准等 20 多个信息安全标准规范，重点对总部和所有企业网络外部接入进行了防御，建立了总部与企业统一的网络管理系统，加强了对 ERP 系统的安全防护。

在标准化建设方面，制定了 ERP 推广模板，规范了业务流程，提高了建设效率；完成了物料代码分类修订，编制外部单位代码 7 万多条、储罐代码 8 万多条，共发布 13 大类、41 万多条代码。

（宫向阳）

健康、安全与环保

- 综述
- 安全、健康监督与管理
- 环保监督管理
- 污染综合治理
- 环保科研攻关

综　　述

2005年安全环保工作指导思想是：认真学习贯彻党的十六大、十六届三中和四中全会以及中央经济工作会议精神，树立落实以人为本、全面、协调、可持续的科学发展观，从实践“三个代表”重要思想、建立社会主义和谐社会的高度，始终坚持“安全第一、预防为主、全员动手、综合治理”的方针，落实安全生产责任制，全面推行健康、安全和环境(HSE)管理体系，强化安全环保基础工作，树立良好企业形象，不断开创安全环保工作新局面。

2005年安全环保工作奋斗目标为：坚定不移地加强安全环保工作，力争实现“五个避免”：努力避免重大井喷失控事故、中毒死亡事故、重大火灾爆炸事故、一次死亡3人以上的重大责任事故、重大环境污染和环境破坏事故。

2005年，石化集团广大干部职工认真贯彻落实党中央、国务院关于加强安全生产工作的指示精神，按照安全环保工作指导思想，不折不扣地执行“完善制度、练好功夫、打好基础、落实问责”的安全环保工作总要求，狠抓各项工作落实，确保了安全生产总体平稳，环境治理水平稳步提高。2005年进一步完善了中国石化安全环保管理制度体系，制定下发了《机关部门安全生产责任制》、《安全生产重大事故行政责任追究规定》、《重特大事件应急预案》、《设备管理制度》、《境外企业安全生产管理规定》、《井控安全管理规定》、《“三废”综合利用管理办法》等规章制度。各企业按照总部要求，对内部管理制度进一步细化、完善，为安全生产及环保管理工作提供了制度保证。继续加强隐患治理工作，全年安排13.89亿元用于安全隐患治理。针对部分企业电气系统老化的现状，集中治理了一批企业的电气隐患，提高了供电系统的可靠性。严格执行隐患项目分级管理制度，对重大项目实行重点督办，确保及时消除隐患。投资3.24亿元集中整治环保存在的突出问题，环保工作水平进一步提高。积极开展形式多样的安全环保教育活动，提高了广大员工的安全环境意识和操作技能。继续做好年度全系统安全环保大检查，适时开展有针对性的各类专项检查，加强企业“三基”工作，促进了基层管理水平的提高。继续深化HSE管理体系，认真开展危害识别、风险评估，落实控制风险的措施，提高危害识别和控制风险的能力。严格坚持事故处理“四不放过”原则，严格“落实问责”，切实做到举一反三，防止类似事故的重复发生。强化了职业卫生现场管理，加大了有毒有害岗位检测和监管力度，进一步改善职工劳动条件，积极营造和谐健康的工作氛围。通过总部及企业的共同努力，实现了安全生产总体平稳，实现了安全环保各项奋斗目标，为石化集团公司、股份公司各项目标的实现创造了条件。

(杜红岩)

安全、健康监督与管理

【安全事故同比继续下降】　2005年石化集团公司职工全员事故死亡率为0.02‰，重伤率为0.017‰；石化股份公司全员事故死亡率为0.005‰，重伤率为0.011‰，均低于年初下达的考核指标。集团公司累计发生上报事故28起，死亡14人，重伤12人。其中股份公司发生上报事故10起，死亡2人，重伤4人。与2004年同期相比，各项指标均下降。

(杜红岩)

【安全大检查】　2005年在企业开展危险化学品专项检查、井控专项检查、节前安全检查的基础上，总部集中开展了春节前安全检查、设备大检查、井控安全专项检查及年度安全大检查。

为贯彻落实石化集团公司《关于做好两节期间安全生产工作的通知》，落实冬季安全生产及节前安全自查自改情况，1月15—30日，安环局会同有关事业部，组成了8个检查组，对26个油田、炼化、销售企业进行了有针对性的安全检查。牟书令、张耀仓、王天普、王志刚等总部领导也分别带队对重点企业进行了调研检查，促进了企业的安全生产。

为进一步加强油田施工作业及油气开发生产井控安全基础工作，全面提高井控安全管理水平，5月30日—6月19日，石化集团公司开展了井控安全专项检查。由总部有关部门负责人带队，分成5个检查组，对16个油田企业进行了有针对性的安全专项检查。

8月下旬，安环局会同油田管理部、炼化管理部、炼油事业部、化工事业部、油品销售事业部和工程部，组织了134人，分成15个检查组，历时1个月，对所属油田、炼化、销售企业和工程建设公司进行了全面安全大检查。检查组按照国家有关法律法规、行业标准及石化集团公司的规范、制度，采取闭卷考试、召开座谈会、查看资料、现场提问、现场检查、实战演习、夜间查岗等方式，深入井队、装置、油库、加油站等生产一线进行检查。共检查了516个二级单位、912个车间(装置、作业队)、347座油库(加油站)，对包括公司领导在内的3 427名领导干部进行了安全环保考试，对2 661名职工进行了现场安全知识和防护器材使用考核，进行了50次大型消防气防综合演习、11次井控演习、89次事故预案演练，共查出各类问题5 915项。针对检查出的问题，深究问题根源，从企业管理、制度修订、责任制考核等方面查找管理上的原因，指导企业落实整改措施，并跟踪落实，确保问题得到及时整改。

（杜红岩）

【安全先进单位和先进个人】 胜利石油管理局、中原石油勘探局、扬子石化公司、仪化集团公司、管道储运公司、上海石油公司、宁波工程公司等30家企业被评为石化集团公司2005年度安全生产先进单位。其中扬子石化公司、上海石油公司、浙江石油公司实现了安全生产“八连冠”。

胜利石油管理局消防支队、天津石化公司消防支队、金陵石化公司消防支队、广州石化总厂消防支队、洛阳石化总厂消防支队被评为石化集团公司2005年度优秀消防队。

张殿国、戴厚良、田以民、张文标等80人被评为石化集团公司安全生产先进管理者，温振锋等320人被评为石化集团公司安全生产先进职工。

（杜红岩）

【安全教育培训】 2005年石化集团公司先后举办了安全处(科)长岗位资格培训班、安全工程师培训班、安全管理干部培训班、消防干部培训班多期，使学员们掌握了一定的安全技术知识和技能，具备了上岗资格。各企业按照石化集团公司的教育培训计划，举办了各类安全干部、安全技术人员、职工、外来施工人员、特种作业人员的培训班，开展岗位安全资质、安全技能培训，专题安全培训，事故演练，消防演练等。自2005年1月开始，石化集团公司委托青岛安全工程研究院创办了面对一线生产班组的《班组安全》电子刊物，每月1期，作为企业班组安全教育的参考资料，增强了一线职工安全学习的效果。

（杜红岩）

【安全活动】 2005年6月，中国石化按照国家有关部门的总体部署，开展了安全生产月活动，活动主题为“遵章守法、关爱生命”。石化集团公司专门下发了有关文件，对搞好安全生产月活动作了部署。在4月13日召开的集团公司二季度安全生产电视电话会议上，王天普对开展此次工作提出了具体要求。各企业按照总部统一部署，充分利用广播、电视、报刊等媒体，采取办学习班、安全考试、安全咨询、专题讲座、讲演、展览等形式，开展了多种安全活动，营造了安全生产氛围，推动了安全生产工作。

为做好四季度的安全生产工作，针对冬季安全生产特点，集团公司开展了以“强三基、反三违、抓整改、保安全”为主题的“百日安全无事故”竞赛活动。各企业结合自己的实际情况，认真组织开展安全生产大讨论，深入分析安全生产中存在的突出问题，并积极进行整改；认真组织抓好以防冻防凝为重点的冬季安全生产各项工作，确保了冬季及元旦、春节期间的安全生产。

（杜红岩）

【隐患治理】 在2005年隐患治理工作中，认真贯彻总部领导提出的“突出重点不搞平均主义、集中力量打好歼灭战”的精神，重点对电气隐患以及安全生产当中急需解决的防止硫化氢中毒、完善消防气防设施和不符合安全设计规范等隐患治理项目进行治理。2005年共安排油田、炼化和销售企业集团公司级隐患治理项目628项，总投资13.89亿元。其中，电气隐患135项，投资6亿元，分别占项目数和资金数的21.50%和43.20%；消防气防隐患46项，1.27亿元，分别占项目数和资金数的7.32%和9.14%。在隐患治理工作中，继续实行总部领导、总部职能部门和企业3个层次重点监管，安环局重点监督检查的办法。到年底，除20项需跨年度外，完成隐患治理608项，完成投资13.36亿元，分别占项目数和资金数的96.81%和96.18%。

通过电气隐患的治理，更新了一批国家明令淘汰的旧产品，从本质上改善了供配电系统安全运行的可靠性，为电气专业的安全管理和安全运行提供了保障。通过消防气防的隐患治理，企业消防装备和气防设施的水平得到提高，消防保障能力进一步加强。

（张晓鹏）

【安全“三同时”监督管理】 2005年中国石化继续严格贯彻落实国家有关建设项目“三同时”监督管理的法律、法规和政策，对所有新建、改扩建项目的可研评估、安全预评价、初步设计、总体开工方案、投料试车条件确认及竣工验收全过程实施严格的“三同时”监督管理，并对重点建设项目的投料试车现场实施现场安全监督，确保了赛科乙烯、扬巴乙烯、湛江东兴炼油、金陵化肥、仪长管线等重点工程按期安全投料试车。

（朱　红）

【健康管理】 2005年中国石化以继续贯彻落实《职业

病防治法》为主线，组织召开了全系统职业卫生工作会议，进一步规范职业卫生技术工作，继续抓好职业卫生“三个目标”，健全完善职业卫生档案、健康监护档案、培训档案和个人防护用品发放登记档案等“四档”，做好建设项目职业卫生“三同时”审查验收率、职业健康体检率、工作场所职业病危害因素检测率、监测合格率等“四率”的达标工作。全年有毒有害岗位检测覆盖率达 99.6 %，监测点合格率 99.4 %，职业健康体检率 97.7%，在岗职工职业病发病率控制在 0.1‰以下，杜绝了一次 3 人以上急性职业中毒事故的发生。全年职业卫生主要目标和指标均好于 2004 年。

（朱　红）

【安全科技】 2005 年中国石化结合安全生产工作的实际需要，确定了一批安全科研项目，通过直属科研院所和直属企业两个层面展开安全科技攻关，取得了新的成果。“《化工健康监护技术规定》编制研究”和“石化装置安全评价模型”分获中国石油和化学工业协会科学技术二、三等奖，“石化电子设备雷击和石油产品储运静电的防护”等 2 个项目获石化集团公司科技进步三等奖。

（朱　红）

环保监督管理

【概述】 2005 年石化集团公司进一步严格新建项目的环保管理，督促企业认真按照《“三废”综合利用管理办法》，积极开展废弃物综合利用，按照《清洁生产企业标准》，制定了企业清洁生产计划，在生产总量大幅增长的情况下，工业取水量和主要外排污染物量持续减少，继续保持总体上稳定达标排放。2005 年 7 月石化集团公司召开了全系统的节水减排工作会议，部署了今后两年的工作，提出“三年内工业用水达到国内领先水平，达到国际现有先进水平”的目标，要求所属企业领导干部强化节水意识，积极开展节水减排工作，努力创建节水型企业。2005 年继续把环保和节水指标纳入企业生产经营目标之中，同时也把清洁生产、“三同时”、内部排污计费、HSE 等管理指标，与企业工资总额和企业负责人的承包奖金挂钩。总部继续加强环保监督检查，对存在问题的企业，实施重点跟踪检查，督促企业完成年度指标。经过各级的共同努力，与 2004 年相比，石化集团公司外排废水达标率又提高 1 个百分点，外排 COD 量同比减少 8%，工业取水量同比减少 4%，工业水重复利用率达到 95%，同比提高 0.5 个百分点，炼油专业加工吨原油取水量 1.08 吨，同比降低 6%。

（刘春平）

【落实 HSE 管理体系环保内容实施要点】 石化集团公司积极推行 HSE 管理体系，并在指导企业建立 HSE 体系过程中，充分考虑环保方面的内容。加强企业环保管理人员的培训力度，组织对企业负责环保工作的处(科)长进行环保管理岗位资格培训，截至 2005 年底共有 90 人次完成了培训。

各企业按照《HSE 管理体系环保内容实施要点》的要求完善 HSE 管理体系，落实各级环保职责，修订了相关的环保管理制度，建立了必要的环保管理台账，进一步规范环保管理，保证了体系的有效运行。镇海炼化股份公司的环保工作做到了层层严格落实，一把手经常对企业的重点环保工作进行分析和部署，主管副总经理组织实施，如对重点控制的烟气二氧化硫指标下达总量消减计划，制定了比国家标准更为严格的控制指标和考核制度，实施在线监测。广州分公司坚持推行 HSE 管理体系，建立健全了比较规范的环保管理台账和符合需要的环保管理制度，定期进行重大环境因素识别，建立了比较完善的布置、检查、整改、考核环保绩效的循环，生产单位的环保行为得到有效的控制。

（韩作斌）

【“三同时”管理】 石化集团公司一贯重视建设项目的环保管理，认真执行相关法律、规定，通过实施总部《建设项目环保管理实施细则》，对环境影响评价报告质量严格把关，做到“以新带老”，把污染控制延伸到可行性研究、初步设计、施工、试车等阶段，努力做到增产减污。2005 年开始对上报国家环保总局的建设项目环境影响评价报告书进行内部技术审查，通过审查后报批。

（韩作斌）

【节水减排工作取得实效】 2005 年 7 月石化集团公司召开了节水减排工作会，王天普、曹湘洪到会提出了要求和部署工作。会前，党组领导听取了节水减排工作汇报，提出安环局负责节水减排工作的监督，各事业部和管理部负责节水减排方案实施。在年度大检查中安排了节水检查的内容，取得了一定的节水成效。

各企业建立了节水减排组织机构和制度，提出了节水减排措施。各炼化企业成立了节水减排领导小组和技术小组，制定了本企业的《工业水管理制度》；一些企业将总部下达的节水指标进行分解，对基层单位的用水实行定额考核；多数企业完成了水平衡测试，提出了一系列的节水减排措施。各企业开始对重点项目编制可行性研究报告，为2006年开始实施节水减排计划创造了良好的条件；自行安排实施一些小型的节水减排方案，如查漏堵漏等。

（韩作斌）

【环境保护先进单位和先进工作者】 中原石油勘探局（分公司）、江苏石油勘探局（分公司）、镇海炼化股份公司、燕山石化公司、仪化集团公司等12家企业被评为2005年度石化集团公司环境保护先进单位。

张殿国、朱平、曹耀峰、孙伟君、戴厚良等39人被评为2005年度石化集团公司环境保护先进管理者，孙峰国等137人被评为2005年度石化集团公司环境保护先进工作者。

（韩作斌）

污染综合治理

【清洁生产】 2005年石化集团公司开展了创建清洁生产企业活动，编制了《企业清洁生产标准》，要求企业按照《清洁生产审核暂行办法》开展新一轮清洁生产审核。对完成新一轮审核并达到《企业清洁生产标准》的企业，总部派专家验收。验收合格的企业将授予中国石化清洁生产企业称号。中国石化的清洁生产目标是在2007年有60%的企业进入清洁生产企业行列。

（卜淑君）

【综合利用】 2005年，中国石化在全系统积极推行“三废”综合利用工作，10月召开了“三废”综合利用专题工作会，对下一步的工作提出了要求。各企业按照总部的要求开展工作，全年“三废”综合利用产品产值41亿元，利润9亿元。在减免税收方面也取得了一定的突破，在镇海炼化、齐鲁石化、扬子石化、茂名石化、广州石化已经取得减免税收的基础上，2005年又有一批企业（如燕山石化等）申请减免税收获得批准，预计减免税收将达到3亿元。

（韩作斌）

【达标节水竞赛】 2005年，中国石化在达标竞赛中，继续开展节水专项竞赛。通过对各炼化企业工业取水量、万元产值取水量、工业水重复利用率以及外供水收费率、水平衡测试情况进行总体评价和排队，燕山石化、广州石化、福建炼化、镇海炼化、天津石化、洛阳石化、青岛石化等企业分获1—7名。与2004年相比，石化集团公司工业取水量减少4 800万吨。

（韩作斌）

【环保专项治理】 针对企业存在突出的环保问题，如炼化企业臭气对职工健康和周边社区的影响、外排水不能稳定达标的问题等，在总部领导的支持下，2005年在第四批投资计划中，安排了31家企业的93个专项治理项目，合计专项资金3.24亿元。截至2005年底，共有90个项目投入实施，有效地改善了企业周边的环境质量，提高了企业的社会形象。

（韩作斌）

环保科研攻关

【燃煤小锅炉烟气脱硫技术】 中国石化开发成功“中小燃煤锅炉陶瓷多管旋风除尘器除尘—喷淋塔脱硫”成套技术，建成了工业化烟气脱硫装置。该技术创造性地将灰渣池纳入吸收液循环系统，形成吸收液大循环，使吸收液中的轻烧氧化镁颗粒等有更大的空间和更长的时间充分溶解，提高了吸收液的脱硫性能。

2004—2005年度的工业装置运行表明：在吸收液大循环，液气比2.7升/米^3（标准），以锅炉冲灰渣水和少量轻烧氧化镁粉为脱硫剂的条件下，处理20吨/时燃煤锅炉烟气，使烟气二氧化硫浓度从587—724毫克/米^3（标准）降到98—248毫克/米^3（标准），二氧化硫去除率达到80%以上，净化烟气二氧化硫浓度达到国家排放标准；烟气通过脱硫洗涤，可在多管旋风除尘器除尘的基础上，再除去68%—80%的烟尘，使净化烟气中烟尘浓度远低于国家排放标准。

该技术具有投资少，操作费用低，脱硫率较高等特点，具有自主知识产权，已申请相关专利3件，整体达到国内领先水平。2005年8月通过石化集团公司组织的技术鉴定。

（韩建华）

【热萃取脱水法处理炼油厂含油污泥】 针对炼油厂含油污泥所开发的“热萃取/脱水”新工艺，实现了油、水、固三相的有效分离，回收污泥中全部的油，达到了含油污泥减量化、资源化、无害化，为炼油厂含油污泥治理提供了较为经济合理的技术方法。该技术在天津分公司进行了中试，结果表明：分离出的水COD低于1 000毫克/升，油含量低于150毫克/升，可进污水处理场处理；分离出的固体物可作为燃料使用；回收的油进入装置回炼。2005年8月通过石化集团公司组织的技术鉴定，进一步完善了固体物分离后处理流程。

（韩建华）

【离子交换法处理含氨废水技术】 针对炼油厂制硫装置汽提净化水的水质特点开发的铵离子交换工艺去除水中氨氮的技术，可有效去除汽提净化水中的氨氮并将其回收。已建立中试装置，验证了小试结果。中试结果表明：进水氨氮在60—140毫克/升之间，平均值为83.9毫克/升，处理量为0.5米^3/时。床层空速为0.5时$^{-1}$，出水氨氮平均小于5毫克/升，氨氮平均去除率为94.5%。该技术为炼油厂汽提净化水中氨氮去除提供了一条经济合理的途径。2005年8月通过石化集团公司组织的技术鉴定，获集团公司2005年度技术发明一等奖。

（韩建华）

【聚酯废气催化燃烧技术】 中国石化开发成功“吸收及总烃浓度均化—催化燃烧”方法处理聚酯生产废气，形成了成套的聚酯废气处理技术，并建成了工业化聚酯废气处理装置。吸收及总烃浓度均化塔可有效吸收脱除乙二醇，并将废气中的总烃浓度作均化处理，使反应器出口温度波动小，利于装置的稳定运行和催化剂保护。在一定的工艺条件下，采用抚顺石油化工研究院研制的HBFW-1催化剂，可使处理后的排放气体总烃含量达4.3—115.4毫克/米^3、乙醛浓度达0—32.1毫克/米^3，符合国家大气污染物综合排放标准（GB 16297—1996）的要求。聚酯生产工艺废气处理技术充分利用废气中有机物燃烧的热量，实现了装置热量自给，且流程简单、合理，具有良好的经济效益和社会效益。该技术具有自主知识产权。2005年7月通过石化集团公司组织的技术鉴定，并且完成装置改造任务，强化了预处理过程，使装置达到长期稳定运行。

（韩建华）

【节水减污清洁生产技术】 由北京化工研究院和扬子石化公司、齐鲁石化公司合作完成的“大型石化企业节水减污清洁生产技术”研究项目，于2006年1月通过了中国石化科技开发部组织的技术鉴定。项目通过对PTA生产装置、丙烯腈及腈纶生产装置进行水平衡测试，提出了节水减排的技术方案；对扬子石化公司进行了清洁生产审核，提出了推行清洁生产的计划，并逐步得到了实施。工业应用结果表明：2004年与2002年相比，齐鲁石化丙烯腈和腈纶装置废水排放量及COD排放量分别减少了4%和6%；扬子石化公司在产能增加的情况下，万元产值工业新鲜水用量、废水排放量及COD排放量分别减少了21%、21%、10%，通过实施清洁生产技术，已取得效益9 000多万元。该技术环境效益与经济效益显著，达到了国内领先水平。

（栾金义）

【环氧化物废水处理技术应用效果显著】 由北京化工研究院与高桥石化公司合作完成的“含难生物降解污染物处理技术研究”项目，开发了采用微生物驯化与控制技术处理高pH值（11.5）、高氯化钙（2.7%）的环氧丙烷和聚醚废水的技术，废水处理过程中的污泥浓度可保持在30克/升条件下运行。截至2005年底，该技术在高桥石化公司的环氧丙烷和聚醚污水处理装置上已应用一年多，结果表明，出水COD小于100毫克/升，pH值降至7.2，废水稳定达标排放。每年可节省中和酸费用800万元，减少稀释水用量144万吨，降低运行成本516万元，环境和经济效益显著。整体技术属国际先进水平。

（栾金义）

【废水处理新技术】 北京化工研究院针对氨氮废水开发的包埋法固定化微生物制剂制备技术，以聚乙烯醇（PVA）为包埋剂固定硝化菌用于处理合成氨废水，在氨氮进水浓度100—800毫克/升、容积负荷0.1—2.0千克/（米^3·日）范围内，出水氨氮浓度小于15毫克/升。开发的电解法处理废碱液技术，采用铱钽合金为阳极，钛及钌铱钛为双阴极，废碱液中的硫化物去除率可达到70%以上，COD去除率达到90%以上。

（栾金义）

【节水减排膜成套技术研究】 由北京化工研究院承担的中国石化科技开发项目“节水减排膜成套技术研究与应用”课题，于2005年完成了天津分公司烯烃部、济南分公司、武汉分公司、茂名分公司炼油部现场试验任务。通过编制炼化污水“膜分离技术现场试验导则”、“膜现场试验评价方法”，有效地指导了上述企业达标污水回用膜技术全流程的现场试验，对预处理及膜工艺条件进行优化，确定了上述4个企业污水膜回收工艺流程及进、出水水质指标，获得了膜分离装置稳定运行参数：膜清洗周期大于2个月，超滤系统出水浊度小于1NTU，反渗透系统脱盐率大于97%等。试验提供的4个企业污水回用膜法处理流程及参数合理，工艺可行。并建议通过更多企业的现场试验，进一步优化炼化污水膜法处理工艺流程和参数。

（栾金义）

固定资产投资

- 综述
- 油田地面项目
- 炼油项目
- 化工项目
- 物流储运项目
- 建设监管
- 工程管理
- 工程建设企业管理

综　述

2005 年，石化集团公司认真贯彻落实党中央、国务院宏观调控政策，全面贯彻落实科学发展观，按照“扩大资源、拓展市场、降本增效、严谨投资”的发展战略，严格执行“量入为出、控制总量，集中决策、调整结构，优化项目、增加回报”的投资工作方针，围绕“保安全、保市场、保稳定、增效益”的工作目标，开拓进取，抢抓机遇，加大优化调整力度，突出核心业务发展，加快重点工程建设，完成了确定的各项投资建设任务和工程建设目标，全年共有 43 套炼油化工生产装置建成投产，17 个项目通过竣工验收，全年完成固定资产投资 786.19 亿元，其中上市部分完成投资 587.26 亿元，非上市部分完成投资 198.93 亿元。

油气勘探在“巩固东部，加快西部，发展南方，突破海上，加强国内，开拓国外”方针的指引下，相继在济阳坳陷、川东北、准噶尔及塔河盐下获得一批重要发现，全年新增石油探明储量 2.21 亿吨、可采储量 3 447 万吨，新增天然气探明储量 1 910 亿立方米、可采储量 1 287 亿立方米，油气储量序列结构进一步合理；油气田开发建设紧紧抓住高油价机遇，优化部署，精心组织，加快产能建设节奏，努力提高产能建设质量，全年完成探井 646 口、进尺 165.18 万米，新增原油生产能力 579 万吨/年，新增天然气生产能力 24 亿米^3/年。塔河碳酸盐岩油藏产能、胜利滩浅海产能、胜利稠油产能、河南浅层稠油产能以及鄂尔多斯天然气产能建设等一批重点项目按时投产。塔巴庙—榆林天然气管道建成投产；安平—济南天然气管道建成。胜利电厂二期工程 12 月通过国家竣工验收。

炼油板块在原油储运结构调整、综合加工能力配套改造、清洁燃料生产和产品质量升级等项目上进展顺利。甬沪宁进口原油管道工程全线投产，部分配套项目收尾；仪征至长岭原油管道工程进度加快，部分管线投用；扬子石化 800 万吨/年炼油改造、金陵石化 1 300 万吨/年加工含硫原油改造、湛江东兴炼油厂改扩建、上海石化 1# 蒸馏改造及镇海焦化等工程相继投产；广州生产清洁燃料改造工程安装施工、燕山千万吨级炼油改扩建工程开工建设；青岛大炼油工程正式开工，基础设计和长周期设备采购全面启动；北海涠洲岛码头开工建设。

化工板块突出核心业务，在提高占用资本回报率和市场竞争力项目上进展顺利。上海赛科乙烯、扬巴一体化工程均于年内投料试车成功，并分别于 6 月 29 日和 9 月 28 日全面投入商业运营；茂名乙烯改扩建工程进入安装施工高峰；福建炼油乙烯工程开工，正在进行基础设计和场平施工；上海石化乙二醇装置，扬子芳烃、PTA 装置等一批化纤原料改造项目开工建设；高桥 ABS 和丁苯胶项目进入施工高峰期；金陵化肥改造工程 10 月建成投产；巴陵、安庆、湖北化肥“煤代油”改造工程成功完成大件设备吊装，陆续进入工程收尾阶段。

成品油销售管线网络建设进展顺利。西南成品油管线、鲁皖成品油管线全面建成投产，珠江三角洲成品油管线实现分段投产，北京环城、安庆—合肥、洛阳—郑州—驻马店等成品油管线工程开工建设。

固定资产投资项目的实施管理，以石化集团公司 21 项重点工程为主，加大工程建设的管理、协调力度。EPC 总承包的项目建设模式在青岛大炼油项目上进一步完善，以中国石化为主的 PMC 项目管理模式在福建炼油乙烯工程中首次使用。项目管理以总体统筹控制计划和总体试车方案为纲，全年完成茂名乙烯、海南炼油、广州和燕山炼油改造等 12 个项目总体统筹计划的编制审查，组织了巴陵、湖北、安庆化肥“煤代油”改造等 7 个项目总体试车方案的编制、审查。狠抓现场，加强协调，全年组织召开工程建设现场办公会 16 次、领导小组会 2 次、现场协调会和专题会 108 次。为确保投料试车的顺利进行，向扬巴一体化、上海赛科乙烯、湛江东兴炼油改扩建、金陵化肥改造、鲁皖成品油管线等项目派出试车现场服务组 4 个、开车指导队 5 个。

不断加强工程建设监管。工程招投标以建立和规范石化集团公司市场秩序为重点，提高集团公司投资效益和维护集团公司整体利益，招标监管从施工标段扩展至设计、监理及 EPC 总承包标段，工程建设市场资源库和评标专家库进一步完善。中国石化工程建设标准体系建设取得较大进展，14 项国家标准、5 项行业标准批准立项，制修订标准 59 项，上报发布 16 项，制定了石化工程标准化“十一五”规划，确定了石化工程定额制修订方案。坚持质量行为监督与工程实体监督并重的原则，工程质量监督总站认真抓好重点工程的质量监督工作，全年组织 25 次工程质量大检查，查出各类问题 3 897 项，通过质量监督和检查有力地促进了各参建主体进一步提高工程质量管理水平，使工程参建各方的质量行为得到规范，从而保证在建工程的实体质量处于受控状态。受国家有关部委委托，石化集团公司勘察设计协会、施工企业管理协会、监理协会和造价协会认真做好协会所属企业资质和人员从业资格的管理工作，积极开展从业人员培训、业务信息交流等工作，同时通过协会为改制的工程类企业继续提供热情服务和一定的扶持。

积极落实“走出去”战略，石化集团公司在国际炼化工程方面取得重大突破，中国石化和克瓦纳联合体中标沙特聚烯烃总承包项目，中标价为7.50亿美元，其中中国石化的份额为3.35亿美元；全年组织实施项目2个，中标项目4个，已投标项目16个。与法国、西班牙、挪威等国有关工程公司在联合投标、施工分包、共同参与前端设计、联合技术开发等方面开展合作。组织专题技术交流会和选派工程技术人员到国外进行培训，推进直属工程建设企业与国际接轨。

直属工程建设企业继续深化改革，国内外市场份额扩大，企业经济效益进一步提高。继续积极推进改制分流和协议解除劳动合同工作，完成全年减员计划，共减员1 678人。直属施工企业有步骤地进行内部专业化重组，已完成各公司内部大型储罐和大型吊装专业分公司的组建，施工—管理型的企业组织结构初步形成。按照集团公司统一部署，7家企业实施了薪酬制度改革。各企业在确保完成集团公司各项工程建设任务的前提下，积极开拓系统外市场取得明显成效，全年新签咨询设计合同额9.49亿元、总承包合同额41.92亿元、施工合同额45.79亿元，直属施工企业全年完成任务中系统外依存度达到35%。超额完成年度各项生产经营计划，大部分企业经济效益有显著增长，“六费”控制在年度指标内。2000—2005年石化集团公司固定资产投资完成情况见表1。

表1　2000—2005年石化集团公司固定资产投资完成情况　亿元

企业名称 \ 年份	2005	2004	2003	2002	2001	2000
石化集团	786.19	822.89	510.37	475.83	676.00	614.64
石化股份公司	587.26	647.59	450.49	416.12	588.29	
非上市部分	198.93	175.30	59.88	59.71	87.71	

注：石化股份公司为“资本支出”口径，2001—2003年完成投资数据依此作了调整。

（张虹薇）

油田地面项目

【概述】 2005年，油田地面工程建设稳步推进。塔河油田的3号联合站和雅克拉—大涝坝气田，及鄂尔多斯大牛地气田10亿米^3/年天然气等产能地面工程建成投用。胜利电厂二期工程顺利完成竣工验收。

（李长印）

【塔河油田3号联合站产能地面工程建成投用】 塔河油田3号联合站原油处理能力180万吨/年，采用热化学沉降脱水、油罐烃蒸气回收工艺，主要承担塔河油田8区(Ⅲ、Ⅳ、Ⅴ单元)、10区(70%)、11区(50%)及外围区块的原油处理任务。配套建设污水处理及回灌系统，供配电、自控、通讯、道路等系统工程。项目可研批准投资1.96亿元。工程于2005年4月21日开工建设，11月5日整体建成并顺利投产。

（魏玉洪）

【塔河油田雅克拉—大涝坝气田产能地面工程建成投用】 石化股份公司2004年12月批复项目可研报告(石化股份计[2004]32号)《关于雅克拉—大涝坝气田开发可行性研究报告的批复》，其中批复产能地面工程投资5.13亿元。工程于2004年10月21日开工建设，2005年11月29日全部建成投用。建成260万米^3/日天然气处理能力和17万吨/年凝析油处理能力的雅克拉气田集气处理站，25万米^3/日天然气处理能力和8万吨/年凝析油处理能力的大涝坝气田集气处理站；配套建成雅克拉凝析油装车站，雅克拉至库车的68千米输气管线，以及消防站、油田道路及倒班公寓。完成项目投资5.04亿元。（魏玉洪）

【华北分公司鄂尔多斯大牛地气田10亿米^3/年天然气产能地面工程建成投用】 大牛地气田10亿米^3/年产能建设地面工程包括集气站10座，采气、注醇管道各432千米，集气干线45千米及配套工程，并建设处理规模150米^3/日甲醇污水处理站、办公楼、公寓楼、岩芯库各1座及相应的配套系统工程。石化股份公司2004年12月批复项目可研报告(石化股份计[2004]459号)《关于鄂尔多斯大牛地气田年产10亿立方米天然气产能建设项目可行性研究报告的批复》，其中批复产能地面工程投资3.62亿元。工程于2005年3月26日开工建设，11月20日建成投用。

（郭　丽）

【胜利油田电厂二期工程竣工验收】 该工程建设装机容量为 2 × 300 兆瓦，项目初步设计批准总投资为 26.63亿元，实际完成投资 21.19 亿元，节约投资 5.44亿元。工程于 2001 年 6 月 26 日开工建设，至 2004 年 10 月 26 完成生产考核。2005 年 12 月 22 日项目顺利通过石化集团公司组织的竣工验收。

（郭　丽）

炼油项目

【概述】 2005 年，炼油板块共有 16 套装置投料试车，重点工程按计划顺利实施。扬子炼油工程 12 月通过竣工验收；湛江东兴炼油改扩建项目和金陵炼油工程全部建成，投料试车一次成功；广州生产清洁燃料改造项目进入设备安装阶段；燕山炼油系统改造工程和青岛大炼油工程开工建设。

（刘美娟）

【燕山 1 000 万吨/年炼油系统改造工程开工建设】 该项目的建设，是为了调整产品结构，满足清洁燃料升级，满足北京市以及华北地区成品油市场需求和优化乙烯原料的需要。2004 年 6 月石化股份公司批复项

大牛地气田集气站

燕山 1 000 万吨/年炼油系统改造工程开工建设

目可研报告(石化股份计[2004]176号)，2005年3月批复项目总体设计(石化股份计[2005]104号)。项目包括新建800万吨/年1#常减压蒸馏、140万吨/年延迟焦化、200万吨/年加氢裂化、5万米^3(标准)/时制氢和第二套三废处理联合装置(含6万吨/年制硫、150吨/时污水汽提和250吨/时溶剂再生装置)以及2台310吨/时循环流化床(CFB)锅炉；对200万吨/年重油催化裂化、6万吨/年烷基化和80万吨/年连续重整装置进行扩建和改造。对配套的储运系统和公用工程进行改扩建。工程于2005年3月开工建设。至2005年底，桩基工程和地下管线全部完成，设备基础完成70%，钢结构完成50%，设备开始安装。

工程建设采取业主+监理+施工单位的管理模式。总体设计院为中国石化的工程建设公司，其他设计单位有北京燕化石化设计院、中国联合工程公司、北京国华华北电力工程有限公司；监理单位有北京燕化工程建设监理部、北京华夏石化工程监理公司、齐鲁石化工程有限公司、南京金陵石化工程监理有限公司；主要施工单位有石化集团公司的第四和第十建设公司、北京燕华建筑安装有限责任公司、北京燕化正邦设备检修有限公司、北京燕化天钲建筑工程有限责任公司、中国建筑一局(集团)有限公司等。

(刘美娟)

【青岛大炼油工程开工建设】 建设青岛大炼油工程是中国石化适应国民经济发展、调整炼油布局、提高国际竞争力的重要战略举措。国家发改委2004年6月22日批复可行性研究报告(发改工业[2004]1169号)，石化股份公司2005年11月23日批复总体设计(石化股份计[2005]382号)，概算投资124.99亿元(含外汇1.28亿美元)。工程主要内容包括：1 000万吨/年常减压蒸馏，150万吨/年连续重整(含苯抽提和二甲苯抽提)，60万吨/年航煤加氢精制，410万吨/年柴油加氢精制，3万米^3(标准)/时制氢，320万吨/年加氢处理，290万吨/年催化裂化、催化干气脱硫及液态烃脱硫醇，60万吨/年气体分馏，250万吨/年延迟焦化，12万吨/年MTBE，20万吨/年聚丙烯，1 000吨/时溶剂再生，230吨/时酸性水汽提，22万吨/年硫磺回收等15套生产装置和相应的公用工程、辅助设施、生产管理系统。2005年6月22日装置动工，11月23日批复总体设计，至12月底完成部分特长周期设备采购。工程建设采用联合管理组(IPMT)+监理+EPC总承包的管理模式。工程建设公司承担项目的总体设计和基础设计。

(刘晓林)

【广州生产清洁燃料改造工程续建】 2005年一季度该工程主体装置进入土建施工，12月26日硫磺回收装置建成中交，其他装置进行设备、工艺管线和电仪安装。

(刘美娟)

【金陵炼油改造工程建成投用】 继常减压装置、焦化装置2004年投料试车后，加氢裂化和硫磺回收装置于2005年3月投料试车，至此该项工程全部建成投用。

(刘美娟)

【湛江东兴炼油改扩建项目建成投用】 2005年3月3—27日，改扩建的7套装置陆续开车，实现投料试车一次成功。

(谢国学)

【西安石化总厂清洁燃料技术改造项目试生产】 该项目2005年试生产顺利。

(魏玉洪)

【西北分公司塔河稠油处理技改项目试生产】 该项目2005年试生产顺利。

(魏玉洪)

【上海石化加工含硫原油改造工程竣工验收】 2005年12月该改造工程通过竣工验收。

(刘美娟)

【扬子炼油厂800万吨/年含硫原油改扩建工程竣工验收】 该工程中最后一套装置加氢精制和中压加氢裂化联合装置2004年12月建成中交后，2005年2月投料试车。整个工程于2005年12月通过竣工验收。

(刘美娟)

化工项目

【概述】 2005年，化工板块共有30套装置投料试车，重点工程按计划顺利实施。上海赛科90万吨/年乙烯工程和扬巴一体化60万吨/年乙烯工程各主体装置投料试车一次成功并投入商业运行；金陵化肥项目煤代油改造完成，产出合格产品；巴陵、湖北、安庆3套化肥改造工程建设取得决定性胜利，进入最后冲刺阶段；川维醋酸扩能工程竣工验收。

(谢国学)

【福建炼油乙烯工程开工建设】 国家计委于2002年12月批复福建炼油乙烯工程可行性研究报告，建设规模为炼油1 200万吨/年、乙烯80万吨/年。项目建设内容包括：新建炼油和化工生产装置、油品储运设施、公用工程、辅助设施、厂外工程，并对现有的生产装置、油品储运设施、公用工程系统、辅助生产和厂外设施进行改造。其中，码头建设包括新建30万吨/年青兰山原油码头、库区及对现有鲤鱼尾码头、库区进行改造。项目可行性研究报告批准投资314亿元，拟由中国石化、福建省、埃克森美孚、沙特阿美四方合资建设，合资合同尚未签订。

建设工程分为项目一部和二部两个部分。项目一部包括新建16套工艺装置、新建公用工程和辅助设施；项目二部包括改扩建8套工艺装置、改造配套公用工程和厂外设施。工程建设管理模式分别为：项目一部采取PMC管理模式，PMC负责基础设计及对各装置的EPC或EP+C承包商进行监督和管理等工作；项目一部不请监理公司，监理职能由PMC承担。项目二部采用业主直接管理模式，全面负责整个二部工程项目范围的建设工作。项目一部的PMC还负责一部与二部的界面协调和管理工作。

2005年7月8日在福建泉州举行了工程开工仪式。至2005年底，累计完成投资12亿元，工艺包设计基本完成，基础设计正在进行，超长周期设备采购和现场四通一平等工作开始。

（谢国学）

【茂名80万吨/年乙烯改扩建工程续建】 2004年10月改造工程桩基开工，至2005年底主要装置动静设备安装50%，工艺管道制造安装30%。

（姚　舜）

【巴陵洞氮“煤代油”改造工程继续安装施工】 截至2005年底，合资部分(煤气化部分)完成项目总体进度97.54%，其中设计完成100%，采购完成99%，施工完成97%；11月初气化炉大件设备吊装完成，工艺管道安装完成90%，部分管道开始试压、清洗、吹扫。配套部分完成项目总体进度97%，其中设计完成100%，采购完成99%，土建施工完成99%，设备安装完成99%，管道安装及预制完成98%，设备防腐完成90%，管道防腐完成52%，设备绝热完成99%，管道绝热完成30%。

（谢国学）

【湖北化肥“煤代油”技术改造工程继续安装施工】 截至2005年底，煤气化部分完成项目总体进度93%，其中设计完成100%，采购完成99%，施工完成92%，气化炉3道黄金焊缝一次拍片合格，管道预制安装完成20万寸径，占总量的94%；空分单元冷箱内管道开始气压试验。配套部分完成项目总体进度98%，其中设计完成100%，采购完成100%，施工完成98%。

（谢国学）

【安庆化肥原料油改煤工程继续安装施工】 截至2005年底，煤气化部分完成项目总体进度81.85%，其中设计完成99.95%，采购完成99.5%，施工完成75%，气化炉大件设备吊装完成。配套部分完成项目总体进度90.5%，其中设计完成99.95%，采购完成99.6%，施工完成85.5%。

（谢国学）

【金陵化肥煤/焦代油改造工程建成投用】 该工程于2005年5月28日全面中交。试车中发现气化装置上由德国进口的12台锁渣阀均有不同程度泄漏，经与德方交涉后返回德国修理。9月26日气化装置投料试车成功，产出合成气，10月2日合成装置压缩机开车，10月3日14:30合成氨产品合格。

（谢国学）

【广州20万吨/年乙烯技术改造工程继续试生产】 2005年该改造工程继续试生产。

（刘美娟）

【齐鲁石化乙烯二轮改造工程继续试生产】 该改造工程于2004年12月31日实现各装置产量达标后，2005年各装置继续试生产。

（刘晓林）

【上海赛科90万吨/年乙烯工程投入商业运行】 2005年1—4月，该项目8套生产装置相继投料试车成功，其中90万吨/年乙烯装置3月19日产出合格产品，6月29日项目全面投入商业运行。

（谢国学）

【扬巴一体化石化基地项目投入商业运行】 2005年3—6月，该项目7套生产装置相继投料试车成功，其中60万吨/年乙烯装置5月5日产出合格产品，9月28日项目全面投入商业运行。

（谢国学）

上海赛科90万吨/年乙烯工程投入商业运行

物流储运项目

【概述】 2005年石化集团公司继续加大长输管道建设的投资力度，各项工程按计划顺利实施。甬沪宁和仪长两条原油管道投用或分段投用，西南、鲁皖和珠三角三条成品油管道建成投产或分段投产，塔巴庙—榆林和安平—济南两条天然气管道建成或投产，册子岛码头及岙山—镇海海底原油管道相继建成投用。

（李长印）

【甬沪宁原油管道工程投产一次成功】 2004年底甬沪宁原油管道工程全线交工，2005年3月20日，大榭岛油库开始输油，经岚山输油站、白沙湾分输站、高桥计量站、金陵石化石埠桥分输站，至6月29日，油头顺利到达扬子计量站，管道工程投产一次成功。

（刘晓林）

【仪征—长岭原油管道工程实现分段投产】 仪长原油管道设计调整后的管线全长979千米、年输量2 700万吨，是石化集团公司目前距离最长、管径最大的原油管道工程。工程于2004年10月16日开工建设，2005年11月30日具备了向安庆石化和九江石化输送原油的条件，比原定设计要求的投产时间提前了7个月。2005年12月5日，仪长原油管道实现分段投产；12月13日管输原油抵达安庆石化，12月16日管输原油顺利抵达九江石化。至2005年底，线路工程累计完成扫线883千米、布管877千米、组焊876千米、补口872千米、光缆硅管敷设870千米、下沟回填862千米。站场施工进度按计划进行，黄梅以东6座站场的工艺安装基本结束，黄梅以西7座站场主要进行土建施工。

（李长印）

【西南成品油管道工程建成投用】 该管道始于广东茂名，终至云南昆明，途经广东、广西、贵州、云南等4省区42个县市，全长约1 740千米，站场19个，调度控制中心2个。工程于2003年9月19日开工建设，2005年4月22—27日茂名至柳州段顺利实现投油，投用598千米管线和7座输油站场；11月7—13日贵阳以东段投油成功，投用519千米管线和5座输油站场；12月20—28日顺利实现贵阳以西段投油，投用630千米管线和7座输油站场；至此，西南成品油管道投入全线运行。至2005年底，累计输送0#柴油127万吨，93#汽油1.3万吨，90#汽油0.4万吨。

（李长印）

【珠江三角洲成品油管道工程实现分段投产】 珠江三角洲成品油管道工程于2004年6月18日开工建设，至2005年底，完成扫线982千米、布管1 128千米、焊接1 125千米、防腐补口1 115千米、管沟开挖980千米、管道下沟1 092千米；配套油库工程完成湛江三岭山站库、阳江站库、恩平站库、址山站库、篁边站库、飞鹅站库工程建设，完成对新溪站库、花都站库、张家边站库、唐家站库、南门站库、泽华站库工

西南成品油管道工程建成投用

程"预三查四定"工作，富湾站库、黄埔站库、北村站库、大鹏湾站库、妈湾站库工程进入全面收尾；东莞寮步站和小虎岛集输站进入施工高峰期；累计完成投资 21 亿元。湛江至茂名段(全长 110 千米)2005 年 3 月底全线贯通，具备投油条件，12 月 19 日投油试运一次成功；茂名至顺德段(全长 336 千米)2005 年 12 月 5 日完工。

（郭　丽）

【鲁皖成品油管道工程建成投产】 该工程是连接齐鲁石化和济南炼油厂，跨越山东、江苏、安徽三省，线路总长 776 千米的成品油长输管道工程。工程设计输量 655 万吨/年，管道设计压力 8 兆帕，管径为 457—219 毫米。线路工程完成定向钻穿越 16 条，顶管穿越 188 处，大开挖公路(河流)559 处，铁路穿越 29 处；完成阀室建设 18 个。全线在济南市设输油管理处，下设调度控制中心和 10 座工艺站场。2004 年 6 月 29 日工程试验段开工建设，2005 年 10 月完成中间交接，12 月顺利实现投油。

（魏玉洪）

【安平—济南天然气管道工程建成】 该管道工程西起河北省衡水市安平首站，东止山东省济南末站。天然气主供山东市场。管道全长 252 千米，管径 711 毫米，设计压力 6.3 兆帕，设计输量 30 亿米^3/年。沿线设 5 座输气站场，13 座线路截断阀室，4 座阴极保护站(均与输气站场合建)及 1 座调度控制中心。管线同沟敷设 8 芯光缆。全线穿越市级以上公路 87 条，大中型河流 33 条，铁路 2 条，高速公路 2 条。工程批准总投资 8.20 亿元。工程于 2004 年 12 月 20 日打火开焊，2005 年 2 月 2 日各标段陆续开工，至 2005 年 10 月 20 日全线贯通。德州、宣章屯及安平站于 11 月 20 日建成，至 2005 年底，累计完成投资 7.80 亿元。

（郭　丽）

【塔巴庙—榆林天然气管道工程建成投产】 该管道工程是中国石化天然气战略的重要组成部分，鄂尔多斯天然气经该管道后通过陕京二线进入首都北京。工程北起华北分公司鄂尔多斯大牛地气田内的 2$^{\#}$ 集气处理站，南接陕京二线榆林首站，管线全长 81 千米，设计输气能力 30 亿米^3/年。全线设置输气首站、末站各 1 座。工程于 2004 年 11 月 25 日正式开工，2005 年 7 月 17 日正式向山东供气。工程批复总投资为 3.76 亿元。

（郭　丽）

建设监管

【概述】 2005 年的工程建设监管主要包括四方面工作。工程建设招标投标监管方面，着重加强工程建设项目招标投标活动的监督管理，进一步建立完善石化集团公司工程建设市场秩序，规范招标文件，推行招标代理。标准定额管理工作取得较大进展，编制完成"十一五"石化工程建设标准化规划和《工程建设标准体系(石油化工部分)》，建立起"国外工程标准信息库”；参与修编《全国统一安装工程基础定额》，完成《石油化工建设工程工程量清单计价办法》的编制。工程质量监督方面，对石化集团公司和石化股份公司的在建项目实施有效的工程质量监督，确保在建项目的实体质量；在管道项目日益增多的情况下，进一步加大压力管道的监督检验工作；工程质量监督分站的机构改革取得重大进展。企业资质管理方面，设计协会、施工协会、监理协会和造价协会及时完成企业资质的转正、增项、升级、年检等的审核、申报工作，组织多期针对企业资质和个人资格的各类培训，并积极热情地为改制企业服务。

（张虹薇）

【招标投标管理】 2005年招投标管理工作认真贯彻国家招标投标法律法规和石化集团公司建设工程招标投标管理有关规定，围绕“夯实基础工作、加强监督管理、规范操作程序、维护集团利益”的工作方针，以建立和规范集团公司市场秩序为重点，以提高集团公司投资效益和维护集团公司整体利益为目的，强化项目招标工作的监管与协调，为工程建设项目的顺利实施提供有力保障。

加强工程建设项目招标投标活动的监督管理。严格执行国家《招标投标法》和石化集团公司的有关管理规定，加强招标活动的监督和协调，严格招标申请制度、市场准入制度和投标资格审查制度，使企业守法合规地开展招标投标活动，择优选定承包商或服务商，合理节约投资，确保建设工程的质量和进度，提高中国石化的投资效益。2005年对30个总投资在1 000万元以上项目的招标工作进行了全过程的监督和管理，其中：施工标段77个，EPC总承包标段2个，设计标段11个，监理标段14个。包括茂名石化乙烯改扩建工程、广州石化千万吨级炼油改造项目、齐鲁石化资源优化技术改造工程、洛阳—郑州—驻马店成品油管道工程、金嘉湖成品油管道工程、岳阳—长沙—株洲成品油管道工程、北京石油成品油及航空煤油管道工程、齐鲁石化资源优化技术改造工程、中国石化科研和办公用房项目等。

建立完善石化集团公司工程建设市场秩序。根据集团公司《工程建设市场资源库管理办法(试行)》，将长期在石化集团公司进行工程建设且业绩良好的设计、监理、施工等企业纳入工程建设市场资源库进行管理，对其基本情况和业绩资料实施动态管理。截至12月底，共有73家队伍进入市场资源库。根据石化集团公司《建设工程评标专家库管理办法(试行)》，2005年进一步完善专家库建设，截至12月底，评标专家库已达到1 660人的规模。评标专家在保证招标投标的公平、公正和提高招标工作质量中发挥了积极作用，特别是对国家石油储备库项目的基础工程设计、EPC总承包等标段的评标工作，得到了国家发改委的认可。

规范招标文件。为夯实招标投标管理工作基础，规范企业招标投标活动，组织编制了《中国石化集团公司建设工程招标工作文件范本》，并形成包括设计、施工、监理、EPC招标等内容的《文件范本》征求意见稿。

推行招标代理。2005年石化集团招标有限公司成功组织了青岛LNG等项目的招标，完成了招标方案制定、招标文件编制和组织开标、评标、定标等工作，充分发挥石化集团公司工程建设人才资源优势，规范工程建设招标程序，维护了石化集团公司的整体利益。

（曹　森）

【工程质量监督】 在国家发改委、国家建设部的指导和帮助下，在石化集团公司领导的关心和支持下，通过全体监督工作者的共同努力，石化工程质量监督的业务工作和分站的改革都取得了可喜的成绩。

项目监督。石油化工工程质量监督总站及所属各分站对列入集团公司和股份公司投资计划的建设项目均实施了有效的工程质量监督。①总站组织的建设项目监督。扬巴一体化和赛科乙烯工程的监督工作2005年相继全面完成，在对两个项目全程监督过程中，监督人员共检查各类停监点6 467个，发出各类通知单967份，提出各类质量问题3 374项，以上问题在监督组的监控下均得到及时的整改和关闭；项目结束后，两个监督组分别编制了近50万字的监督报告，并报送国家发改委；监督组的工作得到了发改委的充分肯定。在对神华煤液化项目的监督中，监督组采取严格检查和热情服务的工作方法，赢得了各参建主体的尊重、理解和配合。②分站组织的建设项目监督。分站组织监督的石化重点建设项目有仪征—长岭原油管道工程、珠三角成品油管道工程、鲁皖成品油管道工程、金陵化肥煤焦代油改造工程、海南炼油续建工程、镇海国家战略储备油库工程、燕山炼油系统改造工程、茂名乙烯改扩建工程、巴陵煤代油改造配套工程、安庆化肥原料煤改油工程、广州加工中东含硫原油及生产清洁燃料配套改造工程等。坚持行为监督与实体监督并重的原则，认真抓好项目的质量监督工作。各分站还积极向系统外拓展质量监督工作，如扬子石化分站开展了南京化工园区建设项目的质量监督工作。

压力管道监督检验。压力管道是石化建设项目生产和运行的大动脉，各分站按照《石油化工建设工程压力管道安全质量监督检验暂行规定》，认真做好石化建设项目压力管道的安全质量监督检验工作。确保压力管道的实体质量。金山石化分站实施的上海石化和上海赛科互供物料管线的压力管道监检工作，得到了政府有关部门和各参建主体的认可。

分站改革。在政府有关部门的大力支持下，分站机构改革取得重大进展，25 家分站完成了事业单位法人登记，为石化工程质量监督工作的开展奠定了良好的组织基础。

培训考试。总站组织有 90 人参加的第 4 次石化工程质量监督工程师业务考试。各分站也开展了各种形式的学习培训活动。

（胡国勇）

【标准管理】 石油化工工程建设标准化工作认真落实 2005 年集团公司标准定额工作会议确定的工作目标，科学制定“十一五”规划，进一步完善工程建设标准体系，在建立中国石化企业工程建设标准体系和工程建设国外标准信息库方面取得突破。加强对国家标准、行业标准制修订质量和进度管理，较好地完成了全年各项任务。

工程建设标准制修订。2005 年国家建设部批准国家标准项目计划 13 项(其中标准体系 1 项、标准制定 12 项)，国家发改委批准行业标准项目计划 5 项(制定 3 项、修订 2 项)。全年共进行国家标准制修订项目 16 项、行业标准制修订项目 59 项。全年完成报批发布标准 19 项，其中，向国家发改委报批发布行业标准《石油化工设备抗震鉴定标准》等 16 项(见表 2)，2 项国家标准《钢制石油储罐防腐蚀技术规范》和《汽车加油加气站设计与施工规范》GB 50156 局部修订稿。完成标准送审稿 24 项，其中国标 4 项：《石油化工静设备安装工程质量验收规范》、《石油化工全厂性仓库及堆场设计规范》、《铁路槽车清洗设施设计规范》、《石油化工企业设计防火规范》。

表 2　2005 年完成编制并经发改委批准发布的石油化工行业工程建设标准

序号	标准编号	标准名称	英文名称	适用范围	主编单位
1	SH/T 3001—2005	石油化工设备抗震鉴定标准	Standard of a seismical evaluation for petrochemical equipment	适用于抗震设防烈度为 6—9 度地区石油化工企业中在役的管式加热炉、塔式容器、卧式容器、立式支腿式设备、球形储罐、空气冷却器及架空管道的抗震鉴定。抗震设防烈度大于 9 度地区的上述设备，其抗震鉴定应按有关专门规定执行	工程建设公司 洛阳工程公司
2	SH/T 3023—2005	石油化工厂内道路设计规范	Design specification for road in petrochemical industry	适用于石油化工厂新建、改建及扩建工程的厂内道路设计	工程建设公司
3	SH/T 3026—2005	钢制常压立式圆筒形储罐抗震鉴定标准	Seismic appraisal standard for steel atmospheric vertical cylindrical storage tanks	适用于抗震设防烈度为 6—9 度地区在役的罐壁高度与直径之比小于 1.6，且公称容积不小于 100 立方米的钢制常压(包括通过呼吸阀和大气相通的)立式圆筒形储罐的抗震鉴定	上海高桥石化公司 上海工程公司
4	SH/T 3054—2005	石油化工厂区管线综合设计规范	Coordination of pipelines design code for petrochemical industry	适用于新建、扩建或改建工程的石油化工厂区管线综合设计。不适用于各生产单元内的管线综合设计	工程建设公司

续表

序号	标准编号	标准名称	英文名称	适用范围	主编单位
5	SH/T 3058—2005	石油化工冷换设备和容器基础设计规范	Design specification for exchanger and vessel foundations in petrochemical industry	规定了石油化工企业的冷换设备(包括冷凝冷却器、冷却器和换热器)、卧式容器及小型立式容器的混凝土和钢筋混凝土基础的型式、荷载、地震作用及其效应、结构计算方法和基础构造的设计要求	洛阳工程公司
6	SH/T 3065—2005	石油化工管式炉急弯弯管技术标准	Technical standard for return bends and elbows in petrochemical tubular heater	规定了石油化工管式炉用无缝急弯弯管(包括180°急弯弯管和90°弯头)的制造、检验、标志和包装要求。适用于石油化工管式炉用无缝急弯弯管。本标准不适用于铸造的急弯弯管	洛阳工程公司
7	SH/T 3066—2005	石油化工反应器再生框架设计规范	Design specification for frame of reactor and regenerator in petrochemical industry	适用于石油化工催化裂化装置中并列式和同轴式反应器、再生器框架及其楼梯间的新建和改扩建工程的设计	洛阳工程公司
8	SH/T 3070—2005	石油化工管式炉钢结构设计规范	Design specification for steel structure of tubular heater in petrochemical industry	适用于石油化工管式炉(包括圆筒炉、箱式炉)及其烟囱、烟风道系统的钢结构设计，不适用于需要验算疲劳的钢结构	洛阳工程公司
9	SH/T 3415—2005	高频电阻焊螺旋翅片管	High frequency resistance helically welded finned tubes	适用于石油化工管式炉用翅片管	茂名石化机械厂
10	SH/T 3416—2005	石油化工用套管结晶器	Double pipe crystallizers in petrochemical engineering	规定了石油化工用套管结晶器设计、制造和检验的技术要求。适用于石油化工用套管结晶器	茂名石化机械厂
11	SH/T 3904—2005	石油化工建设工程项目竣工验收规定	Regulation for acceptance of completed construction projects in petrochemical industry	明确了石油化工建设工程项目竣工验收的程序、竣工验收的实施及验收文件的要求，适用于新建、改建、扩建、技术改造等石化建设工程项目的竣工验收	燕山石化公司
12	SH/T 3507—2005	石油化工钢结构工程施工及验收规范	Specification for the construction and acceptance of steel structure in petrochemical industry	规定了管筒、塔架、框架和管廊等钢结构的施工要求和质量标准，适用于碳素结构钢、低合金结构钢和不锈钢制作的石油化工钢结构工程的施工及验收	宁波工程公司

续表

序号	标准编号	标准名称	英文名称	适用范围	主编单位
13	SH/T 3528—2005	石油化工钢储罐地基与基础施工及验收规范	Specification for the construction and acceptance of steel storage tank subgrade & foundation in petrochemical industry	本规范规定了地基处理、基础施工、基础沉降观测及工程验收的要求，适用于石油化工立式圆筒形钢储罐地基与基础的施工及验收	第四建设公司
14	SH/T 3529—2005	石油化工厂区竖向工程施工及验收规范	Code of construction and acceptance for vertical engineering in petrochemical industry	规定了石油化工厂区竖向工程施工的要求及质量标准。适用于石油化工厂区新建、改建和扩建工程的竖向工程施工及验收	第二建设公司
15	SH/T 3532—2005	石油化工换热设备施工及验收规范	Specification for construction and acceptance of heat-exchange equipment in petrochemical industry	规定了换热设备安装的技术要求和质量标准。适用于石油化工工程新建、改扩建工程公称压力小于或等于 35 兆帕，非直接受火的管式和板式换热设备的施工及验收。检修工程参照执行	第五建设公司
16	SH/T 3538—2005	石油化工机器设备安装工程施工及验收通用规范	General specification for construction and acceptance of petrochemical mechanical equipment installation engineering	适用于新建、扩建、改建工程中石油化工压缩机组、风机、泵、离心机、搅拌器、过滤机、干燥机等石油化工机器设备安装工程的施工及验收	北京燕化建筑安装工程公司 北京泛泰克斯仪器有限公司

科学制定“十一五”石化工程建设标准化规划，编制完成《工程建设标准体系(石油化工部分)》。2005 年组织编制“十一五”石化工程建设标准化规划并通过了审查。“十一五”规划涵盖标准体系建设(包括 3 个层面)、标准化管理体制和机制创新、中国石化工程建设标准编制等重点项目的实施、标准信息化建设、标准制修订项目的规划等。“十一五”期间安排国标和行标制修订项目近 200 项。《工程建设标准体系(石油化工部分)》是 2005 年国家建设部重点项目，是指导石油化工工程建设国家标准和行业标准编制的根本依据，在专业分体系编制和审查基础上，汇总稿经综合审查后，向其他行业征求意见。

开展《中国石化工程建设标准》研究与编制的方案策划工作。《中国石化工程建设标准》和《中国石化对外工程标准》均为企业标准，是中国石化自有工程建设标准体系的组成部分。目前，先行编制业主标准《中国石化工程建设标准》，待条件进一步成熟后再开展作为工程公司参与国外项目投标使用的对外工程标准。《中国石化工程建设标准》的编制原则是“以中国标准和强制性规定为基础，以国际标准和国外先进标准为参考，以国内市场为服务对象，以国外同类知名能源化工公司为样板，以中文语言为表现形式”。《中国石化工程建设标准》包含技术标准和管理标准，先行编制技术标准，逐步补充管理标准。

建立“国外工程标准信息库”。为适应工程建设向国际化发展的需要，2005 年通过系统、广泛和有选择地收集国外工程标准，建立起中国石化“工程建设国外标准信息库”，在上海工程公司的沙特聚烯烃项目、第五建设公司的沙特炼油项目以及《中国石化工程建设标准》编制工作中发挥了积极的作用。

标准化管理工作。加强技术委员会组织建设。施工规范管理站等 6 个技术委员会新增或调整了技术委员，批准 228 人担任集团公司专业技术中心(管理)站技术委员会委员。批准成立集团公司机械技术中心站及技术委员会。各专业技术中心(管理)站结合工程建设需要，积极开展技术交流活动，举办新版标准宣贯班。

(葛春玉)

【定额管理】 2005 年，石化集团公司工程定额管理工作认真贯彻“贴近生产、贴近实际、贴近市场”和“立足行业、服务企业、国际接轨”的原则，以编制《石油化工建设工程工程量清单计价办法》为契机，加快《石油化工工程建设费用定额》、《石油化工安装工程费用定额》、《石油化工行业安装工程预算定额》、《石油化工安装工程概算指标》、《石油化工工程建设设计概算编制办法》和《石油化工工程建设引进工程概算编制办法》等相关造价文件的修订、补充和完善工作。

在国家建设部组织《全国统一安装工程基础定额》的修编中，中国石化承担并顺利完成第一册《焊接基础定额》和第六册《管道组对、安装基础定额》的主编，第二册《切割、坡口加工基础定额》和第五册《吊装与水平运输基础定额》的参编。第一册和第六册共计11 038个子目。为贯彻国家《建设工程工程量清单计价规范》和《中华人民共和国招标投标法》，结合石化行业的实际情况，开展了《石油化工建设工程工程量清单计价办法》的编制工作，年内完成送审稿会稿。完成《石油化工行业自备热电厂(站)维护维修费用定额(试行)》修订，将不属于维护维修范围的工作量和检修工程量从定额中取消，修订后的定额水平有了较大的提高。继续做好《石油化工行业检修与技术改造工程预算定额(试行)》推行工作。以联络网为依托，做好主材费价格季度调整系数和“非标准设备信息指导价”的编制与发布，全年共完成6期主材费季度调整系数和2期非标设备价格的编制和发布工作，得到广大用户的认可，并广泛使用于中国石化、中国石油系统的石油化工建设项目，在合理确定工程造价、控制项目建设投资、提高投资效益方面发挥了重要作用。全年完成《工程经济信息》4期、《工程造价信息》6期的出版，《工程经济信息》被中国建设工程造价管理协会评为全国工程造价管理优秀期刊。

(吴绍平)

【设计资质管理】 2005年完成30家石化行业勘察设计企业资质转正、增项、升级的审核并报建设部。为20家石化勘察设计改制企业办理设计资质证书更名手续。根据国家质监总局要求，办理了压力容器、压力管道设计资质评审机构换证手续并于11月初报出；对6个设计单位进行压力容器设计资质换证检查；对11个设计单位进行压力管道设计资质换证检查。参加建设部组织的设计单位资质审查，参加注册化工工程师资格考核认定审查和注册机械工程师管委会筹备工作等。举办3期压力管道审批人员培训班，306人参加；举办1期压力容器设计人员技术提高班，62人参加；举办1期项目经理培训班，30人参加。

(申发祥)

【施工资质管理】 企业资质管理突出了3个工作重点。一是按照建设部对资质管理新要求并结合行业管理特点，加强对集团公司工程建设系统各企业资质管理的跟踪指导和资质申报工作的统一协调；二是积极参加建设部的资质审查工作，对石化建筑业企业资质管理提出改进建议；三是关注改制企业资质管理，帮助改制企业取得相应资质。集团公司工程建设系统共有4批15家企业21项资质向建设部进行申报，其中改制企业4家6项资质。截至2005年底，3批13家企业19项资质已获准，其中主项一级的3项，增项一级的9项，其中包括改制企业3家5项资质。第四批申报的2家企业2项资质(其中改制企业1家1项资质)建设部公示已获准，待公告。

(张时人)

【工程造价资质管理】 理顺程序，规范管理。受中国建设工程造价管理协会(简称中价协)委托，中价协石化工作委员会(挂靠在集团公司工程部)负责石化系统内全国造价工程师资质管理和甲级工程造价咨询单位资质管理工作。根据《造价工程师注册管理办法》(建设部第75号部令)和《工程造价咨询单位管理办法》(建设部第74号部令)的要求，中价协石化工作委员会完善了工程造价资质管理办法，细化了资质管理工作内容、办理程序，建立了工作年会制度，建立了各企业负责人联系网络。

会员管理与注册。受中价协委托，中价协石化工作委员会负责管理石化系统内的协会单位会员和个人会员，截至2005年底，管理14家甲级工程造价咨询单位(见表3)和800余名全国注册造价工程师。

表3　中价协石化工作委员会管理的14家甲级工程造价咨询单位

中国石化咨询公司	中国石化集团公司南京设计院
中国石化工程建设公司	仪征华纬工程有限公司
北京燕化石油化工设计院	胜利油田胜利工程设计咨询有限责任公司
中国石化集团上海工程公司	山东齐鲁石化工程有限公司
中石化上海海堤工程公司	中国石化集团洛阳石油化工工程公司
南京扬子石油化工工程有限责任公司	中国石化集团宁波工程有限公司
金陵石油化工设计院	濮阳中原建设工程咨询有限公司

在造价咨询单位注册管理方面，完成仪征华纬工程有限责任公司工程造价咨询资质变更，宁波工程公司法人代表、注册资金等变更，濮阳中原建设工程咨询有限公司注册机构变更。在造价工程师注册管理方面，完成67人初始注册，694人续期注册，137人变更注册。

造价工程师继续教育培训。完成76家单位829名造价工程师的继续教育，其中236人次参加集团公司举办的集中培训学习，589名造价工程师进行了网络培训。培训课程侧重于实践经验总结，包括合资项目的费用估算与总承包项目费用控制、建设项目的合同索赔、报价与费用控制实践、21世纪中国造价咨询行业面临的挑战等。2005年集团公司工程建设管理部荣获中价协造价工程师继续教育工作先进单位。

工程造价从业人员资格管理。根据国家有关部门关于资质管理属地化的精神，积极调整石化行业工程造价从业资质管理定位，突出专业化管理。修订并印发了《中国石油化工集团公司工程造价从业人员资格管理规定》(中国石化建[2005]405号)和《关于印发〈石油化工工程造价从业人员管理实施细则〉的通知》。明确了集团公司集中管理、专业资质管理机构分工负责的组织管理原则，由工程部组织石油工程造价管理中心、工程定额管理站和设计概预算技术中心站3个资质管理机构实施从业人员资格管理。截至2005年底，集团公司共有工程造价从业人员约9 000名。其中，石油工程专业3 500名，石油化工预算专业4 750名，石油化工概算专业750名。年内分批开展了造价从业人员资格证章的换发工作，完成了预算专业人员759人次和石油专业工程造价人员200人次的岗位培训。

积极参加内地造价工程师与香港工料测量师资格互认工作，集团公司推荐4名候选人，取得香港工料测量师协会会员资格3名。

（余晓花）

【**工程建设监理**】 截至2005年底，集团公司监理协会会员单位共有50家监理企业，主项为甲级资质的40家(其中化工石油类38家，房屋建筑类2家)，占80%；乙级资质的10家，占20%。50家监理企业共有涉及化工石油工程、房屋建筑工程、市政公用工程、电力工程、公路工程、港口与航道工程、机电安装工程、通信工程、水电水利工程和林业及生态工程等10个专业类别的118个子项。建设部从2005年起取消一年一度的监理企业资质年检。

年内有8家监理企业完成改制分流。截至年底，已有50%的监理企业改制，包括22家甲级资质的监理企业：南京长江、九江石化、长炼方元、上海金申、南京金陵、山东齐鲁、上海高华、荆门四方、巴陵石化、胜利油田、洛阳炼化、广州石化、安徽万纬、河北润达、河南油田、天津石化、镇海石化、南化、茂名国信、仪征华纬、北京华夏、中原基建，3家乙级资质的监理企业：宁波华光、勘察院、中原石化。

全年监理企业完成监理合同额约3亿元，涉及项目总投资约450亿元。各监理企业在立足石化、服务石化的基础上，积极开拓外部市场，系统外监理项目已占到总合同额的近1/3，7家监理企业的系统外监理项目达到50%以上。山东齐鲁石化工程有限公司等11家企业被评为年度集团公司工程监理先进单位，丁全文等12人为优秀总监理工程师，贺玉军等16人为优秀监理工程师。

石化监理协会组织编制的《石油化工建设工程监理规范》，经国家发改委批准，2005年4月1日起施行。全年石化监理协会在胜利油田、沧炼、南京、青岛、洛阳、燕山、茂名共组织7期监理工程师培训班，540余人参加了培训。

（么贵明）

工 程 管 理

【**概述**】 2005年石化集团公司工程建设的特点，一是装置投料和管线投用项目多，二是新开工和即将开工的大项目多，三是三套大化肥项目设备运输和安装施工难度大。为了确保全面完成年度工程建设任务，总部继续加大现场协调力度，对工期紧的项目动员组织“百日会战”；始终把工程质量放在首位，通过抓好日常质量监督和对关键节点的质量大检查，保证在建工程质量始终处于受控状态。进一步加强对项目生产准备和试车的全过程管理，保证装置和管线的一次投料、投用成功。认真研究制定新建项目的建设管理模式，重视抓好新建项目总体统筹计划的编制与审查，从源头保证新建项目的顺利实施。通过加强项目管理，确保了各项重点工程的顺利实施并按期发挥投资效益。工程部认真履行集团公司重点工程建设领导小组办公室的职责，全年编发《工程建设信息》45期，为总部领导和有关部门及时了解掌握工程建设动态、协调矛盾、解决问题、进行决策提供了有力的支持。

（张虹薇）

【**现场管理**】 为了确保集团公司重点工程的建设，总部严格执行国家有关法律法规，建立健全各种管理规章制度，深入工程现场，查找问题、暴露矛盾，把现场办公会议的指示精神和要求，融入到各项工作计划中去，及时制定应对措施，有力地促进和保证了项目的建设。针对各项目在不同建设阶段出现的重点、难点问题，总部加大现场协调力度，全年召开领导小组会和现场办公会16次，各类建设协调会108次。其中，召开福建炼油乙烯和青岛大炼油项目建设领导小组会各1次，召开海南大炼油、茂名乙烯改造、广州炼油改造及巴陵、湖北、安庆3套大化肥项目现场办公会各2次，召开湛江东兴炼油改扩建、洛阳炼油改造、中原乙烯改造和广西大炼油项目现场办公会各1次。对海南大炼油项目，从认真开好每月一次的IPMT例会，组织3次工程质量大检查，到"百日会战"的策划，抓住组织、落实、检查和总结各关键环节，切实加强了总部对项目实施过程的监督检查与协调管理，取得了较好效果。对建设工期有所滞后的广州炼油改造工程，通过动员和组织2次"百日会战"，鼓舞参建单位士气，抢回了滞后工期；对建设难度大的3套大化肥工程，总部选派有建设经验的专门人员，长期在现场蹲点，随时协调建设中的问题，保证了项目建设的顺利进行。

（张虹薇）

【工程质量大检查】 2005年总站对石化重点工程建设项目共组织了25次检查，查出各类质量问题3 897项。检查的项目有：华北分公司塔巴庙—榆林天然气管道工程、巴陵煤代油项目工程、洛阳石化技改工程、安平—济南天然气管线工程、珠三角成品油管道工程(2次)、海南炼油项目续建工程(3次)、鲁皖成品油管线项目(2次)、镇海国家战略储备油库、湖北化肥煤代油项目、胜利101油库、西北局雅克拉—大涝坝气田产能地面建设工程、仪征—长岭原油管道建设项目、大牛地气田天然气产能建设单井管线(2次)、安庆石化"油改煤"项目、广州石化千万吨级炼油改扩建项目(2次)、扬子石化140万吨/年芳烃改扩建及45万吨/年PTA项目等。检查组每次都对问题的整改提出具体要求，并及时将项目检查的情况书面向总部领导汇报，各建设单位均能按时将书面整改报告报到总站。工程质量大检查有力地促进了各参建主体提高工程质量管理水平，使工程参建各方的质量行为得到了进一步的规范，从而保证在建工程的实体质量处于受控状态。

（胡国勇）

【生产准备与投料试车】 2005年共有43套生产装置完成投料试车，详见表4。各企业按照集团公司《建设项目生产准备与试车规定》的要求，提前做好人员、物资、技术等7方面生产准备工作，做到了生产准备与工程建设同步进行，加强对项目生产准备和试车全过程的管理，认真落实投料试车条件检查备案制度，保证了装置投料试车的顺利进行。为保证投料试车一次成功，总部共组织总体试车方案审查7次，组织投料试车条件检查10次，组织开工队5支，组织现场服务组4个。

（谢国学）

表4　2005年中国石化生产装置投料试车完成情况

序　号	单位及项目名称	建设规模/万吨·年$^{-1}$	投料时间
一	高桥石化公司		
1	聚醚改扩建(一期)	8	11月19日
二	扬子石化公司		
2	比欧西D套空分	3.85万米^3/时	1月5日
三	南京化工公司		
3	硫　酸	25	9月8日
4	硝　酸	10	6月8日
5	纯碱除硝	400万米^3/年	2月3日
四	茂名分公司		
6	1#延迟焦化改造	100	12月15日
五	湛江东兴公司		
7	常减压	500	3月3日
8	连续重整	50	3月10日
9	催化裂化	40—50	3月17日
10	加氢裂化	120	3月27日

续表

序号	单位及项目名称	建设规模/万吨·年$^{-1}$	投料时间
六	北京燕化股份公司		
11	第一聚丙烯改造	12	7月7日
七	上海石化股份公司		
12	涤纶工业丝改造	1.2	1月
八	金陵分公司		
13	加氢裂化	150	4月6日
14	硫磺回收	5	2月16日
15	化肥—煤代油气化	328.8万米^3/时	9月26日
16	化肥—煤代油配套	合成氨30	10月3日
九	镇海炼化股份公司		
17	焦　化	100	4月1日
十	安庆分公司		
18	Ⅱ加氢改蜡油		5月10日
十一	扬子石化股份公司		
19	加氢裂化	100	1月19日
20	加氢精制	120	1月17日
十二	四川维尼纶厂		
21	醋酸扩能改造	15—35	7月1日
十三	仪征化纤股份公司		
22	聚酯专用料	16	8月1日
十四	洛阳分公司		
23	PX改造	3.5	7月15日
24	长丝装置差别化纤维	1.5	12月16日
25	重整改造	70	7月18日
26	常减压改造	500—800	7月15日
十五	荆门分公司		
27	柴油加氢	100	4月20日
十六	武汉分公司		
28	芳烃抽提	15	9月22日
十七	扬—巴公司		
29	合成气	2.52万米^3/时	4月15日
30	碳一联合	3	6月28日
31	低密度聚乙烯	40	3月31日
32	丙烯酸/酯	16/21.5	3月30日/2004年1月
33	丁辛醇	25	5月14日
34	BCC联合	60	5月1日
35	环氧乙烷/乙二醇	30	5月10日

续表

序　号	单位及项目名称	建设规模/万吨·年$^{-1}$	投料时间
十八	上海赛科公司		
36	聚丙烯	25	1月15日
37	苯乙烯	50	2月15日
38	聚苯乙烯	30	4月8日
39	聚乙烯	60	3月10日
40	丙烯腈	26	3月1日
41	芳烃抽提	50	3月11日
42	乙　烯	90	3月18日
43	丁二烯抽提	9	3月25日

【设计管理】 集团公司13个设计管理文件的修编和完善工作完成，并于2005年10月由集团公司正式发布。主要包括《工程设计单位建立质量管理体系的导则》、《工程设计技术岗位职责规定》、《工程设计程序管理规定》、《工程设计质量抽查与设计成品质量评定办法》、《工程设计质量信息管理办法》、《工程设计回访制度》、《工程设计文件签署规定》、《工程设计专业技术统一规定编制提纲》、《工程设计质量事故鉴定和处理的办法》、《施工现场设计代表工作规定》、《工程项目设计协调会议规定》等。

全年总部组织了多次项目设计协调会和专题协调会，主要抓了福建项目的总体协调(3次协调会，1次专题审查会)、青岛大炼油总体工作协调(9次协调会，1次专题审查会)、海南炼油项目设计工作对接、国家原油储备库设计招标和工作会等。组织开展了湛江、塔化、西安项目及3套化肥改造的建设费用核定工作。组织了集团公司“四优”(优秀设计、优秀勘察、优秀标准、优秀软件)评选工作，企业上报优秀设计86项，优秀勘察7项，优秀标准3项，优秀软件16项，已完成专家初评和意见汇总工作。

（申发祥）

【工程建设管理模式】 根据不同的建设项目，研究确定科学、合理的工程建设管理模式，对保证工程建设的顺利实施具有重要意义。为高水平、高标准、高质量、按期建成青岛大炼油项目，在充分讨论、精心策划后，确定了该项目“在业主管理下，采用采购透明的EPC总承包＋工程监理”的建设管理模式。为了落实业主管理职能，青岛炼化公司和工程部组成联合管理组(IPMT)，下设由7个职能部门组成的项目管理部；为了落实EPC总承包职能，以工程建设公司为主，洛阳、上海和宁波等工程公司参加，系统地组织实施EPC工作。EPC总承包将由各直属工程公司和各直属建设公司联合投标，在系统内招标确定；为了落实工程监理职能，监理单位将在石化系统内招标产生。

（申发祥）

【国际工程管理】 按照集团公司党组要求，总部组织直属工程建设企业积极“走出去”，参与中东、东南亚、北非、南美等国家和地区的炼油化工项目的投标和建设。2005年中标项目4个，正在组织实施的项目2个，已投标项目16个。全年国际炼化工程新签合同额3.52亿美元，累计合同额4.03亿美元，全年实际完成合同额400万美元，中国石化在国际炼化工程承包市场中的声誉正在逐步提升。

国际炼化项目在中东市场取得可喜进展。2005年7月20日中国石化—克瓦纳联合体中标沙特基础工业公司(SABIC)的聚烯烃项目，合同中标价为7.5亿美元，其中中国石化份额为3.35亿美元，项目建设工期为31.5个月。应西班牙TR公司的邀请，8月3日工程部开始组织第五建设公司和TR洽谈在沙特炼油项目上的施工分包，10月11日接TR通知进入短名单，12月19日业主发出预中标通知函。洛阳工程公司与中国石油工程建设公司合作，4月中标阿尔及利亚500万吨/年凝析油拔头项目，10月与项目总承包商签订设计分包合同，涉及合同额1 700万美元左右。

抓好中标项目的实施。叙利亚电站项目于1月17日开工，3月23日向业主正式提交第一版设计，5月29日业主批准总体设计，截至年底，项目的临时设施全部完工，长周期设备采购全面启动。沙特聚烯烃项目按照统一组织、统一管理、统一对外的原则，组建了项目部，统一打造“中国石化”品牌。项目部负责总体规划和设计、采购、施工，及与克瓦纳接口等方面的管理，重点抓好项目的费用、进度、质量、材料和 HSE 等 5 项控制和合同、文档、财务、IT、法律支持等 5 项管理。上海工程公司和第二建设公司为项目的执行主体，在划分的工作范围内，按照各自公司内部的体系进行运作。

积极开展国际合作。按照“增进了解、互利互惠”的原则，通过双方成立联合指导委员会、联络小组、签订合作谅解备忘录(MOU)等灵活多样的方式，继续与法国德西尼布、西班牙 TR、挪威阿克克瓦纳等公司开展合作。目前已初步形成联合投标、施工分包、共同参与前端设计(上海工程公司、南京设计院已和克瓦纳签订 MOU)、联合技术开发等几种模式。

技术交流与培训。上海工程公司派出专业人员(4 名土建、结构工程师)赴西班牙 TR 公司总部，参与该公司土耳其炼厂硫磺回收项目的前端设计，在实践中进行技术培训。2 月 20 日中国石化派出 6 人(国际事业公司 1 人、上海工程公司 2 人、宁波工程公司 3 人)，赴西班牙 TR 公司进行为期 3 个月的中长期培训，分别按项目经理、采购、控制、配管、土建 5 个专业进入项目组工作，熟悉 TR 公司内部的管理体制和专业管理，TR 公司对中国石化参加培训的人员评价不错，并希望这些人员今后能够参加 TR 与中国石化合作的项目。

（江涌鑫）

工程建设企业管理

【概述】 各直属工程建设企业认真贯彻集团公司工作会议精神，稳步推进改革改制，强化生产经营管理。直属施工企业大力推进内部专业化重组，基本完成非主业部分的改制分流，当年全部实现盈利，全面完成了改革和生产经营目标。

（王建军）

【生产经营管理】 直属工程建设企业 2005 年新签咨询设计合同 9.49 亿元、总承包合同 41.92 亿元、施工合同 45.79 亿元，全年完成任务中系统外依存度达到 35%。完善了工程建设板块经济活动分析制度，以利润和 6 项费用考核指标为主，形成了涵盖设计企业和施工企业的经济技术指标考核体系。通过每半年一次的工程板块经济活动分析会和重点项目成本调研分析，推动企业强化项目成本管理、降低费用、提高效益。全年实现利润 2.94 亿元，完成设计合同额 7.10 亿元，自行完成施工产值 33.91 亿元(完成建筑业总产值 54.45 亿元)。

2005 年集团公司直属工程建设企业主要经济技术指标完成情况见表 5。

（袁　波）

【改制分流及协议解除劳动合同】 全年改制分流、协议解除劳动合同共减员 1 678 人，其中全民职工 1 517 人、集体职工 161 人。完成 12 个单位的改制分流，用于改制的净资产 7 690 万元，涉及职工 1 536 人，其中全民职工 1 481 人、集体职工 55 人。全年协议解除劳动合同 142 人，其中全民职工 36 人、集体职工 106 人。直属工程建设企业正式职工总数由 2004 年末的 20 334 人减少到 2005 年末的 19 001 人，净减员 1 333人。

（高燕华）

表 5　2005 年集团公司直属工程建设企业主要经济技术指标完成情况

单　位	设计投资额/亿元	设计合同额/亿元	施工产值/亿元	利润/万元	产值利润率/%
工程建设公司	111	2.72		19 999	—
上海工程公司	81.5	1.87		2 648	—
洛阳工程公司	65.5	1.74		4 976	—
宁波工程公司	27.5	0.77	4.92	168	—
第二建设公司			5.20	516	1.2
第四建设公司			9.60	216	0.3
第五建设公司			5.16	233	0.6
第十建设公司			9.02	676	0.7
小　计	285.48	7.10	33.91	29 432	0.7

【科技进步】 2005年总部组织直属、企属勘察和设计企业完成了AUTOCAD软件正版化工作；组织直属勘察设计企业进行设计软件的引进开发工作，完成了9个软件引进开发合同的签约；组织直属设计企业对材料管理、项目文档管理软件进行开发，并使其在所执行的项目中得到全面应用。在集团公司系统内全面推行HSE体系达标认证工作。工程建设公司、洛阳工程公司完成了HSE体系外审。总部组织了直属设计企业的设计质量(HSE)检查，召开了设计项目质量(HSE)总结会暨经验交流会。

（申发祥）

【设备管理】 2005年末，4个直属施工企业和宁波工程公司设备资产原值10.22亿元，净值6.43亿元，新度系数0.63，技术装备率4.49万元/人(见表6)。

表6　　2005年直属施工企业和宁波工程公司生产性设备状况表

项　目	第二建设公司	第四建设公司	第五建设公司	第十建设公司	宁波工程公司	合　计
原值/万元	13 599	22 402	13 399	33 099	22 674	105 173
净值/万元	5 026	10 551	8 836	18 869	14 950	58 232
新度系数	0.66	0.37	0.47	0.66	0.57	0.55
技术装备率/元·人$^{-1}$	37 903	36 559	50 434	59 769	44 787	32 950

5月集团公司组织了以安全管理为重点的设备大检查，对企业加强设备安全管理、落实设备维护保养及检修制度、提高设备完好状况、保障生产安全起到了积极的促进作用。

（袁　波）

【安全管理】 2005年石化集团公司进一步严格安全生产责任制的落实，强化安全监督管理，完善了安全管理体系和安全工作会议制度。各工程公司的安全管理纳入到整个工程建设企业安全管理体系中。召开了3次直属工程建设企业安全工作季度会议，在认真总结经验、教训的基础上，有针对性地提出了今后改进措施和工作重点。加大了对工程项目特别是重点工程项目的安全检查力度和深度。先后对直属工程建设企业及其承建项目(镇海、黄岛国家战备油库，海南炼油续建，茂名乙烯改扩建等项目)进行了安全大检查，对检查出的问题限期进行了整改。坚持事故“四不放过”原则，对发生的一起企业内死亡1人和“10·20”死亡2人、重伤3人的重大交通事故及时予以通报，要求企业认真吸取事故教训，查找工作漏洞，采取有效措施，避免类似事故的再次发生。

（张苏济）

【施工企业内部改革】 2005年，各直属施工企业在内部专业化重组，分配制度改革方面取得进展。在内部专业化重组方面，完成了大型储罐和大型吊装专业分公司的组建，劳务公司按专业特点重组为实体型专业分公司，专业分公司具有相对自主的市场开发和经营管理职能，初步建立起施工—管理型的企业组织结构。各直属施工企业经营领域已集中于以下方面：一是施工管理(CM)，二是施工总承包，三是大型机组安装、大型储罐施工、大型吊装、DCS和ESD调试及特种材料焊接。在分配制度改革方面，各直属施工企业按集团公司的统一部署，制定了改革方案并报总部批准，大部分企业在年末前全面实施了改革后的薪酬制度。

（王建军）

物资采购与管理

- 物资采购
- 物资管理
- 重大装备国产化

物资采购

【概述】 2005年，物资供应系统积极应对结构性矛盾突出的供应市场形势，发挥集团化整体优势，大力推进总部集中采购，积极深化战略采购；加强供应市场研究，提高工作的预见性和主动性，努力降低物资采购成本；网上采购规模进一步扩大，网上采购质量得到提高。集团公司全年共采购物资1 132亿元，节约采购资金41.1亿元，保证了生产建设的物资供应。

（崔　巍）

【积极应对严峻的市场形势，确保生产建设物资供应】 2005年，面对结构性矛盾突出，石油石化用特殊钢材、长周期关键设备资源紧缺，运力紧张，质量风险和交货期风险不断增加的供应市场形势，物资供应系统干部职工发扬“四千四万”精神，积极采取应对措施，出色地保证了生产建设物资供应。

构筑与供应商合作伙伴关系，显著提高重要物资的获取能力。通过优先安排战略采购资金和全面走访战略供应商，中国石化进一步强化了与鞍钢、一重、淮南矿业集团等18家战略供应商的伙伴关系和510家总部组织集中采购供应商的合作关系，按时、按质、按量保证供应了2 200万吨石化动力用煤，45万吨油田勘探开发石油地质专用管，6万吨国家原油储备库等一批战略储运项目的高强储罐钢板，40万吨原油管线、成品油管线、天然气管线等项目用钢板，提前锁定了一批炼油改造项目所需锻焊、板焊反应器等重要设备的制造资源。

加强在制过程监控和联合催交催运，确保长周期关键设备及时供应。为有效控制设备制造时间进度和质量，物资装备部建立了长周期关键设备制造进度月度通报制，加大驻厂监造巡检和协调力度，进一步强化设备监造管理，及时通报173台重要设备在制情况，对湖北化肥汽化炉焊接裂纹、金陵高压空冷器泄漏、广州加氢换热器管板钻孔不合图纸要求等设备监造中发现的质量问题及时进行整改，有力规避了长周期关键设备延期交货风险和质量风险。联合成立了催交催运工作小组，统一对沈鼓、一重、二重、兰石、抚机等制造厂承接的广州、燕山、九江炼油改造，海南炼油续建，齐鲁柴油加氢等项目所需设备进行了联合催交催运，保证了10台反应器等长周期关键设备按期交付。

应急保证和调度协调力度进一步加强，有效缓解了物资供应矛盾。按月召开沿海、冀鲁、中南、南京及周边区域企业煤炭供应调度例会，坚持每周煤炭库存报告制度。加强与国家发改委和铁道部联系沟通，及时解决分(子)公司煤炭资源和运输问题。上半年向铁道部争取了5个调度令，解决了胜利、齐鲁、巴陵等分(子)公司煤炭供应的燃眉之急。坚持实施月度石油地质专用管供应调度例会制度和管线钢板、战略储备库钢板的供应周报告制度，加大了统一调度力度。2005年从各油田间调剂利用5万吨国产石油管和4 000吨各类型号的进口石油专用管材，从管线项目间调剂利用6 000吨管线钢管，保证了油田勘探开发和管线建设急需物资的供应。

（崔　巍）

【总部集中采购规模持续快速扩大】 2005年，总部集中采购规模继续快速扩大，由2004年的111.9亿元跃升到233亿元，其中总部直接集中采购88.9亿元，总部组织集中采购144.1亿元。总部集中采购不仅增强了对供应市场资源的影响力，有效控制了采购供应风险，而且显著提升了中国石化议价能力，有效控制了分(子)公司运营成本。全年节约采购资金8.9亿元，节约率达3.8%。

总部组织集中采购品种范围和规模进一步扩大。油田三抽、空冷器等品种调整为总部组织集中采购物资品种，2005年总部组织集中采购规模达144.1亿元，在总部集中采购总额中的比例由2004年的46.5%上升到61.8%，同比增加177%。

（崔　巍）

【总部集中采购实现100%上网】 2005年网上采购规模达到778亿元，比2004年增加296亿元，增长61%，节约采购资金29亿元。2005年上网采购率达到69%，总部集中采购物资品种实现了100%上网采购，生产建设所需的大宗、通用、重要物资基本实现了上网采购。截至2005年底，中国石化所有生产建设企业全部实现了上网采购。

网上采购监控力度不断加大，各分(子)公司采取开设纪检监察上网账户、成立监控小组、设立电子商务监督岗等措施，进一步加大了网上采购监控力度。

网上特殊采购得到有效控制。2005年网上特殊采购率为7%，比2004年的18%下降了11个百分点。竞价采购稳步推进。2005年共有28个分(子)公司实施了网上动态竞价采购，竞价采购金额9.8亿元，比2004年增加了7倍，节约采购资金1.1亿元，节约率达到11%。

（崔　巍）

物资管理

【物资供应管理改革持续推进】 2005年12月，为适应中国石化改革发展的需要，集团公司党组决定，物资装备公司采购、招投标等业务和人员成建制划入物资装备部，实现了集团公司总部物资供应管理“物归一家”。

分(子)公司层面“归口管理、集中采购、统一储备、统一结算”物资供应管理体制基本形成。2005年茂名分公司、洛阳分公司、天津分公司、齐鲁分公司、石家庄炼化合并多套供应机构，实现了集中采购和统一储备。截至2005年底，除西北分公司、扬子石化等少数分(子)公司外，绝大多数分(子)公司已经实现了归口管理、集中采购、统一储备、统一结算的体制要求。

区域协同采购和联合储备工作积极推进。2005年，华南、山东、华中等8个区域的分(子)公司建立了联席会议制度，积极开展物资供应联合工作，初步实现了区域内供应商、价格、库存等资源与信息的共享。南京、华中、华北、华南等区域通用物资的协同采购、联合储备工作正在迅速推进。

各分(子)公司物资供应管理不断创新，管理水平明显提高。安庆分公司开发了与ERP接口的供应库存决策支持系统，实现了由管理理念创新向管理技术和方法创新的纵深推进。扬子石化从采购价格、使用维护成本等方面制定了采购总成本分析表，实现了由片面追求价格最低向追求采购总成本最低和性能价格比最优的转变。川维厂改革采购流程和供应机构，突出物资供应部门的计划管理、供应商管理、合同管理和市场行情分析功能，由业务操作型向管理控制型转变。集成采购、空订单采购等先进方式已被河南油田、广州分公司、工程建设公司等分(子)公司采用。绝大部分分(子)公司建立了物资配送体系，改传统领料制为配送制。

（崔　巍）

【国内供应商清理整顿工作全面完成，供应商电子化档案初步建立】 2005年总部组织分(子)公司对一、二级供应商网络进行了全面清理整顿工作，明确界定两级供应商网络管理职责和分工，进一步优化了供应商网络结构，提升了供应商的整体质量。截至2005年底，一、二级网络供应商共有17 984家，其中一级网络供应商2 223家，二级网络供应商15 761家。

供应商电子化档案初步建立，为供应商统一管理、动态量化考核提供了良好的手段和平台。总部组织各分(子)公司对17 984家一、二级网络供应商建立了电子档案，统一配置了供应商代码，实现了供应商管理信息的动态更新和全系统共享，满足了对供应商进行动态量化考核以及对其业绩与信用进行实时评价的需要，为各分(子)公司正确选择交易供应商、进行科学采购决策和建立业绩引导订货机制提供了强有力的支撑。

（崔　巍）

【物资供应管理信息化建设持续推进】 物料编码工作成果明显。2005年，物资装备部会同发展计划部、信息系统管理部及各相关部门成立了物料编码工作小组，制定物料编码工作实施方案，组织油田、炼化、工程设计近30个分(子)公司及部分大型制造厂的采购、生产、统计、质量、设计、计算机、产品管理等方面的专家，完成了对材料、化工、设备、配件等56个大类分类的调整与近150万条具体物料条目描述的编制工作，统一了物资、产品与工程设计物料分类，达到了物料描述科学、合理、标准化和便于使用的目的。

价格研究与价格监管工作初见成效。2005年2月实现部分组织集中采购品种采购指导价、参考价在网上集中统一发布。其中煤炭、钢材、三剂等物资按月发布指导价格，油井水泥、油田化学剂、三抽设备、钻头、螺杆钻具、管件、井口和电泵等物资按季度发布指导价格，钢板、炼化“三剂”、油田化学剂等物资按品种发布参考价格。

ERP系统建设持续推进。2005年齐鲁、茂名、巴陵、洛阳、九江、石家庄、河南油田、江汉油田、西北、催化剂等10家分(子)公司上线运行，截至2005年底累计有24家分(子)公司已上线运行。ERP系统不仅提高了分(子)公司物资供应管理信息化水平，而且规范和统一了分(子)公司物资供应管理标准业务流程。在BW数据仓库上建立了计划、采购、价格、库存、供应商等5个监控分析平台，抽取了14家ERP已上线分(子)公司物资供应管理数据，为总部对分(子)公司物资采购监管提供了强大的信息技术支撑。建立了镇海炼化等14家ERP已上线分(子)公司MRO应用支持监控体系，进行月度监控分析。

（崔　巍）

【供应队伍培训力度进一步加大】 组织供应处长职务轮训。2005年6—9月物资装备部举办了4期供应处长职务轮训班，物资供应系统共有189位现职处级干部参加了培训，大大拓宽了供应处长们的视野和工作思路，提高了政策水平，促进了物资采购供应管理理念的更新。

物流工程硕士培训工作继续推进。3—10月共组织第一期物流工程硕士参加了6次集中学习必修课程，完成了12门课程的学习和考试；完成了第二期物流工程硕士班的选拔招生工作，录取了44名供应管理业务骨干。两期物流工程硕士班共培养了总部和分(子)公司96名物资供应管理骨干，有力地改善了物资供应队伍素质结构，为进一步推进物资供应管理改革作了组织上的准备。

分(子)公司物资供应专业技术培训初步开展。中原油田、华北和安庆等分(子)公司举办了针对性强的物资供应管理培训，有力地提高了物资供应人员专业技术素质。

(崔　巍)

【物资供应管理绩效考核和采购监管力度进一步加强】 物资供应管理绩效考核取得初步成效。2005年在物资供应管理体制达标率、供应商结构合理率等7项KPI指标的基础上，根据油田、炼化和工程建设分(子)公司的特点制定了《物资供应管理绩效考核标准》，按季对分(子)公司物资供应管理工作业绩进行量化考核和通报，初步建立了以绩效引领物资供应工作的长效激励机制。

物资采购供应管理大检查继续深入开展。2005年8—10月，总部组织了5个以管理绩效考核、物资需求计划、采购价格为主要内容的检查组，对河南油田、西北分公司、燕山分公司、上海石化等16家分(子)公司的物资采购供应管理工作进行了专项大检查。通过检查，挖掘了分(子)公司物资供应管理先进经验和好的做法，查找了存在的突出问题，及时对分(子)公司提出了整改要求，强化了采购监管，有力地促进了分(子)公司物资供应管理水平的进一步提高。

物资供应管理指导、协调和交流力度不断加大。建立了分(子)公司物资供应管理工作季度上报制度，将上报情况进行分析和分类汇总，对反映的突出问题积极与相关部门进行对接和协调，认真落实和反馈，其中对分(子)公司好的做法和经验编发了4期物资管理简报，促进了分(子)公司之间交流。组织了对天津、茂名、工程建设公司、洛阳工程公司、上海石化、西南分公司等16家分(子)公司专题调研，调查了解了分(子)公司物资供应管理的实际情况和存在的问题，加强了对催化剂分公司、润滑油分公司等专业化公司物资供应管理工作的协调指导力度。

(崔　巍)

重大装备国产化

【重大装备国产化科研开发】 石油勘探开发方面，开展了800马力(588千瓦)大排量轻便型撬装五缸泥浆泵组、活动式含油砂清洗处理成套设备、液体压力脉冲设备、天然气吸附储存装置、碳纤维连续抽油杆全液压控制智能作业车、新型ZJ30DB钻机等专题的开发研制工作。浅海新型单立柱支撑平台、移动式矿场老化原油净化处理装置、ZJ30变频电驱拖挂钻机、功率自动混浆固井设备、RDS系列压缩机组、SGX-3型数控测井仪、SBTY-Q型全自动压力计检定装置等技术成果通过石化集团公司组织的专家鉴定。

在石油化工设备的国产化方面，茂名64万吨/年乙烯装置裂解气压缩机组、大直径螺纹锁紧环高压换热器、加氢裂化缠绕管式换热器、加氢设备钢板、新型苯乙烯π型反应器与L型换热器组合研制、抗H_2S腐蚀石油管、Cr9Mo钢管、长距离原油输送管道高效输油泵、高温螺杆油泵、PTA装置TA大型真空过滤机、法兰连接式大型铝料仓等研制项目正在进行中。丁苯胶乳输送泵、大型苯乙烯脱氢反应器、高温高压钛制列管式换热器、20万吨/年聚丙烯环管反应器、PTA第一、二精制结晶器、FFS-1600型热合包装机、大直径螺纹锁紧环高压换热器模拟环、300万吨/年催化裂化富气压缩机、丁基橡胶丙烯压缩机、火炬气回收系统、大型多列迷宫密封压缩机等集团公司攻关项目通过技术成果鉴定。其中大型苯乙烯脱氢反应器获得2005年中国石化科技进步一等奖。

(余良俭)

【装备国产化管理工作】 2005年，重大装备国产化办公室加强石油、石化重大技术装备国产化研制工作的组织管理。根据石化集团石油和石化企业生产、技术改造、基建和维修急需，在专家论证的基础上，针对2005年重大技术装备研制项目编制了2005年度重大技术装备国产化计划。对国家“十五”重大技术装备研制项目进行总结验收。配合中国工程院开展“石化装备制造业自主创新战略研究”课题的研究工作，在中国石化系统内部开展节能和环保新技术、新产品交流。

(余良俭)

法律事务

- ☞ 综述
- ☞ 法规制度
- ☞ 合同项目
- ☞ 纠纷诉讼
- ☞ 公司事务
- ☞ 法律资源

综　　述

按照年初确定的“全面落实总法律顾问制度，突出队伍建设，狠抓工作成效”的总体工作思路和目标，2005年，在党组的正确领导下，中国石化法律事务系统全体人员团结配合，立足当前，着眼长远，以全面落实总法律顾问制度为主线，全力推动全系统法律工作职能体系建设；总部和各基层企业突出队伍建设，狠抓工作成效，法律研究、制度建设、合同项目、诉讼纠纷、公司事务、资源整合等各项工作都取得了积极进展，上了一个新台阶。

一年来，企业总法律顾问制度由全面推行转入全面落实，全系统总法律顾问岗位、法律事务机构和总法律顾问职责基本到位，企业依法决策、依法经营管理、依法维护合法权益的规章制度不断健全；立法跟踪研究、内控制度建设、法律意见咨询、基础调查研究、合同基础管理、重大项目管理、外部重大诉讼、内部纠纷调处、债权坏账核销、企业改制分流等10个方面工作成效显著；中国石化法律事务队伍建设在人员数量、素质、管理、联动和作风等方面得到了长足发展，法律队伍不断壮大，人员素质明显提高，工作机制不断完善，上下联动初步形成，思想境界得到提升。

（尹晓珺）

法 规 制 度

【概述】 按照年度工作的整体部署和安排，2005年，石化集团法规制度工作以全系统法律顾问制度的全面落实、公司整体制度建设、立法研究和动态跟踪为重点，完成大量法律法规立法意见征询，部分阶段性工作取得积极进展。

（张志军）

【全面落实总法律顾问制度】 2005年，中央企业总法律顾问制度建设由试点转入全面推行。按照党组先前的部署，石化集团总法律顾问制度建设以基层企业为重点，从组织和制度两个方面着手，营造舆论氛围，分类指导推动，严格方案及制度审批，全力推动总法律顾问制度落实。在《中国石化报》推出“推行企业总法律顾问制度，加强风险控制和内部监督”宣传专栏；召集落实总法律顾问制度步伐较慢的20家基层企业座谈，分类指导、重点帮促，并深入部分基层企业进行一对一的沟通与对接；分2期对75家单位的总法律顾问进行了为期一周的培训；人事部与法律事务部联合下发通知，督促有关基层企业配备总法律顾问。截至2005年12月31日，中国石化法[2004]594号文要求设立总法律顾问岗位的70家单位中，68家上报了总法律顾问人选，其中经总部批准备案并配备到位的66家。在106个直属单位中，16个单位设立了专门的法律事务机构，36个单位的法律事务工作机构实行两块牌子、一套人马，法律事务工作与其他职能合署办公；53个单位根据工作需要增设了法律事务科室和岗位。中国石化法律事务工作职能体系初步建立。2005年3月20日，总法律顾问张洪林还应邀在国资委组织的“国有企业法律风险防范”国际论坛上作了题为“中国石化总法律顾问制度目标定位与操作实践”的主题发言，介绍了中国石化的先进做法。

（张志军）

【立法跟踪研究】 石化集团继续积极从企业角度跟踪立法，主张企业权益。2005年，先后就全国人大法工委、财经委，国务院法制办、水利部、电监会、最高人民法院送达的《公司法》、《证券法》、《物权法》、《审计法》、《劳动合同法》、《就业促进法》、《石油天然气管道保护法》、《电力设施保护条例(修订草案征求意见稿)》、《黄河河口管理办法》、《水污染防治法》、《防治海岸工程建设项目污染损害环境管理条例》及《个人所得税法修正案(草案)》等16部法律法规草案，从企业角度提出立法意见179条，修订条款230条。中国石化立法意见征询工作得到了国家立法部门的认可，多次作为惟一的企业或工业企业代表参与立法论证、听证和专题研讨。

主动开展《能源法》立法前期研究，参加了发改委(能源办)和中国法学会组织的中国能源法体系框架研究暨石油天然气立法课题研究，中国石化成为石油天然气立法分课题组的成员单位，目前已就石油天然气立法10个方面的问题拿出了研究初稿。超前做好了新法律法规影响评价，编发了《入世“后过渡期”及“十一五”法律环境分析与对策建议报告》。

（张志军）

【公司制度建设】 积极推动股份公司内控制度的全面实施。年初，股份公司内控制度由试行转入全面实施，集团公司暨股份公司法律事务部积极参与指导和推动，收集汇总并解答基层企业问题咨询270多件次；年中，认真组织法律事务人员全面参与了对基层65家基层企业的内控制度大检查及后续检查，事前预习培训，事中掌控指导，事后整理反思，起草了书面报告；年底，全面参与《内控手册(2006年版)》尤其是权限指引的修订，系统消化3次(1月、6月、10

月)汇总的企业意见，研究借鉴4家跨国公司做法，进一步体现股份公司集权管理的趋势，细化流程重要环节的权限设置，消除与流程描述的矛盾。修订后，“权限指引”控制指标由原331个增加到554个，进一步明确了各采购(资金支付)类业务的计划、合同及付款3个步骤的权限；大幅增加了各销售(货款回笼)类业务的计划、信用、价格、合同及货款回笼5个步骤的权限设置，并在“权限指引”附则中，对转授权的条件及程序作了更为细化的规定和要求。及时收集、整理、汇编、更新《〈内部控制手册〉配套规章制度汇编》，保持制度体系完整性。年初，结合新修订的《内控手册》以及规章制度新的变化，对《〈内部控制手册〉配套规章制度汇编(2004年版)》进行了核对、增删，形成《〈内部控制手册〉配套规章制度汇编(2005年修订版)》，并将修订内容上载集团公司法律事务部门户网站和财务信息网，共收录股份公司现行有文号的规章制度与管理文件126份，增录29份；年底，又根据新版《内控手册》的变化，组织和督促有关部门对《〈内部控制手册〉配套规章制度汇编(2005年修订版)》进行了再次修订，共增制度23项，删除2项。

(张志军)

合同项目

【概述】 2005年度，合同项目法律服务工作继续贯彻“决策咨询、事前防范、分担责任、规范合同”的方针，服务服从于生产经营建设和改革发展稳定大局，以合同审查和项目服务两项日常工作为主线，提供法律服务，防范法律风险。一年来，石化集团总部法律事务部针对总部机关有关部门及部分直属单位主办的重大项目、重要合同，出具法律意见书107份，提出397条法律意见，主办部门采纳率超过95%；审查重要合同147份，涉及标的金额折合人民币超过1 191亿元，体现了法律服务在合同项目管理中不可或缺的作用和价值。

(陈佳园)

【合同基础管理】 2005年6月，中国石化首次年度合同管理工作会议召开，第一批204名专职合同管理员取得资格证书。一年来，总部法律事务部先后对400余名兼职合同管理员进行培训并颁发了资格证书，批复了43家分(子)公司的合同管理制度，初步形成了较为完整的合同管理制度体系。

各单位采取多种措施切实加强合同基础管理。齐鲁石化健全“机构统一、制度统一、标准统一、合同章统一”的四统一管理模式，编制开发合同管理软件系统，通过合同审查、组织参与重大合同谈判和合同项目招标议标，全年直接节约资金8 538.43万元；湖南石油实行合同审查“一票否决制”，加大合同管理员的合同审查权限，上收合同签署权，并按相关制度处理违规责任人；管道储运公司明确规定凡涉及合同履行与结算，主办单位必须持《合同履行与结算申请表》到法律事务部门履行审核手续后，方可到财务部门申请办理支付，否则，财务部门一律不予办理；江苏油田明确合同管理事权划分，落实企业法人正职签约责任，下发《关于实行重大合同法律风险预防和控制的通知》，成立了重大合同法律风险预防和控制工作小组。

2005年11月份，石化集团组织检查团开展了股份公司系统首次合同抽查工作，对11家单位的合同管理情况进行了实地抽查。检查结束后，有关单位针对检查中发现的问题，逐项认真落实整改措施，并将整改情况以文件形式向总部进行了汇报。

经石化集团总部有关部门会商并征求部分企业意见，启动了合同示范文本建设工作。截至2005年底，13类知识产权合同示范文本的编订工作已经完成，其他各类合同示范文本正在抓紧制定中。

(陈佳园)

【重大项目法律服务】 2005年，全系统法律事务人员积极参与重大项目合同的服务把关工作。

总部法律事务部全力投入中国石化总部大楼(朝阳广场)、广州大厦(中诚广场)、中国石化研究中心(沙河井田项目)等房地产项目；燕山石化H股摘牌退市、华润加油站收购、海南洋浦土发公司重组等资本运作项目；BP在上海赛科的股权安排、福炼一体化、青岛大炼油等中外合资项目；东海油气田、陕京二线、四川三洲特钢、新疆美克、广发银行等内资合作项目；俄罗斯萨哈林3亿美元投资项目、安哥拉18区块11亿美元国际银团贷款和14亿美元项目融资、国际勘探1.8亿美元贷款及担保以及中国石化发行短期融资券、胜利油田有限公司改制为分公司体制等重大项目，提供法律服务。

各直属单位法律事务部门在重大项目管理中也发挥了重要作用。国际石油勘探公司、国际石油工程公司法律部门积极服务于公司“走出去”战略，对一系列涉外重大项目从参与项目风险分析到保密协议、意向书、框架协议、合作协议、代理协议等的起草、审查和签订，从招标文件研究到项目合同谈判和签署，从海外分(子)公司的国内报批手续到境外设立登记，提供了全过程和全方位的法律服务，为避免或防范法律风险作出了努力；上海石化法律部门全程参加与英国

BOC公司的合资项目谈判，起草、审核谅解备忘录、合资合同、章程、资产合同等一揽子协议；胜利油田法律部门对胜利作业4#平台等148个重大项目实行重大合同履行报告制度，从合同管理角度为勘探部署和滚动开发提供了有力支持。

（陈佳园）

纠纷诉讼

【概述】 2005年5月，石化集团法律事务部撤销工商诉讼处，设立纠纷诉讼管理处和公司事务管理处，进一步加强了纠纷诉讼管理工作。

2005年度，全系统共发生法律纠纷1 765件，比上一年度增加130件；涉案标的共29.21亿元，比上一年度增加12.12亿元。截至2005年底，所发生的1 765件法律纠纷中，已结643件，损失1.82亿元，挽回/避免损失12.65亿元。

近年来，石化集团纠纷诉讼案件呈现出以下主要特点：一是案件数量逐年减少，而涉案标的总额增幅较大；二是合同纠纷仍是主要发案类型；三是环境污染、侵权赔偿案件逐年增多；四是行政纠纷和劳动争议案件呈上升态势；五是票据、信用证纠纷、股权纠纷等新型案件增多；六是油田、销售和炼化是案件高发业务板块。

（徐晓楠）

【外部纠纷管理】 2005年度，若干大案要案赢得重大胜利。新疆星美管道公司诉石化股份公司原油运输协议纠纷案，继年初在香港高等法院赢得近20亿港币管辖权异议官司后，在国内标的2.37亿元的诉讼中，彻底废止了原来签订的对中国石化极为不利、不公的原油运输协议；2005年12月8日，北京市高级人民法院下达裁定书，准许控方当事人的撤诉申请，案件得到圆满解决。茂炼股份(清算组)诉茂化实华欠2.3亿元原料款案，通过主动运用司法手段，最终以有利于茂炼股份(清算组)的价格新签合同，并在为债权办理设备抵押登记、利益得到双保险的情况下撤诉，达到了预期目的。广州石化与惠州华德股权转让纠纷再审案，公司上下联动，扭转了一审和二审完全败诉的局面，避免了逾2亿元的重大经济损失。巴陵石化5 100万元担保案，总部与企业密切协同，全方位取证，精心选择设计应诉方案和突破口，迫使对方谈判和解，避免了4 500万元的损失。巴陵分公司6 000万元合同纠纷案，历经15个月的艰苦工作，双方于2005年11月签署和解协议书，对方放弃对巴陵公司的一切索赔请求。

胜利油田全年共处理各类行政争议324件，涉案金额4.83亿元，挽回和避免经济损失4.79亿元；齐鲁石化妥善处理原炼油厂下属单位劳动家属祁瑞娥等85人提起的劳动争议，寻求内部协商解决途径，避免了大面积负面影响；浙江石油、抚顺石化研究院、第二建设公司、河北石油等单位注重诉讼案件风险源分析，认真做好结案总结，及时形成堵塞漏洞的管理建议。

（徐晓楠）

【内部法律纠纷调解处理】 2005年，内部纠纷内部调解处理取得了良好效果。内部纠纷全年立案39起，标的额1.05亿元。一年来，巴陵石化与长岭炼化2 000万元内部纠纷、石家庄炼油厂与河南石油1 235万元债务纠纷、洛阳分公司与河南石油984万元债务纠纷、河南石油与洛阳分公司356万元债务纠纷等一批重大内部纠纷得到了妥善处理，既减少了诉讼成本，同时也维护了石化集团的整体对外形象。

（徐晓楠）

公司事务

【概述】 为强化公司事务管理工作，2005年5月，石化集团法律事务部设立公司事务管理处，对公司的设立、运行、注销实行完整生命周期管理。公司事务管理处成立以来，在服务改制分流、设立资产经营管理公司、办理下属单位工商变更、帮助下属单位改制、建立健全商标管理等方面做了大量工作。

（詹　滢）

【服务改制分流】 2005年4月，石化集团第四次改制分流会议召开。其后，法律事务工作系统改制分流培训班成功举办，主讲人从法律角度向基层企业法律事务人员介绍了如何规范操作改制分流，宣讲了《改制分流格式化规范性文本》。同时，为帮助改制企业规范运作，总部编制并印发了1万多份《改制企业规范化运作宣传提纲》，从权利义务角度分析股东与职工之间的关系，指导改制分流工作。全年对230多个企业的改制分流方案出具了法律意见。

（詹　滢）

【公司事务】 按时办理集团公司、股份公司年检并获A级认定。全年共办理二级单位法定代表人(负责人)、住所、经营范围等变更事项32件。参与胜利油田改制、茂炼股份清算，办理了中南石油局事业法人变更，海南炼化、中原石化加冠“中国石化”等事项。全年共办理授权手续 103 份，公证手续 5 个。

全过程参与中国石化集团资产经营管理有限公司的筹备工作，参与制定设立方案，申领营业执照，保证了资产公司的按时设立与运行。

（詹　溪）

【对外投资调查】　开展股份公司对外投资法律调查，初步建立起了公司对外投资法律档案，为下一步搞好股权管理做好准备。

（詹　溪）

【商标管理与维权】　完成“长城”商标在 19 个国家的国际注册申请工作，完成了“SINOPEC”商标续展及销售、油田企业使用“SINOPEC”商标的许可工作。成功阻止民营企业注册“长城联合石油公司”，维护了石化集团的合法权益。

（詹　溪）

法律资源

【概述】　2005 年，法律资源管理工作以法律事务工作队伍建设和外部律师管理为重点，各项工作稳步开展。

法律人员队伍建设方面，分阶段、分层次、有步骤地组织开展培训工作，狠抓培训计划的贯彻与落实，推动系统法律从业人员提高基本技能。一年来，全系统法律事务队伍建设在人员数量、素质、管理、联动和作风 5 个方面都得到了长足发展。

外聘律师管理方面，从完善外部律师网络、实践律师竞聘程序两个方面着手，更加积极地介入外部律师聘用工作，用实际行动逐步推动外聘律师统一管理工作。

（尹晓珺）

【法律人才队伍建设】　2005 年，总部法律事务部撤销工商诉讼处，设立纠纷诉讼管理处和公司事务管理处，定员由 17 人增至 21 人，并从北京大学、中国政法大学引进了 4 名应届毕业生(1 名博士、2 名硕士、1 名双学士)。在充实队伍的同时，进一步形成了专业结构、工作背景和知识层次配备得当、搭配和谐的工作团队。在各方大力支持下，系统法律事务工作队伍也在不断发展壮大。截至 2005 年底，全系统共有专职法律事务工作人员 385 名，其中，130 人拥有律师资格，187 人具有企业法律顾问资格。

总部法律事务部针对立法合规、市场准入、投资融资、兼并收购、合资合作、改制分流、石油勘探、工程服务、知识产权、诉讼仲裁等开展多种形式的业务培训。设立图书资料室，订阅境内外前沿书刊杂志；每月组织一次专题业务学习会；支持 4 名同志到对外经贸大学、北京大学、清华大学、武汉大学学习硕士研究生课程；鼓励报考执业资格考试，年内 6 人通过企业法律顾问执业资格考试；选派业务骨干参加各类国内专业研讨、培训 40 人次，国外短期学习考察 13 人次。

为提高系统法律人员素质，总部先后举办了诉讼业务培训班、法律事务信息联络员培训班、改制分流培训班、企业法律顾问执业资格考试培训班、两期共 75 名各直属单位总法律顾问参加的总法律顾问培训班，培训人员 600 余人次。在集中办班的同时，鼓励并指导各直属企业法律事务机构开展各种形式的培训，总部派员到企业举办的培训班上开展讲座，指导并授权部分单位开展兼职合同管理员培训、考核及发证工作。通过强化培训，系统法律人才队伍素质明显提高，据不完全统计，2005 年全系统又有 80 余人通过企业法律顾问执业资格考试，10 余人通过国家司法考试。

（尹晓珺）

【外聘律师管理】　通过多种形式，逐步壮大外部律师资源库。通过日常业务合作、走出去请进来进行学术交流、诉讼律师选聘等途径，全年与多家国内外律师事务所建立了联系。通过《法制日报》、《经济日报》、《中国石化报》、公司网站发布选聘诉讼代理律师公告，从全国 98 家应聘律师事务所中选择 21 家进入诉讼律师短名单。据不完全统计，在百家外部律师事务所大名单中，有近 50 家中外律师事务所通过具体业务合作、学术交流、参观访问等形式，与石化集团保持着较为密切的联系。

2005 年，总部对全系统外部律师聘用和管理情况进行了调查并有了概要了解。根据上报数据统计，截至 2005 年 7 月，87 家直属企业共有 50 家聘用了常年法律顾问，服务费用根据律师事务所的规模、工作水平、范围和内容的不同，从每年 6 000 元人民币到 49 万元人民币不等，总费用为人民币 600 万元左右。

2005 年，石化集团外聘律师工作继续严格执行外聘律师管理流程，规范化程度进一步提高。从立项到确定邀标对象、确定中标律师事务所、签订各类协议文书、支付费用、考评律师工作业绩，每个环节，每个步骤，都严格按照工作流程办理，不短路，不走样。全年为星美输油管道纠纷案、大连吊车坠毁案、海南琼湘担保案、光大银行担保纠纷案、普莱克斯侵权纠纷案、催化剂齐鲁分公司工程款纠纷案、齐华润股权纠纷案、德国吉玛版权纠纷案、石化集团发行短期融资券、资产管理公司设立等10多个项目成功选聘了代理律师和法律顾问。2005年，由总部法律事务部办理支付的专项律师服务费用和常年法律顾问费用为人民币855万元，港币22万元，美金90万元，折合人民币共约1 600万元。

（尹晓珺）

审计与监察

- 内部审计
- 纪检监察

内部审计

综　述

2005年，石化集团审计部门按照“围绕中心、服务大局、改革创新、监督服务”的工作思路，认真履行内部审计的监督与服务职能，不断拓展审计领域、加大审计力度、提高服务水平，取得了显著的成绩。全年共开展各类审计项目10 262项，促进增收节支12.51亿元。此外，通过审计发现违法违纪线索，移送纪检监察部门14人，给予行政处分22人。审计工作在促进企业加强管理、规范经营、提高效益和推动廉政建设等方面发挥了重要作用。2005年石化集团公司被国家审计署授予“全国内部审计工作先进单位”荣誉称号。

（刘伟平）

管理效益审计

【概述】 2005年，石化集团各级审计部门拓展审计领域，以改善经营管理、提高经济效益为目标，以内控制度为主线，大力开展管理效益审计。全年共开展管理效益审计7 743项，促进增收节支2.06亿元，审计部门针对企业经营管理漏洞和薄弱环节，提出审计建议6 803条。

（刘伟平）

【总部组织实施的效益审计】 2005年，石化集团总部组织开展了对14户企业的管理效益审计，查处了违规违纪问题，提出审计建议58条，对规范企业管理、提高经济效益发挥了重要作用。

（刘伟平）

【企业组织实施的效益审计】 2005年，石化集团各单位结合实际积极开展了各项管理效益审计。中原油田认真采纳审计部门对转供电管理效益审计的建议，在集团公司和地方政府的支持下，实行了电网改造，将油田用电和农用电分开，加大了对转供电的收费力度，堵塞了管理和效益流失的漏洞，当年企业用电总量减少1.1亿千瓦·时，降低成本5 000万元，同时增加转供电收入4 100万元，两项合计增收节支9 100万元。齐鲁石化通过对煤炭供应管理效益审计，发现由于部分煤炭热值低、入库收量水分大、运输费用高等原因导致煤炭采购成本高，提出了增加大煤矿供应和集中采购比例，把好煤炭入库验质检量关，尽量采用铁运直送方式等建议，使每吨煤炭采购成本降低66.33元，全年共降低采购成本4 640万元。

（刘伟平）

经济责任审计

【概述】 2005年，石化集团审计部门为确保审计质量，提高审计效果，不断总结经验，大胆开拓创新，将经济责任审计与企业改制、承包兑现、目标考核、管理效益等审计有机结合，关注企业潜在风险、发展后劲、科学管理等重要内容，取得了明显进步。全年按照干部管理权限和人事部门的委托，对617名领导干部进行了经济责任审计，提出了有价值的审计建议676条。通过审计，不仅为人事部门考核任用干部，加强对领导人员监管提供了重要依据，而且为前后任领导人员划清责任界限，更加认真履行经济责任，实现国有资产保值增值和企业持续有效发展，发挥了促进作用。

（刘伟平）

【总部组织实施的经济责任审计】 2005年，石化集团总部对14户企业15名领导干部进行了经济责任审计，核实了企业领导人员任职期间资产负债损益的真实性，摸清了家底，划清了继任者与离任者的经济责任界限，促进了领导干部增强依法治企和从严治内的意识并认真履行经济责任，促进了企业的改革发展和经济效益的提高。

（刘伟平）

【企业组织实施的经济责任审计】 2005年，石化集团各单位不断深化经济责任审计工作。胜利油田对所属二、三级单位170名处(科)级干部进行了经济责任审计，查处了违规违纪问题，给予经济处分11人，给予行政处分4人。安庆石化、长岭炼化、宁波工程公司等单位将经济责任审计和企业改制审计相结合，既客观评价了领导人员的经营业绩，又摸清了企业家底，为改制工作的顺利进行提供了参考依据。

（刘伟平）

固定资产投资审计

【概述】 2005年，石化集团共开展竣工决算和在建工程审计254项，审计投资金额244亿元，约占总投资的30%。

（刘伟平）

【总部组织开展的固定资产投资审计】 2005年，石化集团总部组织开展了对埕岛西和桩西古潜山两个区块的联合账簿审计、对管理干部学院迁建工程竣工决算审计等项目，在此基础上，组织有关企业和委托社会中介机构对31个项目进行了竣工决算审计，查出了部分企业超计划投资和计划外投资、招投标管理不严格、超标准建设项目以及会计核算不规范等问题。

（刘伟平）

【企业组织开展的固定资产投资审计】 2005年，石化集团全年共审计工程预结算书31 887份，审计金额183.28亿元，审减金额9.16亿元，平均审减率5%。审减金额1 000万—2 000万元的有15家，审减金额2 000万元以上的有12家，其中：胜利油田11 697万元、茂名石化10 519万元、广州石化6 590万元、广东石油4 376万元、河南石油3 746万元。固定资产投资审计降低了工程成本，节约了建设资金，规范了固定资产投资行为。

（刘伟平）

专项审计及调查

【概述】 2005年，石化系统围绕影响企业经济效益的重点环节、领导关心的重点问题和群众关注的热点问题，开展各类专项审计调查667项，提出审计建议454条，促进企业增收节支2 961万元。专项审计调查为领导掌握情况、科学决策发挥了重要作用。

（刘伟平）

【总部组织开展的专项审计调查】 2005年，石化集团总部组织力量重点对全系统企业的多种经营情况、设计施工企业工程项目效益情况和科研单位技术奖酬金管理情况等3个方面进行了专项审计调查，揭示了大部分多种经营企业不良资产多、负债金额大、经济效益差、依赖母体企业程度高以及其他财务管理散乱问题；部分施工设计企业工程项目招投标不严谨、不规范、管理不到位等共性问题和科研单位技术奖酬金管理中存在的不规范问题。专项审计调查结果引起党组高度重视，并听取专题汇报，为加快多经企业改革，强化工程项目和技术奖酬金管理，提供了重要决策依据。党组决定，把进一步清理整顿多经企业、厂办集体企业和对外长期投资列为2006年重点工作之一，并要求总部机关部门和各单位统一思想、提高认识，切实抓紧抓好；要求有关部门和企业逐项研究设计施工企业工程项目管理中存在的问题，落实好整改措施；要求有关部门研究制定规范技术奖酬金管理的政策和办法。

（刘伟平）

【企业组织开展的专项审计调查】 2005年，石化集团各单位除按总部要求配合完成3个专项审计调查工作外，还认真开展了多项审计调查。高桥石化开展长期投资清理整顿验收审计工作，撤销了97个长期投资项目，从法律上消除了潜在风险，并收回资金949万元，防止了国有资产流失。扬子石化等单位开展的修理费专项审计调查，将审计监督与服务有机地结合起来，为企业加强管理、规范核算、降本增效作出了积极贡献。

（刘伟平）

其他项目审计

【内部控制评审】 2005年，石化集团各级审计部门开展内部控制评审144项。审计部派出16人参加了股份公司对65户企业的内部控制评审，较好地发挥了骨干作用，并为《内部控制手册》的修订完善提出了好的建议。同时，把内部控制评审纳入常规审计和专项审计的内容，有力地促进了内部控制制度贯彻实施，提升了石化企业整体管理水平。广州分公司审计部积极探索内控评审方法，认真查找内部控制中存在的问题并提出整改建议，引起了有关部门重视，落实了整改责任，降低了企业风险；金陵分公司审计处每月都选择1—2个内部控制流程进行检查评价，并督促有关部门认真落实整改，进一步加大了内部控制制度的执行力度。

（刘伟平）

【境外企业审计】 2005年，石化集团总部组织力量对国际勘探开发公司所属沙特、哈萨克斯坦和国际事业公司、联合石化所属香港、新加坡等7家境外企业的管理效益情况和财务收支情况进行了审计，部分企业也对所属境外企业或机构开展了审计，取得了比较显著的效果。通过审计，摸清了境外企业资产、负债、损益真实情况，掌握了境外企业相关业务流程、内部控制和风险防范情况，查出了境外企业在制度建设、内部管理、资金运作、法律合同、投资决策、市场经营等方面存在的重大风险和财务会计核算存在的主要问题，及时提出了整改意见，有力促进境外企业完善了内部控制制度，规范了企业经营行为，增强了风险控制能力。

（刘伟平）

【改制分流审计】 2005年，石化集团部分单位审计部门本着对国有资产负责、对企业负责、对职工负责的原则，开展改制分流审计，防止了国有资产流失，促进了改制分流工作的顺利进行。河南油田对5户全民企业和6户多种经营企业开展了改制分流审计，共审减经营亏损3 051.45万元，查出部分单位隐瞒收入、虚列成本等问题，并督促企业及时整改。茂名石化认真开展截至改制分流实施日的财务收支审计工作，发现了部分企业存在大额货款难以收回等经营风险，提出了合理化建议，帮助企业有效回收货款，减少了国有资产损失。

（刘伟平）

其他工作

【协调配合国务院监事会工作】 2005年，石化集团各级审计部门密切配合国务院监事会的监督检查，积极主动沟通协调，如实反映实际情况，狠抓问题整改落实，得到了监事会的好评和肯定。按照监事会的要求，石化集团公司党组和总部有关部门分别向监事会进行了年度投资、财务管理和生产经营等各方面的专题汇报，并及时提供监事会索要的文件和资料。在此基础上，总部布置全系统所属单位按照国有企业监事会工作办公室的要求，认真填报《2004年度企业基础材料》；积极配合国务院监事会对12户企业财务资产状况进行的分析检查和对22户企业进行的巡视调研，确保了监事会工作的顺利进行。

（刘伟平）

【审计信息化建设】 2005年，面对股份公司加快推广和使用ERP系统的形势，石化集团总部适时决策，狠抓了审计信息化建设。在大力开发、推广应用审计信息门户、审计查证软件和审计工作底稿管理系统的基础上，又加快了ERP环境下审计系统(AIS)的开发工作。在没有经验可借鉴的前提下，经过半年多时间的艰苦努力，ERP审计系统于2005年11月在上海石油试点成功上线，取得了ERP环境下审计工作信息化零的突破。各单位审计部门在积极配合总部审计信息化实施的同时，积极参与跟进本单位的信息化建设，有效开展审计工作。江苏石油积极利用审计查证软件和ERP系统开展在线审计、远程审计；上海石油借助ERP审计系统在该单位试点的优势，运用ERP环境下的审计系统开展审计工作；仪征化纤股份公司审计部门积极探索ERP环境下的内部审计，都收到了较好效果。

（刘伟平）

【审计队伍建设和基础工作】 2005年，石化集团审计队伍建设和基础工作都得到了很大的加强和提高。一是审计队伍综合素质得到提高。各级审计部门以先进性教育为契机，加强政治理论学习，广大审计人员的政治素质进一步提升，先锋模范作用进一步发挥，工作作风进一步转变。2005年，石化集团总部加大业务培训力度，举办审计处长、审计骨干、审计信息化和涉外审计人才等各类培训班，培训450人次，各单位也有针对性地开展了一系列的教育和培训活动，进一步提升了审计人员的业务素质。认真开展优秀审计项目评比和审计理论研讨，共有37个审计项目和52篇审计论文获集团公司表彰奖励，15篇审计论文获国家和省(部)级表彰奖励，进一步扩大了石化系统审计工作的影响力，为石化内部审计赢得了荣誉。二是审计管理体制不断创新。适应石化集团深化改革持续发展的形势，总部积极探索审计体制改革的基本思路，推动了审计体制创新。各有关单位也在审计体制改革方面进行了有益的探索和实践，广东石油等单位实行一级审计体制，设立了审计分部，审计工作计划、人员、经费预算垂直管理，进一步加大了审计力度，提高了审计效率，树立了审计权威。三是审计制度体系进一步健全。总部制定并下发了《审计项目质量控制暂行办法》、《审计工作情况通报暂行办法》、《经济责任审计工作联席会议制度》、《投资项目审计管理办法》和《委托中介机构审计投资项目管理办法》等5个审计规章制度，各单位也制定了相关实施细则，进一步规范了审计程序、作业标准和审计行为，促进了审计工作的规范化、制度化、标准化。

（刘伟平）

【石化股份公司监事会办公室工作】 一是加大财务监督力度，充分发挥监管作用。完成了对石化股份公司2004年年报和2005年中报的审核工作，实事求是地出具了审核意见。二是承办了第二届监事会第五、第六次会议，联系财务部、毕马威会计师事务所就公司财务状况和审计调整差异向监事会作出说明，起草了监事会会议记录、决议公告等全部会议文件。三是开展调研巡视活动，加强监督检查。2005年5月和10月先后两次组织监事对西南分公司、销售西北分公司、川渝分公司、广州分公司、广东石油分公司、海南石油分公司和海南炼化公司的生产经营和财务状况、领导班子履行职责情况、重点工程项目投资建设情况及内部控制制度的执行情况进行了巡视检查。四是组织了监事的国内外学习、考察和培训，2005年12月监事会考察团对英国BP公司的内部监督监控体制、中国石化巴西 GASENE 管道项目部的管理情况进行了考察。

（刘伟平）

纪 检 监 察

综　　述

2005 年，集团公司各级党政组织和纪检监察部门，深入贯彻落实中央纪委第五次全会精神和党组关于反腐倡廉工作的部署，坚持标本兼治、综合治理、惩防并举、注重预防的方针，认真落实《建立健全教育、制度、监督并重的惩治和预防腐败体系实施纲要》，抓紧建立健全惩治和预防腐败体系，反腐倡廉各项工作稳步推进。

(1) 惩防体系建设开局良好。集团公司成立了贯彻落实《实施纲要》领导小组，制定了贯彻落实《实施纲要》的实施细则，对工作任务进行了分解落实。不少直属单位也结合实际成立了贯彻落实《实施纲要》领导小组，制定了实施细则或办法，分解了工作任务，为下一步工作打下了较好基础。

(2) 党风廉政教育取得新成效。通过开展保持共产党员先进性教育活动，组织《"三个代表"重要思想反腐倡廉理论学习纲要》、《国有企业领导人员廉洁从业若干规定(试行)》的学习教育活动，开展反腐倡廉歌曲创作与演唱活动，推进廉洁文化建设，运用多种形式实施警示教育，深化了广大党员和领导人员的理想信念、宗旨和纪律教育，增强了自律意识，提高了抵御和防范腐蚀的能力。

(3) 领导人员廉洁自律工作进一步加强。党组先后下发文件，对领导人员廉洁从业和改进机关作风等进一步作出规定。各级领导人员认真执行党内监督条例有关制度，纪检监察部门严肃查处党风方面若干突出问题，认真开展对领导人员兼职情况的清理，组织对直属单位领导人员及机关公务用车情况进行检查，纠正并通报了个别单位存在的问题，调查和纠正了个别企业为领导人员建超标准住房的问题。

(4) 查办违纪违法案件工作持续深入。一年来，全系统纪检监察部门认真受理群众来信来访和举报电话，继续加大对危害石化集团利益的违纪违法案件的查处力度，严格依纪依法办案，讲究政策，注重程序，做好案件审理和申诉复查工作。通过查办案件，为国家和企业挽回经济损失 1.2 亿元。

(5) 效能监察工作取得新成果。各单位党政领导坚持把效能监察作为"一把手"工程来抓，纪检监察部门围绕生产经营的重点领域和关键环节开展选题立项，加强监控，针对经营管理中的漏洞，建章立制，规范管理，对促进企业管理的完善与优化、提高经济效益发挥了重要作用。继续抓好清理"369 亿元"不良资产、呆坏账效能监察。发挥效能监察在构建惩防体系中的作用，严格责任追究。

(6) 治本抓源头工作力度不断加大。总部机关和各直属单位进一步加强了对财务、物资、工程等重点部位的监管；集团公司对直属单位党政主要领导进行财务知识培训，加强财务管理方面的制度建设；股份公司对各单位贯彻执行内控制度情况进行检查评估；继续推进物资采购和工程建设的集中管理。加快 ERP 系统建设，运用信息技术加强对企业经营活动的监控。实施职务消费和福利制度改革，建立起长效激励约束机制。发挥查办案件的治本功能。纪检组监察局组织拍摄警示片，编写教材，推动警示教育的深入开展。

(7) 纪检监察干部队伍综合素质进一步提高。石化集团充分运用纪检监察监督网整体力量，加强调度，组织精干人员推动重点工作。抓好教育培训，邀请中央纪委、最高人民法院、地方检察机关领导和有关专家学者讲课，开阔了纪检监察干部的视野，从理论和技能技巧上有了新的收获。认真开展理论思考和调研，撰写出一批调研文章。积极对外宣传，为更好地开展反腐败斗争创造了较好的舆论环境。

（纪　健）

贯彻落实《实施纲要》

【概述】 2005 年集团公司组织专人对贯彻落实《建立健全教育、制度、监督并重的惩治和预防腐败体系实施纲要》进行调研，结合石化实际，在听取总部机关各部门意见的基础上，起草了集团公司的实施细则。8 月 22 日，党组下发文件，颁布实施了《中国石油化工集团公司贯彻落实〈建立健全教育、制度、监督并重的惩治和预防腐败体系实施纲要〉的实施细则》。集团公司还成立了贯彻落实《实施纲要》工作领导小组，并制定了《贯彻落实〈实施纲要〉2007 年底前工作要点》，对 58 项工作任务进行责任分解，落实到 25 个部门和单位。年底统计，83 个直属单位成立了本单位贯彻落实《实施纲要》领导小组，60 个单位制定了实施细则或办法，62 个单位对构建惩防体系的工作任务进行了分解。制定目标，落实职责，明确分工，自上而下的工作机制逐步建立和完善，惩防体系建设开局良好。

（纪　健）

领导人员廉洁自律

【概述】 为强化对领导人员的管理和约束，2005年石化集团党组先后下发了《关于严肃党的纪律，坚决禁止违反廉洁自律规定行为的通知》，强调坚决禁止领导人员私自经商、办企业、兼职取酬和为配偶、子女及亲友与本企业经商打招呼、拉关系，违反程序、擅自决策等行为；并下发《关于加强总部机关作风建设的若干意见》，对改进机关作风等进一步作出规定。各级领导人员认真执行党内监督有关制度，实行廉洁承诺32 518人次，述职述廉21 862人次，向组织报告了个人重大事项3 193人次；纪委负责人同下级党政主要负责人谈话1.23万人次、领导人员任前廉政谈话8 036人次、诫勉谈话1 640人次；年初，244名党组管理领导人员向党组上报了述职述廉报告。各级领导人员主动上交现金、有价证券、支付凭证折款414.81万元，还有不少领导人员拒收钱物。纪检监察部门按照中央纪委关于严肃查处党风方面若干突出问题的部署，纠正顶风违纪行为5起，查处14人。人事部门组织开展了对领导人员兼职情况的清理，提出了处理意见。监察、审计、财务部门对直属单位领导人员及机关公务用车情况进行检查，查清了10 665辆公务车辆的来源、使用和费用情况，对洛阳石化总厂、石家庄炼油厂和中原油田存在的问题进行了通报批评，要求立即整改，明确规定各单位原则上一律暂停购买公务用车，确有特殊原因需购车的，必须报总部统一审批。根据群众反映，严肃查处和纠正了中原石化公司为领导人员建超标准住房的问题。

（纪　健）

【认真落实党风廉政建设责任制】 各级领导人员签订责任书13 679份，考核下属单位5 889个，实行责任追究155人，其中纪律处分85人，组织处理70人；经济处罚122人。

（纪　健）

查办案件

【概述】 2005年，石化集团各级纪检监察部门共受理群众来信来访和举报电话3 232件，比上年同期下降19.7%，其中，集团公司直接受理751件，比上年同期上升22.5%。涉及直属单位和高层管理人员239件，二级单位和中层管理人员353件；反映高、中层管理人员主要问题的有462件。全系统共立案304件，其中大案要案169件。在169件大案要案中，涉及经济类案件135件，占80%，其中贪污、受贿案96件，挪用公款案9件，违反财经纪律行为类案件20件，违反廉洁自律规定行为类案件8件，其他经济类2件。各类案件涉及党组管理领导人员6人，中层管理人员56人。全系统共有264人受到党纪、政纪处分，其中党组管理领导人员7人，中层管理人员48人；刑事处理109人。

（纪　健）

【查办大案要案】 2005年，石化集团加强与各方面的协调配合，查办了一批大案要案。主要有：国际事业公司原副经理韩钢等人违纪违法案件；巴陵石化公司原总经理谢培清、原党委书记罗明安等人违纪违法案件；东北石油局原副局长计有权等人违纪违法案件；西北分公司泥浆助剂管理中的违纪违法案件；江苏石油分公司下属珠海苏石公司经理倪桂如违纪违法案件。发生在直属企业，由石化集团督办的案件11起：仪化股份公司营销中心会计李钟山挪用公款案；长岭炼化所属兴长集团赖奕森违规违法委托理财案；武汉石化厂重油掺水案；深圳安惠公司出纳员胡晓东侵吞公款案；国际事业公司茂名办事处财务人员梁超越挪用公款案；扬子石化上海实业有限责任公司原经理袁佩蓉挪用公款案；荆门分公司贾镇山、彭旭内外勾结诈骗销售货款案；新星公司下属钦州国星油气公司财务人员王川、罗剑辉挪用公款案；西北分公司原经理助理、计划处长王虎受贿及巨额财产来源不明案；广西石油分公司来宾加油站站长刘志贵挪用公款案；燕山石化公司物资装备中心采购三部主任王勇受贿案。

（纪　健）

【信访及查办案件的特点】 2005年，集团公司信访及查办案件的特点主要表现为：①大案要案有所下降；②经过重点治理的企业，加大党风建设和反腐倡廉工作的力度，经济效益显著提高；③企业主要负责人特别是“一把手”违纪违法现象明显下降；④物资装备、工程建设系统的信访和案件明显减少，物资采购和工程建设招标过程中的违纪违法问题有所下降；⑤经济类问题仍是2005年信访举报和案件查办工作的重点；⑥管理及监督薄弱的部位和层面发案率较高；⑦涉案人员低龄化的趋势明显；⑧内外勾结、团伙作案的特征明显；⑨涉案金额巨大，令人触目惊心。

（纪　健）

【追逃工作力度进一步加大】 2005年，集团公司协助公安、检察机关，将7名外逃人员抓捕归案，分别是：云南迪庆石油公司加油站负责人何芳，仪化公司营销中心会计李钟山，福建闽侯石油公司业务员林仲飞，贵州石油公司下属公司的霍礼忠、冉晶晶，山东石油公司新泰分公司善兆奎，销售东北通辽分公司原经理陈范生。

（纪　健）

【加强信访、案件管理】 2005年集团公司召开两次信访排查会，研究信访件38件；对上级机关交办的以及群众反映强烈、问题突出的信访件进行了初步核实；向企业纪检监察部门发函56件，作为重点督办信访件，要求企业对信访件中反映的问题进行认真调查，并上报调查结果，举办2期案件信访管理系统软件培训班，对102名纪检监察干部进行了业务培训，使信访、案件管理进一步程序化、规范化。

（纪　健）

【认真做好案件审理和申诉复查工作】 2005年，集团公司直接审结案件13件，其中已给予党纪政纪处分的案件8件，暂不予处理的案件1件，退卷要求补证1件，待处理3件；党纪政纪处分决定已执行6件。接到申诉信件10件，按规定作出了处理。同时，集团公司加大了对直属单位审理工作的指导力度。9月下旬，召开了32个有案件查处工作单位参加的审理工作座谈会；编辑下发了《纪检监察案件审理工作手册》；制定了《关于总部机关工作人员因违纪违法需要给予行政处分办理程序》、《关于执行党纪政纪处分决定的暂行办法》，对案件审理、处分执行的责任、程序、监督、检查进行了明确，使审理工作进一步得到了规范。11月7日，《中国纪检监察报》对石化集团公司纪检监察机构开展审理工作的做法、经验及取得的成绩进行了报道，中央纪委副书记刘峰岩同志就此作出批示："中石化纪检监察机关做得好，值得提倡。审理大计，质量第一。党中央和中央纪委的领导历来提倡在人的处理上采取慎重的态度，审理是把关的部门，应千方百计做到所审理的案件100%正确，因为审错一案，对被审者就是100%的错误，对党的影响将是极大的不良影响。"

（纪　健）

效能监察

【概述】 2005年，石化集团各级纪检监察部门围绕生产经营的重点领域和关键环节开展效能监察，共立项1 469个，其中集团公司重点项目16个，各直属单位直接立项416个。通过效能监察，减少投资、节约采购资金、清收应收账款26.6亿元，对促进企业管理的完善与优化、提高经济效益发挥了重要作用。

（纪　健）

【加强领导，不断加大效能监察工作力度】 2005年，石化集团绝大多数单位"一把手"担任效能监察领导小组组长，保证了效能监察工作的力度。10月18日，在中央纪委、监察部、国资委召开的"国有企业效能监察工作座谈会"上，监察部李至伦部长对石化集团公司把效能监察工作作为"一把手"工程给予了充分肯定。各单位以"国有企业效能监察工作座谈会"为契机，进一步推动效能监察工作的深入开展。

（纪　健）

【效能监察成效显著】 2005年，石化集团各单位紧紧围绕清理不良资产呆坏账、重点工程建设项目、大额和重要物资采购管理、资金成本管理、油品销售管理和企业重组改制等重点领域开展效能监察。7月上旬，集团公司召开了全系统清理"369亿元"不良资产、呆坏账效能监察工作交流会。全系统开展清理不良资产、呆坏账效能监察处置收益9.1亿元，其中追索不良债权5.1亿元，处置不良资产收益4.0亿元。集团公司对其他15个重点项目加强指导和督察，下发了《关于2005年效能监察重点项目的通知》，由集团公司兼职纪检监察专员（员）分别担任每个项目的督察负责人，并提出具体要求。各重点项目单位根据集团公司的要求，成立了效能监察项目领导小组，制定了实施方案，突出监督重点，实施全程监控。许多企业还结合本单位实际，狠抓降本增效，突出重点立项，积极开展效能监察。

（纪　健）

【建章立制，完善企业经营管理机制】 2005年，石化集团各单位在开展效能监察中，加大从源头上预防和治理腐败的力度，对发现的各种问题和薄弱环节，注重协调有关单位和部门，及时整改纠正；对倾向性问题，提出综合性建议；对容易发生违法违纪的主要环节及时完善管理制度，强化监督约束机制，提高管理水平，促进企业改革发展稳定。2005年，通过效能监察，各单位提出监察建议3 971条，建章立制4 534项，促进了经营管理水平的提高。

（纪　健）

【强化监督，惩防并重】 在重点工程建设项目效能监察中，以"高效、优质、廉洁"为目标，加强廉政建设，从源头上预防和治理腐败。一些重点工程建设项目开展“检企共建”活动，实行与有关单位、部门和人员签订《廉洁自律承诺书》、《廉政协议书》、《党风廉政建设责任书》等制度，有力地促进了企业干部职工廉洁从业意识。2005年，全系统通过效能监察工作发现案件线索55条，立案20个，涉案金额909.5万元，挽回348.4万元，处理干部101人，调整干部25人。在堵塞漏洞、优化管理的同时，惩治了违法违纪行为，有力地促进了企业的党风廉政建设。

（纪　健）

【提高效能监察水平和队伍素质】 为了使效能监察工作制度化、规范化、程序化，2005年，集团公司组织拍摄了《炼油单位完全费用管理效能监察操作规程》和《加油站管理效能监察操作规程》教学电视系列片，编写了《效能监察培训教材》。为了更好地学习理解和正确贯彻执行4个操作规程，规范有序地开展效能监察工作，11月，集团公司在胜利油田烟台培训中心举办了效能监察4个操作规程培训班。2005年，各单位举办效能监察培训班25个，1 145人次参加了培训，有力地促进了效能监察工作水平和队伍素质的提高。

（纪　健）

党风廉政教育

【概述】 2005年，集团公司以开展保持共产党员先进性教育活动为契机，采取各种有效措施，强化反腐倡廉教育，取得了较好成效。配合先进性教育活动，纪检组监察局组织创作拍摄了《长鸣反腐警钟永葆先进本色》警示教育片，在总部机关播放后，引起强烈反响，大家普遍反映以身边的事、身边的人，现身说法实施教育，印象深、触动大、效果好。8月中下旬，集团公司组织了《实施纲要》、《“三个代表”重要思想反腐倡廉理论学习纲要》、《国有企业领导人员廉洁从业若干规定(试行)》的学习教育，在全系统开展了知识竞答活动，12万多名党员干部参加，其中党组管理领导人员有814人，中层管理人员有10 805人，其他党员和管理人员有114 688人。各层次竞答参赛率都在95%以上，优秀率都在98%以上，增强了领导人员廉洁自律意识，取得了较好效果。按照中央纪委和国资委纪委的部署，集团公司在全系统组织了反腐倡廉歌曲创作与演唱活动，直属单位共上报歌曲73首，从中选出11首推荐到国资委，经国资委纪委和江苏省纪委向中央纪委推荐评审，中原油田创作的《八个坚持、八个反对》和江苏油田创作的《背影》分别获得全国反腐倡廉歌曲创作二等奖。多数直属单位在教育上采取了一些行之有效的措施。79家直属单位建立实行了反腐倡廉“大宣教”格局，大多数开展了以廉洁从业为主题的宣传教育活动。据统计，企业主要领导人员亲自讲党课或作反腐倡廉专题报告2 861人次，举办各类法制讲座1 343场次、听众7.67万人，组织旁听法院庭审380场、听众1 758人，总结和宣扬廉洁自律先进典型1 039个、先进集体371个，组织廉政勤政典型报告会3 882场、28.71万人参加。

（纪　健）

监督与管理

【概述】 石化集团认真贯彻落实中央颁布实施的《建立健全教育、制度、监督并重的惩治和预防腐败体系实施纲要》，在强化监督、完善管理方面不断加大力度，推进了从源头上防治腐败工作。截至2005年底，集团公司聘用兼职纪检监察专员29名、纪检监察员57名。各直属单位共聘任兼职纪检监察员3 082人，党风廉政信息员、监督员6 224人。83个单位开展了对落实“三重一大”、产权交易、重组改制、制度落实情况的监督检查，74个单位建立了纪检、监事会、审计等合作工作机制，81个单位对经营管理重要部位、关键环节确定了监控点。

（纪　健）

【加强制度建设】 2005年，石化集团制定了境外资金操作规程和投资项目审计管理办法等管理制度，进一步加强境外资金和项目投资管理，提高了防范资金风险能力，确保了资金安全。88个单位进一步完善了领导班子议事规则和决策程序，共制定反腐倡廉制度1 635项，国资监管制度449项，经营管理制度3 132项，修订制度1 995项，废止不合时宜制度1 995项。用制度约束权力运作、按制度办事、靠制度管人的机制初步形成。

（纪　健）

【继续开展清“乱”、治“散”工作】 2005年，石化集团清理乱投资、乱担保、乱借贷问题30个，涉及金额4 986.7万元；清理撤并小法人实体57个；清理“小金库”107个，金额2 338.7万元。物资采购、工程招投标管理进一步完善，实现网上物资采购成交金额778亿元，节约采购资金28亿元，实现工程招投标金额117亿元，减少了不规范行为，降低了工程成本。加快ERP系统建设，运用信息技术加强对企业经营活动的监控。41 家企业成功上线，为规范业务流程，提高管理透明度奠定了基础。

（纪　健）

【发挥查办案件的治本功能】 2005 年，集团公司选取近年来查办的大案要案，拍摄了《石化反腐警示录》(第二部)共 11 集；编写了《石化卫士——中国石化查办大案要案纪实》。

（纪　健）

【发挥纪检监察监督网在反腐倡廉工作中的作用】 2005 年，受集团公司委派，12 名兼职纪检监察专员、8 名兼职纪检监察员参加了 16 个党风廉政检查组的工作，其中 13 个检查组对 36 个直属单位领导班子贯彻民主集中制原则、执行“三重一大”规定、落实厂务公开以及廉洁从业等情况进行检查。年底，集团公司派出 5 个检查组对 28 家单位贯彻落实《实施纲要》的情况进行了检查，掌握了这些单位反腐倡廉工作的基本情况，为下一步开展工作提供了依据；有的检查组带着群众反映的问题到被查单位进行核实，查清了一些事实，纠正了个别领导人员的违规问题，检查组向党组提出建议，对有关问题进行了处理，给了群众一个交代，得到了职工群众的支持和肯定；派往巴陵石化公司、东北石油局、西北石油局的 3 个检查组对有关情况核实后，转为案件查办。7 名兼职纪检监察专员、7 名兼职纪检监察员参加了效能监察续办、新立和督办项目的检查指导工作，5 名兼职纪检监察专员、9 名兼职纪检监察员参加了党风廉政建设调研工作，6 名兼职纪检监察员参加了拍摄警示片、编写查办大案要案纪实的工作。

（纪　健）

【开展纪检监察调研工作】 2005 年，集团公司确立了 12 个调研课题，布置到监察学会各片区，年底收到各片区推荐的调研文章 82 篇、经验材料 28 篇。评选出调研成果一等奖 2 篇，二等奖 5 篇，三等奖 12 篇，优秀奖 31 篇；并有 15 篇经验材料入选。此外，安排 5 名兼职纪检监察专员围绕重点课题带队到企业调研，撰写出了调研文章。

（纪　健）

【对外宣传中国石化纪检监察工作】 2005 年，石化系统有 530 篇文章被中央级报刊采用，《中国纪检监察报》、《中国人事报》还开辟专版报道中国石化的纪检监察工作。

（纪　健）

【加强纪检监察队伍建设】 2005 年底，石化集团有专职纪检监察干部 1 330 人，兼职纪检监察干部 2 463 人；具有本科以上学历的有 706 人，熟悉财经、金融、法律的有 822 人。88 名纪检监察干部依法定程序进入监事会，纪检监察部门与业务部门交流 222 人次。集团公司组建了由 114 人组成的查办案件工作人才库，优化了办案队伍结构；全年举办各类培训班 6 期，邀请中央纪委原副书记刘丽英、原常委祁培文同志来石化集团公司作报告，并先后邀请最高人民法院、地方检察机关、清华大学、公安大学的领导、学者和公安部刑侦专家等讲课，学习了解检察、公安机关对办案的见解和观点、对犯罪分子的心理剖析和解决对策、对几种容易混淆的犯罪行为的鉴别、对司法证据的理解和要求、办案安全应采取的措施等，从多角度、多层次开拓了思路，扩大知识视野。

（纪　健）

思想政治工作

- ☞ 综述
- ☞“四有”职工队伍建设
- ☞ 企业文化建设
- ☞ 油区专项整治

综　述

2005年，集团公司总部和各直属单位以邓小平理论和“三个代表”重要思想为指导，全面贯彻落实党的十六大和十六届三中、四中和五中全会精神，按照“改革、调整、创新、发展”的工作方针，紧紧围绕完成集团公司暨股份公司工作会议确定的年度奋斗目标和工作重点，以开展保持共产党员先进性教育活动为主线，真抓实干，扎实工作，加强党建和思想政治工作，为集团公司2005年改革发展目标任务的实现和大局的稳定作出了贡献。

（潘武龙）

“四有”职工队伍建设

【概述】 集团公司总部和各直属单位以开展保持共产党员先进性教育活动为主线，努力提高广大党员干部职工的思想政治素质。坚持党要管党，在生产经营、改革发展稳定各项工作中，充分发挥党委的政治核心作用、党支部的战斗堡垒作用和党员的先锋模范作用。坚持形势任务教育，以建设“四有”职工队伍为目标，努力探索新形势下做好思想政治工作的新规律、新思路和新办法，为集团公司完成2005年各项中心任务提供思想政治保证。通过开展企业文化建设和精神文明创建活动，树立企业良好的社会形象和营造内部人文环境。

（潘武龙）

【保持共产党员先进性教育活动】 截至2005年12月底，集团公司共有党员401 544名(其中在职党员248 537名)，在职党员占在职职工总数的26.5%左右。党委1 443个、党总支1 443个、党支部20 670个。按照国资委党委统一部署，2005年，石化集团公司直属机关和87家直属企事业单位，共40多万名党员分别参加了第一批、第二批先进性教育活动。一是上半年，总部机关、专业公司、在京直属单位共1.1万多名党员和党的关系属地化的26家企业开展第一批先进性教育活动。集团公司向党的关系在直属党委的19个专业公司和在京单位派出了3个督导组，向党的关系在地方的26家开展第一批先进性教育活动的直属企业派出了5个巡回检查组，帮助、指导企业开展工作。在教育活动结束前组织进行了群众满意度测评，对教育活动表示满意和基本满意的达到98.75%，得到群众的认可，达到预期目的。在长效机制建设方面，党组制定下发了《中国石油化工集团公司总部机关党员和党员领导干部先进性具体要求》和《关于加强总部机关作风建设的意见》；在充分征求企业意见的基础上，制定下发了《关于加强和改进企业党建工作的指导意见》。二是下半年，集团公司61家直属单位18万名党员开展第二批先进性教育活动。党组领导分别到各自的联系点检查指导工作，对企业进一步开展先进性教育活动提出指导意见。集团公司总部向企业派出16个巡回检查组，检查、指导和督促企业搞好先进性教育活动。结合教育活动，在全系统开展学习侯祥麟同志先进事迹活动，编辑出版了《石油赤子侯祥麟》、《科技界的榜样侯祥麟(附光盘)》两本书，并下发总部机关和各企事业单位供党员、干部、科技人员和青年职工学习使用。同时从10月份开始，组织直属机关、指导直属企业开展团员意识主题教育活动。三是先进性教育活动总结的8个方面的做法、6个方面的成效和4个方面的体会得到了上级领导机关的充分肯定，也在企业的生产经营和各项工作中进一步得到体现。针对党组整改方案提出的具体措施，党组已经从加快上游业务发展、深化内部改革、维护企业稳定、加强企业内部监督管理、加强思想政治工作和企业文化建设以及加强总部机关建设等6个方面分解任务，按照方案抓紧整改。11月24—25日，党组召开了第二批先进性教育活动巡检组总结汇报会，陈同海同志出席了会议并作了重要讲话，对第二批教育活动的成果给予了充分肯定。12月19日，党组召开了教育活动总结暨加强改进企业党建工作电视电话会，对整个教育活动进行了全面总结，对下一步加强和改进企业党建工作进行了具体部署。

（潘武龙）

【维护稳定工作】 在部分企业稳定压力加大、群体上访上升的情况下，认真贯彻“坚定、沉着、耐心、细致”的要求，做好维护稳定工作。一是高度重视，加强对维护稳定工作的领导。党组及时调整了维护稳定工作领导小组及成员部门，设立了办事机构(维护稳定工作领导小组办公室)。坚持维护稳定工作领导小组碰头会制度，随时对企业每日稳定情况进行分析、重点指导，对有关影响稳定的苗头及时沟通情况，研究部署对策，指导企业预防和处理突发事件和群访事件。各直属企业把维护稳定工作提到重要的议事日程，完善了维护稳定工作领导小组以及具体办事机构，使全系统的维护稳定工作从组织机构上首先得到了保证和加强。二是认真落实维护稳定工作责任制，健全维护稳定工作网络。集团公司稳定工作领导小组对全系统维护稳定工作负总责，陈同海同志是第一责任人，具体工作由集团公司维护稳定工作领导小组办公室负责。各企业稳定工作由党委负责，党委书记牵头，党政工团齐抓共管。从集团公司到各直属企业建立了全系统维护企业稳定工作网络，确定了企业维护稳定责任部门以及联系人，使维护稳定的责任具体落实到处室，落实到人头，保证了信息沟通的及时准确。三是各企业都结合自己的工作实际，认真分析不稳定因素，采取妥善措施，把存在的不稳定因素化解在基层，消灭在萌芽状态。四是采取有力措施及时妥善处理突发事件。对个别直属企业发生的一些少数人集体上访事件，总部和有关企业认真研究对策，在地方党委和政府的帮助下，及时采取措施，尽快化解矛盾，维护了企业稳定。五是坚持不懈地抓好与“法轮功”邪教组织的斗争。与国资委党委“610办”签订1人《教育转化攻坚目标责任书》，提前得到转化并按规定进行了组织处理，在敏感期和日常工作中多次对有关单位提出具体要求。

（潘武龙）

【表彰先进】 2005年，结合教育活动，配合中央纪委、中央组织部、中央宣传部、中央先进性教育活动办公室和中国工程院、中国科学院组织中央主要新闻媒体对重大典型、两院院士、原石油工业部副部长侯祥麟同志的先进事迹进行了集中宣传报道。集团公司直属机关开展“创先争优”活动，表彰了44个先进基层党组织、78名优秀共产党员、23名优秀党务工作者。全系统有30人获全国劳动模范称号；评选出138名“巾帼建功标兵”，94个“巾帼文明岗”。组织开展向米钰林、李进龙同志学习活动。组织评选表彰集团公司2004年度青年岗位能手137名、杰出青年创新创效奖10名。与共青团中央联合新命名2004年度全国青年文明号28个，继续认定2004年全国青年文明号126个。

（潘武龙）

企业文化建设

【概述】 2005年，集团公司和各直属单位继续推动以“竞争、开放、规范、诚信”为核心内涵的中国石化企业文化建设的深入开展。通过专题调研、召开座谈会、开展境内外考察等方式，交流直属单位企业文化建设的情况，学习借鉴国内外企业的先进经验，促进企业文化的理论研究与实践活动，为制定《中国石化企业文化建设纲要》做好基础性工作，并列入集团公司“十一五”发展规划，作为集团公司发展战略的重要组成部分，发挥牵引和保障作用。

（潘武龙）

【企业社会责任】 2005年，集团公司以强烈的社会责任感，继续投身社会公益事业，积极支持扶贫、援藏和赈灾活动，真诚回报社会各界对中国石化的支持和帮助。一是积极资助健康快车光明行活动。向全国健康快车基金会捐助800万元，为新疆、甘肃贫困地区治疗白内障患者3 000人。二是继续资助春蕾计划。在坚持多年资助的基础上，又向全国儿童基金会资助680多万元；为贵州、四川、甘肃、湖南等省的国家级贫困县1.7万名失学、辍学女童每人每学期资助200元。同时，石化广大职工还经常以个人名义捐助社会公益事业，奉献爱心。党组每位同志都对2—4名集团公司定点扶贫对象——湖南省凤凰县的贫困家庭儿童捐资助学，每人每学年300元。三是承担扶贫援藏任务。2002年以来，集团公司承担着湖南省泸溪、凤凰，安徽省岳西、颍上4个县的定点扶贫和支援西藏班戈县的对口帮扶工作，并派驻挂职干部积极开展工作。2005年，集团公司对上述5个县共投入扶贫资金2 000多万元，其中4个定点扶贫县投入897万元，完成24个扶贫项目；在班戈县投入1 257万元，完成7个项目，包括为县委县政府综合办公楼安装锅炉取暖设施和购置办公设备，建设农贸市场大棚、40套职工周转房、5个村级文化室、20套乡镇办公居住用房，为游牧民购置太阳能照明设备和教育培训等。直属机关广大干部职工积极为凤凰县灾区捐资助学，共计捐款11万余元，使最需要帮助的216名儿童受益。通过扶贫和援藏工作，使当地的生态环境、教育条件、基础设施等得到初步改善，为增加当地政府的财政收入、加快当地群众脱贫解困、促进社会和谐和建设小康社会作出了贡献。四是扶持江西革命老区教育事业。集团公司和江西省政府签署了《农村教育赠款协议》，帮助新建或改造100所贫困革命老区农村中小学。五是积极开展扶贫济困送温暖活动。集团公司通过“中国红十字总会”向印度洋地震海啸受灾国家人民捐款500万元人民币，直属机关广大干部职工个人共捐款人民币761 134元、美元690元。另外，直属机关干部职工为受灾地区捐助过冬衣被5 388件、人民币56 556元。六是积极支持全国总工会《共和国脊梁》大型文艺晚会、表彰全国劳模活动和公安部2006年春节电视文艺晚会。继成为2008年北京奥运会合作伙伴后，石化集团公司又赞助了2005年中国石化F1中国大奖赛、第十届全国运动会有关活动和单项比赛，展现了中国石化的良好形象。

（潘武龙）

油区专项整治

【工作情况】 集团公司切实为油田和管道企业生产经营提供有力支持。2005 年，积极做好油区和管道沿线的群众工作，进一步加大油区治安整治力度，组织召开了石化集团公司 2005 年整治油气田及输油气管道生产治安秩序专项行动工作总结动员会议，及时传达贯彻上级有关精神，部署油区整治工作。要求所属各油田和管道企业加大对重点地区、重点问题和重点对象的打击力度。针对山东省莘县油区治安状况，与公安部合作到聊城进行了调研。调研报告得到周永康同志的重视，立即批示山东省公安厅作为重点工作查办，使该县油区多年治安状况不好的局面得到扭转。向公安部上报了《中国石化集团公司 2005 年以来涉油重大案件、核实小炼油厂和违章占压建筑物及重点整治地区有关情况的报告》，在部际联席会工作部署中得到确认。进行油区整治大检查和调研工作，参加了国务院部际联席会议的督导检查组，引起河南、山东地方政府的高度重视，有力促进了两省综合治理工作，并反馈了整改情况。与管道公司一起研究制定建立长效机制，到中央综治办铁路护路办公室和山西省考察铁路护路长效机制，形成意见和建议上报党组。

（潘武龙）

【取得的成果】 在国家有关部委的领导下，通过地方各级党委、政府、有关部门和油田企业共同努力，集团公司专项整治工作见到较好成效。据不完全统计，集团公司所属各油田、管道企业共发案 5 882 起，与上年同比下降 22.5%；原油管道被打孔盗油 2 530 次，同比下降 22.2%，损失原油 2 443 吨，同比下降 53.7%；被迫停输 1 807 小时，同比下降 53.7%；被开井盗油 1 391 次，同比下降 36.7%；缴获各种被盗抢油品 4 010 吨，同比上升 1.7%；取缔土炼油炉 130 座，挽回经济损失 5 463 万元，同比上升 56.9%。电网改造步伐加快。2005 年底，中原油田河南油区的 203 家地方企业、198 个自然村转入地方电网供电。油田用电总量同比减少 1.01 亿千瓦·时，转供回收电费 9 548 万元，同比增收 4 109 万元。专项整治行动的深入开展，为确保集团公司 2005 年原油、天然气的生产和管道运输起到了重要的安全保障作用。

（潘武龙）

新闻与出版

☞ 报刊电视

☞ 图书出版

报刊电视

【石化集团机关报刊】 1.《中国石化报》

《中国石化报》是石化集团公司机关报，也是一张中国石油石化行业经济报，面向国内外公开发行。

《中国石化报》积极推进版面结构调整和新闻业务改进。2005 年初，经过半年多的调查，报社根据目标读者需求，调整了《中国石化报》正刊版面结构；推出了《环球》、《油气》两个周刊，加大宏观新闻信息开发力度，受到广大读者和业内人士广泛好评。同时，报社积极探索新闻业务改进，加强工作性宣传的新闻化处理。报刊言论数量和质量有明显提高。

2.《中国石化》杂志

2005 年，《中国石化》杂志进行了改版。《中国石化》杂志进一步明确了读者定位，内容比上年增加了 20%，文章质量进一步提升，版式设计新颖大气。杂志围绕集团公司和石油石化行业的重点热点问题组织专题报道，与主报互动，成为一本立足中国石化、面向石油石化全行业经营管理者的具有独特风格和舆论影响力的综合性经济月刊。

3.《车友报》

《车友报》文化促销功能逐渐到位，舆论影响力进一步增强。加大了独家新闻的比重，融知识性、实用性、服务性、休闲性于一体，提升了媒体形象，扩大了社会影响。2005 年组织的“车德大讨论”在社会上引起较大的、良好的反响。利用换版芯的方式为各销售企业提供了免费的直接服务，在销售企业文化促销过程中发挥的作用更加明显，越来越受到目标读者和销售部门的欢迎。下半年创办星期五周刊，增加了 32 个版的内容，更加贴近北京的读者，进行区域化发展尝试。

2005 年，报社还加强了对外宣传，仅中央电视台《媒体广场》节目播发摘自《中国石化报》的新闻消息就达 20 多条，扩大了中国石化在社会上的影响。网上摘发《中国石化报》及其周刊和《车友报》的消息有数千篇之多。

（刘志远）

【电视《中国石化新闻》】

2005 年，根据集团公司党组领导指示，《中国石化新闻》成功改版并实现了“一改三”。每周 3 期，每期 20 分钟，全年播出约为 150 期，节目传输和制作全部数字化，节目质量和舆论影响力不断提高。

截至 2005 年底，中国石化报社电视部已制作并播发《中国石化新闻》节目近 550 期，制作并播发《中国石化专题》节目 120 多期。《中国石化新闻》和《中国石化专题》电视节目已日益成为石油、石化职工及其家属喜闻乐见的电视节目之一。

按照有关文件精神，2006 年初，《中国石化新闻》评审委员会在中国电视艺术交流协会的指导和参与下，在各单位自荐的基础上，对全系统优秀(先进)电视台、优秀电视记者、优秀电视新闻和《中国石化专题》电视节目进行了认真的评选。经综合评定，决定授予 6 家电视台为 2005 年度优秀电视台、10 家电视台为 2005 年度先进电视台；90 人为 2005 年度优秀电视记者；评出《中国石化新闻》电视节目一等奖 10 名，二等奖 20 名，三等奖 30 名；评出《中国石化专题》电视专题片一等奖 3 名，二等奖 6 名，三等奖 9 名，优秀奖 7 名，并进行了表彰。

中国电视艺术交流协会石化工作委员会自 2002 年 5 月 27 日正式成立以来，在促进中国石化新闻媒体稳步转型，逐步建立上下合力大格局方面做了大量工作。2005 年，协会举办了一次新闻和专题采编业务研讨和一次电视传输技术培训，并下发了《关于 < 中国石化新闻 > 视频文件传输的具体要求》，为《中国石化新闻》“一改三”的顺利实现和数字化双向传输奠定了基础。

（姚　进）

【《中国石化新闻》网】

《中国石化新闻》网同样致力于营造网络媒体的舆论影响力，为网友提供更加丰富的新闻资讯内容。2005 年，报社对网站进行了全新改造，增加了行业和基层新闻信息量，推出了一批特色专题栏目。目前《中国石化新闻》网的日访问量与上年同期相比，也有一定增长。

（刘志远）

图书出版

【概述】 中国石化图书出版工作遵照为发展中国石油、石化行业的科学技术水平服务，为普及石油、石化科技知识，推进石油、石化企业的生产、经营、管理服务的宗旨，始终坚持正确的出版方向，始终坚持把社会效益和图书质量放在第一位。立足本专业，面向大科技，不断开发图书新选题。2005 年出版新书 279 种，重印书 89 种(114 印次)(部分书目见表 1)，出书总码洋6 803万元，取得了良好的社会效益和经济效益。

（丁纵宇）

【《催化裂化工艺与工程(第二版)》专著出版发行】 《催化裂化工艺与工程》第一版于1995年2月出版，曾获第8届全国优秀科技图书二等奖和石化集团公司科技进步一等奖。2006年4月石化出版社隆重推出《催化裂化工艺与工程》一书的第二版。第二版仍由陈俊武院士担当主编，由多位专家撰写而成。

此次修订再版在原有框架结构基本不变的前提下，根据近10年来技术进步的具体情况，对各章节内容进行了修改，以保证内容的新颖性和系统性。本书系统总结了世界范围内催化裂化技术的发展，内容包括：催化裂化发展史、催化裂化化学、裂化催化剂、催化裂化原料和产品、气固流态化、操作变量与热平衡、裂化反应工程和结焦催化剂的再生，对催化裂化装置内部的节能与用能、环境保护、技术经济以及催化裂化装置在炼厂的作用也作了简要介绍。《催化裂化工艺与工程(第二版)》是一本集权威性、学术性、实用性于一体的学术专著，可供从事炼油行业的广大科技工作者、院校师生参考使用。

(黄志华)

【《钻井工程技术手册》出版发行】 《钻井工程技术手册》2005年2月由石化出版社出版发行，大32开本，精装，定价150元。本书是针对石油钻井工程需要而编写的，系统介绍了涉及石油钻井工程的工艺技术、钻井工具、技术要点等内容。主要章节包括钻井基础数据及有关计算、钻井装备、钻井管材、钻井工具、固井、钻井取心、钻井液、钻井井控、定向井水平井专用工具及测量仪器、钻井事故处理工具、套管开窗侧钻工具、钻井仪器仪表、钻井常用材料及其他等13章。

本书内容全面、取材广泛、实用性强，是一本供广大钻井技术人员、管理人员和技术工人使用的工具书，同时又可作为钻井科研机构技术人员、石油院校师生的科研教学参考资料，也是勘探、开发等与钻井技术关系密切行业技术人员的参考书。

(邓敦夏)

【《现代塔器技术(第二版)》出版发行】 本书第一版1990年9月出版。20年来国内外塔器技术有了很大发展，石化出版社组织兰州石油机械研究所、中国石油大学、华东理工大学、浙江工业大学、河北工业大学、北京化工大学、浙江大学、天津大学、上海化工研究院等单位的20多名国内资深教授、权威专家对第一版进行了全面修订，并于2005年1月出版发行。第二版图书为16开，精装，定价190元。

本书介绍了各种板式塔及填料塔的结构特点、操作条件、分离效率等性能；按类分析了各种塔板及填料的使用和优缺点，论述了节能与分离传质新技术，且对各种方案进行了经济分析。书中汇集了有关塔器方面的最新数据和成果，介绍了国内外的实践经验和应用实例。本着推陈出新的方针，既保留了经典技术，又全面介绍了新技术；既有基础理论，又有实际应用；既有国外观点，又有国内见解，全面展示了当今国内外塔器技术的发展水平、动向和趋势，是一部体系完整、结构合理、论述严谨、内容翔实的高质量、高水平佳作。

(白　桦)

【首卷《中国能源年鉴》出版发行】 《中国能源年鉴》(2004版)，是国家发改委能源局组织各省(自治区、直辖市)发改委、能源行业协会以及大型能源企业、著名专家学者共同参与编撰的中国第一部综合性能源大型工具书和史料性年书。

《中国能源年鉴》(2004版)共21篇约80章490多个条目，内容涵盖“十五”以来中国能源发展战略、发展规划、管理体制改革；“十五”前3年，特别是2003年中国能源开发、投资、生产、消费、储运、节能、环保、科技进步、国际合作等方面的基本情况、统计数据摘要、能源重要文献、大事辑要；有重点地介绍了中国大型能源企业、重大能源建设项目等情况，以及国外能源概况(包括数据摘要和国际及地区能源组织简介)等。本书为精装大16开本，双色印刷，130万字，760页，定价298元，中国石化出版社2005年11月出版发行。

(蒋　琦)

【《能源词典(第二版)》出版发行】 《能源词典》(第二版)于2005年4月由石化出版社出版发行，大32开，精装，定价100元。本书由国内权威专家和学术带头人组成编委(王庆一主编)，由数十位能源领域专家担纲撰稿，在查阅大量国内外资料的基础上进行分析、归纳、整理、提炼，历时3年有余，几易其稿，对第一版作了大幅度修订。参照能源学科分类调整了框架设计，共设综合、固体燃料、液体燃料、气体燃料、核能、电力、新能源与可再生能源、能源储运、能源效率与节能、能源与环境、能源管理、能源经济等12个分支，词条数目达3 670余条。

本书兼有辞书工具性和能源百科特性。条目既有名词、术语、概念等简明释义的短语条，还有许多具有百科性质的知识主题条目，提供大量最新事实和数据。第二版中还增加了著名能源资源蕴藏地和能源设施、与能源有关的法律法规等内容，附录增加了常用缩略语、能源计量单位及换算等内容。

（白素萍）

【《环保设备原理与设计》出版发行】 本书被北京市教委确定为北京市高等教育精品教材，具有较强的系统性、较高的理论性和较新的技术性。2005 年 9 月由石化出版社出版发行，平装 16 开，定价 50 元。

本书宗旨是根据国家及石油石化环境保护的需要，培养环境保护领域的高级专业人才，促进石油石化产业以及环保产业的健康发展。在内容编排方面，本书以环保设备的原理和环保设备的设计两个方面为框架。在设备设计方面，突出结构设计的思想贯穿于水污染控制、大气污染控制、固体废弃物处理、噪声污染控制等各类主要设备之中。文字通俗易懂、图文并茂，在兼顾实用性的同时也尽可能准确地体现国内外的先进技术和发展趋势。本书可供高等院校环保类专业师生阅读，对石油石化从事环保事业的管理人员和技术人员也具有很高的参考价值。

（白　桦）

【《石油产品行业标准汇编》等 3 种标准汇编类图书出版发行】 《石油产品行业标准汇编》、《石油和石油产品试验方法行业标准汇编》、《石油化工产品及试验方法标准汇编》等 3 种标准汇编均由石化股份公司科技开发部组织相关的标准化分技术委员会编写，收录了截至 2004 年 12 月底前发布的石油产品行业标准、石油和石油产品试验方法行业标准、石油化工产品及试验方法标准，大 16 开本，平装，石化出版社 2005 年 4 月出版发行，可供石化行业科研、生产人员及高等院校师生查阅与使用。

《石油产品行业标准汇编》收录石油产品行业标准共 128 项，编排方式按照产品专业分为 17 大类，为便于使用，每大类按标准序号编排，定价 100 元。

《石油和石油产品试验方法行业标准汇编》共收录石油和石油产品试验方法行业标准 419 项，分上、下两册，定价 360 元。

《石油化工产品及试验方法标准汇编》收录石油化工产品及试验方法行业标准共 124 项，国家标准共 136 项，分上下两册出版，上册为合成橡胶与石化塑料树脂类，下册为石油化学有机原料类，定价 270 元。

（李跃进）

表 1　　2005 年石化出版社重点科技图书目录

序　号	书　名	作　者
1	采油工程技术新进展	张　毅　主编
2	国内外石油技术进展(2004)	王增林　曹钧合　楮小兵　主编
3	测录井工程技术典型案例	陈进军　主编
4	钻井工程技术手册	赵金洲　张桂林　主编
5	钻井井下复杂问题预防与处理	刘汝山　曾义金　主编
6	复杂条件下钻井技术难点及对策	刘汝山　曾义金　主编
7	深井超深井钻井新技术研究与应用	马开华　刘修善　主编
8	复杂小断块石油勘探开发技术	毛凤鸣　戴　靖　主编
9	油田采出水处理设计手册	冯永训　主编
10	油气田清洁生产	闫玉霞　高建刚　编著
11	新 851 井——高温高压高产气井的新探索	王一兵　蒲洪江　主编
12	塔河油田碳酸盐岩深层稠油油藏开发实践	王世洁　林　江　梁尚斌　主编
13	国内外钻井与采油设备新技术	大港油田集团钻采工艺研究院　编
14	中国石油化工集团公司钻井承包商协会论文集 .2004	中国石化钻井承包商协会　编
15	中国石化非构造低渗透油藏开发技术文集(2004)	中国石化油田勘探开发事业部　编
16	中国石化油气开采技术论坛论文集(2005)	中国石化油气开采技术论坛秘书处　编
17	注水技术研讨会论文集 .2005	吴　奇　主编
18	2005 年中国石油炼制技术大会论文集	中国石油化工信息学会石油炼制分会　编

续表

序 号	书 名	作 者
19	中国石油学会第五届石油炼制学术年会论文集	李大东 龙 军 汪燮卿 张宝吉 编
20	第九届全国化学工艺年会论文集(上、下)	中国石油大学(北京)重质油国家重点实验室 编
21	中国工程院化工、冶金与材料工程学部第五届学术会议论文集	曹湘洪 李大东 汪燮卿 龙 军 主编
22	催化裂化工艺与工程(第二版)	陈俊武 主编
23	炼油装置安全运行与管理丛书——催化重整装置安全运行与管理	董荣亮 编著
24	炼油装置操作指南丛书——催化裂化装置操作指南	刘英聚 张 韩 编著
25	炼油装置操作指南丛书——加氢裂化装置操作指南	李立权 编著
26	炼油装置技术问答丛书——沥青生产与应用技术问答	任满年 柴志杰 编著
27	润滑油品开发与应用丛书——车辆与船舶润滑油脂应用技术	王先会 编著
28	润滑油品开发与应用丛书——工业润滑油脂应用技术	王先会 编著
29	润滑油品开发与应用丛书——金属加工油剂应用技术	王先会 编著
30	润滑油品开发与应用丛书——内燃机润滑油产品与应用	许汉立 编著
31	润滑油品开发与应用丛书——润滑油脂生产技术	王先会 编著
32	润滑脂技术大全	朱廷彬 主编
33	21世纪加油站丛书——加油员油品知识	熊 云 秦 敏 刘 晓 编著
34	21世纪加油站丛书——领班岗位培训教程	黄洪芙 编著
35	21世纪加油站丛书——油品计量员培训教程	曾强鑫 编著
36	21世纪加油站丛书——员工自我防护必读	王孚智 窦保元 主编
37	油库安全技术问答	樊宝德 朱焕勤 主编
38	油库电气设备及防爆	马智刚 冯 平 主编
39	油库设备使用与维修	潘宝德 朱焕勤 主编
40	油库事故分析与预防	冯刊民 王 丰 唐 清 编著
41	绿色化学化工丛书——绿色氧化与还原	纪红兵 佘远斌 编著

续表

序　号	书　名	作　者
42	绿色化学化工丛书——超临界流体科学与技术	韩布兴等　编著
43	绿色化学化工丛书——绿色有机催化	赵刚等　编著
44	表面活性剂——原理、合成、测定及应用	赵世民　编
45	弹性体手册(第二版)[印度][美]	吴棣华　刘大华　王德充　等译
46	聚烯烃手册(第二版)[美]	李　杨　乔金梁　陈伟　等译
47	化工计算手册(第三版)[美]	朱开宏　译
48	水分析手册[美]	袁洪福　楮小立　王艳斌　等译
49	配管数据手册[美]	王怀义　彭世浩　译
50	管道风险管理手册(第二版)[英]	杨嘉瑜　张德彦　李钦华　吴　俊　译
51	国际化企业技术管理与创新[美]	郑保民　等译
52	现代塔器技术(第二版)	兰州石油机械研究所　主编
53	石油化工设备技术问答丛书——离心式压缩机技术问答(第二版)	王书敏　何可敏　编著
54	石油化工设备技术问答丛书——电站锅炉技术问答	郑伟军　胡磊军　许忠仪　编著
55	石油化工设备技术问答丛书——电站汽轮发电机技术问答	陈宏波　夏　杰　俞国宾　编著
56	石油化工设备技术问答丛书——电站汽轮机技术问答	孔庆元　王　勇　编著
57	石油化工设备技术问答丛书——设备润滑技术问答	钱青松　编著
58	石油化工设备技术问答丛书——塔设备技术问答	梁利君　编著
59	石油化工设备技术问答丛书——油罐技术问答	梁利君　淡平庆　杨增良　编著
60	石油化工设备技术问答丛书——往复式压缩机技术问答(第二版)	安定纲　编著　孙炯明　朱吉新　修订
61	设备安全运行与管理丛书——管式加热炉安全运行与管理	徐　彬　张麦贵　编著
62	设备安全运行与管理丛书——塔安全运行与管理	肖佐华　刘静翔　张佑超　编著
63	设备安全运行与管理丛书——油罐安全运行与管理	孙新宇　李晓明　彭仁海　编著
64	石油化工安全技术与管理丛书——电气与静电安全	张庆河　主编

续表

序　号	书　名	作　者
65	石油化工安全技术与管理丛书——加油站百例事故分析	范继义　主编
66	石油化工安全技术与管理丛书——石油化工生产防火防爆	马　良　杨守生　主编
67	石油化工安全技术与管理丛书——油库加油站安全技术与管理	范继义　主编
68	石油化工安全技术与管理丛书——油库千例事故分析	范继义　主编
69	石油化工安全技术与管理丛书——油气管道安全工程	杨筱蘅　主编
70	班组安全教育丛书——班组 HSE 基础知识与操作实务	荆　波　编著
71	班组安全教育丛书——施工企业班组安全教育读本	刘建雄　编著
72	班组安全教育丛书——石油化工企业班组安全教育读本	崔　鹏　刘文秀　裴存锋　编著
73	班组安全教育丛书——油品销售企业员工安全培训教材	郭建新　主编
74	班组安全教育丛书——油田企业班组安全教育读本	郝志强　主编
75	危险化学品安全培训丛书——危险化学品安全管理	赵庆贤　邵　辉　编著
76	危险化学品安全培训丛书——危险化学品安全经营、储运与使用	王凯全　邵　辉　等编著
77	危险化学品安全培训丛书——危险化学品安全评价方法	王凯全　邵　辉　袁雄军　编著
78	危险化学品安全培训丛书——危险化学品设备安全	王新颖　王凯全　编著
79	危险化学品安全培训丛书——危险化学品生产安全	邵　辉　王凯全　编著
80	危险化学品安全培训丛书——危险化学品事故处理与应急预案	陈海群　王凯全　等编著
81	石油石化工业环保技术概论	陈家庆　编著
82	环保设备原理与设计(北京市高等教育精品教材立项项目)	陈家庆　主编
83	职业病防治知识问答	苏树祥　主编
84	石油产品行业标准汇编.2005	中国石油化工股份有限公司科技开发部　编

续表

序 号	书 名	作 者
85	石油和石油产品试验方法行业标准汇编 .2005(上、下)	中国石油化工股份有限公司科技开发部　编
86	石油化工产品及试验方法标准汇编 .2005(上、下)	中国石油化工股份有限公司科技开发部　编
87	茂名石化年鉴 .2005	《茂名石化年鉴》编纂委员会　编
88	齐鲁石化年鉴 .2003～2004	《齐鲁石化年鉴》编纂委员会　编
89	上海石化年鉴 .2005	《上海石化年鉴》编纂委员会　编
90	中原油田年鉴 .2004	中原油田史志编纂委员会　编
91	燕山石化志	中国石化集团北京燕山石油化工有限公司　主编
92	洛阳石油化工总厂志	《洛阳石油化工总厂志》编纂委员会　编
93	中国能源年鉴 .2004	中国能源年鉴编辑委员会　编
94	能源词典(第二版)	王庆一　主编　编委会主任　牟书令

企事业单位

- 专业公司及事业单位
- 油田企业
- 炼化企业
- 油品销售企业
- 设计施工单位
- 科研单位

经济技术研究院(咨询公司)

【概述】 中国石油化工集团公司经济技术研究院(简称经济技术研究院)的前身是成立于1971年的中国石油化学工业部规划设计院，1983年中国石化总公司成立后，更名为中国石化总公司规划院。2000年石化集团公司决定将原中国石化集团公司规划院和原中国石化集团公司信息中心信息研究部分合并，成立中国石油化工集团公司经济技术研究院，和中国石化咨询公司合署办公。

中国石化咨询公司(简称咨询公司)成立于1985年，1994年获国家计委认定的首批甲级工程咨询资格，是中国工程咨询协会的常务理事单位和国际咨询工程师联合会(FIDIC)正式会员。2004年获得了承担国家发展和改革委员会委托投资咨询评估任务的资格，是国内第一批获得这一资格的35家咨询机构之一。

主要职能有：研究石化集团发展的长远战略性问题，提出石化集团上中下游一体化的发展战略、技术创新和市场营销战略的建议；研究国内外经济、地区经济、相关行业经济发展动态和趋势，提出石化集团应采取的对策和建议；研究国家宏观调控、行业监管、重大经济政策的变化趋势以及执行过程中遇到的问题，提出改进、完善、实施的意见和建议；研究原油、成品油以及石化产品的市场需求、价格状况分析和变化趋势预测，提出石化集团市场开发及市场营销策略的建议；负责经济和技术信息的收集、综合、分析并提供相关资料；负责石化集团经济、技术信息数据库的建设；负责组织集团公司和股份公司决策的固定资产投资项目可行性研究报告的评估和后评价工作；开展企业诊断和企业效绩分析与比较研究，并提供企业效绩分析方法；负责石化集团技术经济评价的方法、参数与数据的研究、编制和制定；开展经济、管理、技术、信息、重大决策的咨询等经营业务和中介代理业务，为中外企业服务；与国内外经济研究机构、咨询机构开展经济等方面合作研究和交流。

主要业务部门有：发展战略研究所、经济政策研究所、市场营销研究所、信息研究所、压力设备标准化研究所、评估部、基础部、经营部等。

截至2005年底，经济技术研究院(咨询公司)有各类专业技术人员186人，其中具有高级专业技术职称的93人，中级专业技术职称58人；硕士和博士学位的专业技术人员58人；其中34人获得全国注册咨询工程师(投资)执业资格。

中国工程咨询协会石化分会、全国压力容器技术标准化委员会秘书处、中国石油化工信息学会秘书处均设在咨询公司。

经济技术研究院(咨询公司)拥有较强大的信息资源。图书馆现有馆藏10万余册，拥有多种特种文献及多个中外文专业数据库。院内设有国家一级科技查新咨询机构，可便捷地与国内外著名机构联网检索。经济技术研究院网站——中国石化经济技术信息网(域名 www.edri.com.cn)已投入运行。主要公开出版物有《当代石油石化》(月刊)、《中国石化文摘》(月刊)。此外，还出版多种资料、多客户报告和内部刊物。

2005年经济技术研究院围绕石化集团公司的中心工作，在发展战略、经济政策、市场营销、基础研究等领域部署和开展了100多项研究课题。这些研究为集团公司及股份公司领导、总部职能部门的决策、管理工作提供了及时有用的信息和建议，为集团公司长远发展战略和生产经营决策服务，为政府部门制定行业发展规划提供参考，为企业的生产优化降本增效服务。

(郜光明　杨月辉)

【结合“十一五”发展计划开展多项宏观课题】 2005年，在已完成的中国可持续发展油气资源战略和中国石化可持续发展战略课题的基础上，结合集团公司制定“十一五”发展计划工作的要求，开展与“十一五”发展计划工作相关的基础课题研究工作。研究了国际国内宏观经济环境、国际石油石化产业发展概况、中国石油化工产业发展状况、国际国内主要石油石化公司经营发展状况和石油石化技术进展，对“十一五”发展的总体环境作了基础性研究，形成了《中国石化可持续发展战略系列课题研究汇编》、《世界著名石油石化公司手册》、《中国石油石化产业经济年报》，与集团公司科技委咨询委共同完成《中国化工园区发展方向及对策研究》。这些研究工作，以科学发展观为指导，贯穿“五个统筹”的思想，注重产业规划与地方经济发展的协调，强调建立资源节约型社会的思路，把通过技术创新增强企业的综合竞争力放在突出位置，研究优化资源配置、调整产品结构、提升产品质量的新途径。

(郜光明　杨月辉)

【利用先进软件工具提高分析研究工作水平】 2005年，经济技术研究院运用由本院承担维护运行任务的“中国石化市场预测体系”和“中国石化产业损害预警体系”两个重要的工作平台提高分析研究工作的总体水平。以《国际油价观察快报》、《产业损害预警监测报告》、《重要信息快报》、《价格分析季报》、《成品油、主要石化产品市场分析预测报告》和各种专题报告等形式向领导报告市场动态，配合有关部门研究市场环境的变化。

利用总部大型 MPIMS 软件等先进工具，对原油、化工轻油等重要资源进行优化计算，为生产经营计划提供决策参考。开发和应用成品油一次物流优化模型，为销售领域的计划工作提供决策依据。开发和应用国外原油采购优化软件，为有关企业和部门的原油进口计划提供参考。在过去几年炼油企业绩效分析工作的基础上，延伸了炼化企业的绩效分析工作，探索通过建立健全绩效分析工作提出提升企业竞争力方向的方法论。

（郜光明　杨月辉）

【紧密配合经济形势进行专题研究】 2005 年，根据国内外对能源可持续发展问题关注的情势，特别是一段时间以来国际社会对高价原油时代已经到来的推断，开展了诸如煤制油、生物法制乙烯、天然气利用前景和能源安全问题的分析研究工作，完成了《中国石化煤制油项目预可行性研究报告》等课题研究，完成了发改委委托的《政府石油储备问题》、《甲醇制乙烯工艺技术及经济的可行性分析》、《长江三角洲石化产业布局规划研究》、《京津冀地区石化产业布局规划研究》和中国工程院委托的《21 世纪中叶国内石油需求及天然气替代石油的前景预估》等专题研究。参加中国价格协会、发改委价格司组织的《“十一五”国家能源价格战略规划》课题研究。

对全社会普遍关心的油价高企将可能引起新一轮石油化工投资热的问题开展相关研究，完成了《分析石化市场周期，把握投资机遇》、《我国主要进口石化产品来源国及企业分析》、《PX、PTA 和 MEG 市场及投资趋势分析》、《全球乙烯市场及投资趋势分析》等课题的研究。对国内油价定价机制和化工市场周期出现下滑将对集团公司生产经营产生的影响提出分析建议报告。

（郜光明　杨月辉）

【项目评估、后评价工作成绩斐然】 作为石化集团的主要参谋机构，经济技术研究院(咨询公司)承担集团公司和股份公司重大投资项目的评估任务。2005 年完成集团公司委托的项目评估 18 项，完成的项目上报投资共约 449 亿元，经评估后节省投资约 4.5 亿元，占上报投资的 1.0%。完成国家发改委委托评估项目 1 项，上报投资 116 亿元，经评估后需增加投资约 1.3 亿元，约占上报投资的 1.0%。按照总部批准实施的由经济技术研究院新修订的《石油化工项目可行性研究报告编制规定》完成了对北海炼油异地改造总体方案、镇海大型乙烯项目、华北成品油管道工程等重大投资项目的可研评估工作和连云港碱厂原料结构调整工程、淮安采输卤项目后评价工作。咨询公司在 2004 年获得国家发改委第一批委托投资咨询机构资格后，承担并完成了国家发改委委托的神华集团煤制油项目的重大评估任务，获得了发改委的好评。根据所作评估意见，一些项目的投资得到优化调整，节省了投资，一些项目决定暂缓，为投资决策部门提供了重要的参考。

修订评估和后评价工作办法。参与发改委和建设部《建设项目经济评价方法与参数》(第二版)的修订工作，配合财务部编制了“中国石化股份公司后评价工作管理规定”；完成了“油田开发项目后评价报告编制规定和自评报告编制规定”、“炼化项目自评报告编制规定”、中国石化“油品销售项目后评价自评报告编制规定”。向有关建设、研究和企业单位提供前期工作参考的《参数与数据》，举办市场分析会和投资体制改革后的政策学习培训，协助评价报告编制单位提高前期工作水平。

（郜光明　杨月辉）

【对外合作交流不断深入】 中国石化咨询公司与国内外咨询机构有着广泛的合作与交流，美国剑桥能源协会、斯坦福咨询公司(SRIC)、Nexant 化学系统公司、美国东西方中心、CMAI 等世界著名咨询机构都与中国石化咨询公司保持密切的长期合作关系。每年定期或不定期与世界著名咨询机构进行石油工业和石化工业展望及石油石化产品市场趋势分析交流。2005 年与英国 KBC 咨询公司合作开展建立炼油厂先进计划模型系统的项目开发研究，项目仍在进行中。

（郜光明　杨月辉）

国际石油勘探公司

【概述】 中国石化集团国际石油勘探开发有限公司(简称国际石油勘探公司或 SIPC)成立于 2001 年 1 月，2003 年 7 月进行重组。公司注册资本 63.1 亿元人民币。国际石油勘探公司是石化集团公司的全资子公司，代表石化集团统一行使上下游对外投资合作并对海外项目实行统一经营管理，是石化集团从事上下游海外投资经营的惟一专业化公司。

国际石油勘探公司设有董事会和监事会，实行董事会领导下的总经理负责制，董事会由 11 名董事组成，牟书令任董事长，张耀仓任副董事长。监事会由3人组成，张景昌任监事会主席。领导班子由10人组成，周佰修任总经理兼党委书记，周玉琦、杨晓林、耿宪良、侯洪斌、路保平、段智斌、吴明林、岳斌任副总经理，张景昌任党委副书记兼纪委书记和工会主席。

国际石油勘探公司总部设有16个职能管理部门，分别为：办公室、人力资源部、计划发展部、财务资产部、法律合同部、公共事务部、新项目开发部、勘探部、开发生产部、工程技术部、采办贸易部、炼化部、HSE部、信息部、审计部和企业文化部。

国际石油勘探公司设有21个海外分支机构。其中10个子公司为：中沙(沙特)天然气有限公司、开曼公司、哈萨克斯坦FIOC公司、澳大利亚公司、卡特汉姆公司、中安(安哥拉)国际石油有限公司、中加(加蓬)石油天然气有限公司、尼日利亚公司、中加(加拿大)石油有限公司和温菲尔德石油服务公司，9个分公司：苏丹分公司、印尼分公司、厄瓜多尔分公司、阿尔及利亚分公司、也门分公司、阿曼分公司、委内瑞拉分公司、伊朗分公司、俄罗斯分公司，2个项目部：科威特项目部、利比亚项目部。

截至2005年底，国际石油勘探公司共有中方员工500余人，其中总部机关150余人(动态)、海外项目351人。项目合作(资)方海外人员357人，雇佣国际员工26人，雇佣资源国当地员工574人。

(丛培信　姜春辉)

【注册资本和经营范围变更】 为提高国际石油勘探公司海外经营能力，2005年9月石化集团公司将国际石油勘探公司的注册资本金由原56亿元追加为人民币63.1亿元。经营范围变更为：石油及天然气的勘探、开发、生产、销售、储运和运输领域的投资，石油炼制和石油天然气(含天然气液)化工产品的生产、销售、储存和运输领域的投资，进出口业务，石油、天然气伴生矿产资源的综合利用，对外经济贸易咨询服务及技术交流。

(丛培信　姜春辉)

【油气勘探取得重要发现和新进展】 2005年，国际石油勘探公司在海外油气勘探开发投资项下共完成二维地震1.89万千米，三维地震2 304平方千米，完成探井65口、评价井35口、总进尺15.80万米。油气勘探工作科学、合理、层次清晰，苏丹3/7区块、哈萨克斯坦FIOC公司属下区块、澳大利亚AC/P－21区块、也门S2区块和安哥拉海上18区块的勘探开发工作取得重要发现和新进展。全年新增权益石油可采储量1 623.54万吨，权益探明石油地质储量5 518.31万吨。

(丛培信　姜春辉)

【科特迪瓦CI－112项目和印尼BINJAI项目退出】

截至2005年底，国际石油勘探公司科特迪瓦CI－112深水勘探区块项目和印尼BINJAI勘探区块项目勘探钻井未获理想油气成果，决定退出。

(丛培信　姜春辉)

【开发生产超额完成权益油考核指标】 截至2005年底，国际石油勘探公司共有4个油田开发生产项目：FIOC公司的S油田生产、阿尔及利亚扎尔则油田提高采收率、苏丹3/7区开发、安哥拉18区块开发，权益剩余可采储量合计5 113万吨，其中在产哈萨克斯坦FIOC的S油田和阿尔及利亚扎尔则油田权益剩余可采储量合计1 631万吨。通过加强管理，强化措施力度，全年获得权益油84.6万吨，完成石化集团公司下达考核指标的106%。

(丛培信　姜春辉)

阿尔及利亚扎尔则在产油田现场

【勘探开发投资带动中国石化海外整体效益提高】 国际石油勘探公司在实施海外项目的同时也带动了国际石油工程公司海外业务的迅猛发展。2005年，在中国石化为作业者的项目中，通过依法、规范的招标措施，实现了公平的关联交易，绝大多数物探工作量和约80%的钻井工作量是由中国石化国际石油工程公司承担的，合同金额达2.86亿美元。此外，通过操作区块这个平台，充分展现了中国石化工程施工队伍的实力，赢得了信誉，也赢得了资源国其他公司投资项下的市场，投资对工程技术服务的带动效应日渐增大。

(丛培信　姜春辉)

【新项目开发成果显著，重点项目取得突破性进展】 2005年，国际石油勘探公司全年共跟踪评价各类投资机会101个，完成签约项目12个，其中6个新开发项目当年进入实施阶段。包括：加拿大油砂权益收购项目、俄罗斯萨哈林 Veninsky 区块勘探项目、加蓬 G4－188 区块勘探项目、LT2000 区块勘探项目以及Awoun区块和 Ozigo 区块权益转让项目。这些项目分布在北美、俄罗斯和西非3个世界主要产油地区，进一步完善了中国石化海外油气资源的战略布局。截至2005年底，国际石油勘探公司共拥有海外油气勘探开发项目40个、油气管道项目1个，这些项目分布在非洲、中亚、中东、东南亚、俄罗斯和美洲，中国石化海外油气资源的战略布局已基本形成。

（丛培信　姜春辉）

俄罗斯萨哈林项目签字仪式

【加强对海外项目的管理】 按照石化集团公司统一部署，2005年国际石油勘探公司完成了对石化集团国内各油田企业投资海外项目的收归管理。对也门1区块勘探项目、缅甸D区块勘探项目、伊朗卡山勘探项目、吉尔吉斯阿拉伊盆地勘探项目以及古巴三区块勘探项目5个油田企业投资项目进行了重新评价论证、计划、财务对接、项目审计、委托管理协议签订，进一步理顺了石化集团海外上游投资管理体制，加强了海外项目管理。

根据海外项目管理需求，制定和完善了项目开发和项目实施过程中的各类管理制度和办法。加快了内控制度建设，加强了全面财务预算管理，加大了对海外项目的审计力度，完善了物资采办管理体系和原油销售管理体系，细化了业务流程，加强了从项目开发到项目实施全过程的风险管理和控制，完善了海外应急预案，强化了外事管理工作。

（丛培信　姜春辉）

【加强和完善技术支撑体系建设，开展重点项目技术攻关】 2005年国际石油勘探公司对海外项目技术支撑体系现状和项目实施中的技术支持问题进行了全面梳理，查找了存在的问题。经过集思广益，初步提出了以海外研究中心为依托，充分利用石化集团公司所属各油田企业已有的技术队伍力量，特殊和重点攻关项目聘用国际知名咨询机构的技术支撑体系整体结构。并初步建立和推进了技术服务协议、工作订单制度，对于降低技术支撑费用，提高公司整体效益具有重要作用。开展了重点项目技术攻关，申请设立了3个石化集团公司科研项目，分别是：沙特B区块古生界油气地质评价研究、滨里海盆地国际石油勘探公司权益区块盐下油气潜力及有利勘探目标研究和哈萨克斯坦滨里海盆地巨厚盐膏层钻井技术研究。

（丛培信　姜春辉）

【强化工程技术管理，初步建立工程监督队伍】 为了加强海外工程监督、技术支持和后勤综合服务，2005年国际石油勘探公司成立了温菲尔德技术服务公司，经过一年的运作，建立起了多渠道的工程监督人员稳定的供求关系，初步形成了一套工程监督管理办法，逐步建立起了一支稳定、高素质的工程监督队伍，先后为6个海外项目机构选派物探、钻井、地质和 HSE 等专业监督30多人次。

（丛培信　姜春辉）

【初步建立项目动态评估机制，积极探索资产运作模式】 随国际油价的变动和对实施项目研究和认识的深化，2005年国际石油勘探公司对已实施的32个项目进行了动态评价，重新测算了项目的各项经济指标，并根据经济效益和风险性进行了综合排队和分类，对指导各项目下一步走向、制定年度工作计划和预算具有十分重要的指导意义。以效益为中心，以项目重新评价为契机，初步建立了项目动态评估机制，探索资产运作模式。根据动态评价排队结果，结合项目实际运作效果，决定退出科特迪瓦海上勘探项目和印尼宾加勘探项目。

（丛培信　姜春辉）

【完成 HSE 管理体系建设，加强现场作业的 HSE 监督管理工作】 按照国际惯例，结合国际石油勘探公司实际，完成了公司总体 HSE 管理体系建设，确立了公司 HSE 方针、战略目标和承诺，制定了 HSE 管理程序和海外项目实施过程中的 HSE 基本要求，配套开发完成 HSE 法规标准数据库。以建立 HSE 管理体系为契机，切实加强了危害识别、环境影响评价、工程施工项目 HSE 计划书审查及执行情况的现场监督等关键环节的控制。有效实施了 EnCana 项目的环境基线审计，解决了 FIOC 项目钻屑、废浆的处理等难题，促进了项目的实施。

（丛培信　姜春辉）

【物资集中采办不断加强，原油销售和非国营贸易效益明显】 通过实施集中采办，国际石油勘探公司加大了各海外项目国内采购的力度，完成了 FIOC 公司由俄制标准向 API 标准的转换，使国内生产的设备物资在哈萨克斯坦顺利使用成为可能，获得了 FIOC 公司 800 多万美元的采购额。2005 年共节省采购资金 300 多万美元，通过出口退税和利润分成增效 500 多万元人民币。统一了海外项目工装款式，海外工装由总部集中采购，采购价格下降了近 50%。进一步强化了原油销售和非国营原油贸易管理，确保了公司整体利益的最大化。全年共销售原油超过 22 万吨，并提前完成了 25 万吨非国营原油贸易任务目标。

（丛培信　姜春辉）

【加大人才引进和培养力度，顺利完成总部分配制度改革】 2005 年，国际石油勘探公司通过借聘、招聘以及接收应届毕业生和留学归国人员等各种方式，新增各类人员 82 人，选派 60 多名经营管理人员和专业技术人员赴海外项目工作。坚持选送员工参加各类培训，通过以会带训对海外项目经理和财务人员进行了有关财务和劳资管理方面的培训。举办了首期新员工培训班，25 名员工参加了培训。将海外项目当地雇员培训工作纳入了日常管理，SSG、FIOC 和尼日利亚公司先后送培当地雇员到国内进行长期学历教育和短期业务培训，得到了合作者和资源国的赞赏，收到了很好的效果。

结合深化内部分配制度改革工作，进行了同行业薪酬调查、机构调整、定编定岗等工作，在国际石油勘探公司总部实行了全员竞聘上岗，通过竞聘有 24 人走上了新的中层领导岗位，5 人走上了高级技术专家岗位，87 人分别走上了主管、主办和助理岗位。按照工资增量和石化集团公司的统一部署，对员工的薪酬体系和标准进行了调整，顺利地完成了国际石油勘探公司总部分配制度改革工作。

（丛培信　姜春辉）

【开展先进性教育活动，党建工作有新成效】 2005 年按照石化集团公司党组的统一部署，国际石油勘探公司认真开展了保持共产党员先进性教育活动，使广大党员加深了对“三个代表”重要思想的理解，坚定了“走出去”的信心和决心。同时，党组织建设和思想作风建设进一步加强。针对先进性教育活动中征求到的 133 条群众意见和建议，组织理论学习中心组进行 3 次务虚讨论，召开了党员领导干部专题民主生活会，理清了工作思路，明确了发展方向，促进了工作。按照党的组织建设与海外项目建设同步发展的原则，及时在中安国际公司和澳大利亚公司建立了党支部，确保党建工作和思想政治工作延伸到海外的每一块阵地。此外，还推进了党风廉政建设，制定了《关于党员和党员领导干部廉洁从业的若干规定》，规范了党员和党员领导干部的廉洁从业行为。群众工作得到加强，2005 年召开了两次职工代表大会，职工的知情权、建议权、审议权、决定权、监督权、评议权等法定权利得到有效落实，竞聘上岗、职工周转住房分配等涉及职工切身利益的重要工作都吸收职工代表参与决策和监督，民主管理工作扎实，党群、干群关系更加密切。

（丛培信　姜春辉）

国际石油工程公司

【概述】 中国石化集团国际石油工程有限公司(简称国际石油工程公司)成立于 2003 年 12 月，注册资本金 4 亿元人民币。作为石化集团公司的全资子公司，以从事国际石油工程承包和技术服务为主，对石化集团公司国际石油工程承包、技术服务和劳务合作业务实行归口管理和统一协调；承担自营国际石油工程承包、技术服务和劳务合作业务的经营管理及油田企业自营国际石油工程承包、技术服务和劳务合作业务的管理、监督和协调；承包境外石油工程及境内国际招标工程；对外派遣实施境外工程所需的劳务人员；负责国际石油工程承包项目下的设备、技术和材料的出口工作及境外设备租赁、租购业务。

国际石油工程公司下设总经理办公室、人力资源部、计划财务部、经营条法部、市场开发部、项目管理部、物流管理部、装备管理部等 8 个职能部门和厄瓜多尔子公司、哈萨克斯坦子公司、沙特分公司、也门分公司、阿联酋子公司、伊朗分公司、加蓬分公司、利比亚分公司、阿曼子公司、阿尔及利亚子公司、尼日利亚子公司、巴西子公司、委内瑞拉子公司等 13 个驻外机构。截至 2005 年底，有员工 211 人，其中教授级职称 9 人，高级职称 82 人，中级职称 75 人；研究生以上学历 71 人，本科学历 128 人，大专学历 10 人，中专及以下2 人。

2005 年，石化集团公司上游企业在海外 24 个国家和地区实施物探、钻井、油田地面建设及输油气管道建设等石油工程技术服务项目147个。全年新签合同额7.29亿美元，完成合同额5.19亿美元，分别比上年增长50.88%和48.80%。海外石油工程技术服务队伍新增88支，总数达到191支。

（王倩倩）

【重点目标市场开发取得重大进展】 国际石油工程公司按照2005年初确定的市场开发策略，在中东、非洲、中亚及俄罗斯、南美、南亚和东南亚五大重点目标市场，继续加大市场开发，并取得新的进展。非洲市场继续保持领先地位，正在执行的合同63个，合同额7.52亿美元，全年累计完成合同额2.53亿美元，占全系统的49%。沙特钻井市场取得重大突破，2005年中标17部钻机工作量，合同总额达3亿多美元。中亚哈萨克斯坦市场潜力初步显现，在石化集团公司投资项目的带动下，在中亚的哈萨克斯坦已有队伍28支。在南美的厄瓜多尔，新签订VHR三维地震采集、处理及解释合同近2 000万美元。巴西管道项目经过一年多的艰苦谈判，取得新的突破，巴西管道南段项目EPC总承包的谈判，已在工作层面形成会议纪要。

（王倩倩）

【物流服务及工程项下贸易业务取得成效】 2005年共组织了13个项目的设备动迁，通过海运、陆运、空运，共运输货物53批次，总价值7 000多万美元。在做好海外石油工程服务业务的同时，国际石油工程公司充分发挥工程服务项目的带动作用，开展工程项下的贸易业务，2005年共完成工程项下的贸易业务5项，合同总额约2 600万美元。

（王倩倩）

【不断探索海外项目装备投入和管理新模式】 国际石油工程公司在充分挖掘各油田装备潜力的基础上，按照海外项目的运行特点，对于一些项目配套的关键装备，由石化集团公司统一投入，在各海外项目上调剂使用。截至2005年底，石化集团公司通过国际石油工程公司投入海外资产230台(套)，资产原值约2.69亿元人民币，主要包括用于物探项目的可控震源25台(套)、特种车辆40台等以及用于钻井项目的5台500吨电动顶驱、8套防喷器组等。这些装备已分别用于沙特的物探和钻井项目、阿曼和阿尔及利亚物探项目及厄瓜多尔、尼日利亚、也门钻井项目等，为海外项目正常实施发挥了重要作用。

（王倩倩）

【基础管理工作再上新台阶】 2005年国际石油工程公司修订完善了内部投标管理、财务管理、合同管理、固定资产管理、海外分(子)公司管理等一系列内部管理制度，组织了对部分海外分(子)公司的审计工作，并正在研究制定岗位管理、档案管理等办法，通过完善公司内控制度，规范内部工作程序。新提拔任用了一批年轻干部，进一步充实了各部门和海外分(子)公司力量。通过从油田企业抽调、公开招聘、归国留学生选拔等多种途径，新进员工46名。组织员工进行英语强化培训和全员的外语水平测试。完成国际石油工程公司网站及办公自动化系统的建设。

（王倩倩）

【沙特SSG第一期二维地震数据采集项目完工】 2004年7月20日中标的中沙天然气有限公司(SSG)第一期二维地震资料采集工作中的两个项目，总工作量4 000剖面千米，约14万炮，后又追加了850剖面千米，约2.8万炮。2005年9月23日完成了全部及附加工作量施工。

（王倩倩）

【苏丹3/7区原油外输管线B1段项目顺利完工】 2005年10月27日苏丹3/7区原油外输管线B1段项目顺利完工，在整个苏丹3/7区原油外输管道项目4家国际总承包商中创造了“开焊第一，施工质量第一，河流定向穿越一次成功，机械完工时间最早”4个第一，并取得了良好的经济效益。

（王倩倩）

苏丹3/7区原油管道项目施工现场

【中标沙特SSG第二期三维及附加二维物探项目】 继SSG第一期二维地震数据采集项目的完工，国际石油工程公司沙特分公司再次中标第二期600平方千米三维及附加 600 千米二维物探项目，合同于 2005 年 11 月 25 日签订，合同总额 1 885 万美元。2005 年 12 月 18 日附加的二维物探项目已经正式开工。截至 2005 年底，累计完成 2 543 炮。三维项目的准备工作正在进行，预计 2006 年 2 月 1 日开工。

（王倩倩）

【签订沙特 SSG 钻井项目合同】 沙特 B 区块是石化集团公司在海外的重点投资区块。2005 年 6 月 12 日，国际工程公司沙特分公司与沙特 SSG 公司签订钻井项目合同，合同额 5 352 万美元。

（王倩倩）

【加蓬 G4－188 物探项目完工】 加蓬 G4－188 区块三维地震项目，是国际石油工程公司加蓬分公司与国际石油勘探开发公司中加油气有限公司于 2005 年 6 月份签订的合同，由江苏物探公司承担全部施工任务，总工作量 200 平方千米三维数据采集，合同金额 997 万美金(合同单价为西方公司报价的 39%)。该项目于 6 月 18 日开工，11 月底完成了全部三维及附加二维工作量。

（王倩倩）

加蓬 G4－188 三维地震项目开工仪式

【厄瓜多尔 VHR 三维地震数据采集项目开工】 厄瓜多尔 VHR 三维地震数据采集项目业主为厄瓜多尔国家石油公司，工作量为 560 平方千米的三维地震数据采集及处理解释，合同总额为 1 959 万美元。由国际石油工程公司厄瓜多尔子公司委托中原油田承担施工任务。该项目于 2005 年 12 月 10 正式开工，截至 2005 年底，共放 3 483 炮。

（王倩倩）

【阿尔及利亚 416a－417 区块物探项目开工】 阿尔及利亚 416a－417 区块是由国际石油勘探开发公司投资并委托江苏油田操作的项目，由国际石油工程公司阿尔及利亚分公司投标，江苏物探公司施工。合同于 2005 年 9 月 29 日签订，合同工作量为 884 千米＋400 千米二维地震数据采集，合同额 456 万美元。该项目于 12 月 23 日通过设备验收并开工。截至 2005 年底，共完成 664 炮，累计完成合同额 100 万美元。

（王倩倩）

阿尔及利亚 416a－417 区块物探项目施工现场

【签订阿曼 36/38 区块物探项目合同】 阿曼 36/38 区块是由国际石油勘探开发公司投资并委托中原油田操作的项目，由国际石油工程公司阿曼子公司投标，四方联合物探项目部和河南油田物探公司共同负责施工，设备由河南油田和沙特四方联合物探项目部提供。合同于 2005 年 12 月 2 日签订，合同工作量为1 300千米二维地震数据采集，合同额约为 749 万美元。

（王倩倩）

【签订沙特阿美钻井项目合同】 2005 年 11 月 28 日国际石油工程公司签订沙特阿美公司 4 台钻机钻井项目合同，合同期 3 年，全部合同额约 1.2 亿美元。合同要求 2 台 50D 钻机和 2 台 70D 钻机。经国际石油工程公司与胜利油田、河南油田和华北石油局协商，由河南油田提供 1 台 50D 和 1 台 70D，胜利油田和华北石油局分别提供 1 台 50D 和 1 台 70D。

（王倩倩）

【召开工会成立大会】 2005 年 1 月 7 日，经过认真准备和仔细筹划，国际石油工程公司工会成立大会召开，选举成立了公司工会委员会和经费审查委员会。

（王倩倩）

【召开第一届董事会第五次会议】 2005 年 1 月 18 日，国际石油工程公司第一届董事会第五次会议在国际石油工程公司召开。国际石油工程公司董事长张耀仓主持会议，董事刘锦信、吕连海、王一力、陈琦、王新华出席了会议。监事会成员、石化集团公司有关部门领导、国际石油工程公司领导和部门经理列席了会议。会议听取并审议通过了《关于国际石油工程公司2005年工作情况及2006年工作打算的报告》、《关于海外项目开发与实施情况的报告》和《关于2005年财务决算及2006年财务预算的报告》。

（王倩倩）

【组织开展党员先进性教育活动】 在石化集团公司党组的统一安排下，2005年2月，国际石油工程公司开展了党员先进性教育活动，圆满完成各个阶段的任务，并将活动与改善工作作风相结合，进一步加强了党员党性修养，促进了整体工作水平的提高。

（王倩倩）

财务公司

【概述】 中国石化财务有限责任公司(简称财务公司)是由原中国石化总公司独家发起，经中国人民银行批准于1988年6月8日正式设立，以加强石化集团资金集中管理和提高集团资金使用效率为目的，为石化集团成员单位提供财务管理服务的非银行金融机构。财务公司注册资本25亿元人民币(内含6 000万美元)，总部设在北京。

2005年末，为便于对财务公司进行集中决策、集中管理，根据石化集团公司有关调整财务公司股权结构的决定，石化集团公司和石化股份公司通过上收各自所属公司所持财务公司股权的方式，将财务公司的股东整合为两家。整合后财务公司25亿元资本金中，集团公司出资额为15.445亿元，股份公司出资额为9.555亿元，两家的股比为61.78:38.22。

此后，按照构建石化金融板块的总体设计，石化集团公司党组决定，将财务公司注册资本由25亿元增加到60亿元，具体由石化集团公司和石化股份公司增加出资25亿元，由财务公司资本公积、未分配利润转增10亿元。通过增资将石化集团公司和石化股份公司在财务公司的股比例调整为51:49。增资后，石化集团公司出资额达到30.6亿元，石化股份公司达到29.4亿元，此项工作正在进行。

财务公司最高权力机构为股东会，董事长为公司法定代表人，公司实行董事会领导下的经理负责制，公司党委按《中华人民共和国公司法》和其他相关规定支持和保证股东会、董事会、监事会和经理班子依法行使职权。财务公司设经理1人，副经理3人。财务公司总部下设办公室、经营管理部、资金部、资本运作部、信贷部、结算部、财务会计部、稽核部和人事劳资部9个部室及燕山营业部，在京外设有上海办事处、广州办事处、南京办事处、兰州办事处、山东代表处、河南代表处、武汉业务点和重庆业务点等分支机构。

财务公司坚持以“依托石化，服务石化”为经营宗旨，通过内部转账结算、存贷款、票据贴现、融资租赁、理财等业务多层次、多品种、多形式地为石化集团成员单位提供资金管理和金融服务，积极调节资金流向，加速资金流转，提高资金使用效率，支持和促进石化集团成员单位的经营和发展。至2005年底，财务公司成立近18年，年年盈利，累计实现利税49.67亿元，其中利润42.78亿元。财务公司资产负债损益状况见表1。

（邓群伟）

【转账结算稳步推进】 2005年财务公司内部资金转账结算工作深度和广度进一步扩大。完成结算产品总量3.00亿吨，同比增长16.90%；结算金额11 879.58亿元，同比增长49.06%；结算资金进出总流量达到50 823.59亿元，同比增长64.63%。协助石化集团公司、石化股份公司集中清理上市与非上市企业间的往来账款29.4亿元，发放专项结算贷款1.62亿元。

继续配合石化集团公司、石化股份公司做好资金统一运作，全年协助石化股份公司归集超限额上划资金136.18亿元，以委存委贷方式集中运作资金254.19亿元，满足石化集团公司和石化股份公司对资金安全、高效和集中统一管理的要求。

（邓群伟）

【信贷业务大幅增长】 2005年财务公司共吸收各项存款日均余额为167.75亿元，同比增长15.09%；全年自营贷款日均余额202.24亿元，同比增长13.56%；其中结算贷款69.46亿元，同比增长7.87%；流动资金贷款81.76亿元，同比增长6.20%；中长期贷款50.13亿元，同比增长45.98%。2005年，财务公司继续扩展融资租赁业务，全年日均融资租赁规模14.98亿元，同比增长59.53%。

（邓群伟）

【票据业务飞速发展】 2005年财务公司大力推广使用财务公司承兑汇票，努力做大票据业务。全年完成票据贴现169.95亿元，同比增长108.83%；财务公司票据承兑业务累计金额108.25亿元，同比增长405.84%。

（邓群伟）

【经营业绩再创辉煌】 2005年财务公司月均资产总额达到728亿元，同比增长16.76%；期末净资产41.66亿元，同比增长4.69%；全年实现营业收入13.46亿元，同比增长28.8%；实现利润5.87亿元，同比增长49.09%。公司资本金充足率20.52%；资本金利润率23.48%；净资产保值增值率104.67%。

财务公司2005年为石化集团成员单位融通资金877.94亿元(不含结算贷款)，通过委存委贷、协定存款等业务共为成员单位节省财务费用2.71亿元，有力支持了石化企业的改革与发展。

（邓群伟）

【电子银行化开始起步】 2005年是财务公司ERP项目建设和实施的启动年。经过9个月努力，完成组织调研、确定方案、设计测试、组织培训、转换数据等一系列工作，ERP项目于11月8日初步上线。公司通过SAP和内部转账结算系统实现了数据集成，勾画了财务公司前台业务和后台会计信息处理的框架，为财务公司实现电子银行化奠定了基础。 （邓群伟）

【制度建设有新举措】 2005年财务公司编写完成《财务公司内控手册》初稿，并于2006年1月1日起试行。结合内控手册、ERP项目对业务流程的设计，财务公司对其现有管理制度进行全面修订和补充。通过加强制度建设，完善内外部监督制约机制，财务公司内部管理进一步加强，防范经营风险能力得到进一步提高，年内没有出现不良资产。

（邓群伟）

【业务创新多头并进】 经过多方配合与努力，财务公司于2005年6月完成业务范围调整，申请的14项业务全部获中国银行业监督管理委员会批准。财务公司以业务范围调整为契机，积极研究开展新业务。除申请发行财务公司债券外，还积极推动银团贷款和节能项目联合租赁业务，研究和推动外币集中管理、外币货款转账结算、外币资金统一收付等业务，研究保险代理、企业年金管理等业务，为构建中国石化金融板块做实实在在的工作。

（邓群伟）

表1 财务公司资产负债损益状况表 万元

项目 \ 年份	2005	2004	2003①	2002	2001	2000
流动资产	6 557 259	6 615 891	5 376 285	5 741 218	5 669 867	2 320 029
长期资产	938 251	566 343	408 860	278 718	120 141	131 418
无形、递延资产	860	1 005	1 138	159	207	245
资产总计	7 496 371	7 183 239	5 786 283	6 020 095	5 790 215	2 451 692
自营资产总额	2 824 243	2 018 382	1 848 795	2 141 883	1 961 116	2 206 647
流动负债	6 452 736	6 211 648	4 881 478	5 143 220	5 068 955	1 568 692
长期负债	627 068	573 670	518 912	494 578	351 513	658 305
所有者权益	416 566	397 922	385 893	382 297	369 747	224 695
实收资本	250 000	250 000	250 000	250 000	250 000	150 000
资本公积	37 890	37 765	36 255	36 255	36 255	16 255
盈余公积	42 238	36 440	32 766	29 661	26 282	23 108
未分配利润	78 364	73 548	66 800	66 624	57 678	35 464
负债及所有者权益	7 496 371	7 183 239	5 786 238	6 020 095	5 790 215	2 451 692
营业收入	134 646	104 538	82 396	95 280	121 224	73 785
营业支出	76 049	61 379	46 511	58 275	76 247	42 819
营业税金及附加	6 979	5 239	3 916	5 515	7 888	4 976
利润总额	58 729	39 391	33 481	33 027	37 559	29 251
净利润	37 942	25 714	20 749	23 033	18 851	17 560

① 由于统计口径改变，对2003年“长期资产”和“营业支出”科目作了相应的调整。

物装公司

【概述】 中国石化集团物资装备公司(简称物装公司)是石化集团公司直属专业公司，其主要职能是：受委托实施总部直接集中采购，负责实施招投标采购、资源市场日常管理、实施相同装置所需特殊材料、大型事故备件的集资储备，以及进入市场，开拓经营等。

物装公司注册资本2.5亿人民币。主要经营范围包括：经销各种原材料(含钢材、有色金属)、燃料、辅料和设备及零部件、汽车(其中小轿车销售到最终用户)、石油(成品油除外)及石化产品，建设工程设备招标代理，设备监造，废塑料、废纸张、废催化剂的回收、加工，煤炭经营，经营进出口业务(按批准的范围)，经营本系统商品的进出口业务，接受本系统单位的委托代理进出口业务，经营本系统的技术进出口业务，承办中外合资经营、合作生产、来料加工、来样加工、来件装配、补偿贸易、易货贸易及转口贸易业务。兼营房地产开发业务，与主营业务有关的技术开发、技术咨询、技术服务、信息服务。

物装公司是国家发展计划改革委员会审定的技术改造项目甲级招标资格代理机构。拥有招投标采购专业队伍，组建有报国家发展计划改革委员会备案的包括技术、经济等方面专家的评标专家库。2000—2005年，物装公司累计完成招标采购金额75.9亿元，平均节约资金率10.3%，降低了企业采购成本，规范了采购渠道和采购行为，有效遏制了物资采购中的暗箱操作，实现了公开、公正、公平“阳光交易”，取得了良好的经济效益和社会效益。

截至2005年底物装公司资产总额12.77亿元，在上海、南京、大连、天津等地设有4个直属公司，2个控股公司。

2005年12月，石化集团公司设立资产公司，物装公司整体进入资产公司。原物装公司所属材料处、招投标处、备品配件处、煤炭化工处人员以及承担的委托集中采购、招投标采购等业务并入石化股份公司物资装备部。

2000—2005年物装公司经营和招标业绩见表1、表2。

(尚世宏)

【招标采购效果显著】 2005年，物装公司招标采购取得显著成效，有力保障了石化企业重点工程项目建设，全年实现招标总额31.9亿元，创历史最高，完成招标项目92个，节资率9.8%。2001—2005年“十五期间”，物装公司先后为35家石化企业、400多个项目和装置的国内设备及材料组织招标2 000次，实现招标采购金额72.7亿元，节约采购资金7.45亿元，平均节资率10.3%。国内设备招标采购额平均以每年40%的速度增长。根据国家关于“国债专项资金技术改造项目”及“符合产业政策的技术改造项目”的设备采购依法进行招标，可享受进口设备减免进口环节税及按国产设备投资抵扣企业新增所得税的优惠政策，物装公司积极协调帮助有关企业做好招标后抵扣新增所得税工作，仅金山、扬子、齐鲁石化三大乙烯二轮改造项目抵免企业新增所得税就达到10.9亿元。随着招标采购范围和采购量的不断扩大，中国石化国内设备招标采购发展呈现出3个特点：一是由单机设备发展到成套设备招标，二是由单一企业发展到企业“打捆”招标，三是由建设单位物资招标发展到工程总承包单位物资招标，为维护公开、公平、公正的市场竞争环境，打造“阳光采购”工程，从源头上防止和治理腐败，促进党风廉政建设起到了有力的推动作用。

(尚世宏)

表1 物装公司经营业绩 万元

指标名称 \ 年份	2005	2004	2003	2002	2001	2000
主营业务收入	234 114.1	184 785.5	133 625.2	88 993.4	146 388.5	54 352.4
营业利润	4 666.6	3 293.4	2 974.7	1 831.0	2 202.4	3 932.6
利润总额	8 102.1	4 487.9	2 800.4	2 108.1	1 702.4	3 017.1
净利润	5 728.3	3 065.7	1 351.8	1 613.3	976.0	1 524.6

表 2　　物装公司招标业绩

年份 指标名称	2005	2004	2003	2002	2001	2000
代理招标项目数	92	102	89	72	24	13
委托金额/万元	350 292	196 616	110 552	58 477	69 855	36 620
中标金额/万元	319 027	183 246	96 936	48 779	61 954	33 291
节资率/%	9.8	7	11.3	16	12	10

百川公司

【概述】 中石化百川经济贸易公司(简称百川公司)成立于1993年2月，注册资金3 000万元人民币，注册地址为北京市朝阳区惠新东街甲8号，是为石化集团公司和股份公司总部机关及专业公司提供后勤服务保障的直属专业公司，是集团公司的全资子公司，由原石化总公司机关事务部发展演变而来，单位性质为全民所有制。

百川公司的主营范围是：本系统自有房产的经营管理和房屋修缮，汽车零配件、办公用品、劳保用品、焦炭、钢材、日用百货的销售，汽车修理服务，洗衣服务。百川公司(机关服务中心)下设办公室、人事教育处、财务处、企业经营管理部(绿化基地、洗衣中心)、基建工程处(装饰部)、医务室、大楼管理处、房产管理处、生活处、交通处(汽车维修中心)、实华饭店、劳动服务公司(朝阳贸易公司、出租车队、沙河油库)、招待所和国际旅行社共14个处级单位。截至2005年底，有局级干部4人，处级干部35人，正式职工总数291人，其中在岗正式职工282人(含下属经营单位84人)，已办理内退手续的正式职工9人。劳务用工总数175人(含下属经营实体134人)。

2005年，机关服务中心全面完成了总部机关的服务保障任务，共提供会议服务12 829次，同比增加16%；完成各类日常维修服务15 547次、大修改造项目13个；保证了供水供电、供气供暖和空调系统的运行平稳；保证了总部机关和部分专业公司职工的工作餐，全年提供就餐服务累计39.9万人次；提供出车服务54 616次，安全行车201万千米；维修内部车辆1 106台次，同时积极做好对外车辆的维修服务工作；完成了职工体检、日常医疗保健和医保费用报销服务工作。国际旅行社共接待旅游者和会议代表6 670人次，提供单项服务58 918人次，同比增长14.7%。百川公司全年实现利润186.5万元，超额完成了年初总部下达的180万元利润考核指标。

(徐文才)

【调整国际旅行社股权结构】 2000年9月，根据石化集团公司领导的指示组建了由百川公司代表集团公司控股和31个直属企业参股的“中国石化集团国际旅行社有限责任公司”。2005年7月调整股权结构，30家持股单位退出，国际旅行社由国际事业公司和百川公司持股。

(徐文才)

【加强资源节约工作】 2005年7月初，石化集团公司党组领导提出：“要采取有效措施，认真抓好节水节电、节气节油等资源节约工作，要从大处着眼、从小处着手，制定措施、建立制度，狠抓落实，抓出实效，总部机关要在资源节约上为企业带个好头。”机关服务中心按照这一要求，迅速行动，全面落实加强资源节约工作的各项措施，组织专门小组加强监督检查，取得了明显成效。办公区夏季共节电13万千瓦·时，节水2 400多吨，14栋自管住宅楼公共部分的水、电、气用量同比分别下降了33%、8%和29%。

(徐文才)

【100%职工购买公有住房】 2005年，由百川公司管理的总部机关职工住宅楼15栋，总建筑面积11.8万平方米。每个住宅楼均已成立家委会。根据国家住房制度改革的有关政策，1995年石化集团公司机关实行了住房制度改革，建立了住房公积金制度，截至2005年底，符合购房条件的职工已全部购买了现公有住房。对机关单身职工宿舍实行了公寓化管理。

(徐文才)

石化报社

【概述】 中国石化报社(简称石化报社)是负责石化集

团公司机关报刊编辑、出版工作的直属事业单位。石化报社成立于1988年，主办《中国石化报》、《中国石化》杂志、中国石化电视新闻、中国石化新闻网站、《车友报》和《中国石化新闻界》6个媒体。石化报社实行社长负责制，下设总编室、新闻部、专刊部、周刊部、杂志编辑部、声像部、记者部、网络新闻部、通联部、经营管理部、广告部、综合办公室、《车友报》13个部门。

2005年，是石化报社的改革发展年。石化报社纸媒体刊发文字量由上年的1 000万字增加到1 500万字，《中国石化报》创办了《市场》、《环球》周刊，中国石化电视新闻由每周1期增加到每周3期，健全了全系统的电视播出网，《车友报》创办北京版，增加了32块版。《中国石化报》连续7年保持了10万份的发行量，《中国石化》杂志发行达到1.6万份，《车友报》发行61.9万份，《中国石化新闻界》发行达到5 500份。

（刘志远）

【加强新闻宣传策划，坚持正确舆论导向】 2005年，石化报社在做好日常新闻宣传工作的同时，围绕党组关心、读者关注的重大新闻事件，加强新闻报道策划，共组织了保持共产党员先进性教育活动宣传、侯祥麟先进典型事迹宣传、深化和推进改革系列报道、落实五中全会精神推进自主创新等专题性系列报道13次。

（刘志远）

【加强内部基础管理】 2005年，石化报社继续在新闻采编、广告经营、内部管理、制度建设、队伍建设等方面推进“五个转型”，以加强内部管理、推进新闻采编结构调整为重点，以“三项制度”改革为突破口推进石化报社的改革和发展。

（刘志远）

【起草《关于加强和改进企业媒体工作意见》】 2005年，石化报社积极配合石化集团公司思想政治工作部，深入各企业历时两个多月，对各企业媒体现状和企业新闻宣传队伍现状进行调研，摸清队伍情况，找准了问题症结，起草了《关于加强和改进企业媒体工作意见》。

（刘志远）

【初步完成各省记者站的登记注册和记者证换发工作】 截至2005年底，石化报社在22个省（区、市）建立了得到当地新闻出版管理部门认可并在国家新闻出版总署登记备案的正式记者站。在建站的同时，石化报社为各站及《车友报》驻企业的专职记者换发国家新闻出版总署核发的记者证155个。

（刘志远）

【中国石化电视新闻增加播出频次】 2005年，石化报社认真贯彻石化集团公司党组作出的增加电视新闻播出频次的指示精神，将中国石化电视新闻的制作、播出频次由过去的每周1期增加至每周3期，同时实现了总部和企业电视机构的上下联动。截至2005年底，中国石化电视新闻已在系统内拥有57.5万终端用户的40家电视台播出，此外还在77个局域网和10多家企业食堂和部分企业班车上滚动播放。

（刘志远）

【《车友报》单期平均有效发行量达到61.9万份】 2005年底，经国家新闻出版总署确认，《车友报》单期平均有效发行量达到61.9万份，成为中国第一家通过国家新闻出版总署发行量审核认证的媒体。

（刘志远）

石化出版社
（中国石化国内展览办公室）

【概述】 中国石化出版社（简称石化出版社）是石化集团公司主管和主办的中央级科技出版社，是经中编委审查批准的石化集团公司直属事业单位，成立于1984年12月。出版社实行社长负责制，下设综合处、总编室、勘探开发编辑室、炼油化工编辑室、装备综合编辑室、年鉴编辑室、外语编辑室、展览业务处、图书发行部（含石化文苑书店）、印务部（含精美实华广告公司、海丰印刷厂）等部门。

中国石化出版社坚持正确的出版方向，严格执行党和国家的出版方针政策，坚持为中国石化和石油石化行业服务的宗旨，立足本专业，面向大科技。主要出版石油和天然气勘探开发、石油炼制、石油化工、石油与石油化工产品、化工机械与设备、安全与环保、企业管理等方面的图书，手册、词典等工具书，行业标准、规范，大中专教材及各类培训教材等。2005年出版图书368种，出书总码洋6 803万元，取得了较好的社会效益和经济效益。

中国石化出版社拥有先进的出版手段和由著名专家、学者组成的作者队伍，所出版的图书多次获得全国优秀科技图书奖、中国石化集团科技进步奖及部级优秀教材成果奖等奖项。2005年度《石油化工技术进展》获得石化集团公司科技进步一等奖，《石油化工设备维护检修规程》获得集团公司科技进步三等奖。《油气开采工程师手册》被新闻出版总署列入“十五”国家重点图书出版项目。

中国石化国内展览办公室与中国石化出版社合署办公，负责石化集团公司暨股份公司在国内举办的各类展览的布展和参展工作，负责组织各企事业单位参加中国石化主办、协办的国内各类展览。

（丁纵宇）

【展览工作】 2005年国内展览办公室组织参加了全国安全生产及技术装备展览会、第五届中国塑料交易会(台州)、第七届中国塑料博览会(余姚)、2005年全国人才交流大会、中国石化F1中国大奖赛等多个展览项目。在2005年12月举行的“2005建设节约型社会展览会”上，中共中央总书记、国家主席、中央军委主席胡锦涛来到中国石化展区参观，听取了石化集团公司总经理陈同海、石化股份公司总裁王天普对中国石化为建设节约型社会所做的工作的汇报，总书记表示满意，并就具体细节提出询问，同时勉力中国石化为建设节约型社会多作贡献。吴邦国、曾庆红、吴官正等党和国家领导人也分别到“2005建设节约型社会展览会”中国石化展区进行了参观。这次展览的举办进一步提升了中国石化的整体形象，收到了很好的社会效益和经济效益。

（吴则光）

【《科技界的榜样——侯祥麟》出版发行】 侯祥麟是世界著名的石油化工科学家，是中国石油化工技术的开拓者之一，也是中国炼油技术的奠基人。2005年10月，由中共中央宣传部宣传教育局、中国科学院办公厅、中国工程院政策研究室、石油天然气集团公司思想政治工作部、石化集团公司思想政治工作部共同编辑的《科技界的榜样——侯祥麟》一书，由石化出版社出版发行并附赠侯祥麟先进事迹影视资料光盘。本书既是一本侯祥麟先进事迹的精选汇编，也是一本开展保持共产党员先进性教育活动的教育读本。

（王金祐）

【宣传绿色化学与化工，推动化学工业可持续发展】 绿色化学与化工作为未来化学工业发展的方向和基础，越来越受到各国政府、企业和学术界的关注，成为国内外企业、政府和学术界的重要研究与开发方向。为了配合中国绿色化学与化工的发展和研究，2005年石化出版社经过调查和研究，组织国内外绿色化学化工的专家学者，编写出版了一系列反映当代绿色化学化工前沿成果的高水平图书，并获得国家自然科学基金资助出版、国家科学技术学术著作出版基金资助出版，列入“十一五”国家重点图书出版项目。

《绿色化学与化工丛书》由中国绿色化学界的前辈张存浩、闵恩泽、朱清时三位院士任顾问，何鸣元院士、梁文平任编委会主任，同时邀请麻生明院士等国内外绿色化学化工各领域的专家学者参与编委会并亲自撰写书稿，是国内第一套全面、系统阐述绿色化学化工各领域基础理论和技术，反映国内外绿色化学化工先进研究水平的学术专著。丛书共有8个分册：《绿色化学化工的现状与展望》、《离子液体——性质、制备与应用》、《绿色氧化与还原》、《绿色过程系统集成》、《绿色化学的评估准则》、《绿色有机催化》、《原子经济性反应》、《超临界流体科学与技术》。其他绿色化学化工系列图书还有：《绿色石化技术的科学与工程基础》、《石油炼制和基本有机化学品合成的绿色化学》、《绿色化学原理和应用》、《绿色化工与绿色环保》、《21世纪绿色过程工程的发展》、《绿色化学导论》等。

绿色化学化工系列图书的出版，反映了当代科学研究领域的前沿，为石油化工领域的绿色化提供了先进的基础理念，是对中国绿色化学化工事业的发展、实现国民经济的持续和谐发展的有力推动和促进，受到读者的广泛好评。

（赵　怡）

【《石油化工职业技能培训教材》编写启动】 由石化集团人事部牵头、石油天然气集团人事服务中心参与、石化出版社配合开发的《石油化工职业技能培训教材》编写工作于2005年6月正式启动。《石油化工职业技能培训教材》是为满足石油、石化企业职工培训和职业技能鉴定的需要而组织开发的，旨在提高职工队伍的技术素质，强化工人技能操作的水平，以适应现代企业对技术工人的需求。本套教材第一批开发了39个工种、42本教材。教材编写依据《国家职业标准》，紧密结合生产实际特点，同时考虑到石油化工技术进步、技术创新以及新工艺、新设备、新标准、新规范等，突出技能操作。

本套教材开发分为3个层次。第一层次为石化行业通用知识，内容包括：职业道德、法律常识、安全环保、生产管理、质量管理等；第二层次为专业通用基础知识，分别为炼油基础知识，化工、化纤基础知识；第三层次为各工种专业知识和操作技能，每个工种包含有初级工、中级工、高级工、技师、高级技师5个等级的内容。

整套教材开发作为一项系统工程，涉及中国石化、中国石油所属各相关企业，共有18家单位承担了教材的组织编写任务。为确保教材的质量和适用性，挑选企业技术骨干担任教材主编，聘请技术专家担任教材主审。每部教材须经过3次严格的审定合格后，方能正式出版。按照教材开发的进度安排，第一批《石油化工职业技能培训教材》将于2006年底陆续正式出版。

（王力健）

【年鉴工作会议召开】 2006年1月和5月，在北京和厦门分别召开了《中国石油化工集团公司年鉴》机关片和企业片撰稿人工作会议。石化出版社社长王子康出席并主持会议。会议总结了2005年年鉴工作，布置2006年年鉴任务，表彰了2005年度优秀组织单位和优秀作者。与会代表对如何做好年鉴工作进行了热烈讨论并交流了编撰经验。

石化集团公司领导对年鉴工作非常重视。集团公司党组副书记、副总经理周原为年鉴工作会议的召开发来贺信表示祝贺，并就年鉴工作作出批示："党组高度重视年鉴编撰工作。要精心组织，认真安排，提高质量。力求编排清晰、章节分明、内容翔实、数据准确、文图并茂。" （蒋　琦）

2006年5月《中国石油化工集团公司年鉴》企业撰稿人工作会议在福建厦门召开

【第三届石油化工高等院校专业教材协作组会议召开】 第三届石油化工高等院校专业教材协作组会议于2005年11月25—27日在江苏工业学院召开。会议的主要内容是：交流石油化工院校教学改革、专业课程设置、教材建设经验，检查落实前两届协作组会议确定教材的编写出版进展，讨论普通高等教育"十一五"国家级教材规划选题申报计划及其他有关事宜。会议由石化出版社社长王子康主持，参加会议的单位有石化出版社和江苏工业学院、辽宁石油化工大学等11所高校。与会代表一致认为，经过3年的磨合，石油化工高等院校专业教材协作组的作用日渐显现，为石油化工院校间的交流合作提供了良好的平台，对促进石油化工高等院校的学科建设、提高教学水平，起到了非常积极的作用。

（黄志华）

管理干部学院

【概述】 石油化工管理干部学院（简称管理干部学院）是石化集团公司高级经营管理人才和高级专业技术人才的培训基地，也是石化集团公司党校、人才培训中心和继续工程教育中心。管理干部学院主要有4项培训任务：一是高中级管理人才培训，对象主要是直属企事业单位的领导干部和中青年后备干部；二是高中级专业技术人才培训，对象主要是石油石化系统21个重点专业领域的装置专家和学术带头人，培训内容包括勘探、油田开发、钻井、催化裂化、加氢、乙烯、合成树脂、润滑油等专业；三是国际化经营人才培训，适应石化集团公司"走出去"战略需要，开展英语口语强化训练、国际商务通用规则和海外项目管理等培训；四是战略后备人才培训，与国内外著名大学合作，联合培养石油、石化行业紧缺的MBA和工程硕士。

管理干部学院成立于1987年2月。新址位于北京市朝阳区立水桥北，占地6.87万平方米，建筑面积5.17万平方米，分教学、生活、文体活动3个区域，设有具备多媒体演示功能的各类教室49间，可容纳869位学员在校学习。另在朝阳区安翔北里设有分部，可容纳268名学员同时培训和食宿。管理干部学院宽带网络直接延伸到教室、学员宿舍、图书馆、办公室等场所，建有保龄球馆、球类馆、游泳馆、多功能厅和室外体育场。

截至2005年底，管理干部学院有教职工149人，专职教师45人。其中教授、副教授29人，有博士、硕士学位的33人。同时聘请国内外著名专家、学者27名为客座教授，兼职教师428名。主要开设经济学、企业战略、国际金融、市场营销、财务会计、法律、人力资源、计算机、外语等培训课程，还有石油、石化相关专业技术的高级研修课程。管理干部学院设有9个职能部门：教务部、管理人员培训部、开发与科研部、继续工程教育部、信息资源部、党政办公室、组织人事部、财务部、总务部。

2005年，管理干部学院举办各类培训班211期，培训人员8 718人次。管理干部学院致力于培训创新，学习借鉴国内外先进培训经验。下发了《关于大力开展培训创新工作的意见》，提出了管理干部学院的培训宗旨：锤炼思想，培养能力，提升技术，通晓惯例。确定了培训创新目标：力求经过2—3年的努力，使管理干部学院基本实现能够独立承担石化集团公司跨国经营所需的高中级人才培训任务并具有中国石化特色的目标，初步建立起管理干部学院的培训品牌项目和品牌课程。管理干部学院重视教学科研工作，把科研和案例编写当作提高教学质量的大事来抓。2005 年先后完成 3 个石化集团公司科研项目、5 个院内科研项目的评审鉴定工作。《以典型行为为导向的培训课程体系研究》项目获石化集团公司科技进步二等奖。2005 年编写案例 28 篇，教职工在公开出版物发表学术论文 42 篇，其中 18 篇在核心期刊发表，为管理干部学院发表论文最多的一年。

管理干部学院培训情况见表 1。

（李　娟）

表 1　　管理干部学院培训情况　　人次

年份＼培训内容	直属企业领导干部岗位培训	中青年后备干部培训（含党校）	工商管理硕士经济学硕士	国际贸易硕士	工程硕士	国际化经营培训	专业技术培训	外语培训	应急性培训	合　计
2005	217	104	84	0	83	875	813	60	6 482	8 718
2004	465	137	87	32	82	1 022	367	77	5 357	7 626
2003	781	184	55	32	0	508	227	176	3 071	5 034
2002	0	156	100	30	35	0	347	337	2 674	3 649
2001	38	169	33	0	63	0	307	217	3 115	3 942
2000	119	184	49	0	0	0	143	208	4 527	5 230
合　计	1 620	934	408	94	263	2 405	2 204	1 075	25 226	34 199

国际事业公司

【概述】 中国石化国际事业有限公司（简称国际事业公司）是石化股份公司的全资子公司，成立于 1984 年 6 月，主要负责外贸业务集中管理和统一经营石化集团公司、石化股份公司的对外贸易业务。

国际事业公司注册资本 14 亿元（人民币），2005 年底固定资产原值 36.11 亿元（人民币），总资产 167.27 亿元（人民币）。2005 年实现进出口总额 85.95 亿美元，其中进口额 64.96 亿美元，出口额 20.99 亿美元。

国际事业公司拥有一大批熟悉国际贸易规则、经验丰富的员工队伍，大学本科以上文化程度的约占 90%以上，具有中、高级技术职称的约占 75%。近年来，国际事业公司有意识地吸收了一批国际经贸、企业管理、国际金融、财务会计、法律等专业的大学毕业生或硕士、博士研究生，成为公司未来发展的新生力量。

国际事业公司在美国、日本、德国、新加坡、厄瓜多尔等国和香港特区设有 8 个海外公司和代表处；在境内拥有的全资、控股、参股公司有中石化国际产品贸易公司、中石化国际经贸咨询有限公司、中海油中石化联合国际贸易有限责任公司、中国燕山联合对外贸易有限公司、中国金山联合贸易有限责任公司、中石化（深圳）实业发展有限公司等 12 家；在上海、天津、重庆、广州、南京等地设有 15 个办事处。

（许长胜）

【对外贸易实现快速增长】 2005 年，国际事业公司进出口总额 85.95 亿美元，同比增长 35.04%。其中一般贸易 48.78 亿美元，加工贸易 37.10 亿美元，其他贸易 735 万美元。

（许长胜）

【成品油出口稳中有升】 2005 年，全年完成成品油出口 359.8 万吨，同比增长 10.86%。其中汽油 169.2 万吨，航煤 83.7 万吨，柴油 98 万吨，石脑油、润滑油等其他油品 7.9 万吨。

（许长胜）

【第三国贸易成为新的效益增长点】 2005 年境内成品油供应紧张，总部调减了成品油出口数量。为巩固已有的境外成品油市场，中石化（香港）有限公司积极开展海外成品油第三国贸易，提高其在国际市场上的应变能力和竞争能力。2005 年第三国贸易达 158 万吨，同比增长 43.64%。其中汽油的海外贸易量达到 108 万吨，同比增长 45%；柴油的海外贸易量达到 50

万吨，同比增长66%。成品油的贸易总量达到328万吨，既巩固了东南亚、中国台湾、中东等直接用户市场，维护了已有的市场份额，又开发了新的市场和客户。目前中国石化在越南汽油市场的占有率达到60%以上。中石化冠德公司第三国油品贸易达29.1万吨，香港中石航公司第三国贸易达16万吨，第三国贸易已经成为新的效益增长点。

（许长胜）

【香港加油站建设及成品油零售取得实质性进展】 国际文化公司积极参与香港特区成品油零售(加油站)的投标工作，2005年中标加油站(地块)8个，正式投入运行加油站6个，实现中国石化在海外开展成品油零售业务的重大突破。

（许长胜）

【做好技术引进和重大设备进口，确保重点建设项目顺利推进】 石化集团公司坚持引进与消化、吸收、创新相结合，在引进先进技术的同时，努力减少投资，提高效益。2005年，国际事业公司共签订技术和设备引进合同824项，合同总额6.63亿美元，确保了茂名乙烯、福建炼化一体化、海南炼油、青岛炼油、燕山炼油、广州炼油、扬子PTA改造、珠三角成品油管线、鲁皖成品油管线和仪长原油管线等一批重大基建、技改项目顺利推进。在引进工作中，严格执行国家有关招投标的法律和法规，全年招标173项，其中164项为网上国际公开招标，中标金额2.06亿美元，节约费用率约为19%。

另外，2005年进口机械设备、电子设备、仪器仪表、备品配件、钢材等合计金额5.1亿美元。

（许长胜）

【化工品贸易总量增长迅速，外贸体制改革初见成效】 2005年，国际事业公司化工品进口经营共签约合同1 225个，经营数量115.8万吨，合同金额9.9亿美元。充分发挥外贸集中的优势，加大了对外价格谈判的力度，长期协议争取到的优惠条款(当长约价格高于现货价格时，供应商须退还相应的价差)，2005年为有关企业退回价差1 000万美元，大大降低了企业的采购成本。

（许长胜）

【积极开拓国际市场，努力扩大出口】 2005年石化集团公司系统出口额24.69亿美元，同比增长44.46%。其中国际事业公司出口20.99亿美元，同比增长46.20%。全年国际事业公司本部出口石油焦36.30万吨，出口石蜡15.07万吨，出口合成树脂69.68万吨，出口化肥6.48万吨，同比增长218.92%。

（许长胜）

【海外项目开发稳步推进】 2005年国际事业公司积极贯彻“走出去”战略，大力度开拓海外石油、石化工程市场。已经实施的海外项目3个，已投标的项目5个，进行重点跟踪评价的项目6个，海外项目开发取得较大的成效。

（许长胜）

【国际会议和国际展览】 2005年组织主办了第六届中国亚洲清洁燃料国际研讨会，“中国亚洲清洁燃料国际研讨会”已成为国际事业公司组织的品牌会议。组织参加了第18届世界石油大会展览会、亚太橡胶塑料展览会、欧洲精细化工展览会、欧洲橡胶塑料工业展览会、美国国际化工展览会、俄罗斯国际石油天然气展览会、印尼国际石油天然气展览会等7个国际展览会。

（许长胜）

胜利油田

【概述】 中国石化集团胜利石油管理局(简称胜利石油管理局)和中国石化胜利油田分公司(简称胜利油田分公司)统称胜利油田，工作区域主要分布在山东省东营、滨州、德州、济南、潍坊、淄博、聊城、烟台等8个市的28个县(区)内，主体位于黄河下游的东营市。按地质构造区划，山东省境内可供找油找气的勘探区域属于渤海湾盆地，主要有济阳、昌潍、胶莱、临清、鲁西南等5个坳陷，总面积约6.1万平方千米，胜利油田已取得探矿权面积4.9万平方千米，其中济阳坳陷和浅海地区是胜利油田勘探开发的主战场。截至2005年，胜利油田取得探矿权的勘探面积达17.4万平方千米，其中国外风险勘探面积2.61万平方千米，国内探矿区域扩大到全国5个盆地中的4个。油气资源总量150亿吨。

截至2005年底胜利石油管理局下设44个二级单位，434个三级单位，2 092个四级单位；有7个局属经济实体，7个管理局控股公司，5个管理局项目管理机构，1个石化集团公司独立执行机构。管理局机关设26个职能处室，12个直属单位，另有1个派出机构。胜利油田分公司下设21个二级单位，155个三级单位，1 201个四级单位。分公司机关设14个职能处室，5个直属单位。

胜利石油管理局用工总量13万人，其中固定职工 9.77 万人。有高级技术职称 3 890 人，中级技术职称 1.27 万人。胜利油田分公司有员工 8.15 万人，其中固定职工 6.05 万人。有高级技术职称 2 177 人，中级技术职称 6 925 人。

截至 2005 年底，胜利石油管理局拥有固定资产原值 270.40 亿元，净值 169.83 亿元。机械装备总量 1.73 万台。装机总功率 936.52 万千瓦，平均设备新度系数 0.42。胜利油田分公司固定资产和油气资产总量为 1 203.14 亿元，其中油气资产原值 1 055.02 亿元；固定资产和油气资产净值 463.17 亿元，其中油气资产净值 377.19 亿元。机械装备总量 3.01 万台，装机总功率 238.78 万千瓦，平均设备新度系数 0.40。

胜利油田主要经济指标和主要生产建设指标见表 1、表 2。

油气勘探收获颇丰。2005 年新增预测储量 1.01 亿吨，新增控制储量 1.01 亿吨，新增探明储量 1.00 亿吨，连续 3 年实现新增三级储量同时过亿吨。重点探区取得重要突破。海上辽东东区胜顺 1 井钻探成功，新增控制石油地质储量 2 100 万吨，预测石油地质储量 3 800 万吨；新疆准噶尔探区浅层获得高产稳产轻质工业油流，上报控制石油地质储量 5 200 万吨；胜利老区深层勘探中，车 66 井上报预测储量 3 700万吨。天然气勘探取得新突破，丰深 1 井实施压裂和重新测试，8 毫米油嘴求产，获得日产油 81.7 吨、天然气 11.5 万立方米的重大收获。

油田开发工作成效显著。开发系统搞好老区调整和新区优化，实施“1 吨油”工程，保增油上产，2005 年成为油田 7 年来超产幅度最大的一年。全年生产原油 2 694.5 万吨，超年计划 23.5 万吨。海外拿到权益油 64 万吨。全年生产天然气 8.8 亿立方米。油田开发水平逐步好转，年自然递减率 14.8%，综合递减率 5.6%，含水基本稳定，储采平衡率 103%。

生产经营向提高质量、提升水平方向发展。在油气核心业务强劲发展的拉动下，胜利石油管理局各业务板块生产经营全面提升。钻井系统全年交井 1 600 口，完成进尺 350 万米，创 10 年来最高水平；测录井系统完成测井 5 200 井次，同比增加 100 井次，完成录井 1 400 口，同比增加 60 口。重点工程建设进展顺利，完成了一批关系油田生产建设和职工群众根本利益的工程项目改造，海上平台、海底管线建设、孤东北海堤加固、101 油库迁建等项目顺利完工；12 个居民小区天然气管网改造、34 个小区供水管网改造等重点工程和民心工程顺利实施。热电联供的综合经济效益开始显现，可代替原油 15 万吨，居民住宅供暖成本明显下降。难采储量板块成为减亏增效的主力，全年实现利润 13.1 亿元，比上年净增利润 5.1 亿元。外闯市场持续快速发展，全年创收 45 亿元。集体经济板块运行平稳，全年实现销售收入 28 亿元，利税总额 2.4 亿元。

油田内部改革向纵深推进。深化改制分流工作，工程机械总厂、泵公司等 8 家单位实施改制分流，分流人员 7 600 人，其中全民工 5 400 人，集体职工 2 100人。以“双压三减”为主的深化劳动人事制度改革取得阶段性成果，处、科两级机构压减幅度 24.4%，一般管理岗位压减幅度 25%，管理人员占员工总量的比例由 14%降至 11%。物资供应体制改革全面展开，10 个二级单位完成撤库设科工作。

油田经营管理水平在创新中提高。完善安全制度，落实岗位操作规程，加大隐患治理力度，特别是在防洪、防汛、防凌、防内涝、防御 9 号台风等工作中，油田上下齐心协力，确保胜利油区生产生活安全。在继承和发扬石油工业优良传统的基础上，加强“三基”工作，基础管理水平得到提高。全面推行内控制度建设，编制油田分公司《内部控制手册》，理顺了各职能部门之间的关系。全年完成人才培训 4.5 万人次。加快推进“数字油田”建设，ERP 系统正式上线运行，财务管理、项目运作、物资供应、原油销售等系统工作效率明显提高。加大油区治理力度，全年组织各类取缔活动 3 000 次，维护了油区秩序。合同、审计、土地、机动装备、技术监督、经营租赁等专项管理工作均取得新进展。

思想政治工作和企业文化建设实现新突破。开展保持共产党员先进性教育活动，8 万名党员普遍受到了一次深刻教育，党组织的政治核心、战斗堡垒作用和党员的先锋模范作用得到发挥。完善胜利文化体系，油田被授予全国企业文化示范基地。组织开展“咱们工人有技术才能更有力量”大讨论，调动职工立足岗位、创新创效的积极性。开展“结对帮扶再就业”活动，提供就业、再就业岗位 1.9 万个。持续开展为困难群体献爱心捐赠活动，全年为 6 000 名困难职工群众发放各类补助 1 200 万元。把稳定工作作为构建和谐油田的重要环节，妥善处置部分人员聚集上访事件，确保油田大局稳定。

（王亚宁）

【顾心怿院士获山东省科学技术最高奖】 2005 年 8 月 27 日，在山东省科技自主创新大会上，胜利石油管理局钻井工艺研究院总工程师、中国工程院院士、全国政协委员顾心怿被授予“2004 年度山东省科学技术最高奖，并获 50 万元人民币奖励，成为 2002 年设立山东省科技最高奖后胜利油田首位获奖个人。

（王亚宁）

【"世界第一穿"首穿成功】 2005年7月5日，胜利工程设计咨询公司总承包的世界最长、规模最大的海底管道定向钻穿越工程——外钓岛—册子岛海底管道穿越(被业内同行称为"世界第一穿")首穿成功。创造穿越岩石长度(370米)、岩石硬度(140兆帕)、穿越深度(80.67米)和首次实现导向孔双钻机同步对接4项国内水平定向穿越纪录。首次运用导向孔定位对接牵引施工工艺，解决了世界公认的导向孔定位对接的国际难题。

外钓岛—册子岛海底管线穿越工程穿越外钓岛与册子岛之间的水道，穿越管线长2 291米、管径610毫米、壁厚15.9毫米、总重546吨。长度×管径超过中国石油管道局管道穿越公司于2002年创造的钱塘江长度2 308米、管径237毫米的吉尼斯世界纪录。

(王亚宁)

【"神通"软件投入应用】 2005年9月20日，国内首次、油田第一个拥有自主知识产权的地震叠前成像软件系统——胜利油田物探研究院自主研发的Stseis地震成像软件系统工程与应用("神通")项目通过专家鉴定验收。

2004年1月—2005年6月，物探研究院与联想集团、同济大学合作，推出Stseis V2.0产品化版本，包括10个子系统、21个交互处理模块、43个批处理模块共15万行源程序。胜利油田拥有全部源代码和全部知识产权，成为商业化的叠前成像软件系统。2005年，胜利物探研究院对Stseis V2.0地震成像软件系统进行实际应用，完成CB30、BS6等探区400平方千米三维地震资料处理，Stseis V2.0地震成像软件系统由研发投入生产。2005年9月，课题通过石化股份公司组织的专家评审和验收。评审专家认为，Stseis"神通"地震成像软件的研发成功，缩小了中国与世界先进成像技术的差距，打破了国外公司的技术垄断，精确的成像效果可以降低钻探风险，具有潜在而巨大的社会效益和经济效益。胜利物探研究院经过10年艰苦攻关，推出了胜利油田第一个自主创新的油气勘探软件平台，为胜利油田研发勘探开发一体化软件、提高复杂构造成像精度和勘探效益、提升胜利油田在地球物理勘探领域的核心竞争力起到重要作用。

(王亚宁)

【车66井获高产油气流】 2005年8月30日，由胜利渤海钻井公司50777队施工的位于济阳坳陷车镇凹陷大王北洼陷西部大54南砂体高部位车66块的车66井，在沙四段4 301—4 556米钻遇砂砾岩体油层7层34.4米，4 301.03—4 462.64米井段中途测试，8毫米油嘴求产，折算日产油237吨、气2.56万立方米，展示沙四段浊积扇体具有较大勘探潜力。上报预测石油地质储量3 758万吨。

车66井获高产工业油气流，证实大王北西次洼具有丰富的油源，展示了埕南断裂带浊积扇体的油气勘探远景。

(王亚宁)

【时新春获全国"巾帼建功标兵"称号】 2005年3月2日，胜利油田滨南社区环卫绿化队队长时新春被授予全国"巾帼建功标兵"称号，受到王兆国、吴仪、何鲁丽等领导人的接见。

(王亚宁)

【孤东一号联合站获全国五一"巾帼"奖和五一劳动奖状】 2005年2月24日，中华全国总工会在北京人民大会堂举行首届全国五一"巾帼"奖表彰暨事迹报告会。胜利油田孤东采油厂集输大队一号联合站获全国五一"巾帼"奖，同时被授予全国五一劳动奖状，并作为先进集体代表在大会上作事迹报告。

胜利孤东一号联合站地处黄河入海口，是国内最大的联合站。有职工119人，其中女职工97人，占职工总数的82%。1988年成立以来，累计处理液量2亿吨，外输原油6 000万吨，各项技术经济指标一直处于中国石化同行业先进水平。

(王亚宁)

表1 **胜利油田主要经济指标** 亿元

指标名称 \ 年份	2005	2004	2003	2002	2001	2000
企业增加值	682.00	483.94	382.27	277.94	318.53	306.2
固定资产和油气资产原值	1 473.54	1 379.27	1 323.83	1 302	1 180.2	1 055.64
固定资产和油气资产净值	633.00	596.76	227.24	556	517.4	473.4
主营业务收入	967.00	727.07	421.61	493.19	423.43	413.60
实现利润①	251.10	206.24	141.39	98.35	116.71	156.28
上缴税费	232.00	172.79	131.82	83.01	108.27	129.27

① 利润为扣除胜利石油管理局亏损数。

表 2　　胜利油田主要生产建设指标

指标名称＼年份	2005	2004	2003	2002	2001	2000
原油产量/万吨	2 694.5	2 674.3	2 665.5	2 671.51	2 668	2 675.69
天然气产量/亿立方米	8.8	9	8.1	7.5	8.41	6.88
新增原油生产能力/万吨	246	322.8	282	277	362	332
新增天然气生产能力/亿立方米	—	—	—	—	—	0.16
新增探明石油地质储量/万吨	10 032	10 312	12 315	10 668	11 354	10 669
新增探明天然气地质储量/亿立方米	—	—	1.13	15.19	10.61	15.16
二维地震/千米	866	338.4	2 318	2 301.6	2 490	3 847
三维地震/平方千米	1 373	1 191	1 070	896.9	1 616	1 493
石油钻井/口	1 207	1 436	1 138	1 217	1 399	1 253
探　井/口	200	128	234	216	300	295
开发井/口	1 007	1 308	904	1 001	1 099	958
钻井进尺/万米	258.3	302.31	254.60	277.08	303.04	301.97
勘探直接投资/亿元	22.51	22.54	24.51	22.80	26.62	27.55

中原油田

【概述】 中原油田为中国石化集团中原石油勘探局(简称中原石油勘探局)、中国石油化工股份有限公司中原油田分公司(简称中原油田分公司)和中国石化中原油气高新股份有限公司(简称中原油气股份公司)的总称，地处冀鲁豫3省交界处，在地质构造上属于渤海湾沉降带的南部，由于凹陷主体位于河南省濮阳县和山东省东明县一带，故称东濮凹陷。东濮凹陷为中原油田的主要开发区域，横跨河南、山东2省的6个地(市)12个县(区)。截至2005年底，中原油田国内油气资源勘探开采登记区块项目33个、面积2.84万平方千米。其中，探矿权登记区块15个、面积2.77万平方千米，采矿权登记项目18个、面积651.84平方千米。此外，在国外还获得了也门69、71区块，阿曼36、38区块的风险勘探开发权。2005年1月17日，中原油田又正式承担了川东北普光气田的开发建设任务，规划在3—5年内建成60亿立方米的年生产能力。中原油田总部位于河南省濮阳市华龙区，占地面积12.6平方千米。

截至2005年底，中原油田用工总量83 620人。其中，正式职工65 184人、劳务用工18 175人；专业技术人员(不包括管理技术人员)9 453人，其中高级技术职称685人、中级技术职称4 045人。中原油田资产总计316.08亿元，固定资产原值430.66亿元、净值194.51亿元。2005年，中原油田完成工业总产值200.50亿元、工业增加值79.93亿元，实现销售收入220.97亿元，实现利税35.05亿元。

中原油田主要经济指标和主要生产建设指标见表1、表2。

2005年，中原油田各项工作均取得新业绩。新增探明油气当量1 867万吨，生产原油320.01万吨、天然气16.61亿立方米，加工原油74.2万吨、轻烃5万吨，处理天然气4亿立方米。①新老区勘探取得新进展。在东濮老区，不断深化复杂断块群滚动勘探和“三新”勘探，探明油气当量1 243.06万吨；在外围区块勘探中，坚持实施低成本勘探，加大陕北富县中生界和内蒙古探区的勘探力度，勘探成果不断扩大；海外区块也顺利开展了勘探前期的地质综合研究。②开发状况进一步改善。根据石化集团公司“调中原”(即调整中原油田产量规模，优化产量结构)的总体要求，通过加强自然递减控制、油藏精细描述、油藏分类治理、老区技术改造和注水管理，实现了产量稳定、递减降低的“一升一稳”目标。普光气田的开发建设，形成了方案编制正点运行、地面工程稳步推进、前期准备超前启动、生产管理全面加强的良好开局，已探明天然气储量1 143.63亿立方米。③国内外市场取得全面突破。中原油田共有368支队伍分布在国内28个省(市)、自治区的石油和社会市场，有74支队伍活跃在12个国家的工程技术服务市场。国际市场全年新签合同项目56个，合同金额3.11亿美元，实现收入2.33亿美元；国内外市场主营业务收入同比增长30多个百分点，实现规模效益同步增长。④科学技术研究取得重要成果。三年科技攻关会战圆满结束，制约油气田勘探开发的8大技术难题攻关取得突破性进展，40项科研成果通过石化集团公司鉴定。⑤企业经营管理不断加强。实行投资责任主体下移，严格预算审批和执行程序，优化投资项目；增强基础工作和制度建设，优化组织结构和人力资源配置。高层次人才培养取得进展，19人次获得政府特殊津贴、中国青年科技奖等荣誉称号。⑥深化改革取得新进展。大力度整合组织机构、压扁管理层次、精简人员，中原油田直属单位压缩27个、减幅24.5%；机关减少处室12个、减幅21.4%，分流管理人员154人、减幅20.5%；对内部分配制度进行改革，实行岗位绩效工资制，按劳动力市场价定位，形成了薪酬激励的长效机制；改制分流实现了预期目标。⑦精神文明建设水平有新提高。年内，中原油田先后获河南省扶贫解困先进单位、综合治理先进单位称号，并被中央精神文明建设指导委员会评为全国文明单位。

（娄 美）

【纪念中原油田发现30周年】 为纪念中原油田发现30周年，展示中原油田艰难曲折的创业历程和石油人无私奉献的革命精神，2005年9月，中原油田举办大型书法、美术、摄影、集邮作品展览及“老石油”座谈会、征文活动和大型文艺晚会，并建成发现井展厅和档案陈列展厅，上万名群众参与纪念活动。中原油田发现于1975年9月7日。

（黄 琥）

【中国大陆科钻1井竣工】 2005年4月18日，由中原油田钻井三公司70101钻井队承钻的中国大陆科钻1井竣工典礼在江苏省东海县科钻1井井场举行。9月23日，中国大陆科学钻探工程中心通过了对科钻1井的钻井交工验收。该井于2001年6月25日开钻，2005年3月8日完钻，钻井周期1 350天，完钻井深5 158米，实际完成总进尺9 087.03米(包括全面钻进和纠斜钻进)，其中完成取心作业1 087回次，取心进尺5 045.33米，扩孔进尺3 528.73米，岩心总采取率84.82%，先导孔最大孔斜3.3度，主孔最大孔斜29度。

（娄 美）

【中原油田实现低渗凝析气藏有效开发】 中原油田承担的“十五”国家级课题——低渗凝析气藏开发技术研究于2005年12月通过验收。应用这套开发技术在桥口、白庙气藏，先后钻了18口开发井和侧钻井，实施水力压裂27井次，压裂有效率10%，达到了平均单井增产2倍以上的指标。在桥口、白庙等低渗凝析气藏滚动勘探开发中，共动用天然气地质储量124.72亿立方米，建成年生产能力3亿立方米，生产天然气2.47亿立方米、凝析油3.05万吨，增产天然气1.31亿立方米，创产值2.96亿元，实现了低渗凝析气藏难动用储量的有效开发。

（娄 美）

【国内首家气驱注气站建成】 文88块注天然气驱先导试验工程，是中原油田注天然气驱提高采收率科研项目的重要组成部分，也是石化集团公司三次采油先导试验重点科技攻关项目。该注气站总注气量15万米^3/日，单井注气量5万米^3/日，最高注气压力52兆帕，总投资3 000多万元。文88块注气站于2004年10月10日开工建设，2005年6月进入全面安装调试阶段，12月2日通过整体验收。2006年3月30日正式启运，投产成功。室内试验研究表明，采用气驱技术与常规的注水采油相比，可提高采收率15—20个百分点，是动用深层低渗透油藏难采储量有效的方法之一。

（娄 美）

【复杂断块油藏研究通过专家鉴定】 2005年，首次由中原油田独立承担完成的石化股份公司重大科研攻关项目——中原油田复杂断块油田提高采收率技术研究通过中国石化专家组验收鉴定。这项成果是对中原油田近30年来复杂断块油藏开发研究的一次系统总结。项目自2001年立项至2005年完成，先后取得了一系列创新成果：提高了构造研究的精度；研究了不同沉积微相的分布规律，为注采井网的部署提供了依据；研制出不同含水率条件下的优势渗流通道预测技术；提出了深层低渗储层的分油、水层建立储层物性解释模型，提高了解释的精度；形成了不同类型油藏精细描述、剩余油分布规律研究与精细挖潜的综合配套技术。研究成果及时用于生产，老区增加可采储量331万吨，提高水驱采收率3.28个百分点，滚动扩边新增探明石油地质储量986万吨。

（娄 美）

【普光气田开发建设】 普光气田位于四川省达州市宣汉县，是四川盆地勘探历经70余年发现的规模最大的整装气田，已探明天然气地质储量1 143.63亿立方米。2005年1月17日，石化集团公司把开发建设普光气田的任务交给中原油田。当年，完成了 4 项工作：一是编制了 19 亿米^3/年天然气产能建设项目可行性研究报告；二是通过实地考察、技术交流和招标，确定了高含硫天然气净化厂与地面集输基础设计的合作单位；三是完成了天然气外输管道建设规划；四是开展了安全、环保、水土保持等评价工作。10 月，气田建设可行性研究报告通过论证并获得正式批复，现场工作全面展开。

（娄　美）

【濮城油田整体开发调整成功】 2005 年 11 月，由中原油田和石油勘探开发研究院共同承担的石化集团公司“十条龙”科技攻关项目——濮城油田稳产基础技术研究与应用，通过专家组的鉴定验收。该项目取得了特高含水开发期二三类储层的综合评价与识别技术等 4 项技术创新，获得 5 项专利技术，剩余油分布规律研究、不同类型油藏精细描述等 5 项成果获重大突破，形成了一整套适用于濮城油田及国内同类油田高效调整挖潜的系列综合配套技术。该项目于 2002 年底被确立为石化集团公司“十条龙”科技攻关项目，设置了 4 个课题和 20 个研究专题。3 年共完成了濮城油田 17 个开发单元(覆盖地质储量 1.25 亿吨，占濮城油田动用储量的 88.4%)的精细油藏描述、调整挖潜方案研究编制等攻关内容，其中 8 个主力开发单元的整体调整与技术改造已经实施，自然递减、水驱控制和动用程度等各项油田开发指标得到大幅改善，恢复与增加可采储量 205 万吨。

（娄　美）

【中原油田建成国家 D 级 GPS 大地三维控制网】 2005 年 11 月，由中原油田地球物理勘探公司承担的中原油田国家 D 级 GPS(全球定位系统)大地三维控制网建设完成，中原油田成为河南省内第二家建成国家 D 级高精度 GPS 控制网的省辖单位。这一高精度 GPS 控制网平均 6 000 米埋设一个特制金属标志，利用专门仪器接受美国全球卫星定位导航系统信号，可对地面任意位置进行快速、高精度定位。该网已被纳入河南省基础测绘框架中，受国家法律保护。

（娄　美）

【中原油田“十五”三年科技攻关会战结束】 2003 年初，中原油田根据石化集团公司三年科技攻关会战指导意见，组织编制并实施了《中原油田“十五”后三年科技攻关会战方案》。科技攻关会战针对制约油田发展的油水井套管损坏防治技术、分层注水工艺技术、低渗油气藏压裂改造技术、凝析气藏开发技术 4 项瓶颈技术和油气勘探综合评价技术、地球物理勘探开发技术、注水开发油田提高采收率技术、钻井工程综合配套技术 4 项综合配套技术进行重点攻关，共为中原油田“十五”后三年每年新增探明石油地质储量 1 000 万吨、天然气地质储量 20 亿立方米，每年自然递减下降 1 个百分点，增加可采储量 400 万吨，生产油气当量 500 万吨，实现了会战目标。同时，制约油气田勘探开发的八大技术难题攻关取得突破性进展，40 项科研成果通过石化集团公司技术鉴定。

（娄　美）

【中原油田高压分注工艺技术研究获石化集团公司科技进步二等奖】 由中原油田采油工程技术研究院承担的中原油田高压分注工艺技术研究项目是油田“十五”科技攻关重点项目，于 2001 年立项，历时 5 年，先后完成高压注水井顶封封隔器、一级两段高压长效分注管柱、两级三段分注工艺管柱、高压分注配套工具和高压注水井测试技术研究，2005 年 5 月通过技术集成形成了中原油田高压分注工艺技术。2002—2005 年 5 月，应用高压分注工艺技术在中原油田 13 个区块实施 730 井次，油田分注率提高 10 个百分点，累计增产原油 28.5 万吨，降低注水量 302 万立方米，增加水驱动用储量 432 万吨，投入产出比 1:3.64。该项目获石化集团公司 2005 年度科技进步二等奖。

（黄　琥）

【东濮凹陷文 23 气田气藏精细描述及稳产趋势研究取得重要成果】 由中原油田勘探开发科学研究院承担的东濮凹陷文 23 气田气藏精细描述及稳产趋势研究项目属于油气田开发领域，于 2003 年立项，2004 年底完成。项目围绕文 23 气田断层封隔性及隔层分布研究、气田储量评价及动用状况、边(底)水对气田开发影响、开发趋势及开发技术对策等关键问题，综合应用 RC2 三维建模、气藏工程、Eclips 数值模拟、生产测井和现代试井等新技术、新方法，研究出气田产能变化规律、储量动用状况及开发潜力，特别是在探索气田稳产趋势上取得一批重要成果及认识。该项目获石化集团公司 2005 年度科技进步三等奖。

（黄　琥）

【中原油田研制成功系列水基压裂液】 2005 年中原油田研制成功适应不同类型油藏条件下的系列水基压裂液。系列水基压裂液可满足低渗易水锁储层、强水敏储层、微裂缝发育储层、碱敏储层、凝析气藏等复杂储层和不同温度条件下的压裂改造要求，填补了特殊储层无适应性压裂液的国内空白。期间，应用系列压裂液进行现场试验25井次（油井3井次、气井22井次），累计增产原油4 354吨，增产天然气8 692万立方米。

（娄　美）

【中原油田国际市场实现规模效益同步增长】 2005年，中原油田大力实施“走出去”战略，建立现代跨国公司运作模式，优化市场结构和资源配置，实现跨国经营规模与效益的同步增长，项目中标率90.9%。国际市场新签合同项目56个，合同金额3.11亿美元，同比增长43%；开钻、完钻、作业井数及钻井进尺、物探工作量等不断增长，实现收入2.2亿美元，同比增长100%；海外队伍新增24支，共有74支专业化队伍在10个国家施工，基本形成了非洲、中东、中亚、南美等4大市场格局。在尼日利亚、埃塞俄比亚、哈萨克斯坦等国家，以钻井为龙头的工程服务市场实现了当年投资、当年盈利。同时，中原油田积极推进“人才国际化，用工当地化”战略，涉外项目外籍雇员比例占65%，总人数达到1 600人。

（娄　美）

【莱胶天然气管道竣工】 莱胶天然气长输管道工程由中原油田工程建设总公司负责施工。该工程北起莱州市中世天然气分输站，南至胶州市天然气分输站，全线长122千米。工程于2005年9月30日动工，11月30日完成，探伤合格率100%。

（娄　美）

【西南成品油管道工程贵州顶岩—甲召寨标段完工】 2005年1月20日，由中原油田工程建设总公司承建的西南成品油管道工程贵州顶岩—甲召寨标段完工。该工程起于广东省茂名市，止于云南省昆明市，全长1 691千米，是国家西部开发的重点建设项目，也是石化集团公司投资建设的“十五”规划重点工程。

（黄　琥）

【中原油田劳动争议调解委员会受国家表彰】 2005年10月，中原油田劳动争议调解委员会被国家劳动和社会保障部、全国总工会、中国企业联合会、企业家协会联合授予全国先进劳动争议调解组织称号。

（娄　美）

【中原油田博士后工作站被评为全国优秀博士后工作站】 中原油田博士后科研工作站在博士后引进、管理和使用方面形成了一套规范、科学的工作模式。2005年10月，该站被评为全国优秀博士后科研工作站（全国共有博士后科研工作站1 018个），这也是河南省惟一一家获此荣誉的博士后工作站。

（娄　美）

【中原油田自创反腐倡廉歌曲获全国二等奖】 2005年11月，在中央纪委、监察部首次组织开展的廉政歌曲评选中，由中原油田纪委选送、文体管理中心副主任杜继平创作、井下作业二处党委组织演唱的《八个坚持，八个反对》被评为全国反腐倡廉歌曲创作二等奖。

（黄　琥）

表1　　中原油田主要经济指标　　亿元

指标名称＼年份	2005	2004	2003	2002	2001	2000
工业总产值①	200.50	145.08	126.98	111.97	14.14	14.41
工业增加值	79.93	70.54	70.03	52.02	41.82	49.28
资产总计	316.08	286.04	252.20	257.55	228.34	199.68
流动资产	87.77	69.57	73.36	92.27	73.46	83.43
固定资产原值	430.66	409.12	377.47	362.45	327.19	279.78
固定资产净值	194.51	180.31	162.15	140.39	133.45	101.50
销售收入	220.97	181.05	148.42	132.19	121.98	123.40
实现利税	35.05	12.01	12.92	6.94	10.82	26
税　金	17.48	8.40	7.09	6.88	9.97	12.85

① 2000—2001年为1990年不变价。

表 2　　中原油田主要生产建设指标

指标名称＼年份	2005	2004	2003	2002	2001	2000
原油产量/万吨	320.01	335.11	361.57	380.04	380.16	377.12
天然气产量/亿立方米	16.61	17.51	17.01	16.21	15.03	13.28
新增原油生产能力/万吨	29.48	43.60	69.99	80.6	71.87	45.02
新增天然气生产能力/亿立方米	1.60	1.88	3.90	3.51	1.88	2.01
新增探明石油地质储量/万吨	1 723	1 344	1 732	2 116	2 618	859
新增探明天然气地质储量/亿立方米	3.09	38.82	20.33	71.8	35.51	83.67
二维地震/千米	8 847	7 435	5 451	314	180	1 322
三维地震/平方千米	1 081	1 050	850	310	327	406
石油钻井/口(不含侧钻)	1 553	1 422	1 094	964	808	373
探　井/口	148	106	87	67	54	41
开发井/口	1 405	1 316	1 007	897	754	332
钻井进尺/万米	343.78	294.08	248.16	258.38	309.08	97.75
勘探投资/亿元	5.14	5.21	5.73	6.51	6.83	5.81
开发投资/亿元	21.23	31.22	30.37	27.64	27.90	20.70

河南油田

【概述】 河南油田是中国石化集团河南石油勘探局(简称河南石油勘探局)和中国石油化工股份有限公司河南油田分公司(简称河南油田分公司)的统称，是以油气生产为主，集油气勘探、开发、炼油化工、施工作业、辅助生产和多种经营、社会服务于一体的专业门类齐全的国有大一类企业。河南油田地跨河南省南阳、驻马店、平顶山和新疆巴音郭楞蒙古族自治州 4 地(市)，分布在新野、唐河、桐柏、卧龙、宛城、镇平、泌阳、叶县和新疆博湖、焉耆 10 个县(区)境内，占地面积 33.94 平方千米(其中西部公司 1.39 平方千米)。

截至 2005 年底，河南油田机关设 25 个职能处室，河南油田分公司下设 10 个二级单位，河南石油勘探局下设 17 个二级单位。河南油田共有 92 个矿(大队)、396 个基层队(车间)、2 203 个班组，其中地震队 8 个、钻井队 30 个、油建施工队 9 个。有职工 25 964 人(其中分公司 9 569 人)，油区总人口 8.30 万人。河南油田有各类专业技术人员 6 651 人，其中教授级 59 人，高级 1 086 人，中级 3 183 人，初级 2 383 人。2 人享受政府特贴，9 人为石化集团公司有突出贡献的科技和管理专家，10 人为石化集团公司优秀青年知识分子。石化集团公司学术技术带头人有 35 人。

2005 年河南油田拥有固定资产原值 122.74 亿元(其中分公司 103.18 亿元)，净值 61.24 亿元(其中分公司 47.81 亿元)。2005 年河南油田存续部分企业主营业务收入 29.47 亿元，分公司主营业务收入 51.65 亿元。实现利润 17.86 亿元(其中分公司实现利润 18.91 亿元)。

河南油田主要经济指标和主要生产建设指标见表 1、表 2。

2005 年，河南油田增储稳产，开拓市场，改制分流，科技创新，全面实现了各项工作目标，油田经济持续协调发展。

经济效益实现新的提高。创总产值 91.22 亿元，销售收入 77 亿元，实现各种税费 13.3 亿元，比上年增加 5.46 亿元，上升 69.49%。

油气勘探开发取得新进展。新增探明石油地质储量 1 076 万吨、控制储量 1 092 万吨、预测储量 1 019

万吨，生产原油187.1万吨，均超计划指标。

精蜡化工全面实施特色发展战略，各项工作取得较好成效。特色产品直销全国27个省市，直销比例达70%以上，年加工原油59.5万吨，经营收入突破21亿元。吨油完全费用376.76元，比石化股份公司下达的计划指标高3.76元，扣除政策性调整因素后，控制在指标之内。

外创市场取得新突破。河南石油勘探局实现外部收入7.7亿元，占其总收入的近1/3，比上年增收2.7亿元，增长54%。

海外业务呈现新局面。尼日利亚OMLs64&66区块三维地震资料处理工作已完成。物探、钻井、井下作业、后勤服务等专业分别中标阿曼、沙特、尼日利亚等海外市场，年创产值达6 000万元。

科技创新取得新成果。2005年共安排科技进步项目126项，其中石化集团公司级18项；投入科技经费3 200万元，其中河南油田分公司2 200万元，河南石油勘探局1 000万元。实现科技增油10.6万吨，科技增效1.53亿元，申请专利技术14件，授权专利16件，新立石化集团公司级项目3项。13项科技成果通过石化集团公司组织的验收鉴定，“泌阳凹陷北斜坡成藏规律研究及勘探目标评价”等8项科技成果获石化集团公司科技进步奖，其中二等奖5项，三等奖3项。2005年河南油田共评出科技进步奖90项，其中一等奖7项、二等奖18项、三等奖65项。

企业改革迈出新步伐。完成运输处、总医院、机厂等9家企业的改制分流和设计院高新处、天鹏公司等5家企业改制分流实施方案上报。教育移交地方工作顺利完成。

企业管理跨上新台阶。开展“精细管理年”活动，内控制度体系不断完善，ERP系统按时上线，企业信息化建设和安全管理迈上新台阶。

关心职工生活，保持油区大局稳定。职工生活质量不断提高，企业在报效国家、奉献社会的同时，职工收入有新的增长；关注弱势群体，开发公益性岗位1 100个；实施送温暖工程，加大对特殊困难家庭扶持力度，开展经常性捐助活动，抓好离岗家属生活费发放政策制定；妥善处理群众上访事件，维护油区稳定。

（陈洪远）

【井楼油田和高庄地区新增探明石油地质储量1 076.5万吨】 高庄地区位于井楼油田的北部，主要发育断鼻断块及地层不整合等类型油藏。2005年上半年部署的高浅12、13、15、16等浅井钻遇油层。通过地质综合研究和储量参数研究，高浅3、高浅10、高浅11、高浅12和高浅16等7个断块新增含油面积3.59平方千米，新增探明石油地质储量281.1万吨。

井楼油田位于泌阳凹陷西部的井楼背斜及高庄鼻状构造带，油藏类型南部以背斜油藏为主，北部有断鼻断块、岩性和地层等多种类型油藏。在井楼油田发现多个含油断块及多个新的油层，新增含油面积8.83平方千米，新增探明石油地质储量795.4万吨。

井楼油田及高庄区块共计新增含油面积12.42平方千米，新增探明石油地质储量1 076.5万吨，该油田的储量规模达到2 024万吨。

（韩　伟）

【口香糖专用蜡出口丹麦】 2005年3月22日与丹麦Gumlink公司正式签订了口香糖专用蜡长期供货合同。4月4日，首批出口丹麦的口香糖专用蜡，通过河南油田国际经济贸易有限公司运往天津新港装船，标志着中国石化的蜡产品首次打入欧盟市场。2005年共出口丹麦352吨口香糖专用蜡，创汇416.96万美元。

（赵　琳）

【第二采油厂获河南省五一劳动奖状】 “十五”后三年，第二采油厂积极实践油田“五大战略”，牢固树立油藏经营理念，大力开展科技创新、管理创新，实现了原油生产持续跨越式发展，2003年生产原油27.8万吨，2004年生产原油41.69万吨，2005年达到54.6万吨，为河南油田原油稳产作出突出贡献。2005年“五一”前夕，该厂获得河南省五一劳动奖状。

（孟庆峰）

【“巾帼建功”再创佳绩】 2005年，第二采油厂大力实施“巾帼建功”工程，组织引导全厂女职工紧紧围绕原油生产中心，积极开展“巾帼建功示范岗”创建活动，涌现出一大批爱岗敬业、无私奉献、学习创新的先进典型。8号女子计量站被全国总工会和河南省总工会分别授予女职工建功立业标兵岗和河南省五一“巾帼”奖，李凤勤被评为全国女职工建功立业标兵。

（赵　琳）

【70119钻井队整编出国施工】 尼日利亚壳牌钻井项目，是钻井公司与壳牌公司合作，独立运作的海外钻井项目，由70119钻井队执行。2005年3月23日—5月4日，用42天时间将70D钻机设备从天津新港运达尼日利亚井场，提前18天实现2个月完成设备海陆运输的承诺，并通过甲方和尼日利亚国家石油资源部的现场验收。6月18日，70119钻井队在尼日利亚承揽的第一口井正式开钻，截至2005年底共完成开

钻 2 口，完井 1 口。年底，壳牌公司选定 70119 钻井队，代表壳牌公司参加全球 ISO 14001、OHSAS 18001 认证取证，验收检查官评价称：70119 钻井队是其在尼日利亚见到的现场管理最好的钻井队。

（陈洪远）

【改制分流和教育系统移交】 2005 年，河南油田完成了机械制造厂、总医院、运输处、监理中心、报社印刷厂、康兴公司、大正公司和运输处的开源公司等 8 个单位的改制分流工作。改制分流人员 2 202 人，其中全民工 1 743 人，非全民工 459 人。对不参加改制的内部退养职工，按照河南石油勘探局委托改制后企业代管协议的要求，分 5 年退养、8 年退养和病退等不同情况分别计算一次性支付给改制企业的基本生活费和工资附加费总额。并就教育系统移交工作的相关问题与南阳市政府有关部门进行多次协商和沟通。

（赵　琳）

【"一井一策"精细化管理见实效】 2005 年，第一采油厂针对开发生产单元——油水井，全面推行"一井一策"制精细化管理法，立足于油水井的全面分析，对不同油水井的具体情况采取不同的管理对策、不同的工作制度，以实现运行参数最优化、产量最佳化、成本最小化、综合效益最大化。7 月 17 日"一井一策"精细管理经验交流会在江河矿采油十一队召开。与上年相比，2005 年维护性作业井次减少 90 井次，低产低能井间隙生产节电 351 万千瓦·时，减少无效掺水 48 万立方米。

（韩　伟）

表 1　河南油田主要经济指标　　亿元

年份 / 指标名称	2005		2004		2003		2002		2001		2000	
	勘探局	分公司	勘探局	分公司	勘探局	分公司	勘探局	分公司	勘探局	分公司	勘探局	分公司
工业总产值①	12.67	67.84	9.23	52.1	13.41	41.83	11.85	8.67	2.87	8.44	2.06	8.32
工业增加值	4.25	35.15	3.99	27.79	4.23	23.11	4.04	17.76	1.48	19.65	0.71	20.39
资产总计	31.48	57.37	35.16	52.35	31.06	49.76	41.42	49.24	39.37	50.01	39.99	44.70
流动资产	14.18	6.28	18.52	7.48	17.43	4.61	23.57	6.20	23.51	8.42	25.64	11.03
固定资产原值	19.56	103.18	19.78	91.49	15.58	95.34	22.89	89.10	20.49	76.68	18.75	67.46
固定资产净值	13.43	47.81	13.63	40.53	11.10	41.67	14.51	39.55	13.07	33.02	11.88	28.57
销售收入	29.47	51.65	23.47	40.17	24.03	33.31	20.29	27.86	18.96	28.48	13.31	30.59
实现利税	1.13	23.94	－0.58	11.23	1.38	7.19	1.49	5.04	－1.23	9.59	－0.80	11.08
税　金	2.13	11.49	1.31	6.41	1.38	3.38	1.49	3.25	1.11	5.89	0.56	6.38

① 2000—2002 年按 1990 年不变价计算。

表 2　河南油田主要生产建设指标

年份 / 指标名称	2005	2004	2003	2002	2001	2000
原油产量/万吨	187.15	188.31	186.00	188.02	186	185.06
天然气产量/亿立方米	1.01	1.02	1.00	1.1	0.90	0.90
新增原油生产能力/万吨	40.51	44.8	34.73	37.0	22.20	26.7
新增天然气生产能力/亿立方米	—	0.20	—	0.48	0.06	—
新增探明石油地质储量/万吨	810.77	1 280	1 100	1 243	1 230	1 142
新增探明天然气地质储量/亿立方米	—	—	—	0	10.68	2.07
二维地震/千米	161.14	542.36	914.13	353	1 364	1 586

续表

指标名称 \ 年份	2005	2004	2003	2002	2001	2000
三维地震/平方千米	261.43	195.72	290.09	180	172.81	224.29
石油钻井/口	393	368	322	251	206	123
探　井/口	57	89	67	35	22	22
采油井/口	356	307	208	151	139	70
注水井/口	37	27	45	36	23	19
资料井/口	—	2	2	29	7	12
钻井进尺/万米	34.65	33.96	38.82	38.92	43.97	18.76
勘探投资/亿元	2.88	3.12	3.22	2.35	3.51	2.78
开发投资/亿元	9.33	8.59	8.45	8.82	8.85	4.15

江汉油田

【概述】 江汉油田是中国石化集团江汉石油管理局(简称江汉石油管理局)和中国石油化工股份有限公司江汉油田分公司(简称江汉油田分公司)的统称，主要从事油气勘探开发、机械制造、盐卤化工及其他产品生产。地处江汉平原腹地，油田机关位于湖北省潜江市，矿区面积55.8平方千米。油气生产区主要分布在湖北省潜江、荆门、荆州、天门、仙桃、利川等市和山东省寿光市、广饶县，陕西省安塞县，重庆市石柱县。2005年，江汉油田有员工33 741人，各类专业技术人员11 483人，其中高级技术职称1 452人，中级技术职称4 300人；资产总额114.37亿元，其中固定资产净值70.82亿元。

2005年，江汉油田以科学发展观为指导，继续实施资源扩张、资本扩张、市场扩张战略，突出油气勘探开发，积极开拓市场，强化内部管理，稳步推进改革，经济继续保持良好的发展势头，主要经济技术指标创出历史最好水平。

地质勘探取得新进展。全年完成二维地震446.45千米、三维地震330.98平方千米；完钻探井39口，有15口井获得工业油气流，探井成功率为37.5%；探明石油地质储量742万吨。八面河地区实施滚动勘探开发，面36区块成为1 000万吨级含油区块，面138区块含油范围进一步扩大，沙子岭构造控制储量实现升级。江汉地区在潜北发现周30、王78－2等含油区块；在广华潭口油田发现新的含油层系；在荆州背斜带天鹅洲断块钻探的陵93井出油，揭示出江陵凹陷良好的勘探前景。西部、南方和东北各勘探新区的勘探取得重要成果，鄂尔多斯长武地区的武10井发现油层，二连盆地的赛汉1井发现良好烃源层，西部新区塔中区块的古隆1井中途测试获日产天然气1万立方米。海外油气勘探项目开始启动，阿尔及利亚盖拉拉区块地震施工已经展开。

原油、天然气产量保持基本稳定。全年共生产原油163.11万吨，生产天然气1.21亿立方米。全年钻开发井182口，新建原油生产能力25.32万吨。完成措施作业685井次，增油10.34万吨。油田综合递减率和自然递减率分别为7.6%和13.96%，同比分别下降0.47和0.73个百分点；年产液量、注水量、综合含水、采油速度等指标相对稳定，油田开发保持了较高水平。

盐化工经济效益明显提升。主要生产装置实现满负荷运行，工艺技术和生产管理日趋成熟，漂粉精产品供不应求。全年实现销售收入3.05亿元，同比增长25%，盈利508万元。

机械制造经济持续增长。各机械厂抓住石油机械装备需求旺盛的机遇，加快新产品开发，加强市场营销，努力扩大出口，产值、销售收入和利润持续增长。全年实现销售收入19.62亿元，同比增长25%；盈利1.07亿元，同比增长9%。

工程技术服务市场不断拓展。全年完成总产值18.99亿元，同比增长41.49%。国内市场得到巩固。钻井、物探、测录井、井下作业、油建、工程设计等单位在中国石化集团、中国石油集团和地方市场获得施工项目137个，实现产值7.06亿元。国际市场逐步拓展。江汉油田新签海外施工项目合同11个、标的金额1 600万美元，完成产值1 071万美元。油建公司提前两个月完成苏丹3/7区B1段长输管道和水平定向穿越施工；钻井公司、物探公司分别在哈萨克斯坦、缅甸获得了工程项目。

改革工作有序推进。分离企业办社会职能，积极争取政策，妥善解决机构、体制和社会保险问题。中小学和公安机构实现了整体移交和平稳过渡，共移交人员 2 422 人；完成中心医院改制，分流人员 1 206 人。稳妥进行内部分配制度改革，兼顾各层次人员利益。精减机构和部分管理人员，通过合并业务、理顺职能、分离部分单位，江汉油田机关处室由 34 个减至 25 个，机关直属、附属单位由 46 个减至 10 个，人员由 1 289 人减至 815 人；组建成立国际合作公司，重组整合产品类似、业务相近的单位，撤销已基本完成改制的多种经营企业，对原机械厂、三机厂和四机厂进行重组，二级单位由 42 个减至 36 个。

企业管理进一步加强。加强经济活动分析，落实内控制度，促进管理，努力降低生产成本，油气完全单位成本 1 550 元/吨，扣除预算外因素后低于石化股份公司考核指标。加强信息化管理，江汉油田分公司 ERP 成功上线，实现了信息流、资金流、物流的三流合一。扩大招标采购范围，推行网上采购，节约采购资金 1 700 万元。加强审计、监察和法律事务工作，避免和挽回经济损失 5 000 多万元；江汉油田获得国家审计署授予的全国内部审计先进单位称号。强化质量技术监督，四机厂、钢管厂分获全国和湖北省实施卓越绩效模式先进企业称号，漂粉精、离子膜烧碱和水处理过滤器获湖北省名牌产品称号。加强职工技能培训和鉴定工作，组织职工技能鉴定 3 066 人，被团中央、国家劳动和社会保障部命名为全国青工技能鉴定先进单位。坚持开展五项劳动竞赛和金银牌队创建活动。积极推进 HSE 管理体系，主要安全环保指标达到石化集团考核要求。

科技进步水平有新的提升。全年承担局级以上科技项目 108 项，其中国家级攻关课题 1 项、石化集团公司级项目 23 项。取得局级以上科技成果 80 项，新增国家专利 19 项。勘探开发系统重点加强老区隐蔽性油藏勘探、中扬子地质构造及勘探方向、盐间非砂岩油藏开采技术等一批关键课题的攻关或应用。工程技术服务单位推广应用逆冲推覆带地震资料采集与处理、鄂西渝东北低压及易漏气井防窜固井、高温高压井测试等多项新技术。机械制造系统开发新产品 10 项，大功率自动混浆固井设备、RDS 型系列压缩机组达到国际先进水平，ZJ30 型变频电驱拖挂钻机技术水平处于国内领先地位；通过国际技术合作，开发出的 5 000 米快移快装模块钻机、可用直升飞机吊装的轻型模块钻机在国外进入工业试验阶段；历时 3 年建成中国石化集团压缩机和固压设备两个国产化基地。江汉油田全年完成技术改造投资 5 044 万元，完成 20 个技术改造重点项目。

扶贫帮困和再就业工作成效明显。通过多种渠道筹措扶贫帮困资金 2 000 多万元，对一些特困家庭、困难人员进行救助。进一步争取政府“低保”政策的落实，共为 605 户、1 534 人办理了“低保”手续。油田特困家庭、特困人员由年初的 2 082 户 5 582 人减至 1 316户 3 435 人。坚持开展送温暖活动，走访慰问困难职工家属 7 261 户次、残疾人 155 人，送慰问金 317.5 万元。努力做好就业和再就业服务工作，江汉油田内部腾出就业岗位 2 559 个，对外劳务输出和劳务派遣 1 108 人，帮助 3 667 人实现就业再就业。通过以上工作，初步缓解了矿区的各种矛盾。

思想政治工作和精神文明建设取得新成果。加强改革过程中的宣传教育工作，保证了江汉油田改制分流、移交办社会职能等改革工作平稳推进。开展纪念江汉油田发现 40 周年系列活动，宣传艰苦创业历程和改革发展成果，激发了广大职工、家属热爱油田、建设油田的热情。组织开展立功竞赛等系列活动，职工共提合理化建议 4 962 条，创造生产新纪录 334 个。油田两级机关开展“树立‘三观’（世界观、人生观、价值观）、提高素质”主题活动，机关工作作风明显改善。坚持做好日常思想政治工作，深化精神文明创建活动。钻井公司 50786JH 钻井队获全国青年文明号，江汉油田“四五”普法工作受到湖北省国资委表彰，物探公司、井下作业公司、勘探开发研究院被评为省级文明单位，江汉油田连续第六次获湖北省最佳文明单位称号。

2005 年，江汉油田主要经济技术指标比上年有较大幅度增长。全年实现销售收入 96.46 亿元，增长 36.96%；实现利税 20.12 亿元，其中税金 5.48 亿元，超额完成石化股份公司下达的考核指标。企业总产值、企业增加值、主营业务收入、对外工程产值、全员劳动生产率和产品出口等主要经济技术指标创历史最高纪录。

江汉油田主要经济指标和主要生产技术指标见表 1、表 2。

（罗秋林）

【油建公司首个国外工程项目——苏丹管道工程完工】 2005 年 8 月 10 日，油建公司承担的首个国外工程项目——苏丹共和国 MUTL 盆地 3/7 区块原油管道工程 B1 标段工程完工。该项工程是中国石化集团与马来西亚 MMC 公司、TOLO 公司组成联合体中标的国际工程项目。油建公司作为中国石化集团两个参建单位之一，承担了长240千米、直径为813毫米的管道焊接和8座阀室安装、阿特巴拉河水平定向穿越等施工任务，其中180余千米长的施工作业地带处在世界最大的沙漠——撒哈拉沙漠。工程于2004年10月18日开工，施工期间，油建公司日焊接进度、管口NDT检测等主要施工指标位居参加施工单位第一名。

（罗秋林）

【物探研究院成立】 2005年7月9日，江汉油田物探研究院成立。物探研究院是在勘探开发研究院物探分院的基础上组建的，主要承担各个探区的地震资料解释处理工作，包括常规地震资料处理解释、特殊地震资料处理解释、资源评价、油藏描述、储层预测、地质工作研究、圈闭优选、井位提供等工作；负责江汉探区地震部署与设计，油气勘探物探新方法研究，疑难地震资料的处理解释攻关，油气勘探软件开发、技术服务、计算机系统集成等研究工作。

（罗秋林）

【杜峰获全国杰出青年岗位能手称号】 2005年6月28日，全国青年岗位能手在北京评选揭晓，江汉油田清河采油厂职工杜峰当选，成为10名全国青年岗位能手之一。杜峰1996年从部队转业到清河采油厂当了一名工人，他刻苦学习技术，先后拜了5名师傅，学完20多本专业书籍，画出11张油水井分布图，记下48口油井的2万多个数据，成为有名的管井能手。9年里他共提出增产节约建议180多条，累计增油5 000多吨，创经济效益900多万元。他所管的井成为江汉油田免修期最长的样板井，所在的采油二队获得湖北省五一劳动奖状。

（罗秋林）

【四机厂修井机销往美国】 2005年8月中旬，四机厂生产的首批3台XJ350型修井机销往美国。这是中国首次向美国出口修井机产品。2004年，四机厂与美国摩登石油公司签订了20台XJ350型修井机购销合同，标的金额为700万美元。生产的产品将分批交付美国摩登石油公司。

（罗秋林）

【湖北江汉油田石油工程有限公司成立】 2005年9月28日，湖北江汉油田石油工程有限公司在武汉东湖高新技术开发区注册成立。该公司以江汉油田勘察设计研究院为基础，与几家企业合资组建。勘察设计研究院成立于1966年，是具有甲级勘察、甲级设计、甲级工程咨询和甲级测绘的大型综合性勘察设计研究院，先后获得50多项省(部)级以上科技成果和优秀设计奖，10多项技术在国际处于领先水平。

（罗秋林）

【妥善处理群体上访事件】 2005年1月17日—6月上旬，江汉油田发生较大规模的群体上访事件。“协解”人员和离岗家属就医疗保险、生活补贴等方面提出了诉求。事发后，在湖北省委、省政府和石化集团的领导、指挥下，江汉油田采取切实措施，对合理的问题及时予以解决，对不合理的要求做好解释工作。同时，通过公安、武警、消防等方面的共同努力，控制了局面。事发期间，油田生产经营保持正常运行。

（周光林）

【举行江汉油田发现40周年纪念活动】 2005年9月27—30日，江汉油田举行江汉油田发现40周年纪念活动。27日，油田领导、部分职工和青少年学生400多人，在江汉油田第一口油井——钟11井纪念碑前举行宣誓仪式；在广华文体广场举办以“石油之歌、激情之夜”为主题的文艺晚会；30日，在《江汉石油报》以40个版面发行“热烈庆祝江汉油田发现40周年”彩印专辑。1965年9月27日，原石油工业部江汉石油勘探处3204钻井队在钟市构造钻探钟11井(原名潜深1井)首次获得自喷油流，成为发现江汉油田的重要标志。经过40年建设，江汉油田在湖北江汉、山东八面河和陕西坪北建成2个百万吨级油田和1个25万吨级的石油合作开发区；引进国际先进技术，建成全国最大的石油机械制造基地。

（黄文峰）

【江钻股份公司武汉天然气汽车加气母站投运】 2005年11月12日，江钻股份公司投资建设的国内最大天然气汽车加气母站在武汉市江夏区建成投运，武汉首批30辆改装天然气公交车可实现加气。该加气母站占地面积22亩(1.47万平方米)，设计日充加天然气20万标准立方米。2003年10月18日，江钻股份公司中标武汉市压缩天然气(CNG)汽车加气建设项目，获得该项目建设和经营权。2004年，西气东输管道进入武汉，江钻股份公司与武汉市公交集团签订1 500辆公交车改装及供气协议。至2005年底，计划建设的10座车用天然气加气站的站址初步选定，预计2006年陆续建成。项目建成后，加气站将向武汉市以天然气为动力的公交车和出租车供气。

（孙海涛　黄文峰）

表 1　　**江汉油田主要经济指标**　　亿元

指标名称＼年份	2005	2004	2003	2002	2001	2000
工业总产值①	81.17	60.25	22.72	21.81	17.21	14.44
工业增加值	48.88	30.39	25.66	19.89	21.57	23.99
资产总计	114.37	111.28	103.63	117.45	110.44	95.62
流动资产	39.72	43.43	37.77	49.50	47.46	41.05
固定资产原值	134.91	54.67	130.94	—	117.19	96.24
固定资产净值	70.82	34.22	62.61	63.80	56.37	45.85
销售收入	96.46	71.42	58.74	48.35	25.98	41.55
实现利税	20.12	10.28	5.66	2.58	3.63	6.91
税　金	5.48	6.69	3.13	2.31	4.05	5.09

① 2000—2003 年按 1990 年不变价计算，从 2004 年起，由不变价改为现价统计。

表 2　　**江汉油田主要生产建设指标**

指标名称＼年份	2005	2004	2003	2002	2001	2000
原油产量/万吨	163.11	165.02	165.13	168.05	163.2	155.51
天然气产量/亿立方米	1.21	1.11	1.0	1.01	0.75	0.91
新增原油生产能力/万吨	25.32	28.64	29.75	33.2	32.9	27.4
新增天然气生产能力/亿立方米	0.39	0.07	0.30	0.33	0.5	—
新增探明石油地质储量/万吨	742	1 114	1 390	1 217	1 280	1 073
新增探明天然气地质储量/亿立方米	0.3	2.6	—	48.12	—	—
二维地震/千米	446.45	663.74	529.63	1 204.11	1 015	961.24
三维地震/平方千米	330.98	388.93	420.73	284.29	298	314
石油钻井/口	221	223	185	194	333	363
探　井/口	39	43	32	45	38	27
开发井/口	182	180	153	149	295	336
注水井/口	16	8	19	6	24	56
钻井进尺/万米	45.56	9.61	39.41	39.86	57.97	65.88
勘探投资/亿元	3.17	3.02	3.11	3.92	3.10	2.57
开发投资/亿元	6.77	7.61	7.23	8.29	9.99	8.69

江 苏 油 田

【概述】 江苏油田，为中国石化集团江苏石油勘探局(简称江苏石油勘探局)和中国石油化工股份有限公司江苏油田分公司(简称江苏油田分公司)的统称，组建于 1975 年 4 月 23 日。江苏油田主要从事油气勘探开发，工商核准的经营范围是：石油、天然气勘探、开发、销售，石油化工、化纤及其他化工产品的生产、销售、储运，石油、天然气管道运输，盐化工采输卤，技术及信息的研究、开发、应用。其对外经济技术合作经营权范围为：承包境外石油天然气行业工程及境内国际招标工程，上述境外工程所需的设备、材料出口，对外派遣实施上述工程所需的劳务人员。1998 年 11 月，安徽石油勘探开发公司整体并入江苏油田。2001 年 2 月，江苏石油勘探局和江苏油田分公司分设分立。2005 年，江苏油田拥有勘查区块 35 个，采矿权项目 28 个，区块总面积 9.37 万平方千米。江苏油田总部位于江苏省扬州市经济开发区，共有 9 个生活基地，13 个住宅小区。

江苏油田实行勘探局、分公司—二级厂处—基层队站三级管理体制。2005年底，江苏油田共内设厂(处)二级单位29个，机关处室31个，职工总数18 279人。其中，江苏石油勘探局有二级单位21个，职工12 067人；江苏油田分公司有二级单位8个，职工6 212人。

2005年，江苏油田固定资产原值103.26亿元，净值54.38亿元。江苏油田共有主要设备4 646台(套)，设备资产原值15.94亿元，新度系数0.44。其中江苏石油勘探局2 633台(套)，设备资产原值11.85亿元，新度系数0.45；江苏油田分公司2 013台(套)，设备资产原值4.09亿元，新度系数0.42。

2005年，江苏油田广大职工坚持以“三个代表”重要思想为指导，认真贯彻落实党的十六大和十六届三中、四中、五中全会精神，按照石化集团公司党组“改革、调整、创新、发展”的方针，以庆祝油田成立30周年为契机，深入开展增储上产、降本增效活动，团结拼博，求实创新，圆满完成了全年各项目标任务。油田整体呈现出全面、协调、可持续发展的良好态势。

2005年，江苏油田综合经济效益持续增长。江苏油田分公司实现销售收入47.86亿元，税前利润23.89亿元；江苏石油勘探局实现经营收入34.62亿元，亏损额度控制在石化集团公司下达的5 000万元指标以内。全年销售原油156.66万吨，原油商品率95.12%，油款回笼率100.02%。全年完成总投资规模14.53亿元，其中江苏油田分公司11.76亿元，江苏石油勘探局2.77亿元。

2005年，江苏油田两个精神文明建设协调发展。油田党建和思想政治工作得到加强。历时3个多月的保持共产党员先进性教育活动在油田高点起步、强势推进、有序展开，领导干部领导企业发展的能力、破解改革难题的能力，做好群众工作的能力进一步增强，广大党员经受了党性锻炼，基层党组织建设得到了加强，党群、干群关系进一步融洽。江苏油田第20次政工会暨政研会第15次年会、共青团第七次代表大会成功召开，思想政治工作、党群工作在创新中加强；厂务公开、廉政教育、阳光采购、交通监察工作扎实有效地展开；离退休管理工作强化“六个老有”，落实“两项待遇”。江苏油田成立30周年庆祝活动、中央文明委“四进社区”颁奖晚会和中央企业职工技能大赛焊工决赛等大型活动的成功举办，塑造了团结奋进的氛围，展示了油田的良好形象，坚持用情、用心、用力为职工办事，集资建房、子女就业、救助帮困、职工代表宣传教育日等活动扎实推进，职工队伍保持了总体稳定。江苏油田继续保持和获得了全国思想政治工作优秀企业、江苏省文明单位、江苏省先进基层党组织、江苏省企业廉政工作先进单位、全国守合同重信用企业、全国模范职工之家等光荣称号。江苏油田主要经济技术指标和主要生产建设指标见表1和表2。

(唐富华)

【年增探明石油地质储量1 028万吨】 2005年，江苏油田勘探系统按照“立足苏皖，深挖细抠；走出苏皖，加快突破；油气并举，提高效益”的勘探方针，紧紧围绕勘探发现和增加储量的核心任务，挖潜老区、开拓新区，组织打好老区增储上产战役、新区战略展开战役，勘探工作取得丰硕成果。全年完成勘探投资3.86亿元，动用7支地震队，完成二维地震测线364.71千米，三维地震满覆盖面积463.15平方千米；完成VSP测井1口；全年POWER CHALLENCE/XL、Origin2000、PC集群IBM350及PC集群RS-1100VM并行机同时进行生产，共完成二维地震处理剖面223条5 487.34千米，完成苏北盆地三维地震处理资料18块，满覆盖面积3 480.60平方千米。动用16支钻井队，全年探井开钻30口，完钻、完井均为31口，完成探井井尺8.39万米。全年探井(新井)投试17口，完成探井试油16口32层，试获工业油流井11口。全年新发现局部圈闭39个，面积65.7平方千米；钻探新圈闭20个，完钻圈闭20个，见工业油流圈闭5个，待试油圈闭3个。苏北盆地全年新增探明含油面积10.15平方千米，石油地质储量1 028万吨，完成年计划任务的103%。这是江苏油田连续10年年新增探明石油地质储量在1 000万吨以上。截至2005年底，江苏油田累计探明油田37个，探明含油面积237.45平方千米，地质储量2.38亿吨。

(唐富华)

【年产原油164.7万吨】 2005年，江苏油田在油气田开发工作上，通过实施滚动勘探开发，增加强采储量，加强新区产能建设和老油田综合治理及技术改造，提高特殊类型油藏开发水平，继续推广使用钻采新工艺、新技术等措施，连续第13年实现了原油产量的持续性增长，全面完成了油田开发生产建设任务。全年共投入开发油田32个。年末，油田开井1 091口，油井利用率87.5%；注水井开井401口，注水井利用率87.39%。全年生产原油164.7万吨。新建(增)原油生产能力26.2万吨，核减原油年生产能力20.4万吨，年底核定原油年生产能力168万吨，比2004年增加5.8万吨。累计生产原油2 609.95万吨。

(唐富华)

【淮安采输卤工程投产运行】 淮安采输卤工程是经石化集团公司批准投资建设的江苏油田调整产业结构、实施非烃类矿藏开发战略的标志性工程。工程于2003年12月18日开工，2005年3月18日投产运行，如期完成了钻井15口、建设年采输卤能力365万立方米的首站、淮安赵集至连云港173.8千米的输卤管线及连云港碱厂末站等工作量，创下了一次性投入建设规模、输卤管线长度两项国内岩盐开发行业之最。截至2005年底，采输卤管理处外输合格卤水288.88万立方米，实现主营业务收入6 662.68万元，同时，也为南化公司连云港碱厂创造了直接的经济效益。该工程的顺利投产，对淮安市、连云港、连云港碱厂的发展也有着十分重要的意义。达到了四方共赢，强企富民，实现了石化集团公司的预期目标。

（唐富华）

【江苏油田职工医院改制】 2005年12月26日，江苏油田举行了扬州友好医院挂牌仪式，宣告油田职工医院成功改制，成为江苏油田第一家整建制改制的二级单位。改制后的医院为民办非企业单位，采取石化集团公司所属企业不参股、国有资本全部退出的改制形式。改制共涉及人员362人，用于改制净资产2 717万元。

（唐富华）

【江苏油田启动“职工代表宣传教育日”活动】 随着油田改革改制工作的不断深入，企业长期积淀下来的深层次矛盾逐步显性，维护队伍稳定，凝心集力，加快发展，成为思想政治工作的主旋律。在坚持和继承优良传统的同时，江苏油田积极探索思想政治工作新方法、新途径。2005年6月10日，江苏油田召开工会系统大会，正式启动“职工代表宣传教育日”活动。

“职工代表宣传教育日”活动，是先对职工代表进行形势任务、政策法规及相关知识的宣传教育，释疑解惑，再由职工代表深入一线、深入基层对普通群众宣讲、解释。通过职工代表这个特殊的纽带，以“群众宣传群众，群众教育群众，群众服务群众”的方式，开展深入细致的思想政治工作。开展“职工代表宣传教育日”活动是加快企业发展，建设和谐油田的迫切要求，是实践“三个代表”重要思想，落实科学发展观的具体体现，是贯彻落实党的依靠方针，保障职工权益的重要形式。

（唐富华）

【协办央企焊工决赛】 2005年11月15—18日，由国务院国有资产监督管理委员会、劳动和社会保障部主办，石化集团公司承办，江苏石油勘探局协办的中央企业职工职业技能大赛焊工决赛在江苏油田举行。中央所属企业61个代表队、157名选手参加比赛，比赛分为理论考试和实际操作比赛两个阶段。作为协办单位，江苏油田做了大量细致的接待、赛务等准备工作，保证了决赛的顺利进行。本次比赛，受到了中央电视台等媒体的广泛关注。11月19日，中央电视台《当代工人》栏目在江苏油田油建处进行现场录制。从中央企业职工技能大赛焊工决赛中脱颖而出的前30名选手、领队以及油建处的职工代表参加了现场录制，该节目12月13日在央视一套节目中正式播出。

（唐富华）

【江苏油田与7所高校签订共同培养毕业生协议】 为贯彻落实石化集团公司“人才强企”的发展战略，科学开发人力资源，缩短毕业生到企业的磨合期和适应期，促进人才成长，加强油田经营管理、专业技术和实际操作三支队伍建设，增进校企之间的合作与交流，在中国石化人事部门的大力支持下，2005年12月30日，在江苏油田扬州基地，江苏油田与中国石油大学(北京)、中国石油大学(华东)、大庆石油学院、西南石油大学、长江大学、重庆科技学院等7所石油高校分别签订了共同培养毕业生协议。协议规定，已与江苏油田签约的各石油院校毕业生，自签约起至毕业的一个学期为校企共同培养时间。期间，由油田相关专业总师(副总师)担任导师，以油田生产、科研、现场管理要求为主要教学内容，进校讲学，辅导毕业生按江苏油田的要求选择毕业设计，参与毕业生的论文答辩，以确保毕业生提前熟悉和掌握油田生产经营状况，尽快成为适应油田发展要求的合格人才。

（唐富华）

表1 **江苏油田主要经济指标** 亿元

指标名称 \ 年份	2005	2004	2003	2002	2001	2000
工业总产值①	70.47	50.87	40.85	—	5.89	4.00
江苏石油勘探局	23.37	16.81	13.99	17.11	—	—
江苏油田分公司	47.10	34.06	26.86	4.05	—	—

续表

指标名称＼年份	2005	2004	2003	2002	2001	2000
工业增加值	43.05	29.25	21.15	15.97	16.72	21.99
江苏石油勘探局	5.28	4.19	3.85	2.78	—	—
江苏油田分公司	37.77	25.06	17.30	13.19	—	—
资产总计	70.27	68.20	63.75	62.85	69.00	66.05
江苏石油勘探局	30.07	28.65	25.83	27.06	—	—
江苏油田分公司	40.20	39.55	37.92	35.79	—	—
流动资产	12.77	13.52	11.60	12.48	15.19	16.53
江苏石油勘探局	10.09	8.21	8.71	9.45	—	—
江苏油田分公司	2.68	5.31	2.89	3.03	—	
固定资产原值	103.26	94.25	99.96	90.97	83.64	73.34
江苏石油勘探局	29.00	25.65	23.92	22.95	—	—
江苏油田分公司	74.26	68.60	76.04	68.02	—	—
固定资产净值	54.38	48.54	49.08	46.37	49.86	45.63
江苏石油勘探局	17.76	15.44	15.10	15.21	—	—
江苏油田分公司	36.62	33.10	33.98	31.16	—	—
勘探投资	3.86	3.75	3.28	2.86	—	—
江苏油田分公司	3.86	3.75	3.28	2.86	—	—
开发投资	7.41	6.70	6.02	6.18	—	—
江苏油田分公司	7.41	6.70	6.02	6.18	—	—
销售收入	82.48	59.42	48.98	38.96	39.17	36.38
江苏石油勘探局	34.62	25.36	22.12	17.11	—	—
江苏油田分公司	47.86	34.06	26.86	21.85	—	—
实现利税	31.11	13.70	10.51	6.45	8.22	9.93
江苏石油勘探局	1.81	-0.37	1.64	1.30	—	—
江苏油田分公司	29.30	14.07	8.87	5.15	—	—
税　金	7.81	4.90	4.00	3.24	5.61	4.55
江苏石油勘探局	2.33	1.37	1.64	1.30	—	—
江苏油田分公司	5.48	3.53	2.36	1.94	—	—

① 2000—2003 年按 1990 年不变价计算。

表 2　　江苏油田主要生产建设指标

指标名称＼年份	2005	2004	2003	2002	2001	2000
原油产量/万吨	164.7	162.00	158.24	157.02	157.02	155.02
天然气产量/亿立方米	0.64	0.50	0.33	0.23	0.23	0.24
新增原油生产能力/万吨	26.2	25.6	25.50	26.2	20.00	26.3

续表

年份 指标名称	2005	2004	2003	2002	2001	2000
新增天然气生产能力/亿立方米	—	—	—	—	—	—
新增探明石油地质储量/万吨	1 028	1 129	1 101	1 096	1 085	1 051.00
新增探明天然气地质储量/亿立方米	—	—	—	—	—	—
二维地震/千米	1 794.20	2 926.31	1 978.73	910.72	1 246.56	1 339.44
三维地震/平方千米	1 093.08	433.83	1 167.10	369.20	384.04	358.38
石油钻井/口	252	249	225	159	167	176
探　井/口	47	41	43	26	39	46
开发井/口	205	208	182	133	128	130
钻井进尺/万米	55.90	51.61	46.32	32.72	32.52	34.45

滇黔桂石油勘探局

【概述】 中国石化集团滇黔桂石油勘探局(简称滇黔桂石油勘探局)，主要从事石油工程技术服务、液化气储运和销售、油气田勘探开发及管理、物流及国际贸易等。所属二级单位驻地分布于云南、贵州、广西、山东、陕西5省(区)，总部设在云南昆明。所在区域具有聚散全国、融入东盟经济发展区位优势，外与缅甸、越南、老挝3国接壤，处于中国—东盟自由贸易区前沿。

滇黔桂石油勘探局设有职能处室13个，直属二级单位16个。主要专业队伍有地震队3支，钻井队21支，测井队9支，录井队11支，射孔队9支。

截至2005年底，滇黔桂石油勘探局共有正式职工3 024人，其中经营管理人员678人，专业技术人员735人，技能操作人员1 343人，服务人员118人。

2005年，滇黔桂石油勘探局拥有固定资产原值11.68亿元，净值7.63亿元，全年实现主营业务收入14.61亿元。全年完成计划投资1.35亿元，为年度计划的100%。滇黔桂石油勘探局主要经济指标见表1。

2005年，滇黔桂石油勘探局圆满完成了全年各项指标任务，整体呈现出良好的发展态势。

工程技术服务呈现新气象。2005年全年实现经营收入5.15亿元。完成二维地震采集工作量571.72千米；完成钻井进尺29.9万米，开钻119口、完井115口；固井162口；完成测井272井次、资料解释处理125口井、射孔386井次、取心33口井；完成地质录井177口、录井进尺40.91万米。

液化气销售实现新增长。2005年实现销售收入8.16亿元，占全局总收入的59%，同比增长28%；全年实现液化气销售14.9万吨，同比增长17%。

4个服务处彻底扭亏为盈。2005年首次全部实现了收支持平，略有盈余，彻底扭转了过去年年亏损的局面。

企业改革取得新进展。2005年完成了云南石油机械厂和云南化工厂的改制，实现了云南石油机械厂和云南化工厂彻底从滇黔桂石油勘探局分离出去。实施了旅游集团公司等7家多种经营单位的关、停、并、撤工作，改制和关停单位人员得到妥善安置。

市场开拓取得新飞跃。2005年，滇黔桂石油勘探局石油工程服务单位在稳固临盘、南方海相市场的同时，不断加大市场的攻关力度，提升服务水平，成功打入新疆、内蒙古、陕北、四川、海南等工程技术服务市场；还成功打入世界上最发达国家——美国石油工程服务市场，与美国亨利石油公司签订了2台3 000米车载钻机的工程服务合同；与越南国家石油公司签订了河内盆地物探工作量；还成功运作了缅甸油气风险勘探开发项目前期工作，并在物探国际招投标中，一举中标。

安全生产管理水平进一步提高。2005年，滇黔桂石油勘探局高度重视安全生产工作，严格按照石化集团公司安全电视电话会议和有关文件精神，全面贯彻安全生产管理规定和HSE管理体系。一是结合HSE管理体系，加强对基层车间、站队各种作业方案、操作规程、技术报表等内容的管理，采用先进手段，强化一线岗位人员的巡回检查，细化巡检内容，并严格考核；二是进一步完善各项规章制度，保证基层建设工作得到落实，选拔专业技术素质高、责任心强的同志充实到基层安全管理队伍，提高了基层单位的管理水平；三是以新引进各类装备为契机，深入开展了岗位培训、技术比武、事故预案演习等活动，迅速提高一线技工队伍的操作技能水平；四是加大隐患治理力度。全年共检查出各类安全问题和隐患 95 个，已全面整改完成。全年实现职工千人死亡率、千人重伤率、千台车死亡率为零，杜绝了井喷失控和井喷着火事故，杜绝了重大油气着火爆炸事故，杜绝了锅炉压力容器爆炸事故，实现了安全生产。

先进性教育活动达到预期目标。遵照地方党委和石化集团公司党组的部署，滇黔桂石油勘探局党委在 189 个党支部、3 400 多名党员中，集中开展了以实践“三个代表”重要思想为主要内容的保持共产党员先进性教育活动。经过各级党组织和广大党员的共同努力，圆满完成了先进性教育活动的各项任务，达到了预期目标，取得了明显成效，促进了各项工作的顺利进行。

（梁韩使）

【成功打入美国钻井工程市场】 2005 年 10 月 12 日，滇黔桂石油勘探局与美国亨利石油公司签订了 2 台 3 000米车载钻机工程服务合同，合同总金额为 1 700 万美元。由此，成功打入世界上最发达国家的石油工程服务市场。

（梁韩使）

【物探队伍首次进入越南、缅甸】 在物探国际招标中，滇黔桂石油勘探局严格按照国际招投标程序认真准备，最后以完善的硬件设施和特有山地作业施工实力，从国内外 7 支物探竞标队伍中脱颖而出，一举中标越南国家石油公司河内盆地 510 平方千米的二维地震数据采集和缅甸 D 区块的 500 平方千米的二维地震数据采集施工任务。由此，滇黔桂石油勘探局成为中国石化集团第一家进入越南、缅甸油气勘探开发领域从事工程技术服务的企业。

（梁韩使）

【创完钻井深新纪录】 由钻井二公司 70837DG 钻井队承钻的新疆 S1066 井顺利完钻，6 100 米的完钻井深刷新滇黔桂石油勘探局钻井井深纪录。S1066 井是一口设计井深为 6 190 米的评价井，于 2005 年 11 月 1 日开钻，完钻井深比设计提前 90 米。同时在 5 944.01—5 950.84 米段进行取心，这在滇黔桂石油勘探局也是首次，并且还取得了 90%的取心收获率。

（梁韩使）

【专业技术人员全员竞聘】 根据石化集团公司的有关要求，结合滇黔桂石油勘探局实际，在试点基础上，在全局稳步开展了专业技术岗位全员竞聘上岗工作。共有 1 600 名专业技术人员参加岗位竞聘，最后聘任主任师 75 名，技术主管 283 人，技术主办 259 人，技术员 68 人。通过竞聘，解决了专业技术职务评聘彻底分开问题，形成了“上岗靠竞争，收入凭贡献”的良好氛围，促进专业技术人员成才观念的积极转变。

（梁韩使）

【成立钻井总公司】 滇黔桂石油勘探局为适应钻井市场竞争的需要，在原第一钻探公司和第二钻探公司的基础上，于 2005 年 6 月 28 日成立钻井总公司。钻井总公司的成立，整合了滇黔桂石油勘探局钻井技术和装备等资源，形成整体优势，提高了钻井队伍的技术和管理水平。

（梁韩使）

【云南石油机械厂顺利改制】 2005 年 4 月 16 日，滇黔桂石油勘探局云南石油机械厂改制工作全部结束，重新注册为云南奇峰石油机械有限公司。至此，云南石油机械厂彻底从滇黔桂石油勘探局中分离出去，告别了国有身份。

（梁韩使）

【钻井一公司生产生活基地改造项目峻工】 2005 年 12 月 2 日，钻井一公司的生产生活基地改造项目峻工。该项目在石化集团公司的大力支持和关怀下于 2004 年 10 月开工建设。总建设投资 6 382 万元，占地 230 亩(15.33 万平方米)。该项目的内容主要有：新建综合办公楼建筑面积 3 856 平方米、生产准备区 1.26 万平方米、技术服务区 3 973 平方米；新建职工公寓住宅 350 套、建筑面积 2.16 万平方米；浴室及职工食堂 2 000 平方米。该项目的竣工，彻底解决了钻井一公司职工 23 年来艰苦的生产和生活条件，是一项民心工程和安居工程。

（梁韩使）

【液化气库再添新丁】 由滇黔桂石油勘探局投资的广西平果液化气站，于 2005 年 9 月顺利竣工。该气站占地 12 亩(7 999 平方米)，库容 200 立方米，设计年供气能力 5 000 吨，气站于 2003 年立项，2004 年 7 月开工建设。平果液化气储备站的建成投产，进一步完善了广西区域的滇黔桂液化气销售网络，形成了以南宁为中心，以北海、柳州、百色、平果为支撑点并向周边县市辐射的良好销售网络格局，将进一步扩大滇黔桂液化气的影响力，增强市场竞争力和提高市场的占有率。

（梁韩使）

【社区水电改革闯出新路子】 为了从根本上解决水电费收缴难的问题，滇黔桂石油勘探局从2003年起实施水、电户网改造，在地方管理部门的理解和支持下，与有关部门达成了“一户一表”改造移交协议。至2005年12月底，已完成4 405户的水电改造工作，均顺利移交地方职能部门管理。此举标志着滇黔桂石油勘探局将结束长期以来水电管理代收代缴及收缴困难、企业垫支等方面的问题。

（梁韩使）

表1 **滇黔桂石油勘探局主要经济指标** 亿元

年份 指标名称	2005	2004	2003	2002
工业总产值	5.05	3.91	3.72	2.95
工业增加值	1.2	0.89	0.84	0.56
资产总计	15.82	15.39	12.77	15
流动资产	6.24	6.8	5.74	6.54
固定资产原值	11.68	10.55	9.34	9.49
固定资产净值	7.63	6.89	5.81	6.02
销售收入	14.63	11.94	9.22	6.86
实现利税	0.38	0.42	0.35	0.52
税金	0.72	0.59	0.43	0.52

南方勘探开发分公司

【概述】 中国石油化工股份有限公司南方勘探开发分公司(简称南方勘探开发分公司)成立于2002年4月，承担中国石化“发展南方”的战略任务，全面负责南方海相新区油气勘探，自营广西百色油田、贵州赤水气田和云南陆良、保山及曲靖气田的滚动勘探开发。

南方勘探开发分公司所属探区主要分布于中国南方广大地区，涉及滇、黔、桂、鄂、川、渝、湘、赣、苏、浙、皖、闽、沪、琼、粤等15个省(市、自治区)约200万平方千米的国土面积，油气资源量11.6万亿立方米气当量。南方勘探开发分公司按照战略展开、战略突破、战略准备三个层次，组织对川东北地区、川东南地区、鄂西—渝东地区等有利勘探区块进行勘探，已在川东北地区的双石庙—普光构造、毛坝场构造、河坝场构造和贵州赤水地区的官渡构造获得油气勘探重大突破，发现了截至2005年底中国海相领域储量规模最大、丰度最高的整装天然气田——普光特大气田。

南方勘探开发分公司设11个职能处室和川东工作部1个派出机构，下设5个二级单位。总部设在云南省昆明市。

截至2005年末，南方勘探开发分公司共有员工1 193人，其中教授级高工9人，高级职称178人，中级职称211人；经营管理人员353人，专业技术人员256人。

2005年，南方勘探开发分公司共完成高分辨率二维地震采集1 862千米，高分辨率三维地震采集874平方千米，MT5 853个物理点；新开探井16口，完井17口，探井进尺4.45万米；新开开发井5口，完井7口，开发井进尺8 398米，均为年度计划的100%。

超额完成年度储量任务，基本完成油气产量任务。2005年，南方勘探开发分公司海相新区新增天然气Ⅱ类探明储量1 367.07亿立方米，为年度计划的220.5%；新增天然气控制储量432亿立方米，为年度计划的139.21%；新增天然气预测储量444亿立方米，为年度计划的126.84%。自营区新增石油预测储量347万吨；生产原油3.03万吨，为年度计划的100.94%；原油商品量2.94万吨，为年度计划的101.15%；生产天然气8 019万立方米，天然气商品量6 767万立方米，分别为年度计划的89.1%和89.04%；新建原油产能3 300吨/年，新建天然气产能480万米^3/年。

南方勘探开发分公司主要经济指标和主要生产建

设指标见表1、表2。

有效节约勘探投资和降低油气生产成本。2005年，南方海相新区完成勘探投资6.82亿元，比预算降低1亿元。自营区油气田滚动勘探开发亏损6 477万元，比预算减亏1 783万元；扣除预算外因素，油气当量实际完全成本为1 628.55元/吨，比预算指标降低19.45元/吨。

2005年，南方勘探开发分公司天然气勘探取得了1个落实扩大、3个重大突破、8个积极进展。一是普光气田储量规模得到进一步落实和扩大。二是川东北地区通南巴构造带整体勘探、川东北地区宣汉—达县区块南部甩开勘探、宣汉—达县区块毛坝场构造长兴组天然气勘探取得重大突破。三是以海相下组合为勘探目标的川东南地区丁山构造上的丁山1井钻探、鄂西—渝东地区圈闭评价、黔中隆起及其周缘地区整体评价、兴桥1井钻探、松潘—阿坝地区红参1井钻探、十万山和湘中等外围区块前期勘探评价、赤水和百色探区滚动勘探、南方复杂地区勘探技术攻关取得积极进展。

科技进步支撑油气勘探开发能力增强。2005年，南方勘探开发分公司围绕“建立三大理论，发展和完善四项综合勘探技术，突破五项瓶颈技术”的科研攻关思路与目标，在海相油气地质理论、油气富集规律与勘探评价技术方面取得显著进步。信息和高性能勘探开发计算机应用工作进一步加强。地震资料处理解释能力加强。油气勘探期刊库投入使用，主要石油勘探开发刊物资料全部实现了网上检索和应用。勘探综合评价生产指挥信息系统开工建设。

加强HSE管理，实现安全生产。2005年，南方勘探开发分公司坚持“安全第一、预防为主、全员动手、综合治理”的方针，认真落实各项安全环保工作措施，实现了安全生产。全年组织安全检查和参加石化集团公司安全大检查6次，发现并整改隐患301个，投入安全环保隐患治理资金878万元，送员参加安全知识培训205人次。

强化企业管理，深化改革，规范企业运作。一是进一步加强工程项目管理，完善市场运作机制；二是积极推进分配制度及配套制度改革；三是全面贯彻落实内控制度，推行了《南方勘探开发分公司内控手册》及《实施细则》；四是进一步加强了审计和效能监察工作，全年审计项目33项，工程审减1 595万元，审计建议被采纳93条，效能监察取得效益1 512.19万元；五是进一步加强合同管理，全年签订合同932份，合同金额19.70亿元，参加合同纠纷处理、避免经济损失12万多美元。

开展新时期保持共产党员先进性教育活动取得成效。南方勘探开发分公司共为基层单位职工解决较大的实际问题26个，共产党员个人捐资3.5万元扶贫助学。在群众满意度测评中，二级单位党委和基层党支部群众满意率超过95%；公司党委领导班子群众满意度满意率为100%。

（王孝祥）

【中国海相领域最大整装气田——普光气田诞生】 普光气田位于四川省宣汉县普光镇，地质构造上属川东断褶带黄金口构造带。2001年11月3日普光1井开钻至2005年1月7日普光4井完钻，南方勘探开发分公司在该构造上完成的4口探井均在海相碳酸盐岩地层飞仙关组至长兴组储层钻获高产工业气流。其中普光1井在飞仙关组储层常规测试试获天然气日产42.37万立方米；普光2井常规测试5层合计天然气日产171.11万立方米，并首次发现了395.4米的巨厚优质白云岩储层；普光4井在飞仙关组储层常规测试试获天然气日产64.9万立方米。2005年1月26日，国土资源部矿产资源储量评审中心专家组，对南方勘探开发分公司提交的普光气田飞仙关组气藏新增天然气探明储量进行了认真细致和严格的评审，确认普光气田首批Ⅱ类探明储量1 143.63亿立方米，技术可采储量878.32亿立方米，跻身于中国特大天然气田之列。

2005年，南方勘探开发分公司在普光构造上完成了普光5井和普光6井，均在海相碳酸盐岩地层飞

普光2井

仙关组至长兴组储层钻获高产工业气流，其中普光6井通过大型酸压改造，获得稳定日产128万立方米的川东北地区迄今为止最高工业产量。

2006年2月15日，国土资源部矿产资源储量评审中心油气储量评审专家组审定了普光气田新一轮探明储量，核定普光气田含气面积45.58平方千米，探明储量2 510.7亿立方米，技术可采储量1 887亿立方米，是迄今为止中国海相领域储量规模最大、丰度最高的整装特大天然气田。

（王孝祥）

【普光4井试获高产天然气流】 普光4井位于川东断褶带黄金口构造带普光构造北部，2003年12月27日开钻，钻探主要目的层为下三叠统飞仙关组和上二叠统长兴组，2005年1月7日钻至井深5 990米完钻。2005年1月26日，该井在飞仙关组一段5 759.30—5 791.60米试获天然气日产64.94万立方米。

（王孝祥）

【普光6井试获高产天然气流】 普光6井位于川东断褶带黄金口构造带普光构造，2005年1月23日开钻，2005年8月21日钻达井深5 510米完钻，完钻层位为二叠系长兴组。2005年10月31日，普光6井在海相上二叠统长兴组生物礁储层5 290—5 390米井段，常规测试试获日产75.25万立方米高产天然气流。2005年12月28日，普光6井飞仙关组二段至一段经酸化压裂后，测试日产量提高到128万立方米。普光6井的勘探突破，进一步落实和扩大了普光大型气田的储量规模。

（王孝祥）

【普光5井创多项钻探纪录】 普光5井位于川东断褶带黄金口构造带普光构造，2005年2月1日开钻，2005年11月29日钻达井深6 090.59米完钻，完钻层位为石炭系黄龙组。普光5井实钻过程中油气显示活跃，主要目的层飞仙关组三段至龙潭组共有20次气测异常，现场解释为气层和含气层9层。承担钻探施工任务的中原钻井三公司70163队在该井创下了普光地区多项钻探纪录。全井生产时效91.36%，纯钻时效50.71%，创普光地区生产时效和纯钻时效的新纪录；全井使用钻头50只，平均单只钻头进尺120.05米，创普光地区单只钻头进尺最高纪录；全井钻井周期308.45天，创普光区块已完6 000米以上超深井中钻井周期最短的新纪录；普光5井也是普光地区6 000米以上超深井中惟一一口无事故井。

（王孝祥）

【河坝1井试获高产天然气】 河坝1井位于四川盆地东北部通南巴构造带河坝场高点。该井于2001年7月18日开钻，2005年1月20日钻至井深6 130米完钻。该井中途测试在嘉陵江组试获天然气日产5.6万立方米。2005年4月22日，该井在飞仙关组三段、井深4 970—4 984米，试获天然气日产29.6万立方米，不含硫化氢。这是通南巴构造带飞仙关组首次试获高产天然气流。

（王孝祥）

【毛坝3井试获高产天然气完井】 毛坝3井位于川东断褶带黄金口构造带毛坝场构造，2003年12月1日开钻，2005年6月3日钻达井深5 350米完钻，完钻层位为二叠系茅口组。毛坝3井共发现气测异常显示层155层厚308米，其中长兴组上部钻遇厚约80米的白云岩储层，并发现良好油气显示。2005年8月18日，毛坝3井在长兴组、井深4 340—4 420米，试获日产天然气22.32万立方米。据取心资料和地震资料分析，毛坝场构造长兴组地层厚约480米，且越往下储层的含油气性有变好的趋势。这一发现不仅扩大了毛坝场构造的勘探领域，而且进一步证实了川东海相天然气广阔的勘探前景。

（王孝祥）

【普光构造天然气勘探获石化集团公司特等奖】 2005年10月15日，南方勘探开发分公司四川盆地宣汉—达县区块普光构造天然气勘探，荣获2004年度石化集团公司油气勘探重大发现特等奖；南方勘探开发分公司四川盆地北部天然气勘探取得重大突破，获得发现奖。

（王孝祥）

【召开中国石化南方下组合油气勘探研讨会】 2005年5月23—25日，中国石化南方下组合油气勘探研讨会在重庆召开。中国科学院刘光鼎院士等专家共100余人参加会议。会议确定南方下组合勘探要按“战略突破、积极准备、加快评价”3个层次展开部署，主攻四川盆地及其周缘，实现南方下组合战略突破；加快黔中隆起及其周缘和湘鄂西地区的勘探，积极准备战略接替区；加快评价中下扬子地区，加快探索巴洪、雪峰推覆带，为南方下组合储备资源阵地。南方下组合是指南方海相下古生界以志留系、奥陶系、寒武系和震旦系为主体的成藏组合。

（王孝祥）

【获石化集团公司科技进步一等奖】 2005年2月，南方勘探开发分公司马永生总地质师等完成的科研项目《宣汉—达县地区石炭系—三叠系油气地质综合研究与勘探目标优选》，获石化集团公司2004年度科技进步一等奖。该项目于2000年开始实施，2002年5月完成。项目研究成果成功指导了川 东北宣汉—达县地区油气勘探重大突破，发现了普光特大气田和毛坝场构造等多个气藏，对整个川东地区油气勘探具有重要的指导意义。

（王孝祥）

【启动国家973项目】 2005年8月18—21日，由中国石化石油勘探开发研究院、南方勘探开发分公司、中科院地质与地球物理研究所、中国石油大学和中国地质大学等单位联合承担的国家973项目——中国海相碳酸盐岩层系油气富集机理与分布预测课题审查和启动会在云南丽江召开。项目的实施将发展和完善中国海相碳酸盐岩领域油气成藏理论，形成中国海相碳酸盐岩领域油气分布预测和评价方法，落实海相碳酸盐岩领域资源战略接替任务，为发现新的塔河型和普光型特大型油气田指明方向。

（王孝祥）

【空气钻井技术引入川东北探区】 2005年12月30日，川东北探区老君构造重点探井老君1井在井深762米处，钻井液由泥浆切换为空气，钻头以13米/时的速度向地层深部挺进，为常规钻速的8倍，钻至井深3 253.7米顺利转换为常规钻井。老君1井是南方勘探开发分公司川东北探区首口采用空气钻井技术的天然气井，创造了国内空气钻井在314.1毫米直径井筒内钻达井深的最高纪录。

（王孝祥）

【川东海相钻井技术系列初步形成】 2005年3月9—11日，国内外钻井技术专家共130余人在昆明参加中国石化南方海相钻井技术研讨会。会议认为，经过近6年来的钻井工艺技术攻关和先进技术引进，川东地区海相钻井技术系列初步形成。一是优选与地层相适应的钻头和采用复合驱钻井技术，明显提高了川东探区的机械钻速；二是初步探索出了高效井控安全技术；三是初步探索出了一套基本适应川东地区钻井的井身结构系列；四是高陡构造防斜打直技术取得进展；五是高温、高压大井深天然气井固井技术取得进步；六是油气层发现和保护技术取得进步。

（王孝祥）

【川东地区实施887平方千米三维地震】 2005年3月15日，川东地区887平方千米三维地震野外采集项目开始施工，11月5日完工。此次施工首创国内山地三维施工4个第一：首次在山地实施斜交式观测系统，首次采用飞行器进行空中立体踏勘，首次邀请中国地质大学攀岩队进行攀岩培训并在施工中应用，首次在施工中架设索道运输生产和生活物资。

（王孝祥）

【完成分配制度改革】 2005年9月28日，南方勘探开发分公司一届四次职代会表决通过了《南方勘探开发分公司2005年深化完善内部分配制度改革实施办法》。此次改革的特点是企业所有岗位按照建设好经营与专业管理、技术与研发、技能操作三支队伍的要求进行划分，共分出了20个职种和17个职级，每一位员工的岗位工资都能够套入相应的职种和职级；扩大了科研技术和技能操作人员岗位工资向上的发展空间，淡化了“官”本位观念；责任大小与岗位工资紧密挂钩。

（王孝祥）

表1 南方勘探开发分公司主要经济指标 万元

指标名称＼年份	2005	2004	2003	2002
工业总产值	12 713	10 908	8 816	7 447
工业增加值	7 851	3 344	3 131	3 016
资产总计	116 424	70 662	62 568	50 108
流动资产	17 527	6 053	21 067	29 937
固定资产原值	100 023	94 009	89 694	80 184
固定资产净值	4 477	43 181	37 647	29 694
销售收入	12 789	10 824	8 767	7 455
实现利税	–81 561	–53 721	–57 437	–35 879
税金	372	245	–106	700

表 2 南方勘探开发分公司主要生产建设指标

指标名称 \ 年份	2005	2004	2003	2002
原油产量/万吨	3.03	2.88	2.70	3.00
天然气产量/亿立方米	0.80	1.01	0.90	0.73
新增原油生产能力/万吨	0.33	0.3	0	0
新增天然气生产能力/亿立方米	0.05	0.10	0.30	0.15
新增探明石油地质储量/万吨	0	0	0	60
新增探明天然气地质储量/亿立方米	1 367.07	1 143.63	10.16	12.48
二维地震/千米	1 862	2 457	3 881	2 522
三维地震/平方千米	874	363	689	28
石油钻井/口	24	21	24	24
探　井/口	17	17	16	12
开发井/口	7	4	8	12
钻井进尺/万米	5.29	5.04	3.55	4.05
勘探投资/亿元	10.73	6.91	6.66	3.40
开发投资/亿元	0.42	0.25	0.25	0.44

新星石油公司

【概述】 中国石化集团新星石油有限责任公司(简称新星石油公司)，是石化集团公司的全资子公司，总部设在北京，下设 12 个职能部门、7 个直属企业和 3 个控股公司。新星石油公司是以经营炼油化工、国内外工程勘察施工、进出口贸易及宾馆服务为主、多种经营并存的国有企业，拥有外经贸部授予的进出口经营权和对外经济技术合作业务经营权。

1997 年 1 月，经国务院批准，中国新星石油有限责任公司在原地质矿产部石油地质海洋地质局及所属油气勘探开发专业队伍的基础上正式成立，2000 年 3 月，整体并入石化集团公司，并更名为现名。2004—2005 年，新星石油公司对所属吉林省中新房地产公司、科光电器厂、地质勘察工程基础公司、德州石油钻探机械厂、志远公司等企业实施了改制分流，参加改制分流人数总计 457 人。截至 2005 年 12 月 31 日，新星石油公司有职工 2 006 人，离退休职工 1 080 人。其中机关有正式职工 111 人。

2005 年，新星石油公司克服了国际原油价格大幅上涨、化工市场波动较大、勘四钻井平台提前 2 个月停钻以及解决历史遗留问题等因素造成的近 2 亿元损失带来的不利影响，紧紧围绕总体工作目标，以经济效益为中心，以强化内部管理为基础，生产经营仍然取得了较好成绩，超额完成了石化集团公司下达的任务目标。2005 年完成营业收入 31.31 亿元，完成石化集团下达指标的 108%，实现利润 3 834 万元，完成利润指标的 256%。截至 2005 年底，新星石油公司总资产 33.02 亿元，流动资产 18.94 亿元，净资产 17.41 亿元。

新星石油公司主要经济指标见表 1。

2005 年，新星石油公司企业经营管理全面加强。加强财务管理，预算管理和各项费用得以有效控制。经济责任制考核办法不断完善，进一步明确了企业和企业管理者的职责，促进了企业责、权、利关系的结合。解决了部分企业存在的产权、股权等一系列的历史遗留问题，保证了这些企业健康、有序发展。充分发挥财务稽查、审计监督在经营管理中的作用，累计开展经济责任制考核兑现审计、任期经济责任审计、专题专项调查、财务收支效益审计等 23 项，纠正问题金额 493 万元。在对不良资产和呆坏账的效能监察工作中，仅 2005 年清理坏账 3 418.34 万元，累计收回 1 002.34万元。安全管理坚持“安全第一、预防为主”的方针，实行安全生产问责制，对重点单位重点部位进行重点监控，防患于未然，未发生重特大事故。

2005 年，新星石油公司各项改革工作稳步推进。内部分配制度改革按照“用好增量、激活存量、管住总量”的分配制度改革基本原则和“一企一策、选准岗位、确定目标、靠拢市场”的基本做法，已经全面实施，取得良好效果。改制分流工作本着“三个确保”(确保国有资产不非法流失，确保改制后企业能够健康发展，确保改制职工利益得到合法保障)的原则，向改制单位职工全面而广泛地宣讲石化集团公司的改制分流政策，得到了参加改制单位和职工的理解与支持，保证了改制企业职工队伍的稳定。2005年完成改制分流企业1个，分流职工47人。另外根据石化集团公司的统一部署，顺利地完成了广州公司子弟学校移交社会的全部手续。

2005年，新星石油公司实施“走出去”战略成效显著。新星石油公司控股的中地海外工程建设公司已经开拓了尼日利亚、埃塞俄比亚、安哥拉、乍得、喀麦隆、阿尔及利亚、沙特、尼泊尔等国家的工程市场，成功地树立了自己的品牌。同年，新星石油公司与埃及萨瓦石油公司成功合资组建中埃萨瓦钻井工程公司，2台钻机分别于2005年12月8日、2006年1月4日成功开钻，市场前景广阔。2005年新星石油公司海外项目共签订合同50个，比上年增加了30个；合同金额1.46亿美元，同比增加了42.87%；完成营业收入8 740万美元，同比增加了56.38%。

2005年，新星石油公司党建工作稳步推进。公司党委坚持以思想政治工作为基础，以班子建设为重点，在新星石油公司历经8次重组、改革发展稳定任务艰巨的情况下，紧紧围绕中心工作，充分发挥党组织的政治核心作用，带领广大党员干部认真学习邓小平理论和“三个代表”重要思想，最大限度地调动职工的积极性，确保了职工队伍的整体稳定，实现了生产经营的稳步发展。2005年，保持共产党员先进性教育活动取得显著成果，广大党员干部的使命感、责任感和服务意识显著增强，机关工作作风明显改善。通过开展批评与自我批评，拉近了党群、干群甚至人与人之间的关系，增进了团结，促进了公司各项工作的高效有序开展。

(宫艳铭)

【中萨石油钻井公司组建】 中萨石油钻井公司是由新星石油公司和埃及萨瓦石油公司共同投资组建的合资公司，总投资1 800万美元，中埃双方各出资50%。合资公司将从石油工程服务开始，逐步转向石油、石化领域的多方位合作，是埃及与中国石油领域第一个高层次合作的合资公司。2005年7月3日，组建中萨石油钻井公司协议签字仪式在埃及首都开罗举行。埃及石油部长赛米哈费·哈米出席了签字仪式，新星公司总经理张爱东、埃及萨瓦石油公司董事长阿特夫·萨德科分别代表中埃双方在协议上签字。中萨石油钻井公司的成立，标志着中埃两国石油领域真诚合作的良好开端，代表着两国经济贸易投资合作迈出了重要的一步。该钻井公司刚成立，就中标钻井工程项目，市场前景广阔。合资公司购买的2台钻机已先后运抵埃及，并于2005年底成功开钻。

(宫艳铭)

【整体进入石化集团资产经营管理公司】 自2000年整体并入石化集团公司后，新星石油公司已先后经历8次重大重组，公司队伍、结构、产业结构、管理任务都发生了重大变化，企业发展面临前所未有的困难和挑战。在这种情况下，新星石油公司全体干部职工一方面全力做好生产经营工作，一方面在谋求公司定位过程中在各个领域进行了积极的尝试和探索，连年超额完成石化集团公司下达的利润指标，为有效促进国有资产的保值增值作出了贡献。2005年12月28日，中国石化集团资产经营管理公司挂牌成立，新星石油公司整体进入，并维持现有体制不变。

(宫艳铭)

【新星石油公司获得对外贸易诚信AAA信用级别】 新星石油公司多年来面临持续重组、主营业务不突出等困难，但是始终抓发展不放松，向管理要效益，实现了稳健经营，连年超额完成利润。由于多年来实行诚信合作、信用至上的科学管理理念，并且具有一定融资能力，新星石油公司信用级别被中国外经贸企业协会信用体系专家评审委员会、中国对外贸易经济合作企业协会、北京国商国际资信评估有限公司评为对外贸易诚信AAA级企业，这是国内最高信用级别。

(宫艳铭)

表1 **新星石油公司主要经济指标** 亿元

年份 指标名称	2005	2004	2003②	2002①		2001	2000
				上市部分	存续部分		
工业总产值	27.03	25.16	38.97	32.93	55.42	66.33	53.22
企业增加值	3.22	5.30	8.17	25.78	15.42	45.83	40.48
资产总计	33.02	34.80	30.56	98.17	74.21	168.16	138.19

续表

年份 指标名称	2005	2004	2003②	2002①		2001	2000
				上市部分	存续部分		
流动资产	18.94	22.18	19.14	20.25	32.90	50.50	49.19
固定资产原值	22.29	20.74	21.71	95.26	57.34	144.53	108.69
固定资产净值	8.64	6.85	8.04	66.32	32.63	93.50	67.98
销售收入	31.31	30.56	43.94	30.12	56.63	86.55	82.81
利　税	1.75	2.32	3.08	7.42	3.99	16.81	7.00
税　金	1.36	1.51	2.66	2.03	3.36	6.25	5.68

① 上市与存续数据分列，不含上海分公司和上海石油局。

② 数据含西安石化总厂。

上海海洋石油局

【概述】 中国石化集团上海海洋石油局(简称上海海洋石油局)组建于1973年4月，原为地质矿产部上海海洋地质调查局，长期承担中国海域主要是东海的油气勘探开发任务。1997年1月，上海海洋石油局归入中国新星石油公司，2000年3月随中国新星石油公司整体并入石化集团公司，2002年7月，经资产划分后划归由石化集团公司直接管理。

上海海洋石油局是目前石化集团公司惟一一家从事以中深海海洋物探、钻井和油气生产经营活动为主的企业，具有海洋物探、海洋钻井、测井、固井、测试等综合油气勘探开发生产和船舶拖带运输、海洋地质调查等能力。30年来上海海洋石油局在海洋油气勘探中屡获重大发现，向国家提交了一大批油气储量，多次获得国家级重大勘探成果奖和功勋地勘单位称号。在已发现的东海8个油气田中，平湖油气田和春晓油气田已经开发和正在实施开发。

截至2005年底，上海海洋石油局共有职工1 205人，各类专业技术人员和管理人员占职工总数的48%，其中高级技术职称133人，中级技术职称277人。下属单位有第一海洋地质调查大队、第三海洋地质调查大队、钻井分公司、船舶分公司等8家单位。三海大队(钻探基地)近长江入海口，沿长江建有可停泊万吨轮的350米长的深水码头，基地总面积10万平方米，各种建筑设施2.4万平方米；一海大队(物探基地)近邻上海浦东金桥出口加工区，沿黄浦江长170米的码头可停泊万吨轮，基地总面积7.27万平方米，各种建筑设施2.22万平方米。

2005年，国际原油市场价格居高不下，带来油气勘探市场的持续繁荣，物探船舶和钻井平台供不应求，客观上促使海上钻井平台迈出了市场开拓的新步伐，船舶拖带业务也得到了长足的进步，从而带动了全局生产经营继续快速发展。同时，改革工作、精神文明建设也取得明显成效。

经济效益有了新增长。2005年完成生产经营总收入5.78亿元，为年计划的127%；实现利润总额2 980万元，净利润2 154万元，超额完成了石化集团公司下达的指标。各项成本费用得到有效控制。上海海洋石油局主要经济指标见表1。

大型装备市场形势较好。全年累计完成二维地震7 052千米，三维地震659平方千米；全年钻井完钻8口，跨年度施工2口，总进尺2.3万米，其中“勘探二号”平台完钻4口，进尺1万余米，“勘探三号”平台完钻4口，进尺1.2万余米；拖带船舶累计靠泊平台7 700小时，起抛锚65次，运送各类物资13万吨，供水6.4万吨，供油8 300立方米。

重大设备设施的更新改造有效落实。完成了“东方勇士2号”大马力拖轮和“东方勇士3号”守护船的引进和各类取证工作，并立即投入了运营；引进了“发现2号”物探船，并配合中国石化总部积极推进了物探设备的引进和船舶改造的前期工作；完成了第三海洋地质调查大队码头改扩建工程并投入试运行；开展了“勘探二号”平台、“发现号”船和“东方勇士2号”的特检大修。

各项改革稳步推进。改制分流持续开展，完成了上海海洋地质调查局地质勘察工程公司的改制。至此，多经企业改制分流的“十五”计划任务全部完成；上海玉屏宾馆和上海万航酒店实行了对外租赁经营；第二次内部分配制度改革工作顺利完成，建立健全了“三支队伍”岗位工资序列；精简了中层管理人员，全局净精简中层干部达20%以上，并基本实现了制度化管理；职工队伍建设得到加强，引进人才32人，精简辅业人员149人；教育培训力度加大，培训各类人员1 206人次，其中技能人员638人次，专业技术人员239人次，管理人员329人次。

内部监督管理有了新进步。全年完成审计项目27个，促进增收节支66万元。共对3个项目实施了效能监察，全年追回不良资产189万元，增加经济收入和减少经济支出共669万元。为实行党内监督，开展廉政谈话194人次。为加大职工民主参与、民主监督力度，在局系统设立了45名群众监督员。安全环保形势稳定，层层签订了安全环保责任制，以确保责任的落实。全年对二级单位开展安全检查30余次，接受石化集团公司检查和督查3次，对查出的问题作了及时整改，整改率达到100%。加强了安全培训，举办了有100多人参加的各类内部培训，参加外部培训30人次。全年安全环保形势稳定，没有发生重大人身伤亡责任事故和设备事故。

在抓好各项生产经营和改革管理工作的同时，上海海洋石油局根据石化集团公司和上海市的部署，深入有序地开展了保持共产党员先进性教育活动，全体党员和广大干部、职工的精神面貌得以振奋，各方面的工作有了新气象。

回顾"十五"后三年，即从2003—2005年的三年间，上海海洋石油局经济效益有较大幅度的增长。累计完成经营收入17.38亿元，利税总额1.27亿元，生产增加值5.99亿元，固定资产投资4.09亿元；资产总额从2003年的6.37亿元增加到2005年的8.09亿元。除"勘探二号"平台加装悬臂梁这一计划新增固定资产项目因故未实施之外，基本实现了"十五"后三年经济发展规划目标，资产质量有了明显提高。从2002年开展改制分流试点工作以来，完成了6家单位的改制分流，涉及账面资产4 762万元，账面净资产4 017万元，分流职工95人。该项工作使企业达到了削枝强干的目的，有利于集中精力做精做强主业。通过多年的改革发展，上海海洋石油局初步建立了适应市场经济和现代企业制度要求的体制框架和机制雏形，干部职工的思想观念随着内外环境的变化也发生了很大变化，市场意识、改革意识、竞争意识和责任意识有了较大提高，这些对未来的持续发展都有着深远的影响。

(赵　坤)

【全局职工向海啸灾民奉献爱心】 2005年1月6日，上海海洋石油局职工积极行动，纷纷为印度洋海啸受灾群众伸出援助之手，解囊相助，奉献爱心，帮助他们克服困难，战胜灾害，早日重建家园。1月12日，上海海洋石油局工会将收到的职工捐款4.97万元送到上海市浦东新区慈善基金会。

(赵　坤)

【"石化沪油001"轮功成身退】 由于资源优化配置，强化核心业务和专业化重组的需要，上海海洋石油局决定出售"石化沪油001"轮，停止油运业务。2005年2月28日，在浙江舟山台门船厂举行了出售交船仪式，至此，"石化沪油001"轮易嫁他人，完成使命，功成身退。出售工作历时4个多月，最终以1 156万元的价格成交售出。

(赵　坤)

【新引进的两条大马力拖轮投入运营】 上海海洋石油局斥资引进的两艘大马力多用途工作船"东方勇士2号"、"东方勇士3号"分别于1月10日和24日顺利抵达上海。这是上海海洋石油局组建船舶分公司、着力打造海洋石油工程和运输服务特色优势的重要举措。两条拖轮在引进后就立即投入市场运行，以尽快发挥经济效益。1月24日，"东方勇士3号"赴南海作业，执行为期6个月的服务合同。4月28日，"东方勇士2号"赴南海执行加拿大哈斯基石油公司的服务合同。

(赵　坤)

"东方勇士3号"大马力拖轮

【"勘探二号"钻井平台赴新工区作业】 2005年6月23日，上海海洋石油局与胜利油田签订胜顺100井钻井工程总承包合同。这是"勘探二号"平台继在胜利埕岛油田服务13年后又赴辽东湾新工区开始的新一轮施工作业。10月18日，"勘二平台"执行上海海洋油气分公司南海涠西钻井合同，从辽东湾垦东345井井位起拖，开赴南海涠西勘查区，12月10日抵达海1井井位。此次拖航全程1 800海里，几乎跨越了中国的整个海岸线。

(赵　坤)

【“勘探三号”钻井平台参与平湖油气田扩建二期工程】 2005年9月19日，由“勘探三号”平台施工的平湖PH8井开钻。该井是平湖扩建二期工程的重要项目，是一口大斜度定向井。工程施工面临精准定位、多次井口导向及井口回接等施工技术的挑战。

（赵 坤）

“勘探三号”钻井平台

【三海码头改扩建工程竣工并通过初步验收】 2005年6月30日，为满足东海油气勘探开发需要而进行的上海海洋石油局第三海洋地质调查大队码头改扩建工程全部竣工，9月1日通过上海市有关职能部门的初步验收。改扩建后的三海码头长350米、宽48.5米，上游端最宽达56米，总建筑面积约1.39万平方米。三海码头改扩建工程于2004年6月16日开工，由上海港口设计院设计、上海港务工程公司施工、三航局东华监理公司监理，工程历时380天。

（赵 坤）

改扩建后的三海码头

【先进性教育活动三阶段任务圆满完成】 上海海洋石油局先进性教育活动于2005年7月11日正式启动，11月21日，完成了先进性教育3个阶段的各项工作任务。有6个党委39个支部共627名党员参加了教育活动。特别是3个党委的81名流动党员，分散在2条平台、6艘三用工作船、4艘物探船，工作海域从渤海到南海，参学率全部达到100%。

（赵 坤）

表1 上海海洋石油局主要经济指标 亿元

指标名称 \ 年份	2005	2004	2003	2002	2001	2000
工业增加值	0.82	0.93	0.69	0.79	0.79	2.03
资产总计	8.09	8.00	6.37	7.81	8.37	12.08
流动资产	3.01	3.45	3.15	4.02	4.22	4.15
固定资产原值	11.80	11.30	11.16	11.21	10.06	10.17
固定资产净值	3.14	2.71	2.88	3.26	3.63	3.25
生产经营销售收入	5.78	6.52	5.21	5.23	4.29	5.54
实现利税	0.50	0.60	0.18	0.23	0.17	0.16
税 金	0.20	0.24	0.15	0.16	0.11	0.11

上海海洋油气分公司

【概述】 中国石油化工股份有限公司上海海洋油气分公司（简称上海海洋油气分公司）是专门从事海洋油气勘探和开发的企业，主要承担三大主体业务，一是代表中国石化参与两个合作项目即西湖项目和平湖项目的管理，维护中国石化的股东权益；二是在东海、南海等海域开展自营勘探，争取发现新的油气田，尽快建立自营勘探开发基地；三是开展海外项目的前期调研和油气资源勘探开发评价。

上海海洋油气分公司地处上海浦东，其前身是地矿部上海海洋地质调查局。1997年1月整体归入新组建的中国新星石油公司，2000年3月又随中国新星石油公司整体并入石化集团公司，2002年2月正式成立中国石化新星上海分公司，2002年7月直属石化股份公司管理，更名为现名。

上海海洋油气分公司现有职工222人，其中工程技术人员112人、管理人员86人。高级职称109人、中级职称54人，中高级职称人数占职工总数的73%。上海海洋油气分公司内设管理处室10个，下属单位3个。

上海海洋油气分公司拥有资产39.83亿元人民币，其中流动资产7 500万元、固定资产29.40亿元(其中在建工程28.88亿元)、无形资产及其他1 006万元、长期股权投资9.58亿元。

2005年，上海海洋油气分公司遵照“努力实现海域探区油气勘探大发展”的工作思路，在国际油价持续攀升的良好形势下，取得了较好的经营业绩。年内实现投资收益2.41亿元，经营收入1 132万元，完成利润总额9 325万元；生产份额原油7.08万吨、天然气份额产量1.8亿立方米。上海海洋油气分公司主要经济指标见表1。

自营勘探取得新进展。上海海洋油气分公司在北部湾盆地涠西勘查区完成三维地震资料采集、处理、解释550平方千米，并钻探海1井、涠1井2口探井，总进尺5 737.66米；在琼东南区块完成二维地震资料解释6 176千米，重力资料处理、解释5 226千米。

西湖合作项目进入投产准备阶段。2005年完成了春晓一期平台、终端、海管铺设等工程建设。天外天气田4口开发井顺利完钻，其中A2井于2005年9月10日成功点火，A3井也投入试采，天然气生产能力为54万米^3/日；天然气销售也取得了进展，东气销售部与浙江省天然气开发有限公司小签了西湖春晓气田群(一阶段)第一个试供气期天然气购销协议。

平湖项目顺利推进。上海海洋油气分公司通过开展油气藏开发生产跟踪研究，为平湖油气田下步挖潜增效提供了有利依据；平湖油气田二期扩建工程顺利开展，计划于2006年完成投产，实现向上海市长期稳定供气180万米^3/日的生产目标。截至2005年底，平湖油气田累计生产原油271.6万吨、生产天然气25.05亿立方米。

海外项目迈出新步伐。上海海洋油气分公司积极参与中国石化多项海外油气田的前期评价工作。2005年完成了“刚果(布)海域Marine Ⅻ、Haute MerB区块联合技术研究”、“POGO泰国子公司收购项目技术经济评价”、“澳大利亚OFFICER盆地地质评价”等项目。

(雷　雳　林雪梅)

【石化股份公司内控检查组来沪检查】 2005年6月21—25日，石化股份公司内控检查第6组一行14人，对上海海洋油气分公司的内控执行情况进行了检查。检查结果为流程控制得分89.2分，权限指引得分93.1分，列油田企业第三名。

(雷　雳　林雪梅)

【上海海洋油气分公司与韦莱浦东保险公司签署保险协议】 2005年7月6日，上海海洋油气分公司与韦莱浦东保险经纪服务有限公司，在上海海洋油气分公司签署了“春晓气田群生产运行项目保险经纪服务协议”。西湖春晓项目保险由中国石化与中海油按50%的股份分别投保。

(雷　雳　林雪梅)

【上海石油天然气公司召开股东会】 2005年12月30日，陈同海董事长委派石化股份公司油田事业部副主任石兴春为中国石化方股东代表，参加了上海石油天然气有限公司在上海召开的2005年股东会。会议审议并原则批准了《公司董事会工作报告》、《公司监事会工作报告》，会议分别推荐了第三届董事会董事长、副董事长和第二届监事会监事长，并对新一届董事会和监事会提出了要求。上海海洋油气分公司经理刘申叔任上海石油天然气公司副董事长，副经理汪建华任上海石油天然气公司董事。

(雷　雳　林雪梅)

【涠西勘查区海1井顺利开钻】 2005年12月16日，上海海洋油气分公司在南海北部湾盆地涠西勘查区作业的第一口自营井海1井顺利开钻。该井位于南海北部湾盆地海中凹陷海1构造上，距广西北海市约125千米。承担作业任务的“勘探二号”平台经历了从渤海至南海全程1 800多海里的长距离拖航，跨越了中国的整个海岸线，途中还抵御了冷空气的袭击，安全顺利到达井位。第一次在远离上海的新探区作业，上海海洋油气分公司与上海海洋石油局各部门紧密协作，克服了恶劣天气以及后勤和技术支持方面的困难，保证了自营井的顺利开钻。

(雷　雳　林雪梅)

表 1　上海海洋油气分公司主要经济指标　亿元

指标名称 \ 年份	2005	2004	2003	2002	2001
工业增加值	1.16	1.80	0.63	0.99	-0.07
资产总计	39.83	33.64	18.76	11.22	3.01
流动资产	0.75	1.87	0.92	0.57	0.39
固定资产原值	0.28	0.25	0.22	0.16	1.83
固定资产净值	0.17	0.16	0.15	0.10	0.81
销售收入	0.11	0.15	0.05	0.18	0.45
实现利税	0.93	1.58	0.45	0.63	-0.41
税　金	0.008	0.006	0.007	0.006	0.04

西南石油局暨西南分公司

【概述】 中国石化集团西南石油局(简称西南石油局)、中国石油化工股份有限公司西南分公司(简称西南分公司)的前身是国家地质总局四川石油普查勘探指挥部，成立于 1976 年，曾经隶属于地矿部和中国新星石油公司，2000 年 3 月随中国新星石油公司整体并入中国石化。

西南石油局、西南分公司所属二级单位分布在四川省、重庆市和贵州省。局下属 13 个二级单位，分公司下属 12 个二级单位。现有正式职工 4 755 人，其中局 2 128 人，分公司 2 627 人，专业技术人员1 311 人。

截至 2005 年底，西南石油局西南分公司拥有油气勘查区块 10 个，可供开采的区块 16 个，探采矿区块合计面积约 3 万平方千米，拥有天然气总资源量 4 万亿立方米以上。通过 30 年的勘探开发，截至 2005 年底西南分公司在四川盆地合计拥有三级储量 4 800 亿立方米。其中，探明储量 1 400 亿立方米，控制储量 1 000亿立方米、预测储量 2 400 亿立方米。在四川盆地西部陆相地层开发了新场、合兴场、孝泉、马井、洛带、新都、东泰等一批大中型气田，在川东北、川北海相地层发现了一批勘探开发前景良好、可望成为油气生产接续阵地的油气田和大型含油气构造。

截至 2005 年底，西南石油局、西南分公司资产总额 60.7 亿元(局 21 亿元、分公司 39.69 亿元)。西南石油局拥有钻机 26 台，固井、测井、试油、修井等非安装设备装备 6 625 台(套)。西南分公司共有非安装设备 1 403 台(套)，设备资产原值 11.4 亿元，净值 6.5 亿元，油气井 939 口(油井 21 口、气井 918 口)，集输气站 184 座，各类输气管线 3 000 千米，建成了 600 万立方米以上的日集输能力。

2005 年，西南石油局、西南分公司经济效益良好。西南分公司完成投资 11.45 亿元(其中自营 8.36 亿元)，为年计划的 100.23%。实现主营业务收入(油气销售收入)12.96 亿元，完成年预算的 113.02 %；实现利润总额 1.78 亿元，完成年预算的 131%；西南石油局实现经营收入 13.13 亿元，完成年度计划 8 亿元的 164%；实现利润 4 573 万元，完成年度计划 1 800万元的 254%。上交税费 9 745.91 万元。管理费用、营业费用、财务费用、修理费用、人工成本、文教卫及社区服务净支出等 6 项纳入费用指标全部控制在总部下达的目标以内。

西南分公司、西南石油局主要经济指标见表 1、表 2。

2005 年西南石油局、西南分公司两个文明建设协调发展，党的建设切实加强，精神文明再创佳绩。领导班子创“四好”活动深入开展，干部队伍建设切实加强，“党员先锋工程”不断深化，党员先进性教育活动效果明显，企业文化建设成果丰硕，宣传思想工作卓有成效，党风廉政建设稳步推进，工团工作有声有色，精神文明建设迈上了新台阶。

（陈　宏）

【油气勘探有新发现】 2005 年西南分公司取得了 1 项全面超额完成、3 个重要发现、3 个重要进展、5 个后备目标的良好成果，探井成功率达 70%。合计新增三级天然气地质储量 1 155.7 亿立方米，完成年计划的 158.32%，其中探明储量 140.68 亿立方米(新增天然气可采储量 57.39 亿立方米)、控制储量 395.71 亿立方米、预测储量 619.31 亿立方米，分别完成年计划的 108.2%、197.86%、154.83%。深层勘探取得 3 个重要发现：新场地区川孝 560 井、高庙子—丰谷地区川丰 563 井和川高 561 井、中江地区川江 566 井均获重大发现，温江—中江探区取得3个重要进展，准备了5个重要的后备勘探新目标。

（陈　宏）

【油气开发完成计划指标】 截至2005年底西南石油局(分公司)共有油气生产井939口(油井21口，气井918口)；新井投产99口，共新建(增)产能6.0亿立方米/年，完成年计划的90%，生产天然气21.03亿立方米、原油8 008吨，分别为年度预算的100.14%、100.37%。气田开发的年自然递减率由2004年的13.2%降至12.5%，天然气年综合递减由2004年的6.8%降至6.3%。

2005年完成了产能配套地面建设工程、石板滩—斑竹园天然气集输管道工程、川维供气脱水和增压站建设工程以及2005年技改工程。共建设正式站场11座，撬装流程14套，进行站场改建6套，建设集气管线29千米，采气管线25.7千米。

（陈　宏）

【油气销售效益显著】 2005年西南石油局、西南分公司实施以推价增收增效为主要目标的市场营销战略，实现了产销平衡和营销调度的动态平衡，保证了对川西用户的相对平稳供气和向四川维尼纶厂的正常供气，取得了显著的效益。2005年4月1日起，对控股公司所产天然气实行了趸购统销，维护了市场的稳定性和市场价格的统一性，增强了对区内天然气销售市场的控制能力；调整优化用户用气市场结构，明确了高价位供气用户目标，销售价格大幅提升，平均含税合同价达737.7元/千米^3，比2004年提高108.5元/千米^3，增长幅度达17.24%，全年同比增加销售收入1.52亿元；全面执行“先款后气”销售模式并纳入合同管理范畴，收取保证金总额达5 237万元，较2004年增长59.4%，防止了天然气销售款新的拖欠；加大天然气历史欠款追欠力度，共追回历史欠款2 505万元。

2005年销售商品天然气20.19亿立方米，完成年度计划的100.1%，较2004年增加了1.84亿立方米，同比增长10.03%。天然气商品化率为96%。销售原油8 008吨，完成全年计划销售量的100.3%，商品化率为100%。2005年度油气款回收率达100%。

（陈　宏）

【工程作业】 2005年西南石油局物探：完成二维地震采集568.35千米、三维采集661.41平方千米(含地质市场)，分别为年度计划的126%、110%。钻井：施工79口，完井64口，总进尺20.53万米。其中，川内施工60口，完井49口，进尺11.98万米；新疆施工19口，完井13口，进尺8.55万米。录井：完成进尺46.30万米，为年度计划的154%。测井：完成进尺2.41亿条件米，为年度计划的201%。固井：完成337井次，封固套管总长48.32万米，为年度计划的96%。压裂：完成197层次，为年度计划的98.5%。已完成层段测试的10口井获得工业产能。

（陈　宏）

【人才开发】 2005年西南石油局、西南分公司异岗、异地调整或交流处级干部45人次，完成了科级管理人员精减压缩15%—20%的计划目标；建立了新型用工制度，对新进人员采用以人事代理、劳务派遣为主的用工机制，规范了劳务用工和人才引进工作管理；组织实施了内部分配制度改革及一系列配套改革措施；推进三支人才队伍建设，组织各类培训班673期，共计培训人员5 688人次，通过培训鉴定技师19人、高级工211人、中级工397人、初级工403人；选送24人参加国际化经营管理人才培训；送培博士研究生7人、硕士研究生15人；有效控制用工总量，控制了人工成本。

（陈　宏）

【科技工作成果显著】 2005年，西南石油局、西南分公司通过整合局和分公司内部科研队伍，与西南石油学院、成都理工大学、斯伦贝谢公司等签订合作协议，加强博士后科研工作站建设等措施，建立起了产、学、研一体化的科研攻关体系；建立了以国家科技攻关项目为龙头、集团总部和局分公司项目为支撑、紧紧围绕生产的技术创新体系；开展“成果质量年”活动，各级科研项目成果质量显著提高。承担完成的6个国家“十五”重点科技攻关一级专题和中国石化7个项目通过验收并获高度评价；1项成果获四川省科技进步二等奖；局、分公司17个项目评审，7个优秀，6个优良，4个良好；国家课题“数字气田关键技术及应用示范研究”取得显著成效，得到国家科技部高度评价，并列入“十一五”国家863攻关计划。基础研究得到加强，深层攻关取得新的进展，深井井身结构优化设计、钻井液技术、水力压裂工艺技术、海相碳酸盐岩储层预测方法技术体系等取得了系列研究成果；科研成果转化率达95%以上。

（陈　宏）

【加强安全环保工作力度】 2005年西南石油局、西南分公司安全、环保工作稳定好转，各项指标保持良好。相继制定了安全生产重大事故问责制实施细则、系列应急预案等，重新修订了重点(要害)装置(部位)

的安全承包责任制；接受了国家安监总局对川西深井的防井喷、防硫化氢专项检查和集团公司的安全检查(督查)8次，查处问题隐患253个，已经整改238个，整改率达94%。组织安全生产自查6次，整改问题和隐患155个，整改率达97%。在新疆工区和川东北工区增设了两个安全环保监督办公室，加强了现场安全环保工作。组织了13次共2 000余人次的安全、环保管理，事故防范专题培训。局、分公司特种作业人员持证上岗率达100%。先后开展了毛坝1井、普光2井井口泄漏，杨柳垭配气站和寿保1井H_2S防护应急演练。完成局川东北工区消防气防应急救援站的组建工作。完成川东北3口老井(83、84、85井)的封井施工，投入1 200万元购置了一套105兆帕井控装置。

积极加强与地方政府的协调沟通，通过了对孝泉—新场—合兴场气田2005年新建产能井环境影响报告表的审批。2006年1月5日，孝泉—新场—合兴场气田也初步通过了国家环保总局环评现场验收。西南石油局、西南分公司分别荣获四川省和中国石化集团安全生产先进单位称号。（陈　宏）

【继续进行机构调整】 2005年西南石油局、西南分公司精简重组了15个机关处室和直属机构(项目部)，设立了统一负责分公司和局的生产、技术以及企业管理、法律法规的生产运行处、工程技术处、企管法规处；组建了分公司工程技术研究院和工程监督中心；整合了地质勘探开发研究院和物探研究院，完善了专业结构，提高了综合创新能力；调整了八普大队和地质二大队的职能；对德阳国际公司和八普克尔公司、地勘公司、西鑫宾馆、油气工程公司进行清理整顿，积极稳妥地推进社区物业改革，水、电、气收费部分实现了社会化管理。

（陈　宏）

【薛万东任西南石油局党委书记、局长】 2005年12月24日集团公司党组副书记、副总经理周原来西南石油局、西南分公司宣布：薛万东任西南石油局党委书记、西南石油局局长，局、分公司不再设协调委员会。

（陈　宏）

表1　　西南分公司主要经济指标　　亿元

指标名称＼年份	2005	2004	2003	2002	2001
工业总产值	12.96	10.49	8.95	7.80	6.83
工业增加值	6.88	5.83	5.08	4.07	4.26
资产总计	39.69	34.15	30.76	27.78	24.42
流动资产	5.33	4.69	6.10	7.94	7.21
固定资产原值	51.88	45.55	37.33	30.43	28.05
固定资产净值	32.27	27.85	22.62	18.12	16.60
销售收入	12.96	10.49	8.95	7.80	6.83
实现利税	2.27	1.40	0.98	1.99	2.04
税　金	0.55	0.43	0.30	0.97	0.60

表2　　西南石油局主要经济指标　　万元

指标名称＼年份	2005	2004	2003	2002	2001
工业总产值	61 326	50 040	64 786	61 574	
工业增加值	14 227	10 911	16 020	21 466	
资产总计	210 037	204 255	176 020	170 685	161 824
流动资产	99 132	95 102	86 179	85 248	60 490
固定资产原值	130 369	120 602	95 862	72 805	108 389
固定资产净值	80 886	78 241	62 101	47 458	82 162
销售收入	125 005	115 285	98 909	82 676	74 130
实现利税	14 423	11 993	12 087	2 753	2 292
税　金	9 888	8 003	5 374	2 425	2 640

中南石油局暨中南分公司

【概述】 中国石化集团中南石油局(简称中南石油局)暨中国石油化工股份有限公司中南分公司(简称中南分公司)是中国石化集团直属的二级国有企业，地处湖南省长沙市。所属梓园、洞井、暮云、湘潭霞光4大生活基地和湖北松滋、新疆轮台两大生产基地，占地总面积47万平方米。单位始建于1971年，历经体制改革和发展，截至2005年有下属3个专业队(院)和6个作业子公司，是集油气勘探、开发、销售和工程作业为一体的综合性企业，具有地质研究、地震勘探、钻井、录井、油田工程服务、油田地面建设以及采油、输油等油气勘探开发生产能力，同时具有承担工程勘测、道路桥梁、民用建筑施工、打水供水及油田热力供暖的资质和能力。

截至2005年底，中南石油局、中南分公司拥有资产总额7.9亿元，各类大型设备2 000余台(套)；有在职职工1 211人，离退休职工930人，各类专业技术人员占员工总数的46%，其中高级职称157人、中级职称284人、科技人员550人；拥有江汉盆地西南部、湘中、川东北镇巴、贵州织安、西藏伦坡拉、尼玛等5个油气勘探开发区块，区块登记面积3.74万平方千米。

2005年，中南石油局、中南分公司朝着“油气做大，企业做强，员工做富，家园做美”的奋斗目标大步迈进，生产经营再创佳绩。中南石油局完成生产经营总收入5.12亿元，同比增长13%，实现利润总额6 434万元，同比增长234%。中南分公司完成油气勘探开发投资1.1亿元，探明含油气面积叠合2.6平方千米，新投产4口井，生产原油9 038吨，提交三级石油储量419万吨，其中探明储量110万吨、控制储量80万吨、预测储量229万吨。

中南石油局、中南分公司主要经济指标和中南分公司主要生产建设指标见表1、表2。

(丁勇兵)

【松滋油田勘探开发取得重要进展】 2005年松滋油田勘探获得发现井2口，开发工作取得重大进展。鄂深20井在采穴南断鼻Ⅰ号构造取得突破，扩大了采穴地区的储量规模。鄂深6－侧井在谢凤桥构造盐下取得工业油流，发现又一新的勘探领域，拓展了勘探空间。SK8－10井再一次在复Ⅰ断块白垩系Ⅲ油组(K_2Y^3)油层获得高产油流，证实为一套有利的开发层系。油田开发技术不断配套完善，完成试注工程建设和开发技术方案。

(丁勇兵)

【物探工程施工首出国门立功勋】 2005年7月20日，中南石油局第五物探大队承担的沙特鲁卜哈里盆地B区块二维地震任务圆满完成，共完成测线17条计2 015千米，物理点7.18万个，合格率为99.9%。该队在沙特期间，积极学习国际市场惯例与规则，学习兄弟单位成功经验，创造了第一个完成任务、单炮第一(最高日单炮519炮)和日平均第一(368炮)的3个第一的优异成绩，得到中国石化领导和甲方的高度评价。从8月1日开始，该队又顺利完成第二期追加工程555千米。

(丁勇兵)

沙特石油物探施工使用的具有
国际先进水平的可控震源车

【“走出去”战略全面实施，钻井湘军远征埃及】 2005年10月24日，中南石油局第四普查大队为赴埃及执行钻井工程项目的37名将士们举行了盛大的欢送大会。该项目由中萨石油钻井工程公司(中埃合资)中标。同年12月8日零时，70D钻机在异国土地上顺利开钻。

(丁勇兵)

【湘中天然气勘探获得实质性进展】 2005年下半年中南分公司湘中新1井勘探获得实质性进展，在530—580米井段经酸压后连续放喷14小时，稳产天然气1 300米³/日以上，进一步证实了湘中天然气具有较好勘探开发前景。通过涟源凹陷聚集规律及勘探目标优选和湘东南永耒地区油气勘探前期评价，预测涟源天然气资源量3 600亿立方米，评价出4个勘探重要领域。

(丁勇兵)

【首次承担石化集团公司重点长输管线工程】 2005年8月23日，中南油建公司中标临邑—济南原油管道技术改造工程第二标段。该工程标段全长21.3千米，10 月 28 日在济南炼油厂打火开焊。这是中南油建公司首次独立承担重点长输管线工程。

（丁勇兵）

钻井湘军远征埃及欢送会现场

【加强自主创新见成效，科技进步取得新的成绩】 2005 年，中南石油局、中南分公司围绕生产目标的完成和油气发展战略，不断引进和推广新技术、新方法，解决生产中的技术难题，为油气勘探开发成果的大量获取起了积极的作用。第四普查大队开展小位移工艺研究，引进无线随钻技术跟踪服务，改进钻头钻具组合，在松滋工区施工 SK8－9、SK8－10 井井斜都小于 3 度，井底位移小于 25 米，钻井周期缩短了 20 天，机械钻速提高了 30%；在塔河工区 3 台 7 000 米钻机都成功进入盐下井施工。第五物探大队在新疆顺托果勒二维地震攻关试验中首次采用了数字检波器，并开展了小药量深井多炮垂直叠加试验、不同口径药型对比试验等新技术尝试，为沙漠地震勘探寻求新的突破积累了丰富的技术储备。

（丁勇兵）

【专业队伍不断开辟新市场】 中南热力队是中国石化惟一的一支热力供暖甲级队，经过几年发展，在塔河油田及华北鄂尔多斯享有较高声誉，2005 年又成功进入北疆西部新区 6 个井场供暖。11 月 18 日，中南油服公司钻前队在西北分公司采油一厂井场钻后治理工程投标中投中两标，从原来单一的钻前施工逐步扩展到更广阔的市场领域，钻后工程成为又一新的经济增长点。

（丁勇兵）

【6 件实事得到较好落实，员工生活水平不断提高】 2005 年，中南石油局和中南分公司积极为职工办好 6 件实事。一是建立了帮困救助机制，建立了全局困难职工档案和《帮困救助金试行办法》，筹集资金 76 万余元，帮助困难职工、慰问重病号 100 余人次；二是逐步规范了离退休人员的企业生活补贴，保证了医疗铺底资金；三是规范了血吸虫等职业病的康复治疗和职工的健康疗养工作，实施了带薪休假制度；四是在完善五大保险的基础上，新参保三项保险；五是继续加大了对基地的改造，全年投入 340 多万元，对各基地进行了改造；六是推进基地向社区模式管理转变，开展了社区管理工作竞赛和居民家庭美德、公共道德教育活动，基地居民的素质得到提高，居住环境与各种服务设施得到了普遍改善。

（丁勇兵）

【"石油湘军"特色企业文化进一步提升】 2005 年，中南石油局、中南分公司继续加强了"利用湖湘文化，打造石油湘军"的企业文化建设。新疆工区主抓企业文化 VI 视觉识别系统的外显工作，统一了企业文化标识，凸显了"石油湘军"形象特色。在 2005 年西北分公司的增储上产劳动竞赛中，第四普查大队钻井公司获增储上产突出贡献单位称号，测录井公司、油服公司钻前队、中南油建公司获增储上产先进单位，4209 分队被评为优秀录井分队。油建公司获得鄂尔多斯 10 亿立方米产能建设劳动竞赛优胜三等奖。第五物探大队 545 队被评为中国石化西部新区基层建设五面红旗，获全国青年文明号荣誉称号；测录井 ZN401 队被评为名牌基层队；油服公司钻前队被评为优秀基层队；545 队党支部被评为先进基层党支部。涌现出一批先进个人和技术能手，其中第四普查大队钻井队长张志军获 2005 年度全国五一劳动奖章、湖南省劳动模范，研究院副总工程师刘中戎被团中央评为青年岗位能手。

（丁勇兵）

【"十五"经济快速增长，油气储产量规模不断扩大】 "十五"期间，中南石油局累计完成生产经营总收入 21.82 亿元，是"九五"的 2.9 倍。年生产经营总收入从"九五"末的 2.19 亿元发展到 2005 年的 5.12 亿元，增长了 133.8%，其中 2004 年生产经营总收入突破了 6 亿元。生产增加值累计 7.24 亿元，从 2001 的 6 254 万元增长到"十五"末的 2.49 亿元，增长了 297%。累计实现利润 1.13 亿元，从"九五"末的 244 万元增长到 2005 年的 6 434 万元。中南分公司油气产量从"九五"末的 0.19 万吨上升到 2005 年的 0.9 万吨，"十五"累计生产原油 3.4 万吨。累计提交三级储量 1 308 万吨，新增含油面积 19.3 平方千米。其中提交探明石油储量 600 万吨、控制储量 126 万吨、预测储量 582 万吨。江汉探区勘探领域不断向纵深发展，由原来单一的对下第三系新沟嘴组进行油气勘探，发展到现今对白垩系渔洋组、中生界三叠系、古生界石炭系、二叠系等多套目的层系进行立体勘探的态势，发现5个工业油藏，新发现和落实各类圈闭19个，新增圈闭面积134平方千米，新增石油资源量2 376万吨，探区圈闭总数增加到32个，圈闭总面积达218平方千米。大力实施“评价南方”战略，湘中天然气勘探取得实质性进展，镇巴、织安探区优选了勘探目标。镇巴探区为中国石化南方海相领域的重点探区，织安区块为四川盆地外围的有利地区。“十五”期间，中南石油局、中南分公司实现了产值、利润、原油产量、勘探开发投资、资产装备、人均收入翻了六番。

（丁勇兵）

表1 中南石油局、中南分公司主要经济指标 亿元

指标名称＼年份	2005	2004	2003	2002	2001	2000
工业总产值	5.47	6.27	4.54	3.04	2.66	2.19
中南石油局	5.12	6.05	4.47	3.04	2.66	2.19
中南分公司	0.35	0.22	0.07	—	—	—
工业增加值	2.55	2.01	1.46	0.89	0.76	0.69
中南石油局	2.49	1.96	1.37	0.87	0.63	0.69
中南分公司	0.06	0.05	0.085	0.017	0.125	—
资产总计	7.84	7.20	5.81	4.98	4.58	3.25
中南石油局	5.41	5.13	4.32	3.31	3.26	3.25
中南分公司	2.43	2.07	1.49	1.67	1.32	—
流动资产	3.08	2.63	2.59	12.03	2.10	1.57
中南石油局	2.90	2.41	2.35	1.50	1.48	1.57
中南分公司	0.18	0.22	0.24	0.53	0.62	—
固定资产原值	6.19	5.69	4.49	4.37	3.45	2.57
中南石油局	3.66	3.75	3.08	3.08	2.34	2.57
中南分公司	2.53	1.94	1.41	1.29	1.11	—
固定资产净值	4.23	4.02	3.18	2.61	2.21	1.30
中南石油局	2.21	2.41	1.95	1.73	1.64	1.3
中南分公司	2.02	1.61	1.23	0.88	0.57	—
销售收入	5.41	6.27	4.60	2.24	2.58	2.23
中南石油局	5.12	6.05	4.47	2.16	2.51	2.23
中南分公司	0.29	0.22	0.13	0.08	0.07	—
实现利税	0.46	-0.18	-0.21	-0.15	-0.09	-0.02
中南石油局	1.12	0.71	0.47	0.22	0.07	-0.02
中南分公司	-0.66	-0.89	-0.68	-0.37	-0.16	—
税　金	0.474	0.43	0.35	0.16	0.13	0.04
中南石油局	0.47	0.43	0.35	0.16	0.12	0.04
中南分公司	0.004	0.002	0.003	0.004	0.013	—

表2 中南分公司主要生产建设指标

指标名称＼年份	2005	2004	2003	2002	2001	2000
原油产量/万吨	0.90	0.85	0.71	0.54	0.41	0.19
新增油气生产能力/万吨	0.10	0.1	0.5	0.3	—	0.5
新增探明石油储量万吨	110	123	152	105	—	110
二维地震/千米	305	448	—	—	—	—
三维地震/平方千米	—	40	80	90	62	60
钻井数/口	8	9	9	4	1	2
钻井进尺/万米	2.41	3.07	3.21	1.40	0.34	0.64
勘探开发投资/亿元	1.10	1.46	1.08	0.65	0.49	—

西北石油局暨西北分公司

【概述】 中国石化集团西北石油局(简称西北石油局)和中国石油化工股份有限公司西北分公司(简称西北分公司)，原为地质部新疆石油普查勘探指挥部；1983年4月更名为西北石油地质局；1997年1月，国务院批准成立中国新星石油有限责任公司，西北石油地质局隶属其下，并再次更名为中国新星石油有限责任公司西北石油局；2000年3月随中国新星石油公司整体并入中国石化；2002年4月，西北石油局完成油气分公司体制改革，分设为中国石化新星西北石油局、中国石化新星西北分公司，并于2003年6月分别划归石化集团公司、石化股份公司直属，主要从事新疆塔里木盆地油气勘探开发和油气销售业务。

西北石油局、西北分公司直属单位驻地分布于新疆维吾尔自治区天山南北，机关总部驻乌鲁木齐市北京北路29号。

截至2005年底，西北石油局、西北分公司建有1个党委，2套行政领导班子(共9人)，下设19个机关职能处室、16个二级生产单位、4个直属单位；拥有职工3 048人，专业技术人员1 562人，高级专业技术职务336人。

西北石油局、西北分公司在企业发展过程中，逐步实现了由传统国有企业向现代油公司管理模式、单一勘探工作向勘探开发一体化、勘探生产科研向生产经营的转变。2005年是西北石油局、西北分公司历史上投资最多、产能建设重点工程量最大、原油产量增幅较高的一年。投资由2000年的14.8亿元增加到51.85亿元，原油产量由2000年的187万吨上升到420万吨；在塔里木盆地拥有勘探矿权区块6个，区块登记面积1.24万平方千米；累计探明23个油气田，在所开发的14个油气田中，共有生产油井469口，累计生产原油2 074.58万吨，生产天然气47.26亿立方米。

2005年，全年实现总收入84.32亿元，实现利税53.2亿元、利润48.02亿元。其中西北分公司实现主营业务收入77.21亿元、利润46.59亿元、利税51.45亿元，人均实现利润170.93万元，人均实现利税188.74万元，总资产131.99亿元，工业增加值64.72亿元；西北石油局实现主营业务收入4.26亿元、利润1.43亿元、利税1.75亿元，人均实现利润14.96万元，人均实现利税18.35万元，总资产4.72亿元，工业增加值1.19亿元。

西北石油局、西北分公司主要经济指标和主要生产建设指标见表1和表2。

(陈兰凤　王爱敏)

【"214"勘探成果】 2005年，西北分公司勘探取得2个重大突破、1个重要发现、4个新进展。

2个重大突破。①石炭系巴楚组油气勘探获得重大突破。位于塔河油田登记区范围南端的S112－2井在石炭系获得日产105吨高产工业油气流，实现了"突破古生界碎屑岩"的勘探目标，进一步证明巴楚组底部砂岩储层具有较大的增储潜力，初步估计该领域油气储量在3 000万吨以上。②三叠系非背斜油气藏勘探取得重大突破。根据三叠系油气预测技术成果，在盐上相继发现塔河南7、8、9号岩性圈闭和阿克亚苏1号、2号构造等有勘探潜力的三维地震振幅属性异常区。部署的THN1井在三叠系中油组获得日产原油56.6立方米、天然气4.6万立方米的高产油气流。AT1井在三叠系中油组获得日产原油76.8立方米、天然气16.38万立方米的高产油气流。取得了非背斜隐蔽油气藏勘探的重大突破，控制储量5 000万吨油当量，展现出三叠系勘探的新场面。

1个重要发现。在塔河南盐下地区部署的S116－2井，获得日产原油228立方米、日产天然气2.9万立方米。首次在盐下奥陶系上统良里塔格组获高产工业油气流，证实了该层位具有较大油气勘探潜力。

4个重要进展。①盐下奥陶系油气勘探取得重要进展。2005年部署了24口探井和评价井。在已经完钻的22口探井中有7口井获得工业油气流，2口井获得低产油流。工业油气流井占完钻总井数的31.8%，证实盐下奥陶系储层具有良好的勘探前景，使盐下井控含油气面积进一步扩大。②石炭系卡拉沙依组薄层砂岩测试评价取得重要进展。通过对老井的复查、测试，TK629、TK808 2口井获得工业油气流，在阿克库勒凸起西部开拓了构造岩性复合圈闭增储上产领域。③东河砂岩测试评价取得重要进展。2005年先后实施7井层测试作业，2口井见产，1口井见稠油，证实该层位具有一定勘探潜力。④三叠系碎屑岩圈闭识别取得重要进展，部署的THN1、AT1井均获高产工业油气流，为塔河油田碎屑岩油气勘探、立体找油奠定了基础。

(陈兰凤　王爱敏)

【油气开发】 截至2005年底，西北分公司动用原油地质储量2.90亿吨，可采储量4 460万吨。投入开发的油气田(藏)14个，试采油气田(藏)5个，未动用油气田(藏)3个，拟核销的油气田1个。油井生产井数469口，开井数373口，占生产井数的79.5%。其中，自喷井202口，占开井数的54.2%；机采井171口，占开井数的45.8%；正修及待修井96口。

2005年，西北分公司新增动用储量4 324万吨，新增可采储量958.4万吨，新增探明凝析油地质储量46万吨；日产原油1.28万吨，平均单井日产油34.4吨，年产原油420万吨。

（陈兰凤）

【天然气开发】 截至2005年，西北分公司投入开发气藏5个，试采气藏1个，未动用气藏3个。累计探明天然气地质储量1 116.3亿立方米，动用天然气地质储量507.9亿立方米。共有采气井21口，开井15口，开井率71%，且均为自喷井。拥有天然气生产能力11.68亿立方米。

2005年，西北分公司新钻气井8口，年产天然气5.2亿立方米。新增探明天然气地质储量201.9亿立方米，新增动用天然气储量310.5亿立方米，新增天然气可采储量168亿立方米。新建天然气产能7.76亿米^3/年。

（陈兰凤）

【科研创新成果】 2005年，西北分公司科研工作取得两项创新成果。

(1) 注水替油技术的创新，为缝洞型油藏提高采收率探索了一条新途径。

针对定容型缝洞性油藏产量、压力下降快、产液能力不足等特征，创新提出单井注水替油采油工艺方法，并进行现场实验。在取得增油效果的同时，对选井原则、注水时机、注水量、关井时间等一系列技术环节进行理论探讨。在此基础上，又提出缝洞单元也是一个“定容体”观念，使注水替油采油工艺技术不仅适用于独立的定容体，同样适用于连通的缝洞单元，为碳酸盐岩缝洞型油藏提高采收率探索了一条新途径。该项技术自2005年3月初实施以来，累计增油8万吨。

(2) 以三维地震绝对平均振幅为核心的三叠系隐蔽圈闭识别与评价技术的成功应用，推动了塔河油田碎屑岩的油气勘探。

随着塔河油田勘探开发的不断深入，西北分公司及时作出调整，加大碎屑岩勘探开发的力度。针对三叠系以低幅度构造、岩性圈闭及复合型圈闭难以落实与评价的特点，通过探索，创新性地建立了以三维地震绝对平均振幅为核心，包括综合标定技术、多井对比技术、精细构造解释技术、精细断裂解释技术、变速成图技术、地震属性约束技术、三维可视化技术、多参数综合油气预测技术、模式识别油气检测技术等在内的三叠系碎屑岩隐蔽圈闭识别与评价技术系列。

该项技术的实际应用，提高了三叠系圈闭的发现、落实概率，先后发现了一系列低幅度构造和非构造圈闭。部署的S41－1、THN1井、AT1等井相继在三叠系目的层钻获工业油气流，并很快投入开发；扩大、落实的塔河油田9区西部，直接投入开发；T903井附近部署的开发井也获得了良好的开发效果，拓展了三叠系勘探领域，为西北分公司三叠系增储上产提供了技术保障。

（陈兰凤）

【亚洲第一深井——塔深1井开钻】 2005年4月6日23时30分，西北分公司塔深1井开钻。塔深1井位于塔里木盆地沙雅隆起塔河寒武系台缘大型建隆上，设计垂直井深8 000米，为亚洲第一深井。由华北石油局西部工程公司90152HB钻井队承钻，采用美国E－3000型 9 000 米电动钻机，配备先进的TESCO500ECI顶驱。塔深1井是西北分公司根据中国石化油气资源发展的整体部署，结合目前资源利用及油气勘探开发实际情况，在深入研究的基础上，提出“塔河之下找塔河、塔河之外找塔河”勘探思路，针对塔河油田深部领域下奥陶、寒武系的成藏和勘探目标进行评价研究，寻找塔里木盆地古生界大型原生油气藏部署的一口超深井。塔深1井钻井地质目的：探索寒武系大型碳酸盐岩建隆的含油气性，研究寒武系—奥陶系地层、沉积特征及储层发育、储层成因机制，研究寒武系—奥陶系油气生成、运移、聚集规律以及储盖条件。

（陈兰凤）

中国石化领导陈同海一行参加塔深1井开钻仪式

【塔河油田三号联合站顺利投产】 2005年11月5日，位于塔河油田8区南部的塔河油田三号联合站顺利投产，实现了当年立项、当年设计、当年建设、当年投产，标志着西北分公司产能建设又迈上新台阶。

塔河油田三号联合站是西北分公司最大的原油处理站，年处理原油180万吨，掺稀油规模50万吨，污水处理及回灌系统规模 6 500 米^3/日，总罐容 5 万立方米，站外管线 37.5 千米，站内外道路 1.3 千米，通信光缆 8.2 千米。主要负责塔河油田 8 区(Ⅲ、Ⅳ、Ⅴ单元)原油、10 区 70%原油、11 区 50%原油处理，工程总投资 1.96 亿元。它的投产成功缓解了塔河油田二号联合站原油处理压力。

塔河油田三号联合站工程包括新建联合处理站 1 座、外部配套管理网、输油首站配套设施、临时卸油站 1 座、倒班公寓 1 座。在设计上运用了世界上先进的火气检测系统；实现了全密闭流程、自动化操作和清洁环保生产，减少了环境污染；原油处理含水率小于 1%；加热系统采用先进的节能高效相变加热炉，为建立节约型绿色油田迈出坚实步伐；一次污水处理达到回注标准。

(陈兰凤)

【西达里亚油田调整开发井 DK18H 井替喷成功】 2005 年 7 月 29 日，西达里亚油田第一口调整开发井 DK18H 井开钻，11 月 6 日替喷成功。用 6 毫米油嘴控制试油流程自喷生产，日产原油 50 吨，日产天然气 7.38 万立方米。该井的成功投产，为 2006 年调整西达里亚 5 口开发井提供了技术保障，标志着西达里亚油田综合治理拉开了新的序幕，也标志着西北分公司最早大规模开发的油田进入了一个崭新的开发时期。

(陈兰凤)

【大涝坝集气处理站建成投产】 2005 年 9 月 8 日，中国石化在新疆投入运行的第一座天然气集气处理站——大涝坝集气处理站成功投产。该工程由胜利油建承建，2004 年 10 月 28 日开工建设，是集采气、集输、凝析油稳定、储运及天然气处理为一体的综合性处理站。其主要功能是对大涝坝凝析气田 9 口生产井的油气进行处理，有效地脱出天然气中水分及轻质原油，满足库车大化肥的原料用气，并销售合格的液化气、稳定轻烃及凝析油。大涝坝集气处理站设计日处理天然气 25 万立方米、年处理凝析油 8 万吨。工程总投资 1.18 亿元。

(陈兰凤)

【雅克拉集气处理站投产成功】 2005 年 11 月 28 日，中国石化系统最大、自动化水平最高的天然气集气处理站——雅克拉集气处理站一次投产成功。该工程由中原油建承建，2004 年 10 月 25 日开工建设，气体处理装置设计规模为日处理天然气 260 万立方米。其主要功能是对气田的天然气进行处理，使其符合管输天然气标准及天然气质量要求；采用膨胀制冷工艺以回收天然气中碳三以上组分，满足天然气烃露点的要求；采用分子筛脱水以满足天然气水露点及制冷工艺对气体含水量的要求。其集输工艺采用一级布站方式，自控系统由 DCS 集散控制系统、井区 SCADA 系统和电视监视系统组成。工程总投资 3.86 亿元。

12 月 2 日，处理站经过连续 3 天紧张投运，已生产出干气、液化气、轻油和凝析油，质量均达到国家标准。集气处理站 4 类产品的成功见产，将为企业增加利润 20 万元/日。

(陈兰凤)

大涝坝集气站全景

雅克拉集气站全景

【中国石化西北地区应急中心一期工程竣工】 2005年6月26日，中国石化西北地区应急中心指挥基地首期工程在西北分公司塔河采油一厂竣工，这标志着西北分公司对处理塔河油田突发事件、异常情况及最大限度减轻事故灾害的能力将提高到新的水平。

该工程建筑面积4.3万平方米，总投资2 775.5万元，包括基地外围通透围墙、混凝土场地、外网工程、门卫室、停车场、办公室、气防站库房及大型车库和维修间等基建项目。

应急中心下设应急抢险、消防、治安、特种运输4个大队和1个防护救助站。

应急中心组建充分利用西北分公司现有的消防、气防、治安、医疗救护设备设施和人员，实现紧急状态下塔河油田各种应急资源的统一调配和集中管理，提高企业应对各类突发事件的能力，为提升油田开发建设水平提供保障。

（陈兰凤）

【THN1井获高产工业油气流】 2005年9月2日，THN1井在三叠系中统阿克库勒组6毫米油嘴测试求产获高产工业油气流。这是西北分公司在塔河南岸8号圈闭的重大突破，对8号圈闭19.06平方千米的储量勘探开发具有重大意义。

THN1井2005年6月28日开钻，同年8月8日完钻，井深4 560米。2005年9月2日对三叠系阿克库勒组4 326.05—4 330.05米进行负压射孔，8毫米油嘴放喷，油压、套压迅速上升，6毫米油嘴测试求产获高产油气流。油压28兆帕、套压29.5兆帕，折算日产轻质原油68.88立方米，日产天然气14.53万立方米。

（陈兰凤）

【AT1井实现重大油气突破】 2005年9月8日，西北分公司部署在阿克亚苏1号构造的勘探井AT1井在三叠系下油组获高产工业油气流，4毫米油嘴测试，油压8.2兆帕，折算日产原油45.6立方米。这是西北分公司在新层位、新类型油气勘探的重大突破，为塔河油田碎屑岩油气勘探、立体找油奠定了基础。

AT1井于2005年7月17日开钻，8月28日完钻，完钻层位三叠系阿克库勒组。该井在钻井过程中，三叠系中油组、下油组多层段取心、录井显示情况良好。根据综合解释结果，9月8日对该井三叠系下油组4 307—4 313米井段射孔测试，射开油气层顶部4 307—4 309米，二开试获工业油气流。

（陈兰凤）

【曾培炎考察塔河油田】 2005年6月18日，中共中央政治局委员、国务院副总理曾培炎，中共中央政治局委员、新疆维吾尔自治区党委书记王乐泉和国务院有关部委负责人一行，在石化集团公司总经理陈同海、副总经理周原陪同下，考察了中国石化资源战略接替区——塔河油田，并慰问了奋战在增储上产第一线的数万名石油职工。

（陈兰凤）

中共中央政治局委员、国务院副总理曾培炎一行巡视塔河油田

【西北分公司向阿克苏等地区供应天然气】 2005年2月1日，西北分公司与新疆阿克苏地区达成协议，在原供应库车化肥厂5亿立方米天然气的基础上，再供应2亿立方米天然气用于聚甲醛化工项目建设，并与新疆联合化工有限责任公司签订长期供气合同，按照合同，西北分公司从2005年开始每年为该公司供应天然气2亿立方米。

截至2005年底，阿克苏地区库车县城和巴音郭楞州轮台县城居民以及当地驻军已经用上了西北分公司供应的天然气。

（陈兰凤）

【中国石化向新疆灾区捐款300万元】 2005年2月15日，新疆阿克苏地区乌什县发生6.2级地震，之后阿克苏、喀什、和田和克孜勒苏克尔克孜自治州等地又遭受近30年罕见的特大暴雪袭击，给当地人民生产和生活造成严重影响和损失。

2005年3月7日，西北石油局局长焦方正、党委副书记苏来曼·阿布都以及西部新区勘探指挥部有关领导，代表石化集团公司党组、石化集团公司以及石化股份公司，向新疆维吾尔自治区地震灾区捐款300万元。

（陈兰凤）

表 1　　西北石油局、西北分公司主要经济指标　　亿元

指标名称＼年份	2005	2004	2003	2002	2001	2000
企业增加值	65.91	34.10	22.92	13.34	15.31	15.09
西北石油局	1.19	1.47	3.23	1.68	1.49	15.09
西北分公司	64.72	32.63	19.69	11.66	13.82	—
资产总计	136.71	100.33	74.99	59.72	48.51	46.74
西北石油局	4.72	5.18	3.40	7.30	6.50	46.74
西北分公司	131.99	95.15	71.59	52.42	42.01	—
流动资产	18.44	15.95	9.77	12.28	11.63	12.78
西北石油局	2.44	3.46	1.20	2.70	2.40	12.78
西北分公司	16	12.49	8.57	9.58	9.23	—
固定资产原值	135.88	88.18	74.82	52.67	41.18	31.71
西北石油局	2.64	5.45	5.80	8.50	6.70	31.71
西北分公司	133.24	82.73	69.02	44.17	34.48	—
固定资产净值	102.77	65.37	57.60	39.88	31.98	24.46
西北石油局	1.65	1.71	2.20	4.50	3.10	24.46
西北分公司	101.12	63.66	55.40	35.38	28.88	—
总收入	84.32	48.15	42.95	26.50	24.34	22.49
西北石油局	6.19	4.09	13.20	8.10	5.50	22.49
西北分公司	78.13	44.06	29.75	18.40	18.84	—
实现利税	53.2	20.63	14.93	7.24	10.60	2.06
西北石油局	1.75	0.91	2.10	0.50	0.50	2.06
西北分公司	51.45	19.72	12.83	6.74	10.10	—
税　金	5.18	2.29	2.55	0.94	1.73	1.06
西北石油局	0.32	0.40	1.70	0.40	0.40	1.06
西北分公司	4.86	1.89	0.85	0.54	1.33	—

表 2　　西北石油局、西北分公司主要生产建设指标

指标名称＼年份	2005	2004	2003	2002	2001	2000
原油产量/万吨	420	358.17	300.86	254.22	229.33	186.88
西北石油局	5	7	8.03	7.42	—	—
西北分公司	415	351.17	292.83	246.80	—	—
天然气产量/亿立方米	5.2	4.9	4.52	3.74	4.41	4.43
西北石油局	—	—	0.36	0.24	—	—
西北分公司	5.2	4.9	4.16	3.50	—	—

续表

指标名称＼年份	2005	2004	2003	2002	2001	2000
新增原油生产能力/万吨	144.59	143.77	121.70	74.50	92.90	75.40
西北石油局	—	—	—	—	—	—
西北分公司	144.59	143.77	121.70	74.50	—	—
新增天然气生产能力/亿立方米	7.76	0.61	—	—	—	—
西北石油局	—	—	—	—	—	—
西北分公司	7.76	0.61	—	—	—	—
新增探明石油地质储量/万吨	9 692.31	21 693（其中凝析油 319.1）	7 791	5 405	3 955	4 883
西北石油局	—	—	—	—	—	—
西北分公司	9 692.31	21 693（其中凝析油 319.1）	7 791	5 405	—	—
新增探明天然气地质储量/亿立方米	201.9	286.2（其中溶解气 102.18）	78.40（溶解气）	62.20（天然气＋溶解气）	22.50（溶解气）	34.20（溶解气）
西北石油局	—	—	—	—	—	—
西北分公司	201.9	286.2（其中溶解气 102.18）	78.40（溶解气）	62.20（天然气＋溶解气）	—	—
二维地震/千米	847	—	—	—	—	848.65
西北石油局	—	—	—	—	—	—
西北分公司	847	—	—	—	—	—
三维地震/平方千米	1 364	729	1 229.1	500.00	243.75	791.00
西北石油局	—	—	—	—	—	
西北分公司	1 364	729	1 229.1	500.00	—	—
石油钻井/口	119	113	83	75	79	43
西北石油局	—	—	—	—	—	—
西北分公司	119	113	83	75	—	—
探　井/口	34	25	24	26	33	18
西北石油局	—	—	—	—	—	—
西北分公司	34	25	24	26	—	—
开发井/口	85	88	59	49	46	25
西北石油局	—	—	—	—	—	—
西北分公司	85	88	59	49	—	—

续表

年份 指标名称	2005	2004	2003	2002	2001	2000
注水井/口	—	—	—	—	—	—
西北石油局	—	—	—	—	—	—
西北分公司	—	—	—	—	—	—
钻井进尺/万米	69.3	67.88	50.27	39.10	42.19	25.23
西北石油局	—	—	—	—	—	—
西北分公司	69.3	67.88	50.27	39.10	—	—
勘探投资/亿元	15.46	10.13	9.96	7.71	6.50	5.80
西北石油局	—	—	—	—	—	—
西北分公司	15.46	10.13	9.96	7.71	—	—
开发投资/亿元	35.85	26.81	7.05	7.79	9.92	8.19
西北石油局	0.45	0.25	—	—	—	—
西北分公司	35.4	26.56	7.05	7.79	—	—

华东石油局暨华东分公司

【概述】 中国石化集团华东石油局(简称华东石油局)和中国石油化工股份有限公司华东分公司(简称华东分公司)位于江苏省南京市热河南路，成立于1970年5月6日，其前身是江苏省石油勘探指挥所，1983年3月20日改名为地质矿产部华东石油地质局，直属地质矿产部领导，1997年1月经国务院批准，成立了中国新星石油有限责任公司，华东石油局隶属其下，更名为中国新星石油公司华东石油局。2000年4月，随新星石油公司整体并入石化集团公司后，更名为中国石化新星公司华东石油局。2001年石化集团公司进行重组改制，华东石油局油田开发和部分科研单位上市，成立中国石油化工股份有限公司新星华东分公司，非上市部分仍用原名称。2003年5月，经石化集团公司管理体制调整，华东石油局和华东分公司由新星公司管理调整为石化集团公司直接管理，调整后名称分别变更为现名。

2005年，华东石油局和华东分公司全面完成了任务目标，取得了较好的经济效益。

华东分公司全年累计施工探井(评价井)、滚动井19口，开发井42口，总进尺13.73万米，完成三维地震野外采集、资料处理及解释155平方千米，全年共生产原油18万吨，原油商品率为95%。完成总投资4.04亿元，实现总收入6.61亿元，利润总额为1.48亿元，在高油价的形势下，首度实现赢利，圆满完成了石化股份公司下达的利润考核指标，并已连续4年实现稳中有升。

华东石油局在执行关联交易任务、配合华东分公司油田开发的同时，积极参与中国石化内部工程市场竞标作业和开拓国内外市场，经济保持了持续增长。全年共完成钻井进尺12.88万米；物探三维936平方千米，二维2 579千米；测井完成1 488.6万标准米；销售二氧化碳28.36万吨。全年实现生产经营总收入9.50亿元，其中石油工程板块经营收入5.14亿元，多种经营及其他收入3.31亿元，矿业板块收入1.05亿元。实现利润1 731万元，与石化集团公司考核利润700万元相比，增加了1 031万元，为年计划的126%。

华东石油局、华东石油分公司主要经济指标和主要生产建设指标见表1、表2。

华东石油局和华东分公司按照专业部门分设、综合部门合署办公的原则，年末共设有职能和党委工作部门24个(不包括工会、团委)，2005年根据中国石化管理工作要求，共同设立了法律事务处，完成了井下作业公司的下市工作。年末在职职工3 690人(其中华东石油局2 426人，华东分公司1 264人)，其中具有各类高级专业职称的有320人，中级专业职称的有670人。

2005年，华东石油局和华东分公司继续以创建文明单位为龙头，努力加强队伍建设，在江苏省两年一度的文明单位评比活动中，华东石油局(华东分公司)以及下属的试采大队(采油厂)、六普大队、规划设计研究院、高级技术学校、扬州办事处继续获得了省级文明单位称号。在中国石化开展的2004—2005年度“五项劳动竞赛”评比考核活动中，华东分公司采油厂洲城联合站、草舍油田联合站分别被评为“五星级”、“四星级”联合站。在中国石化西部新区“三争三创”活动中，六物大队的645队获西部新区工程作业队伍“十面红旗”单位荣誉称号，六物大队的孙刚被评为“2005感动西部”十佳人物。

(蒋建新　万荷萍)

【华东石油局主营业务市场适应能力增强】 2005年华东石油局石油工程作业队伍经过专业化重组后，加强规范化建设，提高队伍素质，市场适应能力和竞争力得到进一步增强。

首先，加大有效投入，提升石油工程作业队伍装备水平，适应市场对新设备、新技术的要求。全年共投入9 925万元购置专业设备和进行技术改造，为工程作业队伍进入市场提供保证。其次，加强队伍基础建设，提升管理水平，适应甲方对施工队伍的要求。2005年，有9个专业进行了资质认证，19支队伍取得了物探、侧钻、钻前施工、套管服务、井下大修、井下修井、试油、酸化压裂、测试等相应资质。第三，以优质服务、科学施工、拼搏精神赢得信赖。在市场经济条件下，华东石油局石油工程作业队伍一方面继承和发扬能征善战、敢啃“硬骨头”的精神，敢于承担高风险、高难度的任务；另一方面，以严谨科学的态度和良好的技术服务，保质保量完成甲方任务，从而，获得了甲方单位的好评和信赖。

2005年，华东石油局石油工程作业收入达5亿元，其中70%为外部市场收入。作业地域主要在新疆、贵州、四川、东北、安徽等地。钻井公司还承担了西北分公司新一轮勘探开发布署的重点超深井——TP2井的钻井任务；物探公司承揽了南方勘探分公司高难度的山地三维项目，并且解决了贵州官渡工区复杂山地施工的方法技术问题。

(蒋建新　万荷萍)

【提交油气储量创历史新高】 2005年，华东分公司开展了东北松南、松北和苏北3个勘探项目，其中松北为东北勘探新区项目管理部管理，松南和苏北由华东分公司自行管理。

截至年底完成三维地震155平方千米，完成年计划99.7%；全年累计施工探井(评价井)、滚动井19口，累计进尺为4.24万米，为调整后任务的100.21%；勘探井中有15口井获得良好油气显示，8口井试获工业油流。

年内共提交石油探明地质储量549.47万吨，石油控制地质储量831万吨，石油预测地质储量1 006万吨，天然气预测储量289.63亿立方米，三项储量之和为5 161.3油当量，完成年计划215.05%，不仅超额完成了中国石化下达的任务目标，而且创华东石油局、华东分公司有史以来最好成绩。

(蒋建新　万荷萍)

【江苏溱潼勘探取得重大突破】 华东分公司立足精细勘探，寻求新的发现，扩大油气成果，2005年首次在江苏苏北溱潼凹陷斜坡带实现油气突破，发现了北汉庄油田。该油田具有油层埋藏浅、多层叠合、物性好、油层厚度大的特点。2005年度北汉庄油田已提交石油地质控制、预测储量732万吨。

(蒋建新　万荷萍)

【北汉庄油田做到当年发现当年投产】 2005年勘探发现的北汉庄油田，华东分公司实行勘探开发一体化，实现了当年发现当年投产。

针对苏北油田复杂断块构造复杂、油气田规模小的实际，在北汉庄油田勘探过程中，开发工作早期介入，快速落实构造；及时反馈钻井信息，加强了精细构造研究，提高复杂小断块油藏滚动开发钻井成功率；同时，及时部署油藏评价井落实油藏和储量；在发现、探明的同时，尽快完成钻井、试油、投产、投注工作，立足于早期注水补充能量，迅速形成新产能，促进储量向产能的快速转化。为确保当年发现、当年投产，华东分公司根据全年工作计划，编制了北汉庄油田滚动开发方案，调整全年工作部署。截至12月底，北汉庄油田已完钻开发井10口，钻井进尺1.73万米，投产11口(含探转采井苏290井)，新建原油生产能力2.6万吨。另提前实施井7口，钻井进尺1.15万米，投产5口，新建产能0.77万吨，提高了产能转化率，使当年产能转化率达到了33%。

(万荷萍　刘　伟)

【腰英台油田进入规模开发】 2005年11月，华东分公司提出的《腰英台油田开发方案》由中国石化组织的专家组评审通过，历经了5年的东北腰英台试验开发将正式进入规模开发阶段。

腰英台油田是华东石油局、华东分公司又一主要后备基地，2001 年开始进入试验开发。为形成规模产量，实现规模开发目标，2003 年设立了东北项目部，直接指挥和管理这一区块的试验开发工作。自 2001 年 DB13 井在青山口组发现工业油流，至 2005 年，已先后发现并证实了 1 号、2 号、3 号、4 号和腰西 5 个连片含油区块。2005 年经部署 6 口滚动勘探开发井和腰英台先导开发试验，进一步论证了腰英台油田油藏规模。

（万荷萍）

【老油田开发综合递减率得到有效控制】 2005 年，华东分公司继续加强江苏地区油田的管理，认真做好老油田稳油控水，使油田综合递减率又有明显下降。

合理注水井网，进行科学注水，是华东分公司解决油田递减率下降的主要手段。为了实现合理注水，科学注水，华东分公司在上半年进行了注水开发油田的井网和层系适应性、能量的保持和利用、低效和无效注水、注水工艺、地面工程等 5 项调查，抓住了注采井网不完善，平面、纵向矛盾突出等制约注水开发油田的主要问题，通过完善注采井网、堵水、调剖、高压增注等一系列措施，在技术上、工艺上控制油田递减率。

在管理上，为确保注好水、注有效水，华东分公司还完善了注水管理规定，形成了分公司、采油厂及采油队注水工作三级管理模式；制定了季度油藏分析例会制度，从动态和静态上分析研究油藏开发管理中的问题和矛盾，及时调整方案，优化油藏综合治理，促进了注水管理水平的提高。

全年投注新井 8 口，转注老井 6 口，水井压裂 1 井次，酸化 2 井次，补改层 3 井次，分层注水 1 井次，高压增注 1 井次，调剖 2 井次。这些措施的实施，使注水开发油田的水驱控制程度由 2004 年底的 61.4%提高至 65%，水驱动用程度由 58.1%提高至 60%，使注水开发油田的稳产基础得到了加强，油田自然递减率与上年同期相比下降了 3.6 个百分点，各注水开发油田产量相对稳定或稳中有升，注水油田的开发水平得到了全面提升。注水油藏自然递减率由 24%降至 16%，含水上升率逐步控制在 1.0%，注水系统及机采系统效率明显提高。

（万荷萍　刘　伟）

【草舍二氧化碳投注站建成】 草舍二氧化碳投注站是中国石化重点科研项目“二氧化碳混相驱先导项目”重点建设工程，担负着将净化过的二氧化碳按技术要求压注至开发目的层的任务。该工程从 2004 年开始实施，于 2005 年 7 月建成。7 月 21 日—7 月 31 日，对该压注站装置进行了整机联动调试，8 月 1 日后进入试生产。截至年末，已累计注入二氧化碳 2 947 吨。

草舍压注站是中国第一个自行开发研制的用于油田投注二氧化碳气的压注站。

（万荷萍）

【加蓬 G4－188 项目全面展开】 由石化国际勘探开发公司委托管理的加蓬 G4－188 区块勘探项目于 2005 年全面展开。

为实施好这一项目，华东石油局、华东分公司于年初就成立了相应的工作机构，选派了富有国外合作经验的工作人员，迅速熟悉加蓬国的法律法规，并按照该国的要求如期完成了环境评估。2005 年 8 月和 10 月分别完成了两块三维(200 平方千米)、一块二维(40 千米)地震资料野外采集，并于 11 月初成功地完成了钻井工程招标。实现了当年公司注册，当年完成地震资料采集和部分地震资料处理、解释，当年完成含油气区块评价、井位论证，当年完成钻井工程招标和钻井设备到达现场。

（陆黄生　万荷萍）

【哈萨克斯坦钻井工程服务效益显现】 2005 年，华东石油局共有 6 个钻井队和 2 个修井队，工程技术人员近 80 人在哈萨克斯坦开展石油工程服务，共完成工作量 6.8 万米，全年实现劳务收入 158 万美元。与此同时，钻井服务还带动了钻井材料、成套设备和辅助设备等采购销售，全年为哈萨克斯坦提供钻井工程材料、成套设备和辅助设备合同价款达 1 140 万美元。

（万荷萍）

【HSE/OHS 管理体系获得国家有关机构认证证书】 华东石油局、华东分公司 HSE/OHS 管理体系于 2005 年 10 月通过第三方认证审核，经国家认证认可委员会审查注册，获得 HSE 和 OHS 管理体系认证证书。

华东石油局、华东分公司根据中国石化要求和现代企业管理发展的客观需要，于 2002 年初着手建立 HSE/OHS 管理体系，历经初始状态评审、标准宣贯、系统策划、风险评价、文件编制和试运行及审核、评审等阶段。至 2004 年 10 月，华东石油局和华东分公司本部及所属各单位基本完成 HSE 和 OHS 管理体系的建立，2005 年 10 月通过第三方认证审核，12 月中旬，全部获得了国家认证认可委员会核准颁发的认证证书。

（万荷萍　张永建）

表 1 华东石油局、华东分公司主要经济指标 亿元

指标名称＼年份	2005	2004	2003	2002	2001	2000
工业总产值	10.57	7.97	8.35	6.49	7.13	8.10
华东石油局	5.07	4.11	4.58	3.38	3.64	—
华东分公司	5.50	3.86	3.77	3.11	3.49	—
企业增加值	6.23	4.06	2.29	3.55	3.51	4.46
华东石油局	2.76	2.09	1.59	1.61	1.34	—
华东分公司	3.47	1.97	0.70	1.94	2.17	—
资产总计	22.80	18.92	14.83	15.62	13.53	10.05
华东石油局	11.42	9.72	7.09	7.27	6.20	—
华东分公司	11.38	9.20	7.74	8.35	7.33	—
流动资产	7.31	5.56	4.31	4.75	3.88	4.46
华东石油局	5.93	4.40	3.21	3.22	2.78	—
华东分公司	1.38	1.15	1.10	1.53	1.10	—
固定资产原值	23.52	19.62	17.29	15.91	13.45	8.66
华东石油局	7.20	6.45	5.14	5.16	3.93	—
华东分公司	16.32	13.16	12.15	10.75	9.52	—
固定资产净值	14.01	11.27	10.65	10.03	8.68	4.74
华东石油局	4.79	4.29	3.35	3.58	2.66	—
华东分公司	9.22	6.99	7.30	6.45	6.02	—
销售收入	16.11	12.18	8.81	5.50	6.19	7.92
华东石油局	9.50	7.45	5.17	3.35	3.35	—
华东分公司	6.61	4.74	3.64	2.15	2.84	—
实现利税	2.47	0.79	0.75	0.28	0.38	0.75
华东石油局	0.71	0.50	0.27	0.22	0.12	—
华东分公司	1.76	0.28	0.48	0.06	0.26	—
税　金	0.82	0.89	0.45	0.40	0.37	0.55
华东石油局	0.29	0.39	0.25	0.21	0.18	—
华东分公司	0.53	0.50	0.20	0.19	0.19	—

表 2 华东石油局、华东分公司主要生产建设指标

指标名称＼年份	2005	2004	2003	2002	2001	2000
原油产量/万吨	18	17.5	17.04	16.03	16.98	17.45
新增原油生产能力/万吨	5.8	7.1	6.52	2.31	3.32	2.47
新增探明石油地质储量/万吨	549	500	455	234	106	136
二维地震/千米						831
三维地震/平方千米	155	224	100	101	134	51

续表

年份 指标名称	2005	2004	2003	2002	2001	2000
石油钻井/口	60	55	51	26	27	28
探　井①/口	19	12	13	13	10	10
开发井/口	42	43	38	13	17	18
钻井进尺②/万米	13.73	14.15	8.25	5.68	5.95	9.99
勘探投资/亿元	1.48	1.33	1.05	0.99	0.94	0.83
开发投资/亿元	2.49	2.48	1.59	0.78	0.77	0.70

① 探井中含侧钻井 1 口。

② 钻井进尺中含侧钻井进尺 2 145 米。

华北石油局暨华北分公司

【概述】 中国石化集团华北石油局(简称华北石油局)和中国石油化工股份有限公司华北分公司(简称华北分公司)，前身为地质部第二石油普查勘探指挥部，1983 年 3 月更名为地质矿产部华北石油地质局，1997 年，国务院批准地矿部石油天然气勘探队伍整体组建成立中国新星石油有限责任公司，华北石油地质局隶属其下，并再次更名为中国新星石油公司华北石油局，2000 年新星石油公司整体并入中国石化集团，2002 年 5 月，根据中国石化集团重组改制总体部署，华北石油局完成了上市、存续重组改制工作，重新组建了中国石化新星公司华北石油局和中国石油化工股份有限公司新星华北分公司；2003 年 7 月划归石化集团公司、石化股份公司直接管理。

华北石油局、华北分公司机关总部及勘探开发研究院驻地为河南省郑州市伏牛路南段 197 号，下属单位驻地分布于陕西省咸阳市(第三普查勘探大队)、河南省郑州市须水(井下作业大队、录井公司、第一采气厂)、河南省新乡市(第五普查勘探大队、第四物探大队、数字测井站、职工培训中心)、山西省晋中市(第九普查勘探大队)、新疆维吾尔自治区轮台县(西部工程公司)、河南省舞阳县(舞阳盐矿)。

截至 2005 年底，华北石油局、华北分公司共设一个党委两套行政领导班子。华北石油局下设 14 个机关职能处室、10 个二级生产单位、2 个派出机构；拥有正式职工 2 997 人，其中经营管理人员 673 人，专业技术人员 657 人(具有高级技术职称 200 人)。华北分公司下设 14 个机关职能处室、7 个附属机构、3 个二级生产科研单位；拥有员工 1 083 人，其中经营管理人员 377 人，专业技术人员 326 人(具有高级技术职称 172 人)。华北局、华北分公司职能处室中有 8 个处室合署办公。

华北石油局主要在鄂尔多斯、西北、东北及哈萨克斯坦、沙特阿拉伯等国内外油气工程市场从事油气工程施工业务，拥有专业化施工队伍 86 支；钻机 30 台(套)，其中设计钻井深度 9 000 米的 E－3000 电动钻机，是国内最大的钻机；物探队 7 支，拥有从法国引进的 408CMXL1680 道数字地震仪等 5 台(套)地震仪器；测井队 11 支，拥有美国引进的 EXCEL2000I 测井仪器、DDL－V 测井仪器等 6 台(套)；录井队 43 个；固井队 4 个；甲级压裂队 1 个，拥有从加拿大引进的 STP－2250 型 2000HHP 大型压裂设备。2005 年华北石油局经济总量创历史新高，经济效益快速增长，各专业物资装备得到全面改善，钻井、物探、录井、测井、固井、压裂等主要施工设备均达到了集团公司油田企业的先进水平，增强了参与国内外市场竞争的能力。

华北分公司自 2002 年组建以来，主要在鄂尔多斯盆地从事油气勘探开发和油气销售业务，企业发展实现了由单一勘探型企业向勘探开发一体化的油公司的成功转型。截至 2005 年底，华北分公司拥有油气勘探开发权区块 15 个，合计面积 2.33 万平方千米，其中鄂尔多斯盆地勘探开发 10 个，合计面积 1.94 万平方千米，二连盆地 2 个，面积 3 319.248 平方千米，巴丹吉林盆地及煤层气区块 3 个，面积 616.55 平方千米。华北分公司在近几年的勘探中取得了天然气重大发现和天然气储量的快速增长，2002—2004 年华北分公司连续 3 年每年提交天然气探明储量超过 500 亿立方米，受到中国石化总部嘉奖。截至 2005 年底，华北分公司拥有天然气探明储量累计达 2 944 亿立方米，控制储量 1 214 亿立方米，预测储量 2 022 亿立方米，三级储量合计 6 180 亿立方米，为中国石化能源战略发展及鄂尔多斯天然气能源基地的建立夯实了储量基础；累计拥有石油探明储量 289 万吨，控制储量 336 吨，预测储量 913 万吨，三级储量合计 1 538 万吨，为石油的滚动勘探开发提供了资源基础。

2005 年中国石化加大了对鄂尔多斯盆地油气勘探开发的力度，华北分公司用了不到 10 个月时间建设完成了大牛地气田 10 亿立方米产能建设项目，同时建设完成 82 千米大—榆长输管道工程及配套的首站、末站地面工程，7 月 8 日一次投产成功，按时正式向北京供气。

（郑旭明　应文敏）

【主要勘探成果】 2005 年，华北分公司勘探取得 1 个重大突破、2 个重要发现。

1 个重大突破。杭锦旗地区上古生界下石盒子组取得天然气产量新突破，单层测试无阻流量分别达到 2.1 万立方米和 1.4 万立方米。

2 个重要发现。①鄂尔多斯盆地北部下古生界奥陶系风化壳取得天然气产层新发现；②鄂尔多斯盆地南部镇泾和麻黄山西区块延安组取得石油新发现。上述成果拓展了油气勘探开发领域，为形成油气滚动勘探开发区的有效接替奠定了基础。

（郑旭明）

【大牛地气田天然气产能建设】 鄂尔多斯大牛地气田 10 亿立方米产能建设项目为中国石化 2005 年的重点建设项目。华北分公司组织参战的工程队伍开展以“质量、安全、文明、创新”为主题的劳动竞赛，在不到 10 个月的时间里顺利完成了 10 亿立方米天然气产能建设任务。此项目成为中国石化产能建设史上最快最好的项目之一。2005 年，华北分公司精心组织，按时高质量完成了 233 口开发井钻井施工，10 座集气站及配套的 50 千米集气干线、860 千米单井集气管线和注甲醇管线、480 千米井站道路及甲醇再生装置、污水处理装置等地面工程建设。

大牛地气田动用储量 640 亿立方米，累计建成天然气产能 11.05 亿米^3/年。完成完井作业井共计 281 口(其中 2005 年前老井 48 口，10 亿立方米产能建设开发井 233 口)，已经进入输气管线井 249 口，待进站井 19 口，由于产量低未配产井 13 口，大牛地气田合计日稳定供气能力达到 270 万—285 万立方米，加上待进站 19 口井的预测产能，日稳定供气能力可达 290 万—300 万。

（郑旭明）

【产能建设表彰大会】 石化集团总部为表彰鄂尔多斯盆地大牛地气田 10 亿立方米产能建设项目的顺利完成，石化集团公司副总经理张耀仓、石化股份公司高级副总裁王志刚等领导亲临大牛地气田召开了“10 亿立方米产能建设表彰大会”，对在产能建设中作出突出贡献的单位和在劳动竞赛中取得优胜的作业队伍进行了嘉奖，有 36 个单位获得产能建设突出贡献、有功单位奖；50 个施工队伍和 15 个指挥部/项目部分别获得劳动竞赛优胜奖、劳动竞赛专业优胜奖、劳动竞赛单项优胜奖、劳动竞赛组织奖。其中华北石油局、华北分公司的 48 支施工作业队伍、组织生产部门和研究院所受到了嘉奖。

（郑旭明）

【按时向北京供送天然气】 2005 年，华北分公司克服设计修改、物资采购时间紧等不利因素，实现了当年设计当年施工完成 82 千米的大—榆长输管道工程及配套的首站、末站建设任务，并于 7 月 8 日一次投产成功，7 月 17 日上午 11 时 17 分，正式向北京供气。正式供气后，根据石化集团总部要求，华北分公司加快了生产与地面工程建设速度，天然气日供气量以 50 万立方米的速度递增，截至年底日供气能力达到 270 万立方米，超额完成了石化股份公司下达的天然气产销任务。

（郑旭明）

【大牛地气田生产基地落成】 2005 年，为了快速、高效地组织油气工程施工及天然气生产，华北分公司经石化集团总部批准在陕西省榆林市榆阳区小壕兔乡(大—榆外输管道首站)建设完成了大牛地气田生产基地，基地的落成为华北分公司开展郑州、前线两地办公和第一采气厂从事天然气生产创造了必备条件。

（郑旭明）

大牛地气田生产基地

【科技攻关为勘探开发提供技术支撑】 2005 年，华北分公司科技研究取得一批新成果，为油气勘探开发成果的获得提供了技术支撑。针对鄂尔多斯低压致密气藏勘探开发这个世界性难题，通过几年的科技攻关，基本形成了与之相适合的勘探开发配套技术系列。①鄂尔多斯盆地北部大型岩性圈闭近源箱型成藏新认识，研究开发的适合大型陆相坳陷盆地以层序地层、沉积微相研究和储层预测为主要内容的低渗岩性圈闭的地质综合评价技术，丰富了天然气成藏理论，揭示了在大面积致密背景下相对高孔渗储层的成因机理和发育模式，指导了天然气勘探开发部署；②通过开发关键技术攻关，形成了以相控理论为指导的储层综合评价技术，以属性提取和反演为主的三维地震储层预测技术，以优快钻完井为主的低伤害储层保护技术、压裂改造技术，以气田开发为主的低压致密气藏工程综合评价技术；③在天然气采输方面，形成了多井高压集气、站内集中加热节流、轮换计量的集气工艺，集中注甲醇防冻和甲醇集中回收工艺以及高压进站、低温分离集输工艺等配套技术。

（郑旭明）

【超额完成油气工程施工任务目标】 2005年华北石油局油气工程施工均创造了新的施工纪录。钻井队伍的整体施工业绩提高，施工单位的28支钻井队伍有26支队伍的年进尺超过万米，其中13支队伍的年进尺超2万米。录井、测井、固井、压裂、试油作业均创局历史纪录。

（郑旭明）

【亚洲第一深井——塔深1井钻井施工进展顺利】 塔深1井是西北分公司根据中国石化油气资源发展的整体部署，结合资源利用及油气勘探开发实际情况部署的一口探井，位于塔里木盆地沙雅隆起塔河寒武系台缘大型建隆上，设计井深达8 000米，为亚洲第一深井。该井由华北石油局西部工程公司90152HB钻井队承钻，采用美国E－3000型9 000米电动钻机，配备具有先进的TESCO500ECI顶驱，2005年4月6日开钻，截至2005年底已顺利钻达井深6 920米。为了确保塔深1井钻井作业的顺利运行，华北石油局成立了塔深1井钻井领导小组，组成了具有丰富深井钻井经验的资深专家组，制定了详细的工作计划。施工现场的组织管理得到赴现场视察工作的国务院副总理曾培炎、石化集团公司总经理陈同海等总部领导和新疆自治区地方政府领导的好评。陈同海总经理要求："对塔深1井工程实施的地质、工程意义及其组织运作模式、工艺技术创新、指挥管理经验进行全面总结，在对各种基础资料全面汇总、收集、整理的基础上，应组织专门力量进行理性升华，以期形成一套有中国石化特色的超深井、特深井施工的标准化规范。"

（郑旭明）

塔深1井施工现场

【油气工程施工屡创佳绩】 华北石油局油气工程施工以鄂北、西北和国外油气工程施工市场为重点，努力发挥整体优势为甲方提供优质服务屡创佳绩。①鄂尔多斯工区钻井最短周期由华北石油局施工队伍创造和保持。2005年，华北石油局40676HB钻井队10开11完，钻井进尺达到2.95万米，创造了钻井队年进尺最高纪录。②西北市场，创造了两个钻井纪录：70850HB钻井队施工的TK731井创造了单只钻头进尺4 185.8米的纪录；60816HB钻井队在THN2井钻井施工中，仅用22.63天安全顺利钻达井深4 370米，刷新了塔河油田安全快速钻井周期最短的新纪录。③华北石油局钻井、录井、测井、固井的施工质量和效率在鄂尔多斯、西北工区均处于领先地位。

（郑旭明）

【优快、优质施工赢得荣誉】 2005年，华北石油局施工队伍的业绩进一步提高。①在西北分公司组织的年度业绩评比中，华北石油局的固井、压裂、测井、钻前等4个专业获得第一(连续两年赢得此殊荣)。西部公司、井下作业大队新疆指挥部获得增储上产劳动竞赛特别贡献奖；有8个单位获得西北分公司塔河油田2005年度优秀施工单位称号；录井公司1232录井队获西部新区指挥部重大油气发现奖。②在鄂尔多斯工区的10亿立方米产能建设中，华北石油局有7个二级单位、25个基层单位被评为产能建设先进单位，第三普查勘探大队、井下大队被评为突出贡献单位，受到石化股份公司的表彰。以钻井为主的华北石油局施工队伍品牌正在逐步形成。

（郑旭明）

【国外油气工程市场进一步拓展】 华北石油局油气工程施工在稳定国内市场份额的基础上，积极拓展国外服务领域。①赴哈萨克斯坦施工的队伍进一步适应了外方的要求，施工作业顺利，效率进一步提高，2005年底前将再增加1台钻机赴哈萨克斯坦施工。同时开拓了哈萨克斯坦的录井和固井市场，有2个录井队和2个固井队进入市场进行施工。华北石油局及时成立了哈国项目部，建立了测固井基地，统一协调管理在该国施工作业队伍、市场开拓。②2005年华北石油局的1台钻机在沙特阿拉伯中标，将进入该国开展施工作业。

（郑旭明）

东北石油局暨东北分公司

【概述】 中国石化集团东北石油局(简称东北石油局)和中国石油化工股份有限公司东北分公司(简称东北分公司)，始建于1980年，原隶属地矿部，后隶属中国新星石油公司。2000年随中国新星石油公司整体归并到石化集团公司，2003年为适应管理体制调整的需要，变更为中国石化集团东北石油局、中国石油化工股份有限公司东北分公司。它是中国石化在东北地区(新区勘探除外)惟一一支从事石油天然气勘探开发和生产经营活动的队伍，是集油气地质研究、地球物理勘探、钻井、测井、固井、测试、油建、采油、输气于一体的企业，机关总部设在吉林省长春市。其主要勘探区分布在吉林省四平市、公主岭市、长岭县、农安县、乾安县等县(区)。新区勘探在内蒙古自治区通辽、开鲁境内，面积2.66万平方千米；全区总勘探面积3.50万平方千米。拥有油气探明储量4 153万吨油当量。

截至2005年底，东北石油局、东北分公司合计有总资产9.85亿元，其中固定资产净值7.84亿元，流动资产1.69亿元；共有在职职工1 410人，其中东北分公司1 140人，东北石油局270人；各类专业技术人员383人，其中高级职称人员121人，中级职称人员88人。

从2005年1月1日开始，东北石油局、东北分公司按照一套班子、两块牌子，一个党委进行运作。经过一年的运行，逐步理顺了存续局与上市分公司之间的关系，发挥了企业整体优势，逐步建立起一套适应市场经济的管理体制和运行机制，从而保证了企业可持续快速发展，为最终实现公司化管理奠定了良好的基础。

截至2005年底，东北石油局、东北分公司共有4个采输厂，一个二氧化碳生产基地，年产原油4.72万吨，天然气1.75亿立方米，销售二氧化碳3.37万吨。先后勘探开发了万金塔二氧化碳气田，八屋、四五家子、永安等11个油气田和登娄库、新立2个含油气构造。累计探明含油气面积68.15平方千米，输气能力达到70万米^3/日，生产原油140吨/日，销售二氧化碳气94.5吨/日。已累计生产原油33.58万吨，天然气15.75亿立方米，二氧化碳22.31万吨。平均供气量45万米^3/日，占供应吉林省天然气能源市场80%的份额。为振兴吉林老工业基地，特别是对一汽汽车工业的发展作出了突出的贡献。连续12年被评为长春市文明单位，连续2年被评为长春市文明标兵单位。

东北分公司采输三厂

2005年，东北分公司、东北石油局共投产新井35口，圆满完成23.25万吨油当量目标。其中生产原油4.72万吨，完成年计划101.8%，销售原油4.41万吨，商品率为96.29%；生产天然气1.75亿立方米，完成年计划的102.9%，销售天然气1.61亿立方米，商品率为95.06%；销售二氧化碳3.45万吨，完成年计划的104.55%。共实现油气总收入2.52亿元(其中原油收入1.2亿元，天然气收入1.2亿元，二氧化碳收入1 739万元)。实现利润2 117万元(其中东北分公司2 000万元，东北石油局117万元)。完成勘探投资6 744万元、开发投资1.33亿元、系统配套投资1 883万元，均为年计划的100%。全年提交天然气探明储量62亿立方米，完成年计划的205.6%；油气控制储量411万吨，完成年计划的206%；预测油气储量614万吨，完成年计划的307%。截至2005年底东北分公司勘探区块累计完成二维地震6 544平方千米、三维地震1 343平方千米；共完成钻探井161口，总进尺32万米。探明含油面积26平方千米，探明石油地质储量1 945万吨，探明含气面积44平方千米，探明天然气地质储量220亿立方米。东北分公司、东北石油局主要经济指标和主要生产建设指标见表1、表2。

（李　玲）

【党员先进性教育圆满结束】 根据石化集团公司整体部署，按照《中共中央关于在全党开展以实践“三个代表”重要思想为主要内容的保持共产党员先进性教育活动的意见》精神，在长春市国资委和石化集团公司第15巡检组的具体指导帮助下，2005年东北石油局圆满完成党员先进性教育活动各项工作。经过党内外群众测评，满意率和基本满意率达到98.13%，党员受教育率达到100%。在开展先进性教育过程中，局党委统一部署，各级党政领导齐抓共管，克服了生产任务繁忙、人员分散等困难，保证了教育活动的质量，推动了企业油气勘探开发和各项改革工作的健康发展。

（李　玲）

【油气勘探取得丰硕成果】 2005年，东北分公司共实施三维地震勘探100.11平方千米，完成年计划100%。完成探评井10口，其中6口井获工业油气流，探评井命中率达到60%。老井复试中有4口井获工业油气流，实现了新区新层位、老区块新层位的突破和发现。油气勘探实现了一个战略突破，一个重大发现，三个重要进展。

(1) 一个战略突破。松南183井被列为2005年中国石化勘探十大进展之一。松南183井是东岭构造上的一口评价井，完钻井深2 480米，全井发现油气显示50层，累计视厚度175米，对火石岭组2 250.2—2 265米压裂测试，日产原油8.6吨，在东岭构造火石岭组首次获工业油流突破，使东岭构造成为“十一五”期间主要勘探靶区。

松南360井测试

(2) 一个重要发现。松南360井是登娄库地区的一口预探井，全井共录获各级别油气显示49层，累计视厚度189.44米，对1 302—1 310米井段进行压裂测试，获日产天然气1万立方米，实现了在登娄库背斜带上油气勘探的重大突破，成为重要的勘探后备基地。

(3) 三个重要进展。一是四五家子油气田深部领域捷报频传。松南205井是四五家子北Ⅱ断块上的一口探井，对1 779—1 792米井段压裂对比测试，日产原油4.8吨。松南207井是四五家子北Ⅰ断块上的一口评价井，对营城组1 567—1 571米井段压裂对比测试进行求产，日产天然气3 360立方米。二是伏龙泉构造深层见多层油气显示。松南211井是伏龙泉构造上的一口探井，全井共录获油气显示50层，累计视厚度216.67米，在营城组2 325—2 333米试获稳产天然气2 500米^3/日。三是新立低幅构造勘探首战告捷。松南145井是位于十屋断陷东部斜坡区新立构造上的一口探井，共录获油气显示35层，累计视厚度105.16米，对登娄库组1 714—1 718米进行常规测试，射后自喷，瞬间日产气量2.5万立方米。

（吴子锋）

【油气开发成果显著】 东北分公司(局)进一步加大新老油气田整体开发力度，2005年共施工开发井42口，其中36口井获工业油气流，开发井命中率达到85.6%，创历史最好水平。秦开142-2等4口井获高产油流，伏龙泉210-1等6口井获高产天然气流。成功开辟长岭双龙、新立2个天然气开发接替区块。成功开辟松南121、142、129、秦开2-2 4个原油开发接替区块。新建天然气产能6 000万米^3/年。新建原油产能1万吨/年。松南129、106、78井等区块的注水开发均取得较好的效益，确保2005年产量目标的实现。

（吴子锋）

【内部分配制度改革圆满完成】 2005年东北分公司(局)根据中国石化《关于进一步深化内部分配制度改革的指导意见》，制定了《东北分公司(局)深化内部分配制度改革实施方案》。通过内部分配制度改革，进一步完善了“三定”(定岗、定编、定员)工作，并完善绩效考核制度，职工人均工资进一步提高。

（吴子锋）

表 1 **东北分公司、东北石油局油气田主要经济指标** 亿元

指标名称＼年份	2005	2004	2003	2002	2001	2000
工业增加值	1.40	2.01	1.48	1.51	1.31	1.64
东北分公司	1.21	1.85	1.27	1.33	1.24	1.64
东北石油局	0.19	0.16	0.21	0.18	0.07	—
资产总计	9.85	9.25	7.47	6.67	5.91	6.83
东北分公司	8.51	7.99	6.24	5.55	4.69	6.83
东北石油局	1.34	1.26	1.23	1.14	1.22	—
流动资产	1.69	1.25	0.98	1.16	1.01	1.09
东北分公司	1.32	0.9	0.6	0.72	0.58	1.09
东北石油局	0.37	0.35	0.38	0.44	0.43	—
固定资产原值	11.71	11.4	8.93	7.43	6.15	3.2
东北分公司	10.46	9.98	8.03	6.58	5.46	3.2
东北石油局	1.25	1.16	0.90	0.85	0.69	—
固定资产净值	7.84	7.66	6.21	5.31	4.61	2.72
东北分公司	6.95	6.81	5.59	4.7	4.08	2.72
东北石油局	0.89	0.85	0.62	0.61	0.53	—
销售收入	3.11	2.87	2.23	2.13	2.15	1.53
东北分公司	2.38	2.32	1.74	1.7	1.68	1.53
东北石油局	0.73	0.55	0.49	0.43	0.47	—
实现利税	-48	0.02	-0.10	0.54	0.67	0.16
东北分公司	-0.55	-0.04	-0.16	0.52	0.71	0.16
东北石油局	0.07	0.06	0.06	0.02	-0.04	—
税　金	0.07	0.06	0.09	0.04	0.06	0.05
东北分公司	0.01	0.01	0.04	0.02	0.05	0.05
东北石油局	0.06	0.05	0.05	0.02	0.01	—

表 2 **东北分公司、东北石油局油气田主要生产建设指标**

指标名称＼年份	2005	2004	2003	2002	2001	2000
原油产量/万吨	4.72	5.15	4.42	4.01	3.96	3.99
天然气产量/亿立方米	1.75	1.81	1.7	1.9	1.52	1.69
二氧化碳/万吨	3.37	3	2.34	2.36	2.18	1.88
新增原油生产能力/万吨	1	2.29	0.1	0.6	0.36	2.5
新增天然气生产能力/亿立方米	0.6	0.64	0.72	0.708	0.63	0.6
新增探明石油地质储量/万吨	—	76	—	52	177	201

续表

年份 指标名称	2005	2004	2003	2002	2001	2000
新增探明天然气地质储量/亿立方米	61.68	23.82	23.25	18.53	5.06	13.35
二维地震/千米	—	512	611	558.32	—	—
三维地震/平方千米	15	85	285	—	—	160
石油钻井/口	47	61	45	51	60	63
探　井/口	10	15	11	10	10	11
开发井/口	37	46	34	41	50	52
钻井进尺/万米	9.02	11.05	7.97	8.01	8.72	8.89
勘探投资/亿元	6 744	1.55	1.25	0.59	0.37	0.64
开发投资/亿元	13 312	1.54	0.89	0.87	0.91	1.20

西部勘探指挥部

【概述】 中国石油化工股份有限公司西部勘探指挥部(简称西部勘探指挥部)成立于2001年12月21日。西部勘探指挥部的成立主要是为了积极响应党中央、国务院开发大西部的号召，贯彻石化集团公司“稳定东部，加快西部，准备南方，开拓国际”资源战略方针，加快资源接替西移步伐，顺应国家经济形势和石油石化事业发展的需要。作为石化股份公司的派出机构，西部勘探指挥部肩负着贯彻国家“稳定东部、发展西部”油气资源战略方针和大力发展国家油气事业的历史重任。西部勘探指挥部共设有10个职能处室，即党政办公室、党群工作部、生产管理处(安全环保处)、地质处(信息处)、项目管理处、工程技术处、试采处、计划财务处、合同处和监理中心，同时下设胜利、中原、河南、江苏、江汉油田和西北局等6个西部勘探公司。截至2005年底，中国石化在准噶尔、塔里木、柴达木、吐哈及河西走廊诸盆地共有勘探矿权区块71个，面积28.56万平方千米，参战职工逾万名，形成了万人会战找油气、找大场面的宏大声势。西部勘探指挥部驻地位于乌鲁木齐市高新区昆明路2号。

2005年，西部勘探指挥部按照“区域展开，重点突破，找大油田”的勘探思路，优化勘探部署，全面完成年度勘探任务。当年提交控制石油地质储量5 239万吨，完成计划的105%，预测油气地质储量1.57亿吨(油当量)，完成计划的121%。发现落实有利圈闭44个，其中准噶尔盆地21个，塔里木盆地18个，外围盆地4个，圈闭面积2 805平方千米，资源量：油7.65亿吨，天然气4 279.17亿立方米。共有Ⅰ、Ⅱ类储备圈闭97个，圈闭面积5 305.62平方千米，圈闭资源量：油14.94亿吨、天然气9 347.19亿立方米。完成二维地震工作量4 222千米，完成年度计划的90%；完成三维地震工作量1 008平方千米，完成年度计划的101%；探井新开钻28口，完井29口。完成探井进尺8.52万米，完成年度计划100%。完成试油18口25层(其中中途测试7口10层)。共完成勘探投资13.21亿元，完成年度计划的100%，其中物化探完成投资4.91亿元(其中二维2.81亿元，三维1.77亿元，非地震物化探0.32亿元)，完成年计划的89%；钻井完成投资6.41亿元，完成年计划的110%；其他1.89亿元(包括科研、非安设备、信息系统建设等)，完成年计划102%。

西部勘探指挥部主要生产建设指标见表1。

(陈学宏)

【排2井喜获高产油气流】 排2井位于准噶尔盆地西缘车排子地区，该井于2005年1月9日开钻，设计井深1 660米，2月9日井深1 515.30米提前完钻。3月11日对新近系沙湾组油层进行完井测试，获高产工业油流，4毫米油嘴控喷，折算日产油62.79立方米，原油密度0.79克/(厘米)^3，为不含水的轻质油。5月11日转入试采，4毫米油嘴控喷，日产油62.70立方米。排2井浅层勘探的成功实现了西部新区浅层油气勘探的重大突破，是西部新区在准噶尔盆地新地区、新层系、新领域的重大发现，成为石化集团公司2005年三大战略性突破之一。车排子地区2005年新增控制含油13.94平方千米，新增控制石油地质储量1 031.42万吨，新增预测含油面积66.06平方千米，新增预测石油地质储量3 722万吨，取得了良好效果。

（陈学宏）

【准噶尔盆地腹部隐蔽油气藏勘探进一步扩展】 准噶尔盆地腹部继永1井获得重大突破后，2005年永2、永6井钻探也取得了显著成效，永3、永8井在白垩系见良好油气显示。永2井钻井过程中油气显示活跃，测井解释西山窑组油层8.40米/2层，差油层8.60米/2层；白垩系油层2.00米/1层，差油层12.10米/3层。对侏罗系西山窑组用6毫米油嘴控喷求产，日产油20.70立方米。永6井测井解释侏罗系、白垩系有油气层32.70米/6层，其中白垩系解释差油层3.20米/1层，油水同层11.30米/1层；西山窑组有差油层11.80米/2层，油水同层4.10米/1层；三工河组有差气层2.30米/1层。对白垩系测试日产油12立方米。2005年永进地区提交控制储量4 208.24万吨，预测储量7 241万吨，永进地区亿吨级大油田已初步显现。

（陈学宏）

【中1H井获工业油气流】 中1井位于塔里木盆地卡塔克隆起围斜区卡1区块5号构造高部位，2005年完钻井深5 581.66米，层位下奥陶统。该井在中下奥陶统试获工业气流，实现了中国石化西部新区在塔里木盆地勘探的突破。对中1井鹰山组实施了水平井钻探，对奥陶系进行酸化作业、裸眼测试，用3.17毫米油嘴控制放喷，日产油41.45立方米，天然气3 279立方米，原油密度0.81克/(厘米)^3，黏度3.02毫帕·秒。中1H井钻探进一步揭示，卡1区块中下奥陶统鹰山组风化壳裂缝孔洞型储层发育，同时也充分证明了卡塔克隆起构造带倾没端油气源落实，具备形成大型油气藏的宏观地质背景，进一步预示卡塔克隆起卡1区块具有较好的油气前景。

（陈学宏）

【古隆1井奥陶系碳酸盐岩中途测试获万方气流】 古隆1井位于塔里木盆地中央隆起区古城墟隆起西段卡4区块塔中28井东断背斜，主探中下奥陶统鹰山组风化壳及其内幕岩溶储层含油性。该井2005年3月6日开钻，完钻井深6 612米，层位下奥陶统鹰山组。古隆1井在中上奥陶统良里塔格组和中下奥陶统鹰山组气测最为活跃，9月21日在中下奥陶统鹰山组中途测试，日产天然气1.01万立方米。古隆1井油气层钻遇良好显示，再次证实古城墟隆起具备油气成藏条件，奥陶系不整合界面附近和奥陶系白云岩内幕储层是油气主要富集层段。当年古隆1井区上报预测含气面积44.90平方千米，储量362.56亿立方米。

（陈学宏）

【勘探技术研究和应用取得新进展】 2005年，西部勘探指挥部加大重点难点地区的地震勘探方法攻关和技术理论研究，引进、开发、应用新型适用技术，取得了可喜成果：塔中沙漠区提高分辨率、信噪比地震勘探技术渐成体系，准噶尔南缘山前复杂构造带地震攻关技术逐步成熟，准噶尔腹部——西缘地区隐蔽油气藏勘探取得实效。非地震勘探技术在准南山前复杂构造带的应用中作用明显。优快钻井技术在准噶尔中部地区深井应用取得了良好效果，山前高陡构造井防斜打快技术获得成功尝试，复杂井固井技术取得良好效果，车排子地区破碎性地层取心收获率创新高。

（陈学宏）

【地质认识日趋深化】 2005年通过勘探实践和研究表明，准噶尔盆地腹部具备形成大油气田的良好地质条件，是寻找规模储量的现实地区。准噶尔盆地西缘车排子地区成藏条件优越，是寻找优质储量的有利地区。塔里木盆地中央隆起区勘探领域广、潜力大，是寻找大中型油气田的重点地区。塔里木盆地孔雀河斜坡及西北地区存在多个勘探领域。山前带是寻找大中型油气田的重要领域。

（陈学宏）

【“十五”新区勘探成果丰硕】 “十五”期间西部新区勘探坚持理论创新，积极推动科技进步，强化科学部署，严格科学管理，油气勘探获得5个重要发现：准噶尔盆地中部1区块三工河组喜获工业油流，实现了西部新区油气勘探开门红；准噶尔盆地中部4区块头屯河组获工业油流，拓展了腹部地区油气勘探阵地；准噶尔盆地中部3区块西山窑组获工业油气流，亿吨级大油气田(永进油田)初步显现；准噶尔盆地西缘区块新近系获优质高产工业油流，开创了西部新区勘探新局面；塔里木盆地塔中隆起奥陶系获工业油气流，揭示了西部新区海相碳酸盐岩勘探的广阔前景，实现了新区勘探的良好开局。“十五”期间共完成三级储量4亿吨，为“十一五”大突破奠定了坚实基础。

（陈学宏）

表 1　　西部勘探指挥部主要生产建设指标

年份 指标名称	2005	2004	2003	2002
勘探总投资/亿元	13.21	14.99	14.98	11.47
物化探投资/亿元	4.91	7.06	9.21	7.94
二维地震/亿元	2.81	3.91	4.89	6.81
三维地震/亿元	1.77	2.71	4.11	0.77
探井投资/亿元	6.41	5.50	4.37	2.52
其他投资/亿元	1.89	2.43	1.40	1.01
二维地震/千米	4 222	7 497	9 991	16 186
三维地震/平方千米	1 008	1 501	2 769	565
探井数/口	29	29	30	13
新　区/口	29	29	30	13
老　区/口	—	—	—	—
探井进尺/万米	85 238	10 274	96 021	44 504
新　区/万米	85 238	10 274	96 021	44 504
老　区/万米	—	—	—	—

管道储运

【概述】 中国石化集团管道储运公司(简称管道储运公司)和中国石油化工股份有限公司管道储运分公司(简称管道储运分公司)统称管道储运，是中国石化从事油气储运的专业化管理企业，基地位于江苏省徐州市，占地面积 119 万平方米，紧临京沪、陇海铁路、京福、京沪高速公路和徐州观音机场。管道储运创建于 1975 年 2 月 17 日，始称华东输油管线指挥部，1978 年 9 月经石油工业部批准，改称华东输油管理局，1998 年 6 月，石油、石化两大集团公司重组，中国石化集团管道储运公司成立。1999 年 8 月，随着石化集团公司重组改制工作的进一步深化，管道储运公司改制后分为非上市部分即管道储运公司和上市部分即管道储运分公司，2000 年 3 月实现分立运行。

管道储运管辖 23 条输油管线，所辖管线途经北京、天津、河北、山东、江苏、河南、安徽、浙江、上海、湖北、湖南、江西 12 个省和直辖市，全长 5 282千米，油罐总罐容 673.85 万立方米，担负着胜利、中原、河南等油田的原油以及部分进口原油的输送任务，为齐鲁石化、仪征化纤、上海石化、安庆石化、九江石化、金陵石化、扬子石化、镇海石化、洛阳石化等 19 个长江中下游及华北、东南沿海地区的炼油、化工企业输转原油，对这些地区的国民经济的发展起着重要作用。截至 2005 年底，管道储运资产总计 266.24 亿元，在册职工 7 584 人，其中高级职称 362 人，中级职称 1 050 人。

2005 年，管道储运分公司实现输油 5 532.08 万吨，同比增长 40.9%，销油 5 391.02 万吨，同比增长 46%，创历史最好水平，实现利润 2.10 亿元，超额完成了石化股份公司下达的利润指标。管道储运公司实现主营业务收入 18.64 亿元，实现利润 628 万元，超额完成了石化集团公司下达的 300 万元的利润指标。经济效益得到了较大幅度的增长。

2005 年，管道储运继续坚持“安全第一，预防为主，全员动手，综合治理”的安全管理方针，认真贯彻落实安全生产责任制；强化应急救援预案编制和演练，在杭州湾成功进行了中国首次海底原油管道溢油救援演习；加大工程施工现场和直接作业环节监管力度，严格执行交通管理各项规定，确保了安全生产，连续第 6 年被中国石化评为安全生产先进单位；取得了由国家安全生产监督管理总局颁发的《安全生产许可证》。加强与管道沿线地方政府和公安部门的沟通、协作，警企携手共打掉盗油团伙6个，抓捕盗油分子94人，缴获盗油车量127台，取缔了土炼油厂7个，清理管道占压物16处。

2005年，管道储运继续以管道建设、安全技术改造和提升主营业务生产能力为重点，不断优化投资结构，加强投资管理，提高投资质量，保证了重点工程和其他投资项目的顺利实施。全年共完成固定资产投资44.09亿元，完成大修理计划投资7 352.5万元，107项年度计划内工程全部完工。

2005年，管道储运全面加强三支人才队伍建设，全年共举办各类培训班210个，培训7 100余人次。选派39人参加了MBA学历教育、国际化经营人才等培训，与中国石油大学联合设立了研究生工作站。组织20人赴加拿大参加了首批管道运营管理专业培训。通过各种形式，共培训技能操作人员3 100余人次，为石化管道事业的发展提供了人才支撑。

2005年，管道储运加快信息化建设，企业管理水平有了新提高。原油管理信息系统成功上线运行，为输油生产指挥和决策提供了有力支撑，得到了石化集团公司总部和国资委领导的一致好评；ERP系统升级一次成功，受到了中国石化后评估专家组的表扬；进一步扩大SCADA系统和泄漏检测系统管理范围，为输油生产安全提供了保证；加快新建管线信息化建设和信息系统整合步伐，实现了相关信息的初步集成和共享，全面提升了企业信息化管理水平。

2005年3—7月，管道储运按照石化集团公司党组的统一部署和要求，开展保持共产党员先进性教育活动，4 621各党员参加了学习，取得了圆满成功，达到了预期目的，许多具有石化管道特色的独特经验和做法，受到石化集团公司第三督导组的高度评价，群众测评总满意率达99.68%，为今后党建工作的开展积累了许多宝贵经验。同时，管道储运狠抓党员领导干部廉洁自律，深入开展了效能监察和纠风工作，党风廉政建设和反腐败工作进一步加强。以企业文化建设为载体，不断创新思想政治工作内容、机制、形式和方法，把解决思想问题与实际问题结合起来，做了大量稳人心、暖人心、得人心的工作。组织开展形式多样、健康向上、群众喜闻乐见的文体活动，有力地维护了企业和社区的稳定。

管道储运主要经济指标和管道储运分公司主要生产指标分别见表1和表2。

（张立辉）

【仪征至长岭原油管道分段投产获得圆满成功】 仪征至长岭原油管道工程全长979千米，途经江苏、安徽、江西、湖北、湖南5省12市，设计年输量为2 700万吨。此项工程沿线河流纵横，路网交错，穿越各种公路铁路521条、穿越中小型河流151次、穿越长江3次，时间紧，技术要求高，施工难度大。2004年10月16日开工建设，至2005年11月底，仅用13个月便完成了涉及分段投产所需所有实物工作量和生产准备工作。12月5日开始启泵进行仪征至安庆、九江分段投产，12月13日、16日原油顺利抵达安庆和九江末站，标志着仪长原油管道分段投产获得圆满成功，仪长原油管道工程建设取得了阶段性胜利。

（张立辉）

【九江长江穿越工程载入中国企业新纪录】 九江长江穿越工程是仪征至长岭原油管道的关键环节和控制点，是单次穿越距离和岩石层穿越距离最长的世界级工程，穿越水平长度2 316.06米，岩石层穿越长度1 780米，最大穿越深度61.36米。穿越管线为直径457毫米的主管线和直径121毫米的通信光缆套管，穿越地层主要是砂岩和角砾岩，岩石单轴抗压强度为1.78兆帕—14兆帕。此项工程于2005年2月4日正式开钻，经参建干部职工不懈努力，克服了地质条件、施工环境和天气等多方面不利因素，解决了超长穿越距离下钻杆扭矩不能有效传递、复杂地质情况下套管安装困难等多项技术难题，分别于3月8日和5月14日顺利完成了光缆管和主管线的穿越任务，取得了中国管道穿越史上的又一次伟大胜利，并以国内原油管道一次穿越距离最长的骄人业绩载入《中国企业新纪录》。

（张立辉）

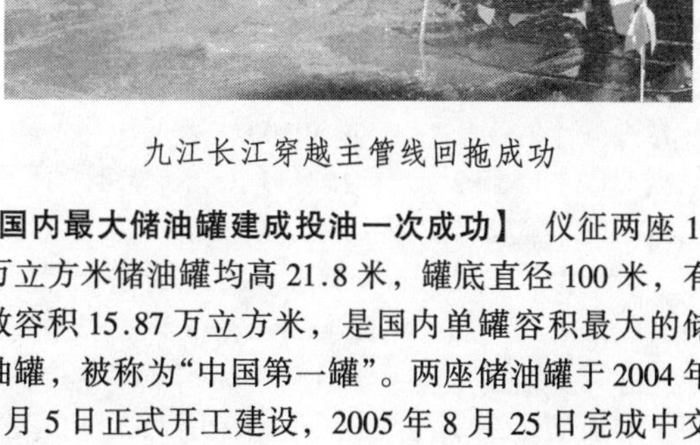

九江长江穿越主管线回拖成功

【国内最大储油罐建成投油一次成功】 仪征两座15万立方米储油罐均高21.8米，罐底直径100米，有效容积15.87万立方米，是国内单罐容积最大的储油罐，被称为“中国第一罐”。两座储油罐于2004年4月5日正式开工建设，2005年8月25日完成中交验收，2005 年 11 月 22 日首批 13 万吨原油顺利进入储油罐，标志着国内最大储油罐建成投油一次成功。它的建成投产，填补了国内大型储油罐建设的空白，为今后国内大型浮顶油罐的建设提供了成功范例。

（张立辉）

国内单罐容积最大储油罐建成投油一次成功

【国内首次海底管道应急预案演练在杭州湾进行】 杭州湾海底管道共由 3 条各长 53.5 千米的海底管道组成，地处世界著名的强潮流区海湾杭州湾，周边紧邻宁波、杭州、上海等经济发达、人口稠密的大中城市，是甬沪宁进口原油管网关键的安全生产要害控制管段。其能否安全运行，对中国华东地区的油品市场供应和杭州湾自然生态环境的保护等直接相关，影响重大。为了增强人们保护海底管道、维护海洋环境的意识，保证海底管道的安全运行，2005 年 9 月 28 日，管道储运举行了以模拟杭州湾海底输油管道溢油情况下的应急救援演习，以增强应急处置能力，达到以演习促实战、保安全的目的。海底管道溢油应急救援演习获得了圆满成功。

（张立辉）

【原油管理信息系统成功上线运行】 2005 年 7 月 28 日，管道储运召开原油信息管理系统上线演示发布会。原油管理信息系统作为管道储运生产管理的核心信息系统，在国内石油储运行业首次成功应用国际先进的计划优化（ASPEN MIMI）、运行优化、实时数据库（ASPEN IP2.1）、地理信息（GIS）等多种技术，打造了一个全面支撑原油收、输、销、储，调度运行、管道保护、设备管理等业务的原油综合管理平台。它的成功投用，实现了各条输油管线和站场的生产工艺动态参数和管线泄漏情况的实时监控，规范了管道储运主要生产业务，精细化了原油管理，优化了原油调度计划和管输运行方案，确保了为炼化企业及时、准确、平稳地输送原油，节约了能源、降低了输油成本，提高安全生产和管线保护水平，为生产经营提供了决策依据，为进一步提高企业管理水平和核心竞争力，建设数字化管道起到了积极的作用。

（张立辉）

【临邑至济南原油管道开工建设】 临济原油管道工程起点为临邑站，终点为济南炼油厂，途经山东省临邑县、济阳县和济南市历城区，全长 74 千米，设计年输油能力 320 万吨，管道直径 377 毫米，采用先加热、后进泵的加热密闭输油工艺和一泵到底的输油方式输送原油。此条管线在管道储运和济南市有关部门共同努力下，2005 年 10 月 28 日正式开工建设。它的建设不仅符合中国石油资源战略调整要求，而且对解决济南炼油厂所需原油的运输瓶颈、加快地方经济发展将发挥重要作用。

（张立辉）

【顺利接管天津至燕山输油管线，首次投油一次成功】 天津至燕山管线全长 222 千米，途径天津、河北、北京，2001 年由管道储运建成后交由燕山石化管理。2005 年根据管道专业化管理需要，中国石化决定由管道储运接管。2005 年 6 月 23 日，管道储运开始接收，6 月 30 日接收工作全部完成，7 月 22 日两船油种为萨哈拉和埃斯希德尔的原油，由塘沽上岸并通过此管线顺利输送至燕山石化，标志着津燕线接收后首次原油输送获得圆满成功。

（张立辉）

【黄岛油库至青岛石化厂输油管线建成投产一次成功】 随着青岛石化公司原油加工量的不断增加，为保证青岛石化原油供应，中国石化决定在原齐青输油管线的基础上，建设一条由黄岛油库至青岛石化公司的专用输油管线，年输量 300 万吨，由管道储运负责建设管理。此项工程于 2004 年 6 月开始建设，2005 年初具备投产条件，7 月 25 日投产一次成功，此举标志着青岛石化公司结束了所需原油转运的历史，首次实现了管道直接供油。

（张立辉）

【企业改革取得明显成效】 根据石化集团公司统一部署，结合管道储运实际，在广泛征求各方意见的基础上，2005 年编制上报了"一企一制"改革方案，得到了石化集团公司党组领导的充分肯定和好评。

加大法人清理整顿力度，通过“关、停、并、撤、交、售、改、租”等方式，清理企业29家。加快产业结构调整，引进专业设备、培训专业人员，进一步强化了管道自动化系统维护和管道抢维修业务。加快社区服务系统改革步伐，完成了徐州基地、铜山新区以及多个徐外单位基地供水、燃气系统的改造并移交专业化公司。加大转岗培训力度，有1 000多人从生产辅助或后勤岗位充实到输油一线，进一步优化了职工队伍结构。

（张立辉）

【获全国企业文化建设贡献奖】 管道储运从建设到运营已有30年的历史。从早期“三老四严”的大庆精神、“长输为业、四海为家、艰苦为荣、野战为乐”的价值观，到“爱我中华，振兴石化，献身管道”的企业精神、“长输为业、效益优先、自强进取、求实奉献”具有管道企业特色和时代精神的企业文化，管道储运不断与时俱进，赋予企业精神以新的内涵。2005年12月17日由中国企业文化促进会主办，人民日报、中国质量与品牌杂志联办的全国企业文化建设工作年会在人民大会堂隆重召开，管道储运获2005年全国企业文化建设工作贡献奖，成为石化集团惟一获此项殊荣的单位。

（张立辉）

表1　管道储运主要经济指标①　亿元

指标名称 \ 年份	2005		2004		2003		2002		2001	2000
	公司	分公司	公司	分公司	公司	分公司	公司	分公司		
工业总产值②	16.47	29.86	11.80	21.61	8.89	16.74	10.06	15.55	14.87	—
工业增加值	2.32	10.42	2.29	9.56	1.50	8.38	1.72	7.11	6.27	—
资产总计	21.74	244.50	21.21	182.61	18.66	114.72	15.16	76.23	63.73	55.95
流动资产	14.22	95.59	13.59	75.38	11.37	39.09	7.12	28.98	18.04	28.76
固定资产原值	9.65	135.12	9.48	117.58	8.85	81.10	9.27	70.81	72.15	59.22
固定资产净值	7.13	87.83	7.12	75.41	6.45	41.37	6.77	33.74	36.41	25.87
销售收入	18.79	29.86	15.08	21.61	13.31	16.74	10.43	17.24	15.03	13.60
利润总额	0.06	2.51	0.03	1.41	-0.33	1.01	-0.39	1.35	1.51	1.24
税　金	0.80	1.86	0.58	1.50	0.58	1.47	0.46	1.23	1.01	0.44

① 2000—2001年为管道储运分立前数据。

② 2004年之前数据按1990年不变价格计算。

表2　管道储运分公司主要生产指标

指标名称 \ 年份	2005	2004	2003	2002	2001	2000
收油量/万吨	5 486.41	3 770.51	2 869.81	2 751.97	2 701.11	2 643.31
输油量/万吨	5 532.08	3 925.59	2 841.56	2 730.86	2 661.46	2 615.67
销油量/万吨	5 391.02	3 691.44	2 853.09	2 712.48	2 715.78	2 567.59
周转量/万吨·千米	26 909 66	2 193 983	1 701 029	1 632 309	1 678 104	1 559 530
油总耗/万吨	6.64	5.50	7.46	7.78	7.47	8.56
电总耗/万千瓦·时	79 558.86	61 079.93	40 814.20	39 983.30	50 600.00	44 094.30
综合能耗/千克标煤·(万吨·千米)$^{-1}$	154.71	148.28	159.59	167.08	185.43	192.43

燕山石化

【概述】 燕山石化是隶属于石化集团的特大型石油化工联合企业，包括中国石化集团北京燕山石油化工有限公司(简称燕山石化公司，下属单位有动力事业部、环保事业部、工程公司等)、中国石油化工股份有限公司北京燕山分公司(简称北京燕山分公司，下属单位有炼油厂、研究院、物装中心等)、中国石化北京燕化石油化工股份有限公司(简称北京燕化股份公司，下属单位有化工一厂、聚丙烯事业部、化学品事业部、合成橡胶事业部、聚酯事业部、塑料分公司、树脂应用研究所等)，并托管北京东方石油化工股份有限公司(简称东方石化公司，下属单位有北京东方化工厂、北京化二股份有限公司、北京有机化工厂、北京助剂二厂、北京化工四厂、北京化工二厂等)。2005年末，根据石化集团体制改革总体安排，北京燕化股份公司业务并入北京燕山分公司。

燕山石化位于北京市房山区燕山岗南路1号，占地面积40平方千米，前身为1970年成立的北京石油化工总厂。

2005年，燕山石化(不包括东方石化公司)共有职工16 593人，有专业技术管理干部7 000多人。总资产217亿元。有石油化工生产装置91套，辅助生产装置71套，主要产品有石油产品、有机合成材料、有机化工原料、化纤产品、机械产品、塑料制品和其他工业及民用产品。原油进厂能力1 050万吨/年，加工能力850万吨/年。乙烯生产能力71万吨/年；合成树脂生产能力100多万吨/年，其中聚乙烯生产能力56万吨/年，聚丙烯生产能力40万吨/年；合成橡胶生产能力24万吨/年；苯酚丙酮生产能力24万吨/年。可生产94个品种、411个牌号的产品。主要产品中，合成树脂、合成橡胶、苯酚丙酮等生产能力居全国第一。

2005年，燕山石化加工原油796.87万吨，其中大庆原油628.86万吨。生产汽油156.52万吨、柴油176.8万吨，生产乙烯98.93万吨(包括东方石化公司)，合成树脂完成130.41万吨(包括东方石化公司)，生产合成橡胶26.17万吨、苯酚丙酮30.02万吨。主要产品产量创历史最好水平的有乙烯、合成树脂、合成橡胶、高压聚乙烯、低压聚乙烯、聚苯乙烯、纯苯、环氧乙烷、SBS、丁基橡胶、间苯二甲酸(PIA)、间二甲苯、苯酚和丙酮。全年实现销售收入605.97亿元，利润18.12亿元，利税41.94亿元。

2005年，燕山石化加强安全环保，主要生产装置保持安全平稳长周期运行，本部实现无上报重大事故1 540天，非计划停工时数同比(下同)减少42.9%，环保工作进一步改善。专业化重组和机构整合取得阶段性成果，完成了上市公司整合、化工销售体制改革和燕化高新股权转让，调整机关部室职能和整合基层单位机构，中级管理岗位精简幅度27.88%。分配制度进一步完善。加强科研攻关，完成了1－己烯成套技术开发，炼油厂节水减排成套技术通过鉴定；生产出符合欧Ⅲ排放标准的京标B汽柴油；锂系聚合物技术开发、银催化剂研制取得新成绩，热泵技术的推广应用获得成功；化工产品结构调整取得积极进展；合作开发的烟气脱硫技术、干气回收技术日益完善。全年完成固定资产投资21.3亿元，1 000万吨/年炼油系统改造按计划进行。加强对外合作，老高压聚乙烯改产EVA、双酚A和聚碳酸酯等项目，分别与美国杜邦、日本三菱等公司开展了前期交流。结合中国石化化工销售体制改革，确保化工销售顺利过渡并平稳运行，组织石蜡、液化气等自销产品销售，创造了较好的效益。加大货款回收力度，规范物资供应管理，整顿物资供应商网络。加强企业制度化管理，规范合同审批手续，内控制度正式实施；开展"严细管理年"活动，夯实"三基"工作，加强对"星级车间"、"红旗班组"跟踪考核；开展全面预算管理和经济活动分析，对资金账户实行统一管理，预算分析质量和资金使用效率进一步提高。加强审计工作，强化审计监督检查，对重点项目开展效能监察，经营管理和关联交易进一步规范。加强信息化建设，推广实施ERP系统，实现了物流、资金流、信息流"三流合一"；综合办公业务处理(OA)系统得到推广。开展节能降耗，对能源计量状况进行普查，对能源转供工作进行清理，堵塞了管理漏洞。

"十五"期间(2001—2005年)，燕山石化累计加工原油3 694万吨，生产乙烯347万吨，累计实现销售收入1 811亿元，利税121亿元。"十五"与"九五"(1996—2000年)相比实现销售收入增长127%，利税增长38%，万元产值能耗下降31%，新鲜水耗下降64%。COD外排总量下降47%。

燕山石化及东方石化公司主要经济指标和主要产品产量见表1、表2。

(孙　明)

【合成树脂专用料比例达66.30%】 2005年，燕山石化生产合成树脂109.35万吨，其中专用料72.49万吨，专用料比例为66.30%，比上年高出1.83个百分点。合成树脂产量创历史最好水平，2套高压聚乙烯、低压聚乙烯、聚苯乙烯的产品产量也创历史最好水平。聚乙烯装置在专用料产量大幅提高的情况下，总产量达 63.99 万吨。

（孙　明）

【合成橡胶产量创历史最好水平】 2005 年燕山石化生产合成橡胶 26.17 万吨，创历史最好水平。7 套装置全部累计达标，18 项能耗物耗指标创历史最好水平。完成了顺丁橡胶聚合首釜技术改造，买断了意大利 PI 公司丁基橡胶扩能技术，完成丁基橡胶年产 4.5 万吨可研报告及聚合釜设计工作。

（孙　明）

【苯酚装置增产降耗】 2005 年燕山石化 1# 苯酚装置日均产量由上年 490 吨升到最高 550 吨，刷新装置产量纪录；2# 苯酚装置经过两期扩能改造，实际产能突破 10 万吨/年，仅物耗降低全年节约成本 5 000多万元，万元产值能耗为 0.57 吨标油，比上年同期降低 0.16 吨标油。环比节能量累计完成 2.23 万吨标油。

（孙　明）

【1 000 万吨/年炼油项目开工】 1 000 万吨/年炼油系统改造工程概算投资 34.58 亿元，占地面积 31.80 万平方米。2005 年完成投资 12.12 亿元。土建施工桩基处理 8 178 根；基础超深处理 4.73 万立方米，完成总量的 98%；总图、竖向、道路 4.38 万平方米，除 CFB 锅炉项目外，已完成总量的 90%；建筑物大部分进行主体结构施工收尾。安装工程已完成钢结构 3 363吨，完成总量的 28%；设备安装 30 台，工艺管道安装 6 千米。120 万吨/年 S－Zorb 催化汽油吸附脱硫装置项目占地面积 0.60 万平方米，概算投资 2.18 亿元，累计完成投资 641 万元。

（孙　明）

【化工固定资产投资】 燕山石化 1# 聚丙烯改造项目于 2005 年 6 月 24 日建成，7 月 7 日一次开车成功，生产出合格产品并稳定生产；项目概算 2.85 亿元，实际投资 2.6 亿元，节省 2 000 万元。1－已烯装置建设规模为 5 万吨/年，装置区为新建，其配套的储运设施为改造；可行性研究报告于 8 月 2 日批复，总投资 2 亿元，基础设计外审进行完毕；12 月底前完成长周期设备订货。完成乙烯装置碳三催化加氢精馏系统改造，5 月 23 日一次开车成功，丙烯产量由改造前的 1 111 吨/日提高到 1 221 吨/日。完成 2# 聚丙烯预聚合系统完善、橡胶一成品 B 线干燥系统改造、顺丁线聚合首釜技术改造、冷冻冰机扩容改造、SBS 回收装置技术改造等项目。完成高压聚乙烯装置 PVC－5阀改造、乙二醇装车及储运系统改造、苯酚中和系统改造、苯酚丙酮汽车灌装系统和包装岗位密闭灌装系统改造、聚酯事业部氧化残渣焚烧炉改造等项目。完成化工一厂动力 1#、4# 炉 DCS 系统改造、东流水储运站监控系统改造、2# 聚丙烯 DCS 系统扩容改造、二甲苯装置 DCS 系统改造、聚丙烯事业部和化学品事业部消防水系统改造等项目。

（孙　明）

【1 000 万吨/年炼油改扩建环境影响报告书通过评估】 2005 年 9 月 21—22 日，国家环保总局环境工程评估中心对《燕山石化 1 000 万吨/年炼油系统改造及 100 万吨/年乙烯改扩建工程环境影响报告书》进行评估，认为该项目采用先进、清洁的生产工艺，实现了清洁燃料的升级、产品结构的调整，可提高资源使用效率及产品的附加值，降低原料、能源消耗，实现增产减污的目标；项目无新征用地；具环保可行性。此次评估专家组由国家环境保护总局环境影响评价管理司、北京市工促局、环保局等 10 位专家组成。改造工程包括炼油系统改造、配套公用工程系统改造和化工系统改造。年内环境影响评价报告已经得到石化集团公司、北京市环保局的批复。

（孙　明）

【炼油厂节水减排成套技术开发“出龙”】 2005 年 10 月 28 日，石化集团公司“十条龙”科技攻关项目——北京燕山分公司炼油厂节水减排成套技术开发通过鉴定。鉴定委员会认为，该技术工业应用后，吨油耗新鲜水由 1.37 吨降到 0.67 吨，外排污水由 0.67 吨降到 0.44 吨，污水回用率 86.7%，达到节水减排攻关目标，该技术达到国内炼油系统领先水平，经济效益和社会效益显著。此项目由燕山石化研究院和炼油厂、石油化工科学研究院、抚顺石油化工研究院以及工程建设公司共同完成。

（孙　明）

【干气提浓装置一次开车成功】 2005 年 4 月 28 日，炼油厂 3 万米^3（标准）/时干气提浓装置一次开车成功，产出合格乙烯。装置于 2003 年 6 月破土动工，2005 年 4 月 26 日下午引入干气，27 日凌晨系统工艺流程打通。该装置使炼油厂副产 13 万吨/年干气由燃料变成宝贵的化工原料，每年可提供 3.5 万吨左右的裂解料。8 月 3 日，催化干气提浓回收乙烯装置产出合格产品并送到化工一厂裂解车间。

（孙　明）

【环境保护成绩明显】 2005年燕山石化外排水综合合格率优于集团公司考核的95%水平，同比有明显提高。外排主要污染物总量与上年持平，完成北京市总量控制指标要求，考核的36套装置累计全面达标。牛口峪外排污水COD累计均值小于60毫克/升，大气环境质量达到国家二级标准，废渣处置和利用率100%。改扩建项目环境影响评价制度执行率100%，环保"三同时"制度执行率100%。全年技改投资环保项目15项，完成投资1.49亿元，其中1.2万吨/年制硫装置改造、高压聚乙烯装置PVC－5阀改造、储罐拱顶罐改浮顶罐、氧化残渣焚烧炉改造、工业垃圾填埋场改造等主要项目完成。6个项目列入北京市第11阶段大气污染治理计划，其中5个项目年内完成。回收火炬气超过10万吨，替代重油或液化气，减轻了大气污染。

(孙　明)

【全年节约新鲜水346万立方米】 2005年，燕山石化在生产和加工负荷与2004年基本相同的情况下，水资源总用量为5 267万立方米，比上年减少149万立方米。其中新鲜水用量4 705万立方米，减少346万立方米；再生水用量562万立方米，污水回收率达28.4%，同比提高4.9个百分点，比上年增加197万立方米。工业总用水量4 202万立方米，其中新鲜水用量3 640万立方米，比上年减少147万立方米，工业水重复利用率达到了97.51%。全年接用拒马河水2 538万立方米，转供北京市拒马河水4 536万立方米。全年处理污水2 065万立方米，西区污水回用装置采用自主开发的炼油污水深度处理回用成套技术，设计回用水量450吨/时，出水用于炼油厂和橡胶事业部的循环水系统。东区污水回用装置在国际上首次采用了双膜技术进行化工污水深度处理回用，设计回用水量800吨/时，实现了污水脱盐作为锅炉补水的突破。

东区污水回用装置

(孙　明)

【北京燕化股份公司并入北京燕山分公司】 2004年6月29日，石化股份公司成立北京飞天石油化工有限公司(简称北京飞天公司)。12月22日，北京燕化停牌，北京飞天以3.8港元/股的价格收购北京燕化H股所有流通股，以吸收合并的方式整合北京燕化股份公司。2005年3月4日，北京燕化股份公司召开临时股东大会及临时独立股东大会，批准2004年12月29日和2005年1月14日订立的与北京飞天公司合并协议及协议修订案，批准及确认了合并协议完成。4月11日，北京燕化股份公司与北京飞天公司合并的有关文件得到国资委的批准，并向香港联合交易所提交了下市申请。5月11日，北京燕化在香港联合交易所撤回上市地位生效。8月2日，经北京市工商行政管理局核准，北京飞天公司吸收合并北京燕化股份公司，同时更名为中国石化北京燕山石油化工有限公司，10月27日，北京燕化股份公司注销。12月27日，中国石化北京燕山石油化工有限公司所属机构及业务划归石化股份公司北京燕山分公司。

(孙　明)

【改制分流剥离职工3 666人】 2005年，燕山石化完成炼油事业部、建筑工程公司、建筑安装工程公司、印刷工贸公司等单位以及一些二级单位的集体企业的改制分流和结构调整工作，共剥离职工3 666人，补助补偿金1.78亿元。2002—2005年，燕山石化共有10个单位实施了改制分流，共分流职工4 938人，补偿补助金2.63亿元。

(孙　明)

【开展"严细管理年"活动】 燕山石化以实施内部控制制度和强化"三基"工作为主线，使传统管理与现代化管理相结合。内部控制制度2005年1月1日正式实施，对26个业务流程进行管理职责和权限细化，制定了内部控制制度管理办法和考核细则，提出了原油、进口物资和信息管理业务流程调整方案，进一步规范了资源管理流程。组织制定了ERP管理制度、信息化管理办法等20多个新管理制度；与HSE管理体系相结合重新修订印发了安全管理制度，并做好制度上网工作。深入开展"星级车间"活动，严格执行"星级车间"活动标准，并开展推行现代化管理工作。

(孙　明)

【曾培炎到燕山石化视察】 2005年6月1日，国务院副总理曾培炎到燕山石化参加2005年全国节能宣传周节能工作座谈会。曾培炎要求充分认识节能工作的重大意义，明确节能重点，下决心建立有利于节能的体制和机制，在全民中广泛宣传节约能源。他视察了环保事业部东区污水回用装置、动力事业部三电站水煤浆锅炉和化工一厂裂解车间。

（孙 明）

国务院副总理曾培炎视察燕山石化

【燕山石化35周年厂庆大会举行】 2005年7月17日，燕山石化成立35周年庆祝大会召开。全国人大副委员长盛华仁、全国政协原副主席陈锦华、国家安全生产监督管理总局局长李毅中，中国石化集团总经理陈同海、劳动和社会保障部部长田成平、北京市委副书记阳安江、建设部副部长刘志峰、华夏银行董事长刘海燕等出席庆祝大会。大会宣读了国务院副总理吴仪的贺信。陈锦华在讲话中指出，燕山石化不仅是全系统的排头兵，也是中国石化工业的摇篮、根据地。要努力成为世界一流企业，要继续当好全行业的排头兵，为中国石化工业赶超世界先进水平作出新的更大贡献。阳安江对燕山石化坚持以人为本，开拓创新，坚持党的建设等工作给予了高度评价。陈同海指出，35年来燕山石化为中国石化的发展和壮大培养了人才，积累了经验，在中国石化发展中起到行业排头兵的作用。要求燕山石化进一步发扬中国石化的优良传统，为中国石化的改革发展、为北京市的经济繁荣，为国民经济持续快速健康协调发展作出新的贡献。

（孙 明）

燕山石化成立35周年庆祝大会

【获第二届影响我们生活的十大企业称号】 2005年12月17日，由北京电视台、北京晚报、北京青年报、北京人民广播电台、阳光卫视、新浪网等多家媒体共同主办的第二届“北京影响力”评选活动颁奖典礼在北京世纪剧院举行，燕山石化与北汽福田、首钢、北大方正等10家企业同获第二届北京影响力十大企业奖及“北京人奖”奖杯。

（孙 明）

【《燕山石化志》第二卷出版】 2005年7月，《燕山石化志》(第二卷)由中国石化出版社出版发行。该志是北京市进入第二轮修志以来正式出版的第一部部门类工业志书，记述了燕山石化1991—2000年的发展历程。采取续修与重修相结合的方式，记载了燕山石化改革发展的经验和做法，并设有大事记、附录、索引和后记。

（孙 明）

表1　燕山石化及东方石化公司主要经济指标　亿元

指标名称＼年份	2005	2004	2003	2002	2001	2000
原油加工量/万吨	796.87	809.35	724.08	715.71	647.75	694.42
工业总产值①	560.60	482.24	124.52	122.36	93.39	107.95
燕山分公司	278.42	211.90	40.52	40.21	37.60	40.49
燕化股份公司	203.11	177.29	76.06	78.60	47.76	57.11

续表

年份 指标名称	2005	2004	2003	2002	2001	2000
燕山石化公司	13.63	19.97	7.94	3.86	8.32	8.68
东方石化公司	65.44	73.08	41.31	38.86	—	—
工业增加值	78.17	111.48	51.07	43.99	27.35	33.30
燕山分公司	1.07	14.31	17.45	19.40	14.39	9.10
燕化股份公司	49.86	68.83	27.01	16.81	8.08	18.62
燕山石化公司	7.17	3.38	6.61	7.79	4.88	5.58
东方石化公司	20.07	24.96	1.38	0.92	—	—
资产总计	299.55	309.48	257.35	224.95	235.81	244.29
燕山分公司	67.44	60.03	49.73	54.00	55.27	54.35
燕化股份公司	114.99	102.00	148.18	102.86	107.56	92.21
燕山石化公司	47.43	55.38	59.44	68.09	72.98	85.31
东方石化公司	69.69	92.07	72.98	—	—	—
销售收入	605.97	544.40	324.98	277.90	232.48	267.71
燕山分公司	287.35	221.77	169.84	146.71	132.71	147.10
燕化股份公司	205.64	179.40	114.74	94.43	59.75	78.53
燕山石化公司	47.75	46.64	40.40	36.76	40.01	42.09
东方石化公司	65.23	74.59	—	—	—	—
实现利税	41.94	77.01	26.44	21.37	5.96	14.41
燕山分公司	0.59	7.86	11.33	13.53	9.68	4.58
燕化股份公司	36.54	54.21	14.69	6.67	-2.80	9.70
燕山石化公司	0.66	-0.36	0.42	1.17	-0.92	0.13
东方石化公司	4.15	15.30	—	—	—	—
实现利润	18.12	48.69	8.51	4.88	-7.86	0.11
燕山分公司	-7.66	-2.89	0.11	2.49	-0.17	-3.99
燕化股份公司	26.04	42.88	9.15	2.75	-5.29	6.51
燕山石化公司	-0.43	-1.43	-0.75	-0.36	-2.40	-2.40
东方石化公司	0.17	10.13	—	—	—	—

① 2000—2003 年按 1990 年不变价计算。

表 2　燕山石化及东方石化公司主要产品产量　万吨

年份 产品名称	2005	2004	2003	2002	2001	2000
北京燕山分公司						
汽　油	156.52	169.77	151.44	154.12	146.69	146.20
煤　油	12.36	8.10	—	—	—	—
柴　油	176.80	180.72	170.17	174.05	186.74	183.92

续表

年份 / 产品名称	2005	2004	2003	2002	2001	2000
润滑油基础油	25.63	24.84	28.89	27.88	27.08	25.56
商品燃料油	60.44	59.62	64.49	56.07	63.51	76.12
化工原料油	240.30	240.25	212.71	198.60	117.98	171.34
商品液化气	19.81	10.92	38.42	23.52	26.19	23.90
石　蜡	10.08	9.11	9.70	8.79	8.33	8.45
纯　苯	2.74	2.05	13.01	13.24	15.60	9.27
甲　苯	3.20	2.99	2.48	1.90	2.23	1.90
二甲苯	3.29	2.90	2.23	2.16	1.60	1.58
北京燕化股份公司						
乙　烯	81.18	80.13	72.22	74.41	39.00	48.67
丙　烯	39.09	39.12	46.39	47.91	18.30	23.49
丁二烯	14.47	14.51	12.84	12.74	8.07	8.87
间二甲苯	3.03	2.82	1.76	1.63	0.95	0.41
苯乙烯	8.59	9.02	8.10	8.87	4.97	6.08
乙二醇	7.20	7.28	7.68	8.08	5.63	7.19
苯　酚	18.45	16.98	10.89	12.04	8.21	9.24
丙　酮	11.57	10.74	6.71	7.33	5.10	5.67
低密度聚乙烯	45.96	45.07	41.01	41.20	14.90	14.90
高密度聚乙烯	18.03	17.31	15.90	16.46	12.43	15.68
聚苯乙烯	5.33	5.23	4.89	5.14	3.51	4.52
聚丙烯	40.02	41.25	37.06	40.15	22.84	27.80
顺丁橡胶	13.17	13.25	12.22	12.03	9.10	9.54
SSBR	…	0.002	…	…	0.06	…
SBS	9.10	7.11	6.26	5.81	3.77	2.82
丁基橡胶	3.90	3.76	2.70	2.15	0.42	0.41
间苯二甲酸	2.49	2.12	1.66	1.28	0.44	0.46
聚　酯	—	—	0.03	0.45	1.63	4.01
塑料制品/吨	2.65	17 613	6 899	867	—	—
燕山石化公司						
机械加工量/吨	—	3 406	2 136	833	2 557	3 962
发电量/万千瓦·时	28 066	26 367	43 754	46 021	54 219	48 628
东方石化公司						
乙　烯	17.75	18.06	16.53	15.97	—	—
聚氯乙烯	14.19	16.00	14.48	13.86	—	—
低压聚乙烯	2.35	2.23	1.84	1.29	—	—
EVA	4.52	4.52	4.11	4.44	—	—

齐鲁石化

【概述】 中国石油化工股份有限公司齐鲁分公司(简称齐鲁分公司)、中国石化齐鲁股份有限公司(简称齐鲁股份公司)、中国石化集团齐鲁石化公司(简称齐鲁石化公司)，统称齐鲁石化。位于山东省淄博市临淄区南部，西距山东省会济南 120 千米，东距滨海城市青岛 270 千米，北距胜利油田 90 千米。齐鲁石化北临济青高速公路，胶济铁路、309 国道东西向横穿公司地区，交通十分便捷。齐鲁石化总占地约 1 996 万平方米，始建于 1966 年 4 月，拥有大型石油化工生产和辅助装置 96 套，可生产各类石化产品 120 余种。截至 2005 年末，齐鲁石化有直属单位 27 个，职工总数为 34 369 人，其中具有高级及以上技术职称的1 112人，中级技术职称 2 965人。

截至 2005 年末，齐鲁石化固定资产原值 343.51 亿元，固定资产净值 164.80 亿元。实现工业总产值 562.27 亿元，同比增长 63.47%；实现销售收入 577 亿元，同比增长 59%；年度产品销售率 100.25%。实现利税 47 亿元，同比增长 43.91%；利润 24.2 亿元，同比增长 169%，一举攀上了有史以来的最高峰。实现考核利润 43 亿元，为预算指标 30.15 亿元的 143%，在中国石化炼化一体化企业中排名第二，经济效益再次跻身炼化板块第一阵营。

主要产品产量创出历史新高。2005 年，齐鲁石化炼油加工量达到 1 022 万吨，生产乙烯 82.51 万吨、合成树脂 115 万吨、丁辛醇 33 万吨、橡胶 20.68 万吨、烧碱 51.58 万吨、腈纶 6.30 万吨，发电 31.93 亿千瓦·时，均创历史新高，其中聚氯乙烯、烧碱、丁辛醇和丁苯橡胶产量位居国内同行之首，齐鲁石化已建成国内最大的氯碱、丁辛醇、丁苯橡胶生产基地和重要的高硫高酸原油加工基地。

党建和思想政治工作务实高效。认真开展了保持共产党员先进性教育活动，修订完善了《内部监督和责任追究的若干规定》，建立了合同风险防范机制，强化审计监督和效能监察，落实廉政建设责任制，违规违纪现象明显减少。围绕健全依法维权机制、岗位成才促进机制、互助帮扶机制，建立了基层职工代表联系人制度，累计征集建议 155 条。组织了电气系统的全员练兵比武，开展“职工身边无隐患、我与企业双平安”活动，提高了职工的岗位技能。互助帮扶投入逐年增长，全年累计投入资金 378 万元，6 914 人次得到了不同程度的救助或帮扶；通过募捐的形式，成立了针对特困群体的帮扶中心。

齐鲁石化主要经济指标和产品产量见表 1、表 2。

（王敬华　曹钰梅）

【炼油年加工量突破 1 000 万吨】 2005 年齐鲁石化炼油加工量达到 1 022 万吨，同比增长 16.67%，圆了齐鲁人多年的千万吨炼油梦。这是齐鲁石化炼油发展史上一个新的里程碑，标志着齐鲁石化首次跨入石化集团公司千万吨级炼油企业行列，并成为国内重要的高硫高酸原油加工基地之一。

（王敬华　曹钰梅）

炼油厂生产装置一角

【乙烯产量创历史新高】 2005 年齐鲁石化生产乙烯 82.51 万吨，在乙烯二轮改造后的第一年就实现了产量超达标，超出设计产能 14.58%，同比增长 80.55%，单套乙烯年产量在国内排名第一。

2005 年是乙烯二期改造完成后的第一年，为了抢抓新一轮石化工业景气周期机遇，多创效益，齐鲁石化提出了“确保 75 万吨，挑战 80 万吨”的目标，积极调整管理思路，打破了乙烯行业改造的次年必须安排 15 天停工消缺的惯例，增产 3 万多吨乙烯。2005 年 11 月 15 日，乙烯装置累计产出乙烯 72 万吨，在二轮扩建改造完成后的第一年，提前 46 天实现装置达标。同年 11 月 26 日，在北京召开的全国企业新纪录发布会上，齐鲁乙烯二期改造实现了“83 天两头见乙烯”，改造投产后仅用不到 3 个月时间实现产量达标，分别创出国内同行业乙烯改造施工期短、改造投产达标时间最短的新纪录。

（王敬华　曹钰梅）

【热电 7#、8# 炉机建成投产】 齐鲁煤代油技术改造项目，是齐鲁石化继 72 万吨/年乙烯改造后的又一重点建设工程，总投资 7.15 亿元。主要包括在齐鲁石化热电厂新建两台 410 吨/时燃煤锅炉、两台 60 兆瓦

齐鲁72万吨/年乙烯装置

双抽凝汽式汽轮发电机组(即热电厂7#、8#炉机)、燃气脱硫除尘及配套公用工程系统。2005年4月24日，7#锅炉一次点火成功，5月7日，7#机组实现并网发电。8月5日，8#锅炉点火成功，8月21日，8#机组一次并网成功。10月19日，齐鲁煤代油项目8#机组顺利通过168小时性能考核，正式移交生产，标志着齐鲁煤代油炉机建设项目全线告捷。两台炉机的建成投产，创出了齐鲁石化炉机建设的新速度，创出了同类炉机建设的新水平。它的建成投用，将有效增加热电产汽量和发电量，顶替乙烯燃油锅炉，节约燃料油进行深加工，对于提高齐鲁石化动力供应可靠度，促进整体优化，提升经济效益，具有十分重要的意义。

(王敬华　曹钰梅)

建成投用的热电7#炉机

【140万吨/年延迟焦化装置技术改造工程获全国优秀焊接工程一等奖】　140万吨/年延迟焦化装置技术改造工程是齐鲁石化重点建设项目，该项目总投资2.4亿元，由齐鲁石化建设公司承建。2004年3月8日，140万吨/年延迟焦化装置实现一次切换渣油成功，3月10日产出合格产品。2005年9月，在北京召开的“全国优秀焊接工程”表彰大会上，140万吨/年延迟焦化装置技术改造工程被评为全国优秀焊接工程一等奖。

(王敬华　曹钰梅)

【烧碱等产品获殊荣增效益】　2005年4月，齐鲁石化首批按交通部新修订的《公路沥青路面施工技术规范》A级沥青质量标准组织生产的4.5万吨沥青全部检验合格，齐鲁石化沥青达到国家新标准。同年9月，在北京人民大会堂举行的2005年中国名牌产品表彰大会上，“齐鲁”牌烧碱被中国名牌战略推进委员会授予“中国名牌”称号；在石化集团公司组织的年度科研成果评审中，齐鲁石化塑料厂承担的集团公司科研开发项目“LDPE高透明料QLT 04产品开发”获2004年度集团公司科技进步三等奖；由齐鲁石化橡胶厂自行研制开发的新型低门尼黏度丁苯橡胶产品SBR－1507工业试生产获得成功，并填补了国内一项技术空白。20万吨/年苯乙烯成套技术通过了国家验收，已稳定运行一年，年增效益2.7亿元。芳烃吸附剂国产化获得成功，运行一年多，其性能指标达到国外同类产品技术水平，为齐鲁石化一次性节约资金1 000万元。

(王敬华　曹钰梅)

【管理效益年活动成效显著】　2005年，齐鲁石化认真落实“管理效益年”各项措施，全年挖潜增效4.2亿元。

(1) 狠抓安全环保，杜绝了上报事故。在全年加工高硫高酸原油的条件下，实现了炼油的稳定生产，炼油南区检修提前完成。乙烯实现了持续的超负荷运行，全年乙烯平均产量达到94吨/时。热电厂7#、8#炉机按期投产，实现了安全施工。加强环保治理，搞好节水减排，在产量大幅增长的情况下，全年万元产值取水量降低了 30%，COD 排放量同比减少了 4.1%，实现了增产不增污。

(2) 优化生产，实现了整体效益最大。在原油与成品油价格倒挂的不利局面下，努力增产裂解原料。在全年炼油加工量同比增长 16.7%的前提下，成品油产量只增长了 7.6%，而裂解原料产量增长了 63%，实现了整体效益最大。贴近市场，增产高附加值的产品。全年高压、高密度和线性低密度聚乙烯树脂增产 7.4 万吨，超产的 7.5 万吨乙烯全部转化为效益更好的产品。

(3) 科技兴企，技术指标创历史新高。全年炼油轻油收率达到 77.75%，综合商品率达到 93.39%，均创历史新高，并首次实现专业达标。炼油实际能耗、乙烯燃动能耗、热电供电标煤耗同比大幅下降，刷新了历史纪录。

(4) 利用市场规则，反倾销成效显著。环氧氯丙烷的反倾销工作成效明显。市场价格一路上扬，边际贡献名列前茅，全年产量达到 3.28 万吨，为年计划的 234%，开工率由前几年的不足 70%提高到 103%，在利用市场规则、提高经济效益方面取得了重大突破。

(5) 加强管理，外供能源收费创纪录。2005 年，齐鲁石化外供能源收费达到 4.07 亿元，同比增长 89%。

（王敬华　曹钰梅）

【改革改制深入推进】 (1) 改制分流全面展开。2005 年完成机械厂、鑫亚公司等 10 个单位的改制工作，分流人员 1 620 人。从 2002 年改制试点到 2005 年末，齐鲁石化已完成改制的单位 40 个，累计分流人员 7 372人，在中国石化炼化板块位居前列。

(2) 机构整合平稳实施。中石化集团公司层面，催化剂厂、国际事业齐鲁公司以及化工销售业务的集中划转工作顺利完成。齐鲁石化公司层面，重组成立了物资装备中心，实现了一级采购、一级储备；对研究院和树脂所、一化肥实业部和劳服公司进行了一体化整合；对分散于各厂的消防和客运业务进行了专业化重组。

(3) 改革改制实现“八减”。一是减机构。齐鲁石化直属单位由上年的 38 个减少到 27 个，减少近 1/4；机关部门由 35 个减少到 27 个，减少 1/4，突出了一个整体，增强了控制力。二是减员。齐鲁石化用工总量自 2001—2005 年减少 2.2 万人，减少 37%，由 5.9 万人减到 3.7 万人。其中，国有在册职工由 5.4 万人减到 3.4 万人。三是减干部。与 2002 年相比，公司领导班子成员减少 29%，减至 10 人；公司中层管理人员减少 33%，减至 236 人；公司基层管理人员减少 40%，减至 1 990 人。四是减社区。通过改制、整合和重组，规模较大的社区由原来的 11 个减至 5 个。平房社区的清理基本完成，在保证员工妥善安置的前提下，关闭了 10 个工程建设时期遗留的平房社区，拆除危房1 241 套。五是减车辆。从 2002 年到 2005 年末，公务车的数量已由 1 391 台减到 711 台，4 年减少 680 台，占 49%。六是减活动。各类评比、检查及表彰活动由原来的 136 项压减到 16 项，减少 88.2%。七是减报刊、杂志和协会、学会。齐鲁石化内部报刊由原来的 23 种压减到 3 种，减少 87%；齐鲁石化参加或组办的各类协会、学会由 268 个压减到 79 个，减少 71%。八是减会议。从 2004 年开始，每周四定为公司的“无会日”，通过压减、合并会议，缩短会议时间和减少领导陪会，公司层面的会议减少了 2/3。

（王敬华　曹钰梅）

表 1　　　　**齐鲁石化主要经济指标**　　　　亿元

指标名称＼年份	2005	2004	2003	2002	2001	2000
原油加工量/万吨	1 003.1	876.00	794.56	747.23	756.55	750.80
工业总产值①	562.27	343.96	134.65	137.91	148.00	110.44
工业增加值	72.07	67.84	44.17	37.47	40.11	49.26
资产总计	241.53	234.92	208.25	226.69	250.17	279.30
流动资产	68.38	55.50	55.96	62.62	74.37	100.09
固定资产原值	343.51	337.85	303.96	366.02	314.26	306.91
固定资产净值	164.80	162.85	134.84	154.42	154.85	164.21
销售收入	577.24	363.00	307.00	246.96	251.50	259.28
实现利税	47.49	33.00	23.90	11.42	9.46	20.76
税　金	23.32	24.00	17.10	14.52	15.21	18.01

① 2000 — 2003 年按 1990 年不变价计算。

表 2　　齐鲁石化主要产品产量　　万吨

产品名称＼年份	2005	2004	2003	2002	2001	2000
汽　油	116.86	124.86	114.19	85.82	95.72	113.60
柴　油	403.96	358.84	305.77	280.39	279.27	270.38
煤　油	34.65	32.53	27.92	26.58	21.93	25.09
液化气	16.23	16.28	12.92	7.88	8.50	9.56
沥　青	18.91	15.87	16.70	12.09	14.40	17.59
合成橡胶	20.68	16.20	19.41	17.01	17.60	10.96
炼油催化剂	0	3.85	2.98	2.64	2.48	2.23
烧　碱	51.58	24.10	25.90	22.66	24.70	23.13
乙　烯	82.51	45.70	56.32	52.27	55.50	50.58
聚乙烯	47.15	30.36	41.99	38.60	40.86	37.49
聚氯乙烯	58.61	22.93	24.48	23.58	23.38	20.29
苯乙烯	20.53	7.89	7.02	6.52	6.77	6.33
丙烯腈	4.22	4.24	4.15	4.14	4.01	3.76
腈纶纤维	6.30	5.90	6.04	6.20	5.15	4.85
甲　醇	0.58	5.73	5.58	2.05	5.28	4.36
丁　醇	6.06	3.81	5.82	5.10	4.78	4.42
辛　醇	26.50	9.07	9.13	8.80	8.44	8.18
纯　苯	20.81	12.19	16.32	15.10	16.41	15.65
对二甲苯	6.94	4.29	5.30	5.25	5.21	5.07
邻二甲苯	4.26	3.10	4.74	4.29	4.44	4.11
苯　酐	3.47	2.47	4.95	4.36	4.35	6.68
甲基叔丁基醚	6.81	6.22	5.75	5.23	4.98	3.73
1－丁烯	1.39	2.05	1.92	1.67	1.58	1.03
发电/亿千瓦·时	31.93	23.20	28.16	28.20	27.19	25.92

高桥石化公司

【概述】 中国石化集团上海高桥石油化工公司(简称高桥石化公司)成立于 1981 年 11 月，是中国第一个跨部门、跨行业的特大型石油化工联合企业。2000 年 1 月，按照石化集团公司重组改制的统一部署，分立出中国石化股份有限公司上海高桥分公司。高桥石化公司位于上海市浦东新区，紧邻黄浦江吴淞口，水陆交通便利，占地 0.75 平方千米，共有 20 套生产装置，主要生产聚醚、过氧化二异丙苯(DCP)、助剂、洗涤剂等产品。主体生产单位有聚氨酯事业部、精细化工事业部和热电事业部，另有工程建设有限公司、职业病防治所、职工培训中心、新闻中心等单位，公司机关设 15 个处室。截至 2005 年底，高桥石化公司共有职工 4 773 人，其中管理和专业技术人员 1 183 人，包括 67 名高级专业人员、441 名中级专业人员。

2005 年，高桥石化公司不断优化生产方案，积极增产高附加值产品，千方百计争取效益最大化，主营业务利润首度超过投资收益，经营主业的市场竞争力获得明显提高，主要产品产量均有不同程度增长。高桥石化公司扩大了与国内外大企业、大集团的合作，提升了高端用户比例，聚醚、DCP 产品双双实现了对美国市场的批量出口，DCP 的产品出口数量超过了生产总量的一半。高桥石化公司落实降本压费的各项措施，严格控制各类费用支出，管理费用、营业费用、财务费用合计比计划节约了 1 500 多万元。同时，装置能耗物耗持续降低，聚醚生产实现节能降耗价值量 2 200 万元；6 000 吨/年 DCP 新装置开工第一年就顺利实现达标，装置能耗比考核指标下降了 3%。

2005 年，高桥石化公司围绕提高投资回报、推进和谐发展，编制了公司《可持续发展规划》和《结构规划》，并启动了“十一五”发展规划的细化工作。同时，相关的项目建设也稳步推进。8 万吨/年聚醚改扩建(一期)于 11 月 20 日投料开车；北线热网于 11 月 20 日具备投用条件；集中供风供氮(二期)项目也进展顺利。围绕提升企业核心竞争力，高桥石化公司重视具有自主知识产权的技术开发，“聚合物多元醇连续法生产工艺”获得中国专利授权，“GSE－3048 聚醚多元醇的研制”通过了石化集团公司的技术鉴定。

2005 年，高桥石化公司进一步归并、调整了机关机构，理顺了机关处室、事业部和业务中心相互之间的管理关系；进行了工程处与工程建设公司的职能重组，规范理顺了工程管理体制。高桥石化公司还积极培育“行政管理集约化、运行管理现场化”的基层管理新机制，并开展了设备管理体制的改革试点；对企业薪酬体系进行了全方位设计架构，并围绕分配制度改革，配套推进了各项劳动人事制度改革；继续大力推进主辅分离，清理整顿对外投资，圆满完成了化工实业改制分流、创建塑化关停撤拆任务；启动了最后 7 家多种经营企业的重组改革工作，为下一步实施改制分流作好各项准备。

高桥石化公司主要经济指标和产品产量分别见表 1和表 2。

（陈建浩）

【8 万吨/年聚醚改扩建一期工程建成投产】 2005 年 11 月 19 日，高桥石化公司 8 万吨/年聚醚改扩建一期工程开车一次成功，产出合格产品。8 万吨/年聚醚改扩建工程总投资为 8 735 万元，分两期建设。第一期建设 3 条 80 立方米生产线，每条生产线的生产能力为 1.5 万吨/年，总能力为 4.5 万吨/年。一期工程于 2005 年 3 月 8 日动工，6 月 29 日完成主体工程建设，10 月 31 日交付生产。高桥石化公司生产的聚醚品种达 90 多个，常规品种 30 多个，多项技术经济指标均达到同行业先进水平。8 万吨/年聚醚生产线全部投用后，高桥石化公司聚醚生产能力将达到 20 万吨/年，从而进一步巩固中国国内最大聚醚生产基地的地位。

（陈建浩）

【北线热网扩网工程建成贯通】 2005 年 11 月，高桥石化公司北线热网扩网工程建成贯通。该项目投入运行后，使高桥石化公司热电事业部的外输蒸汽能力从 685 万吨/年增加到 785 万吨/年，从而进一步发挥热电联供的优势，并为改善地区环保状况、提高能源利用效率发挥一定作用。该项目 2005 年 2 月开始动工，9 月 30 日交付生产，11 月具备投用条件。

（陈建浩）

【制备高稳定性、低黏度聚合物多元醇的连续方法获国家专利授权】 2005 年，高桥石化公司制备高稳定性、低黏度聚合物多元醇的连续方法获得国家专利授权。该发明主要解决以往技术中制得的聚合物多元醇存在的大单体含量高、固体质量含量低，用其制得的泡沫塑料断裂伸长率、拉伸强度和承载性不能同时保持较好水平的问题。

（陈建浩）

【探索基层管理新机制】 2005 年，高桥石化公司探索“行政管理集约化、运行管理现场化”的基层管理新机制。一方面，重组、归并同类型车间，整合、集中行政管理职能；另一方面，引导基层技术人员到装置现场办公，将各类生产、工艺、设备问题消除在萌芽、解决在现场。8 月，公司热电事业部率先将作业区与事业部生产运行部合并，实行生产系统一级管理。作业区划归生产运行部后，电气、汽机、锅炉、化水、燃料五大运行专业直接管理到班组、装置，综合事务、党群工作等由事业部相关管理部门实行归口管理。此项改革取消了“车间”管理层次，突破了传统的工厂管理模式，精简了机构，减少了管理层次，初步实现了事业部内部一级管理。

（陈建浩）

【投资质量大幅提升】 2005 年，高桥石化公司以改制分流、关停撤拆、清理整顿对外长期投资为重点，加大“治散”力度，推进主辅分离。从 2001 年 10 月 31 日开始，高桥石化公司以“全面彻底、滚动推进”为指导方针，对所属的各级对外长期投资进行了全面、系统、深入的清理整顿。经过多年持续努力，截至 2005 年末，125 家列入清理整顿的对外投资单位，已完成清理 101 家；9 家加油站和油库也已完成了移交准备，待石化集团公司统一部署后执行。经过清理整顿，截至 2005 年末，高桥石化公司保留的对外投资单位仅占当初全部的 4.6%，但投资质量大大提高，当年投资收益达到 1.88 亿元。

（陈建浩）

表 1 高桥石化公司主要经济指标 亿元

指标名称＼年份	2005	2004	2003	2002	2001	2000
原油加工量/万吨	—	—	—	—	—	—
工业总产值①	30.52	23.45	14.14	11.83	10.88	9.32
炼　油	—	—	—	—	—	—
化　工	23.70	18.07	12.82	10.56	9.60	8.01
工业增加值	5.93	3.07	2.73	2.63	2.25	2.03
资产总计	35.03	42.58	41.05	40.01	44.16	49.26
流动资产	8.69	16.86	16.22	16.66	19.09	23.77
固定资产原值	26.25	25.63	24.74	24.07	23.32	23.37
固定资产净值	15.09	14.77	13.97	13.91	13.85	14.99
销售收入	34.15	30.56	19.60	19.94	31.79	20.72
实现利税	5.50	2.58	1.95	1.10	0.65	0.99
税　金	1.01	0.77	0.75	0.79	0.95	0.75

① 2000—2003 年按 1990 年不变价计算。

表 2 高桥石化公司主要产品产量 万吨

产品名称＼年份	2005	2004	2003	2002	2001	2000
发电量/亿千瓦·时	12.62	12.71	12.20	12.07	12.02	12.00
供热量/万吉焦	1 261	1 150	1 164	1 174	1 208	1 257
环氧丙烷	8.74	8.35	7.72	7.41	7.52	6.20
聚　醚	13.74	13.00	10.91	8.81	8.30	6.50
DCP	1.63	1.48	1.30	0.98	0.78	0.62

上海高桥分公司

【概述】 中国石油化工股份有限公司上海高桥分公司(简称上海高桥分公司)成立于 2000 年 1 月，由原高桥石化公司炼油厂、化工厂、供销公司的主业部分组成。上海高桥分公司地处浦东新区，西临黄浦江，北近吴淞口，占地 3.4 平方千米。炼油厂成立于 1950 年，现有原油加工能力 1 130 万吨/年，是华东地区惟一能生产润滑油、石蜡产品的综合型石油加工厂。化工厂成立于 1961 年，现有合成橡胶、苯酚丙酮系列产品。2003 年 10 月，上海高桥分公司根据扁平化改革的要求，撤销了炼油厂、化工厂的工厂建制，实行事业部制管理模式。截至 2005 年底，职工总数 4 590 人，其中专业管理人员 1 228 人，包括 121 名高级专业人员、504 名中级专业人员。上海高桥分公司机关设 10 个处室，下辖炼油事业部、化工事业部、供应销售部、信息中心 4 个单位，共有 55 套生产装置。

2005 年，上海高桥分公司加工原油 1 006.55 万吨，同比增加 101.11 万吨。汽、煤、柴、润四大类石油产品产量 649.23 万吨，同比增加 2.2%。在国际原油价格高位振荡、国内成品油价格严重倒挂的不利局面下，上海高桥分公司花最大精力保市场，尽最大努力挖潜力；根据市场需求，不断优化生产方案，积极增产车用柴油、高标号汽油、石蜡等高附加值产品，千方百计争取效益最大化，高标号汽油比例达到 78%，同比增加了 16 个百分点；高黏度指数(HVI)Ⅲ类润滑油基础油生产成功。上海高桥分公司扩大了与国内外大公司、大企业的合作，提升了高端用户比例，3月，成功向香港出口了第一船航煤，11月，又成功向香港出口符合欧Ⅳ排放标准的98[#]无铅汽油。上海高桥分公司强化预算管理，严格控制成本，完成炼油单位完全加工费用181.92元/吨、化工吨产品完全加工费用1 851.61元，均优于指标。

2005年，上海高桥分公司层层落实各级安全生产责任制，加强风险识别、控制，强化了对施工承包商的HSE业绩考核；完善岗检标准，强化岗检管理，提高现场管理水平；完成了以电气隐患治理为重点的各级隐患治理项目，有针对性地组织各类设备攻关，保障了装置运行的安全平稳。上海高桥分公司加大环保治理力度，开展污水外排合格率攻关，努力提高排放合格率；推进清洁生产、落实节水减排；"三废"综合利用能力不断提高。

2005年，上海高桥分公司项目建设取得重要进展，10万吨/年溶液丁苯橡胶基本完成设备安装，20万吨/年ABS项目地下基础施工全部完成，SK溶剂项目开始打桩；双酚A项目的可行性研究获得国家发改委同意批复，中日双方签订了合资合同及公司章程。围绕提升核心竞争力，上海高桥分公司投入经费680万元，用于开展科研项目，多项科技成果通过技术鉴定和技术评审。

2005年，上海高桥分公司以三支队伍为主线，以劳动人事制度改革为基础，参照劳动力市场价位，对企业薪酬体系进行了全方位设计架构。同时，围绕分配制度改革，配套推进了各项劳动人事制度改革。优化了定岗定编，编制了定岗定编中长期规划；开展了组建第五、第六班试点，为企业后续发展储备人力资源；积极探索市场化的用工机制，促进了"派遣员工"管理的制度化、规范化。上海高桥分公司积极培育"行政管理集约化、运行管理现场化"的基层管理新机制。一方面，重组、归并同类型车间，整合、集中行政管理职能；另一方面，引导基层技术人员到装置现场办公，将各类生产、工艺、设备问题消除在萌芽、解决在现场。

上海高桥分公司主要经济指标和主要产品产量分别列于表1和表2。

（陈建浩）

【HVI Ⅲ类润滑油基础油生产成功】 2005年10月20日，上海高桥分公司30万吨/年润滑油加氢生产的HVI Ⅲ类润滑油基础油顺利出厂，标志着上海高桥分公司首次生产HVI Ⅲ类基础油获得成功，此举打破了中国高档润滑油基础油长期依赖进口的局面。HVI Ⅲ类润滑油基础油具有黏度指数高、饱和烃含量高、倾点低以及较好的氧化安定性和热稳定性等特性，是生产高档润滑油的基础原料。2005年9月，根据石化集团公司的要求，上海高桥分公司启动了生产HVI Ⅲ类基础油工作。经对原料进行反复精选，并对装置反应温度、减压塔操作参数等多次操作调整，10月9—15日进行试生产，共生产900吨HVI Ⅲ类基础油，产品质量全部合格。

（陈建浩）

【高标准汽油首次出口香港】 2005年11月4日，上海高桥分公司2 500吨符合欧Ⅳ排放标准的98[#]汽油装运出厂、出口香港，从而打破了香港欧Ⅳ标准汽油长期依赖国外进口的局面，标志着上海高桥分公司生产的98[#]汽油在获得国际权威机构(通标标准技术服务有限公司)确认的同时，被国际市场所接受。98[#]无铅高档汽油各项指标严格遵照欧Ⅳ排放标准的要求，技术要求高、生产难度大，中国国内从未生产，一直依靠国外进口。上海高桥分公司经过反复小样调和、多次试生产，终于在10月18日成功生产和调合出了符合欧Ⅳ排放标准的98[#]无铅汽油。

（陈建浩）

【供90万吨/年乙烯工程石脑油管道贯通投用】 2005年2月14日，全长94千米的上海高桥分公司供上海化学工业区上海赛科公司90万吨/年乙烯工程石脑油管道全线贯通投用，上海高桥分公司首次应用长距离油品管道输送技术获得成功。该输油管线于2002年7月启动建设，2004年6月全线建成，2004年底供油末站建成，2005年1月移交生产。该输油管线的贯通投用，为向上海赛科90万吨/年乙烯工程提供石脑油奠定了基础，有利于优化资源、节约运输成本。

（陈建浩）

【丁二烯扩能改造项目建成投用】 2005年5月，上海高桥分公司3万吨/年丁二烯扩能改造项目完工并投产。该项目采用"QJ－ACN法"丁二烯生产技术对原有装置进行扩能改造，新增丁二烯生产能力1.5万吨/年，使装置年生产能力达到3万吨。同时，降低了产品单耗，碳四单耗由改造前的2 120千克/吨降低为改造后的2 050千克/吨。

（陈建浩）

【中日合资建立上海中石化三井化学有限公司正式签约】 2005年10月15日，石化股份公司与日本三井化学有限公司在上海正式签署合资合同及章程，双方决定建立上海中石化三井化学有限公司，合作建造

12万吨/年双酚A装置，项目总投资为1亿美元，中日双方各占50%股份，石化股份公司委托上海高桥分公司对该项目进行管理。该项目自2003年启动，2004年3月签署合资意向书，2005年4月签署合资合作备忘录。12万吨/年双酚A装置采用离子交换树脂法生产技术，各项指标均达到世界先进水平。该装置投产后，以上海高桥分公司20万吨/年苯酚丙酮装置的产品为原料，可以实现延伸产业链的目标。

（陈建浩）

【引入派遣员工用工模式】 2005年3月，上海高桥分公司首次引入“派遣员工”的用工新形式，由具有人力资源派遣(租赁)经营资质的机构，根据上海高桥分公司用工需求派遣人员到生产装置、生产辅助装置等岗位工作。首次引入派遣员工工作在上海高桥分公司炼油事业部试点，引进79人，经过培训和考核，淘汰至42人。同时，上海高桥分公司制定了《派遣员工培训考核办法》、《派遣员工管理办法》等管理制度，明确各单位、部门对派遣员工引进、培训、甄选、薪酬、考核、退出、录用全过程的职责分工，促进了派遣员工管理的制度化、规范化。

（陈建浩）

【加强客户信用管理】 为加强客户信用管理、规避企业销售过程中的风险，自2005年1月起，上海高桥分公司制定了《客户信用评价标准和信用政策》，建立了分公司和事业部两级信用管理领导机制。年内共召开了5次信用审批会议，通过对照《客户信用评价标准和信用政策》，共授予58家客户不同等级、不同规模的信用额度，满足了一些信用良好客户货款结算的要求，促进了产品销售，也规范了赊销行为。同时，对一些信用度较差的客户坚决执行款到发货的原则，从而有效防范了信用风险，保障了资金的安全。

（陈建浩）

表1 上海高桥分公司主要经济指标 亿元

指标名称＼年份	2005	2004	2003	2002	2001	2000
原油加工量/万吨	1 006.55	905.44	841.73	650.25	652.48	700.20
工业总产值①	331.77	257.83	63.39	53.84	52.94	54.70
炼　油	300.17	237.32	49.52	40.71	39.20	41.00
化　工	37.43	26.29	15.44	14.46	15.32	15.17
工业增加值	5.47	25.32	26.51	19.81	19.79	14.65
资产总计	103.36	97.71	74.48	77.37	69.33	73.71
流动资产	33.88	31.70	24.31	31.93	27.03	31.22
固定资产原值	101.80	99.94	79.67	82.64	74.19	74.62
固定资产净值	51.89	55.19	39.51	42.10	37.19	41.41
销售收入	333.13	255.91	210.82	146.27	153.48	168.04
实现利税	4.50	18.60	15.23	12.93	13.67	8.13
税　金	13.14	14.81	12.08	10.59	12.56	7.48

① 2000—2003年按1990年不变价计算。

表2 上海高桥分公司主要产品产量 万吨

产品名称＼年份	2005	2004	2003	2002	2001	2000
汽　油	175.80	198.73	208.46	179.32	161.31	175.72
煤　油	75.29	65.96	47.48	31.45	29.21	30.00
柴　油	397.91	353.33	322.59	229.26	232.67	243.20
石油芳烃	2.10	2.54	3.08	2.05	3.13	2.65

续表

年份 指标名称	2005	2004	2003	2002	2001	2000
润滑油	0.22	17.24	27.01	25.90	25.04	22.88
商品燃料油	47.83	41.68	22.59	39.25	37.73	37.50
石　蜡	13.20	16.77	16.23	14.56	15.14	12.73
石油焦	36.43	28.99	26.29	6.09	8.99	9.69
沥　青	—	0	…	0.58	0.33	0.52
合成橡胶	16.02	16.42	15.19	14.23	13.06	11.20
顺丁橡胶	9.81	10.20	9.27	8.46	8.57	7.77
丁苯橡胶	6.21	6.22	5.93	5.77	4.49	3.34
丙　烯	16.02	15.62	15.11	13.83	13.82	14.03
丁二烯	2.88	3.02	3.19	2.87	2.53	1.93
苯　酚	16.20	7.76	7.79	7.48	8.39	8.40
丙　酮	10.06	4.87	4.90	4.63	5.13	5.31
塑　料	0.17	0.40	1.00	1.47	1.62	1.78
AS	0.17	0.40	0.46	0.51	0.41	0.51
聚苯乙烯	—	—	0	0.96	1.21	1.27

金陵石化公司

【概述】 中国石化集团金陵石油化工有限责任公司(简称金陵石化公司)位于南京市东北郊，占地 808.67 万平方米(包括金陵分公司)，所属工厂北濒长江，南临京沪铁路和沪宁高速公路，自备铁路专用线连接京沪铁路，万吨油轮可直达厂区，交通便利，区位优势十分明显。

金陵石化公司是经国务院批准，于 1982 年元月成立的具有对外经济技术合作权的国有特大型石化企业，是中国最大的洗涤剂原料和苯酐生产基地，拥有 30 万吨/年烷基苯、10 万吨/年苯酐的生产能力。产品除满足国内需要外，还远销世界 20 多个国家和地区。截至 2005 年末，资产总计 48.95 亿元，职工总数 7 657 人，其中各类专业技术人员 2 214 人，具有高级职称 175 人，中级职称 866 人。

2005 年，金陵石化公司全体员工按照集团公司的部署，沉着应对各种挑战，不骄不躁，扎实奋进，较好地完成了全年各项任务。2005 年实现销售收入 93.87 亿元，利税 3.49 亿元，其中实现利润 1.26 亿元，比上年增长 200%，为集团公司考核指标的 2.52 倍。三资企业完成销售收入 31.20 亿元，比上年增长 57%；实现利润 4 698 万元，比上年增长 48%。

2005 年，金陵石化公司 6 个主要产品中有 4 个超额完成年度计划，全年共平稳组织装置开停工 28 套(次)，累计停工时间比上年减少 207 天。两项集团公司级安全隐患整改，年内已如期完成。职业卫生管理进一步增强，2005 年共安排 4 221 名员工进行职业健康检查，职业病危害因素监测点覆盖率、合格率均达到 100%。节水工作成效明显，年供水损耗率比 2004 年降低 7 个百分点，减少新鲜水损耗 553 万吨。

2005 年，金陵石化公司完成了金源物业公司、炼油厂幼儿园、新联盛公司等 7 家全民单位和炼油厂劳动服务公司等 3 家集体企业的改制分流实施工作，共退出全民资产 5 927.31 万元，涉及集体资产 483.71 万元，分流人员 784 人(其中集体职工 173 人)。烷基苯合资工作如期推进，合资方案已报送国家发改委审批。人事和分配制度改革进一步深化，全年共完成 134 个科级管理岗位的公开竞聘，初步建立起经营管理、专业技术、技能操作人才队伍 3 个分配序列。社区服务项目基本实现全领域、市场价收费，水电气收费率超过 95%，物业管理和供暖收费率达到 80%，当年文教卫社区费用比集团公司控制指标低了 200 万元，同比下降 23%。

2005 年，金陵石化公司进一步强化企业“三基”工作。严格预算管理，加强费用控制，2005 年应收账款比上年减少 8 890 万元，六项费用比集团公司考核指标低了4.41%。落实企业总法律顾问制度，加强合同管理和法律纠纷处理，避免各类经济损失200多万元。加大对控股、参股单位及三产、集体单位的监督力度，全年共对20余家单位进行了审计，完成各类审计95项，审结工程预算9 144.78万元，审减额504.53万元。建立并完善了外用工许可证和费用许可证制度，当年减少外用工170人，节约费用188万元。继续开展群众性质量管理活动，3个质量管理小组被评为全国优秀质量管理小组，金陵石化公司被命名为全国质量管理小组活动优秀企业。

2005年，金陵石化公司按计划完成投资2 760万元，化工一厂沟西节水改造、厂区至码头管廊改造、苯酐多元醇装置外围建设以及烷基苯厂余热回收综合利用等一批项目顺利建成投用，有力地推动了企业竞争实力的提高。紧密围绕生产实施技术开发，实现了二套苯酐催化剂的国产化，比进口催化剂节约成本500万元；“低沸物中辛醇再利用研究”等项目进展顺利，开始发挥效益；全年申请中国专利1项，共获中国专利授权3项。

2005年，金陵石化公司精神文明建设成效明显。深入开展保持共产党员先进性教育活动，着力解决职工反映突出的问题，促进了生产经营各项重点工作的开展，达到了预期的目标要求，受到上级党组织和职工群众的充分肯定。队伍建设进一步加强，补充健全了公司两级后备干部队伍，416名处科级干部参加了工商管理知识培训和考核，1 700多名中级工通过审查参加了高级工技能鉴定。年内还成功举办了第三届职工文化艺术节，取得了良好的效果。

金陵石化公司主要经济指标和主要产品产量见表1、表2。

（任　兵）

【金陵石化公司与美国斯泰潘公司联合打造聚酯多元醇生产基地】 2005年6月23日下午，金陵石化公司与美国斯泰潘公司联合投资的南京金陵斯泰潘化学有限公司在苯酐聚酯多元醇生产车间举行了投产庆典。金陵石化公司是目前中国最大的苯酐生产商，而美国斯泰潘公司则是表面活性剂和聚酯多元醇领域的国际专业化公司，拥有该领域的多种专利，其聚酯多元醇产品2004年的世界市场占有率达70%。此次双方合资建设的年产2万吨聚酯多元醇生产装置，采用斯泰潘公司专利技术，以金陵石化公司的优质苯酐为原料，生产国内市场短缺的苯酐聚酯多元醇产品，是目前国内技术最先进、工艺最优化、规模最大的聚酯多元醇生产装置。双方的共同目标是尽快扩大生产规模，将金陵斯泰潘真正建成亚太地区最大的聚酯多元醇生产基地。

（任　兵）

【对外投资及不良资产清理取得阶段性成果】 经过艰苦努力，2005年金陵石化公司长期投资项目累计结案销账41项、清理转让5项、改制销账4项、列入账务处理4项，年末对外长期投资项目(不含金融类和对外合资类项目)从2004年底的87项下降至33项，金陵石化公司对外投资“散、乱”局面初步得以扭转。对改制留存资产，进行现场清查、核实、编号，纳入正常核算范围。对不良存货，一方面在公司范围内调配使用，尽可能发挥存货价值，另一方面通过公开招标，抓住市场机遇进行处置。2005年，金陵石化公司处置长期投资、应收账款、不良存货和不良固定资产合计收回资金2 076万元，累计处置收入达到6 833万元。

（任　兵）

【全面修订现有规章制度】 为进一步明确管理职责、理顺工作程序，使各项制度更好地与现行管理体制、运行机制相适应，更加贴切地反映各项管理要求，保持规章制度的适用性、有效性，从2005年9月起，金陵石化公司组织力量对所属各厂、各单位、机关各部室的部门职责范围和管理制度进行统一修订。至年末，金陵石化公司机关222项管理制度的修订工作已全面完成，并在内部局域网上开通了规章制度查询检索系统。预计全部规章制度的修订工作将在2006年内完成，总字数约200万字。

（任　兵）

【金陵石化公司团委被团中央命名表彰为全国五四红旗团委】 2005年元月，金陵石化公司团委被团中央命名表彰为全国五四红旗团委。金陵石化公司团委坚持以党的十六大和团的十五大精神为指导，以深化精神文明创建为落脚点，以团建创新为保障，以“创新创效”和“号·手”活动为载体，坚持服务企业改革发展、青年成长成才。2005年，通过公开招募和自愿报名等形式，招募注册志愿者近2 000人，先后组织开展50多场次便民服务活动，接受义务服务的职工家属和周边居民达数万人次。截至2005年末，金陵石化公司共有全国级青年文明号集体3个，省、市级青年文明号集体16个。《中国青年报》、《金陵瞭望》、南京电视台等媒体多次宣传报道了金陵石化公司团委的特色工作。

（任　兵）

【成功举办第三届职工文化艺术节】 2005年从元月至12月，金陵石化公司举办了第三届职工文化艺术节。金陵石化公司历来十分重视企业文化建设，大力弘扬“爱我中华，振兴石化”的企业精神，不仅拥有企业报纸、杂志、电视、局域网站，还成立了文联、体协以及群众性的书法美术、摄影、音乐舞蹈、收藏协会等。此次历时一年的艺术节，本着“职工的节日，艺术的盛会”的办会方针，坚持艺术性、群众性的特点，以职工文化活动为载体，以团结、鼓劲、凝聚人心为宗旨，贴近职工，贴近生活，10多项艺术节的活动涵盖了企业职工文化的方方面面。参加的人员不仅有在职职工，还包括了退休职工、职工家属及子女，部分活动还纳入了南京市的文化建设内容，全方位展示了金陵石化职工崭新的精神风貌，为创建和谐南京奉献了国有大企业的一份社会责任。

（任　兵）

表1　　金陵石化公司主要经济指标　　亿元

指标名称＼年份	2005	2004	2003	2002	2001	2000
工业总产值①	40.73	37.67	21.76	25.07	26.19	23.70
工业增加值	10.52	9.07	7.72	3.49	1.79	5.19
资产总计	48.95	49.24	43.22	53.85	54.49	51.42
流动资产	25.83	26.69	20.96	27.10	26.52	24.33
固定资产原值	41.69	42.39	45.99	42.74	42.42	40.95
固定资产净值	19.86	17.91	19.29	17.33	17.85	17.51
销售收入	93.87	81.62	71.35	69.50	62.14	39.76
实现利税	3.49	1.84②	1.71	2.58	1.32	1.00
税　金	2.23	1.42②	1.36	2.19	1.94	0.97

① 2000—2003年按1990年不变价计算。
② 根据集团公司决算数据进行了调整。

表2　　金陵石化公司主要产品产量　　万吨

产品名称＼年份	2005	2004	2003	2002	2001	2000
烷基苯	9.52	11.21	9.35	10.94	10.26	7.46
轻　蜡	10.70	11.70	10.38	12.68	13.12	9.18
苯　酐	8.38	6.82	8.16	8.80	8.30	9.10
增塑剂	4.89	2.96	7.39	7.46	7.24	6.08

金陵分公司

【概述】 中国石油化工股份有限公司金陵分公司(简称金陵分公司)位于南京市东北郊栖霞山麓，北濒长江黄金水道，南临京沪铁路和沪宁高速公路，西与新生圩港口相接，地理位置得天独厚。拥有万吨级原油、成品油码头，自备铁路专用线直接连接华东地区最大的尧化门铁路编组站，与禄口国际机场有高速公路相通，水陆空交通十分便捷。

金陵分公司成立于2000年2月，由原金陵石化公司炼油厂、化肥厂、热电厂的主业部分组成。截至2005年底，金陵分公司下设11个行政职能处室、4个专业化单位、22个车间级直属单位；资产总额为93.19亿元。

金陵分公司占地4.22平方千米，拥有炼油、化肥、热电生产装置40余套。原油综合加工能力达到1 300万吨/年，其中含硫原油加工能力达800万吨/年，是国家确定的高含硫原油加工基地。化肥经过原料路线改造，建成了水煤浆装置，年产21万吨合成氨、35万吨尿素和5万吨氢气。自备热电装置装机容量200兆瓦。以“红叶牌”为注册商标的石油产品和以“枫叶牌”为注册商标的化肥产品有50余种，其中有30余种产品先后荣获国家、部、省及石化集团公司优质产品称号，是中国华东及沿江地区汽油、煤油、柴油、燃料油、石油焦、液态烃、石油苯、尿素等产品的主要供应商，同时也是为南京周边地区的乙烯、烷基苯、化肥、精对苯二甲酸、聚丙烯等生产企业提供原料的重要基地，产品除满足华东地区外，还远销全国各地，并出口石脑油、航煤、汽油、石油焦至韩国、朝鲜、日本、印度、香港、东南亚等30多个国家和地区。

2005年，金陵分公司面对国际原油价格不断攀升而国内成品油限价、企业经济效益不断下滑的严峻形势，积极应对面临的困难与挑战，坚持以市场为基础，以效益为中心，发挥整体优势，适时调整经营策略，强化内部管理，优化生产运行，较好地完成了全年各项任务。

2005年，金陵分公司完成原油加工量1 074.35万吨，同比增长30.77%；生产汽、煤、柴油666.55万吨，同比增长29.78%；生产合成氨3.08万吨，生产尿素4.92万吨，发电14.96亿千瓦·时。全年炼油完全加工费为146.29元/吨，合成氨现金操作成本为3 759.05元/吨，尿素现金操作成本为187.85元/吨，供电标煤耗为390.95克/(千瓦·时)。

2005年，金陵分公司完成固定资产投资9.60亿元。其中，160万吨/年焦化装置、150万吨/年加氢裂化装置、5万吨/年硫磺回收装置均已建成投用，炼油综合能力从800万吨/年提高到1 300万吨/年，竞争能力显著增强；化肥水煤浆装置于9月实现开车一次成功，并创造了国内同类装置首次投料后连续运行时间最长的好成绩；250万吨/年柴油加氢精制、10万吨/年硫磺回收、60万吨/年对二甲苯建设项目按照计划实施，进展顺利。

2005年，金陵分公司加强“三基”工作与专业管理的有机融合，初步建立了“三基”工作的保证体系和运行机制；全面实施了内部控制制度，组织对物资供应、产品销售、工程管理等重点业务进行审计检查和效能监察，取得了阶段性的成效；突出抓好员工培训，研究制定了分公司员工培训的近期目标和远期目标，并通过加强培训与考核，取得了明显的成效；如期完成了6项集团公司级隐患整改任务，实现安全生产“三个为零”的目标。根据股份公司改制分流工作要求，积极稳妥地推进改制分流工作；全面实施了内部分配制度改革；进一步理顺内部管理体制，撤销了加氢裂化、制氢、加氢精制、临氢降凝等车间建制，成立了炼油二联合车间，为逐步推行联合车间运行模式奠定了基础。

金陵分公司主要经济指标和主要产品产量见表1、表2。

（许庆华）

【原油加工量首次突破1 000万吨大关】 2005年，金陵分公司原油加工量首次突破1 000万吨，达到1 074.35万吨，同比增加252.81万吨，成品油销量也创下历史新高，实现了炼油加工量历史性的跨越。

（许庆华）

【“十五”炼油改造项目全面建成投产】 2005年，金陵分公司“十五”炼油改造项目全面建成投产。其中，160万吨/年焦化装置于2004年2月18日开始打桩，4月10日开始基础施工，7月底开始设备安装，12月20日实现中间交接，12月31日汽、柴油产品合格，2005年1月1日产出第一塔焦，正式实现了投料开工一次成功。5万吨/年硫磺回收项目于2004年4月5日开始土建基础施工，于9月30日开始设备安装，2005年1月28日实现中交，2月22日全部流程打通，开工正常。150万吨/年加氢裂化装置于2003年11月8日开始打桩，2004年3月29日开始钢结构和土建基础施工，9月30日开始设备安装，2005年1月26日装置北区实现中交，2月25日装置南区中交，4月7日装置产出合格产品。经过“十五”改造，金陵分公司炼油综合加工能力从800万吨/年提高到1 300万吨/年，竞争能力显著增强。

（许庆华）

160万吨/年延迟焦化装置

【化肥水煤浆工程实现开车一次成功】 金陵分公司化肥水煤浆工程于2003年10月开工建设，2005年5月28日实现全面中交，9月26日实现开车一次成功，并创造了首次投料后连续运行时间国内最长的好成绩。化肥水煤浆工程的建成投产为金陵分公司化工板块的扭亏为盈以及分公司整体资源的优化打下了基础。

（许庆华）

【250万吨/年柴油加氢精制装置开工建设】 金陵分公司250万吨/年柴油加氢精制装置于2004年8月26日获得股份公司对可行性研究报告的批复，2005年2月1日获得股份公司对基础设计审查的批复。项目建设投资为3.74亿元，其中外汇346.79万美元。项目于2005年6月24日开始打桩，8月10日开始土建施工，11月29日开始设备安装。截至2005年12月底累计完成投资1.50亿元。（许庆华）

化肥水煤浆装置

【10万吨/年硫磺回收项目进展顺利】 金陵分公司10万吨/年硫磺回收项目于2005年3月21日获得股份公司对可行性研究报告的批复，项目建设投资1.9亿元，其中，外汇220万美元。项目于2005年11月28日开始土建施工，截至2005年12月底累计完成投资4 973万元。（许庆华）

【60万吨/年对二甲苯项目获国家发改委核准批复】 金陵分公司60万吨/年对二甲苯项目于2005年8月2日获得国家发改委核准批复，项目建设投资为25.05亿元，其中，外汇7 224万美元。

（许庆华）

【圆满实现汽油质量升级目标】 金陵分公司积极开展汽油升级技术攻关，于2005年6月1日按时完成了汽油升级目标，全面达到了欧Ⅱ排放标准要求，为南京地区车用清洁燃料的使用提供了保证。

（许庆华）

【改制分流工作取得突破性进展】 金陵分公司根据石化股份公司改制分流工作要求，积极稳妥地推进改制分流工作，顺利完成了金陵分公司所属怡达公司、开泰鼎和公司、尿素设备检测中心3个单位的改制工作，分别于2005年1月25日、3月23日、5月25日注册成立南京怡达科技有限公司、南京金炼科技有限公司和南京金昂科技有限公司，共涉及正式职工83名，净资产2 804.46万元。

（许庆华）

表1 **金陵分公司主要经济指标** 亿元

年份 指标名称	2005	2004	2003	2002	2001	2000
原油加工量/万吨	1 074.35	821.54	715.05	633.48	626.02	687.54
工业总产值①	357.00	219.52	41.21	39.46	37.78	38.34
炼　油	324.36	188.11	39.17	35.67	34.15	29.73
化　工	27.44	20.68	2.61	4.85	4.79	5.28
工业增加值	8.62	21.65	19.27	20.56	15.14	6.83

续表

年份 / 指标名称	2005	2004	2003	2002	2001	2000
资产总计	93.19	76.17	59.35	54.26	56.51	59.10
流动资产	29.84	18.35	14.99	10.76	12.32	19.00
固定资产原值	108.29	82.62	79.33	78.31	75.87	66.74
固定资产净值	58.22	34.21	35.72	37.30	37.03	30.49
吨油利润	-31.19	66.69	56.06	63.14	-39.93	5.60
销售收入	358.63	221.58	165.51	131.59	137.94	151.00
实现利税	7.51	14.17	13.82	13.18	6.70	7.06
税金	12.41	11.78	10.80	10.18	10.30	8.37

① 2000—2003 年按 1990 年不变价计算。

表 2 **金陵分公司主要产品产量** 万吨

年份 / 产品名称	2005	2004	2003	2002	2001	2000
汽油	134.83	125.40	131.27	112.37	102.92	104.89
煤油	75.34	49.02	37.43	47.31	42.22	46.95
柴油	456.37	339.19	248.60	215.05	233.03	250.09
溶剂油	7.28	11.85	20.25	17.00	16.57	15.57
石脑油	125.37	47.23	36.24	22.53	18.68	25.94
烷基苯料	30.57	32.39	23.11	25.66	24.73	21.66
商品燃料油	11.76	19.25	31.11	23.97	28.82	51.51
商品液化气	30.28	22.71	22.00	22.47	19.82	21.02
石油焦	79.82	56.70	50.18	45.42	30.17	31.02
沥青	0	0.01	0	0.54	2.80	3.24
苯类合计	30.00	26.70	25.43	23.35	22.05	27.16
合成氨	3.08	24.92	10.40	26.36	28.09	20.37
尿素	4.92	43.59	18.10	45.91	49.07	35.31

茂名石化

【概述】 中国石化集团茂名石油化工公司(简称茂名石化公司)、中国石油化工股份有限公司茂名分公司(简称茂名分公司)，统称茂名石化，位于广东省茂名市，占地面积 38 平方千米，创建于 1955 年，是国有特大型石油化工企业。截至 2005 年底，茂名石化有职工 15 295 人，其中高级职称 490 人，中级职称1 793 人。总资产 215.23 亿元。

茂名石化拥有 70 多套炼油、化工生产装置，1 座动力厂，还有港口码头以及完善的管道、海上原油接卸、铁路等储运设施。原油加工能力 1 350 万吨/年，乙烯生产能力 38 万吨/年。

2005 年，成品油价格与原油价格严重倒挂，茂名石化坚持讲政治、顾大局，在承担巨额亏损的情况下，千方百计确保广东和西南成品油市场供应。2005 年加工原油 1 267.9 万吨，生产成品油 739.4 万吨，分别占集团公司原油加工总量和成品油总产量的8.5%和8.2%。乙烯装置在全面检修的情况下(连续运行79个月，创造了国内最好水平)，全年生产乙烯34.8万吨，占集团公司乙烯总产量的6.3%。全年实现销售收入453.97亿元，实现利税36.16亿元。

2005年，茂名石化坚持生产与建设同步推进，在抓好生产经营的同时，着力抓好100万吨/年乙烯改扩建工程。公司精心组织，强化管理，加强与设计、施工、监理单位协调，动员一切力量支持工程建设，使工程赶上了总体统筹进度，为2006年9月28日乙烯装置投料试车创造了条件。

2005年，茂名石化继续深化改革，按照集团公司的总体部署，将建设、检修、机械等7家辅助生产企业改制分流，使主辅分离、辅业改制工作基本完成，主业更为突出。同时，进一步引入劳动力市场价位，完善内部分配制度改革，建立新的激励机制。

茂名石化十分注重发挥国有企业党组织的政治核心作用。公司党委按照"有声势、有特色、有成效"的要求，认真抓好保持共产党员先进性教育活动，广大党员的党性观念明显增强，理论素养明显提高，先锋模范作用更加突出。茂名石化坚持两个文明建设一起抓，用"三个代表"重要思想武装党员、教育职工，努力培养"四有"职工队伍，企业精神文明建设步上新台阶。2005年，公司有1名职工被评为全国劳动模范、1名职工获广东省"五一"劳动奖章、1名职工获广东省青年"五四"奖章，涌现全国青年文明号及全国青年安全生产示范岗各1个。茂名石化被中央文明委评为全国文明单位。

茂名分公司、茂名石化公司主要经济指标见表1、表2，茂名分公司主要产品产量见表3。

（董章裕）

【100万吨/年乙烯改扩建工程顺利推进】 茂名100万吨/年乙烯改扩建工程是石化集团公司重点工程，也是广东省十大工程之一。为加快100万吨/年乙烯改扩建工程建设步伐，茂名石化公司成立了100万吨/年乙烯改扩建工程领导小组，调整充实了工程项目经理部领导班子，理顺内部体制，加强工程管理，充分调动参建单位积极性，先后组织开展了第一战役、大干100天及第二战役，使滞后3个多月的工期逐步赶了上来。2005年底，工程转入了钢结构、工艺管道预制和设备安装阶段，芳烃装置和丁二烯装置比统筹计划提前，CFB锅炉1#炉9月28日点火烘炉，12月26日汽轮机冲转和蒸汽并网。

（董章裕）

【两个项目创中国企业新纪录】 2005年11月26日，第十批中国企业新纪录在北京发布，茂名石化有2个项目入选：一是乙烯装置连续平稳运行79个月未大修，创国内同类装置首次大修后连续生产周期最长的新纪录。二是乙二醇装置使用的银催化剂已连续使用8年7个月未更换，创国内同类装置银催化剂运行时间最长新纪录。据统计，茂名石化自1997年以来，累计创造16项中国企业新纪录。

（江国培）

【100万吨/年延迟焦化装置建成投产】 2005年12月15日，茂名分公司调整炼油结构的重点项目——100万吨/年延迟焦化装置建成投产，生产出合格的汽油、柴油、石油焦等产品。该装置是在拆除1971年投产的60万吨/年旧焦化装置的基础上建成的，使茂名石化焦化加工能力达到200万吨/年，有效地提高了原油资源的利用率。

（江国培）

【CFB锅炉1#炉并网发电成功】 2005年12月26日，茂名石化100万吨/年乙烯改扩建工程CFB锅炉1#炉建成并网发电成功。CFB锅炉是茂名100万吨/年乙烯改扩建工程的重要配套装置，配备2台410吨/时高温高压燃煤锅炉，采用循环流化床燃烧技术，具有燃料适应性广、燃烧效率高、负荷调节范围大及环保等优点。该工程投资6.4亿元，占地面积120亩(8万平方米)。1#、2#炉建成投产后每小时可发电3.6万千瓦·时，生产蒸汽820吨。

（江国培）

【产品升级换代步伐加快】 2005年，茂名石化为增强产品市场竞争力，提高企业经济效益，投入资金2 608万元，实施新技术应用和技术改造项目，加快产品升级换代步伐。汽油方面，从5月15日起实现了出厂汽油达到硫含量不大于500×10^{-6}的新标准要求。沥青方面，从7月1日起实现了沥青出厂达到交通部新修订的JTG F40—2004《公路沥青路面施工技术规范》的技术标准。润滑油基础油方面，从8月1日起达到石化股份公司新协议标准。年内茂名石化试产新产品25项，总产量72.08万吨，产值28.32亿元，实现利税6.2亿元。

（江国培）

【260万吨/年柴油加氢装置建设进展顺利】 茂名石化260万吨/年柴油加氢装置建设项目可行性研究报告于2004年8月27日获集团公司批复，2005年2月

22日基础设计获得批复，建设总投资为3.56亿元。5月18日装置动工兴建，计划2006年8月建成投产。该装置建成投产后将提高茂名石化柴油质量，满足柴油升级换代要求。

（江国培）

【120万吨/年催化重整装置建设进展顺利】 茂名石化120万吨/年催化重整装置是炼油装置结构调整重点项目，2004年5月9日该项目可行性研究报告获集团公司批复，2005年6月9日基础设计获得批复，建设总投资为5.91亿元。5月1日装置动工兴建，预计2006年8月建成投产。该装置建成投产后将大大提高汽油质量，而且可以提供廉价的氢气。

（江国培）

【领导班子调整】 2005年3月28日，经石化集团公司党组研究并征得中共广东省委同意，李安喜任茂名石化公司经理(中国石化人[2005]156号)；股份公司根据工作需要，委派李安喜为茂名分公司代表(石化股份人[2005]105号)。免去房广信茂名石化公司经理、茂名分公司代表的职务，办理退休手续。

（江国培）

【李安喜任茂名市委委员、常委、副书记】 2005年5月27日，经中共广东省委批准(粤组干[2005]314号)，李安喜任茂名市委委员、常委、副书记；免去房广信茂名市委副书记、常委、委员职务。

（董章裕）

【改制分流工作取得全面突破】 2005年，茂名石化公司加大改制分流工作力度，成立了改制分流领导小组和8个督导组，协助指导和督促有关单位开展改制分流工作。由于较好地调动了上下的积极性，半年内改制分流工作就取得了全面突破，先后有机械厂、建设公司、工程公司、外联公司、广茂公司、深工贸公司、监理公司等7家辅助生产企业改制分流，12月获集团公司批准。改制分流涉及正式职工1 549人，净资产1.56亿元。至此，茂名石化主辅分离、辅业改制工作基本完成。

（江国培）

【茂名分公司炼油分部成立】 茂名分公司炼油分部成立于2005年10月8日，占地面积约4平方千米。截至2005年底，共有职工4 376人，固定资产原值82.88亿元，净值38.05亿元。

炼油分部有生产装置63套，辅助装置64套，原油加工能力1 350万吨/年。2005年，炼油分部在高负荷、低库存、罐容小、工艺杂、流程长的生产工况下，努力优化资源配置和生产方案，认真搞好装置安全生产，消灭了公司级以上事故。全年共有20套装置大修，均实现了“停得稳、放得空、扫得净、不污染、零事故、按时一次开车成功”的总体目标。炼油分部全面开展清洁生产，“三废”达标排放，顺利通过广东环保局组织的清洁生产审核验收。2005年加工原油1 267.90万吨，生产汽油164.12万吨，煤油127.67万吨，柴油447.60万吨。全年综合商品率92.60%，比计划增加0.4个百分点；轻油收率74.40%，比计划增加0.8个百分点；加工损失率1.08%，比计划下降0.04个百分点。全年实现利润4.13亿元。

（温燕燕）

【茂名分公司化工分部成立】 茂名分公司化工分部于2005年10月7日由原茂名分公司化工事业部更名而来。厂区位于茂名市东南郊飞机岭，总占地面积160万平方米。截至2005年底，在册职工2 209人。

2005年，化工分部实现了“三零三率”安全生产目标。乙烯裂解装置连续长周期运行超过79个月，创造了国内大型乙烯装置长周期运行的最好水平。加氢、芳烃、聚丙烯、全密度聚乙烯、丁二烯、苯乙烯等装置的单个运行周期也创历史最好水平，乙二醇装置环氧乙烷反应银催化剂连续使用时间达9年。在裂解装置大修的情况下，全年生产乙烯34.81万吨，乙烯收率31.43%，裂解损失率0.79%。全年共销售化工产品96.78万吨，实现销售收入73.85亿元，产品均价7 630元/吨，实现利润5.29亿元。

2005年，化工分部被授予集团公司“‘四五’普法先进单位”、“国家环境友好企业”和“广东省清洁生产先进企业”称号；裂解和全密度聚乙烯车间分别获得了“集团公司安全文明示范岗”和“全国青年文明号”称号；李强被评为全国劳动模范。

（谭奇群）

【茂名石化建厂50周年】 2005年5月12日是茂名石化建厂50周年纪念日。50年来，茂名石化从创业初期只有页岩油生产、原油加工能力100万吨/年的企业，发展壮大为原油加工能力1 350万吨/年，乙烯生产能力38万吨/年的国有特大型石油化工联合企业。50年来，茂名石化累计开采页岩1亿吨，生产页岩油292万吨，加工原油2.1亿吨，生产乙烯200多万吨。累计实现销售收入2 655亿元，实现利税310亿元。茂名石化为国民经济的发展和地方经济的繁荣作出了积极贡献。

（江国培）

【中共中央政治局委员、广东省委书记张德江视察茂名石化】 2005 年 3 月 30 日，中共中央政治局委员、广东省委书记张德江一行在茂名石化公司领导的陪同下，视察了茂名乙烯 100 万吨/年改扩建工程。在听取茂名石化公司领导汇报和察看了乙烯改扩建工程现场后，张德江说："广东省背靠南海，有很好的天然条件。茂名石化作为工业企业，有着坚实的基础，要发展创效，一要靠省委、省政府，二要靠中国石化本身，三要靠地方，有了这些条件，才可更快更好地和谐发展。"张德江勉励茂名石化做大做强，为中国石化和广东的发展作出更大的贡献。

（江国培）

表 1　　茂名分公司主要经济指标①　　亿元

指标名称 \ 年份	2005	2004	2003	2002	2001	2000
原油加工量/万吨	1 267.90	1 322.05	1 153.06	1 045.05	1 063.64	1 052.69
工业总产值	428.19	413.28	83.14	81.32	82.66	77.46
资产总计	165.86	159.50	85.02	80.03	78.89	95.52
流动资产	56.70	65.35	41.42	34.41	30.16	46.75
固定资产原值	173.10	172.06	75.22	73.12	71.79	70.56
固定资产净值	77.98	85.97	39.60	41.26	43.57	46.40
销售收入	411.78	403.45	262.72	214.62	226.11	231.88
实现利税	32.87	51.45	18.17	15.40	14.94	13.76
税　金	25.56	26.54	13.57	12.00	14.54	14.63

① 2000—2003 年数据按 1990 年不变价计算。

表 2　　茂名石化公司主要经济指标①　　亿元

指标名称 \ 年份	2005	2004	2003	2002	2001	2000
工业总产值	4.28	3.43	38.87	39.40	39.40	37.90
工业增加值	1.58	1.56	15.87	13.07	12.22	10.42
资产总计	49.37	64.54	125.03	198.98	199.72	203.36
流动资产	5.23	19.96	27.82	38.17	36.76	34.19
固定资产原值	67.32	66.40	162.90	197.10	191.82	190.12
固定资产净值	43.30	43.02	98.13	149.28	152.09	156.31
销售收入	42.19	38.74	75.98	80.13	77.54	66.96
实现利税	1.31	1.35	5.24	4.53	2.03	6.39
税　金	1.08	1.12	3.59	3.68	3.55	4.09

① 2000—2003 年数据按 1990 年不变价计算。

表 3　　茂名分公司主要产品产量　　万吨

产品名称 \ 年份	2005	2004	2003	2002	2001	2000
汽　油	164.12	184.95	155.98	140.49	142.76	150.97
煤　油	127.67	132.35	115.03	121.87	118.30	112.46
柴　油	447.60	467.93	358.98	340.08	381.11	385.65
润滑油	—	—	—	23.68	26.10	25.62
液化气	51.26	50.28	35.03	30.80	28.52	32.14
溶剂油	6.06	9.03	13.90	12.22	12.47	10.80
三　苯	0.81	1.09	2.55	4.85	6.05	5.48
重　油	54.17	70.30	93.98	53.50	52.99	79.85
油　焦	41.32	35.24	17.95	17.66	14.64	13.31
沥　青	25.86	36.64	33.86	28.93	22.57	24.32
重交沥青	25.86	35.42	—	0.31	17.67	20.25
石脑油	134.50	129.93	124.12	117.08	120.51	109.77
加氢裂化尾油	0.58	—	—	1.74	8.04	11.55
乙　烯	34.81	39.37	39.24	39.38	39.24	39.54
混合芳烃	18.06	18.64	20.10	20.29	19.37	21.30
苯	6.83	7.00	7.01	8.12	7.36	7.52
甲　苯	3.89	4.23	4.05	4.81	4.38	4.30
二甲苯	2.51	3.18	3.27	3.40	3.27	3.48
聚丙烯	15.06	17.07	17.31	17.37	17.77	17.35
线性聚乙烯	14.22	16.34	16.10	17.00	17.09	17.20
高压聚乙烯	10.94	12.39	12.34	12.45	11.98	12.50
丁二烯	4.28	4.30	4.57	5.08	5.13	5.14
甲基叔丁基醚(MTBE)	2.88	2.98	3.12	3.48	3.52	3.36
1-丁烯	1.01	1.13	1.22	1.33	1.46	1.37
乙二醇	8.51	9.24	9.61	9.53	10.26	10.96
苯乙烯	10.07	11.59	10.45	10.17	10.44	9.93
丁苯橡胶	—	0.79	0.94	0.63	0.62	0.91
顺丁橡胶	—	—	—	0.05	—	0.13
SBS	5.37	4.24	4.19	4.73	4.59	3.49

天津石化

【概述】 中国石化集团天津石油化工公司(简称天津石化公司)、中国石油化工股份有限公司天津分公司(简称天津分公司)统称天津石化，是隶属于中国石化的国家特大型炼油、乙烯、化工、化纤联合企业，位于天津滨海新区的大港区，占地面积 1 324 万平方米，与天津市区和塘沽新港有铁路、公路相通，与天津港南疆石化码头有输油管线相连，地理位置优越，海陆运输方便。原天津石化公司成立于 1983 年 12 月 28 日，2000 年石化集团公司重组上市后，原天津石化公司分设为天津石化公司和天津分公司。2005 年两个公司进行了一体化重组整合，实现了机构的统一管理。截至 2005 年底，天津分公司与天津石化公司下设炼油部等 28 家二级单位；正式职工人数 16 605 人。主要生产装置包括炼油装置 16 套，化工装置 15 套，化纤装置 9 套；原油加工能力 550 万吨/年，乙烯生产能力 20 万吨/年，聚酯 20 万吨/年，对二甲苯 33 万吨/年，精对苯二甲酸 30 万吨/年，涤纶短纤维 16 万吨/年，涤纶长丝 9 万吨/年，聚醚 7 万吨/年；拥有与主要生产装置相配套的装机容量 20 万千瓦发电能力、17 万吨/日供水等公用工程系统。

2005 年，天津石化在中国石化和天津市的正确领导下，坚持科学发展观，以开展保持共产党员先进性教育活动为动力，坚持“保安全、保市场、保稳定、增效益”的方针，在成品油与原油价格严重倒挂、市场供需波动较大的情况下，充分发挥天津石化一体化重组整合后的优势，在圆满完成“三年一修”的基础上，一方面认真履行国有企业的政治责任，从大局出发，克服各种困难，严格执行总部资源调配计划，坚持炼油满负荷生产，积极调整产品结构，保障了成品油市场供应；另一方面，坚持以市场为导向，以效益为中心，积极应对市场变化，优化资源配置，精心组织生产，加大产品结构调整力度，不断深化改革，强化内部管理，生产经营和改革发展等各项工作均取得了一定的成绩。

2005 年天津石化继续保持“四个重大安全事故”为零，连续第五年获得全国“安康杯”竞赛优胜单位称号。全年累计加工原油 467.02 万吨，生产汽煤柴总量 278.99 万吨，全面完成了总部成品油配置计划；首次混炼硫含量达 2.0%的沙轻高硫原油 12.95 万吨。生产乙烯 20.71 万吨，聚乙烯 12.92 万吨，聚丙烯 6.11 万吨，当量环氧乙烷/乙二醇 7.70 万吨；生产对二甲苯 29.84 万吨、纯苯 12.87 万吨，同比分别提高 45.98%、10.43%，精对苯二甲酸 28.50 万吨；生产聚酯总量 23.25 万吨、短丝 16.39 万吨、长丝 3.12 万吨，聚醚 7.16 万吨。各装置主要技术经济指标继续保持较好水平。在大修停产一个半月的情况下，全年实现销售收入 212.40 亿元，同口径提高 14%，上市部分完成考核口径利润 8.32 亿元，存续部分比总部限亏指标减亏 832 万元，均完成了总部下达的考核指标。

天津石化主要经济指标及主要产品产量见表 1、表 2。

（张作洋）

天津石化乙烯装置夜景

【100 万吨/年乙烯及配套项目正式获得国家批复】 2005 年，天津石化 100 万吨/年乙烯及配套项目获国务院通过。12 月 22 日，国家发改委专门下发文件，核准该项目的建设申请。按照中国石化的总体安排，项目将在 2006 年上半年动工，并于 2009 年建成投产。2005 年项目环境影响报告书和职业卫生评价均顺利通过专家评估并得到批复，职业病危害预评价报告得到卫生部批复，中咨公司完成了对项目核准评估报告的审核工作。主要建设内容包括：100 万吨/年乙烯工程、新建 1 000 万吨/年炼油改造工程和配套热电改造工程，以及总图储运、公用工程、辅助生产设施和安全环保等。

（张作洋）

【企业推行一体化改革】 2005 年 1 月开始，天津石化在石化系统率先推进一体化改革，实行分公司和存续公司两个公司机关的有效整合，实现领导班子一体化、生产炼化一体化和管理机构的一体化，初步建立起天津石化一体化的运行体制，企业决策效率、管理效率和运营效率得到明显提高。通过竞聘上岗，精简了管理人员，一体化改革后机关管理部门重组为 23 个，压缩 28%，二级单位重组为 28 个，减少 29%；完善了经营管理、专业技术和技能操作岗位序列。一体化改革以后，由于原上市的炼油部分和原存续的乙烯及聚酯部分成为一个公司，天津石化更能从整体利益出发，克服两个不同利益主体目标追求不一致的弊端，优化资源配置和利用，更好地体现出“宜油则油、宜芳则芳、宜烯则烯”的经营思想，实现优化增效。

（张作洋）

【化工轻油资源基本实现自给】 化工轻油资源不足问题一直是制约天津石化生产经营的“瓶颈”。2005 年天津石化抓住三年一修的机遇，对其二次加工能力进行扩能，使加氢裂化装置加工能力由 80 万吨/年扩大到 120 万吨/年，增产石脑油，并产出部分尾油作乙烯裂解原料。在优化生产上，立足加工国外轻质原油，提高化工轻油收率，实施内部原料的有效利用，一定程度上增产了化工原料。下半年化工原料综合自供比例达到 90%以上，其中重整原料自供比例为 95%左右，裂解原料自供比例达到 85%左右，化工原料特别是乙烯原料“瓶颈”得到有效缓解。

（张作洋）

【主要生产装置首次实现三年一修】 2005 年天津石化克服困难，在过去三年两修的基础上，经过努力首次实现了三年的长周期运行，圆满完成了各项生产任务，达到“三年一修”的目标。在 2002 年 5 月—2005 年 5 月的三年运行当中，多套装置创出了历史最好水平，主要装置和炼油专业全面实现达标，轻油收率、综合商品率等主要经济技术指标不断改善，加工低质含硫原油的能力得到加强和提高，累计加工量达到 985.65 万吨，尤其是 2004 年加工原油及外购原料油 507.15 万吨，实现了历史性的突破；轻油收率和综合商品率平均分别达 79.79%和 94.64%，经济技术指标保持在股份公司先进水平上；累计实现销售收入 310.74 亿元，保持了较好水平。2005 年天津石化利用三年一修的时机，结合炼化一体化项目的建设对生产装置和辅助系统进行较大规模的检修和改造，部分装置进行升级和扩能，消除了环保隐患和电气隐患以及其他影响装置下一个长周期运行的不安全因素，全面提升了装置运行水平和竞争能力。

（张作洋）

【首次生产京标 B 柴油供应首都市场】 2005 年 7 月开始天津石化积极组织生产新品京标 B 柴油，保证了产品质量合格、足量供应。到年底共生产高品质京标 B 柴油 11.7 万吨，为保证北京市场油品供应作出了贡献。

（张作洋）

【首次掺炼高硫原油】 2005 年天津石化在对装置实施必要改造的基础上，开始加工含硫原油，并首次掺炼高硫原油获得成功。针对年内成品油与原油价格倒挂，为减少亏损、提高企业效益，天津石化在 5—6 月装置检修改造中对常减压装置进行了适应性改造，使其加工含硫原油能力进一步提高，以满足开车后加工含硫原油的需要。8 月 12 日天津石化首次购进 13 万吨沙特轻质高硫原油，硫含量为 2.07%(质量)。为确保加工成功，天津石化为此作了精心的准备，研究制定沙特阿拉伯轻质原油加工方案及 HSE 方案，确定合理的原油加工流程及混炼比例，严格控制 2# 常减压装置硫含量在 0.9%以内，初始掺炼比控制在 10%以内，然后视装置负荷、产品质量、环保监测等情况，逐渐加大掺炼比至合适比例。与此同时，化验中心及时进行产品质量的全分析，各有关部门严格执行制定的掺炼沙特轻质原油的加工方案和 HSE 方案，顺利完成加工任务，为今后加工高硫原油积累了经验。

（张作洋）

【化工产品纳入中国石化统一管理】 2005 年，按照中国石化的统一部署，天津石化全面启动新营销体制，主要化工产品正式由石化集团总部销售，同时对未纳入总部销售的产品继续承担营销任务。根据销售体制改革的要求，天津分公司聚乙烯、聚丙烯、纯苯、对二甲苯、精对苯二甲酸、涤纶短丝、聚酯切片、环氧乙烷、碳九、碳四等主要化工产品进入总部正常业务流程；同时，天津石化对公司内部相关业务流程进行整合，组建市场营销部和销售中心，对未纳入总部的石油焦、化纤小线新品、渣油、溶剂油、液化气等几十种自营产品继续进行经营销售。按照总部安排，作为第二批纳入统一管理的企业，天津分公司的化工产品 8 月开始纳入化工销售北京分公司管理。

（张作洋）

【启动困难职工帮扶救助机制】 天津石化积极构建和谐社会，按照“真困难真帮助”的原则促进再就业工作，通过个人捐款等多渠道筹措资金，建立起困难职工帮扶互助资金。为管理好公司帮扶救助互助基金，天津石化成立了基金管理委员会，负责困难(特困)职工家庭情况的鉴定审查，明确了帮扶救助的范围和标准，一是对生活特困帮扶救助，二是对重大疾病医疗帮扶救助，三是对困难职工子女助学帮扶救助。2005 年共对 255 名困难职工及职工家属实施了帮扶救助，实现了企业和社会的整体稳定，年内天津石化第四次获得全国社会治安综合治理先进集体荣誉称号，并获得全国社会治安综合治理“长安杯”。

（张作洋）

【实施职工素质工程取得显著成果】 2002 年天津石化着眼于满足企业生存发展和职工提高岗位竞争能力的需要，全面启动了职工素质工程，制定了《2003—2005 年职工素质工程人才培养规划》，确定了职工素质工程人才培养的总体目标。截至 2005 年，通过党委统一领导、行政主要负责、工会组织协调、成员部门分工合作的工作方式，自主编印《职工岗位练兵手册》、《班组管理手册》等教材，改善培训条件，累计举办培训项目 281 个，培训班次 672 个，培训员工30 467人次；培养出高级专家 4 人、专业专家/系统专家/装置专家 18 人，主任师/主管师 87 人；技师 224 人、高级技师 12 人，高级工及以上人员已达到技能操作队伍的 39%，职工队伍的整体素质得到大幅提升。

（张作洋）

【4 家单位实现改制分流】 2005 年，天津石化持续推进改制分流工作，年内完成了监理、金马、联博和建安公司 4 家单位的改制分流工作，累计完成 9 家单位的改制分流，共分流人员 1 404 人，实现了减员增效。

（张作洋）

表 1　天津石化公司与天津分公司主要经济指标　亿元

指标名称＼年份	2005	2004	2003	2002	2001	2000
原油加工量/万吨	467.02	507.15	468.30	414.79	467.30	480.67
工业总产值①	187.71	226.33	44.81	83.50	86.90	43.13
工业增加值	17.94	38.61	29.46	23.09	16.41	12.74
资产总计	129.91	119.55	139.45	183.51	191.22	149.37
流动资产	39.24	31.66	31.86	31.34	32.98	32.05
固定资产原值	202.82	187.42	207.99	220.78	217.43	115.78
固定资产净值	109.14	107.78	126.55	142.95	151.09	72.48
销售收入	212.40	231.93	181.77	139.17	151.95	123.00
实现利税	－0.68	21.32	5.81	7.03	－0.51	3.32
税　金	9.06	13.24	10.23	8.43	9.65	7.85

① 2003 年前按 1990 年不变价计算。

表 2　天津石化公司与天津分公司主要产品产量　万吨

产品名称＼年份	2005	2004	2003	2002	2001	2000
汽　油	50.74	65.20	66.00	50.67	65.45	66.55
煤　油	25.83	29.19	27.07	26.90	22.37	32.57
柴　油	202.42	212.75	191.09	174.28	193.24	180.85
化工轻油	99.78	98.86	98.31	86.50	90.81	78.03
商品液化气	13.39	20.34	18.78	17.37	19.77	13.63
石油苯	12.87	11.65	12.45	10.83	7.43	19.78
对二甲苯	29.84	20.44	26.16	27.33	24.75	5.95
精对苯二甲酸	28.50	29.98	31.69	29.00	23.80	—
聚　酯	23.25	29.53	25.01	20.98	21.78	—
聚酯切片	3.36	5.40	5.79	5.51	4.03	4.49
涤纶短丝	16.39	18.17	11.20	8.76	11.96	6.97
涤纶长丝	3.12	5.48	7.60	6.48	8.30	0.57
聚醚多元醇	7.16	7.51	6.37	5.59	5.04	5.34

续表

年份 产品名称	2005	2004	2003	2002	2001	2000
丙　烯	14.14	15.53	10.64	10.87	8.49	7.34
乙　烯	20.71	22.79	23.00	21.28	18.15	17.10
聚乙烯	12.92	14.29	14.35	13.04	10.67	9.56
聚丙烯	6.11	6.66	6.84	11.06	10.32	5.04
乙二醇	4.25	5.05	4.90	3.94	3.99	4.51
环氧乙烷	3.45	3.53	3.73	4.30	3.31	3.31

扬子石化

【概述】 中国石化扬子石油化工股份有限公司(简称扬子石化股份公司)、中国石化集团扬子石油化工有限责任公司(简称扬子石化公司)统称扬子石化，位于长江中下游经济发达的南京市北郊，南临“黄金水道”长江，北接京沪、宁连、宁通等多条高速公路，与“华东经济大动脉”京沪铁路相连。其前身为成立于1983年9月的扬子石油化工公司。1998年，扬子石油化工公司实施资产重组，创立了以从事石油炼制及乙烯、芳烃等烃类及衍生物生产加工为主的扬子石化股份公司和以公用工程、物流为主业的扬子石化公司。

截至2005年底，扬子石化占地10.14平方千米；总资产251.55亿元；职工总数为13 764人，其中在岗管理/技术人员4 157人，具有高级职称的577人，中级职称的1 656人。扬子石化股份公司下设22个部室(其中有8个行政部室和7个党群部室与扬子石化公司双跨)，15个二级单位；扬子石化公司下设16个处室(不包括7个党群部室)，5个二级单位，10个控股(或全资)子公司。扬子石化股份公司拥有800万吨/年炼油、65万吨/年乙烯、85万吨/年芳烃等43套大型石油化工装置；可生产聚烯烃树脂、聚酯原料、基本有机化工原料、成品油四大类42种产品，年商品总量近800万吨，是目前国内最大的纯苯、对二甲苯、邻二甲苯、精对苯二甲酸(PTA)、乙二醇、丁二烯和环氧乙烷生产商之一；扬子石化公司拥有与石油化工生产相配套的36万千瓦发电能力、66万吨/日供水及4 600米^3/时污水处理能力及物流、工程设计与管理、检修安装等服务能力。

2005年，扬子石化认真落实“保安全、保市场、保稳定、增效益”的工作方针，积极应对国际油价大幅攀升、国内煤电油运紧张、化工产品市场波动较大、成品油与原油价格倒挂等不利因素影响，千方百计优化生产经营，坚定不移深化内部改革，一心一意推进企业发展，精雕细刻强化内部管理，各项工作取得长足进步。扬子石化股份公司全年实现销售收入397.76亿元，实现利润41.03亿元；扬子石化公司全年实现主营收入71.38亿元，利润2.04亿元。

扬子石化主要经济指标及主要产品产量见表1、表2。

2005年，扬子石化股份公司800万吨/年含硫原油改扩建工程投入运行后，积极探索优化装置运行新模式，充分发挥新增和改造装置的作用，不断优化资源流向和加工方案，努力提高加工高硫油的适应性，同步优化油品基础料、芳烃原料和乙烯裂解料，化工轻油自给率达到93%，乙烯收率、芳烃产率同比分别提高0.32%和0.20%，创造了历史最好水平。同时，推广乙烯绩效提升理念，组织实施技术攻关，加大节能降耗力度，提高了装置经济技术指标。公司考核的22套生产装置中有21套实现达标，达标率95.5%，2#焦化装置、中压加氢裂化装置实现了“当年投产，当年达标”，综合商品率、轻质油收率、原油加工损失率、乙烯收率等30项指标创历史最好水平。全年加工原油781.53万吨，产出商品739.80万吨，同比提高12.28%，刷新历史纪录。

2005年，针对石化产品强势波动和营销体制改革带来的新变化，扬子石化股份公司认真分析和把握市场，及时改进产品计价方式，加强网点销售，量价联动考核，积极开展扬—巴公司产品预销售和商业化销售商务谈判，有力地确保了主产品营销体制改革前的销售以及自销产品、扬—巴公司代理(经销)产品和网点销售；坚决贯彻中国石化营销体制改革精神，认真制定营销体制改革方案，研究营销体制改革带来的变化，未雨绸缪落实措施，主动靠前及时沟通，做好业务流程整合和物流衔接，强化过渡期销售组织和管理，7月顺利打通模拟运作流程，9月统销产品正式移交化工销售上海分公司，实现了队伍不乱、销售不断、平稳转接。全年销售商品总量 775.14 万吨，其中代理(经销)扬—巴公司产品 72.32 万吨。

2005 年，扬子石化坚持紧贴市场、服务生产，大力应用新技术，大力开发新产品，推进催化剂升级换代，努力培育具有自主知识产权的专有技术和核心技术。全年完成科研开发项目 82 项，技术攻关项目 55 项，申请中国专利 15 项，获中国专利授权 8 项，专有技术 23 项。“环丁砜抽提组合新工艺开发”等项目获 2004 年度集团公司科技成果转化奖，精对苯二甲酸(PTA)入龙子项、后过渡金属聚烯烃催化剂的研究开发等项目已通过集团公司鉴定或验收。管材专用料 YEM 4803T、汽车保险杆专用料 K 9015 等开发获得成功。

2005 年，扬子石化认真贯彻“二十四字”的投资方针，坚持发展速度、结构、质量和效益相统一，全年完成固定资产投资 13.51 亿元。140 万吨/年芳烃改造工程于 12 月 20 日顺利建成中交；45 万吨/年 PTA 改造完成 52.6% 的工程量；800 万吨/年加工含硫原油改造工程顺利通过国家竣工验收；取供水系统于 6 月完成扩容改造、污水处理扩容改造主体工程于 12 月完成；18 万吨/年环氧乙烷和 10 万吨/年丁二烯装置改造可研报告已上报中国石化；三轮乙烯改造优化方案已基本形成并上报中国石化，配套炼油扩建项目建议书已编制完成；芳烃扩能改造在开展方案研究工作。

2005 年，扬子石化按照中国石化有关分配制度改革思路，从配套改革入手，积极开展“三定”和竞聘上岗，全公司 1 022 个岗位发生变动，412 人转岗，143 人下、待岗，“三定”目标初步实现，为分配制度改革顺利实施奠定了基础；专业化重组持续推进，研究院维修班顺利重组到检维修公司，热电厂检修、后勤、粉煤灰公司重组整合成立了动力工程分公司；扁平化管理迈出新步伐，6 个生产厂科室 7 + 1 管理模式成功整合，化工厂准运行部试点全部到位；扬子医院、珠海公司、扬通公司、塑化公司和裕扬检测公司先后完成了改制；培训中心改制分流初步方案和检安公司改制实施方案已经上报中国石化，扬子宾馆改制初步方案获得中国石化批复。

2005 年，扬子石化以内控制度建设为契机，强化不相容职务(岗位)的分离、业务流程步骤与控制点的执行以及授权审批的执行。ERP、ISO 贯标、绩效考核等现代化管理手段与岗检、专业检查等传统管理手段不断融合，促进了管理水平的提升。HSE 体系运行有效，安全环保总体平稳，连续 8 年荣获集团公司安全生产先进单位称号。质量管理继续加强，扬子石化股份公司整体完成贯标，精制苯和工业冰醋酸被评为南京市用户满意产品，7 个产品创江苏名牌，获得江苏省质量管理奖和全国质量小组活动优秀企业等荣誉称号。

2005 年，扬子石化公司各单位把开拓外部市场作为转机制、求生存、谋发展的重要途径，不断加大开拓外部市场力度。扬子石化工程公司竞标进入了海南炼油、青岛炼油等项目工程监理市场，承揽了绍兴三元乙烯、重庆(长寿)化工园物流工程可研及管廊的初步设计及施工图设计项目；热电厂承接了金陵石化、南化动力厂、江宁协鑫电厂、洪泽电厂等外部单位锅炉、汽机的大修消缺；运输、检安、信息、金扬、工贸等单位巩固拓展了扬—巴公司和化工园的物流、仓储、检修、信息和后勤服务市场；经营开发单位全年自营产品 18 万吨；宾馆自营创收达 57% 以上。扬子石化公司总体外部市场开拓率达 41%。

2005 年，扬子石化以创建全国企业文化示范基地为契机，坚持企业文化建设与思想政治工作、精神文明建设有机结合，实现企业文化与思想政治工作优势叠加。全面导入企业视觉形象识别(VI)系统，强化和提升了企业形象。深入开展“履行工作标准，提高执行力，争当优秀员工”主题教育活动，引导和激励广大职工从工作行为入手，提高工作效率和工作质量，有力促进了安全生产、经营管理和改革发展等各项工作的顺利进行。2005 年，扬子石化获得全国精神文明建设先进单位称号。

（胡　焱　徐　杰）

【800 万吨/年含硫原油改扩建工程全面完成】 2005 年 1 月 29 日，随着新建 100 万吨/年中压加氢裂化装置的投料开车一次成功，标志着扬子石化股份公司 800 万吨/年含硫原油改扩建工程全面建成投产。该工程于 2000 年启动，历时 4 年，总投资达 13.97 亿元，整个工程包括改造 2 套常减压装置、新建 120 万吨/年柴油加氢精制、100 万吨/年中压加氢裂化、160 万吨/年延迟焦化、3 万米^3(标准)/时气体脱硫、80 吨/时酸性水汽提、7 万吨/年硫磺回收装置。各改建装置均采用了当今世界炼油行业的先进技术，投资少、能耗低，为乙烯、芳烃装置的原料优化和高品质清洁燃料生产奠定了坚实的基础。

（胡　焱　徐　杰）

【1# 丁二烯装置连续运行创新水平】 2005 年 7 月 20 日，扬子石化股份公司 1# 丁二烯装置按计划停车检修。自 2002 年 8 月以来，该装置已连续运行 35 个月，创出国内同类装置运行周期较高水平。1# 丁二烯装置年设计能力为 5.3 万吨，是 10.6 万吨/年丁二烯联

合装置中的核心装置。扬子石化股份公司严格丁二烯装置生产运行管理，打破原设计一年一修的传统观念，精心操作，挑战极限，加大对关键机组的特护力度，确保装置始终保持良好运行状态，提高了装置的运行工效，为装置连续高负荷运行提供了有力支撑。

（胡 焱 徐 杰）

【再获中国最具价值上市公司殊荣】 2005年5月19日，由中央电视台组织的“CCTV 2004中国最具价值上市公司”评选活动正式揭晓。经过80余位专家的投票评选，扬子石化股份公司继2003年之后再度获得中国最具价值上市公司称号，综合评分名列第三位。

（胡 焱 徐 杰）

【南京扬子石化金浦橡胶有限公司揭牌】 2005年7月28日，由扬子石化股份公司与江苏金浦集团有限公司共同出资组建的南京扬子石化金浦橡胶有限公司揭牌成立，双方股比60∶40，注册资本2.3亿元，主要从事丁苯橡胶及相关产品的生产和销售。拟投资6.33亿元，建设10万吨/年丁苯橡胶项目。该项目于2005年10月开工建设，预计2007年一季度投入商业运行。

（胡 焱 徐 杰）

【南京扬子石化碧辟乙酰有限责任公司成立】 2005年11月3日，由扬子石化股份公司和BP共同投资组建的南京扬子石化碧辟乙酰有限责任公司在北京钓鱼台国宾馆宣告成立，双方股比50∶50，主要从事醋酸的生产和经营。共投资13.9亿元，建设50万吨/年醋酸项目，预计2008年上半年建成投产。

（胡 焱 徐 杰）

【140万吨/年芳烃改扩建工程中交】 2005年12月20日，总投资8.2亿元的扬子石化股份公司140万吨/年芳烃改扩建工程实现中交。该工程于2004年10月开工，重点建设甲苯择形歧化、吸附分离、异构化、二甲苯分离等4套新增装置。该工程完成后，将有利于进一步发挥扬子石化股份公司炼油化工一体化的优势，极大地提升了芳烃装置的整体技术水平，更加巩固扬子石化股份公司的中国最大芳烃生产基地地位。

（胡 焱 徐 杰）

【荣获全国企业文化优秀案例企业称号】 2005年11月5日，中国企业联合会和中国企业家协会授予扬子石化创造的企业文化案例“全国企业文化十大优秀案例”称号。企业文化优秀案例是由中国企业联合会、中国企业家协会与北京大学、清华大学、中国人民大学、南京大学、复旦大学、浙江大学等联合进行的征评活动，在第4届全国企业文化年会上首次发布，扬子石化位列第一。扬子石化长期致力于企业文化建设，从工程建设一开始，就提出了“团结、拼搏、突破”的扬子精神，经过多年的培育和建设，形成了包括公司使命、公司愿景、核心价值、管理原则、经营理念、质量方针、行为准则等企业文化核心要素，得到了广大员工和社会各界的广泛认可。

（胡 焱 徐 杰）

【PTA再次被评为全国用户满意产品】 2005年12月，继2003年之后，扬子石化PTA产品顺利通过复评，被中国质量协会再度授予全国用户满意产品称号。扬子石化股份公司作为国内最大的PTA供应商之一，以其优良的产品品质和周到的服务，对国内市场有较强的控制力和影响力，享誉国内外。多年来，扬子石化始终加强产品质量控制，持续改善产品的销售服务，积极引入先进的营销理念，优化服务流程，强化售前、售中、售后服务，减少中间环节，采用与国际贸易接轨的结算方式，赢得了用户的信赖，屡次荣获江苏省、南京市名牌产品称号，成为扬子石化标牌产品之一。

（胡 焱 徐 杰）

表1 **扬子石化主要经济指标** 亿元

年份 / 指标名称	2005	2004	2003	2002	2001	2000
原油加工量/万吨	781.53	638.48	625.90	515.34	432.00	504.10
工业总产值①	388.97	315.01	226.54	157.30	139.66	87.38
扬子石化股份公司	371.50	300.44	213.19	145.77	128.51	82.64
扬子石化公司	17.47	14.57	13.35	11.53	11.15	4.74

续表

年份 指标名称	2005	2004	2003	2002	2001	2000
工业增加值	80.95	95.09	49.94	35.03	29.90	36.48
扬子石化股份公司	74.53	89.89	44.15	29.87	23.76	31.03
扬子石化公司	6.42	5.20	5.59	5.16	6.14	5.45
资产总计	251.55	247.25	221.49	227.73	214.92	205.45
扬子石化股份公司	183.64	165.98	133.30	134.74	117.68	105.26
扬子石化公司	67.91	81.27	88.19	92.99	97.24	100.19
流动资产	95.43	97.13	81.34	83.47	83.89	93.77
扬子石化股份公司	82.32	69.89	43.26	38.26	35.48	38.19
扬子石化公司	13.11	27.24	38.08	45.21	48.41	55.58
固定资产原值	266.20	262.64	256.41	255.20	218.21	205.07
扬子石化股份公司	220.63	218.21	211.71	213.56	171.67	165.52
扬子石化公司	45.57	44.20	44.70	41.64	46.54	39.55
固定资产净值	100.90	102.36	104.56	114.22	85.45	87.59
扬子石化股份公司	75.64	77.93	78.89	90.12	57.58	61.92
扬子石化公司	25.26	24.43	25.67	24.10	27.87	25.67
销售收入	469.14	393.35	274.06	194.72	161.61	187.24
扬子石化股份公司	397.76	317.74	220.05	151.49	128.12	153.78
扬子石化公司	71.38	75.61	54.01	43.23	33.49	33.46
实现利税	66.23	77.22	32.73	19.03	10.59	17.80
扬子石化股份公司	62.02	73.71	29.86	16.19	8.82	15.79
扬子石化公司	4.21	3.51	2.87	2.84	1.77	2.01
税　金	23.16	20.16	15.35	11.07	8.88	10.44
扬子石化股份公司	20.99	18.06	13.28	9.04	7.46	8.44
扬子石化公司	2.17	2.10	2.07	2.03	1.42	2.00

① 2000 年按 1990 年不变价计算。

表 2　　扬子石化主要产品产量　　万吨

年份 产品名称	2005	2004	2003	2002	2001	2000
乙　烯	77.58	81.25	76.53	48.08	40.55	43.40
丙　烯	37.19	38.33	36.16	23.60	19.17	20.44
丁二烯	13.28	13.01	11.96	7.63	5.80	6.14
聚乙烯	50.68	50.01	43.40	22.90	15.94	16.74
聚丙烯	42.18	43.12	40.01	25.63	20.32	21.57
精对苯二甲酸	73.48	72.02	72.30	72.55	67.29	72.22

续表

年份 产品名称	2005	2004	2003	2002	2001	2000
乙二醇	16.29	18.66	18.01	19.63	19.54	23.39
纯　苯	37.44	37.80	35.30	29.53	26.13	27.86
对二甲苯	59.25	54.02	56.14	53.43	48.36	52.95
邻二甲苯	22.16	19.45	18.10	20.69	15.37	17.69
醋　酸	7.88	8.68	9.64	7.85	6.44	8.48
环氧乙烷	10.15	10.47	8.60	7.32	6.38	5.28
柴　油	227.52	160.44	143.70	110.83	105.02	114.46

巴陵石化公司

【概述】 中国石化集团巴陵石油化工有限责任公司(简称巴陵石化公司)是以石油炼制为龙头，主要生产合成橡胶、合成树脂及其他有机化工产品的大型石化联合企业。巴陵石化公司组建于1988年，主体位于岳阳市云溪区，占地面积约830万平方米，拥有200万吨/年炼油、5万吨/年顺丁橡胶、15万吨/年锂系聚合物、7万吨/年环己酮、6万吨/年聚丙烯、10万吨/年烧碱和3万吨/年环氧树脂等主要生产装置，主要生产油品、液化气、环己酮、SBS、SIS、氢化SBS(SEBS)、顺丁橡胶、聚丙烯、环氧树脂、氯丙烯等33种产品、150多个牌号，全部注册“巴陵牌”商标。

巴陵石化公司下设烯烃事业部、环己酮事业部、合成橡胶事业部、环氧树脂事业部、供销部等13个直属单位和18个机关部室；截至2005年底，共有在职职工11 568人，各类专业技术人员1 066人，其中具有高级职称的36人，具有中级职称的453人。

2005年，巴陵石化公司生产、经营、改革、发展、稳定等各项工作都取得了明显成效。

经济效益显著增长。全年加工原油171万吨，生产化工产品80.1万吨；累计实现不含税销售收入114亿元，同比增加21.59亿元，增长23.36%；实现税金10.21亿元，同比增加2.25亿元，增长28%；在消化了近7亿元减利因素的情况下，盈利1.71亿元，同比增利3.13亿元。

经营物流优化再创新业绩。全年销售炼化产品200.45万吨，同比增加1.85万吨，主要化工产品直销率达52%，同比提高4个百分点；全年共对主导产品推价顺价127次，化工产品累计推价顺价近10亿元；优化原油、大宗化工原料、煤炭、物资采购运作，创效1.8亿元；产品综合产销率、货款回笼率均达100%，清收老货款821万元。

有效发展收到明显成效。新建了2万吨/年SEBS一期工程和1台220吨/时的高压蒸汽锅炉，建成了5万吨/年甲基叔丁基醚(MTBE)装置，对3.2万吨/年氯丙烯、1.8万吨/年环氧树脂等装置实施了一系列扩能改造，完成了炼油催化装置技改消缺、2.4万吨/年环氧氯丙烷装置改造等一批“短平快”技改项目，有效消除了生产瓶颈。加速科研开发步伐，着力营造技术创新优势，“2万吨/年茂系氢化SBS(SEBS)成套技术开发及工业应用”和“热塑性弹性体SEBS成套工业化技术系列新产品开发”项目通过了国家“863计划”的验收，“ARGG降低汽油烯烃含量催化剂和工艺研究”、“SEBS高性能化研究”等一批项目通过了石化集团公司的鉴定，开发出SBSYH－760、超高纯邻甲酚醛环氧树脂等8种新产品、新牌号。

改革改制有序推进。积极推进“一企一制”改革，实现了有限公司、分公司两个班子融合，统一分工，统一决策，统一指挥；持续推进干部制度改革，建立干部离岗调研和离岗休息制度；实施劳动用工制度、分配制度改革，推行职业技能鉴定、资格准入和动态“随岗”制度，对6 100人进行了职业技能鉴定，有358人动态随岗，初步形成了能上能下、竞争上岗的机制；参照市场劳动力价位，基本建立了经营管理、专业技术、技能操作三支队伍和与之相适应的分配体系；加快改制分流，7个单位顺利挂牌，电视台已移交地方。

巴陵石化公司主要经济指标和主要产品产量见表1、表2。

（龚　诚）

【经济效益实现了历史性突破】 2005年，巴陵石化公司充分挖掘装置潜力，努力做大经济总量，优化炼化产品结构，优化原油、大宗原料和燃料的采购运作，大力降本压费，经济效益大幅提升。全年通过做大总量创效 4 200 万元、调整结构创效 6 100 万元、优化经营创效 1.8 亿元、节能创效 1 334 万元、降耗创效 3 395万元、提质创效 501 万元，财务费比石化集团公司考核指标节约 7 717 万元，文教卫及社区净补贴同比减少 1 200 万元，全年管理挖潜创效 1.2 亿元；在消化近 7 亿元减利因素的情况下，盈利 1.71 亿元，同比增利 3.13 亿元。

（龚　诚）

【建成国内最大的邻甲酚醛环氧树脂装置】 2005 年 2 月，巴陵石化公司 3 000 吨/年 CYD 环氧树脂装置经过技改一次开车成功，生产出合格的邻甲酚醛环氧树脂，产品质量达到国外同类产品水平，生产能力达到 2 000 吨/年，成为国内第一家拥有自主知识产权的工业化生产邻甲酚醛环氧树脂厂家，打破了国外公司在中国市场上的垄断。

（龚　诚）

【将企业电视台移交地方管理】 继 2004 年移交公安和中小学等社会职能后，2005 年 9 月 1 日，巴陵石化公司又将巴陵石化电视台正式移交岳阳市管理，涉及职工 37 人。将企业电视台移交地方政府管理，在集团公司尚属首次。

（龚　诚）

【全面启动 2 万吨/年 SEBS 一期工程建设】 2005 年 3 月，巴陵石化公司利用拥有自主知识产权的 SEBS 应用开发专有技术，全面启动“十五”重点工程——2 万吨/年 SEBS 一期工程建设，工程建设期约为 1 年，项目建成后，将进一步提升巴陵石化锂系聚合物在国内市场中的主导地位。

（龚　诚）

【公司团委获全国五四红旗团委殊荣】 近年来，巴陵石化公司团委努力贴近中心、贴近青年、贴近基层，突出素质提升、团建创新、服务功能和团队效应，创造性地开展工作，取得了明显成绩。继 2001 年获湖南省五四红旗团委称号之后，2005 年，巴陵石化公司团委又获得全国五四红旗团委殊荣。

（龚　诚）

表 1　　巴陵石化公司主要经济指标　　亿元

指标名称 \ 年份	2005	2004	2003	2002	2001	2000
原油加工量/万吨	171.92	181.64	163.33	148.51	118.58	125.56
工业总产值①	110.57	91.37	44.33	40.37	35.44	33.39
炼　油	51.05	43.92	7.97	7.16	5.58	5.87
化　工	50.38	40.76	31.98	29.02	24.94	21.44
化　纤	—	—	0.46	1.24	2.42	3.70
其　他	9.14	6.69	4.03	2.95	2.44	2.38
工业增加值	19.85	14.42	13.84	11.07	11.74	9.07
资产总计	57.11	57.55	68.12	85.12	85.67	84.31
流动资产	21.12	19.62	27.83	32.55	33.20	33.75
固定资产原值	63.56	64.06	66.51	65.19	55.83	48.10
固定资产净值	33.56	35.02	44.65	45.74	38.84	34.22
销售收入	113.34	92.41	72.15	58.82	50.21	49.84
实现利税	11.92	6.40	5.76	3.67	2.86	1.12
税　金	10.21	7.82	5.76	5.97	5.00	1.90

① 2000—2003 年按 1990 年不变价计算。

表 2　　巴陵石化公司主要产品产量　　万吨

产品名称＼年份	2005	2004	2003	2002	2001	2000
$90^{\#}$汽油	2.89	14.34	19.44	19.73	20.89	24.26
$93^{\#}$汽油	25.18	20.40	18.91	16.98	10.93	10.55
$97^{\#}$汽油	12.72	7.68	3.24	0.20	—	—
$0^{\#}$柴油	48.59	57.47	48.90	55.21	45.19	47.91
石脑油	7.23	6.33	8.76	8.50	5.62	7.19
液化气	18.87	19.60	17.53	16.40	13.76	14.20
干　气	4.89	4.54	3.73	3.48	2.85	2.72
丙　烯	10.29	10.40	9.17	8.37	7.53	7.51
烷基苯	3.44	4.55	4.26	5.26	2.89	—
油　浆	6.42	5.47	2.01	1.34	1.43	1.59
溶剂油	5.58	7.28	8.34	2.12	—	—
合成橡胶	15.98	16.12	14.68	12.45	11.17	9.82
顺丁橡胶	1.51	2.79	1.85	1.04	2.96	2.71
SBS热塑弹性体	13.93	12.85	12.50	11.12	8.10	7.05
环氧树脂	2.34	2.32	2.09	1.51	1.68	1.18
锦纶切片	—	—	0.15	1.77	2.17	2.45
合成纤维	—	—	0.35	0.56	1.12	1.72
环己酮	7.00	5.91	4.54	4.53	3.81	3.40
烧　碱	11.06	10.74	9.69	7.94	4.68	4.71
盐　酸	3.68	3.58	4.18	4.44	1.56	1.66
液　氯	8.84	8.83	7.63	5.77	3.31	3.20
聚丙烯	6.25	6.45	5.40	4.74	4.58	4.82
氯丙烯	6.25	4.46	3.99	3.03	1.73	1.90
环氧丙烷	0.78	0.74	0.60	0.35	0.37	0.32
环氧氯丙烷	2.32	2.20	1.86	1.13	0.40	0.53

巴陵分公司

【概述】 中国石油化工股份有限公司巴陵分公司(简称巴陵分公司)地处历史名城岳阳，临洞庭，倚长江，傍京珠高速、107国道和京广铁路，生产装置占地145万平方米。

巴陵分公司2000年4月由巴陵石化公司所属的洞庭氮肥厂、鹰山石化厂的主业部分重组设立而成。2002年5月按照石化股份公司的要求分立运行。2003年巴陵分公司实行公司—作业部两级管理模式，下设专业管理部门14个，作业部14个。截至2005年底，巴陵分公司固定资产原值49.59亿元，在册职工3 178人，有各类专业技术人员1 223人，其中具有高级职称的156人，具有中级职称的516人。巴陵分公司有化工、化纤、化肥生产装置20余套，主要产品的生产能力为：合成氨36万吨/年、尿素60万吨/年、己内酰胺7万吨/年、环己酮7万吨/年、帘子布1.3万吨/年、双氧水10万吨/年、复合肥10万吨/年、硫铵10万吨/年。“鹰王牌”己内酰胺、“鹰王牌”硫酸铵、“白蓉牌”双氧水等连续多年获得“湖南省名牌产品”称号。被用户誉为“江南一枝花”的“芙蓉牌”尿素曾两次荣获国家质量金牌。

2005年，巴陵分公司在总部支持下，紧紧围绕总部下达的各项工作目标，克服了原材料价格高位运行、资源组织困难、工程建设任务繁重等不利因素影响，努力稳定生产，加强工艺调优，积极调整产品结构，狠抓挖潜增效，加快煤代油、己内酰胺扩能改造和 ERP 三大工程建设，各项工作取得新进展、新进步。2005 年，巴陵分公司累计实现工业总产值 20 亿元，同比增长 21%；实现销售收入 21.33 亿元，同比增长 25.62%；全年共生产己内酰胺 9.14 万吨，同比增产 1.66 万吨，增长 22.19%，因扩大总量增效 2 000 万元；生产环己酮 7.05 万吨，同比增产 898 吨，增长 1.29%；生产硫铵 12.66 万吨，同比增产 2.52 万吨，增长 24.98%。

巴陵分公司主要经济指标和主要产品产量见表 1、表 2。

（廖小卫　游　佳）

【两大重点工程取得新进展】 2005 年，巴陵分公司具有自主知识产权的“7 改 14”项目进展顺利，二期工程的己内酰胺新精制装置和硫铵装置分别于 2005 年 3 月中旬和 4 月中旬实现一次开车成功，5 000 升新酮塔系统、低压配电室等在 10 月实现中交并投产，余下装置将于 2006 年上半年改造完成，届时己内酰胺年产能力将由 7 万吨/年提高到 14 万吨/年。投资 15 亿元人民币的由中国石化与壳牌公司合资建设的“煤代油”项目进展顺利，到 2005 年底，完成总体进度的 97%，生产主体装置于 12 月 26 日实现中交，并紧张有序地进行生产准备，该项目建成投产将彻底改变巴陵分公司化肥生产原料路线，大幅度降低氮肥生产成本，并为巴陵分公司产品多样化创造条件。

（杨　君）

【安全生产取得新成绩】 2005 年，巴陵分公司认真落实国家和总部一系列安全工作会议精神，按照 HSE 体系要求，加强职工和外来施工人员安全教育，深入开展危害识别和过程控制，加大隐患治理和关键环节监控力度，落实装置边生产、边改造过程的安全保障措施，努力提高本质安全水平，基本实现安全生产“五个为零”的目标，并被总部评为 2005 年安全生产先进单位。

（廖小卫）

【科技进步成果显著】 2005 年，巴陵分公司 14 万吨/年己内酰胺成套新技术开发项目各子项均按进度计划进行，其中环己酮氨肟化制环己酮肟技术、三级重排技术、己内酰胺精制和硫铵新工艺已成功实现了工业应用，取得了较好的经济效益和社会效益。对氨肟化、己内酰胺新精制及硫铵装置进行了一系列技术攻关，使装置运行周期大大延长，产品质量稳步提高，消耗逐步下降。巴陵分公司参与研发的中国石化“非晶态合金催化剂和磁稳定床反应工艺的创新与集成”项目获 2005 年度国家技术发明一等奖，并已申请了国内发明专利 41 项，国外专利 4 项，形成了完整的自主知识产权保护网。

（廖小卫）

【成功开发双向拉伸薄用料】 巴陵分公司开发出作为尼龙 6 切片制造最高指标的双向拉伸薄膜用料并成功生产出优质拉膜切片，形成了拥有自主知识产权的专利技术，成为国内仅有的两家能生产用于双向拉伸尼龙膜的膜级切片厂家之一。

（江铁钢）

【主导产品又获省名牌称号】 2005 年，巴陵分公司主导产品“芙蓉牌”尿素、“白蓉牌”双氧水再次捧回湖南省名牌产品的奖牌，这是自 1994 年以来，两产品连续 4 次获此殊荣。

（粟　慧）

【ERP 项目上线运行】 2005 年 10 月 12 日，巴陵分公司 ERP 项目正式上线运行，11 月 4 日经评估认定上线成功。该系统是物流、资金流、信息流“三流”合一的操作平台和管理信息系统，它的运行有利于提高企业整体管理水平。

（杨　君）

【顺利通过质量/环境/职业健康安全一体化认证】 2005 年，经过一年多的努力，巴陵分公司质量/环境/职业健康安全一体化体系通过方圆标志认证中心的 ISO 9000、ISO 14000、OHSA 18000 认证审核，为巴陵分公司产品通向国际市场、参与市场竞争取得了绿色通行证。

（游　佳）

【内部改革取得新突破】 2005 年，巴陵分公司设备检测中心完成改制，并正式挂牌运作。按照总部要求积极推进销售体制改革，己内酰胺产品已统归总部销售。同时主动做好与总部销售公司广州分公司的沟通协调，搞好产销衔接，努力推高产品售价，增加销售利润。薪酬改革积极推进，初步构建符合三支队伍特点的分配制度。分公司还积极探索和创新经营模式，对复合肥部、编织袋部实行产供销一条龙风险抵押承包，取得较好的效果。

（廖小卫）

【效能监察成绩显著】 2005年，巴陵分公司确立了11个效能监察项目，其中煤代油、7改14、ERP三大工程被列为效能监察项目的重点。据统计，2005年效能监察节约资金、减少开支、降低费用共计3 574万元。

（游 佳）

【共产党员先进性教育活动取得实效】 2005年，按照中央的要求，巴陵分公司分两批开展了保持共产党员先进性教育活动，对1 192名党员进行了深刻的党性教育，并以“创建效益型党建”为目标，加强基层党组织建设，开展了一系列的形势、任务教育活动和“结对子”等服务生产一线的活动，取得良好效果。

（蒋 铭）

表1 巴陵分公司主要经济指标 亿元

年份 指标名称	2005	2004	2003	2002	2001	2000
工业总产值①	20	16.52	13.80	16.49	14.60	14.76
化 工	16.37	10.60	8.64	9.56	9.39	8.83
化 肥	3.2	4.41	1.37	3.23	2.11	3.14
化 纤	0.43	1.50	3.79	3.70	3.09	2.79
工业增加值	0	1.64	0	0	0	1.07
资产总计	33.55	25.90	31.57	34.12	34.79	36.44
流动资产	11.68	7.22	7.04	9.03	10.24	11.11
固定资产原值	49.59	49.66	49.63	47.45	46.75	46.20
固定资产净值	19.41	20.17	21.94	22.30	23.44	24.69
销售收入	21.33	16.98	10.87	13.17	11.54	14.68
实现利税	－5.42	－11.68	－7.30	－3.81	－4.07	－2.69
税 金	0.06	0.28	0.21	0.19	0.21	0.49

① 2000—2003年按1990年不变价计算。

表2 巴陵分公司主要产品产量 万吨

年份 产品名称	2005	2004	2003	2002	2001	2000
合成氨	8.90	18.09	7.24	20.05	11.56	19.31
尿 素	11.90	27.35	12.65	31.46	17.11	31.39
己内酰胺	9.14	7.48	6.72	7.24	7.25	6.84
锦纶纤维(原丝)	0.29	0.70	1.30	1.20	1.13	1.03
尼龙6切片	3.10	2.85	3.56	2.00	1.55	1.41
帘子布	0.08	0.65	0.91	1.10	0.78	0.60
硫酸铵	12.66	10.13	9.14	9.48	10.04	8.91
环己酮	7.05	6.96	6.40	6.90	6.62	5.86
双氧水	6.63	7.28	2.96	3.08	2.34	1.78
复合肥	1.20	0.13	0.20	5.00	4.45	4.14

长岭炼化

【概述】 中国石化集团长岭炼油化工有限责任公司(简称长岭炼化公司)、中国石油化工股份有限公司长岭分公司(简称长岭分公司)统称长岭炼化，座落在洞庭湖畔、长江之滨的湖南省岳阳市境内，与京广铁路、107国道和京珠高速公路相邻，水陆交通便利。其前身是长岭炼油厂，始建于1965年，1971年5月建成投产。2000年4月，按照石化集团公司整体重组改制的要求，炼油主业部分重组改制为长岭分公司，其他部分改制为长岭炼化公司。30多年来，长炼共获得省部级以上荣誉称号220多个，1991年成为首批国家一级企业。

截至2005年底，长岭分公司拥有常减压、催化裂化、延迟焦化、催化重整、加氢、制氢、聚丙烯等21套炼油化工生产装置。原油加工能力达到500万吨/年，主要装置生产能力为：聚丙烯10万吨/年、重油催化裂化220万吨/年、焦化处理120万吨/年、催化重整50万吨/年、污水处理1 000吨/时。主要产品有汽油、喷气燃料、柴油、石脑油、苯类、液化气、溶剂油、工业硫酸、聚丙烯等70多种，有17种产品获省部级以上优质产品称号，其中出口轻柴油和6#抽提溶剂油获国家金质奖，石油甲苯、二甲苯和120#溶剂油等产品获国家银质奖，产品出厂合格率始终保持100%。

长岭炼化公司拥有原油接转卸能力800万吨/年，有较强的机械加工、制造、建筑安装施工队伍，已取得Ⅰ、Ⅱ、Ⅲ类压力容器的设计资格和检验、制造许可证，可承担中型石油化工装置、各类技术改造的设计和工程施工以及大型石油化工装置的检修工程。

2005年，长岭炼化面对国际原油价格大幅度上涨而国内成品油价格从紧调控、炼油装置安全运行压力增大、一线操作骨干外调较多等困难，抓住影响全年工作的关键因素开展工作，力争保市场与保效益两不误。全年加工原料油447.1万吨，主要技术经济指标继续实现总部炼油专业达标，炼油单位完全费用191.87元/吨，实现销售收入147.2亿元，实现税金及附加10亿元。

长岭分公司主要经济指标和主要产品产量见表1、表2。

（王毅平）

【企业改革改制不断深入】 2005年长岭炼化研究院、职工医院、设备研究所、食品分公司、京岭酒店、华夏大酒店、华岳公司等7家单位成功实施改制分流，分流正式职工433人。截至2005年底，长岭炼化职工总数由2000年的11 747人减少至5 880人，减少50%，为今后的发展奠定了基础。

（王毅平）

【长岭地区经济合作协会成立】 长岭地区经济合作协会于2005年11月2日正式成立，包括长岭炼化公司、长岭分公司在内的29家单位成为首批会员。这是长岭人顺应中国石化主辅分离、改制分流的有效补充，也是实现各企业之间协调、健康发展的必然要求。

（王毅平）

表1 长岭分公司主要经济指标 亿元

指标名称＼年份	2005	2004	2003	2002	2001	2000
原料油加工量/万吨	447.10	454.60	384.70	361.50	317.20	400.88
工业总产值	147.69	122.96	21.83	20.98	16.33	21.69
炼　油	136.22	113.19	17.70	17.03	15.94	19.21
化　工	11.47	9.77	4.13	3.95	0.79	3.11
工业增加值	8.71	15.89	13.38	9.80	6.05	17.53
资产总计	35.74	35.27	34.72	35.40	36.55	37.82
流动资产	17.15	15.04	13.57	13.09	13.23	18.50
固定资产原值	40.19	42.54	43.30	41.97	41.54	32.83
固定资产净值	16.80	18.79	20.54	20.16	21.78	16.79
销售收入	141.80	117.8	85.56	68.88	64.63	91.37
实现利税	3.98	8.47	6.39	6.80	3.21	6.78
税　金	8.19	7.51	6.79	7.30	7.12	7.97

表 2　　长岭分公司主要产品产量　　万吨

年份 产品名称	2005	2004	2003	2002	2001	2000
汽　油	85.27	87.24	80.69	79.47	76.82	85.66
柴　油	180.05	183.06	129.96	130.62	147.14	168.47
航　煤	9.84	9.70	6.97	7.94	4.00	8.11
化工轻油	0	6.06	6.82	4.86	3.31	21.70
重　油	15.31	18.80	12.77	27.33	22.44	24.60
石油焦	30.91	31.94	23.04	19.58	18.88	18.64
三　苯	16.63	12.80	9.48	11.06	5.87	2.94
溶剂油	7.49	6.13	6.58	6.68	1.87	6.50
聚丙烯	12.81	12.40	10.08	9.64	7.31	7.60

仪化集团公司

【概述】 仪化集团公司位于江苏省仪征市，1978年筹建，原名江苏石油化纤总厂，历经停缓建，1981年12月成立仪征化纤工业联合公司。1993年12月进行股份制改组，发起设立仪征化纤股份有限公司。1996年4月，仪征化纤工业联合公司更名为仪化集团公司。1997年10月加入中国东联石化集团公司。1998年7月，随中国东联石化集团公司整体加入新组建的中国石化集团公司。截至2005年底，账面资产总额18.88亿元，负债总额21.23亿元；在岗正式职工496人。其中，具有高级专业技术职称的29人，中级专业技术职称的115人，初级专业技术职称的71人。

仪化集团公司是仪化股份制改组剥离出来的多行业、多法人联合体，是石化集团公司的全资子公司。下属全资生产单位有工程塑料厂、大康实业公司，控股和参股子公司有仪化东丽聚酯薄膜有限公司(简称仪化东丽公司)、仪化博纳织物有限公司(简称仪化博纳公司)、常州大明公司，以及离退休职工管理中心(社区管理中心)。机关管理部门有经营计划部(清理工作办公室)、资产财务部，其余管理职能均委托仪化股份公司进行管理。

主要生产装置及产能有：聚酯薄膜2.31万吨/年，工程塑料(PBT)2万吨/年，聚丙烯织物3 500万米^2/年，包装袋160万条/年，纱1万吨/年，布600万米^2/年，床上用品60万套(件)/年。

2005年，在石化集团公司的正确领导下，仪化集团公司紧紧围绕加快实现"一企一制"的战略目标，坚持以市场化理念为指导，大力深化改革调整，切实抓好生产经营，强化内部各项管理，完成了年度改革和效益目标。全年实现经营收入12.5亿元，当年实际经营亏损4 694万元，占中国石化下达年度控亏指标5 000万元的93.88%。与2004年相比，减亏1 290万元。

成本费用和主要技术经济指标基本受控。全年共发生管理费1.31亿元、营业费1 866万元、财务费7 500万元、人工成本1.68亿元，分别占中国石化下达计划的75.77%、77%、94.9%、84.4%，分别比2004年减少6 699万元、6万元、570万元、1.23亿元。发生修理费2 500万元、社区净补贴1 300万元，与中国石化下达计划持平。

生产企业总体实现安全稳定生产。全年综合产能利用率为85.3%，同比有较大幅度的提高。主要产品的产量、质量、消耗指标总体达到计划要求。聚丙烯织物、纱、催化剂等产品产销量均超额完成年度计划指标。仪化博纳公司产销量达到年度计划的115%。

改革调整进一步深化。无锡大通公司(含无锡华盛化纤公司)，于2005年4月产权转让成功，预计可收回现金7 452万元。华纳公司、华舜公司、华瑞技工学校改制分流顺利完成，共分流职工815人，实际参加改制人员618人，用于改制分流的账面净资产5 195.62万元；大康公司改制分流有序进行，分流职工337人，用于改制分流的账面净资产2 660万元；常州大明公司整体转让改制分流工作取得进展，现场总体保持稳定。实施了协管以下人员竞争竞聘上岗和薪酬制度改革，完善了岗位绩效考核办法。通过改制分流、协议解除劳动合同等方式，全年共减员1 039人。

结构调整项目进展顺利。仪化东丽公司聚酯薄膜3#线完成设备安装，进入试车准备阶段；聚酯薄膜4#线的前期准备工作已开始启动。仪化博纳公司草坪纱加捻机项目顺利投入运行。工程塑料厂正积极与外方就聚对苯二甲酸丙二醇酯(PTT)柔性生产进行技术交流和商务洽谈。

资产处置和清理扫尾取得新进展。康发工程、汕头大兴厂房、北方公司房产等资产处置和清理扫尾项目进展较快。重点清理项目上海康发地块已在上海产权交易所公开挂牌成功，并与受让方签订转让协议，成交价 5 110 万元，已收回首笔现金 1 000 万元。汕头大兴厂房完成交易签证确权。北方公司、康成公司职工住房处置完毕，两公司已初步具备关闭条件。老北办驰原宾馆成功融资租赁，收回现金 238 万元。

“一企一制”稳步推进。按照中国石化的部署和要求，组织制定并上报了《仪化集团公司“一企一制”改革方案》，明确了“一企一制”的目标和思路，得到了总部的肯定和支持。2005 年 12 月 28 日中国石化集团资产经营管理公司挂牌成立，仪化集团公司整体进入资产经营管理公司，为加快实现体制转换打下了较好基础。

仪化集团公司主要经济指标和主要产品产量见表 1和表 2。

（陈　军）

【生产经营主业进一步做精做优】 仪化东丽公司、仪化博纳公司和工程塑料厂 3 家生产单位是仪化集团公司的主营业务和效益主体，是仪化基地非纤聚酯领域的重要组成部分。仪化东丽公司依靠产品和技术优势，在行业全面亏损的严峻形势下，2005 年共生产聚酯薄膜 2.14 万吨，实现盈利 481 万元。产品差别化率达到 65%。仪化博纳公司按照逐步建成占市场主导地位、生产世界级高品质草坪纱企业的目标，加快有效发展，合资后生产经营势头良好，2005 年在没有新增产能的情况下生产纱线 4 300 吨，生产、销售聚丙烯织物 4 295 万平方米，实现利润 921 万元，投资回报率达到 14%，比合资前历史最好年份产量增加 30%以上，效益增加近一倍。工程塑料厂在推进资产结构调整优化和人员精简分流的同时，紧紧抓住市场的有利时机，大力开拓经营，生产经营状况发生了根本性的好转，2005 年生产工程塑料产品 2.06 万吨，销售收入 2.99 亿元，实现盈利 347 万元。

（陈　军）

【1 500 吨/年电容膜项目开工建设】 2005 年 2 月 28 日，仪化东丽公司年产 1 500 吨电容膜项目破土动工。该项目引进日本东丽公司成熟的薄型电容膜生产技术和工艺及品质设计管理，产品规格为 2.7—7.4 微米，是国内目前最薄的薄膜，处于领先地位，产品填补国内空白。项目概算投资 14 815 万元，预计 2006 年 2 月建成投产。

（陈　军）

【无锡大通公司产权转让成功】 2005 年 4 月 28 日，仪化集团公司与受让方中国纺织物资(集团)总公司签订无锡大通公司(含无锡华盛化纤公司)产权交易合同，完成全部股权一次性整体对外转让。此次转让是根据国家和地方的有关政策，经中国石化总部批复同意，并分别在无锡华东产权交易中心和上海联合产权交易所挂牌后完成的。转让价款 7 452 万元，目前已收回 3 736 万元，按照还款协议余款在 2006 年 6 月底全部到账。同时，收回两支法人股票，其账面原始投资价值 463 万元。由受让方接受安置在册职工 724 人、内退职工 71 人、退休职工 102 人。

（陈　军）

【社区物业和后勤业务实现专业化重组改制】 为推进社区物业和后勤业务的社会化、市场化，仪化集团公司将原公用事业管理处、保安公司、餐饮管理部 3 个从事社区物业和后勤业务的单位进行专业化重组，成立华舜实业公司，同时将原属于仪化股份公司动力厂、水厂的水电暖收费和公司机关行政后勤服务业务和人员成建制划给华舜公司。在重组时，剥离了公益性质的资产，调整补充注入了部分经营性资产，优化了资产结构。2005 年 2 月，华舜实业公司顺利完成改制，参加改制职工 552 人，配置改制资产 4 557.73 万元。通过持续深化社区系统改革，2005 年底与 2002 年相比，公司社区板块资产净额从 4.81 亿元下降到 7 341万元，在岗职工从 2 458 人下降到 126 人，社区净支出从 2.13 亿元下降到 1 296 万元。截至 2005 年年底，社区板块的单位仅剩离退休职工管理中心(社区管理中心)，主要承担离退休干部职工管理和服务、社区公益性文体场馆管理和市政基础设施资产管理等三大职能，资产清晰，管理职权明确，为加快社区市场化、社会化进程打下了比较好的基础。

（陈　军）

【社区服务收费市场化改革取得积极成效】 按照中国石化的统一部署，仪化集团公司陆续实施了水、电、暖气、液化气、有线电视、物业管理等各项收费的市场化改革。社区内各类人员的收费标准一致，社区范围内不同单位各项收费均与本地区同类市场价格接轨。2005 年收费总体效果较好。社区计量装表率 100%；社区居民计量应收水费 162 万元，实收 158 万元，收费率 98%；社区居民计量应收电费 638 万元，实收 638 万元，收费率 100%(IC 卡预交费)；采暖应收95万元，实收81万元，考虑到缴费结算时间滞后、困难职工减免和面积计算差等因素，同期收费率达到98%；燃气收费与当地市场价接轨。

（陈　军）

【改制企业生产经营实现良性发展】 仪化集团公司把改制分流作为自立生存、盘活资产、减员分流的主要途径，紧紧抓住难得的政策机遇和历史机遇，全面推进改制分流。截至2005年底，仪化集团公司已完成了14家单位改制，累计分流职工3 091人，其中参加改制职工2 336人，配置改制资产共计2.03亿元。为了帮助改制单位走稳走好，仪化集团公司采取了建立改制单位联系人制度、建立沟通协调机制和严格规范与改制单位之间的有关业务，坚持同等优先、市场化原则、合同化管理等措施。在公司的支持和改制单位的努力下，各改制单位的生产经营实现了良性发展。据统计，2005年仪化集团公司已改制的14家单位共实现收入14.66亿元，其中外部收入10.09亿元(含贸易型收入8.33亿元)，利润3 302万元。特别是有8家单位外部市场的收入已超过50%，自立生存和持续发展能力逐步增强。

（陈　军）

表1　　**仪化集团公司主要经济指标**　　亿元

年份 指标名称	2005	2004	2003	2002	2001	2000
工业总产值[①]	10.49	12.19	19.01	21.10	20.52	17.71
工业增加值	2.38	1.80	2.12	2.26	2.82	2.53
资产总计	18.88	22.77	34.26	50.91	55.25	52.07
流动资产	6.63	7.87	12.31	19.39	21.17	18.05
固定资产原值	17.67	23.33	30.18	34.20	33.93	35.84
固定资产净值	12.74	16.79	21.26	25.09	25.76	28.26
销售收入	12.59	15.66	24.33	24.26	27.06	29.05
实现利税	-3.61	-5.37	0.34	0.75	-0.62	-0.23
税　金	0.54	0.51	0.73	0.75	0.82	0.79

① 1999—2003年按1990年不变价计算。

表2　　**仪化集团公司主要产品产量**

年份 产品名称	2005	2004	2003	2002	2001	2000
纱/吨	10 717	9 409	9 377	9 541	8 618	9 770
布/万米	618	651	582	561	494	346
绗缝制品/万套(件)	19	22	28	23	26	26
聚酯切片[①]/吨	—	—	4 336	25 989	31 137	15 896
涤纶长丝[②]/吨	5 088	33 382	38 032	38 459	40 834	41 130
化工产品催化剂/吨	4 022	3 028	2 526	914	701	823
包装袋/万条	200	207	194	182	184	187
切片袋/万条	63	45	35	35	36	30
短纤袋/万条	137	146	159	147	148	157
塑料薄膜/吨	714	678	569	490	498	419
聚酯薄膜/吨	21 395	13 998	7 403	6 376	6 657	6 257
聚丙烯织物/万平方米	4 295	3 656	2 616	2 005	1 772	1 778
PBT工程塑料粒/吨	1 018	79	175	523	347	199
PBT树脂/吨	19 624	18 243	20 426	20 066	14 849	11 254

① 扬州合成化工总厂2003年3月份起停产关闭。

② 无锡大通公司2005年4月整体转让给中国纺织物资(集团)总公司。涤纶长丝为无锡大通公司一季度产量。

仪征化纤股份公司

【概述】 中国石化仪征化纤股份有限公司(简称仪征化纤股份公司)位于江苏省仪征市，占地 10 平方千米。1978 年筹建，1981 年 12 月设立仪征化纤工业联合公司，1993 年 12 月进行股份制改组，设立仪征化纤股份有限公司，1994 年和 1995 年，14 亿 H 股和 2 亿 A 股分别在香港和上海发行上市，1997 年 10 月，加入中国东联石化集团公司，1998 年 7 月，随中国东联石化集团公司整体加入中国石化集团公司，2000 年改为现名。截至 2005 年底，仪征化纤股份公司 40 亿总股本中，42%由石化股份公司持有，18%由中信集团公司持有，40%为社会公募。公司有 13 个下属单位，14 个机关部室，以及 3 家子公司，总资产 99.85亿元，总负债 17.09 亿元，资产负债率 17%；本部职工 10 549 人，其中具有高级专业技术职称的 407 人，中级专业技术职称的 740 人，初级专业技术职称的 560 人。

仪征化纤股份公司主要从事聚酯切片和涤纶纤维的生产及销售，并配套生产聚酯主要原料精对苯二甲酸(PTA)。主要产品有纤维级聚酯切片、膜级聚酯切片、瓶级聚酯切片、涤纶短纤维、涤纶中空纤维和涤纶长丝 POY、FDY、DTY。产品商标统一为“白斯特”(BST®)牌。产品质量管理体系通过 ISO 9001：2000 版国际认证。环境管理体系通过 ISO 14001 国际认证。截至 2005 年底，仪征化纤股份公司拥有的生产能力主要有：精对苯二甲酸(PTA)95.9 万吨/年，聚酯聚合 169.8 万吨/年，瓶级切片 42 万吨/年，涤纶短纤维 43.8 万吨/年，中空纤维 6.3 万吨/年，涤纶长丝 24.9 万吨/年，涤纶加工丝 8.5 万吨/年，以及相应的公用工程配套能力。

2005 年，面对严峻的市场竞争形势，在中国石化总部的正确领导下，仪征化纤股份公司加快改革调整，奋力开拓经营，强化内部管理，狠抓降本增效，改革调整和生产经营取得了新的成绩。

在聚酯行业开工率严重不足的情况下，公司基本实现了满负荷生产、全产全销，主要技术经济指标有了新的进步。全年生产聚酯、涤纶产品 215.57 万吨，同比增长 28.06%。生产 PTA 97.05 万吨，创历史最好水平。全年销售涤纶产品 162.83 万吨，同比增长 20.52%，产品综合产销率 99.9%。公司内部狠抓增收节支，全年共挖潜增效 2.5 亿元，有力地消化了外部减利因素。仪征化纤股份公司全年经营亏损 7 185 万元。按照总部年初下达的预算考核口径，完成了总部下达的效益目标。

改革调整取得重要进展。实施了协管以下专业岗位人员的竞聘上岗，协管以下管理人员从 1 899 人减少到 1 270 人，精简 33.1%。热电生产中心粉煤灰业务完成改制分流。在总部领导和部门的大力支持下，涤纶五厂与美国 Unifi 公司 8 月完成合资，佛山化纤产权转让抓紧推进，公司资产结构得到进一步优化。通过合资、改制和协议解除劳动合同等方式，全年共减员 2 346 人。

产品结构不断优化。全年共生产聚酯专用料 68.95 万吨，同比增长 72.93%，聚酯专用料率 75.64%；生产差别化纤维 40.02 万吨，同比增长 8.61%，纤维差别化率 59.66%。聚酯专用料和差别化纤维产品比常规产品多创毛利 2.1 亿元。100 万吨/年 PTA 项目获得国家发改委批复立项。重大技术攻关项目取得了积极进展，十三单元 500 吨/日聚酯专用料项目建成投产。PTA2#线 10%增容技术改造顺利完成，装置在 110%负荷稳定运行。10 万吨/年聚酯固相缩聚国产化成套技术攻关项目通过总部考核验收，顺利“出龙”。100 万吨/年 PTA 成套技术开发和依托项目列为中国石化“十条龙”攻关项目。

仪征化纤股份公司主要经济指标和主要产品产量见表 1 和表 2。

(魏来勋)

【仪化宇辉化纤有限公司正式挂牌运营】 2005 年 8 月 3 日，仪化宇辉化纤有限公司正式挂牌运营。

仪化宇辉化纤有限公司由仪征化纤股份公司与美国 Unifi 公司共同投资设立。注册资本 3 000 万美元，总投资额 9 000 万美元。仪征化纤股份公司和 Unifi 公司的出资比例各为 50%。仪征化纤股份公司以原涤纶五厂资产出资，Unifi 公司以现金出资。

自 2004 年 3 月以来，在中国石化总部领导以及相关部门的关心与指导下，仪征化纤股份公司积极稳妥地推进与美国 Unifi 公司的长丝合资会谈。2005 年 6 月 9 日，总部批准了项目可行性研究报告及合同章程。6 月 10 日，双方在仪征签订了合资合同及章程。随后，项目通过了江苏省发改委、江苏省外经厅的审批。

仪化宇辉公司第一阶段生产能力为 15 万吨/年差别化涤纶长丝，销售收入预计在 1.3 亿美元，计划逐步增加生产能力，力争 5 年内销售收入达到 5 亿美元。

(魏来勋)

【中国石化 100 万吨/年 PTA 自有技术开发工作正式启动】 2005 年 9 月 5 日，国家发改委以发改工业

[2005]1656号文批准中国石化仪征化纤100万吨/年PTA项目申请报告。9月28日，石化股份公司确定该项目采用由上海工程公司、上海石化、仪征化纤等联合攻关形成的中国石化自有的100万吨/年PTA工艺技术。

项目总投资为38.79亿元，拟建设一套公称规模为100万吨/年的PTA生产装置及热电机炉扩建等配套设施。项目所需对二甲苯(PX)原料由金陵石化配套60万吨/年PX项目供应，产品供仪征化纤股份公司自用。项目建成后，有利于进一步提升仪征化纤股份公司的综合竞争力。预计2006年6月完成工艺包编制工作。

（魏来勋）

【16万吨/年聚酯专用料项目建成投产】 16万吨/年聚酯专用料项目2005年7月31日投料，8月1日生产出超有光切片合格产品，实现了一次投料开车成功并打通全流程，负荷稳定在450吨/日，产品质量指标全部达到优等品指标。

该项目是仪征化纤股份公司“十五”规划中产品结构调整的重要项目之一，也是中国石化“十条龙”攻关推广项目。2004年1月项目可行性研究报告通过中国石化审查，6月通过初步设计审查，8月31日正式开工建设。项目采用中国石化拥有自主知识产权的五釜连续聚酯切片工艺技术以及国产化设备，并充分利用现有公用工程设施和条件，降低投资。按照设计及设备预留，可以生产市场前景好、附加值高的膜级切片，提高了聚酯差别化比例。项目批复总投资为1.44亿元，具有技术起点高，建设周期短，投资省，产品市场竞争力显著的特点。

（魏来勋）

【国内第一套聚酯固相缩聚成套技术开发成功】 中国石化“十条龙”科技攻关项目——10万吨/年聚酯固相缩聚成套技术，于2005年10月29日通过了由中国石化组织的专家鉴定。

10万吨/年聚酯固相缩聚成套技术是仪征化纤股份公司为了满足聚酯瓶片快速增长的市场需求，摆脱对国外技术的依赖，采取产、学、研相结合的形式，组织浙江大学、东华大学等单位进行的国产化联合攻关项目。通过对聚酯固相聚合冷模、热模研究和聚酯瓶片的内在品质与产品的应用性能、加工性能的关系等研究，开发出了专有的瓶片生产工艺配方、低乙醛含量控制技术、大容量切片输送技术、大容量固相缩聚装置关键设备的设计与制造技术及成套技术工艺软件包，形成了具有自主知识产权的10万吨/年聚酯固相缩聚成套技术，申报了5项中国发明专利，其中有3项已获得授权。仪征化纤股份公司利用该研究成果，建立了两套单线规模为10万吨/年聚酯固相缩聚装置，鉴定时装置已平稳运行11个月，生产了5个品种、近20万吨聚酯瓶片，产品质量完全满足用户要求，合格品率达到100%，取得了显著的经济效益和社会效益。

仪征化纤股份公司自主开发的国内第一套10万吨/年聚酯固相缩聚国产化成套技术和依托项目的成功建设，结束了中国聚酯固相缩聚大容量连续生产装置成套引进的局面，标志着中国聚酯固相缩聚技术迈进世界先进行列。

（魏来勋）

【20万吨/年瓶级聚酯切片项目通过中国石化竣工验收】 2005年12月12日，20万吨/年瓶级聚酯切片技术改造项目通过石化集团公司工程部授权仪征化纤股份公司组织的竣工验收。

项目利用仪征化纤股份公司自有技术建设，装置设计合理，工程质量合格，生产考核和试生产期间产品质量、品种、产量、原辅材料消耗和能耗等各项经济技术指标均达到或超过设计值。项目的环境保护、消防、劳动安全、职业卫生各项设施齐备完善，运行有效正确，档案资料收集完整齐全，项目建设投资控制有效。项目投资3.27亿元，比概算节约5 175万元。自2004年12月投产以来，到2005年11月底，共生产瓶级切片20.92万吨，实现销售收入19.48亿元，按市场价还原实现毛利6 195万元。

（魏来勋）

【吸湿排汗涤纶短纤维项目通过鉴定】 由仪征化纤股份公司和东华大学共同承担的中国石化重点项目“吸湿排汗涤纶短纤维的开发”，2005年8月10日通过了中国石化组织的专家组评审鉴定。该成果填补了国内在该领域的空白，提升了仪征化纤股份公司在高科技纤维生产方面的技术水平，优化了仪征化纤股份公司短纤维品种结构，取得了较好的经济效益及社会效益。与会专家给予了该项目较高的评价，认为吸湿排汗涤纶短纤维的开发整体技术达到国际先进水平。

该项目通过异型喷丝板设计、纺丝工艺优化及应用加工等技术研究，成功开发了3种规格的吸湿排汗涤纶短纤维，设计了具有自主知识产权的截面喷丝板，形成了成熟的吸湿排汗涤纶短纤维的生产、后加工成套技术，实现了系列产品的产业化生产销售。研制开发的吸湿排汗涤纶短纤维质量稳定、具有良好的导湿、排汗特性，且后加工性能优良，满足了国内外用户需求，产品附加值高，创造了较好的经济效益和社会效益。

（魏来勋）

【水刺无纺布专用涤纶短纤维项目通过鉴定】 仪征化纤股份公司成功开发的水刺无纺布专用涤纶短纤维，2005年9月28日通过中国石化组织的专家鉴定。与会专家一致认为，仪征化纤研制开发的水刺无纺布专用涤纶短纤维质量稳定，形成了成套的生产工艺技术，实现了工业化批量生产（年产1万吨）和销售产品，创造了良好的经济效益和社会效益，已成为国内水刺行业公认的生产高档无纺布首选原料，其整体技术达到了国内领先水平。

仪征化纤股份公司根据水刺无纺布的不同市场需求，进一步细分市场、细分用户，已开发出适合不同应用领域的系列化专用产品。

（魏来勋）

表1 仪征化纤股份公司主要经济指标 亿元

年份 指标名称	2005	2004	2003	2002	2001	2000
工业总产值①	157.65	132.02	136.05	127.84	118.46	108.56
工业增加值	16.63	23.56	21.39	18.44	18.28	26.36
资产总计	99.85	113.83	120.79	121.79	110.24	113.61
流动资产	28.26	26.00	28.01	30.24	26.91	36.08
固定资产原值	140.64	155.09	151.55	131.45	110.26	112.71
固定资产净值	64.95	81.95	86.47	74.41	64.94	71.20
销售收入	157.99	133.48	103.44	80.10	71.04	90.14
实现利税	-5.14	7.83	7.88	5.54	5.41	9.85
税　金	4.40	5.52	5.48	4.14	3.70	1.39

① 2000—2003年按1990年不变价计算。

表2 仪征化纤股份公司主要产品产量 万吨

年份 产品名称	2005	2004	2003	2002	2001	2000
涤纶产品	215.57	168.34	149.88	142.49	124.86	114.26
聚酯切片	94.52	65.53	54.40	54.33	56.25	48.98
瓶级切片	40.76	20.27	16.86	15.56	5.39	4.18
涤纶短纤维	49.27	50.71	45.11	39.08	37.94	39.43
中空纤维	5.55	5.46	4.62	3.98	3.64	3.51
涤纶长丝	21.78	21.84	23.55	23.99	19.11	16.29
加工丝	9.24	9.98	9.96	9.54	6.17	5.38
PTA	97.05	93.34	71.98	34.26	32.61	34.02

南京化工公司

【概述】 中国石化集团南京化学工业有限公司（简称南京化工公司）位于南京市东北郊的六合区，本部占地面积578万平方米。南京化工公司创建于1934年，是生产经营化肥、无机和有机化工原料、精细化工、化工机械、化学纤维六大类200多个产品，并从事化工工程的科研、设计、制造、施工和安装的特大型化工企业，也是国内化肥、精细化工、纯碱和化工机械制造的基地之一。1998年7月，随中国东联石化集团公司整体进入中国石化集团公司。2005年5月23日，原南京化工公司与南京化工厂改革重组，成立新的南京化工公司。南京化工公司下辖10个运行部、3个分公司、5个子公司、2个集体所有制托管单位、一家参股合资公司。截至2005年底，有全民正式职工

13 947人，其中各类专业技术人员3 285人，专业技术人员中具有高级职称的425人(其中正高3人)，具有中级职称的1 202人。总资产85.97亿元。主要产品年生产能力：合成氨47万吨，硫酸80万吨，浓硝酸12.5万吨，硝酸铵15万吨，纯碱100万吨，苯胺20万吨，硝基苯27万吨，氯化苯8万吨，硝基氯苯10万吨，烧碱6万吨，RT培司2.2万吨，橡胶助剂2.5万吨，硫基复合肥40万吨，化工机械1万吨，帘子布2万吨，化纤地毯280万平方米。

2005年，新南京化工公司成立后，领导班子坚决贯彻集团公司的决策部署，在原两个企业的工作基础上，在广大干部职工的支持下，抓住机遇，深化改革，加快发展，取得了改革重组的良好开局和生产建设的显著成效。

生产经营、经济效益创造历史新高。南京化工公司30种主要产品中，有17种产品的产量较去年同期有所增长，10种产品的产量创历史最好水平，其中纯碱产量突破100万吨。全年共实现销售收入70.09亿元，比上年增长20.74%，实现利润0.25亿元，资金回笼率101.5%，创汇9 000万美元。原南京化工公司结束了连续9年亏损，实现了全年扭亏为盈。

重点技改、资源优化项目取得重要进展。完成固定资产投资8.91亿元，完成连云港碱厂输卤除硝工程、10.5万吨/年双加压硝酸装置、第三套25万吨/年硫磺制酸装置、10万吨/年苯胺装置、30万吨/年合成氨原料路线改造、变压吸附(PSA)供氢项目、6万吨/年环已酮项目等7项重点工程建设任务。通过资源优化一期项目总体设计大会战，高质量地完成了项目总体设计和各装置基础设计，通过了国家环保总局组织的专家评审和江苏省安全预评价专家评审。2005年11月1日，生产运行47年的普钙装置停产拆除，12月26日，年产10万吨离子膜烧碱装置开工，标志着资源优化一期项目进入全面建设阶段。

改革重组、改制分流积极稳步推进。按照“精简、效能、统一”的原则，制定和实施了管理体制和机构改革总体方案，对原两个企业的机关进行了整合，将化工厂改变为分公司体制，全公司实行了统一经营、合并纳税、资金集中管理。打破沿袭几十年的三级管理体制，在公司本部实施扁平化改革，撤销厂级建制，组建了合成氨、合成气、硝酸、苯化工、硫酸磷肥5个生产运行部，检验、动力和检维修3个辅助生产运行部，储运、供销2个业务运行部，变三级管理为两级管理。将公司和厂二级机关进行整合，撤销了9个处级、70个科级机构，共有1 877名干部、382名工人实行了竞聘上岗，两级机关干部由1 573人减少至1 145人，减少27.2%。科级干部由778人减少至496人，减少36.2%。对改革产生的富余人员，实施了稳妥的分流安置，出台了在职离岗政策，有378人实行了在职离岗，其中科级干部93人，127人协议解除了劳动合同。在机构改革、竞聘上岗的基础上，根据集团公司统一部署，按照经营管理、专业技术、技能操作3个序列，稳步实施了分配制度改革。与此同时，改制分流步伐继续加快，催化剂厂整体出售给美国安格工艺技术(南京)有限公司，669名员工顺利转入新公司。永利公司参加集团公司专业化重组，整体划入集团公司国际事业公司。检安公司改制成立了南京禾诚石化装备工程有限公司，泰州化纤公司和无锡地毯厂的改制分流初步方案已上报集团公司并得到批复，连云港碱厂与比利时苏威公司的合资正在积极推进。

企业管理、技术进步有了新的提高。实现安全生产和新装置安全开车，全年未发生死亡、重伤事故，轻伤率同比下降33.3 %。环保治理力度进一步加强，外排废水排放量和达标率达到考核指标。节能降耗有了新的进步，公司考核156项消耗指标，有113项比目标降低，有102项比去年同期降低，全年降本1 826万元。技术开发和创新取得新的成果，全年获得中国专利授权25项，新申报中国专利20项，大型湍动流化床制苯胺生产技术获省重大科技成果转化专项资金1 140万元，化工厂硝基氯苯结晶器改造和防老剂4020工程放大等技术性探索试验，为搬迁产品提升技术水平作了技术上的储备。

职工生活、社区面貌有了新的改善。在经济效益提高的基础上，职工收入普遍得到提高。在职工互助基金的基础上，建立了党员帮困基金，对困难职工进行了重点帮扶。新建职工住房3.3万平方米，投入507万元对社区进行改造，营造了良好的生活环境。

南京化工公司主要经济指标和主要产品产量见表1和表2。

(李启葆)

【南京化工公司与南京化工厂重组合并】 2005年5月23日，南京化工公司与南京化工厂改革重组，成立新的南京化工公司。这是石化集团公司围绕总体发展战略，适应市场变化并结合企业实际作出的重要战略决策，对南京地区石化行业调整结构、优化资源配置、实现企业扭亏脱困和振兴发展具有重要意义。

新南京化工公司的发展定位是：充分发挥中国石化的整体优势，以市场为导向，以经济效益最大化为目标，以增强竞争能力为切入点，充分利用区域资源，发挥集聚效益，提高技术水平，降低生产成本，调整产品结构，改善产品质量，扩大市场占有，建设具有装置规模、技术含量、人才队伍和经济效益4个竞争力的现代化新型企业。“十一五”末，新南京化工公司销售收入将超过100亿元，企业具备较强的竞争能力。

（李启葆）

【组建新领导班子】 2005年5月23日，根据石化集团公司《关于南京化学工业有限公司有关领导人员任职决定和建议的通知》，重组合并后的南京化工公司董事会由陈鸿光、黄翔达、袁建宁、张培毅、李朝晖、曾赣宁、曹荣、李从功、陈锡红组成，陈鸿光任董事长，黄翔达任副董事长。南京化工公司监事会由匡玉祥任主席。何伏明、谢杜雀、陶维铨、华自强任南京化工公司调研员。冷泰民调出，另有任用。

同日，南京化工公司董事会聘任袁建宁为南京化工公司总经理，聘任李朝晖、曾赣宁、陈锡红、曹荣、万金龙、刘建军、江瑞晶等7人为南京化工公司副总经理。

根据石化集团公司党组决定，中共南京化学工业有限公司委员会由张培毅、匡玉祥、李从功、陈鸿光、黄翔达、袁建宁、李朝晖、曾赣宁、陈锡红9人组成，张培毅任书记，匡玉祥、李从功任副书记。匡玉祥任中共南京化工公司纪律检查委员会书记。在5月30日召开的新南京化工公司工会全委扩大会议上，李从功当选为南京化工公司工会主席。

（李启葆）

【资源优化项目开工建设】 2005年12月26日，南京化工公司举行资源优化项目暨10万吨/年离子膜烧碱开工典礼。资源优化项目建设是中国石化集团优化区域资源，振兴南京地区化工业务的重要战略部署，是利用南京化工公司的地域、资源优势，将原南京化工公司及原南京化工厂的优势产品做强、做精、做优、做特，使新南京化工公司的产品结构得到进一步调整和优化，提升市场竞争力，从根本上改变厂容厂貌，建设一个现代化化工基地的重要举措。项目总投资14.83亿元，主要建设内容有新建10万吨/年离子膜烧碱、8万吨/年氯苯等12套装置，从南京化工厂搬迁4万吨/年氯苯、5万吨/年硝基氯苯等5套装置。该项目新装置将于2006年底全部建成，拆迁装置将于2007年上半年完成。

（李启葆）

【10.5万吨/年双加压硝酸装置建成投产】 2005年6月8日，10.5万吨/年硝酸装置一次投料成功，并产出合格稀硝酸。该项目是南京化工公司重大技改项目，总投资10 990.84万元。该项目于2003年9月打桩，2004年3月开工建设，2005年4月15日实现中交。项目建成投产后，将较好地解决环境污染问题，有效降低原料及公用工程的消耗，提高产品档次，为扩大浓硝酸产量提供保证。

（李启葆）

【大型非标设备制造基地开工建设】 2005年11月8日，以南京化工公司化机厂重型铆焊厂房项目为重要标志的石化集团公司大型非标设备制造基地开工建设。

大型非标设备制造基地技术改造项目是石化集团公司对新南京化工公司首批投资的技术改造项目之一，也是南京化工公司化机厂历史上最大一轮规模技改项目，一期总投资为8 311万元。根据该厂的发展定位和产品发展方向，以及产品的市场需求，结合企业自身在人才、技术、装备、市场等方面的实际情况，按照“总体规划、分步实施、逐步到位”的思路，本着适量投入、适时投入、快速产出的投资原则，以效益最大化和提高竞争能力为中心，既保任务，又保发展，充分利用技术和装备上的现有资源，增强大型石化非标设备制造能力，提升产品技术档次，合理优化产品结构，最大限度地降低投资成本。

（李启葆）

【国产首台双相不锈钢CTA第三结晶器制造成功】 2005年1月，南京化工公司化机厂为浙江恒盛化工有限公司成功制造了国产首台52万吨/年PTA装置双相不锈钢CTA第三结晶器。由于双相不锈钢材料性能特殊，目前仅有国外2家企业能够制造这种设备。这一成果对加快PTA装置关键设备国产化、降低工程投资具有十分重要的意义。据专家检测和评议，这台直径4.6米、长10米的双相不锈钢CTA第三结晶器各项检测指标符合设计和标准规范要求，主要质量指标已达到国外同类产品水平，该设备的造价仅为引进设备费用的一半。

（李启葆）

【国产最大苯胺流化床反应器制造成功】 2005年7月15日，南京化工公司重大技改项目之一的10万吨/年苯胺项目核心设备——流化床反应器在南京化工公司化机厂制造成功。该流化床反应器直径5米，总长33米，总重250吨，是目前国产最大的流化床反应器。

（李启葆）

【输卤管线全线贯通】 2005年2月5日，我国最长的地下盐卤输送管线——淮安至连云港输卤管道全线贯通。管线总投资3亿元，全长170余千米。地下卤水从淮安采集，经管线输送到连云港碱厂，年输卤能力可达365万立方米，折合原盐100万吨，每年可使碱厂增加效益近亿元。

(李启葆)

【年产3万吨苯胺生产新技术通过鉴定】 2005年3月26日，由南京化工公司磷肥厂与清华大学联合开发的年产3万吨苯胺生产新技术研究开发与应用项目，通过了南京市科学技术局主持的科技成果鉴定，并获南京市科技进步二等奖。项目的研发包括苯硝化、硝基苯加氢、苯胺精制、苯胺、硝基苯混合废水治理等苯胺生产各工序的关键技术。其中湍动流化床硝基苯气相加氢反应器，采用清华大学具有自主知识产权的多项专利，专有技术达到国际先进水平；苯胺、硝基苯混合废水治理采用优势菌种和全生化流程，填补国内空白；自行开发的多点多釜加料、三套联锁等温硝化技术和高效苯胺精馏技术也达到国内领先水平。采用该成果生产安全稳定，产品质量全部超过GB 2961—1990优级品标准，各项消耗指标达到国外先进水平。该项目共创造直接经济效益12 807万元，申请了8项中国专利。

(李启葆)

【NC 307型中低压甲醇合成催化剂获多项奖】 由南京化工公司研究院研制开发的“NC 307型中低压甲醇合成催化剂”获2005年度石化集团公司科技进步三等奖、江苏省科技进步二等奖、南京市科技进步一等奖。该成果于2004年3月30日通过中国石化组织的科技成果鉴定。该项目一方面通过进一步优化催化剂组分和工艺，使其活性组分分布更加均匀，更好地发挥各组分的协同作用，另一方面开发制备了具有异质同晶结构的$(Cu_m, Zn_n)_2CO_3(OH)_2$晶相的母体和纳米级的氧化铝载体，使催化剂各组分达纳米级或无定形晶粒，分散度高，具有较大的比表面和较合适的孔容，提高了催化剂的产率、选择性和热稳定性，综合性能优于国内外同类型产品，达到国际先进水平。目前该型催化剂已被哈尔滨气化厂等19个厂家采用，申请的2项中国发明专利已获授权。

(李启葆)

【一步法合成扑热息痛通过鉴定】 2005年4月，由南京化工厂研发的一步法合成扑热息痛项目通过中国石化组织的中试鉴定。该试验采用改进的对硝基酚一步法合成扑热息痛工艺，即对硝基酚在酸性介质中催化加氢还原生成对氨基酚，然后进行酰化反应完全。经江苏省药检所检测，成品质量各项指标均符合中国药典(2000版)标准。该工艺已于2003年申请中国专利并获授权。

(李启葆)

【永利公司划归中国石化国际事业公司】 2005年5月，按照集团公司实施外贸体制改革的总体部署，江苏永利化工技术进出口公司(简称永利公司)划归中国石化国际事业公司管理，现为国际事业公司南化办事处，又称国际事业公司南京第二经营部，仍以南京化工公司各种外贸业务为主要经营业务。

(李启葆)

【美国安格公司并购催化剂厂】 2005年6月8日，美国安格公司并购南京化工公司催化剂厂后成立的新公司——安格工艺技术(南京)有限公司举行开业庆典。至此，南京化工公司催化剂厂与美国安格公司的并购工作顺利完成，原催化剂厂669名员工进入了新成立的公司。

实现并购后，安格工艺技术(南京)有限公司将对催化剂厂进行技术改造和技术投入，使其成为安格公司工艺技术部的全球生产基地之一。同时，通过引入先进的现代管理理念和管理机制，开发新产品，以强化收购的催化剂厂在合成气催化剂方面的世界地位。

(李启葆)

【南京禾诚石化装备工程有限公司挂牌成立】 2005年4月8日，南京禾诚石化装备工程有限公司改制成立，标志着南京化工公司生产经营领域改制分流取得了成功。该公司是南京化工公司将原检安公司的压力容器分厂、机械安装处进行拆分改制而成的，是辅业单位相继剥离后首个从主业中退出的改制单位，主要从事化工、石化装置的压力容器制造、机械安装、机械加工等业务。151名职工参加了改制。

(李启葆)

【先进性教育活动扎实开展】 从2005年7月下旬到11月中旬，南京化工公司以实践“三个代表”重要思想为主线，以“提高党员素质、加强基层组织、服务人民群众、促进各项工作”为目标，以“树先进形象，做改革表率”为主题，在全体党员中开展了保持共产党员先进性教育活动。先进性教育活动开展之时正是新公司刚刚组建之时，南京化工公司从肩负的特殊使命和加快发展的迫切需要出发，把先进性教育活动作为开好局、起好步的重要契机，因地制宜制定了教育活动实施意见，明确了各个环节的工作要求，细化了整个活动的工作安排。南京化工公司 13 个党委、9 个直属党总支、268 个基层党支部的7 213名党员积极参与先进性教育活动，圆满完成了 3 个阶段 11 个环节的任务，促进了党的建设和领导班子建设，推动了生产经营和改革发展各项工作，群众测评满意率 100%。

（李启葆）

表 1 南京化工公司主要经济指标① 亿元

指标名称＼年份	2005③	2004	2003	2002	2001	2000
工业总产值②	65.80	40.08	34.58	39.90	36.15	33.74
工业增加值	13.48	67.33	5.67	5.68	6.24	5.96
资产总计	85.97	74.58	71.68	85.35	92.47	91.77
流动资产	24.92	21.39	18.31	26.72	25.16	26.59
固定资产原值	51.21	37.69	38.79	36.74	52.49	51.10
固定资产净值	28.83	21.45	22.75	21.35	32.32	32.73
销售收入	70.09	44.71	33.26	35.77	32.43	30.97
实现利税	2.34	0.92	0.14	0.34	0.24	1.85
税 金	2.09	1.51	1.28	1.53	1.89	1.94

① 自 1996 年起长期投资按权益法核算。

② 2000 — 2003 年按 1990 年不变价计算。

③ 2005 年数据含原南京化工厂。

表 2 南京化工公司主要产品产量 万吨

产品名称＼年份	2005	2004	2003	2002	2001	2000
合成氨	15.22	16.76	17.15	21.11	16.46	14.64
硫 酸	51.33	52.34	41.59	38.89	31.83	34.34
纯 碱	100.04	93.07	92.04	90.00	88.10	85.61
己内酰胺	—	—	—	6.50	6.07	5.71
尿 素	—	—	0.41	5.52	—	—
普通过磷酸钙	30.70	40.61	40.58	52.01	50.55	47.35
硝酸铵	15.34	11.78	11.47	11.41	12.20	12.90
硫酸铵	—	—	—	8.76	8.45	8.20
甲 醇	1.03	1.13	1.05	0.91	1.08	1.13
甲 醛	2.09	2.23	2.12	1.35	1.71	1.74
浓硝酸	9.64	7.60	7.58	6.97	6.24	5.72
硝基苯	14.13	5.84	5.70	5.51	5.07	4.38
对硝基氯化苯	5.90	5.95	5.60	4.55	3.95	3.12
邻硝基氯化苯	3.23	3.29	3.11	2.58	2.18	1.74
RT 培司	1.29	0.93	1.32	1.15	1.13	0.68
烧 碱	5.15	5.49	4.38	4.54	4.49	4.38

续表

产品名称＼年份	2005	2004	2003	2002	2001	2000
氯化苯	6.89	7.16	6.53	5.44	4.74	4.25
防老剂 RD	1.07	0.91	0.64	0.45	0.28	0.21
防老剂 4020	0.81	0.50	0.46	0.30	0.19	0.11
防老剂 4010NA	0.77	0.71	0.59	0.54	0.50	0.44
硝酸钠	1.49	1.43	1.31	1.24	1.17	0.97
亚硝酸钠	1.02	1.03	0.98	0.90	0.85	0.72
氟硅酸钠	0.12	0.18	0.19	0.24	0.23	0.24
苯　胺	10.31	5.73	4.07	2.35	1.08	0.91
环己胺	0.53	0.23	0.17	0.22	0.21	0.26
催化剂总量	—	0.59	0.58	0.44	0.53	0.56
复合、混配肥	55.63	52.05	49.16	41.88	36.54	33.87
硫酸钾复合肥	38.19	31.06	24.89	15.55	10.43	6.68
化工机械	1.29	0.84	0.77	0.64	0.73	0.43
帘子布	2.67	2.35	1.50	0.91	0.63	0.61
化纤地毯/万平方米	215.9	242.3	231.1	248.9	230.8	226.16

广州石化

【概述】 中国石化集团广州石油化工总厂(简称广州石化总厂)成立于1973年6月18日，1978年建成投产。厂区位于广州市黄埔区，占地面积501万平方米，北依广深高速公路，南临珠江黄埔港，厂内铁路专用线与广九准高速铁路接轨，惠州港广州石化码头原油管线与厂区相接，水陆交通便利，是华南地区现代化石油化工生产基地。2000年3月1日，广州石化总厂炼油、化肥、乙烯及相应的辅助设施等资产划入中国石油化工股份有限公司广州分公司(简称广州分公司)；2004年底，广州石化总厂10.5万千瓦装机容量的自备热电站被收购注入广州分公司。2005年7月，广州石化总厂、广州分公司(统称广州石化)机关管理部室完成合并，初步形成一体化管理格局和具备“一企一制”条件。

广州石化总厂下设10个职能部室、1个事业部、5个全资或控股子公司。截至2005年底，总资产13.24亿元，在册职工1 693人，有各类专业技术人员678人，其中具有高级技术职称的34人、中级技术职称352人。主营仓储物流、燃气、化学品，管理华德公司、冠德油站，其中，华德公司拥有年接卸原油1 200万吨的惠州港广州石化码头，为广州分公司输送进口原油。2005年实现工业总产值2.15亿元，主营业务收入17.5亿元，利税0.65亿元。全年接卸原油688.6万吨。

广州分公司下设12个职能部室、6个中心、11个作业部。截至2005年底，在册职工5 129人，有各类专业技术人员1 821人，其中具有高级技术职称的168人、中级技术职称的648人。具备年加工原油770万吨、年生产乙烯20万吨的能力，拥有10.5万千瓦装机容量的自备热电站。产品有汽油、柴油、航空煤油、石脑油、重油、溶剂油、液化气、道路沥青、石油焦、硫磺、聚乙烯、聚丙烯、聚苯乙烯等60多种，固体塑料产品有聚乙烯、聚丙烯、聚苯乙烯三大类共160多个牌号，销售网络覆盖整个华南地区，部分产品出口港澳和东南亚。

2005年，国际原油价格屡创新高，国内成品油价格调整尚未到位，化工市场趋向疲软，炼油改扩建工程全面铺开，边生产边施工给企业安全工作带来较大压力，广州分公司创造性开展工作，取得显著成绩。

全年加工原油 669.08 万吨，生产乙烯 21.36 万吨，发电 6.83 亿千瓦·时，生产新鲜水 1 060.8 万吨，生产中压蒸汽 253.9 万吨，实现工业总产值 219.8 亿元，销售收入 221.68 亿元，利税 14.3 亿元。超额完成石化股份公司下达的各项考核指标。是年，广州分公司位列广东省大型企业竞争力 50 强第 31 名。

做好原油采购的滚动计划和总结，加大原油采购成本控制和风险防范。优化原油采购品种，对含硫、轻重、优劣等指标进行卡边控制；紧盯国际原油市场，综合运用多种手段分析判断原油价格走势；适时开展期纸货保值业务，规避原油采购计价风险，在现货采购方面，全年一般贸易进口原油平均价格为 50.9 美元/桶，低于石化集团公司平均价；在期纸货保值方面进行了 19 单交易，盈亏相抵后总体盈利约 400 万美元。加强与兄弟企业的原油拼装运输合作降低运费，全年原油平均到岸价比石化股份公司平均到岸价低 0.43 美元/桶。加强新油种试炼工作，适当增加采购贴水较高的劣质原油，全年采购劣质原油 180 万吨，有效降低了原油成本。针对劣质原油相对密度大、酸值高和凝点高的特点，实行高低硫原油搭配、优劣质原油搭配，优化原油输送及劣质原油的加工方案，将加工劣质原油的不利影响降至最低，实现产品结构的优化及经济效益的最大化。

优化炼油化工生产，利用 PIMS 软件对排产方案进行测算和优化，按效益最大化原则安排原油加工量。炼油专业在原油硫含量较高及性质变重、变差情况下实现安全稳定生产。蒸馏、催化、重整、焦化等主体装置均维持高负荷运行。在原油价格居高不下、优质原油与劣质原油价差进一步拉大情况下，大幅度提高劣质原油加工比例，取得较好经济效益。发挥炼化一体化优势，组织好炼油、化工物料互供，完成两区物料优化互供项目的管廊扩建与 6 条管线铺设，投用新建丁二烯气相线，优化乙烯裂解原料结构。通过加工阿曼、班切玛斯、巴坦尼、穆尔班等原油，充分利用它们的石脑油馏分，使乙烯原料的正异构烷烃平均值维持在 65% 左右。积极与石化股份公司有关部门协调，争取溶剂油、船用燃料等自销产品计划，安排多产精丙烯、苯类、煤油加氢原料、高等级道路沥青等高附加值产品。炼油高附加值产品收率、储运损失率、乙烯收率、裂解损失率指标均比 2004 年有明显提高。

贯彻“拓市场、保出厂、卖好价、快收款”的营销策略，做好产品销售出厂。紧贴市场作价，创新销售模式，重油、液化气、石油焦、溶剂油等主要产品销售价格高于石化股份公司同类产品平均水平。结合市场价格持续上涨特点，通过集合竞价销售，有效提高产品价格；完善公式作价，建立相对固定的销售渠道。对自销产品，把握国际、国内市场变化时间差，卖出较好价格；开发生产环氧丙烷的汽车运输用户，在火车运输紧张情况下组织汽车运输出厂，提高精丙烯的销售价格，累计均价比石化股份公司高出 101 元/吨。加强对应收账款和结算的管理力度，应收账款月均低于 4.8 亿元。

适时开展“开源节流挖潜增效”会战，确定 42 项挖潜增效措施，每项措施责任到人，跟踪落实。提高焦化负荷少出重油、优化汽油调合方案多产高标号汽油、外购 1 - 丁烯、混合碳四增产丁二烯等措施实施后，取得较好效益。

规范炼油改扩建工程项目计划管理，提高改扩建物资采购效率；加强设计、施工协调，化解改扩建项目供需矛盾；加强订货进度与质量管理，力保改扩建物资按时按质供应。采购国产物资 24.51 亿元和进口物资 1 085.01 万美元。物资供应管理体制达标率 94.70%，计划合格率 98.69%，供应商结构合理率 76.08%，网上采购达标率 97.09%，采购资金节约率 6.99%；库存资金周转次数 5.82，保证供应率 100%。库存物资金额控制在 2.63 亿元，物资出入库率 91.44%。

优化安排炼油西区大修，重点优化对重油催化、2# 脱硫等关键装置的改造、施工方案，抓好炼油西区检修改造与千万吨改扩建项目的施工衔接。尽量缩短关键装置的检修、改造时间，提高检修的技改深度，消除装置的隐患和瓶颈。大修实现安全、环保、优质、高效目标。

强化资金管理，通过票据结算，资金集中统一管理，盯紧内外币两个市场利率差，用人民币票据融资和应收债权贴现融资方式，优化短期融资结构和保持较低的短期融资成本，节约财务费用上千万元。及时启动“以借入美元、延迟支付原油款”为主的人民币升值预案，为广州分公司净赚 500 万元。加大对账销案存资产的清理力度，全年处置资产 260 万元，收回 66 万元。广州石化总厂、广州分公司分别被评为石化集团公司 2004 年度财务管理先进单位、财务决算先进单位。

（王新忠）

【千万吨炼油改扩建工程建设取得进展】 2005 年，千万吨炼油改扩建工程完成总投资 21 亿元。从 7 月 25 日起开展炼油改扩建工程建设百日会战，扭转了前期工程建设总体进度滞后的被动局面，蒸馏、加氢联合、制氢等主要装置施工进度基本满足总体统筹控制计划要求。10 月 26 日，2# 焦化装置开工。硫磺回收装置12月26日中交，成为炼油改扩建工程第一套中交的新建主体装置。从11月2日起开展第二轮百日会战，施工总体进度保持良好势头，主体装置和配套工程建设齐头并进，施工安全和工程质量得到较好控制。

生产准备工作也在积极推进中。2005年广州石化组织编写相关基础知识教材、专业知识教材、实习教材等资料38册，完成《总体试车方案》审查版。根据改扩建总体统筹控制计划要求，组织外出培训约500人次，组织观摩兄弟企业同类型装置的开停工、检修过程3次。人员培训完成计划的90%，工作重点转到现场练兵和技术方案准备。

（王新忠）

【乙烯扩建项目总体进展顺利】 2005年6月24日，国土资源部发文批复项目用地预审意见；8月10日，项目申请报告上报国家发改委；10月10日，国家环保总局批复项目环评报告；12月12日，项目申请报告修改稿提交国家发改委，进入正式核准阶段。配套公用工程的CFB锅炉项目环评报告、可研报告分别获得国家环保总局和石化集团公司批复，12月19日开始打桩建设。10月29日，惠州港广州石化码头新建一座30万吨级原油接卸泊位工程，25万吨级航道疏浚工程开工。

（王新忠）

【积极应对珠三角“油荒”】 2005年7—8月，珠江三角洲地区出现少有的成品油紧张局面(“油荒”)。在国际原油价格持续高涨、原油价格与成品油价格严重倒挂、炼油专业效益不理想的情况下，广州石化讲政治、顾大局，从稳定市场、稳定社会出发，主动承担社会责任，向社会多提供优质清洁燃料1.25万吨，有效地缓解成品油紧张局面，受到地方政府和社会各界好评。

（王新忠）

【科研开发、新技术应用取得新进展】 2005年，广州分公司获石化集团总部科技进步奖项目3项，其中二等奖1项，三等奖2项，填补了近年来的空白；承担21项股份公司科技开发项目，所有项目工作进展顺利。其中，广州分公司承担了2个国家“十五”攻关项目和股份公司“十条龙”攻关项目。第二代MCI技术开发及工业应用、催化裂化汽油加氢脱硫成套技术开发及工业应用顺利完成项目任务，并分别通过国家科委、石化股份公司组织的鉴定验收。广州分公司共有催化裂化烟气轮机改造技术、采用NA催化剂开发高挺度BOPP专用料、GS－08M乙苯脱氢制苯乙烯催化剂研制与工业应用试验和催化裂化吸收稳定系统与气分装置联合优化技术开发4项科技成果通过股份公司的鉴定。1项科技成果通过广州市科技局的验收。

石化股份公司试点的2个信息化项目“ORION动态调度辅助决策信息系统”和“LIMS实验室化验信息系统”通过测试验收。2个试点项目运行水平处于中国石化系统领先地位，石化股份公司已在系统内推广广州石化的做法和经验。

成功产出99#高标号汽油；择机开发生产聚丙烯汽车专用料J 642、J 643、J 646，成为国内采用三井Hypol工艺技术的同类装置中首家生产汽车专用料的厂家；与特百惠公司联合生产共聚透明料J 631－T。

（王新忠）

【改革改制取得实质进展，“一企一制”条件基本具备】 2005年，广州石化重点在机关融合基础上加快管理架构调整和业务重组。1月，动力事业部资产由石化股份公司收购注入广州分公司，人员全部划归广州分公司管理。2月，信息中心和仪控中心合并运作。7月，完成广州石化总厂、广州分公司机关管理部室合并，初步形成一体化管理格局。8月中旬，成立行政保卫部，撤销保卫部，将明珠宾馆和原保卫部职能及一些行政管理职能并入行政保卫部，武装部与行政保卫部合署办公。11月，撤销技术开发中心，成立技术开发部，并对技术开发部、机械动力部、生产调度部相关职能进行调整；撤销聚丙烯车间，并入化工二部；撤销公用工程车间、水处理车间，成立公用工程部；销售中心和工业站合并，成立运销中心。广州分公司形成了公司、管理部室(专业中心)、生产作业部三层管理格局，进一步理顺生产经营管理职能。经过持续改革改制，“一企一制”条件基本具备。

继续推进改制分流工作。1月，中穗公司完成改制，2月开始独立运作。7月，石化技校整体移交广州工程技术职业学院。广石物流公司改制方案已上报石化集团公司。

探索劳动人事制度改革。按照中国石化的劳动定员标准，5月11日，炼油生产装置倒班方式调整为四班二运转工作制，为炼油改扩建新装置开车做好人员储备，实现了炼油改扩建增加装置不增人员目标。按照中国石化总部《关于进一步深化内部分配制度改革的指导意见》要求，9月实行新的内部分配制度，进一步理顺分配关系，促进经营管理人员、专业技术人员和技能操作人员三支队伍建设均衡发展，为做好定岗定编、竞聘上岗、干部绩效考核创造条件。

（王新忠）

【首次大规模进行领导干部公开选拔竞聘上岗】 2005年12月，首次大规模进行领导干部公开选拔竞聘上岗，安排22个副科级以上领导干部岗位公开竞聘，共67人报名，竞聘全过程严格按照民主评议、笔试、面试、任前公示等程序进行，进一步深化了人事制度改革，规范和完善公开选拔领导干部工作，建立能上能下、公开公平、择优录用的用人机制，推进干部人事工作的科学化、民主化、制度化。通过民主评议、笔试、面试、任前公示程序，最终有17名室主任、副主任上岗。

（王新忠）

【先进性教育活动取得实效】 根据广东省委和石化集团公司党组的部署，2005年7月开始广州石化开展了以实践"三个代表"重要思想为主要内容的保持共产党员先进性教育活动，历时近4个月。先进性教育覆盖面党组织达到100%、在岗党员达到100%、内退及离退休党员达到98.75%。在职工满意度测评中，很满意、满意、基本满意相加为100%。

广大党员以先进性教育活动为动力，超常规地工作，主要装置施工进度基本满足要求。开源节流挖潜增效大会战也取得明显成绩。7月，亏损比预算减少1 400万元；8月，遏制连续3个月亏损势头，实现利润1 300万元；9月，盈利90万元，比当月月初预算减亏1亿元；10月盈利153万元。

先进性教育着重在解决职工实际问题上下功夫，努力使活动成为"群众满意工程"，成立了"广州石化困难职工帮扶中心"，走访慰问重病、困难职工224人，发放困难补助金8万多元。开展向困难职工、困难离退休人员募捐的"金秋助困"活动，收到党员捐款14.7万元、职工捐款3.2万元，79名生活困难职工受到资助。针对部分协解人员要求享受提前退休待遇问题，通过加强与省社保局等单位的沟通协调，其中15名符合政策的协解人员的提前退休待遇得到落实。

（王新忠）

表1 广州石化总厂主要经济指标 亿元

指标名称 \ 年份	2005	2004	2003	2002	2001	2000
工业总产值①	2.15	5.77	0.82	0.77	0.66	0.67
工业增加值	-0.42	1.33	1.98	1.70	1.69	1.93
资产总额	13.24	16.27	21.78	24.97	26.05	27.16
流动资产	1.95	3.42	4.76	7.59	6.48	8.31
固定资产原值	7.28	7.56	17.36	15.20	17.13	15.96
固定资产净值	5.63	5.86	10.70	8.50	9.81	9.14
销售收入	17.50	22.90	21.00	23.99	23.77	23.13
实现利税	0.65	1.46	1.60	1.46	1.05	0.88
税　金	0.35	0.95	1.30	1.28	1.04	0.82

① 2000—2003年按1990年不变价计算。

表2 广州分公司主要经济指标 亿元

指标名称 \ 年份	2005	2004	2003	2002	2001	2000
原油加工量/万吨	669.08	737.90	688.59	673.80	628.33	649.05
工业总产值①	219.79	200.17	47.25	47.49	43.81	46.71
工业增加值	22.73	37.45	27.48	23.86	21.02	19.27
资产总额	109.73	84.48	80.09	78.11	80.90	93.75

续表

年份 指标名称	2005	2004	2003	2002	2001	2000
流动资产	40.97	30.59	29.12	23.22	21.77	31.45
固定资产原值	108.19	109.75	99.07	91.62	96.94	94.66
固定资产净值	41.45	46.86	45.96	44.76	51.44	54.87
销售收入	221.68	202.98	155.11	129.81	127.84	142.07
实现利税	14.30	24.83	14.47	12.47	11.33	10.56
税　金	11.16	15.31	12.55	11.08	10.85	9.65

① 2000—2003 年按 1990 年不变价计算。

表 3　　广州分公司主要产品产量　　万吨

年份 产品名称	2005	2004	2003	2002	2001	2000
汽　油	131.78	155.59	148.35	148.67	131.08	134.21
煤　油	28.61	32.82	30.20	38.58	37.53	35.22
柴　油	277.82	310.02	260.60	239.18	231.89	232.33
燃料油	34.05	38.02	45.49	40.43	37.52	44.55
液化气	25.53	27.06	28.14	25.26	19.78	20.84
沥　青	6.07	6.38	8.05	7.43	8.43	7.29
石油焦	28.64	28.75	26.55	25.10	22.84	22.39
乙　烯	21.36	21.73	17.01	16.68	17.17	15.31
聚乙烯	19.54	20.14	14.96	14.00	14.66	12.91
聚丙烯	17.69	17.37	14.88	14.96	15.52	13.63
聚苯乙烯	6.03	4.76	4.92	5.02	6.05	3.91

安庆石化

【概述】 中国石化集团安庆石油化工总厂(简称安庆石化总厂)、中国石油化工股份有限公司安庆分公司(简称安庆分公司)统称安庆石化，坐落在安徽省安庆市西北郊。这里水、陆、空交通四通八达，依托京九铁路干线，上通京、津，下达穗、港，凭借黄金水道，西可航鄂、川，东可到宁、沪，安庆长江大桥的通车，使长江南北交通联为一体。便利的交通为安庆石化的发展提供了有利的条件。

安庆石化前身为安徽炼油厂，始建于 1974 年，1983 年 7 月 1 日划归原中国石油化工总公司，改称中国石油化工总公司安庆石油化工总厂，1998 年 11 月更名为中国石化集团安庆石油化工总厂。2000 年 2 月 28 日，原中国石化集团安庆石油化工总厂重组改制为安庆石化总厂(存续部分)和安庆分公司(上市公司)，并从 2000 年 4 月 1 日起分立运行。

安庆分公司主要集中了炼油、化肥、腈纶等主业生产部分，并有健全的物资供应、产品销售、科研开发、信息通讯、计量检测、公用工程、油品储运等配套系统。通过进一步推行扁平化管理，精简机构，形成 9 个生产作业部、9 个业务服务部和 12 个职能管理部。截至 2005 年底，安庆分公司职工总数 3 857 人，有各类专业技术人员 1 108 人，其中具有高级职称以上的 219 人，中级职称的 580 人。

安庆分公司拥有的主要生产装置及能力为：550 万吨/年常减压装置、140 万吨/年催化裂化装置、70 万吨/年催化裂解装置、150 万吨/年延迟焦化装置、160 万吨/年加氢精制装置、22 万吨/年催化重整装置、3 万吨/年聚丙烯装置、33 万吨/年合成氨装置、52 万吨/年尿素装置、8 万吨/年丙烯腈装置、7 万吨/年腈纶装置等；还拥有 50 万吨/年的化肥装船码头、10 万吨/年的液态烃码头以及全长 13 千米的厂内铁路专用线和一个工业编组站。主要产品有以“双环”牌为主的化肥、油品系列，以“双铃”牌为主的化工系列和以“黄山”牌为主的腈纶系列等各类优质产品40余种。其中15种产品获省优、部优称号，部分产品出口美国、日本、法国、澳大利亚、越南、韩国等国家。“双环”和“黄山”两个品牌，被中国企业品牌推进委员会审定授予中国著名品牌称号。

安庆石化总厂主要承担主业的油品输转、发电供热等业务，下辖热电厂、港储部、电仪部以及工程部等单位。拥有4台5万千瓦汽轮发电机组，3台锅炉，总装机容量为20万千瓦，具有年发电12亿千瓦·时、供热1 000万吉焦、供水24万吨/日的能力；年吞吐能力760万吨的油品码头、80万吨的卸煤码头，油罐区总库容为26.75万立方米。截至2005年底，职工总数3 352人，有各类专业技术人员944人，其中具有高级职称的80人，中级职称的441人。

2005年，安庆石化在炼油Ⅰ系列提前检修和化肥装置提前停工的情况下，累计加工原料油422.26万吨，生产合成氨13.10万吨、尿素18.06万吨、丙烯腈8.59万吨、腈纶7.86万吨，发电9.85亿千瓦·时。其中，原油加工量位于沿江中上游企业第二位；丙烯腈、腈纶等主要产品产量再创历史新高。安庆石化合计实现销售收入151亿元，创历史新高；上交税金8.64亿元。

2005年，安庆石化在困境中迎难而上，开拓奋进，在集团公司、股份公司的正确领导下，坚持“改革、调整、创新、发展”的工作方针，经受了石化行业从景气低谷到高峰、市场起伏跌宕的严峻考验，顶住了原油、煤炭资源紧缺、价格攀升和原油成品油价格严重倒挂的巨大压力，通过顽强拼搏，艰苦奋斗、坚持以市场为导向，精心组织生产经营，使得装置运行水平稳步提升，安全生产连续9年实现了“三个重大事故为零”的目标，连续3年荣获集团公司安全生产先进单位称号。通过加强预算控制，推进精细管理，大力推进降本压费，成本控制能力明显增强。改革改制工作成效显著，截至2005年底，安庆石化在册职工7 209人，全年累计减员达1 667人。

安庆石化油改煤工程自2004年3月现场开工以来，经过各参建单位的通力合作，工程建设总体顺利。截至2005年底，项目累计完成投资10.39亿元，占工程总投资的82%，预计工程可于2006年8月建成投产。炼油板块的炼油500万吨/年加工能力综合配套改造从项目批复到改造完成、一次开车成功，仅用了7个月的时间。

安庆分公司主要经济指标和产品产量见表1、表2。

（沈声松）

【油改煤工程建设全面展开】 2005年是安庆石化油改煤工程建设中至关重要的一年，也是工程进入设备安装高峰的一年。截至2005年12月底，EPC部分已完成工程总体进度的81.85%，自管部分已完成工程总体进度的90.5%。其中主电气室已于4月底建成授电，循环水、污水预处理系统的“三查四定”和整改工作已经结束，并于12月中交。整个工程的土建部分已基本完工，主要设备基本安装到位，现场的工艺管线、消防设施、电气、仪表的安装工作全面展开，部分单元单体试车工作也在积极筹备之中。此外，大规模的人员外出培训工作也已基本结束且取得较好的效果，开工技术资料编制工作基本完成，得到了总部及兄弟单位的一致好评，生产准备工作正按照总体网络节点扎实开展。预计该工程于2006年8月建成投产。

（尹朝阳）

油改煤工程现场

【炼油500万吨/年加工能力综合配套改造】 安庆分公司炼油500万吨/年加工能力综合配套改造项目主体包括催化裂化装置140万吨/年改造、延迟焦化装置150万吨/年扩能改造、液态烃脱硫及脱硫醇装置改造、污水汽提装置扩能改造、炼油Ⅰ系列循环水凉水塔更新扩能改造、炼油空压站扩建改造等内容，总投资9 989万元。该项目2004年11月—2005年2月陆续完成可行性研究报告评估，2005年4—8月完成各内容的基础设计审查，并于2005年底炼油Ⅰ系列跨年度检修中实施完毕，2006年1月陆续开工并一次开车成功。

该项目是一个投资省，见效快，充分挖掘装置能力，实现内涵发展的“短、平、快”项目，具有改造内容多、覆盖面广、任务重、时间紧等特点。项目投用后，可扩大安庆分公司炼油加工能力20%左右(80万吨/年)。炼油500万吨/年加工能力综合配套改造项目的成功投用，为安庆石化实现 2006 年奋斗目标奠定了良好的基础。

（汪 震）

【焦化原料结焦倾向快速测定及装置优化操作】 二次加工前，对减压渣油产品分布、结焦倾向、裂解难易程度进行评价，是科学调整焦化炉出口温度、循环比、注水量等关键工艺参数，提高延迟焦化装置经济效益的基础。该项目基于对焦化炉管结焦机理的研究，建立了消除反应历程差异影响、判断实验重复性、判断结焦因子测量精度的方法；完善了专用实验仪器，开发了配套处理软件，可 1—2 天测得油样的结焦因子。在国内第一次提出了利用结焦因子作为判断重油结焦倾向的依据，结合过程模拟优化软件，可为延迟焦化加热炉优化设计提供技术支撑。利用结焦因子概念，可对焦化炉炉管阻焦剂的作用效果进行快速评价。该项目于 2005 年 6 月 24 日通过了石化股份公司组织的技术鉴定。

（刘福洲）

【成功开发油品硫醇硫自动测试技术及仪器】 由安庆分公司于 2005 年 9 月主持开发的馏分燃料油品中硫醇硫自动测定技术及仪器，经九江石化、扬子石化、安庆分公司相关部门应用试验，及安徽省科技厅组织的专家现场测试，结果满意，于 2006 年元月 15 日通过成果鉴定。鉴定结论认为该成果达到了同类产品的国际先进水平。该成果在石化、炼油、油品销售行业有较好应用前景。

该成果包含了溶剂除氧、可调加液、精确滴定、开停搅拌、终点识别、结果报告等除取样之外所有分析步骤的自动化。该成果还具有以下特点：两段动态等量滴定并自动跳转，突跃点附近始终保持 0.02 毫升小体积滴定；带有屏蔽作用的组合硫醇硫三电极系统，明显改善电位稳定性和记忆效应；自动除氧、可调加液及开停搅拌，可连续进行 30—60 个样品测试；溶剂用完提示、硫醇硫结果超标报警、预留 LIMS 接口及在多个突跃点中正确识别硫醇硫终点，体现了人性化设计管理理念。该仪器已在江苏一家电分析仪器厂家批量生产。

（曾荣发）

【“腈纶溶剂色质致深原因及脱色方法研究”技术开发成功】 本技术由安庆分公司和浙江大学在石化股份公司科技开发部立项合作开发。通过认真分析安庆分公司腈纶部成品硫氰酸钠溶剂循环过程中杂质的积累状况以及杂质的结构解析，选择了一种绿色、高效且相对经济的凝胶色谱法脱色方法，在小试实验结果的基础上，又在安庆分公司腈纶溶剂回收装置现场建立了中试装置，开展了不同原料路线的工艺试验，取得了较好效果。该技术于 2005 年 6 月通过了石化股份公司组织的专家鉴定，鉴定结论认为该技术脱色效率和溶剂回收率均较高，而且工艺路线合理可行，排放废水中的硫氰酸钠含量极小，技术水平属国内领先，建议尽快开展工业化试验。

（郑学根）

【成本控制能力提升】 “十五”期间，安庆石化围绕生产经营的关键环节，通过加强预算控制，推进精细管理，抓好原油、煤炭等物资采购，落实生产优化和经营优化的各项措施，大力推进降本压费，使各项成本费用指标一直严格控制在总部下达的考核指标以内。2005 年，降本减费工作再创佳绩。物资网上采购率达到 77.77%，节约采购成本 1.07 亿元，节约物资采购资金率 7.16%。进口原油采购比总部同品质原油均价低 2.6 美元/桶，在总部低硫油采购中均价最低，降本 8 500 万元。增产高标号汽油、液化气、丙烯等适销对路的高附加值产品，直接增效超过 2 亿元。其中，高标号汽油占汽油比例达到 62%，同比提高 26 个百分点，增效 6 800 万元。积极争取地方政府支持和充分利用地方企业氢源，顺利实现化肥装置提前停工，不仅为“油改煤”生产准备赢得了主动，而且直接增效近 1 亿元。突出强化煤炭管理，积极争取调整上网电价，降低电网系统备用费，优化热电运行方式，入厂煤和入炉煤热值差由 800 千卡/千克下降到 298 千卡/千克，直接增效 5 000 万元以上，有效缓解了原油、煤炭价格上涨和成品油价格倒挂带来的生产经营压力。特别是代表炼油竞争力的吨油完全费用指标，2005 年在消化油品质量升级、装置大检修等因素后，为 184.21 元，比 2001 年的 240.21 元下降 56 元，企业的竞争力显著增强。

（沈声松）

【改革改制工作成效显著】 安庆石化进一步加大了改革改制工作的力度，并总体保持了企业大局的稳定，取得了较好成效。一是完成了合肥实华公司、监理公司、检安公司 3 家单位的改制分流，累计共有 11 家单位改制分流，共分流全民职工 1 704 人、涉及资产 1.06 亿元；同时还加快推进了华成、庆达、新源等单位的改制工作。二是完成了职大技校的移交，并对社区管理和业务职能进行持续整合。三是实施了办公室、计划、组织人事等部门的整合，开展了领导人员精简分流和首次全体处级领导人员竞聘上岗工作，深化了分配制度改革，启动了部分职务消费和福利制度改革。全年累计减员超过 1 600 人。截至 2005 年底，在册职工由 2000 年底的 12 778 人减少到 7 209 人，减员幅度达 43.58%。机关处室由 27 个减至 19 个；机关定员由 607 人减少到 365 人；在职处、科干部由 1 068人精简到 501 人。

（林　刚）

表 1　　安庆分公司主要经济指标　　亿元

指标名称＼年份	2005	2004	2003	2002	2001	2000
原油加工量/万吨	414.46	418.66	330.97	307.81	288.01	343.86
工业总产值①	140.71	117.78	28.11	26.27	24.69	28.67
炼　油	123.52	99.61	14.31	12.96	12.24	14.95
化　工	—	—	1.30	0.79	1.15	1.78
化　肥	2.91	5.84	3.23	3.76	3.51	4.00
化　纤	14.29	12.33	9.25	8.76	7.79	7.94
工业增加值	11.79	15.43	13.08	10.84	9.17	11.86
资产总计	49.23	47.42	41.17	44.92	48.50	51.80
流动资产	15.03	14.48	10.57	10.42	15.00	14.40
固定资产原值	70.34	70.36	73.14	70.80	68.75	66.90
固定资产净值	20.32	28.01	31.62	33.24	34.78	36.70
销售收入	139.85	116.12	83.15	66.44	64.70	83.60
实现利税	0.54	6.25	7.31	5.73	3.68	6.46
税　金	7.69	8.82	8.23	7.14	6.87	7.65

① 2000—2003 年数据按 1990 年不变价计算。

表 2　　安庆分公司主要产品产量　　万吨

产品名称＼年份	2005	2004	2003	2002	2001	2000
汽　油	85.98	86.97	71.90	66.86	63.29	79.38
柴　油	177.36	181.39	146.31	134.69	129.15	151.85
燃料油	8.30	10.04	2.19	7.44	5.67	10.68
化工轻油	33.91	35.94	26.01	21.24	15.09	18.57
液化气	29.78	27.29	22.57	18.87	18.40	20.38
石油焦	30.36	31.40	27.22	22.08	23.05	23.03
聚丙烯	3.84	3.68	2.42	1.51	2.52	3.28
合成氨	13.10	27.67	26.97	30.75	26.74	29.62
尿　素	18.06	40.73	39.44	46.15	42.49	48.48
丙烯腈	8.59	8.31	8.23	8.01	6.44	6.62
腈　纶	7.86	7.58	7.46	6.83	6.70	7.01

洛阳石化

【概述】 中国石化集团洛阳石油化工总厂(简称洛阳石化总厂)和中国石油化工股份有限公司洛阳分公司(简称洛阳分公司)统称洛阳石化，位于河南省洛阳市吉利区境内。2005年末有在岗职工4 789人，其中洛阳分公司4 056人，洛阳石化总厂733人。2005年元月，根据总部要求实行“一企一制”，洛阳石化总厂、洛阳分公司实现了机构、人员的融合。从5月23日开始，近万名检修队伍紧张工作53天，完成了按常规需要半年以上时间才能完成的检修任务，共完成检修项目7 377项、技措项目102项、更新项目119项。

2005年，洛阳石化面对原油价格居高不下，化工化纤市场波动较大的严峻形势，紧紧围绕“创新、改革、发展、提高”的指导方针，团结协作，奋力拼搏，经受住了各种困难的考验，全年累计加工原料油493.28万吨，其中原油458.26万吨，日加工量创历史新高；生产炼油产品447.71万吨，化纤产品45.57万吨，化工产品8万吨，实现了汽油质量升级；洛阳石化销售收入达到210亿元(其中分公司178亿元，非上市部分32亿元)，同比增长14%；实现税金5.35亿元，实现利润-7.34亿元。按照预算价格还原，洛阳石化总厂、洛阳分公司均完成了总部下达的效益指标。通过开展装置达标和专业达标活动，部分技术经济指标实现了新的突破。轻油收率74.54%，高附加值产品收率83.19%，综合商品率90.76%，加工损失率1.00%，原油途耗0.18%，储存损耗0.17%，炼油综合能耗75.09千克标油/吨，吨油完全费用172.46元。化纤、化工板块有10项技术经济指标较上年有所提高。

洛阳分公司、洛阳石化总厂主要经济指标以及洛阳分公司主要产品产量分别见表1、表2、表3。

(王明堂　于　玲)

【技术进步与产品开发】 2005年，洛阳石化借装置停工大检修之机，组织实施了一大批技改项目，尤其是常压装置适应含硫原油改造，70万吨/年重整技术改造，催化柴油加氢、汽油加氢技术改造，21.5万吨/年PX项目扩能改造，长丝差别化改造等，对消除生产瓶颈，优化工艺流程，满足产品质量升级换代及企业进一步发展，都具有十分重要的意义。通过开展提高高附加值产品产量和优化重油加工、降低商品重质油产率技术攻关等，解决了大量生产疑难问题。有效利用集团公司总部资金支持，积极推进新技术、新工艺、新产品的开发应用，按计划开展了24个集团公司级科研开发项目的研究工作，其中FDY设备生产POY产品技术研究、PTA装置精制母固回收新工艺研究、汽油在线优化调和系统等6项成果通过省部级鉴定。在巩固涤纶长丝原有品种质量、市场的基础上，成功开发了U型POY 175dtex/48f、129dtex/48f、FDY 110dtex/48f、75dtex/48f等差别化新产品，长丝差别化率达到57.31%。

(王明堂　于　玲)

【企业管理迈上了新台阶】 2005年，洛阳石化进一步完善和深化全面预算管理机制，较好发挥了预算对生产经营的指导作用。通过加强资金管理，保证了企业正常经营需要，降低了财务费用。全面实施内控制度，有效促进了企业管理水平的提高。自6月初开始，历经项目规划、设计、建设及测试、数据转换、培训等阶段，11月7日成功实现了ERP上线运行。结合化纤生产装置上市、机构融合等实际，及时对QHSE管理体系文件进行修订，保证了管理体系的持续改进和有效运行。通过整合各项管理考核体系，全面推行“一体化目标”管理，使其更加规范、科学。进一步夯实“三基”工作，健全组织网络，强化现代班组建设，先后举办了13期“三基”知识轮训班，培训各类人员653名。组织召开“三基”工作现场经验交流会，推行可控生产成本核算考核。完成了55个工种3 100多名职工的职业技能鉴定工作，为职工个人成长和发展开辟了广阔空间。群众性QC小组活动蓬勃开展，获得省市级成果奖17项。继续实施“管理创新工程”，有组织、有计划地开展管理创新工作，全年共申报管理创新项目36个，探索和解决了企业管理中面临的一些重大课题。

(王明堂　于　玲)

【企业改革稳步推进】 2005年，洛阳石化按照总部关于“一企一制”的总体部署，将化工、化纤主业资产重组注入上市公司，总厂、分公司实现了机构、人员融合。对机关和直属机构设置进行了调整，严格控制领导人员职数，开展了处级、科级领导人员竞争上岗，处级、科级领导人员分别精简25%、29%，干部人事制度改革取得重大突破。进一步深化分配制度改革，按照“三支队伍”建设的要求，建立了全新的岗位序列和薪酬分配体系。在对内部销售体系整合的基础上，配合完成了集团公司总部层面的化工销售体制改革。稳步推进改制分流和不良资产处置等工作，完成了三隆公司的改制分流；集体企业改制分流工作全面启动；商鼎公司、实华宾馆、科贸公司的改革重组工作初步完成；拉膜厂、宏达化纤厂、新友谊大酒店、利达公司等资产的退出工作也在有序进行。

（王明堂　于　玲）

【企业发展取得实质性成果】 2005年，洛阳石化认真落实集团公司与河南省合作发展协议精神，加大了有关项目的前期工作力度。常压装置改造项目在2月份获得总部批复，并在检修期间完成了改造。根据总部科技委专家组的咨询意见，进一步优化、完善了800万吨/年炼油装置改造和新建45万吨/年PX项目总体方案，组织开展了项目环境影响评价工作，编制完成了可行性研究报告。5月13日，石化股份公司副董事长王基铭来厂主持召开现场办公会，对项目建设的重大原则问题给予了明确。12月2日，油品质量升级改造第一阶段实施工程可研报告获得批复，项目总投资20.78亿元。

（王明堂　于　玲）

【精神文明建设取得新成绩】 2005年，洛阳石化按照集团公司党组和洛阳市委的统一部署，积极组织开展保持共产党员先进性教育活动，达到了提高党员素质、加强基层组织、服务人民群众、促进各项工作的预期目的。如期召开了洛阳石化第5次党代会，会议提出了“落实科学发展观，实施‘三步走’战略，为把洛阳石化建设成为国家中部地区特大型炼化一体化生产基地而奋斗”的口号，为企业改革发展指明了方向。通过加强职工培训，创新学习载体，不断开展岗位练兵和事故预案演练，引导职工争创学习型班组(科室)、争当知识型职工，使创建学习型企业活动不断向纵深发展。加强民主管理，搞好厂务公开，繁荣企业文化。经过5年的艰苦努力，《洛阳石油化工总厂志》正式出版发行。积极开展群众喜闻乐见的文体活动，丰富职工业余文化生活。切实关心职工生活和身体健康，开展了“向协议解除劳动合同困难职工献爱心”活动，对3 739名在岗职工进行了职业健康体检。在企业生产经营比较困难的情况下，积极争取总部的理解与支持，加大职工生活区隐患治理的力度，进一步完善基础设施建设，尽可能地改善职工生活环境。企业获得“河南工业突出贡献企业”等多项荣誉，涌现出了全国劳动模范宋克俊等先进模范人物。

（王明堂　于　玲）

表1　洛阳分公司主要经济指标　亿元

指标名称 \ 年份	2005	2004	2003	2002	2001	2000
原油加工量/万吨	458.26	520.87	456.86	433.55	423.95	410.17
掺炼外购原料油/万吨	35.02	18.33	24.90	21.84	18.88	11.17
工业总产值	184.26	140.05	105.60	86.42	55.48	35.92
工业增加值	3.36	10.69	10.38	12.55	10.66	9.89
资产总计	75.06	68.88	30.83	34.14	35.94	47.92
流动资产	24.07	17.57	9.33	10.37	11.12	21.88
固定资产原值	105.46	103.23	46.99	46.33	45.47	43.02
固定资产净值	57.86	47.94	20.96	22.63	24.20	24.53
主营业务收入	177.86	136.17	104.78	84.80	89.20	90.53
实现利税	-2.01	8.45	8.22	10.87	7.63	5.03
税　金	5.35	8.06	8.11	8.84	8.72	6.10

表2　洛阳石化总厂主要经济指标　亿元

指标名称 \ 年份	2005	2004	2003	2002	2001	2000
工业总产值	—	47.51	38.60	37.48	36.69	17.20
化　纤	—	29.26	25.54	26.93	23.73	3.09
化　工	—	11.37	8.75	7.01	7.70	9.59

续表

指标名称＼年份	2005	2004	2003	2002	2001	2000
塑　料	—	6.39	3.36	2.79	2.70	2.42
其　他	—	0.49	0.95	0.75	2.56	2.10
工业增加值	—	8.71	4.90	3.08	0.71	2.82
资产总计	6.01	16.48	49.86	66.42	67.96	71.80
流动资产	2.93	12.83	15.34	14.55	11.62	13.37
固定资产原值	3.11	4.64	58.97	56.55	55.02	50.05
固定资产净值	2.52	3.26	44.24	44.67	46.25	48.37
主营业务收入①	32.6	48.35	36.48	28.44	28.00	3.59
实现利税	0.53	4.65	1.55	1.34	-2.27	-0.93
税　金	0.83	2.21	1.55	1.34	1.00	0.07

① 2005 年主营业务收入包括所有非上市部分。

表 3　　洛阳分公司主要产品产量　　万吨

产品名称＼年份	2005	2004	2003	2002	2001	2000
90#汽油	50.19	44.00	58.12	68.21	71.76	78.74
93#汽油	32.49	48.25	37.21	31.76	22.40	20.34
97#汽油	11.16	8.88	4.49	1.62	—	—
3#喷气燃料	16.95	23.24	15.88	17.55	16.46	14.05
灯用煤油	—	0.34	—	—	0.07	0.53
分子筛料	18.75	18.01	15.16	19.59	13.85	8.40
0#柴油	133.12	163.71	147.38	131.77	142.55	114.86
-10#柴油	32.58	30.05	25.82	23.02	16.94	13.99
-20#柴油	—	0.00	—	1.46	—	—
+5#柴油	—	0.00	—	3.62	5.55	29.28
4#燃料油	5.99	2.26	1.01	—	—	—
化工轻油	19.60	20.20	19.98	47.02	54.48	49.04
溶剂油	1.94	1.97	0.98	—	0.01	3.28
商品重油	23.07	34.49	28.33	15.35	10.56	14.84
沥　青	10.69	6.13	0.23	—	—	—
液化气	29.37	34.33	33.29	30.75	29.76	28.06
丙　烯	8.79	9.90	9.34	7.48	7.20	7.58
丙　烷	0.06	0.03	0.06	0.01	0.02	0.06
石油酸	—	0.00	0.01	0.03	0.04	0.01
硫　磺	1.11	1.39	1.01	0.95	0.89	0.74
液　氨	0.10	0.08	0.09	0.09	0.06	0.04

续表

年份 产品名称	2005	2004	2003	2002	2001	2000
聚丙烯	9.64	10.46	10.76	9.1	8.49	7.14
聚丙烯(粉料)	1.64	1.83	1.96	1.71	1.46	—
双向拉伸薄膜	0.94	0.43	0.49	0.38	0.36	0.26
丙纶强力丝	0.63	0.63	0.44	0.34	0.32	0.22
纯　苯	10.42	8.50	6.32	4.47	6.37	3.90
对二甲苯	17.08	15.59	15.99	9.71	16.47	10.10
精对苯二甲酸	31.29	32.56	28.09	24.65	24.28	12.54
聚　酯	19.08	21.73	22.20	22.99	22.38	11.10
涤纶长丝	7.06	8.27	8.62	9.15	8.87	2.50
涤纶短纤维	9.23	10.06	10.03	10.39	8.14	1.24

荆门石化

【概述】 中国石化集团荆门石油化工总厂(简称荆门石化总厂)位于湖北省荆门市。荆门石化总厂始建于1970年，1969年11月随着江汉油田的开发，成立了五七油田会战指挥部第八分部，1970年5月第一套生产装置(常减压)破土动工。1972年五七油田会战指挥部第八分部撤销，成立荆门炼油厂，隶属石油部江汉石油管理局，1983年，划归中国石油化工总公司，1991年12月，更名为中国石化荆门石油化工总厂，1993年成为国家特大型企业，1998年11月，更名为现名。2000年3月企业重组改制为上市(主业)部分，中国石油化工股份有限公司荆门分公司(简称荆门分公司)和存续部分荆门石化总厂，统称荆门石化。2002年重组成立了润滑油荆门分公司。企业占地面积11.67平方千米。

荆门石化总厂下设15个直属单位，12个机关处室。截至2005年底，全厂职工总数为2 765人，其中各类专业技术人员769人，技术人员中具有高级职称的52人，中级职称的420人。荆门分公司下设22个直属单位，11个机关处室。截至2005年底，全公司职工总数为3 372人，其中各类专业技术人员840人，技术人员中具有高级职称的86人，中级职称的487人。润滑油荆门分公司职工总数140人。

截至2005年底，荆门石化总厂固定资产原值8.27亿元，净值4.69亿元；荆门分公司固定资产原值47.67亿元，净值21.41亿元。荆门石化有生产装置40套，其中燃料油系统16套、润滑油系统15套、综合利用7套、化工装置2套，是石化集团公司系统内加工手段比较齐全、生产灵活性较大的炼油化工企业之一。原油加工能力为500万吨/年，主要加工来自南阳油田和江汉油田管输进厂的原油，以及通过洪湖中转油港管输进厂的进口原油、海洋原油和通过铁路运输的新疆原油，能生产燃料油、润滑油、溶剂油、化工原料、石蜡、沥青、石油焦、液化气、聚丙烯等九大类100多个牌号的石油化工产品。

荆门石化主要经济指标及主要产品产量见表1、表2。

2005年，荆门石化各项工作取得新成绩。

安全环保总体平稳。未发生上报总部重大及以上事故，主要污染物得到有效控制，环境质量得到改善。

生产经营稳步发展。全年组织进厂原油及原料油397.18万吨，加工原油及原料油394.64万吨，生产商品总量363.24万吨；供新鲜水1 588万吨，供电4.68亿千瓦·时，供蒸汽69.46万吨；实现主营业务收入143.81亿元，其中，荆门石化总厂15.10亿元，荆门分公司128.71亿元；实现利税总额4.14亿元，其中，荆门石化总厂0.09亿元，荆门分公司4.05亿元。

主要技术经济指标得到提升。原油交接损失率为0.88%，同比下降0.02个百分点；炼油总能耗为97.17千克标油/吨，同比下降2.76个单位；综合商品率为92%，同比增加0.48个百分点；轻油收率为64.91%，同比增加2个百分点。

结构调整成效显著。调整原油结构，全年采购鲁宁原油148.39万吨，同比增长77.8%；同比减少采购海洋原油24.97万吨。优化资产结构，全年完成固定资产投资3.44亿元，改善资产质量，提高投入产出比。优化产品结构，多产适销对路、高附加值的产品，生产93#清洁汽油及93#乙醇汽油57.97万吨，占汽油总量的76.74%，同比增加13.96个百分点；生产液化气27.97万吨，-10#柴油5.83万吨，石蜡7.31万吨，聚丙烯13.61万吨；生产白油、橡胶填充油、特种蜡等系列产品10.60万吨，实现销售收入5.25亿元。

技改及检维修如期完成。建成投用钟荆原油管道，完成蒸馏2#装置改造，实现原油分输分炼，优化加工方案与流程，为充分利用石蜡基原油，扩大加工总量奠定基础。顺利完成CFB锅炉系统的检修及掺烧瓦斯改造，实现煤焦代油目标。建成投产100万吨/年柴油加氢装置，完成50万吨/年蜡油加氢装置和10万吨/年重汽油加氢装置改造，实现柴油质量稳定达标和汽油质量的升级目标。完成2套蒸馏、润滑油系统等10多套装置及系统的检修改造，成功实现API Ⅱ类120BS基础油的试生产。

降本增效成效明显。荆门石化37项降本增效项目实现效益1 500万元。成立CFB锅炉成本效益跟踪工作组，完善核算体系，加强成本监控，优化运行指标，实现长周期运行，发电2.55亿千瓦·时。加强物资采购招投标管理，加大网上采购比例，节约资金1 606万元。开展企业内部经济责任审计，完成30余项审计项目；开展17个效能监察项目，挽回经济损失405万元；对外创收2 614万元，同比增长26%。

深化企业内部改革。按照统一管理、精干高效的原则，精简二级机构11个，三级机构53个，精简中层领导干部70人，占中层干部总数的27.40%。实行基层管理的新模式，成立联合运行车间。完成内部分配制度改革工作，提高关键岗位和骨干人员收入，初步建立完善分配机制和竞争机制。完成机械厂、工程建设公司的改制分流工作。开展职务消费和福利制度改革工作。

内部管理持续加强。执行内控制度和全面预算管理制度，强化过程监控，严控成本费用支出；修订完善相关专业化管理制度。取得危险化学品生产企业安全生产许可证，制定并完善安全、环保、危险化学品的管理预案和突发事故应急预案，初步建立事故责任追究和行政责任追溯考核制度。加强"三基"工作，建成投用ERP、MES及实时数据系统。加强财务稽查、审计监控、纪检监察、安全监督等制度化、规范化建设，完善企业内部监督防范风险体系。

企业保持稳定局面。制定和落实维稳工作责任制，建立企业维稳工作的长效机制，加大扶贫帮困、扩大再就业等方面工作力度。企业获得全国群众体育工作先进单位和湖北省文明单位称号。

（周东平）

【技术改造与技术开发】 2005年，荆门石化实施重点技术改造项目5项，投资3.24亿元。主要有：①清洁燃料项目；②钟荆原油管线建设；③酮苯装置改造；④柴油加氢改蜡油加氢；⑤蒸馏2#装置改造。

全年完成技术开发项目10项，投资590万元。主要有：①DSZ降低汽油硫含量工艺应用及开发；②新一代重整预加氢催化剂RS-30应用；③特种溶剂油技术开发及工业应用；④溶剂脱沥青—延迟焦化组合工艺开发；⑤中间基润滑油异构降凝技术开发及工业应用。

（周东平）

【100万吨/年柴油加氢装置开工一次成功】 2005年4月，荆门分公司100万吨/年柴油加氢装置经过8个月的施工建设，生产出合格产品，实现装置开工一次成功。该装置主要通过优化换热工艺流程，将原混氢/生成产物换热器改成原料油/生成产物换热器，实际加工量为设计负荷的92%，原料油为催化柴油和焦化柴油的混合油，采用石油化工科学研究院新开发的RS-1000催化剂，经过催化剂装填、硫化和初活钝化后，生产出硫含量小于350×10^{-6}的合格柴油产品，满足欧Ⅲ排放要求，装置运行安全平稳，催化剂表现出良好的脱硫活性，脱硫率达到96%以上。

（周东平）

【50万吨/年蜡油加氢装置开车成功】 2005年6月，荆门分公司将原柴油加氢装置改造，增加了焦化蜡油自动反冲系统、精制蜡油水分离破乳剂注入系统、恢复汽提塔的使用及给整个装置介质温度小于55℃的管线增加伴热保温等4项技改项目。该装置主要加工焦化蜡油(CGO)、直馏蜡油(VGO)和丙烷脱沥青油的混合油，先后进行了氮气系统气密、催化剂干燥、氢气置换、催化剂硫化等，开车一次成功。装置运行后，能有效降低混合油中的硫、氮含量，为催化装置提供优质原料，实现汽油升级目标。

（周东平）

【酮苯轻套加工HVI 120BS取得成功】 2005年9月，荆门分公司酮苯轻套装置首次加工HVI 120BS原料，生产出含油小于0.1%的脱油蜡、倾点为-11℃的脱蜡油。该种原料具有黏度指数高、含油高的特点，通过对冷点稀释溶剂加入位置后移、降低溶剂冷点温度、控制结晶初期原料冷却速度及加强溶剂脱水等技术措施，改善脱蜡蜡饼的结晶状况，生产负荷稳步提高，过滤速度提高，产品质量达到受控状态，提高油蜡综合收率。该装置运行后，能提升企业生产高黏度指数润滑油基础油的能力，给重套工艺改造提供重要的参考数据，并给同行业加工同类原料提供成功经验。

（周东平）

【重整装置试用新型催化剂取得成功】 2005 年 10 月，荆门分公司重整装置对部分换热器、大型机组、反应系统流程进行了节能改造，试用新型 PRT－C/PRT－D 重整催化剂在新一周期的生产中开车一次成功。该种催化剂由石油化工科学研究院研发，具有反应效果好、反应空速高、结焦反应慢、周期长等特点，使用后将为企业生产优质汽油提供可靠保证。

（周东平）

【实现车用乙醇汽油调合组分油生产】 2005 年 11 月，荆门分公司全面启动车用乙醇汽油调合组分油从生产、调合到装车、出厂的全部工艺流程改造项目。该种车用乙醇汽油是在汽油中加入适量变性燃料乙醇形成的新型混合燃料，可以代替部分汽油，首批组分油的 17 项指标均达到国家 Q/SHR 010—2004 标准的要求，产品质量稳定可靠。该项目主要是从轻油罐区增加两条管线作为产品调合后的出厂流程，并铺设输送车用乙醇汽油组分到东宝山油库调合基地的专用管线，使荆门地区成为湖北省清洁燃料重要的生产基地和销售枢纽。

（周东平）

【钟荆原油管道建成投用】 2005 年 5 月，荆门分公司钟市到荆门原油管道全线贯通，全线分四标段施工，实现当年开工，当年建成投用。该项目是荆门石化实现 600 万吨/年加工能力的配套工程，输油量为 70 万吨/年，管道全长 75 千米，总投资 7 600 万元，设首站、中间加热站、末站、线路截断阀室各一座。该原油管道的建成，实现了江汉原油的单输单炼，满足了中国石化战略和资源配置的需要，保证了荆门分公司石蜡基原油的质量，为其在中南地区的润滑油和石蜡生产基地提供了优质资源。

（周东平）

【生产执行系统(MES)成功上线】 2005 年 3 月，荆门分公司 MES 系统完成软件开发、系统配置、系统测试、用户培训和客户化定制，以及网络改造、动态数据导入和系统试运行正式上线。10 月，实现单轨运行。该系统属石化股份公司的试点，委托石化盈科咨询服务，2004 年 10 月启动现场实施工作，项目主要是数据集成平台与核心数据库、装置校正、油品移动、统计平衡、公用工程、ERP 接口等 6 个功能模块。该系统能为生产管理提供全方位的业务技术支持，实现“日平衡、旬确认、月结算”目标，使得生产数据覆盖范围广、频度高、粒度细、精度准，对物流可视化跟踪与管理，优化生产调度，达到数据源统一编码与共享。

（周东平）

【实施锅炉反渗透(RO)浓水回收利用项目】 2005 年 7 月，荆门石化总厂下属动力厂实施节水减排—RO 浓水回收利用项目。RO 浓水是动力锅炉系统用水经过反渗透处理，滤除各种盐离子后含有高浓度盐离子的工业废水。该项目主要是通过回收 RO 浓水，进行二次反渗透过滤，加入阻垢剂、杀菌剂、酸碱等，从而提高水资源的利用率，降低废水排放量。该项目委托北京世博恒业公司进行设计，投资 30 万元，试运回收率达 74%，节水效果明显，经济效益显著。

（周东平）

【煤焦代油 CFB 锅炉竣工验收】 2005 年 12 月，荆门石化总厂煤焦代油 CFB 锅炉工程正式通过竣工验收。该工程是石化系统第一套采用国产化设备项目，总投资 1.86 亿元，包括 2 台 130 吨/时 CFB 锅炉、1 台 25 兆瓦双抽凝汽式发电机组、二级除盐水改造等。于 2002 年 12 月完成四通一平，2004 年 3 月中交试生产，建设周期 13 个月，先后通过生产考核标定、工程环保、劳动安全、职业卫生、消防、审计和档案等项目的专业验收，各项指标符合国家有关规定，工程达到设计要求。其竣工验收将为石化企业建设同类 CFB 锅炉提供借鉴。

（周东平）

【调整企业领导班子成员】 2005 年 1 月，石化集团公司党组成员、副总经理刘根元代表总部宣布调整荆门石化领导班子成员的决定：郑国华任荆门石化总厂党委书记，不再担任厂长职务；江寿林任荆门石化总厂厂长、荆门分公司经理；宁艳伶任荆门石化总厂党委副书记、纪委书记，并作为工会主席人选；增补杨勇刚为荆门石化总厂党委常委；姜国政任荆门石化总厂副厂长。

（周东平）

【改制分流机械厂和工程建设公司】 荆门石化总厂按照“严谨规范、积极稳妥、职工自愿、独立经营”的原则，稳妥推进改制分流工作。2005 年 3 月，荆门石化总厂机械厂通过实施改制分流方案，有序进行章程、相关协议的审查，124人与荆门石化总厂解除劳动合同，16人与原单位解除劳动合同，完成了炼化机械有限公司的工商注册登记。12月，荆门石化工程建设公司451人与荆门石化总厂解除劳动合同，59人与原单位解除劳动合同，注册登记成立湖北金石炼化建设有限公司。

（周东平）

表1 荆门石化主要经济指标 亿元

指标名称＼年份	2005	2004	2003	2002	2001	2000
原油加工量/万吨	394.64	367.37	333.66	305.51	298.42	338.03
工业总产值①	128.22	27.86	21.41	20.51	22.25	18.78
工业增加值	4.57	13.14	11.03	12.29	10.21	4.76
资产总计	40.25	41.57	38.44	38.66	46.26	35.20
流动资产	12.64	13.87	11.26	9.97	14.22	14.57
固定资产原值	55.94	52.95	53.38	52.36	57.28	34.34
固定资产净值	26.10	24.95	24.01	26.24	29.83	18.60
销售收入	144.76	106.10	88.29	94.73	78.84	70.77
实现利税	4.08	8.15	6.15	6.06	5.07	1.80
税　金	6.51	7.32	7.38	7.20	7.13	4.78

① 2000—2004年按1990年不变价计算。

表2 荆门石化主要产品产量 万吨

产品名称＼年份	2005	2004	2003	2002	2001	2000
汽　油	75.54	73.37	80.07	70.39	66.39	55.02
柴　油	164.17	143.34	124.41	116.98	114.23	117.39
煤　油	8.81	8.19	10.79	14.66	13.94	12.41
润滑油	—	—	6.17	6.79	7.07	6.02
重　油	2.55	10.16	9.89	7.32	7.03	12.12
石　蜡	7.03	9.40	5.29	5.66	5.51	4.27
沥　青	2.88	4.59	4.58	1.50	2.25	3.07
石油焦	31.38	18.91	16.83	16.94	16.60	13.17
聚丙烯	13.61	11.81	11.95	9.46	9.10	9.20

四川维尼纶厂

【概述】 中国石化集团四川维尼纶厂（简称四川维尼纶厂）位于重庆市长寿区境内的重庆长寿化工园区，工厂占地面积2.80平方千米，是全国惟一以天然气为主要原料生产化工、化纤产品的资源加工型企业。

四川维尼纶厂于1973年经国家计委批准建设，1974年破土动工，1979年投料试生产，1983年竣工投产。1995年12月，与英国bp公司合资成立扬子江乙酰化工有限公司（简称扬子江公司）。截至2005年底，主厂在岗职工3 507人，其中，各类专业技术人员1 145人，具有高级职称的79人，中级职称的582人。

四川维尼纶厂主要生产装置分别从英、法、德、日、美等国成套引进。2003年工厂自行设计建成天然气乙炔工程，使化工装置产能实现翻番。主要产品有甲醇、醋酸乙烯（VAC）、聚乙烯醇（PVA）、醋酸乙烯－乙烯共聚乳液（VAE）、白乳胶、甲醛、维纶纤维等。合资企业主要产品有醋酸、醋酸酯等。四川维尼纶厂系经 ISO 9001—2000 质量认证企业，主要产品在国际国内市场有良好的信誉和较大的市场占有率。PVA、PVA 高强高模纤维、PVA 水溶纤维是企业创汇的主要产品。

四川维尼纶厂在天然气化工技术方面位居全国领先地位，具有天然气制乙炔、乙炔生产 VAC、PVA 的技术输出和工程承包能力。四川、重庆地区丰富的天然气资源，有利于四川维尼纶厂天然气化工的资源优势、技术优势和人才优势得到充分发挥。

2005 年，四川维尼纶厂继续深化企业内部改革，完成最后一个改制分流单位职工医院的改制分流工作，电讯业务转交地方专业化公司实行市场化经营。按照石化集团公司总体部署，做好销售体制改革工作。渝怀铁路川维专用线建成并通过铁路专业竣工验收，VAE 扩能项目建设进入收尾阶段准备开车，合资的扬子公司 35 万吨/年醋酸扩能项目建成投产并通过竣工验收。充分发挥科技支撑作用，科研开发、技改项目、装备升级工作取得新成绩。组织开展了万吨级天然气部分氧化制乙炔装置和 5.5 万吨/年合成醋酸乙烯装置的工艺包开发。"3S"水溶纤维工业化试验建设项目正式启动。纺高强纤维用超高分子量 PVA 中试项目取得较好效果。乙炔法合成 VAC 新型催化剂工业试验、醋酸甲酯提纯中试、VAE 中试装置建设、卷烟专用 VAE 新产品开发、电池隔膜专用纤维开发等 10 个项目通过集团公司的技术鉴定。乙炔炉自动刮炭装置推广应用工作取得重要进展。完成集团公司下达的 2005 年电气系统隐患治理及电气设备更新工作。实施 9 个重大电气设备改造、9# 炉下级省煤器改造、汽机装置 DCS 改造等重点项目。精心组织，搞好安稳长满优生产。大力开展节水减排、节能降耗工作，水资源的回收、循环利用工作取得进展。加强产品质量管理，实施 PVA 专用料全程质量管理规定。开展 2005 年度内部质量体系审核工作，顺利通过中质协质保中心贯标认证监督审查。配合集团公司销售体制改革，搞好产品营销工作。调整营销策略，实现甲醇、甲醛产品全产全销，保持了客户份额和市场占有率。合理配置有限的资源，创造了 VAE 新品生产与销售的新纪录。

2005 年，四川维尼纶厂实现主营业务收入 24.98 亿元，其中出口创汇 3 380 万美元，实现利润 4.57 亿元，实现利税总额 6.35 亿元。主要生产经营指标再创历史新纪录，企业继续保持健康发展的良好势头。

四川维尼纶厂主要经济指标和主要产品产量见表 1、表 2。

（奚燕来）

【渝怀铁路川维专用线竣工验收】 渝怀铁路川维专用线全长 5.77 千米，辅轨长度 12.36 千米，其中包括两座隧道、一座大桥，石化集团公司批准工程建设费用为 1.68 亿元。该项目于 2002 年 5 月开始动工，2005 年 4 月工程及其配套项目全部施工完毕，5 月 27 日机车驶入川维站试压轨道，9 月 21 日通过成都铁路局组织的铁路专业竣工验收。渝怀铁路川维专用线的建成，将改变川维厂原有产品运输方式，优化了产品运输方案，缩短了产品运输距离，有利于大幅降低运输成本，缩短物资运输周期，提高产品市场竞争力和企业的经济效益，为四川维尼纶厂的发展创造了极为有利的条件。

（奚燕来）

【醋酸扩能项目建成投产】 醋酸扩能项目是四川维尼纶厂与英国 bp 公司合资成立的扬子江公司的三期工程，项目采用世界先进的 bp "CATIVA®" 技术，将合资公司一期工程 15 万吨/年醋酸装置通过扩能改造成 35 万吨/年醋酸装置，系中国规模最大的醋酸生产装置之一。醋酸扩能项目于 2003 年 9 月 26 日开始施工建设，新扩建醋酸装置于 2005 年 2 月 8 日投料试车，2 月 23 日产出合格醋酸；新建一氧化碳装置于 6 月 30 日引气试开车，7 月 6 日产出合格一氧化碳；7 月 17 日新扩建装置达到 102% 生产负荷。项目总投资 11.41 亿元，比批准工程建设概算节约 5 026 万元。12 月 19 日，醋酸扩能项目顺利通过了竣工验收。醋酸扩能项目的顺利建成投产，大大提高了合资企业的盈利水平和抗风险能力，也标志着四川维尼纶厂与英国 bp 公司的合资合作迈上了新的台阶。

（奚燕来）

【维美化工有限责任公司成立】 为落实石化集团公司工作部署，四川维尼纶厂与新疆美克化工有限责任公司合资成立了新疆维美化工有限责任公司。2005 年 7 月 11 日，合资公司成立暨合资合同签字仪式在新疆维吾尔自治区乌鲁木齐市举行。新疆维吾尔自治区人民政府副主席努尔兰·阿不都满金等地方领导和石化集团公司党组成员、副总经理刘根元等，以及四川维尼纶厂有关领导出席了签字仪式。此后，合资公司在新疆维吾尔自治区库尔勒市建设天然气乙炔工程项目实施工作顺利展开。

（奚燕来）

【全面完成改制分流工作和移交企业办社会职能】 四川维尼纶厂在完成对建安公司、维丰公司、工程公司、储运公司、检修公司、保安公司等 6 个单位的改制工作，以及川维中小学、公安移交地方工作的基础上，2005年又完成了最后一个改制分流单位川维职工医院的改制分流，以及电讯业务移交地方专业化公司经营的工作。经改制重组的重庆长寿化工园区医院于3月挂牌成立。12月28日川维厂与重庆电信有限公司正式签订了《通讯资产转让协议》，实现了电信业务的顺利交接。川维医院改制分流和川维电讯移交地方工作的完成，标志着四川维尼纶厂国有辅业部分改制分流工作全面完成，天然气化工核心业务以外的全部辅业从四川维尼纶厂退出。

（奚燕来）

【销售体制及公务用车管理改革】 2005年7月，四川维尼纶厂PVA、VAC产品销售业务移交股份公司化工销售公司广州分公司，并协助其做好产品售前售后服务、质量异议处理和产品营销工作，保证了PVA、VAC产品的正常销售。公务用车管理改革方案也于7月开始实施，除保留部分对外接待用车实行集中管理外，其余车辆经社会中介评估后，部分出售给物流公司小车服务中心经营，剩余部分实行竞标拍卖。

（奚燕来）

表1　　四川维尼纶厂主要经济指标①　　亿元

年份 指标名称	2005	2004	2003	2002	2001	2000
工业总产值②	19.36	14.10	11.31	11.01	10.55	12.27
化　工	15.82	12.25	9.71	8.70	8.33	8.37
化　纤	1.95	1.40	1.36	2.07	1.98	3.65
其　他	1.59	0.45	0.24	0.24	0.23	0.25
工业增加值	9.28	9.05	7.66	5.52	5.90	5.60
资产总计	31.46	30.27	29.20	27.63	25.74	24.41
流动资产	5.48	5.95	5.68	5.43	6.22	7.20
固定资产原值	30.74	30.69	24.88	26.48	26.24	25.88
固定资产净值	13.20	14.97	9.47	10.66	11.99	12.67
销售收入	24.84	19.42	14.77	12.89	12.02	11.44
实现利税	6.35	5.11	2.44	1.79	1.73	1.14
税　金	1.78	1.51	1.19	1.1	1.11	0.95

① 数据均不含合资企业。

② 2000—2004年按1990年不变价计算，2005年以2000年不变价计算。

表2　　四川维尼纶厂主要产品产量　　万吨

年份 产品名称	2005	2004	2003	2002	2001	2000
甲　醇	34.12	29.70	24.83	23.60	22.50	23.24
VAC	19.02	15.11	11.27	10.49	10.36	10.50
PVA	6.15	5.70	5.02	4.66	4.51	4.57
甲　醛	3.14	2.15	2.22	2.15	2.14	1.75
VAE	3.38	3.16	3.24	2.73	2.58	2.20
维纶短纤	1.14	0.94	0.79	0.77	0.60	0.56
醋　酸①	25.01	21.40	19.49	18.39	17.84	17.09

① 为合资公司产品。

九江石化

【概述】 中国石化集团九江石油化工总厂(简称九江石化总厂)前身为九江炼油厂，于1977年6月正式开工建设，1980年10月建成投产，1991年10月更名为中国石化九江石油化工总厂，1998年10月更名为中国石化集团九江石油化工总厂。2000年3月，根据集团公司重组改制统一部署，主业部分从原九江石化总厂分立而出，设立中国石化股份公司九江分公司(简称九江分以司)，存续部分保留九江石化总厂名称，统称九江石化。

重组后的九江石化总厂，主要承担主业的部分公用工程、检维修、建筑安装、后勤服务、教育培训、保卫安全、社区管理等业务，以及原有的多种经营业务。下辖三鑫总公司、建安公司、职介所等3家全资子公司，物业公司、力源公司、绿环公司、制袋厂等4家控股公司，以及供排水车间、教培中心和12个机关处室：办公室、综合处、财务处、组织部、劳动工资处、宣传部、工会、团委、保卫处、武装部、审计处、纪委(监察处)。截至2005年底，拥有固定资产原值5.54亿元。职工总数1 894人，其中各类专业技术人员464人，具有高级技术职称的23人，具有中级技术职称的281人。主要生产能力：1 200万条/年的编织袋生产线，4 000吨/时的供水系统，0.53万立方米油库容量，700立方米液化气罐，140辆铁路、汽运自备槽车等。

九江分公司占地面积4.2平方千米，地处长江与京九铁路交汇点，是京九线上惟一的大型石化企业，地理位置优越，交通便利。厂区距长江仅1千米。沿江设有6个5 000吨级泊位的自备油品码头，可直接对外轮开放。厂内铁路专用线与京九线等国家干线相连，产品可通过铁路发运到全国各地。截至2005年底，固定资产原值52.88亿元，净值27.75亿元；职工总数2 620人，其中各类专业技术人员645人，包括56名高级专业人员和360名中级专业人员；下设10个职能处室，下属车间作业部及直属单位24个(其中代管九江石化总厂车间2个)，主要生产装置有：常减压、催化裂化、焦化、催化重整、加氢精制、气体分馏、氧化沥青、甲基叔丁基醚(MTBE)、芳烃抽提、硫磺、聚丙烯、合成氨、尿素装置等。装机容量为4.6万千瓦的自备电厂并入华中电网；主要产品有：汽油、煤油、柴油、燃料油、沥青、液化气、精丙烯、苯类、溶剂油、聚丙烯、尿素等30个品种34个牌号。九江分公司已具有500万吨/年原油加工能力、52万吨/年尿素和10万吨/年聚丙烯生产能力，形成了炼油、化工、化肥配套生产和文化生活设施齐全的大型石油化工联合企业。

2005年九江石化继续开展“第三次创业”，以焦化、加氢等装置的建设为重点，使企业基本形成500万吨/年的原油综合配套加工能力，提升竞争实力。

2005年，九江石化生产经营实现新突破。全年实现销售收入138.78亿元，同比增加24.58亿元。其中，九江石化总厂实现主营业务收入17.95亿元，增加4.45亿元；九江分公司实现销售收入120.83亿元，增加20.13亿元。全年炼油加工量370.53万吨，生产聚丙烯12.57万吨，尿素45万吨。

2005年九江石化总厂实现税金及附加3 213万元，利润－1 787万元，比总部下达的限亏指标减亏13万元。由于原油价格与成品油价格严重倒挂，九江分公司利润出现了大幅亏损，实现税收6.5亿元，利润－3.44亿元，比总部下达的利润指标增亏3.84亿元，同比增亏3.08亿元。其中：炼油板块－4.22亿元(含财政补贴2.4亿元，处理不良资产465万元)，化肥板块0.78亿元(含日元汇兑收益2.06亿元，处理不良资产645万元)。

坚持科技进步与生产紧密结合，取得了一批重要技术成果。2005年技术改造项目45项，科技开发项目14项。汽油满足欧Ⅲ排放标准并增产液化气催化裂化工艺(MIP－CGP)工业试验、溶剂脱沥青—沥青制氨—脱沥青油进催化裂化组合工艺两个总部“十条龙”攻关项目顺利完成，分获集团公司科技进步一等奖和三等奖。9月8日实现ERP系统一次上线成功，成为当年系统内实施ERP项目首家上线的炼化企业；实验室信息管理系统(LIMS)11月1日正式上线，加快了分析数据的传递速度，提高了实验室管理效率；仪长原油管线九江段12月16日顺利输油进厂，仪长原油管线信息系统与管输油进厂同步投用。

2005年，九江石化荣获九江市优秀企业、江西省优秀企业、江西省利税突出贡献称号。通过“国家标准化良好行为”4A企业确认。

九江分公司主要经济指标和主要产品产量见表1、表2。

(吴　婕)

【年销售收入、炼油加工量和聚丙烯产量创新高】 继2004年销售收入突破百亿元大关后，2005年销售收入再创新高，九江石化实现销售收入138.78亿元，同比增加24.58亿元。其中，九江石化总厂实现主营业务收入17.95亿元，增加4.45亿元；九江分公司实现销售收入120.83亿元，增加20.13亿元。完成炼油加工量370.53万吨，增加3.53万吨，催化处理量202.87万吨，首次突破200万吨；生产聚丙烯12.57万吨，增加1.02万吨，创历史最好水平。

（吴　婕）

【仪长原油管道九江段投用】 2005年12月16日仪征—长岭原油管道工程九江段建成投用，对降低九江分公司原油运输损耗和成本，克服原油进厂受自然因素制约，促进原油进厂的经济运行和安全运行，发挥着重要作用。

（吴　婕）

【汽油满足欧Ⅲ排放标准并增产液化气的催化裂化工艺(MIP－CGP)获集团公司科技进步一等奖】 该项目由九江分公司任组长单位，石油化工科学研究院、镇海炼化股份公司、洛阳工程公司、齐鲁分公司等单位共同承担，是石化股份公司“十条龙”攻关项目，2005年7月23日通过股份公司科技部开发部技术鉴定。

九江分公司和镇海炼化股份公司的MIP－CGP工业试验标定结果表明，MIP－CGP技术在促进重油裂化、大幅度降低汽油烯烃含量的同时，明显提高了丙烯产率，具有显著的经济效益和社会效益。已申请中国发明专利11项，获授权7项，形成具有自主知识产权、能与国外公司竞争的高水平的核心技术。该技术可在中国石化的催化裂化装置上推广应用。

（吴　婕）

【率先建立化肥淡季储备制度】 九江分公司配合九江市政府，率先在全省建立了化肥淡季储备制度，2005—2006年度九江分公司淡季储备总量为3万吨，储备期半年，时间为2005年9月—2006年2月。待2006年春耕期间将储备的化肥投放市场，一方面能大大缓解肥源紧张局面，切实维护农民利益，赢得社会效益；另一方面能踏准化肥市场销售节拍，创造最佳经济效益。

（吴　婕）

【深化内部改革】 社区服务系统改革继续深化。物业公司改制分流初步方案基本形成；实华宾馆歇业整顿，为集团公司统一整合出售作好准备；加油站和油库移交、视频网络移交等工作正按照总部及地方管理部门的部署有序进行；启动了建安公司、力源公司、鑫乐公司等单位改制分流的前期工作。根据总部《关于进一步深化内部分配制度改革的指导意见》精神，开展了深化内部分配制度改革，初步建立了经营管理、专业技术、技能操作三支队伍的分配模式。

（吴　婕）

【定点扶贫工作取得阶段性成果】 修水县东港乡台庄村是九江石化2002—2005年新一轮扶贫开发工作的对口扶贫点。作为中央驻赣大型企业，九江石化一方面求生存，求发展，在市场经济大潮中全力拼搏；另一方面讲政治，顾大局，站在全面建设小康社会的认识高度，积极服从于国家开展扶贫工作的统一部署，把定点扶贫当作践行“三个代表”重要思想的具体体现，采取有力措施扶贫，取得阶段性成果。2002年以来，九江石化到扶贫点考察20人次，其中局级领导3人次，处级领导8人次；共计投入资金115万元，其中32万元用于建设希望小学，70万元投资建设山露菜加工厂。经过九江石化的帮扶，台庄村的基础建设设施明显有所改善，“造血”功能增强，人均收入逐年递增，企业扶贫工作受到省、市扶贫办和当地群众的充分肯定。

（吴　婕）

【向地震灾区捐款】 2005年11月26日，江西九江、瑞昌之间发生5.7级地震。此次地震造成13人死亡，300余人受伤。九江石化和江西省石油分公司代表中国石化，向江西瑞昌灾区捐款500万元，为地震灾区接收到的最大一笔单位赈灾善款。

（吴　婕）

【设立九江石化扶贫帮困基金】 为发扬互助互济优良传统，弘扬团结友爱精神，积极救助特困家庭、人员，构建九江石化和谐社区，2005年11月30日，九江石化建立“九江石化职工扶贫帮困基金”。扶贫帮困基金由职工捐款、行政拨款、工会及其他组织捐款筹集。其中九江石化行政一次性从职工福利费中拨款300万元，九江石化工会一次性从工会经费中拨款100万元，职工捐款所得资金26万元，其他组织捐款所得资金15万元。扶贫帮困基金救助对象为享受九江市最低生活保障线的九江石化特困家庭和特困人员(含协解人员)。

（吴　婕）

表 1 **九江分公司主要经济指标** 亿元

指标名称 \ 年份	2005	2004	2003	2002	2001	2000
原油加工量①/万吨	370.53	367.00	328.74	310.00	309.87	336.60
工业总产值②	121.18	101.43	22.84	21.33	19.99	20.36
炼　油	99.79	81.79	13.51	12.49	12.72	14.19
化　工	14.77	9.74	4.81	4.27	4.08	3.76
化　肥	6.62	9.90	4.50	4.57	3.19	2.41
工业增加值	8.69	15.06	11.72	10.76	8.96	9.68
资产总计	46.17	39.42	42.11	38.54	39.24	47.70
流动资产	14.96	10.09	12.33	7.77	11.58	11.58
固定资产原值	52.35	52.88	50.74	49.54	50.22	50.62
固定资产净值	24.83	27.75	28.17	29.72	30.09	35.19
销售收入	120.83	100.70	76.20	61.68	61.83	75.29
实现利税	3.06	7.22	5.32	5.24	5.06	5.16
税　金	6.50	7.60	7.38	6.93	6.90	6.71

① 2000 — 2005 年原油加工量中含原料油分别为 8.65 万吨、12.87 万吨、8.36 万吨、16.84 万吨、6.64 万吨、5.65 万吨。
② 2000 — 2003 年按 1990 年不变价计算。

表 2 **九江分公司主要产品产量** 万吨

产品名称 \ 年份	2005	2004	2003	2002	2001	2000
97#汽油	4.76					
93#汽油	54.93	33.23	18.73	9.14	9.03	13.56
90#汽油	26.41	46.65	58.38	64.16	61.73	68.19
柴　油	132.53	137.13	115.73	111.80	110.14	125.82
煤　油	4.67	5.34	5.08	4.08	0.73	2.36
3#航煤	1.70	2.11	2.20	1.80	1.48	2.08
燃料油	39.53	58.94	52.10	42.25	53.78	54.27
溶剂油	3.20	3.72	3.30	3.32	3.40	3.47
烷基苯料	0.4	…	2.20	1.07	1.60	1.18
液化气	26.90	21.91	19.79	17.73	18.92	16.92
沥　青	18.33	1.10	1.06	1.75	2.75	2.31
精丙烯	12.24	10.37	9.57	8.95	9.00	8.39
聚丙烯	12.57	11.55	10.87	10.36	9.72	8.57
苯　类	6.38	6.43	5.83	3.89	4.39	3.72
硫　磺	0.59	0.64	0.60	0.62	0.66	0.41
尿　素	44.96	59.83	57.27	58.01	40.50	30.69

湖北化肥

【概述】 中国石化集团湖北化肥厂(简称湖北化肥厂)、中国石油化工股份有限公司湖北化肥分公司(简称湖北化肥分公司)统称湖北化肥，位于湖北省枝江市，南濒长江，上游距三峡水利枢纽工程80千米，北临宜(昌)黄(石)高速公路，西接焦柳铁路，东距古城荆州40千米，占地面积160万平方米，生产装置是国家20世纪70年代引进的13套大型化肥装置之一。工厂1974年10月动工，1980年1月投产，截至2005年拥有30万吨/年合成氨、52万吨/年尿素的生产能力。1999年，湖北化肥厂根据集团公司重组上市的要求进行改制，于2000年3月划分为上市部分(湖北化肥分公司)和存续部分(湖北化肥厂)。截至2005年底，存续部分下设10个部门和12个直属单位，职工908人，固定资产原值为5.26亿元，工业总产值2.15亿元，主营业务收入0.23亿元；上市部分下设10个部门和8个直属单位，职工910人，固定资产原值为16.10亿元，工业总产值4.13亿元，销售收入6.20亿元。湖北化肥有各类专业技术人员562人，占职工总人数的32%，其中，具有高级职称的32人，中级职称的164人。

2005年，在高油价的压力下，湖北化肥抓住忠(县)—武(汉)线天然气过境机会，恢复原设计的天然气生产合成氨的工艺流程，组织煤代油改造项目建成前的过渡性生产。从4月开始，湖北化肥实现大幅减亏。全年累计生产合成氨24.38万吨，尿素36.79万吨，生产蒸汽201万吨，发电1.51亿千瓦·时，上网电6 350万千瓦·时。其中蒸汽、发电较上年分别增加了22.19%和4.34%。安全生产和各项环保指标达到总部的考核要求。煤代油改造进展顺利，累计完成项目总投资的88.20%，工程建设的安全、质量、进度和投资处于受控状态。在这一年，长江牌尿素商标连续5次被湖北省工商局认定为著名商标，产品获准国家质量免检。

湖北化肥分公司主要经济指标和主要产品产量见表1和表2，湖北化肥厂主要经济指标和主要产品产量见表3、表4。

(刘　焱)

【气代油改造项目开车成功】 湖北化肥分公司天然气代油改造项目2004年10月21日启动，于2005年3月17日生产出合格尿素，实现气代油装置安全开工、稳定运行。

(刘　焱)

【煤代油改造项目总体试车方案通过审查】 2005年8月17—19日，集团公司工程部会同股份公司化工事业部、安全环保部及相关企业对湖北化肥分公司煤代油改造工程总体试车方案进行审查。审查认为，湖北化肥改造工程总体试车方案符合集团公司《建设项目生产准备与试车规定》的编制要求，试车目标、主要控制点明确，试车计划基本合理，物料、动力、燃料平衡方案完整，方案基本可行。

(刘　焱)

【ISO 9001:2000质量管理体系建设启动】 2005年6月13日，湖北化肥成立ISO(国际标准化组织)质量管理体系推行领导小组，同时成立ISO质量管理体系联络小组。6月22日，湖北化肥ISO 9001：2000质量管理体系建立工作启动，聘请深圳康达信管理咨询公司高级顾问到场授课，并指导企业完成认证咨询工作。11月28日，湖北化肥分公司ISO 9001质量管理体系文件成型。

(刘　焱)

【ERP(综合资源计划)建设工程全面启动】 2005年10月18日，湖北化肥分公司召开ERP建设工程动员会，ERP建设工程全面启动。湖北化肥作为总部2006年全面实施ERP的单位，此前派员参加了由集团公司组织的ERP培训。湖北化肥ERP系统的设计、数据采集、系统完成由石化盈科公司担任，12月，湖北化肥完成ERP系统的组织构架。

(刘　焱)

【动力站项目获湖北省发改委认可】 湖北省发改委于2005年6月17日就湖北化肥厂动力站项目上报国家发改委要求予以确认，11月14日，湖北省发改委以鄂发改能源[2005]490号文正式对湖北化肥厂动力站项目予以认定。湖北化肥厂动力站始建于1998年底，2000年6月建成投产并运行良好，电力电量上网与湖北省电力公司签订并网经济协议，热电联产资格在2004年得到湖北省经委的认定。

(刘　焱)

【动力站二期扩建工程正式启动】 湖北化肥厂为满足湖北化肥分公司煤代油改造后的生产需要，弥补全厂热电负荷缺口，提高企业整体效益，经集团公司批准，动力站二期扩建工程于2005年12月20日动工，即在原“两炉一机”的基础上新增一台220吨/时高压煤粉锅炉，一台2.5兆瓦的双抽汽轮发电机组，另外配套建设3台锅炉的烟气脱硫设施，工程预算投资 1.77 亿元。截至 12 月 31 日，已完成投资 3 300万元。

（刘　焱）

【罗尚成获湖北省五一劳动奖章】 在由湖北省总工会、湖北省发改委、湖北省劳动和社会保障厅等 13 家单位联合发起的“创优质、创高效、保安全”为主题的湖北省重点项目劳动竞赛活动中，湖北化肥分公司“煤代油”改造工程被列入重点项目参加竞赛活动，项目部主任罗尚成获湖北五一劳动奖章。

（刘　焱）

【长江牌尿素获准国家质量免检】 2005 年 12 月，湖北化肥分公司长江牌尿素产品经国家质量监督检验检疫总局批准为免检产品。

（刘　焱）

表 1　**湖北化肥分公司主要经济指标**　亿元

指标名称 \ 年份	2005	2004	2003	2002	2001	2000
工业总产值①	6.25	4.22	1.54	2.13	1.38	1.82
工业增加值	0.50	－1.53	0.25	0.41	0.27	0.32
资产总计	13.54	9.71	4.01	4.70	5.53	10.07
流动资产	1.01	2.19	1.93	3.28	3.38	6.99
固定资产原值	16.10	15.53	15.35	15.35	15.32	15.20
固定资产净值	1.52	0.98	0.81	1.18	2.10	3.02
销售收入	6.20	4.22	2.34	3.04	3.09	3.52
实现利税	0.08	－1.87	－1.89	－1.67	－1.94	－3.12
税　金	0.05	…	…	…	0.04	…

① 2000 — 2003 年按 1990 年不变价计算。

表 2　**湖北化肥分公司主要产品产量**　万吨

产品名称 \ 年份	2005	2004	2003	2002	2001	2000
合成氨	24.38	18.04	11.51	15.66	10.17	13.14
尿　素	36.79	31.13	19.59	27.06	17.57	23.11

表 3　**湖北化肥厂主要经济指标**　亿元

指标名称 \ 年份	2005	2004	2003	2002	2001	2000
工业总产值①	2.07	2.14	0.65	1.02	0.68	
工业增加值	0.26	0.30	0.14	0.16	0.10	
资产总计	4.56	4.67	4.83	4.81	5.21	5.64
流动资产	0.31	0.48	0.50	0.50	0.55	1.46
固定资产原值	5.26	5.28	5.43	4.97	4.87	2.04
固定资产净值	4.06	4.10	4.24	3.94	3.91	1.15
销售收入	1.66	2.37	0.91	0.99	0.52	0.26
实现利税	－0.11	－0.20	－0.11	0.02	－0.19	－0.12
税　金	0.12	0.13	0.03	0.02	0.02	－0.01

① 2000 — 2003 年按 1990 年不变价计算。

表 4 **湖北化肥厂主要产品产量**

年份 / 产品名称	2005	2004	2003	2002	2001	2000
蒸　汽/万吨	201.16	164.63	146.73	152.52	47.62	32.87
电/万千瓦·时	15 081	14 454	9 486	12 388	3 748	—

石家庄炼化

【概述】 中国石化集团石家庄炼油厂(简称石家庄炼油厂)位于河北省石家庄市东郊，始建于 1978 年。1983 年建成投产。1997 年石家庄炼油厂作为独家发起人，通过资产重组，采用局部改制方式，以炼油化工主体资产投入，募集资金发起设立中国石化石家庄炼油化工股份有限公司(简称石家庄炼化股份公司)，注册在河北省石家庄市高新技术产业开发区。石家庄化纤有限责任公司(简称石家庄化纤公司)是河北省政府与石化集团公司于 1997 年 5 月 18 日合资设立，依托石家庄炼油厂合资建设了 5 万吨/年已内酰胺工程。以上 3 家单位统称石家庄炼化。

截至 2005 年底石家庄炼化共有职工 2 900 多名。

石家庄炼油厂主要由文教、社区后勤服务和油品储运等辅助生产系统组成。

石家庄炼化股份公司主要包括 500 万吨/年常减压装置、200 万吨/年催化裂化装置(2 套)、80 万吨/年焦化装置等 20 余套炼油化工生产装置。主要产品有汽油、柴油、航空煤油、液化气、聚丙烯等 18 个品种 25 个牌号。其中 0# 柴油、3# 喷气燃料、聚丙烯等石油化工产品获省优质产品称号，-10# 轻柴油、90# 汽油获部优质产品称号。

石家庄化纤公司主要包括 6.5 万吨/年已内酰胺装置和 2.5 万吨/年锦纶装置。主要产品有己内酰胺、苯甲酸、六氢苯甲酸、聚酰胺切片、锦纶长丝、塔夫绸、牛津布、硫铵等。

2005 年，石家庄炼化在国际原油价格大幅上涨，国内成品油宏观调控价格倒挂，化工市场波动起伏，煤炭、电力、运输形势紧张等不利因素的影响下，按照总部提出的“保安全、保市场、保稳定、增效益”的方针，全体干部职工团结一致，奋力拼搏，取得了较好的生产经营业绩。

炼油实现了第三个“三年一修”，并对炼油装置实施了 500 万吨/年扩容改造。全年加工原油 362.23 万吨，同比增加 34.49 万吨。生产上优化产品结构，积极增产高附加值产品，全年实现轻油收率 77.37%，同比降低 0.97 个百分点；综合商品率 92.15%，同比提高 0.47 个百分点；原油加工损失率 0.98%，与上年持平；原油途耗 0.13%，同比降低 0.05 个百分点，原油储耗 0.15%，同比上升 0.05 个百分点；综合能耗 83.46 千克标油/吨，同比降低 0.76 个单位；单位完全费用 175.54 元/吨；实现销售收入 118.93 亿元，同比增加 32.04 亿元；实现利润 -6.82 亿元，同比降低 7.63 亿元。

化纤紧紧抓住化工市场好转的良好机遇，生产装置实现了高负荷稳定运行。全年生产己内酰胺 6.88 万吨，硫酸铵 26.44 万吨，聚酰胺切片 1.80 万吨，苯甲醛 0.31 万吨；现金操作费用为4 141.92元/吨，高于总部下达指标 536.92 元/吨；单位完全加工费用为 1 722 元/吨，优于下达指标 136 元/吨；全年实现销售收入 15.71 亿元，同比增加 2.63 亿元，扭转了连年亏损的被动局面，从投产以来首次实现盈利 1.21 亿元。

石家庄炼油厂积极推进改制工作，按计划完成了工建公司、监理公司和物业公司的改制分流，全年实现主营业务收入 2.53 亿元，同比减少 4 867 万元；亏损3 929万元，比总部限亏指标低 870 万元。

石家庄炼化股份公司主要经济指标和主要产品产量见表 1、表 2，石家庄化纤公司主要经济指标和主要产品产量见表 3、表 4。

(刘文征)

【炼油实现第三个“三年一修”，完成了 500 万吨/年扩容改造】 石家庄炼化股份公司从 2002 年 5 月到 2005 年 5 月实现了第三个“三年一修”的目标。2005 年 5 月 1 日到 6 月 28 日，围绕提高汽柴油产品质量、消除安全隐患和装置瓶颈，组织进行了装置第三次“三年一修”。重点实施了常减压设备更新、1# 催化 MIP 改造、2# 气分装置扩容改造、1# 催化装置能量回收机组改造、焦化 80 万吨/年消除瓶颈改造、110 千伏变电站电气设备更新改造等技术改造项目。改造完成后，炼油具备 500 万吨/年加工能力，产品质量达到新标准要求，装置安全可靠度和运行水平得到进一步提升。

这次装置停工检修改造是石家庄炼化股份公司成立以来规模最大的一次，涉及所有装置和系统，1#

联合常减压催化裂化装置、焦化装置、动力站等区域的关键设备、重点部位都作了大的改动。动用大型机具60多台，总吨位达到1.08万吨，投入资金近5亿元，时间仅用63天。

（刘文征）

【ERP系统成功上线，实现了企业组织行为系统化】 石家庄炼化股份公司ERP项目于2005年4月5日正式启动。公司抽调业务骨干组成ERP项目组，并出台了运行管理制度、应急方案、票据流转说明、技术支持方案等配套文件，完成流程设计416个，开发增强报表接口程序94个，收集数据(包括设备、物料、供应商、客户、财务、物资、定额管理等)100多万条；编写用户手册27册，培训讲义43个，共100多万字，培训人员1 000多人次，并于11月1日上线运行，为企业实现组织行为系统化、经营业务程序化、企业管理精细化、获取信息实时化提供了基础保障。

（刘文征）

【合理化建议活动促进企业科技进步】 2005年石家庄炼化共申报合理化建议1 225项，其中公司级合理化建议405项，车间级合理化建议820项。全年完成精馏与熔融结晶耦合技术提纯辛基酚、甲苯法生产苯甲醛技术开发等10项科技成果的申报工作。其中已内酰胺5改6.5技改项目荣获集团公司科技进步二等奖，降低催化裂化汽油硫含量助剂的开发与工业应用、甲苯法生产苯甲醛技术开发等项目获集团公司科技进步三等奖。特别是将石油化工科学研究院的科研成果成功应用于化纤已内酰胺装置"非晶合金催化剂和磁稳定床反应工艺的创新与集成"获得国家技术发明一等奖，并使装置在成本降低的同时，产品质量得到提高，为企业扭亏为盈发挥了重要作用。

（刘文征）

【石家庄化纤公司结束了连年亏损的历史，首次实现年盈利1.2亿元】 石家庄化纤公司在经历了连年亏损的困难形势后，2005年首次实现年盈利1.2亿元。这是石家庄化纤公司发展史上又一个新的里程碑和历史性转折点。

（刘文征）

【改制分流工作稳步推进】 企业坚持依法合规、规范运作，积极稳妥推进改制分流工作。工建公司和监理公司两单位的改制分流工作自2004年7月正式启动以来，经过方案制定、职工大会表决、资产评估、选举等一系列程序，于2005年4月28日正式创立挂牌，成功改制。在此基础上，加快物业公司的改制分流步伐。2005年8月29日召开参加改制职工大会，通过了改制分流初步方案，9月16日召开第一次改制股东大会，选举产生了第一届董事会和监事，12月21日总部批复实施方案，2006年1月19日正式挂牌。同时为加快集体企业的改制分流工作，根据原实业公司人员多，资产少的情况，于2005年7月对实业公司进行了重组，将实业公司和石灵碳素公司整合成立新的实业公司，为实业公司下一步改制分流奠定了基础。

（刘文征）

表1　石家庄炼化股份公司主要经济指标　　亿元

指标名称＼年份	2005	2004	2003	2002	2001	2000
原油加工量/万吨	362.23	327.74	266.05	243.35	265.02	280.90
工业总产值①	118.75	87.36	16.53	14.23	14.82	16.47
工业增加值	－1.66	8.33	7.83	6.13	7.92	4.33
资产总计	32.01	30.07	25.64	27.54	29.44	31.11
流动资产	18.91	18.91	15.18	15.22	17.27	15.73
固定资产原值	25.72	23.93	21.79	21.64	19.30	17.33
固定资产净值	12.63	10.55	9.56	9.94	9.70	8.55
销售收入	118.93	86.89	60.17	47.74	51.92	57.66
实现利税	－1.93	6.39	5.94	4.26	5.20	2.39
税　金	4.90	5.58	5.17	4.07	4.97	4.20

① 2000 — 2003年按1990年不变价计算。

表 2　　石家庄炼化股份公司主要产品产量　　万吨

产品名称＼年份	2005	2004	2003	2002	2001	2000
汽　油	74.34	73.23	61.78	52.99	59.28	67.68
煤　油	11.94	11.83	11.43	8.71	9.15	12.69
柴　油	160.17	146.11	107.67	98.45	108.67	110.90
燃料油	6.95	3.81	9.95	9.02	3.58	8.80
液化气	16.94	14.63	13.02	11.26	12.10	12.98
硫　磺	1.42	1.34	0. 91	0.80	0.71	0.48
精丙烯	7.68	5.88	4.95	4.30	5.22	6.57
聚丙烯	4.56	3.92	3.29	2.69	3.05	4.34
石油焦	17.67	16.30	11.83	13.02	15.98	13.42

表 3　　石家庄化纤公司主要经济指标　　亿元

指标名称＼年份	2005	2004	2003	2002	2001	2000
工业总产值①	15.37	13.07	9.45	5.02	2.64	5.82
工业增加值	3.65	1.68	-1.45	-1.68	-3.32	-0.40
资产总计	15.41	15.50	27.51	31.19	33.45	35.54
流动资产	3.35	3.04	3.46	1.99	1.38	2.13
固定资产原值	36.18	36.26	35.76	35.50	34.94	33.22
固定资产净值	24.29	25.28	26.23	28.31	30.87	31.25
销售收入	15.71	13.08	7.70	4.10	2.03	4.59
实现利税	2.29	-10.37	-6.82	-3.96	-4.76	-2.60
税　金	1.09	0.54	0.06	0.01	0.01	0.09

① 2000—2003 年按 1990 年不变价计算。

表 4　　石家庄化纤公司主要产品产量　　万吨

产品名称＼年份	2005	2004	2003	2002	2001	2000
己内酰胺	6.88	6.91	5.74	3.04	1.61	3.51
硫　铵	26.44	26.84	22.42	11.99	6.42	14.78
苯甲醛	0.31	0.26	0.10	—	—	—
聚酰胺切片	1.80	2.48	2.32	0.96	0.27	—

济南分公司

【概述】 中国石油化工股份有限公司济南分公司(简称济南分公司)原为中国石化集团济南炼油厂生产主业部分，始建于 1971 年，1975 年投产，1983 年划归中国石化总公司，1998 年留转至石化集团公司，2000 年根据重组改制方案，企业进行主辅分离，主业即进入石化股份公司，成为济南分公司。

济南分公司位于山东省济南市历下区，占地面积 2.4 平方千米，距市中心 11 千米，地处胜利、中原两大油田之间，自备铁路与胶济线相连，厂区南北有济王路、309 国道和济青高速公路，距济南遥墙国际机场 15 千米，地理位置优越，交通运输四通八达。

截至 2005 年底，济南分公司固定资产原值 38.03 亿元，具备 500 万吨/年原油综合加工配套能力，拥有常减压蒸馏、重油催化裂化、延迟焦化、催化重整、柴油加氢精制、丙烷脱沥青、糠醛精制、酮苯脱蜡、白土补充精制、气体分馏、甲基叔丁基醚、聚丙烯等 32 套主要生产装置，可生产汽油、煤油、柴油、液化气、石油焦、聚丙烯、硫磺、润滑油基础油等 50 余种产品，产品出厂合格率始终保持 100%。截至 2005 年底，济南分公司职工人数为 1 874 人，其中各类专业技术人员 507 人(高级职称 118 人，中级职称 259 人)。

2005 年，由于国内原油和成品油价格倒挂，炼油企业生产经营形势十分严峻。面对不利的外部环境，济南分公司干部职工坚定信心，积极应对，用扎实的内功克服外部困难，保安全、抓管理、调结构、保市场，忠实履行了国有企业的政治责任和社会责任，以优异的工作成绩促进了企业健康和谐发展。2005 年，济南分公司加工原油 409.39 万吨，首次突破 400 万吨大关，同比增长 8.51%；实现销售收入 131.43 亿元，同比增长 33.85%。

济南分公司以市场为导向，依靠技术进步和科学管理，充分发挥内部灵活的联动机制，坚持围绕“多产汽柴油保市场，增产高附加值产品保效益”的思路，不断加快产品结构调整步伐。2005 年，液化气产量同比增长 21.67%；聚丙烯产量同比增长 18.86%；高标号汽油占汽油总量的比例同比增长 32.88 个百分点；化工轻油产量同比增长 27.98%，取得了良好效益，结构调整效果显著。企业积极倡导精细理念，深入开展“精细管理年活动”，不断推进降本压费，挖潜增效。主要经济技术指标全面改善，综合商品率为 91.29%，同比提高 0.98 个百分点；综合能耗 77.97 千克标油/吨，同比下降 3.87%；吨油完全费用 193.39 元，较年初目标值低 5.61 元。并再次获得石化集团公司及济南市安全生产先进单位称号。

在抓好生产经营工作的同时，济南分公司不断加强精神文明建设，取得了丰硕成果。2005 年，企业先后获得全国文明单位、全国企业文化建设优秀奖、全国创建和谐劳动关系模范企业、山东省省级文明单位等荣誉称号。10 月 19 日，第 6 次工会代表大会召开，进一步增强了企业干部职工的战斗力、凝聚力。

济南分公司主要经济指标和主要产品产量见表 1 和表 2。

（邓顺平）

【原油加工量突破 400 万吨】 济南分公司认真执行石化股份公司原油配置计划，从资源落实到原油进厂，从原油加工到组织出厂，都按时足额完成配置计划指标，努力使有限的资源发挥出最佳效益。2005 年 12 月 23 日，原油加工量首次突破 400 万吨。全年累计实现原油进厂 419.49 万吨，加工 409.39 万吨，企业加工规模迈上了新的台阶。

（邓顺平）

【临济原油管道工程建设开工】 2005 年 10 月 28 日，临济原油管道工程建设开工仪式隆重举行。临济原油管道始于临邑，终点济南，直径 377 毫米，全长 74 千米，是石化集团公司华北管网建设的重要工程，也是东(营)—临(邑)原油管道向济南分公司延伸的又一动脉线。该条管线建成后，不仅能够解决济南分公司原油的运输瓶颈问题，而且能够实现原油从临邑鲁宁首站直接输送至厂，实现临商原油、胜利原油和进口原油的分输分炼，创造资源利用的最佳效益，对企业降低资源成本、扩大原料来源具有十分重要的作用。

（邓顺平）

【鲁皖成品油管线建成投用】 2005 年 12 月 31 日，鲁皖成品油管线投油运行，标志着管线建设圆满结束，成功投用。鲁皖成品油管线北起齐鲁首站，南至安徽宿州末站，全长 763 千米，设计输油能力 655 万吨，沿途设齐鲁、济南两大注入站。鲁皖成品油管线的建设对济南分公司意义重大，能够有效缓解成品油出厂对铁路运输的过度依赖，解决成品油外运能力不足的瓶颈，进一步拓宽产品市场渠道。

（邓顺平）

【生产执行系统(MES)完善项目上线运行】 2005 年 4 月 6 日，济南分公司 MES 完善项目成功上线运行。该项目在原有 MES 系统基础上实施，对现有生产信息系统补充完善了物料平衡数据管理、公用工程信息管理、物流信息图形化展示和生成 ERP 接口数据。项目上线后，可为 ERP 提供数据支撑，实现油品罐区的自动化管理和装置数据的自动校正，为企业公用工程信息提供平衡管理工具，实现企业数据和应用集成，进一步提高生产管理的信息化、自动化水平。

（邓顺平）

【ORION系统建设启动】 2005年11月22日，济南分公司召开炼油生产调度系统(ORION)项目开工会，向信息管理技术的应用迈出新的一步。该项目是一套炼油专业实现生产实时调度的智能系统，能够根据生产计划、生产情况和库存情况制定最佳生产方案，对未来30天内的物料平衡、产品质量、产品结构进行预测，实现生产流程最优化、经济效益最大化，提高工作效率。这一系统的应用实施，将改变传统的管理模式，进一步提高企业的信息化管理水平。

（邓顺平）

【全面预算管理及生产经营监控系统通过验收】 2005年8月31日，由济南分公司与石化股份公司炼油事业部、石化盈科共同开发的全面预算管理及生产经营监控系统顺利通过验收，并作为模板之一在石化系统各企业推广应用。该系统将ERP系统数据直观、有序地反映出来，使复杂的工作简单化，极大地方便了决策层和管理层应用。同时，通过对预算指标进行在线监控，管理层可以实时了解企业运营状况，强化各级领导和广大职工的责任意识，促使管理者自觉查找不足，及时发现和解决生产经营中存在的问题，进一步增强预算管理的控制力度，确保成本和费用处于可控状态。

（邓顺平）

【通过2000版质量体系监督审核】 2005年9月27日，北京三星九千质量认证中心对济南分公司的质量管理体系进行了监督审核，监审的范围包括燃料油、石油焦、聚丙烯树脂、沥青产品的设计开发和生产及硫磺产品生产所涉及的单位、人员和场所；目的是评价济南分公司质量管理体系持续的符合性和有效性。认证专家组于9月29日召开了监审末次会议，认为济南分公司最高管理者具有较强的顾客意识和市场意识，出厂产品质量合格率持续保持100%，质量管理体系符合GB/T 19001—2000标准的要求，运行持续有效，审核顺利通过。

（邓顺平）

【获全国实施卓越绩效模式先进企业特别奖】 2005年9月20日，中国质量协会授予济南分公司全国实施卓越绩效模式先进企业特别奖。济南分公司紧紧围绕"用户至上、诚信在先"的质量方针，切实加强全面质量管理，使质量控制覆盖并贯穿于生产经营的全过程。高质量的产品和良好的信誉使济南分公司在区域市场内享有较高的评价。鉴于济南分公司已连续3年获得全国质量效益型先进企业称号，根据有关规定，中国质量协会决定授予济南分公司全国实施卓越绩效模式先进企业特别奖。

（邓顺平）

【责任文化全面启动实施】 2005年4月18日，济南分公司召开责任文化全面实施启动大会，标志着责任文化建设工程进入执行阶段。济南分公司对企业成立30多年以来的文化传统和文化积淀进行了系统挖掘、概括和提升，构建了以责任理念为核心、具有典型石化行业特色的责任文化体系，并从中概括确立了"责任炼就事业"的企业精神、"负责、高效、务实、进取"的核心价值观，以及企业使命、企业愿景和相应的语言、形象标识，加快并实现了企业文化建设由零散到系统，由潜在到现实的进程，为企业发展注入了"灵魂"，给职工提供了统一的价值取向和行为规范。在生产过程和经营管理活动中，济南分公司按照责任文化的理念和要求，着力打造责任型领导班子、责任型职工群体、责任型产品和责任型企业，把责任文化变成企业的管理行为和职工的岗位行为，促进了生产经营的开展和管理水平的提高。由于企业文化建设工作成绩突出，11月5日，中国企业联合会、中国企业家协会授予济南分公司2005年度全国企业文化优秀奖。

（邓顺平）

【开展保持共产党员先进性教育活动】 2005年2月2日，济南分公司召开保持共产党员先进性教育活动动员大会，正式启动保持共产党员先进性教育活动。按照中共济南市委和石化集团公司党组的部署，活动历时5个月，分为学习发动、对照检查和整改提高3个阶段。活动中，全体党员根据"紧扣中心搞教育，融入管理促发展"的总体要求，按照"两不误、两促进"的原则，密切联系企业实际，围绕降本压费、挖潜增效、优化操作等方面的热点问题，找差距，定措施，促整改，解决了一些影响企业改革发展的突出问题，建立了增强党组织战斗力、凝聚力，保持共产党员先进性的长效机制，达到了"提高党员素质、加强基层组织、服务人民群众、促进各项工作"的目标要求。

（邓顺平）

表 1　　济南分公司主要经济指标　　亿元

指标名称＼年份	2005	2004	2003	2002	2001	2000
原油加工量/万吨	409.39	377.30	300.39	268.08	240.89	241.24
工业总产值①	130.21	99.08	17.28	15.36	14.40	13.87
工业增加值	3.98	12.57	10.65	10.50	12.65	8.21
资产总计	30.37	26.50	26.77	24.69	25.31	25.95
流动资产	11.56	7.20	7.66	6.21	8.05	9.16
固定资产原值	38.03	37.30	35.70	31.82	29.89	27.69
固定资产净值	17.95	19.20	18.39	16.45	15.93	15.22
销售收入	131.43	98.19	65.32	51.36	49.74	52.82
实现利税	2.88	7.78	7.42	7.49	5.48	4.81
税　金	6.15	6.76	6.27	5.76	5.33	4.39

① 2000 — 2003 年按 1990 年不变价计算。

表 2　　济南分公司主要产品产量　　万吨

指标名称＼年份	2005	2004	2003	2002	2001	2000
汽　油	102.34	93.40	81.50	74.46	68.51	64.68
柴　油	176.16	155.98	124.22	111.61	103.29	98.26
沥　青①	13.13	16.00	8.81	12.92	9.07	—
商品重油	9.89	6.85	1.99	9.27	6.28	5.54
液化石油气	20.58	16.92	13.36	13.62	11.53	10.74
润滑油	6.89	8.22	5.77	3.42	3.62	5.77
聚丙烯	10.23	8.61	7.10	7.66	7.19	7.19

① 2001—2005 年数据为沥青料产量。

武汉石化

【概述】 武汉石化包括：中国石油化工股份有限公司武汉分公司(简称武汉分公司)、中国石化集团武汉石油化工厂(简称武汉石化厂)、中国石化武汉凤凰股份有限公司(简称武汉凤凰股份公司)三大部分，是石化集团公司直属国有大型一档工业企业。武汉石化位于武汉市青山区，南邻武钢集团公司，北濒长江黄金水道，自拥铁路、码头和汽车装油站，水陆交通极为便利。

武汉石化年加工原油 500 万吨，是一座大型的燃料化工型企业，始建于 1971 年。截至 2005 年底有开工生产装置 24 套，占地面积 1.88 平方千米。主要生产黄鹤牌汽油、专用乙醇汽油调合组分油煤油、3# 喷气燃料、轻柴油、石脑油、溶剂油、烷基苯料、环烷酸、甲基叔丁基醚(MTBE)、专用重油、燃料油、工业片状硫磺、石油焦、聚丙烯树脂(粉料、粒料)、聚丙烯树脂专用料、石油液化气、“三苯”(苯、甲苯、二甲苯)等 26 种产品。

2005 年末武汉石化业务、土地、资产、人员结构见表 1，武汉石化主要财务指标完成情况见表 2。

截至 2005 年底，武汉石化累计实现工业总产值 918.62 亿元(现价)，利税 96.97 亿元。2005 年加工原油 396.20 万吨，实现并表工业总产值现价 159.82 亿元，完成并表销售收入 169.55 亿元，实现并表利税 2.73 亿元，实现并表利润 – 4.26 亿元。先后获全国思想政治工作先进单位、全国“五一”劳动奖状、中国设备管理先进企业、国家标准化良好行为企业，湖北省优秀企业、湖北省工业计量管理先进企业、湖北省最佳文明单位、湖北省五一奖状，中国石化集团安全生产先进企业，武汉市经济效益先进企业等称号。

2005年武汉石化主要经济指标和主要产品产量见表3、表4。

2005年按石化集团公司的部署启动“一企一制”建设工作，2006年元月4日总部决定撤销武汉石化协调委员会。（董建斌）

【武汉石化实现连续安全生产1 159天】 武汉石化坚持“安全第一，预防为主”的方针，层层落实安全责任制，完善各项制度，加大隐患治理力度，严格考核，至2005年底实现连续安全生产1 159天，上报总部安全事故为零。2005年组织1 000人安全知识竞赛，与全厂3 911名职工全部签订安全承诺书，与62个直属单位签订安全环保责任书，重新修订592项安全管理制度，对19个主要车间360个岗位推行HSE(安全、环保、健康)责任制，纳入集团公司总部隐患治理的4个重点项目当年全部完成，关键装置、主要部位和直接作业环节的安全监控收到实效。

（董建斌）

【主辅业全面完成年度经营目标任务】 2005年，武汉石化厂亏损额1 532万元，比石化集团公司下达的限亏1 800万元指标减少亏损268万元；“五项费用”(管理费用、营业费用、修理费用、财务费用和文教卫社区服务费用)合计1.58亿元，比集团公司下达的指标节约2 164万元。武汉分公司和武汉凤凰股份公司合并实现利润－4.32亿元(按预计指标还原武汉分公司和武汉凤凰股份公司实现利润为3.19亿元，比股份公司下达的利润指标1亿元增加2.19亿元)，其中武汉分公司亏损4.94亿元、吨油完全费用185.58元；武汉凤凰股份公司实现利润6 171万元，完全费用2.27亿元，超额完成总部下达的利润指标，比2.4亿元的完全费用指标减少支出1 350万元。

（董建斌）

【武汉石油化工项目取得突破性进展】 按照中国石化与湖北省、武汉市达成的共识，武汉石油化工项目包括：武汉石化800万吨/年炼油改造和武汉80万吨/年乙烯工程两大部分。2005年5月18日石化股份公司批准了武汉分公司油品质量升级炼油改造项目，厂内拆迁工作基本完成；9月15日总部批复同意了油品质量升级项目长周期订货；9月26—27日石化集团总部对武汉80万吨/年乙烯可研报告进行了内部审查。2005年进行了新项目主要装置的工艺和设备交流，初步确定了武汉乙烯项目的产品方案，武汉石油化工项目取得了实质性进展。

（董建斌）

【油品质量升级炼油改造工程获石化股份公司批准】 2005年5月12日，石化股份公司以石化股份计[2005]153号文件批复，同意武汉分公司进行油品质量升级炼油改造项目。改造的主要内容包括：2#常压装置改造、新建120万吨/年延迟焦化装置、新建190万吨/年直馏煤柴油加氢装置、6万吨/年硫磺回收装置及其储运配套系统，项目征地61.57公顷，项目总投资18.58亿元。项目实施后，武汉分公司原油加工能力和综合配套能力以及产品质量均可得到提升。

（董建斌）

【40万吨/年汽油选择加氢装置和15万吨/年芳烃抽提装置建成投产】 为适应2005年7月1日国家执行新汽油排放标准，武汉分公司以利旧设备为主，建设投产了40万吨/年汽油选择加氢装置，该装置2005年6月初开始进行改造，7月20日投产，7月21日出合格产品。该装置的投用使武汉分公司汽油硫含量为85×10^{-6}，总脱硫率86.56%(质量)，烯烃含量26.42%(体积)，辛烷值RON91.6，90#汽油收率99.49%(质量)，提高了采购原油品质的适应性。总部批准投资新建的15万吨/年芳烃抽提装置于3月8日打桩，经过5个月的紧张施工，于10月2日生产出合格产品，2005年生产苯2 150吨、甲苯5 366吨、二甲苯8 022吨，内部收益率达到21.56%，成为武汉分公司2005年经济效益新的增长点。

（董建斌）

【完成80万吨/年催化裂化装置节能改造】 2005年3月下旬武汉分公司对2#催化裂化装置进行了改造，更换了能量回收三机组，更新了吸收稳定塔，引进了轴流风机对1#主风机进行节能改造，4月24日一次投产成功，处理量由80万吨/年提高到100万吨/年，产品分布得到改善，电耗降低14千瓦·时/吨，年增效3 400万元。

（董建斌）

【100万吨/年焦化装置加工量创历史最好水平】 武汉分公司延迟焦化装置至2005年已运行2年，通过加强巡检、及时调节工艺参数、优化操作、摸索变频控制、增加暖塔油回炼、提高冷焦水刮油效果等措施，全年渣油处理量突破百万吨大关，同比提高13.71 %，蜡油收率达到18.8%，能耗降低0.3千克标油/吨，缓解了武汉分公司二次加工能力不足的矛盾。

（董建斌）

【首次实现进口原油铁路进厂】 长期以来，武汉分公司进口原油一直是全部从水路进厂，运输方式单一。2005 年 4 月 16 日，从俄罗斯发出的首趟 6 节 2 000 吨原油实验列车抵运武汉石化厂铁路站，武汉分公司第一次实现铁路接卸原油，为多渠道采购进口原油和实现原油多渠道进厂奠定了基础。

（董建斌）

【码头、铁路和汽车装油站年吞吐量打破历史纪录】 2005 年武汉石化厂油码头卸油量突破 410 万吨，创历史最好水平；铁路管理站全年发运油品 115 万吨，同比增长 19.79%，创历史最好水平；汽车装油站发运量达到 39 万吨，是上年的 2.8 倍。

（董建斌）

【建安公司实现吊装双跨越】 2005 年 3 月，武汉分公司常压—催化—联合装置进行检修，武汉石化建安公司承担催化塔 301、201、801 的拆除和新塔的吊装任务。3 月 21 日完成了老塔 301 的解体吊装，3 月 22 日新塔 301 在 6 级大风的情况下顺利完成了 69 米高、60 吨重的吊装任务，使建安公司实现了成立以来吊装高度和重量的双跨越。

（董建斌）

【"润滑油基础油脱氮精制成套技术及其运用"项目获国家技术发明二等奖】 在 2005 年 3 月 28 日召开的全国基础技术奖大会上，武汉分公司主持的"润滑油基础油脱氮精制成套技术及其运用"项目获国家技术发明二等奖。该技术使润滑油基础油氧化安定性得到明显改善，解决了长期困扰中国石化行业润滑油基础油传统工艺技术无法解决的质量难题，经济效益巨大。

（董建斌）

【实施内控实施细则】 根据石化股份公司的要求，武汉分公司制定了《股份公司〈内控手册〉武汉分公司实施细则》，细则分为 12 个流程大类，25 个具体业务流程，470 个控制点，实施细则于 2005 年元月 1 日正式实施。武汉分公司坚持定期检查和月度讲评，6 月份受到股份公司好评。

（董建斌）

【武汉凤凰股份公司与中国长江航运(集团)总公司达成重组协议】 根据中国石化总部整顿 A 股小公司的统一部署，武汉凤凰股份公司进一步加快资产重组力度。2005 年 10 月 18 日与中国长江航运(集团)总公司(简称长航集团)就重大资产置换事宜达成协议，10 月 20 日在《中国证券报》和《证券时报》上公告了《中国石化武汉凤凰股份有限公司重大资产置换及关联交易报告书(草案)》，并商定拟置入、置出资产的评估基准日为 2005 年 11 月 30 日，长航集团以干散货运输业务相关的资产和负债与武汉凤凰股份公司石化业务资产和相关负债进行资产置换。10 月 18 日中国石化与长航集团，就中国石化持有的武汉凤凰股份公司 40.72%股份转让事宜签订了《股份转让协议》，2006 年元月 6 日签署了资产置换补充协议，并同意将《中国石化武汉凤凰股份有限公司重大资产置换方案》提交给 6 月 15 日召开的股东大会审议。

（董建斌）

【2 个改制单位挂牌运行】 2005 年 7 月 20 日武汉石化海南柯赛实业有限公司改制分流实施方案获总部批准。2005 年 12 月 6 日武汉石化设计院改制分流实施方案获总部批准。2 个改制单位参加改制职工共 78 人(其中全民 77 人，集体 1 人)，全部以补偿补助额置换国有改制资产。改制后的武汉石化海南柯赛有限公司于 10 月 29 日挂牌运行，武汉炼化工程设计有限公司于 2006 年元月 8 日挂牌运行。

（董建斌）

【武汉石化实业公司改制分流实施方案获批准】 武汉石化实业公司系武汉石化厂主办的集体企业，改制前职工 1 333 人(全民 21 人，集体 1 312 人)，2004 年 12 月 16 日该公司上报了改制分流初步方案，2005 年 11 月 24 日改制分流实施方案获得总部批准，成为石化集团公司集体企业改制试点第一家，参加改制职工 692 人(全民 19 人，集体 673 人)。新公司于 2005 年 12 月 18 日挂牌运行。

（董建斌）

【中共中央政治局委员、湖北省委书记俞正声视察武汉石化】 中共中央政治局委员、湖北省委书记俞正声2005 年 10 月 20 日就武汉分公司油品质量升级炼油改造和武汉乙烯前期工作开展情况，视察武汉石化。俞正声指出，武汉石油化工项目是湖北省、武汉市"十一五"经济发展的关键支柱项目，关系到湖北省、武汉市今后 5—10 年的重大发展。他要求：湖北省、武汉市和武汉石化共同努力，认认真真、兢兢业业、仔仔细细做好项目中每一个环节上的工作。

（董建斌）

【武汉石化党员、积极分子向特困职工捐款 5 万余元】 2005 年 9 月 26 日，武汉石化在开展保持共产党员先进性教育活动中，全厂 52 个总支、支部，1 258 名党员、积极分子为特困职工捐款，建立帮困基金，捐款总金额达到 52 222 元，其中 130 名退休党员捐款 2 245元，已改制单位的部分党员也参加了捐款。

（董建斌）

【5 月 17 日凌晨外电网跳闸险些造成长时间全厂性非计划停工】 2005 年 5 月 17 日 1 时 35 分，正值武汉石化外电网检修且未按承诺时间恢复送电，雷暴雨造成供应武汉石化单电源运行的青山热电厂线路跳闸，全厂所有供电中断，全部装置及辅助系统被迫紧急停工。接到命令，厂部主要领导、职能部门同志、车间不当班的干部职工迅速赶到现场处理，经过紧张有序的停车、抢修，当日 2:05 系统恢复送电，4:35 全部设备检查完毕，5:00 系统恢复正常生产，至 19 日中班全厂装置及系统全部恢复正常生产，没有发生一起安全事故。

（董建斌）

表 1　　2005 年末武汉石化业务、土地、资产、人员结构概况

单位＼项目	占地面积/平方千米	业务范围	固定资产/亿元		职工/人	
			原值	净值	在册	在岗
武汉石化厂	0.84	动力、三产	7.78	3.54	1 749	1 629
武汉分公司	0.73	炼油	21.97	12.50	1 775	1 508
武汉凤凰股份公司	0.31	化工	11.41	4.58	387	242
合计	1.88		41.16	20.62	3 911	3 379

表 2　　2005 年末武汉石化主要财务指标完成情况　　亿元

单位＼指标	销售收入	利税	利润	工业总值（现价）
武汉石化厂	18.65	0.39	0.07	7.67
武汉分公司	128.72	0.88	-4.94	129.33
武汉凤凰股份公司	22.18	1.47	0.62	22.82
模拟合并	169.55	2.73	-4.26	159.82

表 3　　武汉石化主要经济指标　　亿元

指标名称＼年份	2005	2004	2003	2002	2001	2000
原油加工量/万吨	396.20	370.85	285.41	274.50	255.91	299.59
工业总产值①	159.82	124.60	24.58	23.43	19.33	21.60
工业增加值	5.38	9.16	10.07	10.15	9.05	9.37
资产总计	54.66	50.06	44.84	49.08	44.16	40.51
流动资产	30.06	27.22	20.38	22.96	23.46	24.23
固定资产原值	41.16	38.36	34.46	34.16	34.08	30.53
固定资产净值	20.62	19.67	19.51	17.87	18.91	17.22
销售收入	169.55	131.86	90.84	73.64	71.00	85.05
实现利税	2.73	10.06	7.12	7.10	5.10	5.88
税金	6.97	9.06	7.00	6.54	6.19	6.77
利润	-4.26	1.01	-0.15	0.24	-1.25	-0.90

① 2003 年以前按 1990 年不变价计算。

表 4　　武汉石化主要产品产量[①]　　万吨

产品名称 \ 年份	2005	2004	2003	2002	2001	2000
汽　油	103.07	94.22	86.13	73.33	59.90	72.02
煤　油	—	0.33	2.09	2.67	3.17	4.45
航　煤	—	0	2.09	2.67	3.17	4.13
柴　油	162.68	152.87	118.84	107.78	95.37	107.28
化工轻油	8.48	9.70	5.00	12.50	14.26	21.51
燃料油	22.96	22.62	9.79	19.98	22.74	24.70
液化气	40.79	40.08	34.76	32.42	32.08	34.85
聚丙烯	11.93	12.20	10.19	10.20	9.39	8.69
硫　磺	1.43	1.48	1.17	0.90	0.83	0.66
环烷酸	0.17	0.17	0.13	0.10	0.08	0.12

① 聚丙烯为武汉凤凰股份公司产品，其余为武汉分公司产品。

中原石化公司

【概述】 中国石化中原石油化工有限责任公司(简称中原石化公司)是石化股份公司控股的大型石化企业，位于河南省东北部冀、鲁、豫三省交界处的新兴石油化工城——濮阳市，公司占地2 599亩(173万平方米)。1987年国家批准立项建设，1996年建成投产，截至2005年底有18万吨/年乙烯装置、20万吨/年聚乙烯装置、6万吨/年聚丙烯装置等6套化工装置。中原石化公司按照现代企业制度建立了完善的公司治理结构，内部实行扁平化管理，设置14个机关处室、10个生产车间，2个基层单位。职工人数由建厂初期的2 320人，经过几年的改制分流和协议解除劳动合同等方式，减至2005年末的1 445人；其中研究生6人，中专以上学历1 082人，占职工总数的75.8%，高级职称73人，占职工总数的6.7%，中级职称201人，占职工总数的36.6%；人员平均年龄33岁。

2005年，中原石化公司围绕“改革、发展、创新、规范、增效”的工作方针，积极应对高油价带来原料价格上涨的不利因素，克服生产方面遇到的困难，各项工作都取得较快进展。努力实现装置安稳长满优运行，全年无非计划停工，各套生产装置运行基本稳定，消耗降低。全年生产乙烯19.19万吨，聚乙烯20.46万吨，聚丙烯7.5万吨，纯苯4.18万吨，MTBE 0.97万吨；顺利完成2005年大检修，共完成检修项目1 181项，是中原石化公司自投产以来历次大修项目最多、工期最短的一次；同时依靠科技进步实现挖潜增效，先后实施了聚丙烯装置400单元生产均聚产品技术开发、乙烯输送泵、W801/W802控制系统改造、GB－201轴震问题等重大瓶颈的技术攻关工作，取得了较好的经济效益。中原石化公司千方百计优化原料供应，努力消化原料涨价因素，全年组织原料到厂56.9万吨，保证了高负荷生产的需要。全年实现销售收入38.14亿元(包含增值税，不含增值税为32.64亿元)，产品综合平均售价8 417元/吨，实现利润2.27亿元，纳税1.46亿元。积极配合总部，顺利完成销售业务移交工作。物资供应工作坚持“多家竞争、比价采购、质优价宜”的原则，加强集中采购，逐步完善二级采购，完成物资采购金额17 735万元，其中网上采购1.02亿元，占采购总额的58%。

按照总部的统一部署，中原石化公司各项改革顺利推进，企业管理迈上新的台阶。完成小学移交工作，完成分配制度改革，劳动力价格进一步与市场接轨，组织协解职工再就业，从协解人员中累计录用临时用工69人，初步解决协解职工的再就业问题。

以内控制度和ERP项目(企业资源信息管理系统)为核心的现代管理手段的引入，使中原石化公司依法治企，控制风险的能力大大提高。认真贯彻加强“三基”工作的方针，以完善规章制度、加强班组建设和基本功训练为重点，广泛开展修订制度、培训工作。全年共组织123名值班长、工段长培训，初步解决了班组长人员成分新、管理经验少的问题，“三基”工作得到加强。在集团公司党组和河南省委的领导下，保持共产党员先进性教育活动取得丰富成果。通过先进性教育活动，广大党员和干部职工加深了对“三个代表”重要思想的理解，坚定了搞好国有企业的信心和决心，明确了党员先进性的具体要求，找出了自身存在的突出问题，制定了整改方案并认真整改，推动了公司各项工作。

中原石化公司主要经济指标和主要产品产量见表1、表2。

“十五”期间中原石化公司生产经营管理各方面取得长足进步，装置效益明显提高，乙烯年产量由2000年末的14万吨提高到19.2万吨，增长37.1%，产品结构得到初步调整，增加了纯苯、MTBE、2－丁烯等6个品种，各项经济技术指标都有大幅度提升，加工损失率降低0.3%，商品率提高0.84%，产品总量由2000年的32.6万吨提高到2005年的45.4万吨，总量增长39.3%，销售收入由16.8亿元增加到38.14亿元，增长226%，公司效益由亏损1.96亿元提高到盈利2.27亿元。“十五”期间共生产乙烯96.3万吨，上缴税金6.23亿元。

（李　冰）

【安全环保连续5年无上报事故，受到集团公司表彰】 中原石化公司坚持以安全生产为主线，狠抓安全生产责任制的落实和关键装置要害部位的安全监控，强化安全监督检查和现场管理，全面推行HSE管理体系，认真做好隐患治理工作，连续5年实现无上报集团公司重大、特大事故，全年环境污染事故为零，固体废弃物处置率、危险废物无害化处理率、污水外排合格率均达到100%，获得集团公司2005年安全、环保先进单位称号。

（李　冰）

【聚丙烯装置气相共聚系统生产均聚产品技术开发项目获奖】 为了使闲置的聚丙烯装置共聚单元发挥作用，提高聚丙烯加工量，中原石化公司组织技术人员对聚丙烯装置共聚单元进行均聚运行攻关，开发生产出合格均聚产品，使聚丙烯装置处理能力提高10%左右，对于平衡全厂生产，提高经济效益具有重要意义。该技术开发项目通过集团公司技术鉴定，并获集团公司2005年度科技进步三等奖。

（李　冰）

【公司债务负担大为减轻，财务费用变为正值】 中原石化公司诞生在“八五”期间，在建设期间形成巨额负债，负债总额一度达到46亿元(1998年末)，资产负债率超过100%，资产质量严重恶化。近几年公司抓住化工市场景气的机遇，千方百计扭亏增盈，把利润全部用来归还银行借款，大幅减轻债务负担。2003年以来，在以往置换部分内外资高息借款、优化债务结构的基础上，3年时间归还银行长短期借款15.71亿元，大幅度降低财务费用，使公司2005年末资产负债率下降到40%。同时充分利用股份公司的优惠政策，通过财务公司向股份公司委托贷款，增加利息收入。通过有效的资本运作，中原石化公司财务费用由正数变为负数，2005年发生财务费用－1 523万元，财务状况大幅度好转，资产质量明显提高。

（李　冰）

表1　中原石化公司主要经济指标　　亿元

指标名称 \ 年份	2005	2004	2003	2002	2001	2000
工业总产值①	32.79	31.33	13.15	17.04	12.41	14.40
工业增加值	8.28	12.36	3.71	1.04	0.87	1.24
资产总计	21.12	22.64	20.92	41.57	45.03	45.96
流动资产	6.82	5.36	3.02	4.57	5.73	5.62
固定资产原值	51	50.40	50.26	48.75	48.64	45.67
固定资产净值	24.76	27.76	17.56	35.49	37.56	36.76
销售收入	32.64	30.62	21.11	17.43	17.62	14.31
实现利税	3.73	5.28	－0.16	－1.71	－2.23	－1.96
税　金	1.46	2.22	1.04	0.73	0.70	1.69

① 2000—2003年按1990年不变价计算。

表 2　　中原石化公司主要产品产量　　万吨

名称＼年份	2005	2004	2003	2002	2001	2000
聚乙烯	20.46	21.96	20.02	19.57	19.12	13.82
聚丙烯	7.5	7.82	7.02	6.71	6.88	5.10
乙　烯	19.16	20.91	19.01	18.64	18.63	14.03
丙　烯	8.07	8.35	7.56	7.42	7.46	5.19
1#苯	12.55	13.77	12.51	12.71	12.27	10.07
商品量	0.40	0.32	0.36	0.68	0.04	4.16
2#苯	8.66	9.63	9.10	8.76	8.49	4.42
商品量	0	5.79	9.10	8.76	8.49	4.42
碳　四	5.06	5.03	4.37	4.63	4.77	3.32
商品量	2.38	4.57	4.37	4.63	4.77	3.32
碳　五	1.81	1.85	1.73	1.54	1.92	0.43
碳　六	0	0.02	0.02	0.04	0.08	0.10
碳　九	1.86	1.83	1.19	1.33	1.54	0.71
裂解燃料油	1.94	2.66	2.87	2.64	2.33	1.41
1－丁烯	0.74	0.36	0.2	0.23	…	0.75
2－丁烯	1.18	0.21	—	—	—	—
MTBE	0.97	0.01	—	—	—	—
纯　苯	4.18	1.93	—	—	—	—
3#苯	3.35	0.01	—	—	—	—

沧州炼化

【概述】 中国石化集团沧州炼油厂(简称沧州炼油厂)暨中国石油化工股份有限公司沧州分公司(简称沧州分公司)始建于1971年，1975年10月建成投产。坐落于河北省沧州市北郊，占地面积180万平方米，地处胜利、中原、大港、华北四大油田之间，紧依京杭大运河、朔黄铁路、京沪铁路和京沪高速公路，地理位置优越，交通便利。2000年1月，按照石化集团公司的统一部署，实施资产重组，分为上市部分的沧州分公司和存续部分的沧州炼油厂(统称沧州炼化)。

截至2005年底，沧州炼化总资产为26.8亿元。共有员工2 287人(沧州分公司1 114人，沧州炼油厂1 173人)，其中具有大专以上学历人员817人，占员工总数的35.7%；有教授级高级工程师1人，高级工程师130人，工程师331人。原油加工能力350万吨/年。主要有350万吨/年常减压、120万吨/年重油催化裂化、50万吨/年延迟焦化、80万吨/年汽柴油加氢精制、20万吨/年沥青、18万吨/年重整、20万吨/年气体分馏、6万吨/年聚丙烯等装置以及配套的蒸汽锅炉、发电机组、新水供应、污水处理、油品储运等设施。

主要产品有各种标号的汽油、柴油、溶剂油、铝箔油、变压器干燥油、沥青、聚丙烯、液化石油气、石油焦、硫磺、特种铝箔油、各种助燃剂等。产品远销云南、广西等省，石油焦出口到美国、加拿大，产品合格率始终保持100%。沧州炼化自行研制开发的200#溶剂油荣获国家银质奖，铝箔轧制系列油、变压器干燥油获国家及省部级科技进步奖，填补了国内空白。曾连续9年名列国有企业500强之列，被河北省命名为优势企业、重点保护企业。

2005年，沧州炼化认真贯彻集团公司各项工作部署，以开展保持共产党员先进性教育活动为动力，以构建"志创一流"企业文化为手段，以加强企业管理为切入点，苦练内功，挖潜增效，努力克服石油价格不断上涨、国内成品油价格不到位等不利因素的影响，生产经营、改革发展、企业管理都取得了较好的业绩。沧州分公司全年加工原油302.04万吨，同比增长15.82%，再创历史新高；实现销售收入94.75

亿元，同比增长45.14%，上缴税金3.59亿元；沧州炼油厂实现销售收入7.98亿元，同比增长30.61%，上缴税金0.21亿元。设备管理水平进一步提高，基本上消除了跑、冒、滴、漏现象，现场面貌大大改观。狠抓安全生产责任制的落实，实施了安全风险抵押金和月度安全例会制度，加强责任追究，连续两年实现了上报石化集团事故为零的安全目标。

沧州炼化主要经济指标和主要产品产量见表1、表2。

（刘治洲）

【中国石化调整沧州炼油厂、沧州分公司领导班子】 2005年1月28日，集团公司党组成员、股份公司高级副总裁王天普在沧州炼化主持召开干部大会，宣布了集团公司党组对沧州炼油厂、沧州分公司领导班子的调整决定。聘任卢立勇为沧州炼油厂厂长、沧州分公司经理，聘任张志刚为副厂长、副经理，任命马大龙为党委副书记、纪委书记；免去黄焯明沧州炼油厂厂长职务、齐洪祥沧州分公司经理职务、郝国栋沧州炼油厂副厂长职务、钱长庚党委副书记职务。同时集团公司党组还决定沧州炼油厂、沧州分公司不再设立协调委员会。

（刘治洲）

【原油加工量、主营业务收入创历史最好水平】 2005年，沧州炼化认真贯彻石化集团公司“增资源、保市场”的指示精神，开足马力满负荷生产，全年原油加工量突破了300万吨，达到302.04万吨，合并销售收入突破了100亿元，达到102.73亿元，均创历史最好水平。同时也为保障市场供应，缓解供需矛盾作出了贡献。

（刘治洲）

【实现汽油质量升级目标】 2005年6月10日，沧州分公司克服重重困难生产出了符合欧Ⅱ排放标准的汽油，实现了汽油质量升级目标。沧州分公司汽油质量升级存在一定困难，一方面是原油硫含量较高，平均达到0.97%；另一方面是缺少蜡油加氢或汽油加氢等有效脱硫手段。为实现升级目标，沧州分公司取得石化集团公司的支持，优化了原油资源，进厂原油硫含量降到了0.75%以下；生产上采取了催化裂化使用MIP专用催化剂、调整催化重整预加氢加工流程、更换加氢精制反应催化剂、在催化裂化使用降硫助剂等措施，实现了汽油硫含量低于500×10^{-6}的升级目标。

（刘治洲）

【焦化装置实现安全高负荷生产】 2005年，沧州分公司50万吨/年焦化装置通过采取对焦化分馏塔顶冷却系统改造、缩短生焦周期、减少循环比、加强设备维护等措施，使焦化装置进料量由设计值62.5吨/时提高到73—75吨/时。全年加工量达到了61.34万吨，负荷率达到了122%，实现了高负荷长周期运行，达到了同行业先进水平。

（刘治洲）

【1.2万千瓦机组建成投用】 2005年7月15日，沧州分公司1.2万千瓦机组成功开车运行。该机组投资3 200万元，2004年9月15日开工建设。该项目的投产不仅可以彻底熄灭火炬，大大改善周边的环境，还可完全回收过剩瓦斯和蒸汽，每年可发电6 480万千瓦·时，预计创造直接经济效益2 800多万元。

（刘治洲）

【第7套聚丙烯装置建成投产】 2005年7月11日，沧州炼油厂第7套年产1万吨聚丙烯装置建成投产，该装置采用了先进的自动称重包装和除尘技术，生产效率大幅度提高，产品质量更具保障。此项目投产后，沧州炼油厂的聚丙烯生产能力已达到6万吨/年。

（刘治洲）

【确立志创一流企业文化理念】 2005年初，沧州炼化新一届领导班子结合企业面临的新形势、新任务，提出了“两转一抓”(转变观念、转变作风、遵章守纪、狠抓落实)工作要求和“求真务实、勇于创新、爱岗敬业、志创一流”企业文化理念。在全厂开展了大讨论，厂报、电视台开辟了企业文化专栏，全体中层干部和管理人员踊跃撰写心得体会文章，分析问题，加深理解，并在工作中追求高标准，争创一流的产品、一流的服务、一流的管理、一流的业绩，“志创一流”企业文化理念正在成为全厂干部职工的共识。

（刘治洲）

【在电视台开办现场目击栏目抓实企业管理】 2005年，沧州炼油厂、沧州分公司开办了“现场目击”栏目，由电视台配合各专业检查组对全厂各处室、车间在安全、设备、生产等各项管理中存在的“低标准、老毛病、坏习惯”现象和深层次管理中存在的问题进行录像，定期在集中调度会上播放曝光，出现问题的单位在下次调度会上汇报整改情况，有力促进了全厂管理水平的进一步提高。

（刘治洲）

【王卿荣获石化集团技能大赛金奖】 在 2005 年 9 月石化集团公司举办的技能大赛中，沧州分公司炼油二部职工王卿在 51 家直属企业的 429 名选手中脱颖而出，以综合成绩第三名的佳绩摘取了金牌，并被授予集团公司技术能手荣誉称号。

（刘治洲）

【举办职工技能大赛】 2005 年下半年，沧州炼化开展了职业技能竞赛活动，此次大赛历时 4 个月，共有 21 个单位 39 个工种参加，参赛人员达 1 345 人，占竞赛工种在岗人数的 95%以上，通过理论考试、实际技能考试和单位评议共选拔出技能标兵 10 人，技术能手 20 人，并给予了隆重表彰。这一活动促进了操作技能队伍素质的进一步提高，营造了“尊重技能、尊重人才”的良好氛围。

（刘治洲）

【严厉打击盗窃初见成效】 2005 年，沧州炼化与地方公安机关紧密配合，成功破获了王金猛等 4 起团伙盗窃原油、成品油案件，为国家挽回经济损失 200 多万元，严厉打击了犯罪分子的嚣张气焰，净化了厂区治安环境。同时加大责任追究力度，对负有管理责任的油品车间主要领导给予免职，进一步强化了各级领导的责任意识。

（刘治洲）

表 1 沧州炼化主要经济指标 亿元

指标名称＼年份	2005	2004	2003	2002	2001	2000
原油加工量/万吨	302.04	260.79	240.54	210.06	150.94	200.45
工业总产值①	98.17	67.58	51.64	11.44	7.60	10.30
沧州炼油厂	3.63	2.83	1.13	0.72	0.40	0.06
沧州分公司	94.54	64.75	50.51	10.72	7.20	10.24
工业增加值	0.99	6.14	6.67	6.30	1.28	5.37
沧州炼油厂	0.57	1.11	0.97	0.64	0.03	—
沧州分公司	0.42	5.03	5.70	5.66	1.25	5.37
资产总计	26.78	23.94	25.17	24.89	24.39	25.00
沧州炼油厂	4.78	4.69	4.70	4.42	4.03	4.82
沧州分公司	22.00	19.25	20.47	20.47	20.36	20.18
流动资产	11.33	7.79	8.27	7.22	6.75	13.17
沧州炼油厂	1.64	1.55	1.38	1.14	1.24	2.27
沧州分公司	9.69	6.24	6.89	6.08	5.51	10.90
固定资产原值	24.70	25.23	20.41	19.84	19.09	20.25
沧州炼油厂	4.42	4.47	4.69	4.28	3.00	2.87
沧州分公司	20.28	20.76	15.72	15.56	16.09	17.38
固定资产净值	14.55	15.39	12.03	12.45	12.08	13.15
沧州炼油厂	2.64	2.62	2.92	2.65	1.94	1.79
沧州分公司	11.91	12.77	9.11	9.80	10.14	11.36
销售收入	102.73	71.39	55.11	42.22	29.89	42.33
沧州炼油厂	7.98	6.11	4.56	3.15	1.33	1.61
沧州分公司	94.75	65.28	50.55	39.07	28.56	40.72

续表

指标名称＼年份	2005	2004	2003	2002	2001	2000
实现利税	0.26	3.31	4.32	4.09	0.77	2.52
沧州炼油厂	0.21	0.27	0.22	0.10	-0.18	-0.13
沧州分公司	0.05	3.04	4.10	3.99	0.95	2.65
税金	3.80	4.21	3.90	3.85	2.43	3.49
沧州炼油厂	0.21	0.20	0.05	0.10	-0.27	0.07
沧州分公司	3.59	4.01	3.85	3.75	2.70	3.42

① 2000—2002年按1990年不变价计算。

表2　沧州炼化主要产品产量　万吨

产品名称＼年份	2005	2004	2003	2002	2001	2000
沧州炼油厂						
聚丙烯	3.48	2.23	1.96	1.50	0.74	1.13
聚酯	—	—	—	0.07	0.13	0.14
液化气	0.03	1.89	1.92	1.16	—	—
干气	0.06	3.03	2.74	1.92	—	—
硫醚	0.47	0.01	—	0.08	—	—
亚砜	—	—	0.11	—	—	—
新水	306.62	242.16	225.37	—	—	—
氮气	0.74	0.91	0.59	—	—	—
净化风/万立方米	3 095.22	3 005.74	3 483.67	—	—	—
非净化风/万立方米	5 664.03	5 346.16	5 402.86	—	—	—
富氧/万立方米	—	—	193.68	—	—	—
沧州分公司						
汽油	54.20	46.32	44.27	35.84	33.54	47.28
柴油	140.31	117.16	104.71	94.15	66.44	92.96
溶剂油	1.67	1.64	2.65	3.30	0.78	—
沥青	2.19	5.64	4.06	3.20	0.42	3.47
液化气	16.13	10.93	9.45	7.70	4.40	6.71
铝箔油料	6.79	4.34	4.18	2.30	0.99	0.82
石油焦	17.07	13.83	14.15	15.15	11.89	12.65
硫磺	0.75	1.08	0.86	0.80	0.35	0.60

清江石化公司

【概述】 中国石化集团清江石油化工有限责任公司(简称清江石化公司)位于江苏省淮安市西郊工业区，京杭大运河穿厂而过。淮安市是苏北公路、铁路枢纽，水陆交通便捷。

清江石化公司始建于1958年，1959年投产，时称清江半焦厂，后根据产品变化等因素，曾更名为清江人造石油厂、清江化工厂、清江石油化工厂、淮阴清江石油化工有限公司，1999年整体划转中国石化集团后，更为现名。清江石化公司为一家以原油加工为基础，以精细油品、精细化工和各种系列特种溶剂油为特色的国家大(Ⅱ)型石油化工企业。截至2005年底，清江石化公司拥有总资产8.49亿元，占地80万平方米；职工总数1 579人(其中各类专业管理和技术人员201人，高级职称11人，中级职称66人)；拥有120万吨/年原油蒸馏、70万吨/年催化裂化、20万吨/年柴油加氢、8万吨/年煤油加氢精制、10万吨/年气体分离、5 000米^3(标准)/时催化干气制氢、4万吨/年异构化、5万吨/年冷冻脱蜡、6万吨/年溶剂油分离、5 000吨/年聚醚、2 000吨/年乙醇胺等生产能力，共18套生产装置。主要产品有：汽油、柴油、化工轻油、液化石油气、低硫低芳烃特种溶剂油、多种型号溶剂油、高档铝箔轧制液、工业白油、燃料油、液蜡原料油、粗石蜡、纺织油剂基础油、工业用甲基叔丁基醚、丙烯、聚丙烯、MPO消泡剂、原油破乳剂系列、多种系列聚醚等80余个品种。产品注册商标“双猫牌”。

2005年，清江石化公司在原油价格持续增长，原油与成品油价格严重倒挂的情况下，坚持“不与大石化比规模，要与大石化比特色”和“重油轻质化，轻油特种化，石化产品精细化，生产经营多样化”的企业发展战略，在技术改造和降本增效等方面又迈出了新的步伐。5 000米^3(标准)/时催化干气制氢、4万吨/年异构化等装置相继建成，使企业以原油炼制为基础，以多系列特种溶剂油等精细油品、精细化工为发展重点和特色的生产结构渐趋合理，产品品种、质量、数量和效益得到进一步提升。

2005年，清江石化公司根据石化集团公司“发展有新思路，改革有新突破，开放有新局面，工作有新举措，效益有新增长”的总要求和“保安全、保稳定、保市场、争效益”的工作方针，紧紧围绕年度各项经济指标，通过积极的技术改造、扎实的基础管理、灵活的营销手段，保持着企业的盈利势头，全年完成原油加工量92.54万吨，主营业务收入33.60亿元，利润5 744万元，完成工业增加值4.60亿元。

2005年，清江石化公司围绕专业化和特色化的企业发展战略，共投入8 673万元用于生产装置配套技改，完成的主要项目有：1 000吨/年二元酸装置、4万吨/年异构化装置、2万吨/年MTBE装置、跨京杭大运河的南北新老厂区的管架桥、污泥脱水装置、甲醇回收装置、1万立方米油罐以及5万吨/年煤油加氢加热炉等20项的技术改造工程。特种溶剂油产品的产销量分别比上年度增长17.62%和18.27%。高档铝箔轧制油和D系列特种溶剂油等加氢产品的产销量增长42.05%。全年开发新产品并投入生产6项。

2005年，清江石化公司内部改革进一步深化，管理工作紧紧围绕“三基”进行，扎实细致地做好提“三率”、降“四耗”、压“五费”工作。工资分配根据市场价位和岗位、责任、贡献的不同，进一步加以完善。成本管理已成为基础管理工作的核心内容，各生产经营单位都在年初对公司下达的目标成本、效益进行分解，通过加强核算与员工分配挂钩、与干部考核挂钩，保证目标实现。全年千人负伤率为0，无任何重大安全和火灾事故，无刑事和治安案件。职工队伍保持稳定。

2005年，清江石化公司精神文明与物质文明建设获得了同步快速发展，通过共产党员先进性教育等系列活动，“团结、求实、创新、发展”的精神得到光大，职工队伍更加稳定，涌现出全国劳动模范1人，江苏省、集团公司劳动模范7人，1个班组获淮安市“五一”劳动奖状，20个班组获淮安市安全班组称号。

清江石化公司主要经济指标和产品产量见表1和表2。

(王清宁)

【经济总量再创历史新高】 2005年，面对国际原油价格大幅上涨而国内成品油价格从紧调控、原油成品油价格倒挂的严峻形势，清江石化公司以开展保持共产党员先进性教育活动为动力，围绕“保安全、保市场、保稳定、保效益”的工作方针，优化产品结构，适时调整经营策略，确保生产安、稳、长、满、优运行，取得了生产总量持续做大、经营质量稳步提升、经济效益保持增长的较好业绩。全年完成原油加工量92.54万吨，比上年增长3.33%；主营业务收入33.60亿元，比上年增长28.79%；利润5 744万元，比上年度增长52.39%；工业增加值4.60亿元。主要经济指标“十五”末比“九五”末翻了一番。

(王清宁)

【加大特种油品产销量】 2005年，清江石化公司积极调整产品结构，努力加大附加值高、市场好的特种油品产销量，减轻原油与成品油价格倒挂的压力。全年生产溶剂油系列产品 18.31 万吨，比上年度增长 17.62%，销售 18.05 万吨，增长 18.27%；生产高档铝箔轧制油和 D 系列特种溶剂油等加氢产品 9.15 万吨，比上年度增长 42.05%，销售加氢产品 8.73 万吨，比上年度增长 39.70%，为年终实现利润 5 744 万元作出了重要贡献。

（王清宁）

【技改工程顺利进行】 2005 年，清江石化公司支出技改费用 8 673 万元，完成的主要项目有：连接京杭大运河南北新老厂区的管架桥、污泥脱水装置、甲醇回收装置、干气锅炉、除盐水换热流程、1 万立方米油罐、5 万吨/年煤油加氢加热炉、罐区喷淋系统等 20 多项技改工程。二元酸装置建设已进入扫尾阶段。与巴成盛公司合作建成了 5 000 吨/年尿素脱蜡装置，通过对引进技术的消化吸收，实现了可用公司原料做成变压器油、铜轧制油基础油等特种油品。

（王清宁）

【充分利用国家支持科技进步的政策，寻求资金支持】 2005 年，清江石化公司利用江苏省政府支持科技成果产业化的契机，将二元酸项目向科技厅申请科技转化资金，经过现场考察、专业和综合评审，获得科技转化资金 1 500 万元。利用国家有关技改贴息政策，申报气体分离项目验收获技改贴息 120 万元，常减压技改项目验收获贴息 45 万元，干气综合利用项目获补贴 50 万元，用电需求侧管理项目获补贴 60 万元。

（王清宁）

【长链二元酸项目破土动工】 2005 年 2 月 1 日，清江石化公司生物发酵法生产长链二元酸项目破土动工，至年底主体工程已经完成，项目进入建设扫尾阶段。

（王清宁）

【跨运河新老厂区管道桥架设成功】 2005 年 10 月 30 日，清江石化公司贯穿新老厂区公用工程提篮式管道桥横跨京杭大运河架设成功。桥长 150 米，宽6.8 米。

（王清宁）

【重油催化裂化装置烟机组长周期运行】 截至 2005 年 10 月 30 日，清江石化公司重油催化裂化装置烟机组已连续运行 440 天安全无事故，节电 4 000 万千瓦·时。

（王清宁）

【开展保持共产党员先进性教育活动】 2005 年 7—11 月，清江石化公司 335 名共产党员参加了第二批保持共产党员先进性教育活动。

（王清宁）

【全国人大副委员长盛华仁来公司视察】 2005 年 5 月 2 日，全国人大副委员长盛华仁前往清江石化公司视察。

（王清宁）

【嵇岳明荣获全国劳动模范称号】 清江石化公司重油催化裂化车间主任、党支部书记嵇岳明继 2004 年获得全国五一劳动奖章之后，2005 年又获得全国劳动模范称号。

（王清宁）

表 1 清江石化公司主要经济指标 亿元

指标名称＼年份	2005	2004	2003	2002	2001	2000
原油加工量/万吨	92.54	89.56	79.29	70.71	64.57	64.16
工业总产值①	33.18	20.50	6.38	4.92	4.15	4.20
工业增加值	4.46	4.44	3.63	3.25	1.88	2.52
资产总计	8.49	7.14	6.05	5.53	4.78	5.36
流动资产	4.23	3.25	2.54	2.44	2.07	3.06
固定资产原值	6.00	5.29	4.85	4.06	3.33	3.00
固定资产净值	3.23	3.52	3.09	2.70	2.24	2.05
销售收入	33.60	26.09	19.39	14.61	14.11	14.71
实现利税	4.04	3.29	2.69	2.31	2.03	2.07
税　金	3.46	2.91	2.22	1.96	1.78	1.74

① 2000 — 2003 年按 1990 年不变价计算。

表 2　　清江石化公司主要产品产量　　万吨

产品名称＼年份	2005	2004	2003	2002	2001	2000
汽　油	30.58	28.61	25.00	19.44	17.22	13.04
煤　油	0.34	0.46	0.23	0.21	0.07	2.91
柴　油	18.47	20.12	18.67	20.67	21.13	17.19
重　油	2.55	4.35	3.99	3.70	4.30	6.54
液化气	7.18	8.91	10.55	8.35	6.91	6.79
190# 溶剂油	0.48	0.99	1.23	1.55	0.71	2.27
油漆工业溶剂油	3.41	3.30	4.09	3.55	2.79	3.12
其他油墨溶剂油	1.73	1.18	0.99	0.81	0.42	0.66
D 系列溶剂油	3.18	3.89	1.32	1.20	0.75	0.54
其他溶剂油	1.03	0.42	0.85	0.90	0.65	0.66
化工轻油	2.24	0.32	0.37	1.67	2.33	1.71
溶剂油料	0.15	0.14	0.44	0.13	0.25	1.27
300# 液体石蜡	1.74	1.82	0.93	0.90	0.39	—
高档铝箔轧制油	4.31	2.92	1.72	1.17	0.88	—
4# 燃料油	0.01	0.69	1.56	—	—	—
乙醇胺	0.01	0.01	0.01	0.01	0.01	0.02
聚醚产品	0.04	0.05	0.09	0.09	0.08	0.07

保定石化厂

【概述】 中国石化集团保定石油化工厂(简称保定石化厂)位于河北省保定市西北郊工业区，占地面积 44 万平方米，是集石油炼制、建筑防水材料生产于一体的国有大Ⅰ型企业。2005 年有加工能力 70 万吨/年常减压装置、16 万吨/年催化裂化装置、6 万吨/年氧化沥青装置、1 400 万米^2/年防水卷材生产装置、300 吨/年橡胶抗氧化剂装置和 6 000 千瓦热电联产装置各一套，并配有原油长输管道、油品储罐、自备铁路专用线、汽车运输、污水处理、机修、电气、仪表等生产辅助设施。主要产品有 90#、70# 汽油，5#、0#、－10# 柴油，200# 溶剂油，10# 建筑沥青，2246 橡胶抗氧化剂，液化石油气，工业燃料油以及四大系列 20 多类 100 多个品种的高中档防水卷材。保定石化厂地处京、津、石大三角腹地，京广铁路、京深高速公路和保津高速公路纵横市区，附近有华北、大港、渤海三大油田和天津、秦皇岛、黄骅三大港口，交通便利，地理位置优越。

保定石化厂始建于 1972 年，原行政隶属保定市化工局，1999 年 10 月划归石化集团公司。截至 2005 年底，保定石化厂拥有资产总额 2.77 亿元，职工 642 人，各类专业技术人员 211 人，其中高级职称 23 人、中级职称 106 人。

2005 年，保定石化厂干部职工按照集团公司党组提出的团结、鼓劲、创新、抓实的工作方针，推动了企业各项工作的正常进行。全厂干部职工凝聚同心、真抓实干，积极开展保持共产党员先进性教育活动，认真做好职工的思想政治工作，较好地维护了企业的稳定局面。通过深化改革、降本减费，制定计划、督导落实、严格审批制度、加强财务管理工作，全面完成了总部下达的限亏指标和费用考核指标。2005 年保定石化厂累计生产防水卷材 51 万平方米、蒸汽 12.40 万吨，外供蒸汽 8.60 万吨。销售汽、柴油 0.44 万吨，液化气 800 吨，实现销售收入 3 256 万元。

保定石化厂主要经济指标和主要产品产量见表 1 和表 2。

（张姿琳）

【妥善解决协解职工群体上访事件】 保定石化厂 2001 年 7 月与 1 065 名职工办理了协议解除劳动合

同。进入2005年以来，由于保定市社平工资基数上升幅度较大(2001年社平工资7 864元/年，2004年社平工资14 129元/年)，以社平工资为基数按比例上缴养老保险和医疗保险由原1 600元/年上升到3 800元/年，加上保定市是经济不发达地区，再就业难度大，造成协解人员生活困难，生活压力增加。因而从2005年9月开始，协解人员连续不断到保定石化厂、集团公司总部聚集上访，要求企业为其解决就业，为其交纳养老保险、医疗保险等问题，严重影响了企业正常的生产和工作秩序。保定石化厂的稳定工作引起了集团公司和保定市委、市政府的高度重视，保定石化厂领导班子在集团公司和地方政府的指导帮助下，全面动员，冷静处理，调动一切力量，逐步化解疏导矛盾，做深入细致的思想政治工作，并对减员分流中协议解除劳动合同人员开展帮困救助工作，有效制止了事态的进一步发展，有力维护了企业的稳定。

(张姿琳)

【保持共产党员的先进性教育工作圆满完成】 按照保定市国资委和石化集团公司的总体安排，2005年7月，保定石化厂在全厂范围内开展了保持共产党员先进性教育活动，历时5个月。通过这项活动的开展，提高了党员的素质，加强了基层组织建设，增强了服务职工群众的思想观念，有力促进了企业的各项工作。

(张姿琳)

【顺利完成企业内部分配制度改革工作】 2005年5月，石化集团公司在北京召开了深化完善分配制度改革会议。会后，保定石化厂按照总部的安排，成立了内部分配制度改革领导小组及办公室，并制定了《中国石化集团保定石油化工厂关于深化内部分配制度改革的工作计划》和《防范内部分配制度改革中不稳定因素的工作预案》。以上两个文件经集团公司批准后，保定石化厂以经营管理、专业技术、技能操作三支队伍为主线，参照当地劳动力市场价位，起草制定出《内部分配制度改革方案》及《中层干部竞争上岗实施办法》等配套改革方案，经厂党政班子会议研究，集团公司人教部批准，厂职代会审议通过后，于10月顺利完成企业内部分配制度改革工作。

(张姿琳)

【2246项目ISO 9001质量管理体系正规文本出台】 2005年2月，保定石化厂技术处和质量管理处根据试验数据，编写了2246抗氧化剂产品ISO 9001质量标准管理体系文本《300吨/年抗氧剂2246生产装置试验分析报告》，修订了《300吨/年抗氧剂2246生产装置工艺操作规程》。该程序文件包括了文件控制、质量、采购、设备、产品监视和测量、数据分析、纠正和预防措施等16个控制程序，形成了正规的文本并上报保定市质检分局备案。此举为该产品的成型生产奠定了质量标准，确保企业持续、稳定地向客户提供满意的2246产品。

(张姿琳)

【社区服务建设逐步向市场化管理过渡】 为抓紧贯彻落实石化集团公司关于加强社区收费管理的各项政策，在集团公司对后勤管理逐步市场化的精神指导下，2005年上半年保定石化厂与地方集中供热和市网改造工作协调配合，对建北生活区供热系统实施改造，取消了厂自备锅炉，将建北生活区改为热力公司集中供暖，逐步将社区采暖过渡到市内集中供热管理，使社区水电暖收费价格逐步向市场化管理过渡。因集中供暖，保定石化厂2005年节省入网费12.5万元，节约采暖费用59万元。

(张姿琳)

【网络办公业务综合处理系统调试完毕】 为配合石化集团公司推行网络办公业务综合处理系统工作，实现无纸化办公，并在计算机网络中传输红头文件，2005年11月，网络办公业务综合处理系统调试工作在保定石化厂全面展开。完成对客户端一系列的软件调试、硬件更换以及系统服务器的升级。保定石化厂计算机中心的工作人员在半个月内完成了厂区各部门网络系统的数据录入和调试。为该系统正常使用打下基础。

(张姿琳)

【视频新闻卫星传输设备正常运转】 2005年12月，为配合当前形势，做好舆论宣传工作，并使全体员工及时了解集团公司的生产经营和工作情况，石化集团决定将集团公司内部的新闻每天通过卫星，以视频文件的形式传输到各下属单位，通过各单位电视台和计算机局域网进行播发。在2005年底前保定石化厂内的硬件调试、新闻视频传输系统和分发系统调试工作已经完成，员工只要通过集团公司信息部开通的网络端口进行联调，就可以利用计算机网络及时收听收看到集团公司最新的生产经营和工作信息。

(张姿琳)

【液化气站超额完成销售任务】 2005年，保定石化厂液化气站在保证安全运行的前提下，广泛进行市场调查，积极开拓市场，把市区周边的农村市场作为营销重点，使液化气销量不断增加。同时建立了固定客户与非固定客户档案，以扩大和占领市场，使市区用户逐日增加，扩大了市区的销售市场，圆满完成了厂部下达的700吨/年的销售任务，全年销售液化气835.46吨，完成销售收入337万元，为保定石化厂减亏增效作出了突出贡献。

（张姿琳）

表1　　保定石化厂主要经济指标　　亿元

指标名称＼年份	2005	2004	2003	2002	2001	2000
原油加工量/万吨	—	—	—	—	—	17.97
工业总产值①	0.18	—	—	0.27	0.25	0.91
炼　油	—	—	—	—	—	0.77
其　他	—	—	—	0.12	0.12	0.14
工业增加值	-0.01	—	—	-0.06	0.28	-0.09
资产总计	2.77	3.07	3.12	5.28	5.31	5.37
流动资产	0.79	1.01	0.99	1.45	1.39	1.38
固定资产原值	5.03	5.03	5.03	5.06	5.04	5.04
固定资产净值	3.56	3.62	3.71	3.88	3.83	3.90
销售收入	0.33	0.32	0.35	0.36	0.19	3.42
实现利税	-0.46	-0.39	0.01	0.02	0.02	0.20
税　金	0.02	0.01	0.01	0.02	0.02	0.02

① 按1990年不变价计算。

表2　　保定石化厂主要产品产量　　万吨

产品名称＼年份	2005	2004	2003	2002	2001	2000
汽　油	—	—	—	—	—	3.44
90#	—	—	—	—	—	2.73
70#	—	—	—	—	—	0.71
柴　油	—	—	—	—	—	5.88
燃料油	—	—	—	—	—	4.28
溶剂油	—	—	—	—	—	0.75
液化气	—	—	—	—	—	0.47
沥　青	—	—	—	0.13	—	1.78
石脑油	—	—	—	—	—	0.20
改性防水卷材/万平方米	51.00	62.49	51.91	58.44	77.68	113.27
蒸　汽	12.40	11.30	18.00	20.12	17.80	11.60

青岛石化公司

【概述】 中国石化集团青岛石油化工有限责任公司(简称青岛石化公司)位于山东省青岛市李沧区，占地1.02平方千米，厂区临近黄岛油港，有两条原油输油管线分别与黄岛油库、东黄输油管线相接，另有两条汽、柴油输油管线与青岛石油公司油库相接。自备铁路与胶济线相连，厂外公路与济青、青银高速公路相依。地理位置十分优越，交通运输四通八达。

青岛石化公司始建于1964年，是一个具备300万吨/年原油加工能力的国有大Ⅰ型石油化工企业。截至2005年底，公司总资产为35.52亿元，资产负债率为68.86%；职工总数为1 531人，其中在岗职工总数1 403人，具有各类专业职称的人员552人，占职工总数的37%。公司设有23个处室、9个车间，另有4个独立核算、自负盈亏的经济实体。

主要生产装置有：300万吨/年常减压蒸馏、140万吨/年重油催化裂化、35万吨/年重油催化裂化、60万吨/年柴油加氢精制、25万吨/年催化重整、20万吨/年气体分馏、2万吨/年气体分馏、7万吨/年聚丙烯、5 000吨/年聚丙烯及汽油脱硫醇、硫磺回收、氧化沥青等。另有与生产装置相配套的蒸汽锅炉、变配电站、污水处理、铁路装卸油、空气分离及储存能力为25.37万立方米的原油、成品油储罐等系统公用工程。

主要产品有汽油、煤油、柴油、溶剂油、石脑油、燃料重油、液化气、车用液化气、商品干气、丙烯、聚丙烯、硫磺等10余种。

2005年，青岛石化公司认真贯彻落实石化集团公司“改革、调整、创新、发展”的工作方针，克服各种困难，围绕强化管理、降本压费、扭亏减亏、改制分流、加快发展，开展了卓有成效的工作，较好地完成了全年各项指标和任务。2005年，面对国际原油价格大幅上涨、原油和成品油价格严重倒挂极其不利的外部环境和困难局面，青岛石化公司树立大局观念，想方设法克服生产经营工作中遇到的前所未有的困难和压力。在全年加工原油品种达到十几种、原油品种复杂、性质变化较快的情况下，认真抓好装置安全稳定生产，优化原油资源，优化生产流程，优化装置操作，严格落实工艺控制指标，合理安排多生产高附加值产品和销路好、利润高的产品，积极采取措施确保成品油市场供应，圆满完成了“保生产、保安全、保市场供应”的艰巨任务。2005年共加工原油198.39万吨，完成年计划的101.73%；生产汽煤柴成品油130.53万吨，化工轻油13.81万吨。销售收入64.88亿元，完成年计划的125.49%；实现税金3.11亿元，利润－3.62亿元。其他各项经济技术指标均比上年有不同幅度的提高，全面完成了集团公司下达的各项考核指标。

青岛石化公司主要经济指标和主要产品产量见表1和表2。

（周立川）

【重视安全生产，确保生产安全运行】 2005年，面对全国范围内十分严峻的安全生产形势，青岛石化公司认真贯彻落实石化集团公司和地方政府有关安全工作的部署，在企业生产经营面临的各种困难和压力、装置技改检修任务繁重、各配套完善项目的建设与开工持续进行的情况下，严格落实各级安全生产责任制，进一步强化安全管理力度，不断完善各项安全管理规章制度，规范安全监督管理，切实抓好各类事故隐患的治理，全面实施HSE体系，狠抓职工安全宣传教育和“三基”教育，大力夯实安全生产基础，使公司的安全管理水平不断提高。全年共组织各类综合性安全检查6次，专业性检查4次，整改率100%。按期完成了列入总部计划的两个重大隐患治理项目。此外，通过开展各种形式的安全宣传教育活动和各类事故应急预案的演练活动，大大提高了全体职工的安全意识。2005年，按照国家安监总局有关文件和标准规定，顺利完成了安全质量标准化达标工作，并成为全国首批(山东省共12家)取得《安全生产许可证》的单位。2005年，青岛石化再次被评为石化集团公司、青岛市安全生产先进单位。

（周立川）

【技改工程项目进展顺利】 2005年，青岛石化公司认真贯彻科学发展观，坚持“调整结构、量入为出、科学决策、优化项目”的原则，完善投资决策程序，继续实施一系列对现有生产装置进行配套技术改造的项目，强化质量和进度管理，实现了各项目按计划建成投产、投用的预定目标。完成的主要项目有：通过对100万吨/年重油催化装置采用MIP－CGP技术进行扩能改造，装置处理能力达到140万吨/年；通过对常减压装置进行完善配套改造，使装置加工能力达到300万吨/年；对60万吨/年加氢精制装置进行了以产品质量升级为主要内容的适应性改造；对现有公用工程系统进行了配套改造。此外，7万吨/年聚丙烯装置于9月基本建成，10月中旬实现中交，12月中旬正式投产运行。8万吨/年苯抽提装置于6月下旬开工建设，11月下旬实现中交，并进入开工准备阶段。这些改造或新建的生产装置，不但可以提高企业高附加值产品的产量和质量，还可创造新的利润增长点，对青岛石化公司进一步提高装置深度加工能力，不断完善产品结构，更好地应对市场变化，把企业做特、做精、做强，有着十分重要的意义。年内，青岛石化公司还实施了燃气发电、凝结水回收、污水处理一期临时回用等技改工程项目，这些节能环保型装置的投产和投用，既治理了“三废”污染，保护了环境，又为企业节约了能源，取得良好的经济效益和社会效益，为企业创建循环经济模式打下了良好基础。

（周立川）

【启动高酸原油加工适应性改造项目前期准备工作】 为加快实现青岛石化公司300万吨/年加工能力的综合配套，进一步增强企业经济实力、盈利能力和市场竞争力，青岛石化公司加大工作力度，加快工作进程，认真开展了实施“高酸原油加工适应性改造项目”的前期准备工作。2005年10月中旬，石化集团公司召开专题会议，经过讨论研究原则同意青岛石化公司加工高酸原油适应性改造方案的主要内容。根据会议精神，青岛石化公司及时加强了与有关部门的沟通、协调，共同开展了项目可行性研究报告的修订完善及项目立项等有关工作，积极推进该项目在2006年下半年正式启动建设。

（周立川）

【生产装置实现“两年一修”】 2005年6月9日，青岛石化公司年度装置检修改造正式拉开帷幕。这次检修改造距2003年度检修改造的时间正好两年，也是以往年份生产装置“三年两修”后首次实现“两年一修”。这次检修改造的特点是，工程量大、投资多，资金投入近3亿元，检修改造项目“点多、面广、战线长”，几乎遍及各个装置，从投资额到工作量以至施工人员之多都创造了青岛石化公司检修史上的新纪录。整个检修改造历时50多天，圆满完成了常减压、重油催化、加氢精制等装置的综合配套技改项目和其他装置的检修项目。

（周立川）

【首次跻身青岛市企业集团10强行列】 2005年5月，青岛石化公司首次跻身青岛市企业集团10强行列，并在同时公布的企业集团4项指标中，除“职工总数”指标外，有3项指标位列前10名。在“营业收入”指标上，青岛石化公司以64.76亿元位居第九名；在“利税”指标上，以4.45亿元位居第八名；在“总资产”指标上，以74.80亿元位居第八名。

（周立川）

【降本压费，挖潜增效取得明显成效】 针对2005年企业面临的复杂形势和强化管理、降本压费、挖潜增效的需要，青岛石化公司继续以“从严管理、规范管理、落实降本压费各项指标”为重点，结合本公司实际情况，积极引进先进的企业经营理念和管理经验，全面提升企业管理水平。2005年继续广泛开展了“管理效益创新年”活动，在调动全体职工积极参与管理、努力落实降本压费和挖潜增效各项措施上，取得了明显成效。一是认真学习新的企业会计制度及各项会计准则，制定和完善了一系列资产管理的规章制度、工作细则和流程，有效防范了资产损失的风险。二是以经济效益为中心，强化预算控制，严格指标考核。各职能部门通过运用先进的程序手段对当月经济运行指标反复测算，不断优化生产技术流程，同时加强对主要费用指标的控制和考核力度，基本杜绝了预算外开支，为全面完成全年各项经济技术指标奠定了坚实基础。三是加强经济活动分析，建立和完善每月度经济活动分析例会制度。通过加强经济活动分析，把效益算到每个车间、每套装置、每个产品，及时制定切实可行的整改措施，挖掘潜力，解决效益目标完成中的各种困难，大大拓展了经济活动分析的广度和深度。四是以资金管理为重点，搞好资金平衡运作，防范和化解债务风险。2005年在外币贷款利率上涨的情况下，青岛石化公司及时调整债务结构，继续利用以往成功的资金委贷方式，获取利差收益降低财务费用。全年通过远期结售汇获取汇兑收益4 300多万元，获取委贷净收益1 300多万元。

（周立川）

【签订新一轮集体合同】 2005年10月18日，青岛石化公司举行了新一轮集体合同签字仪式。集体合同是指职工与企业根据我国现行法律、法规和有关规定的内容，就劳动报酬、休息休假、劳动安全卫生及保险福利等事项，通过集体协商一致签订的书面协议。集体合同对企业以及与职工签订的全部劳动合同都具有约束力。青岛石化公司新签订的集体合同经修订后共15章72条，增加了“最低工资标准”和“带薪休假”等新内容。合同有效期为3年。

（周立川）

【企业连续15年获省级文明单位荣誉称号】 2005年7月，青岛石化公司被山东省精神文明建设委员会授予2004年度省级文明单位称号，这也是企业连续15年获此殊荣。

（周立川）

【全面开展企业文化建设的宣贯工作】 2005年12月，青岛石化公司正式启动企业文化建设的宣贯工作。首次发布了青岛石化公司企业文化的理念识别系统、服务品牌识别系统、行为识别系统和视觉识别系统。通过开展宣贯工作，并充分利用社会媒体将企业文化各个系统的广泛宣传，提升了企业文化建设的水平，进一步凸现了青岛石化公司企业文化建设的自身特色，促进了企业各项管理工作和企业的可持续发展，增强了企业核心竞争力，企业文化建设取得了丰硕成果。

（周立川）

【完成检修公司的改制分流工作】 2005年，青岛石化公司按照石化集团公司开展主辅分离、改制分流工作的总体部署，积极稳妥地开展了对所属检修公司的改制分流各个阶段的工作。12月21日，石化集团公司对青岛石化公司上报的《检修公司改制分流实施方案》予以批复。12月28日，检修公司正式以"青岛石化检修安装工程有限责任公司"进行了工商登记注册。至此，继青岛石化公司所属的化工设计院成功实施改制分流后，检修公司成为第二个顺利完成改制分流的单位。

（周立川）

【开展保持共产党员先进性教育活动】 从2005年7月中旬开始，青岛石化公司按照石化集团公司党组、青岛市委的部署，开展了保持共产党员先进性教育活动，由此拉开了为期5个多月的党员学习教育活动的序幕。通过认真学习，广大党员把先进性教育活动取得的成果认真落实到各项工作中，建立和完善了先进性教育活动的长效机制，团结和带领广大职工群众，立足本职、求真务实、无私奉献，有力地促进了企业各项工作的开展。在12月上旬召开的先进性教育活动总结会上，中共青岛市委督导组、集团公司巡检组对青岛石化公司的先进性教育活动给予了积极评价和充分肯定。

（周立川）

表1 **青岛石化公司主要经济指标** 亿元

指标名称＼年份	2005	2004	2003	2002	2001	2000
原油加工量/万吨	198.39	247.26	186.45	152.03	105.87	120.36
工业总产值①	64.47	64.14	9.79	7.78	5.45	5.44
工业增加值	-2.01	6.32	5.00	4.99	3.50	3.45
资产总额	35.52	74.79	30.42	23.60	21.35	22.55
流动资产	14.50	56.76	12.47	7.83	7.93	11.38
固定资产原值	23.62	18.44	16.97	14.48	11.08	4.05
固定资产净值	18.07	13.82	13.37	11.76	9.09	4.02
销售收入	64.88	64.76	42.00	31.64	22.48	26.05
实现利税	0.51	4.99	3.71	3.50	1.17	2.33
税　金	3.11	4.93	3.32	3.34	2.39	2.73

① 2000—2003年按1990年不变价计算。

表2 **青岛石化公司主要产品产量** 万吨

产品名称＼年份	2005	2004	2003	2002	2001	2000
93#汽油	26.82	24.32	2.19	—	—	—
90#汽油	21.86	38.95	44.68	36.29	26.64	24.30
煤　油	—	—	—	—	1.96	3.67
0#柴油	66.82	89.22	65.99	50.03	36.84	37.66
-10#柴油	15.03	15.33	2.13	7.93	6.13	4.16

续表

年份 产品名称	2005	2004	2003	2002	2001	2000
$5^{\#}$柴油	—	—	—	3.50	—	—
石脑油	13.81	12.24	18.44	19.71	9.40	6.91
溶剂油	5.12	6.43	11.01	5.23	4.03	3.49
燃料油	17.61	26.51	11.11	10.04	6.93	22.72
软麻油	—	—	—	0.08	0.06	0.08
液化气	10.39	17.81	13.58	10.34	6.68	5.54
丙　烯	4.70	2.95	0.84	0.75	0.54	0.74
聚丙烯	0.09	0.40	0.29	0.06	0.04	0.11

杭州炼油厂

【概述】 中国石化集团杭州炼油厂(简称杭州炼油厂)位于浙江省杭州市拱墅区康桥镇，占地31万平方米。厂区地理位置优越，紧邻高速公路和京杭大运河，有原油码头两座，成品油码头一座。另有铁路专用线，交通运输十分便利。

杭州炼油厂创建于1951年，2002年正式划归中国石化集团管理。经过50多年的建设与发展，现已成为一家以原油加工为基础，以白油系列产品和精细油品为特色的石油化工企业。全厂有17个处室、8个车间(5个基本生产车间，3个辅助车间)。截至2005年底，职工总数1 572人，其中各类专业技术人员166人(其中高级职称27人，中级职称54人)，占职工总数的10.56%；拥有总资产8.78亿元，其中流动资产4.39亿元。

杭州炼油厂主要产品有汽油、煤油、柴油、液化气、白油系列产品、特种溶剂油、工业用丙烯、石油磺酸盐、化学试剂等，注册商标为“双环牌”。

2005年，面对国际原油价格高企，与成品油价格严重倒挂的局面，杭州炼油厂克服重重困难，积极组织生产，狠抓技术改造，着力强化内部管理，积极稳妥推进企业内部改革，在生产经营、企业改革、技术改造、管理水平等方面均取得新成果。

2005年，杭州炼油厂在复杂的生产经营环境中，努力组织好原油加工，围绕做精做强，强化白油生产和销售，克服各种减利因素，实现了生产经营的新增长。全年加工原油64.76万吨，销售白油3.94万吨，同比增长38.39%；实现销售收入23.28亿元，同比增长15.24%；实现利税2.15亿元。白油产品结构优化，市场份额提高，白油盈利能力进一步增强。

2005年，杭州炼油厂的技术改造取得了新成绩，多个技术改造项目建成投产：以节能降耗为主要内容的催化烟气能量回收系统顺利建成投入运行；以提高效益为目标的8万吨/年气体分馏装置仅用5个月时间建成投产，并一次开车成功；以优化管理、降本增效为主要内容的新码头已顺利投用。以围绕做精做强、增强企业竞争力为目标的10万吨/年白油扩量技术改造项目获得集团公司的批准，并已开展基础设计等前期工作；新产品开发取得新的成绩，新产品规模不断扩大，新产品开发中心的自主生存能力进一步增强。

2005年，杭州炼油厂各项改革再获新进展。企业进一步深化完善了内部分配制度改革，初步建立了经营管理、专业技能、技能操作三支队伍的分配序列；积极稳妥地开展了精简机构和分流中层管理人员的工作，减少处室部门编制9个，压缩中层干部25%；同时，坚决贯彻集团公司“治散”的要求，基本完成了6家多种经营企业的停业清算、资产处理和人员分流；继续深化劳动用工制度改革，认真细致地抓好定岗定编，严格控制用工总量，完成了集团公司下达的“十五”末职工人数控制指标。

2005年，杭州炼油厂进一步强化了内部管理，管理水平有了新提升。全年对企业的岗位责任制和多项专业管理制度进行了全面修订，强化了考核机制，进一步修订完善了安全环保制度，企业的制度体系进一步完善。同时，以“三基”工作为重点，加强了现场管理，制定了作业现场管理标准，建立了二级作业现场管理台账，落实了各部门的工作职责。同时，强化了专业管理，产品质量工作有所提升，用户投诉明显减少，在各级质量抽检中，产品合格率达到100%。

杭州炼油厂主要经济指标和主要产品产量见表1和表2。

（洪宇清）

【气体分馏装置建成投产】 为充分利用液态烃中的丙烯资源，2005年8月，杭州炼油厂投资建设8万吨/年气体分馏装置。经过5个月的紧张施工，于12月底建成。这一项目的建成投产，优化了企业的产品结构，合理利用了资源，增强了企业的盈利能力。

（洪宇清）

【烟气能量回收系统投入运行】 2005年7月，杭州炼油厂利用生产装置大检修的时机，完成了催化装置的关键机组烟气能量回收系统的建设和安装调试，并进行修改调整，至9月总体运行平稳。该系统的投运，产生了较好的经济效益和社会效益。

（洪宇清）

【10万吨/年白油技改项目获准建设】 2005年12月，石化集团公司正式批复杭州炼油厂10万吨/年白油加氢技改项目的可行性研究报告，同意杭州炼油厂建设一套10万吨/年白油加氢装置及配套的原料和产品储运系统，生产高等级的化妆级白油和食品级白油。该项目总投资近1.5亿元，基础设计编制工作已于2005年10月启动。

（洪宇清）

【新建码头投入试运转】 2005年12月，杭州市交通局和杭州市港航管理局正式下达《杭州市港区岸线使用许可证》、《港口经营许可证》和《危险货物港口作业许可证》。至此，杭州炼油厂新建原油码头已完成换证和新证申领工作，投入试运转，为企业优化管理、降本增效开拓了新渠道。

（洪宇清）

【完成组织机构调整，党支部、分工会换届改选】 2005年3月，杭州炼油厂对原有组织机构进行了较大幅度调整，组织机构由原来的34个调整为25个，减幅达到26.4%。同时，对中层管理人员实施了精简分流，压缩中层干部25%。党支部和分工会也同时进行了调整，并根据《中国共产党党章》和《工会法》等有关规定，进行了换届选举。

（洪宇清）

【继续深化改革，完善各项制度】 2005年杭州炼油厂继续深化完善分配制度改革。厂党委多次开会研究，积极向干部职工宣传分配制度改革的重要意义，召开各层次职工座谈会，多方面了解职工的思想动态，广泛听取意见，确保改革的顺利推进以及企业和队伍的稳定。在9月召开的职工代表大会上，改革方案顺利通过。同时，企业继续深化劳动用工制度改革，认真细致地抓好定岗定编，严格控制用工总量，完成了集团公司下达的“十五”末职工人数控制指标。

（洪宇清）

【加强企业管理，提升企业素质】 2005年，杭州炼油厂进一步加强了企业的内部管理，借鉴先进企业的经验，强化“三基”工作，安全管理、现场管理、专业管理等各项工作都取得了新的进展。规范了财务管理和物资采购监管，开展了装置的达标活动，使各生产装置面貌得到改善，产品质量进一步提高。加强制度建设的同时，企业重视高素质职工队伍的培育，积极抓好三支队伍的建设，全年共培训技术、管理人员118人次，操作工917人次，全面提升了广大职工的科学文化素质和操作技能。

（洪宇清）

【加强党建思想政治工作，开展“创树”学习教育活动】 2005年，杭州炼油厂党委继续加强党建思想政治工作，加强领导干部的思想作风建设，落实保持共产党员先进性教育的长效机制。厂党委在全厂中层以上干部中开展了“创优良业绩，树良好形象”的学习教育活动。通过学习教育活动，使一些突出问题得到了解决，思想作风、工作作风得到了改进，干部队伍的战斗力得到了加强。下半年，厂党委在2003年共产党员先进性教育活动试点工作以后新调入和新发展的24名党员中开展了先进性教育活动，取得了较好效果。

（洪宇清）

【开展帮困扶贫，构建和谐社会】 2005年，杭州炼油厂多次开展帮扶活动，帮助困难职工以及宁夏和四川省的贫困地区。6月，根据杭州市文明委组织的“省市双万结对共建文明”活动要求，与淳安县唐村镇唐五村结对，帮助结对村开展精神文明建设和经济文化建设。12月，厂职代会通过了企业帮扶互助金实施办法，对因自然灾害、重大疾病以及其他原因导致生活发生严重困难的职工进行帮扶救助，标志着杭州炼油厂开展春风行动、送温暖活动的制度化、规范化、经常化，有利于维护和发展企业和谐稳定的生产环境，更好地维护职工利益。

（洪宇清）

【群众性文体活动获佳绩】 2005年，杭州炼油厂组队参加了杭州市工业资产经营公司首届职工文化艺术节，参加了主题词、会徽征集活动，卡拉OK大赛，演讲比赛，文艺会演和书画摄影篆刻大赛等活动，共获得10个不同奖项。根据杭州市工业资产经营公司党委的统一部署，以杭州炼油厂为领队单位代表市工业资产经营公司带队参加了第16届杭州市运动会的围棋和游泳比赛，共为工业资产经营公司赢得团体总分37分，获银牌2块，铜牌2块，被表彰为杭州市工业系统参加市运会优秀领队单位。

（洪宇清）

表1 杭州炼油厂主要经济指标 亿元

指标名称＼年份	2005	2004	2003	2002	2001	2000
原油加工量/万吨	64.76	70.29	60.40	50.82	49.64	60.06
工业总产值①	23.07	20.01	5.08	4.43	4.08	4.51
炼　油	20.80	16.45	4.17	3.70	3.61	3.93
白　油	2.27	3.03	0.71	0.63	0.38	0.42
工业增加值	2.57	3.27	2.40	2.17	1.64	2.40
资产总计	8.78	7.23	7.34	7.91	7.66	8.47
流动资产	4.39	3.13	2.75	2.92	2.86	2.72
固定资产原值	7.37	7.04	7.05	6.09	6.04	6.14
固定资产净值	3.76	3.80	4.20	3.71	4.06	4.27
销售收入	23.28	20.21	14.86	11.35	11.33	13.79
实现利税	2.15	2.56	2.11	1.78	1.59	1.95
税　金	2.91	2.54	1.88	1.71	1.58	1.72

① 2000—2003年按1990年不变价计算。

表2 杭州炼油厂主要产品产量 万吨

产品名称＼年份	2005	2004	2003	2002	2001	2000
液化气	5.93	5.92	4.96	4.11	3.87	5.70
车用汽油	15.52	13.09	14.32	14.12	8.08	10.81
灯用煤油	0.47	0.09	—	—	0.33	1.35
轻柴油	20.64	19.89	18.15	15.22	1.29	17.33
溶剂油	4.30	5.13	5.83	3.15	2.92	3.28
白　油	3.98	2.74	2.32	1.98	1.09	1.04
化学试剂	0.06	0.05	0.04	0.23	0.001	0.001

湛江东兴公司

【概述】 湛江东兴石油企业有限公司(简称湛江东兴公司)是一家中外合作炼油企业，位于广东省湛江市霞宝工业区，占地面积约74万平方米。其前身是湛江美亚炼油厂，最早立项于1980年。1992年10月，经广东省计委、外经委批准成立了湛江东兴石油企业有限公司，于1993年12月建成投产。2002年3月，经国务院、原国家计委批准同意，中国石化通过所属的香港盛骏国际投资有限公司收购了湛江东兴公司的外方股东香港裕旺公司的全部股权，控股拥有了湛江东兴公司，使其成为石化集团公司直属管理的炼油企业，合作中方转为茂名石化公司。湛江东兴公司被收购后，继续保留了其原有的中外合作企业的性质，企业的体制、运行机制不变。截至2005年底有职工571人，其中，具有大专以上文化程度的员工332人，中级以上专业技术职称的员工106人。

湛江东兴公司下设：经理办公室、计划部、生产部、机动部、安环部、经营部、财务部、供应部、人事部、党群部、审计室、纪检室等12个部门；蒸馏车间、催化车间、加氢车间、重整车间、硫磺车间、油品车间、动力车间、供排水车间、机修车间、电气车间、仪表车间、化验车间等12个车间级单位。

2005年是湛江东兴公司改扩建装置投料试车年，也是稳定装置生产、深化企业改革和加强专业管理的一年。公司紧紧围绕这四方面的重点工作，认真贯彻落实集团公司工作会议精神，精心组织装置投料试车，狠抓装置安全稳定生产，深入抓好降本增效，积极稳妥地推进企业改革，加强各项专业管理，各方面的工作都有较大的进步。

湛江东兴公司主要经济指标和主要产品产量见表1、表2。

(温　福)

【装置安全生产保持较好水平】 2005年是改扩建装置投料试车年，也是稳定装置生产年，湛江东兴公司始终把安全工作放在一切工作的首位，采取得力措施，确保装置投产后的安全稳定运行。改扩建工程投产后，特别是加工新油种原油硫含量由0.2%提高到0.4%后，装置逐步暴露出了各种问题，严重威胁着安全平稳生产。为此，公司坚持把安全工作放在首位，重点在落实安全生产责任制上下功夫，狠抓了专业安全管理。一是由公司领导带队到高桥等同类兄弟企业学习加工含硫原油的经验；二是在加工每个新油种之前组织各有关部门和车间，对装置和设备防腐、产品质量控制等各个环节研究制定应对方案；三是请兄弟企业防腐专家到公司指导，加强了工艺防腐和设备防腐检查监控；四是加强设备状态监测，实行预防性维护；五是实施了一些“短、平、快”技措项目；六是在全公司范围内推行安全生产风险抵押制度，充分调动全体职工搞好安全生产的积极性。通过抓好以上工作，实现了安全稳定生产，全年共开具一级以上火票1 122张，未发生过生产安全和施工安全事故。

(温　福)

【降本增效工作成效显著】 2005年，国际原油价格不断攀升，高低硫、轻重质原油价差不断拉大，国内成品油价格不到位，成品油和原油价格严重倒挂，生产经营形势非常严峻。为此，湛江东兴公司采取了以降低原油成本和开展来进料加工为主的降本增效工作，取得了显著的成效。全年共采购了12个新油种，平均到岸(CIF)价为55.38美元/桶，比原设计油种原油成本降低了约2.66亿元。全年累计来料加工进口原油76.45万吨，出口成品油44.59万吨，出口均价66.94美元/桶，与当期的国内成品油销售价格相比，相当于增加销售收入2 090万美元(折人民币16 994万元)，2005年底海外账户外汇平衡预计能盈余726万美元。

(温　福)

【炼油改扩建实现安全投料试车一次成功】 在集团公司有关部门的精心组织和联合项目组(PMC)、各EPC承包商、施工单位的大力支持下，在装置开工领导小组的正确领导和全体员工的共同努力下，2005年3月3日，500万吨/年常减压蒸馏装置开工正常，3月4日33万吨/年固定床重整装置开工正常，3月10日50万吨/年连续重整装置开工正常，3月16日50万吨/年重油催化裂化装置开工正常，3月26日120万吨/年加氢裂化装置开工正常，公用工程系统同步运行正常，实现了炼油改扩建工程安全投料试车一次成功。

湛江东兴公司炼油改扩建工程，于2003年8月正式动工建设，仅用了16个月的时间建成中交，并于2005年3月实现安全投料试车一次成功，取得了国内同类项目建设速度最快、建设投资最省和建设管理模式最新的好成绩。

(温　福)

【炼油改扩建工程总结表彰大会隆重召开】 2005年3月26日，湛江东兴公司500万吨/年炼油改扩建工程实现了安全投料试车一次成功。为了总结经验教训，树立先进典型，弘扬工程建设和投料试车过程中各参战单位表现出的团结协作、迎难而上、奋力拼搏的艰苦创业精神，5月28日，石化集团公司在湛江东兴公司隆重召开了炼油改扩建工程总结表彰大会。总部领导及有关部门负责人、湛江市领导及有关部门负责人、湛江东兴公司负责人及代表、参建单位负责人及代表等330多人参加了会议。大会认真总结了工程建设和投料试车经验，并对吴惜伟等30名湛江东兴炼油改扩建工程建设先进个人予以嘉奖。

（温　福）

投料试车总结表彰大会

【工资制度改革调整顺利完成】 2005年，湛江东兴公司按照集团公司分配制度改革的指导意见，参照劳动力市场价位，根据各岗位的工作性质和特点，划分经营管理、专业技术和技能操作3个系列，构建“三支队伍”，合理调整各类人员的收入关系，提高关键岗位、骨干人员的收入水平，进一步规范了工资收入形式。岗位工资参照劳动力市场价位确定，绩效工资根据经济责任制考核确定。全过程做到了职工思想稳定和生产稳定。

（温　福）

【完善公司组织机构】 2005年，湛江东兴公司针对炼油改扩建工程建成投产后，企业规模不断扩大的实际，根据集团公司专业管理的要求，成立了安全环保部、综合计划部、党群工作部、纪检监察室和审计室，有针对性地加强了安全和环保专业管理、综合计划管理、原油采购工作、企业党建工作和党风廉政建设、法律事务及审计工作。通过完善组织机构，使中国石化有效管理与湛江东兴公司实际相结合，逐步提高管理水平。

（温　福）

【大力推行绩效考核】 2005年，湛江东兴公司按照集团公司专业管理的要求，学习借鉴兄弟企业经验，结合企业机构简单、人员精简的实际，建立和完善了安全、环保、设备、工艺、质量、计量、培训等专业管理制度和考核标准。以绩效考核为突破口，建立新的绩效考核体系，设立成本效益指标、技术经济指标、专业管理标准，并与改革后一定比例的绩效工资相对应。组织各部门每月召开经济责任制考评会，按照专业管理标准对各部门和车间进行考核，按照各单位每月的成本效益指标、技术经济指标、专业管理水平确定各单位每月的绩效工资，充分调动职工的积极性，通过考核不断发现专业管理存在的问题，持续改进管理工作，使管理工作逐步规范。

（温　福）

【深入开展保持共产党员先进性教育活动】 2005年，湛江东兴公司结合装置开工的实际，根据集团公司党组的指示精神和湛江市委的部署，成立了领导小组，研究制定了保持共产党员先进性教育活动实施方案，提出了全体党员要积极实践先进性，积极争当开工先锋的口号。公司党委通过座谈、走访等形式，组织各支部就如何开展先进性教育活动、如何发挥先锋模范作用等专题进行讨论，开展了“提合理化建议”活动，共有40多名党员从投料试车、企业管理、挖潜增效等方面提合理化建议50多条。精心组织从理论、实际操作以及多岗操作3个方面开展了“学技术、当能手”活动，在党员干部中掀起了学习的热潮。组织开展了“一个党员，一面旗帜”活动，要求每个党员勇担重担，迎难而上，带动职工全力以赴搞好投料试车。广大党员干部以身作则，率先垂范，日夜吃住在现场，发扬无私奉献、艰苦奋斗的精神，在开工中体现党员本色。

（温　福）

【扎实推进党风廉政建设和反腐倡廉工作】 2005年，湛江东兴公司制定了《效能监察规定(试行)》、《物资供应采购管理规定》等制度，使各项工作做到了有章可循。组织开展物资采购和工程发包的效能监察工作，做到了“工程上马，人员不下马”，重点检查了500万吨/年炼油改扩建工程建设、物资采购、廉政责任书等管理制度的执行情况，对查出的问题发整改通知单督促整改，不仅确保了整个工程建设期间未发生一起上报集团公司的违法违纪事故，而且使工程质量达到设计的要求和有效降低了工程建设费用，取得了国内同类项目建设投资最省的好成绩。

（温　福）

【开展多种形式的群众帮困和文体活动】 2005年12月，公司党委响应党中央的号召，积极开展“送温暖献爱心”活动，帮助灾区人民和公司特困职工，共捐款19 556元、衣物469件、棉被15件。工会组织开展多种形式的文体活动，组队参加了湛江市口岸运动会，获得了“体育道德风尚奖”荣誉称号，举办了第7届“东兴杯”男子篮球赛。

（温 福）

【召开首届董事会第四次会议】 2005年10月17日，根据《公司章程》和董事长的提议，湛江东兴公司在湛江召开了首届董事会第四次会议。董事会对2004年以来公司所取得的成绩，特别是装置实现安全稳定生产、500万吨/年炼油改扩建工程安全投料试车一次成功和降本增效工作给予了充分的肯定，并要求公司按照总部部署实施二期炼油改扩建工作。同时，对财务决算的几个问题形成了决议。

（温 福）

【完成公司领导班子新老交替】 根据集团公司《关于湛江东兴石油企业有限公司有关领导人员职务任免决定和建议的通知》(中国石化人[2005]664号)，陈晓文任公司董事长，增补冷泰民、李安喜、吴惜伟为公司董事，黄鉴不再担任公司董事长、董事职务，朱仁贵、房广信不再担任公司董事职务，建议吴惜伟为公司总经理。2005年12月22日石化股份公司王天普总裁莅临湛江宣布了这一决定和建议。经新一届董事会董事长提名，全体董事协商通过，形成了吴惜伟为湛江东兴公司总经理的决议，公司董事会任命吴惜伟为公司总经理。至此，公司顺利完成了领导班子的交接，领导班子更加年轻化，更具活力。

（温 福）

表1　　湛江东兴公司主要经济指标　　亿元

指标名称 \ 年份	2005	2004	2003	2002	2001	2000
原油加工量/万吨	293.15	184.96	205.13	203.96	153.77	165.01
工业总产值	85.55	52.54	49.54	43.78	—	—
资产总计	59.50	42.18	25.04	22.93	12.20	12.54
流动资产	37.61	21.56	11.48	9.62	4.85	5.90
固定资产原值	25.06	11.37	11.40	11.36	9.68	8.33
固定资产净值	17.13	5.57	6.65	7.83	6.17	5.16
销售收入	105	53.41	49.96	44.53	31.29	35.60
实现利税	1.32	2.00	4.44	4.99	0.57	2.72
税　金	2.91	3.26	4.11	4.66	2.40	2.47

表2　　湛江东兴公司主要产品产量　　万吨

产品名称 \ 年份	2005	2004	2003	2002	2001	2000
汽　油	71.33	59.81	67.11	67.47	49.97	46.63
柴　油	149.86	88.75	96.79	106.33	72.33	64.12
化工轻油	1.91	9.10	16.24	8.61	5.51	19.86
液化石油气	12.57	11.62	12.00	10.12	7.09	6.13
燃料油	31.69	2.89	2.75	4.57	5.48	6.81

海南炼化公司

【概述】 中国石化海南炼油化工有限公司(简称海南炼化公司)位于海南省西北部洋浦半岛上的洋浦经济开发区，西临北部湾，厂区面积 250 万平方米，距海口市中心约 140 千米。原油加工能力为 800 万吨/年，有 15 套工艺装置及相应的油品储运设施、公用工程系统和原油码头、成品油码头。

海南炼化公司成立于 2003 年 10 月 31 日，项目由中国石化独资建设，总投资约 116 亿元人民币，旨在建设和运营一座技术先进、装备精良、质量领先、效益突出、环境友好、管理科学的 21 世纪样板炼厂。海南炼化公司以加工进口含硫原油为主，总工艺流程方案采用以常减压蒸馏—催化原料预处理—重油催化裂化/加氢裂化(CDU - RDS - RFCC/HC)为框架的全氢型工艺路线，在轻油收率、综合商品率、产品质量、经济效益、环境保护等方面具有明显的优越性。主要生产装置有 800 万吨/年常减压蒸馏装置，310 万吨/年催化原料预处理装置，280 万吨/年重油催化裂化装置、脱硫脱硫醇装置，60 万吨/年气体分馏装置，120 万吨/年连续重整装置，20 万吨/年异构化装置，10 万吨/年甲基叔丁基醚装置，200 万吨/年柴油加氢装置，30 万吨/年航煤加氢装置，6 万米^3(标准)/时制氢装置，8 万吨/年硫磺回收和溶剂再生装置，180 吨/时酸性水汽提装置，20 万吨/年聚丙烯装置。配套建设储运、水、电、汽、风、通讯、热工、分析化验等公用工程和 30 万吨级原油码头、10 万吨级成品油码头。主要产品有汽油、柴油、航空煤油、液化气、聚丙烯、硫磺等。

项目建设坚持可持续的科学发展观，遵循“统一规划、分步实施、滚动发展”的建设方针，做到“高起点、高标准、高水平”。依靠科技进步，采用技术先进、生产可靠、环境友好的工艺技术，实现生产过程的清洁化；生产油品质量达到符合欧Ⅲ排放标准；污染物排放严格遵守国家、海南省的有关法规和标准，最大限度地减少对环境的影响，保护好海南生态资源。

海南炼化公司按照现行国际石化企业的先进标准以及“新厂、新模式、新体制、新机制”的建厂原则，设计和构建企业的管理体制和运行机制，综合运用 ERP(企业资源计划)，使生产、经营、管理的过程与控制信息化。公司管理机构不设车间一级管理层，建立以经理班子—部门及装置(专业)专职工程师—操作层为主线的扁平化管理模式。全厂定员 500 人。

项目采用“IPMT(项目联合领导小组) + EPC(设计、采购、施工总承包) + 监理”的工程管理模式。2004 年 4 月 26 日正式奠基，计划于 2006 年 9 月建成投产。

海南炼化的建设可以进一步优化沿海石油化工战略布局，满足市场需求，同时也必将对海南省的经济建设和社会发展产生积极的带动作用。

(江雪岩)

【中央和海南省给与了极大关注和支持】 2005 年 1 月 13 日，全国人大副委员长司马义·艾买提视察海南炼化；2 月 12 日，中共中央政治局委员、国务院副总理吴仪视察海南炼化；4 月 26 日，中共中央政治局常委、全国政协主席贾庆林来到海南炼化施工现场视察指导工作，给海南炼油项目续建工程全体建设者以极大的鼓舞。

6 月 22 日，海南省常务副省长吴昌元在海南炼化主持召开了现场办公会，协调厂区内居民搬迁问题。7 月 5 日，海南省委书记汪啸风来到海南炼化施工现场视察指导工作，协调解决进厂水、电线路施工中遇到的问题。要求海南省各级政府要从搞好政治文明建设的高度解决好项目建设中遇到的问题，改善投资环境。

(江雪岩)

【以我为主，强化协调，坚决落实总体统筹控制计划】 2005 年，海南炼化以落实项目《总体统筹控制计划》为中心，坚持“以我为主”、“发挥 EPC 总承包模式优势和监理作用”两个基本原则，强化协调，克服因工程计划时间紧带来的设计图纸滞后、材料到货不及时等诸多不利因素的影响，积极推进工程建设进度。根据现场情况，分别于 3 月 6 日、7 月 20 日、8 月 26 日召开 IPMT 会议，召集总部相关部门、各 EPC 单位、施工单位一起研究解决工程建设中存在的问题，部署阶段性工作。并于 2004 年 11 月 16 日—2005 年 2 月 6 日组织了以地下管网、主要设备基础为主要内容的第一次百日会战，8 月 26 日—12 月 6 日组织以设备安装、工艺管道预制安装为主要内容的第二次百日会战，工程进度目标基本实现。

(江雪岩)

【工程建设快速推进，安全和质量处于受控状态】 海南炼化项目于 2004 年 4 月 26 日奠基并开始建设。截至 2005 年底，累计完成投资 85.5 亿元。项目综合进度已达到 88%，其中设计完成 100%，采购完成 95%，施工完成 82%。

混凝土浇注累计完成 38.6 万立方米，完成总量的 97%；土建钢结构安装累计完成 26 226 吨，完成总量的 98%；主装置设备安装累计完成 2 761 台，占总量的91.9%；各类工艺管线安装累计完成428.8千米，占总量的74.48%；电气设备安装累计完成2 417台，完成总量的84%；仪表设备安装累计完成2 732台(件)，完成总量的9%。

系统配套工程的总变电站2005年9月30日实现中交，12月6日正式受电；原油罐区、污水处理场等13个单元建成中交；其余系统工程进行施工收尾。

原油及成品油码头工程完成总工程量的95%以上，水工结构全部完成。

在HSE管理方面，建立了以海南炼化、监理单位、EPC单位、施工单位4个层面为主的管理网络，完善修订了各级HSE责任制和规章制度，强化管理和监督，做到了防患于未然。在交通安全、施工安全、环境保护等方面从严要求，各参建单位认真落实，自2004年4月26日奠基开工至2005年末实现了整个项目安全无事故。

在质量管理方面，海南炼化根据项目的特点，确定了质量方针和质量目标，落实质量目标责任制，明确了海南炼化、监理、EPC单位的管理职责，积极监督各级质量保证体系的运行，接受质监总站的质量监督，实现了整个项目工程质量管理的有效控制。在项目内部组织了多次工程质量检查，集团公司也于2005年4月、9月、10月组织了3次工程质量大检查，检查结果表明工程的质量行为和实体质量总体良好，处于受控状态。

(江雪岩)

【生产经营准备工作全面展开】 截至2005年底，《总体开车方案》编制完成并通过了集团公司组织的审查。生产、设备、安全、环保、计量、质量、营销、会计核算及内控管理体系初步建立。生产准备人员已全部到位，员工培训工作基本结束，人员陆续回到现场，全面介入工程建设。开工前有关安全、消防、环保、职业卫生以及码头投运和开港手续、报关报检等方面的报批和取证工作已经启动。开工物料及所需工器具方案已经落实。

根据新厂新机制的要求和海南炼化定员少的实际情况，以"创新、实效"的原则开展生产经营体系建立的各项工作。生产调度运行管理模式已经建立，设备维护维修、码头港口作业、物资管理的市场化运作方案已经确定，ERP建设启动，财务模块已经上线运行。生产经营准备的各项工作有条不紊地向前推进。

(江雪岩)

【企业创建和管理创新工作稳步进行】 截至2005年底，建立健全了公司管理机构和企业基层党组织，实现了由工程管理模式向正常生产经营管理模式的平稳过渡，人员已全部到位。企业创建坚持管理创新理念，按照建设"21世纪样板炼厂"总体目标的要求构思、设计管理体制，摸索适宜的管理机制，组建高素质的员工队伍和管理团队。企业创建之初就注意企业文化建设，提出了"与海南炼化共成长"的核心价值理念。企业大多数员工对这一理念有了认同感，对企业有了归属感，员工队伍融合基本完成，海南炼化的企业形象初步树立。员工队伍整体精神状态良好，队伍士气高、正气盛。公司管理、工程管理职责逐步理顺，管理水平显著提高，内控体系建立并有效运行。工会、共青团的筹备工作已经启动。

公司党建取得初步成效，自7月27日开始，按照统一部署，海南炼化深入扎实地开展了保持共产党员先进性教育活动，把先进性教育活动与工程建设、生产准备和公司创建的工作有机地结合起来，增强了党组织的凝聚力和战斗力，提高了全体党员的政治思想素质，使企业党建和思想政治工作得到加强，为企业的建设提供了强有力的政治保障和思想武装，极大地促进了各项工作的顺利推进。

(江雪岩)

润滑油分公司

【概述】 中国石油化工股份有限公司润滑油分公司(简称润滑油分公司)于2002年5月29日正式挂牌组建，总部设在北京市海淀区新技术产业开发区。润滑油分公司总占地面积150万平方米，是国内最大的高档润滑油产销企业。截至2005年底有职工3 543人，各类专业技术人员1 643人，高级专业技术人员122人，中级专业技术人员575人。

截至2005年底，润滑油分公司共设立了北京分公司、重庆分公司、济南分公司、荆门分公司、茂名分公司、上海分公司、天津分公司、天津储运分公司、武汉分公司、燕化分公司及北京研发中心、上海研发中心等12个直属单位。代管的存续单位有长城润滑油公司和重庆一坪润滑油公司。截至2005年底，润滑油分公司共有分公司及股份公司控股参股企业17个，研究单位2个，其中合资公司2个。润滑油分公司全部固定资产为18.90亿元，调合生产能力142万吨/年，包装油生产能力为123万吨/年。可生产润滑油共20大类700多个品种。

2005年，润滑油分公司在完成品牌深度整合的基础上，实现统一的经营运作，实施统一的营销策略、销售政策及价格管理，初步建立区域化与专业化相结合的营销模式。利用专业化经营优势，继续加大集中统一管理的力度，实现资金的集中统一管理，加大物资集中采购力度，全年主要原材料集中采购达到总金额的85%。2005年润滑油、脂销售总量完成了132万吨，同比持平；中高档产品销售总量完成63.5万吨，同比提高23%，其中SG、CF-4以上高端新产品完成15.1万吨，同比提高38%；包装油达到76.9万吨，同比提高19.22%。实现销售收入80亿元，实现利润3 911万元。

2005年，润滑油分公司的工作主要是围绕统一运营和加强管理来进行。在基础油价格不断上涨的情况下，通过开展优化运营，加大内部经营体制改革的力度，规范内部业务流程，开展高端润滑油市场推广；通过与国际跨国公司开展战略合作，保证资源供应；国际市场开发取得新突破，并再次为“神舟六号”载人航天作出贡献。同时，通过技术手段加强对资源利用的研究，降低生产成本，加快科研重心前移，发挥对市场开发的技术支持作用。

在市场开发中，实施以终端开发为重点的高档产品市场推广方案，加强对开发过程的督导，实行专项承销和全程协销，将促销政策及支持落实到终端。全年举办高档产品推介活动400余场，发展终端网点达到2万个。SG以上高档汽油机油完成2.98万吨，同比增长172%；CF-4以上柴油机油完成2.8万吨，同比增长85%。针对中国石化的18家战略合作伙伴开展调研及用油开发，加强对重点原始设备制造商(OEM)客户的拜访和技术交流，OEM产品总销量超过10万吨，同比增长50%，取得OEM认证50个，认证范围扩展到造纸、电力、工程机械等多个行业。

品牌影响力进一步提升，围绕“2008年奥运正式用油”、“南极科考雪龙号”、“神六飞天”三大主题展开品牌宣传与市场推广活动，提升以长城金吉星为代表的高端产品的知名度和品牌认知度。在第三方机构的市场测评中，长城润滑油超越其他国际竞争品牌获得消费者忠诚度第一名；获得国家免检产品称号；在世界品牌实验室公布的最有价值的中国500强品牌中，长城润滑油品牌价值升至81.76亿元，列第59位。

润滑油分公司主要经济指标及主要产品产量见表1、表2。 (李　梅)

【长城润滑油为南极科考建功勋】 2005年4月2日，润滑油分公司在停靠于上海码头的雪龙号科考船上举行了隆重的“南极心·奥运情”雪龙号返航庆典，欢迎第21次南极科考队载誉归来，庆祝长城润滑油作为雪龙号专用油经受住酷暑严寒等恶劣气候的考验，顺利完成任务。同时，借助此次南极科考，润滑油分公司在上海国际会议中心举办了船舶用油推广会。11月18日，长城润滑油提供产品及服务的雪龙号再次出发，执行第22次南极科考任务。

(李　梅)

【长城润滑油获“中国航天专用产品”称号】 2005年4月20日，润滑油分公司在重庆召开以“相伴航天四十年，力助神舟再腾飞”为主题的中国航天事业惟一油品提供商新闻发布会，中国航天基金会正式授予润滑油分公司中国航天事业合作伙伴称号，同时授予长城润滑油“中国航天专用产品”称号。

(李　梅)

【长城润滑油成为消费者最喜爱的中国品牌】 2005年4月27日，在中央电视台二套经济频道举办的“2005 CCTV我最喜爱的中国品牌”发布会上，长城润滑油成为所在类别排名第一而获此殊荣。

(李　梅)

【与壳牌开展基础油互换战略合作】 2005年8月，润滑油分公司与壳牌(中国)有限公司签署战略合作协议，壳牌(中国)公司每年以优惠价格向润滑油分公司提供高黏度指数重质基础油，润滑油分公司向其在中国的工厂提供Ⅰ类基础油。通过合作，润滑油分公司可以获得稳定的重质基础油资源。截至2005年底，双方累计互换基础油1.5万吨。

(李　梅)

【长城润滑油推出“喜世”系列汽车养护新产品】 2005年7月12日，润滑油分公司在北京五洲皇冠假日酒店举办了长城喜世汽车养护品上市新闻发布会，正式宣布进入汽车养护品市场。将全力推出“喜世”系列汽车养护产品五大类26个品种，提升长城润滑油品牌价值。

(李　梅)

【举办中层管理人员培训班】 2005年6—7月，润滑油分公司举办了3期中层管理人员培训班，对公司十几个直属单位和机关中层管理人员进行封闭式培训，以提高职业素质和执行力、促进管理理念和思想观念融合为重点，取得良好效果。

(李　梅)

【实现资金统一集中管理】 2005年4月1日起，润滑油分公司开始实施资金集中统一管理，通过资金管理系统，实现资金的集中收入，统一支付，全年资金占用较上年下降了38%，节约财务费用370万元。

(李　梅)

【上海市润滑油品行业协会正式成立】 2005年6月28日，在润滑油分公司的积极倡导下，国内第一个润滑油品行业协会——上海市润滑油品行业协会正式宣布成立，已发展会员单位40余家。股份公司总裁王天普担任该协会的名誉主席。

（李 梅）

【长城润滑油助力神舟六号飞天】 2005年10月12日，润滑油分公司再次助力中国航天事业，为神舟六号载人飞船的发射成功作出贡献。此次共为神舟飞船提供了29个配套润滑产品。

（李 梅）

【长城润滑油荣获最具成长力自主品牌】 2005年11月5日，在2005中国自主创新品牌高层论坛暨中国品牌经济城市峰会上，润滑油分公司等国内60家知名企业被授予“中国制造——行业内最具成长力的自主品牌企业”称号，是国内惟一获此殊荣的润滑油企业。

（李 梅）

【长城润滑油推出乙醇汽油汽车专用新产品】 2005年12月13日，为配合国家在多个省市开展的乙醇汽油试点工作，润滑油分公司在湖北武汉召开新闻发布会，正式推出长城“醇星”乙醇汽油车专用润滑油。

（李 梅）

【在菲律宾首次举办产品推介会】 2005年起，润滑油分公司统一海外市场的开发和运作，积极建立海外营销网络，已完成19个国家的商标国际注册，全年实现销量4 500吨。12月5—8日，润滑油分公司首次在菲律宾首都马尼拉举办了5场产品推介会，介绍了中国石化及润滑油相关业务及车用、工业产品。当地经销商对中国石化的润滑油产品产生了浓厚的兴趣，踊跃参加推介会，并吸引了菲律宾国家电力公司、船舶公司等具有行业影响力的重要客户，当年菲律宾市场销量突破1 000吨，标志着长城润滑油向国际化迈出坚实的一步。

（李 梅）

表1 **润滑油分公司主要经济指标①** 亿元

指标名称 \ 年份	2005	2004	2003	2002	2001	2000
工业总产值②	62.89	52.98	16.61	15.61	6.51	7.73
工业增加值	5.65	4.36	3.98	3.12	1.93	2.42
资产总计	34.96	29.45	20.34	21.74	12.81	14.09
流动资产	22.47	18.26	12.33	13.99	6.80	8.21
固定资产原值	18.90	16.63	12.49	11.53	8.16	7.77
固定资产净值	10.75	9.62	6.86	6.55	5.44	5.33
销售收入	79.94	64.47	50.74	27.67	13.61	13.04
实现利税	1.91	1.77	1.80	0.95	0.81	1.07
税 金	1.53	1.34	1.38	0.93	0.63	0.54

① 2000—2001年指标数据为原长城润滑油公司和重庆一坪润滑油公司各项指标的简单合并。

② 2000—2004年按1990年不变价计算。2005年按2000年不变价计算。

表2 **润滑油分公司主要产品产量①** 吨

产品名称 \ 年份	2005	2004	2003	2002	2001	2000
内燃机油	458 573	456 854	367 399	220 031	117 882	114 380
液压油	290 844	287 322	336 933	180 270	65 649	94 945
齿轮油	71 449	57 732	33 897	20 398	12 485	10 524
防冻液	23 878	15 454	6 165	3 055	2 296	2 152

续表

年　份 产品名称	2005	2004	2003	2002	2001	2000
全损耗系统用油	274 579	194 285	165 172	52 521	2 314	30 427
压缩机油	12 207	12 041	5 339	1 515	401	1 307
润滑脂	49 918	26 399	5 069	2 767	2 242	1 703
合成润滑油	3 687	3 086	4 347	4 153	1 193	936

① 2000 — 2001 年数据为原长城润滑油公司和重庆一坪润滑油公司各项指标的简单合并。

北海分公司

【概述】 中国石油化工股份有限公司北海分公司(简称北海分公司)位于广西壮族自治区北海市，濒临北部湾，距北海港码头约 2 千米，占地 47.2 万平方米，现有员工 377 人(含托管 83 人)，其中具有中级及以上职称的员工 76 人。

北海分公司原是一家地方投资兴建的石油化工企业，设计原油加工能力 20 万吨/年，1991 年 5 月建成投产。1993 年，该厂产权转让给中国石油天然气总公司滇黔桂石油勘探局，1998 年 5 月随滇黔桂石油勘探局划归石化集团公司。经过几年挖潜改造和技术革新，原油加工能力由 20 万吨/年扩增到 60 万吨/年，装置各项技术指标显著提高，综合能耗、原油途耗、产品质量、综合商品率等指标达到集团公司装置达标要求。

截至 2005 年底，北海分公司有 60 万吨/年常压装置、30 万吨/年催化装置、8 万吨/年催化气体脱硫装置，主要生产装置实现 DCS 计算机控制。北海分公司设有常压车间、催化车间、油品车间、动力车间、供水车间、机修车间、电气车间、仪表车间、化验室 9 个生产车间，拥有专用双泊位油品码头和专线铁路，储运、环保等配套设施齐全，海路、陆路运输十分方便。主要产品有 90# 清洁车用汽油、0# 柴油、4# 轻燃料油、化工轻油、液化石油气、重油等 6 个品种，产品全部达到国家最新质量标准。1999 年 5 月，北海分公司通过了国家技术监督局“计量体系认证”；2000 年 12 月，通过了 ISO 9000 质量管理体系认证。

2005 年是北海分公司经受国际高油价和国内成品油限价双重压力、承受巨额亏损、经营十分困难的一年，也是加强内部管理、千方百计降本减费、努力遏制亏损、取得很大成绩的一年。一年来，国际原油价格沿袭上一年高价位走势继续震荡上扬，一度突破每桶 70 美元，创 30 年来新高。为了减轻因油价上涨给其他行业造成冲击，国家从宏观调控出发，将国内成品油价格控制在一定水平，成品油价格未随国际原油价格同步调整，造成成品油市场价格与国际原油价格倒挂，国内炼油企业普遍出现巨额亏损。尽管如此，北海分公司坚决执行股份公司“保安全、保市场、保稳定、增效益”的战略决策，积极组织生产，满足市场油品需求。同时，通过加强内部管理，狠抓精细操作，确保平稳生产，强化成本考核，力促降本减费，生产成本和管理费用大幅下降，有效地遏制了效益下滑。

北海分公司的主要经济指标及产品产量见表 1、表 2。

（吴硕琼）

【双增双节活动有效遏制了效益下滑】 2005 年，为了减轻因价格倒挂造成效益快速下滑的不利局面，北海分公司全面开展增产增收，降本减费活动。通过开展精细化操作，提高装置平稳率，综合商品收率提高了 0.06 个百分点，多收产品 321 吨，增效 98 万元。通过优选催化剂，优化催化工艺，高附加值产品收率提高 0.4 个百分点，增效约 300 万元。通过加强原油在装卸运输过程中的监护、计量、清仓、查验，原油途耗再降 0.07 个百分点，多收原油 429 吨，增效 130 万元。通过在生产车间开展目标成本管理，加强成本考核，节省水电等动力成本和物料消耗 138 万元。通过开展预算管理，压缩修理费 285 万元，减少管理费支出 201 万元。全年吨油完全费用比考核指标降低 14.54 元，节约成本共计 778 万元。

（吴硕琼）

【环境保护和节水减排工作初见成效】 北海分公司花大力气开展清洁生产工作，成立了清洁生产领导小组，指导北海分公司“三废”治理和综合利用工作。对罐底泥、浮渣等固体废弃物，制定了收集、分类、存放、处置的规程，明确了各部门职责。危险废物交由专业部门妥善处置。2005 年外排污水达标率为 94.9%，同比提高 2.3 个百分点。强化恶臭的治理，将污水汽提出的酸性气和氨气引入灼烧炉，消减了恶臭对周边空气的影响。节水减排工作取得比较好的效果，全年新鲜水消耗量60.41万吨，同比减少12.85万吨，减少17.54%。吨原油耗新鲜水量为1.11吨，同比减少0.42吨。净化水回用3.05万吨，凝结水回用7.1万吨，工业重复水利用率为97%，同比提高1个百分点。

（吴硕琼）

【保持共产党员先进性活动激发员工工作热情】 北海分公司根据集团公司党组和北海市委的工作安排，开展了以学习实践"三个代表"重要思想为主要内容的保持共产党员先进性教育活动。通过学习、分析、整改、提高几个阶段教育活动，党员们加深了对"三个代表"重要思想的理解，明确了新时期共产党员应具备的素质。党员同志认真检查自身存在的不足，并积极改正提高。开展保持共产党员先进性教育活动后，党员同志对自己要求更严了，工作更主动，态度更端正，对同事更关心。党员的模范表率作用感染带动了身边员工，大家工作情绪饱满，职工队伍稳定。

（吴硕琼）

表1　北海分公司主要经济指标　亿元

指标名称＼年份	2005	2004	2003	2002	2001	2000
原油加工量/万吨	53.52	52.31	51.37	53.76	54.13	55.09
工业总产值①	16.65	13.24	2.45	2.58	2.55	2.62
工业增加值	1.69	2.42	2.87	2.59	2.92	2.66
资产总计	2.89	2.54	3.11	3.71	2.87	4.01
流动资产	1.41	1.22	1.63	2.06	1.06	2.02
固定资产原值	2.88	3.06	3.03	3.01	2.98	2.96
固定资产净值	1.16	1.32	1.48	1.65	1.81	1.98
销售收入	16.7	13.23	11.38	10.34	10.90	11.66
实现利税	1.7	2.12	2.75	2.28	2.46	2.26
税　金	2.64	2.32	2.27	2.12	2.13	2.22

① 2000—2003年按1990年不变价计算。

表2　北海分公司主要产品产量　万吨

产品名称＼年份	2005	2004	2003	2002	2001	2000
90#汽油	12.52	12.55	12.91	13.58	13.38	14.75
0#柴油	20.87	20.45	18.63	21.31	23.71	23.13
化工轻油	3.83	3.94	1.98	2.97	4.81	4.04
液化石油气	5.3	4.97	4.69	3.99	4.77	4.91
4#轻燃料油	3.42	2.95	4.32	2.77	—	—
重　油	2.42	2.51	2.46	2.90	2.36	2.75

西安石化分公司

【概述】 中国石油化工股份有限公司西安石化分公司（简称西安石化分公司）位于古城西安渭水之滨，东临西安机场高速公路，主要从事石油炼制、道路沥青、精细化工、防水卷材生产。2005年，西安石化分公司年加工原油能力为250万吨，主要装置有沥青装置、A级沥青装置、改性沥青装置、常压蒸馏装置、催化裂化装置、加氢制氢装置、硫磺回收装置、防水卷材装置、精细化工装置各一套，储运和安全环保设施配套齐全。企业总占地面积 86 万平方米，总资产 15.39 亿元，职工 1 224 人。

西安石化分公司的前身为西安石油化工厂，始建于 1967 年。1998 年 12 月 8 日，在西安市政府的大力支持下，西安石油化工厂加盟中国新星石油公司。1999 年 8 月，西安石化分公司开工建设了一套 35 万吨/年沥青生产装置，于 2000 年 6 月正式建成投产，企业实现了发展方向和产品结构的重大调整，实现了“小炼油”向“大沥青”的转变。2000 年 3 月 1 日，西安石油化工厂随同中国新星石油公司并入中国石化集团公司，2004 年元月 1 日进入石化股份公司。

2005 年，西安石化分公司认真贯彻落实集团公司暨股份公司工作会议精神，积极应对原油价格大幅上涨而成品油价格从紧调控的严峻形势，坚定不移地贯彻总部的工作部署，服从大局和整体利益，以开展保持共产党员先进性教育活动为动力，紧紧围绕“抓管理、夯三基、创效益、谋发展”的工作方针，强化管理，扎实工作，实现了“两个新突破、两个新提升、两个新进展“和“两个平稳”。

原油加工量和销售收入实现新突破。2005 年共加工原油 165 万吨，比 2004 年增长 17%，实现历史性突破；全年实现销售收入 48 亿元，比 2004 年增长 64%，创历史新高。

主要技经指标和管理水平得到新提升。2005 年综合商品率 94.8%，比达标指标高 0.2 个百分点，综合能耗 53 千克标油/吨，完成达标指标，原油储运损耗率 0.84%，比达标指标低 0.05 个百分点，炼油完全费用为 166 元/吨，比指标节约 3.6%；企业内部管理得到强化，基础管理和专业管理水平在与股份公司逐步接轨中不断得以提升。

企业改革和技改项目取得新进展。顺利完成机构重组和处级干部竞聘上岗，深化内部分配制度改革，规范离退休人员企业补贴；国内首套 A 级沥青工业化生产装置如期建成投产，气分改造项目建设进展顺利。

安全生产运行平稳，企业总体保持稳定。2005 年，西安石化分公司没有发生重大安全和环保事故，没有发生重伤和死亡事故。沥青装置累计开工 347 天，平稳率 99%；常压蒸馏装置累计开工 343 天，平稳率 99%；催化裂化装置累计开工 342 天，平稳率 99%。职工队伍稳定，工作积极主动，维护了稳定发展的大好局面。

西安石化分公司是石化集团为数不多的区外企业，是中国石化开拓西北市场的桥头堡，是中国石化五大沥青生产基地之一，对实现上中下游一体化协调发展、加快西部资源开发利用、开拓西部市场具有重要的战略意义。

西安石化分公司主要经济指标和主要产品产量见表 1、表 2。

（张质朴）

【30 万吨/年 A 级沥青技改工程建成投产，实现沥青产品的升级换代】 2005 年 8 月 5 日，经交通部公路工程检测中心检测，西安石化分公司生产的东海牌 A 级沥青全项符合交通部《公路沥青路面施工技术规范》要求，生产出的第一批东海牌 A 级沥青用于西安市最繁华的东大街路段。

随着 2005 年 1 月 1 日国家交通部《公路沥青路面施工技术规范》的施行，掀起了石油沥青产品升级换代的一次浪潮，5 月 19 日，西安石化分公司投资建设 A 级沥青质量升级技改项目，7 月 12 日，A 级沥青技改项目正点中交。该技改项目根据塔河原油黏度高、富含沥青质和胶质的特性，采用抚顺石油化工研究院研究开发的新工艺和新技术，主要生产 70#、90#、110# 标准的 A 级道路沥青，还可生产 160#、130# 等标准的道路沥青，其产品使用范围覆盖了所有等级的公路和公共场所。

（张质朴）

【12 万吨/年气体分馏项目开工建设】 2005 年 9 月 6 日，西安石化分公司 12 万吨/年气体分馏项目开工建设。该项目包括：新建 12 万吨/年气体分馏装置 1 套；新建 1 000 立方米液化气球罐 1 套；新建 1 000 立方米丙烯罐 3 台；新建精丙烯火车、汽车装车设施。

气体分馏项目是西安石化分公司 2005 年重点技改工程，受到石化股份公司及陕西省、西安市政府的大力支持，被列入西安市重点技改项目。项目可充分利用现有资源，以催化裂化装置的液化气为原料，从液化气深加工入手挖潜增效，生产高附加值的丙烯产品，调整产品结构，增加经济效益。项目建成后，西安石化分公司每年可新增销售收入 34 501 万元。

（张质朴）

【中长期发展规划制定】 西安石化肩负着中国石化发展西部、抢占西北市场的战略重任。2005 年，西安石化分公司制定了中长期发展规划，其“十一五”期间及未来 15 年的发展思路是：依托西部资源，突出沥青特色，做强炼油主业，实现有效发展。一是依托塔河油田的重油资源，把西安石化发展成为中国最大的高等级沥青生产基地，把沥青的文章做好做足，把沥青的牌子做响亮，力争做到规模最大、质量最好、品种最全、等级最高。二是依托集团公司在准噶尔盆地、陕甘宁地区等西部地区的中质、轻质原油资源，适度扩大炼油规模。三是苦练内功，强化管理，把西安石化建设成为管理水平高、技术指标先进、经济效益好、有发展后劲的炼化企业。

（张质朴）

【领导班子成员调整】 2005年11月10日，西安石化分公司召开领导班子调整宣布会议，集团公司党组成员、股份公司高级副总裁章建华、集团公司人事部副主任张继田、炼油事业部主任凌逸群以及集团公司人事部领导人员管理处副处长吴清泉到会。

石化集团党组非常重视西安石化分公司的班子建设，从优化班子年龄结构、改善班子专业结构等方面出发，经研究并征得西安市国资委同意，决定：聘任张忠和、王先锋、曹西平、李新明为西安石化分公司副经理，聘任徐淑红为总会计师。调张忠和任中共西安石化分公司委员会书记；闫改莲任中共西安石化分公司纪律检查委员会书记，为工会主席人选。曹希廉不再担任中共西安石化分公司委员会书记、张伟林不再担任西安石化分公司副经理，改任调研员。

（张质朴）

【企业改革工作稳步推进】 2005年，在集团公司的统一部署下，西安石化分公司在管理体制、运行机制和内部分配制度等方面积极稳妥地推行改革。

在管理体制上，积极推进扁平化和专业化管理，进行了机构精简和业务重组，设置了9个管理处室、2个直属单位和15个生产车间，机关职能处室精简了38%。

在运行机制方面，进一步建立健全了竞争激励机制和内部控制机制。处级干部实行了公开竞聘上岗，通过竞聘，将原有处级人员由26人缩减至17人，减幅为35%。在内部控制上，严格按《内控手册》的要求控制业务流程，并取得良好成效。经股份公司测评，西安石化分公司的权限控制点得分94分，流程控制点得分92分，高于股份公司平均水平。

在深化内部分配制度改革中，按照“用好增量、盘活存量”和突出构建经营管理、专业技术、技能操作三支人才队伍的要求，通过引入劳动力市场价位调节工资，进一步完善了分公司薪酬分配体系。完成了离退休人员企业补贴调整工作，增加了离退休人员收入。

（张质朴）

【质量管理(QC)小组活动再传捷报】 2005年，西安石化分公司QC小组活动捷报再传。全年注册QC小组12个，有10个小组坚持开展活动，取得5项成果。其中技术处汽油改进QC小组的《降低汽油成本》，以其较高的技术含量和良好的经济效益荣获了中国质量协会石油化工分会优秀QC成果一等奖；电气车间QC小组、化验车间QC小组、化验车间技术QC小组等的3项QC成果分别获得中国质量协会石油化工分会优秀QC成果二等奖。

（张质朴）

【首次开展职业技能竞赛活动，评出4个专业的技术状元、技术能手】 为进一步加快技能人才队伍建设，引导广大职工钻研技术业务，提高技能水平，大力营造优秀技能人才脱颖而出的氛围，西安石化分公司于2005年10月24日至12月23日开展了第一次职业技能竞赛活动，评出了仪表、电气、油品分析、维修4个专业的技术状元、技术能手。

开展职业技能竞赛活动，不仅为技术工人提供了展示技能水平的舞台，还能选拔企业急需的优秀技术人才。更重要的是，通过竞赛在西安石化分公司营造出“尊重技能人才，学习技能人才”的良好氛围，掀起学习技能知识、提高工作效率的新高潮，全面提升职工队伍的技术水平。

（张质朴）

【荣获陕西省文明单位称号】 2005年1月9日，西安石化分公司被中共陕西省委、陕西省人民政府命名为省级文明单位。

西安石化分公司曾于1995年被授予未央区文明单位称号，1998年被授予西安市文明单位称号。

（张质朴）

【被评为西安市“十一五”期间重点培育扶持超百亿元大企业】 2005年5月23日，西安市委、市政府召开大会，授予西安石化分公司——“十一五”期间重点扶持产值超百亿元大企业，可享受土地征用、税收等方面的政策优惠和宽松的发展环境。

（张质朴）

【石志光被国务院授予全国民族团结进步模范个人】 石志光是供排水车间的一名普通工人。35年来，他爱岗敬业，扎根基层，情系军营，奉献爱心。2005年5月，石志光第二次被国务院授予全国民族团结进步模范称号，8月，被陕西省人民政府西部开发成果组委会授予西部大开发百佳开拓者。

（张质朴）

表 1　　西安石化分公司主要经济指标　　亿元

指标名称＼年份	2005	2004	2003	2002	2001	2000
原油加工量/万吨	165.00	141.00	108.00	82.00	61.00	37.00
工业总产值①	48.04	30.51	19.69	12.97	9.95	6.59
工业增加值	0.34	1.01	2.17	1.58	1.13	1.08
资产总计	15.39	14.52	10.20	5.95	5.10	4.59
流动资产	5.86	4.82	3.95	1.91	1.91	1.72
固定资产原值	10.66	10.38	4.60	4.49	3.66	2.55
固定资产净值	8.99	8.79	3.36	3.21	2.68	2.16
销售收入	47.97	29.32	20.09	12.83	10.07	6.26
实现利税	0.08	－0.23	1.50	1.00	0.71	0.71
税　金	1.62	1.18	0.93	0.78	0.67	0.50

① 2000—2003 年按 1990 年不变价计算。

表 2　　西安石化分公司主要产品产量　　万吨

产品名称＼年份	2005	2004	2003	2002	2001	2000
沥　青	32.64	29.31	26.76	22.56	21.89	10.78
汽　油	19.63	11.34	4.41	4.11	6.57	7.41
柴　油	43.05	21.75	6.45	4.67	15.27	11.27
液化气	6.25	3.31	1.23	0.97	1.12	1.20

催化剂分公司

【概述】　中国石油化工股份有限公司催化剂分公司(简称催化剂分公司)2004 年 12 月 29 日在北京成立。催化剂分公司是集科研成果转化、生产组织优化、产品技术服务为一体的专业公司，对催化剂生产经营实行统一安排工业放大、统一生产计划、统一组织营销、统一发展规划、统一实施管理。

催化剂分公司本部位于北京市东城区安外大街 58 号，机关设置“六部一室”，即经理办公室、财务资产部、人力资源部、审计企管部、党群工作部(领导人员管理部)、生产计划部、市场营销部。管辖催化剂长岭分公司、催化剂齐鲁分公司、催化剂北京奥达分公司、催化剂北京燕山分公司、催化剂上海分公司、催化剂南京分公司等 6 个全资单位，湖南建长石化股份有限公司、上海立得催化剂有限公司等 2 个控股单位，以及托管单位中国石化科技开发公司。截至 2005 年底，用工总量4 900人。拥有各类技术人员 948 人，其中教授级高级工程师 9 人，高级技术人员 123 人，博士 5 人，硕士 42 人，并建有博士后工作站。

催化剂分公司是国内最大的炼油、化工催化剂生产商和供应商，能生产炼油和化工两大类催化剂，年生产能力合计 10.75 万吨。主要产品有：催化裂化催化剂、催化裂解催化剂、催化裂化降硫助剂、催化裂化增产丙烯助剂、加氢精制催化剂、加氢裂化催化剂、渣油加氢处理催化剂、重整催化剂、聚乙烯催化剂、聚丙烯催化剂、塑料助剂、异构化催化剂、甲苯歧化催化剂、乙苯烷基化催化剂、乙苯脱氢催化剂、丙烯腈催化剂、精对苯二甲酸(PTA)加氢精制催化剂、裂解汽油一段加氢催化剂、对二甲苯吸附剂、5A 吸附剂、银催化剂等。在满足国内市场需求的同时，产品还远销欧美、亚洲等国际市场。

催化剂分公司倡导建立“服务型、学习型、智能型”的企业团队，追求“品质领先、服务至上”的经营理念和“创新永远、活力永恒”的企业精神，为广大用户提供优质的产品和优良的服务。

2005 年，催化剂分公司生产各类催化剂 8.6 万吨，比上年增加 7.2%；销售各类催化剂 8.5 万吨，增长9.1%，其中系统内销售5.3万吨，增长3.5%；系统外及出口销售3.2万吨，增长18.5%。全年实现销售收入19亿元，同口径增长9.2%，其中出口收入占总收入的10.9%。产销量、销售收入等主要生产经营指标均创历史新高。截至2005年底，催化剂分公司资产总计22.63亿元，所有者权益11.43亿元，资产负债率47%，资产同口径增值1.05亿元，保值增值率达115%，较好地完成了总部赋予的专业化经营管理任务。

（林 源）

【产品创新，技术进步】 2005年，催化剂分公司完成组织转化生产Y型沸石降烯烃催化剂等10个重点新产品，开发应用条形球形分子筛催化剂成型技术等5个重点新工艺，开工建设催化剂长岭分公司分子筛装置及公用工程技术改造等12项技改技措项目，启动催化剂齐鲁分公司分子筛粉尘及污水悬浮物改造等7项环保治理项目，催化剂北京奥达分公司三车间150吨/年聚丙烯催化剂装置一次开车成功。工程制备水平有了新提高，产品质量稳定性明显改善。新产品、新技术的应用，如MIP－CGP、NA、HDC、NT、北欧双峰等催化剂，为炼化企业质量升级、收率提高、效益增加发挥了重要作用，有效地提升了中国石化的核心竞争力。特别是由石油化工科学研究院等单位开发、催化剂分公司组织生产的"非晶态合金催化剂"项目荣获国家技术发明一等奖，为提升中国石化自主创新能力和企业核心竞争力作出了新的贡献。

（林 源）

150吨/年聚丙烯催化剂装置一次开车成功

【加大国际市场开拓力度，国际交流与合作日益频繁】 催化剂分公司通过发挥整合效应和协同效应，实施"走出去、走进去、走上去、走下去"的营销理念和"借船出海"的营销策略，加大国际市场开拓力度，国际交流与合作日益频繁。2005年，接待了英国Johnson Matthey公司、德国南方化学公司、美国安格公司、新加坡壳牌公司等来自19个国家的28个团组，组织外出考察交流服务13次，与19个国家的27家公司建立了良好的合作关系。2005年实现出口创汇2 600万美元，出口销售收入占催化剂分公司全年销售收入的10.9%。2005年12月，催化剂分公司开始筹备召开海外用户产品推介和技术交流会，充分听取海外用户意见，进一步打响SINOPEC品牌，树立催化剂分公司世界一流、中国第一的催化剂生产商、供应商的良好形象。

（林 源）

【管理加强，企业稳定】 2005年，催化剂分公司通过建立和实施内控制度，建成投用ERP系统、eHR系统，启动建设HSE管理体系，组建完善各级组织机构，安全、环保、质量、财务、"三基"等各项管理工作在较短时间内步入了规范化、制度化、正规化的轨道。同时，深入开展保持共产党员先进性教育活动，党建和思想政治工作得到加强；认真组织效能监察，8个监察项目进展顺利，共节约资金1 079万元；大力推进人力资源开发和三支队伍建设，通过举办技术大比武、安全知识竞赛和18期各种培训班，共600多人次接受了培训；全面实施分配制度改革，激励约束机制更加有效；成功举办首届活力文化节，企业文化建设取得明显成效；及时化解各种矛盾，主动关心帮助困难职工家庭，保持了企业稳定和队伍稳定。

（林 源）

第一届技术大比武活动

【ERP系统全面上线】 经过5个多月的艰苦努力，催化剂分公司ERP系统于2005年6月8日成功实现全面上线，成为股份公司2005年第一个启动并成功上线的ERP项目。该系统包括FICO、MM、SD 3个模块，共完成业务流程设计232个，开发各类功能需求和表单50个，编制用户手册3部，累计3 000多页，200多万字。

催化剂分公司 ERP 项目的实施和上线，开创了股份公司实施 ERP 项目以来的多个先例：开创了中国石化边组建机构、边筹备 ERP 项目实施的先例，开创了以 ERP 流程规范新组建单位业务流程的先例，开创了跨省多企业、多地域统一进行 ERP 建设和上线的先例。该项目从启动到全面上线仅用了短短 5 个月时间，创造了中国石化同等条件企业 ERP 项目建设周期最短的纪录。

另外，通过持续重组进入催化剂分公司的催化剂上海分公司和催化剂北京燕山分公司也于 8 月 4 日启动了 ERP 项目建设，并相继于 11 月 8 日和 12 月 8 日成功上线。

（林 源）

【HSE 管理体系建设取得阶段性重大进展】 催化剂分公司 HSE 管理体系建设从 2005 年 8 月启动，成立了工作组，设立了工作联络员，近 300 名专、兼职工作人员投入了体系建立工作。各分(子)公司采取多种形式宣传 HSE 体系，累计举办了近 30 期培训班，培训人员近 750 人次。

在危害识别和风险评价中，各分(子)公司共编制了工作危害分析表 2 776 项、安全检查表2 687 项、环境因素识别表 702 项。在此基础上，还编制了重要危害因素清单，制定了 HSE 目标、指标，完成了风险评估报告的编写。在法律法规识别与评审阶段，共获取 HSE 法律法规条款 2 700 多项，进行了适应性和符合性评审，编制成了 HSE 法规清单。

截至 2005 年 12 月底，各分(子)公司已编写了包含 22—27 个程序的程序文件和管理手册，收集、整理和编写了 516 个管理性作业文件和 822 个 HSE 记录。催化剂分公司 HSE 管理体系将于 2006 年 1 月进入试运行阶段。

（林 源）

【催化剂齐鲁分公司车队、行政科改制分流】 2005 年，催化剂分公司对催化剂齐鲁分公司车队、行政科进行改制分流，严格按规定程序组织了资产清查、财务审计、资产评估、地籍测绘和土地评估等工作，《改制分流初步方案》已经总部批复。

（林 源）

【持续重组顺利进行】 根据《中国石油化工股份有限公司催化剂分公司组建实施方案》(石化股份科[2004]409 号)和《关于设立催化剂分公司所属分支机构的批复》(石化股份法[2005]44 号)，催化剂上海分公司于 2005 年 8 月 4 日重组成立，资产 1.74 亿元，职工 205 人；催化剂北京燕山分公司于 2005 年 8 月 8 日重组成立，资产 1.98 亿元，职工 423 人。持续重组后，催化剂分公司增加了基本有机原料催化剂和银催化剂等业务。

（林 源）

【完成北京地区聚烯烃催化剂生产基地优化整合】 按照总部对催化剂分公司组建的要求，在催化剂分公司重组完成后，要搞好对现有生产基地布局的优化，重点培育几个最具优势的精品基地。催化剂分公司于 2005 年 12 月将催化剂北京燕山分公司聚烯烃催化剂相关资产和人员直接、一次划归催化剂北京奥达分公司。通过此次对同在北京地区且生产同类产品的分公司进行优化整合，以规范市场、规避竞争，做到产品互补和人员互补，充分发挥“1 + 1 > 2”的整合效应，突出北京地区聚烯烃催化剂产业的整体优势。

整合后催化剂北京奥达分公司实现了聚烯烃催化剂产品生产的优化、集中，已成为国内市场占有率最高、生产能力最大、产品品种系列最全、拥有制备技术最多的聚烯烃催化剂生产商和供应商。催化剂北京燕山分公司将以发展基本有机原料催化剂和橡塑助剂为主，以现有成核剂、抗氧剂、光稳定剂生产技术为基础，做大做强橡塑助剂产业。

（林 源）

【首届“活力”文化节在北京、淄博、岳阳三地成功举办】 为弘扬多地域、多元素的特色企业文化，提升品牌形象，促进企业融合，催化剂分公司于 2005 年 9—10 月成功举办了以“和谐与发展”为主题的首届“活力”文化节活动。此次活动发源于北京，辗转走过山东，落脚湖南，历时 37 天，先后经历了安全知识竞赛、书法美术摄影比赛、足球联赛以及文艺汇演暨颁奖典礼 4 项大型活动，集中展现了企业精神文明建设的辉煌成果。催化剂分公司自成立以

首届“活力”文化节安全知识竞赛在北京举办

来，就将企业文化建设作为深化改革、加快发展、提高管理水平、增强企业凝聚力和打造核心竞争力的重要战略举措。

（林 源）

化工销售分公司

【概述】 中国石油化工股份有限公司化工销售分公司(简称化工销售分公司)于2005年5月10日在北京正式挂牌成立，本部设在北京市朝阳区惠新东街甲6号。截至2005年底有职工956人，其中教授级高级专业职称人员6人，高级专业技术人员133人，中级专业技术人员449人。

2005年，中国石化进行了化工产品营销体制的重大改革，将分散在各生产企业的化工产品销售业务集中起来，成立化工销售分公司，集中销售各企业生产的产品。化工销售分公司在北京、上海、广州成立了3个区域分公司，7月1日起首先对8家企业主要化工产品实行集中销售，8月1日起完成27家企业主要化工产品集中销售，11月份又完成了2家企业产品的集中销售和2家企业产品的委托销售。9月份化工销售ERP系统正式上线。

截至2005年底，化工销售分公司是国内最大的化工产品销售公司，负责上海石化、扬子石化、镇海炼化、燕山石化、齐鲁石化、茂名分公司、广州分公司、仪征化纤、高桥分公司、金陵分公司、长岭分公司、巴陵分公司、巴陵石化、武汉石化、武汉凤凰、安庆分公司、九江分公司、济南分公司、天津分公司、洛阳分公司、洛阳聚丙烯、洛阳实华、石家庄炼化、石家庄石联、石家庄化纤、中原石化、沧州炼油、沧州狮华、荆门分公司、四川维尼纶厂30家石化企业化工产品销售，包括合成树脂、合成橡胶、合成纤维、合纤原料、有机化工五大类产品。

化工销售分公司成立揭牌仪式

化工销售分公司成立后，一方面积极稳妥地推进销售业务集中，加强与各生产企业的沟通和协调，实现销售业务交接平稳过渡，另一方面，不断加强销售管理，理顺和规范销售业务流程，加强内部沟通和融合，合理把握销售节奏，按照党组确定的目标，认真研究落实各项具体措施，实现跨越式发展。

（刘文超）

【加强制度建设，理顺和完善各项管理】 在化工销售分公司开始运作之初，制定下发了规范业务运行的各项管理办法，如价格管理办法、计划统计管理办法、信息管理办法、客户管理办法、信用管理办法、资金管理办法以及会计管理和财务管理等一系列管理规范；各区域分公司还制定了合同管理、销售政策管理、职工绩效考核等管理办法。基本做到明确岗位职责，用制度管人、管事、管财、管物，规范营销业务运作。在此基础上，规范内部信息形成和流转的程序，建立了价格、信息、销售情况等日报、周报、月报制度，及时沟通和了解产品价格、库存、市场和产销衔接情况，为决策提供依据，初步实现了销售集中统一指挥，统一运作的目标。

（刘文超）

【加强与客户的联系，保证销售业务平稳过渡】 在组建初期，化工销售分公司以客户为中心，紧紧围绕阶段工作的重点，理顺了新的销售业务流程，做好客户沟通衔接，保证基本客户群的稳定。2005年底分别在3个区域召开了化工销售分公司首次用户座谈会，认真听取用户对中国石化实施化工产品集中销售以来的意见和建议，向客户解释和沟通化工销售的经营理念和工作重点，力争在激烈的市场竞争中，与用户结成优势互补、互利双赢的战略联盟关系，同时，进一步强化用户技术服务机制，充分利用中国石化已有的科技资源，充分发挥中国石化专业研究院所的技术优势和专长，为相应产品的用户服务。

（刘文超）

【加强与生产企业的产销衔接】 一是组织开发了化工销售门户网站，加强内部信息的共享，并对生产企业开放部分权限，实现市场与生产信息的交换；二是推进化工销售ERP系统与生产企业ERP系统的集成，对部分有条件的企业，开放生产企业对销售业务的信息查询功能；三是定期组织生产和销售计划对接；四是与生产企业一道，加强产品发运环节的管理，改进和提高效率；五是协调区域内的企业进行装置品种优化，避免内部竞争，并让企业了解自己产品的市场行情和成交价格，使作为利润中心的企业对市场做到心中有底。

（刘文超）

【加强市场研究，做好量价配合，做大经营总量】 2005年化工销售分公司加强市场研究，不断跟踪收集主要产品的相关市场及进口信息，并对国内外供需平衡情况进行细致、全面的分析，研究化工产品的市场特点、市场周期，做好日常销售的量价分析；根据化工产品集中销售实际，在做好市场分析的基础上，合理调整部分产品的销售政策，做好产品出库情况的跟踪分析，及时采取应对措施。10月中旬到12月中旬，在原油价格大幅下跌的情况下，多数化工产品价格大幅度下跌，加上化工销售体制改革处于初期磨合阶段，给销售工作带来了一定的困难。化工销售分公司根据总部精神，充分利用化工产品集中销售的有利条件，加大市场、库存、销售节奏的协调和与生产企业沟通，在部分树脂产品、橡胶（如SBS和顺丁橡胶）、有机化工产品（如苯）等品种上开展了稳价推价工作，取得了较好的成效，提高对市场的控制能力。

在做好企业自产产品销售业务的同时，化工销售分公司根据市场实际，主动介入化工产品进出口业务，做大经营总量；同时，加强内部企业化工产品外采和互供资源的统一管理，充分利用国内、国外两个市场、两种资源，取得了较好的成效。

（刘文超）

【做好区域资源优化工作，实现产品最大效益】 化工销售分公司根据总部做好集中销售化工产品跨区资源调拨工作的总体要求，在跨区产品发运以及与生产企业结算原则确定的基础上，经过充分的调研和流程试运行，编制了《中国石油化工股份有限公司化工销售分公司区域优化销售实施细则》，明确了区域优化业务操作流程，确定了区域优化过程中各部门的职责、计划的编制和执行、与企业的衔接以及区域优化执行情况的检查和考核。在此基础上，根据中国石化化工产品内外部整体资源分布现状、运输资源、产品流向等，加快在国内主要的消费集中地和产品集散地建立营销网点和中转库，为下一步加强物流管理，优化物流配置奠定良好的基础。

从2005年11月开始，化工销售分公司以合成树脂、合成橡胶、部分有机化工产品为试点，在跨区客户落实的情况下，开展了部分产品的区域优化，并下达区域优化资源调配计划，打通区域优化流程，11月实现跨区调拨产品4.79万吨，12月实现跨区调拨产品5.29万吨。

（刘文超）

【加快营销组织调整，提高营销队伍素质】 为适应新的营销模式的需要，2005年化工销售分公司加强各级营销组织绩效考核体系建立，明确相关的政策，优化营销队伍结构。同时，研究落实了以产品为主线，以客户为基础的产品经理、客户经理制度，建立职责明确、优胜劣汰、人尽其才的专家型营销团队和有效的激励约束机制，并将以能力建设为重点，着力培养适应市场要求的有实践经验的复合型人才。同时，严格廉政纪律，建立重大事项民主决策机制和防腐倡廉的长效机制，保证各级人员切实履行岗位责任，全面落实总部确定的各项任务目标。

（刘文超）

上海石化股份公司

【概述】 中国石化上海石油化工股份有限公司（简称上海石化股份公司）位于上海市金山区，占地面积940万平方米，是中国集炼油、化工、塑料、化纤生产经营于一体，高度综合的现代化石油化工企业之一；也是中国第一家股票在上海、香港、纽约三地同时上市的股份制有限公司。其前身为创建于1972年的上海石油化工总厂，1993年6月改制为上海石油化工股份有限公司。2000年10月，更名为中国石化上海石油化工股份有限公司。

上海石化股份公司下设炼油化工部、化工事业部、腈纶事业部、涤纶事业部、塑料事业部和热电总厂，以及销售供应公司、公用事业公司、环保中心、化工研究所、信息中心、培训中心、新闻中心等单位，并由全资子公司上海石化企业发展有限公司、上海石化投资发展有限公司分别管理多种经营企业和对外投资企业。截至2005年底，上海石化股份公司总资产271.02亿元，拥有72套主要生产装置，在册员工总数25 481人。拥有年原油加工1 400万吨，年产乙烯95万吨、成品油及化工品510万吨、合成树脂及塑料制品95万吨、合纤原料及合成纤维138万吨的生产能力。公司主要生产石油制品、中间化工原料、合成树脂及塑料制品、合纤原料及合成纤维等四大类60多种产品，产品销售覆盖全国，远销海外。“三人牌”商标为上海石化股份公司注册的专用商标。

2005年，上海石化股份公司通过推进HSE管理体系建设，全面落实各级HSE责任制，强化关键装置、要害部位的安全监控，狠抓作业现场管理，年内完成6项石化集团公司级隐患治理项目。全年未发生重、特大事故；各项环保指标总体趋好，未发生重大污染事故。

2005年，上海石化股份公司全年主体加工原油(含凝析油)963.15万吨，比上年增长5.73%(其中加工进口原油915.32万吨，同比增长6.8%)。生产商品量(包括来料加工成品油产量)830.28万吨，同比增长6.81%，创历史同期最高水平。公司考核的82项技术经济指标中，有74.39%好于上年，51.22%达到国内同行先进水平。全年产品产销率99.66%，货款回笼率100.02%。

2005年，上海石化股份公司继续抓好重点工程项目建设，积极推进发展过程中的结构调理。800万吨/年常减压装置、上海石化—上海赛科物料互供管线工程项目分别于年内建成投产。涤纶短丝联合装置3条生产线改造工程项目、热电总厂煤代油二期扩建工程项目、加工含硫原油改造工程项目、15万吨/年聚酯改造工程项目分别于年内实现竣工验收。新建330万吨/年柴油加氢项目和38万吨/年乙二醇项目按计划节点建设。

2005年，上海石化股份公司加快科研新体制的磨合，推动合作创新，围绕生产经营实际开展技术进步工作。完成大型PTA国产化成套技术开发，PTT聚合工业试验、25万吨/年聚乙烯装置国产催化剂工业应用试验、250吨/时污水回用工业试验取得成功，扁平型腈纶、V系列腈纶等新产品开发取得新进展，APC技术在连续重整装置和PTA装置上投用并取得实效。全年公司新产品产量60.76万吨，新产品产值56.26亿元。生产各类合成树脂专用料79.94万吨，树脂专用料比例为81.36%，比上年提高0.19个百分点；生产差别化合成纤维19.76万吨，合纤差别化率为55.47%，比上年提高11.48个百分点。全年申请专利41件，其中发明专利40件，有29件专利授权。

2005年，上海石化股份公司强化企业管理，深化内部改革，取得成效。《上海石化内部控制手册》于3月正式实施；ERP系统于6月实现单轨运行，对改进业务流程、强化成本控制、规范经营行为、提高管理水平起到良好的促进作用；按照精减管理层次的要求，对部分管理职能、业务职能进行了整合和集中管理，专业管理能力进一步提高；整合培训资源，加大分层分类教育培训的力度，全年受训人数3.15万人次，员工队伍素质得到提高；继续推进企业文化建设，不断提高企业管理效率和水平；大力推进辅业改制、集中销售、分配制度改革等工作，全年净减员2 970人，主要改革目标顺利实现。

2005年，上海石化股份公司获全国文明单位称号。

上海石化股份公司主要经济指标及主要产品产量见表1、表2。

(顾忠礼)

【800万吨/年常减压蒸馏装置建成投产】 2005年2月20日，上海石化股份公司800万吨/年常减压蒸馏装置建成投产，顺利产出常压汽油和常压柴油。该项目于2003年12月31日开工(原为1#常减压蒸馏装置易地改造项目)，总投资3.93亿元，占地面积3.08公顷。装置投产后，上海石化股份公司原油年加工能力由880万吨增加到1 400万吨，原油加工品种的选择性更广泛，工艺操作更灵活。为上海石化股份公司优化总体工艺流程，实施炼油化工规模化、生产装置大型化和炼油化工一体化策略奠定了基础。

(顾忠礼)

800万吨/年常减压蒸馏装置建成投产

【加工含硫原油改造工程通过竣工验收】 2005年12月20日，上海石化股份公司加工含硫原油改造工程通过石化集团公司竣工验收。该工程于2001年3月30日开工，总投资8.27亿元，占地面积4.90公顷。项目主要新建150万吨/年加氢裂化、2.8万米^3(标准)/时制氢、5.4万吨/年干气脱硫、80万吨/年航煤临氢脱硫醇和4.2万吨/年硫磺回收等5套装置和配套设施。工程投用后，上海石化股份公司增强了加工进口原油的灵活性和含硫原油的加工能力，增产了柴油和高质量的清洁燃料，同时，为70万吨/年乙烯装置提供优质的裂解原料。

(顾忠礼)

【330万吨/年柴油加氢精制装置兴建】 上海石化股份公司330万吨/年柴油加氢精制装置于2005年1月开始兴建。该项目是当时国内最大的一套柴油加氢装置，项目总投资5.50亿元。至12月底，项目完成土

建施工，设备安装完成 85%。该装置由反应、分馏和脱硫等 3 部分组成，采用抚顺石油化工科学院开发的 FH－DS 加氢精致催化剂和国内开发的中压单段单剂加氢工艺。建成后，可提高上海石化股份公司柴油加氢精制能力，使柴油产品达到欧Ⅲ标准柴油排放的质量要求，以增强企业的国际竞争力。

（顾忠礼）

【3 条涤纶短丝生产线改造项目通过竣工验收】 2005 年 7 月 21 日，上海石化股份公司短丝联合装置 4#、5#、6# 三条生产线国产化改造项目通过石化股份公司竣工验收。该项目于 2002 年 5 月开工建设，总投资 1.23 亿元。项目完成后，3 条生产线单线年产能力由 1.5 万吨提高到 3.1 万吨，达到了提高产品技术含量、降低生产成本的目的，使上海石化股份公司涤纶纤维的生产规模和市场占有率保持国内领先的地位。

（顾忠礼）

【煤代油二期扩建工程通过竣工验收】 2005 年 12 月 5 日，上海石化股份公司煤代油二期扩建工程通过石化集团公司竣工验收。该工程 2000 年 8 月开工，2002 年 5 月建成投产，总投资 7.69 亿元。该项目装机容量 10 万千瓦，由 2 台 310 吨/时循环流化床锅炉，配置 1 台 10 万千瓦双抽凝汽式汽轮发电机组，可新增 10 万千瓦供电能力和 100 吨/时中压蒸汽、150 吨/时低压蒸汽的供热能力；在工艺上，采用环保型的循环流化床锅炉技术，每年可燃用上海石化焦化装置产生的副产品高硫石油焦 28 万吨，使石油焦资源得到综合利用，降低了生产成本，达到了保护环境的目的。工程建成投产后，新增的供电、供热能力，基本满足了上海石化四期工程投产后的热电负荷需求。

（顾忠礼）

【38 万吨/年乙二醇新建项目开工】 2005 年 1 月 25 日，上海石化股份公司 38 万吨/年乙二醇新建项目开工。该项目总投资 15.70 亿元，装置占地面积 2.38 公顷。项目主要新建 38 万吨/年乙二醇装置、配套的空气分离装置、循环冷却水供应系统和空压站等，建设采用美国科学技术公司工艺技术和设计方案。装置建成后，上海石化股份公司乙二醇年总产量将达到 61 万吨，进一步实现做强烯烃—聚烯烃链的核心业务，增加化工制品的产能与品种，提升燃油化工一体化的综合经济效益。

（顾忠礼）

【80 万吨/年 PTA 工程化成套技术研究项目通过验收】 2005 年 11 月 17 日，上海石化股份公司 80 万吨/年 PTA（精对苯二甲酸）工程化成套技术研究项目通过石化股份公司竣工验收。该项目于 2005 年 9 月立项，总投资 65 万元；由上海石化股份公司和上海工程公司联合开发。该项目在已鉴定的 80 万吨/年 PTA 装置工艺包的基础上，进行了研究开发和验证完善。上海石化股份公司结合 20 多年的 PTA 生产经验，通过自主创新，先后形成 30 万吨/年 PTA 技术、40 万吨/年 PTA 自有技术，最终形成国产化 80 万吨/年 PTA 装置工艺包和工程化成套技术。项目形成专有技术 15 项、申请专利 5 项，其中 3 项获授权，部分专有技术已对外进行技术转让。该项目形成的具有自主知识产权工程化成套技术，打破了国外大公司在 PTA 生产领域的技术垄断，为建设国产化大规模 PTA 生产装置提供了技术支撑，提高了上海石化股份公司的核心技术竞争力。

（顾忠礼）

【生物脱臭新技术研发成功】 2005 年 4 月，上海石化股份公司研究开发的生物脱臭新技术项目获得成功。该项目于 2003 年 4 月立项，投入经费 101.87 万元。由于上海石化股份公司工业和生活废水中含有硫化氢、氨和芳烃类等物质，在污水处理中散发的恶臭气体影响周围环境。为攻克这一难题，上海石化环保中心通过利用农业生产中的某种植物废弃物制成一种新型高效生物“过滤栅”，通过对“过滤栅”上的自有或接种的微生物的驯化、培养，形成一种适宜吸收和分解废气中有害物的优势菌种，从而实现废气的无害化处理，达到国家污染物排放标准。该项新技术已获国家专利。

（顾忠礼）

【原液着色腈纶工业化项目通过鉴定】 2005 年 5 月 17 日，上海石化股份公司原液着色腈纶工业化项目通过石化集团公司技术鉴定。该项目于 2003 年 9 月立项，由上海石化腈纶部实施。项目采用纺前共混添加技术，选用合适的分散剂和颜料，在 1000 吨/年中试装置上进行技术开发。研制出国外市场需求量大的中国红、金黄、宝蓝和墨绿等 9 种颜色的原液着色腈纶纤维。产品经 SGS 国际通用标准测定，耐洗牢度大于 4.5 级，耐晒牢度 8 级。此项技术属国内首创，获得了国家发明专利授权。

（顾忠礼）

【2 500 吨/年芳樟醇工业装置建成】 2005 年 12 月 19 日，上海石化企业发展有限公司下属的上海博爱化工有限公司年产 2 500 吨芳樟醇工业装置建成。该项目

由上海石化企业发展有限公司和上海金山卫工业区企业发展公司共同投资兴建，于2004年1月开工，总投资1.06亿元；采用上海石化股份公司自主知识产权的异戊二烯法新工艺。芳樟醇是医药工业中生产维生素E的主要原料，也是日化工业中的重要高级香料，还可用作兽药和饲料添加剂的原料，是一种高附加值的产品，具有较强的市场竞争能力。

（顾忠礼）

【首次向俄罗斯进行技术输出】 2005年12月23日，上海石化股份公司23名技术人员完成对俄罗斯PTA技术输出任务。俄罗斯波里埃夫聚酯公司PTA装置是20世纪80年代从日本三井公司引进的，由于种种原因，装置闲置了20年。2003年，俄罗斯为重新启用该装置，曾向日本三井公司寻求技术支持，终因设备闲置时间长、运行可靠性差、投资大等原因没有成功。当得知上海石化股份公司拥有PTA成套技术信息后，便与公司签订技术服务合同。2005年10月5日，公司派出设备、仪表、DCS(集散控制系统)技术人员到该公司提供开车技术服务。双方通过制定周密的开车方案后，上海石化股份公司技术人员经过79天现场调试、设备试运转和旧设备的整修，终于使PTA装置开车一次成功，并通过72小时运行考核。上海石化股份公司首次向外国进行技术输出获得成功。

（顾忠礼）

【国内首家腈纶专业研究所成立】 2005年3月8日，上海石化腈纶研究所成立。上海石化股份公司是国内第一、世界第二的腈纶生产商。经过几代科技人员近30年的努力，上海石化股份公司腈纶在科技创新、新品种研发等方面始终走在国内同行的前列，并拥有国内腈纶生产成套技术、30多种系列产品和凝胶染色等10多种新产品和生产技术。为巩固和保持上海石化腈纶生产技术的优势，该所成立后，整合了科研力量和科研机制，分别以跟踪世界腈纶发展趋势、研究和改进现行工艺路线中存在的问题，对现有产品进行升级换代，把完成技术攻关、质量改进作为其职能定位。

（顾忠礼）

【高速BOPP专用料获国家科技进步二等奖】 2005年，由上海石化塑料部与有关方面合作的“高速双轴拉伸(BOPP)专用料生产技术基础研究及工业应用项目”获国家科技进步二等奖。高速BOPP专用料长期以来由国外大公司垄断国内市场。上海石化股份公司科技人员通过研究开发，取得了重大科学突破，专用料的生产技术解决了成膜性、助剂低迁移性、热稳定性等关键技术。由于生产工艺先进、产品质量稳定和产品薄膜性能好，项目被专家认定具有自主知识产权的重大科研成果。

（顾忠礼）

表1 **2005年上海石化股份公司主要经济指标** 亿元

年份 指标名称	2005	2004	2003	2002	2001	2000
原油加工量/万吨	963.15	910.94	861.01	742.84	663.21	601.16
工业总产值①	421.29	344.54	155.47	133.72	106.61	102.90
工业增加值	66.82	111.36	76.72	55.35	43.57	51.57
资产总计	271.02	287.57	275.81	265.62	247.70	220.99
流动资产	74.62	86.14	79.94	69.46	62.29	69.62
固定资产原值	338.78	329.04	317.40	298.56	243.64	221.69
固定资产净值	161.21	167.39	170.57	168.64	126.92	117.72
销售收入	458.98	394.03	295.67	223.23	201.97	212.77
利润总额	21.37	46.93	15.77	10.36	0.94	10.81
所得税	3.62	6.34	1.47	0.83	0.07	1.53

① 2000—2003年按1990年不变价计算。工业产值部分为公司主体企业数据。

表 2　　上海石化股份公司主要产品产量　　万吨

产品名称 \ 年份	2005	2004	2003	2002	2001	2000
汽　油	87.65	91.83	89.48	88.69	79.07	87.98
煤　油	68.95	71.09	57.58	34.17	24.67	19.61
柴　油	319.94	283.86	248.76	223.19	215.52	158.10
渣　油	249.36	256.94	261.77	211.20	190.45	205.57
乙　烯	96.24	95.60	94.83	80.00	63.09	59.05
丙　烯	52.30	52.58	53.31	42.84	32.16	32.09
纯　苯	26.39	25.61	24.43	21.41	18.57	17.55
对二甲苯	23.46	23.01	21.37	22.44	21.59	19.04
乙二醇	21.33	19.64	19.34	17.42	11.48	13.11
乙　醛	4.21	4.74	4.45	4.71	4.71	4.30
醋　酸	2.93	1.91	1.75	1.53	2.61	4.33
聚乙烯	43.88	42.37	42.82	30.46	19.46	19.75
聚丙烯	45.65	45.89	47.23	36.38	24.73	24.27
合纤单体	49.38	41.78	42.13	38.05	35.77	35.29
PAT	36.21	29.27	31.31	30.75	29.02	28.00
丙烯腈	13.16	12.51	10.82	7.30	6.75	7.29
合纤聚合物	59.58	52.72	50.76	47.43	42.89	40.85
聚乙烯醇	4.58	4.66	4.38	4.69	4.54	4.39
涤纶聚酯	55.00	48.06	46.38	42.75	38.35	36.46
合成纤维①	29.05	29.63	31.58	28.51	22.83	24.74
涤　纶	12.36	12.31	13.87	12.46	13.32	14.14
腈　纶	16.14	15.93	15.67	14.19	7.65	7.78
丙　纶	0.55	1.33	2.01	1.83	1.75	2.39

① 2000 — 2001 年合成纤维和腈纶纤维产量中均不包括原金阳腈纶厂产量。

镇海炼化股份公司

【概述】 中国石化镇海炼油化工股份有限公司(简称镇海炼化股份公司)位于浙江省宁波市，占地 5 平方千米，是石化股份公司控股的特大型炼油化工股份制企业。前身为始建于 1975 年的浙江炼油厂，1983 年划归原中国石化总公司，1984 年更名为中国石化镇海石油化工总厂，1994 年 6 月 28 日改制为镇海炼油化工股份有限公司，同年 12 月在香港联合交易所上市，2000 年更名为中国石化镇海炼油化工股份有限公司。截至 2005 年底，拥有 2 000 万吨/年原油一次加工能力、1 850 万吨/年原油综合加工能力，60 万吨/年尿素、100 万吨/年芳烃、20 万吨/年聚丙烯生产能力。主要生产装置 40 多套，其中，1 000 万吨/年常减压、300 万吨/年催化裂化、150 万吨/年延迟焦化、300 万吨/年柴油加氢及 180 万吨/年蜡油加氢联合装置、50 万吨/年对二甲苯(PX)、20 万吨/年聚丙烯(PP)、410 吨/时循环流化床锅炉(CFB)等都是中国规模领先、技术领先的炼油、化工和热电装置。各主要生产装置均实行 DCS 控制，部分装置实施先进控制(APC)，在管理上实现统一的 ERP 业务平台和一体化管理体系。主要生产和销售各种规格的清洁汽油、优质柴油、航空煤油、液化气、高等级道路沥青、尿素、芳烃等 40 多个品种优质石油化工产品，其中汽油、航空煤油、芳烃等多种产品出口美国、日本、印度、韩国、新加坡等国及中国的香港、台湾等地区。自备深水海运码头位于宁波北仑港区，共拥有包括 25 万吨级原油泊位在内的泊位 7 座，年吞吐能力4 500万吨。镇海炼化股份公司还拥有总罐容超过 280 万立方米的原油和成品储存能力及相应的输转设施，是中国最大的原油加工基地、进口原油加工基地、含硫原油加工基地、成品油出口基地和重要的原油集散基地之一。镇海炼化股份公司下设 10 个专业生产运行部，质管中心、技术中心、信息中心、教育培训中心、离退休职工管理中心、卫生医疗中心等 6

个中心，并拥有4家主要全资子公司、5家联营公司及63座加油站。有在岗职工8 068人，其中高级职称259人，中级职称1 172人，各类专业技术人员超过职工的30%。

2005年，镇海炼化股份公司在原油成品油价格严重倒挂，中国炼油全行业亏损的情况下(剔除国家100亿元财政补贴因素)，充分发挥企业内在优势，生产经营改革发展诸方面都取得了新成绩。

全年累计加工原油1 710.14万吨，比上年增加7.24%，继续列国内炼厂之首；主要产品产量均比上年增加。实现销售收入578.34亿元，利税66.09亿元，利润36.32亿元(含11.2亿元国家财政补贴)，经济效益居行业领先水平。

完成固定资产投入9.8亿元。2#焦化、苯抽提等新装置投产，码头新2#泊位改造中交，实现"十五"初期提出的建成2 000万吨/年原油加工基地的目标指日可待。11月，100万吨/年乙烯项目申请报告由国家发改委上报国务院审批。

内部体制机制改革继续深化。原下属工程公司、汽运分公司分别实现改制挂牌运行。还建立了经营管理、专业技术和技能操作人员三支队伍序列，分配制度改革持续完善。11月12日，镇海炼化股份公司举行第四届董事会第11次会议，审议通过了石化股份公司通过其全资子公司宁波甬联石油化工有限责任公司吸收合并镇海炼化股份公司的相关议案。

镇海炼化股份公司主要经济指标及主要产品产量见表1、表2。

(庄美琦)

【新建100万吨/年延迟焦化装置投产成功】 新建100万吨/年延迟焦化装置是镇海炼化股份公司2 000万吨/年炼油改造工程的重要项目之一，工程投资批复概算2.6亿元。装置包括三大相对独立的部分：焦化部分、分馏部分、切焦水和接触冷却部

新建100万吨/年延迟焦化装置投产成功

分。焦化部分设计规模为100万吨/年，分馏部分为200万吨/年。工程于2004年2月打下第一根桩、5月土建工程破土开工建设，历时13个月，于2005年3月中旬实现项目高标准中间交接。4月4日，比原定计划提前两天实现开车投产一次成功，从而使镇海炼化股份公司年综合原油加工能力由1 600万吨跃升至1 850万吨。

(庄美琦)

【算山码头新2#泊位改造中交】 算山码头新2#泊位改造工程是镇海炼化股份公司2 000万吨/年炼油改造工程的重要项目之一，投资概算1.85亿元。工程水工部分由上海港湾设计院设计，南华建设监理所监理，中港三航四公司负责施工。工程自2005年4月9日开始打桩，各参建单位克服台风、寒流、大雾以及地质起伏变化大、施工场地狭窄、边施工边生产等不利因素的干扰，顺利完成工程建设任务。同年12月15日，镇海炼化股份公司算山码头新2#泊位改造工程举行中间交接仪式。

(庄美琦)

【新建45万吨/年苯抽提装置投产成功】 2005年6月5日，镇海炼化股份公司新建45万吨/年苯抽提装置开车投产一次成功，为进一步优化芳烃生产和提高高品质汽油生产能力创造了条件，标志着镇海炼化股份公司2 000万吨/年炼油综合加工能力配套又迈出了新的步伐。装置建设投资8 545万元，采用了石油化工科学研究院开发的抽提蒸馏工艺，提高了原料适应性和芳烃收率，采用该工艺抽提连续重整碳六馏分油中的苯，具有流程短、投资省、占地少、能耗低、技术经济指标优的特点。

(庄美琦)

新建45万吨/年苯抽提装置投产成功

【镇海—澧泾石脑油管线正式投用】 镇海—澧泾石脑油管线是镇海炼化股份公司继镇海—萧山输油管线后

投资建设的第二条长输油管线，主要承担保障上海赛科公司乙烯工程原料供给任务，以进一步实现中国石化系统内的资源优化配置。工程管道全长130千米，其中横穿杭州湾海底管道53千米，管道设计年输送量100万吨。2002年9月26日石化股份公司总部批复了该项目可行性研究报告，2003年4月24日批复了初步设计，概算投资为2.58亿元。2005年2月4日镇海炼化股份公司开始对镇海—漕泾石脑油管道进行水冲洗，整体工程进入水联运阶段。2月24日，管线置换完毕正式投入使用。

（庄美琦）

【合成氨装置长周期运行386天】 截至2005年12月31日，镇海炼化股份公司合成氨装置长周期运行386天，创造了该装置投产20多年以来最好历史纪录，继续保持国内同类型装置的领先水平。

（庄美琦）

【采用胶体磨新工艺生产SBS改性沥青】 作为中国石化东海牌沥青的主要生产商，2005年镇海炼化股份公司对原有的沥青装置进行了扩能改造，引入美国先进的胶体磨技术，以进一步扩大重交改性沥青的产能，降低成本，提高质量。项目由镇海石化工程公司设计，第二建设公司建设，总投资880万元。改造后胶体磨SBS改性沥青装置设计生产能力为40吨/时，采用连续生产的工艺。装置4月27日开始建设，7月3日实现中交，7月9日开车试生产一次成功。

（庄美琦）

【东海牌尿素成为国家免检产品】 2005年12月8日，国家质检总局在北京人民大会堂公布了2005年度国家免检产品及其生产企业名单，镇海炼化股份公司东海牌尿素榜上有名，这是镇海炼化股份公司产品第一次获得免检资格。获得免检资格的产品在3年有效期内可免于各级政府部门的质量监督检查。获得免检证书的企业在免检有效期内可以自愿在免检产品或包装上使用规定的免检标志。

（庄美琦）

【开展4轮降本增效活动应对市场严峻形势】 2005年，镇海炼化股份公司先后组织实施了4轮共186大项333小项的降本增效措施。通过定单位、定专人、定期抓好项目实施的跟踪检查、总结和开展技术攻关等措施，项目实施取得了较好的效果，对改善技术经济指标起到了较大的促进作用。据不完全统计，项目实施后取得效益约3.15亿元。

（庄美琦）

【两家改制分流企业挂牌运行】 继2004年12月16日《工程公司改制分流方案》获职工大会表决通过后，2005年2月28日上午，由镇海炼化股份公司原全资子公司镇海炼化工程公司改制成立的新公司举行揭牌仪式暨开业庆典，成为镇海炼化股份公司第一家实现改制分流的企业。3月29日，由原镇海炼化股份公司下属物资装备公司汽车运输分公司改制新成立的物流公司举行揭牌仪式暨开业庆典，成为镇海炼化股份公司第二家实现改制分流的企业。改制分流后，两家公司继续加强与镇海炼化股份公司业务合作，以服务树形象、求发展，做强核心主业；同时积极开拓外部市场，提升企业的获利能力和持续发展能力，经过努力，2005年都取得了较好的经营业绩。

（庄美琦）

【建立经营管理、专业技术和技能操作三支队伍序列】 2005年7月起，根据石化股份公司文件精神，以“理顺关系、精干高效，打开空间、强化激励，规范管理、优化资源”为原则，镇海炼化股份公司对职工队伍实行按经营管理、专业技术和技能操作3个序列进行管理。其中，经营管理序列岗位严格控制，职能处室、中心少设(不超过2人)或不设副职，职能处室、中心以及子公司所属科室实行一长制；专业技术序列岗位分为公司各二级单位设置的总工程师、主任师及一般专业技术岗位，对总工程师和主任师等专业技术岗位实行聘任制，通过岗位竞聘等方式上岗，并加强聘期内的能力素质和工作绩效考核，考核评价结果作为其专业技术职务晋升、交流、续聘等的重要依据；技能操作序列岗位分为中国石化技能大师、主任技师以及一般作业岗位，其中中国石化技能大师由公司推荐、总部评审及聘任，主任技师采用与主任师相同的管理程序。

（庄美琦）

【领导干部精简分流】 2005年，根据石化股份公司《关于做好中层管理人员精简分流工作的指导意见》精神，镇海炼化股份公司结合实际，按照精干高效、公平竞争、各得其所和积极稳妥的原则，制定、实施了《处科级领导干部精简分流的实施意见》，通过分类设岗、主辅分离、到龄离岗措施实施精简分流。截至2005年底，镇海炼化股份公司中层管理人员共134人(包括生产运行部科级班子成员24人)，占专业技术和经营管理人员总数的5.88%，比分流前减少了

13.5%，有利于进一步提高决策效率、管理效率和运营效率，健全完善与集约化、专业化、扁平化管理体制相适应的管理机制。

（庄美琦）

【举行创业 30 周年主题教育】 2005 年 5 月 23 日是镇海炼化股份公司创业 30 周年纪念日。30 年来，镇海炼化股份公司从一个 250 万吨/年的炼油“小弟弟”发展成为国内规模最大的千万吨级炼厂，累计加工原油 1.37 亿吨，累计向社会提供了汽煤柴油、液化气、尿素、苯类等产品近 1.3 亿吨，累计实现销售收入 2 088.52亿元，实现利税 326.8 亿元，相当于国家对其投入的 41.9 倍。经过 30 年的积累，镇海炼化股份公司形成了较强的竞争优势，为迎接国际化竞争的挑战打下了良好的基础。30 年来，镇海炼化股份公司还先后获得全国优秀企业“金马奖”、全国“五一”劳动奖状、全国思想政治工作优秀企业、全国精神文明建设工作先进单位等各种荣誉称号 300 多项，企业三个文明建设取得了长足的进步。围绕创业 30 周年，镇海炼化股份公司回顾 30 年来取得的辉煌成就，增强职工的荣誉感、使命感和搞好企业的信心；总结 30 年来的经验教训，为企业长远发展积累宝贵的精神财富；同时结合创业史，深入开展艰苦创业教育，鼓舞和激发职工的工作热情和动力。

（庄美琦）

【开展保持共产党员先进性教育活动】 2005 年 7 月下旬以来，按照浙江省委、石化集团公司党组、浙江省直机关工委的部署，镇海炼化股份公司全面开展保持共产党员先进性教育活动，包括公司党委在内的 9 个党委、19 个党总支、151 个党支部全部参加先进性教育活动，党员覆盖面达到 99.9%，在职党员参加率达到 100%，较好地完成了先进性教育活动的学习动员、分析评议和整改提高等各个阶段的任务，达到了预期的目标要求，取得了阶段性成果。11 月 8 日上午，镇海炼化股份公司举行保持共产党员先进性教育活动集中教育总结大会，全面总结开展保持共产党员先进性教育活动的工作情况，并布置了巩固和扩大整改成果的工作。通报了先进性教育活动群众满意度测评的情况：参加测评的各类代表共 4 802 人，其中党员 2 418 人，党外群众 2 363 人，民主党派人士 21 人，离退休职工 114 人。测评结果显示，群众满意率和基本满意率合计为 93.92%。

（庄美琦）

表 1　镇海炼化股份公司主要经济指标　亿元

指标名称 \ 年份	2005	2004	2003	2002	2001	2000
原油加工量/万吨	1 710.14	1 594.75	1 360.97	1 188.28	1 072.19	1 050.44
工业总产值①	566.36	410.12	65.62	60.60	55.31	54.47
工业增加值	72.47	83.29	50.41	45.64	35.98	32.20
资产总计	191.09	157.85	137.38	119.26	104.03	119.15
流动资产	90.11	54.50	37.84	32.49	26.94	45.83
固定资产原值	154.08	144.26	133.84	107.17	94.87	89.02
固定资产净值	86.92	85.54	83.30	63.60	57.92	59.74
销售收入	578.34	419.91	290.70	224.85	207.65	225.58
实现利税	66.09	66.29	34.84	31.63	20.52	17.54
税　金	29.77	28.86	18.49	17.95	13.86	11.28

① 2000 — 2003 年按 1990 年不变价计算。

表 2　镇海炼化股份公司主要产品产量　万吨

产品名称 \ 年份	2005	2004	2003	2002	2001	2000
汽　油	288.0	275.42	230.73	184.82	166.44	168.16
煤　油	130.97	130.02	110.31	100.40	85.02	105.93
柴　油	710.56	664.45	531.54	473.66	425.00	370.07
原料油	109.05	72.25	88.54	103.48	97.17	101.39

续表

年份 产品名称	2005	2004	2003	2002	2001	2000
燃料油	57.59	61.13	61.52	53.82	68.76	113.75
液化气	92.53	84.50	68.34	56.41	46.08	37.19
溶剂油	8.37	8.99	10.82	8.83	5.17	6.00
沥　青	46.14	66.16	57.25	37.51	29.20	36.29
丙　烯	26.99	22.27	19.45	15.88	10.05	8.82
聚丙烯	21.27	15.98	1.11	—	—	—
苯　类	87.21	67.70	33.65	31.95	28.35	27.09
硫　磺	14.90	11.62	9.07	7.44	6.14	3.99
石油焦	76.83	50.15	42.22	42.41	39.73	31.73
尿　素	58.31	60.37	55.70	58.03	56.88	52.79

福建炼化有限公司

【概述】 中国石化福建炼油化工有限公司(简称福建炼化有限公司)是由石化股份公司和福建省石油化学工业公司各出资50%合资建设的石化企业，位于福建省泉州市泉港区，占地274万平方米。其前身福建炼油厂始建于1989年1月，1993年9月全面建成投产，1995年12月改制为有限责任公司。截至2005年底，有原油加工能力400万吨/年，聚丙烯生产能力12万吨/年，能生产车用无铅汽油、轻柴油、3#喷气燃料、液化气、燃料油、溶剂油、聚丙烯、石油焦、硫磺等六大类22个品种58个牌号的石化产品，其中3#喷气燃料、轻柴油、车用无铅汽油获得了福建省优质产品、用户满意产品称号。共有炼油化工生产装置13套，以及相应的公用工程、油品储运和钳、电、仪、检维修等配套设施。主要生产过程全部由DCS进行控制，经营管理采用CIMS系统。福建炼化有限公司先后两次被国家科技部授予“国家高科技研究发展计划CIMS应用示范企业”称号。自建的海运码头位于著名的湄洲湾南岸，设有10万吨级原油泊位在内的泊位4个，是国家批准的一类对外开放口岸。产品通过海运、公路、铁路3条通道销往福建及东南沿海等地，其中汽油还出口到东南亚和欧洲市场。

2005年，福建炼化有限公司实现工业总产值113.35亿元(按现价)，截至2005年底，固定资产原值为45.04亿元，净值为16.74亿元。福建炼化有限公司下设22个管理部门、33个直属单位；职工总数2 450人，其中各类专业技术人员占职工总数的29.55%，具有高级以上职称的116人、中级职称325人。

2005年是福建炼化有限公司发展史上不同寻常的一年。年初装置运行到“三年一修”的后期，设备问题不断暴露，安全生产压力增大；3月份年度装置停工大检修开工后，受国内成品油价格长期倒挂的严重影响，“既保市场，又保效益”的矛盾十分突出，企业出现了亏损，生产经营进入了艰难时期。福建炼化有限公司始终认真贯彻落实上级的各项决策部署，顾全大局，冷静思考，沉着应对；全体干部职工振奋精神，团结拼搏，扎实工作，较好地完成了全年的各项目标任务。2005年加工原油348.40万吨，生产各类产品322.72万吨；实现销售收入112.12亿元，创历史最好水平；利税总额4.54亿元，其中利润-1.77亿元。年末资产负债率为19.52%，资本负债率为9.55%。

2005年，福建炼化有限公司完成固定资产投资1.04亿元，完成了80万吨/年加氢、12万吨/年聚丙烯装置的扩能改造，实施了一批调整结构、提高质量、节能降耗的技改技措及技术开发项目，按期实现汽油质量升级，荣获福建省“循环经济示范企业”称号。

2005年，福建炼化有限公司加强达标工作，积极探索技术指标价值量化考核。全年轻油收率为77.52%，综合商品率为92.30%，综合自用率为6.71%，加工损失率为1.00%，综合能耗为69.38千克标油/吨原油，催化剂单耗为0.81千克/吨原料，其中综合能耗连续多年大幅度下降。

2005年，福建炼化有限公司把稳步推进主辅分离改制分流与结构调整、深化完善分配制度改革等有机结合起来，圆满完成改制分流任务及分离企业办社会职能工作，物业公司、幼托站改制成功，职工医院整体移交地方，生活区通讯系统移交中国电信管理，完成泉星公司的清算注销和4家子公司的股权转让工作，改革改制工作取得了可喜成效。全面完成精简中层管理人员25%的任务，精简机构3个，净减员184人，占职工总数的7.48%。

2005年，福建炼化有限公司狠抓企业综合管理。全面组织实施内控制度，建立总法律顾问制度，加强“三基”工作，进一步提高企业综合管理水平。全年无上报石化股份公司安全事故，连续第四年获得了石化股份公司安全先进单位荣誉称号。

2005年，福建炼化有限公司启动了“企业文化建设年”，开展了“文明活动月”活动，增强了企业凝聚力和向心力，努力构建和谐企业，被中央文明委授予全国精神文明创建工作先进单位荣誉称号。

福建炼化有限公司主要经济指标和主要产品产量分别见表1和表2。

（贺蓉梅）

【生产装置首次实现“三年一修”目标】 2005年，福建炼化有限公司紧紧围绕“保安全、保市场、增效益”的目标组织生产经营工作，克服外部市场环境变化所带来的压力和困难，在落实责任确保安全生产上狠下功夫，严格执行HSE管理体系，建立事前风险评价，将安全管理的端口前移，积极从源头上排查和治理安全隐患；以落实安全生产责任制为主线，强化全员安全意识，加强设备检修和管理，保证了装置安稳运行，装置整体首次实现“三年一修”的目标。2月23日，福建炼化有限公司对各生产装置进行大修，完成了加氢、聚丙烯装置的扩能改造，实施了一批调整结构、提高质量、节能降耗的技改技措及技术开发项目，为平稳生产提供了有力的技术支撑。大检修项目5 918项，总费用6 181万元。4月1日，装置提前一天开工正常，实现了“安全、准点、高效、节约、成功”的总目标。

（贺蓉梅）

【炼油综合能耗连续6年大幅度下降】 2005年，福建炼化有限公司开展了“我为福炼增效益”活动，重点围绕提“三率”、降“四耗”、压“五费”，组织制定了6个方面29项挖潜增效措施，逐一分解落实，定期检查考核，增效作用明显。加强对水、电、汽、风的运行管理，开好各种节能设施，开展节水减排等工作，努力节能降耗。全年自发电3 338.2万千瓦·时，外购电同比减少了947.9万千瓦·时；回收各类凝结水50.87万吨；外购水同比减少了51.66万吨，吨油耗水量1.06吨。2000—2005年炼油综合能耗逐年大幅度下降，分别为80.01、78.42、75.41、73.00、71.92、69.38（千克标油/吨原料），企业节能工作取得长足的进步。

（贺蓉梅）

【自销产品平均售价及盈利系数名列中国石化炼化企业前茅】 2005年，福建炼化有限公司建立了紧贴市场、快速反应的经营管理体系，适时调整营销策略，努力规避市场风险，产品销售收入创历史最好水平。重点抓好自销产品的推价保价工作，积极介入终端市场，建立相对稳定的销售渠道，根据产品的品种、产量、库存量、库容能力、市场需求及时调整营销策略，避免了产量、时间等因素对销售的影响。全年自销产品共调价306批次，推价保价效果良好，平均单价达到3 715元/吨，同比增加了710元/吨，自销产品平均售价及盈利系数名列中国石化炼化企业的第二位。

（贺蓉梅）

【原油总损耗创历史新低】 2005年，福建炼化有限公司在大船拼装数量较大、次数较多的情况下，通过多方努力，原油途耗率为0.18%，总损耗为0.26%，名列中国石化炼化企业前茅。

（贺蓉梅）

【12万吨/年聚丙烯装置扩能改造成功】 2005年6月22日，福建炼化有限公司12万吨/年聚丙烯装置扩能改造项目开工，该项目主要通过消除瓶颈，改造、增加部分设备，仅投资1 008万元，装置生产能力由7万吨/年增加到12万吨/年。改造后装置的处理能力得到提升，工艺操作参数运行平稳，装置产品综合能耗以及各项技术、动力指标较改造前有较大幅度的提升，经济效益显著。

（贺蓉梅）

【福建炼油乙烯一体化项目工程正式开工】 2005年7月8日，福建省、埃克森美孚公司、沙特阿美公司合资三方成功举行了福建炼化一体化项目工程开工仪式，标志着项目进入正式建设阶段。合资三方草签了《合资合同》、《合营公司章程》等4份合作文件。项目基础设计工作全面展开，10月中旬总体设计得到了中国石化和福建省的批复；启动了项目长周期设备订货；现场施工准备基本就绪，完成了新征厂地的“四通一平”以及青兰山30万吨级原油码头EPC招标和合同谈判；《合营合同》、《合营公司章程》等4份报批文件全部收口并通过国家商务部的预审。

（贺蓉梅）

【全面完成分离企业办社会职能工作】 2005 年，物业公司(含幼托站)改制为福建炼化有限公司不持股的有限责任公司，6 月 20 日正式挂牌并改名为福源工贸发展有限公司，改制分流职工 88 人，改制资产净值 1 079.92万元。10 月 28 日，职工医院成功整体移交福建医科大学附属第一医院。根据移交协议，福建炼化有限公司将医院在册 57 名职工、固定资产净值 1 180 万元、所使用的 2.2 万平方米土地整体移交给福建医科大学附属第一医院，由其接收作为分院管理和建设。至此，福建炼化有限公司分离办社会职能工作画上圆满的句号。

（贺蓉梅）

【被中央文明委授予全国精神文明创建工作先进单位荣誉称号】 2005 年，福建炼化有限公司在抓好生产经营、深化内部改革的同时，思想政治工作和精神文明建设得到扎实推进，充分发挥党政工团齐抓共管的优势，共同做好宣传和思想政治工作，强化干部职工思想道德建设，深入开展群众性精神文明创建活动，保证了队伍稳定、思想稳定、企业稳定。启动了“企业文化建设年”，开展了“文明活动月”和“号·手”活动，增强了企业的凝聚力和向心力，努力构建和谐企业。被中央文明委授予全国精神文明创建工作先进单位荣誉称号。

（贺蓉梅）

表 1　　福建炼化有限公司主要经济指标　　亿元

指标名称＼年份	2005	2004	2003	2002	2001	2000
原油加工量/万吨	348.40	390.55	362.40	335.17	353.48	361.14
工业总产值①	113.35	100.14	20.88	19.61	20.70	19.97
工业增加值	3.50	14.99	12.80	10.54	11.79	7.65
资产总计	42.26	41.98	32.10	34.16	36.80	42.46
流动资产	22.67	22.09	9.55	9.04	10.70	14.43
固定资产原值	45.04	44.36	44.34	43.62	41.83	40.89
固定资产净值	16.74	18.23	20.62	22.49	23.25	25.22
吨油利润/元·吨$^{-1}$	-50.71	79.84	95.23	86.55	74.04	48.24
销售收入	112.12	100.49	82.14	66.48	70.97	78.50
实现利税	4.54	10.38	8.47	7.55	7.63	7.47
税　金	6.31	7.25	5.00	4.65	5.01	5.73

① 2000 — 2003 年按 1990 年不变价计算。

表 2　　福建炼化有限公司主要产品产量　　万吨

产品名称＼年份	2005	2004	2003	2002	2001	2000
汽　油	95.19	108.65	104.03	96.48	98.34	102.22
柴　油	147.70	168.13	147.38	147.08	161.26	161.49
航空煤油	5.31	5.04	5.74	4.56	5.90	7.38
灯用煤油	0.50	0.61	0.36	0.37	0.43	1.27
石脑油	11.60	10.03	9.88	6.75	8.78	5.42
液化气	19.69	24.27	21.87	20.90	21.80	22.98
丙　烯	9.93	9.51	9.44	7.53	7.94	0.07
聚丙烯	9.46	9.58	9.05	7.68	7.89	5.79
燃料油	17.40	19.56	20.50	10.29	3.16	9.70
溶剂油	2.21	1.89	3.19	2.09	1.67	1.61
石油焦	13.43	14.47	12.51	11.24	11.83	11.97
硫　磺	0.95	0.97	0.77	0.72	0.59	0.49
液　氨	0.07	0.06	0.09	0.07	0.05	0.07

联合石化公司

【概述】 中国国际石油化工联合有限责任公司(China International United Petroleum & Chemicals Co., Ltd., 英文缩写 UNIPEC, 中文简称联合石化公司), 是 1993 年 2 月经国务院批准成立的大型国际石油贸易有限公司。2005 年成为石化股份公司的全资子公司。公司注册资本为 1.83 亿元人民币, 2005 年末总资产为 360 亿元人民币。

中国加入 WTO 后, 联合石化公司作为中国政府指定的从事原油、成品油进出口业务最大的国营贸易公司之一, 主要承担中国石化的原油进口、成品油进出口及相关业务。

联合石化公司总部位于北京市朝阳区惠新东街甲 6 号。公司总部下设办公室、财务部、原油部、成品油部、运输部、计划信息部、风险控制部; 联合石化公司在境外设立了 3 个子公司及 1 个代表处: 联合石化(英国)有限公司、联合石化(亚洲)有限公司、联合石化(新加坡)有限责任公司、联合石化越南代表处。在国内设有 4 个口岸分公司: 联合石化宁波分公司、联合石化青岛分公司、联合石化二连浩特分公司、联合石化阿拉山口分公司。

(闫武山)

【经营业绩】 2005 年, 联合石化公司累计完成代理进口原油 6 877 万吨, 自营原油 1 650 万吨; 累计完成进出口成品油 570 万吨, 自营成品油 241 万吨。实现营业额 2 080 亿元人民币, 实现税前利润总额 7.9 亿元人民币。

(闫武山)

泰山石油股份公司

【概述】 中国石化山东泰山石油股份有限公司(简称泰山石油股份公司), 前身是山东省石油公司泰安分公司, 成立于 1953 年 6 月, 1992 年 3 月组建山东泰山石油化工(集团)总公司, 12 月改制为山东泰山石化(集团)股份有限公司, 1993 年 8 月更名为山东泰山石化股份有限公司, 公司股票"鲁石化 A"于 1993 年 12 月 15 日在深圳证券交易所挂牌上市, 2000 年 4 月更名为现名。中国石化持股 185 953 320 股, 约占总股本的 38.68%。

截至 2005 年底, 泰山石油股份公司拥有 2 座油库, 128 座加油站, 在职员工 913 人, 是泰安市成品油和长城润滑油的销售主渠道。

泰山石油股份公司经营范围主要包括石油制品、汽车货物运输、润滑油制造、石油制品批发、油库设备制造安装、工业生产资料、日用百货、物业管理等。

(王友珏)

【经营质量和经营业绩显著提高】 2005 年泰山石油股份公司经营总量 51 万吨, 创历史最好水平。其中成品油经营量 40.7 万吨, 销售润滑油 1.3 万吨, 销售燃料油 9 万吨。直销量 18.2 万吨; 加油站纯枪量 22.5 万吨; 销售高标号汽油 6.4 万吨, 其中 93# 汽油 6 万吨, 97# 汽油 0.4 万吨。

2005 年主营业务销售收入 18.86 亿元, 实现纯利润 2 514 万元, 销售收入比上年同期增长 42.25%。

(王友珏)

【体制和机制改革不断深化】 深化专业化改革, 强化经营条线。2005 年, 泰山石油股份公司打破原来两县两市两区的区域限制, 设置 11 个零售片区, 打破行政区划设置片区经理(ME), 不再设置 ME 助理。同时, 规范了高级客户经理和客户经理设置, 建立健全了直销配送制度、流程, 树立起了以客户为中心的理念。

通过小站改革, 实现了降费增效。2005 年, 泰山石油股份公司分两批对 1 500 吨以下的 65 座中小型加油站进行改革。在经营权不变的前提下, 由符合加油站经理任职条件的在册职工对加油站销量、部分管理和费用进行承包。通过实施小型加油站承包, 费用比上年同期降低了 18.9%, 销量同比增长了 65%。小站改革结束后, 用工总量比承包前减少了 342 人。小型加油站的人均劳效基本接近中型加油站的人均劳效水平, 加油站的整体效益明显提高。

完善了各项配套机制改革。2005 年, 泰山石油股份公司从 4 个方面进行了配套机制改革。①开展公务用车改革, 调动工作积极性, 提高了工作效率。②对内部接待制度进行改革, 加强费用控制。③加强劳务工管理, 积极推行劳务用工改革。截至 2005 年, 已对符合条件的 205 名临时用工进行规范。④规范公文管理, 更新观念, 提高效率, 服务经营管理大局。泰山石油股份公司借助中国石化 ERP 系统, 实现了县市经营网点与公司内部网络的互联互通, 加快了文件周转速度, 提高了文件发放效率, 有效地推动了各项工作。

(王友珏)

【网点建设成效显著】 以提高主营资产质量、提高市场占有率、提高投资回报为重点, 网点建设工作取得具有历史意义的突破。2005年，泰山石油股份公司新增加油站28座。其中通过并购，新增区外加油站13座，年零售量增加2.88万吨；以新建、收购、租赁为主要手段，投资3 500余万元，在泰安辖区新增加油站15座。其中新建加油站6座，收购加油站4座，租赁加油站5座，有效地遏制了竞争对手的扩张。

（王友珏）

【完成鲁皖管输的搭接、调试工作】 由泰山石油股份公司投资243万元、设计年吞吐量70万吨的鲁皖管道整体工程于2005年竣工，并完成了管输的搭接、调试工作。

（王友珏）

【成功发行中国石化加油IC卡】 泰山石油于2005年4月8日正式发售中国石化加油IC卡，一方面通过召开新闻发布会，在报纸、电视等媒体广泛宣传；另一方面，对重点客户面对面进行推介。截至2005年底，有加油卡发卡网点11个，66座加油站已经实现了刷卡加油。2005年，共发行加油卡3.36万张，累计充值资金7 941万元。

（王友珏）

【做好乙醇汽油推广工作】 2005年11月23日，泰山石油股份公司成立乙醇汽油推广领导小组。利用一个月的时间，相继完成了调配中心建设、加油站改造、宣传培训和货源组织调配等四大任务。在油库基础设施建设方面，投资约280万元，完成乙醇汽油调配中心临时设施的建设工作。在加油站方面，利用20天时间，完成了对126座加油站的282个汽油储罐的清洗改造工程。加强对乙醇汽油推广的内部宣传培训工作，共组织培训5次，接受培训人数159人。

（王友珏）

扬—巴公司

【概述】 扬子石化—巴斯夫有限责任公司(简称扬—巴公司)位于江苏省南京市六合区，毗邻长江，地处南京化学工业园内，占地面积220万平方米。

扬—巴公司成立于2000年12月8日，由中国石化和德国巴斯夫以50:50的股比共同出资设立，总投资约29亿美元，旨在建设和运营世界级、高科技、一体化的石化基地，是目前国内最大的中德合资项目。它拥有9套世界级规模的工艺装置：以60万吨/年乙烯装置为核心的基础化学联合装置、30万吨/年乙二醇装置、40万吨/年低密度聚乙烯装置、25万吨/年丁辛醇装置、16万吨/年丙烯酸和21.5万吨/年丙烯酸酯装置、3万吨/年丙酸装置、5万吨/年甲酸装置、3.6万吨/年甲胺装置和4万吨/年二甲基甲酰胺装置。主要产品有：低密度聚乙烯、乙二醇、丁醇、辛醇、丙烯酸、丙烯酸甲酯及丁酯、甲酸、丙酸、甲胺、二甲基甲酰胺、苯、甲苯、混合二甲苯等。

扬—巴公司于2001年9月开工建设，2004年底基本实现机械竣工，2005年6月全面投入商业运营。

截至2005年底，扬—巴公司员工总数为1 381人。

（李时艳）

【扬巴一体化项目投入商业运营】 2005年6月28日，扬巴一体化石化基地项目(IPS)正式投入商业运营。

扬巴工程是中国国家“十五”计划重点建设项目，也是巴斯夫成立140年以来最大的单笔海外投资。这一特大型中外合资石化项目从开始建设到成功开车仅用了4年不到的时间，高峰时期，有来自22个国家的1.5万名施工人员在现场同时工作，实现了1 700万连续安全工时，创造了国内大型项目安全管理的奇迹。

扬巴一体化项目的建成投产，提高了国内乙烯工业的综合水平，把中国同类产品提升到一个新的层次。每年170万吨高质量的化学品投放市场，不仅能满足国内需求，还将替代进口，提高国内石化产品自给率，进一步提升中国石化产业的发展水平。

（李时艳）

【举行投入商业运行仪式】 2005年9月28日，扬—巴公司在装置现场举行了隆重的扬巴一体化合资项目投入商业运行仪式。仪式由扬—巴公司董事长戴厚良主持，全国人大常委会副委员长兼秘书长盛华仁，德国驻中国大使史丹泽，中共江苏省委书记李源潮、省长梁保华，中共南京市委书记罗志军、市长蒋宏坤，中国石化集团总经理、中国石化股份公司董事长陈同海，中国石化股份公司总裁王天普，巴斯夫执行董事会主席贺斌杰，巴斯夫执行董事凯迈业等出席了仪式。

全国人大常委会委员长吴邦国、德国总理施罗德、全国政协原副主席陈锦华、国家安全生产监督管理总局局长李毅中、国家发展和改革委员会副主任张国宝分别给扬—巴公司发来贺信表示祝贺。

陈同海、贺斌杰、梁保华在仪式上发表了致辞。盛华仁、史丹泽、李源潮、梁保华、罗志军、陈同海、王天普、贺斌杰、凯迈业等共同为扬巴一体化项目正式投入商业运行剪彩。

（李时艳）

扬巴一体化合资项目投入商业运行仪式

【全国人大常委会委员长吴邦国视察扬—巴公司】 2005年4月29日，中共中央政治局常委、全国人大常委会委员长吴邦国在全国人大常委会副委员长兼秘书长盛华仁，江苏省领导李源潮、梁保华，中国石化领导王基铭的陪同下抵达扬—巴公司。在听取了扬—巴公司董事长戴厚良和总裁布铭邦博士关于公司总体状况和工程建设情况的汇报后，吴邦国说，扬巴一体化项目是中德两国政府都很关心的项目，为此中德双方都做了许多工作。他对公司所取得的建设进展表示祝贺。吴邦国特别指出，扬—巴公司在建设中强调可持续发展，这是有长远战略眼光的做法；在目前中国正在制订的第11个5年计划中，石化工业仍是要重点发展的领域，南京有着很好的石化工业基础，以后这里将作为中国石化工业的基地之一；中国的规划也为与巴斯夫的合作创建了更大的平台。他希望中德双方将来的合作越来越好。

（李时艳）

【国家发改委主任马凯访问扬—巴公司】 2005年6月18日，中国国家发展和改革委员会主任马凯一行在南京市有关领导的陪同下访问了扬—巴公司，并参观了公司的装置现场。

（李时艳）

【荣登南京最佳雇主榜榜首】 2005年9月，中央电视台联合上海、南京和成都等全国12家大城市的主流媒体，开展了评选中国最佳雇主的活动。在此次评选活动中，地方居民首次可以通过发送短信和上网的方式评选出他们心目中的最佳雇主。经过3个月的角逐，南京最佳雇主榜最终揭晓，扬—巴公司以绝对优势拔得头筹，也成为了惟一入榜的化工公司。

（吴健强）

【实行定期内部控制评估项目】 2005年，扬—巴公司开始实行《萨班斯法案》定期内部控制评估项目。公司所有部门均介入其中，跨部门的共同控制使得任何重要控制程序都无法独立地发生作用。内部控制项目能够帮助公司更好地管理和保护公司的资源，遵从有关法规政策和流程，将滥用和浪费减到最少，增强公司出具可信的财务经营报告的能力。

（李时艳）

【关注可持续发展】 扬—巴公司自成立伊始便关注“可持续发展”，建设和生产过程中始终注重周边环境保护和社区安全，绝不将经济利益凌驾于安全、健康和环保之上。除了重视生产安全、实行产品监管、不断在公司内部推进EHS管理之外，公司还不定期与当地政府、周边企业和社区召开环保对话会，介绍公司在生产、环保等方面的情况，并倾听政府和居民代表对公司的意见和建议，保证企业和社区间的有效沟通，消除了彼此间的误解和潜在的矛盾，增进了理解。

作为一名“企业公民”，扬—巴公司在几年里陆续向当地社区、学校进行了捐赠。并于2005年初在内部发起倡仪，号召员工为在印度洋海啸中受难民众捐款，公司同时以员工捐款的同等金额进行捐助，将公司提倡责任关怀、造福社会的价值观落到了实处。

（李时艳）

上海赛科公司

【概述】 上海赛科石油化工有限责任公司(简称上海赛科公司)是由石化股份公司、上海石化股份公司和BP华东投资有限责任公司分别按30%、20%、50%的比例出资组建的，是迄今国内最大的中外合资石化项目之一。90万吨/年乙烯裂解是目前世界上单线产能最大的乙烯装置之一，其余8套装置也均达到世界规模：60万吨/年聚乙烯装置、50万吨/年苯乙烯装置、50万吨/年芳烃抽提装置、30万吨/年聚苯乙烯装置、26万吨/年丙烯腈装置、25万吨/年聚丙烯装置、9万吨/年丁二烯装置和28万吨/年硫酸回收装置。具有世界级上下游一体化的特点，体现规模经济的效应。合资公司建立在位于上海市南翼，金山、奉贤两区交界处的漕泾，在上海化学工业区的A1、A2、A3和B1地块，占地约200万平方米。

上海赛科工程2002年3月28日开工建设，2004年12月30日工程整体机械完工，2005年1—4月8套生产装置相继投料试车成功。其中90万吨/年乙烯装置3月19日产出合格产品，从正式投料到产出合格产品只用了10小时45分，在新建乙烯装置首次开车史上处于世界领先水平。2005年6月29日项目全面投入商业运行。

上海赛科公司主要生产乙烯、聚乙烯、苯乙烯、聚苯乙烯、丙烯、丙烯腈、聚丙烯、丁二烯、苯、甲苯及副产品等，投产后每年可向市场提供国内紧缺的高质量、多规格、宽覆盖面的石化产品 228 万吨。在销售上述主要产品的同时还将提供售后服务及相关的技术咨询，从事聚合物应用开发，并向本公司的供应商及加工商提供附属的公用工程服务。

截至 2005 年底上海赛科公司总资产为 193.2 亿元人民币。2005 年主营业务收入 126.9 亿元人民币，主营业务利润 5.7 亿元人民币，净利润亏损 7.4 亿元人民币。

（龚黎丽）

美丽的联合装置夜景

【上海赛科 90 万吨乙烯工程正式投入商业运行】 2005 年 6 月 29 日上午，上海赛科 90 万吨乙烯工程投入商业运行仪式在上海化工区举行。中共中央政治局常委、国务院副总理黄菊，全国人大常委会副委员长兼秘书长盛华仁，原全国政协副主席陈锦华发来贺信。中共中央政治局委员、上海市委书记陈良宇，上海市市长韩正，上海市人大常委会主任龚学平，上海市政协主席蒋以任，石化集团公司总经理、石化股份公司董事长陈同海，石化股份公司副董事长王基铭，石化股份公司总裁王天普，石化集团公司副总经理刘根元，英国 BP 公司执行董事、首席财务官高拜伦、英国 BP 公司执行副总裁兼 BP 集团石化分公司亿诺化学首席执行官拉夫·亚力山大等出席仪式。出席仪式的还有国家有关部委，上海市有关委办局，中国石化，BP 公司，上海化工区等有关人员，部分国家驻华、驻沪使、领馆官员及国外来宾，金融、保险等有关单位嘉宾，上海赛科主要承包商及施工单位人员以及上海赛科公司重要业务客户共约 500 人。

（陆　星）

【上海赛科第 100 万吨产品销售】 2005 年 10 月 17 日，上海赛科公司产品销售量达到 100 万吨。上海赛科自开车以来保持稳定运行，并且在成功开车 6 个月后就达到 100 万吨销量。这是自上海赛科成功开车及商务营运以来又一重大里程碑。

（施圣瑜）

【上海赛科累计取得 500 万安全人工时】 上海赛科上次发生损失工时的事件以来，于 2005 年 11 月累计达到了 500 万安全人工时的成绩。这是在努力实现董事会设定的安全目标道路上取得的一个关键节点，也向上海赛科取得世界一流安全业绩的目标迈进了一步。

（顾玉辉）

【举行大规模联合消防演习】 2005 年 1 月 25 日下午 14:30，由上海化学工业区管委会、上海市消防局和上海赛科公司联合组织的大型消防演习在上海赛科生产装置的现场举行。

此次消防联合演习现场设在 90 万吨乙烯工程乙烯裂解装置区域，模拟压缩机区底部出现气体泄漏事故。“险情”发生后，装置内顿时浓烟滚滚。20 多辆消防车、救护车、公安警车在第一时间开进现场，数百名消防、救护人员冲进“火场”进行灭火战斗。“漏点”很快被堵住、“伤员”被及时抢救、“火势”受到控制，并在大约 20 分钟后被扑灭。联合消防演习取得圆满成功。

本次消防演习是上海赛科 90 万吨/年乙烯工程开工建设以来上海化工区最大规模的消防演习，通过这次演习有效地检验了上海赛科公司内部以及整个上海化工区应急响应系统的快速反应能力，大大增强了企业安全生产意识，是上海赛科生产装置开车前的重要任务。演习的成功为保障上海赛科投料开车及顺利运行打下坚实的基础。

（陆　星）

【上海赛科和上海石化间6条管线投用】 2005年6月27日，上海赛科公司与上海石化股份公司在金山宾馆签署了《管线投用确认》、《物料管线运行和维护管理协议》、《产品互供管线建设协议》和《供应合同》等文件。这一系列管线合同的签署，标志着上海赛科—上海石化两大石化企业将通过管线实现物料的互供。上海赛科公司副董事长 Dave Miller、总经理苏高桐和副总经理李鸿根及相关领导与上海石化的有关领导出席签字仪式。

（施圣瑜）

【上海赛科获评2005年度上海市财务会计信用A类等级】 2005年9月，上海赛科在2005年度上海市财务会计信用等级评定中，再次获评最高等级—A类等级。这是公司继2003和2004年取得上海市财务会计信用A类等级之后，第三次取得这样的荣誉。

（陈冬梅）

【国务委员华建敏视察赛科】 2005年9月11日，国务委员兼国务院秘书长华建敏前来上海赛科视察，上海赛科公司一体化项目主任张志良，副总经理李鸿根介绍了赛科项目的建设和运行情况。陪同前来的有上海市常务副市长冯国勤、上海化工区管委会主任阮延华，上海化工区管委会和发展公司的有关领导也陪同视察。

（龚黎丽）

【上海赛科公司股东方高层领导来访】 2005年3月15日上午，BP公司首席执行官布朗勋爵一行和石化集团公司副总经理、石化股份公司副董事长、总裁王基铭抵达上海赛科，对90万吨/年乙烯工程建设和生产准备工作进行视察。

作为上海赛科的股东方，中国石化和BP公司始终对上海赛科90万吨/年乙烯工程的建设和生产准备工作给予高度重视和关心，双方高层多次亲临现场进行指导和协调。在听取了上海赛科就有关工程建设和生产准备等各项工作的汇报之后，王基铭和布朗勋爵对上海赛科90万吨/年乙烯工程总体进展情况表示满意。中午布朗勋爵和王基铭总裁一行至现场参观，并慰问了参与上海赛科90万吨乙烯工程建设和生产准备的有关人员。

（陆　星）

石化盈科公司

【概述】 石化盈科信息技术有限责任公司(简称石化盈科公司)是一家致力于流程工业信息化建设的系统集成商。公司于2002年7月18日成立，注册资金人民币5 000万元，由石化股份公司和香港电讯盈科有限公司(简称电讯盈科)分别按照55%和45%的比例共同合资组建，总部设在北京市中关村科技园区，在上海市有一家分公司。

石化盈科公司主要经营领域分为6个方面：流程行业企业信息化建设规划、咨询；企业经营管理信息系统建设；企业生产管理信息系统建设；生产过程先进控制与优化；企业信息网络的规划和设计；信息系统的运行、维护和管理。

经过近4年的努力，石化盈科公司始终坚持“以服务中国石化为基础，建立起面向全国、走向亚太的信息技术服务网络，成为流程工业知名的信息技术系统集成商”战略，在发展过程中不断完善，不断开拓，走出了一条在中国IT产业快速发展的成功之路，全面完成了合资合同中规定的任务，形成了石油石化企业信息化建设整体集成的能力，成为国内流程制造业信息化建设最具实力的系统集成商之一，更是石油化工领域里惟一能够提供从经营管理到生产管理、过程控制、信息基础设施全面解决方案的公司。

截至2005年底，石化盈科公司员工总数已达268人，其中各类专业技术人员222人；总资产达3.5亿元；4年累计收入约14亿元人民币，收入和利润的增长速度分别为27%和21%。

2005年，石化盈科公司克服困难、团结奋进，再次出色地完成了全年的目标和任务，为中国石化信息化建设作出了新贡献。石化盈科公司负责的12家企业ERP系统成功上线，实现了ERP的快速推广；“石化企业生产执行系统(MES)关键技术攻关与应用”项目通过国家863专家组验收，并形成了自主创新的软件产品；成品油二次物流优化系统完成13省市推广，应用取得了显著成效；系统运行维护水平和效率进一步提高，有力地保证了总部的各种应用。

（任志婷）

【制定出公司未来三年发展规划】 为了制定公司3年发展规划，多次组织与IBM、Aspen、Honeywell、ABB、壳牌等国际著名公司进行技术交流，公司内部组织了多次用户座谈会、专题研讨会，群策群力、集思广益深入探讨公司未来核心技术方向和经营策略，2005年已形成了《石化盈科三年发展规划》(初稿)。

（任志婷）

【开辟信息化建设咨询新业务】 随着公司业务的发展和技术实力的提高，2005年已逐步形成了信息化咨询新业务。经过短短几个月，已完成了中国石油兰州石化、海南炼化、中国人民银行、北京化工研究院等客户的咨询和规划工作，正在编制福建炼化股份公司总体方案。不断总结经验、积累知识，初步形成了咨询工作的方法论和各类模板。咨询业务从无到有的快速发展，标志公司已进入一个新的技术高度，不仅扩大了知名度，增强了客户对石化盈科公司综合能力的认可，还对新市场的开拓具有重要意义。

（任志婷）

【炼油全面预算管理项目开发成功】 2005年，炼油全面预算管理项目的开发成功，是以ERP为基础的综合信息在管理应用方面的突破，为企业高管层和总部应用综合信息开辟了一条途径。该系统将ERP和MES中有关生产经营活动的主要数据集中展现，在此平台上可开展高管层的各项简明扼要、可视化的应用，构筑了企业到总部的一体化信息传输框架，建立起企业和总部事业部两层综合数据平台。系统按模块化设计开发，通用性强、扩展性好，以此为基础不断扩展应用范围，可为今后总部和企业两级领导综合利用经营管理信息科学决策奠定坚实的基础。

（任志婷）

【中国石化总部和企业生产指挥系统应用取得突破】 2005年，甬沪宁原油管输信息系统的成功应用和炼油生产调度系统的建设是建立总部和企业两个层面生产指挥系统的突破。上述两个系统全面收集生产管理所需要的动态、稳态信息，及时准确，加大了监控力度、提高了生产安全性，调度管理科学合理，以此为基础不断扩大应用范围，可为今后总部和企业两级领导综合利用生产管理信息及时指挥调度奠定坚实的基础。

（任志婷）

【原油资源优化项目又取得新进展】 2005年，炼油厂多周期PPIMS、中国石化总部炼化一体MPIMS和原油数据库建设等方面取得新进展。基于计划优化PIMS技术，建立中国石化炼油企业详细模型的生产计划系统，实现单厂多周期炼油生产计划优化，自主创新PIMS实施方法论，加快了项目的实施，确保了实施质量。自主开发的企业计划和调度优化集成平台，实现了企业生产数据的集成，数据汇总和报表功能，实现了生产计划模型间数据交换。

（任志婷）

【企业过程控制层业务打开新局面】 先进控制系统实施人员根据长期应用经验，采取重点突破的策略，以装置平稳运行、减轻操作人员劳动强度、全装置操作优化及节能降耗等为重要目标，注重消除装置主要瓶颈，较好地解决了APC系统长周期运行问题。这一策略在福建焦化和常减压等多套装置上应用，取得了明显效果，2005年有8套生产装置APC系统投用，是上年数量的两倍多。工艺模拟AES也在3个炼化企业取得突破性应用，获得用户好评，通过了中国石化总部的鉴定。

（任志婷）

【大型企业集成技术在炼油、销售企业开始实施】 2005年已形成了大型炼化、成品油销售企业的系统框架、总体方案、详细设计、集成规范、接口技术、运行平台等技术和规范，为海南炼油厂进行了集成方案的详细设计，形成了专有系统集成技术框架，在云南销售公司项目中，立足于自主研发的信息系统集成平台，制定了多项集成技术标准和协议规范，初步实现了ERP、二次物流和加油卡系统的集成。

（任志婷）

【MES自主开发取得新进展】 石化盈科公司根据中国石化炼油企业的实际情况，采用2+1物料平衡策略，有效地解决了石化企业普遍存在的关键难题，确保数据的完整和准确，实现生产物流平衡和生产过程的可视化跟踪，并为生产物流侦破提供了技术支撑。2005年4月MES系统通过了中国软件评测中心的技术鉴定测试和国家高新技术研究发展计划(863计划)专家组的评审和验收。MES系统2.0版软件正在研制中，863MES推广项目已完成项目验收准备，等待科技部专家组的验收。

（任志婷）

【中国石化网络运行质量又上新台阶】 网络管理系统覆盖到中国石化总部及20家石化企业，系统功能进一步扩充和改进，包括信息流量分析、ERP系统监控、故障分析统计报表等。网管系统的应用使运行维护管理变被动为主动管理，从而提高了总部、企业IT系统运行维护监控和管理的能力和水平，大幅度缩短了处理事故的时间，保证了网络安全平稳运行，提高了用户满意度。

（任志婷）

【管理与日常项目开发的结合更加紧密】 2005年，石化盈科公司根据ISO 9000质量体系，完善了项目验收流程，编制了验收文档模板，项目执行过程中编、审、批流程执行力度加强，项目文档质量显著提高；通过了质量管理体系年度外审，上海分公司正式纳入公司质量管理体系；“两动两静”管理体系深化实施，推动了项目立项、控制点监控和项目验收等关键环节的规范执行，形成了从目标制定、过程监控到绩效考核的“质量管理闭环”。加强了与中国石化等用户的沟通和协调，月报上报时间提前了5—6天，提高了客户满意度。

（任志婷）

【知识管理体系发挥效力】 2005年，石化盈科公司知识管理走向正轨，建立了体系和管理制度，已收集了不同层次的大量知识，包括模板、方法、经验等约2 800项。以《炼油企业信息化建设总体方案》模板为基础，快速、高质量地完成了海南炼化、兰州石化、青岛炼化等企业的信息化总体方案设计，获得用户认可。《销售业务信息化总体方案》、《炼油PPIMS》、《管道系统信息化》、《企业网络设计》等模板也正在发挥作用。

（任志婷）

【建立公司自主创新体制和机制】 2005年，石化盈科公司建立起以“创新奖”评选为核心的自主创新体制和机制，总结了公司成立以来员工在技术开发和业务管理两个方面的创新活动，评奖范围涵盖公司成立三年来的创新成果，已有7项成果分获特等和一、二、三等奖，大大地激励了员工以务实的态度、创新的理念投入到自主创新活动中。

（任志婷）

【创立大型集成化项目管理的新型管理模式】 2005年，石化盈科公司为满足公司越来越多大规模集成化项目实施的需求，创建了与之相配套的管理模式和考核机制。确定了事业部制与项目总监制相结合的混合型管理模式，任命了一批项目总监，已在海南炼化、青岛炼化和福建炼化等大型集成项目的实施中取得良好效果。

（任志婷）

【公司内部ERP系统上线成功】 石化盈科ERP一期工程覆盖了公司内部财务、人力资源等部门，实施了FI/CO、HR模块。经过3个月的努力，于2005年4月按计划成功上线，并单轨运行。通过ERP系统的建设，规范了公司核心业务管理流程，形成了成本和关键绩效指标(KPI)两个考核体系基础架构，提升了内部管理水平。

（任志婷）

【加强企业文化建设，扩大企业形象宣传】 石化盈科公司在日常工作中，组织骨干广泛交流，进行深入讨论，决策科学化，充分体现“尊重、学习、进取”的企业文化。内部刊物《石化盈科视窗》质量不断提高，已成为广大员工弘扬企业文化、展示项目成果、进行技术交流和抒发个人情怀的平台。2005年10月又开创了《石化盈科快讯》，以邮件的形式，及时主动地向广大客户提供公司各项工作进展信息。

（任志婷）

北京石油分公司

【概述】 中国石油化工股份有限公司北京石油分公司(简称北京石油分公司)是石化股份公司直属大型销售企业。成立于1950年，主要从事石油成品油经营业务。其前身为北京石油集团有限责任公司，1998年根据国务院关于组建石油、石化两大集团公司的决定，于7月1日整建制上划石化集团公司，2000年1月，按照石化集团公司重组改制方案的要求，将主营业务、资产、人员等划归石化股份公司，设立中国石油化工股份有限公司北京石油分公司。

北京石油分公司经过50多年的发展，已经成为一个拥有六大专业中心，13座油库，200余辆油品运输车，550座自有加油站，100余座连锁加油站，总资产近50亿元的国有大型企业，形成了遍布北京地区的营销网络和日臻完善的服务体系，成为北京市成品油市场主要供应商，占据主导地位，在北京市2005年度“百强企业”评选中位列第21名。

2005年，北京石油分公司在石化集团公司总部的正确领导下，面对错综复杂的市场竞争环境，科学预测，积极应对，统筹运作，精心经营，主导市场，实现了在“一级管理、一级核算”新型管理体制下各项工作的协调发展，保持了企业经济指标的持续快速增长。与上年相比，油品经营总量增长16.73%，成品油销售增长17.47%，零售量增长26.46%，直销量增长15.52%，其他石化产品销售增长10.51%，销售收入增长37%，利润增长18%。成品油市场占有率为66.5%，零售市场占有率为68.7%。

北京石油分公司始终高度重视网点发展工作，以收购、新建、租赁、联营等多种形式，大力发展终端网络，努力开拓零售市场，巩固市场控制力。截至2005年底，共有加油站550余座，万吨站近50座。

在大力发展网点的同时，坚持以“质优、量足、热情、便捷”为服务宗旨，促进了加油站规范化管理水平的提高，形成了集汽车加油、保养、维护、购物为一体的全方位、全天候的服务体系。

北京石油分公司坚持以人为本发展企业，持续致力于深化企业劳动用工、绩效考核、薪酬分配机制改革，开展有利于留住人才、稳定人才、促进人才发展的人才工程，努力推进企业的制度创新。

北京石油分公司在着眼于发展企业、增强企业竞争力的同时，还以保护生态、奉献社会为己任，致力于实验推广各种新型能源燃料，履行企业的社会责任。在全国率先实行汽油无铅化，首家推出了高清洁汽油。2004 年，在北京市首家推出了 98# 高清洁汽油，全面推广相当于欧Ⅱ排放标准的清洁燃料；2005 年，在北京市全面推广使用相当于欧Ⅲ排放标准的清洁燃料，为实现“绿色奥运”作出了积极的贡献。

（张卫峰）

【经营总量快速增长，销售结构明显改善】 北京石油分公司经营总量一年一个台阶，2001 年 180 万吨，2002 年突破 200 万吨，2003 年突破 230 万吨，2004 年突破 300 万吨，2005 年突破 360 万吨。特别是成品油增幅尤为明显，2005 年成品油经营量达到 332 万吨，比 2000 年的 166 万吨增长了 1 倍；市场占有率由 2000 年的 56.3%上升到 2005 年的 66.4%，5 年时间增加了 10 个百分点；零售市场占有率由 2000 年的 40.7%上升到 2005 年的 68.7%，5 年时间增加了 28 个百分点。在经营总量快速增长的同时，终端销售比重不断提高，高标号汽油零售比重始终名列全国销售企业前茅。

（张卫峰）

【经营质量不断提高，盈利能力日益增强】 北京石油分公司 2001 年实现考核利润 1.76 亿元，2002 年 4.3 亿元，2003 年 6.3 亿元，2004 年 9.03 亿元，2005 年突破 10 亿元，完成石化集团总部下达年度考核利润指标的 206%。

（张卫峰）

【经营结构持续优化，90# 汽油平稳退出市区】 一是高标号汽油比例大幅增长，2005 年高标号汽油销售 142.2 万吨，同比增长 26.1%，高标号汽油占汽油销量的比重达到了 81.5%，同比增加 9.2 个百分点；二是柴汽比显著提高，柴汽比由 2004 年的 0.81 提高到 0.9，柴油销售增长幅度达到 24.3%，零售柴油增幅达 35.2%；三是根据北京市油品地方标准实施过程中，炼厂油品生产的变化，北京石油分公司灵活调整了经营品种结构，在 2005 年 7 月顺利实现了 90# 汽油平稳退出市区五环路以内市场。

（张卫峰）

【汽油票顺利退出市场，加油 IC 卡发卡量持续上升】 北京石油分公司按照总部的统一部署，于 2005 年 7 月 9 日停止了汽油票销售，这一举措有效降低了企业的经营风险。与此同时，加大了 IC 卡的营销力度，取得了较好效果。截至 2005 年底，IC 卡的发卡量达到了 73.8 万张，累计沉淀资金达 7.7 亿元。

（张卫峰）

【体制改革顺利推进，企业运行效率大为提高】 2005 年，北京石油分公司按照石化集团总部提出的“经营专业化、管理扁平化”的总体要求，构建了“一级管理、一级核算”的新型经营管理体制，建立和完善了企业内部运行机制。新体制的运行，提高了零售、直销和物流专业化水平，促进了干部职工的观念更新和企业机制的转换，企业运行效率大为提高。非上市公司基本实现“五减四无”的改革目标。

（张卫峰）

【网络建设取得新突破，为扩大销售奠定坚实基础】 2005 年，北京石油分公司网点发展成效显著。一是在石化集团总部的大力支持下，成功取得北京六环路 5 对加油站 30 年的特许经营权；二是围绕重点地区、重点部位，加强网络发展。全年共新发展加油站 49 座，预计年新增加油能力 14.5 万吨；三是整体改造加油站 6 座、局部改造加油站 6 座、零星整改加油站 50 座，预计年增加出库量 1.8 万吨。网络建设工作得到石化集团总部的充分肯定，2005 年被评为销售网络建设工作先进单位。

（张卫峰）

【信息化建设稳步推进】 2005 年，北京石油分公司新建、改造了 10 座油库的自动付油系统，提高了安全等级和工作效率；在 452 座加油站、165 个发卡点实施了加油卡工程，在 407 座加油站安装了智能发票打印系统；完成了 ERP 系统与增值税发票系统的集成，直销批发业务增值税发票实现联动打印，规范了发票管理；完成了 385 座加油站、120 个发卡点宽带接入公司广域网络工程，提高了通讯线路的可靠性和稳定性。

（张卫峰）

【企业安全管理工作进一步加强】 在安全管理工作中，北京石油分公司坚持以人为本，大力加强“三基”工作，落实安全生产责任制，加大安全生产教育、培训、安全隐患检查和整改力度，2005 年投入资金 2 100万元用于油库、加油站的安全隐患项目整改，确保了企业的安全运行。HSE 管理体系建设有了新的进展。再次被评为石化集团公司安全工作先进单位，为经营工作连年上台阶提供了强有力的基础性保证。

（张卫峰）

【重点工程建设取得实质性进展】 北京石油分公司长辛店油库改扩建项目和环北京成品油及航煤管道工程，分别于 2005 年 8 月、10 月开工建设。截至 2005 年底，长辛店油库改扩建项目的场坪竖向工程已完成总土方量的 60%，1 万立方米罐组中的 4 个油罐的安装工程已全面展开，2 万立方米罐组的 5 个油罐、铁路栈桥等已完成地基处理和基础施工，消防泵房、配电室、消防水池已完成结构封顶。环北京成品油和航煤管道一期工程通州马驹桥—顺义李桥段已完成管道焊接 6.58 万米，占一期总工程量的 84%。

（张卫峰）

【保持共产党员先进性教育活动收到实效】 按照北京市委、石化集团公司党组的部署和要求，2005 年 7 月北京石油分公司在全系统开展了保持共产党员先进性教育活动。教育活动开展期间，公司党委共召开 15 次专题会议，利用谈心和发放问卷，征求到各种意见 1 600 余条；拿出了 1 550 万元用于改善一线员工工作、生活条件和安全隐患治理；制定了党员领导干部、党员先进性标准和实践途径，建立健全了保持先进性的长效机制。通过教育，使公司党建工作得到全面改进和加强，党组织的战斗力、凝聚力明显增强。在北京市委督导组和石化集团公司巡检组主持的先进性教育群众满意度测评中，满意率分别达到 99.7% 和 99.8%。

（张卫峰）

天津石油分公司

【概述】 中国石油化工股份有限公司天津石油分公司（简称天津石油分公司）本部位于天津市南开区南京路 338 号，机构前身为天津石油集团有限公司，初创于 1950 年 3 月，1998 年 6 月上划石化集团公司，2000 年 4 月改制为中国石油化工股份有限公司天津石油分公司。2004 年 9—10 月进行了重大的经营管理体制改革，构建了“一级管理、一级核算”的新体制。上划以来，通过持续重组改制和主辅分离，有效整合了石化系统在津的销售企业，天津石油分公司的经营规模和竞争实力显著增强，在天津地区的成品油市场中居于主导地位。

截至 2005 年末，天津石油分公司总资产 28 亿元，净资产约 18 亿元；员工总数 5 084 人，在岗正式职工中，管理岗人员 458 名、技能操作岗人员 3 957 名，具有高级专业技术职务的 18 人、中级专业技术职务的 114 人。设有 10 个职能处室，6 个经营管理中心（分公司）。拥有在营加油站 417 座，其中自营加油站 369 座，独立核算加油站（含联营加油站）48 座；在用油库 4 座，总库容 21.1 万立方米，铁路专用线2 条。

2005 年，天津石油分公司坚持以适应新体制、完善新机制为先导，充分发挥新体制“扁平化管理、专业化运营”的优势，致力于推进企业持续有效稳定协调发展，各项主要经济指标在连续两年大幅提升的基础上再创历史新高。共实现经营总量 243.56 万吨，销售收入 92.99 亿元，考核利润 4.42 亿元，吨油完全费用 158 元。

（于晓东）

【经营规模和经营质量实现历史性突破】 面对国际油价大幅上涨而国内成品油市场限价、资源总体紧张、保供压力加大的严峻形势，天津石油分公司继续坚持“零售做精做强，直销做大做好，批发做实做稳”的经营方针，灵活应对市场，扩大资源自采，拓展终端销售。2005 年，实现经营总量 243.56 万吨，轻油销售完成 200.28 万吨；成品油零售量同比增长 7.36%；本地市场直销量同比增长 47.67%，增幅居省市公司前列；终端销售比重达 93.48%，同比上升 4.35 个百分点。实现成品油自采 72.2 万吨，占资源总量的 36.5%。实现考核利润 4.42 亿元，占年度计划指标的 192.2%，同比增长 15.71%。吨油费用 158 元，同比下降 28 元，低于年度计划指标 10 元。辖区市场占有率达到 71%。

（于晓东）

【费用水平继续大幅度下降】 2005 年，天津石油分公司继续推进全面预算管理，进一步加大降本压费力度。一是构建了“自下而上”的财务预算编制模式，参照上一年度费用执行情况将费用指标分解到最小成本单位，强化预算的可操作性；二是以加油站电费为突破口，建立了预算标准控制体系，逐站核定费用额度，细化了费用管理；三是运用 ERP 系统的实时查询功能，加强对重点费用项目的动态监控。通过上述举措，使企业呈现出量升费降的良好局面，在成品油销售量同比增长 14.85%的情况下，吨油完全费用为 158 元、吨油现金费用为 101 元，同比分别下降 28 元和 41 元；ROCE 指标为 20.57%，高于年度计划指标 8.57 个百分点，同比上升 0.55 个百分点。

（于晓东）

【加油站经营管理取得新成效】 为巩固和扩大销售系统加油站规范化管理“百日竞赛”成果，2005 年天津石油分公司组织了新一轮竞赛活动，相继开展了优秀样板站和管理示范站评比、加油员工岗位技能比武及加油站规范化服务现场管理和管理岗位履职尽责“双月赛”，不仅提升了加油站规范化服务和现场管理水平，彰显了中国石化品牌形象，而且零售量呈现良好增长势头。单站年加油量由上年的 3 020 吨升至 3 177 吨，增长 5.2%；年加油量逾5 000吨的加油站达 73 座，比上年增加 25 座；万吨级加油站达 20 座，比上年增加 4 座。

（于晓东）

【零售网络建设取得新进展】 按照石化集团公司“围好篱笆，打好桩”的发展战略，2005 年天津石油分公司确立了“发展城市中心区、快速路、高速公路等优质项目”的网建目标，加强对外协调，积极争取政府部门支持，抓住天津城区道路改造的有利时机，加大对社会加油站的收购租赁力度，统筹运作，合力攻关，优化布局，提升档次，加紧完善零售网络格局。全年共收购、租赁加油站 17 座，新建、续建加油站 6 座，改造加油站 20 座。

（于晓东）

【信息化配套建设扎实推进】 2005 年，天津石油分公司遵循“总体规划、效益驱动、重点突破、加快实施”的原则，在保障应用系统和网络运维的同时，扎实推进重点项目建设。一是开发实施加油站数据上报与集成系统，实现了加油站数据源头采集、多层应用、高度共享和商流、物流、资金流的统一管理；二是润滑油 SAP 系统改造项目上线运行，为润滑油新体制的顺畅运行提供了技术支撑；三是加快信息网络升级改造，全部自营加油站均通过 ADSL、VPN、VPDN 实现与公司本部联网传输数据，提升信息化应用管理水平；四是建成公司信息门户，搭建企业信息平台；五是推进加油 IC 卡工程改造，完成了 33 座加油站的加油 IC 卡改造，调整了 11 座加油站的发卡网点布局，同时强化加油 IC 卡管控系统的运维管理。

（于晓东）

【存续企业有序退出基本完成】 根据石化集团公司关于改制分流工作的总体部署，2005 年天津石油分公司继续推进非上市部分的改制分流工作。一是完成了天津石油专业运输分公司与物业管理部的捆绑改制，纳入分流职工 82 人，用于改制资产 1 041 万元，由改制分流职工组建而成的天津市瀚达物流服务有限公司于 10 月 21 日完成了注册登记，注册资本 1 041.06 万元，其中分流职工补偿补助金 553.26 万元，经营者岗位激励股 135.79 万元，分流职工现金认购改制资产 261.48 万元；二是关停了化轻公司；三是开展了鑫隆典当行股权的转让工作。此外，石油设备材料公司改制的前期准备工作亦已完成，存续企业基本完成有序退出。

（于晓东）

【高质量完成先进性教育活动】 按照石化集团公司党组和天津市委的统一部署，天津石油分公司保持共产党员先进性教育活动自 7 月 25 日启动之后，经过学习动员、分析评议和整改提高等 3 个阶段，历时 3 个多月，圆满完成了各环节的工作任务。在此期间，天津石油分公司党委坚持把学习实践“三个代表”重要思想贯彻始终，组织 91 个基层党组织、1 109 名党员积极参与，学习覆盖率达 100%，并结合先进性教育活动具体要求大讨论，概括提炼了天津石油分公司党员先进性的 5 项共性要求和 4 类岗位党员的 17 项个性要求。各级党组织以先进性教育活动为动力，积极开展“送温暖，献爱心”活动，走访困难职工群众 109 户，慰问金及物品价值 17.1 万元，为 50 座加油站解决了饮水难问题，为 148 座加油站购置了微波炉、电饭锅、电磁炉及不锈钢热水器等生活设施。

（于晓东）

河北石油分公司

【概述】 中国石油化工股份有限公司河北石油分公司(简称河北石油分公司)本部位于河北省石家庄市。其机构前身成立于 1949 年，1998 年 6 月 27 日，正式划归石化集团公司管理，2000 年 5 月 23 日，按照石化集团公司企业重组改制精神，其主营业务重组成立中国石油化工股份有限公司河北石油分公司，其存续部分称中国石化集团河北石油有限责任公司。

截至 2005 年底，河北石油分公司在全省 11 个省辖市设有分公司，公司拥有强大的资源保障体系和完善的经营网络体系。主要经营 200 多种规格的汽、煤、柴、润四大类成品油，销售区域覆盖河北省全境，23 座油库遍布全省各主要交通枢纽和城镇，总容量达 67.8 万立方米；建有 23 条铁路专用线共 25.6 千米，连接炼油厂的输油管道 7.6 千米；拥有自营加油站(含加气站)、点2 196个，销售网络覆盖全省城乡各地，社会市场占有率在 70%以上。

2005 年完成销售 522.73 万吨，完成年计划的 102.74%，同比增加 65.71 万吨，增长 14.38%。其中轻油 475.03 万吨，完成年计划的 102.16%，同比增加 51.55 万吨，增长 12.17%。零售完成 383.51 万吨，完成年计划的 114.14%，同比增加 73.7 万吨，增长 23.79%，零售比重为 80.73%，终端销售比重为 96.9%。燃料油销售 34.78 万吨，完成年计划的 105.39%，同比增加 12.16 万吨，增长 53.76%；润滑油销售 12.85 万吨，完成年计划的 118.98%，同比增加 2.03 万吨，增长 18.76%。

2005 年实现销售收入 206 亿元，同比增加 51 亿元，增长 33%。实现考核利润 7.80 亿元，完成年利润指标的 144%。

2005 年河北石油分公司共有正式职工 2 687 名，其中管理人员 846 人；各类专业技术人员 252 名，具有高中级专业技术职务的 61 名。拥有资产总额 55.98 亿元，其中流动资产 9.77 亿元，长期投资 33.75 万元，固定资产 41.65 亿元，无形资产及其他资产 3.96 亿元。

(常文峰)

【优化二次物流】 2005 年，河北石油分公司在经过实地测量和科学论证的基础上，对 11 座非重点油库实行停用关闭，使在用油库减少到 23 座，提高了运营效率；加大站点上线运行力度，截至 2005 年底，上线加油站已达到 1 733 座，占在营站总数1 883座的 92%；打破行政规划，实行跨区域配送，对涉及到 9 个地(市)的 69 座加油站实施跨区域配送，有效地降低了物流成本。

(常文峰)

【加大 IC 卡发行力度】 2005 年根据石化集团总部安排部署，开展加油 IC 卡“油中感谢”活动，通过强化宣传促销，全年累计发行 IC 卡 29.7 万张，累计充值 8.9 亿元，IC 卡累计加油 13.75 万吨。

(常文峰)

【严格落实内控制度】 2005 年，河北石油分公司为提高企业管理水平，根据石化集团公司印发的《内控制度手册》，针对企业经营管理中的重点环节和关键业务流程，制定完善了相关制度，规范了自采油、销售、数质量、资产、投资、合同等的管理，使内控制度成为管理规范、监控严密的体系，执行内控制度成为广大员工的自觉行为。

(常文峰)

【全面实施月度复式预算管理】 2005 年，河北石油分公司严格控制费用管理，将各项费用指标进行分解，实行归口管理，加强预算控制的刚性，并将预算控制的责任落实到最基层，形成横向到边、纵向到底的预算控制网。每月定期对经济数据进行对比分析，发现问题，及时整改，尤其是对业务招待费实行超预算计划等额扣减工资总额的硬措施，取得了较好效果。

(常文峰)

【取消县级银行账户　提高资金上划率】 2005 年 6 月，与河北省农业银行签署全面合作协议，省农行为河北石油分公司的 1 043 个加油站提供上门收款服务，较原定的 703 座增加了 340 座。银行上门收款的加油站占加油站总数的 44%，收取的资金占全部销售收入的 70%。利用农行提供的现金管理平台，全部取消了县级银行账户，一个市级公司只保留一个收入户和支出户，全系统的银行账户总数从以前的 403 个减到 27 个。截至 2005 年底已撤销账户 343 个，完成撤户工作总量的 85%。日资产上划率提高了 2 个百分点，日货币资金余额较撤户前减少 2 000 万元左右。

(常文峰)

【统一油品换算密度标准】 为堵塞管理漏洞，严格落实计量传递、定期盘点、对账检查和责任追究等制度，2005 年，河北石油分公司制定了全省统一的油品换算密度标准，加强了零售环节的油品损益管理，对零售、直销、润滑油、物流等部门的账表册单进行了统一；发挥省市两级加油站管理督查队的作用，对存在问题及时监督整改；加强合同审查，规范合同管理，在防范法律风险方面有了新的进步。

(常文峰)

【高速公路市场占有取得突破】 2005 年，河北石油分公司新增加油站 101 座，其中中心城市、高速服务区等重点位置为 41 座，占总数的 41%。

2005 年新获得邢临、京承、唐津、石太、京张、丹拉、青红等高速公路 13 个服务区的经营权。河北石油分公司已在 13 条高速公路拥有服务区 30 个、加油站 59 座，占河北省境内高速公路加油站总数的 63.4%。在经营模式上从过去的单纯租赁向经营权长期受让、委托经营、组建联营公司、投资建设服务区等多种模式转变，在经营期限上由过去的短期向长期转变。

（常文峰）

【6个地(市)实现乙醇汽油封闭运行】 按照河北省政府要求，2005年12月，河北石油分公司所属邯郸、邢台、石家庄、保定、沧州、衡水等6地(市)实行乙醇汽油封闭运行，共涉及7座油库、1 178座加油站和石家庄炼化股份公司1座油库的改造。邯郸直属油库按照要求完成了改造工程，其他公司分别搭建了临时付油设施，按照政府部门要求按时向市场供应了乙醇汽油。

（常文峰）

【加快推进市(县)一体化改革】 按照"统一机构设置、统一定岗定编、统一绩效考核、统一费用管理办法"的"四统一"原则，扎实推进市(县)一体化改革，经过调研考察、基础数据测算、制定方案、逐家对接、启动改革、检查验收等环节，截至2005年底，新的机构、岗位、人员基本到位，减少用工总量4 000人，新的内部流程和框架模式基本建立。

（常文峰）

【存续企业改制分流稳步推进】 2005年完成了保定、石家庄、沧州、廊坊、张家口、秦皇岛等公司所属6家企业的改制工作，共涉及资产3 002万元，员工474人，至此，除唐山公司外，河北石油分公司存续企业"五减四无"改革已基本完成。其中，石家庄世纪朝阳实业有限责任公司捆绑式改制的模式得到石化集团公司的肯定。

（常文峰）

【开展保持共产党员先进性教育活动】 按照石化集团公司和河北省委的部署，河北石油分公司被列为第二批开展保持共产党员先进性教育活动的单位，2005年7—11月，在为期3个多月的先进性教育活动中，党委共组织大型动员会、测评会、专题研讨会、组织生活会、专题报告会等27次，组织党员集中学习8次。各级党委和广大党员认真按照活动计划，积极组织学习，开展批评和自我批评，在广泛征求群众意见的基础上，认真查找不足，积极进行整改，提高了党性修养，党组织领导职能得到强化，一些影响企业发展和群众关心的问题得到解决。

（常文峰）

山西石油分公司

【概述】 中国石油化工股份有限公司山西石油分公司(简称山西石油分公司)位于太原市万柏林区，是山西省最大的成品油销售企业，承担着全省成品油计划编制、资源配置、市场供应任务，主营汽油、柴油、煤油、润滑油、燃料油。下辖11个市分公司、1个直属实体、68个县(区、市)分公司，实行人、财、物统一管理。截至2005年末，共有正式职工3 983人，资产总额达42.31亿元，在用油库20座，总库容55.4万立方米，铁路专用线28千米，加油站1 425座。

2005年，山西石油分公司以科学发展观为指导，以深入开展保持共产党员先进性教育活动为动力，结合总体供需形势，较好地克服了国内资源紧缺、省内需求减缓、外采难度加大、经营成本增加、费用指标偏紧等多种困难，零售、直销、小额配送互为补充，上下联动，灵活运作，取得了量利大幅增长且再创历史新高的良好经营业绩。全年购进成品油296.41万吨(包括配置与自采)，销售总量达到了301.47万吨，同比增加36.4万吨，增幅达13.7%；终端销售比重达到97%；完成考核利润7.53亿元，完成年度目标的178.8%，吨油费用184元；资产状况进一步改善；实现了山西省系统油库、加油站安全生产无事故。一年来，山西石油分公司立足遍布三晋城乡大地的1 400余座加油站，积极弘扬中国石化倡导的"规范、严谨、诚信"的企业文化，坚持"扬中国石化品牌，树山西石油形象"的经营理念，实践以人为本，全面贯彻了HSE(健康、安全、环保)管理体系，进一步提升了企业的整体管理和服务水平，较好地履行了国有企业的政治责任、经济责任和社会责任，为山西经济发展和城乡人民生产生活作出了积极贡献。

（李志平）

【销售总量突破300万吨】 2005年，山西石油分公司认真贯彻石化集团公司总体经营战略，密切关注、深入分析国内外市场走势，省、市两级公司上下联动，密切配合，轻、重油物流与市场同时兼顾，强势拓市，推动经营工作迈上了新台阶。全年柴汽油经营量达到了289万吨，增量28万吨，增幅10.7%。其中零售量210万吨，增量18万吨，增幅9.4%；直销量76万吨，增量12.5万吨，增幅19.6%；批发2.83万吨，降低2.5万吨，降幅47%；润滑油经营量达到6.48万吨，较2004年翻了一番，增幅达103.5%；燃料油经营量达到5.8万吨，增量5.1万吨，增幅达到732.6%。三项合计，销售总量突破300万吨大关，达到了301.47

万吨，再次实现了山西石油经营量的新突破。

（李志平）

【顾全大局狠抓资源自采】 2005年，面对持续紧张的国内成品油资源形势，山西石油分公司不等不靠，不计得失，从石化集团公司大局出发，充分发挥省、市两级公司的能动性，调动一切力量，狠抓了资源自采。全年自采柴、汽油资源共计147万吨，占到公司柴、汽油经营量的51%。虽然经营成本大幅增加，但在确保自身销售需求的同时，保证了山西省内的市场供应，同时也有效地缓解了石化集团公司配置资源不足的压力，为兄弟省(市)公司作出了贡献。

（李志平）

【深化经营管理体制改革】 2005年，山西石油分公司按照"专业化、扁平化、区域化"的原则，进一步推进了全省系统经营管理体制改革。整合了市级公司建制，将原介休分公司整体并入晋中分公司；以五部(零售管理部、商业客户部、物流配送部、润滑油销售部、财务结算部)、三室(综合办公室、人力资源科、安全基建数质量科)统一了11个市级分公司的机构设置与岗位职责履行标准；实现了市县两级在零售、直销、润滑油经营、物流配送、财务、人力资源6个方面的垂直管理；撤销县级公司建制，实行片区经理管理模式；整合了以进销存为主要内容的新的专业业务流程；基础管理的规范化运作进一步加强，初步统一了绩效考核办法。通过改革，山西石油分公司用工总量从改革前的12 158人降到9 303人，中层管理人员由原来的737人减少到490人，其中通过各种途径分流247人，企业管理体制趋于科学，业务运作效率明显提高。

（李志平）

【《内部控制手册》正式运行】 2005年，山西石油分公司积极贯彻石化股份公司总体要求，全面推行了《内部控制手册》，进一步强化了企业的内部控制与管理。在实施该项工作中，山西石油分公司从石化股份公司制定的43项业务流程中选出符合公司实际的业务流程，并结合改革发展过程中出现的新问题，及时搜集、整理、充实、补充了相关规章制度，制定了《山西石油分公司固定资产日常管理工作联系暂行办法》，明确了实物管理部门和价值管理部门的工作职责，使固定资产管理工作开始走上了制度化、规范化的道路。经石化股份公司审批后，编印了《山西石油分公司内控手册》，下发全省系统执行。同时，把强化执行内部控制制度作为夯实企业管理基础，规范经营行为的重要工作来抓，经过全员学习，加强培训，细化、强化并严格落实部门职责，使内部控制制度渗透到每个经营管理环节，基本实现了"明确各级授权，完善业务流程，严格规范操作，实现穿透管理"的内控管理要求。

（李志平）

【全面推广使用加油IC卡】 为向广大消费者提供更多便利和更优质的服务，2005年，山西石油分公司按照石化集团公司运用信息化手段提高管理和服务水平的统一部署，在全省800多座大中型加油站实施了IC卡加油工程，并于4月1日正式投入运行，同时开通全国统一客户服务热线电话95105888、95105988，第一时间为客户释疑解难，提供帮助。IC加油卡系统与全国20个省市、年加油量1 000吨以上的1.3万余座中国石化加油站联网。8月份，按照石化集团公司统一安排，推出"油中感谢"积分回馈活动，以加油卡为载体向顾客提供增值服务，进一步提高了山西石油分公司客户服务的能力和水平，让山西石油的忠诚消费者能够始终享受到中国石化的高品质服务，从而在客户与公司之间建立起了更信任、更忠诚的关系。

（李志平）

【润滑油经营又实现新突破】 2005年，为进一步提升润滑油经营管理工作，山西石油分公司实施了润滑油"六个一"工程，即把润滑油工作作为各级的一把手工程真正抓好，实现销售总量较2004年翻一番的目标，在年内改造、新建100个润滑油经营网点(换油中心)，打造100座年销售润滑油30吨的精品加油站，开拓100个大用户，培养建立一支100名的客户经理队伍。一年来，山西省各级公司按照省公司的总体安排部署，通过进一步整合经销商，深入调研，细分市场，主打长城品牌，大力促销，经营总量达到6.48万吨，增幅达103.5%，顺利实现了经营总量较2004年翻一番的目标，取得了润滑油经营的新突破。

（李志平）

【加油站银行上门收款工作启动】 2005年，在石化集团公司的大力支持和帮助下，山西石油分公司经过与工商银行山西分行进行充分协商，最终达成一致意见，启动加油站银行上门收款工作，并于7月1日正式启动，使山西石油分公司成为中国石化销售系统第一家全面启动银行上门收款的省级公司。首批交工商银行进行上门收款的加油站676座，均位于交通要道、高速公路服务区、中心城市等位置，占山西省系统加油站总数的48%，年平均加油量均在1 000吨以上，年销量占全部加油站销量的70%以上，回笼资金占全部加油站的72%以上。该项工作实施后，山西石油分公司加油站的资金周转由原来平均6.9天缩短到2.4天，回笼速度明显加快，同时也有效解决了长期困扰的加油站资金安全问题。

（李志平）

【实行安全生产重大事故行政责任追究制】 2005年，为有效防范系统安全责任事故的发生，切实保障人民群众生命、财产安全，山西石油分公司根据《中国石化集团公司安全生产重大事故行政责任事故追究规定》、《中国石化集团公司安全生产监督管理制度》和《山西石油分公司事故管理规定》，制定了《中国石油化工股份有限公司山西石油分公司安全生产重大事故行政责任追究规定(试行)》，于11月2日下发全省系统执行。该规定共17条，对因违反安全生产有关规定造成各类重大事故及不按规定上报事故的有关责任人员，视情节轻重，分别制定了警告、记过、记大过、降职、引咎辞职、撤职、留用查看、开除等行政责任追究措施。

（李志平）

【石家庄—太原成品油管道建设项目立项】 2005年，在山西石油分公司的积极争取和石化集团公司的大力支持下，预计总投资额近6亿元的石家庄—太原的成品油管道输送建设项目正式立项。该管线东起河北省石家庄市，途经山西阳泉、榆次到达山西省城太原市，设计年输油能力340万吨。这一项目的建成，将从根本上缓解多年来山西省成品油供应的瓶颈制约，有效地降低运输成本，大大提高石化集团公司对山西省各地的成品油供应能力，对山西省经济和社会的发展必将起到重要的支撑和推动作用。

（李志平）

【开展保持共产党员先进性教育活动】 2005年，山西石油分公司系统各级党组织根据中共山西省委和石化集团公司党组的安排部署，开展了保持共产党员先进性教育活动。全体党员通过学理论，讲党性，谈认识，查不足，找差距，抓整改，谋工作，钻业务，创业绩，政治素质和业务技能进一步提高，责任意识、创新意识、大局意识明显增强，思想、组织、纪律、作风建设得到全面加强，使全省系统各级公司的党建思想政治工作得到明显提升。

（李志平）

上海石油分公司

【概述】 中国石油化工股份有限公司上海石油分公司(简称上海石油分公司)，是中国石化在上海市专业从事成品油销售业务的大型分支机构，主营汽、柴、煤、润滑油、燃料油和其他石化产品的零售、直销配送、批发和仓储业务。其前身为创建于1953年10月的中国石油上海分公司，随着国家经济结构的不断调整，公司名称先后变更为中国石油公司上海市公司、上海石油采购供应站、上海市石油公司、上海市石油煤炭公司、中国石化销售公司上海市石油公司、上海石油(集团)有限公司。1998年9月，根据国务院组建石油、石化两大集团公司的决定，成建制划归石化集团公司。2000年2月，按照石化集团公司重组改制、主辅分离的原则，重组为中国石油化工股份有限公司上海石油分公司和中国石化集团上海石油有限责任公司。

截至2005年底，上海石油分公司设有11个综合管理部门和零售、商业客户、物流、润滑油、燃料油、会计核算6个专业管理部门；拥有全资、控股、参股、租赁、加盟性质的在营加油站及网点526座，各类加油机1 884台、地下储油罐2 040只、总容量5.9万立方米；拥有大小油库5座、205只储油罐，总容量64.33万立方米，发油平台12座、113个车位；拥有油品专用泊位17座，系泊能力7.27万吨；拥有铁路专用线1条、34个鹤位；拥有库外长输管线1根，总长55千米；拥有油气回收装置2套。用工总人数6 507人，其中正式职工2 275人，其他用工3 782人。

2005年，上海石油分公司在中国石化总部的正确领导下，深入贯彻党的十六届五中全会精神，以“三个代表”重要思想为指导，以保持共产党员先进性教育活动为契机，按照科学发展观的总体要求，不断深化改革，细化管理，强化经营，努力加快有效发展。经过全体干部职工的共同努力，出色地完成了全年各项指标任务，整体工作又迈上了一个新台阶。全年购进成品油358万吨，销售361万吨，同比增长12.3%，其中零售274万吨，同比增长21%；直销56万吨。销售润滑油12万吨，同比增长4%；销售燃料油104.2万吨。全年实现销售收入176亿元，同比增长31%；实现报表利润2.43亿元，还原利润8.8亿元，同比增长20%。资产总额46.19亿元，同比增加2.29亿元，其中固定资产原值32.23亿元、净值25.51亿元。

（高拥民）

【积极组织资源，力保市场供应】 2005年，针对国内外油价严重倒挂而导致国内资源供不应求、市场保供压力巨大的状况，上海石油分公司始终把资源的组织作为经营工作的重中之重，在千方百计争取落实配置资源和提高兑现率的基础上，多方位开辟自采渠道，积极扩大外采，以资源优势的支撑实现增量增效，确保了上海市场供应，既取得了良好的经济效益，又展示了中国石化的社会形象，受到了上海市人民政府和广大用户的好评。全年完成成品油自采资源49.2万吨，同比增加15.4万吨，占总购进量比重13.8%。

（高拥民　张家健）

【零售经营能力进一步提升】 2005年，上海石油分公司全年实现成品油零售274万吨，同比增长21%，区域成品油零售市场占有率79%，同比上升4个百分点。终端比重91.3%，剔除炼厂网点转票，终端比重96%，同比上升2个百分点。高标号汽油零售88万吨，同比增长56%，占汽油零售比重61%，同比上升14个百分点。加油站单站年均销量5 304吨，同比增加303吨，其中万吨以上加油站40座，同比增加11座。

（高拥民　张家健）

【石化加油IC卡发行质量稳步提升】 2005年，上海石油分公司根据市场和资源的情况，以取消油券发行为契机，通过上门推介、网点宣传、媒体促销、持卡消费抽奖以及设立石化加油IC卡客户服务中心，24小时咨询、投诉服务等营销手段，强势扩大加油IC卡销售，积极扩大消费群体。全年共销售加油IC卡37.1万张，充值金额40.47亿元；累计销售71.2万张，充值金额58.67亿元。加油站持IC卡消费比重31%，同比上升6个百分点。

（高拥民　张家健）

【润滑油经营进一步加强】 2005年，上海石油分公司润滑油经营以集中整顿为契机，在认真衔接石化资源的基础上，积极整合营销渠道，健全绩效考核，实行轻油与润滑油捆绑式经营。同时，不断完善终端用户和分销商、供应商的经营体系，并在拓展完善销售网点布局的同时，对原有网点进行规范化改造，有效扩大了终端销售。全年润滑油零售1.72万吨，同比增长101%；直销2.73万吨，同比增长33%。

（高拥民　张家健）

【燃料油经营质量稳步提升】 2005年，上海石油分公司燃料油经营在整合资源渠道，完善定价机制，加强客户信用额度管理，规范经营行为的同时，按照“终端做大做强，批发做实做稳”的要求，积极开拓终端市场，不断加大调配油经营力度，使燃料油经营质量有了较大改善。全年燃料油直销20万吨，同比增长68%。

（高拥民　张家健）

【物流配送能力进一步优化】 2005年，上海石油分公司强化Aspen系统运行维护，积极推行二次物流运费结算电算化，建立一级调度运行机制，努力提高加油站主动配送率。同时，合理调整库存结构，科学调度运力，灵活配送时间，比较好地保障了低库存条件下的市场稳定供应和平稳运行，有效降低了运费。全年油库周转总量1 158万吨、平均周转12次，成品油配送单车日均4车次，节约二次物流运费693.6万元。加油站主动配送率也达到了96%。

（高拥民　张家健）

【加油站现场管理进一步加强】 2005年，上海石油分公司深入开展加油站达标创星活动，积极巩固2004年加油站规范化管理百日竞赛成果。通过组织开展“回头看”和星级加油站评审，完善激励机制，推行规范服务，促进长效机制建设。年内，组建了督察队伍，并聘请了16名特约监督员，建立了内外结合的监督网络。同时，充分发挥片区经理在加油站专业化管理中现场管理的作用，加强了加油站管理与监督的力度。

（高拥民　张家健）

【内部激励机制进一步完善】 2005年，上海石油分公司通过改进工资总量调控，将工资(劳务费)发放总量按一定权重分别与销量、吨油费用、应收账款等经济指标实行挂钩，按季考核，进一步完善了激励机制，较好地激发了员工的工作热情。与2004年相比，剔除燃料油经营，人均销量由617吨增加到640吨，增幅4%；人均零售量由213吨增加到283吨，增幅33%。此外，还强化了用工总量的控制，在新增8座加油站的情况下，用工总量不增反而减少47人。

（高拥民　张家健）

【连续8年实现安全生产无事故】 2005年，上海石油分公司通过进一步健全安全管理监督网络，层层落实安全生产责任制，大力开展安全月、百日安全无事故及“安康杯”劳动竞赛等群众性安全生产活动，持续改进HSE管理体系，以及加强检查监督及隐患治理的力度，狠抓作业现场的安全管理，实现了全年安全生产无事故奋斗目标，再度被石化集团公司评为安全生产先进单位，连续8年实现安全生产无事故。同年还被上海市企事业治保协会评为年度治安保卫先进集体。

（高拥民　张家健）

【改革工作稳步推进】 2005年，上海石油分公司积极推进专业化改革，将原来的5个零售区域公司、4个专业性公司整合重组为零售、物流、商业客户、会计核算4个专业中心和燃料油、润滑油2个经营管理部；将机关本部13个管理处室整合为11个管理处室，实现了一级管理。同时，全面开展定编定岗定员工作，将原隶属行政系列的科级编制改为管理和专业技术关键岗位，定编人数由改革前的257人减少到190人，减幅26%。此外，建立了片区经理管理模式，通过公开竞聘产生了50名片区经理。

非上市部分改革也得到了稳步推进，先后完成了润滑油厂成建制划转中国石化润滑油分公司、信力房产95%股权公开转让、科技公司改制分流，经营分公司以及光明、强生、正申3家联营企业主业资产划转上市部分等工作。截至2005年底，非上市部分除浦东实华、实友期货、水月山庄、神狮劳务公司外，其他企业正在有序清理、关停或注销之中，基本实现了“五减、四无”的改革目标。

（高拥民　张家健）

【营销网络不断完善】 2005年，上海石油分公司抓住市场有利时机，继续加大重点部位、重要路段加油站的收购和新建力度。在投资规模压缩、投资资金有限的情况下，全年完成新建加油站9座、在建12座、报建6座。收购新增全资加油站2座、参股站3座、租赁站5座。原有联营站扩股为全资站17座、扩股后仍参股1座、扩股后租赁经营7座。截至12月底，上海石油分公司拥有加油站542座，其中全资站346座、控股站78座、参股站82座、租赁站28座、特许加盟站8座。平均吨油投资也得到了有效控制，其中收购站2 590元，同比减少1 510元，减幅36.8%；新建站3 503元，同比减少1 362元，减幅28%。

（高拥民　张家健）

【加油站形象改造和储运设施建设进展顺利】 2005年，上海石油分公司对23座加油站进行了提升设施设备的改造；对17家石油商店、2家换油中心进行了形象包装和改造。新建5座润滑油专卖店。在储运设施建设上，完成了上海炼油厂至高桥油库1.5千米燃料油输油管线的新建、闵行油库3 000立方米消防水池改造以及金闵管线因市政建设改线900米等工程。

（高拥民　张家健）

【信息化建设稳步推进】 2005年，上海石油分公司突出ERP系统建设，通过设立支持分中心，不断加强ERP系统在线应用业务支持，强化系统网络运行环境和数据监护，确保了系统的稳定运行。同时，完成了加油卡项目建设，已联网加油站481座，卡机联动改造2 598把独立枪。从11月份起，在所有联网加油站开展电子账表试点工作。此外，还完成了404座加油站VPDN方式组网，有效地解决了加油站网络“瓶颈”。

（高拥民　张家健）

【强化油品数质量管理】 2005年上海石油分公司为了更有效地加强油罐车运输全程的数质量管理，充分利用业已建成的GPS车辆调度监控信息系统，进一步拓展系统应用功能，进行了电子签封的研究开发，年底已进入试点运用阶段。此外，还组织对37座油罐、87辆油罐车、160座加油站的587个油罐进行了容积标定和容积表编制，对加油站681把量油尺进行了检定，对1 268批次出入库油品进行了化验分析，杜绝了19船次不合格油品的入库。同时，每季度对在营的25%加油站进行了质量监督抽检。实现了年度油品质量无事故目标。

（高拥民　张家健）

【全面推行内控制度】 上海石油分公司自2005年1月1日起全面推行内控制度以来，坚持把贯彻落实《内控手册》作为强化企业内部管理，促进企业管理全面升级的重要手段，摆上重要位置，列入议事日程。通过加强领导，完善制度，制定细则，明确操作流程和授权标准，以及严格检查、严格考核、严格奖惩等举措，不断加大推行力度，使企业内部管理与控制得到了显著加强。

（高拥民　张家健）

【财务资金管理成效显著】 2005年，上海石油分公司继续强化预算管理，建立了预算预警机制和超预算、预算外费用事前申报制度，不断加大预算执行过程监控和管理的力度，强化预算压力传导和预算考核机制，使预算控制能力得到进一步增强。此外，通过积极与银行协商，落实了293座加油站的银行上门收款，加快了资金的回笼；通过灵活运用短期借款、银行承兑票贴现以及发挥中国石化加油卡沉淀资金作用、与银行签订存款利率协议等，大幅增加了存款利息收入，有效降低了财务费用，成为无流动资金贷款的省市公司之一。全面完成了石化集团总部下达的各项资金管理指标。

（高拥民　张家健）

【审计和效能监察工作进一步加强】 2005年，上海石油分公司先后完成了8家单位经理离任经济责任审计、石化加油卡管理和亏损联营加油站的2项专项审计，以及238座加油站日常经营管理审计。对32项总金额为6 183万元的工程项目进行了结算审计，核减金额1 317万元，平均核减率17.6%。同时，通过对工程建设、应收账款清欠等42项内容立项进行效能监察，共减少、避免和挽回经济损失1 425万元。

（高拥民　张家健）

【人员素质结构进一步优化】 2005年，上海石油分公司以持证上岗培训为重点，先后组织危化从业人员、加油站站长、片区经理、ERP最终用户等10多个专业类别的1.85万人次进行培训和持续培训，完成培训项目75项。此外，还选派94名管理人员参加了石化集团总部组织的直销中心主任(经理)、ERP审计、OA办公自动化以及领导力与执行力高级研讨等13类培训班。引进本科应届毕业生19人；通过劳务公司引进大学生35人；通过“青年就业见习基地”从劳务公司招用青年学生11人。

（高拥民　张家健）

江苏石油分公司

【概述】 中国石油化工股份有限公司江苏石油分公司(简称江苏石油分公司)是国有大型石油流通企业，地处长江三角洲，濒江临海，地理位置优越，市场容量巨大。1997年10月，江苏省石油总公司改制为江苏省石油集团有限公司，1997年11月加入东联集团有限公司，1998年7月整体划转石化集团公司。2000年上半年江苏省石油集团有限公司主营业务随石化股份公司在境外上市，成为中国江苏石油分公司。江苏石油分公司下辖南京等14个区域分公司，主要经营汽油、煤油、柴油、润滑油四大类成品油及其他石化产品。截至2005年底，加油站(点)总数已逾2 300座，年销售成品油844万吨，成品油市场占有率在72%以上。

（苏　石）

【经营创效实现新突破】 2005年，江苏石油分公司经营规模跃上新台阶，实现成品油经营总量1 009.1万吨，首次突破1 000万吨大关；成品油资源保供能力明显增强，进货总量、配置和外采进货量均创历史新高，在2005年7月、8月部分经济发达地区出现油品供应紧张的情况下，江苏省成品油市场供应基本稳定，得到省政府的充分肯定；经营结构不断优化，终端比重、高端产品比重进一步提升，客户结构也进一步优化。

（苏　石）

【经营管理体制改革取得新进展】 2005年，江苏石油分公司经营管理体制改革取得新进展。市县一体化管理改革基本到位。对内撤销了原县级公司管理委员会，转变了片区经理的管理职能，实现了条线管理，精简了机构岗位，明晰了事权划分，延伸了管理职能，提高了工作效率。小油库关闭、小站改革初见成效。共关闭了19座小油库，关闭库容10.3万立方米，加快了库存和库容周转。同时，完成了492座小站改革工作。通过改革，单站用工数、吨油费用均有一定程度下降。存续公司各项改革有序推进。完成了化工人员、业务向国际事业公司的划转；按照规范程序完成了部分资产处置；完成了煤炭、经贸、进出口、化肥等专业公司歇业退出。

（苏　石）

【零售网络进一步优化】 2005年，江苏石油分公司新增加油站项目211个，新增加油站平均单站销量3 550吨。其中新建加油站76座，改造出新加油站84座。完成新开通的沿海大通道等4条高速公路21座加油站贯标工作，江苏省高速公路上90%左右的加油站已贯中国石化标识。同时，控制了投资风险，促进了加油站工程建设管理由粗放简单型向精细规范型的转化。

（苏　石）

【积极规划江苏省成品油管线项目】 江苏省成品油管道工程项目建议书、金嘉湖成品油管道工程苏州支线可研报告和苏州库项目建议书，已通过石化集团公司组织的评审；鲁皖管线周宅子油库配套改造工程已顺利投产运营；鲁皖管道徐宿淮支线已进入项目建议书编制阶段。

（苏　石）

【乙醇汽油项目顺利推进】 根据国家发改委等8部委及江苏省政府在苏北5市推广使用车用乙醇汽油的要求，2005年江苏石油分公司新建乙醇储罐3 000立方米，改造乙醇储罐 4 000 立方米，清洗改造加油站油罐 1 134 只，确保了乙醇汽油项目的顺利推广，得到了国家发改委检查组和江苏省推广办的好评。

（苏　石）

【企业内部管理水平得到新提升】 2005 年，江苏石油分公司加强企业内部管理，管理水平进一步提高。

(1) 实施财务集中管理，促进降本增利。强化预算、资金、资产集中管理，集中控制资金营运，及时严格处置资产，改善了资产负债结构。

(2) 加强软硬件建设，信息化水平进一步提高。以 ERP 为核心，开发加油站账表册管理系统，使加油站各类台账、报表电子化；充实完善 ERP 系统的使用，完成了系统一级核算的调整和燃料油、乙醇汽油的上线；二次物流优化和主动配送效果明显，销售运杂费开始在线结算；建成视频会议系统，完善 OA 系统，提高办公现代化水平；完成加油卡系统集成验收，新增卡机联动加油站 55 座，使用加油卡的加油站达 1 272 座。

(3) 狠抓“三基”工作，安全、环保、数质量管理水平不断提升。全年实现员工事故死亡人数和上报石化集团公司安全环保等级责任事故为零、重大交通事故为零、一般事故明显下降、未发生油品数质量事故的五大目标。同时，全年未发生环保事故。

(4) 强化员工培训，促进人才队伍建设。加强和优化班子队伍建设，江苏石油分公司领导班子成员由原来的 92 人减至 59 人，平均年龄下降了 3 岁，结构更趋合理；明确了三支队伍、五类岗位序列，为进一步分类分层加强三支队伍建设奠定了基础；进一步提高了劳务用工管理的规范化程度；不断加大员工培训力度，全系统共组织各类培训 77 期，共培训 9 284 人次，开展了营销人员的技能大比武，全面提高了员工队伍的综合素质和工作能力。

（苏　石）

【共产党员先进性教育展现新风貌】 2005 年江苏石油分公司分两批组织了 269 个党支部、4 235 名党员参加了先进性教育活动。活动期间累计开展各类党员培训 91 次，针对职工群众关注的热点问题，征求群众意见建议 1 476 条，制定整改措施 335 条，并逐步落实整改。先进性教育活动群众总体满意度达到 99%，实现了“两不误、两促进”的目标。

（苏　石）

【把握十运会合作契机，进一步提高企业凝聚力】 在中国石化总部加盟十运会组委会合作伙伴后，江苏石油分公司全面落实各项合作权益，大力提升中国石化品牌形象。同时，组织 14 个职工方阵积极参与“中国石化杯”火炬接力活动，数千人次职工现场观摩中国石化冠名的乒乓球、花样滑冰、艺术体操、男排 4 项赛事。通过合作进一步提高了企业的凝聚力、向心力和员工的归属感；也进一步密切了与各级地方政府的关系，为企业发展创造了良好的外部环境。

（苏　石）

浙江石油分公司

【概述】 中国石油化工股份有限公司浙江石油分公司(简称浙江石油分公司)前身为中国石油公司杭州支公司，始建于 1950 年，1990 年更名为浙江省石油总公司，1998 年 8 月与省内各级石油公司一同成建制划转石化集团公司。2000 年 4 月按照石化集团公司的统一部署实施重组，主营业务、资产、人员等划归石化股份公司，设立中国石油化工股份有限公司浙江石油分公司。

浙江石油分公司经营范围涉及石油、石油产品、天然气、石油化工化纤及其他化工产品的销售、储运等，是浙江省内最大的成品油销售企业。

浙江石油分公司本部位于浙江省省会杭州市，设有 13 个职能处室和润滑油、燃料油等专业经营部门，下辖 11 个分公司，在全省各个县(区)均设有分支机构，经营销售网点遍布浙江省城乡各地。储运设施完备，有定位成品油库 33 座，储油总容量 100.5 万立方米，拥有各类营业零售网点 1 800 余座，已开通镇海—杭州的成品油长输管线。截至 2005 年年底，资产总额 63 亿元，从业人员 1.7 万余人。2005 年销售各类油品 1 100 多万吨，商品销售纯收入为 428 亿元，各项经济指标连续多年位居中国石化销售系统前列。

2005 年，浙江石油分公司不断拓展市场空间，积极做大经营总量，优化经营结构；在进一步完善分支公司一体化改革的基础上，积极、稳妥、有序地推进经营管理体制改革；继续完善终端销售网络，加强基础设施建设，增强企业发展后劲；强化企业内部管理，有效实现了降本减费；强三基、反三违，确保企业连续 7 年被评为安全生产先进单位；以先进性教育为契机，做好企业党建和思想政治工作，提高职工队伍素质，促进精神文明建设，维护企业稳定。

（边　炜）

【经营管理水平进一步提高】 2005 年浙江石油分公司积极扩大自采业务，全年自采总量达 140 万吨，有效地弥补了省内市场资源的严重不足，为全年经营总量继续做大提供了重要保障。沿海市场实行经营品种的创新，既有力保障了沿海市场供应稳定，又扩大了浙江石油系统在沿海渔区的市场份额。通过运用 Aspen 软件优化二次配送，精心调度资源，加快了库存周转，降低了二次运输费用。销售结构进一步优化，全年完成零售量 625 万吨，直销量 236.3 万吨。全省系统经营量的增长大部分来源于终端环节。

（边　炜）

【润滑油、燃料油销售再创佳绩】 2005 年浙江石油分公司系统共销售润滑油 30.51 万吨，同比上年增长 14.3%，完成年度目标的 111%，销量连续 6 年在销售系统名列第一。燃料油销售 145 万吨，完成年度目标的 107.4%，同比增长 17.8%。

（边　炜）

【发挥终端网络优势，零售进一步做强】 尽管网点建设难度较大，2005 年浙江石油分公司仍发展各类网点 101 座，并继续保持了中国石化在浙江省内高速公路成品油供应 100% 的市场占有率。在终端销售网络进一步拓展的同时，网络质量也大大提升。全年共有 48 座加油站完成扩容改造，投资收益相当可观。加油站平均单站销量达到 3 552 吨，同比提高了 204 吨。年销量万吨以上加油站 117 座，同比增加 23 座。高标号汽油零售 155.6 万吨，占汽油零售量的 66.5%，同比提高 9.6 个百分点。2005 年浙江石油分公司共发售 IC 卡 35.5 万张，截至年底共有 1 292 座网点实现了加油卡联网，用户持卡加油量占联卡网点零售比重达 12.5%。

（边　炜）

【稳妥推进经营体制改革】 2005 年浙江石油分公司在进一步完善分支公司一体化改革的基础上，积极、稳妥、有序地推进经营管理体制改革。组建了物流中心、商业客户中心、零售管理中心、润滑油和燃料油专业公司，强化浙江石油分公司的专业化管理；成立会计核算中心，实行全省系统财务一体化核算，实现了财务管理与会计核算的职能分离；建立科学的绩效考核和分配激励机制，最大限度地调动员工的积极性。初步搭建起以“管理层次简洁、市场反映灵敏、业务专业垂直、岗位权责清晰”为特征，以专业化、规范化、精细化运作为具体表现的新型经营管理体制。

（边　炜）

【强化企业内部管理】 2005 年浙江石油分公司全面实施石化股份公司的内控制度。结合实际完善了实施细则，明确操作流程和授权标准，采取内控流程网上审批的办法，提高效率。在 2005 年 6 月石化股份公司内控检查中，浙江石油分公司业务流程控制点执行率达 93%，授权审批权限控制点执行率达 96%，在销售系统中处于前列。通过迎审自查和接受审计监督，促进了各项规章制度的贯彻落实，进一步规范了基础管理工作。实施了企业总法律顾问制度，通过规范合同、事先参与等方式，促进法律工作规范化、程序化。

（边　炜）

【有效实现降本减费】 2005 年浙江石油分公司将控制费用作为各项管理工作的重点来抓，努力营造全员降本氛围，采取刚性压费措施，不断深化全面费用预算管理，分解落实费用预算指标，增加费用考核权重。在合资公司非经营性增费因素较多的不利情况下，吨油费用按考核口径计算控制在 151 元以内。

（边　炜）

【ERP 系统如期上线】 浙江石油分公司从 2005 年 2 月正式开始实施 ERP 项目，于 9 月成功按预定要求上线，并一直保持运行平稳。零管、加油卡、二次物流、业务统计等系统逐步与 ERP 系统集成，ERP 系统在日常经营管理工作中的优势日益明显。从 2006 年 1 月 1 日起浙江石油分公司 ERP 系统将正式单轨运行。

（边　炜）

【加快储运设施建设】 2005 年浙江石油分公司的基本建设和储运设施改造不断加快，宁波五里牌油库、台州外沙燃料油油库相继完成改造；义乌油库迁建工程进展顺利。镇海炼化—宁波三官堂输油管线全线贯通，配套油库改造稳步推进。金嘉湖长输管线在 2005 年底前已开工建设。浙江石油分公司“十一五”储运设施规划基本确定，储运设施瓶颈将逐步得以缓解。

（边　炜）

【加强安全、数质量管理】 2005 年浙江石油分公司分层次落实安全实务教育与培训，抓好油库、加油站员工基本功训练和岗位技能比武活动，提高基层员工安全防范技能。结合经营管理体制改革，落实安全责任，签订安全目标管理责任书 1 800 余份，与员工签订 HSE 承诺书 14 375 份。全年累计进行安全工作查错、经济责任考核 163 次，纠正差错和问题 973 个。全年完成了石化集团公司下达的 980 万元整改资金、

15大项和31小项隐患项目的全部治理工作。在连续4次强台风袭击中，无一例人员伤亡和油品外溢事件，保障了业务经营正常进行。在2005年外采资源剧增的情况下，确保了出售油品质量合格。三项损益率指标都优于年初制定的控制目标，并大大优于国家标准。在国家质检总局开展的加油站"十纵十横"加油机计量专项执法检查中，没有发生违规违法和计量曝光事件。

（边　炜）

安徽石油分公司

【概述】 中国石油化工股份有限公司安徽石油分公司(简称安徽石油分公司)是根据石化集团公司2000年整体重组改制上市的统一部署，由原安徽省石油总公司改制组建的国有大型成品油销售股份制企业，主营汽油、柴油、煤油、润滑油的储运、销售，兼营油库、加油站设施的设计、安装，以及经营燃料油、液化气、沥青、化肥等多种业务。

安徽石油分公司本部位于合肥市，设有13个管理部门，下辖合肥等15个市级分公司(区域公司)、长丰等64个县经营部。截至2005年底，共有正式职工3 256人；总资产33亿元，固定资产22亿元；成品油购进量360.48万吨，经营总量381.67万吨，其中成品油纯销量360.72万吨，较上年增长15.3%，完成中国石化总部下达计划的106.4%；销售收入151.1亿元，利润11亿元，完成石化股份公司下达利润指标的211%，经济效益创历史最好水平；拥有油库29座，库容总量57.33万立方米；铁路专用线17条，总长14.71千米；接卸油码头12座；油罐运输车321辆；全资加油站1 436座，租赁加油站157座，参股加油站12座，销售网络覆盖安徽省城乡各地。

（石先阳）

【全面提升企业创效能力】 2005年安徽石油分公司不断强化企业的市场预测分析能力，努力提高经营质量，全面提升企业的创效能力。一是加强与统计局、发改委、车管所等有关部门的联系，掌握国民生产总值、投资、社会车辆保有量等经济数据，对成品油市场需求做到心中有数，为申请配置资源、组织自采提供依据。二是坚持做到"六个紧盯"、"六个分析"，即紧盯国际国内成品油市场价格、用户消费结构、用户消费心理、库存数量结构、竞争对手情势、季节气候的变化；做好国际原油成品油价格走势、市场形势、消费需求、用户情况、竞争对手、自我经营的分析，为经营决策提供依据。三是重视市场分析预测队伍建设，全面使用业务二期系统，严格、适时掌握进销存价各项数据，不断提高市场分析预测的准确性和及时性。四是在搜集市场信息的基础上开好每月的经营形势分析会，摆问题，找差距，按照精细管理、精心经营、贯彻量价互动的原则，加强对市公司经营工作的指导。由于对市场进行了精心的预测和分析，企业盈利能力不断增强，2005年实现利润3.98亿元，还原后利润约11亿元，完成石化股份公司下达利润指标的211%，完成进度居中国石化销售系统第一名。

（石先阳）

【稳步提高市场占有率】 2005年安徽石油分公司千方百计扩大销售，稳步提高市场占有率，经营总量进一步做大。一是加强调运，力争资源及时调进，确保省内市场供应。二是强化营销，努力贯彻"一对一"营销措施和"一户一价"定价策略，合理控制销售节奏，实现由经营油品向经营用户的转变。三是利用车用乙醇汽油应用推广的有利时机，充分发挥调配中心的优势，加大宣传力度，争取各级政府部门支持，稳定扩大汽油销售，提高市场占有率。全年共计销售各类油品381.67万吨，同比增长12.75%；区域内市场占有率达86%，同比增长3%。

（石先阳）

【润滑油经营总量稳步增长】 2005年安徽石油分公司以"打品牌、促销售、占市场、上规模、创效益"为经营理念，加强市场分析，切实做到"五个清楚"(即市场容量、竞争对手、自已份额、未开发用户、怎么办)，动态管理客户档案，建立客户"四级"维护体系，加大润滑油终端用户的销售力度，加大长城品牌推介，建立分销、终端、加油站、专卖店营销网络。并以信息化建设为手段，规范润滑油经营业务流程，不断强化对润滑油的管理，润滑油基础管理进一步夯实，经营总量进一步做大，全年共计销售润滑油9.06万吨，同比增长12.4%，完成中国石化总部下达8.3万吨经营任务的109%，润滑油占轻油比例销售系统前列。

（石先阳）

【努力降本压费】 2005年安徽石油分公司以内控制度实施为契机，规范费用控制流程，加强费用支付管理，提高费用分环节核算质量，坚持实行费用管理责任制，严格费用考核，扩大费用的可控范围。共细化、明确资金支付审批程序18项、费用签批权限98项，将广告费、诉讼费、车辆保险费、折旧及摊销、税费性支出等上移安徽石油分公司进行集中管理，全年费用总额7.33亿元，剔除人工成本、坏账准备、折旧及摊销等因素，吨油完全费用控制在中国石化总部下达的162元之内。

（石先阳）

【信息化建设稳步推进】 2005年安徽石油分公司不断规范信息管理的运作流程，稳步推进信息系统建设，依托信息网络建设不断提升企业的经营管理水平。全年已建设投入运行的加油卡加油站632座，发卡网点121座，投入运行109座；建立了二次物流系统、加油站管理系统、润滑油管理系统、人力资源(eHR)系统、办公自动化(OA)系统；实现了加油站通讯方式的升级，并采用SSLVPN的网络通讯方式来解决系统数据信息的安全传输。

（石先阳）

【积极稳妥实施改制分流】 2005年安徽石油分公司按照石化集团总部的统一部署，将非上市部分减员分流工作纳入市公司经理年度目标考核范围，加强领导，加大政策宣传力度，重点推进车船队、维修、加油站劳务工派遣业务捆绑式改制。初步启动内退人员移交社会管理工作，积极解决集体企业人员及集体混岗人员的问题，全年集体人员协解277人，11家市公司车船队、1家酒店改制完毕，参加改制分流的正式工95人。

（石先阳）

【持续推进用工制度改革】 为严格控制用工总量，落实正式工减员要求，2005年安徽石油分公司在定岗定编的基础上采取逐单位、逐部门、逐站点、逐油库对接定员人数，并分板块下达了存量用工计划，对年度内经营部门需要增加用工实行严格的申报审批制度，采取用工计划管理和用工审批制度相结合的动态管理模式，形成管理合力和自觉减员的动力，保证用工的实际需求。截至2005年底，安徽石油分公司系统用工总量9 597人，其中正式员工3 256人，劳务工6 172人，临时工169人，用工总量较年初下降了6.9%。

（石先阳）

【优化网络结构】 2005年安徽石油分公司网络建设的重点主要是高速公路服务区及进出口，城区的新增规划点及投资小、见效快的小型加油站；其次是长江、淮河水上和新建成的国道、省道加油站。对于原有国道、省道的加油站，根据周边高速公路形成后和区域经济发展对其造成的影响细致分析，调整结构和布局，有选择性地发展。全年新增加油站84座，到年底共有在营加油站1 373座，其中高速公路加油站44座，城区加油站173座，国道加油站212座，省道373座，小型加油站374座，水上加油站33座。

（石先阳）

【提升安全数质量管理水平】 2005年安徽石油分公司通过层层落实安全生产责任制，推行HSE管理体系，治理安全隐患，开展不同形式和不同层次的安全检查，全年未发生上报石化集团公司等级安全事故；数质量管理围绕4月份开始的全省封闭推广乙醇汽油销售，加强销售前、中、后的全过程管理，确保了油品计量准确、质量合格。

（石先阳）

【积极开展效能监察，认真清理不良资产和呆坏账】 2005年安徽石油分公司通过上下结合的方式，组织对不良资产、呆坏账逐项对接，针对工作中存在的主要问题，共对13个单位下发整改建议书，提出38条存在问题和88条建议，对重大嫌疑问题下发4份通知书提出整改意见，通过抓重点单位重点项目带动全局。并建立清理不良资产、呆坏账的联席会议制度，制定清理不良资产、呆坏帐效能监察奖励办法，建立考核机制。全年累计清理完毕不良资产、呆坏账1.21亿元，其中收回现金230万元。

（石先阳）

福建石油分公司

【概述】 中国石油化工股份有限公司福建石油分公司(简称福建石油分公司)的前身为福建省石油总公司，成立于1952年10月13日，1998年7月，成建制划归石化集团公司，2000年3月，按主辅业分离的原则，福建石油公司重组为中国石油化工股份有限公司福建石油分公司(上市公司)和中国石化集团福建石油总公司(存续公司，简称福建石油公司)。福建石油分公司作为石化股份公司全资所有的省级区域性成品油专业销售公司，主要承担福建省境内市场的成品油供应业务，是福建省内最大的成品油销售企业。

福建石油分公司本部位于福州市鼓楼区中山路18号，设有16个职能处室，2个中心，下辖9个区市分公司。

截至2005年年底，福建石油分公司共有正式员工3 352人，劳务工6 565人，正式员工中，大学本科以上学历的有332人，各类中高级专业技术人员140人。资产总额34.40亿元，其中固定资产原值24.93亿元。拥有加油站904座，在营油库23座，总库容量67.45万立方米；铁路专用线7条，长度29.46千米；拥有油轮2艘，吨位0.3万吨；码头16座，总吨位达15.3万吨，油罐汽车177辆。

2005年，在石化集团公司及福建省委、省政府的领导下，福建石油分公司经营业绩和企业效益大幅增长。全年销售油品总量达485.36万吨，同比增长10.30%。其中，成品油364.99万吨，同比增长11.06%；燃料油111.62万吨，同比增长8.35%；润滑油8.75万吨，同比增长4.45%。成品油零售量达253.69万吨，同比增长23.33%；配送直销量90.44万吨，同比增长10.17%；零售加配送直销量占成品油经营总量的95%，同比提高7个百分点。全年实现报表利润4.3亿元，存续公司实现利润652万元。主、实业全年上缴国家税收3.74亿元。

（葛惠芳）

【认真做好经营工作，确保福建省市场供应】 2005年在国际石油价格持续上扬，连破历史纪录，成品油资源短缺的状况逐月严重，供应持续紧张的情况下，福建石油分公司全力以赴保市场。一是努力扩大自采。全年共自采成品油36.27万吨、船用燃料油3.46万吨投放福建市场。二是狠抓调运工作。精心组织调度，合理摆布资源，强力组织运输，实现了低库存条件下的持续供应。三是科学安排资源。采取保证加油站供应，做好关系国计民生的重点部门、重点企业、重点工程供应，做好农村基本供应的经营决策。四是做好加油站的经营管理，保证加油站的正常供应。五是认真开展客户服务工作，建立了福建石油分公司客户服务中心。六是不忘持续发展，福建石油分公司从持续发展的角度出发，在资源供应上作了力所能及的安排。经过全系统的共同努力，福建石油分公司实现了全年成品油市场供应的基本稳定，没有出现大面积脱销断档的情况，为保障全省人民生活和经济平稳运行作出了应有的贡献，受到了各级政府和广大用户的肯定。较好地完成了石化集团公司党组交给的各项任务，维护了中国石化良好的品牌形象和信誉。

（葛惠芳）

【强化基础设施建设，夯实营销网络基础】 2005年福建石油分公司在建设资金十分紧缺的情况下，仍然狠抓重点部位的网点建设。全年新增加油站34座，其中新建32座(含高速公路10座)，给营销网络的整体竞争力提升和企业的持续发展提供了重要的保证。2005年也是福建石油分公司信息化建设快速发展的一年。福建石油分公司从经营工作的需要出发，围绕批发、零售、运输等核心业务开展信息化建设，逐步形成了较为完整的成品油储、运、销信息化管理体系。销售业务管理新系统投入运行后，有效地加强了销售价格的管理和销售节奏的控制，实现了对批发、直销等环节的垂直管理与监控；零售管理系统投入试运行后，减轻了加油站数据处理的工作量，更符合实际管理工作的需要；经过努力，加油IC卡系统渐趋完善，对零售竞争力的提高和公司良好形象的树立，发挥了越来越大的作用；油罐车GPS监控系统12月份开始实施，为加强车辆运行管理和监控提供有效的手段。此外，视频会议系统启用和办公自动化(OA)系统的正常运行，提高了工作效率，方便了与基层的联系。

（葛惠芳）

【继续深化市县一体化改革】 2005年，为了强化专业化管理，福建石油分公司在全省范围内取消加油站管理经理助理、销售经理助理岗位工作，进一步细化了考核内容，对经营管理者的职业性和专业性提出了更高的要求；结合加油站规范化管理百日竞赛的考评细则，细化了加油站规范管理考核标准，完善了四级考核和五联计酬；建立了福建石油分公司督察队伍，制定相关制度，加大检查力度，促进加油站督察制度化、规范化建设；建立分公司值班经理制度，规范其职责权力，使之能有效地处理日常经营问题，促进了经营质量的提高。

（葛惠芳）

【组建物流中心，整合润滑油销售管理体制】 为实现系统物流工作的专业化、规范化、标准化、扁平化、垂直化管理，降低物流成本，最大限度地提高物流效率，增强企业的综合竞争力，自2005年1月起福建石油分公司正式启动物流管理体制组建工作，7月新体制正式运行，共有22座油库划入物流中心管理，运行半年来在强化数质量管理、提高油库周转率和运输车辆利用率、有效降低加油站库存等方面初见成效。此外，福建石油分公司还积极整合润滑油销售管理体制。2005年初，润滑油经营的人财物由福建石油公司划转到福建石油分公司，福建石油分公司于上半年成立润滑油销售中心，设立润滑油化工销售部，实现了对润滑油的垂直管理。

通过全面推行客户经理制，培养了一批营销人员。在资源价格一再提高、市场多变的情况下，超额完成了全年的销售任务。

（葛惠芳）

【做好加油站管理工作，提升管理水平】 2005年，福建石油分公司通过加强加油卡的日常监督检查、开展加油卡营销和“油中感谢”积分增值服务项目活动等工作，全年共发卡14.6万张，自营加油站的持卡消费比例达到18%。将加油站润滑油的经营管理纳入加油站的日常工作范围，并实行联量考核和奖励制度。加油站全年销售润滑油7 200吨，比上年增加了1 070吨，超额完成销售公司下达的任务。强化加油站资金管理，全面开展清理加油站定点记账折让工作，取得了良好的效果。

（葛惠芳）

【加强安全管理，提高数质量管理水平】 2005年福建石油分公司以强化安全生产责任制为主线，以“三基”工作和现场管理为重点，把安全工作落到实处。全年投入安全隐患整改资金1 041万元，改造资金1 741万元，保证了企业的安全生产。此外还重点抓了危险化学品专项整治和加油站卧式油罐清洗工作。全系统784座加油站及所有经营性油库办妥了3年期的危化证，完成了对第一批共118个加油站416个油罐的清洗工作。此外福建石油分公司还从油库、加油站、运输油轮和营运车辆等各相关环节入手，通过健全数质量管理体系、加强制度建设、运用技术手段、强化检查监督以及教育与奖罚相结合等措施，努力提高数质量管理的水平，将加油机精度误差尽可能控制在2‰以内。2005年7月开始对全省所有在用加油机的计量相关部位进行铅封，8月起对已正常使用液位仪的加油站，罐内油品数据从液位仪上直接读取，大大提高数质量管理水平。

（葛惠芳）

【进一步推进存续公司改革】 2005年，福建石油公司基本实现中国石化总部“五减四无”的改革目标：9个区市公司已停止经营工作，58个县公司已关停、注销。除厦门市石油集团进出口公司和福建省实华石油运输公司外，其他实体已关停或注销。福建石油公司人员截至年底控制在262人(含内退和实华运输公司人员)。

（葛惠芳）

【开展福建油轮运输公司改制工作】 根据国家关于国有大中型企业主辅分离、改制分流人员安置的有关政策，福建石油公司积极推进福建油轮运输公司改制分流工作。截至2005年底列入改制资产总额2 388万元，参加改制职工119人，登记设立为福建省实华船务有限公司，并于2006年元月开始在新体制下运营。

（葛惠芳）

【积极开展保持共产党员先进性教育活动】 2005年，福建石油分公司系统11个党委(总支)、139个基层党支部、1 835名党员(含离退休)，分两批参加了先进性教育活动。福建石油分公司建立了党员领导干部联系点制度。领导到基层召开了37场座谈会。对座谈会提出经整理归纳的76条意见和建议积极整改，截至2005年底整改到位的有71条。

（葛惠芳）

江西石油分公司

【概述】 中国石油化工股份有限公司江西石油分公司(简称江西石油分公司)，原名为江西省石油总公司，始建于1950年10月，1998年10月江西省石油总公司成建制划转石化集团公司。2000年2月，主业重组改制为中国石油化工股份有限公司江西石油分公司，辅业资产及人员组建中国石化集团江西石油总公司，为江西石油分公司的经营活动提供服务。

江西石油分公司是石化股份公司直属单位，主要经营石油、石油化工、化纤及其他化工产品的销售、储运，在江西省成品油供应中起主导地位。

截至2005年底，江西石油分公司用工总量9 114人，其中正式职工2 849人；资产总额35.7亿元，固定资产原值25.78亿元；拥有加油站1 169座，油库26座，总库容量38万立方米；铁路专线总长15.4千米；码头通航点10个。

2005年，在石化集团公司及江西省委、省政府的正确领导下，江西石油分公司经营业绩和企业效益大幅增长。全年经营总量310.6万吨，同比增长10.8%。其中销售成品油290.2万吨，同比增长10.4%，完成计划比在销售企业排名第5；加油站零售量210.7万吨，同比增长20.4%，完成计划比在销售企业排名第三；实现销售收入123.2亿元，同比增长31.2%，完成利润8.5亿元，完成计划比在销售企业排名第4。

（舒 娜）

【强化资源自采】 2005年，江西石油分公司从早从紧安排，加大考核力度，从江西市场大局出发，谋求与兄弟单位在资源与市场方面的合作。同时，在资源紧张时，加大成品油自采，全年自采成品油32.9万吨，完成年度任务的194%，大大缓解市场供应紧张局面。

（舒　娜）

【强化调运，优化物流】 2005年，江西石油分公司健全船舶信用，实行水陆运输代理，建立并启动调运预案。在资源特别紧张时，江西省整体平稳运行，确保了市场供应，得到了省政府领导的称赞。

二次物流优化系统已上线运行，将998座加油站纳入数据建模，对920座加油站实行主动配送。根据“运距最短、流向合理、费用最省”的原则，完善了加油站跨区配送方式，提高了油库周转率，50多座加油站实行了跨区配送，全年节省费用148万元。加强了库存管理，低库存运行水平得到显著提高。

（舒　娜）

【打造长城牌润滑油销售终端】 2005年，江西石油分公司增设了30多个润滑油专卖店，进一步促进长城牌润滑油的销量。年内统一了市场促销批发价格，召开长城牌润滑油推介会，参与用户组织的招投标活动，销售长城牌润滑油2.58万吨，同比增幅64%。加大了加油站润滑油的销售，加油站只销长城油。全年加油站润滑油零售6 439吨，同比增长14.7%。

（舒　娜）

【继续深化企业内部改革】 2005年江西石油分公司制定了全系统经营体制总体改革方案，完成了经营体制改革9个主体方案、13个辅助方案、18个配套制度。完善了市县一体化改革，试行了加油站片区经理(ME)运行机制，重新界定ME职能。选拔了一批年富力强、经验丰富的人员担任ME，努力实现角色的转换，深化了分配制度改革和劳动用工改革，以劳动力市场价位为参照，以建设经营管理、专业技术、技能操作三支队伍为主线，建立健全以岗定薪的分配制度。个人收入与绩效挂钩，激励和约束并举的薪酬分配体系逐步建立。继续稳步推进非上市改革工作，非上市部分11个改制项目顺利结束。全年改制油罐车137辆，减少人员142人，完成资产处置24宗，实现收益1 132万元，清偿银行债务5 000万元，处理遗留款项1.38亿元。

（舒　娜）

【狠抓安全和油品数质量管理】 2005年，江西石油分公司以“三基”工作为重点，以实施HSE管理体系为契机，进一步落实安全生产责任制和安全、数质量事故责任追究制，推进安全、数质量规范化管理。强化现场管理，加强了对直接作业环节的安全监管，通过安全检查、抽查和系统大检查，及时整改、治理了一批安全隐患。增强了职工应对各类灾害的能力，广大职工能够按照应急救援预案的要求正确处置各类灾害。

（舒　娜）

【建立了内控制度】 以贯彻总部《内控手册》为主线，2005年，江西石油分公司编制了江西分公司《内控手册》，建立与完善实施细则，编写了简明流程图表，内控体系日趋规范。

（舒　娜）

【信息化管理水平不断提升】 2005年，江西石油分公司大力推行加油IC卡，实现卡机联动加油站582座，建成发卡充值网点122个，发行加油IC卡10.5万张，持卡加油量占全年零售量的5.4 %。

（舒　娜）

【继续完善网络布局】 2005年，江西石油分公司以提高投资质量为核心，网络建设从规模扩张向内涵发展转变。新增加油站57座。新建成通车的乐温高速公路及沿线4座加油站已投入运行、景婺黄高速公路8座加油站已完成施工图纸设计。在建加油站50座，预备建设加油站36座。水上、农村网点布局也得到进一步完善和优化。积极与江西省政府有关部门沟通、协商，大力配合省政府有关部门编制了江西省成品油流通体系“十一五”规划，取得了有关部门的理解和支持。

（舒　娜）

【党群工作有声有色，企业向心力和凝聚力得到提高】 2005年,江西石油分公司开展了保持共产党员先进性教育活动，14个党委、5个总支、179个党支部、3 000多名党员分两批参加了学习，较好地完成了各阶段任务，切实做到了“两不误、两促进”；开展了“知企情、达共识”活动，构建和谐企业氛围；以江西石油分公司成立55周年庆典为契机，开展了文艺汇演，丰富职工群众文化生活。通过表彰10个先进集体、60名劳动模范和先进工作者，以及组织先进事迹巡回报告团，团结职工、弘扬正气，有效地提高了企业向心力和凝聚力。

（舒　娜）

山东石油分公司

【概述】 中国石油化工股份有限公司山东石油分公司(简称山东石油分公司)下属17个市公司。截至2005年底，共有员工4 162人，固定资产原值62.92亿元，在用油库30座(库容总量103万立方米)，加油站2 746座。

山东石油分公司主营石油、石油制品、天然气、化纤及其他化工产品销售、储运；石油、天然气管道运输，兼营油品计量、咨询、信息服务等。

2005年，山东石油分公司坚持“高、实、新”的工作思路，以市场为基础，以改革为动力，以发展为目标，市场竞争力、控制力和持续盈利能力显著增强，各项工作取得好的成果。销售总量、实现利润和吨油费用都创造了历史最好水平。2005年，油品销售总量1 022万吨，其中成品油销售816万吨，比上年增加108万吨，增长15%。实现销售收入398亿元。

(宋　鹏)

【企业改革持续深化，专业化管理体制基本形成】 2005年，山东石油分公司开展了专业化改革后评估工作，巩固提高了专业化改革成果；深化了内部分配制度改革，以经营管理、专业技术、技能操作三支队伍建设为主线，制定了深化企业内部分配制度改革方案；加油站改革力度加大，按照“培育大站、搞活小站、提升中型站、消灭亏损站、减少低效站”的要求，1 000吨以下的加油站全部实行了承包经营，提升和培育了一批大站；实施了润滑油经营管理体制改革，依托市公司对润滑油中心实行专业化管理，理顺了管理体制；稳步推进内退人员托管工作，有698名内退职工委托社会管理；非上市部分改革不断深化，循序渐进地推进油品运输业务改革工作，完成了“账销案存”资产处置审批核销工作。

(宋　鹏)

【市场控制力和持续盈利能力不断增强】 2005年山东石油分公司强化对市场的认知程度，增强把握市场的主动性。坚持和完善经营质量分析会议制度，采取综合性和专业性分析相结合，经营质量不断提高。进一步提高对资源的掌控力度，保证了市场供应。加强与铁路、政府部门和中国石化总部的协调，精心安排流向，突出工作重点，优先保供调运；加强与地方炼油企业的合作，采取批量订购、合同订购的办法锁定资源，组织就厂直销，加大资源外调；加强与中国石油的合作和资源对接，收购社会游离资源，减少对市场的冲击。充分发挥网络优势，进一步扩大终端销售，继续组织扩大高标号汽油营销。直销配送呈现好的开端，建立和健全客户经理制，完善激励机制，培育营销队伍，增强主导市场的针对性。进一步理顺润滑油销售渠道，充分发挥加油站员工和客户经理两支队伍的作用，扩大中国石化品牌润滑油的市场份额。燃料油经营成倍增长，积极协调与地方炼厂的关系，通过提供进口燃料油与回购成品油相结合，扩大了燃料油销量。积极做好乙醇汽油推广准备工作，为确保2006年1月8日7城市车用乙醇汽油封闭运行试点，做好油库调配中心建设和加油站油罐清洗改造，加强乙醇汽油的宣传，确保了推广工作如期进行。

(宋　鹏)

【营销网络进一步完善】 2005年山东石油分公司突出网络建设重点，把加油站新建、收购的重点转移到高速公路、中心城市和经济发达的县级市区。与省高速公路集团合资成立的山东高速石化有限公司正式挂牌运营。审慎投资，规范程序，投资质量提高，调整了新建、收购加油站工作程序，使投资工作职责更加清晰，决策更加科学，效率更加快捷。坚持单项审批制度，严肃投资纪律。所有投资项目按规定程序进行，坚决杜绝未批先建、私自采购等行为。认真开展投资后评估工作，全面总结近年来投资工作的经验教训，解决加油站投资中存在的问题。积极配合做好鲁皖管道建设，做好涉及6座油库配套设施的改造，所有配套工程按期完成。

(宋　鹏)

【服务品牌日益提升，全面塑造企业良好形象】 2005年，山东石油分公司积极创建中国石化山东服务品牌，以“我为您的事业加油，您给我的生活添彩”的服务理念、价值理念、行为观念、服务标准，不断丰富和提升服务品牌内涵。规范加油站的基础管理，组织开发零售管理系统(RETAIL)，逐步实现了用电子账表代替手工记账。狠抓安全设备、站容站貌、规范化服务等基础管理项目，加油站管理的长效机制正在形成。进一步加强了客户服务中心建设，成立了山东客户服务中心专家组，建立完善了快速有效的客户投诉处理与反馈流程。按照“统一策划、分级实施、突出概念、注重实效”的原则，以“技术先进、安全快捷、用油管理、积分增值”为切入点，开展了全方位的加油卡宣传促销活动。积极做好非油品业务试点工作，济南、青岛等地的非油品业务开发试点工作进展顺利，提升了加油站综合服务水平。

(宋　鹏)

【管理机制不断创新，经营管理水平进一步提高】 2005年，山东石油分公司按照中国石化《内控手册》的要求，制定出简明的工作流程，以明确分工和责任。通过制度进行管理，堵塞管理漏洞，规范经营管理者的工作行为。ERP项目成功上线。顺利完成了4个模块，197个流程设计和系统配置、系统测试等准备工作，ERP系统于10月1日正式上线。加强费用控制管理，确保了预算目标的实现。以年度预算为基础，逐月细化预算，制定控制措施，分解落实到部门。加大稽查力度，变事后考核为事中监控，发现问题及时解决，并严格实行奖惩。全面加强了资金使用管理，加强银企合作，对收款量大的批发配送开票点、加油站、发卡网点争取银行上门收款。进一步强化了资产管理，实行一条龙管理，杜绝资产账实不符的问题。不断加大清欠工作力度，新增应收款项得到了有效控制。加大了效能监察和审计监督力度，围绕对跨年度清理已核销不良资产呆坏账工作、规范物资采购行为、强化资金监管、严格费用支出、工程建设改造、清收欠款、库存溢余等项目，认真选题立项，开展效能监察。强化数质量管理工作，按时对油库、加油站进行质量抽检，采取专罐专库储存等措施，确保了油品质量。积极推行HSE管理体系，建立安全生产长效机制，加强“三基”工作，保证了企业的安全经营。

（宋　鹏）

河南石油分公司

【概述】 中国石油化工股份有限公司河南石油分公司(简称河南石油分公司)地处河南省省会郑州，前身为河南省石油总公司，成立于1949年12月，时隶属商业系统，1998年划转石化集团公司，河南省108个县级石油公司同时上收河南石油分公司管理，2000年重组上市，上市部分名称为河南石油分公司，非上市部分名称为中国石化集团河南石油总公司(简称河南石油公司)。

划转石化集团公司以来，河南石油分公司通过持续减员增效、加快网点发展、理顺经营管理体制和强化内部管理，探索出了“以深化改革为动力，以加快发展为突破口，以优化经营为主线，以强化管理、夯实基础为支撑”的改革发展之路，公司的机构、资产和人员结构日趋合理。截至2005年底，河南石油分公司下辖18个市级分公司；拥有在册油库46座，总容量98万立方米(其中在营油库26座，容量90万立方米)，铁路专用线41条，加油站2 003座，农村网点2 169座，资产总额57.3亿元；正式职工4 850人，其中高级职称13人，中级职称423人。河南石油分公司是河南省资产规模最大、经营设施最全、服务人员最多的成品油储运、销售企业，2005年实现经营总量523.9万吨、利润6 586万元。

（张红星）

【经营总量突破500万吨】 2005年，河南石油分公司进一步坚持并完善经营决策例会、经营分析例会和月度专业例会等会议制度，每天召开经营决策例会，及时分析市场形势，准确把握市场脉搏，适时调整营销策略，通过发布调度令等形式指导各市分公司的日常经营；每月召开经营分析例会和业务、零售专业例会，加大市场分析的力度和深度，总结和部署月度经营工作，探索推进了经营决策方式由传统经验型向科学分析型的转变，有力地推动了经营工作的开展。当年，河南石油分公司经营总量达到523.9万吨，同比增加117.9万吨，增幅29%，在2003年、2004年相继迈上300万吨、400万吨大关的基础上，一举突破500万吨。

（张红星）

【零售市场控制力进一步增强】 2005年，河南石油分公司在零售经营中坚持推行每天进行零售信息采集、经营分析、量价跟踪、电话指导、进度通报，强化了对零售日常经营工作的动态监控和指导，有力地推动了零售经营。全年完成零售量327万吨，同比增加61.3万吨，增幅23.1%；万吨以上加油站由2004年的5座增加到17座，三门峡顺天加油站、郑州蒲田东加油站突破2万吨；零售量万吨以上县经营部达到100个(其中3万吨以上12个，5万吨以上2个)，占县经营部的比重为92%，零售市场的控制力明显增强。

（张红星）

【推广车用乙醇汽油成绩斐然】 自2001年上半年，南阳、郑州、洛阳被国务院列入车用乙醇汽油试点城市以来，河南省推广车用乙醇汽油工作取得了显著成果。

自2004年底河南全省封闭推广车用乙醇汽油后，为保证市场的平稳供应，河南石油分公司投资2.56亿元，参股建设了河南天冠集团公司30万吨燃料乙醇项目，形成了完备的车用乙醇汽油原料生产、调配、储存和销售的供应链，为车用乙醇汽油的试点和全省封闭推广提供了硬件支撑。同时积极组织组分油和燃料乙醇调运，在2005年全国成品油供需矛盾突出的情况下，较好地保证了河南车用乙醇汽油市场的平稳供应。

自2001年开始试用到2005年底，河南省共销售车用乙醇汽油253万吨。其中仅封闭推广后的2005年，便销售车用乙醇汽油190万吨，含变性燃料乙醇19万吨，可以消化陈化粮66.5万吨。截至2005年底，河南省车用乙醇汽油市场供应平稳，消费者反映良好，车用乙醇汽油在全省汽油消费中的比重已达到98%以上，全省城市大气质量明显改善。

（张红星）

【安全生产连续5年获石化集团公司先进单位称号】 按照"实施、检查和持续改进以达到HSE目标"的原则，2005年，河南石油分公司开展了HSE体系内审，对程序文件和作业指导书进行了修订和完善，将传统的安全管理体系融会到了HSE管理体系中，避免了管理体系与实际执行相脱离的现象；全面落实了安全生产责任制，严格责任追究，进一步明确和加大了安全指标在经济责任制考核中的权重；开展了安全生产大检查，确保经营设施安全运行，有力地保证了安全生产。2005年河南石油分公司未发生上报石化集团公司的等级事故，连续5年获石化集团公司安全生产先进单位称号。

（张红星）

【洛郑驻成品油管道开工建设】 为提高成品油营运效率，降低营运成本，2004年河南石油分公司经过缜密的可行性研究，向石化集团公司报送了洛(阳)郑(州)驻(马店)成品油管道建设计划并获得了立项批准。2005年，河南石油分公司积极向河南省政府汇报，将洛郑驻成品油管道列入了河南省重点工程。以此为契机，河南石油分公司积极推动管道的工程建设，自2005年5月18日正式打火开焊至2005年底，已完成扫线154千米，占全线的36.24%；完成管线焊接157千米，占全线的36.94%；完成管线下沟147千米，占全线的34.6%。整条管线将于2006年全面建成。

（张红星）

【高速公路服务区加油站突破100座】 2005年，河南石油分公司继续围绕"中心城市、新城区、高速公路"投资重点，积极采取有效措施，进一步优化销售网络建设，全年完成固定资产投资13.5亿元，建设加油站207座，其中新增加油站189座。在新增的加油站中，高速公路服务区加油站58座，使锁定的高速服务区加油站总数达到104座，河南石油分公司的网络布局得到进一步优化。

（张红星）

【改制分流进展顺利】 2005年，河南石油公司制定了成品油运输价格测算暂行办法，聘请中介机构，对改制单位进行了运价试点测算工作，为制定改制企业运价标准提供了参考依据，有力地推动了以运输车队改制为主要内容的改制分流工作的开展。截至2005年底，河南石油公司全面完成了所辖18个市级公司的改制分流任务。

（张红星）

【领导班子调整】 2005年3月，石化集团公司对河南石油分公司领导班子进行调整，原副经理马振全、副书记兼纪委书记程有才改任调研员，提任韩超为副书记兼纪委书记、陈亚军为副经理。9月，石化集团公司再次对河南石油分公司领导进行了个别调整，调陆文运任公司党委书记，孙久勤经理不再兼任。

（张红星）

湖北石油分公司

【概述】 中国石油化工股份有限公司湖北石油分公司(简称湖北石油分公司)位于湖北省武汉市，是湖北省石油成品油销售的主渠道。其前身是成立于1953年的湖北省石油总公司，1998年7月整体划属石化集团公司管理，2000年4月，按照中国石化整体重组的要求实行"两分"，分别组建中国石油化工股份有限公司湖北石油分公司(上市公司)和中国石化集团湖北石油总公司(存续公司)。其主要经营范围是：石油、天然气、成品油销售、储运；石油化工、化纤及其他化工产品的销售、储运；技术及信息的研究、开发、应用等。

湖北石油分公司下辖12家市(州)分公司，受中国石化委托，对武汉石油(集团)股份有限公司(深交所上市公司)行使控股股东权力。截至2005年底，资产总额47.8亿元，其中固定资产原值45.1亿元，净值34.4亿元，运营油库43座，总容量64.93万立方米，加油站1 808座，成品油输油管道93千米，铁路栈桥3 649米，货位485个，专用码头29个。经过50多年的发展，特别是上划石化集团公司以来的跨越式发展，湖北石油分公司在湖北全省建立起了一个比较成熟的储、运、销网络。

2005年是湖北石油分公司发展历程中具有标志性意义的一年。一年来，全系统着眼于"增强可持续盈利能力和可持续发展能力"新目标，紧紧围绕全省经济发展大局和企业年度工作目标，认真履行主渠道职责，千方百计筹措资源，保障湖北省内市场供应。在服务湖北省经济发展的同时，努力做好企业自身工作，全系统经营管理、改革发展各项工作取得了全面进步。经营资源和市场营销能力增强，历史包袱以较快速率消化，资产质量明显优化，盈利能力进一步提高。保持共产党员先进性教育活动、企业改革、领导班子和队伍建设等各项工作稳步推进。全年累计购进成品油 392.7 万吨，成品油销售 400.5 万吨，同比增长 13.3%，其中零售 285.4 万吨，同比增长 20.6%，实现考核利润 7.6 亿元，同比增长 36.8%，全年上缴各类税收 4.3 亿元，再创历史新纪录。

（许志勇）

【全力保障区域成品油市场供应】 受国际油价持续高位震荡，国内经济增长强劲等因素的影响，2005 年国内成品油资源在相当一段时间持续紧张。为保证湖北省经济快速健康发展对成品油资源的需求，湖北石油分公司充分发挥主渠道作用，按照“保安全、保市场、保稳定、增效益”的要求，千方百计筹措资源，保障市场供应，全年购进资源总量较上年大幅增加，增幅超过 8.9%。一方面积极争取中国石化总部的资源配置计划，在全国资源极度紧张的情况下，保证了全年 328.2 万吨配置计划的全部、及时兑现到位；另一方面千方百计加大资源自采，全年自采高价资源 64.5 万吨，主动承担了一部分效益损失，有效地保障了湖北省经济快速发展对成品油的需求，维护了成品油市场供应的基本稳定，受到了社会各界的高度赞誉。

（许志勇）

【市场营销工作再上新台阶】 2005 年，湖北石油分公司与湖北省城调队合作，对全省成品油市场进行了调研，全面了解和掌握了成品油市场供应及需求现状等。在此基础上，有针对性地进行市场分析和预测，并相应制定营销策略，努力扩销增量。在全年资源矛盾比较突出的情况下，加强市场与资源的平衡和衔接，提高资源的利用效率。通过合理把握销售节奏，开展理性经营，提高了经营整体效益。利用中国石化加油 IC 卡优势，大规模开展“油中感谢”、加油卡促销月等营销活动，不断加强 IC 卡营销，提高市场占有率，全年售卡 43.78 万张，充值金额达 15.45 亿元，卡消费比重 15.2%。

（许志勇）

【企业改革不断取得新突破】 2005 年湖北石油分公司通过转变身份、改制分流等形式共实现减员分流 3 362人，其中 90% 实现了再就业。截至 2005 年底，湖北石油分公司的正式职工减少到 4 811 人，社会化的劳务用工则上升到 8 275 人，占到企业用工总量的 63%，企业用工机制得到进一步转换。按照石化集团公司的总体部署，以压扁管理层、转换职能为重点，在宜昌、咸宁分公司试点的基础上，湖北石油分公司系统大力推进市县一体化改革，截至年底，除武汉地区因体制原因尚未到位外，其他市州公司已基本推进到位，实现了市公司一级管理。在反复酝酿，反复测算，广泛征求意见的基础上，稳步推进分配制度改革，打通不同类型员工的职业发展渠道，为每一个员工创造一个公平竞争的平台，调动和发挥广大员工的积极性和创造性。

（许志勇）

【武汉、宜昌等 9 个地区实行乙醇汽油封闭运行】 按照湖北省 2005[282 号]政府令的规定，从 2005 年 12 月 31 日起，武汉、宜昌、黄石、荆门、孝感、十堰、襄樊、鄂州、随州 9 个地市实行车用乙醇汽油封闭运行。为确保 282 号政府令畅通实施，作为全省成品油经营主渠道企业，湖北石油分公司在时间紧、任务重的情况下，集中大量人力，投入近亿元资金，对 9 个地市的 11 座配送油库进行了改造，对 1 012 座加油站、2 168 个汽油灌进行了清洗，并顺利完成了普通汽油置换工作，在系统外单位均不能如期推出乙醇汽油的情况下，确保了乙醇汽油在湖北省市场如期上市的大局，得到了湖北省政府及有关部门的高度赞赏。

（许志勇）

【财务资金管理效果明显】 2005 年，湖北石油分公司对照石化股份公司《内控手册》要求，全面实施内控制度，对业务流程和规章制度不断进行完善，并认真加以推行和落实，取得了良好效果，得到了石化股份公司内控检查组的高度评价。进一步加强全面预算管理，不断提高预算的准确性，维护预算管理的权威性。高度重视货款回笼管理，加大货款回笼的考核力度，对当年新增的赊销，视同无效销售，实行扣量扣利还原政策，促进货款回笼率不断提高。同时采取法律的、经济的等各种手段加大对历史欠款的清欠力度，全年清收欠款 1.07 亿元，赊销率降到 1.65%。在企业整体盈利能力增强，资金状况好转的情况下，着眼企业长远发展，积极处理和消化历史包袱，2005 年处置闲置资产 7.5 亿元，三项债权从年初的 11.2 亿元下降到 5.9 亿元，剔除计提坏账准备金等因素后，实际风险债权仅 7 000 万元，贷款总额由 2001 年的 44.3 亿元下降到 19.6 亿元，净减少 24.7 亿元。

（许志勇）

【油品数质量和库站安全管理进一步加强】 2005年，湖北石油分公司把安全和数质量管理放在企业管理的突出位置，加大质量管理制度办法的检查落实力度，确保油品质量合格。在巩固油库数量管理基础上，重点加大运输和零售环节的数量管理，认真探索酝酿库站升交接办法。积极配合湖北省质量技术监督系统开展的油品质量计量监督检查工作，保证加油机和流量计计量准确。继上年在全省系统开展加油站规范化管理达标创优以后，2005年除继续搞好加油站长效机制建设外，及时在全系统油库大力开展油库规范化管理达标创优活动，集中1 000万元的资金，引导全省系统进一步夯实油库的管理基础，油库面貌发生显著改变，全年实现无安全等级事故上报。

（许志勇）

【存续公司基本实现有序退出】 2005年，湖北石油公司按照石化集团公司要求，继续推进“五减四无”工作。通过改制分流、转变身份、内退移交社会等多种形式，全年累计实现减员1 966人，其中内退移交946人，减员任务基本完成。在前几年完成22个改制项目基础上，2005年又顺利实施了汉盛物资公司、孝感物业管理公司、黄冈公司车队等7个改制项目。截至2005年底，除湖北石油公司在汉的3家直属单位外，市州县公司层面的经营实体已全部实现关停。

（许志勇）

【开展保持共产党员先进性教育活动】 2005年7月21日—11月9日，湖北石油分公司用近4个月的时间，集中开展了以实践“三个代表”重要思想为主要内容的保持共产党员先进性教育活动。湖北石油分公司机关及在汉单位5个党委、4个总支、72个党支部、1 625名党员参加了第二批保持共产党员先进性教育活动。集中教育活动分为学习动员、分析评议、整改提高3个阶段，每个阶段都赋予了规定内容和明确要求，确保每一个党员都能受到相应的教育。通过这次集中教育，进一步提高了党员的思想政治素质，进一步加强了党委和基层党组织建设。党员服务群众、机关服务基层的意识得到有效加强，同时对企业的中心工作也起到了极大的推动作用，达到了“两不误、两促进”的目的。

（许志勇）

湖南石油分公司

【概述】 中国石油化工股份有限公司湖南石油分公司（简称湖南石油分公司）位于湖南省长沙市湘春路113号。其前身为成立于1950年7月的中国石油公司长沙分公司。截至2005年底，湖南石油分公司下辖15个分公司（包括14个市、州分公司和销售分公司）。共有员工11 830人，其中正式工4 010人，劳务工7 820人，高级职称22人，中级职称382人。固定资产原值30.7亿元，净值24.3亿元。在营油库48座，总库容70万立方米，铁路通槽点33个，铁路专用线33条，总长22千米，内河通航点16个。在营加油站1 402座。

2005年，湖南石油分公司共销售各类油品427万吨，同比增长6.7%，实现报表利润2.41亿元。

（徐业芳）

【强化资源调运 提高保供能力】 2005年由于国内外成品油价格严重倒挂，国内资源供不应求，出现全国性的资源紧张。对此湖南石油分公司科学预测需求，细分销售对象，适时平衡资源，积极扩大外采，主动调控市场，统一精心调度，确保了市场供应。2005年共调进轻油388万吨，其中自采40万吨，依靠二次物流优化系统，对全省1 400多座加油站的油品实行集中调度，在低库存情况下，对有限的资源合理摆布，及时调度，确保了加油站零售供应。同时主动引导新闻媒体正面报道，积极稳定消费心态，受到各级政府的充分肯定。

（徐业芳）

【优化销售结构 提高经营质量】 在经营价差大幅缩小的情况下，湖南石油分公司积极优化销售结构，提高终端销售比重。2005年共零售油料279万吨，零售比重达到71.7%，同比提高5.8个百分点，直销油料94万吨，终端销售比重达到95.9%，同比提高4.4个百分点。销售高标号汽油82.2万吨，同比增长12.9%，高标号汽油零售72.1万吨，占汽油零售量的比重增长6.9个百分点。通过大力开展加油IC卡营销，全年共发行IC卡27万张，沉淀资金1.1亿元。在资源紧张时，争取到了批零同价的政策。对高速公路加油站促销和定点客户优惠行为进行了整治和规范。通过这些措施，经营质量不断提高。

（徐业芳）

【积极推进经营管理体制改革】 根据石化集团公司总部的改革指导意见，湖南石油分公司确定了“按经济流向配置资源，按行政区划控制市场，按专业垂直重组机构，按精干高效设置岗位”的改革总原则。2005年市县一体化改革全部推进到位。县公司对内全部撤销，仅设立片区经理(ME)、ME 助理、客户经理、财务代表、综合信息管理员几个管理岗位，县片区减少管理人员 395 人。与之配套的公务用车改革全面推行到位。全系统对 543 座小加油站进行了家庭承包式改革。改革后平均单站月销量增长 18.8%，吨油费用较改革前下降 16.8%，单站用工较改革前下降 17.8%。通过深化改革，压扁机构，全省共精简用工 2 300 人。同时对条件成熟、涉及面不大、震动比较小的润滑油、燃料油、审计等业务单元试行专业垂直的一级管理。润滑油销售中心的核心管理岗位全部竞聘上岗。燃料油销售中心只在有终端销售的 6 个市州设立经营部。撤销各市州分公司审计科，设立湘中、湘南、湘西、湘北 4 个办事处，作为湖南石油分公司审计处的派出机构，实行垂直管理，审计人员集中办公。

（徐业芳）

【全年无一起安全事故】 2005 年，湖南石油分公司以强“三基”、治“三违”、重检查、除隐患、提素质为管理主线，狠抓安全管理，层层落实安全责任制，修订完善相关安全管理制度，加大责任追究。通过开展“整治三违年”活动，全年共纠正“三违”行为 702 起，处罚 603 人次，处罚金额 2.2 万多元。通过各类安全检查，共查出隐患 413 条，全年下拨整改资金 1 200 万元，92%以上的隐患得到及时整改，确保了库站本质安全。在库站各岗位均能进行危害识别和风险评估的基础上加大 HSE 管理体系实施力度，为建立安全管理长效机制奠定了基础。设立年度平安奖制度，有效激发了安全管理干部和全体员工的工作积极性，切实增强了人人讲安全、事事保安全的自觉性。以安全生产月、百日安全无事故活动的开展为契机，不断进行安全宣传教育，营造“安全保效益”的氛围，同时反复进行应急预案演练，员工的安全意识和事故处置能力大大提高，降低了事故的发生概率，全年无一起上报事故。

（徐业芳）

【销售网络建设呈现立体发展格局】 2005 年，湖南石油分公司转变投资观念，立足企业长远效益，集中有限的资金，确保投资重点，有效地控制了中心城市城区，高速公路等重点位置加油站的建设权，对一般位置加油站停建、缓建，对投资回报低的加油站建设计划坚决取消，全年新建竣工加油站 51 座，其中城区、高速公路及其进出口占 67%，收购 4 座，在建 26 座。油库的优化整合工作也取得较大进展，共改造 4 座油库，关闭 10 座设施陈旧、辐射能力小的油库。岳长株潭成品油输油管线及配套油库项目进展顺利，总部已批准可行性研究报告，“七评”工作顺利完成，建设用地征用方案已通过预审，已开始管线勘测和初步设计。配套油库改造方案和迁建选址已经确定，已进入方案设计和可行性研究报告。

（徐业芳）

【财务规范化管理、精细化程度不断加强】 2005 年，湖南石油分公司通过与税务部门的多方沟通和全力协调，全面实现了会计一级核算和全省合并纳税，为经营管理体制改革提供了财务体系支撑。为推进内控制度全面实施，在总部检查评比的基础上，采取狠抓培训、加强考核、严格检查等措施，多形式、全方位进行宣传和推动，全年共组织内控培训 4 700 多人次，1 200余名各级管理人员参加了考试考核，内控执行意识不断提高，内控制度执行逐步到位。预算管理初见成效。2005 年在消化历年包袱的前提下，费用指标基本控制在石化集团总部预算指标之内，特别是公务性支出同比下降 26%，其中业务招待费同比下降 40%。资金管理取得新进展。与农业银行合作，在销量比较大的加油站推行银行上门收款，覆盖网点 50%以上，归集资金总量已占全部回笼资金的 63%，对保证资金安全起到了重要作用。为提高资金使用效率，防范资金风险，对票据实行集中管理，集中贴现，2005 年办理承兑汇票月平均余额 3 亿元，节约财务费用近 400 万元。全面清理了银行账户，由 220 多个压缩到 175 个。通过启用 ERP 信用管理、加大清欠力度等措施，应收账款比例从年初时的 7.64%下降到年底的 3.82%。

（徐业芳）

【审计管理不断加强】 2005 年，湖南石油分公司审计部门按照“全面审计，突出重点”的方针，完成 13 家分公司的经理离任审计和多个专项审计工作，同时加大后续审计力度，全年共督促整改问题金额 4 081 万元，查处小“金库”案件 2 起，直接挽回国有资产流失 136 万元。

（徐业芳）

【继续做好干部调整】 2005 年，湖南石油分公司对市州分公司领导班子进行了全面考察和合理调整。共对 10 家单位的领导班子进行了调整和充实，涉及领导干部 26 名。调整后的市州公司班子成员平均年龄 44 岁，大学及以上文化程度 22 人，大专学历 33 人，年龄结构和文化层次更趋优化。

（徐业芳）

【存续公司全面退出工作继续推进】 2005年，湖南石油公司继续推进“五减四无”改革工作，有序退出取得积极进展。经过反复谈判，全省共偿还银行贷款6 292万元，其中实现减本免息1 419万元，全省总负债从年初的3.1亿元减至年末的1.5亿元。通过规范处置和集中审批，全省共处置资产170多宗，变现收入684万元。配合上市公司公务车改革共处置小车120台，处置收入344万元。2005年末全省经营机构比年初减少21个，完成11个整体非上市县公司的建制撤销工作。2005年底全省存续公司实际在岗正式工121人，人员控制基本到位。

（徐业芳）

广东石油分公司

【概述】 中国石油化工股份有限公司广东石油分公司（简称广东石油分公司）前身是成立于1950年6月的中国石油贸易公司广州分公司，1961年11月更名为广东省石油公司，1992年8月改组为广东省石油企业集团公司，1998年7月，广东省企业集团公司及其属下的116家市、县公司整体划归石化集团公司。2000年3月，重组为广东石油分公司和中国石化集团广东石油总公司。

广东石油分公司下设14个管理部门和16家市级分公司。截至2005年底，共有正式职工7 743人；资产总额152.9亿元，固定资产原值123.73亿元，净值101.04亿元；拥有在营加油站2 022座，在营油库41座，总容量130.67万立方米；专用码头42座，铁路专线6.43千米，公路发油车位321个，码头吨位14.33万吨。

2005年，广东石油分公司全年销售油品1 704万吨，比上年增长9%。其中成品油销售1 286万吨，同比增长3%；燃料油395.55万吨，同比增长35%；润滑油22.3万吨，同比增长23%。全年实现销售收入473.76亿元，实现利税19.45亿元，报表利润11.72亿元。

2005年，广东石油分公司在广东省经贸委和广东省统计局联合公布的2004年广东省最大50家企业中排名第二位；在广东省社会科学院公布的2005年广东省大型企业竞争力50强中，排名第19名。

（黎海琳）

【发挥主渠道作用，保障市场供应】 2005年，国际油价屡创新高，国内外油价倒挂，广东省成品油资源趋紧，供需矛盾较为突出。广东石油分公司积极发挥主渠道作用，精心组织资源增加投放，努力争取石化集团公司对广东省追加配置资源。全年共投放配置资源1 083万吨，同比增长8.8%；自采成品油244万吨，同比增长48.8%。同时，合理调整库存，优化物流调度，保障加油站敞开供应，重点保障公安、消防、公交、医院以及重点厂矿等单位的用油供应，在其他渠道资源投放大幅减少的情况下，确保了广东省成品油市场供应总体平稳。

（黎海琳）

【终端销售比重达90.1%】 2005年，广东石油分公司以效益为中心，狠抓终端销售，优化销售结构，提高经营质量。

在零售方面，积极开展加油IC卡销售和高标号汽油零售，全年共销售加油IC卡81.8万张，同比增长62%，并于9月27日起在全省系统加油站推出“油中感谢”积分增值服务；高标号汽油零售比重占零售量的66%，同比增长13%。加大力度培育大站，大站数量由2004年的304座上升到499座。全年零售量894万吨，同比增长23%，占成品油销售比重67.4%。

在直销方面，省市两级公司都分别设立直销管理中心，开展市场调查，补充完善客户档案，截至2005年底，共建档1.81万户；扩增优化经营网点，全年新增直销网点145个，同比增加42个，占经营网点总数的63%，同时对原有网点进行重新规划，深化销售分工。2005年直销量302万吨（含工业燃料油），占成品油销售比重22.7%。终端销售（零售加直销）占成品油销售比重90.1%，同比提高7个百分点。

（黎海琳）

【高速公路网点发展迅速】 2005年，广东石油分公司突出投资重点，全力发展和建设高速公路网点。全年共发展22座高速公路网点，其中包括粤赣高速、渝湛高速等跨省高速公路。截至2005年底，已拥有高速公路网点82座，市场占有率接近80%。2005年高速公路网点销售油品63万吨，同比增长54%，平均单站年销量突破1.1万吨。另外，与广东省交通集团组建高速公路加油站合作公司，奠定高速公路加油站发展基础。全年还发展了城区油站58座，其中收购社会油站24座，收购新规划点34座，新发展网点大部分位于珠江三角洲地区。2005年，被石化集团公司评为销售网络建设工作先进单位。

（黎海琳）

【开展全省整体营销】 2005年5月，广东石油分公司开始实施零售整体营销，整合各市公司网点、人员、资金、服务等资源，针对珠江水域水上加油站以及陆上加油站，分线路、分市场、分客户制定有针对性的营销措施，提高全省营销协作能力。2005 年，珠江水域 54 座水上加油站实现月均销量 1.8 万吨，年销售量近 20 万吨，同比增加 54%。

（黎海琳）

【推出环保节能新油品】 从 2005 年 4 月 12 日起，广东石油分公司推出环保节能新油品，在属下加油站销售的汽、柴油内添加了清净剂，大大提高油品的品质和性能，有效净化汽车尾气、减少空气污染，并提高汽车的机械性能，节约汽车用油，受到广东省环保局的肯定。

（黎海琳）

【财务管理水平稳步提升】 2005 年，广东石油分公司坚持以预算管理为核心，财务管理水平稳步提升。

费用预算控制成效显著。调整费用预算管理模式，明晰管理职责，突出控制重点；进一步加强费用归口管理工作，省市两级公司成立费用预算管理小组，定期分析，实时监控，严格考核，费用归口管理体系基本形成。2005 年费用总额和吨油费用均控制在石化集团总部下达指标内，其中公务性支出同比减少 760 万元，日常操作性支出同比减少 154 万元，总体控费成效比较显著。

资金管理和资产管理水平进一步提高。对全省销售货款回笼实行日监控与分析，利用网上银行实时划转收入资金，大大提高资金运营效率；强化赊销业务的集中管理和指标考核，全面清理赊销客户，有效控制了赊销规模；加强实物资产基础管理工作，省市两级公司成立专门的实物资产监管机构，建章立制，规范组织机构和工作流程。

实现全省系统增值税和所得税的集中汇缴，建立了省级集中核算账套和会计核算岗位设置统一、核算口径统一、业务流程统一的专业化核算模式，为推动经营管理体制改革和实施财务集中管理模式创造有利条件。

（黎海琳）

【信息、审计督察、监察专业线实现完全垂直管理】 2005 年，广东石油分公司进一步深化管理体制改革，对信息、审计督察、监察(纪检)三条专业线实行完全垂直管理，全省设立 13 个信息中心，5 个区域纪检监察室和 5 个区域审计督察室，人、财、物分别归广东石油分公司直接管理。改革后三条专业线全省集中调度、协同管理，保证了工作独立性，管理水平和效率大大提高，专业化、垂直化管理成效初显。2005 年，被国家审计署评为 2002—2004 年度全国内部审计先进单位，被石化集团公司评为 2004—2005 年度审计工作先进单位。

（黎海琳）

【连续 2 年被评为安全先进单位】 2005 年，广东石油分公司加大安全督察力度，及时发现问题并落实整改；加大安全考核力度，层层传递安全工作压力；全年共投入安全隐患治理资金 5 993 万元，实现上报石化集团公司等级事故为零的目标，石化集团公司立项的 35 个隐患治理项目也已全部完成；抓好 HSE(安全、健康、环境)管理体系的推行工作，并于 2005 年底正式向社会公开发布，作出承诺，接受监督；加强计量基础及过程管理，健全考核奖惩机制，使准确收发、合理损耗取得了显著效果。继 2004 年后，再次被评为石化集团公司安全生产先进单位，同时被评为广东省 2005 年度企业安全生产先进单位。

（黎海琳）

【队伍建设再上新台阶】 2005 年，广东石油分公司继续加大队伍建设工作力度，优化队伍结构，强化激励约束，提高队伍素质，使队伍建设工作逐渐走上规范化的轨道。

开展市公司中层管理人员竞聘上岗。通过竞聘市公司中层岗位职数由 332 个减少到 276 个，平均年龄由 41 岁降低到 37 岁，大专及以上学历人员比例由 77%提高到 87%，优化了队伍结构，提高了中层管理人员的岗位胜任能力。

重点加强片区经理、加油站站长、营销员、计量员的队伍建设。重新评估片区经理，通过选拔、淘汰和全员培训，提高队伍素质；分层次实施加油站站长队伍建设，进行了系统培训和轮岗锻炼；加强营销员队伍的系统性建设，制定《营销人员队伍三年建设规划》，规范队伍建设工作，充实了部分营销人员，较好地满足直销业务需要；加强了计量员队伍建设，引进应届大中专毕业生作为后备油库计量员培养，并举办达标培训班，使无证在岗人员和新入职人员基本实现持证上岗。

加强培训工作力度。全年广东石油分公司举办各类培训班 84 期 4 466 人次，其中达标培训 34 期 1 708 人次，达标率 94.1%。市公司组织各类培训班 729 期 4.27 万人次。在加大培训工作力度的同时，加强了培训基础管理，为做好培训工作打下了基础。

（黎海琳）

【深入开展先进性教育】 从2005年2月份开始，按照石化集团公司党组和地方党委的统一部署，广东石油分公司17个党委，23个党总支，255个党支部，4 689名党员分两批参加了保持共产党员先进性教育活动。经过学习教育、分析评议和整改提高3个阶段为期11个月的教育活动，收到了预期效果，实现了5个“明显增强”：党员的党性觉悟明显增强，党员以身作则、率先垂范的带头作用明显增强，党员的业务工作能力明显增强，基层党组织的政治核心作用和战斗堡垒作用明显增强，机关为基层服务的意识和能力明显增强。以先进性教育活动为契机，广东石油分公司党委还下发《关于加强和改进机关作风的意见》，致力巩固和扩大先进性教育活动成果，加强和改进机关作风建设。

（黎海琳）

广西石油分公司

【概述】 中国石油化工股份有限公司广西石油分公司(简称广西石油分公司)位于广西壮族自治区首府南宁市，是中国石化惟一设在少数民族自治区的省级石油公司。前身是成立于1952年的广西壮族自治区石油总公司，2000年按照石化集团公司重组改制、主辅分离的原则，上划组建为广西石油分公司和中国石化集团广西石油总公司(简称广西石油公司)，共设13个职能处室和5个专业中心，下辖9个地级分公司和97个片区，主要经营汽油、柴油、煤油、润滑油和燃料油。

2005年，广西石油分公司购进成品油303.47万吨，同比增长6.57%，销售成品油307.28万吨，同比增长9.69%，其中零售量255.80万吨，同比增长20.33%；直销量42.35万吨，同比减少9.93%。销售润滑油7.02万吨，同比增长18.93%；销售燃料油13.71万吨，同比减少2.97%。全年实现销售收入133.32亿元，同比增长27.98%；实现利税8.93亿元，实现利润6.23亿元。

截至2005年底，广西石油分公司共有正式员工3 145人，其中高级专业技术人员27人，中级专业技术人员409人。拥有在营业加油站929座；油库18座，库容48万立方米；铁路专用线17条，总长12.30千米；沿海沿江码头8座，总吨位3.60万吨。资产总额32.82亿元，其中固定资产原值为28.74亿元、净值22.24亿元。全年完成固定资产投资2.66亿元，已占用资本投资回报率(ROCE)为35.38%。

（莫淑新）

【主动承担国有企业保市场、保稳定的社会责任】 2005年,国际油价屡创新高，国内资源持续紧张，广西石油分公司把保障市场供应作为政治责任和首要任务，一是积极寻找油源，扩大自采范围，自采单位由14家增加到28家，全年自采成品油23.31万吨，同比翻了一番多。二是积极协调销售西南大区公司和铁路部门，解决调运上的困难，在部分炼厂发货难度较大、铁路运输比较紧张的情况下，保持了较高的资源到货率。三是主动向广西区政府领导汇报经营工作和资源情况，与广西区经委、商务厅等部门建立了定期汇报的制度，得到了政府部门工作上的支持。四是做好突发情况下的应急油品供应工作。6月底，广西梧州、贵港等地发生百年不遇的特大洪涝灾害，广西石油分公司坚持抢险救灾和保障经营两手抓，成立抗洪救灾领导小组，受灾地区加油站站长、油库主任24小时驻库、站值班，增加抗灾用油投放量，确定抗洪救灾用油定点加油站，划出抗洪专用加油车道，确保了抗洪救灾用油的及时供应，同时代表石化集团公司向广西灾区捐款300万元，得到了广西区政府的嘉许。

（莫淑新）

【广西首家投放清净剂油品】 广西石油分公司用实际行动建设环保节能型社会，8月份率先在广西市场投放清净剂油品，添加范围是自有加油站总数的50%，清净剂与汽油的比例不低于6:10 000(吨)，与柴油的比例不低于8:10 000(吨)。广西石油分公司以“环保、节能、增加动力”为主题，通过报纸等新闻媒体向消费者宣传，在加油站悬挂横幅、发放宣传单引导消费者选用清净剂油品，推动油品消费升级，提升了企业的科技形象。

（莫淑新）

【高标号汽油零售比例首次达到60%】 2005年，广西石油分公司抓住社会油品需求增长快和客户油品消费观念升级的机遇，以加油站零售为重心，加大高标号汽油的销售力度，一是增加高标号汽油的市场投放量，优化汽油零售结构；二是加油员进行现场促销，推荐客户选用高标号汽油；三是实行超额奖励，规定高标号汽油超量部分的奖励是90#汽油超量部分奖励的两倍，激发了加油站员工销售高标号汽油的主动性和积极性。全年高标号汽油零售量同比增长47.43%，高标号汽油零售比例达到60%，同比增长16.41%。

（莫淑新）

向广西壮族自治区捐赠救灾款 300 万元

【加油 IC 卡发行量 34.45 万张】 广西石油分公司积极推广加油 IC 卡，推动加油付账的数字化、便捷化，2005 年投入运营 468 座 IC 卡联网加油站，建成 166 个发卡网点，形成了覆盖城市、县城的联网加油和发卡网络；开展全方位的宣传推广，通过在加油站悬挂横幅和宣传海报，在电视、电台做宣传广告，开展充值有奖活动等方式，扩大加油 IC 卡的知名度和影响力；加油站员工主动上门向定点用户、运输车队等团体用户推介加油 IC 卡，促进了发卡量的快速增长。当年，广西石油分公司发行加油 IC 卡 34.45 万张，充值金额 10.20 亿元，沉淀资金 1.82 亿元，通过加油 IC 卡加油量占零售总量比重的 11%。

（莫淑新）

【实现全区系统统一纳税】 2005 年 9 月 2 日，广西壮族自治区国家税务局印发《自治区国家税务局关于中国石油化工股份有限公司广西石油分公司统一汇总缴纳增值税问题的通知》(桂国税发[2005]295号)，同意从 2005 年 10 月 1 日起，广西石油分公司设立在各市、县分公司应缴纳的增值税由区公司统一汇总核算，统一向自治区国税局办理纳税申报，应交税款分别按各市、县分公司的销售额占广西石油分公司销售总额的比例计算分配划拨，由所属各市、县分公司向所在地主管国税机关缴纳入库。广西石油分公司与各分公司、各分公司与各分公司之间商品流通作为内部移库处理，不再开具增值税专用发票进行内部结算。全区系统统一纳税的实现，为广西石油分公司经营管理体制改革中“会计一级核算”的实施奠定了基础。

（莫淑新）

【完成全区系统改制分流工作】 根据石化集团公司“五减四无、有序退出”的改革精神，广西石油公司以地级公司为单位，实行捆绑式的改制分流。按照“因地制宜、一企一策”的原则，将既有业务和与业务相关的有效资产、人员纳入改制范围。广西石油公司坚持积极稳妥的工作方法，从调查论证、方案设计、政策宣传、人员资产业务的确定到实施方案上报，都注重抓细节、抓主要问题，既周密部署、平稳推进，又疏导矛盾、维护稳定，顺利完成了全区系统的改制分流工作。通过改制分流，组建了 10 个改制单位，分流人员 444 人，油品运输、后勤服务等业务全部退出石化集团国有领域。

（莫淑新）

【完成地级公司层面的经营管理体制改革】 2005 年，按照“扁平化管理、专业化经营”的改革要求，广西石油分公司开始启动全区经营管理体制改革。通过多方面、多层次的座谈和调研，确定了“物流一级管理，会计一级核算，审计一级监督，营销两级管理”的总体思路。根据按需设岗、多岗兼职的原则，完成了全区系统的定编定员工作。广西石油分公司在南宁、柳州和玉林 3 个地级公司试点成功的基础上，进一步总结经验，扩大改革面，完成了地级公司层面的经营管理体制改革。新的经营管理体制取消了县公司建制，实行片区管理，地级公司由地、县两级管理压减为地级公司一级管理。

（莫淑新）

【二次物流优化系统上线运行成功】 2005 年，广西石油分公司按照“运距最短和费用最省”的原则，以油库为中心，优化库站之间的物流运输路径和运杂费管理，二次物流优化系统一次上线成功。二次物流优化系统根据加油站上报的每日销量、库站距离、行车时间、罐底油、油库库存、车队运力等数据，自动生成加油站的需求计划，并生成移库单和运杂费用数据，加快了库站数据传递，提高了库存的周转效率。上线前加油站库存约为 3.65 万吨，上线运行平稳后，降低到 3 万吨左右，减少加油站库存占用资金2 000万元。

（莫淑新）

【加油站上门收款成效显著】 2005 年 4 月，广西石油分公司与中国银行广西分行本着互惠互利、长期合作的精神，签订了加油站上门收款协议，年内实现 541 座加油站上门收款，占在营加油站数量的 58.23%，减少了资金安全隐患，加快了资金上划速度，年末短期借款中银行承兑汇票比年初减少 2 亿元；货币资金月末余额比年初减少 1.62 亿元；应收账款月末余额比年初减少2 214万元；短期贷款利息支出从年初的162万元/月降到年末的44万元/月。

（莫淑新）

【全面贯彻实施内部控制制度】 根据石化股份公司全面贯彻内部控制制度的部署，广西石油分公司根据内部管理和业务流程，编制了《广西石油分公司内部控制手册》（简称《内控手册》），《内控手册》设计了13大类32项具体业务流程，涵盖了采购、成本、费用、销售、资金、资本支出、资产、关联交易、合并报表、重大事项、信息管理、生产运行、监督与检查。每个业务流程都对该项业务执行过程中各重要步骤或环节的责任、授权及不相容职务分离进行了规范，包括业务目标、业务风险、业务流程步骤与控制点、业务流程图、相关制度目录、主要控制点相关资料等6个方面。通过实施《内控手册》，岗位职责更加清晰，授权管理更加严格，防范了各类风险，管理质量得到提高。

（莫淑新）

【初步建立总法律顾问制度】 2005年，广西石油分公司进一步加强企业法律事务工作，加大依法决策、依法经营、依法维权的工作力度，设立总法律顾问，实行外聘律师和专、兼职法律事务工作者相结合的管理体制，先后制定了《法律事务管理暂行规定》、《合同实施细则（试行）》、《法律纠纷管理实施细则（试行）》和《授权委托管理办法（试行）》等管理制度，建立起了法律风险防范机制，年内处理法律纠纷24起，维护了企业的合法权益。

（莫淑新）

【保持共产党员先进性教育活动取得实效】 2005年，广西石油分公司有2 336名党员参加了保持共产党员先进性教育活动，较好完成了各个阶段的任务，做到了"两不误、两促进"。通过先进性教育活动，增强了党员意识和党性修养，增进了实践"三个代表"重要思想的自觉性，党员政治素养和理论水平进一步提高。广西石油分公司把先进性教育活动作为"促进经营改革、维护稳定发展"的重要措施，制定了从公司领导到离退休党员7个层面的先进性标准，推行岗位责任制、服务承诺制，在广泛征求基层意见的基础上，制定了150多条整改措施和13个整改方案。在群众满意度测评中，满意率达到99.97%，广西电视台、广西日报等媒体把广西石油分公司党委作为先进典型进行了宣传报道。

（莫淑新）

保持共产党员先进性教育成为
广西石油分公司党建工作的重点

海南石油分公司

【概述】 中国石油化工股份有限公司海南石油分公司（简称海南石油分公司）前身是中国石油公司广东省海南公司，创建于1953年，1998年9月划转中国石化集团公司，19个市县石油公司整体并入海南省石油总公司，2000年主、辅分离，主业成立海南石油分公司。海南石油分公司主营石油、天然气、石油化工、化纤及其他化工产品，是海南省最大的成品油批发零售企业，负责海南全省的成品油供应，销售网络覆盖海南省海、陆两域。截至2005年底，资产总额12.2亿元，拥有油库4座，总库容14.9万立方米，加油（气）站283座。海南石油分公司位于海口市滨海大道163号。

截至2005年底海南石油分公司有正式职工609人，其中管理人员191人，各类专业技术人员52人，中、高级技术职称32人。

新建落成的办公大楼

2005年，海南石油分公司认真贯彻落实石化集团公司、石化股份公司和销售企业工作会议及各项专业会议精神，有序开展保持共产党员先进性教育活动，围绕经营工作和改革发展思路，进行了经营管理体制改革、改制分流、深化内部分配制度改革等。在中国石化销售系统率先取消了区域公司，实行省公司一级管理，压扁了管理层，精简了人员。各项工作再上新台阶，经济效益有了新增长。全年完成经营总量87.02万吨，同比增长11.65%，全年实现考核利润2.47亿元。

（李春贻）

【各项经济指标稳步增长】 2005年，海南石油分公司全年完成经营总量87.02万吨，同比增长11.65%，其中成品油经营量77.13万吨，同比增长10.6%，完成集团公司年度考核计划的107.1%；零售量达到56.29万吨，同比增长23.6%，完成年度考核计划的117.3%；直销配送达到15.32万吨，同比增长10%，完成年度考核计划的87.8%；终端比例达到92.8%，同比提高7.6个百分点。

高标号汽油完成销售11.2万吨，同比增长148.9%，占汽油销售比重的44.9%，同比提高25.6个百分点；润滑油完成0.37万吨，同比增长2.1倍；燃料油完成4.8万吨，同比增长20.9%；液化气完成4.75万吨，同比增长11.2%。加油卡销售3.92万张，累计充值金额1.47亿元，平均单卡充值3 754元。

在成品油价格倒挂的情况下，全年实现考核利润2.47亿元。

（李春贻）

【高标号汽油零售比例跃居系统首位】 海南石油分公司高标号汽油比例多年来在中国石化销售企业中排名一直处于末位。为了尽快甩掉末位的帽子，并与即将投产的洋浦炼厂的产品结构接轨，从2005年7月开始，减少90#汽油的市场投放量，增加高标号汽油比例，并及时调整或改造加油站的加油设施。同时，积极做好广告宣传工作，引导消费者加好油。高标号汽油零售比例因此逐月攀升，全年平均比例为44.9%，比上年提高25.6个百分点。特别是在2005年后3个月，海南石油分公司不失时机地加大高标号汽油资源的投放力度，使高标号汽油比例稳定在80%以上，一跃成为中国石化销售系统高标号汽油比例排名首位。

高标号汽油零售比例的上升，为全年提高吨油价差、增加企业效益起到了积极作用，并为洋浦炼厂投产后全部出厂高标号汽油作好了充分准备。

（李春贻）

【积极稳妥地实施经营管理体制改革】 2005年，根据石化集团总部的统一部署，海南石油分公司在销售企业中率先进行了经营管理体制改革。

在集团总部的具体指导下，对改革方案进行了多次重大修改和完善，经总部批准，2005年初全面实施、磨合交接，3月1日起正式运作。按照干部队伍“四化”方针和“公开、公平、竞争、择优”的原则，实行全员竞争上岗，选拔了一批德才兼备、群众公认、业绩突出、年富力强的优秀管理人员。撤销了5个区域公司和19个市县经营部，成立5个专业中心，形成合理的内部运转流程。管理岗位由340个减至247个，减幅达27%，其中正处职减少5个，副处职减少6个。管理人员年龄、文化结构更趋合理，平均年龄37岁，大专以上学历占74%；中层管理人员平均年龄由原来的47岁降到41岁，大专以上学历占中层管理人员总数的90%。

通过改革，真正实现了一级管理，有效地压扁了管理层，精简了管理人员，转变了机关作风，提高了工作效率，促进了经营发展，实现了平稳推进、有效运行的预期效果。海南石油分公司形成了适应市场经济发展需要、设置合理、反应敏捷的经营体制运行架构，筑起了有效应对日趋激烈的市场竞争的组织体系。

（李春贻）

【加强党的建设，开展保持共产党员先进性教育活动】 2005年上半年，海南石油分公司根据经营管理体制改革方案的总体构架，对公司各级党组织机构进行了调整，理顺了基层党组织的管理和党员的隶属关系，使党组织设置与企业管理体制改革同步到位，进一步加强了党的建设。下半年，按照党中央、石化集团公司党组和地方党委的统一部署，开展了保持共产党员先进性教育活动。全系统有55个基层党组织、510名党员参加了先进性教育活动。

通过先进性教育活动，进一步提高了对保持党员先进性重要性的认识，明确了新时期党员先进性的具体要求。找准了突出问题，明确了今后的目标和任务。通过教育活动，增进了团结，党群、干群关系更加密切，推动了各项工作的发展。

（李春贻）

【海口秀英油库光荣退役】 2005年12月6日，海南石油分公司举行中国石化海口秀英油库光荣退役媒体通报会，宣布海口秀英油库光荣退役，从此，该油库永久关闭运作。

海口秀英油库始建于1961年，是作为国家一级战备储备油库兴建的。经过多次改扩建，成为海南省重要的成品油供应基地。投用45年来，为海南的经济建设和社会发展作出了重大贡献。累计为社会供应成品油800万吨，在20世纪60—90年代初，其供应量占海南全省消费总量的90%以上。退役前主要承担海南省中北部地区的成品油供应，月均供应油品2.3万吨，占地区市场份额的75%以上，市场责任举足轻重。

（李春贻）

贵州石油分公司

【概述】 中国石油化工股份有限公司贵州石油分公司(简称贵州石油分公司)是贵州省最大的国有石油成品油经营企业。其前身始建于1951年，1985年5月，按照中国石化总公司行业归口管理的决定，贵州省石油公司成建制从省商业厅划出，改称中国石化销售公司贵州省石油公司，1992年，根据经营管理需要，更名为贵州省石油总公司，1998年6月29日，根据国务院有关文件精神，贵州省石油总公司整体正式划人石化集团公司，2000年3月，经过重组改制，成立了贵州石油分公司。

2005年，贵州石油分公司下属8个地、州、市石油分公司，73个县(区、特区、市)石油支公司，1个润滑油分公司，1个控股公司，2个省直属企业；铁路通槽点油库14座(其中含西南成品油输油管道下载油库5座，控股1座，参股1座)，总储量27.33万立方米；在营加油站652座，资产总额19.37亿元。共有员工5 086人，其中经营管理和专业技术人才1 086人；销售油料167万吨，同比增长9.5%；实现利润1.038亿元。

（周俊怡）

办公大楼

【深化企业内部改革、改制】 2005年，贵州石油分公司在加强企业内部管理，深化企业内部改革上稳步推进。针对内部管理较为粗放的情况，实施管理整合，做到精细管理，以规治企，规范企业运作，构建决策、管理和控制三个平台。按照石化集团公司地县一体化经营管理体制改革的总体规划和要求，贵州石油分公司对内撤销了73个县支公司(经营部)管理建制，各县石油支公司的管理职能全部上移到所属地、州、市石油分公司，对外仍保留县级石油支公司牌子，以便与地方政府及各有关部门工作的协调。11月贵州石油分公司对各地地县一体化改革工作进行了全面验收检查，初步实现了“五统一”的成品油经营管理目标，即人事、劳资、财务核算、资产资金、费用由分公司统一管理；全省系统经营的统一管理，形成了较为完善、科学、规范、统一的绩效考核体系。

（周俊怡）

【精心组织协调，保证成品油市场供应】 2005年，成品油市场总体需求旺盛，资源普遍紧张，处于供不应求的状态。贵州石油分公司采取各种措施，缓解资源与需求的矛盾，精心组织成品油市场供应，努力扩大市场销售，提高经营效益。

2005年贵州石油分公司经营规模不断扩大，经营质量进一步提高。销售油料167万吨，比上年增长9.5%。其中，成品油销售158.73万吨，同比上升7.29%；零售115.3万吨，比上年增加12.3万吨，占成品油总销售量比重的72.7%；成品油市场占有率约为全省社会需求总量200万吨的78%。实现利润1.038亿元，利税总额2.17亿元。

（周俊怡）

【零售网点建设成绩斐然】 2005年，贵州石油分公司加油站零售网点建设仍然是经营工作的重点，在上年站容站貌改造的基础上，全面推广加油IC卡工作，进一步规范化加油站的服务。2005年，贵州石油分公司系统共完成加油站建设资金计划2.32亿元，其中收购、参股、租赁社会加油站5座，完成投资766.5万元；新建加油站26座，完成投资1.07亿元；改造加油站29座，投人资金1 329.09万元；预备项目27座，完成投资1.04亿元。2005年，已完成加油站IC卡工程建设389座，其中可售卡充值网点105座，全年共销售加油IC卡11.9万张，累计充值4.07亿元，加油量7 200万升，沉淀资金0.8亿元。

（周俊怡）

【西南成品油管道贵州段建成投油】 国家西部大开发战略之一的东油西送工程——西南成品油管道建设，总投资 35 亿元，全长 1 691 千米，其中贵州段全长 558 千米。工程于 2003 年 9 月开工。2005 年，贵州段建成投油，贵州石油分公司 5 个下载油库共下载成品油 10.27 万吨。西南成品油管道贵州段的投入运营，结束了贵州省成品油调进单一靠铁路运输的历史，缓解了铁路运力不足的矛盾，所形成的物流、环保体系对贵州省今后的发展具有十分重要的意义。

（周俊怡）

【安全工作取得新成效】 2005 年，贵州石油分公司加大安全督察力度，完善制度，统一基础管理台账；开展各类安全检查。其中专项检查 6 次，查出问题整改率 90%；坚持安委会季度安全专题会议制度；全面推进 HSE(健康、安全与环境)管理体系，加强对 HSE 实施工作的领导，开展 HSE 意识教育、培训与宣传；加强危险化学品安全监督管理和认证工作，600 座加油站和 8 个分公司取得危险化学品经营许可证；加强数质量工作，维护销售者利益和中国石化品牌形象，全年共抽查油库 65 座次，加油站 1 375 座次，油品质量合格率为 100%，抽检汽油样品 2 075 个，柴油样品 1 358 个，合格率为 100%；开展安全生产宣传活动，强化安全和质量意识，通过“百日安全无事故竞赛活动”，有效地增强了油库、加油站员工的安全生产和防范意识，以及“我要安全”的自觉性。通过努力，2005 年贵州石油分公司实现了安全生产无重特大责任事故的目标。

（周俊怡）

云南石油分公司

【概述】 中国石油化工股份有限公司云南石油分公司(简称云南石油分公司)是石化股份公司在云南省的石油成品油销售企业。其前身为云南省石油总公司，成立于 1952 年，1998 年 6 月整体划转石化集团公司，并于 2000 年 2 月重组改制更改为现名。本部设在云南省昆明市，经营范围为汽油、柴油、煤油、润滑油、液化气及其他石化产品。

2005 年，云南石油分公司继续坚持“改革、调整、创新、发展”的方针，不断挖掘市场潜力，努力提高经营质量，优化经营结构，实施精细化管理，严格执行内控制度，持续推进各项改革，大力降本减费，销量、利润再创历史最好水平，各项工作取得了新进展，企业实现和谐健康发展。

在市场开拓上，立足于主动竞争，始终抓牢中心城市、发达地区、重要交通干线等市场及宾馆酒店、公交运输、工矿企业、重点工程、重点客户，同时对农村市场、水上市场也不放松，力求全面覆盖省内市场、不留空白或死角，公司市场占有率稳步提高。

在经营管理上，根据成品油资源持续偏紧，市场供需矛盾突出的实际，积极组织资源购进，优化物流配送，采取灵活的经营策略，扩大零售、直销两项终端销售比例，适度收缩批发，提高经营质量；同时持续推进精细化管理，继续开展“管理年”活动，使企业的核心竞争力不断加强，经营总量不断扩大。

改革方面，在 2004 年经营管理体制改革基本结束的基础上，2005 年主要是进一步理顺“四条线”之间的关系，开展公务用车改革、完善干部退出机制等。33 名处级干部离岗调研，4 名年轻干部竞聘上岗，处级干部减至 90 人，减少 28%。持续推进减员增效工作，通过零星“协解”、提前进入社保等形式，减员分流 583 人，用工总额得到有效控制，人工成本进一步降低。

信息化建设，在 ERP、二次物流优化和加油 IC 卡三大信息系统稳定运行的基础上，进行了三大信息系统的集成应用和配套项目改造，建设了油库自动发油系统、加油站数据自动采集系统和 GPS 系统，逐步实现了数据采集信息化，业务流程规范化，管理决策科学化的现代化管理，使企业管理水平进一步提升。

网络建设，注重投资质量，用好有限资金，重点抓好高速公路和中心城市加油站的网建工作。全年新增加油站 33 座。其中高速公路新增 5 座。此外，还适时调整油库布局，重新启用了部分公路小油库，使配送供应网络进一步优化，市场控制力进一步增强。

截至 2005 年 12 月底，云南石油分公司共有加油站 1 141 座，在营油库 18 座，总库容量 38.86 万立方米，总资产 38 亿元。全年购进成品油 273.95 万吨，其中配置油 224.23 万吨，自采油 49.72 万吨。销售成品油 274.5 万吨，同比增长 15%，市场占有率 70%，其中零售 204.32 万吨，占 74%，直销 54.9 万吨，占 20%，终端销售比重达到 94.4%，吨油费用 256 元，实现利润 3.05 亿元。2005 年末用工总量为 8 895 人，其中正式工 3 435 人，劳务工、临时工 5 460 人，在岗正式职工中，高级职称 13 人，中级职称 151 人，初级职称 603 人。

（段华先）

【成品油销售再创历史新高】 由于持续开拓市场，灵活调整经营策略，进一步完善销售网络，大力提高服务水平及服务质量，“四条线”经营体制改革成效进一步凸现，区外、境外市场增量迅速，2005年云南石油分公司销售成品油274.5万吨，比上年增长15.31%，其中高标号汽油销售比例达到50%，比上年提高10个百分点，再创历史最好水平。

（段华先）

【持续推进精细化管理】 在坚持经营“五统一”、“收支两条线”和全面费用预算管理的基础上，根据“四条线”经营管理体制的运行实际，重新修订50多个业务流程和管理办法，完成了公司新体制新机制的管理蓝本。按照内控制度要求，全面清理原有管理制度，制定了40多个内控实施细则，明确职责权限，规范操作流程，管理进一步细化。零售中心加强督察，在改进服务方式和提高服务质量上下功夫，进一步巩固了达标创星和“百日竞赛”成果。商业客户中心严格管理，规范合同销售；对原来实行合同赊销跨月结算的客户，基本做到当月结清货款。机关各部门充分发挥监督功能，加强对基层的指导和协调，使财务资产管理、劳资管理、审计监督管理、安全数质量管理等各项工作全面推进。

（段华先）

【ERP、加油IC卡、二次物流优化，三大信息系统实现紧密集成】 在石化集团公司总部的大力支持下，云南石油分公司2004年同时启动建设并上线运行了ERP、二次物流优化和加油IC卡系统，2005年又积极推进三大系统的紧密集成。通过初步实施运行，实现了数据共享和交换，实现了数据的一次采集，多系统共享，实现了各系统之间相关业务流程的整合，提高了应用水平，并建设了与之相配套的GPS系统，自动发油系统，油库、加油站液位仪系统。二次物流优化和GPS系统建设投用后运行顺畅，效果较好；IC卡系统已有563座加油站通过集成平台进行数据上报和审核，176座加油站通过片区经理代录方式上报集成平台；有638座加油站完成液位仪安装。

（段华先）

【公务用车改革顺利完成】 云南石油分公司原拥有公务用车290辆，主要用于保障机关及13个二级单位、100余个加油站管理中心及油库的公务和业务活动。近几年来，由于车辆购买受到严格控制，车辆正常更新得不到保障，加之公务活动日趋频繁，维修费增加，油价上涨，致使车辆费用开支以20%以上的速度递增，2004年突破1 600万元。为解决这些问题，2005年云南石油分公司从降本压费，促进廉政、提高工作效率的大计出发，结合公司的经营体制改革并报请上级批准，对公务用车进行改革，通过对全系统的车辆进行认真调查摸底，合理确定定编及拍卖车辆，然后交由拍卖公司进行公开拍卖，全系统仅保留25辆公务接待用车，其余车辆全部拍卖，预计每年节约费用30%。

（段华先）

【西南成品油输油管道顺利投产使用】 2005年12月28日，历时三年的艰苦建设，西南成品油输油管道顺利投产使用，全线贯通输油，从茂名输出的汽油、柴油一路畅通到达昆明，实现了“东油西送”。西南成品油管道以千万吨级炼油基地茂名为起点，经过广东、广西、贵州、云南4省区至终点昆明，全长1 740千米，在云南省内总长280千米，可对云南石油分公司曲靖松林、昆明昆东、昆明长坡等3座油库输油。西南成品油管道顺利投产使用，解除了铁路运输的“瓶颈”制约，节约了运输成本，缩短了运输周期，保障了云南省成品油市场的正常供应。

（段华先）

工程建设公司

【概述】 中国石化工程建设公司(简称工程建设公司或SEI)地处北京市朝阳区奥运商圈，面向奥运会主赛场，是石化集团公司所属的集工程项目的可行性研究、技术咨询、技术服务、设计、设备材料采购、施工管理及工程监理、工程总承包、项目管理服务为一体的国际型工程公司。

SEI前身创建于1953年，具有50多年的发展历史，积累了丰富的设计、项目管理和工程总承包经验，在全国勘察设计单位综合实力测评中名列榜首。拥有专业门类齐全，梯次结构合理的人力资源。截至2005年底，有正式员工2 200余人，其中中国工程院院士2名，中国工程设计大师6名，教授级高级工程师100余名，高级工程师、高级经济师等高级职称人员860余名。

SEI按照2000版ISO 9001标准建立了质量管理体系，取得了ISO 9001质量体系认证证书。按照GB/T 28001、GB/T 24001和ISO/CD 14690标准完善了职业健康、安全与环境(HSE)管理体系，并通过了认证审核。拥有中华人民共和国对外经济合作经营资格证书、工程总承包甲级资格证书、工程设计甲级资格证书、专项工程设计资格证书(环保)、甲级工程监理资格证书、工程造价咨询单位甲级资格证书、工程咨询甲级资格证书、甲级招标代理资格证书、甲级环境影响评价证书、压力容器设计单位批准书、压力管道设计资格批准书、中国工程咨询协会 FIDIC 会员证书等国家顶级资质。截至 2005 年底，拥有专利技术 90 多项，专有技术 80 多项，获国家及部级科技进步奖励 650 余项。拥有催化裂化、连续重整、加氢裂化、乙烯、裂解炉、聚丙烯等一批拳头产品，形成了自己特色的工程技术，具备了较强的竞争实力。SEI 设有博士后科研工作站、中国石化行业的 13 个设计技术中心站等技术开发和管理机构。

2005 年 SEI 高质量地完成了一大批炼油化工项目的设计和建设任务，有 19 套大中型装置完成中交或投料试车成功。全面超额完成了石化集团公司下达的各项生产经营指标，其中完成设计投资额 111 亿元，完成计划指标的 131%；实现主营业务收入 40.67 亿元，完成年度预算指标的 137%；实现利润总额 2 亿元，完成年度指标 320%，生产经营业绩创历史新高。

（屈　波　王晚杰）

【“十五”发展成绩斐然，综合实力明显增强】 “十五”期间，SEI 在石化集团公司的领导下，按照《公司“十五”发展计划纲要》的要求，层层分解目标，落实责任，在管理上严格规范，在市场开拓和技术发展上勇于竞争，创造性地开展工作。截至 2005 年底，《公司“十五”发展计划纲要》确定的各项目标全面超额完成，公司综合实力得到较大提高，进入了国际工程设计公司的百强行列，为建设具有国际竞争力工程公司打下了坚实的基础。“十五”期间 SEI 主要经济技术指标完成情况见表 1。

（屈　波　王晚杰）

【蝉联全国工程总承包企业百强排名第一】 在中国勘察设计协会和中国工程咨询协会联合发布的 2005 年全国工程总承包企业百强排名中，SEI 名列榜首，这是 SEI 连续第三次获得第一名，充分体现了 SEI 在工程总承包市场开拓和项目管理方面的领先优势，体现了 SEI 在设计行业中的崇高地位。

（屈　波　王晚杰）

【伊朗炼厂改造项目获优秀工程总承包项目金钥匙奖】 在中国勘察设计协会和中国工程咨询协会联合主办的中国第二届优秀工程总承包项目评选中，由 SEI 负责总承包的伊朗炼厂改造项目获得优秀工程总承包项目的最高奖——金钥匙奖。在本次评优中，共评选出 5 个金钥匙奖，伊朗炼厂改造项目是惟一获得金钥匙奖的海外总承包项目，显示出 SEI 在海外总承包项目的管理能力和水平得到了行业的肯定和好评。

（屈　波　王晚杰）

伊朗项目工程

【南海石化 PMC 项目获优秀项目管理奖】 由中国勘察设计协会和中国工程咨询协会联合主办的中国第二届优秀项目管理项目评选中，南海石化 PMC 项目获得优秀项目管理奖。南海石化 PMC 项目是中国最早按照国际模式开展的大型 PMC 项目，由 Bechtel、SEI 和 Foster Wheeler 组成联合体进行项目管理承包，SEI 在项目中所表现出的先进的管理理念、管理手段、管理方法和管理水平，得到了业界的广泛关注和好评。

（屈　波　王晚杰）

南海石化 PMC 项目

【获石化集团公司管理现代化创新成果一等奖】 由SEI主创的管理成果——公司运营管理标准化战略的实施，在2005年石化集团公司第14届管理现代化创新成果评审中获一等奖。该成果以实现公司运营管理标准化、提高管理效率和水平为目标，组织建立了公司运营管理标准体系，涵盖战略与决策管理、组织机构管理、人力资源管理、生产组织与协调管理、营销管理、财务管理、技术管理、质量管理、HSE管理、信息技术管理、工作环境管理、统计管理、技术档案与出版管理、行政事务管理、审计与监察管理等管理活动。

（屈　波　王晚杰）

【建立"三大标准体系"】 2005年5月SEI组织制定的《项目量化管理标准》正式发布实施，标志SEI运营管理、项目管理和专业技术管理三大标准体系已经基本形成。SEI自2001年开始策划并实施SEI标准体系的建设：2001年对标准体系框架进行了全面布置和安排；2002年完成了SEI三大标准体系框架的策划；2003—2004年编制并发布了SEI《运营管理标准》；2005年发布了《项目量化管理标准》，专业技术标准的整合和完善工作也先后完成。

（屈　波　王晚杰）

【实施新的专业分工规定】 经过近5年的反复研讨，广泛征求意见（前后出版了8版征求意见稿），SEI在2005年确定了新的《专业设计分工规定》并正式颁布实施。新的专业分工基本体现了"有利于项目管理、有利于国际接轨、有利于专业发展"的原则，对SEI的长远发展具有重要意义。

（屈　波　王晚杰）

【赛科90万吨/年乙烯工程项目投料试车一次成功】 上海赛科90万吨/年乙烯工程，是截至2005年中国国内最大的石化项目之一，也是国家重点建设项目。SEI承担了赛科11套装置中的90万吨/年乙烯装置的EP总承包，25万吨/年聚丙烯装置、50万吨/年芳烃抽提装置、9万吨/年丁二烯装置的EPC总承包，以及乙苯、苯乙烯装置的工程监理等5项工作。其中25万吨/年聚丙烯装置2005年1月15日一次投料试车成功；50万吨/年芳烃抽提装置3月11日一次投料试车成功；9万吨/年丁二烯装置3月25日一次投料成功；90万吨/年乙烯装置3月18日一次投料试车成功，投料10小时后打通全流程生产出合格的乙烯产品。它的成功开车标志SEI在合资乙烯工程建设方面取得了历史性的突破。上海赛科90万吨/年乙烯工程高质量、高速度、无伤亡、省投资的建成创造了中外石化建设史上的一个奇迹。

2005年SEI实现中交或投料试车成功的项目见表2。

（屈　波　王晚杰）

【扬巴乙二醇装置投料试车一次成功】 2005年5月11日，扬巴30万吨/年乙二醇(EO/EG)装置实现一次投料试车成功，只用了16个小时即打通全流程，生产出合格的乙二醇产品。该工程是中国同类装置中规模最大的EO/EG装置，由SEI与日挥公司联合进行总承包，具有工艺新、管理严、风险大、界面多等特点。

（屈　波　王晚杰）

【青岛千万吨级大炼油项目开工】 青岛1 000万吨/年炼油工程EPC总承包合同于2004年12月29日正式签订。2005年7月开始按"延迟焦化＋FCC＋CFB锅炉＋天然气制投方案"开展总体设计，10月17日启动基础工程设计。该工程包括新建15套工艺装置及相应油品储运设施、公用工程系统和辅助生产设施等共76个单元，计划2007年底机械竣工，2008年一季度投料试车。

（屈　波　王晚杰）

【黄岛国家石油储备基地工程开工】 2005年12月26日黄岛国家石油储备基地工程正式开工。该工程是国家重点建设项目，也是中国最大的石油储备基地之一。项目一期工程将建成32个10万立方米的储油罐，储油量将达到300万吨。SEI首次开展国家战略储备油库的EPC总承包，项目合同工期25个月，预定2007年底正式建成。

（屈　波　王晚杰）

【技术进步硕果累累】 2005年SEI获各类省（部）级以上奖励14项，其中克拉玛依石化分公司30万吨/年润滑油高压加氢装置和中原乙烯改造工程20万吨/年聚乙烯装置获国家级优秀工程设计银奖；聚合物模拟软件二次开发和乙烯裂解炉急冷锅炉传热及结焦模拟计算软件分别获国家级优秀软件银奖和铜奖；20万吨/年国产化第二代环管聚丙烯成套技术开发和抽提蒸馏分离芳烃新工艺的开发及工业应用等9项科技成果获石化集团公司科技进步奖（其中一等奖2项，二等奖3项，三等奖4项）；《福建炼油化工有限公司炼油乙烯项目可行性研究报告》获全国优秀工程咨询成果一等奖。

（屈　波　王晚杰）

【科技攻关再创佳迹】 2005 年，SEI 组织新开科研项目 30 项，完成科研项目 36 项，通过成果鉴定、专利授权和专有技术申请 29 项，获得国家专利 6 项，获得石化集团公司专有技术 5 项。2005 年 SEI 通过鉴定的技术开发项目见表 3。

（屈　波　王晚杰）

【"十条龙"重点攻关项目喜获新成果】 SEI 参与的"十条龙"攻关项目——20 万吨/年乙苯/苯乙烯成套技术开发、炼油厂节水减排成套技术（燕山）完成了攻关目标，通过了石化集团公司组织的技术鉴定，胜利"出龙"。此外，大型气相法聚乙烯成套技术、生产超低硫柴油的成套加氢技术开发、生产满足国家第四阶段排放标准汽油的选择性加氢技术（RSDS－Ⅱ）开发等 3 个项目被批准加入"十条龙"攻关。

（屈　波　王晚杰）

【建立培训管理体系】 2005 年 SEI 按照 GB/T 19025—2001 idt ISO 10015：1999 标准的要求建立了公司培训管理体系，使岗位能力需求分析、员工现有能力评价与员工培训形成有机的整体，对促进人力资源价值的提升将起重要作用。编制完成的《培训管理手册》和《培训管理程序文件》，自 2005 年 9 月 10 日开始正式实施。这是继质量管理体系、HSE 管理体系之后，SEI 又一个按国际标准建立起来的管理体系。它的有效运行将有力促进整个人力资源开发系统的规范化和科学化，促进人才的培养和进步。

（屈　波　王晚杰）

【进一步提升了网络平台系统性能】 2005 年，SEI 安装了 VPN 和无线网络设备，完成了应用服务器的合并与整合优化，提高了网络存储能力和网络性能，提高了协同和远程办公效率。结合公司机器更新、各现场资源配备以及公司各应用层面的整合，进一步整合和优化了资源的配备，优化配置了服务器、网络设备、外设等资源，进一步提高了平台系统的资源利用率。

（屈　波　王晚杰）

【具备了工厂信息管理系统的设计和实施能力】 经过近几年的努力，2005 年 SEI 在工厂管理信息系统的设计和实施能力得到了进一步的提高，扩展了业务范围。SEI 结合具体项目的执行，建立和完善了一套设计标准、执行程序、设计深度规定和成品文件规定，规范了信息管理系统的设计工作。截至 2005 年底，SEI 承担着 5 套大型石化工厂的信息管理系统的设计和实施工作。

（屈　波　王晚杰）

【改制分流工作全面完成】 2005 年 8 月，SEI 完成了勘察设计院的改制分流，10 月完成了北京华夏石化工程监理有限公司的改制分流；此外 SEI 还完成了北京博德物业管理公司、北京毕派克兴业物业管理公司、北京毕派克饭店有限责任公司 3 个改制分流单位全体股东的工资及社保关系的移交。至此，SEI 辅业的改制分流工作全面完成。

（屈　波　王晚杰）

【获中央国家机关文明单位称号】 2005 年，SEI 获得中央国家机关文明单位称号，这是 SEI 连续第二次获得这一称号。近年来，SEI 坚持落实科学发展观，公司的经营力、生产力、创新力、持续发展力和企业文化力都有了较大的提升，综合竞争力大幅度增强，企业文化建设也迈上了新台阶，公司的知名度、信誉度、美誉度都有了较大提高。

（屈　波　王晚杰）

【完成《企业文化手册》编制】 SEI 围绕"宽松融洽，严格规范，竞争创新"企业文化的核心内涵，对 SEI 的企业理念进行了重新梳理，2005 年完成了《企业文化手册》的编制工作，为公司企业文化建设的深入推广和迈上新的台阶奠定了基础。

（屈　波　王晚杰）

表 1　"十五"期间 SEI 主要经济技术指标完成情况

项目名称	五年计划指标	实际完成额度						完成比例/%
		2001 年	2002 年	2003 年	2004 年	2005 年	合计	
营业收入/万元	700 000	91 909	92 082	144 838	236 118	406 690	971 637	138.81
利润总额/万元	35 000	6 881	7 662	7 964	20 707	19 999	63 213	180.61

表 2 **2005 年 SEI 实现中交或投料试车成功的项目**

序　号	项　目　名　称	中交日期	投料试车成功日期
1	南京扬子石化公司 120 万吨/年柴油加氢精制装置		1 月 2 日
2	南京扬子石化公司 100 万吨/年中压加氢裂化装置		1 月 30 日
3	上海赛科公司 25 万吨/年聚丙烯装置		1 月 15 日
4	上海赛科公司 90 万吨/年乙烯装置		3 月 18 日
5	上海赛科公司 9 万吨/年丁二烯装置		3 月 23 日
6	湛江东兴 500 万吨/年炼油改扩建工程(EPC)	3 月 26 日	3 月 30 日
7	塔里木炼油改建工程常压蒸馏、催化裂化、柴油加氢、汽油脱苯、产品精制装置	4 月 9—29 日	5 月 10 日
8	扬巴一体化石化基地项目 30 万吨/年 EO/EG 装置	3 月 21 日	5 月 11 日
9	延安炼厂实业集团公司 10 万吨/年聚丙烯装置		5 月 30 日
10	兰州石化公司 120 万吨/年延迟焦化装置、60 万吨/年柴油加氢装置	6 月 24 日	6 月 24 日
11	延安炼厂 6 万吨/年 MTBE(EPC)	10 月 19 日	10 月 21 日
12	锦州石化公司 60 万吨/年连续重整装置	11 月 14 日	11 月 14 日
13	浙江嘉兴 6 万吨/年环氧乙烷装置	11 月 30 日	
14	齐鲁石化公司 80 万吨/年乙烯填平补齐技术改造裂解炉 E-BA116	12 月 31 日	

表 3 **2005 年 SEI 通过鉴定的技术开发项目**

序　号	项　目　名　称	鉴定日期	组织鉴定部门
1	大型常减压装置管系关键技术的研究	1 月 19 日	石化集团公司科技开发部
2	厌氧处理 PTA 废水工艺开发	4 月 12 日	石化集团公司科技开发部
3	FCC 装置 SWY 下流式密相强化传热外取热器的研究和开发	5 月 23 日	石化集团公司科技开发部
4	催化裂化烟气轮机改造技术	5 月 23 日	石化集团公司科技开发部
5	20 万吨/年聚丙烯环管反应器	7 月 4 日	石化集团公司重大办
6	45 万吨/年第一、第二 PTA 结晶器	7 月 4 日	石化集团公司重大办
7	润滑油型大型常减压成套工程技术开发	9 月 1 日	石化集团公司科技开发部
8	新型循环氢气液凝聚器的开发与研究	9 月 1 日	石化集团公司科技开发部
9	20 万吨/年乙苯/苯乙烯成套技术开发	10 月 17 日	石化集团公司科技开发部
10	吸附法油气回收技术开发及工业应用	10 月 26 日	石化集团公司科技开发部
11	炼油厂节水减排成套技术(燕化)	10 月 28 日	石化集团公司科技开发部
12	撑开式无摩擦球面闸阀	11 月	浙江省经贸委

上海工程公司

【概述】 中国石化集团上海工程有限公司(简称上海工程公司或 SSEC)，位于上海市浦东新区张杨路 769 号，注册资本人民币 2 亿元。

上海工程公司(前身)创建于 1953 年，曾用名化工部上海化工医药设计院、国家医药管理局上海医药设计院、中国石化集团上海医药工业设计院等，是国内历史最久的医药专业设计单位，也是国内最早从事石油化工和化工工程设计的大型综合性勘察设计单位之一。2002年，根据石化集团公司的决定，中国石化集团上海医药工业设计院联合中国石化上海金山工程公司和上海高桥石化设计院进行重组，更名为现名。

上海工程公司持有化工、石化、医药、建筑工程、石油天然气、商物粮、轻工纺织、建筑智能化、环境保护、消防设施、环境评价、压力容器、压力管道、工程咨询、工程造价等10多项甲级设计资质，电子、市政、冶金等行业多项乙级设计资质，甲级工程总承包、壹级工程施工总承包证书；持有工程勘察甲级证书和建筑业企业贰级资质证书，对药品生产符合GMP要求的工程设计具有专长。

上海工程公司专业配置齐全，装备先进，持有多项专利技术，具有世界一流的计算机网络系统及软硬件设施；拥有一支技术精湛的工程技术队伍，积累了丰富的实践经验。1999年6月通过ISO 9001质量管理体系认证，2002年5月完成ISO 9001：2000版转版。2004年底通过HSE(安全、环境与健康)管理体系认证。

上海工程公司可以承接石油化工、医药、化工、化纤、炼油、天然气、油(气)集输、油(气)品储运销售设施及基础设施、轻工、电子、食品、冶金、工业与民用建筑、环境保护、市政等诸多领域的工程勘察设计和EPC总承包。

至2005年底，上海工程公司拥有工程技术人员1 000多人，其中国家级设计大师5名，中、高级职称700多人，各类执业资格人员200多人。

2005年，上海工程公司主要经济技术指标完成良好，生产经营持续保持良好势头，海外市场得到积极拓展，国内市场取得显著成效，技术创新取得新成果，标准化建设全面展开，企业文化建设取得新成绩。一年中，新签合同254项，合同额10.5亿元，医药项目新签设计合同额突破3 000万元，完成工程设计投资额65亿元、利润2 648万元，继续排列《工程总承包营业额百名排序》第二名，全国工程勘察设计企业营业收入前100名排序第6名。

(钱水根)

【“十五”发展成绩斐然】 “十五”期间，上海工程公司生产经营规模取得具有里程碑意义的跨进。年合同签约额和主营业务收入大幅上升，走向海外实现重大突破，承建投资7.5亿美元沙特聚烯烃工程进展良好；项目管理能力、EPC总承包能力取得长足发展，企业核心竞争力不断增强，人员素质不断提高；先后优质高效地完成了上海石化70万吨/年乙烯扩建、扬子石化65万吨/年乙烯扩建、上海石化40万/年PTA改扩建、扬子石化45万吨/年PTA改扩建、上海赛科50万吨/年苯乙烯、30万吨/年聚苯乙烯、60万吨/年聚乙烯、OSBL，扬巴一体化16万吨/年丙烯酸及酯、25万吨/年丁辛醇，以及齐鲁石化、燕山石化、海南炼化、南通醋纤、金海雅宝等一大批项目。

(钱水根)

【项目完工再创显著成效】 2005年，上海工程公司加大项目运作力度，确保项目交付完工，投料试车。在海外项目中，越南头孢菌素项目咨询完成，西班牙TR炼油厂项目基础设计结束，进入详细设计，沙特SABIC详细设计开工；在国内项目中，上海赛科EB/SM、PS、PE、OSBL项目先后开车一次成功；扬巴AA/AE、OXO顺利开车成功；上海石化800万吨/年常减压装置开车一次成功，投产后全面达标；1.2万吨/年涤纶工业长丝项目顺利开车成功；40万吨/年PTA改造开车成功全面达标；金海雅宝5 000吨/年抗氧剂产出合格产品。全年累计完成项目336项，其中报价78项、前期65项、工程设计71项、总承包3项、勘察18项、小项目50项、施工配合51项，完成设计投资额65亿元、设计建筑面积51万平方米、实物工作量图纸(折合A1)4.86万张。年合同签约额达到3 000万元，承接瑞典诺瓦梯斯原料药项目概念设计、工艺包设计和BASF项目基础设计，澳门、安哥拉医药项目总承包，在走向海外市场上，迈出了可喜一步。

2005年上海工程公司主要中交、投料开车或竣工验收项目见表1。

(钱水根)

【20万吨/年乙苯/苯乙烯装置成套技术成功“出龙”】 20万吨/年乙苯/苯乙烯装置成套技术为石化集团公司“十条龙”攻关项目之一，2004年被列为国家“十五”重点科技攻关项目。该项目由上海工程公司、石油化工科学研究院、上海石化研究院、华东理工大学共同承担。2003年，完成工艺包设计和大型攻关设备苯乙烯反应器工程设计，形成具有自主知识产权的大型成套苯乙烯工艺技术；2004年10月，装置建成投产。2005年4月，装置经72小时连续考核，各项技术指标达到国际先进水平；9月，大型成套苯乙烯工艺技术通过国家科技部、石化股份公司组织的技术鉴定；年底，石化集团公司批准该装置成套技术成功“出龙”。

(钱水根)

【6万吨/年干法腈纶聚合工艺新技术工艺包通过审查】 2003年8月，上海工程公司受石化集团公司委

托，联合浙江大学、齐鲁分公司腈纶厂合作进行6万吨/年干法腈纶聚合工艺新技术工艺包研制，由上海工程公司与浙江大学提供新技术研究课题报告，上海工程公司完成工艺包编制，齐鲁分公司腈纶厂提供生产工艺数据。2004年底，完成编制。2005年10月21日，6万吨/年干法腈纶聚合工艺新技术工艺包通过中国石化组织的专家审查。

（钱水根）

【新药“两中心”获国家优秀设计银质奖】 国家新药筛选中心、国家上海新药安全评价研究中心（简称“两中心”），是国家“九五”重点攻关项目和上海市重要科研工程项目，建于浦东新区张江高科技园区，主要功能为新药筛选和新药安全评价研究，由上海工程公司承担可行性研究、初步设计和施工图设计。1999年12月开工打桩，2000年10月建成投用。2005年，建设部发布第324号公告：经2004年度国家级优秀工程勘察设计评选，即第11届优秀工程设计评选，国家新药筛选中心、国家上海新药安全评价研究中心，获国家级优秀工程勘察设计银质奖。

（钱水根）

【上海石化25万吨/年聚乙烯装置获总承包银钥匙奖】 上海石化25万吨/年聚乙烯装置采用北欧化工“北星双峰”技术，该装置及聚烯烃配套工程，投资11.87亿元人民币，由上海工程公司总承包。2005年，经中国勘察设计协会、中国工程咨询协会组织评审，上海石化25万吨/年聚乙烯装置及联合配套工程，获2004年工程总承包银钥匙奖。

（钱水根）

上海石化25万吨/年聚乙烯装置

【上海庆安药业公司易地改扩建获总承包铜钥匙奖】 由上海工程公司总承包的上海庆安药业公司易地扩建改造，投资6 366万元人民币，占地面积3.03万平方米，建筑面积6 734平方米，建设制剂车间、综合楼、中试实验楼、危险品库和总体工程。2005年获中国勘察设计协会、中国工程咨询协会组织评审，上海庆安药业公司易地改扩建获2004年工程总承包铜钥匙奖。

（钱水根）

【12项设计、软件成果获奖】 2005年，上海工程公司获各种省（部）级以上奖励11项：生物芯片上海国家工程研究中心、上海津村制药公司各获第八次全国医药工程设计二等奖；张家口吉斯特—布罗卡德斯化学公司500吨/年技术改造项目获第八次全国医药工程设计三等奖；大型苯乙烯第一、第二脱氢反应器国产化（合作）获石化集团公司科技进步一等奖；25万吨/年聚乙烯气相反应器（合作）获石化集团公司科技进步三等奖；扬子石化65万吨/年乙烯改造工程、上海石化70万吨/年乙烯改造工程2#乙烯装置、上海石化腈纶改造工程各获石化集团公司优秀工程设计一等奖；上海市医药股份公司天平制药厂移地三废治理技术改造获石化集团公司优秀工程设计三等奖；上海高桥分公司800万吨/年常减压蒸馏装置改造（合作）获石化集团公司优秀设计一等奖；过程设备强度计算机软件包SW6－1998v3.1，获中国石油和化学工业协会科学技术二等奖。

（钱水根）

生物芯片上海国家工程研究中心

【沙特聚烯烃项目进入详细设计阶段】 沙特聚烯烃项目由中国石化与荷兰AK公司联合报价于2005年7月20日中标，中国石化承担合同总额50%。装置建于沙特延布开发区，合同期31.5个月，计划2008年3月建成投运。2005年9月14日，签署了总承包项目合同。上海工程公司与第二建设公司合作，与荷兰AK公司联合，对沙特聚烯烃装置实行EPC总承包，上海工程公司负责项目详细设计。经过4个月的努力，沙特SABIC聚烯烃项目基础设计基本完成，12月19日，上海工程公司召开详细设计开工会，沙特SABIC聚烯烃项目重心转移到上海工程公司，转入详细设计。

（钱水根）

【上海赛科50万吨/年乙苯/苯乙烯装置产出合格产品】 该装置建设采用EP+C模式，由ABB Lummus/上海工程公司联合完成工程设计和采购，其中ABB Lummus公司承担基础设计(BEDP)和专利设备、国外关键设备采购；上海工程公司承担详细工程设计和其他设备和材料(土建材料除外)采购。2004年12月22日，装置机械竣工(中间交接)；2005年2月3日，乙苯单元开车，同年2月12日，苯乙烯单元开车，3月9日，上海赛科50万吨/年乙苯/苯乙烯装置(EB/SM)开车，产出合格产品。

（钱水根）

【黄岛国家石油储备基地14台罐开工】 上海工程公司承建黄岛国家石油储备基地14台罐和罐区内所有公用工程、辅助设施，工程投资5亿元人民币。由于该基地建设工期紧，油罐焊接量大，焊接变形控制、质量要求高，高空作业多，再加建设地属海滨地区，海洋气候、雨季大风对工程影响大，工程难度极大，上海工程公司项目人员从政治高度提高认识，以最佳精神状态和饱满工作热情，投入基地建设，决心以质量、HSE、进度、费用的良好控制，实现黄岛国家石油储备基地建设目标。经过短时间的施工准备，2005年12月26日，上海工程公司承建的油罐、罐区工程开工打桩，为形成黄岛国家石油储备基地建设高峰，创造了条件。

（钱水根）

【润滑油调合设施改造完成基础设计】 2005年8月，上海工程公司受中国石化润滑油公司委托，承担润滑油上海分公司调合设施改造任务。该设施改造系中国石化润滑油公司建立以来最大项目，投资约2亿元人民币，建筑面积约2.55万平方米，生产规模35万吨/年，可生产12种产品，计划2005年底开工，2006年底建成投产。11月30日，在最终确立综合优化方案基础上，中国石化润滑油上海分公司调合设施改造基础设计正式出版，上海工程公司设计人员通过辛勤工作，向业主递交了一份满意答卷。

（钱水根）

【新疆独山子苯乙烯、聚苯乙烯装置设计开工】 2004年，上海工程公司经与6家同行激烈竞争，凭借完善的投标文件、诚恳的兢业态度、相关领域的良好业绩、知名度，一举中标，承担石油天然气股份公司独山子石化分公司32万吨/年乙苯/苯乙烯、13万吨/年聚苯乙烯装置设计、采购任务。2005年2月，国家发改委正式批准独山子项目可研报告，在此前后，上海工程公司受业主(PCDPC)委托，先后在上海、新疆与ABB、SNAM和SW三家专利商，进行艰苦的二轮技术谈判，最终形成了项目合同技术附件和相关技术评估报告。9月5日、9月19—21日，上海工程公司先后组织了乙苯/苯乙烯、聚苯乙烯装置设计开工预备会、开工会，项目实质性启动。

（钱水根）

【海南炼化续建工程原油罐区、污水处理场中交】 2004年1月，上海工程公司承担了海南炼化续建工程原油罐区、污水处理场、污泥脱水及焚烧设施等单元的设计、采购、施工总承包。2005年10月，原油罐区11台泵、污水处理场173台设备，先后完成单机试车。12月30日，原油罐区、污水处理场顺利实现中交，使海南炼化续建公用工程、配套设施进入全面中交阶段。

（钱水根）

【青岛炼油储运罐球罐区开工打桩】 2004年12月，上海工程公司与青岛炼化签署储运区、辅助设施区EPC总承包合同，项目包括10个油品罐区、铁路、汽车装卸设施、厂外成品油管线、辅助设施区。2005年4月28日，罐区部分试桩，工程开始实质性运行；6月18日，储运罐区工程开工打桩，成为青岛炼油现场施工启动标志；6月底，完成全部基础设计、引进主要设备材料分交清册、集中分交明细表，进行国产钢板制球罐使用高层调研；8月15日，完成14个球罐桩基工程(混凝土管桩468套/936根桩)，为青岛炼油工程创造了条件。

（钱水根）

【宁波至上海、南京进口原油管道配套工程(一期)中间交接】 宁波至上海、南京进口原油管道配套工程(简称册子岛油库)，占地69万平方米，为国内特大型原油储运中转站。一期工程投资7.25亿元，建设30万吨级原油码头一座、10万立方米储油罐6座、2 700万吨/年规模长输管道泵站，以及配套辅助生产设施、行政管理设施。上海工程公司为协调总体院，并承担原油码头工程陆上部分、原油库区和辅助设施设计。2003年11月，一期油罐基础开工，码头、航道工程开始炸清礁；2004年6月，配套工程开工。2005年6月，一期工程建成交接，7月投入生产，为实现甬—沪—宁管道运输网规模化输送，为推动舟山成为长江三角洲地区原油储运基地和国家原油战略储备库，打下了良好基础。

（钱水根）

【承建"苏南第一拱"投入运行】 由上海工程公司承担设计的江阴滨江热电厂大跨距蒸汽管，管径600毫米、跨距90米、温度达300℃，被誉为"苏南第一拱"。2004年6月完成施工图设计，同年11月，管道煨弯焊接结束，整体吊装，一次成功。2005年3月4日，江阴滨江热电厂的大跨距蒸汽管正式通汽运行。

（钱水根）

【《城镇供热预制直埋蒸汽保温管技术条件》正式实施】 由上海工程公司最早参与研发的《城镇供热预制直埋蒸汽保温管技术条件》，根据建设部2000年第一批工业产品国家标准作业标准编修计划，2000年12月在京成立编制组。2004年12月，中国第一本直埋蒸汽管道产品标准问世，2005年6月，《城镇供热预制直埋蒸汽保温管技术条件》正式实施，为推动我国直埋蒸汽管道研究制造向标准化、规范化方向发展，迈出重要一步。

（钱水根）

【举办2005全国化工设备、机泵年会】 由上海工程公司(机械技术中心站)和全国化工设备设计技术中心站合办的2005全国化工设备及机泵年会，于2005年11月1—5日，在海南三亚分别举行。中国石油和化工勘察设计协会、石化集团工程建设管理部、化工、石化、石油、医药、纺织等系统40多家工程公司(设计院)、80多家国内外制造厂商230多名领导、工程技术人员出席。

（钱水根）

表1　2005年上海工程公司主要中交、投料开车或竣工验收项目

序号	项目名称	承包内容	中间交接日期	投入运行日期	竣工验收日期
1	北京四环生物制药有限公司	设计			12月30日
2	上海雅培制药公司(二期)	设计			12月21日
4	海南炼化续建工程原油罐区、污水处理场	设计、采购、施工总承包	12月30日		
5	上海赛科50万吨/年乙苯/苯乙烯装置	设计、采购总承包		2月12日	
6	上海日酸气体有限公司(一期)	设计			3月6日
7	江阴滨江热电厂大跨距蒸汽管	设计		3月4日	
8	漕泾巴斯夫—亨斯曼一体化异氰酸酯(MDI)项目	设计	5月16日(合同完工)		
9	宁波至上海、南京进口原油管道配套工程(一期)	设计	6月30日		
10	南通醋酸纤维有限公司(四期)	设计		6月10日	
11	昆明醋酸纤维有限公司(二期)	设计		1月12日	
12	珠海醋酸纤维有限公司(二期)	设计		1月29日	
13	金海雅宝5000吨/年抗氧剂	设计、采购、施工	4月30日		
14	大型固体粉粒料输送试验装置	设计			7月15日
15	上海石化化工产品综合灌装站	设计		7月5日	
16	宁波三菱化学60万吨/年PTA装置	设计、采购	6月15日		

洛阳工程公司

【概述】 中国石化集团洛阳石油化工工程公司(简称洛阳工程公司)前身是石油部抚顺设计院，创建于1956年10月，是集工程设计、工程承包、工程监理于一体的国家重点勘察设计企业，又是集工程技术、石化炼制工艺、设备研究于一体的高新技术企业，拥有国家化工、石化、医药、建筑行业工程设计、工程承包、工程监理、工程造价咨询、工程咨询、环保影响评价甲级资质，及压力容器和压力管道甲级设计资质、石油天然气行业油气库和管道输送工程甲级设计资质、商业系统工程咨询甲级资质、市政行业燃气和排水工程甲级设计资质、市政行业给水和热力工程乙级设计资质，具有对外经济合作经营和进出口资格，国家燃料油质量监督检验中心和石化集团石油化工设备防腐蚀研究中心、节能技术中心和石油化工设备质量监督检测中心站、加热炉检测评定中心洛阳中心站及总图、储运、建筑设计技术中心站、国外工程标准洛阳管理站、《石油化工工程建设标准化》、《炼油技术与工程》、《石油化工腐蚀与防护》期刊编辑部均挂靠在洛阳工程公司。2003年按照GB/T 19001—ISO 9001：2000标准通过质量体系换证审核，2004年通过HSE管理体系认证，2005年通过质量和HSE管理体系年度监督审核。

洛阳工程公司本部位于河南省洛阳市，占地约56.71万平方米；广州分公司位于广州市，占地约1.58万平方米。2005年，洛阳工程公司有职工1 977人(含广州分公司，不含内部退养职工)，其中中国科学院院士1人，国家设计大师3人，享受政府特殊津贴的专家23人(含退休返聘人员)，教授级专业技术职务人员36人，高级专业技术职务人员536人，各类注册工程师217人。

2005年完成工程设计投资105.3亿元，同比增长41%；完成工程总承包基建投资8.2亿元；完成主营业务收入13.9亿元；实现利润4 976万元，同比增长115%；年末资产总额12.37亿元(其中固定资产1.62亿元)；完成设计前期工作113项，总体设计3项，工艺包设计4项，基础设计44项，施工图设计114项，全年有24套装置(单元)实现一次投产成功；获国家建设部2004年第11届全国优秀工程设计金质奖1项、铜质奖1项；获石化集团公司2004年度优质工程奖2项；完成科研开发项目26项，通过部级鉴定14项，申报专利37项，获专利授权30项，获2004年度石化集团公司科技进步奖8项。

(王双龙)

【湛江东兴公司500万吨/年炼油改扩建工程一次投产成功】 该工程是石化集团公司“十五”规划中的重点工程项目，洛阳工程公司对3套工艺装置及系统配套工程进行总承包。2005年3月4日，1#联合500万吨/年常减压装置生产出合格产品；3月10日，50万吨/年连续重整装置进油，12日生产出合格高辛烷值重整稳定汽油；3月16日，催化剂再生系统投入使用；同日50万吨/年重油催化裂化装置喷油，生产出合格产品，标志着洛阳工程公司总承包的全部工程实现了一次投产成功。

(王双龙)

【金陵分公司150万吨/年加氢裂化装置一次投产成功】 该装置2002年11月完成基础设计审查，2003年11月开始土建工程施工，2004年5月开始设备安装，2005年1月中交。2005年4月6日10时开始引低氮柴油开工，建立装置大循环，4月7日16时装置开工正常，产品质量合格，实现装置投料开工一次成功。

(王双龙)

【石家庄炼化公司90万吨/年催化裂化装置改造项目一次开车成功】 该项目改造自2004年11月15日正式启动，2005年4月28日提前完成全部设计任务。6月28日生产出合格产品，稳定汽油烯烃达到27%，实现一次投产成功。

(王双龙)

【抚顺石化公司南催化裂化装置再生器隐患治理改造工程一次开汽成功】 该工程是抚顺石化公司2005年的一项重点技术改造项目，对该厂处理能力的提高，物料流程优化，产品结构的调整，石油加工灵活性的增加，市场适应性的增强起着极大的作用。该项目时间紧、任务重，设计人员克服了重重困难，及时完成了设计。2005年6月30日该装置已一次开汽成功，顺利投入生产。

(王双龙)

【青岛石化140万吨/年重油催化裂化装置改造工程一次投产成功】 2005年6月13日装置进行技术改造，8月10日实现中交，8月17日启动备用主风机、点炉烘衬，8月23日反—再系统装催化剂，8月24日进行流化试验，8月25日反应喷油，8月28日装置运行平稳，产品全部合格，实现装置试车一次成功。

(王双龙)

【长庆公司140万吨/年重油催化裂化装置一次投产成功】 长庆公司500万吨/年炼油配套完善技术改造项目是中国石油2005年的重点炼油建设项目之一。洛阳工程公司设计的重油催化裂化装置于2005年8月24日点火升温，8月26日加剂、喷油、开气压机、投余热锅炉，8月27日4时产品合格出装置，10时投用烟机，实现投料试车一次成功。

（王双龙）

【镇海国家石油储备基地工程第一阶段竣工】 由洛阳工程公司总承包建设的镇海国家石油储备基地工程第一阶段8台油罐及其配套工程于2005年8月18日达到并满足中交条件的要求，9月6日顺利通过国家发改委、石化集团公司组织的第一阶段的完工验收。

（王双龙）

【哈尔滨石化公司第二套催化装置改造项目一次投产成功】 该项目是中国石油第一套采用MIP设计的装置，2005年4月通过专家论证，经过近3个半月的奋战于8月28日按期完成全部设计，10月30日16时58分正式进料开工，31日4时18分产品全部合格，装置一次开车成功。

（王双龙）

【茂名石化分公司3#催化裂化装置改造一次投产成功】 该装置于2005年8月26日紧急停工抢修，9月18日改造后投产，运行平稳。这表明设计方案非常成功，在加工负荷达180吨/时(设计值175吨/时)的情况下，再生滑阀压降由改造前的4 000帕大幅上升到1.5万帕以上，反应温度平稳上升，再生线路操作弹性明显增加，直接提升了装置的“安、稳、长、满、优”运行水平。

（王双龙）

【中国最大常减压联合装置——大连石化1 000万吨/年常减压联合装置中交】 2005年11月18日，由洛阳工程公司承担设计的该联合装置实现中交。该联合装置主要由1 000万吨/年常减压蒸馏、380万吨/年石脑油加氢、420万吨/年轻烃回收、1#变电所和溴化锂制冷站组成，既是大连石化分公司加工进口含硫原油技术改造工程建设项目中进度最快的一套生产装置，又是洛阳工程公司采用荷兰壳牌公司工艺包设计的国内规模最大的常减压蒸馏装置。

（王双龙）

【锦西石化分公司180万吨/年重油催化装置扩能改造一次投产成功】 该项目被列为洛阳工程公司的“十大重点项目”之一，于2005年10月10日停工改造，11月22日实现一次喷油开车成功，与其配套的产品精制装置也相继投入运行。该装置操作平稳，大机组运行正常，处理量已达到了180万吨/年，产品质量合格。

（王双龙）

【销售西南分公司成品油管道一期工程全线投油试运成功】 由洛阳工程公司承担设计的西南成品油管道顺利实现全线投油试运一次成功。西南成品油管道全长1 740千米，2005年4月、11月柳州以南、贵阳以东段实现分段投油试运。12月28日贵阳以西段投油试运一次成功，实现了全线投油成功。西南成品油管道是国内距离最长、工艺技术最复杂、地形地貌特殊、施工难度最大的成品油长输管道，是国内第一条采用调控中心集中远程控制投油试运的成品油管道，在国内外管道建设史上都极具代表性和挑战性。西南管道的建设和成功投用创造了国内成品油管道建设的新纪录，谱写了中国石化成品油管道事业的新篇章。

（王双龙）

【4项工程设计获奖】 2005年5月11日，国家建设部第324号公告公布了2004年度国家级优秀工程勘察设计评选结果，洛阳工程公司申报的镇海炼化300万吨/年柴油加氢及180万吨/年蜡油加氢联合装置获第11届全国优秀工程设计金质奖，镇海炼油化工股份公司扩建800万吨/年炼油工程总体设计获铜质奖。2005年3月，洛阳工程公司总承包的石油天然气股份公司抚顺石化分公司新建12万吨/年分子筛脱蜡联合装置、西安石化总厂清洁燃料生产技术改造项目分获石化集团公司2004年度优质工程奖。

（王双龙）

【8项科研成果获奖】 由洛阳工程公司完成的生产汽油组分满足欧Ⅲ排放标准并增产丙烯的催化裂化工艺技术(CGP)的研究开发和工业应获石化集团公司科技进步一等奖；用轻油蒸汽预转化催化剂及工艺技术的研究和应用、炼油厂能量消耗计算与评价研究、一般炼油装置用火焰加热炉、催化裂化主分馏塔分离技术研究、催化裂化增产丙烯助剂LPI－1的研究开发及工业应用、提高FCC再生器烧焦能力新技术、JC－458－BX冷轧薄板轧制油的研制等7项科研成果获石化集团公司科技进步三等奖。

（王双龙）

【14 项科研成果通过技术鉴定或评议】 由洛阳工程公司完成的第二代 MIC 技术开发及工业应用、吸收法油气回收成套技术、催化裂化汽油加氢脱硫及芳构化(Hydro-GAP)工艺研究、催化裂化汽油脱硫助剂的研制及工业应用、碳四—碳八烃类流化床裂解制丙烯及芳烃工艺研究、加工高硫油常减压装置成套防腐技术开发、增产丙烯催化裂化新技术 FDFCC-Ⅲ研究、炼油装置湿硫化氢腐蚀与防护技术研究、重质塔河原油防腐蚀技术研究、流态化数值模拟技术开发及工业应用、LPEC-2 自动加料系统的研制、大型加氢反应器检测新技术工程应用研究、钢制石油储罐防腐蚀工程技术规范、乙烯炉辐射室炉管抑制结焦技术研究等 14 项科研成果通过技术鉴定和评议。

(王双龙)

【阿尔及利亚 500 万吨/年凝析油拔头工程设计合同签订】 该工程是中阿友好的标志性工程，两国政府高度重视，也是洛阳工程公司成立以来承担的最大国外项目，合同价款 1 680 万美元(不含服务费)，设计周期 18 个月。2005 年 11 月 5 日工程设计合同在北京正式签订。

(王双龙)

【也门亚丁炼厂可研合同签订】 2005 年 4 月 20—25 日，也门亚丁炼油厂副厂长约瑟夫一行 3 人来洛阳工程公司进行考察和交流，双方正式草签了也门亚丁炼厂改造工程可研合同，标志着洛阳工程公司实施的三大战略之一的“A&D(国内加国外)”战略取得新的重大突破。

(王双龙)

【延迟焦化技术出口苏丹】 2005 年 12 月初，由洛阳工程公司与科技开发公司、石油化工科学研究院组成的联合体，在苏丹炼油项目新建 320 万吨/年延迟焦化装置技术转让和工艺包设计中竞标成功，这是洛阳工程公司继阿尔及利亚凝析油项目后，又一次在技术转让方面取得突破。12 月底，工艺包设计全面启动。

(王双龙)

【进入油母页岩工程设计市场】 2005 年 12 月 16 日，洛阳工程公司承担工程设计的抚顺矿业集团公司油母页岩干馏工厂项目合同签字仪式在抚顺举行。按照合同要求，洛阳工程公司承担除 ATP(干馏炉)和页岩粉碎运输、储运系统外单元的工程设计。该项目总投资 4 200 万欧元，主要采用加拿大龙玛塔克公司专利技术，主要设备 ATP 炉由德国蒂森克虏伯—普利休斯公司制造供应。该合同的签订，标志着洛阳工程公司开拓了一个新的技术领域，进入油母页岩工程设计市场。

(王双龙)

【营业收入居全国百强工程勘察设计企业第三位】 洛阳工程公司在 2004 年全国工程勘察设计企业营业收入前 100 名排序中仅次于海洋石油工程股份公司和中国石化工程建设公司，位列第三名。

(王双龙)

【工程总承包营业额全国 100 名排序列第五位】 由中国勘察设计协会建设项目管理和工程总承包分会、中国工程咨询协会项目管理指导工作委员会组织实施，中国勘察协会、中国工程咨询协会批准公布了 2005 年工程项目管理收入排序名单和 2005 年工程总承包营业额百名排序名单，洛阳工程公司以 2004 年度完成合同额 24.84 亿元在工程总承包营业额 100 名排序中列第五位。

(王双龙)

宁波工程公司

【概述】 中国石化集团宁波工程有限公司(简称宁波工程公司)是 2003 年经石化集团公司批准，由原中国石化集团兰州设计院和中国石化集团第三建设公司重组设立的国有独资公司，注册地为浙江省宁波市科技园区，注册资本 3 亿元人民币。宁波工程公司在充分整合人才、技术和资源的基础上，实现优势互补，强强联合，其发展定位是以技术为先导，设计为基础，工程项目承包和工程项目管理为主体，集工程设计、设备制造、装置施工和检维修服务于一体，拥有专利、专有技术，并具备融资能力，面向国内、国际两个市场提供技术服务和管理服务的全能型国际工程公司。宁波工程公司已形成工程项目总承包及设计、制造、施工等完整业务链，成为石化集团公司乃至全国惟一一家集多项战略业务于一体的综合性工程公司。

宁波工程公司综合实力强大，持有化工石油工程施工总承包一级资质证书，化工石化医药行业甲级、建筑行业建筑工程甲级工程设计证书，环境工程专项工程设计证书，工程咨询甲级资格证书，工程造价咨询甲级资格证书，压力容器设计、制造许可证，压力管道设计、安装许可证，锅炉安装许可证和对外承包工程资格证书，以及中国船级社质量认证公司签发的 ISO 9001：2000 质量认证证书等。拥有 60 多项专利、专有技术，在天然气化工、石油化工、煤化工以及合成气化工等领域的设计处于全国领先地位；在管道钢结构工厂化预制、设备制造、大型储罐和长输管线施工、大型或特大型设备吊装方面构筑了强大的差异化竞争优势。截至2005年底，宁波工程公司总资产约17.78亿元，在册职工3 300余人，其中国家级设计大师2人，高级职称196人，中级职称499人，其他专业技术人员600余人，各类注册工程师141人。

2005年，是宁波工程公司重组融合、改革发展十分重要的一年。一年来，宁波工程公司认真贯彻石化集团公司的总体部署和具体要求，围绕加快内部融合、提升竞争能力、打造重组优势、实现跨越发展的指导思想，依托在煤气化、聚烯烃、丙烯腈、醋酸以及天然气处理等方面的特有优势和在储运工程、特大型设备吊装、设备及钢结构制造等方面的核心技术和竞争优势，通过宁波工程公司全体职工的努力，全面实现了石化集团公司下达的各项经济效益指标和年初提出的生产经营、改革发展目标。全年共完成产值31.8亿元，完成工程设计投资额28亿元，实现主营业务收入16.6亿元，为年计划的114.1%；实现利润3 416万元，为年计划的122.0%。

2005年，为更好地适应市场竞争和公司发展的需要，宁波工程公司根据“板块化运行，扁平化管理”的管理思路，3月，调整归并职能部门和机构，设立EPC管理中心、设计中心、建设中心和制造中心等4个战略业务单元，8月，为落实石化集团公司“建设非标设备制造基地”的战略部署，宁波工程公司完成与上海石化机械制造有限公司(简称上海石化机制公司)的重组整合。宁波工程公司重视建章立制，加强基础业务建设，进一步完善标准体系。全年共修订、制定制度和管理标准108项，新编技术标准规定、标准化工作模板145项，修订技术标准规定167项，基本完成119项施工技术规程的编制工作。

2005年，宁波工程公司被石化集团公司评为安全生产先进单位；被中国建筑业协会机械管理与租赁分会评为全国施工企业设备管理优秀单位；企业精神文明建设也取得新成果，获宁波市文明单位、浙江省第一批建筑业诚信企业称号。

（宣淑瑛）

【板块化运行见成效】 2005年，宁波工程公司设计、采购、施工的业务流程和项目管理体系初步形成，全年实施5个项目的EPC总承包，共完成总承包项目产值15.5亿元，总承包在生产经营中的核心优势得到发挥和显现。

设计板块在优化设计品种、调整市场结构、加强设计管理、提高工作效率等方面取得了新的进步，设计执行力有明显提升，全年共完成设计项目87项，产值1.47亿元，创出了历年来最好的设计业绩，并在锅炉发电项目上有了一个良好的开端。

施工板块承担29个新建装置、检修改造项目的施工任务，完成产值9.64亿元。仪征油库扩建一期工程15万立方米油罐安装工程获全国优秀焊接工程一等奖，镇海炼化45万吨/年对二甲苯装置工程、上海赛科26万吨/年丙烯腈装置工程等2项工程获石化集团公司优质工程奖。

制造板块完成了海南实华炼油、茂名乙烯、兰州全密度聚乙烯、上海石化800万吨/年炼油、330万吨/年柴油加氢、惠州惠菱JGC等项目大型设备制造和钢结构加工的任务，全年完成设备制造70余台，总量6 000余吨，完成了钢结构预制1.6万余吨，管道预制31.5万寸径，全年实现产值5.55亿元，产值和劳动生产率均创历史新高。

2005年宁波工程公司完成的主要项目见表1。

（宣淑瑛）

【科技进步成果显著】 2005年，宁波工程公司坚持以项目课题开发为主线，结合市场和项目大力开展科技进步活动，在丙烯腈、煤气化等传统优势技术上又取得新突破。承担或参与完成的丙烯腈大型流化床反应器、溶剂脱沥青、沥青制氨、催化裂化组合工艺、超高温煤气化及煤种适应性研究等6项开发课题通过石化集团公司组织的成果鉴定或验收；安庆分公司腈纶厂丙烯腈装置扩能改造获国家优秀工程设计铜奖；Shell渣油气化装置油气混烧工业试验、气态烃非催化部分氧化新技术、丙烯腈大型气液分离器放大规律研究及工业应用等3项成果获石化集团公司科技进步三等奖；扬子江乙酰化工有限公司三期醋酸扩能项目可行性研究报告获中国工程咨询协会石化分会工程咨询成果优秀奖；气化喷嘴的滑动密封装置、气相介质气化喷嘴、气化炉拱顶、低温甲醇洗工艺等6项成果获国家发明专利；管道工厂预制技术获上海市首次安装行业科技创新二等奖。

（宣淑瑛）

【与上海石化机械制造有限公司实施制造板块整合】 根据石化集团公司《关于建立大型非标设备制造基地的会议纪要》精神，在石化集团公司相关部门对重组整合工作的具体指导下，宁波工程公司会同上海石化机制公司共同研究制定宁波工程公司机械制造板块与上海石化机制公司的重组整合实施方案，并上报石化集团公司。2005年6月10日，石化集团公司对方案进行了批复。8月4日，宁波工程公司与上海石化机制公司重组整合大会在上海隆重召开，标志着位于杭州湾南北两岸的两家公司正式完成重组整合，开始携手打造石化集团公司在长三角地区的大型非标设备制造基地。这是石化集团公司根据国家能源结构的调整变化和制造行业竞争优势，推出的专业化重组的重要举措。之后，根据批复要求，逐步完成了人员划转、隶属关系变更、资产划转等工作。重组整合后的宁波工程公司制造板块总体上实行“四统一分”管理模式，即“市场开发统一、投资管理统一、人事管理统一、财务管理统一和分别核算”。产品组合主要定位为：制造周期长的大型、超大型的加氢反应器、高压换热器、塔器类设备和附加值较高的有色金属类设备及炉类模块等。

（宣淑瑛）

【两大 EPC 总承包项目陆续开工】 2005年6月22日，青岛大炼油项目举行开工仪式。宁波工程公司承担其中制氢项目和柴油罐区项目的 EPC 总承包。制氢项目为处理能力3万米^3(标准)/时的1套制氢装置，装置采用 Technip 公司的工艺包；柴油罐区项目共有6台大罐，包括4台5万立方米储罐和2台1.5万立方米储罐。2个项目计划于2007年底机械竣工。

6月26日，由宁波工程公司 EPC 总承包的中国蓝星化工新材料股份有限公司南昌10万吨/年有机硅单体工程正式开工。工程总投资近10亿元人民币，截至2005年底在国内同类装置中规模最大。工程采用 Uhde 公司的工艺包，工程项目包括氯甲烷、硅粉加工、甲基单体合成、二甲水解、裂解及环体蒸馏等工艺装置以及相应配套的辅助设施、公用工程等，计划在2006年6月机械竣工。该工程是宁波工程公司重组后承接的第一个系统外 EPC 总承包项目，标志着公司从传统的石化系统内向系统外市场迈出了重要的一步。

（宣淑瑛）

【刷新国内大型塔器类设备制造纪录】 2005年9月3日，由宁波工程公司机械制造厂承担制造的海南实华炼化续建项目2台超大吨位丙烯塔整体交付出厂。2台丙烯塔直径均为6米，总长均为66.78米，总重量分别达到840吨和856吨，这是截至2005年底国内炼油化工装置塔类设备中整体交付的最大塔器。

（宣淑瑛）

【镇海国家战略储备油库一期工程通过交工验收】 2005年9月6日，镇海国家石油储备基地一期工程(16台10万立方米油罐)通过验收，被国家发改委验收委员会评为合格工程。宁波工程公司承担其中8台10万立方米油罐的施工，主体安装于4月19日全部完成，并创造了10万立方米储罐安装工期最短的施工新纪录。

（宣淑瑛）

【中海壳牌南海石化 SMP01 项目竣工】 2005年12月30日，宁波工程公司施工总承包的中海壳牌南海石化 SMP01 项目正式竣工。该项目是南海石化一期80万吨/年乙烯工程中第二大规模的一个施工包，由56万吨/年苯乙烯单体、25万吨/年环氧丙烷联合装置组成，包括除土建、电气仪表外的所有安装工程。项目由法国 Technip、日本千代田公司、日本三菱化学3家工程公司组成的联合体（TPF）实施 EPC 总承包，2004年3月开工建设。在项目的实施过程中，宁波工程公司仅靠派出的少量管理人员，充分利用协作队伍的力量，实现项目的有效管理，并对涉外项目 CM 管理作了有益的探索。12月4日，宁波工程公司获总承包商颁发的模范承包商奖。

（宣淑瑛）

【中国石化烟气脱硫技术中心在宁波工程公司成立】 2005年7月，中国石化烟气脱硫技术中心在宁波工程公司成立，该中心负责联合石化系统内外烟气脱硫脱硝技术力量，协调解决系统内烟气脱硫技术和关键设备的引进、消化吸收、生产制造和使用中的问题；负责编制中国石化的脱硫规划，分析调研国内外脱硫技术，研究开发具有中国石化特色的脱硫工艺技术，从系统设计、设备成套、施工安装、调试和运行管理等方面做好脱硫的技术储备，从而提高石化集团公司整体的脱硫技术水平。

（宣淑瑛）

【改制分流稳妥推进】 根据2004年底石化集团公司的批复，宁波工程公司自2005年元月开始组织改制单位改制分流实施方案的实施工作。2月28日，原上海石化机制公司所属的3家改制企业完成工商注册登记；截至2005年4月底，列入宁波工程公司第二批改制分流计划的3家改制企业也陆续完成工商注册登记。2005年通过改制分流职工536人，其中集体职工85人。经过半年多的运营，6家改制企业经营状况良好。12月19日，列入宁波工程公司第三批改制分流计划的2家子公司的改制分流实施报告上报石化集团公司审批。

（宣淑瑛）

表 1 2005 年宁波工程公司完成的主要项目

序号	工程项目	完成/竣工日期
一	设计工程	
1	安庆热电厂化肥蒸汽长输管线工程设计	3 月
2	兰州石化公司炼厂干气回收乙烯乙烷项目工程设计	3 月
3	山西潞安 20 万吨/年甲醇装置工艺包设计	3 月
4	扬巴一体化碳一项目竣工图设计	3 月
5	扬子—BP 石化公司醋酸装置可研工程设计	4 月
6	上海赛科动力中心及火炬竣工图设计	5 月
7	兰州石化公司高密度聚乙烯装置扩能改造工程设计	7 月
8	大庆 165 万吨/年 GTE 工程设计	7 月
9	柳州化肥厂合成氨酸性气体脱除工程设计	9 月
10	四川维尼纶厂天然气乙炔工程设计	9 月
11	齐鲁分公司资源优化技术改造工程——工艺及空分总体设计	10 月
12	玉门石油管理局 15 万吨/年甲醇装置工程设计	10 月
13	吉化集团公司 21 万吨/年丙烯腈改至 33 万吨/年项目工程设计	10 月
14	重庆化医控股公司合资 85 万吨/年甲醇装置基础工程设计	11 月
15	兰州石化全密度聚乙烯装置工程设计	12 月
16	柳州化肥厂技术改造工程设计	12 月
17	中国石化日产 10 万吨油品 F-T 合成中试装置详细设计	12 月
18	乌鲁木齐石化厂二化肥扩能 50%改造工程设计	12 月
二	施工工程	
1	上海高桥巴斯夫 20 万吨/年羧基丁苯胶乳装置工程	1 月
2	镇海炼化 100 万吨/年延迟焦化装置安装工程	3 月
3	镇海炼化 100 万吨/年延迟焦化装置系统配套工程	3 月
4	上海石化与赛科互供物料埋地管线安装工程	3 月
5	镇海炼化 45 万吨/年苯抽提装置工程	5 月
6	浙江杭—甬线绍兴段天然气工程	6 月
7	浙江绍兴天然气越东路及门站至 329 国道高压管道工程	6 月
8	浙江嘉兴日挥珠式会社帝人聚碳酸酯(TPC-1)电气和仪表安装工程	10 月
9	浙江杭—甬天然气输气管道工程宁波科技园区至北仑段工程	12 月
10	中海壳牌南海石化 SMP01 项目工程	12 月

第二建设公司

【概述】 中国石化集团第二建设公司(简称第二建设公司)位于江苏省南京市栖霞区，占地面积 65.95 万平方米，是国家一级大型总承包施工企业；具有建筑、安装、设备制造、大型设备运输和吊装、理化检测、物资采购等综合配套施工能力。持有化工石油工程总承包一级资质证书，国家一、二、三类压力容器设计、制造及现场组焊许可证，$D \leqslant 220$ 吨/时、

$P \leqslant 10$兆帕锅炉安装许可证，美国机械工程师协会的ASME“U”钢印证，压力管道安装许可证，安全、环境与健康管理体系认证证书、职业健康安全管理体系认证证书和ISO 9001质量体系认证证书等。

截至2005年底，第二建设公司下设5个专业公司，6个区域性分公司，职工总数1 841人，其中中高级职称368人，初级职称272人；一级项目经理资质的专业人员106人，并可根据需要及时调配协作单位专业管理人员及技术工人8 000余人。拥有包括国外引进的500吨、280吨、160吨大型吊车在内的各种施工机械设备1 810台，总功率1.43万千瓦。

第二建设公司施工经验丰富，技术精湛。能够同时开展10套以上大、中型石化生产装置的施工；具有压力容器及非标设备综合加工制造能力5 000吨/年；能承建10万立方米及以上大型储罐，能制造并安装5 000立方米及以上大型球罐；除碳钢、低合金钢、耐腐蚀钢等外还熟练掌握了高铬镍合金、钛材、蒙乃尔、HK－40离心铸管、铝镁合金、9%Ni钢等新材料的焊接工艺；能承担国内外大型机组的安装、调试；能承担110千伏变配电工程安装、调试；能承担DCS仪表集中控制系统的安装、调试；一次最大吊装重量达1 000吨，单件货物运输能力达700吨；能承建大型钢结构、30层以下高层建筑及综合配套工程。尤其在催化（裂解）、重整、加氢、精对二甲苯(PTA)、低温储存、聚丙烯、大型压缩机安装、DCS安装和调试等工程施工中优势明显，创造了许多国内施工纪录。

第二建设公司拥有经验丰富的计算机软件应用及开发力量，先后引进和开发了美国Primavera公司P3工程管理、设备吊装、管段图绘制等软件，并应用于工程技术管理工作中。公司拥有内、外部网站和中英文网页，建立了远程视频会议系统和OA自动化办公系统，提高了现代化管理水平和信息沟通能力。

2005年，第二建设公司围绕工程建设，全面实施精品战略，强化了ISO 9001质量体系和HSE管理体系的有效运行，工程管理水平得到进一步提升。无论是工程质量、工期、HSE管理、文明施工、现代化管理，还是服务等方面都满足了业主和总包方的要求，树立了公司良好的企业形象和队伍形象。

（张章兴）

【建筑业总产值首次突破15亿元大关】 2005年，第二建设公司对二级单位实施了专业化重组，完善了项目管理机制，加强了技术进步工作，工程管理能力和核心施工能力得到进一步提升，完成产值再创历史新高，首次突破15亿元大关。2005年，第二建设公司的施工任务主要分布在苏、鲁、浙、赣、皖、鄂、闽、琼、沪、粤、豫等11省28市44个建设单位约80个施工项目，其中当年新开工项目36个，竣工项目59个，结转2006年项目19个。全年完成建筑业总产值15.06亿元，完成年计划的150.6%，比2004年增长了32.11%；其中自行完成产值5.3亿，完成年计划的106%，建筑业劳动生产率为24.6万元/(人·年)(按自营产值计算)，首次实现分承包管理产值超过自营产值，标志着第二建设公司已从单纯的施工型企业转型为工程管理—施工型企业。

2005年，第二建设公司完成的主要工程项目见表1。

（张章兴）

【技术开发成效显著】 2005年是第二建设公司的技术振兴年，该公司把技术进步、技术创新作为持续发展、提高市场竞争力的重要支撑，采取了一系列措施加强技术管理和技术开发工作，取得了良好成效。

第二建设公司对大型储罐施工的罐底板排板组焊工艺、双盘浮顶组焊平整度的控制技术以及罐壁板的组对与焊接等方面进行技术革新，取得了良好成效，大型储罐施工技术在国内已处于领先地位；第二建设公司对低温乙烯储罐的施工工艺进行大胆创新，打破了传统正装惯例，采用倒装施工工艺，使工期、质量和安全得到了更好控制、施工成本明显下降；2005年，第二建设公司先后在洛阳石化改造工程和安庆延迟焦化改造工程中对钢结构冷换框架和焦化炉实施整体平移，大大缩短了施工工期、减小了施工安全和质量控制难度，开创了石化集团公司的先河，得到石化集团公司主管部门和业主的高度评价；第二建设公司组织的铝镁合金焊接技术攻关获得成功，开发使用了新工艺，使得铝镁的焊接一次合格率一直保持在较高的水平。

（张章兴）

【海外市场开发取得突破】 2005年，第二建设公司根据市场变化认真分析形势，积极落实石化集团公司“走出去”战略，市场开发取得新突破。全年投标196项，中标68项，中标率34.7%，承揽任务10.1亿元，其中系统内5.35亿元，系统外4.75亿元，系统外市场依赖度47%，超额完成了年度目标。特别是在石化集团公司的支持下，第二建设公司与克瓦那公司、上海石化工程公司联合中标了沙特聚烯烃项目，合同金额达7.5亿美元，是石化集团公司截至2005年底承揽的最大的海外项目，标志着第二建设公司落

实石化集团公司"走出去"战略、拓展海外市场取得了实质性进展。（张章兴）

【保持共产党员先进性教育活动取得成效】 根据石化集团公司和上级党组织的统一部署，第二建设公司把开展先进性教育活动作为加强党的建设的一项基础工程和促进企业改革发展稳定的一件大事来抓，通过深入、细致地开展工作，较好地完成了先进性教育活动各个阶段的任务，得到了上级党组织的肯定和赞扬。在保持共产党员先进性教育活动的开展过程中，《南京日报》、《金陵晚报》、南京电视台、南京广播电台等地方媒体先后来到第二建设公司，就先进性教育活动的开展情况、公司的改革发展情况等进行专访。根据上级党组织要求，第二建设公司已建立了先进性教育长效工作机制，在今后一段时期进一步总结经验、建章立制，抓好整改措施的落实，继续巩固和扩大先进性教育活动的成果，使之转化为推进公司改革发展的新动力。（张章兴）

【队伍建设再上新台阶】 2005年，第二建设公司进一步落实"加强三支队伍建设"工作，取得了新成效，队伍建设再上新台阶。2005年，第二建设公司有1人被评为全国优秀项目经理、1人被评为全国工程建设优秀法律顾问、1人被评为江苏省优秀企业家、4人被评为江苏省和石化集团公司优秀项目经理、1人被评为石化集团公司"四五普法"先进个人、1人被评为江苏省建设系统优秀工会干部、1人被评为南京市五大金牌蓝领、1人被评为南京市十佳进城务工人员。第二建设公司获全国工程建设质量优秀企业、江苏省文明单位、南京市文明单位和江苏省建筑业最佳企业称号，公司工会获江苏省城建系统工会先进集体，公司团委连续10年获得南京市五四红旗团委称号。为了表彰先进，营造学习先进、赶超先进的浓厚氛围，第二建设公司表彰了劳动模范10人、优秀经营管理人才40人，优秀专业技术人才29人，优秀技术工人30人。

（张章兴）

表1　　2005年第二建设公司完成的主要工程项目

序　号	项　目　名　称	竣工日期
1	张家港陶氏化工有限公司丁苯乳胶	1月
2	南炼150万吨/年加氢裂化装置	2月
3	扬子120万吨/年加氢联合装置	2月
4	上海9万吨/年甲基丙烯酸甲酯	2月
5	东营2×2 000立方米、2×5 000立方米储罐工程	3月
6	荆门石化总厂100万吨/年柴油加氢	3月
7	福建炼油厂大检修	3月
8	化工园二期管网工程	4月
9	连云港碱厂除硝装置	4月
10	安庆石化总厂二加氢检修	4月
11	洛阳石化厂500万吨/年常减压改造	5月
12	长江三桥加油站	5月
13	杭州重油催化装置检修	7月
14	东营5万立方米储罐	7月
15	青岛石化厂100万吨/年催化改造	7月
16	宁波SBS沥青改造工程	7月
17	上海浮宝码头油库工程	9月
18	浙江乍浦2万立方米低温储罐	10月
19	徐州周宅子油库配套改造工程	10月

续表

序　号	项　目　名　称	竣工日期
20	上海亚东石化 53 万吨/年 PTA 装置	11 月
21	宁波恒信 6×1.5 万立方米储罐、6×3.5 万立方米储罐	11 月
22	青岛 2×2 000 立方米及 1×1 000 立方米球罐工程	11 月
23	浙江逸盛 53 万吨/年 PTA(一期)	11 月
24	安庆石化总厂焦化改造	12 月
25	九江石化厂 3 万吨/年硫磺回收	12 月
26	扬子石化 140 万吨/年芳烃改扩建工程	12 月
27	广州石化 15 万吨/年硫磺回收装置	12 月
28	鲁皖 66 千米成品油管道工程	12 月
29	仪征—长岭原油管道工程	12 月

第四建设公司

【概述】 中国石化集团第四建设公司(简称第四建设公司)位于天津市大港区，始建于 1963 年，占地 419 万平方米，是大型综合性施工企业。第四建设公司具备化工石油工程施工总承包一级企业资质，持有原国家对外贸易经济合作部颁发的对外经济合作经营资格证书，国家质量技术监督局首批颁发的压力管道安装许可证。1995 年通过 GB/T 19002—ISO 9002 质量体系认证，2000 年通过 ISO 14000、OSHAS 18000 两个体系认证，获得北京新世纪认证公司和英国 NQA 认证机构的认证资格证书。第四建设公司具有年内在建 10 套、新开 10 套、交工 10 套大中型石化生产装置和同时完成 10 个以上石化厂大检修的施工能力。可承包境外工程及境内国际招标工程；可进行上述境外工程所需的设备、材料出口；可对外派遣实施上述工程所需的劳务人员。

截至 2005 年底，第四建设公司有正式职工 3 116 人，其中管理和各类专业技术人员 1 432 人(89 人具有高级以上职称，359 人具有中级职称)；拥有资产总额 8.44 亿元；拥有施工机具、设备 2 959 台，总功率 1.52 万千瓦；下设从事设备钢结构安装、工艺管道安装、电气仪表安装调试、储罐安装、吊装运输、防腐保温等行业的 7 个专业化工程公司。

2005 年，第四建设公司认真分析市场形势，在明确市场定位的基础上，完善公司市场开发体系、落实激励机制、依托现有项目做好滚动开发，密切关注低温储罐、煤液化项目、国家战略储备油库等行业的发展方向，积极介入。第四建设公司全年共组织投标 85 个，中标 20 项，中标率为 23.5%，承揽各类施工任务 280 项，承揽合同额 14.78 亿元，承揽施工费 7.12 亿元，完成年度施工费承揽目标的 129.5%，在立足石化集团、向外发展上取得了良好效果，为公司持续发展奠定了较好的市场环境基础。

2005 年，是第四建设公司有史以来施工任务最为繁重、改革改制极为艰难的一年。面对复杂的局面，第四建设公司两级班子以高度的事业心和责任感，与全体干部职工团结一心，知难而进，统筹兼顾改革、改制、生产、经营各项工作，保持了企业稳定，维护了企业信誉，基本完成了全年各项任务指标。2005 年共完成产值 15.30 亿元，其中自行产值 9.60 亿元、分包产值 5.70 亿元，实现利润 216 万元，六费指标全部在计划控制范围内，职工年人均收入由上年的 2.20 万元提高到 2.60 万元，安全、质量始终处于可控状态。

2005 年，第四建设公司在全年整个施工组织过程中，安全、质量始终处于可控状态，顺利通过了质量管理体系和 HSE 管理体系外部审查，交验工程质量合格率 100%，已交工项目全部实现了开车一次成功，武汉石油化工厂 30 万吨/年催化重整—80 万吨/年加氢精制装置获石化集团公司优秀施工奖；实现重大安全事故 7 个为零。

（郝凌宇）

【实现 16 项中交，施工产值创历史之最】 2005 年，第四建设公司针对施工生产“四多一少”(收尾项目多、检修改造多、在建工程安装高峰多、新建工程多，内部劳动力资源少)的特点，积极采取有效措施，加强广州炼油改造、海南炼化、茂名乙烯改扩建、燕山制氢、大连硫磺回收、扬子PTA、柳州合成氨、青岛储罐等新开工程及天津石化、石家庄炼油厂、武汉石化等检修改造工程的前期筹划；加强广州、茂名、海南、南海、洞氮、扬巴、赛科等重点工程的中间协调和过程控制；加强自有资源的综合平衡，全年项目部管理人员调配达1 087人次，技能操作人员调配达7 400人次；改进分包管理，提高对社会资源控制能力，自有人力资源与使用社会资源的比例达到1:2。全年完成施工总产值15.30亿元，占年计划的152.94%，施工产值创历史新高。

2005年第四建设公司完成的主要工程项目见表1。

（郝凌宇）

【成功攻克9%镍钢焊接技术难关】 2005年，在经历了7个月的艰苦努力，终于在连续6个焊接工艺评定的全焊道拉伸试验中取得了成功，胜利完成用于低温液化气(LNG)储罐安装的9%镍钢全部23个工艺评定项目，并在广东LNG大型储罐施工中得到初次应用。标志着低温钢焊接工艺原来由国外少数公司长期垄断的格局被中国人打破，这一自有知识产权的建立将彻底改变国内LNG项目受制于人的被动局面，对国家清洁能源的储备使用产生积极和重大的影响。

（郝凌宇）

【企业资质升级取得突破】 2005年，第四建设公司对照标准研究确定业绩工程项目，进行细致的资料准备，一举取得机电设备专业和管道专业两项主要的一级承包资质，实现了资质升级的重大突破，结束了公司主要专业没有一级承包资质的缺憾。

（郝凌宇）

【改制分流取得阶段性成果】 2005年，第四建设公司辅业改制分流顺利推进，完成了建筑公司、招待所、金属结构厂3家单位的改制注册和挂牌工作，改制单位经营工作逐步走上正轨，取得了一定的经济效益和社会效益。建安里和开元里2所幼儿园也按照“资产租赁、社会办园”形式自2005年8月起全部进入社会办园，自主经营。

（郝凌宇）

【专业化重组逐步深化】 2005年，按照“四大一特”专业化施工发展方向，第四建设公司于7月组建成立了储罐安装工程公司和吊装运输公司，两个单位较好地完成了全年的各项任务；组建新的专业公司有利于专业化、标准化、规范化、程序化管理，有利于提高效率、降低成本、保证质量、提高市场竞争力，更好地开拓市场。

（郝凌宇）

【社区改造取得实质进展】 2005年，在石化集团公司的大力支持下，经过与地方政府有关部门反复协商，签订了社区电力系统改造协议，截至2005年底，改造工程已经完成总体进度的70%。

（郝凌宇）

【利用社会人力资源能力得到提高】 2005年，第四建设公司施工生产任务极为繁重，自有职工远不能满足需要，所以广泛利用社会人力资源成为必然。充分调动项目、专业公司和处室的积极性，不断扩大合作单位范围，极大缓解了资源不足的矛盾，本着“风险共担、利益共享、优势互补、实现双赢”的原则，组织50多家单位召开分包联营工作年会，增进相互了解，改进分包管理，提高对社会资源控制能力，初步形成了人力和设备资源的合作网络。

（郝凌宇）

表1　2005年第四建设公司完成的主要工程项目

序号	项目名称	竣工日期
1	四川维尼纶厂二氧化碳装置	3月
2	四川维尼纶厂AA装置	2月
3	金陵分公司化肥技术改造工程	5月
4	茂名乙烯110千伏升压站工程	6月
5	内蒙古天野集团甲醇锅炉及公用工程	9月
6	南海乙烯公用工程	12月
7	海南炼化原油储罐工程	12月
8	大连硫磺回收装置	12月

续表

序号	项　目　名　称	竣工日期
9	山东利华集团股份公司重油催化装置、气体分离装置	5月
10	山东利华集团股份公司硫磺回收、溶剂再生及酸性水汽提联合装置	11月
11	新疆阿克苏华锦化肥公司52万吨/年尿素工程	12月
12	武汉分公司15万吨芳烃抽提装置	8月
13	武汉分公司循环氢脱硫装置	8月
14	武汉分公司芳烃抽提装置配套罐区	7月
15	巴陵分公司7改14二期工程	4月
16	仪—长管道武汉末站配套厂区工艺及热力管网与原油罐区工程	12月

第五建设公司

【概述】 中国石化集团第五建设公司(简称第五建设公司)成立于1953年，位于甘肃省兰州市西固区，占地面积37万平方米，是石化集团公司直属大型综合性施工企业。第五建设公司持有化工石油工程施工总承包一级企业资质证书、国外工程承包资质证书、对外经济合作经营资格资质证书、职业安全卫生管理体系认证证书、GB/T 19001—ISO 9001：2000质量体系认证证书、安全环境与健康(HSE)管理体系认证证书、AR3和BR1级压力容器制造安装许可证、A级锅炉安装许可证、A级锅炉修理改造安装许可证、压力管道安装许可证、压力管道元件制造单位安全注册证书、海洋石油工程二级资质证书、建筑企业安全资格证书等。

2005年，第五建设公司下设1个南京分公司及安装、电仪、机施等8个专业公司，18个机关处室。共有职工2 078人，其中各类专业技术管理人员861人，具有高、中级技术职称282人。国家一级项目经理48人，二级项目经理52人。拥有资产总额3.9亿元，拥有各类机械设备1 796台，固定资产原值2.2亿元，设备总功率27.41万千瓦，技术装备率6.86万元/人，动力装备率12.63千瓦/人。第五建设公司年施工能力可完成建安产值15亿元以上，能独立承揽国内外大中型化工石油工程施工、工业与民用建筑施工、消防工程施工、石油化工装置技术改造和检修、以及特种设备制造(一、二类压力容器制作)、特种设备安装(GA、GB、GC压力管道、球形储罐现场组焊、A级锅炉、起重机械)、电气仪表盘箱制造等业务。

2005年，第五建设公司主要经济技术指标又创新纪录，全年完成建筑业施工产值7.12亿元，为年计划的118.7%，比上年同期增长33%；自行完成建筑业劳动生产率20.67万元/人，为年计划的113.5%；实现利税总额1 591.8万元，其中实现利润233万元，为年计划的117%；主营业务利润率10.92%；机械设备完好率98.6%，利用率70%；建筑工程合格率100%，安装工程优良率96.8%；千人负伤率2.375；其中建筑工程施工产值、建筑业劳动生产率均创历史最高水平。

2005年，第五建设公司共参加工程投标150项，中标46项，中标率30.67%，中标额21.69亿元。中国国内项目中标45项，中标额4.17亿元；国外中标1项，中标额2.16亿美元，折合人民币17.52亿元。2005年共签订合同131份，合同额5.79亿元，同上年相比增长48.5%。

2005年，第五建设公司在全体员工的努力下，全面确保了17项重点工程项目的按期中交。2005年第五建设公司完成的主要工程项目见表1。

2005年，第五建设公司承建的上海赛科26万吨/年丙烯腈装置获得石化集团公司优质工程奖，并完成了2006年向国家申报“鲁班奖”的准备工作；同时上海赛科26万吨/年丙烯腈装置与南京扬—巴一体化丁辛醇合成装置共同获得2005年度全国优秀焊接工程奖；“上海赛科两器吊装”创造了中国国内安装企业日吊装量最大的纪录，被中国企业联合会评为第十批中国企业新纪录；上海赛科26万吨/年丙烯腈装置FF现场总线仪表系统QC攻关小组获国家工程建设质量奖委员会签发的2005年全国工程建设优秀质量管理小组称号；西安清洁燃料工程和南京扬子9#炉工程被中国安装协会评为全国用户满意安装工程；连续2年被中国安装协会评为全国用户满意安装企业；连续3年被评为省级优秀建筑业企业，连续16年保持了兰州市文明单位称号；推荐上报的《“标价分离”项目核算费用管理法》被中国施工企业管理委员会评为2005年度全国工程建设企业管理现代化成果二等奖；

申报的《大型机组油系统冲洗工法》获甘肃省级工法荣誉称号，同时还被评为2004年度中国安装之星和中国安装协会第七届科技成果二等奖，甘肃省建设厅还组织省内相关专家，对其关键技术进行了进一步的技术鉴定，完成了国家级工法的申报；申报的《离心式压缩机组安装工法》获得2003—2004年度石化集团公司级优秀工法；获得石化集团公司2004年度财务决算评比优秀单位称号；内部报刊《石化五建》被中国施工企业管理协会评选为全国建筑施工企业优秀报刊；工会被甘肃省石化工会授予全省石油化工系统先进基层工会荣誉称号，被兰州市总工会评为一类合格工会；团委获兰州市五四红旗团委称号；第一安装工程公司继续保持了共青团中央和石化集团公司联合命名的青年文明号荣誉称号，电仪公司通过了甘肃省青年文明号复核，并被推荐参加全国青年文明号的评审；所辖26#街区被西固区政府验收为标准园林小区，康乐路小区被评为文明小区达标小区。

（郝晓明）

【“走出去”战略取得重大突破】 2005年，第五建设公司“走出去”战略取得可喜成绩，海外市场开拓有了新突破。在石化集团公司大力支持下，第五建设公司抓住有利时机，针对沙特阿拉伯阿美公司与日本株式会社联合投资的1 000万吨/年炼油项目（简称沙特RABIGH项目），全力做好技术谈判和商务报价，2005年12月19日取得了预受中标通知书。该工程总承包方是西班牙RT公司，施工工期为29个月，竣工时间是2008年5月9日，项目管理模式为PMC—EPC—施工分包，质量遵循ISO 9000质量体系标准和ASME产品标准，HSE管理遵循沙特阿拉伯国家法律和项目管理公司集中承包商的HSE管理要求和程序。沙特RABIGH项目是国际性项目，施工技术、管理水平要求较高，这对于第五建设公司来说既是一次难得的机遇，也是一次挑战。

（郝晓明）

【企业成本得到较好的控制】 2005年，第五建设公司加大全面预算管理执行力度，对公司的财务运行情况进行了有效的控制。加大降本减费力度，严格项目成本管理，各项目普遍盈利状况较好。加强对工程管理、分包管理、物资采购与废旧设备处理等方面的审计监督检查力度，全年审减额达到67.73万元。2005年第五建设公司共计采购物资达7 519.3万元，采用货比三家、公开招投标的方式，节约资金126.32万元。加强设备采购和废旧设备处理的管理，严格按照设备采购计划、审批制度，全年共计设备采购1 668.34万元，节约设备采购资金21.13万元。加强清理租赁房屋及住户水、电、暖欠费收缴力度，成立催缴费用领导小组，全年收回拖欠款25.03万元。加大对工程款的清欠和索赔力度，采取清欠工作与效能监察、绩效挂钩相结合的办法，全年共清欠工程款1 505万元；同时狠抓索赔工作，共索赔1 145万元，有力地缓解了第五建设公司资金缺口的矛盾。

（郝晓明）

【上海赛科26万吨/年丙烯腈装置被评为石化集团公司优质工程奖工程】 上海赛科项目26万吨/年丙烯腈装置是上海赛科90万吨/年乙烯工程的主装置之一，由宁波工程公司负责总承包，丙烯腈装置投资12.5亿元，由第五建设公司承建。工程于2003年5月20日首先从丙烯腈地下管道开工，到2004年12月21日全面实现机械竣工。该工程历时19个月，全面实现了安全、优质、高效的机械竣工。2004年5月16日第五建设公司在上海赛科90万吨/年乙烯、26万吨/年丙烯腈装置工程中，采用单台吊车主吊，辅助吊车溜尾的方法将两台直径9 400毫米×30 460毫米、重615吨的反应器在一天之内吊装成功，日起重量达1 230吨，创国内一天之内起重重量最大新纪录，在中国施工企业管理协会推荐上报的2005年度施工企业吊装重量新纪录中，第五建设公司被列为2005年度第10批中国企业新纪录。2006年1月16日上海赛科石化公司26万吨/年丙烯腈装置被评为石化集团公司2005年度优质工程奖工程。

（郝晓明）

【被评为全国用户满意安装企业】 2005年第五建设公司承建的工程实现了建筑单位工程合格率100%，安装单位工程优良率96.8%。2005年11月15日，第五建设公司被中国安装协会评为2005年度全国用户满意安装企业；同时，由第五建设公司承建的西安石化清洁燃料生产技术改造项目和扬子石化热电厂410吨/时锅炉建筑安装工程也被评为2005年度全国用户满意安装工程。

（郝晓明）

【改革改制工作稳步推进】 2005年，按照石化集团公司的统一部署和改制分流计划安排，第五建设公司完成了防腐公司改制资产评估等工作，3月31日改制后的兰州瑞麟防腐工程有限公司正式成立并挂牌和独立运营。物业公司改革是第五建设公司改革工作的一个难点，2005年初第五建设公司就积极与物业公司进行沟通，积极创造条件，为物业公司的深化改革奠定基础，并得到石化集团公司批复的 1 236 万元改造资金。2005 年第五建设公司制定并实施了部分员工内部退养的办法，对部分员工实行了内部安置，截至 2005 年 11 月 15 日，296 名内部退养员工全部办理了内退离厂手续。同时根据兰州市医疗保险政策规定，第五建设公司参加了兰州市城镇职工基本医疗、工伤保险和生育保险，保障了企业集体和员工个人的权益。

（郝晓明）

【稳定工作卓有成效】 2005 年，第五建设公司稳定形势十分严峻，全年共受理群众来信 18 件，同比上升 72.7%；单独来访 12 人次，同比上升 33.3%，集体来访 30 起，1 487 人次，同比起数上升 330%，人数上升 494%。第五建设公司针对不稳定因素，采取有力措施，积极化解矛盾，通过加强宣传教育、深入细致的做好思想工作，帮助解决协解人员的医疗保险问题，为协解人员参加基本医疗保险创造条件，帮助生活有困难且有就业愿望的协解人员实现再就业，2005 年第五建设公司共清理挖掘出了 366 个岗位，其中生产性岗位 326 个，非生产性岗位 40 个，已安置了 286 人。第五建设公司从 2005 年下半年启动帮扶解困基金，主动帮扶有特殊困难的职工，帮困基金 10 万余元，截至 2005 年底共帮扶因患重病造成家庭生活困难的职工 2 户，帮扶金额 7 600 元；救济困难职工 62 人，救济金额 1.47 万元。由于积极稳妥地采取了各项有力措施，妥善处理好了改革、发展、稳定的关系，2005 年第五建设公司稳定工作取得显著成效。

（郝晓明）

表 1　　2005 年第五建设公司完成的主要工程项目

序　号	项　目　名　称	竣工日期
1	兰州石化公司乙烯、乙烷工程乙烯精制装置	3 月
2	兰州石化公司乙烯改扩建工程现场“五通一平”临时用电设施	3 月
3	扬子炼油厂常减压装置加工进口原油改造项目建筑安装工程	3 月
4	甘肃聚银公司水煤气 4#、5# 炉技改项目	4 月
5	甘肃聚银公司新建火炬系统	4 月
6	兰州卷烟厂锅炉房安装工程	7 月
7	江西国家成品油储备库安全改造工程	7 月
8	兰州石化公司 60 万吨/年乙烯改扩建工程公用工程外管工程	8 月
9	兰州石化公司 60 万吨/年乙烯改扩建工程循环水站建筑工程	9 月
10	安庆石化公司热电厂 3# 过滤升压改造工程	9 月
11	扬子巴斯夫有限责任公司 GAA 装置总安装工程	9 月
12	南化公司 10 万吨/年苯胺项目 B 标段建筑安装工程	9 月
13	海南石油公司加油站项目已竣工的加油站：	
	博鳌兰加油站	4 月
	洋浦区红浦加油站	5 月
	滨海加油站、文昌八龙和白沙邦溪加油站	8 月
	大英山加油站和龙歧加油站	10 月
14	甘肃聚银公司 2.8 万吨/年 TDA 装置扩产改造项目	11 月
15	巴陵石化公司动力事业部锅炉及附属设备安装工程(210 吨/时)	12 月
16	兰州中凯工贸有限责任公司 3 万吨/年硝胺利旧复产工程	12 月
17	珠江三角洲成品油管道工程鹤山址分输泵站及油库	12 月

我的选择
My Choice

中国进出口银行 总行营业部

THE EXPORT-IMPORT BANK OF CHINA BANKING DRPARTMENT

中国进出口银行总行营业部(以下简称总行营业部)成立于2001年11月，是中国进出口银行的营业性分支机构，负责向北京市、天津市、河北省、河南省、山西省和内蒙古自治区的中央和地方企业提供政策性金融支持。

总行营业部的业务范围包括:出口卖方信贷业务、出口买方信贷业务;贷款项下人民币存款、结算业务;贷款项下外汇存款，外汇汇款，国际结算，结汇、售汇，对外担保业务，出口信贷担保业务;与本行业务相关的咨询、资信调查和见证业务;总行授权的其他业务。

“十五”期间，在中国进出口银行党委的正确领导下，总行营业部始终坚持政策性办行方向，认真贯彻落实国家科技兴贸战略、“走出去”战略和能源安全战略，与时俱进，开拓创新，扎实工作，积极支持我国企业参与国际经济合作与竞争，充分利用“两个市场，两种资源”。截至“十五”期末，信贷余额达到532亿元(本外币合计)，对外担保责任余额超过40亿美元，累计支持了500多亿美元的机电产品和成套设备出口、对外承包工程和海外投资。

支持我国能源企业“走出去”开展经济技术合作是总行营业部的重要工作内容。成立四年多来，总行营业部积极加强与包括中石化在内的国家能源类企业的合作，大力支持其参与国际经济合作与竞争，先后与相关企业签署银企战略合作协议9个，协议金额超过1000亿元人民币，同时还创造了资源、信贷、项目一揽子合作模式，为落实国家能源安全战略作出了贡献。

作为支持我国进出口贸易和对外经济合作的国家政策性银行营业性分支机构，总行营业部在支持国内企业参与国际经济合作与竞争，开展境外投资、对外承包工程、打开国外市场等方面积累了大量经验，形成了一整套适合中国特点的出口和海外投融资模式，开发出一系列适应中国企业开展对外经济合作需要的融资产品，同时也培养了一批出口信贷和海外投融资业务人才。

总行营业部真诚希望与包括北京地区企业在内的海内外金融、经贸界朋友建立和加强联系，发展业务合作。

地址: 北京市西城区金融大街7号北京英蓝国际金融中心第十层
邮编: 100034
电话: (010)58365188　58369188
传真: (010)58369100

交通银行

BANK OF COMMUNICATIONS

交通融通　诚信永

交通银行始建于1908年，是中国早期成立的大型银行之一。于1987年重新组建，是中国较早的大型股份制商业银行。目前交通银行在国内设立有93家分支行，在138个城市拥有2600多个营业网点。同时，交通银行在纽约、东京、香港、新加坡、汉城等国际金融中心城市设有分行，在伦敦、法兰克福开设有代表处。截至2005年末，交通银行资产总额达到14234亿元人民币。

2004年交通银行深化股份制改革整体方案得到批准。经过财务重组和引进国际战略投资者——汇丰银行。2005年6月，交通银行成功发行H股并在香港联交所主板挂牌上市，成为中国境内率先登陆国际资本市场的商业银行。

交通银行坚持“以市场为导向，以客户为中心”和“科技兴行”的理念，为客户提供一流的产品和服务。近年来，推出了企业网上银行、大客户服务系统——“银企通”、“报关一点通”等先进电子产品，以及买方／协议付息票据贴现、现金管理合作、外汇理财、远期结售汇、离岸银行等特色融资和理财产品，为客户提供优质、安全、便捷的金融服务。

交通银行有着多年的石油化工行业金融服务经验，与中石化集团保持着良好的合作关系。目前约有20家境内外分支行为中石化集团及其成员企业提供本外币结算、贷款、信用证及咨询等业务。交通银行将进一步巩固和扩大与中石化集团公司的全面合作关系，加强与石化行业企业的业务合作，共创美好未来。

ank
中国光大银行
CHINA EVERBRIGHT BANK
味成功 光大未来
中国光大银行成立于1992年8月，是由中国光大（集团）总公司控股，亚洲开发银行国际金融组织等中外股东参资入股的国有控股银行。
中国光大银行成立13年来，不断开拓创新，锐意进取，各项业务全面发展，整体规模实力处于国内股份制商业银行前列。特别是率先推出的“阳光理财”系列产品。深受客户青睐和社会各界欢迎，已成为国内知名金融品牌。2005年7月，在英国《银行家》杂志新近评出的全球1000家大银行中，中国光大银行排名第295位，成为一家对中国经济，社会有影响力的全国性股份制商业银行。
凭借灵活的经营机制和较强的金融创新能力，近年来，光大银行在一系列的业务竞争中屡屡抢得先机：
拥有全面代理财政国库业务资格的商业银行；
连续五年获得摩根 — 大通银行清算质量认证奖的商业银行；
率先实现大集中业务处理模式的商业银行；
率先获得短期融资券主承销业务资格，目前承销金额遥遥领先；
率先获得了企业年金基金托管人和账户管理人资格；
率先推出本外币理财业务，阳光理财品牌在国内同业中处于领跑地位；
……
业年金托管和账户管理
阳光理财
阳光信用卡
保理业务
银关通
出国金融服务
全国一柜通
代理财政国库业务
短期融资券承销
客服电话：95595 网址：www.cebbank.com

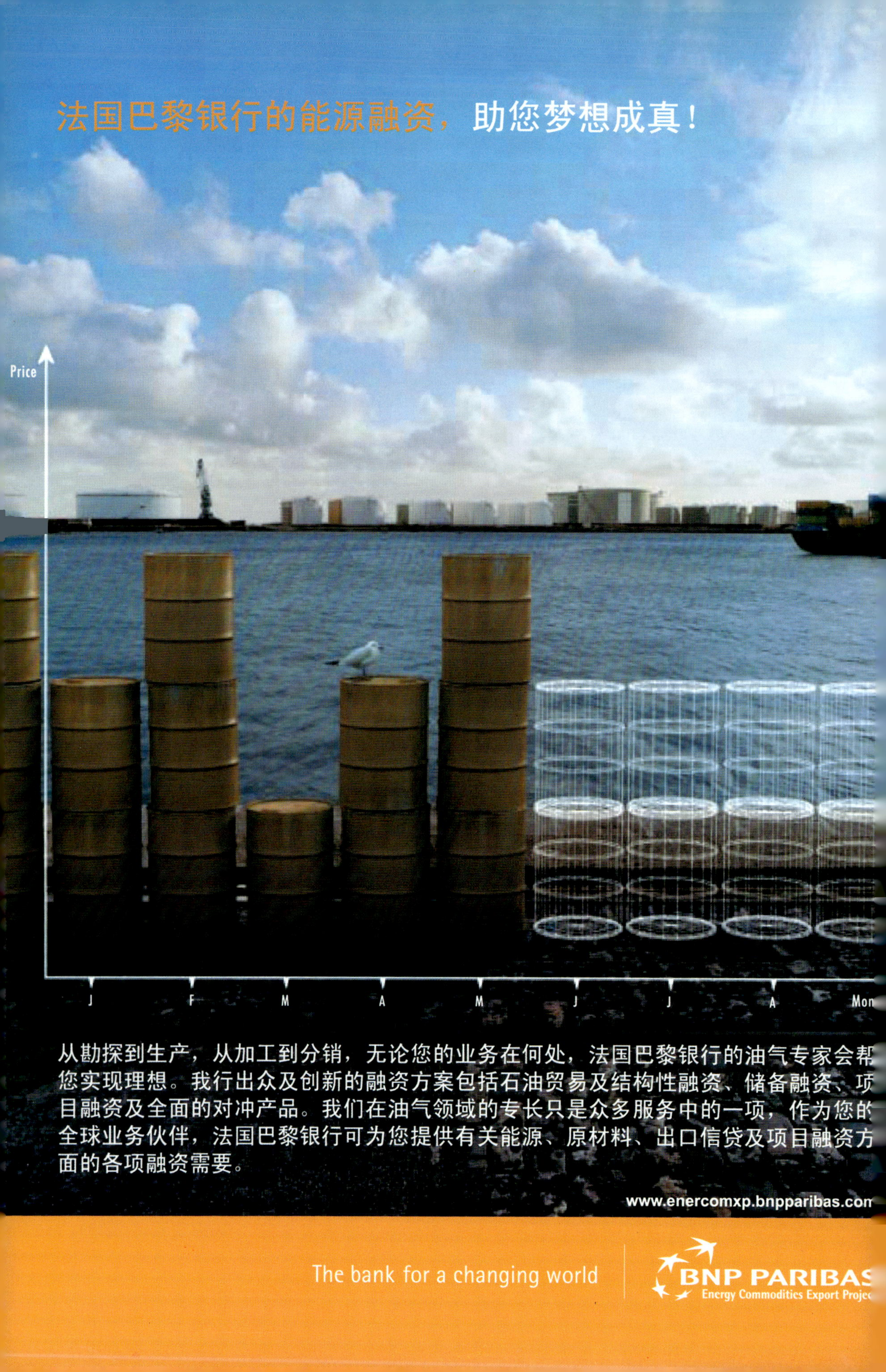
法国巴黎银行的能源融资，助您梦想成真！
Price
J
F
M
A
M
J
J
A
从勘探到生产，从加工到分销，无论您的业务在何处，法国巴黎银行的油气专家会帮
您实现理想。我行出众及创新的融资方案包括石油贸易及结构性融资、储备融资、项
目融资及全面的对冲产品。我们在油气领域的专长只是众多服务中的一项，作为您的
全球业务伙伴，法国巴黎银行可为您提供有关能源、原材料、出口信贷及项目融资方
面的各项融资需要。
www.enercomxp.bnpparibas.com
The bank for a changing world
BNP PARIBAS
Energy Commodities Export

AIR LIQUIDE (CHINA) HOLDING CO. LTD
液化空气（中国）投资有限公司

AIR LIQUID

法国液化空气公司是世界上大型的工业气体和医疗气体以及相关服务的供应商，公司成立于1902年，现有员工约36,000 名，业务遍及70多个国家。公司以不断更新的技术为基础为用户提供创新的解决方案，这解决方案秉承法液空公司的一贯承诺：致力于可持续发展和对生命的保护，帮助我们的用户生产众多的日活所必需的产品。

- 公司2005年营业额104亿欧元；80%的营业额来自法国本土以外；
- 全球拥有550多个工业气体生产厂；
- 超过7000公里供气管道为用户提供工业气体。

法国液化空气公司是世界大型的空分设备制造厂家：

- 自有空分技术，数千项专利与发明；
- 安全性、可靠性及运营性能最优化；
- 2004年建成并投用了大型单线空分（4300吨氧/天）

法国液化空气公司在中国的强势发展：

－ 气体供应：法国液化空气公司在中国发展近20年，20余家公司分布于华北，华东与华南地区；为众多大供应工业气体，包括中石化和在国内投资的大型国内和国际企业（在上海化学工业园区为BASF 、赛科、石化、BP、赫斯曼等供气）。法国液化空气公司同时拥有在国内购并现有空分装置的经验 (装置优化整合

- 员工1,500余名；
- 目前年增长速度为40%；
- 2004-2008年在华投资5亿欧元的5年计划正在实施中。

工程与设备制造：法国液化空气公司已在中国市场销售空分设备多年，1997年在杭州建立了工程制造中心；

- 占有国内大空分市场主要份额；
- 员工400多人；
- 为客户提供强有力的技术支持：优化整合现有空分装置，指导新空分的规划和采购。

法国液化空气公司是世界工业气体和医疗气体领域的领军企业

Floor 12, Building 82, 1198 North Qinzhou Road Shanghai, P. R. China 200233 中国上海市钦州北路1198号，82楼12楼 邮编：200233
Tel / 电话：+86-21-54275757 Fax / 传真：+86-21-64850343 Website 网址: www.airliquidechina.com

The world leader in industrial and medical gases

Mercuria Energy Trading

摩科瑞能源公司

J&S集团摩科瑞能源公司致力于全球能源领域的贸易投资业务，包括原油、成品油、石油化工品、电力、液化天然气等产品的供应和销售。摩科瑞利用集团已有的俄罗斯油源网络，成功拓展到北海、南美、西非油市场，在有效融合华尔街顶级交易模式和风险管理系统的同时，战略性投资相关物流仓储设施，凭借其长期可靠的资信迅速发展成为富有增长潜力的国际性能源交易公司之一。现今，摩科瑞在欧、美、亚13个国家和地区设立了分支机构，业务网络覆盖全球。

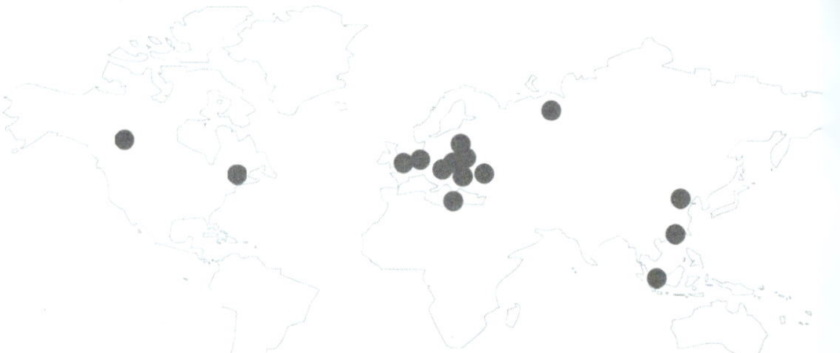

J&S GROUP

www.jandsgroup.cc

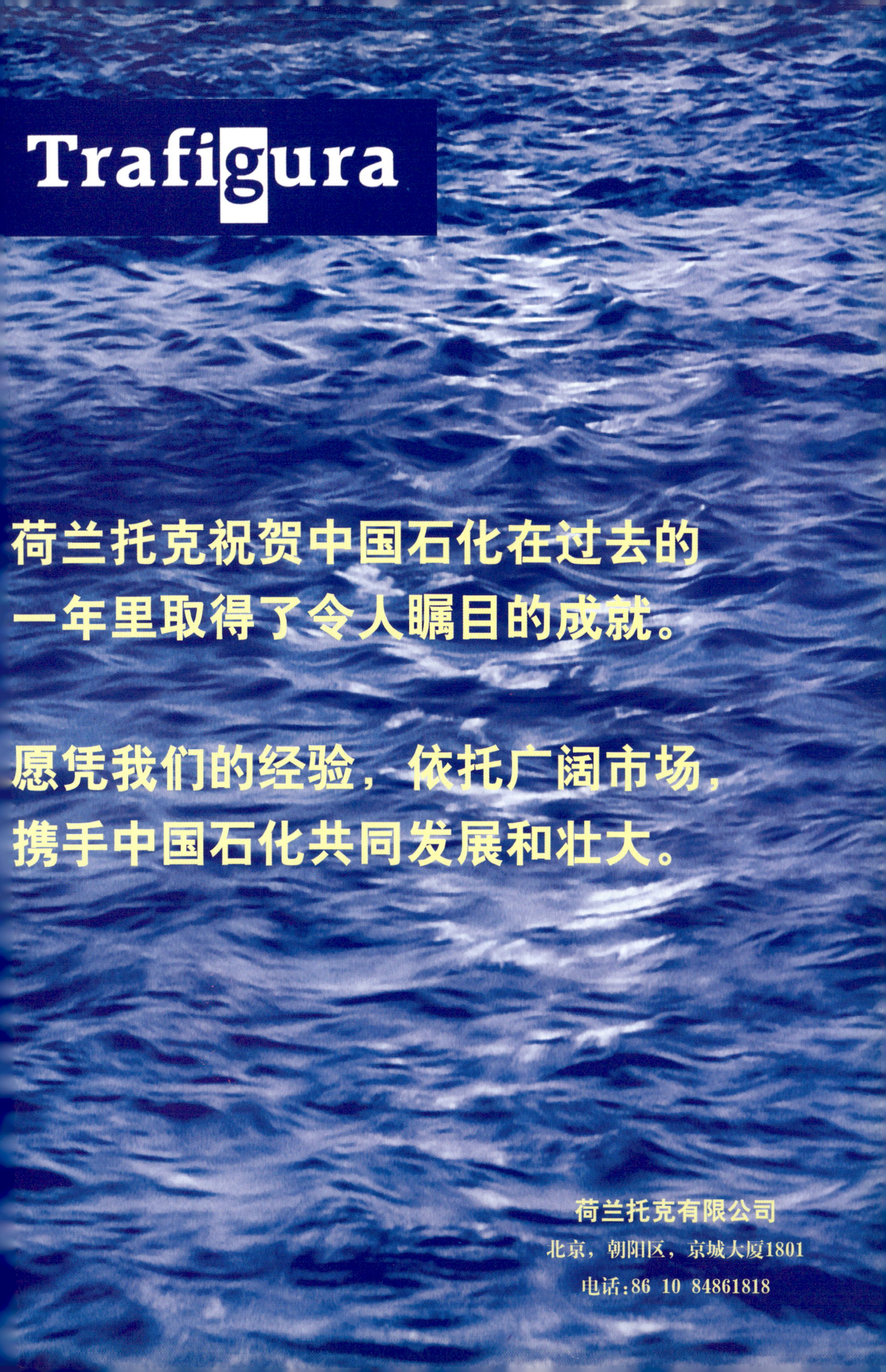
Trafigura
荷兰托克祝贺中国石化在过去的
一年里取得了令人瞩目的成就。
愿凭我们的经验，依托广阔市场，
携手中国石化共同发展和壮大。
荷兰托克有限公司
北京，朝阳区，京城大厦1801
电话:86 10 84861818

中国工艺品
进出口总公司

中艺华海进出口有限公司

CHINA ARTS HUAHAI IMP.&EXP.CORP.LTD.

中艺华海进出口有限公司1995年9月在珠海成立，具有独立法人资格，享有全国报关权。本公司主要从事原油、燃
、化工、沥青、钢材等大宗商品的进口及轻纺、土畜等产品的出口和代理进出口业务；开展对销贸易和转口贸易；对
派遣工程生产及服务行业的劳务人员；经营国家实行进出口许可证管理的商品及国内贸易。同时进行与油品经营相配套
码头、油库、仓储设施的投资与经营。是一家贸易与实业相结合的综合性贸易公司。

1997年，我们在南通如皋港开发区征地500亩，征用深水岸线540米，随后成功组建了南通东方石油化工港储有限公
南通东方燃料销售有限公司和南通长江燃料油净化有限公司，总投资达2.5亿元人民币。从1998年10月5万吨级码头、
立方米储罐群开始立项建设至99年7月正式投运；2002年10月又用6个月时间建成了年产50万吨燃料油净化装置并于
3年5月投产。现在，一个整体现代化的5万吨级和两座5000千吨级的石化专用码头、25万立方米的仓储库群和年产50万
净化油装置屹立在如皋港区。

除了上述在南通如皋港的投资外，还在江苏省南京市投资有1.2万吨级的燕子矶油库（码头1.5万吨级，两个5000吨储
2000吨储罐一个）；在宁波（岱山油库5万吨）、东莞（电化油库）及武汉（武汉石油）常年租用和联营储量为一万
级的油库；在山东莱州投资建设了6万吨油库仓储设施，于2004年5月竣工投产；在广州南沙与广州小虎岛投资建设有限
、泰山集团投资有限公司共同投资建设码头、仓储、中转过驳、保税贸易等项目。

中国石化集团国

中国石化集团国际石油勘探开发有限公司(SIPC)是中国石化集团的全资子公司，成立于2001年1月，总部在北京，注册资本63.1亿元人民币。SIPC代表中国石化集团公司统一行使上下游对外投资合作和对海外项目实行统一经营管理，是中国石化集团从事上下游海外投资与经营的唯一专业化公司。SIPC下设16个职能部门和20多个海外分支机构。

目前，SIPC的海外油气勘探开发项目已遍布非洲、中亚、中东、俄罗斯、美洲、南亚太的二十多个国家，已初步形成了海外油气生产合作的战略布局。在此，谨向支持SIPC发展的海内外各届朋友表示衷心的感谢!

今后，SIPC将继续充分发挥中国石化集团上下游一体化经营的优势，依靠中国石化集团经营、资金、技术的综合实力，积极扩大与世界各能源国之间的合作，坚持灵活多样、互利双赢的合作方式，能源资源品种多样化的原则，遵循“追求卓越、永不满足、有序竞争、团结协作”的价值观念，与世界各能源国、石油界、金融界共同谋求21世纪能源工业的健康发展!

石油勘探开发有限公司

地址:中国・北京市・海淀区北四环中路263号
邮编:100083
No.263 Beisihuan Zhonglu, Haidian District, Beijing 100083 China
电话(Tel):(86-10)82310862
传真(Fax):(86-10)82310841
网址(Web):www.sipc.cn
E-mail:sipcinfo22@sipc.cn

中国石油化工集团西北石油局
中国石油化工股份有限公司西北分公司

西北石油局、西北分公司主要从事塔里木盆地油气勘探开发和油气销售业务，是一支技术精、作风硬、结构合理的专业化油气队伍。直属单位驻地分布于新疆维吾尔自治区天山南北，机关总部设在乌鲁木齐北京北路29号。2005年有职工3048人，专业技术人员1562人，高级专业技术职务336人。

2005年4月8日，塔河油田8-3计转(掺稀)站气处理系统顺利投产

西达里亚DK20井准备开钻

塔河油田又一口井获高产油气流

2005年是西北石油局、西北分公司历史上投资
多，产能建设重点工程量较大，原油产量增幅较高
一年。总投资由2000年的14.8亿元增加到51.85亿
原油产量由2000年的187万吨上升到420万吨。在
里木盆地拥有勘探矿权区块6个，区块登记面
12392.92平方千米;累计探明23个油气田，开发的
个油气田中，共有生产油井469口，开井373口，
计生产原油2 074.58万吨，生产天然气47.26亿立
米。

2005年，全年实现总收入84.32亿元，实现利
53.2亿元、利润48.02亿元。其中:西北分公司实现
营业务收入77.21亿元、利润46.59亿元、利税51.4
亿元。人均实现利润170.93万元、实现利税188.74
元，再次刷新同行业新纪录。

雅克拉集气站全景

西南石油局局长、党委书记 薛万东

西南分公司经理 徐向荣

中国石化集团西南石油局
中国石油化工股份有限公司西南分公司

西南石油局、西南分公司的前身是国家地质总局四川石油普查勘探指挥部，成立于1976年，以后曾经隶属于地矿部和中国新星石油公司，2000年3月随新星公司整体并入中石化，2003年7月由总部直接管理。局、分公司的主体队伍是曾经为发现大庆油田、吉林油田、辽河油田作出过重要贡献的“国家地质勘查功勋单位”。

西南石油局、西南分公司所属二级单位分布在四川省、重庆市和贵州省。局下属13个二级单位，分公司下属12个二级单位。

局、分公司现有正式职工4755人，其中:局2128人，分公司2627人，专业技术人员1311人。近十年来，有30人获得“全国劳模”、“全国五一劳动奖章”、“全国优秀党务工作者”等荣誉称号;局党委在四川省直118个厅局中被评为“创四好成效显著班子”;局、分公司被评为“全国企业文化建设实践创新先进单位”。局、分公司在地质构造复杂、油气资源富集的川西陆相致密碎屑岩领域、川东北海陆相地层进行油气勘探的实践中，建设并逐步完善了覆盖油气勘探开发各专业领域的科研和工程专业队伍，积累了丰富的人力资源和专业技术资源。“六五”以来承担部(省)级及以上重点科技攻关项目233项，获得了部省级以上科技进步奖216项，73人获得政府特殊津贴和“李四光地质科学奖”、“国家级突出贡献中青年专家”、“部(省)级有突出贡献的优秀专家”等荣誉称号。

目前拥有油气勘查区块10个，可供开采的区块16个，探采矿区块合计面积约3万平方公里，拥有天然气总资源量4万亿方以上。通过30年的勘探开发，截至2005年底西南分公司在四川盆地合计拥有三级储量4800亿方。其中:探明储量1400亿方，控制储量1000亿方，预测储量2400亿方。在四川盆地西部陆相地层开发了新场、合兴场、孝泉、马井、洛带、新都、东泰等一批大中型气田，在川东北、川北海相地层发现了一批勘探开发前景良好、可望成为油气生产接续阵地的油气田和大型含油气构造。

截至2005年底，局、分公司资产总额60.7亿元(局21亿元、分公司39.69亿元)。局拥有钻机26台，固井、测井、试油、修井等非安装设备装备6625台(套)。分公司共有非安装设备1403台(套)，设备资产原值11.4亿元，净值6.5亿元，油气井939口(油井21口、气井918口)，集输气站184座，各类输气管线3000公里，建成了600万方以上的日集输能力。

1

2

3

4

5

6

1. 2006年6月7日，陈同海总经理视察西南石油局、西南分公司
2. 在川东北高陡大山区进行地震施工
3. 川西平原开发井正在进行大型酸化压裂施工
4. 川西又一口新区探井试油点火
5. 新建的天然气井组开始投产集输
6. 规范建设并投入运营的输气站场

中国石化集团巴陵

■ 巴陵石油化工有限责任公司董事长
总经理 · 分公司代表: 张德明

■ 巴陵石油化工有限责任公司党委书记
副董事长: 尹家振

■ 巴陵分公司经理: 朱泽华

巴陵石油化工有限责任公司
地址: 湖南省岳阳市云溪区
邮编: 414014
电话: (0730)8492348
传真: (0730)8481456
网址: www.BLsh.Net

巴陵分公司
地址: 湖南省岳阳市洞庭大道1号
电话: (0730)8501988(总机)
传真: (0730)8501303
邮编: 414003

東海牌
DONGHAI BRAND
中国石化上海沥青销售分公司
中国石化东海牌沥青
功应用于上海国际赛
场F1赛道,2005年，又
挫国际上强力竞争对
,接连中标,并成功应
东海大桥桥面上下层
装和虹桥国际机场跑
罩面工程，为东海牌
青打造成中国沥青旗
品牌奠定了基础.
公司地址：上海延安西路728号22层
邮政编码：200050
电　　话：021--62268000
传　　真：021--52381680
网　　址：www.asphalt.sinopec.com.cn

长城润滑油
Beijing 2008
长城润滑油
全面润滑服务专家
完美解决润滑难题
为客户实现：
提高设备的运行可靠性，延长设备的使用寿命
降低润滑剂的采购成本
完善企业润滑管理程序
健全润滑剂数据系统
降低设备的备品备件消耗
减少维修频率和维修成本
降低企业的能量消耗
减少润滑相关的人力和管理成本
中国石化润滑油公司
地　址：北京市海淀区安宁庄西路6号
邮编：100085
免费热线：800-810-9886
SINOPEC

第十建设公司

【概述】 中国石化集团第十建设公司(简称第十建设公司)位于山东省淄博市临淄区，成立于1970年10月，占地面积166万平方米，是石化集团公司直属大型综合性施工企业。公司以承建石油化工建筑安装工程为主，兼营设备制造、大型设备吊装、运输及大型机械修理业务，具有国家建设部颁发的化工石油施工总承包一级企业资质证书，国家对外贸易经济合作部颁发的国外承包工程劳务合作经营许可证，山东省经贸委颁发的中华人民共和国进出口企业资格证书，国家质量监督检验检疫总局颁发的AR2级、AR3级压力容器制造许可证、A类锅炉安装许可证，国家质量技术监督局颁发的压力管道安装许可证，美国机械工程师协会(ASME)颁发的“U”和“S”授权证书及钢印，取得了ISO 9001：2000标准及UKAS双证证书，通过了国家职业安全卫生管理体系认证，是国家一级计量单位、一级企业档案工作目标管理单位。

截至2005年底，第十建设公司共有职工3 701人，其中各类专业技术人员1 152人，具备高级职称的80人，中级职称的364人，工程技术人员639人。公司下设安装、仪电、储运、重型机械施工等10个专业分公司，15个机关处室。拥有固定资产原值3.21亿元，机械设备3 125台(套)，机械设备原值2.17亿元，技术装备率3.36万元/人，动力装备率7.51千瓦/人。

2005年，第十建设公司外拓市场求发展，内强管理增效益，深化改革促生产，各项工作保持了持续向上的良好局面，市场开发、施工生产业绩均创历史最好水平。全年建成交工23项工程，完成总包产值16.54亿元，其中完成自行施工产值9.02亿元，分别为年计划的137.83%和138.77%；实现利润675.9万元，为年计划的169%。顺利通过了HSE管理体系换证审核和ISO 9001质量管理体系年度审核，并获2005年度全国建筑业企业工程总承包先进企业称号。

（王　勇）

【施工产值再创历史新高】 2005年，第十建设公司针对项目分散、任务不均衡、施工高峰集中等特点，加强组织协调，规范项目管理，统筹调度人力物力，适时组织施工会战，海南炼化、茂名乙烯改扩建、湖北煤代油、拜耳聚碳酸酯等大型重点项目及其他在建项目施工进展顺利，浙江华联三鑫PTA、扬巴LDPE、厦门腾龙特种树脂、湖南巴陵煤代油、仪征储罐、南海乙烯等工程按期建成投产，抚顺乙烯、青岛石化、石家庄炼油、茂名乙烯等一批检修改造任务圆满完成，叙利亚电厂机组改造、印尼气体处理站等国外项目总体进度良好。全年共建成交工23项工程，施工产值再创历史新高。2005年第十建设公司完成的主要工程项目见表1。

（王　勇）

【企业改革平稳推进】 2005年，第十建设公司继续加大企业内部各项改革工作力度，企业组织结构、人员结构、业务结构得到进一步优化。一是扎实稳妥地开展了深化内部分配制度改革，新的分配制度于10月全面实施，以岗位工资制和计件工资制为主的基本工资制度得到完善，适应市场劳动力价位、符合三支队伍特点的薪酬制度初步建立。二是认真开展中层管理人员精简和压扁管理层改革，在对专业公司领导班子和成员进行考核的基础上，通过转聘专业技术岗、退二线调研等方式，精简了中层管理人员，同时取消总部机关与后方单位的科级建制，减少了管理环节，提高了工作效能。三是进一步实施专业化重组，调整重机公司和原物装公司的业务职能，撤销物资装备公司，成立物资装备处；组建建筑工程公司，与齐安工程公司合署办公，进一步加强了建筑工程管理。四是加快推进社区服务系统改革，在对供水、供电、供暖系统改造的基础上，社区收费逐步实行市场化运作，水、电收费价格与市场价全面接轨，采暖收费提高了个人自付的比例。

（王　勇）

【质量管理持续改进】 第十建设公司按照九千标准要求，本着合理、有效、完整、实用的原则，不断改进质量体系管理，强化过程控制，工程质量验收合格率100%。2005年，顺利通过了九千质量管理体系的复评、换证审核，继续保持了锅炉、压力容器、压力管道和起重机械等专项资质。共有4项工程获奖，其中中海油海南80万吨/年尿素装置获中国建筑工程鲁班奖，是2005年度全国85个鲁班奖中惟一的化工建设工程。

（王　勇）

【大型设备吊装业务取得长足发展】 2005年，第十建设公司自行开发的吊装辅助设计系统V2004成功应用于茂名乙烯改扩建、青岛大炼油、福建炼油乙烯一体化等大型工程项目吊装规划方案的设计中，并于同年12月通过了石化集团公司组织的技术鉴定。作为新进美国马尼托瓦克M21000型1 000吨吊车的配套，第十建设公司设计制造了600吨级无力矩式吊装平衡梁，采用了大直径无接头绳圈等先进的机索具，并在茂名乙烯改扩建大型设备吊装中成功试用。公司还首次作为总承包商，承担了茂名乙烯改扩建工程所有大型设备的吊装任务。按照集约化经营、专业化发展的要求，实施“四统一、一集中”的管理模式，走出了一条大型设备吊装工程总承包的新路。2005 年 4 月，第十建设公司成为石化集团公司施工企业协会大型吊装运输委员会主任委员单位。

（王　勇）

【全面预算管理开始实施】　2005 年 2 月，第十建设公司成立全面预算管理委员会，负责审议公司重大经济管理事项，总体协调、监控公司重要经济管理的运行状况。同年 6 月，颁布实施了全面预算管理实施办法与配套文件，核定了公司与专业公司、项目部的预算管理目标，初步构建起全面预算管理体系，以财务管理为中心、以成本控制为基础的企业全面预算管理开始实施，取得了良好成效。

（王　勇）

【三支队伍建设步伐加快】　第十建设公司以人为本，积极推进经营管理、专业技术、技能操作人才三支队伍建设，一是在经营管理人员中深入开展了执行力和绩效管理知识培训，加强了管理理念和领导艺术的培训与开发。二是在专业技术人员中分类设岗，突出岗位业绩与能力考核，采取多种渠道充实了专业技术人员队伍。三是加大高级技能人才的选拔、培养力度，评聘高级技师 16 名、技师 120 名，促进了职工技能水平的提高。2005 年在石化集团公司焊工技术比武中，取得了团体总分和个人总分第一的佳绩。

（王　勇）

【企业资质进一步提升】　第十建设公司积极推进资质升级工作，2005 年取得了国家对外援助成套项目施工任务 A 级实施企业资格，房屋建筑工程总承包、钢结构工程专业承包晋升为二级资质，企业综合竞争能力进一步提升。

（王　勇）

【企业文化建设显现成效】　第十建设公司注重企业文化建设，2005 年初，在继承和发展原有企业文化的基础上，重新构建了以企业精神、经营理念、发展战略为主要内容的、适应市场经济发展的企业文化。倡导“诚信、务实、和谐、发展”的企业精神，树立“安全、质量并重，工期、服务共举，信誉、效益双赢”的经营理念，并着眼长远，确立了今后一段时期的战略发展目标。第十建设公司通过多种形式加大宣传力度，加强教育培养，新型企业文化的引导、凝聚和激励作用日益显现，企业的凝聚力、向心力得到增强，上下形成和谐发展、奋发向上的良好氛围，有力地推动了经济工作的持续、健康、快速发展。

（王　勇）

表 1　　2005 年第十建设公司完成的主要工程项目

序　号	项　目　名　称	竣工日期
1	浙江华联三鑫 60 万吨/年 PTA 一期主装置	1 月
2	扬巴 LDPE 装置	4 月
3	东营 50 万吨/年重油催化裂化装置	5 月
4	抚顺乙烯装置检修	5 月
5	上海册子岛 4 台 10 万立方米油罐及配套管道设备安装工程	6 月
6	厦门腾龙特种树脂工程	6 月
7	石家庄炼油厂与化纤公司检修工程	6 月
8	青岛石化厂 2005 年检修工程	7 月
9	南海乙烯乙二醇工程	8 月
10	平度 20 万吨/年复合肥工程	8 月
11	仪征 15 万立方米油罐工程	8 月
12	天津蓝星 8 万吨/年气分装置	9 月
13	大连港 3 台 10 万立方米油罐工程	9 月
14	昌邑石化 50 万吨/年催裂化装置	10 月

续表

序　号	项　目　名　称	竣工日期
15	青岛石化厂7万吨/年聚丙烯工程	10月
16	茂名石化乙烯及渣油加氢装置检修工程	10月
17	东营石化120万吨/年延迟焦化装置	11月
18	浙江嘉兴6万吨/年环氧乙烷装置	11月
19	高青60万吨/年常减压装置	11月
20	鲁皖成品油长输管道工程	12月
21	惠州南海90万吨/年乙烯控制系统安装工程	12月
22	广州国家成品油储备库改造工程	12月
23	珠江三角洲新溪油库扩建工程	12月

石油勘探开发研究院

【概述】 中国石油化工股份有限公司石油勘探开发研究院(简称石油勘探开发研究院)是中国石化直属上游综合研究机构，成立于2000年，占地343亩(22.86万平方米)，总院设在北京，京外设有西部分院(乌鲁木齐)、南京石油物探研究所、无锡石油地质研究所、德州石油钻井研究所、荆州基地、合肥基地，其前身为20世纪60年代初原地矿部筹建的7家油气勘查研究单位。经过40余年的发展，石油勘探开发研究院已在油气勘探开发研究、地震资料综合处理与解释、实验测试分析、钻井工具研发及工程技术服务、资源发展战略制定等方面形成了特色和优势，并成为国家石油勘探开发甲级工程咨询单位和首批入选的承担国家发改委委托投资咨询评估任务的单位。

石油勘探开发研究院职能定位为“三部一中心”——石化股份公司油气勘探开发及上游发展战略参谋部、上游核心技术研发和技术服务部、上游高级技术人才培训部、油气勘探开发资料信息中心。主要承担国家及股份公司重点项目的科技攻关或牵头组织工作；承担股份公司油气勘探开发基础理论及应用技术研究、资源评价研究、规划部署研究，参与重大油气勘探开发科研项目和重大生产经营项目的设计审查、技术经济论证；承担国外油气资源的选区评价及勘探开发可行性论证。截至2005年底，累计主持完成国家重点油气科技攻关项目、课题和省部级项目500余项，获国家级奖励50项，获省部级奖励425项。

截至2005年底，石油勘探开发研究院有职工1 361名，其中国家“973”首席科学家2名，国家有突出贡献的中青年专家1名，享受政府特殊津贴专家11名，教授级高工66名，高工444名，博士140名，硕士239名。设有一个博士后科研工作站，拥有通过国家级计量认证的油气地质实验室，拥有中国石油行业第一套虚拟现实系统，是中国石化油田咨询中心和地质资料中心挂靠单位，是《石油与天然气地质》、《石油实验地质》、《石油钻探技术》、《Journal of Geophysics and Engineering》等科技期刊的编辑、出版单位。

截至2005年，石油勘探开发研究院上市部分资产5.86亿元，其中固定资产4.25亿元；非上市部分资产1.2亿元，其中固定资产3 736万元。拥有各类测试分析仪器277台(套)，并行机、服务器、工作站91台套，计算机软件45套。

2005年，石油勘探开发研究院承担国家973、国家863、国家及中国石化科技攻关课题271项，完成128项，获奖16项，其中国家科技进步二等奖1项，中国石化及省部级科技进步一、二、三等奖15项。申请中国专利16项，获中国专利授权5项，在国内外专业刊物上发表科技论文380篇，出版专著10部。

(张　杰)

【深层盐膏岩蠕变规律及其在石油工程中的应用获国家科技进步二等奖】 盐膏岩在高温高压条件下具有极强的蠕变性，给深部安全钻井和油气开发带来了极大困难。该项目与中国石油大学(北京)合作，查清了三维状态下盐膏岩层蠕变的时效特征，建立了基于变形损伤理论的深部盐膏岩层蠕变数学方程，绘制了控制井眼缩径速率的三维钻井液密度图版，形成了深层盐膏岩层地应力高精度综合测量技术和非均匀载荷下石油套管强度设计技术。研究成果成功应用在塔里木等多个油田，穿盐成功率100%，钻井液密度设计值和蠕动压力预测符合率95%，套管无损坏，大大提高了油井寿命，直接经济效益达13亿元，使我国深部盐膏岩层钻井技术达到了国际领先水平。

（曾义金　张　杰）

【国外含油气盆地研究——亚洲石油地质特征与战略选区获北京市科技进步一等奖】　该项目与中国石油大学(北京)合作，对亚洲五大油气区(中东、中亚、西西伯利亚、东西伯利亚和萨哈林)的油气分布规律、油气成藏主控因素及油气勘探潜力展开了全面系统研究，编绘了一套表征亚洲油气分布和战略选区等方面的系列图件，建立了一套具有独立知识产权的亚洲油气资源信息综合数据库，论证了将中东、中亚、西伯利亚地区油气资源国作为中国海外能源供给战略基地的可行性。研究成果成功应用于中国石化海外油气勘探战略选区和目标评价，取得了如 FIOC 公司收购、沙特 B 区块中标、也门 S2 区块勘探突破等一系列成功。

（殷进银　张　杰）

【鄂北地区地震叠前、叠后综合反演技术研究获中国石化科技进步一等奖】　该项目对鄂尔多斯盆地北部低孔、低渗致密砂岩的储层预测方法进行了探索性研究，在有效储层和非均质储层预测方面取得了重要的进展，形成了以模型正反演分析技术、多参数储层综合反演技术、叠前叠后联合弹性反演技术、煤层吸收补偿技术为主的完整的储层识别技术系列（包括 3 项核心技术、5 项配套技术及 4 项特色技术）。应用上述研究成果，完成了大牛地气田大 11 井区、大 16 井区、石板太工区的储层综合预测，并提交了 9 口开发准备井井位建议，其中 DK 13 井无阻流量达 58 万立方米，创本区最高纪录。

（于长清　张　杰）

【成功申报国家"973"计划项目一项】　由石油勘探开发研究院牵头申报的国家"973"计划项目"中国海相碳酸盐岩层系油气形成富集与分布预测"于 2005 年 7 月获得国家科技部批准实施，金之钧院长被聘请为项目首席科学家。该项目围绕"多期构造活动背景下海相碳酸盐岩层系油气聚散机理与富集规律"这一核心科学问题，下设 8 个课题开展研究。攻关目标为：形成以多期构造背景下的海相碳酸盐岩层系多期聚散过程为核心的油气成藏理论，形成适用于中国碳酸盐岩层系发育区油气资源评价、成藏研究和勘探评价的方法体系及以深部油储和优质碳酸盐岩储层预测为核心的地球物理判识技术，遴选、落实中国海相碳酸盐岩层系油气勘探战略选区。

（张　杰）

【"十一五"发展规划编制完成】　以中国石化"十一五"发展规划纲要为指导，在认真总结建院 5 年来工作经验的基础上，2005 年编制完成了石油勘探开发研究院"十一五"发展规划。规划制定了核心技术与特色技术、科研基地、实验室和研发中心、人才队伍、企业文化等建设的具体内容和发展目标，提出了树立诚信和品牌意识、走集约式内涵发展道路的新理念，明确了建设海相特色一流研究院的新思路、新措施。

（张　杰）

【学术期刊质量和学术影响大幅提高】　据《中国期刊引证研究报告》，石油勘探开发研究院主办的《石油与天然气地质》的影响因子由 2003 年的 0.489 上升到 2004 年的 1.486，跃居 56 种石油、天然气工业类期刊首位，并荣获国家第四届"百种中国杰出学术期刊"称号。《石油物探》影响因子由 2003 年的 0.623 上升至 2004 年的 1.111，位居 56 种石油、天然气工业类期刊的第二位。

（张　杰）

【成功举办建院 5 周年系列庆祝活动】　2005 年 3—11 月，石油勘探开发研究院相继开展了学术讲座、体育比赛、书法摄影展、高层学术论坛等活动庆祝建院 5 周年。10 月 22—23 日，举办了"中国海相油气资源高层论坛暨庆祝中国石化石油勘探开发研究院成立 5 周年大会"，来自国土资源部、三大石油公司、高等院校、科研院所等 71 家单位的 180 余名领导和专家参会，5 位院士、14 名专家作了学术报告。期间，还表彰了石油勘探开发研究院劳动模范、科技标兵等先进工作者 59 名。

（张　杰）

【保持共产党员先进性教育活动取得实效】　2005 年 1—7 月，作为第一批参加教育活动的单位，全院 46 个党组织，522 名党员全部参加了以实践"三个代表"重要思想为主要内容的保持共产党员先进性教育活动。在教育结束前进行了群众满意度测评，全院的满意度达 97%以上。

（闫现军）

石油化工科学研究院

【概述】　中国石油化工股份有限公司石油化工科学研究院(简称石油化工科学研究院)位于北京市海淀区，创建于 1956 年 7 月(时称石油工业部北京石油炼制研究所筹建处)。石油化工科学研究院以石油炼制技术的开发和应用为主，注重油化结合，兼顾相关石油化工技术的研发，拥有从原油评价到各项炼油工艺技术及催化剂开发，直到石油产品研制和评价的全炼油厂成套技术的开发实力和研发优势。科研业务领域包括：清洁汽/煤/柴油生产技术、劣质和重质原油加工技术、油化结合技术、芳烃生产技术、石油产品生产技术、石油化学品生产技术、石油替代资源研究、炼化技术基础、计算机技术应用以及分析测试等配套技术共10个方面。近年加强了在新型替代燃料和新能源领域的创新，正在向全方位的以炼油为主、油化结合的能源型研发机构转变。

石油化工科学研究院下设17个研究部门，拥有一支综合技术优势突出的科研队伍，截至2005年底职工总数为981人，各类技术人员787人。其中，中国科学院、中国工程院院士6人，教授级高级工程师75人，高级技术人员333人；博士152人，硕士176人。拥有近千套中小型炼油和石油化工试验装置及各种化学分析仪器，涉及炼油工艺、石油化工、精细化工和添加剂以及油品应用研究等领域。

石油化工科学研究院下设炼油工艺与催化剂国家工程研究中心、润滑油评定中心、水处理技术服务中心等机构，是全国石油产品标准化归口单位，国家石油产品质量监督检验中心、中国石油学会石油炼制分会也挂靠在石油化工科学研究院，还是《石油学报》、《石油炼制与化工》和英文版的《China Petroleum Processing and Petrochemical Technology》3种科技期刊的编辑、出版单位。石油化工科学研究院下设研究生部和博士后流动站，拥有化学工艺、应用化学专业博士学位以及化学工艺、应用化学、工业催化和化学工程专业硕士学位的授予权。

经过50年的建设和发展，石油化工科学研究院已经成为科研力量雄厚、装备齐全，石油炼制与石油化工科研开发、技术许可、技术咨询和技术服务相结合的综合性研究开发机构。建院至今，共获得部级以上奖励的科技成果786项，国家级奖励102项。其中国家发明一等奖2项，国家科技进步特等奖1项，国家科技进步一等奖7项。截至2005年底，累计申请中国专利1 814项，获准授权1 078项；申请国外专利352件，获准授权153件；4项专利获得了中国国家知识产权局和世界知识产权组织联合颁发的中国专利金奖。2005年，石油化工科学研究院申请中国专利241项，获授权188项，申请国外专利24件，获授权30件。近年来申请发明专利数量在全国科研院所中一直名列前茅。

2005年，石油化工科学研究院开发的非晶态合金催化剂和磁稳定床反应工艺的创新与集成获得本年度惟一的一项国家技术发明一等奖，中压加氢裂化技术(RMC)的开发与工业应用获得国家科学技术进步二等奖，一种重质馏分油中压加氢裂化方法被授予第九届中国专利金奖；生产汽油组分满足欧Ⅲ排放标准并增产丙烯的催化工艺技术(CGP)通过鉴定，多产异构烷烃的催化裂化工艺技术(MIP)推广应用效益显著；齐鲁20万吨/年乙苯/苯乙烯成套技术通过鉴定和验收，达到当前国外同类工艺技术的先进水平；上海赛科芳烃抽提装置完成性能考核，获得中外合作各方的高度评价；RAX 2000A型芳烃吸附剂完成工业标定，在105%高负荷生产状态下展示出优良性能；国家重大基础研究规划项目——石油炼制和基本有机化学品合成的绿色化学通过国家验收，项目验收组评价全优；汽柴油合理组分及添加剂的研究，提出了满足国家第三阶段排放标准要求的汽油主要指标建议，为制定符合中国国情的车用无铅汽油标准提供了依据。所取得的科研成果无论在数量上，还是在质量上都跃升到了新的高度。

(侯明铉)

【非晶态合金催化剂和磁稳定床反应工艺的创新与集成获国家技术发明一等奖】 在化工领域，催化剂是核心，反应工程是基础。国内外化工企业广泛使用的传统晶态型雷尼镍催化剂，存在制造过程污染环境、催化性能低，而且与之相配的釜式反应器反应效率低、分离困难等弊端。

1985年开始，石油化工科学研究院在石化企业和高校的协作下，开始进行非晶态合金材料和磁稳定床反应工程技术的基础研究，先后突破了均匀磁场放大以及合适的磁性催化材料等难点，通过将晶态催化剂的结构非晶化，使生产上广泛应用的雷尼镍催化剂加氢性能实现了质的飞跃，并在磁稳定床技术上结合均匀磁场和非晶态合金催化剂的磁性形成了磁稳定床反应工艺。根据对不同工艺流程的试验结果，与传统固定床反应工艺相比，可显著提高某些加氢反应过程加氢产品的质量，催化剂耗量降低70%左右，空速提高5—10倍，反应器体积仅为同处理量常规反应器体积的1/5，具有降低操作费用、减少投资成本、强化反应过程的突出特点和优势。通过工业侧线试验，建立了磁稳定床反应器数学模型。1999年，在巴陵石化分公司建成了一套2万吨/年的工业示范装置。2003年，率先在石家庄化纤股份公司建成了世界首套磁稳定床工业装置，成功实现了工业化。截至2005年底已累计申请国内外专利62项，形成了比较完整的自主知识产权保护网。该项目被授予2005年度国家技术发明一等奖。

（侯明铉）

【中压加氢裂化技术(RMC)的开发与工业应用获国家科技进步二等奖】 RMC技术是解决中国石化企业进入21世纪所面临石油资源短缺、化工基础原料(乙烯和芳烃)不足的关键技术之一，既可生产优质的清洁柴油，又可提供大量的优质蒸汽裂解制乙烯原料和生产芳烃的原料。

该技术采用的加氢精制催化剂具有优良的加氢脱硫、加氢脱氮、芳烃饱和性能；采用的加氢裂化催化剂具有开环选择性良好、抗氮稳定性和目的产品选择性高等特点。采用RMC技术后，加氢尾油BMCI值低、乙烯收率高，可替代原来用于生产乙烯的柴油原料，生产的柴油产品中硫、氮、芳烃等含量低，十六烷值高，有利于减少汽车尾气污染物的排放，达到了欧Ⅳ排放标准对清洁柴油的要求，具有良好的社会效益。截至2005年底，中压加氢裂化已开工的装置有4套，总能力达到500万吨/年。以RMC技术首次在燕化公司130万吨/年工业装置上的应用为例，每年可为企业增效上亿元。该项目获得2005年度国家科技进步二等奖和第九届中国专利金奖。

（侯明铉）

【生产汽油组分满足欧Ⅲ排放标准并增产丙烯的催化裂化工艺技术(CGP)的研究开发和工业应用获石化集团公司科技进步一等奖】 （参见第133—134页）

（侯明铉）

【润滑油高压加氢RHW技术的开发与应用获石化集团公司科技进步一等奖】 （参见第134页）

（侯明铉）

【多产异构烷烃的催化裂化工艺(MIP)推广成果显著】 MIP技术是石油化工科学研究院为提高催化裂化汽油质量而推出的具有自主知识产权的催化裂化新工艺技术。2002年在上海高桥分公司140万吨/年催化裂化装置进行工业试验获得成功，随后在安庆分公司120万吨/年催化裂化装置上得到应用。工业应用结果表明：MIP工艺技术在大幅度降低催化裂化汽油烯烃的同时，产物分布优于常规催化裂化，催化干气明显下降，重油转化能力增强，汽油中硫含量降低。

针对近年来国内油品质量升级的迫切需求，石油化工科学研究院适时加大了MIP技术的应用推广力度。到2005年底，MIP技术在28套工业装置上得到推广应用，其中14套已投产，装置加工量接近全国催化裂化总加工能力的40%，产生了显著的经济效益和社会效益。

（侯明铉）

【特种润滑油脂成功应用于神舟六号飞船】 2005年10月，“神舟六号”载人飞船成功发射并遨游太空115个小时后顺利返回，开创了中国航天事业的新纪元。作为配套协作单位，石油化工科学研究院研制生产的3种特种润滑油脂成功应用于载人飞船的控制、制导与导航系统，确保了飞船的平稳运行和安全返回。为此，中国航天集团公司向石油化工科学研究院颁发荣誉证书和牌匾，航天第五研究院第五〇二研究所也专门致信表示感谢。

（侯明铉）

【上海赛科芳烃抽提装置顺利完成性能考核】 上海赛科90万吨/年乙烯工程，是国内已投产的最大乙烯联合装置，石油化工科学研究院开发的芳烃抽提蒸馏技术是惟一被其采用的国内技术，芳烃抽提装置是上海赛科9套装置中率先全面通过验收的装置。2005年3月11日装置开车，产出苯、甲苯产品全部合格，实现了投料开车一次成功。随后经过72小时性能考核，苯纯度达到99.966%，甲苯纯度达到99.914%；苯回收率99.52%，甲苯回收率98.86%，各项指标达到或优于合同规定。

上海赛科公司给石化股份公司科技开发部和石油化工科学研究院发来感谢信，对芳烃抽提蒸馏技术所表现的可靠性、先进性，以及科研设计单位技术人员的敬业精神，给予了高度的评价。芳烃抽提蒸馏技术在上海赛科的成功应用，标志着中国石化自主开发的技术已进入世界级规模的装置，标志着中国石化专有技术为上海赛科90万吨/年乙烯工程作出了重要的贡献。

（侯明铉）

【成功承办中国工程院化工、冶金与材料工程学部第5届学术会议】 2005年12月8—14日，中国工程院化工、冶金与材料工程学部第5届学术会议在海南博鳌召开。全国政协副主席、中国工程院院长徐匡迪院士和国家科技部副部长程津培院士出席会议并讲话。

会议围绕主题“建设资源节约型和环境友好型社会——化工、冶金与材料的发展战略”，对中国化工、冶金与材料领域的技术现状、技术创新和发展战略以及科技界在建设资源节约型和环境友好型社会过程中如何发挥作用进行深入探讨。102位中国工程院和中国科学院院士及来自全国各高等院校、研究院所和企业的化工、冶金与材料领域的老、中、青专家约460人参加了会议。会议设立了1个主会场、4个分会场、2个研讨会和1个论坛，82位两院院士及有关专家作了95场精彩的学术报告，对中国冶金、材料与化工等领域的现状与发展战略进行了深入的探讨。

本届会议由中国工程院化工、冶金与材料工程学部主办，石化股份公司和海南省协办，石油化工科学研究院承办。

（侯明铉）

北京化工研究院

【概述】 中国石油化工股份有限公司北京化工研究院（简称北京化工研究院）成立于1958年6月，是中国石化直属科研机构。院本部位于北京市朝阳区，占地面积9.7万平方米，建筑面积6.8万平方米。科学试验基地设在北京市通州区台湖镇，占地面积17万平方米，建筑面积3.8万平方米。

截至2005年底，北京化工研究院在职职工总数为830人，其中各类专业技术人员615人，包括教授级高工和高级专业技术人员261人，中级专业技术人员168人。专业技术人员中有中国工程院院士1人，国家“973”首席专家2名，享受政府特殊津贴59人，博士35人，硕士148人，大学本科毕业生301人。

建院以来，北京化工研究院一直以石油化工为主要专业方向，形成了乙烯技术和有机化工、聚烯烃催化剂和工艺、塑料改性和加工应用、化工环境保护等4个优势科技领域，初步形成了以烯烃、聚烯烃催化剂为基础，以高性能材料为导向的科技创新构架。在乙烯裂解炉、多种石油化工催化剂和高分子材料的研究和工业应用方面达到国内领先、国际先进水平。

北京化工研究院设有6个主要的研究中心（所）以及信息中心、科研条件保障部、器材部3个配套部门，拥有从事研究开发工作所需的配套设备和现代化分析测试仪器，建有石油烃类裂解、烯烃净化催化剂、有机合成催化剂、聚烯烃催化剂、环管聚丙烯中试、气相聚乙烯中试、改性塑料等几十套中试、模试装置及烯烃聚合评价装置。

聚烯烃国家工程研究中心具有催化剂研究开发和生产制备、聚合工艺评价与成套技术开发、合成树脂表征及应用等综合配套的工程研究及开发能力，其高分子表征中心，配备有傅立叶红外光谱仪、核磁共振仪、X射线衍射仪、凝胶渗透色谱仪、制备型和分析型高分子分级装置、原子力显微镜、各类流变仪（动态、拉伸、扭矩）及热分析仪等，具有国内领先、国际先进水准。科学试验基地已建成了烯烃聚合中试装置，烯烃和聚烯烃催化剂、塑料加工等中试装置，水、电、汽等配套公用工程设施齐全，拥有较为广阔的发展空间。

北京化工研究院设有国家化学建材测试中心、国家基本有机原料质量监督检验中心等全国性技术中心；负责编辑出版的学术刊物有《石油化工》、《化工环保》和《国内外石油化工快报》。

北京化工研究院自1964年开始招收研究生，是国务院批准的首批硕士学位授予单位之一，共有材料学、化学工艺学、工业催化3个硕士学位授予点，设有博士后科研工作站。

2005年度，北京化工研究院参加的开发建设10万吨大型裂解炉项目获得中国石化科技进步一等奖，新型前脱丙烷前加氢催化剂BC－H－21开发和工业应用项目获得中国石化技术发明二等奖，NA催化剂在釜式工艺聚丙烯装置的工业应用及专用料开发项目获得中国石化科技进步二等奖。申请中国专利62项，有53项中国专利和9项外国专利获得授权。2005年技术和产品出口520万美元。

2000—2005年北京化工研究院科技成果获奖情况和专利申请及授权情况见表1、表2。

（苗莲香）

【开发建设10万吨/年大型裂解炉项目获得石化集团公司科技进步一等奖】 （参见第134—135页）

（张兆斌）

【新型前脱丙烷前加氢催化剂BC－H－21开发和工业应用项目获得石化集团公司技术发明二等奖】 （参见第136页）

（彭　晖）

【NA催化剂在釜式工艺聚丙烯装置上工业应用及专用料开发项目获石化集团公司科技进步二等奖】 由北京化工研究院参加完成的“NA催化剂在釜式工艺聚丙烯装置上工业应用及专用料开发”项目所使用的NA型催化剂是北京化工研究院研究开发的一种新型高效聚丙烯催化剂，该催化剂具有活性高、颗粒形态好、聚合物细粉少、分子量分布宽、共聚性能和抗杂质性能优良等特点，现已申请了中国专利。

NA催化剂在广州分公司10万吨/年和扬子石化16万吨/年三井油化聚丙烯工艺装置上成功应用，分别生产了F 400－H牌号高速BOPP专用料和抗冲共聚J 340牌号料。应用结果表明：装置能长周期稳定运行，操作参数可控，生产负荷满足了设计要求，产品质量达到优级品标准，综合性能优于进口催化剂。

（郭正阳）

【燕山裂解炉管强化传热整炉工业试验通过鉴定】 由北京化工研究院参加的“燕山裂解炉管强化传热整炉工业试验”项目通过了中国石化鉴定。

燕山裂解炉管强化传热整炉工业试验结果表明，裂解炉运行周期延长50%以上，裂解炉的处理能力增加7%以上，对裂解炉的操作没有任何负面的影响。在燕山工业试验中投用石脑油，其运行周期达到了105天，相比试验前延长了110%。

该技术申请了国内外专利，截至2005年底已获得中国、美国、法国等国的授权，成为中国石化在乙烯装置中又一项拥有自主知识产权的技术。

（张利军）

【高速高挺度BOPP专用料生产技术通过鉴定】 2005年5月13日，由北京化工研究院承担的“高速高挺度BOPP专用料生产技术开发”项目，通过了中国石化鉴定。

该项目开发的BOPP专用树脂以兼顾高速、高挺度为目标，在充分继承“973”项目在此领域研究成果的基础上，创新性地开发了高挺度薄膜的生产方法。在佛山东方塑料有限公司的工业生产线上进行了拉膜试验。试用结果表明，所开发的专用料在高速拉膜时，尺寸稳定性以及薄膜横、纵向弹性模量均优于进口高档同类产品。其中弹性模量较进口料高出20%以上，可少用15%以上的增挺剂，仅此一项，可为薄膜加工企业节约生产成本约2 000元/吨。

（宋文波）

【乙烯氧氯化催化剂工业应用试验取得圆满成功】 2005年12月1日，由北京化工研究院参加的中国石化科技开发项目“新一代氧氯化催化剂工业应用试验”通过了中国石化鉴定。

北京化工研究院开发的新一代氧氯化催化剂在齐鲁石化公司氯碱厂20万吨/年氯乙烯装置上进行工业补加试验，结果表明，装置各项指标运行正常，几项主要技术经济指标明显优于单独使用进口催化剂，尤其是二氯乙烷产品纯度明显提高，副反应减少，乙烯燃烧率下降，乙烯利用率显著提高。2005年底催化剂加入量已达装填总量的50%，当年为企业降低成本966万元，赢得了企业的好评。

（齐兰芝）

【BCS－02催化剂在广州石化工业应用成功】 2005年，由北京化工研究院研发的气相聚乙烯BCS－02淤浆进料催化剂在广州石化进行了首次工业试验，并百分之百替代进口催化剂投料成功。BCS－02催化剂在该聚合装置上所表现出来的活性、氢调敏感性、共聚性能、流化床层松密度等操作性能及树脂密度、熔融指数、灰分等基础树脂性能均与同类进口催化剂相当。

（徐世媛）

【新建聚丙烯催化剂生产装置试车一次成功】 2005年3月11日，建在北京化工研究院基地的股份公司催化剂北京奥达分公司(简称奥达)三车间的聚丙烯球形催化剂DQ装置试车一次成功，3月20日，该车间另一套聚丙烯N催化剂装置也试车一次成功。两套装置生产过程平稳，经过分析评价，产品各项指标均达到质量控制要求。

该车间拥有两套生产装置，设计生产能力为150吨/年聚丙烯催化剂。三车间的建成，使奥达的聚烯烃催化剂总生产能力及单套装置生产能力均达到国内最大，装备水平最高，而且自动化控制水平达到国外同类装置先进水平，投资额却仅为国外同类装置的1/5，赢得了国外同行的高度赞誉。

（梁晓云）

【ND催化剂在武汉石化工业应用试验初获成功】 2005年1月在武汉石化10万吨/年聚丙烯环管装置上进行了新型内给电子体催化剂的工业应用试验；1月17日按预订方案顺利完成了BOPP专用料、通用料、高刚性格栅料3个树脂牌号的试验任务。试验过程中，装置运转十分平稳，牌号切换时间短、过渡料少；聚合物颗粒形态良好，尤其是聚合物细粉含量大大减少。本次试验共生产合格产品1 250吨。下游企业应用该批次BOPP专用料拉膜后，认为膜的刚性好，其他指标也均为优良。

（杨菊秀）

【醋酸催化剂投料试车成功】 2005年，由北京化工研究院研制开发的醋酸催化剂在山东兖矿国泰化工公司30万吨/年的工业生产装置上，投料试车成功，生产出的醋酸产品，经检验完全合格。

醋酸是重要的有机化工原料，目前生产用催化剂市场完全被进口催化剂所垄断。

该催化剂的顺利工业化，标志着北京化工研究院真正步入了以甲醇为原料进行醋酸这一大宗化学品合成的工业技术领域，必将有力推动醋酸产业的迅速发展，满足国内日益增长的醋酸需求。

（王 伟）

【碳五分离技术取得进展】 2005年，由北京化工研究院承担的科技开发项目“聚合级异戊二烯和双环戊二烯产品新工艺的开发”通过了中国石化鉴定。专家一致认为，该聚合级异戊二烯产品新工艺具有能耗低、流程短、安全可靠、环境污染小等优点，具有新颖性、创新性和实用性，达到国际领先水平，可替代中国碳五馏分分离流程中第二萃取系统和国外碳五分离流程中的相应单元。研究的多组分选择性加氢催化剂具有较高的活性、选择性和稳定性，选择性加氢后异戊二烯物料经精馏分离得到聚合级异戊二烯产品。

（苗莲香）

【新型气相聚乙烯催化剂问世】 2005年，由北京化工研究院和催化剂北京奥达分公司开发的BCG－Ⅱ型催化剂在广州石化总厂的装置上工业应用成功。这是中国在气相聚乙烯催化剂研制开发方面的又一重大技术突破，标志着BCG催化剂已经形成了针对不同装置流程的系列产品。新催化剂与Ⅰ型催化剂相比，具有树脂堆积密度适中、活性高、聚合平稳、树脂干爽、流动性好的特点。BCG－Ⅱ型催化剂已顺利在广州石化装置上得到应用。

（苗莲香）

【新型汽车保险杠专用料的研制取得进展】 2005年，北京化工研究院采用自主开发的纳米复合成核剂技术对扬子石化现有的牌号料进行研究和改善，经过大量试验，取得明显效果，开发出的汽车保险杠专用料各项性能指标达到了德国大众重要车型的性能要求。

该项目具有良好的应用前景，也为中国石化聚丙烯在国际市场的汽车保险杠专用料竞争中占据优势地位提供了强有力的技术支撑。该项目已申请“入龙”。

（尹 华）

【集团公司党组对院领导班子进行调整】 2005年4月13日，石化集团公司党组决定对北京化工研究院领导班子进行调整：任命张勇为北京化工研究院院长兼党委副书记。

（苗莲香）

【李天益获“侯德榜化工科学技术奖”创新奖】 2005年，经中国化工学会第三届“侯德榜化工科学技术奖”评委会评审，李天益被授予“侯德榜化工科学技术奖”创新奖。

李天益1964年大学毕业后来到北京化工研究院，一直从事聚烯烃领域的科研开发、工程设计和成果转化工作，科研业绩突出、成果显著，其中“聚丙烯新型高效催化剂的研究开发及工业应用”获2003年度国家技术发明二等奖；“气相法高效聚乙烯催化剂”获2003年度国家科学技术进步二等奖；“以炼厂气为原料的千吨级聚丙烯技术”获1984年度国家科学技术进步二等奖、获1985年度中国石化科技进步一等奖；“聚丙烯N催化剂长周期工业应用试验”获1997年度中国石化科技进步一等奖；“气相聚乙烯BCG催化剂的研究开发及工业应用”获2000年度中国石化科技进步一等奖；“聚丙烯DQ球型高效催化剂的研究开发”获2001年度中国石化发明二等奖。

（赵剑程）

【毛炳权再次向“毛炳权院士青年科技奖励基金”捐款5万港币】 2005年，中国工程院院士毛炳权再次向北京化工研究院“毛炳权青年科技奖励基金”捐款5万港币，对在科研开发中作出成绩的青年科技人员进行奖励。这是毛炳权第三次向该奖励基金提供捐助。院长杨元一，党委书记于文秀代表院里接受了毛炳权的捐款，并向毛炳权颁发了荣誉证书。

（高中兴）

【德国大众中国中心实验室落户北京化工研究院】 2005年6月2日上午，德国大众汽车集团中国中心实验室在北京化工研究院举行了开业典礼，这是德国大众在亚太地区级别最高的实验室。

2004年，根据德国大众汽车公司的发展战略，大众集团决定将亚太地区总部移至北京，与此同时要在中国建立一个级别较高的汽车材料测试和认证中心，主要从事各类汽车材料和零部件的测试。北京化工研

德国大众实验室落户北京化工研究院

究院凭借其在科研环境、测试、表征和材料技术等方面具有的先进水平，成为德国大众的首选。

作为德国大众和中国石化合作的桥梁，中心实验室将依托北京化工研究院，完成大众集团安排的各项测试和认证任务，为进一步实现大众汽车集团的中国发展战略提供有力的技术支持。同时，中国石化也将通过合作，增加对全球汽车塑料用户需求的了解，从而逐步提高中国石化汽车专用料的开发水平，扩大中国石化合成树脂在汽车行业的影响。

（梁晓云）

【中国石化塑料技术中心办公室在北京化工研究院设立】 2005 年 8 月 31 日是中国石化塑料业务发展史上具有纪念意义的一天。中国石化塑料技术中心(简称 PTC)成立大会在北京会议中心举行。股份公司高级副总裁曹湘洪为中心揭牌并作了重要讲话。会议由股份公司副总工程师杨元一主持。

中国石化针对目前合成树脂业务量不断扩大、改革不断深入的现状，为更好的提升企业竞争力，成立了 PTC，旨在将技术服务、技术支持做大做强，以此促进生产销售的稳步增长。PTC 将为中国石化合成树脂业务提供一个广阔、实用的技术平台，成为展示中国石化合成树脂新成品、新技术和新成果的窗口，成为连接中国石化合成树脂生产企业和产品用户的桥梁和纽带。

PTC 主要具有五大功能，即研发功能、服务功能、培训功能、信息管理功能及展示功能。PTC 设立管理委员会、技术委员会和执行委员会，设有北京化工研究院、燕山石化、齐鲁石化、扬子石化、上海石化和茂名石化 6 个分部。PTC 总部办公室设在北京化工研究院。

（李　雪）

塑料技术中心办公室在北京化工研究院设立

【北化研公司进行重组】 2005 年 6 月 21 日，北京化工研究院北化研化工新技术公司(简称北化研)召开重组大会。重组后的北化研公司由原北化研公司、络合Ⅱ催化剂车间、氧化催化剂车间、原奥达中心的开发部研发部分和环保站等组成。产品类型为络合催化剂、氧化催化剂、改性塑料、粉末橡胶四大系列，业务范围包括产品的生产经营、技术研发和服务以及基地水系统的运营和管理工作。公司的重组进一步解决了科研产业的经营分散问题，对深化体制改革具有重要意义。

（宋维玮）

表 1　　2000 — 2005 年北京化工研究院科技成果获奖情况

奖励等级 \ 年份			2005	2004	2003	2002	2001	2000
国家科技奖励	发明奖	一等						
		二等			1			
		三等						
	进步奖	一等						1
		二等		1	1	1		1
		三等						
集团公司奖励	发明奖	一等						
		二等	1	1		1		
		三等						
	进步奖	一等	1	1	3	1	2	
		二等	1	2	1	1	1	2
		三等			3	3	1	1
合　计				5	9	7	4	5

表 2　　2000 — 2005 年北京化工研究院专利申请及授权情况

项目 \ 年份		2005	2004	2003	2002	2001	2000
国内申请数	发明专利	52	73	58	50	38	36
	实用新型	1	1	2	0	2	3
	小　计	53	74	60	50	40	39
国内授权数	发明专利	52	63	31	14	6	13
	实用新型	0	2	0	1	3	2
	小　计	52	65	31	15	9	15
国外申请数		18	25	25	15	28	37
国外授权数		9	8	4	7	1	1

抚顺石油化工研究院

【概况】 中国石油化工股份有限公司抚顺石油化工研究院(简称抚顺石油化工研究院)位于辽宁省抚顺市，占地 21 万平方米。创建于 1953 年 4 月 1 日，是石化股份公司直属的科研机构。2005 年底职工总数为 626 人，各类专业技术人员 432 人，其中中国工程院院士 1 人，教授级高工 31 人，高级专业技术人员 172 人，中级专业技术人员 155 人，博士 6 人，硕士 37 人。设有博士后科研工作站和硕士研究生工作站，拥有中小型炼油及化工试验装置近 200 套，其中具有当今世界先进水平的加氢试验装置 50 多套，有各类大型分析测试仪器 200 余台。

抚顺石油化工研究院下设 13 个专业研究室(部、所)，设有中国实验室国家认可委员会认可的石油产品检验实验室、国家石蜡质量监督检验中心，是石油蜡类产品标准化归口单位，石化股份公司环境监测总站、加氢科技情报站、石蜡科技情报站也设在该院。

抚顺石油化工研究院主要从事加氢裂化催化剂及工艺技术开发、馏分油加氢精制催化剂及工艺技术开发、渣油加氢处理催化剂及工艺技术开发、石油蜡类及特种溶剂油产品加氢精制催化剂及工艺技术开发、半再生固定床催化重整催化剂及工艺技术开发、生物及化工技术开发、石化企业和油田废水/废气/废渣治理技术开发以及石油沥青和特种蜡产品生产技术开发。此外，在临氢催化基础研究和催化剂表征、临氢催化动力学及过程模拟软件开发、原油评价、油品分析测试和石油蜡类产品标准化、计算机应用开发、科研装备开发等方面也具有雄厚的技术实力。

截至 2005 年底，抚顺石油化工研究院共取得科技成果 300 多项，获国家科技进步奖和发明奖 20 项，已申请中国专利 958 件，申请国外专利 76 件，获国内外专利授权 663 件。

2005 年，抚顺石油化工研究院进行开发的有中油型两段全循环加氢裂化(FMD)技术、FHI 柴油加氢改质异构降凝技术开发及工业应用、石蜡烃择形异构化成套技术、中压加氢生产超清洁溶剂油工艺技术及多种具有国际领先水平或国际先进水平的加氢催化剂，4 个牌号的加氢催化剂首次工业应用试验取得成功，30 多个牌号的加氢催化剂在 30 多套装置应用，装置总处理能力近 1 700 万吨/年；5 项环保成果通过技术鉴定；用塔河油生产符合新标准 A 级道路沥青成套技术工业试验取得成功。获国家技术发明二等奖 1 项，获省部级科技进步一等奖 2 项、二等奖 1 项，发明二等奖、三等奖各 1 项。申请专利 118 件，获授权专利 143 件。

2005 年抚顺石油化工研究院主要科研成果概况见表 1。

(刘建宇　耿　新)

【生产清洁燃料的高活性加氢精制催化剂的研制和工业应用获国家技术发明二等奖】 该技术是抚顺石油化工研究院近期开发的用于生产清洁燃料的技术，

其核心为 FH－DS 催化剂和 FF－16 催化剂。FH－DS 催化剂主要用于柴油加氢深度脱硫，其加氢脱硫活性远高于国内工业装置上广泛使用的其他催化剂，催化剂整体性能达到了同期国际柴油加氢领域的领先水平，对于原来只能生产硫含量 500×10^{-6} 左右的柴油加氢装置，只需换用 FH－DS 催化剂即可直接生产硫含量符合欧Ⅲ排放标准的清洁柴油，达到柴油产品质量升级的目的。2004 年在茂名分公司 60 万吨/年柴油加氢装置上完成工业应用试验后，该催化剂又在上海石化股份公司等 5 家炼化企业应用，总处理能力达到 770 万吨/年。FF－16 催化剂主要用于加氢裂化装置的预精制段，以脱除原料中的有机氮为主要目的。工业装置运转结果表明，该催化剂的加氢脱氮活性明显高于当前国内外工业装置上使用的同类催化剂，并且具有优异的活性稳定性，处于该领域当前同类催化剂国际领先水平。截至 2005 年底，该催化剂已在 4 家企业的加氢裂化装置应用，总处理能力达 580 万吨/年。该项目获 2005 年度国家技术发明二等奖。

（刘建宇）

【FC－12 和 FC－24 多产化工原料型加氢裂化催化剂研制和工业应用获石化集团公司科技进步一等奖】
（参见第 134 页）

（刘建宇）

【FF－26 加氢裂化预处理催化剂工业应用取得成功】 抚顺石油化工研究院研制的 FF－26 催化剂具有孔分布集中、堆比适中等特点，可用于加氢裂化反应的原料预处理，也可用于其他的加氢处理过程。自 2004 年起，FF－26 催化剂相继在金陵分公司等企业的 6 套加氢裂化装置使用，总处理能力达 890 万吨/年。工业应用结果表明，FF－26 催化剂的加氢脱氮活性明显优于已工业化的同类催化剂，综合性能处于目前国际同类催化剂的领先水平。该项目获 2005 年度石化集团公司科技进步二等奖。

（刘建宇）

【FDC 单段两剂多产中馏分油加氢裂化成套技术开发】 抚顺石油化工研究院新开发的 FDC 单段两剂多产中馏分油加氢裂化技术，创造性地在反应器中级配装填使用加氢精制和加氢裂化两种催化剂，通过开发和优选催化剂，并优化两种催化剂的级配装填比例，使加氢过程的反应温度、主要目的产品质量和催化剂总费用之间得到合理优化，克服了传统单段加氢裂化工艺技术起始反应温度高、对原料油变化适应性差等不足。金陵分公司采用 FDC 技术建设的 150 万吨/年加氢裂化装置于 2005 年 4 月建成投产。装置生产运行和标定结果表明，采用 FDC 技术处理沙轻 VGO 与 CGO 的混合油，中馏分油（喷气燃料＋柴油）收率超过 79%（质量），C_5^+ 液体收率超过 95%（质量），化学氢耗 2.3%（质量）左右，综合能耗低于 40 千克标油/吨原料，达到了当前国际同类技术的领先水平。海南实华炼化有限公司新建 120 吨/年加氢裂化装置已选用 FDC 单段两剂多产中馏分油加氢裂化技术进行设计和建设，并将于 2006 年 3 季度建成投产。

（刘建宇）

【塔河油生产 A 级沥青技术工业应用取得成功】 抚顺石油化工研究院从调整沥青的组成结构和研究沥青老化原理入手，在大量试验工作的基础上，开发出用塔河油生产符合新标准 A 级沥青质量要求产品的工艺技术及配套的 PNS 和 FR1 两种沥青改性剂。2005 年 8 月和 10 月，该技术分别在西安石化分公司和塔河分公司新建的 A 级沥青生产装置上进行了工业试验，工业化产品的各项指标均达到了交通部新规范 A 级 90 号沥青的指标要求。

（刘建宇）

【一种高活性高中油型加氢裂化催化剂及其制备方法获中国专利优秀奖】 这一专利含有两种不同类型的改性分子筛、氧化铝、活性金属等组分。不同类型分子筛的复合使用，既发挥了各自原有特性，又产生了良好的协同催化作用，使催化剂活性和中油选择性同时得到最大限度提高。工业应用结果表明，使用这种技术制备的催化剂与使用其他同类催化剂相比，反应温度降低 8℃—13℃，柴油馏分收率提高 20% 以上，柴油凝点降低 6℃—9℃。另外，根据市场需求，使用这种催化剂可以非常灵活并十分简单地调整应用方案，使生产装置紧密贴近市场变化。2005 年该专利获中国专利优秀奖。

（刘建宇）

【有毒有害气体排放状况研究取得成果】 2005 年 3 月，抚顺石油化工研究院环保所承担的《集团公司有毒有害气体排放状况研究》课题工作完成，集团公司安环局组织了多次专家论证，对工作成果给予肯定。

课题对集团公司所属各企业燃料消耗状况、原油加工量和硫含量、产品产量和硫含量以及油品周转等情况作了详细的调查，对非甲烷挥发性有机物（NMVOC）进行定性和定量分析，对二氧化硫、氮氧化物、挥发性有机物等的排放状况进行评估，为集团公司编制《环境报告》以及制定有毒有害气体的控制或减排措施提供了详实的科学依据。据有关专家介绍，像中国石化这样的综合性大公司，开展类似课题研究的在国内尚属首次。

（耿　新）

【执行内控制度，抓好管理工作】 2005年，为了深入贯彻执行股份公司内控制度，提高整体管理水平，抚顺石油化工研究院制定了《股份公司〈内控控制手册〉抚顺石油化工研究院实施细则》。通过集中培训学习以及在局域网上开通学习专栏等方式做好落实和宣传工作，将内控制度精神贯彻到每位职工、每个岗位。为了配合内控制度的实施，抚顺石油化工研究院出台了涉及合同管理、档案管理、计算机信息管理和经费使用管理等方面的16项规章制度，建立起运用内控制度成果的有效机制，不断提高内部控制的工作质量和效果，促进管理工作迈向新的高度，初步达到制度化、规范化、标准化和流程化。

（吴巧顺）

【完成住宅供热系统分户改造工程】 为落实辽宁省及抚顺市政府关于城市供热系统分户控制的有关规定，在石化集团总部的支持下，2005年6—9月，抚顺石油化工研究院全面启动并完成了院住宅供热系统分户改造工程。此次施工，汲取了上年分户改造试点的成功经验，选用优质管材和专业施工企业，使工程竣工一次验收合格，住户满意。分户改造后的住宅楼用气户取暖费收缴率达到100%。

（耿　新）

【抢险自救战洪水，慷慨解囊献爱心】 2005年8月13日，一场罕见的强暴雨袭击了抚顺地区，引发洪水。抚顺石油化工研究院多个部位汛情告急，特蜡生产装置被迫停工，科研和生产安全受到严重威胁。院防汛指挥部迅速启动抢险预案，组织抢险队员加固防洪设施、转移重要物资、疏通排水管道，装运、垒垛沙石袋，保证了科研生产的顺利进行，把损失降到了最低点。

这次洪水，给抚顺地区造成特大洪涝灾害，桥梁垮塌，道路冲断，房屋被毁，人员受困……在接到市政府的灾情通报后，抚顺石油化工研究院立刻派专人赶赴帮扶地区查看灾情，并把受灾情况向中国石化总部作了汇报，申请20万元救助灾区。同时，全院职工也向灾区人民伸出援助之手，踊跃捐款捐物。在短短的2天时间里，累计捐款130 140元，帮助灾民度过难关，恢复生产，重建家园，展示了中国石化职工良好的社会责任意识和精神风貌。

（耿　新）

表1　2005年抚顺石油化工研究院主要科研成果

序　号	成果名称	进展情况	获奖情况
1	生产清洁燃料的高活性加氢精制催化剂的研制和工业应用	通过技术鉴定，在9套工业装置应用	国家发明二等奖
2	FC-12和FC-24多产化工原料型加氢裂化催化剂研制和工业应用	通过技术鉴定，在4套工业装置应用	中国石化科技进步一等奖
3	FF-26加氢裂化预处理催化剂研制和工业应用	通过技术鉴定，在6套工业装置应用	中国石化科技进步二等奖
4	中油型两段全循环加氢裂化(FMD)工艺技术	通过中试评议	
5	FH-UDS柴油深度加氢脱硫催化剂	已进行工业应用	
6	体相法制备超深度柴油加氢脱硫催化剂	通过中试评议	
7	FH-40A和FH-40B轻质馏分油加氢精制催化剂	工业应用成功，通过技术鉴定	

续表

序号	成果名称	进展情况	获奖情况
8	FC－20 加氢裂化催化剂	工业应用成功，通过技术鉴定	
9	FF－18 FCC 原料预处理催化剂	通过中试评议	
10	FF－36 加氢裂化预处理催化剂	通过中试评议	
11	高熔点石油蜡类加氢催化剂	通过中试评议	
12	中压加氢生产超清洁溶液油工艺技术	工业应用成功，通过技术鉴定	
13	聚酯生产工艺废气催化燃烧工业化成套技术	工业应用成功，通过技术鉴定	
14	燃煤锅炉烟气脱硫成套技术	工业应用成功，通过技术鉴定	
15	铵离子交换技术去除汽提净化水中的氨氮	通过中试评议	
16	炼厂含油污泥热萃取/脱水技术	通过中试评议	
17	长碳链尼龙盐制备工艺	通过中试评议	
18	塔河原油生产符合新标准 A 级沥青技术	已在 2 家企业应用	
19	水工沥青生产技术	产品已实际应用，通过技术鉴定	
20	高压一段串联加氢生产低芳烃铝箔油技术	工业应用成功	
21	FDW－3 加氢降凝催化剂及加氢裂化尾油催化剂脱蜡生成润滑油基础油技术	工业应用成功	
22	加氢催化剂器外预硫化技术	通过中试评议，并工业应用成功	

上海石油化工研究院

【概述】 中国石油化工股份有限公司上海石油化工研究院(简称上海石油化工研究院)创建于 1960 年 6 月(时称上海石油化工研究所)，是石化股份公司直属的科研机构。院本部位于上海市浦东新区，占地面积 5.18 万平方米，建筑面积 6.6 万平方米。2004 年 12 月，上海石油化工研究院与上海石化科技开发公司进行资源整合，成立上海石油化工研究院本部和金山分部两部分。金山分部(原上海石化科技开发公司)位于上海金山地区。2005 年按照中国石化的部署，成立了催化剂专业公司，根据“先进后出”原则，6 月 30 日，上海石油化工研究院将一部分资产和人员划归到催化剂上海分公司，将 5 大催化剂的生产与经营业务无偿转入催化剂上海分公司。

截至 2005 年底，全院在职职工 603 人，各类专业技术人员 484 人。其中中国工程院院士 1 人，享受政府特殊津贴的 6 人，教授级高工及高工 130 人，博士 38 人，硕士 84 人。经过多年的建设和发展，拥有中试及小型实验装置 130 套，透射电镜及核磁共振等大型精密仪器 20 余台。2005 年末总资产达 4.13 亿元。全院下设 15 个研究部(室)、1 个催化剂评价中心及相应的职能管理部门，是基本有机原料国家工程研究中心的依托单位；附设有石化股份公司有机原料情报中心站、上海市石油化工产品质量监督检验站、全国石油化学标准化委员会、上海市催化剂行业测试中心等技术支持机构；设有经国家人事部批准的博士后流动工作站。

上海石油化工研究院主要从事石油化工中烯烃和芳烃的化工利用(包括基本有机原料催化剂和工艺技术、有机合成、功能高分子材料合成与加工等)技术领域的研究，研究开发工作涵盖了前瞻性探索研究、应用基础研究、成套工艺技术及配套催化剂研究开发、工程化放大等。

2005年，以"十条龙"攻关和"甲(甲苯歧化)/乙(苯乙烯)/丙(丙烯腈)/丁(碳四)"为核心的重大科技项目取得新突破。碳四烯烃催化裂解制丙烯(OCC)技术完成万吨级装置方案研究，中试研究及6.0万吨/年工艺包开发通过中国石化的技术评审；20万吨/年苯乙烯成套装置在齐鲁石化运行良好，通过国家科技部鉴定，完成60万吨/年苯乙烯成套技术开发；HLD-001甲苯歧化催化剂在扬子石化工业试验成功，SD-01甲苯择形歧化催化剂成功应用于天津石化；SAC-2000丙烯腈催化剂及第二代提高丙烯腈精制回收率技术应用于上海石化13万吨/年丙烯腈装置；CTP-Ⅳ钯碳加氢精制催化剂成功应用于上海石化40万吨/年PTA装置，性能优异；SHP一段/二段系列裂解汽油加氢催化剂分别成功应用于广州石化和中原乙烯；此外，乙苯催化剂、异丙苯催化剂、醋酸乙烯催化剂等都在石化企业内进行工业应用或中试；新型AB-97-T烷基转移催化剂在8.8万吨/年乙苯装置上工业试验开车成功，装置运行稳定；聚醚多元醇连续法工艺技术完成了工艺包的开发并将在上海高桥石化进行万吨级工业试验。此外，乙醇脱水制乙烯(ETO)、甲醇制烯烃(MTO/MTP)、反应控制相转移催化剂制环氧丙烷(PO)以及环氧乙烷催化水合研究都取得了良好进展。

截至2005年底，全院累计申请国内外专利834件，获授权专利478件，其中国外申请专利63件，国外授权专利33件，涉及近31个国家和地区；其中2005年申请国内外专利141件，获授权专利119件。近20年来，上海石油化工研究院取得省部级以上科技进步、发明奖100余项，其中国家科技进步一等奖1项、国家科技进步二等奖2项、国家技术发明二等奖1项、中国石化科技进步一等奖8项。2005年，HLD-001甲苯歧化与烷基转移催化剂工业试验、碳四烯烃催化裂解中试研究等16个项目通过中国石化科技开发部组织的技术鉴定或评审。低温高稳定性SHP-01裂解汽油一段加氢催化剂研制及工业应用获中国石化科技进步二等奖，提高丙烯腈回收率的急冷方法研究等2个项目获中国石化技术发明三等奖；此外，HLD-001甲苯歧化催化剂、高负荷丙烯腈催化剂以及醋酸乙烯催化剂等5个项目分别通过中国石化科技进步一等奖(1个)、二等奖(3个)及三等奖(1个)的评审。

(潘　波)

【第二代提高丙烯腈精制回收率(96%)技术通过鉴定】 上海石油化工研究院在第一代提高丙烯腈精制回收率(94%)技术的基础上，通过冷热模研究，并在千吨级工业装置试验，研究了气液传热和流场分布，开发了丙烯腈急冷塔气相段新型内构件，通过优化急冷塔工艺参数，进一步提高急冷塔的气液传热效率，增强急冷效果，有效降低急冷塔内丙烯腈在气相中的聚合损失，形成了第二代提高丙烯腈精制回收率(96%)技术。该技术在齐鲁石化4万吨/年丙烯腈装置工业试验，装置运行平稳，产品质量稳定，外排污水中聚合物总量减少，装置丙烯腈精制回收率达到了96.1%，有效地增产丙烯腈产品，2005年4月通过了技术鉴定。该项专有技术能有效提高国内丙烯腈装置的精制回收率，对提高国内丙烯腈技术的整体水平以及企业的挖潜增效具有重大意义。

(潘　波)

【GS-08M乙苯脱氢制苯乙烯催化剂工业试验通过鉴定】 该项目由上海石油化工研究院与广州分公司共同承担，于2005年6月通过石化股份公司组织的技术鉴定。GS-08M催化剂在广州分公司8万吨/年苯乙烯生产装置工业应用试验的结果表明：乙苯总转化率达到65%，苯乙烯选择性大于97%，催化剂性能和苯乙烯产量均创历史最好水平；GS-08M催化剂已运行26个月，超过了GS系列苯乙烯催化剂历史最长运行纪录，使用寿命与进口催化剂相当。

由上海石油化工研究院开发的以GS系列催化剂为核心技术的8万吨/年苯乙烯成套工艺技术已先后转让给数家企业，建成的苯乙烯新装置，将于2006年陆续投料开车。

(潘　波)

【SHP系列裂解汽油加氢催化剂在多家石化企业应用】 由上海石油化工研究院研制的SHP-01F全馏分裂解汽油一段选择性加氢催化剂在广州分公司20万吨/年汽油加氢装置上进行工业试验。装置运行3个月后，于2005年3月29日第一次进行装置高负荷48小时标定；5月27日，进行装置正常负荷72小时标定；8月10日，进行装置历史最高负荷24小时标定。标定结果表明：一段反应器平均出口双烯值均小于1.0克碘/100克油，双烯加氢率大于92%，运行平稳，空速高、抗干扰性能优良，满足了乙烯扩能后装置的生产技术要求，其综合性能超过进口催化剂。

SHP－02F裂解汽油二段加氢催化剂也于4月在中原石化公司开车成功，应用1个月后，催化剂的加氢活性和选择性优异，性能稳定。至此，上海石油化工研究院拥有了具有自主知识产权的SHP系列的一段和二段加氢催化剂，替代了国内装置上使用的国外催化剂。

（潘　波）

【新一代CTP系列加氢精制钯碳催化剂在上海石化应用成功】 该项目是石化股份公司“十条龙”重大攻关项目“大型PTA成套技术开发”的专题之一。2005年11月3日，由上海石油化工研究院研制的CTP－Ⅳ新型加氢精制钯碳催化剂在上海石化股份公司40万吨/年PTA联合装置上进行工业试验，生产出合格产品。11月9日，装置日产PTA达1 000吨以上，系统运行正常。由于技术上的突破，使装置开车以来产品中4－CBA保持在较低的水平，呈现出良好的抗干扰性能，标志着新一代CTP－Ⅳ型对苯二甲酸加氢精制钯碳催化剂在上海石化股份公司PTA联合装置投料开车获得成功。

（潘　波）

【乙醇脱水制乙烯成套技术开发成功并应用于广西】 在生物化工技术开发中，乙醇脱水制乙烯是核心技术之一。2005年，上海石油化工研究院在进行乙醇脱水制乙烯用氧化铝和分子筛催化剂的研制中，解决了催化剂的稳定性问题，完成了新型乙醇制乙烯催化剂的研究。同时，开发了以该催化剂为核心的6 000吨/年乙醇脱水制乙烯装置工艺包，并应用于广西广维化工有限公司。该工艺包于2006年1月通过石化股份公司组织的技术审查，认为该工艺包采用的技术先进、可靠，工艺流程合理，达到了国际先进水平。

（潘　波）

【SD－01甲苯择形歧化制对二甲苯催化剂工业试验成功】 2005年12月，由上海石油化工研究院开发的具有自主知识产权的SD－01甲苯择形歧化制对二甲苯催化剂，在天津石化小芳烃装置上首次进行工业试验。装置一次开车成功，运行平稳。经过连续72小时的考核标定，在空速4.0时$^{-1}$条件下，甲苯平均转化率大于30%（质量），对二甲苯选择性大于92%（质量），产品苯质量达到优级品标准，综合性能达到国际先进水平。

（潘　波）

【新结构高性能多孔材料创制的基础研究完成中期总结与评估】 该项目是国家“973”计划项目，由上海石油化工研究院和中科院大连化学物理研究所等5家单位共同承担，2005年5月完成项目中期总结并接受了国家科技部组织的项目中期评估。

该项目针对乙烯、丙烯、对二甲苯、环氧丙烷等大宗化学品和高附加值精细化学品的重大需求，以催化材料的创新为突破点，从多孔催化材料合成的基础研究入手，开展催化材料合成的理论计算及分子设计研究，发展多孔催化材料的合成方法学，解决多孔催化材料的催化功能化、孔道尺寸调变、原位表征和分子设计的关键科学问题，推动如低碳烯烃裂解制乙烯和丙烯，甲苯歧化和烷基转移制对二甲苯，丙烯环氧化制环氧丙烷等几类大的石化催化过程的技术创新。

通过中期评估，专家认为前两年该项目的各课题能围绕国家重大需求，在新结构高性能多孔催化材料研究方面开展了工作，在碳四烯烃催化裂解技术、第二代紫外—可见拉曼光谱表征技术、共结晶分子筛催化材料合成及芳烃转化技术、反应控制相转移催化材料及烯烃环氧化技术等方面取得了重要进展，为顺利完成项目研究目标奠定了良好的基础。

（潘　波）

【举办有机化工及催化材料科学技术论坛庆祝建院45周年】 2005年12月16—17日，上海石油化工研究院举办了“有机化工及催化材料科学技术论坛暨中国石化上海石油化工研究院成立45周年学术报告会”的庆祝交流活动。石化集团公司总工程师曹湘洪院士、中国石化科技委常务副主任袁晴棠院士以及闵恩泽双院士等12位院士，国家973项目首席科学家及相关专业的专家、学者，中国石化兄弟企业的有关负责人参加了本次学术交流和庆祝大会。会上，曹湘洪、袁晴棠、闵恩泽、林励吾、何鸣元、袁渭康、舒兴田、杨玉良等8位院士和谢在库、钱旭红、施剑林、鲍晓军、卢冠忠等5位首席科学家就中国炼油、石化产业应对石油短缺时代的科技对策，如何加快石化原料生产技术开发，加快石化工业技术发展等方面作了13个专题学术报告，300余名科技人员聆听了院士和首席科学家的演讲和学术报告，使科技人员在科研创新思路上得到了极大的启迪。

（潘　波）

【《化学反应工程与工艺》季刊扩为双月刊】 2005年1月26日，中国石化联合化学反应工程研究所和上海石油化工研究院共同主办的《化学反应工程与工艺》，在上海召开了第五届编委会会议，成立了第五届编辑委员会和学术指导委员会，曹湘洪院士担任学术指导委员会主任委员，主编洪定一，执行主编谢在库和阳永荣。经国家新闻出版总署批准，本刊自2005年由季刊扩为双月刊。扩刊后的《化学反应工程与工艺》保持了反应工程特色，加强了催化研究和催化反应工程方面的论文报道，减少了应用性论文数量；严把论文审稿质量关，保持了学术水平和期刊质量；认真编辑双月刊，加快了论文发表速度。

（潘　波）

【专业化重组】 2005年，上海石油化工研究院根据中国石化专业化重组的总体部署，本着“先进后出”的总体整合方案，对催化剂上海分公司的整合作“后出”部署，6月30日，上海石油化工研究院催化剂生产的一部分资产划转到催化剂上海分公司。对其拥有的甲苯歧化、乙苯脱氢、丙烯腈、钯碳和醋酸乙烯5大催化剂以及贵金属回收等生产装置类固定资产和在建工程，以及相应的原材料、中间产品等资产和相应债务，无偿转入催化剂上海分公司，由催化剂上海分公司经营上述催化剂的生产与销售业务。完成了科研与生产调整，有利地促进科技创新和催化剂产业的发展。

（潘　波）

【开展QHSE管理体系一体化认证工作】 2005年11月25日，上海石油化工研究院在实施ISO 9001：2000质量管理体系认证的基础上，在全院开始实施QHSE贯标。建立了与ISO 14001、OHSAS 18001及中国石化HSE标准相融合的、以“以人为本，科技创新，支撑石化，和谐发展”为方针的一体化管理体系，对全院中层干部、内审员、安全员进行了专题培训。进行了危险源、环境因素评审，对21个环境监测点进行跟踪监测。完成了管理手册、31个程序文件、55个规章制度及大量的作业指导书和记录表式的编写。

（潘　波）

安全工程研究院

【概述】 中国石油化工股份有限公司青岛安全工程研究院(简称安全工程研究院)位于山东省青岛市市南区海滨，地处青岛市行政文化中心，占地面积1.23万平方米，是石化股份公司直属科研机构。其前身为创建于1979年的化学工业部职业安全卫生研究院，1999年7月1日整体进入石化集团公司，同年10月按石化集团公司的要求进行重组改制，改制后上市部分称为中国石油化工股份有限公司青岛安全工程研究院；非上市部分称为中国石化集团安全工程研究院。

安全工程研究院下设13个研究室(部)：过程安全研究室、安全工程研究室、监测检验研究室、职业卫生研究室、安全卫生信息研究室、安全生产培训中心、HSE研究室(含HSE工程监理部)、中化阳光认证中心、化学品安全研究室、石化行业安全评价研究室、地方安全评价研究室、健康监护研究室、设备防腐研究室。

安全工程研究院下设青岛中化阳光管理体系认证中心和国家石化项目劳动安全卫生预评价中心，是《安全、健康和环境》期刊的编辑、出版单位。

安全工程研究院是中国石油化工安全健康科技创新、技术进步和应用开发的重要研究基地，也是国家危险化学品危害预防与控制、产业安全风险评价、职业安全健康管理体系审核认证工作的主要支撑单位。安全工程研究院具有隐患评估与整改工程设计及施工、化学品危险性鉴别与控制技术、生产过程安全控制技术、安全仪器仪表校验和研发、清洁文明生产技术和职业健康等专业技术。投资2 000多万元，建设了石化过程安全、雷电静电危害控制、化学品危险性参数测试、监测检验和工业卫生等实验室。

经过多年的发展，安全工程研究院已拥有一支在安全技术研究和应用领域优势突出的技术队伍。截至2005年底，安全工程研究院共有职工162人，其中专业技术人员115人。专业技术人员中有教授级高级工程师2人、高级职称44人、中级职称34人；博士3人、硕士39人，本科生74人。

2000年以来，安全工程研究院累计承担集团公司科研开发项目和技术推广项目49项，其中20项已通过鉴定。安全工程研究院进入集团公司以来共申请中国专利30项，获授权24项，其中发明专利20项。

2005年安全工程研究院主要科研成果见表1。

（罗立斌）

【基于风险的检测(RBI)技术初步应用获得成功】 2005年，安全工程研究院在加氢装置设备完整性管理技术研究项目的基础上，对齐鲁石化140万吨加氢裂化装置、镇海炼化1#常减压装置、金陵石化烷基苯厂、广州石化乙烯裂解装置和长岭石化焦化装置等多套装置进行了RBI分析研究，为装置制定了详细的检修维护方案，得到企业及相关部门的一致认同，初步实现了RBI技术从研究到应用的转化。

（罗立斌）

【石化企业 HSE 管理平台开发成功】 2005 年，石化企业 HSE 管理平台设计的风险管理、检查监督、应急管理等 8 个模块的研究开发工作完成，并在福建炼化股份公司正式运行，取得良好效果。

（罗立斌）

【完善石化装置泄漏点检测管理系统】 2005 年，安全工程研究院在 2004 年工作的基础上，完善了石化装置泄漏点检测管理系统，并根据检测结果确定了可燃气体和有毒气体报警器的安装原则，提出了金陵石化炼油厂重催车间的泄漏控制方案，总结出了设备密封点泄漏控制方法。

（罗立斌）

【完成国家储备油库火灾特性及安全保障技术研究】 2005 年，安全工程研究院对国内外 10 万立方米以上超大型原油储罐用钢情况进行了调查，完成了《石油库火灾爆炸事故及消防设计规范调查报告》，确定含硫原油对大型储罐的腐蚀成因，开展了典型高硫原油组分分析、罐底污水组分分析及腐蚀性评价，基本完成了油库火灾特性的研究。

（罗立斌）

【设备防腐研究室成立】 为配合中国石化加工高酸原油和高硫原油的发展战略，解决设备酸腐蚀和硫腐蚀两大问题，2005 年 11 月安全工程研究院成立了设备防腐研究室，负责对石化主要生产装置及设备的腐蚀成因进行分析研究，并提出防护措施及切实可行的监督检测技术方案。

（罗立斌）

【新开科研项目 11 项】 2005 年安全工程研究院新开以下 11 项科研项目：常减压装置在线运行安全指导系统、基于自愈机制的石化动力设备智能维修保障系统、大型油库安全保障技术的研究、杭州湾海底管道安全运行与风险管理技术研究、高含硫井站现场监测预应急技术、硫化亚铁烧塔事故机理的研究、HSE 相关标准及导则的编制、扬子石化应急响应中心研究开发、典型催化剂固有危险性与活性危害研究、丙烯腈等有毒原料运输与废弃安全技术研究、海上采油平台安全保障系统。

（罗立斌）

【业务资质建设取得可喜成绩】 2005 年，安全工程研究院为了进一步拓宽技术服务的业务空间，在原有资质的基础上先后取得了安全评价甲级资质、计量认证甲级资质、质量管理体系认证资质。同时国家一级安全生产培训机构资质也通过了国家安全生产监督管理总局组织的复审。这些资质的取得为安全工程研究院技术咨询、技术服务业务的开展提供了有力保障。

（罗立斌）

【认真贯彻审计决定，严格落实整改措施】 2005 年 8 月 15—31 日，总部派出审计组对安全工程研究院 2002—2004 年度管理和效益情况进行了审计，10 月 27 日下发了《关于对中国石化股份公司青岛安全工程研究院及中国石化集团安全工程研究院有关问题的审计决定》（中国石化股份审决[2005]3 号文）。为了更好地贯彻审计决定，安全工程研究院召开了由院长主持的审计专题会议，安排布置审计整改工作和限期整改时间，并将整改工作落实到相关部门和责任人。截至 2005 年底整改工作基本完成。

（罗立斌）

【《内部控制手册》正式实施】 为规范股份公司的企业管理，满足资本市场对公司的监管要求，遵照股份公司的统一要求和部署，安全工程研究院制定并印发了《内部控制手册》和配套的规章制度，于 2005 年 1 月 1 日正式实施。11 月 3—5 日股份公司内控检查小组对安全工程研究院内控制度的建立、执行情况进行了检查，对内控执行情况给予了较高的评价。《内部控制手册》的实施堵塞了漏洞，规避了风险，进一步规范了安全工程研究院各项经营和管理工作。

（罗立斌）

【深化内部分配制度改革】 安全工程研究院按照石化集团总部《关于进一步深化内部分配制度改革的指导意见》和《关于基层单位深化内部分配制度改革方案审批办法的通知》要求，进一步深化内部分配制度改革，科学设置了三支队伍的岗位序列，进行定编定岗，实行全员竞聘上岗，通过两上两下的竞聘，完成了竞聘上岗的工作。在完成这些配套工作的同时，制定了符合本院具体情况的内部分配制度改革方案，并于 2005 年 9 月 30 日正式实施，顺利地完成了内部分配制度改革工作。

（罗立斌）

【保持共产党员先进性教育活动取得实效】 2005 年 7—12 月，在第二批保持共产党员先进性教育活动中，安全工程研究院严格按照中央、省、市委和中国石化党组关于开展保持共产党员先进性教育活动的要求和部署开展工作，坚持学习教育与提高党员党性觉悟相结合；坚持为群众办实事与解决突出问题相结合；坚持抓先进性教育与促进全院改革发展稳定相结合，先进性教育活动各项工作扎实推进，取得了预期的效果。

（罗立斌）

表 1　　2005 年安全工程研究院主要科研成果概况

序　号	项目名称	进展情况	获奖情况
1	吸附法油气回收技术开发及工业应用	已通过股份公司科技部鉴定	
2	乙二醇丙烯腈装置应急和环境风险研究	已通过股份公司科技部鉴定	
3	抗溶聚合物的合成超浓缩泡沫灭火剂的研制	已通过股份公司科技部鉴定	
4	石化放射作业人员健康评价与防护对策的研究	已通过股份公司科技部鉴定	
5	基因工程菌和膜反应新技术生产丙烯酰胺	已通过股份公司科技部鉴定	
6	油品泄漏覆盖消防两用泡沫的研究		获集团公司科技进步三等奖
7	沿江沿海部分石化企业静电雷电危害对策研究		获集团公司科技进步三等奖
8	石化装置安全评价模型		获中国石化协会科技三等奖

人　物

☞ 时代先锋

☞ 中国工程院院士

☞ 全国劳动模范

时代先锋

【侯祥麟】 男，汉族，1912年4月出生，广东省汕头市人，中共党员(1938年入党)。1935年毕业于燕京大学化工系，1944年赴美国留学，就读于卡乃基理工学院化工系，1948年获博士学位，1950年回国。1955年当选为中国科学院学部委员，1994年当选为中国工程院第一批院士，为两院资深院士，中国石油天然气集团公司、中国石油化工集团公司高级顾问，中国石油学会名誉理事长，世界石油大会中国国家委员会荣誉主任。

侯祥麟是世界著名的石油化工科学家，是中国石油化工技术的开拓者之一、炼油技术的奠基人，为中国的科技事业，特别是为中国石油、石化事业的发展，作出了卓越的贡献。他成功领导研制了原子能工业分离铀－235装置急需的油品和导弹所需的高精密仪表油、脂系列产品，指导解决了国产喷气燃料对喷气发动机镍铬合金火焰筒的烧蚀问题，领导研究成功关系到汽油、柴油、润滑油生产的流化催化裂化、催化重整、延迟焦化、尿素脱蜡和相关催化剂、添加剂(被称为“五朵金花”)等方面重大新技术并实现了工业化。2003年，他在91岁高龄时，还主持了国家重大课题“中国可持续发展油气资源战略研究”的项目研究。2005年9月，中纪委、中组部、中宣部、中央先进性教育活动办公室、中国工程院、中国科学院和石油天然气集团公司、石化集团公司组织中央主要新闻媒体对侯祥麟的先进事迹进行了集中宣传报道。同时，中国工程院、中国科学院、石油天然气集团公司、石化集团公司党组决定，号召全国科技界、石油和石化系统的全体工作者，广泛深入地学习侯祥麟的“五种精神”(即：对党、对人民矢志不移、终生不悔的坚定信念，严谨务实的科学态度，自主创新的奋斗精神，高瞻远瞩的战略胸怀，无私奉献的崇高品格)。

(潘武龙)

中国工程院院士

【王基铭】 男，汉族，1942年6月出生，上海市人，中共党员，1964年参加工作，教授级高级工程师，中国石化股份公司副董事长，2005年12月当选中国工程院院士。王基铭在长期炼油化工工程建设管理实践中，运用当代先进工程管理理论，提出了适合中国炼油化工工程建设的管理理念和方法，探索出中国大型炼油化工工程建设的管理模式；不断推进工艺技术和设备的国产化；率先将具有自主知识产权的成套技术应用到世界级石化工程，为中国炼油化工工程建设作出了杰出贡献。

(潘武龙)

【康玉柱】 男，满族，1936年3月出生，辽宁省北宁市人，中共党员，1960年7月参加工作，教授级高级工程师，中国石化西部新区勘探指挥部专家组副组长，2005年12月当选中国工程院院士。康玉柱在国内40多个含油气盆地进行过石油地质研究或勘探工作，为国家石油工业发展，特别是塔里木盆地油气突破作出了开拓性的重大贡献。他在中国古生代海相油气田首次重大突破、发现塔河大油田、塔西南麦盖提斜坡和巴楚隆起分别获高产油气流、实现两个导向性突破中作出了突出贡献；他根据大量的勘探和科研成果，初步提出了古生代海相成油理论，丰富了地质力学找油理论；他培养了一批技术骨干、学术带头人和管理人才，编写论文、专著(12部)约800多万字。

(潘武龙)

全国劳动模范

【曹耀峰】 男，汉族，1953年12月出生，陕西省渭南市人，中共党员，1969年参加工作，工学硕士学位，石化集团公司党组成员、副总经理兼胜利石油管理局局长、党委副书记，胜利油田有限公司董事长，第十届全国人大代表，2003年获山东省劳动模范称号。曹耀峰既是一位优秀的企业经营管理者，又是享有盛誉的石油机械技术方面的专家。几十年来，他以自己卓越的组织领导能力和忘我的辛勤工作，为胜利油田持续稳定发展作出了突出贡献。

(潘武龙)

【陈景世】 男，汉族，1951年6月出生，四川省中江市人，中共党员，初中文化，高级技师，胜利石油管理局胜利采油厂工艺所工人。陈景世自强不息、勤奋好学、顽强拼搏，一步一个脚印，走出了一条成功的自学之路。他在石油机械、机床改造、机械加工、汽车维修等领域，不断探索，刻苦攻关，取得了丰硕成果，先后有40多项合理化建议和技术革新成果获得奖励，10项科技成果获得国家专利，另有5篇专业技术论文在国家级刊物上发表。

(潘武龙)

【周　飞】 男，汉族，1972年1月2日出生，山东省东明市人，中共党员，大学文化，工程师。胜利石油管理局黄河钻井总公司钻井五公司 50107SL 钻井队队长。他勇于创新实践，先后设计出了 12 项科研革新成果，其中有两项获得国家专利，部分革新成果在生产应用中已见到明显的经济效益和社会效益。他善于总结管理经验，带领队伍创出了 10 项油田及国家钻井生产高指标，打成了 36 口高难度的复杂工艺井，连续 5 年实现同行业同类型井钻井进尺、产值、效益全局第一名，创出了年进尺突破 6 万米的油田同类型井施工最好成绩。

（潘武龙）

【田纪民】 男，汉族，1955 年 1 月出生，河南省商邱市人，中共党员，成人中专文化，高级技师，中原油田采油三厂明一采油管理区维修班长。他自 1983 年从玉门油田转战到中原油田后，凭借刻苦钻研的求知精神，从一名连小学都未上完的普通工人成长为采油高级技师。他把自己所学的知识技术用于生产，解决了许多生产中的难题；他研制的防盗技术，逐步形成了以采油树、抽油机、输油管网等为主要内容的四大项、六大类、41 个品种多用途系列防盗新技术，累计创效3 000余万元；他带出的许多青工已成为油田生产的革新能手和技术骨干。

（潘武龙）

【陈道田】 男，汉族，1967 年 12 月出生，河南省淮阳市人，中共党员，高中文化，高级工，河南石油勘探局 70832HN 钻井队队长。他曾率领 32617 钻井队（原 32979 钻井队），创造了河南油田历史上完成30 000米钻井进尺时间最短的纪录，2001—2003 年，各项经济和技术指标连续 3 年雄居各钻井队榜首。2004 年他带领 70832HN 钻井队获得中国石化甲级基层队、银牌钻井队称号。

（潘武龙）

【张建荣】 女，汉族，1963 年 2 月出生，湖北省襄阳市人，中共党员，大学文化，高级工程师，江汉油田江汉采油厂副总地质师兼地质研究所所长。近 20 年来，她负责或主要参与的 26 个科研项目分别获局级以上科技进步奖。近年来，她负责了《江汉盆地盐间非砂岩油藏综合石油地质钻采工艺配套技术研究》等 5 个项目的攻关，累计增油 17.3 万吨。2004 年，她和滚动勘探开发项目组的科研人员一道，先后部署钻探了 4 口油井，均见到了良好的油气显示，其中，周 30 井获日产 13.3 吨工业油流。近年来，作为科技带头人，她带领全所科技人员，大打科技增储上产攻坚战，一方面立足老区，精雕细刻挖潜力保稳产；另一方面，拓宽找油领域，不断发现新储量。自 2001 年以来，每年都为江汉油田措施增油 3 万多吨，增储 200 多万吨，为江汉油田稳产上产作出了突出贡献。

（潘武龙）

【汪宏辉】 男，汉族，1974 年 2 月出生，湖北省汉川市人，中共党员，中技文化，高级焊工技师，江苏石油勘探局油田建设处石化设备制造厂焊工。他在焊工岗位上一干就是 12 年，先后参加江苏油田 20 多个油区的会战，焊接管线1 000多千米，压力容器 460 多台（套），焊缝长度达 200 多千米。他 5 次奔赴苏丹施工，为单位创效 200 多万美元。10 多年来，他取得了 28 项国内、国际焊接证书，在 2000 年石化集团公司焊接大赛中，获第一名。在苏丹油田地面施工中，他焊接的管口探伤合格率达到 99.7%，被外方监理称之为“免检王”，创造日焊接管口 120 道的最高纪录，被总包商称为“来自中国的金牌焊工”。他掌握的仰板焊、下向焊、氩孤焊、CO_2 气体保护焊、美国阿斯米、德国 EN－287 及有色金属焊接等新工法，提高了工作效率。每年为单位创造效益都在百万元以上。

（潘武龙）

【李建青】 男，汉族，1967 年 1 月出生，江苏省泰州市人，中共预备党员，大学文化，高级工程师，华东分公司规划设计研究院副总工程师。李建青敢于打破常规的找油气理念和固有的油气勘探模式，提出的勘探新思路，在华东分公司东北探区的油气勘探研究中发挥了重要作用。近年来，他作为主持人之一，承担了许多大型油气勘探先导项目，先后有 6 个项目获科技成果奖，在国内公开专业期刊发表论文 3 篇。

（潘武龙）

【陈德烨】 男，汉族，1968 年出生，河南省人，中共党员，硕士文化，高级工程师，燕化石油化工股份有限公司化工一厂裂解车间主任，北京市第十二届人大代表。1998 年，他参与燕化乙烯装置 66 万吨/年改造技术谈判，对外国设计公司提出的改造方案进行了全面详尽的模拟计算，发现了不少漏洞和失误，使得最终决策更为准确，赢得了中外双方的高度认可。在担任裂解车间主任后，他以建立学习型组织为目标，充分发挥集体力量，带领裂解车间全体职工克服重重困难，连续 3 年（2002—2004 年）超额完成上级下达的生产任务，装置运行的经济效益大为提高，为燕化公司全面完成利润目标作出了重大贡献。同时安全顺利地完成了燕化乙烯装置 71 万吨/年改扩建后的第一次大检修，带出了一支高水平的管理队伍和操作队伍，为乙烯装置的“安稳长满优”运行打下了坚实的基础。

（潘武龙）

【王建军】 男，汉族，1964年出生，吉林省人，中共党员，高中文化，高级技师，燕山石化北京东方化工厂丙烯酸车间催化剂研究室主任。在20多年的生产和实践中，王建军从一名普通职工成长为丙烯酸及酯类专业的一名技术权威，为丙烯酸催化剂研究的发展作出了突出的贡献。为打破国外的技术垄断，他负责2BA的催化剂国产化试验工作。经过4年多的摸索，终于在2001年生产出了合格的替代产品，其性能基本达到国外产品的指标，部分指标优于国外产品，而价格不到国外产品的1/3，每年为国家节省300多万元。国产化之后，他又对生产模式进行了优化，使树脂更换周期从4次/年缩短为3次/年，使产量由设计的3万吨/年增加到了4万吨/年。2002年，王建军提出了1AA装置氧化系统技改方案。该反应器投入使用后，解决了催化剂使用后期管理的诸多问题，装置的收率提高了1%，年增产丙烯酸300吨，创利近百万元。2003年，他又组织实施了小丁酯提产项目。该项目完成后，丁酯产量由50吨/日提高到56.5吨/日，年可增产丁酯2 000吨左右，不仅每月多创效益近百万元，而且降低了原料的消耗，减少了废水排量，仅两周即可收回投资。

（潘武龙）

【韩　峰】 男，汉族，1966年10月出生，山东省淄博市人，中共党员，大学文化，高级工程师，齐鲁石化公司烯烃厂裂解车间主任。韩峰十几年如一日，挑战生产极限，屡创乙烯产量同行业之最。他创造发明了享誉中国石化行业的“韩峰油洗法”，解决了困扰乙烯生产的“双球提升式自密封32寸截止阀不能完全关闭”的技术瓶颈问题，年增效500多万元。1999年以来，他大胆革新，强化生产管理，使乙烯装置碳二加氢反应器长周期运行58个月，超出设计周期7倍，创造了乙烯装置连续运转4年的全国最高纪录，年节省检维修费用数千万元。2004年，投资700多万美元的世界上第一台三元制冷压缩机落户裂解车间，他科学求证，全天候跟踪压缩机试运行，推翻了美国鲁姆斯公司、日本东洋工程公司的设计方案，摸索出了一套压缩机开停车和稳定运行的新工艺参数和操作程序，并创造了乙烯扩能改造当年投产、当年实现月达标的“亚洲速度”。

（潘武龙）

【宋虹霞】 女，汉族，1968年2月出生，上海市人，大学文化，高级工程师，上海高桥石化公司聚氨酯事业部聚醚课题组组长。她主持的新产品开发多次获得上海市重点产品质量振兴攻关成果奖和石化集团公司科技进步二等奖。2004年，她问鼎了国内聚氨酯领域的尖端技术，成功开发了用于软泡的DMC聚醚，并大胆采用了加酸和氮气鼓泡相结合的生产工艺，为企业的可持续发展增添了竞争力。同时由于该项技术赶超国际水平，填补了国内空白，产品已进入国际市场。她还利用自己扎实的理论功底和丰富的实践经验，使聚醚产品的优级品率在4年里从20%上升到97%以上，多项产品获得专利。

（潘武龙）

【李　强】 男，汉族，1965年4月10日出生，江苏省南京市人，中共党员，大学文化，高级工程师，茂名分公司化工事业部裂解车间主任。裂解装置在他的努力工作和科学管理下，接连创造了投产后达标时间最短、运行时间最长、无非计划停车时间最长、总损失率最低等4项全国之最。截至2005年4月8日裂解装置已连续长周期安全生产运行超过74个月，创造了国内同类装置长周期运行新纪录，达到了国际一流水平，每年为企业多创效益超过2亿元。

（潘武龙）

【佟　伟】 男，满族，1969年1月出生，辽宁省人，中共党员，大学文化，高级工程师，天津分公司炼油部联合四车间主任。参加工作以来，佟伟扎根企业生产第一线，立足岗位，忠于职守，竭尽智慧，勤奋耕耘。他提出并实施的延迟焦化装置甩油回炼工艺、加热炉改造、装置换热流程改造、小循环比操作方案以及吸收稳定系统提压操作方案等措施，使装置的轻质油收率和液体产品收率分别提高了1%和2%以上，加热炉节约燃料5%，装置加工负荷则提高到了110%。他提出的“装置凝结水回收利用”和“焦化辐射进料泵软化水回收利用”两项节水措施，每年节水12万吨，取得了经济效益和社会效益双丰收。

（潘武龙）

【安俊军】 男，汉族，1971年2月出生。天津市宝坻县人，中共党员，大学文化，工程师，天津分公司烯烃部乙二醇车间主任。在生产一线工作10余年，工作勤恳，勇于创新。2001年他负责的EO/EG装置的首次挖潜改造取得圆满成功，产能提高30%，远远超出设计值。现场管理中强化工艺过程控制，不断巩固“一控双达标”成果，每年减少醇夹带排放达360多吨，年挽回损失 200 万元左右。他及时排查解决系统醛超高和循环气泄露等安全隐患，每年节省资金 100 余万元。截至 2004 年 4 月，在 YS-7 银催化剂 3 年的设计寿命中，生产产品折合 EOE 超出设计产量 2 万多吨，超产创效和减少维护成本累计近千万元。组织开发应用新技术成果显著，2004 年膜技术当年投用回收乙烯气 120 余吨，挽回损失 100 余万元。他超前实施职工素质工程，使一线员工一人多岗率达 70%，一人全岗率达到 30%，队伍综合素质处于国内同行业前列。

（潘武龙）

【张德明】 男，汉族，1950 年 3 月出生，湖南省益阳市人，中共党员，大学文化，高级工程师，第十届全国人大代表，巴陵石化公司董事长、总经理。张德明担任巴陵石化公司董事长、总经理以来，提出了新的管理理念、治企思路和一系列措施，并积极付诸实践，取得了十分显著的成效。他和班子成员一道，把扭亏脱困摆在首位，狠抓降本压费、管理挖潜与做大总量，在没有较大投入的情况下，销售收入由 2002 年 58 亿元增至 2004 年的 92.58 亿元，在 2002 年亏损 2.4 亿元的情况下，2004 年实现利润 4 219 万元，实现了 14 年来的首次盈利。

（潘武龙）

【谭生光】 男，侗族，1970 年 5 月出生，湖南省会同县人，中技文化，长岭炼化公司通达建筑安装工程公司班长。参加工作 12 年来，他没有休过一次探亲假，一心扑在工作上。2003 年他带领全组人员先后完成了 1# 常减压检修、运销公司装卸油台措施改造等工程，年累计完成产值近 600 万元，约占长岭炼化通达公司一分公司年产值的 1/4。他带领全组施工人员在 2003 年共完成敷设大小管线 1 万多米，组装对口 4 000多道，创下建安乃至长岭地区的施工纪录。

（潘武龙）

【黄耀明】 男，汉族，1956 年 1 月出生，上海市川沙县人，中共党员，大专文化，高级技师，上海石化企业发展有限公司博凯公司腈纶分公司技术组组长。工作 30 多年来，黄耀明立足岗位，刻苦钻研业务，努力学习科学文化知识，成为上海石化第一位自学成才的仪表高级技师。他攻关的 17 项技措技改项目，共创造经济效益 595 万元。在腈纶南装置扩容改造项目中，他大胆创新，使该系统的自控水平达到国际先进水平，为企业节约投资费用 80 万元。在上海石化重点工程 6.6 万吨/年腈纶改造项目中，他全面负责仪表部分的设计、规划、施工重任，在一年多项目实施过程中，大胆设计，仅仪表安装费一项就节约费用达 300 多万元。为彻底改变以往石化系统内对晋级技师、高级工考核一直沿用当面答辩的方式，他与浙江大学等单位共同设计了一套过程控制系统仿真考核装置，使多年来一贯采用的答辩制转变为实考制，为上海石化培养出更多真正有用的人才作出了突出贡献。

（潘武龙）

【陈　达】 男，汉族，1970 年 4 月出生，江苏省靖江市人，中共党员，大学本科，高级工程师，仪征化纤股份公司 PTA 生产中心装置长。陈达先后参加了两套 PTA 装置的建设，有丰富的生产和建设经验。在 PTA 1# 装置稳定生产 20% 和 30% 增容改造中，他完成重大技改项目 18 个，减少设备投资1 000多万元。其中解决精制预热器易堵难题的方案，每年可降耗 400 多万元。在 2# 装置建设期间，他带领技术人员，先后解决了安装、试车和生产中各类隐患及设计不合理的地方 200 多个，保证了装置准点开车一次成功的目标。装置投产后，他带领技术人员，解决各类技术难题 20 多个，装置综合能耗连续两年在石化同类装置中名列第一。在 10% 增容改造过程中，他和技术员彻底解决溶剂脱水塔制约装置进一步提升负荷的“瓶颈”，节省了 300 多万元的改造投资。装置建成后，他从培养高素质职工队伍入手，严格内部管理，创下了开车当年达标、第二年负荷超过 110% 等令国内外同行惊叹的奇迹。

（潘武龙）

【宋克俊】 男，汉族，1969 年 10 月出生，河南省偃师市人，中技文化，洛阳石化总厂芳烃车间班长。他十几年如一日地奋斗在生产一线。他提出优化调节加热炉“三门一板”操作方案，使溶剂油收率由 70% 提高到 85%，PX 收率由 88% 提高到 92%，加热炉热效率由 80% 提高到 90%，装置能耗降低了一个单位，仅此一项，创造经济效益 417 万元。他提出的“凝结水改用抽提装置伴热热水”、“停用甲苯塔”等合理化建议，每年可节约1 200万元，为装置节能降耗作出了突出贡献。他总结的“抽提溶剂油单元快速开工法”等，在车间得到推广实施，有效提高了装置的经济效益。为切实降低芳烃装置的现金操作费用，他率先组织实施了班组核算管理制度，使班组成本管理逐步规范化、制度化，有效控制了加工成本，PX 装置能耗大大降低，步入了同类生产装置先进行列。

（潘武龙）

【侯振林】 男，汉族，1961年11月出生，辽宁省人，中共党员，中技文化，高级技师，荆门石化总厂维修公司仪表车间聚丙烯仪表班班长。20多年来，他在仪表控制、仪表维护领域，用自己的勤奋和才智走出了一条技术革新、岗位成才之路。他参与的技改项目先后获得荆门石化技术创新QC成果奖，湖北省科技成果二等奖，石化集团公司科技进步三等奖，为企业创造了巨大经济效益。

（潘武龙）

【米钰林】 男，汉族，1954年4月出生，重庆市人，中共党员，高中文化，化工工艺高级技师，四川维尼纶厂乙炔车间操作主管。他参加工作以来，勤奋学习，刻苦钻研，从一名仅有初中文化的普通工人，成长为一名熟练掌握具有国际先进水平的天然气部分氧化制乙炔技术的技能型、知识型人才。他先后制定出《乙炔刮炭操作管理办法》和《乙炔车间205工号仪表连锁短接实施细则》，攻克了装置运行中的技术难关。仅2003、2004两年，他为解决各种生产疑难问题就提出了30条合理化建议，为企业创造了良好的经济效益。为师以来，他先后带过34名徒弟，多数已成为技术骨干或装置操作骨干，其中9人已分别走上了企业中高层领导岗位。

（潘武龙）

【杜文如】 男，汉族，1951年11月出生，江西省宜丰市人，中共党员，大学文化，工程师，九江石化总厂党委书记、纪委书记，第十届全国人大代表。杜文如作为九江石化领导班子核心成员之一，为企业改革、发展、稳定作出了突出贡献。他准确把握企业发展方向，率领全厂职工共同奋斗，全面完成各项奋斗目标。他高度重视安全环保，使企业连续6年实现“三大事故”为零，实现安全环保目标。他重视技术改造、技术开发、技术措施的实施运用，每年均投入专项资金，用于组织技术攻关，消除生产“瓶颈”，为此产生了一批技术成果，其中，7万吨/年环管法聚丙烯成套技术获国家科技进步一等奖。

（潘武龙）

【邹洪斌】 男，汉族，1952年10月出生，湖北省人，中共党员，中专文化，工程师，武汉石化厂焦化车间技术组长。他常年工作在生产一线，凭着自己丰富的设备管理经验和求真务实的工作作风，为焦化装置的生产、发展作出了特殊而卓有成效的贡献。他根据车间的设备和生产实际，大胆革新，自制“耐高温复合石棉垫片”，一举解决了焦化生产过程中设备密封面的泄漏难题。为提高加热炉的热效率，他提出了“提高原料罐换热温度，升高加热炉进料温度”的合理化建议，使装置能耗大为下降，年节约燃料油1 800吨，降低成本216万元。

（潘武龙）

【康　飚】 男，汉族，1945年6月出生，山东省惠民县人，中共党员，大学文化，教授级高级工程师，福建炼油化工有限公司董事长。他提出用信息技术提升和改造传统石化产业，充分显示了创新意识。他先后获得了国家、省(部)级以上科技进步奖7项，福建炼化一体化项目作为中国石化发展沿海战略的“桩基”工程和福建省建设海峡西岸经济区的龙头项目，得到了中国石化和福建省历届领导的重视。2004年开始，他担任福建炼化公司一体化项目总监后，把主要精力都放在抓一体化项目工作上。2004年8月，合资三方正式签署了FEL工作协议。2004年7月底，康飚任董事长后，对公司生产经营方针、投资、改革、一体化项目等，进行了科学审慎的决策，保证了福建炼化公司沿着健康的轨道不断发展。

（潘武龙）

【嵇岳明】 男，汉族，1966年1月出生，江苏省涟水市人，中共党员，大学文化，工程师，清江石化公司生产计划处副处长。在担任重催筹建办主任期间，为降低工程造价，嵇岳明做了大量工作，使装置实际造价比预算节约近7 000万元。2004年7月份，他又主持了该装置由30万吨/年扩能到50万吨/年的技改项目，仅用短短的15天时间，就攻克了技术难关，并在一次开车成功之后，又顺利攻克“提压操作”这一高难度的操作关，此举在国内同行中尚属首创。他和石油大学、洛阳石化设计院等合作开发的PSC型高负荷强度烟气旋风分离器已获国家实用专利，并在一些企业的催化装置应用。

（潘武龙）

【张少兰】 女，汉族，1962年11月出生，海南省琼山县人，高中文化，海南石油总公司三亚石油分公司解放路加油站加油员。她作为该加油站年龄最大的职工，20多年如一日，勤勤恳恳、任劳任怨地一心扑在加油站一线，默默奉献着。2002年5月23日，一位不明身份男子潜入加油站，抢取油枪，往身上喷洒汽油，并且点燃，企图引爆加油站。张少兰不顾个人安危，与歹徒展开搏斗，她挡在歹徒身前，对眼前大火视而不见，伸出手掌作推挡，不让歹徒接近要害部位。在搏斗中，她手上、脚上沾满汽油，身上着火。她临危不乱，就地打滚，将身上火种扑灭，冲进配电房，果断切断电源，保证了油站的安全，自己却被烧伤。

（潘武龙）

【苏　洪】 男，汉族，1961 年 12 月出生，中共党员，大学文化，教授级高级工程师，石化工程建设公司副总工程师。2000 年他参与开发完成的 7 万吨/年环管法聚丙烯成套技术获得了国家科技进步一等奖。他始终在第一线从事设计工作，参加了国家主要化工装置的设计工作，多项工程获得国家奖励。尤其是聚丙烯装置工艺技术，经过 30 多年的引进国外技术之后，国产化技术已经达到了国际先进水平，能够独立设计建设世界级规模和水平的大型聚丙烯装置，对于形成中国自己的石油化工核心技术具有重要的意义。

（潘武龙）

【孔德金】 男，汉族，1965 年 12 月出生，江苏省吴县人，中共党员，硕士研究生学历，教授级高级工程师，上海石化研究院副总工程师兼催化二部主任。孔德金工作 19 年来，在芳烃催化剂及成套技术的开发和工业转化上取得了丰硕成果。他负责研制的芳烃催化剂性能达到国际领先水平，在国内所有 12 套工业装置上成功地应用了近 20 次，打破了国外公司的垄断，为企业增效数十亿元，节约外汇5 000多万美元。他负责开发的芳烃成套工艺技术已成功地在国内推广应用，并出口德国，创汇 500 多万美元，填补了中国石化成套技术出口的空白。他在科研创新与工业推广中申请国内外专利 40 多项，获授权专利 24 项，发表论文 10 余篇。先后获浦东新区科技成果转化一等奖、中国石化科技进步一等奖(3 项)，上海市发明一等奖、中国石化发明一等奖、中国专利优秀奖。

（潘武龙）

【张锦华】 男，汉族，1949 年 12 月出生，江苏省泰州市人，中共党员，大专文化，高级经济师，新星石油公司泰州石油化工总厂厂长。他主持和组织实施了高等级沥青的研制与生产，该产品通过了美国夏普试验，部分指标超过壳牌、埃索等国际知名品牌，不仅在国内替代了进口，还成功地打入了东南亚市场，实现了国产重交沥青出口零的突破。2000 年，面对国内甲乙酮产品紧缺、国内每年要花大量外汇进口该产品的现状，他抢抓机遇，对国内第一套依靠引进技术建成的甲乙酮装置进行技术改造，一举盘活了闲置近 10 年的存量资产，生产出符合德国 DIN 和美国 ASTM 标准的高纯度甲乙酮，通过了省级鉴定，并获泰州市科技进步一等奖。该产品于 2002 年 1 月首次出口韩国，实现了中国甲乙酮出口贸易零的突破。从 1997—2003 年，他依靠科技创新和科技管理，使企业突破炼油规模的瓶颈制约，形成新的经济增长点，创下利税总额 7 年增长 20 倍、7 年上缴国家税收近 10 亿元的好成绩。

（潘武龙）

大事记

2005 年

1 月

4 日下午　集团公司领导和总部机关各部门职工在京举行募捐活动，向印度洋地震海啸受灾国家和民众奉献爱心。

10 日下午　中国石化集团向印度洋海啸地震灾区捐款仪式在京举行。周原在捐赠仪式上讲话并代表集团公司将 577 万元捐款交给中国红十字会总会，委托该组织转交受灾国家，并向印度洋受灾国家的人民转达中国石化员工的深切慰问。中国红十字总会会长彭佩云向中国石化集团公司颁发了中国红十字会“博爱”牌匾、“人道博爱奖章”和她签发的证书，并对中国石化的善举给予充分赞扬。

10—11 日　集团公司暨股份公司 2005 年度安全环保工作会议在京召开。陈同海在开幕会上作重要讲话，王基铭主持开幕会，张家仁宣读表彰决定，王天普作工作报告并在闭幕会上讲话。

11 日下午　王基铭在总部会见了来访的挪威能源石油部部长索希尔德·魏德威一行。

19—20 日　股份公司 2005 年化工工作会议在京召开。王基铭在开幕会上作重要讲话，王天普在闭幕会上作总结讲话。

29 日　西部石油工程技术服务管理中心在乌鲁木齐举行揭牌仪式，张耀仓讲话，王志刚主持仪式，人教部负责人宣读西部石油工程技术服务管理中心成立的文件，张耀仓和王志刚揭牌。

2 月

3 日下午　集团公司纪检监察工作电视电话会议在总部召开。陈同海作重要讲话，周原主持，王作然作工作报告。

5 日　陈同海在总部会见了海南省省长卫留成。双方就有关问题交换了意见，并表示将努力促进合作，在新的一年里取得更大的成绩。

7 日上午　中国石化川渝地区发展规划及与重庆市合作事宜汇报会在重庆渝州宾馆举行。王基铭、王天普、重庆市委书记黄镇东、市长王鸿举、市委副书记姜异康、滕久明、聂卫国、邢元敏以及重庆市常务副市长黄奇帆、副市长陈光国、吴家农、余远牧、童小平、谢小军、周慕冰等出席了会议。

12 日　国务院副总理吴仪在陈同海、海南省省长卫留成陪同下，视察中国石化海南炼油项目，向节日期间在现场施工的干部职工表示亲切的慰问。

17 日下午　集团公司党组召开保持共产党员先进性教育活动电视电话动员大会。陈同海作动员报告，中央第 55 督导组组长吴广才和中央第四指导协调组组长刘晓滨讲话，周原主持会议。

19 日　全国人大常委会副委员长兼秘书长盛华仁，全国政协原副主席、中国企业联合会会长、中国企业家协会会长陈锦华在陈同海的陪同下来到燕山石化，向干部职工表达新春的祝福和振兴石化的良好祝愿。

20 日—3 月 1 日　为配合国务院副总理曾培炎出访非洲 3 国，落实石化集团公司在该地区合作开发资源的总体战略，进一步推动有关项目进程，陈同海率团访问肯尼亚、刚果(布)和安哥拉 3 国。

3 月

2 日上午　中国石化 2005 年度信息化工作会议在北京昌平会议中心召开。王基铭出席并讲话，曹湘洪主持。

5 日晚　陈同海到福建大厦会见了福建省委书记卢展工、省长黄小晶，双方就进一步推动福建炼化一体化项目对外谈判、加快工程建设等问题交换了意见。

6 日下午　陈同海会见江西省常务副省长吴新雄一行，双方就有关合作事宜交换了意见。

同日　陈同海会见重庆市市长王鸿举、常务副市长黄奇帆一行，双方就有关合作问题交换了意见。

7 日　受集团公司党组委托，西北石油局、西北分公司和西部新区勘探指挥部向新疆地震灾区捐款 300 万元。新疆自治区政府副主席贾帕尔·阿比布拉代表自治区党委、政府，感谢中国石化广大干部职工对灾区人民的慰问和援助。

7 日晚　陈同海会见并宴请海南航空集团董事局主席陈峰一行。双方就有关合作事宜交换了意见。

8 日下午　陈同海会见河南省省长李成玉一行，双方就有关合作事宜交换了意见。

同日　陈同海会见湖南省省长周伯华一行，双方就有关合作事宜交换了意见。

9 日中午　陈同海会见并宴请中共中央政治局委员、湖北省委书记俞正声，湖北省省长罗清泉一行，双方就有关合作及共同关心的问题交换了意见。

9—10 日　集团公司暨股份公司 2005 年度科技进步工作会议在北京召开。陈同海主持开幕会议并讲话，曹湘洪作工作报告并作总结讲话，周原宣读了优秀科技成果奖的表彰决定。

10日上午 集团公司直属机关举行李进龙同志先进事迹报告会。陈同海、周原、刘根元、张耀仓、王作然、王天普出席，股份公司副总裁、集团公司总经理助理、总师，离退休老领导、老同志和总部机关的党员、入党积极分子代表听取了报告。报告会由许开程主持。

10日中午 陈同海会见河北省常务副省长郭庚茂一行，双方就有关合作问题交换了意见。

11日下午 陈同海会见古巴政府部长、中古经贸混委会主席里卡多·卡布里萨斯·鲁伊斯一行，双方就有关合作项目及培训问题交换了意见。

15日上午 陈同海会见马来西亚国家石油公司董事长玛瑞卡一行，双方就有关合作事宜交换了意见。

15日晚 陈同海在钓鱼台国宾馆会见并宴请BP集团首席执行官布朗勋爵一行，双方就有关合作事宜及共同关心的问题交换了意见。会见后，双方签署了南京50万吨/年醋酸项目协议。

17日上午 集团公司暨股份公司2005年度审计工作会议在京召开。陈同海到会并作重要讲话，国务院监事会主席朱明暹到会并讲话，王基铭、张耀仓出席会议，王作然作工作报告。

21日上午 集团公司暨股份公司财务工作会议在京召开。陈同海出席并讲话，王基铭主持，张家仁、刘根元分别作股份公司和集团公司非上市部分财务工作报告。

24—25日 股份公司炼油工作会议在北京召开。王基铭出席开幕会并讲话，王天普在闭幕会上作总结讲话。

25日上午 股份公司董事会召开第二届第15次会议，会议由陈同海主持。

25日上午 股份公司董事会召开第二届第16次会议。

25日下午 集团公司召开总部机关领导干部会议，陈同海宣读了国资委党委、国资委关于石化集团公司党组成员、副总经理的任免通知和中国石化董事会关于股份公司总裁班子成员的调整决议，并对党组和各级领导班子的自身建设提出明确要求。陈同海、王基铭、王天普分别在会上讲话。

根据国资党任字[2005]6号，国资任字[2005]2号，国资党委干一[2005]23号，中国石油化工股份有限公司董事会第二届第16次会议决议：王天普任中国石油化工股份有限公司总裁。章建华、王志刚任中国石油化工集团公司党组成员、中国石油化工股份有限公司高级副总裁。免去王基铭中国石油化工集团公司党组成员、中国石油化工集团公司副总经理、中国石油化工股份有限公司总裁职务。免去牟书令中国石油化工集团公司党组成员、中国石油化工股份有限公司高级副总裁职务。

29日 陈同海、王基铭、王天普率团在香港举行中国石化股份公司2004年年度业绩发布会。大型推介会后，王基铭率团在香港、美国进行路演，共举行了20场一对一会议和1场午餐会，会见了30家机构投资者。王天普率团组赴新加坡、英国、德国进行路演，先后与安联、汇丰等19家资产管理公司召开了一对一会议。

4月

6—7日 集团公司暨股份公司改制分流工作会议在京召开。陈同海出席会议并作重要讲话，周原主持会议，刘根元作题为“深化企业改革、加快结构调整，积极开创主辅分离改制分流工作新局面”的工作报告，张耀仓作会议总结发言。

8日上午 总部机关召开干部大会，陈同海作集团公司保持共产党员先进性教育学习动员阶段总结和分析评议阶段动员报告，周原主持会议。

18日 塔深1井开钻仪式在塔河油田举行，陈同海、张耀仓、王志刚和牟书令、新疆自治区常务副主席张庆黎等出席。

18日上午 由中国大陆科学钻探工程中心和中国石化中原钻井三公司合作承建的中国大陆科钻1井隆重举行竣工庆典，国务院副总理曾培炎出席并作重要讲话。江苏省委书记李源潮、省长梁保华，周原和总部机关有关部门负责人出席。

19日上午 纪念康世恩同志诞辰90周年座谈会在人民大会堂河北厅举行。陈同海在会上发言。

25—26日 股份公司2005年炼化企业达标工作会议在京召开。王天普到会并讲话，章建华作工作报告。

26日上午 中共中央政治局常委、全国政协主席贾庆林视察了海南炼油项目建设工地，听取了海南炼油项目负责人对项目概况及工程建设进展情况的汇报，并作了重要指示。王基铭和海南省省长卫留成、省政协主席王广宪等陪同。

28日中午 陈同海会见并宴请雷曼兄弟公司董事长兼首席执行官富德一行，双方就有关合作事宜交换了意见。

29日下午 中共中央政治局常委、全国人大常委会委员长吴邦国，全国人大常委会副委员长兼秘书长盛华仁在江苏省委书记李源潮、省长梁保华和王基铭的陪同下，视察了扬子石化和扬巴一体化工程现场。

同日 中国石化系统全国劳动模范座谈会在总部机关举行，出席全国劳动模范和先进工作者表彰大会的石化系统的30名劳模参加。陈同海作重要讲话，周原主持座谈会。

同日 中国石化与华能集团战略合作签字仪式在华能总部举行。陈同海和华能集团党组书记、总经理李小鹏分别致辞，王志刚和华能集团副总经理鞠章华代表双方分别签字。

30日—5月4日 全国人大常委会副委员长兼秘书长盛华仁率人大环境资源委员会到江苏调研。期间，先后到清江化工厂、连云港碱厂了解生产经营情况，察看了生产装置，慰问了干部职工。5月1日在连云港接见了江苏油田、扬子石化公司和江苏石油公司主要负责人。

5月

7日 陈同海、王天普赴天津调研，察看了天津大乙烯厂址和石化生产装置现场。期间还会见了中共中央政治局委员、天津市委书记张立昌，市长戴相龙，副市长杨栋梁，就有关合作事宜交换意见。

10日下午 中国石油化工股份有限公司化工销售分公司在北京正式挂牌成立。陈同海、王基铭为公司揭牌，王天普讲话，章建华主持。

11日上午 中国石化与美国霍尼韦尔公司在人民大会堂共同举办“中国石化—霍尼韦尔策略联盟十周年庆祝活动”。全国人大常委会副委员长兼秘书长盛华仁致信祝贺，王基铭与霍尼韦尔公司董事长兼首席执行官高德威续签了第三个为期5年的策略联盟协议。

16日上午 陈同海会见巴西国家石油公司董事保罗·罗贝托，副总裁塞尔维洛、杜克一行，双方就有关合作项目和相关事宜交换了意见。

17日上午 总部机关召开干部大会，陈同海通报党组专题民主生活会情况，并作保持共产党员先进性教育活动分析阶段总结和整改提高阶段动员报告，周原主持会议。

同日 陈同海会见高盛集团董事长、首席执行官亨利·鲍尔森一行，双方就共同关心的问题交换了意见。

18日上午 股份公司2004年度股东大会在北京举行。会议由陈同海召集并主持，王基铭、王天普、张家仁、王作然出席。

18日下午 陈同海会见日本丸红株式会社社长胜俣宣夫一行，双方就有关合作事宜交换了意见。

18日晚 陈同海会见并宴请美林国际公司董事长伟凯文一行，双方就共同关心的问题交换了意见。

21日上午 集团公司暨股份公司深化完善分配制度改革工作会议在北京召开。陈同海出席并作重要讲话，周原主持会议，刘根元作题为“强化市场机制、围绕三支队伍、积极稳妥做好深化完善分配制度改革工作”的工作报告。

22日上午 陈同海会见哈萨克斯坦共和国工贸部副部长艾兹翰和能矿部第一副部长巴赫特克扎一行，双方就有关合作事宜交换了意见。

22—25日 陈同海一行赴江苏。期间，分别会见了江苏省委书记李源潮、省长梁保华，南京市委书记罗志军、市长蒋宏坤等省市领导，就有关发展合作事宜交换了意见。24日下午，江苏省人民政府与石化集团公司合作协议签字仪式在南京举行。陈同海和江苏省省长梁保华出席并讲话，江苏省委常委、常务副省长蒋定之和张家仁分别代表双方在合作发展、建设LNG项目协议上签字。江苏省政府常务副秘书长吴经起和张海潮在中国石化赞助“十运会”协议上签字。25日上午，“十运会”组委会在南京召开新闻发布会，宣布中国石化股份公司成为“十运会”组委会油品行业惟一合作伙伴和“十运会惟一油品供应商”。江苏省副省长、“十运会”组委会副主任何权和张家仁出席新闻发布会并讲话。

24日下午 王基铭在总部会见了德国巴斯夫集团董事长兼首席执行官汉布莱希特一行。

24日—6月16日 张耀仓受陈同海同志委托，赴江汉油田处理江汉油田和荆门石化总厂的群访事件。期间，中共中央政治局委员、湖北省委书记俞正声，湖北省委副书记黄远志、副省长蒋大国分别于6月7日和6月15日赴潜江市专门听取了工作组、江汉油田、荆门石化、潜江市委和荆门市委关于维稳工作的汇报。

6月

1日下午 全国节能宣传周节能工作座谈会在燕山石化举行。国务院副总理曾培炎出席并作重要讲话，国务院副秘书长汪洋主持会议，陈同海和北京市副市长张茅、首都钢铁公司董事长朱继民、燕山石化董事长王永健在会上发言。会前，曾培炎一行还视察了燕山石化东区污水回用车间、动力事业部三电站车间和化工一厂裂解车间。

6日 中国石油化工股份有限公司天然气分公司

揭牌仪式在总部举行。陈同海和王天普为天然气分公司揭牌，王志刚在仪式上讲话。

7—12 日 为配合国务院副总理曾培炎出访俄罗斯，拓展中国石化集团公司在该地区合作开发资源的总体战略，进一步推动有关项目进程，陈同海率团访问俄罗斯。

9—17 日 曹湘洪陪同国务院副总理曾培炎访问阿曼、阿联酋、卡塔尔 3 国。期间，曹湘洪分别会见了阿曼油气部部长及其他主要官员、卡塔尔石化公司副董事长，就有关双方合作事宜交换了意见。曹湘洪出席了中国石化与阿曼油气部举行的续签原油长期合同签字仪式。

14 日中午 陈同海会见并宴请伊朗石油部副部长兼国家石油炼油公司总裁阿盖伊一行，双方就有关合作事宜交换了意见。

18 日上午 中共中央政治局委员、国务院副总理曾培炎率国务院有关部委的负责人来到中国石化西北分公司塔河油田考察，亲切慰问奋战在增储上产第一线的干部职工。曾培炎一行先后考察了塔深 1 井和塔河 1 号油气联合处理站，并与现场干部职工和劳模代表合影留念。19 日，曾培炎出席了在库尔勒召开的塔里木油气勘探开发形势座谈会并作重要讲话。陈同海、周原和牟书令陪同参加了全程考察。

21 日下午 中国石化股份公司与青岛港(集团)有限公司在青岛举行青岛实华原油码头合资合同和公司章程签字仪式。陈同海出席，王基铭主持，王天普代表石化股份公司与青岛港(集团)有限公司董事局主席常德传在合资合同和公司章程上签字。

22 日上午 青岛大炼油工程开工奠基仪式在青岛举行。全国政协原副主席陈锦华致贺信，陈同海出席并宣布青岛大炼油工程开工，王基铭主持仪式，王天普代表中国石化发表讲话。山东省委书记张高丽，山东省委副书记、青岛市委书记杜世成出席并讲话。

22 日下午 陈同海会见中国建设银行党委副书记、行长常振明一行，双方就银企合作有关事宜交换了意见。

24 日下午 集团公司召开保持共产党员先进性教育活动总结电视电话大会。陈同海代表党组作总结报告，中央第 55 督导组张金瑞讲话，周原主持会议并宣读直属机关优秀党支部表彰决定。

24 日晚 陈同海会见并宴请国家开发银行行长陈元、副行长姚中民一行，双方就有关合作事宜交换了意见。

27 日上午 陈同海出席印尼统筹部部长巴克瑞先生和贸易部部长潘格苏共同主持的早餐会，双方就有关合作项目事宜及共同关心的问题交换了意见。

29 日 上海赛科 90 万吨/年乙烯工程正式投入运行仪式在上海举行。中共中央政治局委员、上海市委书记陈良宇宣布工程正式投产，王基铭主持仪式。

30 日—7 月 4 日 为配合胡锦涛主席出访俄罗斯，拓展中国石化集团公司在该地区合作开发资源的总体战略，进一步推动有关项目进程，陈同海率团访问俄罗斯，参加了胡锦涛主席在俄罗斯的有关国务活动。陈同海与俄罗斯国家石油公司总裁波格丹什科夫签署《中国石化与俄罗斯石油公司合作一号议定书》。

7 月

5 日上午 王基铭代表中国石化陪同中共中央政治局常委、全国人大常委会委员长吴邦国，全国人大副委员长兼秘书长盛华仁视察了中国石化青岛大炼油工程现场。

5 日下午 王基铭陪同全国人大常委会副委员长兼秘书长盛华仁在人民大会堂会见并宴请了埃克森美孚公司董事长兼首席执行官雷蒙德一行。

6 日下午 陈同海会见美国埃克森美孚公司董事长兼首席执行官雷蒙德一行，双方就有关合作事宜交换了意见。

8 日上午 福建炼油乙烯一体化合资项目工程开工仪式在泉州举行。全国人大常委会副委员长兼秘书长盛华仁出席开工仪式并宣布开工令，福建省委书记卢展工、省长黄小晶，陈同海、王天普、曹湘洪，沙特石油及矿产部部长纳依米，埃克森美孚公司董事长兼首席执行官雷蒙德，沙特阿美公司总裁兼首席执行官朱马赫以及国家有关部委、沙特政府、沙特阿美、埃克森美孚、中国石化、福建省和泉州市的有关人士出席，王基铭主持开工仪式。

9 日下午 陈同海会见并宴请广西壮族自治区党委副书记、常务副主席郭声琨一行，双方就有关合作事宜交换意见。

10 日下午 陈同海在钓鱼台国宾馆会见并宴请沙特阿美石油公司总裁兼首席执行官朱玛赫一行，双方就有关合作事宜及共同关心的问题交换了意见。

11 日中午 陈同海会见并宴请安哥拉石油公司总裁文森特一行，双方就有关合作事宜交换了意见。

11 日下午 陈同海会见河南省省长李成玉一行，双方就有关合作项目及共同关心的问题交换了意见。

12 日 美国《财富》杂志公布了 2004 年度全球 500

强名单，中国有18家企业入围，其中：内地15家、台湾2家、香港1家。中国石化集团以750.77亿美元营业收入列第31位，列国内入围企业第一名。

13—25日 牟书令率中国石化代表团随国务院副总理吴仪出访哈萨克斯坦和乌兹别克斯坦，参加中—哈经贸合作高层论坛、中—哈企业家理事会第二次会议和中—乌经贸合作高层论坛暨企业洽谈会，并访问了阿塞拜疆。在乌期间，牟书令与乌兹别克斯坦国家石油天然气总公司第一副董事长兼总经理马吉托夫代表双方签署了关于在乌兹别克斯坦境内进行油田普查、勘探和开发及石化领域互利合作的备忘录。吴仪和乌兹别克斯坦第一副总理阿济莫夫出席签字仪式。

17日 塔巴庙—榆林天然气管道工程正式向北京供气。该工程于2004年11月25日开工建设，2005年7月8日投产成功。

18日上午 周原、张家仁在江西出席江西省人民政府、中国石化《合作发展协议》和《教育赠款协议》签字仪式，周原在仪式上讲话，张家仁代表中国石化签字；中午，会见江西省委副书记、常务副省长吴新雄，江西省副省长凌成兴。

18日下午 陈同海会见瑞银投资银行全球执行主席格拉姆一行，双方就有关合作问题交换了意见。

27日晚 陈同海会见印尼统筹部长阿布里扎尔·巴克瑞(Aburizal Bakrie)和印尼国家石油公司总裁兼首席执行官 Widya Purnama 一行。

28日上午 陈同海会见印尼能源和矿产资源部部长布尔诺默·尤斯吉安托罗一行。

29日上午 陈同海在钓鱼台国宾馆会见印度尼西亚总统苏西诺一行，双方就有关合作及共同关心的问题交换了意见。

30日上午 集团公司暨股份公司年中工作会议在北京召开，会议采用电视电话会议形式。陈同海作重要讲话，周原主持会议，王天普作股份公司生产经营工作报告，刘根元作非上市部分生产经营和改革发展工作报告。

31日—8月3日 陈同海赴香港。31日下午，会见安哥拉国家石油公司总裁文森特；晚上，会见华润集团总经理宋林和华泰财产保险公司董事长王梓木。8月1日晚，和张家仁共同会见了华润集团总经理宋林。

8月

5日上午 集团公司离退休工作会议在昌平会议中心召开。周原出席会议并讲话，王作然主持会议。

11日下午 中国石化与上海宝钢战略合作协议签字仪式在北京举行。陈同海和宝钢集团董事长谢企华出席仪式并致辞。王基铭出席签字仪式，王天普和宝钢集团总经理徐乐江代表双方在合作协议上签字。

12日 集团公司2005年整治油气田及输油气管道安全生产治安秩序专项行动动员会在京召开，王作然、王志刚出席会议并讲话。

14日 由国家发改委、中央文明办与中央电视台共同主办的"全民节约、共同行动"大型主题宣传活动在人民大会堂举行，国务院副总理曾培炎出席活动并讲话。中央和国务院七部、委、办的负责人发布了建设节约型社会的新政策和新举措，国资委与部分国有大型企业签署了"节能承诺书"，王天普代表中国石化在承诺书上签字。

21—22日 "2005中国企业500强发布暨高层论坛"在天津经济技术开发区举行。王天普代表中国石化参加会议并作了题为"顺应世界经济发展潮流，加快中国石化改革发展"的主题演讲。在这次评选中，中国石油化工集团公司位列中国企业500强综合榜的第一位，国家电网公司、中国石油天然气集团公司分别名列第二名和第三名。

22日下午 陈同海会见委内瑞拉能源部部长兼国家石油公司总裁拉法尔·拉美雷斯·卡雷尼奥一行，双方就有关合作事宜及共同关心的问题交换了意见。

23日上午 王天普陪同中国企业联合会会长陈锦华、天津市市长戴相龙一行视察了天津石化公司，听取了有关生产经营情况汇报，察看了乙烯、芳烃、炼油等装置现场。

26日下午 陈同海、王基铭在总部会见了来访的摩根士丹利公司董事长兼首席执行官麦晋桁一行。

27—28日 王天普陪同国家发改委主任马凯、副主任张国宝一行到广西北海视察。先后考察了涠洲岛、北海炼厂以及铁山港北海石化基地厂址，汇报了北海炼油项目的准备情况。

29日 石化股份公司2005年半年度业绩在境内外同时公布。陈同海、王天普和张家仁率团在香港先后举行了分析员和媒体的业绩发布会。其后，王天普、张家仁分别率团分两组在香港进行了业绩路演推介活动，共与资本国际、JP摩根、汇丰资产管理、富达投资、邓普顿资产管理等机构投资者进行了10场一对一会谈和一场早餐会。

31日下午 陈同海会见印度尼西亚副总统卡拉一行，双方就有关合作事宜交换了意见。

9月

1日中午 陈同海会见并宴请刚果(布)石油和天然气部部长卢塔尔一行，双方就有关合作事宜交换了意见。

9日晚 陈同海会见中共中央政治局委员、湖北省委书记俞正声一行，双方就有关工作及合作项目交换了意见。

9—11日 应加蓬总统办公室邀请，受陈同海同志委托，张耀仓率团访问加蓬，拜会了加蓬总统邦戈，签署了加蓬Awoun区块和Ozigo区块(含Toucan油田)的《权益转让协议》。

16日 侯祥麟先进事迹报告会在人民大会堂小礼堂隆重举行。中共中央政治局常委、国务院总理温家宝亲切会见侯祥麟和报告团全体成员并听取报告，中共中央书记处书记、中央纪委副书记何勇，国务委员陈至立，全国政协副主席、中国工程院院长徐匡迪出席，中宣部副部长、中央文明办主任胡振民主持报告会，陈同海、曹湘洪陪同会见并听取报告。

19日上午 中国石油化工股份有限公司2004年年度股东大会在北京五洲皇冠假日酒店召开。股东年会由董事会召集，董事长陈同海主持，副董事长王基铭，总裁王天普，董事、高级副总裁兼财务总监张家仁，监事会主席王作然，监事苏文生，董事会秘书陈革及有关人员参加了会议。

20日中午 陈同海会见并宴请瑞士信贷集团首席执行官郭儒博一行，双方就有关合作及共同关心的问题交换了意见。

20日—10月2日 王基铭率中国石化代表团参加了在南非约翰内斯堡召开的第18届世界石油大会。

22日上午 陈同海会见俄罗斯天然气工业股份公司副董事长兼俄罗斯天然气出口公司总经理梅德维杰夫一行。

27日下午 陈同海会见巴斯夫公司董事长贺斌杰博士一行，双方就有关进一步合作事宜交换了意见。

28日上午 扬巴一体化合资项目投入商业运行仪式在南京举行。全国人大常委会副委员长兼秘书长盛华仁出席仪式并宣布扬巴一体化合资项目正式投入商业运行。

30日上午 陈同海会见法国道达尔集团主席兼首席执行官邓默涵一行，双方就有关合作事宜交换了意见。

30日 石化集团公司援藏项目按计划建成投用。石化集团公司2005年援藏项目有4个，总投资965.654万元。援藏项目于2005年5月1日开工建设。

10月

12日下午 陈同海会见安徽省委书记郭金龙、省长王金山一行，双方就有关合作事宜交换了意见。

13日下午 陈同海会见美国陶氏化学公司总裁兼首席执行官利伟诚一行，双方就有关合作事宜交换了意见。

13日晚 陈同海会见伊朗外交部长穆塔基和伊朗石油部副部长侯赛尼昂，双方就共同关心的问题及有关合作事宜交换了意见。

12—15日 股份公司2005年油气勘探总结会在昌平会议中心召开。陈同海出席14日会议并讲话，周原、王天普、刘根元、张耀仓、章建华、王志刚和牟书令出席。

14—16日 “2005中国石化F1中国大奖赛”在上海举行。周原、王基铭、王天普、曹湘洪、刘根元、王作然出席并观看了比赛。王天普为获奖车队颁奖。14日，首届F1全球高峰论坛在上海国际会议中心召开，王基铭到会并发言。

15日下午 高桥石化与日本三井化学公司12万吨/年双酚A项目合资合同签字仪式在上海举行。王基铭和三井化学会长中西宏幸在协议书上签字，王天普和三井化学社长藤吉建二在合资合作合同章程上签字，刘根元出席。15日晚，中国石化举行了中国石化F1中国大奖赛招待会，石化集团公司领导和100多位国内外嘉宾出席了招待会。

18日上午 王天普在总部会见美国埃森哲公司首席执行官格林一行。双方就进一步加强彼此间的合作进行了友好交谈，并签署了战略合作伙伴意向书。

18—19日 全国政协原副主席陈锦华一行在周原的陪同下先后视察了高桥石化、赛科、上海石化等公司，听取了几家公司主要负责人的汇报，并作重要指示。

19日上午 陈同海会见安哥拉人民解放运动副主席，政府公共管理、就业和社会保障部长安东尼奥·内图一行，双方就共同关心的问题及有关合作事宜交换了意见。

20日 中央政治局委员、湖北省委书记俞正声视察武汉石化，并作重要讲话。

22日 曹湘洪、张耀仓、王志刚和牟书令出席中国海相油气资源高层论坛暨庆祝中国石化石油勘探开发研究院成立5周年大会，并在会上讲话。

25日上午 直属企事业单位和总部机关部门主要负责人会议在总部召开。陈同海传达了十六届五中全会精神，并就贯彻全会精神、做好四季度重点工作作了重要讲话。周原主持会议。刘根元就内部分配制度改革有关工作讲话。企业改革部、人事部分别就部分职务消费和福利制度改革有关问题、深化完善内部分配制度改革工作情况作了说明。

26日下午 陈同海会见德国巴斯夫公司董事长贺斌杰博士一行，双方就进一步合作有关事宜交换了意见。

同日 陈同海会见印尼政府特使、三宝麟集团董事长林天宝一行，双方就有关合作事宜交换了意见。

27日上午 陈同海会见美国雷曼兄弟公司董事长兼首席执行官富德一行，双方就有关合作及共同关心的问题交换了意见。

27日 王天普在总部会见韩国SK中国投资有限公司总经理金相国一行，双方就进一步加强彼此间的合作与交流进行了友好交谈。

同日 王天普在总部会见德国林德气体与工程公司董事长白罗尼博士一行，对方表达了积极参与中国石化新建大型石化项目的合作愿望。

29日—11月8日 王基铭作为中国可持续发展工商理事会执行会长率代表团出访美国。访问期间，与美国可持续发展工商理事会副会长Terry Welch等高层进行了工作会谈。

11月

3日上午 扬子石化碧辟乙酰有限责任公司成立仪式在钓鱼台国宾馆举行。英国BP集团首席执行官约翰·布朗勋爵和陈同海一起为合资公司揭牌，BP集团副总裁韦尔奇、南京市市长蒋宏坤和王天普分别致辞。

3日上午 陈同海会见俄罗斯ROSNEFT石油公司总裁波格丹什科夫一行，双方就有关合作事宜交换了意见。

4日下午 陈同海、王天普在总部会见了交通部副部长徐祖远一行，双方就有关工作交换了意见。

9—14日 王基铭一行赴德国柏林，配合国家主席胡锦涛访问德国。

11日上午 陈同海在总部会见了交通银行行长张建国一行，双方就有关工作交换了意见。

13—15日 "中国—蒙特尔能源圆桌会议2005"在京举行。王天普参加了指导委员会会议，并在论坛上作了题为"中国炼油工业提高资源利用率和生产清洁燃料的回顾与展望"的演讲。

14—15日 曹湘洪出席"第二届中—美关系研讨会"。15日上午，作为评议级嘉宾出席主题为"能源问题及可持续发展"的论坛，并对国家发改委副主任张国宝及美国加州州长阿诺·施瓦辛格的主题发言作了评议。

16日下午 陈同海会见印尼经济事务统筹部部长巴克瑞一行，双方就有关合作及共同关心的问题交换了意见。

18—19日 中国石化高层管理人员第一期延安干部学院培训班在延安开班。周原代表集团公司党组出席开班仪式并讲话。

20—21日 博鳌亚洲论坛首届企业家峰会在广东深圳召开。王基铭代表中国石化出席并就"能源与可持续发展"有关问题作了发言。

25日下午 总部机关部门负责人会议在总部召开。陈同海主持会议并讲话，周原宣读了国资委任免通知和有关文件，张家仁、曹湘洪、刘根元和蔡希有、曹耀峰、李春光分别在会上表态发言，陈革宣读了股份公司第二届董事会第22次会议决议。

根据国资党任字[2005]66号、85号，国资任字[2005]81号、123号，国资党委干一[2005]142号、147号，中国石化党组[2005]178号文和中国石油化工股份有限公司第二届董事会第22次会议决议：许开程、曹耀峰、李春光同志任中国石油化工集团公司党组成员、副总经理；蔡希有同志任中国石油化工集团公司党组成员、中国石油化工股份有限公司高级副总裁。免去张家仁、曹湘洪同志的中国石油化工集团公司党组成员、中国石油化工股份有限公司高级副总裁职务；免去刘根元、许开程同志的中国石油化工集团公司党组成员、副总经理职务。

聘任戴厚良、张海潮为中国石油化工股份有限公司副总裁。

29日 部分中央企业(总部)危险化学品安全生产工作座谈会在上海石化举行。国家安监总局副局长孙华山出席，中国石油、中国石化、中国海油、中化、宝钢等16家中央企业的代表参加了会议，王天普代表中国石化致欢迎辞。

30日—12月12日 陈同海、张耀仓、王作然赴胜利油田和在胜利油田的曹耀峰一起处理部分协解人员聚集上访事件。

12月

2日下午 陈同海会见信息处理服务能源公司执行主席施泰德和剑桥能源咨询公司主席耶金博士一行，双方就共同关心的问题交换了意见。

4日下午 王天普在总部会见河北省常务副省长郭庚茂一行，双方就曹妃甸石化基地、石家庄炼化

800万吨炼油改造、16万吨己内酰胺扩能改造等事宜交换了意见。

5日 中共江西省委、江西省人民政府发来感谢电，对石化集团公司给予江西遭受地震灾害地区的支持和帮助表示真诚的感谢！

6日下午 中国石化集团资产经营管理有限公司首届董事会第一次会议在总部召开。陈同海出席会议并讲话，周原代表石化集团公司党组宣读有关文件并讲话。李春光在会上讲话，刘根元代表董事会表态发言，陈革作了关于《中国石化资产经营管理有限公司章程》的说明并宣读董事会决议。

中国石化人[2005]466号文：鉴于中国石化集团资产经营管理有限公司已组建成立，经党组研究，现将中国石化集团资产经营管理有限公司有关领导人员的任职决定和建议如下：一、决定：中国石化集团资产经营管理有限公司董事会由刘根元、张秀林、陈革、张爱东、谈全政、温勇祥、王新华、冷泰民等8人组成，刘根元任董事长。中国石化集团资产经营管理有限公司监事会由吕向阳、温冬芬、职工代表1人(暂空)等3人组成，吕向阳任监事会召集人。二、建议：刘根元为总经理人选；张秀林、谈全政、温勇祥、冷泰民、赵锦会等5人为副总经理人选。

7日上午 陈同海会见加拿大哈斯基能源公司首席执行官刘钱崧一行，双方就有关合作事宜交换了意见。

7日上午 中央政治局委员、书记处书记、国务委员周永康在国务院主持召开会议，研究胜利油田稳定问题。

9—11日 由中国工程院化工、冶金与材料学部主办，中国石油化工股份有限公司、海南省人民政府协办，中国石化石油化工科学研究院承办的中国工程院化工、冶金与材料学部第五届学术会议在海南博鳌召开。全国政协副主席、中国工程院院长徐匡迪，国家科技部副部长程津培在大会开幕式上致辞，作大会报告，并全程参加了会议。曹湘洪代表中国石化致辞，并作了题为“我国石油化工产业面临的资源瓶颈环境压力及对策”的报告。

13—20日 中国石化系统各单位积极响应胡锦涛总书记的倡导，发扬扶贫济困和中华民族一方有难、八方支援的传统美德，掀起向受灾群众捐款捐物的送温暖、献爱心热潮。截至20日，中国石化总部机关、专业公司职工共捐助过冬衣被5 388件，人民币5.6556万元，有力地支援了灾区人民，奉献出中国石化职工的拳拳爱心。

15日下午 国务院国资委主任李荣融一行到石化集团公司调研。陈同海汇报了2005年工作情况和2006年的工作安排。曹湘洪就中国石化信息系统建设有关情况作了专题汇报，有关部门作了现场演示。

15日下午 王天普和曹湘洪在总部会见日本三菱化学株式会社代表取缔役、副社长船田昌兴一行，双方就燕山石化与三菱化学双酚A和聚碳酸酯合资项目有关事宜交换了意见。

19日上午 集团公司保持共产党员先进性教育活动总结暨加强改进企业党建工作电视电话大会在总部召开。陈同海出席并讲话，周原主持会议。西北石油局、广东石油分公司、燕山石化、高桥石化重点就加强和改进企业党建工作作了专题发言。

21日晚 2005建设节约型社会展览会举行在京中央政治局委员参观专场。中共中央总书记、国家主席、中央军委主席胡锦涛首先来到中国石化展区参观。陈同海、王天普汇报了中国石化“十条龙”科技攻关项目“炼油企业节水减排成套技术”完成及推广的情况；中国石化通过大规模技术改造，生产装置规模大型化、集约化，大幅降低能源消耗水平等情况。胡锦涛表示满意，并就具体细节提出询问，陈同海、王天普一一作了回答。胡锦涛勉励中国石化为建设节约型社会多作贡献。

27—29日 集团公司暨股份公司2005年度工作会议在京召开。陈同海作大会工作报告并作总结讲话，周原主持会议，王天普作了关于股份公司生产经营和改革发展工作报告，李春光作了关于非上市部分生产经营和改革发展工作报告，安环局、审计局、监察局分别通报了安全、审计、纪检监察工作情况。

28日上午 中国石化集团资产经营管理有限公司成立大会暨揭牌仪式在会议中心举行。国资委副主任邵宁和陈同海共同为资产管理公司揭牌，邵宁代表国资委作重要讲话，陈同海在会上讲话，周原主持会议并宣布资产公司领导人员的任命通知，李春光代表党组宣读设立中国石化集团资产经营管理有限公司的通知，资产经营管理有限公司董事长、总经理刘根元在会上发言。

28日 西南成品油管道工程贵阳以西段投油，至此工程全线投油成功。该工程2003年9月19日开工建设，2005年4月22—27日茂名至柳州段投油，11月7—13日贵阳以东段投油。

31日 鲁皖成品油管道工程全线投油成功。该工程于2004年6月28日开工建设，2005年12月24日全线启动输油。

近日，中共中央政治局常委、国务院副总理黄菊，中共中央政治局委员、国务院副总理曾培炎，分别对石化集团公司工作作出重要批示，对石化集团公司今年以来的工作成绩给予充分肯定，并对 2006 年石化集团公司的工作提出要求。

黄菊在批示中指出："今年以来，中国石化集团公司按照党中央、国务院的部署，以市场为导向，深化企业改革，加快结构调整，千方百计增加成品油、天然气的生产和供应，为缓解高油价对经济的冲击发挥了重要作用。当前我国能源消费持续增长，国际原油价格居高不下，天然气供应紧张状况突出，中国石化集团公司作为国内最大的成品油供应企业，担负着成品油、天然气稳定供应的重任。集团公司一定要认真贯彻中央经济工作会议精神，按照中央的各项要求，统筹搞好'十一五'发展规划，做好 2006 年各项工作，加强企业管理，加强投资决策管理，搞好企业安全生产，保持队伍稳定，加强地质勘探，提高资源储备水平，进一步扩大成品油和天然气供应，保障经济平稳增长和人民群众生活需要。同时，要继续深化企业主辅分离和分离企业办社会职能等项改革，抓紧做好上市公司股权分置改革前期工作，加快推进企业健全法人治理结构，促进企业持续健康稳定发展。"

曾培炎在批示中指出："今年以来，中国石化广大干部职工坚持深化改革，狠抓生产经营，加强技术创新，不断扩大对外合作，企业经济效益不断提高，为保证供应、稳定市场价格发挥了积极作用。在新的一年里，希望你们认真学习党的十六届五中全会和中央经济工作会议精神，认真分析国际能源形势，积极采取应对措施；强化企业管理，不断开拓创新，充分挖掘炼油化工的节约潜力，切实保障石化企业环境安全；加大资源勘探力度，大力推进油气'走出去'，为我国构筑稳定、经济、清洁的能源供应体系发挥更大的作用。"

法规文献

中国石油化工集团公司及股份公司电子公文运行管理办法
（试　行）

（二〇〇五年十二月十五日　中国石化厅[2005]55 号）

第一章　总　　则

第一条　根据《国务院国有资产监督管理委员会非涉密电子公文简报传输管理暂行办法》、《中国石油化工集团公司公文处理办法》及有关规定，特制定本办法。

第二条　电子公文是指中国石油化工集团公司及股份公司总部机关及其各部门、各企事业单位、各分(子)公司(以下简称各单位)通过中国石化办公综合业务处理系统传输的具有规范格式的电子数据文书。

第三条　电子公文传输是指电子公文的生成、发送、接收过程。

第四条　电子公文的格式及审批程序与纸质公文相同，电子公文的处理应符合《中国石油化工集团公司公文处理办法》的有关规定。

第二章　电子公文

第五条　中国石化办公综合业务处理系统是电子公文运行的载体，使用该系统要严格遵守统一的技术操作规范，保证电子公文及时高效、安全保密运行。

第六条　传输电子公文需使用集团公司指定的密码设备(计算机、加密卡、IC 卡、印章 U 盘)和彩色激光打印机。

第七条　集团公司办公厅负责对电子公文运行工作进行指导和检查，各单位办公室是本单位电子公文的管理部门，并设专职人员负责发送和接收电子公文。人员要相对固定，并将办公室负责人及专职人员名单和联系方式报集团公司办公厅备案。

第八条　发送电子公文必须严格履行手续，以本单位名义发出的公文，必须经同一级领导签发。

第九条　电子公文与相同内容的纸质公文具有同等的行政法律效力。加盖电子印章的电子公文正式运行后，不再寄发纸质公文，由收文单位自行打印办理。

第十条　各单位办公室要确保及时接收电子公文，每天上、下午至少查看两次，谨防误事。

第三章　电子印章

第十一条　各单位电子印章统一由集团公司办公厅制发。

第十二条　各单位的电子印章仅限于在中国石化办公综合业务处理系统上传输电子公文使用。

第十三条　电子印章的管理和使用等同于实物印章。各单位的电子印章要由专人保管，并在专用计算机上使用。

第十四条　各单位因名称变更、电子印章损坏或错输密码锁死等情况而不能使用，应及时将名称变更前电子印章或损坏锁死的电子印章 U 盘送交集团公司办公厅进行更换或解密。

第十五条　各单位的电子印章如因单位撤销停止使用时，应及时送交集团公司办公厅封存或销毁。

第四章　安全保密

第十六条　中国石化办公综合业务处理系统是集团公司及股份公司内部网络系统，可传输涉及本单位商业秘密公文。标有国家秘密及以上密级的公文不得在该系统传输。

第十七条　负责电子公文传输和电子印章管理的工作人员不得向无关人员透露操作程序或提供电子印章 U 盘等相关设备和软件。否则，将追究相关人员的责任。

第十八条　用于电子公文传输的计算机及其相关设备要指定专人管理和维护，严禁与国际互联网联接。

第十九条　人员变动要严格履行交接手续，并及时报告集团公司办公厅(联系电话：010－64999221、64999222)备案。

第二十条　对伪造电子印章和使用伪造电子印章者，依照国家有关法律法规查处，同时追究单位负责人的责任。

第五章　系统维护

第二十一条　中国石化办公综合业务处理系统由股份公司信息系统管理部负责技术管理及协调；各单位信息管理部门负责本单位系统的技术支持、人员培训、日常维护及协调工作。

第二十二条　各单位信息管理部门要保证系统正常运行、网络畅通，不得随意修改有关设计及配置。

系统因故不能正常工作时，应及时与石化盈科联系处理（支持热线：010－64998102，8103；书生公司：010－62272221、68134707）。

第二十三条 因工作需要发送大容量邮件（图片、音像等）时，应先行压缩后再发送，避免过多占用系统存储空间。

第六章 附 则

第二十四条 电子公文的归档参照纸质公文归档规定办理。

第二十五条 各单位可根据本办法制定实施细则，用以规范本单位电子公文、电子印章的管理和系统的维护。

第二十六条 本办法由集团公司办公厅负责解释。

第二十七条 本办法自2006年1月1日起施行。2002年12月集团公司《关于印发〈中国石化电子公文运行规则（试行）〉和〈中国石化办公综合业务处理系统维护管理办法（试行）〉的通知》（中国石化厅［2002］47号）内容与本办法不一致的，以本办法为准。

中国石油化工集团公司贯彻落实《建立健全教育、制度、监督并重的惩治和预防腐败体系实施纲要》的实施细则

（二〇〇五年八月二十二日 中国石化党组［2005］127号）

第一章 总 则

第一条 根据中共中央颁布的《建立健全教育、制度、监督并重的惩治和预防腐败体系实施纲要》（以下简称《实施纲要》）和国务院国资委《关于贯彻落实〈建立健全教育、制度、监督并重的惩治和预防腐败体系实施纲要〉的具体意见》，制定本细则。

第二条 构建惩防体系的原则：要体现从源头上治理腐败、用发展和改革的办法治理腐败的要求，坚持与企业改革发展同步推进，与建立健全国有资产监管体系和企业内控机制相结合，与企业管理体制相融合。按照教育、制度、监督、改革和惩处5个方面部署工作，惩防并举，注重预防，不断铲除腐败现象滋生蔓延的土壤和条件。

第三条 构建惩防体系的主要目标：2005—2006年，集团公司及其各直属企事业单位（以下简称各单位）要联系实际，做好构建惩防体系的基础性工作，制定实施细则、实施办法，分解落实各项目标和任务。至2007年，教育、制度、监督逐步深化，责任机制、保障机制和考核机制初步形成。至2010年前，逐步建立完善廉洁从业教育的长效机制、反腐倡廉制度体系和权力运行监控机制，形成具有中国石化特点的惩防体系。

第二章 教 育

第四条 加强对党员领导人员的反腐倡廉教育。教育对象主要为总部机关管理人员和直属企事业单位领导人员，特别是主要领导人员。教育内容主要是党的基本理论、基本路线、基本纲领、基本经验、理想信念道德、法律纪律、优良传统等。2005年，结合贯彻落实《国有企业领导人员廉洁从业若干规定（试行）》，制定《关于加强总部机关作风建设的意见》，认真落实关于总部机关工作人员从业行为的若干规定。深入学习江泽民、胡锦涛同志关于反腐倡廉的重要论述，进行诚信守法、廉洁从业教育。2006—2007年，重点开展树立和落实科学发展观、正确的权力观与政绩观教育。自2005年起，要把反腐倡廉理论作为各级党委中心组学习的重要内容，每年组织两次专题学习。反腐倡廉教育要纳入各级党校和培训机构的必备课程。各单位党政主要领导，每年至少讲一次党课或作一次反腐倡廉专题报告。

第五条 加强对重要岗位人员的反腐倡廉教育。尤其要对有人、财、物处置权的重要岗位人员加强爱岗敬业、遵章守纪教育，以增强责任感和法纪观念。从2006年起，集团公司将在全系统开展以爱岗敬业、从业清廉为主题的演讲活动。

第六条 完善教育形式，注重实际效果。继续坚持专题学习、办培训班、收看警示教育片、领导人员上党课、请司法机关同志上法制课、先进事迹演讲、反腐倡廉文艺演出、图片展览、法律法规知识竞赛和测试、廉内助教育等行之有效的教育形式，并不断改进完善。2005年，集团公司将继续对发生在系统内部的典型案件进行剖析，编写出版《国企保卫战——中国石化查办大案要案纪实》，拍摄《石化反腐警示录》（第二部）电视教育片。集团公司拟于2006—2007年树立廉洁勤政先进典型，并在全系统进行表彰宣传，弘扬正气。各单位要结合实际，大力宣传在企业改革发展、经营管理、党风廉政建设工作中作出突出贡献的廉洁勤政先进典型，营造崇尚先进，学习先进的浓厚氛围。

第七条 加强廉政文化建设。认真落实国资委关于加强中央企业企业文化建设的指导意见，把廉政文化建设纳入企业文化建设的总体规划。2005 年，各单位通过调研找准切入点，确定廉政文化建设项目。2006—2007 年，结合提炼企业精神、核心价值观和经营管理理念，具体设计企业廉政文化建设项目，促进职业道德建设和企业诚信管理，营造廉洁和谐氛围。

第八条 构建反腐倡廉宣传教育格局。将年度反腐倡廉教育工作重点纳入党委宣传教育总体部署，实行党委统一领导、纪检监察组织协调、宣教部门牵头实施、有关部门各负其责的宣传教育格局。总部机关要进一步完善纪检组监察局、办公厅、思想政治工作部、人事教育部、人力资源部、审计局、法律事务部、石化报社、石化管理干部学院等参加的反腐倡廉联席会制度，每年召开两次工作例会，分析研究反腐倡廉宣传教育等工作。2005 年，组织各单位参与有关新闻媒体开辟的反腐倡廉专栏征文活动。2006—2007 年，各单位都要建立完善宣传教育网络，运用信息网络平台等宣教载体，扩大反腐倡廉宣传教育覆盖面。

第三章 制　　度

第九条 完善党内监督制度。2005—2006 年，依照党内监督条例和中组部、国资委党委《关于加强和改进中央企业党建工作的意见》(以下简称《党建意见》)，建立健全党内监督制度，尤其要健全党委参与企业重大问题决策的规程，完善企业领导班子议事规则和决策程序。2006—2007 年，积极探索现代企业制度下党委参与重大决策的制度建设。至 2010 年，初步形成党组织工作制度与公司法人治理结构运行规则相结合的领导体制和工作机制。

第十条 健全民主管理制度。2005—2006 年，要认真落实集团公司《关于推行厂务公开民主监督制度的实施意见(试行)》，进一步完善厂务公开制度。要建立健全领导人员廉洁承诺、述职述廉、民主评议等制度。2006—2007 年，建立企业重大事项通报制度。

第十一条 完善责任追究和惩处制度。要严格执行集团公司《党风廉政建设责任制实施意见》，对直接管辖范围内发生的明令禁止的不正之风不制止、不查处或者对严重违纪违法问题隐瞒不报、压制不查的；直接管辖范围内发生重大案件，致使国家、企业或人民群众生命财产遭受重大损失或者造成恶劣影响的；违反有关规定选拔任用干部，造成恶劣影响的；授意、指使、强令下属人员违反财政法规政策，弄虚作假的；授意、指使、纵容下属人员阻挠、干扰、对抗监督检查或者案件查处，或者对办案人、检举控告人、证人打击报复的；对配偶、子女、身边工作人员严重违纪违法知情不管的，要视情形给予组织处理或者党纪政纪处分。2006—2007 年，根据国资委制定的中央企业领导人员党纪政纪处分和重大案件问责制等规定制定实施细则。至 2010 年，根据国资委有关规定，制定企业管理人员有关经济处罚、组织处理、职位禁入等实施细则。

第十二条 完善企业决策和经营管理制度。

建立健全以内部控制制度为核心的各项配套的企业管理制度。

(一) 完善决策规则，规范决策程序。2005—2006 年，进一步完善固定资产投资决策程序及管理，要严格执行总部确定的投资计划，建立投资项目后评价制度和重大投资责任追究制度。2007 年，健全完善投资风险约束机制。

(二) 完善销售、物资、工程等管理制度。2005—2006 年，要加强产品销售管理，严格内部审批制度，从紧从严控制批发销售；完善合同化管理，加强信用制度管理，严格监控欠款，确保货款安全回笼。加强物资供应管理，严格实行归口管理、集中采购、统一储备统一结算的管理体制；对重要物资采购要严格采购决策程序，大力推进网上采购，公开采购过程，规范采购行为。加强工程建设管理，要按照集团公司建设工程招标投标管理的相关规定，规范招投标程序，强化监督；严格执行投资项目的法人责任制、资本金制、工程监理制和合同管理制。2007 年，建立起完善的投资约束机制和风险承担责任制。

(三) 健全财务管理制度，加强财务监管。2005—2006 年，要对资金管理和担保业务工作实行集中统一管理，进一步规范资金管理业务流程。要建立健全集团公司内部会计制度及其配套管理办法，规范国有产权转让行为，并按照国资委要求，建立和完善企业总会计师财务监督管理工作制度。2006—2007 年，进一步强化预算、决算、资金管理和内部审计工作，逐步推行总会计师委派制，完善总会计师年度述职工作制度。

(四) 完善企业境外国有资产的监管制度。2005—2006 年，要严把人员派出关，明确任职期限；严格执行中国石化《境外机构管理暂行办法》、《境外资金管理操作规程(试行)》，落实管理责任，实施有效监控。2007 年，完善财务、审计、纪检监察监督，防范资金风险，确保资金安全。

(五) 加快企业总法律顾问制度建设。2005—2006 年，各单位要认真贯彻集团公司《关于加快推进企业总法律顾问制度建设的通知》和集团公司、股份公司《法律顾问制度实施办法》的精神，实现总法律顾问岗位到位、职责到位和法律事务机构到位。健全依法决策、依法经营管理、依法维护企业合法权益的规章制度。2007年，建立健全企业法律事务工作职能体系和法律风险防范工作机制。

第四章 监 督

第十三条 加强对总部机关管理人员和各单位领导班子成员，特别是主要领导人员的监督。通过考核、考察、检查、审计、监事会监督、纪检监察监督、职工群众民主监督等方式，检查贯彻党的路线方针政策、执行国家法律法规和依法经营情况。2005—2006年，重点监督检查贯彻《从业规定》、落实"三重一大"科学民主决策、民主集中制和领导班子议事规则等情况。2007年，重点监督检查反腐倡廉规章制度落实情况。

第十四条 加强对经营管理重点部位、关键环节和重要岗位的监督。2005—2006年，各单位要针对经营管理重点部位、关键环节和重要岗位，找准监控点，加强对管人、管钱、管物、管事的程序监督，实行重要岗位人员定期交流制度。2007年，进一步完善流程管理和程序控制，强化上下程序间的相互制约监督，初步形成内在的监督机制。

第十五条 发挥各监督主体作用，形成监督合力。

（一）加强出资人监督。贯彻落实国资委《企业国有资产监督管理暂行条例》，实行管资产和管人、管事相结合。2005—2007年，依照有关法规规章，开展对企业改制、产权转让及清产核资专项检查。建立和完善集团公司经济责任审计工作联席会议制度，发挥审计监督在干部队伍建设和党风廉政建设中的作用。加强企业负责人经济责任审计工作，探索规范出资人审计监督的内容和方法，扩大经济责任审计范围。

（二）加强党组织监督。贯彻落实党章、党内监督条例、党员权利保障条例和《党建意见》，充分发挥党组织的监督保证作用。2005—2006年，重点提高各单位领导班子民主生活会质量，促进领导人员认真开展批评与自我批评，督促整改，接受监督。各单位党委要加强对下级党组织及其领导班子成员特别是主要领导人员的监督，加强党组织对党员的监督。落实党委议事规则和参与企业重大决策程序，加强对经营班子成员履行职责和行使权力的监督。2006—2007年，重点开展对《党建意见》贯彻落实情况的监督检查，巩固先进性教育成果，建立保持共产党员先进性的长效机制。

（三）加强和改进纪检监察监督。全面履行纪检监察职能，进一步发挥纪检监察监督网作用。2005—2007年，重点监督检查党风廉政建设责任制落实情况，特别是企业领导人员履行"一岗双责"情况。开展企业领导人员述职述廉工作并组织抽查。监督检查改制过程中维护职工合法权益情况，以及对各种顶风违纪行为的处理情况。

（四）加强和改进职工民主监督。2005年，重点推动深化厂务公开和民主管理，进一步规范厂务公开的内容、形式和程序。2006—2007年，重点指导、协调各单位工会深入贯彻落实《中华人民共和国工会法》和《中共中央办公厅、国务院办公厅关于在国有企业、集体企业及其控股企业深入实行厂务公开制度的通知》精神，积极探索现代企业制度下工会参与民主管理、民主监督的途径和方式，充分发挥职工代表大会民主监督的作用。

（五）发挥经营管理部门的职能监督作用。2005—2006年，要进一步明确人事、财务、销售、物资、工程、法律事务等有关职能部门的监督职责。2007年，通过完善规章，严格管理，加强检查，发挥各业务系统内在的监督作用。

加强协调配合，形成监督合力。2005—2007年，各单位在依法接受出资人监督、行政监督、法律监督、市场监督和社会监督的同时，要进一步健全党组织监督、纪检监察监督、监事会监督、审计监督、法律顾问监督、舆论监督和职工民主监督。纪检监察部门要加强组织协调，注意发挥各种监督形式的优势，增强监督实效。

运用网络技术，提高监督效能。2005—2006年，信息系统管理部要会同有关企业继续抓紧建立ERP系统，加强对计划、财务、销售、工程、物资等业务的管理。各单位要积极运用现代科技手段和网络技术，把监控纳入管理流程和嵌入操作程序，对资金流、物流等进行程序约束。2007年，进一步强化对重要业务信息的监控，做到准确、透明、集中，为加强企业的科学化、规范化管理服务。

第五章 源头治理

第十六条 完善国有资产监督管理体系，形成法规约束机制。

（一）坚持依法治企、推进依法经营。2005—2006年，要严格执行国资委《企业国有产权向管理层转让暂行规定》、《中央企业账销案存资产管理规则》以及国有资产监管、国有资产评估、财务预算管理、固定资产投资等方面的法规。2007年，注意总结和推广经验，加大从源头上对国有资产的监管力度。

（二）完善企业负责人经营业绩考核体系，落实经营责任。2005年，进一步完善年度经营业绩考核制度，研究建立任期经营责任考核制度。2006—2007

年，要按照国资委规定，健全企业国有资产保值增值责任、经营责任审计、企业生产经营安全管理等制度，完善企业经营责任体系。

(三) 建立国有资本经营预算制度，规范国有资产经营。2005 年，要切实加强成本控制，开拓市场，做好资金运作，规范国有产权转让及资产处置程序。2006—2007 年，层层落实国有资产保值增值和防止国有资产流失的责任。同时，规范利润分配行为。

第十七条 加强效能监察工作，充分发挥效能监察在国有资产监管中的重要作用。各单位要健全效能监察的组织领导和工作机制，加强对重点工程项目、大额物资采购、财务资金管理、成本费用支出、油品销售管理和清理不良资产呆坏账的效能监察，督促建章立制，规范运作，提高企业经济效益和管理水平。

第十八条 建立长效激励约束机制。2005—2006 年，要按照《高层管理人员薪酬实施办法》、《高层管理人员业绩奖金个人账户管理暂行办法》、《高层管理人员任期经营责任考核暂行办法》等规定，加强高层管理人员薪酬日常考核和管理。通过部分业绩奖金与任期经营业绩、廉洁从业情况挂钩，逐步形成对高层管理人员的长效约束和监管机制。要积极推进职务消费和福利制度改革，物业、采暖、通讯费用由高层管理人员个人全额交纳，交通费用部分交纳，对业务招待费使用等公务消费要加强财务监督、审核，定期向职代会公布，自觉接受职工的监督。2007 年，通过不断深化完善各项改革措施以及实施企业年金制度等，进一步从激励约束机制上遏制腐败问题。

第六章 标本兼治

第十九条 坚决惩治腐败，维护国有资产安全。

(一) 严肃查办违纪违法案件。重点查办在资产重组、企业改制、产权交易、资本运营、关联交易和经营管理中隐匿、侵占、转移国有资产，违反“三重一大”规定和严重失职造成国有资产流失，以及经营管理人员违规交易、以权谋私非法获利、贪污、挪用公款、私分国有资产等侵害国家、出资人、企业利益和职工合法权益的违纪违法案件。严格行政管理和经济纪律，对违规违纪对外担保、拆借、委托理财、擅自投资房地产、为职工购买商业保险等行为要严肃查处。

(二) 解决违反廉洁自律规定的突出问题。严肃处理违反规定收送现金、有价证券和支付凭证，“跑官要官”，任人唯亲，用人失察，放任、纵容配偶、子女及其配偶和身边工作人员利用领导人员职权和职务影响经商办企业或从事中介活动谋取非法利益，利用婚丧嫁娶等事宜收敛钱财等违纪行为。

第二十条 依纪依法办案，提高执纪水平。

(一) 严格执行中央纪委监察部《关于纪检监察机关严格依纪依法办案的意见》，把依纪依法办案的要求切实贯彻到查办案件的各个环节，不断提高依纪依法办案的能力和水平。坚持惩前毖后、治病救人的方针，正确运用政策和策略，体现宽严相济、区别对待。要维护企业改革发展稳定的大局，支持企业负责人改革创新和严格管理。

(二) 完善案件管理工作。完善案件备案制度，加强案件管理及案件统计工作。加强案件审理工作，认真贯彻落实中央纪委和国资委纪委关于案件审理工作的部署和要求，提高办案工作的质量和水平，切实做到“事实清楚、证据确凿、定性准确、处理恰当、手续完备、程序合法”。建立健全案件处理结果落实制度。

(三) 加强与执纪执法机关的协调配合。完善协作办案工作制度及相关程序，形成办案合力。加强与司法机关合作，加大预防职务犯罪工作力度，把违法犯罪减少到最小限度。

第二十一条 重视和发挥查办案件的治本功能。

(一) 做好信访举报分析工作。坚持月报与季度分析制度，及时掌握党风廉政建设方面出现的苗头性、倾向性问题。加强对举报问题特征及原因的分析研究，有针对性地做好预警防范，完善经常性工作机制和转为立案问题的处理机制。

(二) 注重转化办案成果。坚持查办案件与防范腐败相结合，在完成案件检查报告的同时，要提出案件剖析及整改建议的报告。2006 年，加强对案件发生的特点和规律的研究，分析、查找经营管理中存在的漏洞以及体制机制方面的原因，完善国有资产监管制度、措施和企业风险防范机制。

第七章 加强领导

第二十二条 加强对构建惩防体系的领导。

(一) 切实加强对惩防体系建设的领导。坚持党委统一领导、党政齐抓共管、纪委组织协调、部门各负其责、依靠群众支持和参与的领导体制和工作机制，由各单位党政主要领导负总责，把构建惩防体系纳入单位改革发展的总体目标和战略规划，列入领导班子的议事日程。2005 年，集团公司及各单位都要成立落实纲要领导小组及办公室，确定专人负责。

(二) 落实责任分工。各单位要对照《实施纲要》和本实施细则，结合实际，研究制定贯彻落实的具体措施，分解任务，明确进度，落实责任。

(三) 加强分类指导。集团公司要与各单位建立落实《实施纲要》的工作联系制度，及时总结、交流全系统构建惩防体系工作情况，加强指导和检查，整体推进惩防体系建设。

第二十三条 充分发挥纪委的组织协调作用。认真贯彻落实中央纪委《关于纪委协助党委组织协调反腐败工作的规定(试行)》，切实保障纪委履行协助党委组织协调反腐倡廉工作的职责。集团公司纪检组监察局要充分运用反腐倡廉联席会等方式，加强组织协调。各单位纪检监察部门要协助同级党委抓好构建惩防体系的任务分解和落实，督促有关部门和单位按职责分工制订、实施具体方案。同时，要加强与宣传、组织、人事、审计及经营管理部门的协作和配合，及时进行分析和总结，定期通报和交流工作进展情况。

第二十四条 切实加强纪检监察队伍建设。要认真落实集团公司党组对纪检监察工作的指示精神，在企业改革中，纪检监察工作只能加强，不能削弱。各单位纪检监察部门不得与其他部门合并办公。2005年，要通过调研，摸清纪检监察队伍现状，结合企业改革改制后的新情况，加强纪检监察机构建设，按照精干、高效的原则，配齐、配强工作人员，确保工作需要。各单位党政领导要支持和保证纪检监察部门履行职责，从机构设置、人员配备、工作程序、保障措施等方面作出规定，建立激励和保护机制，落实纪检监察机构对企业重大问题的知情权、参与权、监督权和处分权。

加强纪检监察队伍自身建设。2005—2007年，要加强培训工作。纪检组监察局会同中央纪委培训中心、石化管理干部学院举办培训班，分层次对纪检监察干部进行培训。此外，通过一些专业研讨会、座谈会，以会代训，加强对骨干人员培训。各单位也要采取多种途径、多种方式加强培训，以提高纪检监察干部的政治素质和业务水平。要加强纪检监察队伍的思想政治建设和作风建设，严明各项工作纪律。

第二十五条 形成构建惩防体系的有效工作机制。建立责任机制，认真落实党风廉政建设责任制，2005—2006年，在调查研究的基础上，总结企业中好的经验做法，通过多种形式加以宣传推广，推动党风廉政建设责任制特别是责任追究制度的落实。建立保障机制，2005—2006年，要把组织机构、人员、资金、工作条件等方面落实到位。建立考核机制，2006—2007年，进一步完善测评指标体系以及与经营目标考核相统一的督查办法，与奖惩挂钩，责任落实到位。

第八章 附 则

第二十六条 本细则由集团公司纪检组监察局负责解释。

第二十七条 本细则自颁布之日起施行。

中国石油化工集团公司职业技能鉴定实施办法

(二〇〇五年三月二十五日 中国石化人[2005]153号)

第一章 总 则

第一条 为贯彻落实集团公司人才战略，加强与规范职业技能鉴定工作，全面推行国家职业资格证书制度，提高职工队伍整体素质，根据《劳动法》、《职业教育法》以及国家劳动保障部门职业技能鉴定有关规定，制定本办法。

第二条 本办法所称职业技能鉴定是指由集团公司管理并经国家劳动保障部门认定的职业技能鉴定机构，对企业职工的技能水平按照国家职业标准的规定，分初级/五级、中级/四级、高级/三级、技师/二级、高级技师/一级(以下简称初级、中级、高级、技师、高级技师)所进行的职业资格认证活动。

职业技能鉴定范围为《国家职业分类大典》和《中国石油石化工种目录》中的技术工种。

第三条 开展职业技能鉴定应遵循以下原则：

(一) 面向企业原则。紧密结合企业生产实际，以提高职工队伍技能水平为目的，建立和完善“使用与培训考核相结合，待遇与业绩贡献相联系”的机制。

(二) 客观公正原则。实现鉴定工作公开、公平、公正，完善制度，提高质量，使鉴定结果客观准确反映职工的技能水平。

(三) 科学规范原则。以职业技能鉴定相关的法律、法规为准则，以国家职业标准为依据，保证职业技能鉴定工作科学化、规范化、制度化。

第二章 鉴定机构

第四条 集团公司职业技能鉴定指导中心在国家劳动保障部门的业务指导下，综合管理集团公司职业技能鉴定工作，其主要职责是：

(一) 制定集团公司职业技能鉴定机构的布局规划和评估标准，审核企业鉴定中心(站)资格。

(二) 制定职业技能鉴定有关规定、办法，指导企事业单位开展职业技能鉴定工作；检查督导鉴定质量；开展职业技能鉴定有关问题的研究与技术咨询服务。

（三）制定国家石化行业职业分类目录和职业标准，开发和管理国家职业技能鉴定题库石油石化行业分库。

（四）组织考评员培训，认定考评员资格并颁发证书。

（五）管理国家职业资格证书，组织高级技师考评，审批技师、高级技师资格，并核发相应证书。

（六）综合管理集团公司职业技能竞赛活动；选拔、评审集团公司技术能手，推荐"中华技能大奖"和"全国技术能手"人选；负责职业技能鉴定专家库和高技能人才库的建设与管理。

（七）负责与劳动保障部门及其他行业（集团公司）技能鉴定业务联系。

第五条 企业职业技能鉴定中心或鉴定站为独立的常设机构，实行集中专业化管理。经集团公司批准设立的职业技能鉴定中心（站），冠名为"中国石化+企业简称+职业技能鉴定中心（站）"。

第六条 管理幅度大、鉴定对象分散或鉴定工种多、鉴定任务重的企业，一般设立鉴定中心。中心内部可按专业设立鉴定站，由中心直接管理。鉴定中心设立的条件是：

（一）有固定的编制和取得相应资格的专职管理人员；设有试题管理、考务管理、经费管理等部门或专业岗位。

（二）有专门的办公场所，必备的办公条件和与鉴定职业（工种）相适应的场地设备。

（三）有健全的鉴定管理制度和工作规范；有与鉴定职业（工种）相配套的标准、题库。

企业鉴定中心在集团公司职业技能鉴定指导中心指导下负责管理本企业技能鉴定工作。其主要职责是：

（一）根据国家、集团公司有关职业技能鉴定的政策、法规和办法，结合实际，制定相应的制度和实施细则。

（二）负责中心内部职业技能鉴定站的业务管理，具体组织实施职业技能鉴定，对鉴定质量进行内部督导，并受集团公司指定或委托，为相关企业提供职业技能鉴定服务。

（三）负责职业技能鉴定考评员的培训、考核与管理。

（四）受集团公司职业技能鉴定指导中心委托，管理、使用国家职业技能鉴定题库石油石化行业分库、集团公司统编题库和企业补充题库。

（五）负责核发与管理初级、中级、高级职业资格证书。

（六）协助上级部门开展职业技能竞赛活动，组织实施企业职业技能竞赛。

（七）选拔、评审企业级技术能手，推荐集团公司技术能手候选人，负责企业高技能人才库的管理。

（八）完成集团公司职业技能鉴定指导中心安排的其他工作。

第七条 管理幅度较小，鉴定人数较少的企业一般设立鉴定站。设立鉴定站的基本条件是：

（一）有取得相应资格的专职管理人员。

（二）有满足鉴定工作所必需的办公设施，有与所鉴定职业（工种）相适应的考核场地、工具设备、检测仪器及设施等。

鉴定站主要职责参照本章第六条鉴定中心职责，初级、中级、高级职业资格证书由集团公司职业技能鉴定指导中心核发。

第八条 管理幅度小，鉴定人数少的企业一般不设立鉴定机构，其职工可到指定的石化系统鉴定机构进行技能鉴定。

第三章 考评人员

第九条 职业技能鉴定考评人员是按照国家职业标准对鉴定对象进行考核评审的人员。职业技能鉴定考评人员分为高级考评员和考评员。高级考评员必须具有高级技师职业资格或高级专业技术职务任职资格，可承担初级、中级、高级、技师、高级技师职业技能鉴定；考评员必须具有高级以上职业资格或中级以上专业技术职务任职资格，可承担初级、中级、高级职业技能鉴定。

第十条 考评人员必须具备良好的职业道德和较高的专业技术水平，经培训考核合格，取得相应资格后方可上岗。考评人员实行聘任制，聘期3年，期满后根据需要可重新聘任。考评人员参加技能鉴定考评工作，单位须给予支持。

第十一条 考评人员应定期轮换。实施鉴定时应对亲属、师生、师徒等实行回避制度。

第十二条 考评人员应按规定享受考务报酬，标准由企业自定。

第四章 鉴定对象与申报条件

第十三条 职业技能鉴定的对象为：

（一）从事技术工种工作的人员；

（二）学徒期满的学徒工、各类职业学校的毕业生；

（三）转换职业（工种）的人员；

（四）其他需要鉴定的人员。

第十四条 已颁布国家职业标准的职业(工种),职业资格等级申报条件按国家职业标准规定执行。未颁布国家职业标准的职业(工种),职业资格等级申报条件一般为:

(一) 初级(具备以下条件之一)

1. 各类职业学校毕业生;

2. 参加岗前培训的企业新录用人员和转换职业(工种)的人员,经培训达到规定的学时,并取得结业证书。

(二) 中级(具备以下条件之一)

1. 取得本职业(工种)初级职业资格证书后,连续从事本职业(工种)工作5年以上;

2. 各类职业学校毕业生,取得初级职业资格证书后,连续从事本职业(工种)工作3年以上;

3. 本专业或相关专业大专及以上学历毕业生,从事本职业(工种)工作1年以上。

(三) 高级(具备以下条件之一)

1. 取得中级职业资格证书后,连续从事本职业(工种)工作5年以上;

2. 各类职业学校毕业生,取得中级职业资格证书后,连续从事本职业(工种)工作3年以上;

3. 本专业或相关专业大专及以上学历毕业生,取得中级职业资格证书后,连续从事本职业(工种)工作2年以上。

(四) 技师

具有高中(技校)及以上学历,取得高级职业资格证书后,连续从事本职业(工种)3年以上。

(五) 高级技师

取得本职业(工种)技师职业资格证书后,在岗聘任3年以上或连续在岗工作5年以上。

第十五条 从事企业主要生产技术职业(工种)且生产业绩突出、技术精湛的职工可提前参加升级鉴定,提前鉴定的年限不超过1年。

第十六条 具备下列条件之一者可直接申报技师或高级技师考评:

(一) 有被公认的绝招绝技,达到或超过本行业先进水平的;

(二) 在企业重点工程项目中运用先进工艺操作技术,解决关键性技术问题或在技术改造、技术攻关、技术革新中取得较大效益的;

(三) 具有高超的职业技能水平,在某一生产工作领域总结出先进的操作技术方法,经推广取得较大经济效益的。

第十七条 职工除参加本职业(工种)技能鉴定外,还可申报第二职业(工种)的技能鉴定。

第五章 考务管理

第十八条 职业技能鉴定实行定期鉴定制度。企业鉴定中心(站)负责制定鉴定工作计划,与企业人事劳资部门协商后发布鉴定公告,其内容包括鉴定的职业(工种)名称、等级、时间、地点以及报名条件等。申请鉴定人员按规定履行报名手续,由企业职业技能鉴定中心(站)签发准考证。

第十九条 职业技能鉴定主要包括专业技术知识考试和操作技能考核。

专业技术知识考试采取闭卷笔试方式进行,操作技能考核在符合要求的培训考核基地或生产作业现场采取实际操作、模拟操作等方式进行。专业技术知识考试、操作技能考核采用百分制,两项均达到60分以上为鉴定合格。

第二十条 职业技能鉴定试题一律从国家题库和集团公司统编题库中提取,各企业鉴定中心(站)可结合企业生产特点和岗位要求,对考核试题进行适当的调整和补充,调整补充的比例不超过考核内容的30%。暂未开发题库的职业(工种),可由鉴定中心(站)组织编制试题,经集团公司职业技能鉴定指导中心批准后在本企业内使用。

第二十一条 企业鉴定中心(站)应建立题库运行管理制度,并由专人负责题库管理。实施鉴定时,由鉴定中心(站)负责命题、制卷、运送、保管等。

第二十二条 职业技能鉴定应按规定配备考评员和工作人员,专业技术知识考试每个考场考评员不少于2人,技能操作考核每个项目考评员不少于3人。

第二十三条 培训考核基地或有关单位应按要求提前准备好鉴定所需设备、仪器、工具、材料等;考评员应认真检查考场、熟悉并掌握考核项目的评分标准和考评规程,在考评过程中要坚持标准,严格评判,做好工作记录。

第二十四条 鉴定工作结束后,鉴定中心(站)应将鉴定情况整理归档,及时填写统计报表,按规定时间上报集团公司职业技能鉴定指导中心。

第六章 职业资格证书

第二十五条 对职业技能鉴定合格者,颁发国家职业资格证书。职业资格证书是劳动者技术知识、技能水平的有效凭证,是劳动者求职、任职及单位聘用的重要依据,也是劳务输出时办理技能水平法律公证的有效证件。

第二十六条 全面推行职业资格证书制度,实行持证上岗。从事技术工种的操作人员必须在规定的期限内取得职业资格证书，在限期内未取得职业资格证书者，不得在岗位上继续工作。新录用人员必须经过职业培训，经鉴定合格后方可正式上岗。

第二十七条 初级、中级、高级职业资格证书，由企业职业技能鉴定中心核发，在证书照片(两寸免冠)处盖鉴定专用钢印，“职业技能鉴定(指导)中心(印)”处，盖鉴定机构红印。技师、高级技师职业资格证书，由企业鉴定中心(站)报集团公司职业技能鉴定指导中心，经审查后盖集团公司职业技能鉴定专用钢印和红印。

第二十八条 集团公司职业技能鉴定指导中心根据国家有关职业资格证书编码方案，确定集团公司职业资格证书编码规则。职业资格证书根据劳动和社会保障部的要求由企业鉴定机构按统一格式打印。

第二十九条 职业资格证书实行验证制度，在石油石化系统之外取得的职业资格证书必须进行验证(企业鉴定机构安排到地方鉴定机构鉴定的除外)。

第三十条 到境外务工的人员应按国家有关规定办理验证换证手续。

第三十一条 企业职业技能鉴定中心要加强职业资格证书管理，制定相应的规章制度和管理办法。职业资格证书丢失后应持单位证明到企业鉴定机构报失并办理补发。

第七章 质量督导

第三十二条 集团公司职业技能鉴定指导中心负责对全系统职业技能鉴定工作质量进行督导，各企业人事劳资部门负责对本企业职业技能鉴定工作实施督导。

第三十三条 集团公司对企业职业技能鉴定工作质量督导以经常性检查和年检评估的方式进行。督导内容包括：贯彻国家、集团公司有关政策规定，执行鉴定工作规范、职业标准和管理规程等。负责现场督考的督导员主要对鉴定考核项目、考评过程和考评结果进行监督，有权对考评过程中考评人员的违纪行为予以制止或提出处理意见，发现重大问题应报请有关部门处理。

集团公司对企业鉴定工作质量每年检查通报一次，对优秀职业技能鉴定机构和个人给予表彰和奖励，对连续两年年检不合格或在一年之内没有开展鉴定工作的企业职业技能鉴定机构，要予以撤销。

第三十四条 职业技能鉴定质量督导员应经劳动和社会保障部门、集团公司职业技能鉴定指导中心培训，并从取得质量督导员资格的人员中聘用，聘期3年。

第八章 经 费

第三十五条 职业技能鉴定按国家有关规定实行收费制度，费用包括个人缴纳与单位缴纳两部分。

(一) 个人缴纳的费用主要用于报名、命题、审题、印卷、阅卷、证书颁发等。

(二) 单位缴纳费用主要用于考评员考务报酬、题库开发与维护、鉴定的场地、设备、材料能源消耗、检测、车辆等。其中，考评员考务报酬、题库开发与维护等费用，从职工教育经费中支出；鉴定场地、设备、材料能源消耗、检测、车辆等费用，在生产成本中列支。

第三十六条 鉴定所收费用专款专用，实行收支两条线管理，并接受有关部门的审计监督。收费标准由各企业参照所在省市财政、物价、劳动部门的有关规定制定。

第三十七条 企业应加强职业技能鉴定基础工作，对鉴定基地建设、题库开发与更新等进行必要的资金投入。

第九章 罚 则

第三十八条 参加鉴定的人员在专业技术知识考试、操作技能考核中有违纪行为的，按有关规定进行扣分处理，情节严重者，取消考试资格，并在两年内不得参加技能鉴定。

第三十九条 职业技能鉴定管理人员、考评员、督导员、工作人员如在鉴定工作中弄虚作假、徇私舞弊，应取消其资格，并视情节追究相关责任。

第四十条 职业技能鉴定机构在鉴定过程中，如有组织管理不善、造成不良影响的，视情节追究责任，直至取消鉴定中心(站)资质。

第十章 附 则

第四十一条 本办法适用于集团公司所属企事业单位及控股企业。

第四十二条 集团公司所属各企事业单位须根据本办法制定实施细则。

第四十三条 本办法自印发之日起实行。以往有关规定与本办法不符的，以本办法为准。

本办法由中国石化集团公司职业技能鉴定指导中心负责解释。

中国石化集团公司安全生产重大事故行政责任追究规定(试行)

(二〇〇五年四月二十一日　中国石化人[2005]198 号)

第一条　为了贯彻《安全生产法》和国务院《关于特大安全事故行政责任追究的规定》等有关法律法规和集团公司《安全生产监督管理制度》，规范事故处理，按照“四不放过”和“谁主管、谁负责”的原则，严肃追究领导者的行政责任，特制定本规定。

第二条　领导干部在生产经营活动中，因未落实安全职责而发生重大及以上责任事故(以下简称重大事故)的，要严肃追究其行政责任。构成犯罪的，由国家司法机关依法追究刑事责任。

第三条　本规定中安全生产重大事故是指重大人身伤亡及重大火灾爆炸事故。其他重大事故的责任追究参照本规定执行。

第四条　本规定适用于集团公司暨股份公司机关，所属企事业单位、各分(子)公司及集团公司管理的合资公司。

第五条　有下列情况之一，并造成重大事故的，应对领导者进行责任追究：

(一) 违反《安全生产法》、《消防法》、《职业病防治法》、《道路交通安全法》、《危险化学品安全管理条例》和《建设工程安全生产管理条例》等国家有关法律法规；

(二) 违反集团公司有关新建及改扩建工程项目管理规定；

(三) 违反国家、行业技术规范、标准和集团公司《安全生产监督管理制度》等；

(四) 事故应急处置不力，导致事故进一步扩大或造成次生事故的；

(五) 未按有关规定对从业人员落实安全教育及岗位技术培训。

第六条　行政责任追究分为：警告、记过、记大过、降职、引咎辞职、撤职、留用察看、开除。

第七条　发生一次死亡 30 人以上(含 30 人)的特别重大事故，或特别重大火灾爆炸事故，对发生事故的直属单位安全生产第一责任人、安全主管领导和相关业务分管领导给予记大过直至撤职处分，负主要领导责任者应引咎辞职或给予撤职处分。集团公司相关领导、相关部门领导按国家有关规定进行责任追究。

第八条　发生一次死亡 10 至 29 人的特大事故，或造成重大直接经济损失的特大火灾爆炸事故，对发生事故的直属单位安全生产第一责任人、安全主管领导和相关业务分管领导，给予记过处分直至引咎辞职，负主要领导责任者应引咎辞职。集团公司相关部门领导按国家有关规定进行责任追究。

第九条　发生一次死亡 3 至 9 人的重大事故，或造成较大直接经济损失的重大火灾爆炸事故，对发生事故的直属单位安全生产第一责任人、安全主管领导和相关业务分管领导，给予行政警告处分直至引咎辞职，负主要领导责任者按企业大小分别给予记过、降职处分或引咎辞职。6 个月以内发生两次及以上重大事故，参照特大事故的相关规定处理。

第十条　对事故隐瞒不报、谎报或拖延不报，阻碍、干涉事故调查处理，故意破坏事故现场，拒绝接受调查以及拒绝提供真实情况和资料的单位，根据情节轻重，对主要领导给予行政警告直至记大过处分。

第十一条　根据干部管理权限，由集团公司对直属单位领导、机关部门领导进行责任追究；由直属单位对本企业相关部门负责人、二级单位安全生产第一责任人、安全主管领导和相关业务分管领导进行责任追究，并上报集团公司安全环保局审查备案。责任追究程序执行集团公司原有规定。

第十二条　监察部门依据国家有关法律法规及集团公司有关规定，对事故的责任追究进行监察。

第十三条　本规定未尽事宜，执行国家有关法律法规。

第十四条　各直属单位应依照本规定制定本单位的安全生产事故责任追究规定。

第十五条　本规定由集团公司安全环保局、人事教育部、监察局负责解释。

附件：关于《中国石化集团公司安全生产重大事故行政责任追究规定(试行)》有关条文解释。

附件：

关于《中国石化集团公司安全生产重大事故行政责任追究规定(试行)》有关条文解释

为了正确理解贯彻执行《集团公司安全生产重大事故行政责任追究规定(试行)》，现对规定的有关条文解释如下：

一、本《规定》只是对发生重大及以上安全生产责任事故(以下简称重大事故)负领导责任者的行政责任追究作了相应规定，对党员领导干部的党内责任追究按照《中国共产党纪律处分条例》、《党政领导干部辞职暂行规定》等党内法规制度一并同时执行。

二、本《规定》第三条中“其他重大事故的责任追究参照本规定执行”是指按照“以人为本”的安全生产理念，结合石油石化企业“高温高压、易燃易爆”的行业特点，《规定》主要追究人身伤亡和火灾爆炸事故的领导责任，其他重大事故的责任追究参照本规定执行。

其他重大事故包括交通事故(含道路、铁路及水上交通事故)、建设工程事故、民用爆炸物品事故、放射事故、危险化学品泄漏事故、锅炉、压力容器和压力管道等特种设备事故及其他安全事故等。

三、本《规定》第七、八、九条中“发生事故的直属单位安全生产第一责任人”是指按集团公司目前的管理体制中，企业的协调委员会主任，分公司代表、总经理、党委书记，分公司经理，子公司董事长、总经理等。

四、对本《规定》第七、八、九条解释如下：

1. 死亡人数指凡是由本单位违规而造成的责任事故中的死亡人数。

2. 特别重大事故，是指一次死亡 30 人以上的事故，或者一次造成巨大直接经济损失的事故，或其他性质严重产生恶劣社会影响的事故。

3. 特大事故，是指一次死亡 10 人以上 29 人以下的事故，或者油田企业一次造成直接经济损失人民币在1 500万元以上、炼化企业在2 000万元以上、销售企业在1 000万元以上的事故，或者其他性质严重产生重大社会影响的事故。

4. 重大事故，是指一次死亡 3 人以上 9 人以下的事故，或者油田企业一次造成直接经济损失人民币在1 000万元以上，不足1 500万元；炼化企业在1 500万元以上，不足2 000万元；销售企业在 500 万元以上，不足1 000万元的事故。

5. 本《规定》及《条文解释》中所称以上、以下、以内，均含本数。

中国石油化工股份有限公司保护商业秘密暂行规定

(二〇〇五年十二月十三日　石化股份发[2005]403 号)

第一章　总　　则

第一条　为了维护中国石油化工股份有限公司(以下简称股份公司)及所属分(子)公司、研究院(以下简称各单位)商业秘密权利人的合法权益，促进企业经济的发展，增强企业在国际国内市场的竞争能力，根据国家有关的法律、法规特制定本规定。

第二条　本规定所指的商业秘密是指不为股份公司及各单位生产、建设、科技开发、经营活动等领域的人所普遍知悉，能带来经济利益，具有实际或潜在的实用价值，经权利人采取了相应合理的保密措施的技术信息和经营信息。

第三条　本规定所指的商业秘密权利人，是指股份公司或各单位。商业秘密权利人对独立研究开发、投资委托他人研究开发，或在生产经营活动中所产生的商业秘密，享有所有权、使用权以及转让权。合作、协作研究开发或转让取得的商业秘密，其权利归属按合同约定。

第四条　技术信息包括技术水平，技术潜力，新技术前景预测，替代技术的预测，专利动向、策略，非专利技术成果，新技术影响的预测等内容。

第五条　经营信息包括新产品的市场占有情况，开辟新市场的计划和办法，产品的购买力情况，产品的区域性分布情况，产品长期、中期、短期的发展方向，以及经营战略、流通渠道等内容。

第六条　商业秘密的开发、使用、转让和保护不得违反国家法律法规，不得损害社会公共利益和他人合法权益。

第二章　商业秘密基本范围及确定的准则程序

第七条　商业秘密基本范围

(一) 科研技术、产品开发方面

1. 年度科研开发专题计划，新产品开发和结构调整计划，重要科研开发项目的选题合同、开题报告、技术查新报告。

2. 自行开发研制、拟开发研制或已通过技术鉴定的，在国内同行业属于领先或独有的新技术、新工艺、新配方、技术诀窍，以及需要保密的技术内容、参数、经济指标等。

3. 油气勘探开发方案，重要的地震、地质、钻井、测录井、完井测试分析研究成果和主要经济指标。

4. 技术装备国产化研制的中长期规划及招投标文件、成果技术鉴定文书。

5. 对外合资合作研究项目计划、协议及主要研究资料。

6. 承担保密义务的技术、设备及其改进吸收的技术资料。

(二) 生产经营方面

7. 原油、天然气及炼油、化工年度和季度生产、经营计划。

8. 月度经济活动分析会形成的重要意见和决定。

9. 油气藏基础参数，产能建设规模及资金投向。

10. 年度原油配置计划及执行情况。

11. 年度成品油配置计划及执行情况。

12. 成品油销售网点购建决策及实施方案。

13. 成品油、化工产品市场调查报告及营销方案。

14. 原油、成品油和主要化工产品的生产、销售及库存分布的统计数字，主要技术经济指标。

15. 主要产品的出厂价格综合情况、销售网络、客户名单及地域分布。

16. 油田、炼油、化工、销售综合统计数据及分析。

(三) 发展计划、资本运营方面

17. 各单位中长期发展计划的主要经济技术指标和措施。

18. 重要固定资产投资项目建议书，可行性研究报告，工艺技术来源比选结果，以及经济技术评价报告、招投标文件。

19. 年度效益预测、资金预算及其一般投资计划。

20. 年度固定资产投资项目实施计划。

21. 对外合资合作计划，寻找战略投资者、战略合作联盟、机构投资者的意向，以及双方达成或签署的协议、合同。

22. 未公开的企业重组、兼并、收购、破产、拍卖、资产划转等产权变动或交易的意向、决议及其他相关内容。

23. 3—5年内资本支出计划，盈利及占用资本回报预测。

24. 未披露的中期、末期业绩报告，配股、转债、收购、出售股份方案。

25. 土地、矿业、资产经营对外谈判方案及内部协调具体方案。

26. 对资本市场有重大影响的相关决议。

27. 财务预算、决算及其综合分析情况。

28. 生产经营收入、利润、成本、费用及相关的财务报表。

29. 资产评估数据、资产处置运营情况。

30. 安全生产保障基金统计数据。

(四) 工程建设、物资采购方面

31. 工程建设项目招标、投标标底。

32. 对外承包、反承包的底价。

33. 建设项目经济评价模型。

34. 物资采购的底价及合同成交价格。

(五) 对外经济贸易方面

35. 原油、成品油、化工产品、生产物资、技术设备等一般货物进出口计划及执行情况。

36. 进口原油套期保值及资金情况。

37. 年度、季度进口原油数量、价格，国别情况。

38. 合资合作项目的谈判方案及招投标文件。

39. 技术、设备引进项目的意向、内部批复、项目确认文书及招投标文件。

40. 对外投资经营重大经济合同、协议的主要内容。

41. 境外项目经营情况及综合年报。

(六) 计算机网络方面

42. 涉及商业秘密的计算机密码、指令及其加密程序。

43. 网络安全运行程序。

(七) 其他应确定为商业秘密基本范围的事项。

第八条 确定商业秘密的准则

(一) 属于国家秘密事项不再列为商业秘密。

(二) 严格按照本规定第二条所述的商业秘密构成内容确定。

第九条 确定商业秘密的程序

(一) 涉及股份公司商业秘密的具体事项，由总部各有关部门确定，股份公司保密委员会备案。

(二) 涉及各单位商业秘密的具体事项，由其所属有关单位提出，报同级保密委员会审批。

(三) 涉及商业秘密的公文及其他载体，由拟稿人(制作人)提出，经审定、签发，即作为商业秘密事项加以管理。

第三章　商业秘密载体的标识和保密期限

第十条　载有商业秘密的文件、资料、书刊、图表、录音、录像、光盘、软盘、硬盘等密品、密件，应当标注商业秘密标识和保密期限。

第十一条　商业秘密标识一般标注在密品、密件左上角，或明显易于识别的地方。

第十二条　“▲”为商业秘密符号。其左为制定单位，其右为保密期限；制定单位应用简称。例如：股份公司2年保密期限的商业秘密标为“中国石化▲2年”。

第十三条　密品、密件不标明保密期限的，则按5年保密期认定。密品、密件能够确定具体保密期限的，应当标明。保密期限可按年、月、日计算。

第十四条　保密期限届满或经权利人公布即自行解密。仍需继续保密的，可以延长保密期限。

第四章　商业秘密的管理

第十五条　股份公司保密委员会指导、监督各单位商业秘密的保护工作，各单位保密委员会指导、协调、监督、检查本单位商业秘密的保护工作。各级保密委员会办公室分别负责本单位保护商业秘密的日常工作。

第十六条　产生商业秘密的单位、部门负有管理商业秘密的责任，按照谁主管谁负责的原则，制定相应的管理办法，落实保护商业秘密的责任制度。

凡对外宣传、提供、转让商业秘密或扩大知悉范围的，必须经本单位主管部门审批，遇有异议时应报同级保密委员会审定。

第十七条　对商业秘密实施动态管理。各级保密委员会及产生商业秘密的单位、部门，应定期对原定的商业秘密进行清理，作出解密或需延长保密期限的决定。

第十八条　商业秘密的各种载体，在制作、复制、储存、传递、阅办、归档、保管、销毁等各个环节，可参照国家秘密管理办法，建立商业秘密载体管理制度，配备必要的保密设备。

第十九条　对存储商业秘密资料的计算机实行专人管理，设立并定期更换代号、密令。禁止商业秘密事项输入国际互联网，局域网传输应当采取加密措施。

第二十条　商业秘密保护实行合同约定制度。商业秘密权利人要与员工签订保护商业秘密合同或协议。合同或协议书中应包括权利归属、保密范围和内容、双方权利和义务、保密期限、违约责任及双方约定的其他内容。

(一) 同员工签订含有保密条款和违约责任的“聘任合同”或“劳动合同”。

(二) 同接触或知悉本单位商业秘密的员工签订“保守商业秘密协议书”。

(三) 同掌握本单位重要商业秘密的调离、辞职、辞退、解除或终止劳动合同的员工以及退休职工签订“竞业限制合同”。

第二十一条　商业秘密一旦泄露，要及时采取补救措施，同时将有关情况向上级保密委员会报告。

第二十二条　符合专利条件的商业秘密，应及时申请专利，实施专利保护。

第五章　保护商业秘密的义务

第二十三条　各级保密工作机构及相关部门要做好保护商业秘密的宣传教育工作，使有关人员知悉本职业务工作中商业秘密的基本范围和具体事项。

第二十四条　全体员工应当自觉履行保护商业秘密的义务，遵守本单位商业秘密保护制度，履行保密合同、协议，保守商业秘密。

第二十五条　涉密人员要采取措施，保护在执行公务中知悉的商业秘密，未经商业秘密权利人的同意，不得以任何方式泄露。

第二十六条　禁止采取不正当手段获取、披露、使用权利人的商业秘密。

第六章　奖　　惩

第二十七条　对监督和保护商业秘密取得突出成绩的集体和个人，予以表彰和奖励。

第二十八条　对泄露和擅自使用、转让或允许他人使用商业秘密的行为人及有关责任人，根据其情节轻重及造成的经济损失大小给予处分和处罚，包括批评教育、行政处分、经济处罚等。构成违法犯罪的，依法追究其刑事责任。

第七章　附　　则

第二十九条　各单位可根据本规定，结合实际制定具体的实施细则。

第三十条　本规定由股份公司保密委员会负责解释。

第三十一条　本规定自印发之日施行。

统计资料

☞ 中国石油化工统计

☞ 世界石油化工统计

中国石油化工统计

表 1　　石化集团公司主要经济指标

项目　　年份	2005	2004	2003	2002	2001	2000
工业总产值/亿元						
按 1990 年不变价格计算			1 937.43	1 848.37	1 673.27	1 515.51
按现行价格计算	7 923.80	6 111.80	4 675.24	3 805.54	3 698.61	3 875.01
工业增加值/亿元	1 624.91	1 552.31	1 292.11	980.92	894.72	894.91
实现利税总额/亿元	1 099.57	941.87	708.14	542.98	504.45	558.96
利　润	557.36	432.30	289.69	182.44	170.86	231.05
年末职工总数/万人	70.19	76.76	84.51	89.67	90.62	115.65
工　人		35.75	38.04	41.53	41.43	51.00
工程技术人员		8.64	9.63	10.53	10.76	11.06
管理人员		13.24	12.70	13.08	12.82	14.55
服务人员		9.68	12.18	11.76	12.60	10.10
其他人员		9.46	11.96	12.77	14.45	24.16
工资总额/亿元	221.79	220.13	208.86	190.02	199.68	199.73
主营业务收入/亿元	8 230.12	6 342.87	4 666.73	3 780.04	3 436.62	3 753.90
资产总值/亿元	7 298.53	6 202.51	5 592.37	5 768.75	5 612.90	5 353.09
固定资产原值	7 043.35	6 452.07	6 087.65	6 091.79	5 556.55	4 971.40
固定资产净值	3 876.27	3 520.60	3 370.79	3 299.51	3 062.16	2 719.12
负债总值/亿元	3 847.03	3 335.78	2 911.68	2 930.65	2 837.26	2 744.16
流动负债	2 441.74	2 311.45	2 176.63	2 138.65	2 080.72	1 920.04
长期负债	1 045.27	1 021.85	732.15	785.46	756.25	824.12

表 2　　石化集团公司主要产品产量及占全行业百分数　　万吨

项目　　年份	2005	2004	2003	2002	2001	2000
原　油	3 927.07	3 861.21	3 816.29	3 800.01	3 791.04	3 724.35
全行业	18 084.00	17 587.00	16 960.00	16 700	16 396.00	16 300.00
占全行业/%	21.7	22.0	22.5	22.73	23.1	22.8
天然气/亿立方米	62.85	58.63	53.16	50.63	46.12	39.16
全行业	500.00	414.60	350.2	326.6	303.30	272.00
占全行业/%	12.6	14.1	15.2	15.53	15.2	14.4
原油加工量	14 879.50	14 140.80	12 417.00	11 219.09	10 605.28	11 177.21
全行业	29 457.07	27 290.32	24 255.13	21 896.51	21 050.59	21 061.95
占全行业/%	50.5	51.8	51.2	51.2	50.4	53.1
汽煤柴润总量	9 134.14	8 746.07	7 479.41	6 817.16	6 477.76	6 677.18
全行业	17 996.99	16 846.89	14 590.23	13 178.1	12 782.98	12 419.36
占全行业/%	50.8	51.9	51.3	51.7	50.7	53.8

续表

项目＼年份	2005	2004	2003	2002	2001	2000
汽　油	2 511.49	2 576.91	2 386.76	2 151.22	1 979.98	2 137.88
全行业	5 405.34	5 249.77	4 790.86	4 319.87	4 154.66	4 134.67
占全行业/%	46.5	49.1	49.8	49.8	47.7	51.7
煤　油	662.90	636.67	531.49	506.13	450.10	499.42
全行业	988.56	970.75	855.30	826.11	789.35	872.29
占全行业/%	67.1	65.6	62.1	61.3	57.0	57.3
柴　油	5 822.34	5 395.02	4 456.52	4 063.35	3 956.95	3 944.97
全行业	11 061.58	10 162.08	8 532.78	7 669.23	7 485.66	7 079.62
占全行业/%	52.6	53.1	52.2	53	52.9	55.7
润滑油	137.40	137.46	104.63	96.46	90.73	94.91
全行业	541.51	464.29	411.29	362.89	353.31	332.78
占全行业/%	25.4	29.6	25.4	26.6	25.7	28.5
乙　烯	549.63	425.49	414.69	350.93	291.35	287.16
全行业	755.53	629.90	611.77	543.00	480.67	470.00
占全行业/%	72.7	67.5	67.8	64.8	60.6	61.1
塑　料	858.14	711.86	682.09	594.57	503.51	488.84
全行业	2 141.96	1 790.99	1 652.08	1 366.46	1 211.61	1 096.70
占全行业/%	40.1	39.7	41.3	43.5	41.6	44.6
合成橡胶	84.30	78.09	75.89	69.43	60.86	49.90
全行业	163.21	147.76	134.83	116.76	104.88	88.88
占全行业/%	51.7	52.8	56.3	59.4	58.0	56.1
合成纤维原料	407.56	362.15	336.07	287.05	266.64	264.48
全行业	748.86	630.64	559.25	402.59	378.15	380.89
占全行业/%	54.4	57.4	60.1	71.3	70.5	69.4
合成纤维聚合物	277.76	252.10	239.09	223.34	216.18	186.84
全行业	845.28	847.25	829.09	699.8	570.25	454.30
占全行业/%	32.9	29.8	28.8	31.91	37.9	35.3
合成纤维	160.07	170.34	171.56	157.32	144.21	121.64
全行业	1 500.25	1 313.96	1 089.00	918.62	780.40	639.85
占全行业/%	10.7	13.0	15.8	17.1	18.5	19.0
合成氨	124.31	174.75	138.17	194.01	167.65	189.90
全行业	4 596.25	4 222.20	3 822.70	3 654.19	3 407.70	3 363.70
占全行业/%	2.7	4.1	3.6	5.3	4.9	5.6
氮肥（折合氮 100%）	97.18	135.11	105.09	144.47	123.03	141.14
全行业	3 575.91	3 304.07	2 814.50	2 742.6	2 526.72	2 398.00
占全行业/%	2.7	4.1	3.7	5.3	4.9	5.9
尿　素	177.96	263.00	203.17	291.69	248.36	292.25
全行业	4 280.86	4 127.68	3 634.30	3 437.55	3 121.93	3 030.56
占全行业/%	4.2	6.4	5.6	8.5	8.0	9.6

表 3　石化集团公司与全行业石油产品分品种产量　　万吨

项目 \ 年份	2005	2004	2003	2002	2001	2000
原　油						
石化集团公司	3 927.07	3 861.21	3 816.29	3 800.01	3 791.04	3 724.35
全行业	18 084.00	17 587.00	16 960.00	16 700.00	16 396.00	16 300.00
天然气/亿立方米						
石化集团公司	62.85	58.63	53.16	50.63	46.12	39.16
全行业	500.00	414.60	350.20	326.6	303.30	272.00
原油加工量						
石化集团公司	14 879.50	14 140.80	12 417.00	11 219.09	10 605.28	11 177.21
全行业	29 457.07	27 290.32	24 255.13	21 896.51	21 050.59	21 061.95
汽煤柴润总量						
石化集团公司	9 134.14	8 746.07	7 479.41	6 817.16	6 477.76	6 677.18
全行业	17 996.99	16 846.89	14 590.23	13 178.1	12 782.98	12 419.36
汽　油						
石化集团公司	2 511.49	2 576.91	2 386.76	2 151.22	1 979.98	2 137.88
全行业	5 405.34	5 249.77	4 790.86	4 319.87	4 154.66	4 134.67
煤　油						
石化集团公司	662.90	636.67	531.49	506.13	450.10	499.42
全行业	988.56	970.75	855.30	826.11	789.35	872.29
柴　油						
石化集团公司	5 822.34	5 395.02	4 456.52	4 063.35	3 956.95	3 944.97
全行业	11 061.58	10 162.08	8 532.78	7 669.23	7 485.66	7 079.62
润滑油						
石化集团公司	137.40	137.46	104.63	96.46	90.73	94.91
全行业	541.51	464.29	411.29	362.89	353.31	332.78
溶剂油						
石化集团公司	109.52	122.88	154.24	121.58	97.93	109.96
全行业	175.80	201.94	241.26	207.18	182.17	196.65
燃料油						
石化集团公司	794.3	907.84	882.67	748.6	765.13	979.89
全行业	2 261.19	2 082.55	2 004.84	1 845.5	1 864.39	2 053.67
商品量						
石化集团公司	543.37	657.9	624.41	485.12	537.00	674.15
全行业	1 024.06	1 196.89	1 189.20	1 137.02	1 229.17	1 264.52
石　蜡						
石化集团公司	49.57	53.06	49.41	45.81	48.99	43.42
全行业	163.5	167.06	147.89	131.45	134.75	136.70

续表

项目 \ 年份	2005	2004	2003	2002	2001	2000
石油焦						
石化集团公司	646.36	498.05	413.42	348.64	325.51	300.21
全行业	968.51	735.3	603.18	508.03	485.84	451.71
石油沥青						
石化集团公司	282.50	311.19	285.27	219.59	161.92	170.91
全行业	922.91	902.62	861.30	709.97	581.07	470.94
洗涤剂原料						
石化集团公司	15.63	17.47	13.13	15.2	17.05	13.57
全行业	43.51	42.14	46.68	36.45	34.16	30.77
化工轻油						
石化集团公司	2 152.55	1 810.36	1 696.77	1 557.32	1 269.12	1 376.12
全行业	2 916.25	2 611.6	2 410.61	2 105.26	1 859.08	2 007.97
商品原料油						
石化集团公司	543.55	578.43	532.41	474.74	397.63	423.17
全行业	766.22	750.37	710.95	699.92	634.56	665.86

表 4　石化集团公司与全行业有机化学品分品种产量　万吨

项目 \ 年份	2005	2004	2003	2002	2001	2000
乙　烯						
石化集团公司	549.63	425.49	414.69	350.93	291.35	287.16
全行业	755.53	629.90	611.77	543.00	480.67	470.00
丙　烯						
石化集团公司	504.98	414.26	385.99	346.21	294.58	292.68
全行业			593.23	544.47	477.85	482.56
丁二烯						
石化集团公司	73.99	63.34	62.37	50.74	42.02	38.14
全行业			85.82	73.62	64.51	59.05
纯　苯						
石化集团公司	190.73	142.91	136.03	123.02	108.79	102.96
全行业	306.09	255.63	240.83	213.06	198.75	184.67
甲　苯						
石化集团公司	62.12	57.47	51.07	43.52	41.34	37.64
全行业						
二甲苯						
石化集团公司	75.48	64.00	54.69	56.36	58.15	54.56
全行业						

续表

项目 \ 年份	2005	2004	2003	2002	2001	2000
烷基苯						
石化集团公司	26.62	30.73	23.67	21.25	21.53	16.17
全行业			44.11	39.04	36.43	31.46
对二甲苯						
石化集团公司	189.21	153.99	131.57	118.15	116.39	96.25
全行业			157.08	147.47	145.42	130.11
苯乙烯						
石化集团公司	101.34	46.66	45.26	46.95	42.15	42.53
全行业			94.82	89.56	79.90	76.38
苯　酐						
石化集团公司	11.85	9.29	13.11	13.16	12.65	13.40
全行业			59.83	53.65	42.78	41.52
精甲醇						
石化集团公司	37.90	38.88	33.67	28.07	30.39	30.86
全行业	535.61	440.64	298.87	210.95	206.48	198.69
丁　醇						
石化集团公司	11.78	3.82	6.04	5.28	4.96	4.42
全行业			20.38	17.42	17.43	11.93
辛　醇						
石化集团公司	37.67	15.04	14.30	8.80	8.44	8.18
全行业			24.97	23.89	24.06	25.56
苯　酚						
石化集团公司	34.65	24.74	18.69	19.52	16.61	17.64
全行业						
丙　酮						
石化集团公司	21.64	15.61	11.61	11.95	10.62	10.98
全行业						
甲　醛						
石化集团公司	7.84	6.82	7.07	6.22	5.78	5.17
全行业			308.97	255.68	234.40	206.80
乙　醛						
石化集团公司	10.85	12.14	12.36	11.46	9.95	10.93
全行业			38.97	35.50	37.02	35.88
醋　酸						
石化集团公司	35.82	31.98	30.88	27.77	26.88	29.90
全行业	136.97	115.16	94.68	84.09	86.13	86.51

表 5 石化集团公司与全行业合成纤维及原料分品种产量 万吨

项目 \ 年份	2005	2004	2003	2002	2001	2000
合成纤维原料						
石化集团公司	407.56	362.15	336.07	287.05	266.64	264.48
全行业	748.86	630.64	559.25	402.59	378.15	380.89
DMT						
石化集团公司					5.72	12.53
全行业			2.11	6.42	13.77	23.20
精对苯二甲酸						
石化集团公司	266.54	257.17	235.36	191.21	177.01	158.26
全行业	514.75	442.38	394.05	235.96	219.86	202.44
尼龙66盐						
全行业	11.05	10.30	0.05	0.65	1.83	1.60
己内酰胺						
石化集团公司	16.01	14.40	12.45	16.78	14.93	15.99
全行业	21.37	22.77	20.08	17.05	15.25	16.39
丙烯腈						
石化集团公司	41.82	25.84	24.39	20.47	18.10	18.54
全行业	91.62	70.58	60.73	51.90	46.69	46.50
乙二醇						
石化集团公司	83.19	64.74	63.87	58.60	50.87	59.16
全行业	110.08	94.91	96.93	90.61	80.75	90.75
合成纤维						
石化集团公司	160.07	170.34	171.56	157.32	144.21	121.64
全行业	1 500.25	1 313.96	1 089.00	918.02	780.40	639.85
锦　纶						
石化集团公司	0.29	0.70	1.65	1.71	2.11	2.51
全行业	71.66	66.83	56.51	47.23	42.00	40.36
涤　纶						
石化集团公司	119.73	130.19	130.63	118.47	112.45	89.82
全行业	1 270.16	1 138.05	932.62	777.04	648.94	517.50
腈　纶						
石化集团公司	36.91	35.81	35.27	33.09	25.90	25.09
全行业	86.53	66.20	62.86	59.40	54.83	47.37
维　纶						
石化集团公司	1.48	1.30	1.17	1.11	1.10	1.16
全行业	4.17	3.51	3.26	3.25	3.01	2.54
丙　纶						
石化集团公司	1.67	2.28	2.81	2.91	2.62	3.04
全行业	24.46	27.58	27.50	29.16	30.98	29.44
其他（全行业）	43.27	11.79	6.25	2.94	0.68	0.64

表 6　　石化集团公司与全行业合成橡胶分品种产量　　万吨

项　目＼年　份	2005	2004	2003	2002	2001	2000
合成橡胶						
石化集团公司	84.30	78.09	75.89	69.34	60.86	49.90
全行业	163.21	147.76	134.83	116.76	104.88	88.88
顺丁橡胶						
石化集团公司	29.56	29.83	28.14	25.77	25.25	23.85
全行业	39.86	39.71	39.06	34.12	33.41	31.34
丁苯橡胶						
石化集团公司	21.82	19.75	21.72	19.44	18.62	12.22
全行业	63.28	58.18	49.73	43.79	42.56	35.23
氯丁橡胶						
全行业	4.15	3.56	3.80	3.88	3.99	3.03
丁腈橡胶						
全行业	3.86	2.05	1.91	1.75	1.48	1.08
乙丙橡胶						
全行业	1.92	2.18	2.04	2.00	1.50	0.75
SBS 热塑弹性体						
石化集团公司	28.48	24.28	23.00	21.68	16.46	13.36
全行业	28.48	24.28	23.00	21.68	16.46	13.36
SIS 热塑弹性体						
石化集团公司				0.29	0.11	0.07
全行业				0.29	0.11	0.07
丁基橡胶						
石化集团公司	3.90	3.76	2.70	2.15	0.42	0.41
全行业	3.90	3.76	2.70	2.15	0.42	0.41
其他橡胶						
全行业	17.76	14.02	12.59	7.10	4.95	3.61

表 7 **石化集团公司与全行业塑料分品种产量** 万吨

项目 \ 年份	2005	2004	2003	2002	2001	2000
塑料						
石化集团公司	858.14	711.86	682.09	594.57	503.51	488.84
全行业	2 141.96	1 790.99	1 652.08	1 366.46	1 211.61	1 096.70
聚乙烯						
石化集团公司	354.65	287.43	279.56	239.12	191.72	187.78
全行业	529.05	441.3	413.2	355.2	308.30	300.00
聚丙烯						
石化集团公司	339.89	313.34	291.19	270.29	228.68	226.19
全行业	522.94	474.88	426.82	380.01	333.96	323.95
聚苯乙烯						
石化集团公司	49.50	35.69	38.51	35.81	36.69	35.47
全行业	111.11	102.09	100.92	83.28	95.61	81.41
聚氯乙烯						
石化集团公司	72.79	38.94	38.96	23.58	23.38	20.29
全行业	649.21	503.18	400.65	338.87	291.82	238.73
ABS 树脂						
全行业	49.46	47.57	47.56	37.55	21.59	18.45
聚氨酯塑料						
石化集团公司		0.02	0.08	0.55		0.06
全行业						
聚醚树脂						
石化集团公司	21.71	22.92	21.12	19.7	18.35	15.45
全行业						
环氧树脂						
石化集团公司	2.34	2.03	2.09	1.51	1.68	1.18
全行业						
不饱和聚酯树脂						
石化集团公司	2.64	2.69		2.04	1.54	1.35
全行业						
EVA 树脂						
石化集团公司						
全行业						
AS 树脂						
石化集团公司	0.17	0.4	0.46	0.51	0.41	0.51
全行业	1.13	1.27	1.67	1.56	5.02	4.88
其他塑料						
石化集团公司	6.25	8.4	5.59	1.45	1.06	0.54
全行业	279.06	220.7	261.26	144.74	132.68	110.70

表 8　　中国原油和石油产品进口数量与金额

产品名称	2005年		2004年		2003年		2002年		2001年		2000年	
	数量/万吨	金额/百万美元	数量/万吨	金额/百万美元	数量/万吨	金额/百万美元	数量/万吨	金额/百万美元	数量/万吨	金额/百万美元	数量/万吨	金额/百万美元
原　油	12 708.32	47 860.53	12 281.55	33 912.99	9 112.63	19 824.20	6 940.77	12 760.90	6 025.54	11 672.00	7 013.43	14 831.98
成品油	534.80	3 196.98	698.93	2 972.70	425.62	1 475.39	372.90	1 151.78	321.05	1 035.28	323.86	1 149.62
汽　油	0.00	0.12	0.00	0.12	0.00	0.03	0.01	0.03	0.02	0.07	0.03	0.06
石脑油	34.90	190.25	5.09	16.72	23.80	62.40	24.26	57.30	10.94	25.63	12.25	32.75
溶剂油	2.26	14.51	7.20	31.09	11.69	38.81	2.06	8.40	0.56	3.73	0.34	3.45
其他汽油馏分	0.62	7.36	0.16	2.41	—	—	0.34	1.81	0.27	2.37	0.23	1.61
煤　油	328.86	1 857.59	277.42	1 105.04	210.27	622.75	214.74	552.85	212.90	578.41	225.48	711.52
轻柴油	53.68	265.77	274.94	1 015.16	84.75	222.55	48.08	109.81	27.47	63.44	25.94	66.39
重柴油	—	—	—	—	—	—	—	—	—	—	—	—
润滑油、脂	20.94	321.60	20.61	305.58	16.40	232.32	13.37	193.21	13.78	162.04	14.34	186.50
润滑油基础油	93.53	539.79	113.51	496.58	78.71	296.51	70.04	228.37	55.11	199.59	45.25	147.34
燃料油	2 610.06	7 726.40	3 063.10	6 133.74	2 395.94	4 389.10	1 660.75	2 642.20	1 823.58	2 700.15	1 480.23	2 503.52
石　蜡	4.08	36.68	5.32	38.59	3.24	27.53	2.83	24.98	3.18	23.83	2.36	18.64
石油沥青	318.04	643.99	262.25	497.84	261.10	511.21	227.39	405.41	163.07	288.72	139.46	239.68
石油焦	63.32	68.78	83.03	76.70	125.83	80.84	127.77	53.90	20.90	24.31	3.94	11.75
液体石蜡	1.65	13.38	2.32	13.63	2.33	10.49	1.48	7.15	0.27	2.77	0.59	4.01
液化石油气	616.84	2 837.22	640.90	2 416.29	638.29	1 987.77	626.08	1 596.77	488.99	1 382.39	481.74	1 539.94

表 9　**中国原油和石油产品出口数量与金额**

产品名称	2005年		2004年		2003年		2002年		2001年		2000年	
	数量/万吨	金额/百万美元	数量/万吨	金额/百万美元	数量/万吨	金额/百万美元	数量/万吨	金额/百万美元	数量/万吨	金额/百万美元	数量/万吨	金额/百万美元
原　油	806.69	2 696.01	549.16	1 324.69	813.33	1 661.22	720.81	1 232.49	755.06	1 385.37	1 043.98	2 118.95
成品油	1 170.69	5 782.29	958.54	3 563.41	1 308.60	3 566.24	1 006.83	2 275.30	879.74	2 059.83	793.04	2 042.23
汽　油	563.28	2 690.10	540.71	1 962.53	754.24	2 037.45	612.20	1 349.28	577.17	1 268.64	455.10	1 113.11
石脑油	177.96	794.75	139.74	530.22	113.12	311.04	91.11	210.89	90.24	202.95	68.74	174.29
溶剂油	0.27	1.93	0.57	2.24	0.77	2.93	0.57	2.20	0.29	0.87	0.10	0.36
其他汽油馏分	0.01	0.02	0.00	0.00	—	—	0.01	0.03	—	—	—	—
煤　油	268.66	1 524.33	203.71	796.31	201.68	602.92	170.00	400.00	178.65	480.67	198.98	566.83
轻柴油	147.51	677.09	63.65	202.43	224.06	533.94	125.70	271.14	25.65	62.78	55.48	131.86
重柴油	—	—	—	—	—	—	—	—	—	—	—	—
润滑油、脂	6.22	58.31	6.40	54.20	5.98	45.51	5.31	36.24	4.65	33.75	5.20	33.77
润滑油基础油	6.79	35.75	3.77	15.48	8.74	32.42	1.93	5.52	3.09	10.17	9.44	22.02
燃料油	229.99	623.81	181.69	372.77	76.13	151.05	63.92	110.87	44.11	74.30	33.35	61.11
石　蜡	75.52	487.06	71.14	365.35	69.74	310.54	66.15	264.97	58.36	257.18	60.79	262.06
石油沥青	3.81	6.05	19.97	15.34	10.19	7.38	10.27	6.60	16.01	8.37	15.88	7.86
石油焦	205.23	253.65	122.24	143.18	84.23	87.95	77.91	78.02	160.28	121.31	133.41	82.67
液体石蜡	0.03	0.18	0.02	0.13	0.01	0.08	0.01	0.03	0.09	0.41	0.88	3.84
液化石油气	2.70	17.48	3.28	15.68	2.43	7.64	5.65	13.12	2.12	4.84	7.58	14.31

表 10 中国主要石化产品进口数量与金额

产品名称	2005年		2004年		2003年		2002年		2001年		2000年	
	数量/万吨	金额/百万美元	数量/万吨	金额/百万美元	数量/万吨	金额/百万美元	数量/万吨	金额/百万美元	数量/万吨	金额/百万美元	数量/万吨	金额/百万美元
一、合成树脂与塑料及制品合计	2 461.87	32 820.58	2 376.32	27 928.30	2 124.80	20 893.90	1 935.79	17 257.80	1 751.63	15 169.98	1 524.73	14 205.97
（一）初级形状合成树脂与塑料	1 821.98	23 741.40	1 820.23	20 538.15	1 691.19	15 589.18	1 566.01	13 211.88	1 413.84	11 635.67	1 197.81	10 709.73
1. 聚乙烯	526.00	5 482.05	479.66	4 344.76	469.02	3 039.23	455.94	2 698.30	411.25	2 657.47	296.71	2 133.75
低密度聚乙烯	110.98	1 207.31	134.15	1 268.70	145.34	992.47	242.53	1 458.03	238.89	1 562.37	175.29	1 278.58
高密度聚乙烯	244.58	2 511.80	231.60	2 063.39	219.68	1 412.67	213.41	1 240.27	172.36	1 095.10	121.42	855.17
2. 聚丙烯	302.33	3 020.14	291.39	2 564.51	273.43	2 024.51	244.23	1 635.24	208.65	1 361.25	164.03	1 144.39
3. 聚苯乙烯	142.15	1 440.80	156.25	1 438.66	156.43	1 311.59	162.75	1 319.32	153.81	1 216.96	152.83	1 233.89
可发性聚苯乙烯	14.13	143.97	17.98	167.88	17.81	155.54	17.44	154.12	16.97	149.75	19.87	175.54
其他聚苯乙烯	128.02	1 296.84	138.28	1 270.77	138.62	1 156.04	145.31	1 165.20	136.84	1 067.21	132.96	1 058.35
4. ABS共聚物	198.70	2 579.32	196.31	2 270.67	179.01	1 882.61	163.76	1 676.86	142.60	1 456.22	146.97	1 528.01
5. 聚氯乙烯	166.13	1 416.07	211.02	1 703.96	229.24	1 503.22	225.14	1 335.68	250.80	1 459.98	192.41	1 352.93
纯聚氯乙烯	130.75	1 070.37	162.88	1 286.80	175.88	1 123.34	170.06	983.51	191.64	1 092.64	144.50	996.31
未塑化聚氯乙烯	24.38	213.24	37.30	297.74	44.68	297.53	47.33	286.29	51.45	305.72	40.45	290.47
已塑化聚氯乙烯	10.99	132.46	10.85	119.43	8.69	82.35	7.76	65.88	7.70	61.62	7.46	66.15
以上五大类通用塑料小计	1 335.31	13 938.39	1 334.64	12 322.56	1 307.13	9 761.16	1 251.83	8 665.40	1 167.11	8 151.88	952.95	7 392.97
（二）塑料的废碎料和下脚料	495.65	1 927.95	409.57	1 378.11	302.41	774.32	245.75	540.81	222.51	525.79	200.72	490.84
（三）塑料半制品与制品	144.24	7 151.23	146.51	6 012.04	131.20	4 530.40	124.03	3 505.11	115.29	3 008.52	126.20	3 005.49
二、合成橡胶及胶乳合计	108.92	1 797.20	110.02	1 423.45	101.00	1 157.52	91.91	944.49	75.67	799.70	71.50	726.79
1. 丁苯橡胶	37.26	462.18	36.03	346.04	34.77	293.99	35.91	271.95	26.38	204.72	22.81	172.75
丁苯胶乳	12.23	97.28	12.86	87.08	10.14	62.60	8.93	57.64	8.64	59.57	9.25	62.14
2. 顺丁橡胶	8.56	131.64	7.95	97.70	6.40	68.28	5.28	46.51	4.53	42.13	4.52	40.30
3. 丁基橡胶	6.47	180.40	6.08	138.10	6.21	132.10	3.91	81.62	3.68	78.97	3.48	75.25
4. 氯丁橡胶	2.28	48.34	2.84	55.68	1.78	32.55	1.88	33.50	1.81	36.38	1.69	33.70
5. 丁腈橡胶	9.86	143.80	7.77	89.86	6.76	71.54	4.82	54.50	4.74	58.06	3.74	47.18

续表

产品名称	2005年		2004年		2003年		2002年		2001年		2000年	
	数量/万吨	金额/百万美元	数量/万吨	金额/百万美元	数量/万吨	金额/百万美元	数量/万吨	金额/百万美元	数量/万吨	金额/百万美元	数量/万吨	金额/百万美元
6. 异戊二烯橡胶	1.13	17.94	3.18	39.36	3.73	40.41	1.44	10.88	0.81	7.37	1.71	13.27
7. 乙丙橡胶	3.59	75.12	0.55	9.04	2.94	44.47	2.61	38.15	2.66	40.30	2.54	37.67
8. 其他合成橡胶	39.76	737.77	45.63	647.67	38.41	474.18	36.06	407.38	31.06	331.76	30.99	306.67
其他胶乳	0.87	11.40	1.70	16.65	1.70	16.84	2.09	20.38	2.65	26.29	3.26	30.01
三、合成纤维	142.57	2 794.28	167.69	2 778.61	176.04	2 540.23	170.70	2 252.88	139.47	1 827.97	157.43	2 002.52
1. 锦　纶	26.45	717.34	27.23	603.02	25.04	497.30	23.87	449.73	16.61	339.20	15.03	291.43
长　丝	25.10	662.58	25.92	557.86	23.81	458.35	22.70	420.68	15.63	316.01	14.14	270.36
短纤维及纤维条	1.35	54.76	1.31	45.15	1.23	38.95	1.17	29.05	0.97	23.19	0.89	21.07
2. 涤　纶	64.17	945.84	87.64	1 104.91	99.25	1 095.60	98.64	964.19	81.42	821.39	103.60	1 060.72
长　丝	29.55	522.69	36.92	573.42	41.53	578.54	38.60	498.40	29.03	390.54	41.38	516.52
短纤维及纤维条	34.62	423.15	50.73	531.49	57.72	517.07	60.04	465.79	52.39	430.85	62.22	544.20
3. 腈纶短纤维及纤维条	46.46	878.16	45.95	775.30	45.84	666.33	42.31	554.06	37.44	495.26	35.31	515.02
4. 丙纶长丝	0.48	8.88	0.44	7.44	0.50	10.30	0.49	8.62	0.30	4.98	0.45	6.45
丙纶短纤维及纤维条	0.41	7.66	0.47	6.44	0.20	2.92	0.09	1.03	0.23	1.28	0.25	2.02
5. 氨纶长丝	2.80	176.29	3.96	236.31	3.65	227.60	3.56	228.81	1.84	119.87	1.04	83.90
6. 其　他	1.80	60.11	1.67	51.64	1.76	43.10	1.74	46.44	1.64	45.97	1.76	42.98
长　丝	1.11	41.84	0.87	34.71	0.87	28.81	0.91	33.64	0.91	33.68	0.87	28.10
短纤维及纤维条	0.69	18.27	0.80	16.93	0.89	14.29	0.83	12.80	0.73	12.29	0.89	14.88
四、制成肥料	1 395.15	3 048.95	1 238.55	2 284.50	1 212.26	1 760.67	1 681.57	2 351.94	1 108.84	1 585.75	1 189.14	1 729.40
尿　素	7.10	12.73	3.80	5.49	13.49	15.42	79.07	91.82	—	0.02	—	0.01
五、有机化学品												
(一) 芳烃												
乙　烯	11.14	102.92	6.76	59.28	4.66	22.36	8.52	33.88	7.43	33.03	8.89	52.31

续表

产品名称	2005年		2004年		2003年		2002年		2001年		2000年	
	数量/万吨	金额/百万美元	数量/万吨	金额/百万美元	数量/万吨	金额/百万美元	数量/万吨	金额/百万美元	数量/万吨	金额/百万美元	数量/万吨	金额/百万美元
纯　苯	25.51	214.94	5.28	43.06	0.99	4.68	4.18	14.57	6.23	21.38	7.51	29.16
甲　苯	80.60	560.75	81.75	511.83	98.05	435.77	86.34	266.82	72.85	213.07	57.31	188.82
混合二甲苯	3.37	21.48	2.89	17.83	4.33	18.68	5.33	18.64	3.98	13.66	6.39	21.88
邻二甲苯	32.93	258.53	24.25	168.49	24.27	125.00	21.51	91.56	6.67	28.18	7.56	32.25
对二甲苯	160.79	1 438.40	113.66	842.01	101.86	574.39	27.48	116.10	17.39	79.02	20.37	92.55
苯乙烯	281.20	2 989.83	288.90	3 011.10	266.06	1 843.10	179.85	1 057.19	160.79	816.43	115.75	860.44
乙　苯	0.94	11.74	0.16	1.85	0.01	0.17	0.10	0.46	0.12	0.53	0.23	1.05
（二）主要有机原料												
甲　醇	136.03	335.06	135.85	345.78	140.16	328.08	179.96	278.73	152.13	212.78	130.65	187.92
丁　醇	43.53	362.27	44.49	299.38	29.58	176.52	24.30	121.31	22.28	105.03	26.32	113.56
辛　醇	29.37	283.19	30.42	247.31	32.33	197.05	31.09	168.06	25.90	133.85	21.80	123.41
醋　酸	54.20	346.22	52.50	260.53	50.46	197.75	34.86	124.93	19.92	72.74	10.36	39.71
苯　酚	29.13	319.93	28.12	275.15	32.27	223.95	21.75	110.15	20.53	104.87	9.69	63.71
丙　酮	33.74	259.06	25.43	205.30	20.90	120.69	16.91	72.17	14.41	51.93	10.21	53.72
丁　酮	12.10	111.50	14.32	128.95	15.12	93.25	12.41	65.50	11.37	75.66	10.21	76.00
（三）主要合成纤维原料												
乙二醇	400.03	3 527.29	339.10	3 038.45	251.61	1 583.87	214.57	886.20	159.71	728.62	104.97	582.70
对苯二甲酸	649.13	5 209.26	572.06	4 169.08	454.61	2 568.68	429.69	2 099.40	311.66	1 390.54	250.54	1 225.17
尼龙66盐	1.73	33.32	1.33	17.70	0.80	9.77	0.73	8.71	1.02	12.72	0.60	8.79
丙烯腈	31.64	401.32	31.86	326.95	38.15	312.94	31.00	217.20	26.01	174.10	15.30	137.96
己内酰胺	49.31	1 072.78	44.93	721.43	37.70	430.60	32.04	312.80	30.60	308.75	24.44	338.40
聚酯切片	12.98	143.74	18.00	180.33	17.20	137.31	17.54	114.75	12.32	86.09	33.52	246.10

表 11 中国主要石化产品出口数量与金额

产品名称	2005年		2004年		2003年		2002年		2001年		2000年	
	数量/万吨	金额/百万美元	数量/万吨	金额/百万美元	数量/万吨	金额/百万美元	数量/万吨	金额/百万美元	数量/万吨	金额/百万美元	数量/万吨	金额/百万美元
一、合成树脂与塑料及制品合计	1 034.39	17 789.05	855.45	12 984.69	710.19	9 827.69	589.36	7 992.47	479.25	6 695.77	442.28	6 388.56
（一）初级形状合成树脂与塑料	188.63	3 067.26	93.60	1 543.20	69.63	1 002.55	55.08	152.93	41.05	616.93	42.20	583.47
1. 聚乙烯	5.73	65.15	1.99	19.62	1.44	10.61	1.07	8.43	0.70	6.38	0.93	8.40
低密度聚乙烯	1.78	22.18	0.65	7.36	0.73	6.23	0.70	6.26	0.43	4.32	0.60	5.72
高密度聚乙烯	2.65	29.59	1.02	9.19	0.59	3.62	0.37	2.17	0.27	2.06	0.33	2.68
2. 聚丙烯	2.25	34.11	1.53	19.32	1.19	12.73	1.25	12.62	0.93	9.99	1.02	11.79
3. 聚苯乙烯	12.58	155.40	7.44	90.36	5.39	48.33	4.32	35.22	4.69	36.75	6.56	58.74
可发性聚苯乙烯	7.38	92.66	4.17	50.14	3.45	29.32	2.49	18.88	3.24	26.41	1.38	12.53
其他聚苯乙烯	5.20	62.73	3.27	40.22	1.94	19.01	1.83	16.34	1.43	10.34	5.19	46.21
4. ABS 共聚物	1.42	23.39	0.16	2.17	2.14	24.70	1.96	24.30	2.87	30.32	2.75	12.53
5. 聚氯乙烯	14.96	124.51	4.33	37.94	4.53	36.23	3.78	28.53	3.62	25.26	4.08	31.92
纯聚氯乙烯	11.86	93.74	1.71	13.64	2.28	14.45	1.69	9.77	1.99	11.05	1.88	13.60
未塑化聚氯乙烯	0.65	5.21	0.32	2.91	0.24	2.05	0.24	1.78	0.20	1.62	0.18	1.00
已塑化聚氯乙烯	2.45	25.56	2.31	21.39	2.01	19.73	1.85	16.98	1.43	12.59	2.02	17.32
以上五大类通用塑料小计	36.94	402.56	15.46	169.41	14.69	132.60	12.38	109.10	12.81	108.70	15.34	123.38
（二）塑料的废碎料和下脚料	4.46	10.43	4.00	7.18	3.04	6.74	2.87	4.81	2.32	3.67	1.02	1.99
（三）塑料半制品与制品	841.29	14 711.36	757.85	11 434.31	637.52	8 818.40	531.39	7 223.18	435.87	6 075.17	399.06	5 803.10
二、合成橡胶及胶乳合计	9.14	165.52	8.52	116.83	7.62	87.11	8.35	76.12	11.57	64.13	6.41	50.94
1. 丁苯橡胶	2.59	38.45	1.53	17.85	1.86	16.29	2.63	18.89	3.12	22.07	1.12	8.17
丁苯胶乳	0.26	2.58	0.15	1.14	0.36	2.04	0.30	1.75	0.27	1.78	0.15	1.03
2. 顺丁橡胶	3.47	53.74	3.65	42.41	2.95	27.36	3.17	21.29	2.80	18.96	3.46	22.30
3. 丁基橡胶	0.85	23.15	1.07	18.19	1.00	16.07	0.99	15.15	0.31	4.51	0.10	1.67

续表

产品名称	2005年		2004年		2003年		2002年		2001年		2000年	
	数量/万吨	金额/百万美元	数量/万吨	金额/百万美元	数量/万吨	金额/百万美元	数量/万吨	金额/百万美元	数量/万吨	金额/百万美元	数量/万吨	金额/百万美元
4. 氯丁橡胶	0.09	2.03	0.07	1.25	0.08	1.58	0.07	1.35	0.14	2.88	0.06	1.20
5. 丁腈橡胶	0.15	3.55	0.34	4.33	0.14	1.74	0.02	0.27	0.01	0.07	0.01	0.12
6. 异戊二烯橡胶	0.06	1.92	0.04	0.39	0.02	0.18	0.03	0.36	—	—	—	—
7. 乙丙橡胶	0.14	1.22	0.03	0.43	0.06	0.70	0.16	1.93	0.13	1.71	0.12	1.50
8. 其他合成橡胶	1.78	41.45	1.79	31.96	1.51	23.19	1.30	16.88	5.05	13.93	1.54	15.97
其他胶乳	0.02	0.48	0.02	0.44	0.05	0.48	0.03	0.55	0.01	0.60	0.01	0.60
三、合成纤维	61.00	1 126.96	38.10	635.32	26.35	425.67	18.44	285.78	7.66	159.14	6.38	154.51
1. 锦　纶	8.23	294.26	5.78	178.60	5.51	150.33	4.43	113.82	2.17	59.52	2.32	71.06
长　丝	7.88	269.55	5.54	166.60	5.41	146.08	4.36	111.63	2.05	56.12	2.26	66.00
短纤维及纤维条	0.35	24.71	0.25	12.00	0.10	4.25	0.07	2.19	0.12	3.40	0.06	5.06
2. 涤　纶	47.08	670.49	28.15	351.10	16.26	173.89	10.84	102.92	2.80	45.24	2.19	43.90
长　丝	26.08	445.66	13.70	207.69	4.66	74.95	3.67	58.33	2.19	38.85	1.95	41.65
短纤维及纤维条	21.00	224.83	14.45	143.41	11.60	98.94	7.16	54.40	0.61	5.90	0.24	2.25
3. 腈纶短纤维及纤维条	0.21	4.33	0.17	3.09	0.08	1.25	0.05	0.84	0.14	2.11	0.08	1.78
4. 丙纶长丝	0.68	12.03	0.42	6.09	0.18	2.86	0.07	1.16	0.05	1.07	0.07	1.06
丙纶短纤维及纤维条	0.49	7.19	0.30	3.61	0.38	4.64	0.42	4.49	0.32	3.67	0.33	3.78
5. 氨纶长丝	0.77	55.21	0.56	38.17	0.41	31.05	0.14	7.95	0.12	5.70	0.04	6.04
6. 其　他	3.54	83.45	2.72	54.67	3.91	66.29	2.49	44.79	2.06	41.83	1.35	26.86
长　丝	0.62	17.05	0.37	12.20	0.41	12.38	0.30	7.21	0.18	4.65	0.09	1.92
短纤维及纤维条	2.92	66.40	2.35	42.47	3.49	53.91	2.19	37.58	1.88	37.18	1.26	24.94
四、制成肥料	446.40	989.14	709.70	1 292.71	535.36	788.20	246.62	340.22	287.33	380.90	250.48	314.48
尿　素	157.06	361.50	394.29	737.64	273.03	396.61	41.30	54.25	127.07	158.40	96.07	114.00

续表

产品名称	2005年		2004年		2003年		2002年		2001年		2000年	
	数量/万吨	金额/百万美元	数量/万吨	金额/百万美元	数量/万吨	金额/百万美元	数量/万吨	金额/百万美元	数量/万吨	金额/百万美元	数量/万吨	金额/百万美元
五、有机化学品												
（一）芳烃类												
乙烯	8.21	61.24	2.23	16.51	3.21	12.79	2.61	10.16	—	—	—	—
纯苯	1.62	14.13	1.39	10.40	10.93	45.77	9.01	31.26	3.89	9.58	9.01	29.20
甲苯	0.17	1.26	0.18	1.00	0.16	0.69	0.22	0.78	0.24	1.20	0.50	1.81
混合二甲苯	0.06	0.65	0.86	4.43	0.20	1.18	0.15	0.77	0.10	0.46	0.46	1.59
邻二甲苯	0.08	0.09	0.01	0.05	0.01	0.04	0.0037	0.07	0.0059	0.11	0.55	2.09
对二甲苯	6.29	56.94	3.23	28.60	8.90	56.54	3.52	12.77	6.38	25.80	2.11	9.27
苯乙烯	1.25	13.52	0.86	8.78	0.61	4.27	0.22	1.29	0.31	1.54	0.66	5.03
乙苯	0.03	0.05	0.00	0.05	0	0.01	0.0027	0.03	—	—	—	0.29
（二）主要有机原料												
甲醇	5.45	14.49	3.29	8.58	5.08	12.17	0.09	0.40	0.96	2.06	0.05	0.30
丁醇	0.39	5.29	0.70	5.35	0.10	0.74	0.05	0.42	0.31	3.68	0.75	4.89
辛醇	0.14	1.62	0.24	2.16	0.09	0.69	0.04	0.28	0.02	0.20	0.20	1.18
醋酸	3.50	20.92	1.60	11.10	0.15	0.99	0.13	0.86	0.06	0.46	0.08	0.59
苯酚	0.12	2.09	0.16	3.14	0.09	1.91	0.04	1.02	0.04	0.56	0.28	2.12
丙酮	0.04	0.41	0.05	0.43	0.04	0.28	0.03	0.21	0.04	0.30	0.48	2.62
（三）主要合成纤维原料												
乙二醇	1.23	10.85	2.58	17.21	2.34	10.17	3.19	10.61	0.23	1.03	0.01	0.18
对苯二甲酸	0.01	0.05	0.55	3.09	0.45	2.57	0.00	0.02	0.00	0.03	—	0.02
尼龙66盐	0.00	0.01	0.03	0.41	—	—	—	—	0.00	—	—	—
丙烯腈	3.19	38.36	0.00	0.00	0	0.02	0.00	0.07	0.01	0.27	0.00	0.03
己内酰胺	0.20	4.43	0.00	0.00	0.10	0.80	0.15	1.20	0.97	9.93	1.25	17.43
聚酯切片	56.99	648.36	11.49	127.05	19.18	161.42	6.67	47.43	0.37	2.87	0.17	1.22

世界石油化工统计

表 1　　**世界部分国家(地区)人均国民生产总值**　　美元

国家(地区)＼年份	2005	2004	2003	2002	2001
美　国	42 007	39 752	36 924	35 060	34 870
日　本	35 215	36 187	33 819	33 550	35 990
德　国	33 726	32 850	29 137	22 670	23 700
法　国	34 740	33 381	29 222	22 010	22 690
意大利	29 981	29 047	25 527	18 960	19 470
英　国	36 419	36 039	30 355	25 250	24 230
加拿大	34 557	30 712	27 097	22 300	21 340
澳大利亚	34 480	31 375	26 525	19 740	19 770
荷　兰	36 423	35 524	31 759	23 960	24 040
挪　威	61 481	54 598	48 881	37 850	35 530
西班牙	25 898	24 014	20 424	14 430	14 860
瑞　士	49 178	48 695	43 486	37 930	36 970
瑞　典	39 241	38 554	33 925	24 820	25 400
新加坡	26 836	24 641	21 195	20 690	24 740
泰　国	2 749	2 621	2 273	1 980	1 930
马来西亚	5 134	4 672	4 227	3 540	3 640
印度尼西亚	1 302	1 184	944	710	690
韩　国	16 309	14 118	11 059	9 930	9 400
印　度	718	641	555	480	460
菲律宾	1 184	1 041	1 005	1 020	1 050
南　非	5 314	4 668	3 551	2 600	2 820
墨西哥	7 454	6 518	5 945	5 910	5 540
巴　西	4 260	3 384	2 700	2 850	3 060
中　国	1 709	1 272	1 100	940	890
中国香港	25 594	23 814	22 618	24 750	25 920

资料来源：世界银行《世界发展指标数据库》2006 年 7 月 1 日。

表 2 **中国国民经济主要指标** 亿元

项目 \ 年份	2005	2004	2003	2002	2001
年底总人口/万人	130 756	129 988	129 227	128 453	127 627
工业增加值	66 425.2	54 805.1	41 990.2	32 994.8	28 329.4
农林牧渔业总产值	39 450.9	36 239	29 691.8	27 390.8	26 179.6
国内生产总值	182 320.6	159 878.3	135 822.8	120 332.7	109 655.2
固定资产投资	88 604.3	70 477.4	55 566.6	43 499.9	37 213.5
进出口总额/亿美元	14 219	11 545.5	8 509.9	6 207.7	5 098
出口/亿美元	7 619.5	5 933.2	4 382.3	3 256	2 662
进口/亿美元	6 599.5	5 612.3	4 127.6	2 951.7	2 436
财政收入	31 628	26 396	21 715	18 904	16 386
财政支出	33 708	28 487	24 650	22 053	18 902.6

资料来源：《中国统计摘要》2006 年。

表 3 **中国货物进出口贸易额居世界的位次** 亿美元

位次	2005 年		2004 年		2003 年	
	国家（地区）	贸易额	国家（地区）	贸易额	国家（地区）	贸易额
1	美国	26 370	美国	23 454	美国	20 296
2	德国	17 448	德国	16 323	德国	13 501
3	中国	14 221	中国	11 548	日本	8 549
4	日本	11 119	日本	10 200	中国	8 512
5	法国	9 550	法国	9 151	法国	7 731
6	英国	8 791	英国	8 076	英国	6 922
7	荷兰	7 592	意大利	6 951	意大利	5 792
8	意大利	7 465	荷兰	6 787	荷兰	5 545
9	加拿大	6 797	加拿大	5 978	加拿大	5 177
10	比利时	6 500	比利时	5 961	比利时	4 889
11	中国香港	5 929	中国香港	5 686	中国香港	4 566
12	韩国	5 457	韩国	4 783	韩国	3 731
13	西班牙	4 637	西班牙	4 288	西班牙	3 520
14	墨西哥	4 454	新加坡	4 261	墨西哥	3 443
15	新加坡	4 296	墨西哥	3 950	新加坡	2 720
16	中国台湾	3 825	中国台湾	3 493	瑞士	1 969
17	俄罗斯	3 704	俄罗斯	2 780	奥地利	1 939
18	马来西亚	2 555	马来西亚	2 317	瑞典	1 832
19	奥地利	2 480	奥地利	2 308	马来西亚	1 818
20	瑞士	2 471	瑞士	2 299	澳大利亚	1 590

资料来源：世界贸易组织 2006 年 4 月 11 日新闻发布会。

表 4　　中国原油产量居世界的位次　　万吨

位次	2005年		2004年		2003年	
	国家	产量	国家	产量	国家	产量
1	俄罗斯	46 075	俄罗斯	44 750	沙特阿拉伯	42 150
2	沙特阿拉伯	45 775	沙特阿拉伯	43 750	俄罗斯	41 080
3	美国	25 600	美国	27 000	美国	28 625
4	伊朗	19 400	伊朗	19 700	伊朗	18 650
5	中国	18 175	中国	17 470	中国	17 075
6	墨西哥	16 600	墨西哥	17 050	墨西哥	16 825
7	挪威	13 550	挪威	14 700	挪威	15 175
8	阿联酋	12 339	加拿大	12 200	阿联酋	14 125
9	尼日利亚	12 125	阿联酋	11 768.5	加拿大	11 100
10	加拿大	11 500	尼日利亚	11 750	尼日利亚	10 600
11	科威特	10 700	委内瑞拉	11 050	英国	10 475
12	委内瑞拉	10 625	伊拉克	10 350	委内瑞拉	10 075
13	伊拉克	9 200	科威特	10 250	科威特	9 250
14	英国	8 325	英国	9 150	巴西	7 675
15	利比亚	8 200	利比亚	7 750	利比亚	7 000
	世界合计	358 969	**世界合计**	354 966.5	**世界合计**	340 434

资料来源：美国《油气杂志》2005年12月19日。

表 5　　中国炼油能力居世界的位次　　万吨/年

位次	2005年		2004年		2003年	
	国家	能力	国家	能力	国家	能力
1	美国	85 631	美国	83 874.4	美国	83 491
2	中国①	31 230	俄罗斯	27 164	俄罗斯	27 177
3	俄罗斯	26 705	日本	23 534.7	日本	23 515
4	日本	23 360	中国	23 247.9	中国	22 641
5	韩国	12 883	韩国	12 882.5	韩国	12 720
6	德国	11 721	德国	11 616	意大利	11 567
7	意大利	11 622	意大利	11 604.6	德国	11 447
8	印度	11 273	印度	11 273.1	印度	10 673
9	沙特阿拉伯	10 475	加拿大	10 086.8	加拿大	9 939
10	加拿大	10 085	法国	9 756.7	法国	9 757
11	法国	9 897	巴西	9 600.7	巴西	9 571
12	巴西	9 541	英国	9 127	英国	9 087
13	英国	9 385	沙特阿拉伯	8 725	沙特阿拉伯	8 725
14	墨西哥	8 420	墨西哥	8 420	墨西哥	8 420
15	伊朗	7 255	伊朗	7 370	伊朗	7 370
	世界合计	425 217	**世界合计**	412 044.5	**世界合计**	410 273

① 根据国家统计局资料，2005年底中国常压蒸馏能力已达3.53亿吨/年。

资料来源：美国《油气杂志》2005年12月19日。

表 6 　　**中国乙烯生产能力居世界位次** 　　万吨/年

位次	2005年		2004年		2003年		2002年	
	国家（地区）	能力	国家（地区）	能力	国家（地区）	能力	国家（地区）	能力
1	美国	2 874.1	美国	2 832.3	美国	2 765.3	美国	2 929.6
2	日本	730.0	日本	750.7	日本	757.6	日本	705.8
3	中国①	698.8	沙特阿拉伯	584.5	沙特阿拉伯	564	沙特阿拉伯	565.0
4	沙特阿拉伯	684.5	德国	551.6	韩国	545	德国	522.8
5	德国	556.7	韩国	545.0	德国	541.5	加拿大	535.2
6	韩国	544.0	加拿大	540.7	加拿大	537.7	韩国	493.0
7	加拿大	541.8	中国	533.8	中国	498.8	中国	498.8
8	荷兰	395.0	荷兰	391.5	荷兰	390	荷兰	390.0
9	俄罗斯	367.0	俄罗斯	367.0	法国	343.3	法国	335.3
10	法国	338.3	法国	337.3	俄罗斯	330	俄罗斯	330.0
11	巴西	335.5	英国	285.5	英国	285.5	巴西	283.5
12	英国	285.5	巴西	283.5	巴西	283.5	英国	285.5
13	印度	247.5	印度	246.3	中国台湾	236.5	印度	240.1
14	中国台湾	242.1	中国台湾	242.1	印度	236.3	中国台湾	261.5
15	泰国	227.2	泰国	227.2	比利时	222	意大利	217.0
	世界总计	11 733.0	**世界合计**	11 290.5	**世界合计**	11 077.8	**世界合计**	10 943.4

① 中国按照乙烯实际能力 787.5 万吨/年排名，位居世界第二位。

资料来源：美国《油气杂志》2006 年 3 月 27 日。

表 7 　　**中国合成纤维生产能力居世界位次①** 　　万吨/年

位次	2005年		2004年		2003年		2002年	
	国家（地区）	能力	国家（地区）	能力	国家（地区）	能力	国家（地区）	能力
1	中国	2 264.50	中国	1 938.90	中国	1 417.00	中国	1 227.50
2	中国台湾	327.41	中国台湾	349.42	中国台湾	347.41	中国台湾	366.65
3	印度	302.33	美国	317.23	美国	325.92	美国	343.25
4	美国	294.01	韩国	256.53	韩国	284.78	韩国	297.69
5	韩国	191.10	印度	263.85	印度	234.23	印度	203.73
6	印度尼西亚	145.60	日本	129.64	日本	143.21	日本	155.90
7	日本	121.38	印度尼西亚	142.00	印度尼西亚	142.00	印度尼西亚	149.51

续表

位次	2005年		2004年		2003年		2002年	
	国家（地区）	能力	国家（地区）	能力	国家（地区）	能力	国家（地区）	能力
8	泰国	113.80	泰国	108.72	泰国	107.81	泰国	102.20
9	土耳其	102.92	土耳其	101.02	土耳其	94.62	土耳其	98.64
10	巴基斯坦	82.30	巴基斯坦	80.80	巴基斯坦	76.35	巴基斯坦	74.35
11	墨西哥	48.85	墨西哥	56.75	墨西哥	63.25	墨西哥	66.95
12	独联体	47.09	独联体	45.14	独联体	49.37	独联体	52.51
13	马来西亚	46.70	马来西亚	46.70	马来西亚	47.30	马来西亚	50.20
14	巴西	42.91	巴西	42.91	巴西	38.77	巴西	34.82
15	伊朗	30.40	伊朗	22.00	伊朗	20.60	伊朗	22.00
	世界合计	4498.87	**世界合计**	3 775.91	**世界合计**	4 255.52	**世界合计**	3 245.9

① 合纤中不包括聚烯烃纤维。西欧无分国别生产能力统计，故西欧各国未排位；中国数据与实际有出入。

资料来源：美国《纤维公报》2006年第6期。

表8　　中国合成纤维产量居世界位次①　　万吨

位次	2005年		2004年		2003年		2002年	
	国家（地区）	产量	国家（地区）	产量	国家（地区）	产量	国家（地区）	产量
1	中国	1 423.56	中国	1 287.53	中国	1 044.11	中国	888.13
2	中国台湾	258.49	中国台湾	296.50	中国台湾	304.59	中国台湾	308.93
3	美国	262.70	美国	282.39	美国	269.32	美国	278.72
4	印度	184.92	韩国	219.13	韩国	241.80	韩国	234.12
5	韩国	170.76	印度	191.39	印度	179.20	印度	168.99
6	印度尼西亚	111.62	印度尼西亚	106.45	印度尼西亚	114.33	日本	112.91
7	日本	95.54	日本	98.92	日本	103.03	印度尼西亚	102.20
8	泰国	95.33	泰国	91.06	泰国	87.25	泰国	84.07
9	土耳其	80.04	土耳其	82.44	土耳其	76.69	土耳其	73.49

续表

位次	2005年		2004年		2003年		2002年	
	国家（地区）	产量	国家（地区）	产量	国家（地区）	产量	国家（地区）	产量
10	巴基斯坦	57.53	巴基斯坦	57.03	巴基斯坦	57.96	巴基斯坦	51.97
11	墨西哥	39.09	墨西哥	46.86	墨西哥	45.76	墨西哥	50.96
12	马来西亚	36.25	马来西亚	34.75	马来西亚	35.11	马来西亚	43.09
13	独联体	32.45	巴　西	33.22	独联体	32.19	独联体	30.21
14	巴　西	30.39	独联体	31.21	巴　西	31.42	巴　西	29.31
15	伊　朗	20.52	伊　朗	16.44	加拿大	15.74	伊　朗	16.82
	世界合计	3176.09	**世界合计**	3 168.89	**世界合计**	2 949.84	**世界合计**	2 788.97

① 合纤中不包括聚烯烃纤维。由于西欧无分国别产量统计，故西欧各国未排位；中国数据与实际有出入。
资料来源：数据来自美国《纤维公报》2006年第6期。

表9　　中国合成橡胶产量居世界位次　　万吨

位次	2005年		2004年		2003年		2002年	
	国家（地区）	产量	国家（地区）	产量	国家（地区）	产量	国家（地区）	产量
1	美　国	236.6	美　国	225.7	美　国	219.9	美　国	215.39
2	中　国①	163.2	日　本	161.6	日　本	157.74	日　本	152.20
3	日　本	162.7	中　国	147.8	中　国	127.22	中　国	113.29
4	俄罗斯	114.7	俄罗斯	111.2	俄罗斯	107	俄罗斯	91.90
5	德　国	85.5	德　国	90.5	德　国	88.8	德　国	86.92
6	韩　国	77	法　国	76.7	法　国	71.77	法　国	68.11
7	法　国	65.5	韩　国	71.0	韩　国	70	韩　国	67.80
8	中国台湾	54.5	中国台湾	54.5	中国台湾	52.88	中国台湾	53.49
9	巴　西	41.6	巴　西	39.0	巴　西	40.5	巴　西	34.30
10	英　国	34.4	英　国	32.8	英　国	32.19	英　国	28.10
11	意大利	22.4	意大利	24.6	意大利	24.3	意大利	25.00
12	墨西哥	18.2	墨西哥	18.5	墨西哥	17.96	墨西哥	18.18
13	荷　兰	16.5	荷　兰	18.0	荷　兰	17.6	荷　兰	17.60
14	泰　国	14	加拿大	15.2	加拿大	15.17	加拿大	15.01
15	比利时	10.6	泰　国	13.0	泰　国	12.5	泰　国	13.20
	世界合计	1201.2	**世界合计**	1 196.0	**世界合计**	1 147	**世界合计**	1 085.00

① 中国数据为国内公布数据。
资料来源：国际橡胶研究集团（IRSG）历年《橡胶统计公报》。

表 10　　世界石油探明储量　　亿桶

国家(地区) \ 年份	2005	2004	2003	2002	2001	2005 年份额/%	2005 年储采比/%
美　国	293	294	307	304	304	2.40	11.8
加拿大	165	168	169	69	66	1.40	14.8
墨西哥	137	148	160	126	269	1.10	10
北美小计	595	610	636	499	639	5.00	11.9
阿根廷	23	27	32	29	30	0.20	8.7
巴　西	118	112	106	83	85	1.00	18.8
哥伦比亚	15	15	15	18	18	0.10	7.3
厄瓜多尔	51	51	46	46	21	0.40	25.6
秘　鲁	11	9	10	3	3	0.10	27.1
特立尼达和多巴哥	8	10	19	7	7	0.10	13
委内瑞拉	797	772	780	778	777	6.60	72.6
其他中南美国家	13	15	15	20	19	0.10	24.8
中南美洲小计	1 035	1 012	1 022	986	960	8.60	40.7
阿塞拜疆	70	70	70	70	70	0.60	42.4
丹　麦	13	13	13	13	11	0.10	9.3
意大利	7	7	7	6	6	0.10	17
哈萨克斯坦	396	396	90	90	80	3.30	79.6
挪　威	97	97	101	103	94	0.80	8.9
罗马尼亚	5	5	9	10	10	①	11.3
俄罗斯	744	723	691	600	486	6.20	21.4
土库曼斯坦	5	5	5	5	5	①	7.8
英　国	40	45	45	47	49	0.30	6.1
乌兹别克斯坦	6	6	6	6	6	①	12.9
其他欧洲和欧亚大陆国家	22	25	21	—	23	0.20	12.9
欧洲和欧亚大陆小计	1 405	1 392	1 059	—	841	11.70	22
伊　朗	1 375	1 325	1 307	897	897	11.50	93
伊拉克	1 150	1 150	1 150	1 125	1 125	9.60	②
科威特	1 015	990	965	965	965	8.50	②
阿　曼	56	56	56	55	55	0.50	19.6
卡塔尔	152	152	152	152	152	1.30	38
沙特阿拉伯	2 642	2 627	2 627	2 618	2 618	22.00	65.6
叙利亚	30	32	23	25	25	0.20	17.5
阿联酋	978	978	978	978	978	8.10	97.4
也　门	29	29	7	40	40	0.20	18.3
其他中东国家	1	1	1	1	1	①	4.6
中东小计	7 427	7 339	7 266	6 856	6 856	61.90	81
阿尔及利亚	122	118	113	92	92	1.00	16.6
安哥拉	90	88	89	54	54	0.80	19.9

续表

国家(地区) \ 年份	2005	2004	2003	2002	2001	2005年份额/%	2005年储采比/%
乍　得	9	9	9	—	—	0.10	14.3
刚果共和国	18	18	15	15	15	0.10	19.3
埃　及	37	36	36	37	29	0.30	14.6
赤道几内亚	18				0.10	13.6	
加　蓬	22	23	24	25	25	0.20	25.8
利比亚	391	391	360	295	295	3.30	63
尼日利亚	359	353	343	240	240	3.00	38.1
苏　丹	64	63	7			0.50	46.3
突尼斯	7	6	5	3	3	0.10	25.2
其他非洲国家	6	5	23	3	9	①	12
非洲小计	1 143	1 122	1 018	774	767	9.50	31.8
澳大利亚	40	40	44	35	35	0.30	20
文　莱	11	11	11	14	14	0.10	14.9
中　国	160	171	237	183	240	1.30	12.1
印　度	59	56	56	54	48	0.50	20.7
印度尼西亚	43	47	44	50	50	0.40	10.4
马来西亚	42	43	40	30	30	0.30	13.9
泰　国	5	5	7	6	5	①	5.2
越　南	31	30	25	6	6	0.30	21.8
其他亚洲国家	10	9	9	8	7	0.10	13.2
亚洲小计	402	411	477	387	438	3.40	13.8
世界总计	12 007	11 886	11 477	10 477	10 500	100.00	40.6
经合组织	806	829	858	720	850	6.70	11.2
欧佩克	9 024	8 903	8 820	8 190	8 188	75.20	73.1
非欧佩克③	1 754	1 774	1 788	1 51	1 658	14.60	13.6
前苏联	1 229	1 208	869			10.20	28.4

① 小于0.05%。
② 大于100年。
③ 不包括前苏联。
资料来源：《BP能源统计》2006年。

表11　　世界各国(地区)石油产量①　　万吨

国家(地区) \ 年份	2005	2004	2003	2002	2001	2000	2005/2004增长/%
美　国	31 021	32 979	34 114	35 042	35 166	35 350	-5.50
加拿大	14 521	14 759	14 187	13 562	12 912	12 630	-1.30
墨西哥	18 706	19 066	18 878	17 837	17 657	17 210	-1.60
北美小计	64 247	66 804	67 178	66 440	65 735	65 190	-3.50
阿根廷	3 622	3 785	3 896	3 944	4 060	4 120	-3.90
巴　西	8 469	7 645	7 683	7 442	6 633	6 350	11.10
哥伦比亚	2 714	2 731	2 789	2 975	3 105	3 610	-0.40
厄瓜多尔	2 756	2 733	2 172	2 085	2 116	2 070	1.10
秘　鲁	494	441	447	476	490	530	11.50
特立尼达和多巴哥	826	739	787	753	652	810	13.60
委内瑞拉	15 469	15 350	15 345	15 145	17 616	16 680	1.10

续表

国家（地区） \ 年份	2005	2004	2003	2002	2001	2000	2005/2004 增长/%
其他中南美国家	713	771	835	754	728	660	－2.40
中南美洲小计	35 061	34 195	33 951	33 572	35 397	34 820	3.00
阿塞拜疆	2 240	1 573	1 553	1 534	1 492	1 490	42.80
丹　麦	1 837	1 926	1 791	1 807	1 694	1 780	－3.30
意大利	612	545	557	536	410	460	12.20
哈萨克斯坦	6 302	6 052	5 221	4 724	3 970	3 530	4.30
挪　威	13 822	14 986	15 302	15 736	16 207	15 750	－7.50
罗马尼亚	544	571	590	610	625	630	－4.50
俄罗斯	46 999	45 872	42 140	37 960	34 809	32 330	2.70
土库曼斯坦	952	1 005	1 042	901	802	740	－0.50
英　国	8 467	9 545	10 557	11 594	11 787	12 620	－11.00
乌兹别克斯坦	545	658	714	720	726	750	－16.90
其他欧洲和欧亚大陆国家	2 178	2 339	2 337		2 271	2 260	－6.80
欧洲与欧亚大陆小计	84 497	85 069	81 802		74 791	72 340	－0.30
伊　朗	20 039	20 257	19 005	16 684	18 289	18 660	－0.80
伊拉克	8 949	9 969	6 592	9 970	11 785	12 810	－9.50
科威特	13 010	11 978	11 020	9 184	10 415	10 560	6.50
阿　曼	3 854	3 890	4 067	4 458	4 739	4 780	－0.60
卡塔尔	4 877	4 488	4 117	3 465	3 599	3 700	9.00
沙特阿拉伯	52 621	50 586	47 478	41 812	42 288	44 120	4.30
叙利亚	2 331	2 667	2 951	2 859	2 729	2 810	－11.40
阿联酋	12 896	12 580	11 777	10 564	11 324	11 470	3.70
也　门	2 010	2 027	2 143	2 236	2 166	2 080	1.30
其他中东国家	224	225	224	227	227	230	②
中东小计	120 808	118 663	109 371	101 460	107 560	111 240	2.00
阿尔及利亚	8 647	8 298	7 901	7 018	6 575	6 700	3.80
安哥拉	6 120	4 895	4 360	4 460	3 600	3 640	26.00
喀麦隆	295	315	345	365	405	450	－6.10
乍　得	909	885	210				3.00
刚果共和国	1 305	1 240	1 253	1 330	1 395	1 370	5.50
埃　及	3 390	3 495	3 684	3 696	3 733	3 950	－3.90
赤道几内亚	1 758	1 738	1 233	1 174	897	530	7.90
加　蓬	1 170	1 175	1 200	1 473	1 503	1 640	－0.20
利比亚	8 012	7 584	6 998	6 465	6 698	7 060	5.90
尼日利亚	12 540	12 222	10 715	9 864	10 524	10 390	3.10
苏　丹	1 867	1 487	1 256				16.60
突尼斯	351	330	312	358	344	370	3.40
其他非洲国家	351	445	360	295	1 393	1 220	－3.00
非洲小计	46 713	44 107	39 825	37 644	37 066	37 320	6.20
澳大利亚	2 335	2 295	2 665	3 154	3 184	3 550	2.00

续表

年份 国家(地区)	2005	2004	2003	2002	2001	2000	2005/2004 增长/%
文莱	1 006	1 030	1 046	1 025	950	950	-2.00
中国	18 084	17 451	16 932	16 887	16 493	16 230	4.20
印度	3 624	3 801	3 673	3 673	3 609	3 650	-4.10
印度尼西亚	5 497	5 511	5 751	6 245	6 856	6 780	-1.40
马来西亚	3 678	4 028	3 877	3 696	3 510	3 620	-4.30
泰国	1 120	896	897	789	706	680	25.20
越南	1 908	2 082	1 795	1 726	1 708	1 620	-8.20
其他亚太国家	924	859	943	734	661	640	6.90
亚太小计	38 173	37 950	37 577	38 142	37 942	38 050	1.20
世界总计	389 498	386 787	369 703	355 679	358 491	358 960	1.00
经合组织	92 767	97 674	99 751	100 968	100 691	101 040	-4.70
欧佩克	162 554	158 820	146 694	136 416	145 968	148 940	2.50
非欧佩克③	169 203	172 079	171 698	172 806	170 103	170 580	-1.10
前苏联	57 742	55 888	51 311				3.70

① 包括原油、页岩油、油砂和天然气液体，不包括从煤制取的液体燃料。
②低于 0.05%。
③不包括前苏联。
资料来源：《BP 能源统计》2006 年。

表 12 **世界各国石油消费量①** 百万吨

年份 国家(地区)	2005	2004	2003	2002	2001	2000	2005 年所占份额/%
美国	944.6	937.6	914.3	894.3	895.6	933.4	-0.2
加拿大	100.1	99.6	96.4	89.7	88.0	88.4	-0.2
墨西哥	87.8	85.2	82.6	80.9	82.7	91.6	3.3
北美小计	1 132.6	1 122.4	1 093.2	1 064.9	1 066.3	1 113.4	0.1
阿根廷	20.1	18.7	17.5	16.8	19.0	21.4	7.6
巴西	83.6	84.2	84.1	85.4	85.1	90.9	2.4
智利	11.9	10.7	10.4	10.8	12.0	12.7	5.5
哥伦比亚	10.4	10.1	10.0	10.0	9.9	11.5	3.7
厄瓜多尔	6.6	6.3	6.1	5.9	5.9	7.0	2.7
秘鲁	6.4	7.2	7.4	7.0	6.8	7.5	-9.6
委内瑞拉	25.4	26.3	23.9	22.9	22.2	24.6	5.3
其他中南美国家	58.8	58.3	57.3	56.0	57.5	56.8	1.6
中南美小计	223.3	221.7	216.6	214.8	218.4	232.3	2.8
奥地利	14.2	13.7	14.3	13.0	12.4	12.0	3.4
阿塞拜疆	5.1	4.5	4.4	3.6	4.6	7.5	11.3
白俄罗斯	6.7	7.5	6.1	5.8	5.9	5.5	-10.4
比利时/卢森堡	39.5	38.1	34.8	32.9	32.3	34.1	3.1
保加利亚	5.0	4.6	4.3	4.2	4.6	5.2	6.7
捷克共和国	9.9	9.5	8.6		8.3	8.5	4.1
丹麦	9.1	9.1	9.3	9.8	10.1	10.7	0.2
芬兰	11.0	10.6	11.4	10.9	10.5	11.0	4.2
法国	93.1	94.0	94.2	92.8	95.8	100.1	-0.7
德国	121.5	123.6	125.1	127.2	131.6	137.4	-1.7
希腊	20.9	20.0	20.9	21.8	19.4	19.4	-1.5
匈牙利	7.0	6.3	6.2	6.4	6.8	7.2	10.6

续表

国家(地区) \ 年份	2005	2004	2003	2002	2001	2000	2005 年所占份额/%
冰 岛	0.9	0.9	0.9	0.9	0.9	1.0	-2.4
爱尔兰共和国	9.4	8.7	8.4	8.7	8.7	8.5	5.4
意大利	86.3	89.5	92.1	92.9	92.8	96.9	-3.5
哈萨克斯坦	10.0	9.6	9.5	6.5	7.7	6.2	11.4
立陶宛	2.7	2.5	2.5	2.7	2.8	3.0	4.0
荷 兰	49.6	46.2	44.5	43.8	43.9	44.8	7.7
挪 威	9.8	9.6	9.6	9.4	9.7	10.2	1.8
波 兰	21.9	21.3	20.5	19.7	19.0	22.2	4.1
葡萄牙	15.3	15.7	16.6	14.9	15.2	15.9	-0.5
罗马尼亚	11.3	10.1	11.0	10.9	10.1	9.2	4.5
俄罗斯	130.0	128.5	124.7	122.9	122.3	123.2	1.4
斯洛伐克	3.5	3.5	3.7	3.3	3.4	3.0	9.6
西班牙	78.8	77.6	75.5	73.5	72.7	72.5	1.7
瑞 典	15.1	15.3	15.8	15.0	15.6	15.9	-1.2
瑞 士	12.2	12.0	12.1	12.4	13.1	13.2	2.1
土耳其	30.0	32.0	31.9	29.9	30.4	34.4	-5.9
土库曼斯坦	4.9	4.9	3.7	2.6	2.4	4.7	6.8
乌克兰	13.9	17.4	13.1	12.9	12.7	10.5	0.4
英 国	82.9	80.8	76.8	77.2	76.1	83.4	1.7
乌兹别克斯坦	7.8	6.0	6.5	6.6	6.5	6.7	4.3
其他欧洲和欧亚大陆国家	24.3	24.0	23.5	—	21.5	22.1	4.4
欧洲与欧亚大陆小计	963.3	957.3	942.3	—	929.8	966	0.9
伊 朗	78.4	73.3	54.0	53.2	54.2	58.3	5.4
科威特	14.4	13.7	13.7	10.7	10.5	8.0	5.2
卡塔尔	3.8	3.3	1.7	2.0	1.4	1.2	17.1
沙特阿拉伯	87.2	79.6	67.0	63.4	62.7	66.5	4.5
阿联酋	18.3	15.6	15.0	12.4	14.3	13.9	5.5
其他中东国家	69.2	65.4	63.4	65.7	63.3	68.5	1.9
中东小计	271.3	250.9	214.9	207.4	206.4	216.4	4.4
阿尔及利亚	11.2	10.7	10.0	9.9	8.8	9.7	6.0
埃 及	29.2	26.7	25.9	26.1	26.2	27.1	9.3
南 非	24.9	24.9	24.2	23.6	23.0	23.7	0.6
其他非洲国家	64.0	62.1	60.3	59.0	59.0	62.5	3.6
非洲小计	129.3	124.3	120.5	118.6	117.0	123.0	4.4
澳大利亚	39.7	38.8	38.1	38.0	38.1	43.3	2.7
孟加拉国	4.0	4.2	4.2	3.4	3.4	3.2	2.8
中 国	327.3	308.6	275.2	245.7	231.9	241.0	2.9
中国香港	13.8	15.3	13.1	13.1	9.5	10.0	-9.6
印 度	115.7	119.3	113.3	97.7	97.1	103.1	-3.5

续表

国家（地区） \ 年份	2005	2004	2003	2002	2001	2000	2005年所占份额/%
印度尼西亚	55.3	54.7	53.9	51.2	52.3	53.0	1.4
日　本	244.2	241.5	248.7	242.6	247.2	275.1	1.4
马来西亚	22.0	23.3	23.9	22.5	18.6	22.2	－3.3
新西兰	7.0	7.0	6.9	6.8	6.2	6.7	1.1
巴基斯坦	17.4	14.4	17.0	17.9	18.9	19.2	8.8
菲律宾	14.7	15.8	15.6	15.6	16.5	17.4	－6.9
新加坡	42.2	38.1	34.1	35.5	36.9	27.9	11.0
韩　国	105.5	104.8	105.7	105.0	103.1	109.5	0.8
中国台湾	41.6	41.5	41.7	38.8	37.7	40.6	0.2
泰　国	45.6	43.6	38.7	35.3	33.8	35.6	4.0
其他亚太国家	21.1	19.5	19.0	22.5	21.5	21.2	4.3
亚太小计	1 116.9	1 090.5	1 049.1	991.6	972.7	1 029.0	1.5
世界总计	3 836.8	3 767.1	3 636.6	3 522.5	3 510.6	3 680.1	1.3
欧盟25国	700.4	694.5	639.7	634.4	637.1	662.5	0.7
OECD	2 270.7	2 252.3	2 225.8	2 181.9	2 189.6	—	0.4
前苏联	186.3	186.0	175.4	168.3	169.6	—	1.9
其他新兴市场经济体	1 379.9	1 328.8	1 235.4	1 172.3	1 151.4	—	2.6

① 国内需求加国际航空燃料、船用燃料、炼厂燃料和损失。

资料来源：《BP能源统计》2006年。

表13　　世界天然气探明储量　　万亿立方米

国家(地区) \ 年份	2005	2004	2003	2002	2001	2000
美　国	5.45	5.29	5.23	5.19	5.02	4.74
加拿大	1.59	1.60	1.66	1.70	1.69	1.73
墨西哥	0.41	0.42	0.42	0.25	0.84	0.86
北美小计	7.46	7.32	7.31	7.15	7.55	7.33
阿根廷	0.50	0.61	0.66	0.76	0.78	0.75
玻利维亚	0.74	0.89	0.81	0.68	0.68	0.52
巴　西	0.31	0.33	0.25	0.23	0.22	0.23
哥伦比亚	0.11	0.11	0.11	0.13	0.12	0.20
秘　鲁	0.33	0.25	0.25	—	—	—
特立尼达和多巴哥	0.55	0.53	0.74	0.66	0.66	0.60
委内瑞拉	4.32	4.22	4.15	4.19	4.18	4.16
其他中南美洲国家	0.17	0.17	0.22	0.18	0.42	0.37
中南美洲小计	7.02	7.10	7.19	7.08	7.16	6.93
阿塞拜疆	1.37	1.37	1.37	0.85	0.85	0.85
丹　麦	0.07	0.09	0.09	0.08	0.08	0.10
德　国	0.19	0.20	0.21	0.32	0.34	0.33
意大利	0.17	0.17	0.22	0.23	0.23	0.23
哈萨克斯坦	3.00	3.00	1.9	1.84	1.84	1.84
荷　兰	1.41	1.49	1.67	1.76	1.77	1.77
挪　威	2.41	2.39	2.46	2.19	1.25	1.25
波　兰	0.11	0.12	0.12	—	—	—
罗马尼亚	0.63	0.30	0.31	0.10	0.10	0.37
俄罗斯	47.82	48.00	47	47.57	47.57	48.14

续表

国家(地区) \ 年份	2005	2004	2003	2002	2001	2000
土库曼斯坦	2.90	2.90	2.9	2.01	2.86	2.86
乌克兰	1.11	1.11	1.11	1.12	1.12	1.12
英　国	0.53	0.59	0.63	0.70	0.73	0.76
乌兹别克斯坦	1.85	1.86	1.85	1.87	1.87	1.87
其他欧洲和欧亚大陆国家	0.46	0.45	0.46	—	0.34	0.35
欧洲和欧亚大陆小计	64.01	64.02	62.3	—	61.00	61.92
巴　林	0.09	0.09	0.09	0.09	0.09	0.11
伊　朗	26.74	27.50	26.69	23.00	23.00	23.00
伊拉克	3.17	3.17	3.11	3.11	3.11	3.11
科威特	1.57	1.57	1.56	1.49	1.49	1.49
阿　曼	1.00	1.00	0.95	0.83	0.83	0.83
卡塔尔	25.78	25.78	25.77	14.40	14.40	11.15
沙特阿拉伯	6.90	6.75	6.68	6.36	6.22	6.05
叙利亚	0.31	0.37	0.3	—	—	—
阿联酋	6.04	6.06	6.06	6.01	6.01	6.01
也　门	0.48	0.48	0.48	0.48	0.48	0.48
其他中东国家	0.05	0.05	0.05	0.05	0.29	0.29
中东小计	72.13	72.83	71.72	56.06	55.91	52.52
阿尔及利亚	4.58	4.55	4.52	4.52	4.52	4.52
埃　及	1.89	1.85	1.76	1.66	1.00	1.00
利比亚	1.49	1.49	1.31	1.31	1.31	1.31
尼日利亚	5.23	5.00	5.00	3.51	3.51	3.51
其他非洲国家	1.20	1.18	1.19	0.84	0.84	0.82
非洲小计	14.39	14.06	13.78	11.84	11.18	11.16
澳大利亚	2.52	2.46	2.55	2.55	2.55	1.26
孟加拉国	0.44	0.44	0.34	0.30	0.30	0.30
文　莱	0.34	0.34	0.35	0.39	0.39	0.39
中　国	2.35	2.23	1.82	1.51	1.37	1.37
印　度	1.10	0.92	0.85	0.76	0.65	0.65
印度尼西亚	2.76	2.56	2.56	2.62	2.62	2.05
马来西亚	2.48	2.46	2.41	2.12	2.12	2.31
缅　甸	0.50	0.53	0.36	—	—	—
巴基斯坦	0.96	0.80	0.75	0.75	0.71	0.61
巴布亚新几内亚	0.43	0.43	0.43	0.35	0.35	0.22
泰　国	0.35	0.43	0.44	0.38	0.36	0.33
越　南	0.24	0.24	0.23	0.19	0.19	0.19
其他亚太国家	0.37	0.38	0.39	0.69	0.66	0.65
亚太小计	14.84	14.21	13.47	12.61	12.27	10.33
世界总计	179.83	179.53	175.78	155.78	155.08	150.19
欧盟 25 国	2.57	2.75	2.88	3.14	3.21	3.24
经合组织国家	14.95	15.02	15.48	—	—	—
前苏联	58.32	57.41	56.4	—	—	—

资料来源:《BP 能源统计》2006 年。

表 14 **世界天然气产量** 亿立方米

国家(地区) \ 年份	2005	2004	2003	2002	2001	2000
美 国	5 257	5 429	5 495	5 477	5 554	5 556
加拿大	1 855	1 828	1 805	1 835	1 720	1 678
墨西哥	395	371	364	348	347	358
北美小计	7 506	7 628	7 663	7 660	7 621	7 592
阿根廷	456	449	410	361	384	373
玻利维亚	104	85	52	54	41	33
巴 西	114	111	101	91	77	77
哥伦比亚	68	64	61	62	61	59
特立尼达和多巴哥	290	277	248	168	129	126
委内瑞拉	289	281	294	273	289	272
其他中南美洲国家	35	25	21	21	20	24
中南美洲小计	1356	1 291	1 186	1 030	1 001	964
阿塞拜疆	53	46	48	48	52	53
丹 麦	104	94	79	84	84	81
德 国	158	164	177	174	170	169
意大利	120	130	137	151	155	168
哈萨克斯坦	235	185	129	123	108	107
荷 兰	629	688	583	599	614	573
挪 威	850	785	734	654	575	524
波 兰	43	44	40	—	—	—
罗马尼亚	129	132	126	108	126	136
俄罗斯	5 980	5 891	5 786	5 549	5 424	5 450
土库曼斯坦	588	546	551	499	479	438
乌克兰	188	183	177	172	171	168
英 国	880	959	1 027	1 031	1 058	1 081
乌兹别克斯坦	557	558	536	538	535	522
其他欧洲和欧亚大陆国家	98	109	106	—	120	124
欧洲和欧亚大陆小计	10 611	10 515	10 239	—	9 698	9 621
巴 林	99	98	96	92	89	86
伊 朗	870	855	790	645	606	602
科威特	97	97	83	87	95	96
阿 曼	175	176	165	148	134	85

续表

国家(地区) \ 年份	2005	2004	2003	2002	2001	2000
卡塔尔	435	392	308	293	325	285
沙特阿拉伯	695	640	610	564	537	470
叙利亚	54	52	63	—	—	—
阿联酋	466	458	444	460	413	398
其他中东国家	34	32	18	26	81	75
中东小计	2 925	2 799	2 577	2 356	2 280	2 097
阿尔及利亚	878	820	828	804	782	893
埃　及	347	268	250	227	210	180
利比亚	117	70	64	57	54	55
尼日利亚	218	206	192	177	134	110
其他非洲国家	70	87	81	67	60	57
非洲小计	1 630	1 451	1 414	1 332	1 240	1 295
澳大利亚	371	352	332	345	327	311
孟加拉国	142	132	122	112	108	103
文　莱	120	121	124	115	114	116
中　国	500	408	341	326	303	277
印　度	304	294	301	284	264	261
印度尼西亚	760	733	726	706	629	639
马来西亚	599	539	534	503	474	442
缅　甸	130	74	69	—	—	—
新西兰	37	36	54	—	—	—
巴基斯坦	299	232	211	209	199	190
泰　国	214	203	196	189	181	178
越　南	52	42	—	—	—	—
其他亚太国家	73	66	96	165	201	137
亚太小计	3 601	3 232	3 105	3 017	2 800	2 654
世界总计	27 630	26 916	26 185	25 276	24 640	24 223
欧盟 25 国	1 997	2 152	2 046	2 088	2 129	2 121
经合组织国家	10 794	10 986	10 930	—	—	—
前苏联	7 603	7 413	7 232	—	—	—
其他新兴市场经济体	9 232	8 517	8 023	—	—	—

资料来源：《BP 能源统计》2006 年。

表 15　　**世界天然气消费量**　　亿立方米

国家(地区) \ 年份	2005	2004	2003	2002	2001	2000
美　国	6 335	6 467	6 298	6 675	6 162	6 544
加拿大	914	895	874	807	726	778
墨西哥	496	482	454	421	337	355
北美小计	7 745	7 843	7 626	7 903	7 225	7 677

续表

国家(地区) \ 年份	2005	2004	2003	2002	2001	2000
阿根廷	406	379	346	303	332	331
巴　西	202	189	159	137	109	94
智　利	76	82	70	65	56	58
哥伦比亚	68	63	60	61	61	59
厄瓜多尔	2	1	1	2	1	1
秘　鲁	16	9	5	4	4	4
委内瑞拉	289	281	294	273	289	272
其他中南美洲国家	183	176	160	135	118	107
中南美洲小计	1 241	1 179	1 095	980	970	926
奥地利	100	95	86	81	74	79
阿塞拜疆	88	85	80	79	84	54
白俄罗斯	189	185	164	166	161	162
比利时/卢森堡	168	163	160	148	147	149
保加利亚	32	31	29	29	26	31
捷克共和国	85	88	90		89	86
丹　麦	50	54	52	51	51	49
芬　兰	40	44	45	41	41	37
法　国	450	447	438	428	407	396
德　国	859	859	855	826	829	792
希　腊	25	24	23	20	19	17
匈牙利	134	130	130	119	119	107
冰　岛	—	—	—	—	0	—
爱尔兰共和国	39	41	41	41	40	38
意大利	790	733	717	636	645	638
哈萨克斯坦	178	152	126	97	101	80
立陶宛	32	31	31	29	28	27
荷　兰	395	435	393	393	393	383
挪　威	45	46	43	39	45	39
波　兰	136	132	125	112	114	111
葡萄牙	30	31	30	30	25	60
罗马尼亚	173	188	184	174	175	162
俄罗斯	4 051	4 021	4 058	3 884	3 727	3 772
斯洛伐克	59	68	71	76	74	57
西班牙	323	273	238	208	182	168
瑞　典	8	8	8	8	8	9
瑞　士	31	30	29	28	28	27
土耳其	274	221	210	174	155	141
土库曼斯坦	166	155	146	132	129	126
乌克兰	729	707	675	698	658	685

续表

国家(地区) \ 年份	2005	2004	2003	2002	2001	2000
英　国	946	980	953	945	954	957
乌兹别克斯坦	440	493	472	524	511	498
其他欧洲和欧亚大陆国家	153	137	138	—	147	134
欧洲和欧亚大陆小计	11 219	11 085	10 841		10 186	10 071
伊　朗	885	871	804	679	650	629
科威特	97	97	83	87	95	96
卡塔尔	159	151	116	107	160	145
沙特阿拉伯	695	640	610	564	537	470
阿联酋	404	396	375	393	343	334
其他中东国家	270	266	239	227	230	216
中东小计	2 510	2 422	2 227	2 057	2 015	1 890
阿尔及利亚	241	212	214	263	216	244
埃　及	255	257	246	227	210	179
南　非	—	—	—		①	—
其他非洲国家	216	217	207	184	176	166
非洲小计	712	686	668	674	602	589
澳大利亚	257	245	263	240	225	213
孟加拉国	142	132	122	112	108	103
中　国	470	390	328	301	277	248
中国香港	22	22	15	24	25	25
印　度	366	321	301	282	263	250
印度尼西亚	394	337	356	347	297	278
日　本	811	722	765	774	790	762
马来西亚	349	332	284	270	216	217
新西兰	36	36	46	55	57	54
巴基斯坦	299	257	211	209	201	190
菲律宾	30	25	27	18	1	—
新加坡	65	78	53	18	25	15
韩　国	333	316	269	262	231	210
中国台湾	107	101	87	85	75	69
泰　国	299	287	266	259	211	209
其他亚太国家	89	78	61	47	49	50
亚太小计	4 069	3 677	3 455	3 303	3 051	2 893
世界总计	27 496	26 893	25 910	25 355	24 049	24 046
欧盟 25 国	4 712	4 669	4 039	3 856	3 815	3 772
经合组织国家	14 168	14 061	13 706	—	—	—
前苏联	5 959	5 900	5 827	—	—	—
其他新兴市场经济体	7 369	6 931	6 378	—	—	—

资料来源:《BP 能源统计》2006 年。

表 16　世界原油加工能力前 30 名的国家(地区)　万吨/年①

位次	国家(地区)	炼厂数	平均规模	总加工能力	焦化	催化裂化	催化重整	加氢裂化	加氢处理	润滑油
1	美国	131	654	85 631	12 942	28 519	15 084	7 292	61 954	1 066
2	中国②	51	612	31 230	858	2 940	671	260	2 073	95
3	俄罗斯	41	651	26 705	467	1 654	3 207	285	10 204	439
4	日本	31	754	23 360	514	4 400	2 890	866	20 592	223
5	韩国	6	2 147	12 883	105	935	1 014	600	5 020	97
6	德国	14	837	11 721	532	1 799	1 670	892	9 931	107
7	意大利	17	684	11 622	248	1 548	1 216	1 649	5 611	147
8	印度	17	663	11 273	933	1 487	179	273	1 072	83
9	沙特阿拉伯	7	1 496	10 475	0	518	831	659	2 599	0
10	加拿大	21	480	10 085	260	2 477	1 638	1 307	4 605	119
11	法国	13	761	9 897	0	1 956	1 189	81	6 165	177
12	巴西	13	734	9 541	634	2 526	105	0	1 474	106
13	英国	11	853	9 385	355	2 180	1 353	180	6 238	158
14	墨西哥	6	1 403	8 420	853	1 875	1 222	90	4 625	90
15	伊朗	9	806	7 255	0	175	708	683	861	104
16	新加坡	3	2 228	6 683	0	345	613	489	2 754	209
17	委内瑞拉	5	1 282	6 411	797	1 159	213	0	1 832	64
18	西班牙	9	706	6 358	237	957	848	639	3 596	51
19	荷兰	6	1 018	6 109	215	529	645	916	3 550	61
20	中国台湾	4	1 525	6 100	281	980	495	0	2 341	28
21	印度尼西亚	8	621	4 964	179	507	400	499	110	0
22	科威特	3	1 482	4 446	396	180	200	578	2 767	0
23	乌克兰	6	733	4 399	122	351	622	36	1 481	3
24	比利时	5	858	4 288	0	661	448	0	3 223	0
25	阿联酋	5	781	3 906	0	172	111	155	746	0
26	埃及	9	403	3 631	216	0	268	168	977	24
27	土耳其	6	595	3 571	0	145	282	269	1 246	31
28	泰国	4	879	3 516	0	420	402	215	2 167	0
29	澳大利亚	7	501	3 508	0	1 140	708	77	1 530	44
30	阿根廷	10	312	3 123	557	705	244	94	727	39
	世界合计	661	643	42 5217	24 020	71 360	48 467	23 134	201 039	4246

① 由桶/日历日折合为吨/年的换算系数：常压蒸馏 50，焦化和热加工 55，催化裂化 50，催化重整 43，加氢裂化 50，加氢处理 47，润滑油 53；

② 根据国家统计局资料，2005 年底中国常压蒸馏能力已达 3.53 亿吨/年。

资料来源：美国《油气杂志》2005 年 12 月 19 日。

表 17　　世界最大的 10 座炼厂　　万吨/年

位次	炼厂名称	总加工能力	减压蒸馏	焦化	热加工	催化裂化	催化重整	加氢裂化	加氢处理	烷基化	润滑油	沥青
1	委内瑞拉帕拉瓜纳炼油中心	4 700	2 671	797	0	833	174	0	1 789	178	64	198
2	韩国 SK 公司蔚山炼厂	4 085	418	0	0	225	299	135	1 486	23	19	16
3	印度信任工业有限公司贾姆纳加尔炼厂	3 300	0	671	0	650	245	0	1756	0	0	0
4	韩国 LG－加德士公司丽水炼厂	3 250	58	0	0	410	324	0	1 586	0	16	30
5	埃克森美孚炼制与供应公司新加坡裕廊/亚逸查湾岛炼厂	3 025	867	0	635	0	396	168	1 405	0	175	74
6	美国埃克森美孚炼制与供应公司得州贝敦炼厂	2 815	1 431	454	0	1 013	525	130	3 417	148	114	0
7	沙特阿美石油公司拉斯坦努拉炼厂	2 600	848	0	330	300	185	355	1 213	0	48	47
8	韩国双龙精油（S－Oil）公司釜山炼厂	2 475	1 140	319	0	650	538	0	1 974	60	0	30
9	美国埃克森美孚炼制与供应公司路州巴吞鲁日炼厂	2 505	1 203	619	0	1 145	325	120	2 056	155	85	0
10	维尔京群岛 Hovensa 股份公司圣克鲁瓦炼厂	2 290	396	0	440	165	159	170	925	13	34	46

资料来源：美国《油气杂志》2005 年 12 月 19 日。

表 18　　世界最大的 25 家炼油公司　　万吨/年

位次	公司名称	能　力①	位次	公司名称	能　力
1	埃克森美孚公司	28 450	14	伊朗国家石油公司	7 255
2	英荷壳牌集团公司	25 860	15	尤科斯石油公司（俄罗斯）	5 910
3	英国石油公司（BP 公司）	19 355	16	新日本石油公司	5 785
4	中国石化	18 055	17	鲁克石油公司（俄罗斯）	5 750
5	瓦莱罗能源公司（美国）	14 150	18	莱普索—YPF 公司（西班牙/阿根廷）	5 525
6	委内瑞拉国家石油公司	13 960			
7	道达尔公司（法国）	13 690	19	科威特国家石油公司	5 425
8	康菲公司（美国）	13 295	20	印度尼西亚国家石油公司	4 965
9	中国石油	12 200	21	马拉松石油公司（美国）	4 870
10	沙特阿美石油公司	12 085	22	阿吉普石油公司（意大利）	4 530
11	雪佛龙公司（美国）②	10 330	23	Sunoco 公司（美国）	4 400
12	巴西国家石油公司	9 765	24	SK 公司（韩国）	4 085
13	墨西哥国家石油公司	9 255	25	印度石油有限公司	3 885

① 包括该公司在合资企业中所占份额。
② 包括在加德士公司中的股份。
资料来源：美国《油气杂志》2005 年 12 月 19 日。

表 19 世界主要国家(地区)乙烯生产能力 万吨/年

(2006 年 1 月 1 日)

国家（地区）	生产能力	国家（地区）	生产能力	国家（地区）	生产能力
美　国	2 874.1	墨西哥	138.4	利比亚	35.0
日　本	730.0	伊　朗	121.4	阿塞拜疆	33.0
中　国①	698.8	卡塔尔	103.0	芬　兰	33.0
沙特阿拉伯	684.5	罗马尼亚	84.4	葡萄牙	33.0
德　国	556.7	阿根廷	83.8	埃　及	30.0
韩　国	544.0	科威特	80.0	尼日利亚	30.0
加拿大	541.8	波　兰	70.0	塞尔维亚与黑山	20.0
荷　兰	395.0	瑞　典	62.5	斯洛伐克	20.0
俄罗斯	367.0	匈牙利	62.0	以色列	20.0
法　国	338.3	阿联酋	60.0	白俄罗斯	19.3
巴　西	335.5	委内瑞拉	60.0	乌兹别克斯坦	14.0
英　国	285.5	南　非	58.5	阿尔及利亚	13.3
印　度	247.5	挪　威	55.0	哈萨克斯坦	13.0
中国台湾	242.1	澳大利亚	53.2	哥伦比亚	10.0
泰　国	227.2	土耳其	52.0	克罗地亚	9.0
比利时	218.0	印度尼西亚	52.0	北朝鲜	6.0
意大利	217.0	奥地利	50.0	智　利	4.5
新加坡	194.0	捷克共和国	48.5	瑞　士	3.3
马来西亚	164.9	乌克兰	45.0	希　腊	2.0
西班牙	143.0	保加利亚	40.0	**合　计**	11 733.0

① 中国实际乙烯生产能力大于表中所列数据，为 787.5 万吨/年，居世界第二位。

资料来源：美国《油气杂志》2006 年 3 月 27 日。

表 20 世界最大 10 家乙烯生产商① 万吨/年

排名	公　司	装置数	装置总能力	权益能力
1	陶氏化学公司	14	1 315.5	1 037.0
2	埃克森美孚公司	15	1 146.0	832.7
3	壳牌集团	10	893.5	681.6
4	沙特基础工业公司	6	809.5	629.8
5	英力士烯烃和聚合物公司	8	654.6	509.1
6	利安德化学公司	7	488.0	488.0
7	中国石化	9	437.5	407.5
8	雪佛龙菲利普斯化学公司②	4	395.6	370.1
9	道达尔公司	9	552.3	332.7
10	巴斯夫公司	7	493.3	310.0

① 截至 2006 年 1 月 1 日。

② 雪佛龙和康菲各持股 50%。

资料来源：美国《油气杂志》2006 年 3 月 27 日。

表 21 **世界十大乙烯生产装置** 万吨/年

位 次	国 别	公司名称	装置地点	生产能力
1	加拿大	诺瓦化学公司	艾伯塔省若夫尔	281.2
2	沙特阿拉伯	阿拉伯石化公司	朱拜勒	225.0
3	美 国	埃克森美孚化学公司	得克萨斯州贝敦	219.7
4	美 国	雪佛龙菲利普斯化学公司	得克萨斯州斯威尼	186.8
5	荷 兰	陶氏化学公司	泰尔讷曾	180.0
6	美 国	英力士烯烃和聚合物公司	得克萨斯州巧克力拜尤	175.2
7	美 国	等星化学公司	得克萨斯州钱纳尔维纽	175.0
8	沙 特	延布石化公司	延 布	170.5
9	美 国	陶氏化学公司	得克萨斯州弗里波特	164.0
10	美 国	壳牌化学公司	路易斯安那州诺科	155.6

资料来源：美国《油气杂志》2006 年 3 月 27 日。

表 22 **世界主要国家(地区)丙烯产量** 百万吨

国家(地区) \ 年份	2005	2004	2003	2002	2001	2000
美 国	16.1	16.2	15.5	15.1	14.2	15.3
加拿大/墨西哥	1.4	1.2	1.1	0.9	1.0	1.0
北美合计	17.5	17.4	16.6	16.0	15.2	16.3
南 美	2.6	2.3	2.0	1.9	1.8	1.9
西欧/东欧	16.5	16.2	14.6	14.1	13.8	13.8
前苏联	1.5	1.4	1.2	1.1	1.0	—
日 本	6	5.8	5.6	5.3	5.3	5.4
韩 国	4.1	4	3.8	3.7	3.6	3.4
中国台湾	2.1	2	1.7	1.5	1.6	1.1
中 国	7.6	6.4	5.9	5.3	4.3	3.6
南 亚	3.7	3.7	3.5	3.3	3.4	—
亚洲合计	23.5	21.8	20.4	19.1	18.6	16.2
中东/非洲/印度	5.1	4.5	4	3.7	3.5	4.2
世界总计	67.7	63.6	58.8	55.9	53.9	53.5

资料来源：历年日本《化学经济》第 3 期增刊。

表 23 **世界各国(地区)苯酚产量** 万吨

国家(地区)	产　量	国家(地区)	产　量
美　国	297	**东　欧**	41.8
其他北美国家	4.3	**中东/非洲**	3
北美合计	301.3	中　国	28.7
南　美	16.5	印　度	8.2
法　国	11	印度尼西亚	
德　国	76	日　本	93
英　国		韩　国	13
意大利	48	马来西亚	
荷　兰	12	新加坡	25
其他西欧国家	93	中国台湾	72
西欧合计	240	**亚太合计**	242.4

资料来源:《化学周刊》2005 年 1 月 26 日。

表 24 **世界各国(地区)异丙苯产量** 万吨

国家(地区)	产　量	国家(地区)	产　量
美　国	429.6	俄罗斯	120.5
巴　西	23.0	其他东欧国家	58.2
法　国	23.0	**东欧合计**	178.7
德　国	97.5	中　国	51.5
西班牙	47.0	印　度	15.0
意大利	64.0	日　本	152.0
荷　兰	70.0	韩　国	66.0
其他西欧国家	23.0	新加坡	27.0
西欧合计	324.5	中国台湾	98.5
		亚太合计	410.0

资料来源:《化学周刊》2006 年 3 月 15 日。

表 25 **世界各国(地区)丁二烯产量** 万吨

国家(地区)	产　量	国家(地区)	产　量
美　国	275.8	**东　欧**	73.6
其他北美国家	12.0	**欧洲合计**	296.8
北美合计	287.8	**中东/非洲**	34.0
南　美	37.7	中　国	147.0
法　国	28.0	印　度	30.7
德　国	80.5	日　本	102.2
英　国	16.5	韩　国	86.3
意大利	28.5	泰　国	20.5
荷　兰	41.5	新加坡	6.0
其他西欧国家	28.2	中国台湾	47.8
西欧合计	223.2	**亚太合计**	440.5

资料来源:《化学周刊》2006 年 2 月 8 日。

表 26 **世界各国(地区)苯产量** 万吨

国家(地区)	产　量	国家(地区)	产　量
美　国	891.0	**东　欧**	544.3
加拿大	71.1	**欧洲合计**	1477.1
北美合计	962.1	**中东/非洲**	262.2
南　美	118.2	中　国	346.7
法　国	90.5	印　度	125.6
德　国	267.7	日　本	519.7
英　国	123.6	韩　国	356.9
意大利	68.0	泰　国	75.8
荷　兰	238.5	新加坡	82.5
比利时	76.5	中国台湾	117.6
其他西欧国家	68.0	马来西亚	30.5
西欧合计	932.8	**亚太合计**	1655.3

资料来源:《化学周刊》2006 年 1 月 4 日/11 日。

表 27 **世界各国(地区)环氧乙烷/乙二醇产量** 万吨

国家(地区)	环氧乙烷产量	乙二醇产量	国家(地区)	环氧乙烷产量	乙二醇产量
美　国	423.3	359.9	**东　欧**	90.8	75.7
其他北美国家	158.3	194.0	**中　东**	384.8	479.8
北美合计	581.6	553.9	中　国	175.3	183.8
南　美	39.7	41.3	印　度	81.5	96.8
法　国	22.0	1.5	印度尼西亚	21.6	22.0
德　国	102.6	32.7	日　本	103.6	89.0
英　国	31.8	27.2	韩　国	73.8	82.0
比利时	87.0	64.0	马来西亚	38.5	38.5
荷　兰	46.8	33.0	新加坡	12.0	13.0
西班牙	12.0	8.5	中国台湾	103.0	160.0
其他西欧国家	19.2	10.7	泰　国	24.0	30.0
西欧合计	321.4	177.6	**亚太合计**	633.3	715.1

资料来源:《化学周刊》2006 年 3 月 29 日。

表 28 **世界各国(地区)对二甲苯产量** 万吨

国家(地区)	产　量	国家(地区)	产　量
美　国	469.0	沙　特	119.5
加拿大	33.0	伊　朗	73.0
墨西哥	24.0	**中东合计**	192.5
北美合计	526.0	中　国	280.6
南　美	26.8	印　度	167.5
比利时	42.0	印度尼西亚	77.0
德　国	29.6	日　本	361.5
俄罗斯	50.0	韩　国	358.0
意大利	20.5	马来西亚	75.0
荷　兰	50.0	新加坡	70.0
西班牙	10.0	中国台湾	111.0
其他西欧国家	42.5	泰　国	117.0
西欧合计	244.6	**亚太合计**	1617.6

资料来源:《化学周刊》2005 年 4 月 20 日。

表 29 **世界各国(地区)醋酸乙烯单体产量** 万吨

国家(地区)	产　量	国家(地区)	产　量
美　国	154.4	中　东	3.0
墨西哥	11.5	中　国	129.6
北美合计	165.9	印　度	6.0
南　美	8.0	日　本	63.0
法　国	15.0	韩　国	15.0
德　国	35.0	新加坡	19.0
英　国	25.0	中国台湾	24.0
西班牙	13.5	**亚太合计**	
中欧和东欧	7.5		
欧洲合计	96.0		

资料来源:《化学周刊》2005 年 7 月 13 日。

表 30 **世界各国(地区)聚苯乙烯产量** 万吨

国家(地区)	产　量	国家(地区)	产　量
美　国	291.5	**中东/非洲**	35.1
其他北美国家	47.2	澳大利亚	6.0
北美合计	338.7	中　国	258.3
法　国	59.5	印　度	41.7
比利时	53.5	日　本	114.1
德　国	54.0	韩　国	88.5
英　国	43.8	泰　国	41.5
其他西欧国家	59.8	中国台湾	94.0
西欧合计	270.6	其他亚太国家	46.6
中欧和东欧	65.5	**亚太合计**	690.7
欧洲合计	336.1	**南　美**	87.9

资料来源:《化学周刊》2005 年 9 月 7 日。

表 31 **世界各国(地区)低密度聚乙烯产量** 万吨

国家(地区)	产　量	国家(地区)	产　量
美　国	379.5	巴　西	79.5
加拿大	31.0	其他南美国家	18.8
墨西哥	37.5	**南美合计**	97.3
北美合计	448.0	**中东/非洲**	119.8
法　国	122.0	新加坡	25.0
比利时	82.0	中　国	105.7
德　国	110.0	印　度	29.5
英　国	17.0	日　本	137.5
西班牙	43.2	韩　国	136.0
荷　兰	85.5	泰　国	25.0
其他西欧国家	142.5	马来西亚	47.5
西欧小计	602.2	中国台湾	45.0
中欧和东欧	160.8	亚太其他国家	11.5
欧洲合计	763.0	**亚太合计**	562.7

资料来源:《化学周刊》2005 年 6 月 8 日。

表 32　　世界各国(地区)聚氯乙烯产量　　万吨

国家(地区)	产　量	国家(地区)	产　量
美　国	733.3	阿根廷	24.0
加拿大	65.0	巴　西	69.4
墨西哥	56.0	其他南美国家	46.1
北美合计	854.3	**南美合计**	139.5
葡萄牙	21.0	**中东/非洲**	124.8
法　国	138.5	澳大利亚	14.0
比利时	21.0	中　国	840.0
德　国	191.0	印　度	80.0
英　国	51.5	日　本	257.8
西班牙	46.8	马来西亚	15.0
荷　兰	71.5	韩　国	126.0
意大利	41.5	泰　国	89.0
其他西欧国家	58.0	中国台湾	173.0
西欧合计	640.8	印度尼西亚	60.0
东　欧	20.0	其他亚太国家	32.8
欧洲合计	660.8	**亚太合计**	1687.6

资料来源：《化学周刊》2005 年 12 月 14 日。

表 33　　世界各国(地区)聚碳酸酯产量　　万吨

国家(地区)	产　量	国家(地区)	产　量
比利时	24.0	美　国	83.5
德　国	44.0	巴　西	1.5
西班牙	30.0	中　国	25.0
荷　兰	12.0	日　本	29.0
意大利	1.5	韩　国	28.0
西欧合计	111.5	泰　国	39.0
东　欧	6.5	中国台湾	24.0
欧洲合计	118.0	新加坡	20.0
		亚太合计	165.0

资料来源：《化学周刊》2006 年 2 月 22 日/3 月 1 日。

表 34　　世界各国(地区)双酚 A 产量　　万吨

国家(地区)	产　量	国家(地区)	产　量
美　国	226.0	中　国	4.5
南　美	2.7	日　本	59.0
比利时	22.0	韩　国	25.0
德　国	33.0	泰　国	16.0
荷　兰	31.5	中国台湾	47.5
西班牙	21.0	新加坡	21.0
西欧小计	107.5	**亚太合计**	173.0
中欧和东欧	10.0		
欧洲合计	117.5		

资料来源：《化学周刊》2005 年 10 月 26 日。

表 35　世界各国(地区)直链烷基苯产量　万吨

国家(地区)	产　　量	国家(地区)	产　　量
美　国	40.6	**中东/非洲**	35.3
加拿大	12.0	中　国	50.0
北美合计	52.6	印　度	50.0
南　美	34.8	日　本	13.0
德　国	5.0	韩　国	16.0
西班牙	22.0	中国台湾	7.0
意大利	32.0	印度尼西亚	18.0
西欧合计	59.0	**亚太合计**	154.0
东　欧	5.0		
欧洲合计	64.0		

资料来源：《化学周刊》2006 年 1 月 25 日。

表 36　世界主要国家(地区)乙二醇生产能力　万吨/年

国家(地区)＼年份	2005	2004	2003	2002	2001	2000
美　国	294.8	294.8	314.7	377.5	377.5	330.8
沙特阿拉伯	288.5	278.5	211.0	211.0	221.0	189.0
中　国①	142.2	112.2	93.2	93.2	93.2	77.2
中国台湾	150.5	146.5	93.0	93.0	93.0	65.2
韩　国	88.5	88.5	88.5	88.5	88.5	85.0
印　度	54.4	54.4	59.4	59.4	59.4	86.4
德　国	30.5	30.5	30.5	26.6	26.6	25.0
比利时	64.0	64.0	64.0	56.0	56.0	53.5
前苏联	38.5	38.5	38.5	19.5	32.5	32.5
加拿大	146.0	146.0	146.0	146.0	146.0	118.5
墨西哥	43.5	43.5	43.5	43.5	43.5	45.5
日　本	96.0	96.0	91.0	91.0	91.0	98.0
世界总计	1 710.6	1 660.6	1 525.5	155.75	1 555.4	1 480.3

① 数据与实际有出入。

资料来源：日本化纤协会《纤维手册》2006 年。

表 37　世界十大乙二醇生产厂　万吨/年

国家(地区)	公　　司	厂　　址	工　　艺	投产时间	2005 年能力
沙特阿拉伯	东部石化	朱拜尔	壳　牌	1985 年	135.0
沙特阿拉伯	延派特	延　布	—	1985 年	86.0
美　国	道化学	塔夫托	联　碳	—	72.0
中国台湾	南亚塑胶	麦　寮	SD	1999 年	70.0
沙特阿拉伯	朱拜尔联合石化	朱拜尔	—		57.5
科威特	Equate	舒艾巴	—	1997 年	48.0
加拿大	艾伯塔·定向乙二醇	普伦蒂斯	联　碳	—	41.0
加拿大	壳　牌	艾伯塔	壳　牌	—	40.0
美　国	壳牌化学	盖斯马	壳　牌	1979 年	40.0
韩　国	湖南石化	丽　川	壳　牌	1980 年	40.0

资料来源：日本化纤协会《纤维手册》2006 年。

表 38 **世界主要国家(地区)PTA/DMT 生产能力** 万吨/年

国家(地区)	2005		2004		2003		2002		2001		2000	
	DMT	PTA	DMT	PTA	DMT	PTA	DMT	PTA	DMT	PTA	DMT	PTA
日 本	23.0	150.0	23.0	150.0	30.0	140.0	30.0	152.0	30.0	152.0	34.0	182.0
韩 国	15.0	540.0	15.0	520.0	15.0	500.0	15.0	450.0	15.0	450.0	12.0	486.0
中 国	30.5	756.1	30.5	388.1	30.5	426.1	30.5	221.1	30.5	223.6	30.5	264.1
中国台湾	—	498.0	—	484.0	—	484.0	—	389.0	—	390.0	—	383.0
印度尼西亚	—	220.5	—	207.5	—	204.5	—	204.5	—	192.5	—	191.0
印 度	44.5	180.0	44.5	150.0	44.5	150.0	44.0	150.0	44.0	138.5	44.0	157.5
英 国	—	67.0	—	67.0	—	57.0	—	55.0	—	55.0	—	55.0
德 国	78.0	8.0	78.0	8.0	78.0	8.0	61.0	8.0	61.0	8.0	61.0	7.5
意大利	18.5	18.0	18.5	18.0	18.5	18.0	18.5	18.0	18.5	18.0	18.5	13.0
前苏联	60.6	23.0	60.6	23.0	60.6	—	30.0	—	30.0	—	35.4	25.0
美 国	94.0	370.8	94.0	370.8	131.0	370.8	160.5	377.0	160.5	341.0	160.5	300.0
墨西哥	50.0	95.0	50.0	95.0	50.0	95.0	50.0	45.0	50.0	45.0	50.0	102.5
巴 西	12.5	92.0	12.5	92.0	12.5	92.0	12.5	90.0	12.5	90.0	125.0	120.0
世界合计	515.0	3 594.9	515.0	3 064.9	559.0	3 061.9	531.9	2 637.6	531.9	2 481.1	650.5	271.45
DMT 折算为 PTA①	440.2		440.2		477.8		454.6		454.6		556.0	
世界 PTA 总计	4 035.1		3 505.1		3 539.7		3 092.2		2 935.7		3 270.5	

资料来源：日本化纤协会《纤维手册》2006 年。

表 39 **世界十大 PTA 生产厂** 万吨/年

国家(地区)	公 司	厂 址	工 艺	投产时间	2005 年能力
韩 国	三南石化	丽 川	三菱化学	1990 年	160.0
中国台湾	中美和石化	园 林	阿莫科	1979 年	142.0
泰 国	暹罗三井 PTA	MapTa Phut	三井化学	—	140.0
美 国	BP－阿莫科	库珀河	阿莫科	1978 年	122.8
中 国	翔鹭石化	厦 门	伊斯曼	2003 年	120.0
中国台湾	台湾化纤	麦 寮	—	1999 年	114.0
美 国	BP－阿莫科	迪凯特	阿莫科	1958 年	110.0
韩 国	三星石化	蔚 山	阿莫科	1980 年	100.0
韩 国	高 合	蔚 山	—	1990 年	100.0
比利时	BP－阿莫科	吉 尔	阿莫科	1976 年	96.0

资料来源：日本化纤协会《纤维手册》2006 年。

表 40　　世界主要国家(地区)己内酰胺生产能力　　万吨/年

国家(地区) \ 年份	2005	2004	2003	2002	2001	2000
日　本	50.0	55.0	64.5	57.8	57.8	57.7
韩　国	23.7	23.7	23.7	11.7	11.4	12.0
中　国	33.8	18.8	15.8	15.8	24.5	18.0
中国台湾	25.4	25.4	25.4	27.8	24.5	25.0
印　度	12.5	12.5	12.5	12.5	13.2	13.2
荷　兰	23.5	23.5	23.5	23.5	23.0	22.0
比利时	46.0	46.0	46.0	40.0	36.5	36.5
德　国	24.0	24.0	24.0	25.0	26.0	21.5
意大利	14.0	14.0	14.0	14.0	29.5	24.5
前苏联	58.5	58.5	58.5	57.5	58.0	58.0
波　兰	13.2	13.2	13.2	13.2	11.5	11.5
美　国	83.0	83.0	83.0	87.5	84.3	84.3
墨西哥	8.0	8.0	8.0	8.0	7.5	7.5
世界总计	455.2	442.7	453.7	435.4	448.0	432.2

资料来源：日本化纤协会《纤维手册》2006 年。

表 41　　世界十大己内酰胺生产厂　　万吨/年

国家(地区)	公　司	厂　址	工　艺	投产时间	2005 年能力
美　国	霍尼韦尔	霍普威尔	联合信号	1954 年	36.0
比利时	巴斯夫安特卫普	安特卫普	巴斯夫	1968 年	28.0
美　国	巴斯夫化学	弗里波特	巴斯夫	1962 年	27.0
荷　兰	国家矿业	赫　伦	国家矿业	1964 年	23.5
美　国	DSM 化学	奥古斯塔	国家矿业	—	20.0
比利时	拜耳安特卫普	安特卫普	拜　耳	1971 年	18.0
中国台湾	中国石化开发	小　港	—	2000 年	17.0
日　本	住友化学	新居浜	—	—	16.0
德　国	巴斯夫	路德维希港	巴斯夫	—	14.0
中　国	巴陵石化	岳阳	Stamicarbon	1992 年	14.0

资料来源：日本化纤协会《纤维手册》2006 年。

表 42 **世界主要国家(地区)丙烯腈生产能力** 万吨/年

国家(地区) \ 年份	2005	2004	2003	2002	2001	2000
日　本	74.1	80.0	75.0	75.0	75.0	75.8
韩　国	52.0	52.0	52.0	37.0	37.0	37.0
中　国	93.2	59.4	41.8	34.8	45.3	45.3
中国台湾	43.0	43.0	40.0	40.0	40.0	49.0
印　度	13.4					
英　国	28.0	28.0	28.0	28.0	28.0	28.0
荷　兰	20.0	20.0	20.0	20.0	20.0	20.0
德　国	28.0	28.0	34.0	36.0	30.0	35.0
西班牙	13.0	13.0	13.0	12.0	12.0	12.0
意大利	0	0	0	7.5	18.0	14.0
前苏联	24.0	24.0	24.0	9.0	22.5	22.5
罗马尼亚	8.8	8.8	8.8	8.8	10.2	10.2
土耳其	9.0	9.0	9.0	9.0	9.0	9.0
美　国	153.5	189.5	189.5	191.0	191.0	187.1
墨西哥	17.4	17.4	17.4	17.4	17.4	22.4
巴　西	8.0	8.0	8.0	8.0	7.8	7.8
世界总计	597.4	605.5	585.9	560.9	558.7	632.9

资料来源：日本化纤协会《纤维手册》2006 年。

表 43 **世界十大丙烯腈生产厂** 万吨/年

国家(地区)	公　司	厂　址	工　艺	投产时间	2005 年能力
美　国	Solutia	阿尔文	索亥俄	1965 年	51.0
美　国	Inovene	绿　湖	索亥俄	1981 年	46.0
日　本	旭化成	水岛	—	—	29.1
英　国	巴斯夫化学	锡尔山德斯	索亥俄	1969 年	28.0
德　国	Inovene	多尔玛根	索亥俄	1965 年	27.0
韩　国	东西石化	蔚　山	索亥俄	1972 年	27.0
中　国	上海赛科石化	上　海	BP	2005 年	26.0
韩　国	泰光产业	蔚　山	孟山都	1997 年	25.0
中国台湾	台　塑	桃　园	—	—	24.0
美　国	西泰克工业	福尔捷	索亥俄	1940 年	22.0

资料来源：日本化纤协会《纤维手册》2006 年。

表 44 **世界主要国家(地区)合成纤维生产能力①** 万吨/年

国家(地区)	2006年3月			2005年3月			2004年3月		
	长丝	短纤维	合计	长丝	短纤维	合计	长丝	短纤维	合计
欧洲									
西欧	99.00	105.60	204.60	102.92	122.57	225.49	116.05	136.90	252.95
独联体	23.18	23.91	47.09	22.28	22.86	45.14	24.16	25.21	49.37
罗马尼亚	2.40	3.20	5.60	2.30	3.20	5.50	4.20	3.00	7.20
斯洛伐克	7.20	0	7.20	7.10	0	7.10			
波兰	5.85	5.60	11.45	5.40	4.50	9.90	6.00	4.50	10.50
美洲									
美国	153.78	140.23	294.01	153.40	163.83	317.23	168.85	157.07	325.92
加拿大	17.00	0	17.00	16.70	0	16.70	20.95	0	20.95
巴西	26.29	16.62	42.91	26.29	16.62	42.91	22.18	16.59	38.77
墨西哥	23.85	25.00	48.85	25.75	31.00	56.75	26.75	36.50	63.25
亚洲									
中国	1 364.00	900.50	2 264.50	1 263.20	675.70	1 938.90	886.10	530.90	1 417.00
中国台湾	219.80	107.61	327.41	237.31	112.11	349.42	238.60	108.81	347.41
韩国	117.60	73.50	191.10	177.30	79.23	256.53	200.10	84.68	284.78
印度	184.80	117.53	302.33	164.00	99.85	263.85	147.98	86.25	234.23
印度尼西亚	88.90	56.70	145.60	86.30	55.70	142.00	92.00	50.00	142.00
巴基斯坦	14.30	68.00	82.30	11.80	69.00	80.80	11.85	64.50	76.35
泰国	56.60	57.20	113.80	52.54	56.18	108.72	51.63	56.18	107.81
土耳其	50.30	52.62	102.92	49.20	51.82	101.02	46.70	47.92	94.62
日本	55.73	65.65	121.38	59.63	70.01	129.64	72.79	70.42	143.21
世界总计	2 611.37	1 887.50	4 498.87	2 560.81	1 694.71	4 255.52	2 238.40	1 537.51	3 775.91

① 合纤中不包括聚烯烃纤维；西欧无分国别生产能力统计；中国数据与实际有出入。

资料来源：美国《纤维公报》历年第6期。

表 45 **世界主要国家(地区)合成纤维产量①** 万吨

国家(地区)	2005 年			2004 年			2003 年		
	长 丝	短纤维	合 计	长 丝	短纤维	合 计	长 丝	短纤维	合 计
欧 洲									
西 欧	83.10	94.59	177.69	86.19	103.17	189.36	93.40	121.35	214.75
独联体	16.64	15.81	32.45	14.75	16.46	31.21	15.42	16.77	32.19
波 兰	3.37	5.45	8.82	3.79	5.07	8.86	5.04	4.27	9.31
美 洲									
美 国	134.57	128.13	262.70	144.38	138.01	282.39	139.84	129.48	269.32
加拿大	15.09	0	15.09	14.83	0	14.83	15.74	0	15.74
巴 西	17.84	12.55	30.39	20.13	13.09	33.22	18.48	12.94	31.42
墨西哥	19.58	19.51	39.09	22.48	24.38	46.86	20.66	25.10	45.76
亚 洲									
中 国	854.43	569.13	1 423.56	776.79	510.74	1 287.53	623.36	420.75	1 044.11
中国台湾	170.50	87.99	258.49	196.38	100.12	296.50	202.58	102.01	304.59
韩 国	109.06	61.70	170.76	148.62	70.51	219.13	168.07	73.73	241.80
印 度	112.37	72.55	184.92	112.77	78.62	191.39	107.73	71.47	179.20
印度尼西亚	70.51	41.11	111.62	67.30	39.15	106.45	71.12	43.21	114.33
日 本	43.68	51.86	95.54	46.06	52.86	98.92	45.77	57.26	103.03
马来西亚	26.82	9.43	36.25	24.50	10.25	34.75	26.31	8.80	35.11
巴基斯坦	9.45	48.08	57.53	9.10	47.93	57.03	8.32	49.64	57.96
土耳其	38.29	41.75	80.04	40.20	42.24	82.44	37.68	39.01	76.69
泰 国	44.41	50.92	95.33	43.74	47.32	91.06	42.53	44.72	87.25
伊 朗	9.25	11.27	20.52	7.44	9.00	16.44	6.89	8.02	14.91
沙特阿拉伯	4.59	6.80	11.39	4.27	6.90	11.17	4.36	6.30	10.66
非 洲									
南 非	4.68	3.74	8.42	4.71	3.80	8.51	5.42	3.61	9.03
世界总计	1 822.22	1 353.87	3 176.09	1 825.64	1 343.25	3 168.89	1 692.73	1 257.11	2 949.84

① 合纤中不包括聚烯烃纤维；西欧无分国别产量统计；中国数据与实际有出入。

资料来源：数据来自美国《纤维公报》，2005 年第 6 期。

表 46 **2005 年世界主要国家(地区)合成橡胶生产能力①** 万吨/年

国家(地区)	ESBR	SSBR	顺丁橡胶	异戊橡胶	乙丙橡胶	丁基橡胶	丁腈橡胶	氯丁橡胶	SBC	合计
美 国	77.9	34.0	74.2	9.0	51.6	25.1	5.0	10.0	26.9	313.7
北美小计	77.9	34.0	74.2	9.0	51.6	25.1	5.0	10.0	26.9	313.7
阿根廷	5.4						0.2			5.6
巴 西	25.5	2.0	9.5		3.5		4.1		3.5	48.1
墨西哥	9.6	5.0	1.0				2.5		3.0	21.1
拉美小计	40.5	7.0	10.5	0.0	3.5	0.0	6.8	0.0	6.5	74.8

续表

国家(地区)	ESBR	SSBR	顺丁橡胶	异戊橡胶	乙丙橡胶	丁基橡胶	丁腈橡胶	氯丁橡胶	SBC	合计
比利时		0.7				11.5			9.3	21.5
法　国	8.4	3.5	24.0		8.5	5.6	11.5		6.5	68.0
德　国	9.1		8.1		5.5			8.0	6.0	36.7
意大利	13.0	2.0	4.0		8.5		3.3		9.0	39.8
荷　兰				2.5	7.0				2.0	11.5
西班牙		1.2	0.8						9.0	11.0
英　国	7.0	3.0	8.0			10.5	1.5			30.0
保加利亚	8.0									8.0
捷　克		8.5								8.5
波　兰	11.6						0.4			12.0
罗马尼亚	13.0		6.0	6.1		0.5	2.0			27.6
塞尔维亚	4.0									4.0
土耳其	2.7		1.4							4.1
俄罗斯	31.5	1.5	25.0	37.5	2.0	14.0	4.1	0.5		116.1
欧洲小计	108.3	20.4	77.3	46.1	31.5	42.1	22.8	8.5	41.8	398.8
伊　朗	4.0		2.5							6.5
南　非	3.2	1.8	1.8							6.8
中东和非洲小计	7.2	1.8	4.3	0.0	0.0	0.0	0.0	0.0	0.0	13.3
澳大利亚			1.2							1.2
中　国	49.5	4.0	47.0		3.0	3.0	6.0	5.3	23.0	140.8
中国台湾	10.5	1.0	9.1				3.0		33.4	57.0
印　度	1.0		5.0		1.0		1.5			8.5
印度尼西亚	8.0									8.0
日　本	62.3	11.0	28.0	7.3	12.5	16.0	8.6	10.5	9.1	165.3
韩　国	33.8		25.6		4.0		5.0		10.0	78.4
泰　国	6.0		12.2							18.2
亚太小计	171.1	16.0	128.1	7.3	20.5	19.0	24.1	15.8	75.5	477.4
世界合计	405.0	79.2	294.4	62.4	107.1	86.2	58.7	34.3	150.7	1 278.0

① 以上生产能力不含胶乳。2003 年起开始包括苯乙烯类热塑性弹性体的生产能力。因中国数据调整，世界有关数据也相应调整。

资料来源：国际橡胶研究集团(IRSG)《橡胶统计公报》，2006 年 5/6 月。

表 47　　**世界主要国家(地区)合成橡胶产量**　　万吨

国家(地区) \ 年份	2005	2004	2003	2002	2001	2000
加拿大	6.4	15.21	15.17	15.01	14.33	18.74
美　国	236.6	225.67	219.19	215.02	206.44	239.54
阿根廷	5.1	5.40	5.74	4.82	4.54	5.45
巴　西	41.6	39.00	40.50	38.37	34.19	37.27
墨西哥	18.2	18.50	17.96	18.18	17.31	18.72
奥地利	0.5	0.50	0.50	0.50	0.50	0.50
比利时	10.6	10.80	10.40	10.40	10.40	10.40
捷　克	8.8	8.85	9.00	8.90	8.90	8.80
法　国	65.5	76.68	71.77	68.11	67.17	66.92
德　国	85.5	90.50	88.80	86.92	82.84	84.92
意大利	22.4	24.60	24.30	25.00	27.40	28.50
荷　兰	16.5	18.00	17.60	17.60	18.80	20.00
波　兰	9.9	9.50	9.00	8.70	8.26	10.21
西班牙	8.5	8.80	8.80	8.80	8.80	8.80
瑞　典	3.6	3.80	3.80	3.70	4.00	4.00
英　国	34.4	32.79	32.70	33.69	33.28	28.57
保加利亚	3.0	2.00	2.00	2.00	2.03	1.87
罗马尼亚	1.0	1.22	1.18	1.49	2.32	2.02
俄罗斯	114.7	111.16	107.00	91.90	91.92	83.71
土耳其	2.4	4.53	3.49	3.55	3.88	4.43
南斯拉夫	2.3	2.55	2.50	2.46	2.32	1.51
其他欧洲国家	0.4	0.40	0.40	0.40	0.39	0.40
南　非	7.8	7.36	7.70	6.83	6.28	6.55
澳大利亚	0.7	0.96	0.95	0.81	0.42	2.98
中　国①	163.2	147.76	134.83	116.76	104.88	88.88
印　度	54.5	9.51	8.56	7.75	6.87	5.96
印度尼西亚	9.6	4.40	3.80	3.30	3.50	3.50
伊　朗	5.0	7.25	7.17	6.64	6.80	6.62
日　本	7.2	161.61	157.74	152.20	146.55	159.17
韩　国	162.7	71.00	70.00	68.50	66.25	67.83
马来西亚	77.0	1.80	1.80	1.00	—	—
中国台湾	2.1	54.50	52.88	52.31	47.97	46.48
泰　国	14.0	13.00	12.50	12.20	11.00	10.00
世界总计	1 201.2	1 196.00	1 145.00	1 090.00	1 049.00	1 083.00

① 中国产量为国内公布数据。

资料来源：国际橡胶研究集团(IRSG)历年《橡胶统计公报》。

表 48 世界主要国家(地区)合成橡胶消费量 万吨

国家(地区) \ 年份	2005	2004	2003	2002	2001	2000
加拿大	22.6	22.66	22.53	22.79	22.76	23.30
美 国	195.5	190.37	192.64	189.50	183.95	218.95
巴 西	40.5	38.80	34.96	34.44	33.38	32.00
墨西哥	14.5	14.45	14.00	13.20	14.20	16.00
其他拉美国家	21.2	21.36	20.09	18.25	18.43	21.87
奥地利	3.2	5.30	5.00	4.10	3.60	4.70
比利时/卢森堡	10.6	11.60	11.80	11.30	11.90	12.00
捷 克	10.0	9.20	9.50	9.90	9.70	9.60
芬 兰	0.6	0.40	1.90	2.75	2.05	1.90
法 国	35.5	42.51	49.32	46.93	46.45	48.15
德 国	63.5	62.45	61.50	61.20	61.30	63.20
意大利	23.7	24.30	24.70	26.10	27.50	29.10
荷 兰	9.2	10.25	10.90	9.45	8.80	9.80
波 兰	15.9	14.90	13.40	12.10	11.25	11.70
葡萄牙	5.9	5.75	4.45	4.75	3.95	4.45
斯洛伐克	5.3	3.46	3.65	3.15	2.85	2.70
斯洛文尼亚	3.7	3.77	3.90	3.75	3.55	3.60
西班牙	30.5	29.50	29.40	29.20	26.20	26.90
瑞 典	8.0	7.93	7.45	8.00	8.50	9.05
英 国	20.7	20.65	20.40	21.00	16.70	18.80
其他欧盟国家	8.7	7.86	8.15	7.95	7.70	6.39
俄罗斯	60.2	53.97	61.90	55.10	57.50	53.90
土耳其	15.8	14.30	12.35	11.00	8.50	10.00
乌克兰	7.8	7.35	6.50	5.10	6.50	6.00
其他欧洲国家	12.2	11.54	11.70	10.73	11.90	11.29
南 非	6.5	6.20	6.60	5.65	5.00	6.10
其他非洲国家	3.9	3.78	4.02	4.12	4.44	4.22
澳大利亚	4.4	4.70	4.70	4.30	4.40	5.60
中 国①	258.0	248.7	220.22	175.00	157.50	145.50
印 度	23.3	22.30	20.31	19.17	17.17	17.13
印度尼西亚	13.5	13.20	11.10	9.60	10.10	13.00
日 本	115.6	115.82	111.07	109.60	108.51	113.75
韩 国	34.4	33.50	34.50	36.50	37.30	38.20
马来西亚	17.0	13.70	12.30	12.20	9.60	9.50
中国台湾	25.6	29.30	29.30	28.40	23.20	26.20
泰 国	17.0	16.60	16.30	16.00	14.00	14.40
其他亚洲国家	19.1	18.60	17.63	18.65	19.22	19.63
世界总计	1 193.9	1 165.00	1 136.00	1 074.00	1 026.00	1 074.00

① 中国产量为国内公布数据。

资料来源：国际橡胶研究集团(IRSG)历年《橡胶统计公报》。

表 49 **世界主要国家(地区)原油进口量** 万吨

国家(地区) \ 年份	2005	2004	2003	2002	2001	2000
美国	50 070	50 120	48 030	45 050	45 540	44 600
加拿大	4 650	4 660	4 510	4 320	4 700	4 540
墨西哥	—	—	—	—	—	—
中南美洲	3 270	3 780	3 770	4 220	4 460	4 460
欧洲	52 470	50 780	48 850	46 740	46 460	40 270
前苏联	—	—	—	—	—	30
中东	1 020	920	1 050	420	420	420
北非	890	870	850	830	810	790
西非	290	270	270	290	260	280
东南非洲	2730	2 540	2 500	2 470	2 650	2 230
大洋洲	2 430	2 350	2 420	2 450	2 610	2 430
中国	12 710	12 270	9 110	6 940	6 030	7 030
日本	21 040	20 890	21 320	20 220	21 200	21 500
其他亚太国家	36 950	36 010	34 320	32 720	33 260	32 420
世界总计	188 520	185 490	177 000	166 670	168 400	166 070

资料来源:《BP世界能源统计》2006年。

表 50 **世界主要国家(地区)原油出口量** 万吨

国家(地区) \ 年份	2005	2004	2003	2002	2001	2000
美国	190	190	110	130	190	320
加拿大	8 180	8 050	7 720	7 110	6 590	6 440
墨西哥	9 740	9 990	9 970	9 340	9 080	8 670
中南美洲	10 960	10 670	9 610	10 340	10 520	10 430
欧洲	3 810	4 560	5 220	6 710	5 480	6 370
独联体	26 760	25 430	—	—	—	—
中东	86 290	85 380	83 180	78 730	83 870	83 590
北非	12 260	11 580	9 960	9 310	9 870	10 030
西非	20 870	19 670	17 560	15 150	15 470	16 150
东南非洲	1 240	1 150	1 030	840	710	600
大洋洲	720	780	1 290	1 640	1 620	1 720
中国	670	570	780	730	660	1 040
日本	—	—	—	—	—	10
其他亚太国家	4 630	4 870	5 080	4 830	4 840	4 820
其他国家	2 200	2 600	2 500	2 940	3 550	1 580
世界总计	188 520	185 490	177 000	166 670	168 400	166 070

资料来源:《BP世界能源统计》2006年。

表 51 世界主要国家(地区)合成橡胶进口量 万吨

国家(地区) \ 年份	2005	2004	2003	2002	2001	2000
加拿大	38.22	32.65	32.41	32.90	33.17	33.88
美 国	68.22	58.03	57.65	60.67	59.47	65.66
阿根廷	3.60	3.15	3.03	2.88	2.20	2.83
巴 西	16.08	14.85	11.64	10.08	10.59	11.38
智 利①	2.69	2.48	1.99	1.88	1.85	1.69
哥伦比亚①	2.80	3.31	3.06	3.08	3.14	3.89
墨西哥	10.95	10.37	9.65	9.17	9.90	10.01
秘 鲁	1.08	1.08	1.02	1.07	0.95	0.86
委内瑞拉①	3.66	3.77	3.29	2.35	2.92	4.45
其他拉美国家①	4.89	5.60	5.60	5.60	5.77	6.25
奥地利①	2.70	4.84	4.52	3.61	3.09	4.20
比利时/卢森堡①	40.32	40.17	38.06	37.59	37.09	42.35
捷 克	7.90	7.20	7.43	7.34	7.17	6.72
丹 麦①	1.42	1.35	1.39	1.36	1.74	1.37
芬 兰①	0.55	0.39	1.89	2.76	2.03	1.91
法 国	38.60	37.08	35.57	33.73	32.50	37.31
德 国	54.47	48.96	42.59	43.77	42.42	43.54
希 腊①	1.27	1.31	1.23	1.11	1.10	0.97
匈牙利①	4.77	3.93	3.99	3.85	3.47	2.84
爱尔兰①	0.95	0.99	1.21	1.36	1.03	0.92
意大利	32.02	32.05	32.21	32.54	31.89	34.91
荷 兰	18.51	18.70	16.25	13.86	12.83	15.34
波 兰	15.27	12.39	10.67	9.79	8.04	6.90
葡萄牙①	5.91	5.74	4.45	4.76	3.95	4.44
斯洛伐克①	5.28	3.46	3.63	3.17	2.83	2.71
斯洛文尼亚①	3.68	3.77	3.92	3.74	3.55	3.59
西班牙	29.63	28.66	28.34	28.45	25.33	26.54
瑞 典	5.25	5.35	4.64	5.53	6.20	7.11
英 国	18.30	19.62	18.34	18.62	15.76	21.48
白俄罗斯①	4.57	3.67	3.81	3.23	3.79	3.08
保加利亚	0.38	0.60	0.55	0.43	0.34	0.38

续表

国家(地区) \ 年份	2005	2004	2003	2002	2001	2000
罗马尼亚	2.10	1.88	1.79	1.51	1.49	1.45
俄罗斯	5.14	3.96	3.30	2.61	3.36	2.90
瑞 士①	1.81	1.91	2.04	2.14	2.19	2.29
土耳其①	13.70	10.28	9.31	7.78	5.06	6.63
乌克兰①	7.76	7.36	6.50	5.07	6.51	5.99
南斯拉夫	1.10	1.28	1.40	1.48	1.39	1.49
其他欧洲国家①	1.11	1.22	1.24	1.26	1.40	1.47
埃 及①	0.80	0.50	0.60	0.50	0.54	0.80
尼日利亚①	0.50	0.50	0.56	0.56	0.54	0.41
南 非	1.97	1.88	1.90	1.70	1.43	1.58
其他非洲国家	2.55	2.78	2.86	3.06	3.36	3.01
澳大利亚①	4.18	4.46	4.42	4.18	4.41	2.90
孟加拉国	0.28	0.24	0.24	0.24	0.24	0.24
中 国②	105.84	109.5	100.58	89.21	71.46	67.03
中国香港①	2.00	2.31	2.34	4.15	3.92	3.48
印 度①	12.29	13.06	12.05	12.32	10.58	9.08
印度尼西亚①	14.40	13.09	10.09	11.27	10.32	13.01
伊 朗	0.00	0.40	0.60	0.60	1.30	1.34
以色列①	1.30	1.40	1.60	1.60	1.80	1.80
日 本	19.42	18.55	18.57	17.51	16.46	17.07
韩 国	12.99	12.65	11.62	11.57	10.47	12.12
马来西亚①	14.93	11.85	10.48	11.23	9.55	9.45
新西兰①	1.48	1.69	1.37	1.28	1.31	1.28
巴基斯坦①	2.17	1.84	1.53	1.41	1.48	1.55
菲律宾①	1.88	2.27	1.80	2.02	2.12	2.64
斯里兰卡①	1.30	1.40	1.41	1.19	1.39	1.70
中国台湾	13.56	15.40	13.93	13.59	10.71	12.26
泰 国	17.20	16.80	14.91	13.20	10.78	10.83
其他亚洲国家①	2.66	2.40	2.40	2.31	2.86	3.03
世界总计	712.50	710.00	649.00	623.00	585.00	617.00

① 净进口量。

② 中国产量为国内统计数据。

资料来源：国际橡胶研究集团(IRSG)历年《橡胶统计公告》。

表 52 **世界主要国家(地区)合成橡胶出口量** 万吨

国家(地区) \ 年份	2005	2004	2003	2002	2001	2000
加拿大	22.04	25.50	25.05	25.12	24.74	29.32
美 国	110.54	107.95	92.04	86.44	84.44	88.60
阿根廷	2.59	3.43	3.64	3.43	2.94	3.54
巴 西	17.20	14.69	17.05	13.99	11.40	12.92
墨西哥	14.58	14.43	13.63	14.16	13.00	12.76
比利时/卢森堡①	40.50	39.30	37.80	40.50	38.90	42.80
捷 克	6.70	6.83	6.93	6.97	7.07	6.52
法 国	68.60	71.27	58.02	54.87	53.24	56.05
德 国	74.74	75.07	66.76	62.31	64.07	64.70
意大利	31.25	32.30	31.75	31.70	31.70	34.45
荷 兰	25.78	26.36	22.95	22.00	22.80	25.50
波 兰	9.31	6.98	6.23	5.98	5.07	5.86
西班牙	7.60	8.00	7.70	8.00	7.90	8.40
瑞 典	0.86	1.11	1.00	1.24	1.69	2.08
英 国	32.05	32.01	30.65	28.91	31.78	30.60
保加利亚	2.50	1.60	1.60	1.60	1.50	1.60
罗马尼亚	0.44	0.14	0.08	0.63	0.78	0.62
俄罗斯	59.61	56.79	50.20	41.59	34.73	32.70
土耳其	0.36	0.51	0.42	0.34	0.48	1.06
南斯拉夫	2.60	3.00	3.85	4.13	3.27	2.17
其他欧洲国家	0.20	0.20	0.20	0.20	0.20	0.20
南 非	3.18	3.04	2.99	2.89	2.65	2.07
澳大利亚	0.52	0.70	0.66	0.68	0.40	0.26
中 国②	9.35	8.5	7.58	11.16	7.77	6.72
印度尼西亚	3.91	4.05	3.46	3.90	3.71	3.61
伊 朗	2.40	2.60	2.29	2.19	2.20	2.27
日 本	52.50	60.24	55.70	57.47	48.85	53.63
韩 国	55.62	50.13	47.91	43.58	39.38	41.71
中国台湾	42.45	41.14	40.04	37.35	33.73	33.66
泰 国	12.50	12.00	10.28	8.80	7.41	8.90
世界总计	712.50	710.00	649.00	622.00	588.00	615.00

① 包括亚美尼亚和阿塞拜疆。

② 中国产量为国内统计数据。

资料来源：国际橡胶研究集团(IRSG)历年《橡胶统计公告》。

表 53　　入选 2006 年世界 500 强的 34 家炼油类公司　　亿美元

行业排名		公司名称	所属国家	500 强排名		营业收入	净利润	总资产	员工人数
2006	2005			2006	2005				
1	2	埃克森美孚	美　国	1	3	3 399.38	361.30	2 083.35	83 700
2	3	英/荷壳牌	荷　兰	3	4	3 067.31	253.11	2 195.16	109 000
3	1	BP	英　国	4	2	2 676.00	223.41	2 069.14	96 200
4	5	雪佛龙	美　国	6	11	1 894.81	140.99	1 258.33	59 000
5	6	康菲石油	美　国	10	12	1 666.83	135.29	1 069.99	35 600
6	4	道达尔	法　国	12	10	1 523.61	152.50	1 252.04	112 877
7	7	中国石化	中　国	23	31	987.85	26.68	904.38	730 800
8	8	埃　尼	意大利	27	33	926.03	109.20	989.07	72 258
9	—	委内瑞拉国家石油	委内瑞拉	35	—	856.18	46.61	678.87	48 919
10	9	中国石油	中　国	39	46	835.57	129.50	1 437.66	1 090 232
11	—	墨西哥国家石油	墨西哥	40	51	833.82	-70.02	980.06	139 171
12	10	瓦莱罗能源	美　国	44	73	813.62	35.90	327.28	22 068
13	12	挪威国家石油	挪　威	70	95	610.33	47.69	426.77	25 644
14	11	马拉松石油	美　国	77	94	589.58	30.32	284.98	27 756
15	13	莱普索 YPF	西班牙	84	97	564.24	38.77	540.03	35 909
16	15	巴西石油	巴　西	86	125	563.24	103.44	786.25	53 904
17	14	SK	韩　国	111	117	471.43	15.96	423.14	22 614
18	19	鲁克石油	俄罗斯	115	178	462.84	64.43	403.45	150 000
19	17	日本石油	日　本	118	142	450.71	14.71	358.66	13 628
20	16	马来西亚国家石油	马来西亚	120	133	442.80	115.65	731.04	33 682
21	18	印度石油	印　度	153	170	365.37	11.15	179.82	36 217
22	20	太阳石油	美　国	187	234	311.76	9.74	99.31	13 800
23	21	出光兴产	日　本	237	266	253.70	2.42	193.27	7 737
24	22	日矿控股	日　本	257	318	236.15	8.56	157.60	9 579
25	23	赫　斯	美　国	263	349	232.55	12.42	191.15	11 610
26	24	泰国国家石油	泰　国	265	373	231.09	21.26	158.49	7 843
27	25	西班牙石油集团	西班牙	322	386	201.14	12.55	99.96	10 783
28	—	奥地利石油天然气集团	奥地利	334	—	193.89	15.61	182.26	49 919
29	27	科斯莫石油	日　本	337	396	191.00	5.46	124.04	5 881
30	29	信任工业	印　度	342	417	187.73	21.25	208.90	12 540
31	—	俄罗斯石油	俄罗斯	367	—	176.70	41.59	300.16	62 000
32	31	巴拉特石油	印　度	368	429	176.14	1.11	70.43	14 697
33	32	印度斯坦石油	印　度	378	436	171.06	1.02	57.99	10 778
34	—	Tesoro	美　国	406	—	164.73	5.07	50.97	3 928

表 54 **2004 年世界最大的 50 家石油公司综合排名(按前 6 项指标综合测算)**

年度公司排名位次		公司名称	国有比例/%	石油储量/亿吨	天然气储量/亿立方米	石油产量/万吨	天然气产量/亿立方米	炼制能力/万吨·年$^{-1}$	油品销量/万吨	总收入/亿美元	总资产/亿美元	利润/亿美元
2004	2003											
1	1	沙特阿拉伯国家石油公司	100	357.27	67 467	49 150	639	11 750	12 610	1 220	—	—
2	2	美国埃克森美孚公司	—	15.85	17 082	12 855	1 019	31 855	41 050	2 704.11	1 952.56	253.3
3	4	委内瑞拉国家石油公司	100	104.91	42 462	13 000	413	15 460	13 050	675	—	40.5
4	3	伊朗国家石油公司	100	180.2	274 736	20 405	854	7 370	8 770	325	—	—
5	5	英国石油公司(BP)	—	13.51	13 727	12 655	878	14 115	31 990	2 868.36	1 946.3	172.62
6	5	皇家荷兰/壳牌集团	—	7.48	11 480	11 665	910	21 335	38 000	2 708.43	1 928.11	181.83
7	8	法国道达尔集团	—	9.52	6 448	8 475	506	13 460	15 090	1 566.73	1 147.95	119.73
8	7	美国雪佛龙公司	—	11.07	5 568	8 685	409	11 060	19 540	1 473.32	932.08	133.28
9	9	墨西哥国家石油公司	100	20.13	4 190	18 770	347	8 535	7 710	696.63	841.14	-22.63
9	10	中国石油天然气股份公司	90	14.99	12 635	10 620	288	10 570	8 770	471.18	736.05	124.21
11	11	美国康菲公司	—	7.53	5 008	5 975	343	13 165	15 705	1 205.59	928.61	81.29
12	13	阿尔及利亚国家石油公司	100	14.94	42 261	8 505	799	2 310	3 400	341.19	358.37	45.97
13	12	科威特国家石油公司	100	121.58	15 707	12 120	97	5 580	4 175	252	—	—
14	15	巴西石油公司	32	13.53	3 183	8 245	222	10 570	13 515	402.44	630.82	61.9
15	16	印度尼西亚国家石油公司	100	5.43	21 722	4 785	622	5 285	6 435	125	—	—
16	14	阿布扎比国家石油公司	100	71.56	29 857	6 815	315	4 445	2 205	174.5	—	—
17	17	意大利埃尼集团	30	5.45	5 217	5 170	366	3 405	5 375	754.66	942.68	90.61
18	20	马来西亚国家石油公司	100	10.13	28 525	3 780	488	1 785	2 835	360.7	629.23	93.58

续表

年度公司排名位次		公司名称	国有比例/%	石油储量/亿吨	天然气储量/亿立方米	石油产量/万吨	天然气产量/亿立方米	炼制能力/万吨·年$^{-1}$	油品销量/万吨	总收入/亿美元	总资产/亿美元	利润/亿美元
2004	2003											
19	19	俄罗斯鲁克石油公司	—	21.72	6 961	8 675	49	5 805	6 125	340.58	297.61	42.48
20	18	西班牙莱普索 YPF 公司	—	2.29	5 153	2 835	347	6 170	6 405	520.49	531.18	24.29
21	20	尼日利亚国家石油公司	100	28.8	29 885	7 540	123	2 195	1 705	219	—	—
22	22	伊拉克国家石油公司	100	156.4	31 668	10 135	19	3 015	2 885	121	—	—
23	26	埃及石油总公司	100	2.45	9 268	1 770	134	3 630	3 580	57.5	—	—
24	24	俄罗斯天然气工业公司	73	19.55	322 620	1 200	5 431	890	600	342.8	1 154.41	71.59
25	23	利比亚国家石油公司	100	39.14	10 956	5 915	51	2 350	1 935	160	—	—
26	25	卡塔尔石油总公司	100	14.88	185 442	3 565	282	1 000	490	126	—	—
27	30	俄罗斯苏尔古特油气公司	—	9.81	4 347	5 985	143	1 735	1 310	99.99	223.89	22.86
28	27	中国石化股份有限公司	55	4.44	858	3 745	58	14 325	9 470	748.88	572.73	43.47
29	28	俄罗斯尤科斯公司	—	17.11	1 271	8 570	34	5 015	3 150	—	—	—
30	29	挪威国家石油公司	84	2.34	4 080	3 595	221	1 625	2 885	456.39	410.18	37.13
31	31	俄罗斯石油公司	100	6.45	38 961	2 165	92	910	2 000	53.28	259.87	8.37
32	32	印度石油天然气总公司	95	4.21	3 322	2 825	252	1 205	335	107.72	168.77	29.6
33	34	美国马拉松石油公司	—	0.76	983	850	103	4 740	7 000	453.43	234.23	12.61
34	33	阿曼石油开发公司	60	4.57	5 960	2 355	106	425	400	68.4	—	—
35	36	哥伦比亚国家石油公司	100	2.01	1 185	1 530	64	1 575	1 425	49.69	94.26	8.03

续表

年度公司排名位次		公司名称	国有比例/%	石油储量/亿吨	天然气储量/亿立方米	石油产量/万吨	天然气产量/亿立方米	炼制能力/万吨·年$^{-1}$	油品销量/万吨	总收入/亿美元	总资产/亿美元	利润/亿美元
2004	2003											
36	39	阿塞拜疆国家石油公司	100	4.22	3 821	895	40	2 200	605	40	100	1.77
37	38	叙利亚国家石油公司	—	3.26	1 806	1 475	52	1 210	1 050	60	—	—
38	45	俄罗斯西伯利亚石油公司	—	6.33	408	3 410	20	2 350	1 430	88.86	102.63	20.46
39	37	加拿大石油公司	—	1.09	700	1 530	90	1 540	1 780	113.46	150.23	13.56
40	35	加拿大能源公司	—	1.17	2 960	1 305	310	—	—	119.23	312.13	35.13
41	44	俄罗斯秋明 BP 公司	—	5.45	507	3 600	40	1 250	995	71.49	91.22	20.09
42	42	美国戴文能源公司	—	1.13	2 121	1 395	251	—	—	91.89	297.36	21.76
43	39	美国安纳达科石油公司	—	1.51	2 130	1 150	180	—	—	60.67	201.92	16.01
44	39	挪威海德罗公司	44	1.23	1 875	2 085	88	—	—	232.83	330.87	18.72
45	43	美国阿美拉达赫斯公司	—	0.88	679	1 230	59	1 300	2 140	170.32	163.12	9.29
46	46	美国阿帕奇公司	—	1.27	1 706	1 210	128	—	—	53.33	155.02	16.63
47	46	英国天然气公司	—	0.86	2 569	640	203	—	—	80.07	165.5	16.58
48	49	美国伯灵顿资源公司	—	0.86	2 328	755	198	—	—	56.18	157.44	15.27
48	48	美国尤诺科公司	—	0.9	1 859	795	156	—	—	82.97	131.01	12.08
50	67	奥地利石油和天然气集团	35	1.12	989	380	31	2 645	1 625	127.25	176.64	7.97

资料来源:美国《石油情报周刊》2005 年 12 月 12 日。

附　　录

- 科技成果获奖名单
- 企事业单位名录
- 石化集团公司法规性文件一览表

附录 1

科技成果获奖名单

表 1　　获 2005 年度国家技术发明奖项目

项目名称	主要完成单位	主要完成者
一等奖		
非晶态合金催化剂和磁稳定床反应工艺的创新与集成	中国石油化工股份有限公司石油化工科学研究院	宗保宁　闵恩泽　慕旭宏　孟祥堃　张晓昕　朱泽华
二等奖		
生产清洁燃料的高活性加氢精制催化剂的研制及工业应用	中国石油化工股份有限公司抚顺石油化工研究院	周　勇　彭绍忠　魏登凌　郭　蓉　王　强　陈巨星

表 2　　获 2005 年度国家科技进步奖项目

项目名称	主要完成单位	主要完成者
二等奖		
1. 陆相水驱油藏剩余油富集区研究与开发	中国石化胜利油田有限公司 中国石油大学(北京)	李　阳　王端平　刘建民　侯加根　王延忠　杨耀忠　谭保国　杨　勇　王增林　束青林
2. 深层盐膏岩蠕变规律及其在石油工程中的应用	中国科学院武汉岩土力学研究所 中国石化石油勘探开发研究院 中国石油大学(北京) 长江大学 武汉化工学院	杨春和　曾义金　邓金根　楼一珊　王文立　张来斌　陈　锋　鲍洪志　杨　隽　邢纪国
3. 陆相湖盆层序地层学研究及其在油气勘探开发中的应用	中国石油大学(华东) 中国地质大学(北京) 胜利油田有限公司 大庆油田有限公司 河南油田分公司	姜在兴　蔡希源　操应长　李　阳　邱隆伟　陈文学　李思田　王玉华　张宗檩　张世奇
4. 中压加氢裂化技术(RMC)的开发与工业应用	中国石油化工股份有限公司石油化工科学研究院 中国石油化工股份有限公司北京燕山分公司 中国石化工程建设公司	石亚华　杨清雨　熊震霖　刘家明　华　炜　胡志海　孙丽丽　姜殿虹　史建文　张　强
5. 异丙苯清洁生产成套技术的研发及工业应用	中国石化北京燕化石油化工股份有限公司 北京化工大学 北京服装学院	陈标华　曹　钢　杨清雨　张吉瑞　华　炜　李成岳　张力峰　潘金杯　张佩君　郑朝晖
6. 大型高效搅拌槽/反应器的研究开发及工业应用	北京化工大学 中国石油化工集团公司	高正明　黄雄斌　马　鑫　包雨云　刘新卫　施力田　王英琛　吴德钧　林猛流
7. 新型高抗挤套管与复合管柱技术	天津钢管集团有限公司 石油大学(北京) 中国石化集团中原石油勘探局	高德利　严泽生　刘一江　张传友　徐志谦　王　京　李铁成　付继成　李　飞　张建设

续表

项目名称	主要完成单位	主要完成者
8. 大型离心压缩机关键共性技术及在石化、冶金行业的应用	西安交通大学 西安交大赛尔机泵成套设备有限责任公司 中国石油化工股份公司安庆分公司	王尚锦　席　光　安卫平　程锦昌　张春梅 王伟民　刘士学　汪润生　贺润普　赵伯林
9. 大型精对苯二甲酸生产过程智能建模、控制与优化技术	华东理工大学 浙江大学 扬子石油化工股份有限公司 中国石化集团洛阳石油化工总厂 中国石化集团天津石油化工公司	钱　锋　钱积新　邢建良　郑国栋　冷家厂 颜学峰　赵　均　王振新　杜文莉　王行愚

表 3　**获 2005 年度石化集团公司科技进步奖项目**

项目名称	主要完成单位	主要完成者
	一等奖	
1. 鄂北地区地震叠前、叠后综合反演技术研究	中国石油化工股份有限公司石油勘探开发研究院	董　宁　李剑峰　周小鹰　于常青　马殿仁 苑书金　赵　舒　王箭波　孟宪军　樊佳方 于文芹　武　丽　戈复兴　李文玉　秦　锐
2. 胜利滩海地区油气富集规律及勘探目标研究	中国石化胜利油田有限公司	宋国奇　王永诗　林会喜　孙　怡　庄文山 林红梅　方旭庆　宋明水　田　波　张　玺 曹忠祥　秦永霞　邹激滟　吴光华　鹿洪友
3. 川东北、鄂西渝东区块有效储层预测研究	中国石油化工股份有限公司南方勘探开发分公司	马永生　朱　铉　郭旭升　郭彤楼　黄　锐 杨贵祥　郑天发　李国雄　敬朋贵　高　林 蔡勋育　李仲远　凡　睿　陈　高　尹正武
4. 西部新区油气勘探潜力及战略选区评价研究	中国石化西部新区勘探指挥部	蔡希源　侯洪斌　何治亮　武恒志　秦　都 刘传虎　韩保清　顾　忆　侯建国　丁咸宝 张洪安　钱一雄　陈文礼　吴金才　张育民
5. 复杂断块油田提高采收率技术研究	中国石化胜利油田有限公司 中国石油化工股份有限公司江苏石油分公司	李　阳　孙焕泉　王端平　周方喜　王增林 刘　红　王光付　钟思瑛　许　坚　景步宏 张全胜　唐建东　王敏生　张建良　戴　涛
6. 生产汽油组分满足欧Ⅲ排放标准并增产丙烯的催化裂化工艺技术(CGP)的研究开发和工业应用	中国石油化工股份有限公司石油化工科学研究院 中国石油化工股份有限公司九江分公司 中国石化镇海炼油化工股份有限公司 中国石化集团洛阳石化工程公司 中国石化催化剂齐鲁分公司	龙　军　蔡　智　戴宝华　张久顺　郝希仁 许友好　谢晓东　陈尧焕　王　伟　邱中红 徐盛虎　施俊林　陆友保　刘宪龙　王立华
7. 润滑油高压加氢 RHW 技术的开发与应用	中国石油化工股份有限公司石油化工科学研究院 中国石油天然气股份有限公司克拉玛依石化分公司 中国石化工程建设公司	石亚华　张有林　郭志雄　许立甲　刘广元 祖德光　郭　群　秦本记　康小洪　施昌智 丛　飙　孙庆贤　尹　宏　范惠明　范传宏
8. 上海 F1 国际赛车跑道专用沥青国产化应用开发	中国石化镇海炼油化工股份有限公司 中国石化上海沥青销售分公司	黄婉利　费　进　于小桥　凌逸群　俞仁明 王　律　张玉玲　罗望群　陈　坚　颜军文 徐丽萍　李天金　余黎平　俞嵩杰　肖建新

续表

项目名称	主要完成单位	主要完成者
9. FC12 和 FC24 多产化工原料型加氢裂化催化剂研制和工业应用	中国石油化工股份有限公司抚顺石油化工研究院 中国石化上海石油化工股份有限公司 中国石化扬子石油化工股份有限公司 中国石油化工股份有限公司天津分公司	关明华 陈巨星 王净依 蒋广安 王凤来 周明秋 毛海燕 金德浩 苗文海 石友良 吴美芳 张明龙 祁兴维 郭仕清 白振民
10. 开发建设 10 万吨大型裂解炉	中国石化北京燕化石油化工股份有限公司 中国石化工程建设公司 中国石油化工股份有限公司北京化工研究院 天华化工机械及自动化研究设计院	何细藕 宋嘉波 曾清泉 杨清雨 王子宗 杨元一 李金科 李海明 董玉群 马程华 孙向军 金宗贤 许士兴 孙 茁 陈德烨
11. 年产 15 万吨聚酯三釜流程成套技术开发	中国石化上海石油化工股份有限公司 中国纺织科学研究院 华东理工大学	俞明康 林 菘 汪少朋 林永明 赵 玲 戴干策 吴肖东 吴以准 孙松青 林 耀 王新良 戴迎春 金之华 赵惠康 陈 中
12. 3.75 万吨/年天然气制乙炔国产化成套技术开发	中国石化集团四川维尼纶厂	刘家荣 罗邦华 许 毅 黄勤烈 刘昌荣 曹 鸿 王时敏 郭鑫铭 严 红 袁金涛 李登国 代右铭 米钰林 周德文 谢小强
13. 低氢烃比高空速 HLD－001 甲苯歧化与烷基转移催化剂研制与工业应用	中国石油化工股份有限公司上海石油化工研究院 中国石油化工股份有限公司天津分公司 中国石油化工股份有限公司洛阳分公司	谢在库 孔德金 李希宏 郑国栋 洪剑桥 高国正 冷家厂 宗弘元 杨卫胜 田晓宝 时宝琦 谷中发 魏劲松 郭宏利 王建青
14. 炼油企业节水减排成套技术攻关	中国石化镇海炼油化工股份有限公司 中国石油化工股份有限公司石油化工科学研究院 中国石油化工股份有限公司北京燕山分公司 中国石油化工股份有限公司抚顺石油化工研究院 中国石化工程建设公司	任炽刚 谢小华 李本高 李振谦 邵建雄 郦和生 余正齐 宋以常 江 萍 焦 阳 王旭江 李 勇 吕碧超 张宝吉 洪 波
15. 大型苯乙烯第一、第二脱氢反应器国产化研制	中国石化集团上海工程有限公司 中国石化集团齐鲁石油化工公司 华东理工大学	钱小燕 刘博学 俞 丰 吴德荣 曲大伟 曹新天 刘明志 李瑞江 武朋建 周惠萍 赵彦滨 朱学栋 王红速 朱天爵 李 勇
16. 石油化工技术进展	中国石化出版社	王基铭 袁晴棠 洪定一 乔映宾 杨维榕 胡炳镛 陈乐怡 王定松 马因明 韩钟淇 赵 怡 阳永荣 刘大华 郭锦标 钱汉卿
	二 等 奖	
1. 泌阳凹陷北斜坡成藏规律研究及勘探目标评价	中国石油化工股份有限公司河南油田分公司	李连生 田小敏 张永华 邱荣华 孙耀华 宋建平 朱景修 李 锋 李 磊 付江娜 郭 毅 靳 玲
2. 中 4 超深井钻井技术研究与应用	中国石化集团江苏石油勘探局 中国石油化工股份有限公司西部新区勘探指挥部	戴 靖 孙兆玉 张锦宏 蔡雨田 秦 都 张绍龙 吴叶成 徐德安 吴 波 杨 星 马 凯 周瑞强
3. 新疆塔里木盆地塔河地区九联片三维地震资料处理解释及整体评价	中国石油化工股份有限公司石油勘探开发研究院 中国石油化工股份有限公司西北分公司	闫相宾 俞仁连 宁俊瑞 漆立新 陈惠超 邬兴威 杨 林 张改兰 张 涛 石 玉 陈 霞 庞海玲

续表

项目名称	主要完成单位	主要完成者
4. 油气勘探综合解释系统的开发研究	中国石油化工股份有限公司石油勘探开发研究院南京物探研究所	岳承祺 魏 嘉 庞世明 刘永宁 徐雷鸣 段文超 庞 锐 吕 达 王天伟 仇正兰 秦体明 宋志翔
5. SL－6000 型高分辨率多任务测井系统	中国石化集团胜利石油管理局	郝孔云 陈立恪 郝保振 胡君杰 彭振哲 宋淑洪 马明学 李建新 陈序三 邵在平 王洪亮 梁承明
6. 中石化探区油气资源评价研究	中国石化胜利油田有限公司	李干生 张永刚 关德范 周玉琦 宋国奇 王学军 黎玉战 王国力 王 川 穆 星 王志高 廖家汉
7. 中原油田高压分注工艺技术研究	中国石油化工股份有限公司中原油田分公司	吴信荣 李宗田 韩 进 刘汝福 邓小伟 蓝钢华 赵奇祥 边 江 李洪春 李 倩 黎文才 李秀竹
8. 聚合物交联微凝胶体系驱油技术	中国石油化工股份有限公司河南油田分公司	孔柏岭 樊中海 孙尚如 李联五 唐金星 王正欣 谢云龙 佘月明 舒 政 肖 磊 孔昭柯 刘文华
9. 聚合物驱效果评价方法	中国石油化工股份有限公司石油勘探开发研究院	袁向春 康志江 王步娥 赵庆飞 郑惠光 吴永超 元福卿 张明亮 张以根 赵小军
10. 海上挥发油顶潜山油藏开发配套技术	中国石化胜利油田有限公司	王端平 冯永泉 周英杰 顾克宇 杜玉山 张富仁 徐英霞 申 强 田同辉 张 强 李玉星 张敬轩
11. 复杂构造带深井优快钻井技术研究	中国石化集团胜利石油管理局	赵金洲 刘汝山 赵金海 王吉东 张桂林 孙明光 薄和秋 张新旭 郭保雨 程华国 韩来聚 李祖奎
12. 浅海海底管道悬空段安全技术研究与应用	中国石化集团胜利石油管理局	孙连芬 冯永训 李学富 高天宝 蒲高军 路国章 李新军 刘锦昆 齐雅茹 冯春健 韩清国 蒋习民
13. 提高油田五大系统效率配套技术综合研究	中国石油化工股份有限公司石油勘探开发研究院 中国石化胜利油田有限公司 中国石油化工股份有限公司河南油田分公司 中国石油化工股份有限公司江苏油田分公司 中国石油化工股份有限公司西北分公司	王世清 孔凡群 王掌洪 刘铁岭 袁 斌 周 伟 侯桂华 李清方 张清军 钟志国 肖建洪 冯志强
14. 双河油田特高含水期提高开发效果配套技术研究	中国石油化工股份有限公司河南油田分公司 中国石化集团河南石油勘探局	李联五 罗立新 赵 庆 杨永利 李 涛 姜建伟 许易安 刘正锋 李冬林 毛为成 张建国 李家明
15. 油田含油污泥无害化处理与应用技术研究	中国石化集团胜利石油管理局 中国石化集团河南石油勘探局	桂召龙 王 军 韩允祉 郑钦祥 范凤英 罗立新 孙正贵 王 晗 杨 军 胡纪军 姚亦华 张 燚
16. 汽油在线优化调合系统	中国石油化工股份有限公司洛阳分公司 中国石油化工股份有限公司天津分公司 北京中科诚毅科技发展有限公司	王治卿 王立新 赵振辉 李苏安 冀凤泰 于洪涛 关 文 徐武清 金德浩 苏跃军 谢 刚 宋 涛

续表

项　目　名　称	主要完成单位	主　要　完　成　者
17. 催化裂化汽油加氢异构脱硫降烯烃技术(RIDOS)的开发及工业应用试验	中国石油化工股份有限公司石油化工科学研究院 中国石油化工股份有限公司北京燕山分公司 北京燕化石油化工设计院 中国石化工程建设公司	李明丰　华　炜　石玉林　姜殿虹　石亚华　孙丽丽　胡云剑　罗宇喜　孔　健　李振谦　朱印全　刘怀伟
18. 用加氢基础油研制高档润滑油	中国石油化工股份有限公司润滑油分公司	赵　江　俞巧珍　顾军慧　张　燕　杨慧青　刘枫林　王亚萍　益梅蓉　杨舒虹　徐　魏　益建国　吴晓君
19. 润滑油型大型常减压成套工程技术开发	中国石化工程建设公司 中国石油化工股份有限公司上海高桥分公司 天津大学 深圳市诚达科技有限公司	蒋荣兴　马伯文　李志强　尹　文　周高斐　方怡中　陈建良　姜　斌　陈　超　陆磐谷　闫晶怡　蒋元丁
20. FF－26 加氢裂化预处理催化剂研制和工业应用	中国石油化工股份有限公司抚顺石油化工研究院 中国石油化工股份有限公司金陵分公司 中国石化扬子石油化工股份有限公司 中国石油化工股份有限公司上海高桥分公司	方向晨　赵日峰　顾　毅　范　强　王　刚　温德荣　王庆峰　徐　宏　刘　涛　王　琪　潘春萍　亚宏宇
21. 超级杂交稻专用缓/控释复合肥研究与开发	中国石油化工股份有限公司巴陵分公司	朱泽华　何翼云　张新湘　周代红　王哲丹　程立泉　傅送保　胡镇华　王晓君　杨立新　李灿华　曾红霞
22. 齐鲁 PE100 级管材料的开发及认证	中国石化齐鲁股份有限公司	石志俭　杨宝柱　戚思清　唐　岩　张桂云　王文清　彭国霖　李文义　连业波　韩言青　井向华　周宏伟
23. 特种橡胶 TSR－01 中试研究及工业化生产	中国石油化工股份有限公司北京燕山分公司 中国石化北京燕化石油化工股份有限公司	梁爱民　华　炜　郑国军　李　伟　张云彪　李传清　陈力军　王世朝　管建主　刘凤香　沈诚谨　王　雪
24. 甲苯法己内酰胺“5 改 6.5”扩能技术改造	石家庄化纤有限责任公司 湖南百利工程科技有限公司	毕建国　寇建朝　曹志广　李庆华　王再言　赵承军　肖光辉　王志侃　李华强　李德超　霍建竹　李金发
25. 高丙烯腈精制回收率技术开发及工业应用	中国石油化工股份有限公司上海石油化工研究院 中国石油化工股份有限公司齐鲁分公司 中国石油化工股份有限公司上海高桥分公司	顾军民　宫晓燕　甘永胜　孙华麟　徐尊亮　熊　瑾　张沛存　姚　胜　张　斌　张喜刚　吴文伟　于卫成
26. 高压高负荷丙烯腈新型催化剂研制	中国石油化工股份有限公司上海石油化工研究院 中国石油化工股份有限公司齐鲁分公司	陈　欣　张沛存　吴粮华　宫晓燕　汪国军　王效斗　宗弘元　任栋枝　张东亮　徐尊亮　赵相武　王孝风　刘志峰　张喜刚
27. 用于乙烯法制备醋酸乙烯酯的催化剂	中国石化上海石油化工股份有限公司 中国石油化工股份有限公司上海石油化工研究院	杨运信　徐惠富　杨毓莹　乐剑辉　张丽斌　陈龙昌　畅延青　吴红卫　宋朝红　徐国伟　沈耀明　张少钢

续表

项 目 名 称	主要完成单位	主 要 完 成 者
28. 新型给电子体的应用研究及高流动性抗冲聚丙烯的工业化开发	中国石化上海石油化工股份有限公司	孙旭辉 陆秋欢 陈国康 钟 峰 黄伟东 郭晓军 周 浩 高道春 刘 勇 徐文俊 沈继红 沈明欢
29. NA催化剂在釜式工艺聚丙烯装置的工业应用及专用料开发	中国石油化工股份有限公司广州分公司 中国石油化工股份有限公司扬子分公司 中国石油化工股份有限公司北京化工研究院	吴鹏鸣 徐 钢 王志武 阚 林 刘同华 乔金梁 殷大斌 周永生 谭 忠 朱 柯 姜立良 郭正阳
30. 浅海破冰型三用工作船	中国石化集团胜利石油管理局	薛万东 吴洪辉 王 泉 郭洪升 郑立新 张士华 樊敦秋 姜毓敏 乔恩言 丛 岩 龚 闽 孙永泰
31. 重催油浆全自动过滤系统工业应用研究	中国石化福建炼油化工有限公司 安泰科技股份有限公司	刘立新 王庆元 王庆明 陈 欣 杨发新 吴志伟 田 耘 方玉诚 朱覆榴 雷亚利 张利锋 程海珊
32. 高温承压设备在线监测与安全评估技术研究	合肥通用机械研究院 中国石化镇海炼油化工股份有限公司	吕碧超 关卫和 董绍平 杨铁成 赖德海 陈学东 蔡如迪 涂善东 高增梁 戚汝强 黄 伟 胡联伟
33. 中国石化成品油二次物流优化系统	中国石油化工股份有限公司油品销售事业部 中国石油化工股份有限公司信息系统管理部 石化盈科信息技术有限责任公司	刘雄华 李德芳 王立行 白 鹭 阚 筇 苗占东 刘怀义 左志民 杨丽欣 邓穗民 文福峰 王晓辉
34. 多维色谱测定汽油馏分组成成套技术研究	中国石油化工股份有限公司石油化工科学研究院 中国石油化工股份有限公司沧州分公司 中国石化扬子石油化工股份有限公司 中国石油化工股份有限公司上海高桥分公司 中国石油化工股份有限公司齐鲁分公司 中国石油化工股份有限公司安庆分公司	徐广通 陆婉珍 杨玉蕊 汪文强 徐 力 宋安太 陆丽华 贾 贵 蔡 军 路水修 殷宗玲 丁大喜

表 4　　获 2005 年度石化集团公司技术发明奖项目

项 目 名 称	主要完成单位	主 要 完 成 者
	二 等 奖	
1. 新型前脱丙烷前加氢催化剂 BC－H－21 开发和工业应用	中国石油化工股份有限公司北京化工研究院	戴 伟 张谦温 李小明 郭彦来 彭 晖 戚文新 穆 玮 张 菡
2. 浅海海底管线电缆检测与维修装置	中国石化集团胜利石油管理局	何生厚 孙东昌 田海庆 梁金花 刘忠彦 孟曙生 张剑波 韩益民
	三 等 奖	
1. 提高有杆泵抽油井机采系统效率理论研究及应用	中国石油化工股份有限公司江苏油田分公司	郑海金 邓吉彬 王掌洪 杨海滨 景步宏 唐建东 陈 岩
2. 合成基密闭液研制及其应用技术研究	中国石化集团胜利石油管理局	马桂清 薛玉志 王传富 何兴贵 王军义 王敏生 杨景利

附录 2

企事业单位名录

石化集团公司

序号	单位名称	地址	邮政编码	电话	传真	董事长/经理（厂长）
1	中国石油化工集团公司经济技术研究院	北京市朝阳区安外小关街 24 号	100029	(010)64449006	(010)64449005	李希宏
2	中国石化集团国际石油勘探开发有限公司	北京市海淀区北四环中路 263 号	100083	(010)82310862	(010)82310841	牟书令/周佰修
3	中国石化集团国际石油工程有限公司	北京市西城区安德路甲 67 号	100011	(010)51586500	(010)51586550	刘锦信
4	中国石化财务有限责任公司	北京市朝阳区惠新东街甲 6 号	100029	(010)64999045	(010)84645704	唐文清
5	中国石化集团销售实业有限公司	北京市朝阳区惠新东街甲 6 号	100029	(010)64998828	(010)84641014	张海潮
6	中国石化集团物资装备公司	北京市朝阳区惠新东街甲 6 号	100029	(010)64999459	(010)84642206	温勇祥
7	中石化百川经济贸易公司	北京市朝阳区惠新东街甲 6 号	100029	(010)64998551	(010)84630551	戴叔铭
8	中国石化报社	北京市东城区安外大街 58 号	100011	(010)84271813	(010)84273681	吕大鹏
9	中国石化出版社	北京市东城区安外大街 58 号	100011	(010)84278950	(010)84289982	王子康
10	石油化工管理干部学院	北京市朝阳区立水桥北甲 1 号	100012	(010)51201203	(010)51201206	唐登志
11	中国石化集团胜利石油管理局	山东省东营市济南路 258 号	257001	(0546)8552074	(0546)8221719	曹耀峰
12	中国石化集团中原石油勘探局	河南省濮阳市中原路 277 号	457001	(0393)4822172	(0393)4828300	张殿国
13	中国石化集团河南石油勘探局	河南省南阳市宛城区官庄镇	473132	(0377)63830011	(0377)63830027	李联五
14	中国石化集团江汉石油管理局	湖北省潜江市广华寺江汉路 1 号	433124	(0728)6502051	(0728)6502784	张召平
15	中国石化集团江苏石油勘探局	江苏省扬州市文汇西路 1 号	225009	(0514)7762001	(0514)7760009	朱　平
16	中国石化集团滇黔桂石油勘探局	云南省昆明市江滨西路 8 号	650021	(0871)6145534	(0871)3127188	雷文举
17	中国石化集团新星石油有限责任公司	北京市海淀区北四环中路 263 号	100083	(010)82335150	(010)82335152	张爱东
18	中国石化集团上海海洋石油局	上海市浦东新区商城路 1225 号	200120	(021)68766472	(021)50589056	李培廉
19	中国石化集团西南石油局	四川省成都市一环路北四段 116 号	610081	(028)83332295	(028)83333773	薛万东
20	中国石化集团中南石油局	湖南省长沙市梓园路 11 号	410007	(0731)5601207	(0731)5601200	袁　清
21	中国石化集团西北石油局	新疆乌鲁木齐市北京北路 29 号	830011	(0991)3600653	(0991)6637597	焦方正
22	中国石化集团华东石油局	江苏省南京市热河南路 37 号	210011	(025)58822349	(025)58822288	刘银春
23	中国石化集团华北石油局	河南郑州市中原区伏牛路南段 197 号	450006	(0371)68629220	(0371)68612902	左文岐
24	中国石化集团东北石油局	吉林省长春市西安大路 4936 号	130062	(0431)7973631	(0431)7974693	相传林
25	中国石化集团管道储运公司	江苏省徐州市泉山区翟山新村	221008	(0516)83454204	(0516)83888434	高河东

续表

序号	单位名称	地址	邮政编码	电话	传真	董事长/经理(厂长)
26	中国石化集团北京燕山石油化工有限公司	北京市房山区燕山岗南路 1 号	102500	(010)69342295	(010)69342736	王永健
27	中国石化集团齐鲁石油化工公司	山东省淄博市临淄区	255408	(0533)7180777	(0533)7180406	张瑞生
28	中国石化集团上海高桥石油化工公司	上海市浦东大道 3000 号	200129	(021)58711001	(021)58712207	张　涌
29	中国石化集团金陵石油化工有限责任公司	江苏省南京市玄武区龙蟠路 151 号	210037	(025)58977755	(025)85410220	王永杰/张大福
30	中国石化集团茂名石油化工公司	广东省茂名市红旗北路 2 号	525011	(0668)2242241	(0668)2269317	李安喜
31	中国石化集团天津石油化工公司	天津市大港区北围堤路(西)160 号	300271	(022)63804585	(022)25990747	许红星
32	中国石化集团扬子石油化工有限责任公司	南京市六合区大厂新华路 777 号	210048	(025)57782200	(025)57784389	张大本/吴元春
33	中国石化集团巴陵石油化工有限责任公司	湖南省岳阳市云溪区	414014	(0730)8492348	(0730)8481456	张德明
34	中国石化集团长岭炼油化工有限责任公司	湖南省岳阳市云溪区	414012	(0730)8450025	(0730)8451824	侯　勇
35	仪化集团公司	江苏省仪征市胥浦镇	211900	(0514)3231693	(0514)3233880	钱衡格
36	中国石化集团南京化学工业有限公司	江苏省南京市六合区大厂葛关路 189 号	210048	(025)57791292	(025)57792812	陈鸿光
37	中国石化集团广州石油化工总厂	广东省广州市黄埔区石化路 239 号	510726	(020)82399045	(020)82396591	冯建平
38	中国石化集团安庆石油化工总厂	安徽省安庆市石化四路 20 号	246002	(0556)5375133	(0556)5375852	余夕志
39	中国石化集团洛阳石油化工总厂	河南省洛阳市吉利区	471012	(0379)66992309	(0379)66991882	魏文波
40	中国石化集团荆门石油化工总厂	湖北省荆门市白庙路	448039	(0724)2211501	(0724)2211539	江寿林
41	中国石化集团四川维尼纶厂	重庆市长寿区维路 36 号	401254	(023)68974061	(023)68974009	刘家荣
42	中国石化集团九江石油化工总厂	江西省九江市滨江东路 228 号	332004	(0792)8614911	(0792)8617005	杜文如
43	中国石化集团湖北化肥厂	湖北省枝江市迎宾大道 15 号	443200	(0717)4212089	(0717)4212660	杨华章
44	中国石化集团石家庄炼油厂	河北省石家庄市东郊	050032	(0311)85162314	(0311)85161234	毕建国
45	中国石化集团济南炼油厂	山东省济南市工业南路 26 号	250101	(0531)88832203	(0531)88983622	赵培录
46	中国石化集团武汉石油化工厂	湖北省武汉市青山区长青路特 1 号	430082	(027)86595156	(027)86595188	张敬武
47	中原石油化工有限责任公司	河南省濮阳市胜利西路	457000	(0393)4471077	(0393)4416227	鹿令义
48	中国石化集团沧州炼油厂	河北省沧州市北郊	061000	(0317)3552247	(0317)3552688	黄焯明
49	中国石化集团长城润滑油有限公司	北京市海淀区安宁庄西路 6 号	100085	(010)62949875	(010)62917732	宋云昌
50	中国石化集团重庆一坪高级润滑油公司	重庆市九龙坡区渝州路 62 号	400039	(023)68799311	(023)68799333	蔚晓宁
51	中国石化集团清江石油化工有限公司	江苏省淮安市化工路 22 号	223002	(0517)3633097	(0517)3633425	王永和
52	中国石化集团保定石油化工厂	河北省保定市隆光西路 1791 号	071059	(0312)3109018	(0312)3112482	夏军伟
53	中国石化集团青岛石油化工有限责任公司	山东省青岛市李沧区滨海路 8 号	266043	(0532)86012212	(0532)84816954	王英彬
54	中国石化集团杭州炼油厂	浙江省杭州市拱墅区康桥平炼路 48 号	310015	(0571)88467112	(0571)88043460	陈　霆
55	湛江东兴石油企业有限公司	广东省湛江市霞山区湖光路 15 号	524012	(0759)2280499	(0759)2358479	陈晓文/吴惜伟
56	中国石化海南炼油化工有限公司	海南洋浦经济开发区	578101	(0898)28820068	(0898)28820099	李国梁

续表

序号	单位名称	地址	邮政编码	电话	传真	董事长/经理（厂长）
57	中国石化集团北京石油有限责任公司	北京市朝阳区静安里 12 号	100028	(010)64626877	(010)64626877	郑立新
58	中国石化集团天津石油有限责任公司	天津市南开区南京路 338 号	300100	(022)27201390	(022)27201391	薛良达
59	中国石化集团河北石油有限责任公司	河北省石家庄市槐安东路 108 号	050021	(0311)85811789	(0311)85813737	杨槐青
60	中国石化集团山西石油总公司	山西省太原市万柏林区大王路 8 号	030024	(0351)6197619	(0351)6197620	韩烈火
61	中国石化集团上海石油有限责任公司	上海市黄浦区中山东一路 24 号甲	200002	(021)63390244	(021)63390244	张文标
62	中国石化集团江苏石油有限责任公司	江苏省南京市中山北路 395 号	210003	(025)58802138	(025)58803729	杨　棣
63	中国石化集团浙江石油总公司	浙江省杭州市河坊街 58 号	310009	(0571)87805026	(0571)87818822	徐祥燕
64	中国石化集团安徽石油总公司	安徽省合肥市芜湖路 391 号	230061	(0551)2867474	(0551)2869024	邬国庆
65	中国石化集团福建石油总公司	福建省福州市中山路 23 号 10 幢	350003	(0591)87817181	(0591)87817326	吕建华
66	中国石化集团江西石油总公司	江西省南昌市洪都北大道 102 号	330046	(0791)8516279	(0791)8511107	于忠国
67	中国石化集团山东石油总公司	山东省济南市历山路 73 号	250013	(0531)85870137	(0531)86947784	冯东青
68	中国石化集团河南石油总公司	河南省郑州市卫生路 10 号	450053	(0371)63827097	(0371)63828037	田中山
69	中国石化集团湖北石油总公司	湖北省武汉市解放大道 606 号	430030	(027)68837000	(027)68837100	陈火军
70	中国石化集团湖南石油总公司	湖南省长沙市湘春路 113 号	410005	(0731)4840130	(0731)4840659	江景星
71	中国石化集团广东省石油企业集团公司	广州市中山七路 81 号广东石油大厦	510145	(020)81298272	(020)81297207	张国强
72	中国石化集团广西石油总公司	广西省南宁市桃源路 67 号	530021	(0771)5322886	(0771)5323338	吴健雄
73	中国石化集团海南石油总公司	海南省海口市滨海大道 163 号	570311	(0898)68680801	(0898)68680909	张连俊
74	中国石化集团贵州石油总公司	贵州省贵阳市解放路 21 号	550002	(0851)5947391	(0851)5985902	鲁广余
75	中国石化集团云南石油总公司	云南省昆明市拓东路 45 号世博大厦	650011	(0871)6113755	(0871)3115210	孟繁昌
76	中国石化工程建设公司	北京市朝阳区安慧北里安园 21 号	100101	(010)84879999	(010)64963395	刘家明
77	中国石化集团上海工程有限公司	上海市浦东新区张杨路 769 号	200120	(021)58354214	(021)58358142	汪镇安
78	中国石化集团洛阳石油化工工程公司	河南省洛阳市中州西路 27 号	471003	(0379)64887786	(0379)64887756	闫少春
79	中国石化集团宁波工程有限公司	浙江省宁波市江东区院士路 660 号	315103	(0574)87975589	(0574)87975589	朱海兴
80	中国石化集团第二建设公司	江苏省南京市栖霞区尧化门	210046	(025)85662167	(025)85561051	向文武
81	中国石化集团第四建设公司	天津市大港区世纪大道 180 号	300270	(022)63862213	(022)25990156	肖　刚
82	中国石化集团第五建设公司	甘肃省兰州市西固区康乐路 27 号	730060	(0931)7961285	(0931)7356578	田建军
83	中国石化集团第十建设公司	山东省淄博市临淄区建设路 29 号	255438	(0533)7501143	(0533)7501126	车林宝
84	中国石化集团石油化工科学研究院	北京市海淀区学院路 18 号	100083	(010)62310806	(010)62311290	龙　军
85	中国石化集团北京化工研究院	北京市朝阳区北三环东路 14 号	100013	(010)64211993	(010)64228661	张　勇
86	中国石化集团抚顺石油化工研究院	辽宁省抚顺市望花区丹东路东段 31 号	113001	(0413)6389689	(0413)6418887	方向晨
87	中国石化集团上海石油化工研究院	上海市浦东北路 1658 号	201208	(021)68462737	(021)68462283	谢在库
88	中国石化集团安全工程研究院	山东省青岛市延安三路 218 号	266071	(0532)83786201	(0532)83861318	张海峰

石化股份公司

序号	单位名称	地址	邮政编码	电话	传真	董事长/经理
1	中国石化胜利油田分公司	山东省东营市济南路258号	257001	(0546)8552074	(0546)8221719	刘中云
2	中国石化销售有限公司	北京市朝阳区惠新东街甲6号	100029	(010)64998879	(010)84641014	张海潮
3	中国石化国际事业有限公司	北京朝阳区惠新东街甲6号富盛大厦	100029	(010)64999476	(010)64999538	蒋振盈
4	中国石油化工股份有限公司中原油田分公司	河南省濮阳市中原路277号	457001	(0393)4822172	(0393)4828300	孔凡群
5	中国石油化工股份有限公司河南油田分公司	河南省南阳市宛城区官庄镇	473132	(0377)63830011	(0377)63830027	李联五
6	中国石油化工股份有限公司江汉油田分公司	湖北省潜江市广华寺江汉路1号	433124	(0728)6502074	(0728)6502784	方志雄
7	中国石油化工股份有限公司江苏油田分公司	江苏省扬州市文汇西路1号	225009	(0514)7762001	(0514)7760009	朱　平
8	中国石油化工股份有限公司南方勘探开发分公司	云南省昆明市官渡区关上中路201号	650200	(0871)7163168	(0871)7160800	马永生
9	中国石油化工股份有限公司上海海洋油气分公司	上海市浦东商城路1225号	200120	(021)68769671	(021)68767371	刘申叔
10	中国石油化工股份有限公司西南分公司	四川省成都市一环路北四段116号	610081	(028)83332295	(028)83333773	徐向荣
11	中国石油化工股份有限公司中南分公司	湖南省长沙市梓园路11号	410007	(0731)5601399	(0731)5601345	雷清亮
12	中国石油化工股份有限公司西北分公司	新疆乌鲁木齐市北京北路29号	830011	(0991)3600653	(0991)6637597	焦方正
13	中国石油化工股份有限公司华东分公司	江苏省南京市热河南路37号	210011	(025)58822349	(025)58822288	周荔青
14	中国石油化工股份有限公司华北分公司	河南郑州市中原区伏牛路南段197号	450006	(0371)68629519	(0371)68612902	左文岐
15	中国石油化工股份有限公司东北分公司	吉林省长春市西安大路4936号	130062	(0431)7973631	(0431)7974693	相传林
16	中国石油化工股份有限公司西部新区勘探指挥部	新疆乌鲁木齐市昆明路2号	830011	(0991)3663409	(0991)3662195	李丕龙
17	中国石油化工股份有限公司管道储运分公司	江苏省徐州市泉山区翟山新村	221008	(0516)83454204	(0516)83888434	钱建华
18	中国石油化工股份有限公司北京燕山分公司	北京市房山区燕山岗南路1号	102500	(010)69342295	(010)69342736	王永健
19	中国石油化工股份有限公司齐鲁分公司	山东省淄博市临淄区	255408	(0533)7588648	(0533)7180798	张瑞生
20	中国石油化工股份有限公司上海高桥分公司	上海市浦东大道3000号	200129	(021)58711001	(021)58712207	张　涌
21	中国石油化工股份有限公司金陵分公司	江苏省南京市栖霞区甘家巷	210033	(025)58988114	(025)85592004	赵日峰
22	中国石油化工股份有限公司茂名分公司	广东省茂名市红旗北路2号	525011	(0668)2242241	(0668)2269317	王　强
23	中国石油化工股份有限公司天津分公司	天津市大港区北围堤路(西)160号	300271	(022)63804585	(022)25990747	许红星
24	中国石油化工股份有限公司巴陵分公司	湖南省岳阳市洞庭大道1号	414007	(0730)8501702	(0730)8501303	朱泽华
25	中国石油化工股份有限公司长岭分公司	湖南省岳阳市云溪区	414012	(0730)8452002	(0730)8451824	李　华
26	中国石油化工股份有限公司广州分公司	广东省广州市黄埔区石化路239号	510726	(020)82399045	(020)82396591	冯建平
27	中国石油化工股份有限公司安庆分公司	安徽省安庆市石化四路20号	246002	(0556)5381717	(0556)5380542	余夕志
28	中国石油化工股份有限公司洛阳分公司	河南省洛阳市吉利区	471012	(0379)66992309	(0379)66991882	王治卿
29	中国石油化工股份有限公司荆门分公司	湖北省荆门市白庙路	448039	(0724)2211501	(0724)2211539	江寿林
30	中国石油化工股份有限公司九江分公司	江西省九江市滨江东路228号	332004	(0792)8614911	(0792)8617006	杜文如

续表

序号	单位名称	地址	邮政编码	电话	传真	董事长/经理
31	中国石油化工股份有限公司湖北化肥分公司	湖北省枝江市迎宾大道15号	443200	(0717)4212089	(0717)4212660	金继前
32	中国石油化工股份有限公司济南分公司	山东省济南市工业南路26号	250101	(0531)88832203	(0531)88983622	赵培录
33	中国石油化工股份有限公司武汉分公司	湖北省武汉市青山区长青路特1号	430082	(027)86595156	(027)86595188	张敬武
34	中国石油化工股份有限公司沧州分公司	河北省沧州市北郊	061000	(0317)3552221	(0317)3552668	齐洪祥
35	中国石油化工股份有限公司润滑油分公司	北京市海淀区安宁庄西路6号	100085	(010)62949875	(010)62917732	宋云昌
36	中国石油化工股份有限公司北海分公司	广西北海市北海大道西路	536000	(0779)3915026	(0779)3905519	闫　宏
37	中国石油化工股份有限公司西安石化分公司	陕西省西安市建章路北段6号	710086	(029)84313609	(029)84312981	李少平
38	中国石油化工股份有限公司塔河分公司	新疆库车县天山路东573号	842000	(0997)7979067	(0997)7979067	雷　鸣
39	中国石油化工股份有限公司催化剂分公司	北京市东城区安外大街58号	100011	(010)84274557	(010)84287023	谈文芳
40	中国石油化工股份有限公司北京石油分公司	北京市朝阳区静安里12号楼	100028	(010)64678610	(010)64678612	郑立新
41	中国石油化工股份有限公司天津石油分公司	天津市南开区南京路338号	300100	(022)27201588	(022)27201555	薛良达
42	中国石油化工股份有限公司河北石油分公司	河北省石家庄市槐安东路108号	050021	(0311)87182013	(0311)85813737	杨槐青
43	中国石油化工股份有限公司山西石油分公司	山西省太原市万柏林区大王路8号	030024	(0351)6197650	(0351)6197567	韩烈火
44	中国石油化工股份有限公司上海石油分公司	上海市中山东一路24号甲	200002	(021)63292856	(021)63292856	张文标
45	中国石油化工股份有限公司江苏石油分公司	江苏省南京市中山北路395号	210003	(025)58802138	(025)58803729	杨　棣
46	中国石油化工股份有限公司浙江石油分公司	浙江省杭州市河坊街58号	310009	(0571)87805026	(0571)87818822	徐祥燕
47	中国石油化工股份有限公司安徽石油分公司	安徽省合肥市芜湖路391号	230061	(0551)2867474	(0551)2869024	郇国庆
48	中国石油化工股份有限公司福建石油分公司	福建省福州市鼓楼区中山路18号	350003	(0591)87821534	(0591)87837153	吕建华
49	中国石油化工股份有限公司江西石油分公司	江西省南昌市洪都北大道102号	330046	(0791)8512247	(0791)8511107	于忠国
50	中国石油化工股份有限公司山东石油分公司	山东省济南市历山路73号	250013	(0531)85870111	(0531)86947944	冯东青
51	中国石油化工股份有限公司河南石油分公司	河南省郑州市卫生路10号	450053	(0371)63823394	(0371)63944182	田中山
52	中国石油化工股份有限公司湖北石油分公司	湖北省武汉市解放大道606号	430030	(027)68837000	(027)68837100	陈火军
53	中国石油化工股份有限公司湖南石油分公司	湖南省长沙市湘春路113号	410005	(0731)4840848	(0731)4841801	江景星
54	中国石油化工股份有限公司广东石油分公司	广州市中山七路81号广东石油大厦	510145	(020)81298272	(020)81297207	张国强
55	中国石油化工股份有限公司广西石油分公司	广西南宁市桃源路67号	530021	(0771)5322886	(0771)5323338	吴健雄
56	中国石油化工股份有限公司海南石油分公司	海南省海口市滨海大道163号	570311	(0898)68680801	(0898)68680909	张连俊

续表

序号	单位名称	地址	邮政编码	电话	传真	董事长/经理
57	中国石油化工股份有限公司贵州石油分公司	贵州省贵阳市解放路 21 号	550002	(0851)5986622	(0851)5985810	鲁广余
58	中国石油化工股份有限公司云南石油分公司	云南省昆明市拓东路 45 号世博大厦	650011	(0871)3115215	(0871)3115210	孟繁昌
59	中国石油化工股份有限公司石油勘探开发研究院	北京市海淀区学院路 31 号	100083	(010)82312980	(010)82312089	金之钧
60	中国石油化工股份有限公司石油化工科学研究院	北京市海淀区学院路 18 号	100083	(010)62310806	(010)62311290	龙　军
61	中国石油化工股份有限公司北京化工研究院	北京市朝阳区北三环东路 14 号	100013	(010)64211993	(010)64228661	张　勇
62	中国石油化工股份有限公司抚顺石油化工研究院	辽宁省抚顺市望花区丹东路东 31 号	113001	(0413)6429543	(0413)6429551	方向晨
63	中国石油化工股份有限公司上海石油化工研究院	上海市浦东北路 1658 号	201208	(021)68462737	(021)68462283	谢在库
64	中国石油化工股份有限公司青岛安全工程研究院	山东省青岛市延安三路 218 号	266071	(0532)83786201	(0532)83861318	张海峰
65	中国石化上海石油化工股份有限公司	上海市金山区金一路 48 号	200540	(8621)57941941	(8621)57942267	戎光道
66	中国石化镇海炼油化工股份有限公司	浙江省宁波市镇海区	315207	(0574)86444213	(0574)86270077	孙伟君
67	中国石化扬子石油化工股份有限公司	南京市六合区大厂新华路 777 号	210048	(025)57782200	(025)57784389	张大本/马秋林
68	中国石化仪征化纤股份有限公司	江苏省仪征市胥浦镇	211900	(0514)3235595	(0514)3233880	徐正宁
69	中国石化福建炼油化工有限公司	福建省泉州市泉港区	362800	(0595)87799001	(0595)87789130	陆　东
70	中国国际石油化工联合有限责任公司	北京市朝阳区惠新东街甲 6 号	100029	(010)64990327	(010)64990300	戴照明
71	中国石化北京燕化石油化工股份有限公司	北京市房山区燕山岗南路 1 号	102500	(010)69342295	(010)69342736	王永健/许红星
72	中国石化胜利油田大明(集团)股份有限公司	山东省东营市济南路 228 号	257001	(0546)8558412	(0546)8224942	薛万东
73	中国石化中原油气高新股份有限公司	河南省郑州市高新技术产业开发区	450001	(0371)67996080	(0371)67996081	孔凡群
74	中国石化石家庄炼油化工股份有限公司	河北省石家庄市东郊	050032	(0311)85162314	(0311)85161234	毕建国
75	中国石化山东泰山石油股份有限公司	山东省泰安市东岳大街 104 号	271000	(0538)6269602	(0538)8265450	冯东青
76	扬子石化－巴斯夫有限责任公司	江苏省南京市六合区新华路 8 号	210048	(8625)58569816	(8625)58569811	戴厚良
77	上海赛科石油化工有限责任公司	上海市长宁区仙霞路 299 号	200051	(021)37990088	(021)67250866	陆益平
78	石化盈科信息技术有限责任公司	北京市东城区东四十条甲 22 号南新仓国际大厦 A 座 1208	100007	(010)84191188	(010)84191188	潘欣荣

附录 3

石化集团公司法规性文件一览表

序号	标　　题	文件字号
1	关于印发《中国石油化工集团及股份公司电子公文运行管理办法(试行)》的通知	中国石化厅[2005]55 号
2	关于印发《中国石油化工集团公司贯彻落实〈建立健全教育、制度、监督并重的惩治和预防腐败体系实施纲要〉的实施细则》的通知	中国石化党组[2005]127 号
3	关于印发《中国石油化工集团公司职业技能鉴定实施办法》的通知	中国石化人[2005]153 号
4	关于印发《中国石油化工集团公司项目可行性研究报告编制规定》的通知	中国石化咨[2005]154 号
5	关于印发《中国石化集团公司安全生产重大事故行政责任追究规定(试行)》的通知	中国石化人[2005]198 号
6	关于印发《中国石油化工集团公司经济责任审计工作联席会议制度》的通知	中国石化审[2005]226 号
7	关于印发《中国石油化工集团公司境外资金管理操作规程(试行)》的通知	中国石化财[2005]367 号
8	关于印发《中国石油化工集团公司关心下一代工作委员会工作规则》的通知	中国石化老[2005]442 号
9	关于印发《中国石油化工集团公司信访工作规定(试行)》、《中国石油化工集团公司信访工作程序(试行)》的通知	中国石化办[2005]526 号
10	关于印发《中国石油化工集团公司群众性上访事件应急预案》的通知	中国石化办[2005]582 号
11	关于印发《中国石化集团公司投资项目审计管理办法》的通知	中国石化审[2005]615 号
12	关于印发《中国石油化工集团公司委托中介机构审计投资项目管理办法》的通知	中国石化审[2005]616 号
13	关于印发《中国石化重特大事件应急预案》的通知	中国石化安[2005]651 号
14	关于印发《中国石油化工集团公司境外企业安全生产管理规定(试行)》的通知	中国石化安[2005]652 号
15	关于印发《中国石油化工集团公司"会计调整"管理试行办法》和《中国石油化工集团公司重大会计事项备案管理试行办法》的通知	中国石化财[2005]746 号
16	关于印发《中国石油化工集团公司国有产权转让管理办法》的通知	中国石化财[2005]769 号
17	关于印发《中国石油化工股份有限公司石油工程造价管理办法》的通知	石化股份油[2005]21 号
18	关于印发《中国石油化工股份有限公司石油化工项目可行性研究报告编制规定》的通知	石化股份咨[2005]103 号
19	关于印发《中国石化化工产品销售体制改革实施意见(施行)》的通知	石化股份化[2005]208 号
20	关于印发《中国石油化工股份有限公司加油站达标创星管理办法》的通知	石化股份销[2005]223 号
21	关于印发《中国石油化工股份有限公司财户暂行管理办法》的通知	石化股份财[2005]374 号
22	关于印发《中国石油化工股份有限公司保护商业秘密暂行规定》的通知	石化股份发[2005]403 号

索　引

☞ 主题词索引

☞ 表题索引

主题词索引

使 用 说 明

1. 本索引采用主题词分析索引法编制。除“大事记”外，年鉴内容均在标引和检索范围内。

2. 本索引按汉语拼音音序排列。具体如下：以英文字母开头的，排在最前面；汉字标目则按首字的音序、音调依次排列，首字相同时，则以第二个字排序，并依次类推。

3. 在索引中，索引标目之后的数字表示主题内容所在年鉴正文的页码；英文字母 a，b 分别表示左、右两个栏目。

4. 为反映索引款目间的逻辑关系。对于二级目录，采取在上一级标目下缩两格的编排形式予于体现，之下的索引款目仍按上列排序方法依次排列。

A

B

C

D

E

F

G

H

J

K

L

M

N

P

Q

R

S

T

W

Y

Z

表 题 索 引

使 用 说 明

1. 本索引采用表题索引法编制。年鉴中所有表题均在标引范围内。

2. 本索引基本上按汉语拼音音序排列。具体如下：以数字开头的，排在最前面；汉字标目则按首字的音序、音调依次排列，首字相同时，则以第二个字排序，并依次类推。

3. 在索引中，索引标目之后的数字表示主题内容所在年鉴正文的页码；英文字母 a，b 分别表示左、右两个栏目。

0 ~ 9

A

B

C

D

F

G

H

J

L

M

N

Q

R

S

T

W

X

Y

Z

上海化学工业区

上海化学工业区位于上海市南部的杭州湾北岸，横跨金山和奉贤两区，距市中心50公里，是我国第一个以市场化机制运作开发，以多元化模式投资建设，以石油化工及其衍生产品制造为鲜明特点的大型现代化产业基地。化工区规划面积29.4平方公里，主要发展石油化工和天然气化工系列产品、精细化工产品、合成新材料和综合性深加工产品，将建成具有国际竞争力的世界级石油化工生产基地和循环经济示范基地。

化工区的开发建设引入“一体化”先进理念，通过对区内产品项目、公用辅助、物流传输、环境保护和管理服务的整合，为进区投资者提供良好的投资环境。“十五”期末，化工区内以赛科90万吨乙烯为代表的6个主体项目相继投产运营，累计完成固定资产投资473亿元人民币，实现年销售收入近180亿元人民币；入区企业数增至61家，累计吸引项目总投资逾90亿美元。

巴斯夫聚四氢呋喃装置

高化苯酚丙酮装置

工业气体

储罐区

赛科90万吨乙烯项目全景

SEI大楼

海南大炼油

扬子－巴斯夫一体化30万吨乙二醇

SINOPEC Engineering Incorporation (SEI in abbreviation) is a subsidiary of China Petrochemical Corporation and a global engineering company engaging in feasibility study, technical consultation, geo-technical investigation, engineering, procurement, construction management & supervision, EPC contracting, project management, technical services . SEI was ranked no.44 among the 150 top global design firms in 2005 announced by ENR (Engineering News Record).

SEI is qualified to be involved in national Class A engineering projects with certificates as follows: Class A certificate for engineering, Class A certificate for engineering survey, Class A certificate for cost estimate, Class A certificate for project consultation, Class A certificate for environmental impact assessment, Class A certificate for Invitation to Bid. SEI has established Quality system and HSE system and granted the Certificate.

Established for 50 years, SEI has been devoted itself to the setting up,innovation and development of petrochemical industries. Super size refineries and petrochemical complexes undertaken by SEI are all over China. Through which, core technologies for fluid catalytic cracking, continuous reforming, hydrocracking, ethylene furnace, ethylene, polypropylene, etc. have been developed. By 2005, SEI owned 70 patents and 82 proprietary technologies . A total of 13 specialized technical centers in petrochemical industry stand in SEI.

Sophisticated platform and application systems have been built in SEI, out of which integrated systems for engineering, project management as well as office automation have been developed. With which SEI is enabled to perform engineering and management activities by following international practice.

SEI has established extensive collaboration with worldwide-recognized licensors, engineering companies, R & D institutions and universities and has undertaken a great number of overseas projects, so that SEI has won recognized reputation in the export market.

中国石化工程建设公司
地址:北京市朝阳区安慧北里安园 21 号
邮编:100101
电话:0086-10-84879999
传真:0086-10-64963395
电子信箱:office@sei.com.cn
网址:www.sei.com.cn

SINOPEC Engineering Incorporation
Add: Bldg.21 Anyuan Anhuibeili , Chaoyang District. Beijing
P.C: 100101
Tel: 0086-10-84879999
Fax:0086-10-64963395
E-mail: office@sei.com.cn
Website:www.sei.com.cn

上海赛科乙烯项目

伊朗项目工程

茂名乙烯工程

CTCI
中鼎
领导工程技术，服务工程事业
全球化投资经营
世界级工程与科技服务团队
致力于中国永续的未来
服务对象 AREAS OF ACTIVITY
· 碳氢类 HYDROCARBON
· 化学类 CHEMICAL PROCESSING
· 电　厂 POWER PLANT
· 生化及高科技 BIO-TECH
· 公共工程 INFRASTRUCTURE
· 一般工业 GENERAL INDUSTRY
· 环境工程 ENVIRONMENTAL
服务内容 COMPREHENSIVE SERVICES
· 工程管理 PROJECT MANAGEMENT
· 工程采购 PROCUREMENT
· 设备制造 FABRICATION
· IT 资讯科技 INFORMATION TECHNOLOGY
· 试车与保养 COMMISSIONING & MAINTENANCE
· 可行研究及整体规划 FEASIBILITY STUDY & PLANNING
· 工程设计 ENGINEERING DESIGN
· 工程建造 CONSTRUCTION
· 品保及工安 Q. A. & SAFETY
中鼎工程股份有限公司
CTCI CORPORATION
总公司：台北市敦化南路二段77号中鼎大楼
TEL：(02)2700-9659　FAX：(02)2709-9303
WEB SITE：www.ctci.com.tw
高雄作业区：高雄市三民区博爱一路366号20楼
TEL：(07)315-1011　FAX：(07)313-3108
京鼎工程建设有限公司
JINGDING ENGINEERING & CONSTRUCTION CO., LTD
北京市 1001011 朝阳区安外小营北路 55 号京鼎工程大楼
TEL：86-10-64925599　FAX：86-10-64956747
WEB SITE：www.jdec.com.cn
SDEC
上鼎工程建設(上海)有限公司
SHANG DING ENGINEERING & CONSTRUCTION CO., LTD
上海市 200051 中山西路 1279 弄 6 号国峰科技大厦 10-11 层
TEL：86-21-62199779　FAX：86-21-62787277
DNV
UKAS QUALITY MANAGEMENT
013
Certificate No. 00417-96-AQ-LDN-UK
通过 ISO 9001 验证

中国石化集团国际石油工程有限公司

SINOPEC INTERNATIONAL PETROLEUM SERVICE CORPORATION

中国石化集团国际石油工程有限公司(SINOPEC INTERNATIONAL PETROLEUM SERVICE CORPORATION)成立于2003年12月，注册资本4亿元人民币。作为中国石化集团公司直属的全资子公司，国际石油工程公司对中国石化集团公司国际石油工程技术服务业务实行归口管理和统一协调;自营国际石油工程技术服务业务;对外派遣实施境外工程所需的劳务人员;负责国际石油工程承包项目项下的设备、技术和材料出口工作及境外设备租赁、租购业务。

2005年，中国石化集团公司上游企业在海外24个国家和地区实施物探、钻井、油田地面建设等石油工程技术服务项目147个。全年新签合同额7.29亿美元，完成合同额5.19亿美元，海外石油工程技术服务队伍总数达到了191支。截止2005年底，国际石油工程公司在厄瓜多尔、沙特、哈萨克斯坦、阿曼、加蓬、阿尔及利亚、也门、伊朗、利比亚、尼日利亚、委内瑞拉、阿联酋、巴西等国家注册成立了13个海外分(子)公司，海外国际石油工程服务技术业务不断增长。

地址：北京市西城区安德路甲67号
电话：(010)51586500
传真：(010)51586550
邮编：100011
邮箱：sipsc@sipsc.com

www.sipsc.com

中国石化集团第四建设公司是中国石化集团直属的大型综合性骨干施工企业。具有化工石油工程施工总承包壹级企业资质，持有对外经济合作经营资格证书和进出口企业资格证书。

公司技术实力雄厚，各类专业人才济济，施工机具设备精良齐全。具备大型设备吊装运输、大型压缩机安装、大型储罐安装、特殊材料焊接、电仪 DCS 安装调试等 5 项核心竞争力技术。

公司自组建成立以来，先后承建了国家重点新建、扩建、技改工程项目 200 多个，在朝鲜、日本、德国、科威特、新加坡、香港等国家和地区承建了炼油装置、罐区、管线等石化项目及劳务输出。所有承建项目全部达到设计标准，投料试车一次成功，工程质量优良率持续稳定在 96% 以上。获得省(部)级以上优质工程奖 66 个，其中 8 个生产装置获“中国建筑工程鲁班奖”。公司多次受到上级部门的表彰奖励。先后两次获得“国家质量管理奖”，获得“优质工程企业”、“全国优秀施工管理企业”等 100 多项荣誉称号。

湖南岳阳煤气化工程

中国石化集团第四建设公司

地址：中国天津市大港区世纪大道 180 号
电话：(022)63862214 63862213
传真：(022)25990156
网址：www.pfcc.com.cn
E-mail：fcc@pfcc.sina.net bgs@pfcc.sinopec.com.cn

深圳两台 LNG 储罐工程为目前亚洲大型的 LNG 储罐工程

天津石化公司 2005 年检修改造工程

中海壳牌南海乙烯工程

一

二

三

四

五

一、千吨级履带式起重机施工
二、上海赛科 9 0 万吨乙烯装置全景
三、齐鲁 7 2 万吨乙烯改造千吨双塔平移
四、1 0 万立双盘浮顶油罐
五、承建约旦复合肥工程

安庆石化40万吨／年催化裂解联合装置（获"鲁班奖"）

福建炼化140万吨／年重油催化装置

洛阳化纤芳烃抽提联合装置

扬子石化加氢裂化装置

中国石化集团第二建设公司

中国石化集团第二建设公司是中国石化集团公司直属的大型施工企业，始建于1954年，具有建筑、安装、设备制造、大型设备运输和吊装、物资采购、大型石油储罐等综合配套的施工能力。持有化工石油工程施工总承包一级资质，国家一、二、三类压力容器制造及现场组焊许可证，GA1级、GB类、GC1级压力管道安装许可证，特种设备安装改造维修许可证，美国机械工程师协会的ASME"U"钢印证书以及国外承包工程劳务合作经营许可证等，通过了ISO9001:2000质量管理体系认证以及安全、环境、健康管理体系（HSE）认证。

公司能同时展开10套以上大、中型石油化工、化纤、医药生产装置的施工；能承建10万立方米及以上大型储罐、能安装5000立方米及以上大型球罐；熟练掌握了高铬镍合金、材、蒙乃尔、HK-40离心铸管、双相钢、低温钢、铝镁合金等特种材料的焊接工艺；能承担大型压缩机组安装、调试；能承担110千伏变配电工程安装、调试；能承担大型DCS、ESD系统仪表的安装、调试；一次最大吊装重量1000吨，单件货物运输能力700吨，能承建高层建筑工程。尤其在催化裂化（裂解）、加氢裂化、重整、聚丙烯、PTA、低温储罐等工程施工中优势明显，创造了许多国内纪录。

公司具有丰富的国内外装置施工经验，先后为国内外近百家客户提供过良好的服务，在国内11个省承担过石油化工建筑安装工程建设任务。公司参与了几十项国家重点工程，建设过百余套大、中型石油化工装置，参加过新加坡等境外工程施工，可直接使用国外图纸及技术标准组织施工，和多家国外厂商、技术人员有过成功合作，所承建的工程全部按期或提前优质中交，并实现投料试车一次成功。目前公司正在沙特阿拉伯以EPC方式承担SABIC公司的大型聚烯烃项目。

公司以"全面控制，持续创新，诚挚服务，顾客满意"为质量方针，近年来先后获得过"鲁班奖"3项，优质工程奖4项，全国优秀焊接工程奖9项，省部级工程质量奖80余项。先后被评为全国用户满意施工企业、全国守合同重信用企业。

中国石化集团第二建设公司愿竭诚为海内外客户提供优质、周到的服务。

扬巴一体化AA／AE装置

仪征化纤45万吨／年PTA装置

公司办公大楼

地址：中国南京尧化门尧石二村10
邮编：210046
电话：025-85662167
传真：025-85561051
网址：www.sccpec.com

概述 史密夫律师事务所是一家总部位于英国的国际性律师事务所，在全球11个国家／地区设有机构，拥有超过1100名律师(包括约200名合伙人)。本所与领先的德国律师事务所 Gleiss Lutz 以及荷兰和比利时律师事务所 Stibbe 有着正式的联盟，并与世界其他国家／地区的律师事务所有着稳定的合作关系，从而能够为我们的客户提供全面和优质的服务。

史密夫律师事务所在国际法律服务行业中占有重要位置，并在公司及公司融资、国际诉讼及仲裁、金融、房地产、投资基金、能源、项目、基建、税收、雇用和养老金及IP／IT等领域中居于领先地位。能源领域更是本所专长，如《法律500强》所述："史密夫在石油和天然气领域之经验的深度和广度令他人难以追赶，上游与下游产业对此均有目共睹"。

Herbert Smith

史密夫亚洲

自本所于1982年在香港开设亚洲区首间办事处以来，我们已先后于新加坡、曼谷、北京、雅加达和东京设立分支机构。作为为数不多的几家较早获批准在中国开设第二个代表处的国际律师事务所之一，我们于2003年4月正式成立上海代表处。这是我们在亚洲设立的第七家办事机构，也反映了我们对于亚太地区的长期、坚定的承诺。

本所的北京代表处于1999年即已成立，多年来与中国有关部门和各大国有企业建立了稳固的关系，见证了中国优秀企业的成长及与国际资本市场的接轨。北京代表处曾参与包括中国建设银行、华能国际电力、神华股份等几十家国内大型企业的海外上市项目。

与中国石化的合作

中国石化是中国优秀国有企业的一员。多年以来，我们与中国石化紧密协作，建立和延续了牢固的合作关系，并作为法律顾问协助中国石化成功地完成了一系列具有里程碑意义的项目。这其中包括中国石化金额为34亿美元的首次全球公开发售，这是首次有中国公司在香港、纽约和伦敦三地同时上市；中国石化出资38.46亿港币吸收合并在香港和纽约上市的中石化北京燕化和镇海炼化项目，创下了H股公司转为非上市公司的先例。此外，在中国石化及其子公司成功进行的多宗关联／跨国资产收购当中，我们亦担任中国石化的境外法律顾问。继往开来，我们将一如既往地尽我们的努力为中国石化提供优质的法律服务，并期待我们的合作关系迈上新的台阶。

中国石化仪征化纤股份有限公司

中国石化仪征化纤股份有限公司是中国石化股份公司的控股子公司。总计为40亿股本，其中42%由中国石化股份公司持有，18%由中国中信集团公司持有，40%为社会公募。截止2005年底，公司总资产100亿元，总负债17亿元，资产负债率17%。

公司主要从事聚酯切片和涤纶纤维的生产及销售，并配套生产聚酯主要原料精对苯二甲酸(PTA)。主要产品有纤维级聚酯切片、膜级聚酯切片、瓶级聚酯切片、涤纶短纤维、涤纶中空纤维和涤纶长丝POY、FDY、DTY。产品商标统一为“白斯特”（BST^{Æ}）牌。产品质量管理体系通过ISO9001(2000)版国际认证。环境管理体系通过ISO14001国际认证。

截至2005年底，公司年精对苯二甲酸（PTA）生产能力95.9万吨，聚酯聚合生产能力169.8万吨，涤纶短纤维生产能力43.8万吨，中空纤维生产能力6.3万吨，涤纶长丝生产能力24.9万吨，涤纶加工丝生产能力8.5万吨，瓶级切片生产能力42万吨，以及相应的公用工程配套能力。聚酯聚合产能名列世界前茅。

地址:中国江苏省仪征市 邮编:211900
电话:(86)(514)3232235 传真:(86)(514)3233880
网址:www.ycfc.com

中国石油化工股份有限公司

济南分公司

济南炼油厂党委书记、厂长、济南分公司经理赵培录同志在领奖台上

2005年济南分公司全体员工面对不利的经营环境，坚定信心，加强“三基”工作，深入开展“精细管理年”活动，构建以责任理念为核心、具有济炼特色的责任文化体系，用扎实的内功克服外部困难，保安全、促管理、保市场、增效益，全年加工原油419.49万吨，同比增长9.43%，实现销售收入131.43亿元，同比增长33.85%，2005年企业先后荣获“全国文明单位”、“全国企业文化建设优秀奖”、“全国创建和谐劳动关系模范企业”等称号。

地址：中国·济南市工业南路26号
电话：(0531)88832202
传真：(0531)88983622

济南分公司部分生活区

济南分公司生产区

狮城龙头

沧州炼油厂俯瞰图

朝气蓬勃的职工队伍

福建炼油化工有限公司

福建炼油化工有限公司是由中国石化和福建省各出资50%合资建设的石化企业。公司位于福建省泉州市泉港区，占地274公顷。创建于1989年元月，一次原油加工能力400万吨/年。公司现有生产装置12套，其中常减压、重油催化裂化等炼油装置8套，12万吨/年聚丙烯装置1套，环保装置3套，并具有配套的动力、公用工程以及被列为国家一类对外开放口岸的10万吨级原油码头等油品储运设施，原材料及产品可通过海运、铁路和公路三条通道运输。公司作为中国石化系统首家按新厂新模式设计建设的企业，具有布局紧凑、工艺流程短、现代化程度高等特点。公司生产经营管理采用了集散型控制系统(DCS)，具有直观仿真、操作简便、反应灵敏、信息集中等优点。同时，通过计算机集成制造控制系统(CIMS)，实现了生产经营过程中物流、信息流和资金流的有机集成，达到“管控一体化”、“办公无纸化”、“信息网络化”。

自1993年9月全面建成投产以来，公司按照“大型、系统、先进、集约”的原则，根据国家石化工业布局和福建省石化支柱产业的规划，着手研究合资扩建发展工作。福建炼油乙烯项目是由福建炼化公司、埃克森美孚公司、沙特阿美公司按50%:25%:25%的比例投资兴建,总占地面积478.7公顷。项目投资300多亿元人民币，充分依托福建炼化公司现有400万吨/年炼厂设施，新增800万吨/年炼油，新建80万吨/年乙烯裂解、80万吨/年聚乙烯、40万吨/年聚丙烯装置、一套70万吨/年芳烃联合装置等;在青兰山新建30万吨级原油码头和60万立方米中转油库。项目可行性研究报告2002年9月获国家批准;2005年7月8日，福建炼油乙烯合资项目举行工程开工暨合资合同草签仪式，标志着项目进入工程建设阶段。该项目预计2008年底建成。

中国石化青岛炼油化工有限责任公司

以人为本，创造一流

中国石化青岛炼油化工有限责任公司是中国石化股份公司、山东省国际信托投资有限公司、青岛国信实业有限公司出资设立、并拟与沙特阿美公司进行合资合作的大型炼油化工企业，2004年10月18日公司成立。

青岛炼化公司以“大型化、系列化、集约化、信息化”为标志，以建设21世纪“国际一流、国内领先”的炼化企业为目标。

一期工程由15套工艺装置及公用工程构成，加工原油能力为1000万吨／年，其中沙轻、沙重原油各500万吨／年；生产汽、煤、柴成品油685万吨／年，液化气、苯、混苯等化工产品230万吨／年。

青岛大炼油项目总占地220公顷，其中新征土地150公顷（主要是滩涂地），目前正在进行桩基施工，计划今年年底土建交安，2007年底建成投产。

图：2005年06月22日山东省、青岛市与中国石化领导为公司奠基

图：工程现场

中国石油化工股份有限公司塔河分公司(简称塔河分公司)位于新疆库车县东城石化园区，是隶属于中国石化集团公司的一个新型石油加工型国有企业，是中国石化集团在新疆唯一的一家炼化企业，是中国石化集团进入新疆市场的前沿阵地，也是中国石化集团响应中央号召实施西部开发战略的重要举措。

塔河分公司主要以加工塔河油田重质原油为主，原油加工能力达到220万吨/年，生产过程采用DCS集散控制系统，主要有120万吨/年常压焦化装置、100万吨/年汽柴油加氢精制装置、15万吨/年催化重整装置、2万吨/年硫磺回收装置、8000标准立方米/时的天然气制氢装置、50万吨/年沥青装置、4万吨/年氧化沥青装置，以及油品储运、水、电、汽等配套公用工程。2005年投资建成了40万吨/年沥青生产装置，并于2005年10月16日生产出合格的高等级道路沥青。

塔河分公司可生产90号、93号无铅汽油，0号、-10号、-20号、-35号轻柴油，190号溶剂油，AH-50、AH-70、AH-90、AH-110A、B、C级沥青，SBR改性沥青，100号、140号、180号、200号普通道路沥青，10号建筑沥青，7号燃料油，化工轻油，石油液化气，石油焦，硫磺，石油苯等产品。

塔河分公司交通运输便利，拥有自己的铁路专用线，产品可通过公路、铁路直接销往青海、西藏、四川、贵州、云南、山西等17个省区。塔河分公司生产的各牌号沥青供不应求，得到了广大客户的信赖。

2005年，塔河分公司全年加工原油180.75万吨，生产各类产品172.5万吨，销售各类产品173.34万吨。实现销售收入39.77亿元，实现利润1557万元。上缴各种税费16330万元。

塔河分公司取得了“一控双达标”合格证，成为新疆自治区工业污染源主要污染物达率先标排放企业。塔河分公司自成立以来，始终坚持两个文明协调发展，在取得较好经济效益的同时，连续获得“重合同、守信用”企业，综合治理“先进集体”，“模范纳税”企业，自治区级“文明单位”等多项荣誉称号，在西北地区树立起了中国石化集团炼油行业的新形象。目前，塔河分公司正在为创建中国石化集团在西部的明星企业和国家“文明单位”而努力。

跨入新世纪，按照中国石化集团公司党组、股份公司的战略部署，塔河分公司全体干部职工团结奋进、开拓进取、与时俱进、务实创新，正在为建设西部、发展西部、振兴地方经济而努力奋斗！

中国石油化工股份有限公司塔河分公司

地址:新疆库车县天山路东573号　　邮编:842000　　传真:(0997)7979016

中国石油化工股份有限公司
上海石油化工研究院

北京2008石化合作伙伴
PETROCHEMICAL PARTNER OF BEIJING 2008

中国石化 SINOPEC

中国石油化工股份有限公司上海石油化工研究院(以下简称“上海院”)成立于1960年，是我国石油化学工业和中国石化科技开发的一个重要基地，也是基本有机原料催化剂国家工程中心的依托单位，设有博士后工作站。

上海院长期从事基本有机原料、有机原料二次加工及高分子材料合成等石油化工成套技术及相关催化剂的研究开发和应用，致力于石油化工烯烃和芳烃的化工利用和高附加值新产品开发。经过几代科技人员艰苦创业、开拓进取，瞄准当代国际石化技术的先进水平，取得了一大批工业化成果，丙烯腈、甲苯歧化与烷基转移、苯乙烯、PTA、裂解汽油加氢等催化剂和成套工艺技术居国际领先或先进水平;陆续开发了13万吨/年丙烯腈、125万吨/年甲苯歧化、20万吨/年苯乙烯、乙醇脱水制乙烯、2甲醚工艺技术等0余项以催化剂为核心的成套工艺技术软件包并成功进行工业应用，为石化企业新建及扩能改造提供了技术支撑。

近二十年来，上海院取得省部级以上科技进步、发明奖100余项。累计申请国内外专利834件，国内授权专利478件，国外授权专利33件，涉及近31个国家和地区。

在“十一五”期间，上海院将按中石化“一个整体、三个平台、统一计划、集成开发”的科技发展战略，加强化工高附加值产品开发技术创新，并且带动关键工艺和工程技术创新。在芳烃、乙烯、丙烯、C_4/C_5及其衍生物生产技术和C_1化工生产技术等方面进行大型化、成套化、高性能化的开发研究，努力建设具有国际竞争力的一流石油化工研发中心，为中国石化科技进步提供强有力的技术支撑。

歧化单元工艺技术(海外装置)

裂解汽油加氢装置

苯乙烯生产装置(齐鲁)

乙醇脱水制乙烯装置

国家工程中心

址:上海市浦东北路1658号　邮编:201208
机:86-21-68462197
真:86-21-68462283
址:http://www.sript.com.cn

Dian-Qian-Gui Petroleum Exploration Bureau of SINOPEC

Dian-Qian-Gui Petroleum Exploration Bureau of SINOPEC (DQG), the large enterprise directly under China Petrochemical Corporation (SINOPEC), has a registered capital of RMB 1.58 billion and has Kunming, the capital of Yunnan Province with agreeable climate, as its headquarter.

Since the 1950s, Dian-Qian-Gui Petroleum Exploration Bureau of SINOPEC (DQG) has been engaged in petroleum exploration and development concentrated in oil, gas, coal-bed gas and geothermal energy in Yunnan, Guizhou and Guangxi of Southwestern China. It has successfully explored Chishui Gas Field (Guizhou Province), Baise Oil Field (Guangxi Zhuang Autonomous Region), Luliang Gas Field, and Baoshan Gas Filed and Jinggu Oil Field (Yunnan Province). In 2002, DQG expanded its business further to Shaanxi Province in Northwestern China by the exploration and development of Xiasiwan Oil Field.

Since the twenty-first century, Dian-Qian-Gui Petroleum Exploration Bureau of SINOPEC (DQG) has formed four industries including petroleum engineering technique service, oil and gas exploration and development, liquefied petroleum gas marketing and international trade and logistics through a series of important reforms as reorganization by listed or non-listed stock, decreasing employee and transforming system and rearranging personnel.

The major business objects are consisted of investment, research, exploration and development for crude oil, natural gas, coal-bed gas and geothermal energy in both international and domestic market; foreign and domestic engineering and technique covering geophysical prospecting, drilling engineering, well logging and mud logging; storage, transportation and distribution and sales of liquefied petroleum gas; exports of the equipment and materials used for overseas petroleum projects, import and export of natural gas and liquefied petroleum gas (LPG); and international materials trade and storage and logistics service.

The domestic market petroleum engineering service and oil and gas exploration and development of DQG extends thirteen provinces (region) as Yunnan, Guizhou, Guangxi, Inner Mongolia, Qinghai, Ningxia, Chongqing, Sichuan, Hainan and Shaanxi. Moreover, it has successfully developed international technical service market of petroleum engineering in U.S., Vietnam, Indonesia, Myanmar and Thailand.

The LPG storage and sales network of DQG covers Yunnan Province, Guizhou Province and Guangxi Zhuang Autonomous Region and being regarded as the fully-reinforced LPG supplier with large scale and stable gas resource in Southwestern part of China. In 2005, the market share in three provinces (region) has reached 24%. It has established following projects: the international trade and logistics base in Ruili and Xishuangbanna port of Yunnan Province, the largest household appliance storage center of Guizhou Province in Guiyang City and one hundred thousand ton grade oil and gas import-export port in Beihai of Guangxi Region.

In accordance with the strategic plan of China Petrochemical Corporation (SINOPEC), Dian-Qian-Gui Petroleum Exploration Bureau has unceasingly accelerated the pace of overseas exploration and establishment and acquired remarkable achievement through implementing the strategy of "going out". As the upstream enterprises of SINOPEC, it is the first construction organization engaged in technical service of LPG exploration and development in Vietnam, the first enterprise in collaboration with Myanmar partner on oil and gas exploration and first enterprise China's petroleum and petrochemical enterprise entered into technical service of petroleum engineering in U.S.

Based on own actual strength and good service, it has won remarkable reputation in drilling engineering, well logging and mud logging and geophysical prospecting and oil and gas sales market of the Southeastern countries as Vietnam, Indonesia, Myanmar and Thailand. It has acquired the exploration and development right of oil and gas in D plot in Myanmar, and established relationship of import and export trade in LPG with Thailand PTT Company. In the meantime, it has initiatively participated in the operation of imported project of overseas LPG.

Dian-Qian-Gui Petroleum Exploration Bureau possesses a quantity of high-quality employees, in which the technical personnel occupies 55% of the staff. Some mainstay has been dispatched to take part in foreign training for laying the foundation of internationalized business.

By sticking g on the business principle of basing on credit and sincerity as well as following path of two-win, Dian-Qian-Gui Petroleum Exploration Bureau is merging the globalization trend. We are now looking forward to cooperating with the great majority of same trade to achieve more wonderful future.

局长 雷文举

局党委书记 吴绍安

局工会主席 局党委副书记 杨春林

副局长 唐嘉贵

局总会计师 沈才明

与泰国PTT公司签订油气购销合同

在美国洽谈业务

与越南成功合作钻井工程项目

10万吨级油气进出口码头

物探队伍出征越南缅甸

与缅甸签订油气勘探开发合同

Add: No.143 Qingnian Road, Kunming, Yunnan, PRC
Tel: 86-871-3172562, 6145538 Fax:86-871-3127188 E-mail: jb@dqg.sinopec.com.cn dqgjb@163.com

爲中石化南方勘探开發公司題

奮戰南方攻克海相
爲石油工業二次創
業而努力奮鬥

二〇〇二年四月
牟书令

中国石油化工股份有限公司南方勘探开发分公司成立于2002年4月，是中国石油化工股份有限公司为了促进南方油气资源的早日突破，实现资源战略目标所作出的重大战略部署，是在中国陆上石油工业实施“二次创业”的大环境下诞生的。主要由原中国石油化工股份有限公司滇黔桂油田分公司和南方海相油气勘探项目经理部按照专业化管理的要求重组建立。

南方勘探开发分公司全面负责南方地区的油气勘探开发工作，包括海相新区的勘探突破及自营区块的增储上产任务。南方海相领域具有十分丰富的油气前景，主要包括川、渝、鄂、皖、苏、浙、赣、湘、黔、桂、滇等11个省市区，面积近200万平方公里，其中有利勘探面积约90万平方公里，天然气资源总量14万亿立方米，勘探前景广阔。目前，正按照战略展开、战略突破、战略准备三个层次，对川东北、鄂西－渝东、苏北句容－海安、江汉盆地南部、南盘江秧坝区块、楚雄盆地、十万山盆地、湘鄂西和思茅地区等十个有利勘探区块组织勘探。自营区块已建成广西百色、贵州赤水、云南陆良和保山等小油气田。

南方勘探开发分公司油气勘探开发科学研究已在两大领域形成技术研究系列。一是以南方海相油气勘探为主的油气地质评价、地球物理勘探、储层描述、圈闭评价等技术，为推进南方海相的油气勘探突破打下坚实的基础。二是以第三系中小型复杂盆地为主的油气综合评价、复杂断块油气藏目标识别、低渗油气层分层改造、堵水、泡沫驱、注水开发等技术。

南方勘探开发分公司以项目管理为运作机制，采用全过程的项目管理，引入现代企业管理方法，强化以勘探开发为主的战略发展思路，分层次、有重点地加快南方油气勘探开发工作，努力实践股份公司“积极准备南方”的战略部署。公司成立四年来，经过广大干部职工的努力，川东新区南方海相油气勘探中获得重大突破，发现中国海相领域特大型整装气田;老油气田滚动勘探开发也取得了积极进展，赤水官渡构造取得天然气勘探突破;云南曲靖盆地、广西百色盆地等外围第三系探区的油气勘探开发工作也取得了新的进展。实现了勘探展开有场面，勘探突破有大发现，勘探准备有进展，老区勘探有成效，南方油气勘探工作进入了一个新的历史阶段。

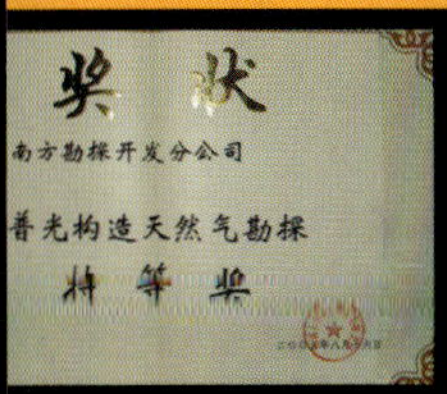

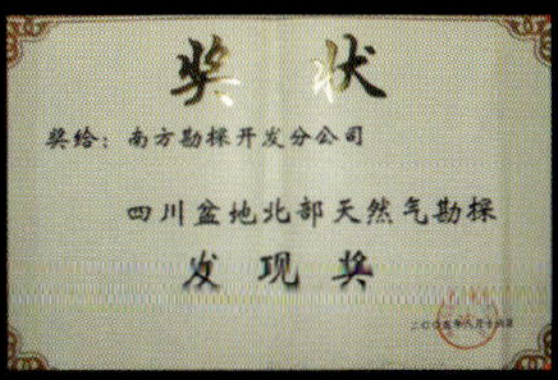

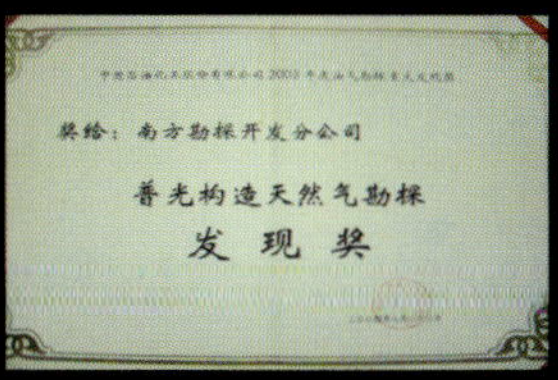

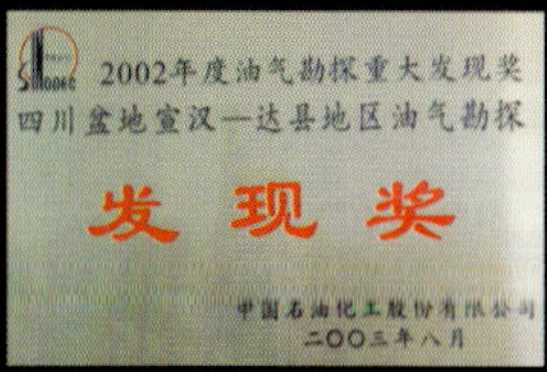

中国石化集团河南石油勘探局

1、2005年11月4日，河南油田在鄂尔多斯2区施工的录井11队被评为10亿立方米天然气产能建设劳动竞赛优胜奖。
2、2005年10月16日，河南油田井下作业公司尼日利亚项目施工设备在天津港装船启运。
3、2005年12月20日，河南油田分公司经理李联五(中)到第二采油厂稠油联合站检查安全工作。
4、2005年，采油二厂新建成的稠油新区注汽站。

河南油田是中国石化集团河南石油勘探局(以下简称河南石油勘探局)和中国石化股份有限公司河南油田分公司(以下简称河南油田分公司)的统称，是以油气生产为主，集油气勘探、开发、炼油化工、施工作业、辅助生产和多种经营、社会服务于一体的专业门类齐全的国有一类大型企业。油田地跨河南省南阳、驻马店、平顶山和新疆巴音郭楞蒙古族自治州4地(市)，分布在新野、唐河、桐柏、卧龙、宛城、镇平、泌阳、叶县和新疆博湖、焉耆等10县(区)境内，占地面积33.94平方千米(其中西部公司1.39平方千米)。

截至2005年底，河南油田机关设25个职能处室，分公司下设10个二级单位，勘探局下设17个二级单位。有职工25964(其中分公司9569人)，油区总人口8.30万人。河南油田有各类专业技术人员6651人，其中教授级59人，高级1086人，中级3183人，初级2383人。2人享受政府特贴;9人为石化集团公司有突出贡献的科技和管理专家，10人为石化集团公司优秀青年知识分子。石化集团公司学术技术带头人有35人。

2005年河南油田拥有固定资产原值122.74亿元(其中分公司103.18亿元)，净值61.24亿元(其中分公司47.81亿元)。2005年河南油田存续部分企业主营业务收入29.47亿元，分公司主营业务收入51.65亿元。实现利润17.86亿元(其中分公司实现利润18.91亿元)。

上海石化物资交易中心有限公司(以下简称“交易中心”)由中国石化销售有限公司、上海市工商行政管理服务中心共同投资，其前身为成立于1992年10月的上海石化物资交易中心，是以石化产品为主的开放型、服务型的生产资料交易市场。

交易中心地处浦东陆家嘴功能区的中国石化大厦内，交易面积达1600多平方米，交通便利，软、硬设施完善，可为会员单位提供良好的交易环境和优质的日常服务。交易中心现有会员单位百余家，拥有雄厚的实力。会员单位可办理独立法人执照，并可享受浦东新区税收优惠政策。

十多年来，交易中心依托会员单位和丰富的石化产品资源，依托浦东新区的地理优势和政策优势，走出了一条开拓进取、稳步发展的道路，已成为一个交易规范、服务优良、管理有序的石化产品交易市场。

2005年，交易中心全年成交额超100亿元，获得了2005年全国十大专业批发交易市场的荣誉称号，为中国石化的改革与发展做出了积极的贡献。

上海石化物资交易中心有限公司

地址:上海浦东大道1525号
中国石化大厦西5楼
邮编:200135
电话:(021)58215821(总机)
传真:(021)58219127

扬子石化—巴斯夫有限责任公司

扬子石化—巴斯夫有限责任公司是中国石化和巴斯夫于2000年以50:50的股比共同出资建立的合资企业，总投资约29亿美元。该生产基地位于江苏省南京市，于2001年9月28日破土动工。扬子石化—巴斯夫有限责任公司的蒸汽裂解装置和9个下游装置于2005年6月成功投入商业生产。这些装置彼此连接，以非常有效的方式利用产品、副产品和能源，支持公司可持续发展的目标。该基地占地220公顷，每年生产170万吨的高品质化学品和聚合物，以满足迅速发展的中国市场的需要。该基地还拥有一个燃气发电站以及长江支流上的一个国际码头，以保证能源供应以及物流最优化。

BASF-YPC Co. Ltd. is a 50-50 joint venture between BASF and SINOPEC, founded in 2000, with so far a total investment of $2.9 billion. The ground breaking for the site, located in Nanjing, Jiangsu Province, took place on September 28, 2001. BASF-YPC Co. Ltd. successfully started commercial production of a steam cracker as well as nine downstream plants in China in June 2005. These plants are interconnected in order to use products, by products and energy in the most efficient way, supporting the company's target of sustainable development. The 220-hectare site produces 1.7 million metric tons of high-quality chemicals and polymers per year for the rapidly growing Chinese market. The site also has a gas-fired power plant and an international port on a tributary of the Yangtze River to ensure optimum energy supply and logistics.

中石化壳牌（江苏）石油销售有限公司系经国家有关部门批准的从事成品油零售业务的中外合资公司，总投资15.51亿元人民币，注册资本8.3亿元人民币。
公司将在江苏省建立和运营一个拥有约500家加油站的服务网络，经营期为40年，采用中国石化与壳牌的联合品牌。主要从事汽油、柴油、煤油、润滑油（脂）、防冻剂、添加剂等石油产品的零售；经营加油站配套便利店，从事洗车、汽车润滑油更换和养护服务、餐饮服务、汽车零配件及其它配套服务；从事加油站经营和管理技术的研究、开发和应用；提供石油零售相关的技术咨询服务。公司将结合中国石化在国内运营加油站网络的丰富经验和成熟的零售网络，及壳牌国际化的加油站管理理念、经验、技术，为消费者提供清洁的能源和一流的服务。
公司地址：中国江苏苏州工业园区金鸡湖路128号加城大厦12楼
邮编：215021 电话：0512-67616161 传真：0512-67627366
公司网址：www.sinopecshelljs.com 客户服务中心：4008871818
携手创未来
97# 汽油
93# 汽油
90# 汽油
0# 柴油
-10# 柴油
便利店
Shell
中国石化
Shell
中石化壳牌(江苏)石油销售有限公司
Sinopec and Shell(Jiangsu)Petroleum Marketing Co.,Ltd.

正星
健康 安全 环保
源
Http://www.censtar.com
Censtar
通过 ISO14001
环境管理体系认证
正星科技有限公司
地址:郑州市高新技术产业开发区雪松路4号 传真:(0371)67989136
电话:(0371)67989139 67989129 http://www.censtar.com 邮编：450001

中国石油化工股份有限公司
山东石油分公司

中国石油化工股份有限公司山东石油分公司(以下简称山东石油分公司)其前身山东省石油公司成立于1953年，1992年被批准为大型(一)企业，1998年6月划转中国石油化工集团公司，2000年10月随中国石油化工股份有限公司重组上市。

山东石油分公司共有17个市分公司，180个零售片区，现有员工总数18398人。现有加油站2746座，油库29座(库容量85万立方米)。截至2006年6月底，固定资产原值66亿元。

公司主营石油、石油制品、天然气、化纤及其他化工产品销售、储运;石油、天然气管道运输;兼营油品计量、咨询、信息服务等。作为山东省成品油销售的主渠道，山东石油分公司承担着山东省成品油供应保障任务，是山东省内大型的成品油销售企业。经过多年的发展，已形成了布局合理、功能完备、流向通畅、保障有力的成品油营销网络。

山东石油分公司确定自身的发展目标是，建设成为一体化基础上的专业化、标准化、信息化的大型成品油连锁经营企业。公司坚持以市场为导向，以经济效益为中心，按照“高、实、新”的工作要求，深化改革，转换机制，强化管理，开拓经营。积极创建“我为您的事业加油，您给我的生活添彩”的有山东特色的中国石化服务品牌，大力推行“人人关心企业，企业关心人人”的人本管理理念，企业综合实力和市场竞争能力不断增强，实现了企业的持续、健康、稳定发展。

2005年，山东石油分公司油品经营总量1022万吨，其中成品油816.8万吨，同比增长15%，市场占有率达到68%;吨油费用135元，实现销售收入397亿元，利润19.2亿元。

中国石油化工股份有限公司
江西石油分公司

中国石油化工股份有限公司江西石油分公司原名为江西省石油总公司，始建于1950年10月，1998年10月江西省石油总公司成建制划转中国石油化工集团公司，2000年2月，主业重组改制为中国石油化工股份有限公司江西石油分公司（以下简称江西石油分公司），辅业资产及人员组建中国石油化工集团江西石油总公司，为江西石油分公司的经营活动提供服务。

江西石油分公司是江西省专营成品油的国有大型企业，担负着全省成品油计划编制、资源配置、市场供应和管理的任务。主要经营石油、石油化工、化纤及其它化工产品的销售、储运。

截至2005年底，江西石油分公司用工总量9114人，其中正式职工2849人；资产总额35.7亿元，固定资产原值25.78亿元；拥有加油站1169座，油库26座，总库容量38万立方米；铁路专线总长1.54万米；码头通航点10个，吞吐量244万吨。

2005年，江西石油分公司经营业绩和企业效益大幅增长。全年经营总量310.6万吨，同比增长10.8%，其中销售成品油290.2万吨，同比增长10.4%；加油站零售量210.7万吨，同比增长20.4%；实现销售收入123.2亿元，同比增长31.2%，完成利润8.5亿元。